Introdução a Sistemas de
BANCOS DE DADOS

O GEN | Grupo Editorial Nacional – maior plataforma editorial brasileira no segmento científico, técnico e profissional – publica conteúdos nas áreas de ciências exatas, humanas, jurídicas, da saúde e sociais aplicadas, além de prover serviços direcionados à educação continuada e à preparação para concursos.

As editoras que integram o GEN, das mais respeitadas no mercado editorial, construíram catálogos inigualáveis, com obras decisivas para a formação acadêmica e o aperfeiçoamento de várias gerações de profissionais e estudantes, tendo se tornado sinônimo de qualidade e seriedade.

A missão do GEN e dos núcleos de conteúdo que o compõem é prover a melhor informação científica e distribuí-la de maneira flexível e conveniente, a preços justos, gerando benefícios e servindo a autores, docentes, livreiros, funcionários, colaboradores e acionistas.

Nosso comportamento ético incondicional e nossa responsabilidade social e ambiental são reforçados pela natureza educacional de nossa atividade e dão sustentabilidade ao crescimento contínuo e à rentabilidade do grupo.

C. J. Date

Introdução a Sistemas de
BANCOS DE DADOS

Tradução da 8ª Edição Americana

Tradução
Daniel Vieira

Revisão Técnica
Sergio Lifschitz
Professor do Departamento de Informática da PUC-Rio

- O autor deste livro e a editora empenharam seus melhores esforços para assegurar que as informações e os procedimentos apresentados no texto estejam em acordo com os padrões aceitos à época da publicação. Entretanto, tendo em conta a evolução das ciências, as atualizações legislativas, as mudanças regulamentares governamentais e o constante fluxo de novas informações sobre os temas que constam do livro, recomendamos enfaticamente que os leitores consultem sempre outras fontes fidedignas, de modo a se certificarem de que as informações contidas no texto estão corretas e de que não houve alterações nas recomendações ou na legislação regulamentadora.

- O autor e a editora se empenharam para citar adequadamente e dar o devido crédito a todos os detentores de direitos autorais de qualquer material utilizado neste livro, dispondo-se a possíveis acertos posteriores caso, inadvertida e involuntariamente, a identificação de algum deles tenha sido omitida.

- **Atendimento ao cliente: (11) 5080-0751 | faleconosco@grupogen.com.br**

- Traduzido de:
  AN INTRODUCTION TO DATABASE SYSTEMS, EIGHTH EDITION
  Tradução autorizada do idioma inglês da edição publicada por Addison-Wesley
  Copyright © 2004 by Pearson Education, Inc. All Rights Reserved

- Direitos exclusivos para a língua portuguesa
  Copyright © 2004 (Elsevier Editora Ltda.), © 2023 (30ª impressão) by
  GEN | GRUPO EDITORIAL NACIONAL S. A.
  Publicado pelo selo LTC | Livros Técnicos e Científicos Editora Ltda.
  Travessa do Ouvidor, 11
  Rio de Janeiro – RJ – 20040-040
  www.grupogen.com.br

- Reservados todos os direitos. É proibida a duplicação ou reprodução deste volume, no todo ou em parte, em quaisquer formas ou por quaisquer meios (eletrônico, mecânico, gravação, fotocópia, distribuição pela Internet ou outros), sem permissão, por escrito, da GEN | Grupo Editorial Nacional Participações S/A.

- Capa: Olga Loureiro
- Editoração eletrônica: Estúdio Castellani
- Ficha catalográfica

CIP-BRASIL. CATALOGAÇÃO NA PUBLICAÇÃO
SINDICATO NACIONAL DOS EDITORES DE LIVROS, RJ

D257i

   Date, C J., 1941–
Introdução a sistemas de banco de dados / C. J. Date; tradução de Daniel Vieira. 1. ed. [Reimpr.]. - Rio de Janeiro: LTC, 2023.

   Tradução de: Introduction to database systems, 8th ed
   ISBN 978-85-352-1273-0

1. Banco de dados. I. Título

03-2708.   CDD: 005.74
                               CDU: 004.65

F	F#	FNOME	STATUS	CIDADE
	F1	Smith	20	Londres
	F2	Jones	10	Paris
	F3	Blake	30	Paris
	F4	Clark	20	Londres
	F5	Adams	30	Atenas

P	P#	PNOME	COR	PESO	CIDADE
	P1	Porca	Vermelho	12.0	Londres
	P2	Pino	Verde	17.0	Paris
	P3	Parafuso	Azul	17.0	Oslo
	P4	Parafuso	Vermelho	14.0	Londres
	P5	Came	Azul	12.0	Paris
	P6	Tubo	Vermelho	19.0	Londres

FP	F#	P#	QDE
	F1	P1	300
	F1	P2	200
	F1	P3	400
	F1	P4	200
	F1	P5	100
	F1	P6	100
	F2	P1	300
	F2	P2	400
	F3	P2	200
	F4	P2	200
	F4	P4	300
	F4	P5	400

FIGURA 3.8 *O banco de dados de fornecedores e peças (amostras de valores)*

F	F#	FNOME	STATUS	CIDADE
	F1	Smith	20	Londres
	F2	Jones	10	Paris
	F3	Blake	30	Paris
	F4	Clark	20	Londres
	F5	Adams	30	Atenas

P	P#	PNOME	COR	PESO	CIDADE
	P1	Porca	Vermelho	12.0	Londres
	P2	Pino	Verde	17.0	Paris
	P3	Parafuso	Azul	17.0	Oslo
	P4	Parafuso	Vermelho	14.0	Londres
	P5	Came	Azul	12.0	Paris
	P6	Tubo	Vermelho	19.0	Londres

J	J#	JNOME	CIDADE
	J1	Classificador	Paris
	J2	Monitor	Roma
	J3	OCR	Atenas
	J4	Console	Atenas
	J5	RAID	Londres
	J6	EDS	Oslo
	J7	Fita	Londres

FPJ	F#	P#	J#	QDE
	F1	P1	J1	200
	F1	P1	J4	700
	F2	P3	J1	400
	F2	P3	J2	200
	F2	P3	J3	200
	F2	P3	J4	500
	F2	P3	J5	600
	F2	P3	J6	400
	F2	P3	J7	800
	F2	P5	J2	100
	F3	P3	J1	200
	F3	P4	J2	500
	F4	P6	J3	300
	F4	P6	J7	300
	F5	P2	J2	200
	F5	P2	J4	100
	F5	P5	J5	500
	F5	P5	J7	100
	F5	P6	J2	200
	F5	P1	J4	100
	F5	P3	J4	200
	F5	P4	J4	800
	F5	P5	J4	400
	F5	P6	J4	500

FIGURA 4.5 *O banco de dados de fornecedores, peças e projetos (amostras de valores)*

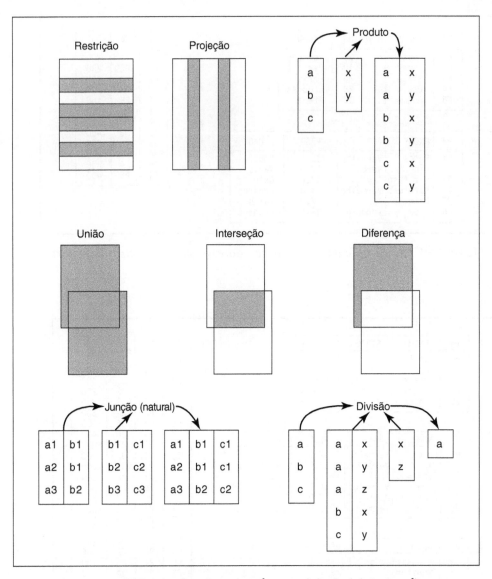

FIGURA 7.1 *Os oito operadores originais (visão geral)*

Comentários sobre o livro

"O livro de C. J. Date é o marco da teoria relacional e do tratamento matemático em geral... além de ser o líder disparado na discussão sobre os padrões da SQL. Ele exerce muito mais zelo pela linguagem cuidadosa e pela importância dos conceitos e princípios necessários para dominar essa área."

Carl Eckberg, *Universidade Estadual em San Diego*

"A 8ª Edição é uma apresentação excelente e abrangente da área de banco de dados contemporâneo. Particularmente, os capítulos onde Date discute sobre tipos, relações, bancos de dados de objeto e sistemas relacional/objeto oferecem, em conjunto, uma exposição excepcionalmente clara e autocontida a respeito da abordagem relacional/objeto dos bancos de dados."

Martin K. Solomon, *Universidade Atlantic da Flórida*

"Chris Date é o mais respeitado especialista e pensador sobre tecnologia de bancos de dados do setor de informática, e seu livro *Introdução a Sistemas de Bancos de Dados* continua sendo o trabalho definitivo para todos aqueles que desejam um manual completo e atualizado sobre sistemas de bancos de dados."

Colin J. White, *Presidente da Intelligent Business Strategies*

"Esta é a melhor explicação sobre concorrência que eu já vi na literatura, e inclui toda a base necessária."

Bruce O. Larsen, *Instituto de Tecnologia Stevens*

"Leitura obrigatória e referência indispensável. Nenhum profissional de sistemas de informações ou de bancos de dados pode abrir mão deste livro."

Declan Brady, MICS, *Arquiteto de sistemas e especialista em bancos de dados, Fujitsu*

"As profundas ideias do autor sobre o assunto, o tratamento informal de tópicos avançados, as discussões abertas de assuntos críticos, um conteúdo completo e atualizado e as anotações detalhadas sobre a bibliografia fazem deste livro a obra mais popular na área de bancos de dados há mais de duas décadas."

Qiang Zhu, *Universidade de Michigan em Dearborn*

"O maior atrativo deste livro é a sua abrangência e o fato de ser bastante atualizado em relação ao desenvolvimento das pesquisas. Esse último fator se deve principalmente ao envolvimento de Date com essas pesquisas, o que lhe dá uma oportunidade única para escrever sobre elas."

David Livingstone, *Universidade de Northumbria, Newcastle*

*Este livro é dedicado a minha esposa Lindy
e à memória de minha mãe, Rene.*

*Também o dedico à memória de Ted Codd, que,
lamentavelmente, faleceu durante a produção deste livro.*

Os que não conseguem se lembrar do passado
estão condenados a repeti-lo.

Normalmente citado da seguinte forma:

Os que não conhecem a história estão condenados a repeti-la.

– George Santayana

Gostaria de ver a ciência de computação sendo ensinada
deliberadamente com uma perspectiva histórica...
Os alunos precisam entender como chegamos à situação
atual, o que foi experimentado, o que funcionou e o que
não funcionou, e também como as melhorias no hardware
permitiram o progresso. A presença desse elemento em seu
treinamento faz com que as pessoas enfrentem cada
problema a partir dos princípios básicos. Elas estão aptas
a oferecer soluções que foram desejadas no passado.
Ao invés de apoiar nos ombros de seus
precursores, elas tentam ter êxito sozinhas.

– Maurice V. Wilkes

O Autor

C. J. Date é escritor, conferencista, pesquisador e consultor independente, especializado em tecnologias de bancos de dados relacionais. Mora em Healdsburg, Califórnia, Estados Unidos.

Em 1967, após vários anos trabalhando com programação matemática e como professor de programação na Leo Computers Ltd. (Londres, Inglaterra), Date foi para os laboratórios de desenvolvimento da IBM no Reino Unido, onde trabalhou na integração da funcionalidade de bancos de dados em PL/I. Em 1974, transferiu-se para o centro de desenvolvimento de sistemas da IBM na Califórnia, onde era responsável pelo projeto de uma linguagem de bancos de dados conhecida como UDL (Unified Database Language – linguagem unificada de banco de dados), e atuou no planejamento técnico e projeto de componentes externos para os produtos da IBM SQL/DS e DB2. Ele deixou a IBM em maio de 1983.

C. J. Date atua no setor de bancos de dados há mais de 30 anos. Foi uma das primeiras pessoas em todo o mundo a reconhecer o significado do trabalho pioneiro de Codd sobre o modelo relacional. Ele realiza muitas conferências sobre assuntos técnicos – principalmente tópicos a respeito de bancos de dados e, em especial, bancos de dados relacionais – em toda a América do Norte e também na Europa, Austrália, América Latina e Extremo Oriente. Além deste livro, Date é autor e coautor de vários outros livros sobre bancos de dados, inclusive *Temporal Data and the Relational Model* (2003, Morgan Kaufmann) e, pela Addison-Wesley: *Foundation for Future Database Systems: The Third Manifesto* (2ª edição, 2000), uma proposta detalhada para a orientação futura nessa área; *Database: A Primer* (1983), que trata de sistemas de bancos de dados sob o ponto de vista do não especialista; uma série de livros intitulada *Relational Database Writings* (1986, 1990, 1992, 1995, 1998), que trata em profundidade de vários aspectos da tecnologia relacional; e outra série de livros sobre sistemas e linguagens específicas – *A Guide to DB2* (4ª edição, 1993), *A Guide to SYBASE and SQL Server* (1992), *A Guide to SQL/DS* (1998), *A Guide to INGRES* (1987) e *A Guide to the SQL Standard* (4ª edição, 1997). Seus livros foram traduzidos para vários idiomas, inclusive alemão, braile, chinês, coreano, espanhol, francês, grego, holandês, italiano, japonês, polonês, português e russo.

C. J. Date também publicou mais de 300 artigos técnicos e trabalhos de pesquisa, e fez várias contribuições originais para a teoria de bancos de dados. Há vários anos, é colunista regular da revista *Database Programming & Design*. Também é colaborador regular do Web site *http://dbdebunk.com*. Seus seminários profissionais sobre tecnologia de bancos de dados (oferecidos tanto na América do Norte quanto em outros continentes) são considerados altamente originais pela qualidade do material e pela clareza com que expõe o assunto.

Date possui o título de professor honorário de matemática da Universidade de Cambridge, Inglaterra (BA em 1962, MA em 1966) e o título honorário de doutor em tecnologia da Universidade de De Montfort, Inglaterra (1994).

Sumário

Prefácio à oitava edição   xix

PARTE I   CONCEITOS BÁSICOS   1

CAPÍTULO 1   **Visão geral do gerenciamento de bancos de dados**   3

1.1 Introdução   3
1.2 O que é um sistema de banco de dados?   6
1.3 O que é um banco de dados?   10
1.4 Por que banco de dados?   15
1.5 Independência de dados   18
1.6 Sistemas relacionais e outros sistemas   23
1.7 Resumo   25
Exercícios   26
Referências e bibliografia   27

CAPÍTULO 2   **Arquitetura de sistemas de bancos de dados**   28

2.1 Introdução   28
2.2 Os três níveis da arquitetura   29
2.3 O nível externo   31
2.4 O nível conceitual   33
2.5 O nível interno   34
2.6 Mapeamentos   35
2.7 O administrador do banco de dados   35
2.8 O sistema de gerenciamento de bancos de dados   37
2.9 Comunicações de dados   40
2.10 Arquitetura cliente/servidor   41
2.11 Utilitários   43
2.12 Processamento distribuído   43
2.13 Resumo   46
Exercícios   47
Referências e bibliografia   48

CAPÍTULO 3   **Introdução aos bancos de dados relacionais**   50

3.1 Introdução   50
3.2 Uma olhada informal do modelo relacional   50
3.3 Relações e RelVars   54
3.4 O que significam as relações   56
3.5 Otimização   58
3.6 O catálogo   60
3.7 RelVars básicas e visões   61
3.8 Transações   64

3.9 O banco de dados de fornecedores e peças   65
3.10 Resumo   67
Exercícios   68
Referências e bibliografia   69

CAPÍTULO 4   **Uma introdução à SQL**   **71**

4.1 Introdução   71
4.2 Visão geral   72
4.3 O catálogo   74
4.4 Visões   76
4.5 Transações   76
4.6 SQL embutida   76
4.7 SQL dinâmica e SQL/CLI   82
4.8 A SQL não é perfeita   85
4.9 Resumo   85
Exercícios   86
Referências e bibliografia   87

PARTE II   O MODELO RELACIONAL   93

CAPÍTULO 5   **Tipos   95**

5.1 introdução   95
5.2 Valores *versus* variáveis   96
5.3 Tipos *versus* representações   98
5.4 Definição de tipo   102
5.5 Operadores   104
5.6 Geradores de tipos   109
5.7 Recursos de SQL   110
5.8 Resumo   118
Exercícios   118
Referência e bibliografia   120

CAPÍTULO 6   **Relações   121**

6.1 Introdução   121
6.2 Tuplas   121
6.3 Tipos de relações   125
6.4 Valores de relações   127
6.5 Variáveis de relação   134
6.6 Recursos de SQL   139
6.7 Resumo   144
Exercícios   146
Referências e bibliografia   147

CAPÍTULO 7   **Álgebra relacional   150**

7.1 Introdução   150
7.2 Revendo o fechamento   152
7.3 A álgebra original: sintaxe   154
7.4 A álgebra original: semântica   156
7.5 Exemplos   164
7.6 Para que serve a álgebra?   166

7.7 Pontos avançados   168
7.8 Operadores adicionais   169
7.9 Agrupamento e desagrupamento   176
7.10 Resumo   178
Exercícios   179
Referências e bibliografia   182

CAPÍTULO 8   Cálculo relacional   184

8.1 Introdução   184
8.2 Cálculo de tuplas   186
8.3 Exemplos   192
8.4 Cálculo *versus* álgebra   195
8.5 Capacidades computacionais   198
8.6 Recursos de SQL   199
8.7 Cálculo de domínios   208
8.8 Query-by-example   210
8.9 Resumo   214
Exercícios   215
Referências e bibliografia   217

CAPÍTULO 9   Integridade   219

9.1 Introdução   219
9.2 Olhando mais de perto   221
9.3 Predicados e proposições   224
9.4 Predicados de RelVar e predicados de banco de dados   225
9.5 Verificando as restrições   225
9.6 Predicados internos e externos   227
9.7 Correção e consistência   228
9.8 Integridade e visões   229
9.9 Esquema de classificação de restrições   230
9.10 Chaves   232
9.11 Triggers (um desvio)   240
9.12 Recursos de SQL   242
9.13 Resumo   246
Exercícios   247
Referências e bibliografia   250

CAPÍTULO 10   Visões   256

10.1 Introdução   256
10.2 Para que servem as visões?   259
10.3 Busca em visões   262
10.4 Atualizações de visões   262
10.5 Snapshots (um desvio)   275
10.6 Recursos de SQL   277
10.7 Resumo   280
Exercícios   280
Referências e bibliografia   282

PARTE III   PROJETO DE BANCOS DE DADOS   285

CAPÍTULO 11   Dependências funcionais   289

11.1 Introdução   289
11.2 Definições básicas   290
11.3 Dependências triviais e não triviais   292
11.4 Fecho de um conjunto de dependências   293
11.5 Fecho de um conjunto de atributos   294
11.6 Conjuntos irredutíveis de dependências   296
11.7 Resumo   297
Exercícios   298
Referências e bibliografia   300

CAPÍTULO 12   Normalização avançada I: 1FN, 2FN, 3FN, FNBC   302

12.1 Introdução   302
12.2 Decomposição sem perdas e dependências funcionais   306
12.3 Primeira, segunda e terceira formas normais   308
12.4 Preservação de dependências   315
12.5 Forma normal de boyce/codd (FNBC)   317
12.6 Uma observação sobre atributos com relação como valor   321
12.7 Resumo   323
Exercícios   324
Referências e bibliografia   326

CAPÍTULO 13   Normalização avançada II: formas normais maiores   328

13.1 Introdução   328
13.2 Dependências multivaloradas e quarta forma normal   329
13.3 Dependências de junção e quinta forma normal   332
13.4 O procedimento de normalização em resumo   336
13.5 Uma observação sobre desnormalização   338
13.6 Projeto ortogonal (um desvio)   340
13.7 Outras formas normais   343
13.8 Resumo   344
Exercícios   345
Referências e bibliografia   345

CAPÍTULO 14   Modelagem semântica   351

14.1 Introdução   351
14.2 A abordagem geral   353
14.3 O modelo E/R   355
14.4 Diagramas E/R   358
14.5 Projeto de bancos de dados com o modelo E/R   360
14.6 Uma breve análise   364
14.7 Resumo   366
Exercícios   368
Referências e bibliografia   368

PARTE IV GERENCIAMENTO DE TRANSAÇÕES 379

CAPÍTULO 15 Recuperação 381

15.1 Introdução 381
15.2 Transações 382
15.3 Recuperação de transações 385
15.4 Recuperação do sistema 387
15.5 Recuperação da mídia 390
15.6 COMMIT de duas fases 390
15.7 Savepoints (um desvio) 391
15.8 Recursos de SQL 392
15.9 Resumo 392
Exercícios 393
Referências e bibliografia 394

CAPÍTULO 16 Concorrência 398

16.1 Introdução 398
16.2 Três problemas de concorrência 399
16.3 Bloqueio 402
16.4 Uma revisão dos três problemas de concorrência 403
16.5 Impasse (Deadlock) 406
16.6 Seriabilidade 407
16.7 Revendo a recuperação 409
16.8 Níveis de isolamento 410
16.9 Intenção de bloqueio 412
16.10 Objeções às propriedades ACID 415
16.11 Recursos de SQL 419
16.12 Resumo 420
Exercícios 421
Referências e bibliografia 422

PARTE V TÓPICOS ADICIONAIS 429

CAPÍTULO 17 Segurança 431

17.1 Introdução 431
17.2 Controle de acesso discriminatório 433
17.3 Controle de acesso mandatário 438
17.4 Bancos de dados estatísticos 440
17.5 Criptografia de dados 445
17.6 Recursos de SQL 449
17.7 Resumo 452
Exercícios 453
Referências e bibliografia 454

CAPÍTULO 18 Otimização 456

18.1 Introdução 456
18.2 Um exemplo motivador 458
18.3 Visão geral do processamento de consultas 459
18.4 Transformação de expressões 462

18.5 Estatísticas de bancos de dados   467
18.6 Uma estratégia de dividir e conquistar   468
18.7 Implementação de operadores relacionais   471
18.8 Resumo   475
Exercícios   476
Referências e bibliografia   478

CAPÍTULO 19   Falta de informações   493

19.1 Introdução   493
19.2 Visão geral da abordagem 3VL   495
19.3 Consequências do esquema anterior   499
19.4 Nulls e chaves   502
19.5 Junção externa (um desvio)   504
19.6 Valores especiais   506
19.7 Recursos de SQL   507
19.8 Resumo   511
Exercícios   512
Referências e bibliografia   514

CAPÍTULO 20   Herança de tipo   518

20.1 Introdução   518
20.2 Hierarquia de tipos   522
20.3 Polimorfismo e possibilidade de substituição   525
20.4 Variáveis e atribuições   528
20.5 Especialização por restrição   531
20.6 Comparações   533
20.7 Operadores, versões e assinaturas   536
20.8 Um círculo é uma elipse?   540
20.9 Revisão da especialização por restrição   543
20.10 Recursos de SQL   544
20.11 Resumo   548
Exercícios   550
Referências e bibliografia   551

CAPÍTULO 21   Bancos de dados distribuídos   554

21.1 Introdução   554
21.2 Algumas questões preliminares   555
21.3 Os 12 objetivos   558
21.4 Problemas de sistemas distribuídos   565
21.5 Sistemas cliente/servidor   574
21.6 Independência do SGBD   577
21.7 Recursos de SQL   581
21.8 Resumo   582
Exercícios   583
Referências e bibliografia   583

CAPÍTULO 22   Apoio à decisão   590

22.1 Introdução   590
22.2 Aspectos do apoio à decisão   592
22.3 Projeto de bancos de dados para apoio à decisão   593
22.4 Preparação de dados   600

22.5 Data warehouses e data marts   603
22.6 Processamento analítico on-line (OLAP)   607
22.7 Mineração de dados   614
22.8 Recursos de SQL   615
22.9 Resumo   616
Exercícios   617
Referências e bibliografia   618

CAPÍTULO 23   Apoio à decisão   621

23.1 Introdução   621
23.2 Qual é o problema?   625
23.3 Intervalos   630
23.4 Empacotando e desempacotando relações   635
23.5 Generalizando os operadores relacionais   644
23.6 Projeto de banco de dados   648
23.7 Restrições de integridade   653
23.8 Resumo   658
Exercícios   659
Referências e bibliografia   660

CAPÍTULO 24   Sistemas baseados em lógica   662

24.1 Introdução   662
24.2 Visão geral   663
24.3 Cálculo proposicional   665
24.4 Cálculo de predicados   669
24.5 Uma visão de bancos de dados segundo a teoria da prova   675
24.6 Sistemas de bancos de dados dedutivos   678
24.7 Processamento de consultas recursivas   682
24.8 Resumo   687
Exercícios   689
Referências e bibliografia   690

PARTE VI   OBJETOS, RELAÇÕES E XML   695

CAPÍTULO 25   Sistemas baseados em lógica   697

25.1 Introdução   697
25.2 Objetos, classes, métodos e mensagens   701
25.3 Examinando mais de perto   705
25.4 Um exemplo do início ao fim   712
25.5 Questões diversas   720
25.6 Resumo   727
Exercícios   729
Referências e bibliografia   730

CAPÍTULO 26   Bancos de dados relacional/objeto   738

26.1 Introdução   738
26.2 O Primeiro Grande Erro   741
26.3 O Segundo Grande Erro   747
26.4 Questões de implementação   751
26.5 Benefícios da verdadeira *aproximação*   753

26.6 Recursos de SQL   754
26.7 Resumo   760
Exercícios   761
Referências e bibliografia   761

CAPÍTULO 27   A World Wide Web e XML   768

27.1 Introdução   768
27.2 A Web e a Internet   768
27.3 Visão geral da XML   770
27.4 Definição de dados da XML   780
27.5 Manipulação de dados da XML   788
27.6 XML e bancos de dados   795
27.7 Recursos de SQL   797
27.8 Resumo   801
Exercícios   803
Referências e bibliografia   805

PARTE VII   APÊNDICES   809

APÊNDICE A   O Modelo TransRelational™   811

A.1 Introdução   811
A.2 Três níveis de abstração   813
A.3 A ideia básica   815
A.4 Colunas condensadas   821
A.5 Colunas merged   824
A.6 Implementando os operadores relacionais   827
A.7 Resumo   832
Referências e bibliografia   832

APÊNDICE B   Expressões de SQL   833

B.1 Introdução   833
B.2 Expressões de tabelas   833
B.3 Expressões booleanas   839

APÊNDICE C   Abreviações, acrônimos e símbolos   843

Índice   851

Prefácio à oitava edição

Este livro é uma introdução de fácil compreensão à área (atualmente muito extensa) dos sistemas de bancos de dados. Ele oferece uma base sólida sobre os fundamentos da tecnologia de bancos de dados e apresenta algumas ideias a respeito de como essa área provavelmente se desenvolverá no futuro. O livro se destina principalmente a ser utilizado como livro texto, e não como um material de referência (embora eu acredite que também possa ser útil como uma referência, até certo ponto). A ênfase, no livro inteiro, está nas **ideias** e na **compreensão,** e não apenas em formalismos.

PRÉ-REQUISITOS

O livro como um todo se destina a qualquer pessoa que tenha algum tipo de interesse em informática e queira adquirir uma compreensão de sistemas de bancos de dados. Suponho que o leitor tenha pelo menos um conhecimento básico de:

- Recursos de armazenamento e gerenciamento de arquivos (indexação etc.) de um sistema de computador moderno;

- Características de pelo menos uma linguagem de programação em alto nível (Java, Pascal, PL/I etc.)

ESTRUTURA

Tenho que dizer que estou um tanto embaraçado com o tamanho deste livro. Porém, acontece que a área de tecnologia de bancos de dados tornou-se uma área muito vasta, e não é possível fazer-lhe justiça com menos de 900 páginas (na realidade, a maioria dos concorrentes deste livro também contém cerca de 900 páginas). Sendo assim, o livro se divide em seis partes principais:

I. Conceitos básicos

II. O modelo relacional

III. Projeto de bancos de dados

IV. Gerenciamento de transações

V. Tópicos adicionais

VI. Objetos, relações e XML

Cada parte, por sua vez, é dividida em vários capítulos:

- A **Parte I**, formada por quatro capítulos, oferece uma ampla introdução aos conceitos básicos dos sistemas de bancos de dados em geral e, especificamente, dos sistemas relacionais. Ela também possui uma introdução à linguagem padrão de bancos de dados, a **SQL**.

- A **Parte II** traz seis capítulos e consiste em uma descrição detalhada e cuidadosa do **modelo relacional,** que não apenas é a base teórica por trás do sistema relacional mas, na verdade, é a base teórica para todo a área de bancos de dados.

- A **Parte III**, com quatro capítulos, discute a questão geral do **projeto de bancos de dados**; três capítulos são dedicados à teoria do projeto, e o quarto aborda a modelagem semântica e o modelo de entidades/relacionamentos.

- A **Parte IV**, traz dois capítulos e trata do **gerenciamento de transações** (ou seja, a recuperação e o controle da concorrência).

- A **Parte V**, dividida em oito capítulos, é um *potpourri*. Em geral, porém, ela mostra como os conceitos relacionais são relevantes a diversos aspectos complementares da tecnologia de bancos de dados – **segurança, bancos de dados distribuídos, dados temporais, apoio à decisão** e assim por diante.

- A **Parte VI**, formada por três capítulos, descreve o impacto da **tecnologia de objetos** sobre os sistemas de bancos de dados. O Capítulo 25 descreve os **sistemas de objetos** especificamente; o Capítulo 26 considera a possibilidade de uma *reaproximação* entre as tecnologias relacional e orientada a objeto, e examina os sistemas **relacional/objeto**; e o Capítulo 27 fala a respeito dos bancos de dados de **XML**.

Além das partes principais, há também três apêndices. O primeiro é uma visão geral de uma nova e fantástica tecnologia de implementação, totalmente diferente, chamada **O Modelo TransRelational**™; o segundo oferece uma **gramática BNF** para as expressões SQL; o terceiro contém um **glossário** de abreviaturas, siglas e símbolos apresentados no texto principal; e o quarto, como já explicamos, é um guia on-line sobre **estruturas de armazenamento e métodos de acesso**.

COMO LER ESTE LIVRO

De modo geral, o livro deve ser lido mais ou menos na sequência em que foi escrito, mas, se preferir, você poderá saltar os últimos capítulos e as últimas seções dentro de cada capítulo. Um plano sugerido para uma primeira leitura seria:

- Ler os Capítulos 1 e 2 "superficialmente".

- Ler os Capítulos 3 e 4 cuidadosamente (exceto, talvez, as Seções 4.6 e 4.7).

- Ler o Capítulo 5 "superficialmente".

- Ler os Capítulos 6, 7, 9 e 10 cuidadosamente, mas saltar o Capítulo 8 (exceto, talvez, a Seção 8.6, sobre SQL).

- Ler o Capítulo 11 "superficialmente".

- Ler os Capítulos 12 e 14 cuidadosamente,[1] mas saltar o Capítulo 13.

- Ler os Capítulos 15 e 16 cuidadosamente (exceto, talvez, a Seção 15.6, sobre COMMIT de duas fases).

- Ler os capítulos seguintes de maneira seletiva (porém, em sequência), de acordo com seu gosto e interesse.

Cada capítulo começa com uma introdução e termina com um resumo; além disso, a maioria dos capítulos inclui exercícios. A maior parte dos capítulos também inclui uma grande lista de referências, muitas delas contendo anotações. A estrutura permite que o assunto seja tratado em vários níveis, com os conceitos e resultados mais importantes sendo apresentados "em linha" no corpo principal do texto, e diversas questões secundárias e aspectos mais complexos sendo adiados para exercícios ou respostas ou referências (conforme o caso). *Nota:* As referências são identificadas por números em duas partes, entre colchetes. Por exemplo, a referência "[3.1]" refere-se ao primeiro item na lista de referências ao final do Capítulo 3: especificamente, um artigo de E. F. Codd publicado em *CACM*, vol. 25, nº 2, em fevereiro de 1982. (Para ver uma explicação das abreviaturas utilizadas nas referências – por exemplo, "CACM" –, consulte o Apêndice C.)

---

[1]Você também poderia ler o Capítulo 14 antes disso, possivelmente logo após a leitura do Capítulo 4.

COMPARAÇÃO COM EDIÇÕES ANTERIORES

Podemos resumir as diferenças mais importantes entre esta edição e sua antecessora da seguinte maneira:

- *Parte I:* Os Capítulos de 1 a 4 abordam, de modo geral, os mesmos assuntos dos Capítulos de 1 a 4 da sétima edição, mas foram significativamente revisados, até os mínimos detalhes. Particularmente, o Capítulo 4, que apresenta a linguagem SQL, foi atualizado até o nível do padrão SQL atual: 1999, pois realmente possui a base para a SQL no livro inteiro. (Esse fato, por si só, ocasionou grandes revisões em mais de metade dos capítulos em relação à edição anterior.) *Nota:* Recursos que provavelmente serão incluídos na próxima versão do padrão – que possivelmente será ratificado no final de 2003 – também são mencionados, onde for apropriado.

- *Parte II:* Os Capítulos de 5 a 10 (sobre o modelo relacional) são uma versão totalmente reescrita, consideravelmente expandida e bastante melhorada dos Capítulos de 5 a 9 da sétima edição. Particularmente, o material sobre tipos – também conhecidos como domínios – foi expandido para um capítulo isolado (o Capítulo 5), e o material sobre integridade (Capítulo 9) foi completamente reestruturado e reconsiderado. Devo informar que as mudanças nesses capítulos não representam mudanças nos conceitos básicos, mas sim, mudanças no modo como decidi apresentá-los, com base na minha experiência de ensino desse material em apresentações ao vivo.

  Nota: Precisamos dar algumas outras explicações nesse ponto. Outras edições do livro usaram SQL como uma base para o ensino dos conceitos relacionais, acreditando que seria mais fácil, para o aluno, mostrar o concreto antes do abstrato. Contudo, infelizmente, o abismo entre a SQL e o modelo relacional cresceu e continuou a crescer tanto que agora considero que seria um equívoco usar a SQL para tal finalidade. A triste verdade é que a SQL, em sua forma atual, está tão longe de ser uma incorporação verdadeira dos princípios relacionais – ela sofre de muitos pecados, de omissão e comissão – que, francamente, preferiria nem discutir a respeito dela! Porém, a linguagem SQL obviamente é importante do ponto de vista comercial; assim, todo profissional de bancos de dados precisa ter uma certa familiaridade com ela, e simplesmente não seria apropriado ignorá-la em um livro dessa natureza. Por essa razão, preferi usar a estratégia de incluir (a) um capítulo sobre fundamentos de SQL na Parte I do livro e (b) seções individuais em outros capítulos, onde forem necessárias, descrevendo os aspectos da SQL específicos ao tema do capítulo em questão. Desse modo, o livro continua a oferecer uma cobertura abrangente – na realidade, extensiva – do material sobre SQL, mas em um contexto que acredito ser mais apropriado.

- *Parte III:* Os Capítulos de 11 a 14 são, em sua maior parte, uma revisão superficial dos Capítulos de 10 a 13 da sétima edição. Porém, existem melhorias em toda a parte, até os mínimos detalhes.

  Nota: Novamente, uma explicação é necessária nesse ponto. Alguns revisores das edições anteriores reclamaram que as questões de projeto de bancos de dados estavam sendo tratadas muito tarde. Porém, acredito que os alunos não estão preparados para projetar bancos de dados de forma apropriada, ou para apreciar totalmente as questões relacionadas ao projeto, até que compreendam melhor o que são os bancos de dados e como eles são empregados; em outras palavras, acredito que é importante dedicar algum tempo no modelo relacional e em questões relacionadas antes de expor o aluno a questões de projeto. Assim, continuo acreditando que a Parte III está no lugar certo. (Dito isso, reconheço que muitos professores preferem tratar o material sobre entidades/relacionamentos muito mais cedo. Para tanto, tentei tornar o Capítulo 14 mais ou menos autocontido, de modo que eles possam usá-lo, digamos, imediatamente depois do Capítulo 4.)

- *Parte IV:* Os dois capítulos dessa parte, os Capítulos 15 e 16, são versões completamente reescritas, estendidas e melhoradas dos Capítulos 14 e 15 da sétima edição. Particularmente, o Capítulo 16 agora inclui uma análise cuidadosa e algumas conclusões não ortodoxas com relação às chamadas propriedades ACID das transações.

- *Parte V:* O Capítulo 20, sobre herança de tipo, e o Capítulo 23, sobre bancos de dados temporais, foram totalmente reescritos para refletir a pesquisa e os desenvolvimentos recentes nessas áreas. As revisões dos outros capítulos são superficiais, embora existam melhorias nas explicações e nos exemplos por toda a parte, com algum material novo em determinados pontos.

- *Parte VI:* Os Capítulos 25 e 26 são versões melhoradas e expandidas dos Capítulos 24 e 25 da edição anterior. O Capítulo 27 é totalmente novo.

Por fim, o Apêndice A também é novo, enquanto os Apêndices B e C são versões revisadas dos Apêndices A e C, respectivamente, da sétima edição (o material do antigo Apêndice B foi incorporado ao texto principal do livro).

O QUE TORNA ESTE LIVRO DIFERENTE?

Cada livro sobre banco de dados existente no mercado possui seus próprios pontos fortes e deficiências, e cada escritor possui seu próprio estilo. Um autor se concentra em termos relacionados a gerenciamento de transação; outro enfatiza a modelagem de entidades/relacionamentos; outro observa tudo pelas lentes da SQL; ainda outro tem um ponto de vista puramente de "objetos"; outro vê a área exclusivamente em termos de algum produto comercial; e assim por diante. Naturalmente, eu não seria uma exceção a essa regra – também tenho meu estilo pessoal: aquilo que poderia ser chamado de estilo de **alicerce**. Acredito firmemente que precisamos ter um alicerce bem sólido, entendê-lo corretamente, antes de tentarmos construir algo sobre esse alicerce. Da minha parte, essa crença explica a forte ênfase deste livro quanto ao modelo relacional; particularmente, isso explica o tamanho da Parte II – a parte mais importante do livro –, onde apresento minha própria maneira de entender o modelo relacional, da forma mais cuidadosa possível. Estou interessado nos alicerces, não em modismos e produtos. Produtos mudam o tempo todo, mas os princípios permanecem.

Com relação a isso, gostaria de chamar sua atenção para o fato de que existem vários tópicos (tipo "alicerce") importantes para os quais este livro, praticamente isolado entre a concorrência, inclui um capítulo inteiro e detalhado (ou um apêndice, em um caso). Os tópicos em questão são:

- Tipos

- Integridade

- Visões

- Falta de informações

- Herança

- Bancos de dados temporais

- O modelo TransRelational™

Nesse contexto (a importância dos alicerces), tenho que admitir que o tom geral deste livro mudou com o passar dos anos. As primeiras edições tinham uma natureza mais descritiva. Elas mostravam a área como ela era na prática, sem retoques. Ao contrário, as últimas edições foram muito mais *prescritivas*; elas tratam do modo como a área *devia* ser e sobre a maneira como ela deverá se desenvolver no futuro, se fizermos as coisas certas. E esta oitava edição certamente é prescritiva nesse sentido (de modo que é um livro-texto com uma postura!). Como a primeira parte do "fazer as coisas certas" é educar a si mesmo de modo seguro sobre quais são realmente essas coisas certas, espero que esta nova edição possa ajudar nesse esforço.

Ainda existe outro ponto relacionado: Como você deve saber, recentemente publiquei, juntamente com meu colega Hugh Darwen, outro livro "prescritivo", *Foundation for Future Database Systems: The Third Manifesto* (referência [3.3] neste livro).[2] Esse livro, que chamamos de *The Third Manifesto* ou *Mani-*

---

[2]Existe também um Web site: *http://www.thethirdmanifesto.com*. Para obter muito material relacionado, consulte também *http://www.dbdebunk.com*.

festo, para abreviar, foi baseado no modelo relacionado para oferecer uma proposta técnica detalhada para os sistemas de bancos de dados do futuro; ele é o resultado de muitos anos ensinando e meditando a respeito de tais assuntos, por parte de Hugh e de mim mesmo. Assim, não é de se estranhar que as ideias do *Manifesto* estejam entremeadas neste livro. Isso não quer dizer que o *Manifesto* seja um pré-requisito para a leitura deste livro – não é o caso; porém, ele *é* diretamente relevante para grande parte do que será visto neste livro, e outras informações relacionadas poderão ser encontradas nele.

Nota: A referência [3.3] usa uma linguagem chamada **Tutorial D** para fins ilustrativos e este livro faz o mesmo. A sintaxe e a semântica do **Tutorial D** deverão ser mais ou menos autoexplicativas (a linguagem poderia ser caracterizada como "um tipo de Pascal"), mas os recursos individuais são explicados quando forem usados pela primeira vez, se tais explicações forem necessárias.

UM COMENTÁRIO FINAL

Gostaria de encerrar este prefácio com o seguinte texto, extraído de outro prefácio – o próprio prefácio de Bertrand Russell, em *The Bertrand Russell Dictionary of Mind, Matter and Morals* (ed. Lester E. Denonn), Citadel Press, 1993, reproduzido aqui com permissão:

Tenho sido acusado do hábito de mudar minhas opiniões... Eu mesmo não tenho nenhuma vergonha [desse hábito]. Que físico que estivesse em atividade no ano de 1900 sonharia em se vangloriar de que suas opiniões não mudaram durante o último meio século?... A espécie de filosofia a que dou valor e tenho tentado perseguir é científica, no sentido de haver algum conhecimento definido a ser obtido e de que novas descobertas podem tornar inevitável, a qualquer mente sincera, o reconhecimento de erros anteriores. Pelo que tenha dito, mais cedo ou mais tarde, não afirmo o tipo de verdade que os teólogos afirmam para seus credos. Afirmo apenas, na melhor das hipóteses, que a opinião expressa era sensata em seu tempo... Ficaria muito surpreso se a pesquisa subsequente não mostrasse que precisava ser modificada. [Tais opiniões] não pretendiam ser pronunciamentos pontificais, apenas eram o melhor que eu podia dizer na ocasião, a fim de promover um pensamento claro e preciso. Clareza, acima de tudo, tem sido meu alvo.

Se você comparar edições anteriores deste livro com esta oitava edição, descobrirá que eu também mudei de opinião sobre muitas questões (e sem dúvida continuarei a fazê-lo). Espero que você aceite os comentários que acabam de ser citados como justificativa adequada para esse estado de coisas. Compartilho a percepção de Bertrand Russell quanto à área da pesquisa científica, mas ele exprime essa percepção de modo muito mais eloquente do que poderia fazer.

AGRADECIMENTOS

Mais uma vez, é um prazer reconhecer minha dívida para com as muitas pessoas envolvidas, direta ou indiretamente, na produção deste livro:

- Em primeiro lugar, devo agradecer a meus amigos David McGoveran e Nick Tindall, por seu grande envolvimento nesta edição; David colaborou com o primeiro esboço do Capítulo 22, sobre apoio à decisão, e Nick colaborou com o primeiro esboço do Capítulo 27, sobre XML. Também devo agradeceu a meu amigo e colega Hugh Darwen, pela grande ajuda (de diversas formas) com todas as partes da SQL do original desta edição. Nagraj Alur e Fabian Pascal também me ofereceram muito material de base técnica. Um voto de gratidão especial vai para Steve Tarin, por inventar a tecnologia descrita no Apêndice A e por sua ajuda ao fazer-me entendê-la por completo.

- Em segundo lugar, o texto se beneficiou dos comentários dos alunos dos seminários que venho ministrando nos últimos anos. Ele também se beneficiou bastante dos comentários e da discussão com diversos amigos e revisores, incluindo Hugh Darwen, da IBM; Guy de Tré, da Universidade de Ghent; Carl Eckberg, da Universidade Estadual em San Diego; Chen Hsu, do Instituto Politécnico de Rensselaer; Abdul-Rahman Itani, da Universidade de Michigan, em Dearborn; Vijay Kanabar, da Universidade de Boston; Bruce O. Larsen, do Instituto de Tecnologia Stevens; David Livingstone, da Universidade de

Northumbria, em Newcastle; David McGoveran, da Alternative Technologies; Steve Miller, da IBM; Fabian Pascal, consultor independente; Martin K. Solomon, da Universidade Atlantic da Flórida; Steve Tarin, da Required Technologies; e Nick Tindall, da IBM. Cada uma dessas pessoas revisou pelo menos uma parte do original desta edição ou colocou à disposição algum material técnico, ou me ajudou de alguma outra maneira a encontrar respostas para minhas muitas dúvidas técnicas – por isso, sou imensamente grato a todos eles.

- Também gostaria de agradecer a minha esposa Lindy, por colaborar mais uma vez no trabalho de arte da capa, e também por seu apoio durante este e de todos os meus outros projetos relacionados a bancos de dados, por todos esses anos.

- Finalmente, sou grato (como sempre) a todo o pessoal da Addison-Wesley – especialmente a Maite Suarez-Rivas e Katherine Harutunian – por todo o incentivo e apoio durante este projeto, e ainda à minha gerente de projeto, Elisabeth Beller, por outro trabalho maravilhoso.

C. J. Date
Healdsburg, Califórnia
2003

PARTE I

CONCEITOS BÁSICOS

A Parte I consiste em quatro capítulos introdutórios:

- O Capítulo 1 define o cenário, explicando o que é um banco de dados e por que os sistemas de bancos de dados são desejáveis. Ele também explica resumidamente a diferença entre sistemas relacionais e outros sistemas.

- Em seguida, o Capítulo 2 apresenta uma arquitetura geral para os sistemas de bancos de dados, denominada arquitetura ANSI/SPARC. Essa arquitetura serve como uma estrutura sobre a qual o restante do livro será montado.

- O Capítulo 3 apresenta uma visão geral a respeito dos sistemas relacionais (o objetivo é servir como uma rápida introdução às discussões muito mais abrangentes do mesmo assunto, na Parte II e em outras partes do livro). Ele também apresenta e explica o exemplo utilizado, o banco de dados de fornecedores e peças.

Finalmente, o Capítulo 4 apresenta a linguagem relacional padrão, denominada SQL (mais precisamente, SQL:1999).

CAPÍTULO 1

Visão geral do gerenciamento de bancos de dados

1.1 Introdução

1.2 O que é um sistema de banco de dados?

1.3 O que é um banco de dados?

1.4 Por que banco de dados?

1.5 Independência de dados

1.6 Sistemas relacionais e outros sistemas

1.7 Resumo

Exercícios

Referências e bibliografia

1.1 INTRODUÇÃO

Um **sistema de banco de dados** é basicamente apenas um *sistema computadorizado de manutenção de registros*. O **banco de dados**, por si só, pode ser considerado como o equivalente eletrônico de um armário de arquivamento; ou seja, ele é um repositório ou recipiente para uma coleção de arquivos de dados computadorizados. Os usuários de um sistema podem realizar (ou melhor, solicitar que o sistema realize) diversas operações envolvendo tais arquivos – por exemplo:

- Acrescentar novos arquivos ao banco de dados
- Inserir dados em arquivos existentes
- Buscar dados de arquivos existentes
- Excluir dados de arquivos existentes
- Alterar dados em arquivos existentes
- Remover arquivos existentes do banco de dados

A Figura 1.1 mostra um banco de dados muito pequeno, contendo apenas um arquivo, chamado ADEGA, que, por sua vez, contém dados referentes ao conteúdo de uma adega de vinhos. A Figura 1.2 mostra um exemplo de uma requisição de **busca** contra esse banco de dados, junto com os dados retornados por essa requisição. (Por todo este livro, mostramos requisições de banco de dados, nomes de arquivo e outros itens semelhantes em maiúsculas, para maior clareza. Na prática, geralmente é mais conveniente representar esses itens em minúsculas. A maior parte dos sistemas aceita as duas formas.) A Figura 1.3 oferece exemplos, todos mais ou menos autoexplicativos, de requisições **inserção, exclusão** e **alteração** sobre o banco de dados da adega de vinhos. Alguns exemplos de acréscimo e remoção de arquivos inteiros são dados em outros capítulos.

DEP#*	VINHO	PRODUTOR	ANO	GARRAFAS	PRONTO
2	Chardonnay	Buena Vista	2001	1	2003
3	Chardonnay	Geyser Peak	2001	5	2003
6	Chardonnay	Simi	2000	4	2002
12	Joh. Riesling	Jekel	2002	1	2003
21	Fumé Blanc	Ch. St. Jean	2001	4	2003
22	Fumé Blanc	Robt. Mondavi	2000	2	2002
30	Gewürztraminer	Ch. St. Jean	2002	3	2003
43	Cab. Sauvignon	Windsor	1995	12	2004
45	Cab. Sauvignon	Geyser Peak	1998	12	2006
48	Cab. Sauvignon	Robt. Mondavi	1997	12	2008
50	Pinot Noir	Gary Farrell	2000	3	2003
51	Pinot Noir	Fetzer	1997	3	2004
52	Pinot Noir	Dehlinger	1999	2	2002
58	Merlot	Clos du Bois	1998	9	2004
64	Zinfandel	Cline	1998	9	2007
72	Zinfandel	Rafanelli	1999	2	2007

FIGURA 1.1 *O banco de dados da adega de vinhos (arquivo ADEGA).*

```
Busca:
SELECT VINHO, DEP#, PRODUTOR
FROM    ADEGA
WHERE   PRONTO = 2004 ;
```

Resultado (mostrado, por exemplo, na tela do monitor):

VINHO	DEP#	PRODUTOR
Cab. Sauvignon	43	Windsor
Pinot Noir	51	Fetzer
Merlot	58	Clos du Bois

FIGURA 1.2 *Exemplo de busca.*

```
Inserção de novos dados:
INSERT
INTO    ADEGA ( DEP#, VINHO, PRODUTOR, ANO, GARRAFAS, PRONTO )
VALUES ( 53, 'Pinot Noir', 'Saintsbury', 2001, 6, 2005 ) ;
```

```
Exclusão de dados existentes:
DELETE
FROM    ADEGA
WHERE   DEP# = 2 ;
```

```
Alteração de dados existentes:
UPDATE ADEGA
SET     GARRAFAS = 4
WHERE   DEP# = 3 ;
```

FIGURA 1.3 *Exemplos de inserção, exclusão e alteração.*

---

*Nota do revisor técnico: "Dep" vem de "depósito".

Com os exemplos das Figuras de 1.1 a 1.3, surgem observações importantes:

1. Em primeiro lugar, as requisições (também chamadas *instruções, comandos* ou *operadores*) SELECT, INSERT, DELETE e UPDATE nas Figuras 1.2 e 1.3 são expressas em uma linguagem chamada **SQL**. Originalmente uma linguagem própria da IBM, SQL agora é um padrão internacional, aceito por praticamente todo produto disponível comercialmente; na verdade, o mercado estava totalmente dominado por produtos SQL quando este livro foi escrito. Logo, devido à sua importância comercial, o Capítulo 4 apresenta uma visão geral do padrão SQL, e outros capítulos incluem uma seção chamada "Recursos da SQL", que descreve os aspectos desse padrão que são pertinentes ao assunto do capítulo em questão.

   A propósito, o nome SQL significava originalmente *Structured Query Language* (linguagem de consulta estruturada) e se pronunciava como em "sequel" (síqual). Porém, agora que ela se tornou um padrão, o nome é apenas um nome – não é oficialmente uma abreviatura para coisa alguma – pronunciado oficialmente como "ésse-quê-éle". Adotaremos essa última pronúncia como padrão em todo o livro.

2. Observe, na Figura 1.3, que a SQL emprega a palavra-chave UPDATE com o significado específico de "alterar". Esse fato pode causar confusão, pois o termo *update* (atualizar) também é usado para se referir aos três operadores INSERT, DELETE e UPDATE, considerados como um grupo. Neste livro, vamos distinguir entre os dois significados usando minúsculas para o significado genérico e maiúsculas para fazer referência especificamente ao operador UPDATE.

   A propósito, você pode ter notado que agora usamos o termo *operador* e o termo *operação*. Estritamente falando, há uma diferença entre os dois (a *operação* é aquilo realizado quando o *operador* é invocado); porém, em discussões informais, os termos costumam ser usados com o mesmo significado.

3. Em SQL, arquivos computadorizados como ADEGA, da Figura 1.1, são chamados **tabelas** (por motivos óbvios); as **linhas** desse tipo de tabela podem ser consideradas como *registros* do arquivo, e as **colunas** podem ser consideradas como os *campos*. Neste livro, usaremos a terminologia de arquivos, registros e campos quando estivermos falando de sistemas de bancos de dados em geral (em sua maioria, apenas nos dois primeiros capítulos); usaremos a terminologia de tabelas, linhas e colunas quando estivermos falando sobre sistemas SQL em particular. (E, quando chegarmos às discussões mais formais no Capítulo 3 e em outras partes do livro, usaremos outro conjunto de termos: *relações, tuplas* e *atributos*, em vez de tabelas, linhas e colunas.)

4. Com relação à tabela ADEGA, por simplicidade, consideramos implicitamente que as colunas VINHO e PRODUTOR contêm dados de strings de caracteres e que todas as outras colunas contêm dados inteiros. Contudo, em geral, as colunas podem conter dados com qualquer complexidade. Por exemplo, poderíamos estender a tabela ADEGA para incluir outras colunas, como a seguir:

   - RÓTULO (fotografia do rótulo da garrafa de vinho)

   - CRÍTICA (texto da crítica de alguma revista de vinhos)

   - MAPA (mapa mostrando de onde vem o vinho)

   - NOTAS (gravação de áudio contendo nossas próprias notas sobre o sabor)

   e muitas outras coisas. Por motivos óbvios, a maior parte dos exemplos neste livro envolve apenas tipos de dados muito simples, mas não perca de vista o fato de que possibilidades mais exóticas sempre estão disponíveis. Examinaremos essa questão de **tipos de dados** de colunas com mais detalhes em outros capítulos (especialmente nos Capítulos 5, 6, 26 e 27).

5. A coluna DEP# de depósito constitui a **chave primária** para a tabela ADEGA (o que significa que nunca haverá duas linhas na tabela ADEGA com o mesmo valor de DEP#). Em determinadas figuras, usamos a *linha dupla* para indicar as colunas de chave primária, como na Figura 1.1.

Um último comentário para encerrar esta seção preliminar: embora uma compreensão deste capítulo e do seguinte seja necessária para uma percepção completa dos recursos e das capacidades de um sistema moderno de banco de dados, não podemos negar que o material é um pouco abstrato e bastante seco em alguns aspectos (além disso, ele tende a envolver uma grande quantidade de conceitos e termos que podem ser novos para você). Nos Capítulos 3 e 4, você encontrará um material muito menos abstrato e, portanto, talvez mais inteligível à primeira vista. Dessa forma, por enquanto, você pode preferir apenas dar uma passada superficial nestes dois primeiros capítulos, relendo-os cuidadosamente mais tarde, quando se tornarem mais relevantes aos tópicos que estiverem sendo estudados.

1.2 O QUE É UM SISTEMA DE BANCO DE DADOS?

Repetindo o que dissemos na seção anterior, um sistema de banco de dados é basicamente um sistema computadorizado de manutenção de registros; em outras palavras, é um sistema computadorizado cuja finalidade geral é armazenar informações e permitir que os usuários busquem e atualizem essas informações quando as solicitar. As informações em questão podem ser qualquer coisa que tenha algum significado ao indivíduo ou à organização a que o sistema deve servir – ou seja, qualquer coisa que seja necessária para auxiliar no processo geral das atividades desse indivíduo ou dessa organização.

A propósito, observe que tratamos os termos *dados* e *informações* como sinônimos neste livro. Alguns autores preferem distinguir entre os dois, usando *dados* para se referir ao que realmente é armazenado no banco de dados, e *informações* para se referir ao *significado* desses dados para determinado usuário. A distinção é claramente importante – tão importante que parece preferível torná-la explícita, onde for apropriado, em vez de contar com uma diferenciação, de certa forma arbitrária, entre dois termos basicamente sinônimos.

A Figura 1.4 é uma imagem simplificada de um sistema de banco de dados. Como a figura nos mostra, tal sistema envolve quatro componentes principais: **dados, hardware, software** e **usuários**. Examinaremos esses quatro componentes resumidamente a seguir. Depois, discutiremos sobre cada um deles com muito mais detalhes (exceto pelo componente do hardware, cujos detalhes estão, em sua maioria, além do escopo deste livro).

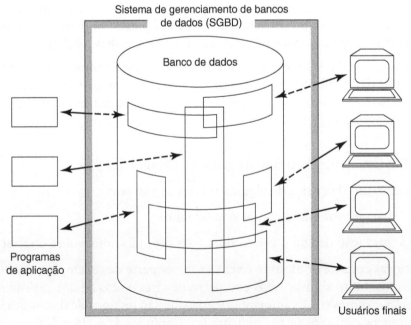

FIGURA 1.4 *Representação simplificada de um sistema de banco de dados.*

Dados

Os sistemas de bancos de dados estão disponíveis em máquinas que variam desde pequenos computadores de mão (hand-helds) ou computadores pessoais até os maiores mainframes ou clusters de computadores de grande porte. Nem é preciso dizer que os recursos fornecidos por qualquer sistema são determinados, até certo ponto, pelo tamanho e pela potência da máquina sendo utilizada. Particularmente, os sistemas em máquinas grandes ("sistemas grandes") costumam ser *multiusuários*, enquanto os que estão em máquinas menores ("sistemas pequenos") tendem a ser de *monousuário*. Um **sistema monousuário** é um sistema em que no máximo um usuário pode acessar o banco de dados em determinado momento; um **sistema multiusuário** é aquele em que muitos usuários podem acessar o banco de dados ao mesmo tempo. Conforme demonstrado pela Figura 1.4, neste livro, normalmente consideraremos o segundo caso, para generalizar; porém, na verdade, a distinção é irrelevante para a maioria dos usuários, pois um objetivo dos sistemas multiusuários, em geral, é que cada usuário se comporte como se estivesse trabalhando com um sistemas *monousuário*. Os problemas especiais dos sistemas multiusuários são, principalmente, problemas internos ao sistema, e não aqueles visíveis ao usuário (consulte a Parte IV deste livro, especialmente o Capítulo 16).

Agora, é conveniente supor, por questão de simplicidade, que a totalidade dos dados no sistema esteja armazenada em um único banco de dados, e normalmente faremos tal suposição neste livro, já que isso materialmente não afeta qualquer outra discussão a respeito do assunto. Na prática, porém, poderia haver bons motivos, até mesmo em um sistema pequeno, para que os dados estejam divididos em vários bancos de dados distintos. Veremos alguns desses motivos mais adiante, no Capítulo 2 e em outros lugares.

Portanto, de modo geral, os dados de um banco de dados – pelo menos, em um sistema grande – estarão *integrados* e também *compartilhados*. Conforme veremos na Seção 1.4, esses dois aspectos (integração de dados e compartilhamento de dados) representam uma vantagem importante dos sistemas de bancos de dados nos ambientes "grandes", e a integração de dados, pelo menos, pode ser significativa também em ambientes "pequenos". Naturalmente, também pode haver muitas outras vantagens, a serem discutidas mais adiante, até mesmo no ambiente pequeno. Porém, primeiro vamos explicar o que significam os termos *integrado* e *compartilhado*:

- Por **integrado**, queremos dizer que o banco de dados pode ser considerado como uma unificação de vários arquivos que, de outro modo, seriam distintos, com a eliminação de qualquer redundância parcial ou total entre esses arquivos. Por exemplo, determinado banco de dados poderia conter um arquivo FUNCIONÁRIO, oferecendo nomes, endereços, departamentos, salários e outros itens sobre os funcionários, e um arquivo MATRÍCULA, representando o recrutamento dos funcionários em cursos de treinamento (veja a Figura 1.5). Agora suponha que, para executar o processo de administração do curso de treinamento, seja necessário saber o departamento para cada aluno matriculado. Então, é claro que não é preciso incluir essa informação de forma redundante no arquivo MATRÍCULA, pois ela sempre poderá ser obtida pelo arquivo FUNCIONÁRIO.

FUNCIONÁRIO	NOME	ENDEREÇO	DEPARTAMENTO	SALÁRIO	...

MATRÍCULA	NOME	CURSO	...

FIGURA 1.5 *Os arquivos FUNCIONÁRIO e MATRÍCULA.*

- Por **compartilhado**, queremos dizer que o banco de dados pode ser compartilhado entre diferentes usuários, no sentido de que diferentes usuários podem ter acesso aos mesmos dados, possivelmente ao mesmo tempo ("acesso concorrente"). Tal compartilhamento, concorrente ou não, em parte é uma consequência do fato de que o banco de dados é integrado. Na Figura 1.5, por exemplo, a informação do departamento no arquivo FUNCIONÁRIO geralmente seria compartilhada pelos usuários no Departamento de Pessoal e pelos usuários no Departamento de Treinamento. (Um banco de dados que não é compartilhado no sentido deste exemplo às vezes é considerado "pessoal" ou "específico da aplicação".)

Outra consequência dos fatos mencionados – que o banco de dados é integrado e compartilhado – é que, normalmente, qualquer usuário só estará interessado em alguma parte pequena do banco de dados completo; além do mais, as partes de diferentes usuários poderão estar superpostas de várias maneiras. Em outras palavras, determinado banco de dados será percebido por diferentes usuários de diferentes maneiras. Na verdade, até mesmo quando dois usuários compartilham a mesma parte do banco de dados, suas visões dessa parte podem diferir bastante, em um nível detalhado. Esse último ponto é discutido com muito mais detalhes na Seção 1.5 e nos próximos capítulos (especialmente no Capítulo 10).

Teremos mais a dizer com relação à natureza do componente de dados do sistema na Seção 1.3.

Hardware

Os componentes de hardware do sistema consistem em:

- Volumes de armazenamento secundário – normalmente, discos magnéticos –, que são usados para manter os dados armazenados, juntamente com os dispositivos de E/S (entrada/saída) associados (unidades de disco etc.), controladores de dispositivos, canais de E/S e assim por diante.

- Processador(es) de hardware e memória principal associada, que são usados para dar suporte à execução do software do sistema de banco de dados (veja na próxima subseção).

Este livro não trata de muitos aspectos do hardware do sistema, pelos seguintes motivos, dentre outros: primeiro, esses aspectos formam um tópico importante por si mesmos; em segundo lugar, os problemas encontrados nessa área não são peculiares aos sistemas de banco de dados; em terceiro lugar, esses problemas já foram exaustivamente investigados e descritos em outros volumes.

Software

Entre o banco de dados físico – ou seja, os dados fisicamente armazenados – e os usuários do sistema existe uma camada de software, conhecida como **gerenciador de banco de dados** ou **servidor de banco de dados** ou, mais frequentemente, como **sistema de gerenciamento de bancos de dados** (SGBD). Todas as requisições de acesso ao banco de dados são tratadas pelo SGBD; os recursos esboçados na Seção 1.1 para acrescentar e remover arquivos (ou tabelas), buscar dados e atualizar dados em tais arquivos ou tabelas, e assim por diante, são facilidades fornecidas pelo SGBD. Uma função geral fornecida pelo SGBD é, portanto, a de *isolar os usuários do banco de dados dos detalhes no nível de hardware* (assim como os sistemas de linguagens de programação isolam os programadores de aplicações dos detalhes no nível de hardware). Em outras palavras, o SGBD oferece aos usuários uma visão do banco de dados um tanto elevada acima do nível de hardware, e ele admite operações do usuário (como as operações SQL, discutidas rapidamente na Seção 1.1) que são expressas em termos dessa visão de nível mais elevado. Discutiremos essa e outras funções do SGBD com muito mais detalhes no decorrer deste livro.

Algumas observações adicionais:

- O SGBD é, de longe, o componente de software mais importante de todo o sistema, mas não é o único. Outros componentes incluem utilitários, ferramentas de desenvolvimento de aplicações, recursos para auxiliar no projeto, geradores de relatórios e (mais importante) o *gerenciador de transações* ou *monitor de TP* (Transaction Processing – processamento de transações). Consulte os Capítulos 2, 3 e, especialmente, 15 e 16, para ver uma descrição melhor desses componentes.

- O termo *SGBD* também é usado para se referir genericamente a algum produto específico de algum fornecedor em particular – por exemplo, o produto DB2 Universal Database da IBM. O termo *instância do SGBD*, então, costuma ser usado para se referir à cópia específica de tal produto que está sendo executada em determinada instalação de computador. Como você certamente notará, às vezes é preciso distinguir cuidadosamente a diferença entre esses dois conceitos.

Dito isso, é preciso saber que o pessoal da área frequentemente usa o termo *banco de dados* quando, na realidade, quer se referir ao *SGBD* (em qualquer um dos sentidos explicados anteriormente). Aqui está um exemplo típico: "O banco de dados do vendedor *X* superou o banco de dados do fornecedor *Y* por um fator de dois para um". Esse uso é incorreto e desaconselhável, porém muito comum. (O problema é que, se chamarmos o SGBD de banco de dados, como será chamado o próprio banco de dados? *Cuidado, leitor!*)

Usuários

Consideramos três classes gerais (e um tanto superpostas) de usuários:

- Primeiro, há os **programadores de aplicações,** responsáveis pela escrita de programas de aplicações de bancos de dados em alguma linguagem de programação, como COBOL, PL/I, C++, Java ou alguma linguagem de alto nível de "quarta geração" (Consulte o Capítulo 2). Esses programas acessam o banco de dados emitindo a requisição apropriada (normalmente, uma instrução SQL) ao SGBD. Os programas propriamente ditos podem ser aplicações convencionais em batch ou, então, podem ser aplicações **on-line,** cuja finalidade é permitir que um usuário final – veja no próximo parágrafo – acesse o banco de dados interativamente (por exemplo, a partir de uma estação de trabalho ou terminal on-line, ou de um microcomputador). A maioria das aplicações modernas é do tipo on-line.

- Em seguida, existem os **usuários finais,** que acessam o banco de dados interativamente, como já dissemos. Determinado usuário final pode acessar o banco de dados por meio de uma das aplicações on-line mencionadas no parágrafo anterior ou, então, pode usar uma interface fornecida como parte integrante do software do sistema. Essas interfaces oferecidas pelo fornecedor são admitidas por meio de aplicações on-line, mas essas aplicações são **internas** (built-in), e não escritas pelo usuário. A maior parte dos sistemas inclui pelo menos uma aplicação interna, chamada **processador de linguagem de consulta,** por meio do qual o usuário pode emitir requisições ao banco de dados, como SELECT e INSERT, interativamente ao SGBD. SQL é um exemplo típico de uma linguagem de consulta de banco de dados. (A propósito, observe que o termo *linguagem de consulta*, embora comum, na realidade é mal utilizado, já que o verbo "consultar" sugere apenas *busca*, enquanto as linguagens de consulta normalmente (mas não sempre) oferecem também operações de atualização e outras.

  A maior parte dos sistemas também oferece outras interfaces internas, em que os usuários finais não emitem requisições específicas ao banco de dados, como SELECT e INSERT, mas operam, por exemplo, escolhendo itens de um menu ou preenchendo caixas em um formulário. Essas interfaces **acionadas por menus** ou **por formulários** costumam ter um uso mais fácil para pessoas que não possuem um treinamento formal em TI (Tecnologia da Informação; a abreviatura SI, Sistemas de Informação, também é usada com o mesmo sentido). Por outro lado, **interfaces acionadas por comandos** – ou seja, linguagens de consulta – costumam exigir uma certa experiência profissional em TI, embora talvez não muita (obviamente, não tanto quando é necessário para escrever um programa em uma linguagem como COBOL). Novamente, uma interface acionada por comandos talvez seja mais flexível do que uma acionada por menus ou formulários, no sentido de que as linguagens de consulta normalmente incluem certos recursos que não são admitidos por essas outras interfaces.

- A terceira classe de usuários, não ilustrada na Figura 1.4, é o **administrador de banco de dados,** ou DBA (de Data Base Administrator). A descrição da função do administrador de banco de dados – e da função de **administrador de dados** (muito importante) associada será deixada para a Seção 1.4 e para o Capítulo 2 (Seção 2.7).

Isso encerra nossa descrição preliminar dos aspectos principais de um sistema de banco de dados. Agora, vamos prosseguir discutindo essas ideias com mais detalhes.

1.3 O QUE É UM BANCO DE DADOS?

Dados persistentes

É comum referir-se aos dados em um banco de dados como "persistentes" (embora, na verdade, não persistam por muito tempo!). Por *persistente*, queremos sugerir intuitivamente que os dados desse banco de dados diferem em espécie de outros dados mais efêmeros, como dados de entrada, dados de saída, filas de trabalho, blocos de controle de software, instruções SQL, resultados intermediários e, de modo geral, quaisquer dados que tenham natureza transitória. Mais precisamente, dizemos que os dados no banco de dados "persistem" porque, uma vez aceitos pelo SGBD para entrada no banco de dados em primeiro lugar, *eles só podem ser removidos do banco de dados mais tarde por alguma requisição explícita ao SGBD*, e não como um mero efeito colateral de (por exemplo) algum programa concluindo sua execução. Essa noção de persistência, assim, nos permite oferecer uma definição um pouco mais precisa para o termo *banco de dados*:

- Um **banco de dados** é uma coleção de dados persistentes, usada pelos sistemas de aplicação de uma determinada empresa.

O termo *empresa*, aqui, é simplesmente um termo genérico para qualquer organização comercial, científica, técnica ou outra organização razoavelmente autônoma. Uma empresa poderia ser um único indivíduo (com um pequeno banco de dados pessoal) ou uma corporação ou grande empresa completa (com um enorme banco de dados compartilhado), ou qualquer coisa entre esses extremos. Aqui estão alguns exemplos:

1. Uma fábrica

2. Um banco

3. Um hospital

4. Uma universidade

5. Uma unidade do governo

Qualquer empresa precisa necessariamente manter muitos dados sobre sua operação. Esses dados são os "dados persistentes" a que nos referimos anteriormente. As empresas que mencionamos normalmente incluiriam os seguintes itens (respectivamente) entre seus dados persistentes:

1. Dados sobre produtos

2. Dados sobre contas

3. Dados sobre pacientes

4. Dados sobre alunos

5. Dados sobre planejamento

Nota: As primeiras edições deste livro usaram o termo *dados operacionais* no lugar de *dados persistentes*. O termo anterior refletia a ênfase original em sistemas de bancos de dados sobre aplicações **operacionais** ou de **produção** – ou seja, aplicações de rotina altamente repetitivas, que eram executadas diversas vezes para dar suporte à operação do dia a dia da empresa (por exemplo, uma aplicação para dar suporte a depósitos ou saques de dinheiro em um sistema bancário). O termo **processamento de transações on-line** (OLTP – On-Line Transaction Processing) tem sido usado para fazer referência a essa espécie de ambiente. Contudo, os bancos de dados agora são cada vez mais usados também para outros tipos de aplicações – por exemplo, aplicações de **apoio à decisão** – e o termo *dados operacionais* já não é mais inteiramente adequado. De fato, as empresas de hoje frequentemente mantêm dois bancos de dados separados, um contendo dados operacionais e outro, normalmente chamado **data warehouse,*** contendo dados de apoio à decisão. O data warehouse geralmente inclui *informações agregadas/sumárias* (por exemplo, totais, médias), extraídas periodicamente do banco de dados operacional – digamos, uma vez por dia ou uma vez por semana. O Capítulo 22 contém uma discussão mais profunda sobre os bancos de dados e as aplicações de apoio à decisão.

Entidades e relacionamentos

Vamos considerar agora o exemplo de uma fábrica ("FazTudo Ltda.") mais detalhadamente. Uma empresa assim, normalmente desejará registrar informações sobre os *projetos* em andamento; as *peças* usadas nesses projetos; os *fornecedores* que estão contratados para fornecer essas peças; os *empregados* que trabalham nesse projeto; e assim por diante. Assim, projetos, peças, fornecedores etc. constituem as **entidades** básicas sobre as quais a FazTudo Ltda. precisa registrar informações (o termo *entidade* normalmente é usado na área de banco de dados para indicar qualquer objeto distinguível que deva ser representado no banco de dados). Veja a Figura 1.6.

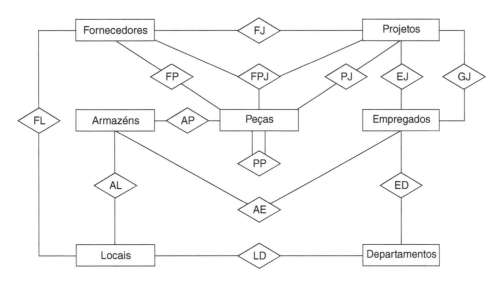

FIGURA 1.6 *Diagrama de entidades e relacionamentos (E/R) para a FazTudo Ltda.*

Além das entidades básicas propriamente ditas (fornecedores, peças etc., no exemplo), haverá também **relacionamentos** interligando essas entidades básicas. Tais relacionamentos são representados por losangos e linhas de conexão na Figura 1.6. Por exemplo, há um relacionamento ("FP" ou *remessas*) entre fornecedores e peças: cada fornecedor remete certas peças e, inversamente, cada peça é fornecida por certos fornecedores (mais precisamente, cada fornecedor remete certos *tipos* de peças, e cada *tipo* de peça é fornecido por certos fornecedores). De modo semelhante, as peças são usadas em projetos, e os projetos usam peças (relacionamento PJ); as peças são mantidas em armazéns, e os armazéns mantêm peças (relacionamento AP); e assim por diante. Observe que esses relacionamentos são todos *bidirecionais* – ou seja, eles podem ser percorridos em qualquer sentido. Por exemplo, o relacionamento FP, entre fornecedores e peças, pode ser usado para solucionar as duas situações a seguir:

- Dado um fornecedor, obter as peças fornecidas por esse fornecedor
- Dada uma peça, obter os fornecedores que fornecem essa peça

---

Nota do revisor técnico: A tradução mais comum é "armazém de dados"; porém essa tradução é pouco usada na prática.

O ponto significativo a respeito desse relacionamento (e de todos os outros ilustrados na figura) é que *eles fazem parte dos dados tanto quanto as entidades básicas*. Portanto, eles devem ser representados no banco de dados, assim como as entidades básicas.[1]

Notamos de passagem que a Figura 1.6 é um exemplo daquilo que é chamado (por motivos óbvios) **diagrama de entidades e relacionamentos** (diagrama E/R, para abreviar). No Capítulo 14, examinaremos esses diagramas com mais detalhes.

A Figura 1.6 também ilustra vários outros pontos importantes:

1. Embora a maior parte dos relacionamentos nessa figura envolva dois tipos de entidades – ou seja, eles são relacionamentos *binários* –, de modo algum podemos dizer que todos os relacionamentos são binários nesse sentido. No exemplo, existe um relacionamento ("FPJ") envolvendo três tipos de entidade (fornecedores, peças e projetos): um relacionamento *ternário*. A interpretação pretendida é que certos fornecedores remetem certas peças para certos projetos. Observe cuidadosamente que esse relacionamento ternário ("fornecedores remetem peças a projetos"), em geral, *não* é equivalente à combinação dos três relacionamentos binários "fornecedores remetem peças", "peças são usadas em projetos" e "projetos são remetidos pelos fornecedores". Por exemplo, a afirmação[2] de que

   a. Smith fornece chaves inglesas para o projeto Manhattan

   é *mais* informativa que as três declarações a seguir:

   b. Smith fornece chaves inglesas

   c. Chaves inglesas são usadas no projeto Manhattan

   d. O projeto Manhattan é fornecido por Smith

   Não podemos (de forma válida!) deduzir *a* conhecendo apenas *b*, *c* e *d*. Mais precisamente, se soubermos *b*, *c* e *d*, podemos deduzir que Smith fornece chaves inglesas a *algum* projeto (digamos, o projeto *Jz*), que *algum* fornecedor (digamos, o fornecedor *Fx*) fornece chaves inglesas para o projeto Manhattan, e que Smith fornece *alguma* peça (digamos, a peça *Py*) ao projeto Manhattan – mas não podemos deduzir de modo válido que *Sx* é Smith ou que *Py* é chaves inglesas ou que *Jz* é o projeto Manhattan. Deduções falsas como essas são exemplos do que algumas vezes se chama **armadilha da conexão** (connection trap).

2. A figura também mostra um relacionamento (PP) envolvendo apenas *um* tipo de entidade (peças). O relacionamento aqui é que certas peças incluem outras peças como componentes imediatos (o relacionamento chamado **lista de materiais** – bill-of-materials); por exemplo, um parafuso é um componente de uma dobradiça, que também é uma peça e poderia ser um componente de alguma outra peça de nível mais alto, como uma tampa. Observe que esse relacionamento ainda é binário; simplesmente, os dois tipos de entidade envolvidos, peças e peças, são do mesmo tipo.

3. Em geral, determinado conjunto de tipos de entidades poderia estar envolvido em qualquer quantidade de relacionamentos distintos. No exemplo da Figura 1.6, existem dois relacionamentos distintos envolvendo projeto e empregado: um deles (EJ) representa o fato de que os empregados são designados aos projetos, e o outro (GJ) representa o fato de que empregados gerenciam projetos.

---

[1] Especificamente em um banco de dados relacional (consulte a Seção 1.6), as entidades básicas e os relacionamentos que as conectam são representados por meio de *relações* ou, em outras palavras, por tabelas como a que mostramos na Figura 1.1, abertamente falando. Portanto, tenha o cuidado de observar que o termo *relacionamento*, usado nesta seção, e o termo *relação*, usado no contexto dos bancos de dados relacionais, não têm o mesmo significado.

[2] O termo inglês *statement*, infelizmente, é usado no mundo do banco de dados para significar duas coisas bem diferentes: ele pode ser usado, como aqui, para indicar uma *afirmação de um fato*, ou o que os matemáticos lógicos chamam de *proposição* (veja na subseção "Dados e modelos de dados", mais adiante nesta seção); ele também pode ser usado, como já vimos nas discussões anteriores, como um sinônimo para *comando*, como na expressão "instrução SQL" (SQL statement).

Agora, observamos que *um relacionamento pode ser considerado uma entidade em si*. Se tomarmos como nossa definição de entidade "qualquer objeto sobre o qual queremos registrar informações", então um relacionamento certamente se encaixará na definição. Por exemplo, "a peça P4 está armazenada no armazém A8" é uma entidade sobre a qual poderíamos muito bem querer registrar informações – por exemplo, a quantidade correspondente. Além disso, há vantagens definidas (que estão além do escopo deste capítulo) que podem ser obtidas se não forem feitas distinções desnecessárias entre entidades e relacionamentos. Portanto, neste livro, tentaremos tratar os relacionamentos simplesmente como um tipo especial de entidade.

Propriedades

Conforme explicamos, uma entidade é qualquer objeto sobre o qual queremos registrar informações. Por conseguinte, as entidades (incluindo os relacionamentos) podem ser consideradas como possuindo **propriedades**, correspondendo às informações que queremos registrar a respeito delas. Por exemplo, os fornecedores possuem *locais*; as peças possuem *pesos*; os projetos possuem *prioridades*; atribuições (de empregados a projetos) possuem *datas inicias*; e assim por diante. Tais propriedades, portanto, precisam ser representadas no banco de dados. Por exemplo, um banco de dados SQL poderia incluir uma tabela chamada F, representando fornecedores, e essa tabela poderia incluir uma coluna chamada CIDADE, representando os locais dos fornecedores.

Em geral, as propriedades podem ser tão simples ou tão complexas quanto desejarmos. Por exemplo, a propriedade "local de fornecedor" é presumivelmente muito simples, consistindo apenas no nome de uma cidade, podendo ser representada no banco de dados como uma simples string de caracteres. Ao contrário, um armazém poderia ter uma propriedade "planta baixa", e essa propriedade poderia ser muito complexa, contendo talvez um desenho arquitetônico inteiro, juntamente com o texto descritivo associado. Conforme indicamos na Seção 1.1, em outras palavras, os tipos de dados que poderíamos manter (por exemplo) nas colunas de tabelas SQL podem ter qualquer nível de complexidade. Como dissemos na mesma seção, retornaremos a esse assunto mais tarde (principalmente, nos Capítulos 5-6 e 26-27); até lá, vamos considerar, na maioria das vezes, (onde fizer diferença) que as propriedades são "simples" e que podem ser representadas por tipos de dados "simples". Alguns exemplos desses tipos "simples" incluem números, strings de caracteres, datas, horas etc.

Dados e modelos de dados

Existe outra (e importante) maneira de pensar sobre o que são realmente os dados e os bancos de dados. A palavra *dado* vem da palavra latina *datu*, que corresponde a "dar"; portanto, dados são na realidade *fatos dados*, a partir dos quais podemos deduzir fatos adicionais. (Deduzir fatos adicionais a partir de fatos dados é exatamente o que o SGBD está fazendo quando responde a uma consulta do usuário.) Por sua vez, um "fato dado" corresponde ao que os matemáticos chamam *proposição verdadeira*; por exemplo, a afirmação "O fornecedor F1 está localizado em Londres" pode ser uma proposição verdadeira. (Uma proposição, em lógica, é algo que pode ser verdadeiro ou falso, inequivocamente. Por exemplo, "Jorge Amado escreveu O *Guarani*" é uma proposição – falsa, nesse caso.) Concluímos que um banco de dados é, na verdade, **uma coleção de proposições verdadeiras**.

Já dissemos que os produtos SQL passaram a dominar o mercado. Uma razão pela qual isso acontece é que os produtos SQL são baseados em uma teoria formal chamada **modelo relacional de dados**, e essa teoria, por sua vez, oferece suporte direto à interpretação anterior de dados e bancos de dados – na realidade, de forma quase trivial. Para ser específico, no modelo relacional:

1. Os dados são representados por meio de linhas em tabelas,[3] e essas linhas podem ser interpretadas diretamente como proposições verdadeiras. Por exemplo, a linha correspondente a DEP# 72, na Figura 1.1, pode ser interpretada de forma óbvia como a seguinte proposição verdadeira:

---

[3]Mais precisamente, por meio de *tuplas* em *relações* (ver Capítulo 3).

O depósito número 72 contém duas garrafas de Rafanelli Zinfandel 1999, que estarão prontas para servir em 2007.

2. São fornecidos operadores para a operação sobre as linhas das tabelas, e esses operadores admitem, de forma direta, o processo de dedução de proposições verdadeiras adicionais a partir das proposições indicadas. Como um exemplo simples, o operador relacional de *projeção* (ver Seção 1.6) nos permite deduzir, a partir da proposição verdadeira que acabamos de citar, a seguinte proposição verdadeira adicional, entre outras:

Algumas garrafas de Zinfandel estarão prontas para servir em 2007.

(Mais precisamente: "Algumas garrafas de Zinfandel em algum depósito, produzidas por algum produtor em algum ano, estarão prontas para servir em 2007".)

Porém, o modelo relacional não é o único modelo de dados; existem outros (ver Seção 1.6) – embora a maioria deles seja diferente do modelo relacional pelo fato de serem *ad hoc*, até certo ponto, em vez de terem uma base sólida, assim como o modelo relacional é baseado na lógica formal. Nesse caso, surge a pergunta: em geral, o que *é* um modelo de dados? Seguindo a referência [1.1] (mas parafraseando bastante), podemos definir o conceito desta forma:

- Um **modelo de dados** é uma definição abstrata, autônoma e lógica dos objetos, operadores e outros elementos que, juntos, constituem a *máquina abstrata* com a qual os usuários interagem. Os objetos nos permitem modelar a *estrutura* dos dados. Os operadores nos permitem modelar seu *comportamento*.

Podemos, então, distinguir de modo útil (e muito importante!) o modelo de sua *implementação*:

- Uma **implementação** de um determinado modelo de dados é uma representação física em uma máquina real dos componentes da máquina abstrata que, juntos, constituem esse modelo.

Em resumo: o modelo é aquilo que os usuários têm de conhecer; a implementação é aquilo que os usuários não precisam conhecer.

Como podemos ver pela explicação anterior, a distinção entre modelo e implementação é realmente apenas um caso especial (um caso especial muito importante) da distinção familiar entre *lógico* e *físico*. No entanto, infelizmente observamos que muitos dos sistemas de bancos de dados de hoje, mesmo aqueles que se anunciam como relacionais, não deixam essas distinções tão claras quanto deveriam. De fato, parece haver uma falta generalizada de conhecimento dessas distinções e da importância de fazê-las. Como consequência, constantemente existe uma lacuna entre os *princípios* de bancos de dados (a maneira como os sistemas de bancos de dados deveriam ser) e a *prática* de bancos de dados (o modo que eles realmente são). Neste livro, estaremos preocupados principalmente com os princípios, mas, apenas como advertência, você deve estar ciente de que, por esse motivo, poderá ter algumas surpresas, a maioria delas de natureza desagradável, se e quando começar a usar um produto comercial.

Fechando esta seção, devemos mencionar o fato de que *modelo de dados* é outro termo empregado na literatura com dois significados bastante diferentes. O primeiro significado já foi explicado. O segundo é o seguinte: Um modelo de dados (segundo sentido) é *um modelo dos dados persistentes de alguma empresa em particular* (por exemplo, a fábrica FazTudo Ltda., descrita anteriormente nesta seção). A diferença entre os dois significados pode ser caracterizada desta maneira:

- Um modelo de dados no primeiro sentido é como uma *linguagem de programação* – embora seja uma linguagem um tanto abstrata – cujas construções podem ser usadas para resolver uma grande variedade de problemas específicos, embora não tenham, por si próprias, nenhuma conexão direta com qualquer problema específico.

- Um modelo de dados no segundo sentido é como um *programa específico* escrito nessa linguagem. Em outras palavras, um modelo de dados no segundo sentido utiliza os recursos fornecidos por algum modelo no primeiro sentido e os aplica a algum problema específico. Ele pode ser considerado *uma aplicação específica* de algum modelo no primeiro sentido.

Neste livro, deste ponto em diante, o termo *modelo de dados* será usado apenas no primeiro sentido, exceto quando houver instruções explícitas em contrário.

1.4 POR QUE BANCO DE DADOS?

Por que usar um sistema de banco de dados? Quais são suas vantagens? Até certo ponto, a resposta a essas questões depende de o sistema em questão ser um sistema monousuário ou multiusuário (ou então, para ser mais preciso, existem numerosas vantagens *adicionais* no caso dos sistemas multiusuários). Vamos considerar primeiro o caso do sistema monousuário.

Voltemos mais uma vez ao exemplo da adega de vinhos (Figura 1.1), que podemos considerar ilustrativo do caso monousuário. Esse banco de dados em particular é tão pequeno e tão simples que as vantagens podem não ser muito óbvias. Porém, imagine um banco de dados semelhante para um grande restaurante, com um estoque de talvez milhares de garrafas na adega e mudanças frequentes nesse estoque; ou, então, imagine uma loja de bebidas, também com um estoque muito grande e alta rotatividade nesse estoque. As vantagens de um sistema de bancos de dados em relação aos métodos tradicionais, baseados em papel, para manutenção de registros, talvez sejam mais fáceis de observar nesses casos. Aqui estão algumas delas:

- *Densidade*: Não há necessidade de arquivos de papel, possivelmente volumosos.

- *Velocidade*: A máquina pode obter e atualizar dados com rapidez muito maior que o ser humano. Em particular, consultas *ad hoc*, de inspiração momentânea (por exemplo, "Temos mais Zinfandel que Pinot Noir?"), podem ser respondidas com rapidez sem qualquer necessidade de pesquisas manuais ou visuais demoradas.

- *Menos trabalho monótono*: Grande parte do tédio de manter arquivos à mão é eliminada. As tarefas mecânicas são sempre feitas com melhor qualidade por máquinas.

- *Atualidade*: Informações precisas e atualizadas estão disponíveis a qualquer momento sob consulta.

- *Proteção*: Os dados podem ser mais bem protegidos contra perda não intencional e acesso ilegal.

As vantagens anteriores se aplicam com intensidade ainda maior a um ambiente multiusuário, no qual o banco de dados provavelmente será muito maior e mais complexo que no caso do ambiente monousuário. Porém, há uma vantagem adicional predominante em tal ambiente: *o sistema de banco de dados proporciona à empresa o controle centralizado de seus dados* (que, como você deve ter percebido, é um de seus bens mais valiosos). Tal situação contrasta nitidamente com aquela encontrada em uma empresa sem um sistema de banco de dados, no qual, geralmente, cada aplicação tem seus próprios arquivos privados – muitas vezes também suas próprias fitas e seus discos privados – de modo que os dados ficam bastante dispersos e são difíceis de controlar de forma sistemática.

Administração de dados e administração de bancos de dados

Vamos aprofundar um pouco esse conceito de controle centralizado. O conceito implica que haverá na empresa alguma pessoa identificável que tenha a responsabilidade central pelos dados, e essa pessoa é o **administrador de dados** (abreviado como DA – Data Administrator), mencionado brevemente no final da Seção 1.2. Tendo em vista que (repetindo) os dados constituem um dos bens mais valiosos da empresa, é imperativo que deva existir alguma pessoa que entenda esses dados e as necessidades da empresa com relação a esse dados, *em um nível elevado de administração*. O administrador de dados é essa pessoa. Assim, é trabalho do administrador de dados decidir, para começar, que dados devem ser armazenados no banco de dados, além de estabelecer normas para manter e tratar esses dados, uma vez que venham a ser armazenados. Um exemplo de tal norma seria a de determinar quem pode executar quais operações sobre quais dados em que circunstâncias – em outras palavras, uma norma de *segurança de dados* (veja na próxima subseção).

Observe atentamente que o administrador de dados é um gerente e não um técnico (embora com certeza precise ter algum conhecimento dos recursos de sistemas de bancos de dados em um nível técnico). O *técnico* responsável pela implementação das decisões do administrador de dados é o **administrador de banco de dados** (abreviado como DBA – Data Base Administrator). O DBA, diferente do administrador de dados, é um profissional de tecnologia da informação (TI). O trabalho do DBA é criar o banco de dados propriamente dito e implementar os controles técnicos necessários para pôr em prática as diversas decisões sobre normas tomadas pelo administrador de dados. O DBA também é responsável por assegurar que o sistema operará com desempenho adequado e por oferecer vários outros serviços técnicos. O DBA normalmente terá uma equipe de programadores de sistemas e outros auxiliares técnicos (isto é, a função do DBA normalmente será executada na prática por uma equipe, não apenas por uma única pessoa); contudo, por questão de simplicidade, é conveniente supor que o DBA seja, de fato, um único indivíduo. O Capítulo 2 discute com mais detalhes a função do DBA.

Vantagens da abordagem de banco de dados

Nesta subseção, identificaremos algumas vantagens específicas que surgem da noção de controle centralizado que acabamos de estudar.

■ *Os dados podem ser compartilhados.*

Discutimos esse tópico na Seção 1.2, mas, para manter tudo em um só lugar, vamos mencioná-lo novamente aqui. O compartilhamento significa não apenas que as aplicações existentes podem compartilhar os dados do banco de dados, mas também que podem ser desenvolvidas novas aplicações para operar sobre os mesmos dados. Em outras palavras, seria possível satisfazer aos requisitos de dados de novas aplicações sem ter de acrescentar novos dados ao banco de dados.

■ *A redundância pode ser reduzida.*

Em sistemas sem bancos de dados, cada aplicação tem seus próprios arquivos privados. Esse fato pode constantemente levar a uma considerável redundância nos dados armazenados, com o resultante desperdício no espaço de armazenamento. Por exemplo, uma aplicação de pessoal e uma aplicação de registros de treinamento poderiam ambas possuir um arquivo que incluísse informações departamentais referentes aos empregados. Porém, conforme sugerimos na Seção 1.2, esses dois arquivos podem ser integrados, e a redundância eliminada, desde que o administrador de dados esteja consciente dos requisitos de dados de ambas as aplicações – ou seja, desde que a empresa detenha necessariamente o controle geral.

Nota: Não queremos sugerir que *toda* redundância possa ou deva necessariamente ser eliminada. Às vezes, há motivos comerciais ou técnicos plausíveis para manter várias cópias distintas dos mesmos dados. Porém, queremos sugerir que toda redundância deve ser cuidadosamente **controlada**; isto é, o SGBD deve estar ciente dela (caso exista) e deve assumir a responsabilidade pela "propagação de atualizações" (veja o próximo item).

■ *A inconsistência pode ser evitada (até certo ponto).*

Na realidade, isso é um corolário do tópico anterior. Vamos supor que um determinado fato sobre o mundo real – por exemplo, o fato de que o empregado E3 trabalha no departamento D8 – seja representado por duas entradas diferentes no banco de dados. Vamos supor também que o SGBD não saiba dessa duplicação (isto é, a redundância não está controlada). Então, haverá necessariamente ocasiões em que as duas entradas não combinarão: isto é, quando uma das duas tiver sido atualizada e a outra não. Em tais ocasiões, diz-se que o banco de dados está *inconsistente* (ou incoerente). É claro que um banco de dados que se encontre em um estado inconsistente tem a possibilidade de fornecer informações incorretas ou contraditórias a seus usuários.

Sem dúvida, se o fato for representado por uma única entrada (ou seja, se a redundância for removida), então tal inconsistência não poderá ocorrer. Por outro lado, se a redundância não for removida, mas for *controlada* (tornando-se conhecida para o SGBD), o SGBD poderá garantir que o banco de dados nunca se tornará inconsistente *sob o ponto de vista do usuário*, garantindo que qualquer mudança feita em uma das duas entradas também será aplicada de forma automática à outra entrada. Esse processo é conhecido como **propagação de atualizações**.

- *O suporte a transações pode ser fornecido.*

Uma **transação** é uma unidade lógica de trabalho (mais precisamente, uma unidade lógica de trabalho de *banco de dados*), em geral envolvendo diversas operações de banco de dados – em particular, várias operações de atualização. O exemplo padrão envolve a transferência de uma quantia de dinheiro de uma conta *A* para outra conta *B*. É claro que são exigidas duas atualizações nesse caso, uma para retirar o dinheiro da conta *A*, e outra para depositá-lo na conta *B*. Se o usuário declarar que as duas atualizações são parte da mesma transação, então o sistema poderá efetivamente garantir que ambas serão realizadas ou nenhuma delas – ainda que, por exemplo, o sistema venha a falhar (digamos, devido a uma queda de energia) em meio ao processo.

Nota: A característica de *atomicidade* de uma transação, que acabamos de ilustrar, não é a única vantagem do suporte a transações mas, diferente de alguns outros, é a única que se aplica mesmo no caso monousuário. (Por outro lado, os sistemas monousuários normalmente não oferecem suporte a transações, mas simplesmente deixam o problema para o usuário.) Uma descrição completa das diversas vantagens do suporte a transações e de como elas podem ser alcançadas será vista nos Capítulos 15 e 16.

- *A integridade pode ser mantida.*

O problema da integridade é o problema de assegurar que os dados no banco de dados estão corretos. A inconsistência entre duas entradas que deveriam representar o mesmo "fato" é um exemplo de falta de integridade (veja a discussão desse ponto no início desta subseção); é claro que este problema específico só poderá surgir se houver redundância nos dados armazenados. Contudo, mesmo que não haja qualquer redundância, o banco de dados ainda poderá conter informações incorretas. Por exemplo, um empregado poderia ser mostrado como tendo trabalhado 400 horas na semana em vez de 40, ou como pertencendo a um departamento que não existe. O controle centralizado do banco de dados pode ajudar a evitar tais problemas – à medida que eles possam ser evitados – permitindo ao administrador de dados definir, e ao DBA implementar, **restrições de integridade** a serem verificadas sempre que for executada alguma operação de atualização.

Vale a pena observar que a integridade de dados é ainda mais importante em um sistema de banco de dados que em um ambiente de "arquivos privados", exatamente porque os dados são compartilhados. Sem a existência de controles apropriados, seria possível um usuário atualizar o banco de dados de forma incorreta, gerando, assim, dados errados e "infectando", desse modo, outros usuários inocentes desses dados. Também devemos mencionar que a maioria dos produtos de bancos de dados atuais é bastante fraca em seu suporte a restrições de integridade (embora tenham ocorrido alguns avanços recentes nessa área). Esse fato é desastroso, considerando-se que (como veremos no Capítulo 9) as restrições de integridade são ao mesmo tempo fundamentais e de importância crucial – na verdade, muito mais do que se costuma supor.

- *A segurança pode ser reforçada.*

Tendo jurisdição completa sobre o banco de dados, o DBA (sob orientação apropriada do administrador de dados) pode assegurar que o único meio de acesso ao banco de dados seja por intermédio dos canais apropriados e, em consequência, pode definir **restrições de segurança** a serem verificadas sempre que houver uma tentativa de acesso a dados confidenciais. Podem ser estabelecidas diferentes restrições para cada tipo de acesso (busca, inserção, exclusão etc.) a cada item de informação no banco de dados. Todavia, observe que, sem tais restrições, a segurança dos dados poderá correr um risco maior que em um sistema tradicional de arquivos (dispersos); ou seja, a natureza centralizada de um sistema de banco de dados de certo modo *exige* que um bom sistema de segurança também seja implantado.

■ *Requisitos contraditórios podem ser equilibrados.*

Conhecendo os requisitos globais da empresa, em oposição aos requisitos de usuários individuais, o DBA (mais uma vez sob a orientação do administrador de dados) pode estruturar o sistema de modo a oferecer um serviço global que seja "o melhor para a empresa". Por exemplo, pode ser escolhida uma representação física para os dados no meio de armazenamento que proporcione acesso rápido para as aplicações mais importantes (possivelmente ao custo de acesso mais lento para outras aplicações).

■ *Os padrões podem ser impostos.*

Com o controle central do banco de dados, o DBA (de novo sob a orientação do administrador de dados) pode garantir que todos os padrões aplicáveis sejam observados na representação dos dados, incluindo qualquer um ou todos os seguintes: padrões departamentais, da instalação, da empresa, do mercado, nacionais e internacionais. A padronização da representação dos dados é particularmente desejável como auxílio ao *intercâmbio de dados*, ou a migração de dados entre sistemas (essa consideração está se tornando especialmente importante com o advento dos sistemas distribuídos – consulte os Capítulos 2, 21 e 27). Da mesma forma, os padrões de nomenclatura e documentação de dados também são muito desejáveis como auxílio ao compartilhamento e à compreensão dos dados.

A maior parte das vantagens aqui citadas provavelmente é bastante óbvia. Porém, um outro ponto, que pode não ser tão óbvio (embora, na verdade, seja um fato implícito em vários outros), deve ser acrescentado à lista: *a provisão da independência de dados.* (Estritamente falando, esse é um *objetivo* para os sistemas de bancos de dados, mais que necessariamente uma vantagem.) O conceito de independência de dados é tão importante que dedicamos a ele uma seção separada.

1.5 INDEPENDÊNCIA DE DADOS

Começamos por observar que existem dois tipos de independência de dados, física e lógica [1.3, 1.4]; por enquanto, porém, estaremos preocupados somente com o tipo físico. Assim, até notificação adicional, o termo "independência de dados" não qualificado deve ser entendido especificamente como independência de dados física. (Talvez devamos dizer também que o termo *independência de dados* não é muito adequado – ele não reflete muito bem a essência do que está realmente acontecendo –, mas é o termo usado tradicionalmente, e o manteremos neste livro.)

A independência de dados pode ser compreendida mais facilmente considerando-se primeiro seu oposto. Aplicações implementadas em sistemas mais antigos – sistemas pré-relacionais ou mesmo sistemas anteriores aos bancos de dados – costumam ser *dependentes de dados*. Isso significa que a maneira como os dados são representados fisicamente no meio de armazenamento secundário, bem como a técnica usada para obter acesso a eles são ambas determinadas pelos requisitos da aplicação que está sendo considerada e, acima de tudo, que *o conhecimento dessa representação física e dessas técnicas de acesso está embutido no código da aplicação*. Por exemplo, vamos supor que temos uma aplicação que utiliza o arquivo EMPREGADO da Figura 1.5, e também que decidimos, por motivos de desempenho, que o arquivo deve ser indexado sobre seu campo "nome do empregado". Em um sistema mais antigo, a aplicação em questão normalmente estará ciente do fato de que o índice existe, e também ciente da sequência de registros definida por esse índice, e a estrutura interna da aplicação será elaborada em torno desse conhecimento. Em particular, a forma exata das diversas rotinas de acesso a dados e tratamento de exceções dentro da aplicação dependerá bastante dos detalhes da interface apresentada à aplicação pelo software de gerenciamento de dados.

Dizemos que uma aplicação como a deste exemplo é **dependente de dados,** porque é impossível mudar a representação física (o modo como os dados são representados fisicamente no meio de armazenamento) ou a técnica de acesso (o modo como ocorre o acesso físico aos dados) sem afetar a aplicação, provavelmente de forma drástica. Por exemplo, não seria possível substituir o índice no exemplo por um esquema de hashing sem efetuar modificações importantes na aplicação. Mais ainda, as partes da aplicação que exigirão alterações em tal situação serão exatamente aquelas que se comunicam com o software de gerenciamento de dados; as dificuldades envolvidas são bastante irrelevantes para o problema sobre o qual a aplicação foi escrita originalmente para resolver – ou seja, são dificuldades *introduzidas* pela natureza da interface de gerenciamento de dados.

Contudo, em um sistema de bancos de dados, seria extremamente indesejável permitir que as aplicações fossem dependentes de dados no sentido anterior, pelo menos por estas duas razões:

1. Aplicações diferentes exigirão visões diferentes dos mesmos dados. Por exemplo, vamos supor que antes da implantação pela empresa de seu banco de dados integrado, existissem duas aplicações (*A* e *B*), cada qual com um arquivo privativo incluindo o campo "saldo do cliente". No entanto, suponha que a aplicação *A* armazene esse campo em formato decimal, enquanto a aplicação *B* o armazena em binário. Ainda será possível integrar os dois arquivos e eliminar a redundância, desde que o SGBD esteja pronto e seja capaz de executar todas as conversões necessárias entre a representação armazenada escolhida (que, novamente, poderia ser a representação decimal, binária ou outra qualquer) e a forma na qual cada aplicação deseja ver o campo. Por exemplo, se for decidido armazenar o campo em formato decimal, então todo acesso por *B* exigirá uma conversão de ou para binário.

   Esse é um exemplo bastante simples de uma diferença que poderia existir em um sistema de banco de dados, entre os dados vistos por uma determinada aplicação e a forma como os dados estão fisicamente armazenados. Consideraremos muitas outras diferenças possíveis mais adiante nesta seção.

2. O DBA – ou, possivelmente, o SGBD – deve ter liberdade para alterar a representação física ou a técnica de acesso em resposta a mudanças nos requisitos, sem ter de modificar aplicações existentes. Por exemplo, novos tipos de dados poderiam ser acrescentados ao banco de dados; novos padrões poderiam ser adotados; as prioridades das aplicações (e, portanto, os requisitos relativos de desempenho) poderiam mudar; novos dispositivos de armazenamento poderiam se tornar disponíveis; e assim por diante. Se as aplicações forem dependentes de dados, em geral tais modificações exigirão que sejam feitas mudanças correspondentes no código dos programas, amarrando os esforços de programadores que de outra forma ficariam disponíveis para a criação de novas aplicações. Mesmo hoje, não é incomum verificar que uma fração significativa do esforço de programação disponível é dedicado a essa espécie de manutenção (pense em todo o trabalho realizado para resolver o problema do "Ano 2000") – um evidente desperdício de recursos escassos e valiosos.

Temos, então, que a provisão de independência de dados é um objetivo importante dos sistemas de bancos de dados. A independência de dados pode ser definida como a **imunidade das aplicações a alterações na representação física e na técnica de acesso** – o que significa que as aplicações envolvidas não dependam de qualquer representação física ou técnica de acesso específica. No Capítulo 2, descrevemos uma arquitetura para sistemas de bancos de dados que fornece uma base para se alcançar esse objetivo. Porém, antes disso, vamos considerar com mais detalhes alguns exemplos dos tipos de alterações que o DBA pode querer fazer e às quais, portanto, desejaríamos que as aplicações fossem imunes.

Começamos por definir três termos: *campo armazenado*, *registro armazenado* e *arquivo armazenado* (ver Figura 1.7).

- Um **campo armazenado** é, informalmente, a menor unidade de dados armazenados. O banco de dados conterá muitas **ocorrências** (ou **instâncias**) de cada um dos vários **tipos** de campos armazenados. Por exemplo, um banco de dados contendo informações sobre diferentes tipos de peças provavelmente incluiria um tipo de campo armazenado chamado "número da peça", e haveria então uma ocorrência desse campo armazenado para cada espécie de peça (parafuso, dobradiça, tampa etc.).

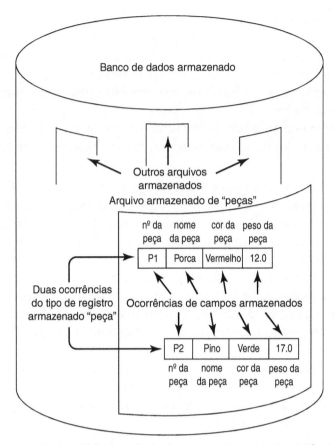

FIGURA 1.7 *Campos, registros e arquivos armazenados.*

Nota: Na prática, apesar do parágrafo anterior, é comum que se abandone os qualificadores *tipo* e *ocorrência* e que se confie no contexto para indicar o que se deseja dizer. Embora exista um pequeno risco de confusão, o hábito é conveniente e nós o adotaremos em vários pontos deste livro. (Esses comentários também se aplicam aos registros armazenados – consulte o parágrafo imediatamente a seguir.)

- Um **registro armazenado** é uma coleção de campos armazenados, relacionados entre si. De novo distinguimos entre tipo e ocorrência. Uma **ocorrência** (ou **instância**) de registro armazenado consiste em um grupo de ocorrências de campos armazenados relacionados entre si. Por exemplo, uma ocorrência de registro armazenado no banco de dados de "peças" poderia consistir em uma ocorrência de cada um dos seguintes campos armazenados: número da peça, nome da peça, cor da peça e peso da peça. Dizemos que o banco de dados contém muitas ocorrências do **tipo** de registro armazenado "peça" – novamente, uma ocorrência para cada tipo diferente de peça.

- Finalmente, um **arquivo armazenado** é a coleção de todas as ocorrências atualmente existentes de um único tipo de registro armazenado. (Por questão de simplicidade, consideramos que qualquer arquivo armazenado contenha apenas um tipo de registro armazenado. Essa simplificação não afeta de forma substancial quaisquer de nossas discussões subsequentes.)

Em sistemas que não são bancos de dados, geralmente acontece de algum registro *lógico*, visto por alguma aplicação, ser idêntico a algum registro *armazenado* correspondente. Entretanto, como já vimos, isso não necessariamente acontece em um sistema de banco de dados, porque o DBA poderia ter a necessidade de efetuar mudanças na representação dos dados armazenados – isto é, nos campos, registros e arquivos armazenados –, enquanto os dados vistos pelas aplicações *não* se alteram. Por exemplo, o campo SALÁRIO do arquivo EMPREGADO poderia ser armazenado em binário para economizar espaço de armazenamento, ao passo que determinada aplicação COBOL poderia vê-lo como uma string de caracteres. Além disso, mais tarde o DBA poderia decidir alterar, por algum motivo, a representação armazenada desse campo, digamos, de binária para decimal, e ainda assim permitir que a aplicação COBOL o veja sob a forma de caracteres.

Como já foi dito, uma diferença como essa – envolvendo conversão de tipo de dados em determinado campo a cada acesso – é relativamente pequena. Contudo, em geral a diferença entre aquilo que a aplicação vê e o que está realmente armazenado pode ser considerável. Para ampliar essa observação, apresentamos a seguir uma lista de aspectos da representação armazenada que poderiam estar sujeitos a alterações. Você deve considerar em cada caso o que o SGBD teria de fazer para tornar as aplicações imunes a tal mudança (e, de fato, se tal imunidade sempre poderá ser alcançada).

- *Representação de dados numéricos.*

  Um campo numérico poderia ser armazenado em um formato aritmético interno (por exemplo, decimal compactado) ou como uma string de caracteres. De qualquer forma, o DBA precisa escolher se usará *ponto fixo* ou *ponto flutuante*; uma *base* ou *raiz* apropriada (por exemplo, binária ou decimal); uma *precisão* (um número de dígitos); e, se for ponto fixo, o *fator de escala* (número de dígitos após o ponto decimal). Quaisquer desses aspectos podem precisar ser alterados para melhorar o desempenho ou para se adaptar a um novo padrão, ou ainda por muitos outros motivos.

- *Representação de dados de caracteres.*

  Um campo de string de caracteres poderia ser armazenado usando-se qualquer um dentre vários conjuntos de caracteres codificados distintos – por exemplo, ASCII, EBCDIC ou Unicode.

- *Unidades para dados numéricos.*

  As unidades em um campo numérico poderiam mudar – por exemplo, de polegadas para centímetros, durante um processo de conversão para o sistema métrico.

- *Codificação de dados.*

  Em algumas situações, poderia ser desejável representar dados armazenados por valores codificados. Por exemplo, o campo "cor da peça", que uma aplicação vê como um string de caracteres ("Vermelho" ou "Azul" ou "Verde"...), poderia ser armazenado como um único dígito decimal, interpretado de acordo com o esquema de codificação: 1 = "Vermelho", 2 = "Azul", e assim por diante.

- *Materialização de dados.*

  Na prática, o campo *lógico* visto por uma aplicação corresponderá em geral a algum campo armazenado específico (embora, como já vimos, pudessem existir diferenças no tipo de dados, na codificação, e assim por diante). Nesse caso, o processo de *materialização* – ou seja, a criação de uma ocorrência do campo lógico a partir de uma ocorrência do campo armazenado correspondente e sua apresentação à aplicação – pode ser considerado *direto*. Às vezes, porém, um campo lógico não terá uma correspondência armazenada única; em vez disso, seus valores serão materializados por meio de algum cálculo, talvez sobre diversas ocorrências de campos armazenados. Por exemplo, valores do campo lógico "quantidade total" poderiam ser materializados pela totalização de uma série de quantidades armazenadas individuais. No caso, o processo de materialização é chamado *indireto*.

- *Estrutura de registros armazenados.*

  Dois registros armazenados poderiam ser combinados em um só. Por exemplo, os registros armazenados:

no da peça	cor da peça

  e

no da peça	peso da peça

  poderiam ser combinados para formar

| no da peça | cor da peça | peso da peça |

Tal mudança pode ocorrer à medida que aplicações existentes são integradas ao sistema de banco de dados. Ela implica que o registro lógico de uma aplicação poderia consistir em um subconjunto apropriado do registro armazenado correspondente – isto é, certos campos nesse registro armazenado seriam invisíveis para a aplicação em questão.

Como alternativa, um único tipo de registro armazenado poderia ser dividido em dois. Invertendo-se o exemplo anterior, o registro armazenado:

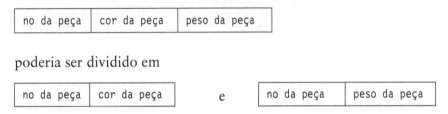

poderia ser dividido em

| no da peça | cor da peça | e | no da peça | peso da peça |

Essa divisão permitiria, por exemplo, que partes do registro original utilizadas com menos frequência fossem armazenadas em um dispositivo mais lento. A implicação é que o registro lógico de determinada aplicação poderia conter campos de diferentes registros armazenados – ou seja, seria um superconjunto apropriado de qualquer um desses registros armazenados.

- *Estrutura de arquivos armazenados.*

Um determinado arquivo armazenado pode ser implementado fisicamente no meio de armazenamento de várias maneiras diferentes. Por exemplo, ele poderia estar inteiramente contido em um único volume de armazenamento (um único disco, por exemplo), ou estar espalhado entre diversos volumes (possivelmente, em vários tipos diferentes de dispositivos); ele poderia estar ou não em sequência física, de acordo com os valores de algum campo armazenado; poderia estar ou não em sequência de um ou mais modos adicionais, por algum outro meio (por exemplo, por um ou mais índices, ou por uma ou mais cadeias de ponteiros embutidos, ou ambos); poderia estar ou não acessível por meio de algum esquema de hashing; os registros armazenados poderiam ou não estar agrupados fisicamente em blocos; e assim por diante. Contudo, nenhuma dessas considerações deve afetar de forma alguma as aplicações (a não ser quanto ao desempenho, é claro).

Isso conclui nossa lista de aspectos da representação dos dados armazenados que estão sujeitos a possíveis modificações. Observe que a lista implica (entre outras coisas) que o banco de dados deveria ser capaz de **crescer** sem afetar as aplicações existentes; na verdade, permitir que o banco de dados cresça sem prejudicar logicamente as aplicações existentes é uma das razões mais importantes para se exigir a independência dos dados em primeiro lugar. Por exemplo, deve ser possível estender um registro armazenado existente pela adição de novos campos armazenados, em geral representando informações adicionais relativas a algum tipo de entidade existente (por exemplo, um campo "custo unitário" poderia ser acrescentado ao registro armazenado de "peças"). Esses novos campos devem simplesmente ser invisíveis para as aplicações existentes. Do mesmo modo, deve ser possível acrescentar tipos de registros armazenados inteiramente novos e, em consequência, novos arquivos armazenados, mais uma vez sem exigir qualquer mudança nas aplicações existentes; esses novos registros e arquivos representariam novos tipos de entidades (por exemplo, um tipo de registro "fornecedor" poderia ser acrescentado ao banco de dados de "peças"). De novo, tais inclusões devem ser invisíveis para as aplicações existentes.

Por tudo isso, você deve ter percebido que a independência de dados é uma das razões pelas quais a separação do modelo de dados de sua implementação, conforme discutimos ao final da Seção 1.3, é tão importante: se *não* fizermos essa separação, não conseguiremos a independência de dados. A opção generalizada de deixar de fazer a separação de maneira apropriada, particularmente nos sistemas SQL de hoje é, portanto, particularmente infeliz. *Nota*: Não estamos sugerindo, com esses comentários, que os sistemas SQL atuais não forneçam independência de dados – mas apenas que eles oferecem muito menos do que os sistemas relacionais são teoricamente capazes de proporcionar.[4] Em outras palavras, a independência de dados não é um valor absoluto; sistemas distintos a oferecem em diferentes graus, e poucos – se houver algum – não proporcionam independência alguma. Os sistemas SQL atuais oferecem mais que os sistemas antigos, mas ainda estão longe da perfeição, como veremos nos próximos capítulos.

1.6 SISTEMAS RELACIONAIS E OUTROS SISTEMAS

Dissemos que os sistemas SQL vieram a dominar o mercado dos SGBDs e que um motivo importante para isso é que tais sistemas são baseados no *modelo relacional dos dados*. Informalmente, de fato, os sistemas SQL normalmente são considerados especificamente como *sistemas relacionais*.[5] Mais que isso, a grande maioria das pesquisas sobre bancos de dados ao longo dos últimos trinta anos também se baseou (embora um tanto indiretamente, em alguns casos) nesse modelo. De fato, a introdução do modelo relacional em 1969–1970 foi sem dúvida *o evento mais importante em toda história da área de bancos de dados*. Por essas razões, além da razão adicional de que o modelo relacional se baseia solidamente na lógica e na matemática e, por conseguinte, fornece um veículo ideal para o ensino de princípios de bancos de dados, a ênfase neste livro está fortemente concentrada nos sistemas relacionais.

Então, o que é exatamente um sistema relacional? É óbvio que não é possível responder completamente a essa pergunta neste ponto inicial do livro – mas é possível e desejável dar uma resposta um tanto vaga, que mais tarde poderá se tornar mais precisa. De modo abreviado (e informal), um sistema relacional é aquele no qual:

1. Os dados são percebidos pelo usuário como tabelas (e nada além de tabelas).

2. Os operadores à disposição do usuário (por exemplo, para busca de dados) são operadores que geram tabelas "novas" a partir de tabelas "antigas". Por exemplo, há um operador *restrição*[*] para extrair um subconjunto das linhas de uma dada tabela, e outro operador, *projeção*, que extrai um subconjunto das colunas – e, é claro, um subconjunto de linhas e um subconjunto de colunas de uma tabela podem ambos, por sua vez, ser considerados tabelas, conforme veremos em breve.

Logo, por que tais sistemas são chamados "relacionais"? A razão é que o termo *relação* é essencialmente apenas um termo matemático para designar uma *tabela*. (De fato, os termos *relação* e *tabela* podem ser considerados sinônimos, pelo menos para propósitos informais. Consulte os Capítulos 3 e 6 para examinar uma discussão adicional.) Talvez devamos acrescentar que a razão definitivamente *não* é que o termo *relação* seja "essencialmente apenas um termo matemático para" um *relacionamento*, no sentido dos diagramas de entidades e relacionamentos (ver Seção 1.3); de fato, como observamos naquela seção, existe muito pouca conexão entre os sistemas relacionais e tais diagramas.

Conforme prometemos, tornaremos as definições anteriores muito mais precisas adiante, mas, por enquanto, elas servirão. A Figura 1.8 fornece uma ilustração. Os dados – veja a parte *a* da figura – consistem em uma única tabela, chamada ADEGA (na verdade, ela é uma versão em escala menor da tabela ADEGA da Figura 1.1, reduzida em tamanho para torná-la mais fácil de representar). Dois exemplos de buscas, um deles envolvendo uma operação de *restrição* ou definição de um subconjunto de linhas e o outro uma operação de *projeção* ou definição de um subconjunto de colunas, são mostrados na parte *b* da figura. Mais uma vez, os exemplos são expressos em SQL.

---

[4]Um exemplo impressionante daquilo que os sistemas relacionais *são* capazes de fazer em relação a isso é descrito no Apêndice A.
[5]Apesar do fato de que, em muitos aspectos, a SQL é notória por seus *desvios* do modelo relacional, conforme veremos.
Nota do revisor técnico: Operador também conhecido como SELEÇÃO.

```
a. Tabela dada:              ADEGA   | VINHO      | ANO  | GARRAFAS |
                                     |------------|------|----------|
                                     | Zinfandel  | 1999 |    2     |
                                     | Fumé Blanc | 2000 |    2     |
                                     | Pinot Noir | 1997 |    3     |
                                     | Zinfandel  | 1998 |    9     |

b. Operadores (exemplos):

1. Restrição:          Resultado:    | VINHO      | ANO  | GARRAFAS |
                                     |------------|------|----------|
   SELECT VINHO, ANO, GARRAFAS       | Zinfandel  | 1999 |    2     |
   FROM ADEGA                        | Fumé Blanc | 2000 |    2     |
   WHERE ANO > 1998 ;

2. Projeção:           Resultado:    | VINHO      | GARRAFAS |
                                     |------------|----------|
   SELECT VINHO, GARRAFAS            | Zinfandel  |    2     |
   FROM ADEGA ;                      | Fumé Blanc |    2     |
                                     | Pinot Noir |    3     |
                                     | Zinfandel  |    9     |
```

FIGURA 1.8 *Estrutura de dados e operadores em um sistema relacional (exemplos).*

Agora, podemos distinguir entre sistemas relacionais e não relacionais. Em um sistema relacional, o usuário vê os dados como tabelas e nada mais que tabelas (como já explicamos). Em contraste, o usuário de um sistema não relacional vê *outras estruturas de dados* (seja em lugar das tabelas de um sistema relacional ou em adição a elas). Por sua vez, essas outras estruturas exigem outros operadores para acessá-las. Por exemplo, em um sistema hierárquico como o IMS da IBM, os dados são representados para o usuário sob a forma de árvores (hierarquias) e os operadores fornecidos para acessar tais estruturas incluem operadores para *acompanhar ponteiros* (a saber, os ponteiros que representam os caminhos hierárquicos para cima e para baixo nas árvores). Em contraste, uma característica distintiva importante dos sistemas relacionais é o fato de eles **não envolverem ponteiros** (pelo menos, não ponteiros visíveis ao usuário – ou seja, nenhum ponteiro no nível de modelo – embora possa haver ponteiros no nível da implementação física).

Para levar a questão um pouco adiante, os sistemas de bancos de dados podem ser divididos em categorias de modo conveniente, de acordo com as estruturas de dados e os operadores que eles apresentam ao usuário. De acordo com esse esquema, os sistemas mais antigos (pré-relacionais) se enquadram em três categorias principais: os sistemas de **lista invertida, hierárquicos** e **em rede.**[6] (Aqui, o termo *rede* não tem qualquer relação com as redes no sentido das comunicações de dados, conforme descrevemos no próximo capítulo.) Não discutiremos essas categorias em detalhes neste livro porque, de um ponto de vista tecnológico, elas devem ser consideradas obsoletas. Você poderá encontrar descrições tutoriais de todos os três sistemas na referência [1.5], se estiver interessado.

Os primeiros produtos **relacionais** começaram a aparecer no final da década de 1970 e no início da década de 1980. No momento em que este livro é escrito, a imensa maioria dos sistemas de bancos de dados é relacional, e eles funcionam em praticamente todo tipo de plataforma de hardware e software existente. Os principais exemplos incluem, em ordem alfabética, o DB2 (várias versões), da IBM Corp.; o Ingres II, da Computer Associates International Inc.; o Informix Dynamic Server, da Informix Software Inc.;[7] o Microsoft SQL Server, da Microsoft Corp.; o Oracle *9i*, da Oracle Corp.; e o Sybase Adaptive Server, da Sybase Inc. *Nota*: Quando tivermos de nos referir a quaisquer desses produtos mais adiante neste livro, faremos referência a eles (como a maioria do mercado faz informalmente) pelos nomes abreviados DB2, Ingres (pronuncia-se como em "ingress"), Informix, SQL Server, Oracle e Sybase, respectivamente.

---

[6]Por analogia com o modelo relacional, as edições anteriores deste livro se referiam a *modelos* de lista invertida, hierárquico e em rede (e grande parte da literatura ainda o faz). Contudo, falar em tais termos é bastante enganoso; ao contrário do modelo relacional, os "modelos" de lista invertida, hierárquico e em rede foram todos definidos *depois de criados*; ou seja, produtos comerciais de listas invertidas, hierárquicos e em redes foram implementados *primeiro*, e os "modelos" correspondentes foram definidos *subsequentemente* por um processo de indução (nesse contexto, um termo mais brando para indicar adivinhação) a partir das implementações existentes. Para obter mais detalhes, consulte a anotação da referência [1.1].

[7]A divisão de SGBD da Informix Software Inc. foi adquirida pela IBM Corp. em 2001.

Mais recentemente, certos produtos de **objetos** e **relacional/objeto** se tornaram disponíveis – sistemas de objetos no final da década de 1980 e início da década de 1990, sistemas relacional/objeto no final da década de 1990. Os sistemas relacional/objeto representam extensões para certos produtos relacionais originais (como no caso do DB2 e do Informix); os sistemas de objetos – também chamados sistemas *orientados a objeto* – representam tentativas de fazer algo completamente diferente, como no caso do GemStone, da GemStone Systems Inc. e do SGBDO Versant, da Versant Object Technology. Discutiremos esses sistemas na Parte VI deste livro. (Devemos observar que o termo *objeto,* no contexto de sua utilização neste parágrafo, possui um significado bem específico, que será explicado quando chegarmos à Parte VI. Antes desse ponto, usaremos o termo em seu sentido genérico normal, salvo quando outro sentido for indicado explicitamente.)

Além das várias abordagens que acabamos de mencionar, diversos esquemas alternativos foram pesquisados ao longo dos anos, inclusive a abordagem **multidimensional** e o **baseado em lógica** (também chamado *dedutivo* ou *especialista*). Os sistemas multidimensionais são discutidos no Capítulo 22 e os sistemas baseados em lógica são apresentados no Capítulo 24. Além disso, o recente crescimento explosivo da World Wide Web e o uso da XML geraram grande interesse pelo que se tornou conhecido (não muito adequadamente) como abordagem **semiestruturado**. Discutimos a respeito dos sistemas "semiestruturados" no Capítulo 27.

1.7 RESUMO

Encerramos este capítulo introdutório resumindo os principais pontos discutidos. Primeiro, um **sistema de banco de dados** pode ser considerado um sistema computadorizado de manutenção de registros. Tal sistema envolve os próprios **dados** (armazenados no **banco de dados**), o **hardware**, o **software** (particularmente, o **sistema de gerenciamento de banco de dados** ou SGBD) e – o mais importante! – os **usuários**. Por sua vez, os usuários podem ser divididos em **programadores de aplicações, usuários finais** e o **administrador de banco de dados**, ou DBA. O DBA é responsável pela administração do banco de dados e do sistema de banco de dados de acordo com normas estabelecidas pelo **administrador de dados**, ou DA.

Os bancos de dados são **integrados** e (normalmente) **compartilhados**; eles são usados para armazenar **dados persistentes**. Esses dados podem ser – de modo útil, embora informal – considerados representações de **entidades**, juntamente com **relacionamentos** entre essas entidades – apesar do fato de que um relacionamento seja, na realidade, um tipo especial de entidade. Examinamos muito rapidamente a ideia de **diagramas de entidades e relacionamentos**.

Os sistemas de bancos de dados oferecem diversos benefícios, dos quais um dos mais importantes é a **independência de dados** (física). A independência de dados pode ser definida como a imunidade de programas de aplicação a alterações no modo de armazenar fisicamente os dados e obter acesso a eles. Entre outras coisas, a independência de dados requer o estabelecimento de uma distinção nítida entre o **modelo de dados** e sua **implementação**. (De passagem, voltamos a lembrá-lo de que o termo *modelo de dados,* talvez infelizmente, possui dois significados bem diferentes.)

Os sistemas de bancos de dados normalmente também aceitam **transações** ou unidades lógicas de trabalho. Uma vantagem das transações é que elas têm a garantia de ser **atômicas** (tudo ou nada), mesmo que o sistema venha a falhar no meio de sua execução.

Por fim, os sistemas de bancos de dados podem se basear em uma série de abordagens diferentes. Em particular, os sistemas relacionais se baseiam em uma teoria formal chamada **modelo relacional**, de acordo com o qual os dados são representados como linhas em tabelas (interpretados como **proposições verdadeiras**) e são fornecidos operadores que admitem diretamente o processo de **inferência** (ou **dedução**) de proposições verdadeiras adicionais a partir de proposições dadas. Tanto a partir de um ponto de vista econômico quanto teórico, os sistemas relacionais são os mais importantes (e esse estado de coisas provavelmente não será mudado no futuro previsível). Vimos alguns exemplos simples de **SQL**, a linguagem padrão para lidar com sistemas relacionais (especificamente, vimos exemplos das instruções SQL **SELECT, INSERT, UPDATE** e **DELETE**). Este livro é baseado quase totalmente nos sistemas relacionais, embora – por motivos explicados no prefácio – não tanto na SQL propriamente dita.

EXERCÍCIOS

1.1 Com suas próprias palavras, defina os seguintes termos e expressões:

acesso concorrente
administração de dados
aplicação on-line
arquivo armazenado
banco de dados
campo armazenado
DBA
dados persistentes
entidade
diagrama de entidades e relacionamentos
independência de dados
integração
integridade
interface acionada por comandos

interface acionada por formulários
interface acionada por menus
linguagem de consulta
compartilhamento
propriedade
relacionamento
relacionamento binário
redundância
registro armazenado
segurança
SGBD
sistema de bancos de dados
sistema multiusuário
transação

1.2 Quais são as vantagens de se usar um sistema de banco de dados? Quais são as desvantagens?

1.3 O que você entende pelo termo *sistema relacional*? Faça a distinção entre sistemas relacionais e sistemas não relacionais.

1.4 O que você entende pelo termo *modelo de dados*? Explique a diferença entre um modelo de dados e sua implementação. Por que essa diferença é importante?

1.5 Mostre os efeitos das seguintes operações de busca em SQL sobre o banco de dados da adega de vinhos da Figura 1.1:

```
a. SELECT VINHO, PRODUTOR
   FROM   ADEGA
   WHERE  DEP# = 72 ;

b. SELECT VINHO, PRODUTOR
   FROM   ADEGA
   WHERE  ANO > 2000 ;

c. SELECT DEP#, VINHO, ANO
   FROM   ADEGA
   WHERE  PRONTO < 2003 ;

d. SELECT VINHO, DEP#, ANO
   FROM   ADEGA
   WHERE  PRODUTOR = 'Robt. Mondavi'
   AND    GARRAFAS > 6 ;
```

1.6 Com suas próprias palavras, dê uma interpretação como uma proposição verdadeira de uma linha típica a partir de cada uma das suas respostas ao Exercício 1.5.

1.7 Mostre os efeitos das seguintes operações de atualização em SQL sobre o banco de dados da adega de vinhos da Figura 1.1:

```
a. INSERT
   INTO   ADEGA ( DEP#, VINHO, PRODUTOR, ANO, GARRAFAS, PRONTO )
   VALUES ( 80, 'Syrah', 'Meridian', 1998, 12, 2003 ) ;

b. DELETE
   FROM   ADEGA
   WHERE  PRONTO > 2004 ;

c. UPDATE ADEGA
   SET    GARRAFAS = 5
   WHERE  DEP# = 50 ;
```

```
d. UPDATE ADEGA
   SET    GARRAFAS = GARRAFAS + 2
   WHERE  DEP# = 50 ;
```

1.8 Escreva instruções SQL para executar as seguintes operações sobre o banco de dados da adega de vinhos:

    a. Obter o número do depósito, o nome do vinho e o número de garrafas para todos os vinhos do produtor Geyser Peak.

    b. Obter o número do depósito e o nome do vinho correspondentes a todos os vinhos para os quais existem mais de cinco garrafas em estoque.

    c. Obter o número do depósito para todos os vinhos tintos.

    d. Acrescentar três garrafas ao depósito de número 30.

    e. Remover todos os vinhos Chardonnay do estoque.

    f. Acrescentar uma entrada para uma nova caixa (12 garrafas) de Gary Farrel Merlot: depósito número 55, ano 2000, pronto em 2005.

1.9 Suponha que você tenha uma coleção de música clássica consistindo em CDs e/ou MDs e/ou LPs e/ou fitas de áudio, e queira elaborar um banco de dados que lhe permitirá encontrar as gravações que possui de determinado compositor (e.g., Sibelius), um maestro (e.g., Simon Rattle), um solista (e.g., Arthur Grumiaux), uma obra (e.g., a *Quinta Sinfonia* de Beethoven), uma orquestra (e.g., a Filarmônica de Nova York), uma espécie de obra (e.g., concerto para violino) ou um grupo de câmara (e.g., o Kronos Quartet). Esboce um diagrama de entidades e relacionamentos para esse banco de dados, como o da Figura 1.6.

REFERÊNCIAS E BIBLIOGRAFIA

1.1 E. F. Codd: "Data Models in Database Management", Proc. Workshop on Data Abstraction, Databases, and Conceptual Modelling, Pingree Park, Colo. (junho de 1980), *ACM SIGMOD Record 11,* Número 2 (fevereiro de 1981) e outros.

    Codd foi o inventor do modelo relacional, descrito pela primeira vez na referência [6.1]. Contudo, a referência [6.1] não definiu de fato o termo *modelo de dados* como tal – mas este artigo (muito posterior) faz isso. Em seguida, ele aborda a questão: a que propósitos pretendem servir os modelos de dados em geral e o modelo relacional em particular? Além disso, ele continua a oferecer evidências que apoiam a afirmativa de que, ao contrário da crença popular, na realidade o modelo relacional foi o primeiro modelo de dados a ser definido. Em outras palavras, Codd tem uma certa razão ao afirmar ser o inventor do conceito de modelo de dados em geral, bem como do modelo de dados relacional em particular.

1.2 Hugh Darwen: "What a Database *Really* Is: Predicates and Propositions", em C. J. Date, Hugh Darwen e David McGoveran, *Relational Database Writings 1994-1997.* Reading, Mass.: Addison-Wesley (1998).

    Esse artigo oferece uma explicação informal (embora precisa) da ideia, discutida rapidamente no final da Seção 1.3, de que o melhor conceito de um banco de dados é como uma coleção de proposições verdadeiras.

1.3 C. J. Date e P. Hopewell: "Storage Structures and Physical Data Independence", Proc. 1971 ACM SIGFIDET Workshop on Data Definition, Access, and Control, San Diego, Califórnia (novembro de 1971).

1.4 C. J. Date e P. Hopewell: "File Definition and Logical Data Independence", Proc. 1971 ACM SIGFIDET Workshop on Data Definition, Access, and Control, San Diego, Califórnia (novembro de 1971).

    As referências [1.3-1.4] foram os primeiros documentos a definir e a fazer distinção entre independência de dados física e lógica.

1.5 C. J. Date: *Relational Database Writings 1991-1994.* Reading, Mass.: Addison-Wesley (1995).

CAPÍTULO 2

Arquitetura de sistemas de bancos de dados

2.1 Introdução

2.2 Os três níveis da arquitetura

2.3 O nível externo

2.4 O nível conceitual

2.5 O nível interno

2.6 Mapeamentos

2.7 O administrador do banco de dados

2.8 O sistema de gerenciamento de bancos de dados

2.9 Comunicações de dados

2.10 Arquitetura cliente/servidor

2.11 Utilitários

2.12 Processamento distribuído

2.13 Resumo

Exercícios

Referências e bibliografia

2.1 INTRODUÇÃO

Agora temos condições de apresentar uma arquitetura para um sistema de bancos de dados. Nosso objetivo ao apresentar essa arquitetura é fornecer um esboço (framework) sobre o qual possamos desenvolver os capítulos subsequentes. Esse esboço é útil para descrever conceitos gerais de bancos de dados e explicar a estrutura de sistemas de bancos de dados específicos – mas não afirmamos que todo sistema pode se enquadrar bem nesse esboço em particular, nem pretendemos sugerir que essa arquitetura prevê o único esboço possível. Em especial, é provável que sistemas "pequenos" (ver Capítulo 1) não ofereçam suporte para todos os aspectos da arquitetura. Porém, a arquitetura em questão de fato parece se ajustar razoavelmente bem à maior parte dos sistemas; além disso, ela é basicamente idêntica à arquitetura proposta pelo ANSI/SPARC Study Group on Data Base Management Systems (a chamada arquitetura ANSI/SPARC – consulte as referências [2.1] e [2.2]). Contudo, optamos por não seguir a terminologia ANSI/SPARC em todos os detalhes.

Aviso: Este capítulo é semelhante ao Capítulo 1 no sentido de que, embora a compreensão do material que ele contém seja essencial para uma apreciação completa da estrutura e dos recursos dos sistemas de bancos de dados modernos, ele é mais uma vez um tanto abstrato e enxuto. Por esse motivo, como ocorre com o Capítulo 1, talvez você prefira, por enquanto, fazer apenas uma leitura "superficial" no material, voltando a ele mais tarde, à medida que se tornar mais diretamente relevante aos tópicos em estudo.

2.2 OS TRÊS NÍVEIS DA ARQUITETURA

A arquitetura ANSI/SPARC se divide em três níveis, conhecidos como nível interno, nível externo e nível conceitual (ver Figura 2.1), embora também sejam utilizados outros nomes. De modo geral:

- O **nível interno** (também conhecido como nível de *armazenamento*) é o mais próximo do meio de armazenamento físico – ou seja, é aquele que se ocupa do modo como os dados são fisicamente armazenados dentro do sistema.

- O **nível externo** (também conhecido como nível *lógico do usuário*) é o mais próximo dos usuários – ou seja, é aquele que se ocupa do modo como os dados são vistos por usuários individuais.

- O **nível conceitual** (também conhecido como nível *lógico de comunidade*, ou às vezes apenas nível *lógico*, sem qualificação) é um nível "indireto" entre os outros dois.

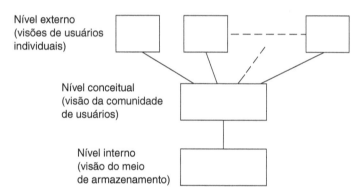

FIGURA 2.1 *Os três níveis da arquitetura.*

Observe que o nível externo se preocupa com as percepções dos usuários *individuais*, enquanto o nível conceitual está preocupado com uma percepção da *comunidade* de usuários. Como vimos no Capítulo 1, a maior parte dos usuários não estará interessada no banco de dados inteiro, mas somente em alguma parte restrita dele; assim, haverá muitas "visões externas" distintas, cada qual consistindo em uma representação mais ou menos abstrata de alguma parte do banco de dados completo, e haverá exatamente uma "visão conceitual", consistindo em uma representação igualmente abstrata do banco de dados em sua totalidade. Do mesmo modo, haverá exatamente uma "visão interna", representando o modo como o banco de dados está armazenado internamente. Observe que (usando a terminologia do Capítulo 1) os níveis externo e conceitual são níveis de *modelo*, enquanto o nível interno é um nível de *implementação*; em outras palavras, os níveis externo e conceitual são definidos em termos de construções voltadas para o usuário, como registros e campos, enquanto o nível interno é definido em termos de construções voltadas para a máquina, como bits e bytes.

Um exemplo ajudará a esclarecer essas ideias. A Figura 2.2 mostra a visão conceitual, a visão interna correspondente e duas visões externas correspondentes (uma para um usuário PL/I e outra para um usuário COBOL),[1] todas para um simples banco de dados de pessoal. É claro que o exemplo é inteiramente hipotético – ele não pretende ser semelhante a qualquer sistema real – e muitos detalhes irrelevantes foram deliberadamente omitidos. *Explicação*:

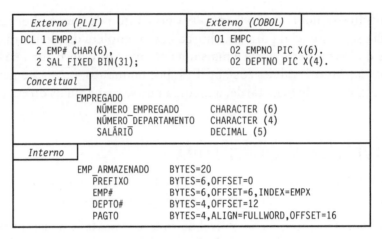

FIGURA 2.2 *Um exemplo dos três níveis.*

1. No nível conceitual, o banco de dados contém informações relativas a um tipo de entidade chamada EMPREGADO. Cada empregado individual tem um NÚMERO_EMPREGADO (seis caracteres), um NÚMERO_DEPARTAMENTO (quatro caracteres) e um SALÁRIO (cinco dígitos decimais).

2. No nível interno, os empregados são representados por um tipo de registro armazenado, denominado EMP_ARMAZENADO, com vinte bytes de comprimento. EMP_ARMAZENADO contém quatro campos armazenados: um prefixo de seis bytes (presumivelmente contendo informações de controle, como códigos, flags ou ponteiros) e três campos de dados correspondentes às três propriedades de empregados. Além disso, os registros EMP_ARMAZENADO são indexados sobre o campo EMP# por um índice chamado EMPX, cuja definição não aparece na figura.

3. O usuário PL/I tem uma visão externa do banco de dados na qual cada empregado é representado por um registro PL/I contendo dois campos (números de departamento não são de interesse para esse usuário, e por isso foram omitidos). O tipo de registro é definido por uma declaração de estrutura PL/I comum, de acordo com as regras normais da PL/I.

4. De modo semelhante, o usuário COBOL tem uma visão externa em que cada empregado é representado por um registro COBOL contendo, mais uma vez, dois campos (desta vez, foram omitidos os salários). O tipo de registro é definido por uma descrição comum de registro COBOL, de acordo com as regras normais da linguagem COBOL.

Observe que itens de dados correspondentes podem ter nomes diferentes em pontos diferentes. Por exemplo, a referência ao número do empregado é chamada EMP# na visão externa da PL/I, EMPNO na visão externa da COBOL, NÚMERO_EMPREGADO na visão conceitual e novamente EMP# na visão interna. É claro que o sistema deve estar ciente das correspondências; por exemplo, ele tem de ser informado de que o campo EMPNO em COBOL é derivado do campo conceitual NÚMERO_EMPREGADO, que, por sua vez, é derivado do campo armazenado EMP# no nível interno. Tais correspondências, ou **mapeamentos**, não são mostradas de forma explícita na Figura 2.2; para obter uma explicação adicional, consulte a Seção 2.6.

Observe que faz pouca diferença, para as finalidades deste capítulo, saber se o sistema que está sendo considerado é relacional ou não. Contudo, pode ser útil indicar, de forma resumida, como os três níveis da arquitetura em geral são percebidos especificamente em um sistema relacional:

---

[1]Pedimos desculpas por usar duas linguagens tão antigas como base para este exemplo, mas o fato é que PL/I e COBOL ainda são bastante usadas nas instalações comerciais.

- Primeiro, o nível conceitual em tal sistema será definitivamente relacional, no sentido de que os objetos visíveis nesse nível serão tabelas relacionais, e os operadores serão operadores relacionais (incluindo, em especial, os operadores de *restrição* e *projeção*, examinados rapidamente no Capítulo 1).

- Em segundo lugar, determinada visão externa também será tipicamente relacional, ou algo muito próximo disso; por exemplo, as declarações de registros PL/I ou COBOL da Figura 2.2 podem ser consideradas de maneira informal, respectivamente, os equivalentes PL/I ou COBOL da declaração de uma tabela relacional em um sistema relacional. *Nota*: Devemos mencionar de passagem que o termo *visão externa* (em geral abreviado apenas como *visão*) infelizmente contém um significado bastante específico em contextos relacionais, que *não* é idêntico ao significado atribuído ao termo neste capítulo. Consulte os Capítulos 3 e (especialmente) 10 para ver uma explicação e uma descrição do significado relacional.

- Terceiro, o nível interno *não* será relacional, porque os objetos nesse nível não serão apenas tabelas relacionais (armazenadas) – em vez disso, eles serão os mesmos tipos de objetos encontrados no nível interno de qualquer outra espécie de sistema (registros armazenados, ponteiros, índices, hashing etc.). De fato, o modelo relacional em si não tem **absolutamente nenhuma relação** com o nível interno; ele se preocupa, como vimos no Capítulo 1, com o modo como o banco de dados é visto pelo *usuário*.

Agora vamos prosseguir com o exame dos três níveis da arquitetura com um nível muito maior de detalhes, começando pelo nível externo. Em toda a nossa descrição, faremos repetidas referências à Figura 2.3, que mostra os principais componentes da arquitetura e seus inter-relacionamentos.

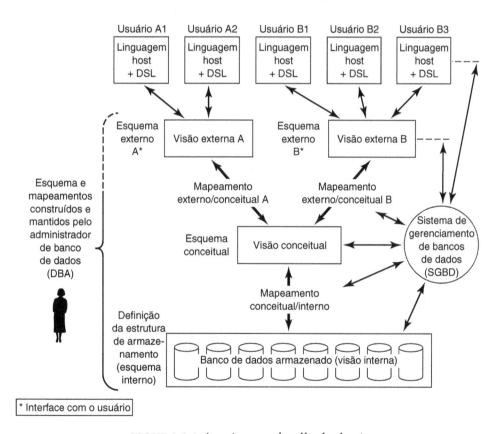

FIGURA 2.3 *Arquitetura detalhada do sistema.*

2.3 O NÍVEL EXTERNO

O nível externo é o nível do usuário individual. Como foi explicado no Capítulo 1, um usuário qualquer pode ser ou programador de aplicações ou um usuário final com qualquer grau de sofisticação. (O DBA é um caso especial importante, porém, diferentemente de outros usuários, o DBA também precisará estar interessado nos níveis conceitual e interno. Consulte as duas seções seguintes.)

Cada usuário tem uma **linguagem** à sua disposição:

- Para o programador de aplicações, essa linguagem será uma linguagem de programação convencional (como Java, C++ ou PL/I) ou uma linguagem proprietária, específica ao sistema em questão. Essas linguagens proprietárias geralmente são chamadas de linguagens de *quarta geração* (L4Gs), pelo fato (muito impreciso!) de que (a) o código de máquina, a linguagem assembler e a linguagem PL/I podem ser considerados como três "gerações" mais antigas de linguagens e (b) as linguagens proprietárias representam o mesmo tipo de aperfeiçoamento em relação às linguagens de "terceira geração" (L3Gs) que essas linguagens representavam em relação à linguagem assembler, e esta última, por sua vez, representava em relação ao código de máquina.

- Para o usuário final, a linguagem será uma linguagem de consulta (provavelmente, SQL) ou alguma linguagem de uso especial, talvez controlada por formulários ou menus, adaptada aos requisitos desse usuário e com suporte de alguma aplicação on-line, conforme explicamos no Capítulo 1.

Para nossos propósitos, o ponto mais importante sobre todas essas linguagens é que elas incluirão uma **sublinguagem de dados** (data sublanguage) – isto é, um subconjunto da linguagem completa, relacionado de modo específico aos objetos e às operações do banco de dados. A sublinguagem de dados (abreviada como DSL – Data Sublanguage – na Figura 2.3) é considerada **embutida** na **linguagem hospedeira** correspondente. A linguagem hospedeira (ou "host") é responsável pelo fornecimento de diversos recursos não relacionados com bancos de dados, como variáveis locais, operações de cálculo, lógica de desvios condicionais (branching logic), e assim por diante. Determinado sistema poderia admitir qualquer quantidade de linguagens hospedeiras e qualquer quantidade de sublinguagens de dados; porém, determinada sublinguagem de dados reconhecida por quase todos os sistemas atuais é a linguagem SQL, discutida rapidamente no Capítulo 1. A maioria desses sistemas permite que a SQL seja usada tanto de modo *interativo*, como uma linguagem de consulta autônoma, quanto *incorporada* a outras linguagens, como Java, C++ ou PL/I (consulte o Capítulo 4 para obter mais detalhes).

Observe que, embora seja conveniente, para propósitos arquitetônicos, distinguir entre a sublinguagem de dados e a linguagem hospedeira que a contém, as duas podem de fato *não* ser distintas para o usuário; na verdade, talvez seja preferível, sob o ponto de vista do usuário, que elas não sejam distintas. Se elas não forem distintas, ou se só puderem ser distinguidas com dificuldade, diremos que elas estão **fortemente acopladas** (e a combinação é chamada de *linguagem de programação de banco de dados*).[2] Se forem clara e facilmente separáveis, dizemos que elas estão **fracamente acopladas**. Apesar de alguns sistemas comerciais (incluindo particularmente certos produtos SQL, como o Oracle) admitirem o acoplamento forte, nem todos oferecem suporte para isso (o acoplamento forte oferece um conjunto de recursos mais uniforme para o usuário, mas, sem dúvida, envolve maior esforço por parte dos desenvolvedores de sistemas, um fato que presumivelmente contribui para o estado atual das coisas).

Em princípio, qualquer sublinguagem de dados é, na realidade, uma combinação de pelo menos duas linguagens subordinadas – uma **linguagem de definição de dados** (LDD ou DDL – Data Definition Language), que dá suporte à *definição* ou à "declaração" de objetos dos bancos de dados, e uma **linguagem de manipulação de dados** (LMD ou DML – Data Manipulation Language), que admite o *processamento* ou a "manipulação" desses objetos.[3] Por exemplo, considere o usuário PL/I da Figura 2.2, na Seção 2.2. A sublinguagem de dados para esse usuário consiste nos recursos de PL/I utilizados para a comunicação com o SGBD:

- A parte da DDL consiste nas construções declarativas da PL/I necessárias para se declararem objetos do banco de dados – a própria instrução DECLARE (DCL), certos tipos de dados da PL/I, possivelmente extensões especiais da PL/I, para oferecer suporte a novos objetos não aceitos pela PL/I existente.

---

[2]A linguagem **Tutorial D**, que usaremos em capítulos posteriores como base para os exemplos – consulte os comentários sobre esse assunto no prefácio deste livro –, é uma linguagem de programação de banco de dados nesse sentido.

[3]Esse uso um tanto inapropriado do termo *manipulação* tem sido aprovado pelo uso corrente. Em português, o termo *manuseio* também pode ser usado para evitar o duplo sentido, mas *manipulação* ainda é o termo mais utilizado.

- A parte da DML consiste nas instruções executáveis da PL/I que transferem informações de e para o banco de dados – mais uma vez incluindo, possivelmente, novas instruções especiais.

(Para ser preciso, devemos deixar claro que a PL/I não incluía, na realidade, nenhum recurso específico de bancos de dados na época em que este livro foi escrito. Em particular, as instruções da "DML" costumam ser apenas instruções CALL da PL/I, que invocam o SGBD – embora essas chamadas possam estar sintaticamente disfarçadas de algum modo, a fim de torná-las um pouco mais amigáveis para o usuário; consulte a discussão sobre a SQL embutida no Capítulo 4.)

Vamos voltar à arquitetura. Já indicamos que um usuário individual geralmente só estará interessado em alguma parte do banco de dados como um todo; além disso, normalmente, a visão que esse usuário tem dessa parte será um tanto abstrata quando comparada com o modo como os dados estão fisicamente armazenados. O termo ANSI/SPARC para a visão de um usuário individual é **visão externa**. Uma visão externa é, portanto, o conteúdo do banco de dados visto por determinado usuário; em outras palavras, para esse usuário, a visão externa *é* o banco de dados. Por exemplo, um usuário do Departamento de Pessoal poderia considerar o banco de dados como uma coleção de ocorrências de registros de departamentos e empregados, e poderia não ter nenhum conhecimento das ocorrências de registros de fornecedores e peças, vistas pelos usuários do Departamento de Compras.

Assim, em geral, uma visão externa consiste em muitas ocorrências de cada um dentre muitos tipos de **registros externos** (*não* necessariamente a mesma coisa que um registro armazenado).[4] Logo, a sublinguagem de dados do usuário é definida em termos de registros externos; por exemplo, uma operação DML de *busca* obterá ocorrências de registros externos, não ocorrências de registros armazenados. (A propósito, agora podemos observar que o termo *registro lógico*, usado algumas vezes no Capítulo 1, se referia na realidade a um registro externo. De fato, deste ponto em diante, em geral evitaremos o termo *registro lógico*.)

Cada visão externa é definida por meio de um **esquema externo**, o qual consiste basicamente em definições de cada um dos diversos tipos de registros externos naquela visão externa (mais uma vez, consulte a Figura 2.2 para ver alguns exemplos simples). O esquema externo é escrito com o uso da parte DDL da sublinguagem de dados do usuário. (Por essa razão, essa DDL às vezes é chamada **DDL externa**.) Por exemplo, o tipo do registro externo do empregado poderia ser definido como um campo de número de empregado, com seis caracteres, mais um campo de salário (decimal), com cinco dígitos, e assim por diante. Além disso, tem de haver uma definição do *mapeamento* entre o esquema externo e o esquema *conceitual* básico (consulte a próxima seção). Consideraremos esse mapeamento mais adiante, na Seção 2.6.

2.4 O NÍVEL CONCEITUAL

A **visão conceitual** é uma representação de todo o conteúdo de informações do banco de dados, mais uma vez (como no caso de uma visão externa) em uma forma um tanto abstrata, em comparação com o modo como os dados são armazenados fisicamente. Em geral, ela também será bastante diferente do modo como os dados são visualizados por qualquer usuário em particular. Em termos gerais, a visão conceitual pretende ser uma visão dos dados "como eles realmente são", em vez de forçar os usuários a vê-los pelas limitações (por exemplo) da linguagem ou do hardware que eles possam estar utilizando.

A visão conceitual consiste em muitas ocorrências de cada um dos vários tipos de **registros conceituais**. Por exemplo, ela pode consistir em uma coleção de ocorrências de registros de departamentos, junto com uma coleção de ocorrências de registros de empregados, junto com uma coleção de ocorrências de registros de fornecedores, mais uma coleção de ocorrências de registros de peças, e assim por diante. Um registro conceitual não é necessariamente o mesmo que um registro externo, nem o mesmo que um registro armazenado.

---

[4]Estamos supondo que todas as informações são representadas, no nível externo, especificamente na forma de registros. Contudo, alguns sistemas permitem que as informações sejam representadas de outras maneiras, em lugar de registros ou além de registros. Para um sistema que utiliza esses métodos alternativos, as definições e explicações dadas nesta seção exigirão algumas modificações. Comentários semelhantes também se aplicam aos níveis conceitual e interno. Uma explicação detalhada desses assuntos está além do escopo desta parte inicial do livro; para obter uma análise mais completa, consulte o Capítulo 14 (especialmente a seção "Referências e bibliografia") e o Capítulo 25. Consulte também o Apêndice A – particularmente em relação ao nível interno.

A visão conceitual é definida por meio do **esquema conceitual**, que inclui definições de cada um dos vários tipos de registros conceituais (mais uma vez, observe um exemplo simples na Figura 2.2). O esquema conceitual é escrito por meio de outra linguagem de definição de dados, a **DDL conceitual**. Se quisermos alcançar a independência física dos dados, então essas definições de DDL conceitual não deverão envolver quaisquer considerações sobre a representação física ou a técnica de acesso – elas deverão ser *somente* definições do conteúdo das informações. Portanto, no esquema conceitual, não deverá haver nenhuma referência a representações de campos armazenados, sequências de registros armazenados, índices, esquemas de hashing, ponteiros ou quaisquer outros detalhes de armazenamento e acesso. Se o esquema conceitual se tornar verdadeiramente independente de dados dessa maneira, então os esquemas externos, definidos em termos do esquema conceitual (ver Seção 2.6), também serão independentes dos dados.

Portanto, a visão conceitual é uma visão do conteúdo total do banco de dados, e o esquema conceitual é uma definição dessa visão. Porém, seria enganoso sugerir que o esquema conceitual nada mais é do que um conjunto de definições muito semelhante às definições de registros simples, encontradas hoje em (por exemplo) um programa COBOL. As definições no esquema conceitual têm por finalidade incluir muitos recursos adicionais, como as restrições de segurança e integridade, mencionadas no Capítulo 1. Algumas autoridades no assunto chegariam até a sugerir que o objetivo final do esquema conceitual é descrever a empresa inteira – não apenas seus dados em si, mas também o modo como esses dados são usados: como eles fluem de um ponto para outro dentro da empresa, para que eles são usados em cada ponto, quais controles de auditoria ou outros controles devem ser aplicados em cada ponto, e assim por diante [2.3]. No entanto, devemos enfatizar que nenhum sistema atual admite realmente um esquema conceitual que sequer se aproxime desse grau de compreensibilidade;[5] na maior parte dos sistemas existentes, o "esquema conceitual" é, na verdade, pouco mais que uma simples união de todos os esquemas externos individuais, juntamente com determinadas restrições de segurança e integridade. Porém, sem dúvida, é possível que sistemas futuros eventualmente se tornem muito mais sofisticados em seu suporte ao nível conceitual.

2.5 O NÍVEL INTERNO

O terceiro nível da arquitetura é o nível interno. A **visão interna** é uma representação de baixo nível do banco de dados por inteiro; ela consiste em muitas ocorrências de cada um dos vários tipos de **registros internos**. *Registro interno* é o termo ANSI/SPARC que representa a construção que temos chamado de registro *armazenado* (e continuaremos a usar essa última forma). Assim, a visão interna ainda está separada do nível físico, pois ela não lida com registros *físicos* – também chamados **blocos** ou **páginas** – nem com quaisquer considerações específicas de dispositivos, como tamanhos de cilindros ou trilhas. Em outras palavras, a visão interna pressupõe efetivamente um espaço de endereços linear infinito; os detalhes de como esse espaço de endereços é mapeado no meio de armazenamento físico são bastante específicos para cada sistema, e foram deliberadamente omitidos da arquitetura geral. *Nota*: Caso você não esteja familiarizado com o termo, devemos explicar que o bloco, ou a página, é a **unidade de entrada e saída (E/S)** – isto é, ele representa a quantidade de dados transferidos entre o meio de armazenamento secundário e a memória principal em uma única operação de E/S. Os tamanhos de páginas mais comuns estão entre 1KB e cerca de 64KB, onde (como veremos mais adiante) 1KB = 1.024 bytes.

A visão interna é descrita por meio do **esquema interno**, que não somente define os diversos tipos de registros armazenados mas também especifica quais índices existem, como os campos armazenados estão representados, em que sequência física os registros estão armazenados, e assim por diante (mais uma vez, veja um exemplo simples na Figura 2.2). O esquema interno é escrito usando-se ainda outra linguagem de definição de dados – a **DDL interna**.

Nota: Neste livro, usaremos normalmente os termos mais intuitivos *banco de dados armazenado* e *definição de banco de dados armazenado* em vez de *visão interna* e *esquema interno*, respectivamente. Além disso, observe que, em certas situações excepcionais, os programas aplicativos – em particular, as aplicações de natureza utilitária (ver Seção 2.11) – podem ter permissão para operar diretamente no nível inter-

---

[5] Alguém poderia argumentar que os chamados sistemas de *regra de negócio* chegam perto disso (ver Capítulos 9 e 14).

no, e não no nível externo. Não é preciso dizer que essa prática não é recomendável; ela representa um risco de segurança (pois as restrições de segurança são ignoradas) e um risco de integridade (pois também as restrições de integridade são ignoradas), e o programa terá uma inicialização dependente dos dados; porém, às vezes, essa poderá ser a única maneira de obter a funcionalidade ou o desempenho exigido – do mesmo modo como um programador de aplicações poderia, ocasionalmente, ter de descer até a linguagem assembler para satisfazer certos objetivos de funcionalidade ou desempenho em um sistema de linguagem de programação.

2.6 MAPEAMENTOS

Além dos três níveis em si, a arquitetura da Figura 2.3 envolve, em geral, certos **mapeamentos** – um mapeamento conceitual/interno e vários mapeamentos externos/conceituais:

- O mapeamento *conceitual/interno* define a correspondência entre a visão conceitual e o banco de dados armazenado; ele especifica o modo como os registros e campos conceituais são representados no nível interno. Se a estrutura do banco de dados armazenado for alterada – isto é, se for efetuada uma mudança na definição do banco de dados armazenado – o mapeamento conceitual/interno terá de ser alterado de acordo, a fim de que o esquema conceitual possa permanecer invariável. (É responsabilidade do DBA, ou possivelmente do SGBD, administrar tais alterações.) Em outras palavras, os efeitos dessas mudanças devem ser isolados abaixo do nível conceitual, a fim de preservar a independência de dados física.

- Um mapeamento *externo/conceitual* define a correspondência entre uma visão externa específica e a visão conceitual. Em geral, as diferenças que podem existir entre esses dois níveis são semelhantes às que podem existir entre a visão conceitual e o banco de dados armazenado. Por exemplo, os campos podem ter diferentes tipos de dados, os nomes de campos e registros podem ser alterados, vários campos conceituais podem ser combinados em um único campo externo, e assim por diante. Qualquer número de visões externas pode existir ao mesmo tempo; qualquer número de usuários pode compartilhar determinada visão externa; diferentes visões externas podem se sobrepor.

  Sem entrarmos em muitos detalhes, deve ficar claro que, da mesma maneira que o mapeamento conceitual/interno é a chave para a independência de dados física, os mapeamentos externos/conceituais são a chave para a independência de dados *lógica*. Conforme vimos no Capítulo 1, um sistema fornece independência de dados *física* [1.3] se os usuários e os programas de usuários forem imunes a mudanças na estrutura física do banco de dados armazenado. De modo semelhante, um sistema proporciona independência de dados *lógica* [1.4] se os usuários e os programas de usuários também forem imunes a mudanças na estrutura *lógica* do banco de dados (mudanças no nível conceitual ou no nível "lógico de comunidade"). Teremos mais a dizer sobre esse assunto importante nos Capítulos 3 e 10.

- Além disso, a maioria dos sistemas permite que a definição de certas visões externas seja expressa em termos de outras (efetivamente, por meio de mapeamentos *externos/externos*), em vez de sempre exigir uma definição explícita do mapeamento no nível conceitual – um recurso útil se diversas visões externas forem bastante semelhantes umas às outras. Em particular, os sistemas relacionais oferecem essa capacidade.

2.7 O ADMINISTRADOR DO BANCO DE DADOS

Como foi explicado no Capítulo 1, o administrador de *dados* (DA – Data Administrator) é a pessoa que toma as decisões estratégicas e de normas com relação aos dados da empresa, e o administrador do *banco de dados* (DBA – Database Administrator) é a pessoa que fornece o suporte técnico necessário para implementar essas decisões. Assim, o DBA é responsável pelo controle geral do sistema em um nível técnico. Agora, podemos descrever algumas das atribuições do DBA com um pouco mais de detalhes. Em geral, essas atribuições incluirão as seguintes:

- *Definir o esquema conceitual.*

Cabe ao administrador de *dados* decidir quais informações devem ser mantidas no banco de dados – em outras palavras, identificar as entidades de interesse para a empresa e identificar as informações a serem registradas sobre essas entidades. Normalmente, esse processo é referenciado como **projeto lógico** – às vezes, *conceitual* – **de banco de dados**. Uma vez que o administrador de dados tenha definido o conteúdo do banco de dados em um nível abstrato, o DBA então criará o esquema conceitual correspondente, usando a DDL conceitual. A forma objeto (compilada) desse esquema será usada pelo SGBD ao responder a requisições de acesso. A forma fonte (não compilada) agirá como documento de referência para os usuários do sistema.

Devemos acrescentar que, na prática, as coisas raramente serão definidas do modo exato como sugerem as observações anteriores. Em alguns casos, o administrador de dados criará o esquema conceitual diretamente. Em outros, o DBA criará o projeto lógico.

- *Definir o esquema interno.*

O DBA também deve decidir como serão representados os dados no banco de dados armazenado. Em geral, esse processo é chamado projeto **físico** do banco de dados. Tendo elaborado o projeto físico, o DBA deve então criar a definição do banco de dados armazenado correspondente (isto é, o esquema interno), usando a DDL interna. Além disso, ele também deve definir o mapeamento conceitual/interno associado. Na prática, a DDL conceitual ou a DDL interna – mais provavelmente a primeira – deverá incluir os meios para definir esse mapeamento, mas as duas funções (criação do esquema, definição do mapeamento) devem ser claramente separáveis. Como no caso do esquema conceitual, o esquema interno e o mapeamento correspondente existirão tanto na forma de fonte quanto de objeto.

A propósito, observe a sequência: primeiro, decidir quais dados você deseja, depois decidir como representá-los no meio de armazenamento. O projeto físico sempre deverá ser feito *após* o projeto lógico.

- *Contato com os usuários.*

É tarefa do DBA servir de contato com os usuários, a fim de garantir que os dados de que eles necessitam estarão disponíveis, e escrever (ou ajudar os usuários a escreverem) os esquemas externos necessários, usando a DDL externa aplicável. (Como já foi dito, um dado sistema pode admitir várias DDLs externas distintas.) Além disso, os mapeamentos externos/conceituais correspondentes também devem ser definidos. Na prática, a DDL externa provavelmente incluirá os meios para especificar esses mapeamentos, mas, de novo, os esquemas e os mapeamentos devem ser claramente separáveis. Cada esquema externo e o mapeamento correspondente deverão existir tanto na forma de fonte quanto de objeto.

Outros aspectos da função de contato com os usuários incluem a consultoria em projeto de aplicações, o fornecimento de treinamento técnico, a assistência para determinação e solução de problemas, e serviços profissionais semelhantes.

- *Definir restrições de segurança e integridade.*

Como já explicamos, as restrições de segurança e integridade podem ser consideradas uma parte do esquema conceitual. A DDL conceitual deve incluir recursos para a especificação de tais restrições.

- *Definir normas de descarga e recarga.*

Uma vez que uma empresa esteja comprometida com um sistema de banco de dados, ela se torna dependente de modo crítico da operação desse sistema com sucesso. Em caso de danos a qualquer parte do banco de dados – provocados por erro humano, digamos, ou por uma falha de hardware ou do sistema operacional –, é essencial ser capaz de reparar os dados em questão com um mínimo de demora e com o menor efeito possível sobre o restante do sistema. Por exemplo, em condições ideais, a disponibilidade dos dados que não tenham sido danificados não deve ser afetada. O DBA tem de definir e implementar um esquema apropriado de controle de danos, em geral envolvendo (a) descarga ou "dumping" periódico do banco de dados para o meio de armazenamento de backup e (b) recarga ou "restauração" do banco de dados quando necessário, a partir do "dump" mais recente.

A propósito, observamos que a necessidade de um reparo rápido dos dados é uma razão pela qual seria uma boa ideia espalhar a coleção total de dados por vários bancos de dados, em vez de manter tudo em um único lugar; o banco de dados individual poderia muito bem formar a unidade para finalidades de descarga e recarga. Nessa linha, observe que já existem *sistemas de multiterabytes*[6] – isto é, instalações de bancos de dados comerciais que armazenam vários trilhões de bytes de dados, em termos informais – e que os sistemas do futuro deverão ser muito maiores. É desnecessário dizer que tais sistemas *VLDB* (Very Large Database – banco de dados muito grande) exigem administração muito cuidadosa e sofisticada, especialmente se houver um requisito de disponibilidade contínua (que normalmente existe). Não obstante, por simplicidade, continuaremos a falar como se de fato houvesse um único banco de dados.

- *Monitorar o desempenho e responder a requisitos de mudanças*

Como foi indicado no Capítulo 1, o DBA é responsável pela organização do sistema de modo a obter o desempenho que seja "o melhor para a empresa", e por fazer os ajustes apropriados – isto é, a **sintonia fina (tuning)** – quando os requisitos forem mudados. Por exemplo, poderia ser necessário **reorganizar** o banco de dados armazenado de tempos em tempos para assegurar que os níveis de desempenho permanecerão aceitáveis. Como já mencionamos, qualquer mudança no nível interno do sistema deve ser acompanhada por uma mudança correspondente na definição do mapeamento conceitual/interno, de modo que o esquema conceitual possa permanecer constante.

É claro que a lista anterior não esgota o assunto – ela pretende apenas dar uma ideia da extensão e da natureza das responsabilidades do DBA.

2.8 O SISTEMA DE GERENCIAMENTO DE BANCOS DE DADOS

O **sistema de gerenciamento de bancos de dados** (SGBD) é o software que trata de todo o acesso ao banco de dados. Conceitualmente, o que ocorre é o seguinte (observe mais uma vez a Figura 2.3 como exemplo):

1. Um usuário faz um pedido de acesso usando uma determinada sublinguagem de dados (geralmente, SQL).
2. O SGBD intercepta o pedido e o analisa.
3. O SGBD, por sua vez, inspeciona o esquema externo (ou as versões objeto desse esquema) para esse usuário, o mapeamento externo/conceitual correspondente, o esquema conceitual, o mapeamento conceitual/interno e a definição do banco de dados armazenado.
4. O SGBD executa as operações necessárias sobre o banco de dados armazenado.

Como exemplo, considere as ações relacionadas com a busca de uma determinada ocorrência de registro externo. Em geral, serão necessários campos de várias ocorrências de registros conceituais e, por sua vez, cada ocorrência de registro conceitual exigirá campos de várias ocorrências de registros armazenados. Então, conceitualmente, o SGBD deve primeiro buscar todas as ocorrências necessárias de registros armazenados, depois construir as ocorrências de registros conceituais exigidas e, em seguida, construir a ocorrência de registro externo exigida. Em cada estágio, podem ser necessárias conversões de tipos de dados ou outras conversões.

Naturalmente, a descrição anterior é muito simplificada; em particular, ela implica que todo o processo é interpretativo, à medida que sugere que os processos de análise do pedido, inspeção dos diversos esquemas etc., são todos realizados em tempo de execução. A interpretação, por sua vez, em geral implica um desempenho fraco devido à sobrecarga em tempo de execução. Porém, na prática, talvez seja possível

---

[6]1.024 bytes = 1 kilobyte (KB); 1.024 KB = 1 megabyte (MB); 1.024 MB = 1 gigabyte (GB); 1.024 GB = 1 terabyte (TB); 1.024 TB = 1 petabyte (PB); 1.024 PB = 1 exabyte (EB ou XB); 1.024 XB = 1 zetabyte (ZB); 1.024 ZB = 1 yotabyte (YB). Observe, informalmente, que um gigabyte equivale a um milhão de bytes (a abreviatura BB às vezes é usada no lugar de GB).

fazer os pedidos de acesso serem *compilados* antes do momento da execução (em particular, diversos produtos atuais de SQL fazem isso – consulte, por exemplo, as anotações relativas às referências [4.13] e [4.27], no Capítulo 4).

Vamos examinar agora as funções do SGBD com um pouco mais de detalhes. Essas funções incluirão o suporte a pelo menos todos os itens a seguir (observe a Figura 2.4):

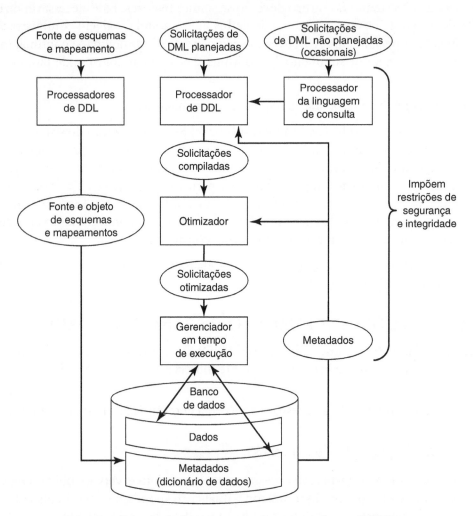

FIGURA 2.4 *Principais funções e componentes de um SGBD.*

- *Definição de dados.*

    O SGBD deve ser capaz de aceitar definições de dados (esquemas externos, o esquema conceitual, o esquema interno e todos os mapeamentos associados) em formato fonte e convertê-los para o formato objeto apropriado. Em outras palavras, o SGBD deve incluir componentes de **processador de DDL** ou **compilador de DDL** para cada uma das diversas linguagens de definição de dados (DDLs – Data Definition Languages). O SGBD também deverá "entender" as definições da DDL, no sentido de que, por exemplo, ele "entende" que os registros externos EMPREGADO incluem um campo SALÁRIO; ele deve, então, ser capaz de usar esse conhecimento para analisar e responder a pedidos de manipulação de dados (por exemplo, "obtenha todos os empregados com salário < R$ 50.000,00").

- *Manipulação de dados.*

    O SGBD deve ser capaz de lidar com requisições do usuário para buscar, atualizar ou excluir dados existentes no banco de dados, ou para acrescentar novos dados ao banco de dados. Em outras palavras, o SGBD deve incluir um componente **processador de DML** ou **compilador de DML** para lidar com a linguagem de manipulação de dados (DML – Data Manipulation Language).

Em geral, as requisições de DML podem ser "planejadas" ou "não planejadas":

    a. Uma requisição **planejada** é aquela para a qual a necessidade foi prevista com bastante antecedência em relação ao momento em que a requisição é executada. O DBA provavelmente terá ajustado o projeto de banco de dados físico de modo a garantir um bom desempenho para requisições planejadas.

    b. Ao contrário, uma requisição **não planejada** é uma consulta *ad hoc*, isto é, uma requisição cuja necessidade não foi prevista com antecedência mas, em vez disso, surgiu na última hora. O projeto físico do banco de dados pode estar ou não adaptado de forma ideal para a requisição específica sendo considerada.

Para usar a terminologia introduzida no Capítulo 1 (Seção 1.3), as requisições planejadas são características de aplicações *operacionais* ou de *produção*, ao passo que as requisições não planejadas são características de aplicações para *apoio à decisão*. Além disso, as requisições planejadas em geral serão emitidas a partir de programas de aplicação escritos com antecedência, enquanto as requisições não planejadas serão, por definição, emitidas de modo interativo por meio de algum *processador de linguagem de consulta*. (Na verdade, como vimos no Capítulo 1, o processador de linguagem de consulta é uma aplicação on-line embutida, não uma parte do próprio SGBD; ele foi incluído na Figura 2.4 para que fosse visto o quadro completo).

- *Otimização e execução.*

As requisições de DML, planejadas ou não planejadas, devem ser processadas pelo componente **otimizador**, cuja finalidade é determinar um modo eficiente de implementar a requisição.[7] A otimização é discutida em detalhes no Capítulo 18. As requisições otimizadas são então executadas sob o controle do gerenciador em tempo de execução (run time). *Nota*: na prática, o gerenciador em tempo de execução provavelmente invocará algum tipo de *gerenciador de arquivos* para obter acesso aos dados armazenados. Os gerenciadores de arquivos são descritos resumidamente no final desta seção.

- *Segurança e integridade de dados.*

O SGBD, ou algum subsistema chamado pelo SGBD, deve monitorar requisições de usuários e rejeitar toda tentativa de violar as restrições de segurança e integridade definidas pelo DBA (consulte a seção anterior). Essas tarefas podem ser executadas em tempo de compilação ou em tempo de execução, ou ainda em alguma combinação dos dois.

- *Recuperação de dados e concorrência.*

O SGBD – ou, mais provavelmente, algum outro componente de software relacionado, em geral chamado **gerenciador de transações** ou **monitor de TP** (transaction processing) – deve impor certos controles de recuperação e concorrência. Os detalhes desses aspectos do sistema estão além do escopo deste capítulo; consulte a Parte IV deste livro, que contém uma descrição desse assunto com mais profundidade. O gerenciador de transações não é mostrado na Figura 2.4 porque, em geral, ele não faz parte do SGBD propriamente dito.

- *Dicionário de dados.*

O SGBD deve fornecer uma função de **dicionário de dados**. O dicionário de dados pode ser considerado um banco de dados isolado (mas um banco de dados do sistema, não um banco de dados do usuário); ele contém "dados sobre os dados" (também chamados **metadados** ou **descritores**) – ou seja, *definições* de outros objetos do sistema, em vez de somente "dados crus". Em particular, todos os vários esquemas e mapeamentos (externos, conceituais etc.) e todas as diversas restrições de segurança e integridade estarão armazenados, tanto na forma de fonte quanto de objeto, no dicionário. Um dicionário completo também incluirá muitas informações adicionais mostrando, por exemplo, os programas que utilizam

---

[7]Por todo este livro, usamos o termo *otimização* para nos referir especificamente à otimização das requisições DML, salvo quando houver alguma outra indicação.

determinadas partes do banco de dados, os usuários que exigem certos relatórios, e assim por diante. O dicionário poderia até estar – na verdade, provavelmente deve estar – integrado ao banco de dados que ele define e, portanto, incluir sua própria definição. Por certo, deve ser possível consultar o dicionário como em qualquer outro banco de dados, para que, por exemplo, seja possível saber que programas e/ou usuários terão maior probabilidade de serem afetados por alguma alteração proposta no sistema. Consulte o Capítulo 3 para ler mais a respeito do assunto.

Nota: Estamos entrando agora em uma área sobre a qual existe muita confusão de terminologia. Algumas pessoas fariam referência ao que estamos chamando de dicionário como um *diretório* ou *catálogo* – o que implica que diretórios ou catálogos são de algum modo inferiores a um verdadeiro dicionário – e reservariam o termo *dicionário* para designar uma variedade específica (importante) de ferramenta para desenvolvimento de aplicações. Outros termos que às vezes também são empregados para designar essa última variedade de objetos são *repositório de dados* (ver Capítulo 14) e *enciclopédia de dados*.

■ *Desempenho.*

É desnecessário dizer que o SGBD deve realizar todas as funções identificadas anteriormente de forma tão eficiente quanto possível.

Podemos resumir tudo o que foi mencionado antes afirmando que a função geral do SGBD é fornecer a **interface com o usuário** para o sistema de banco de dados. A interface com o usuário pode ser definida como a fronteira no sistema abaixo da qual tudo é invisível para o usuário. Portanto, por definição, a interface como o usuário está no nível *externo*. Contudo, nos produtos SQL de hoje, há algumas situações – principalmente com relação a operações de atualização – em que é pouco provável que a visão externa seja muito diferente da parte relevante da visão conceitual básica. Explicaremos melhor a respeito dessa questão no Capítulo 10.

Concluímos esta seção com uma breve comparação entre os sistemas de gerenciamento de bancos de dados (SGBDs) discutidos anteriormente e os sistemas de gerenciamento de *arquivos* (*gerenciadores de arquivos* ou *servidores de arquivos*, para abreviar). Em linhas gerais, o **gerenciador de arquivos** é o componente do sistema operacional básico que administra arquivos armazenados; portanto, pode-se dizer que ele está "mais próximo ao disco" que o SGBD. Desse modo, o usuário de um sistema de gerenciamento de arquivos poderá criar e destruir arquivos armazenados e de executar operações simples de busca e atualização sobre os registros armazenados em tais arquivos. No entanto, ao contrário do SGBD:

■ Os gerenciadores de arquivos não têm conhecimento da estrutura interna dos registros armazenados e, por isso, não podem lidar com requisições que dependam de um conhecimento dessa estrutura.

■ Em geral, os gerenciadores de arquivos fornecem pouco ou nenhum suporte para restrições de segurança e integridade.

■ Em geral, os gerenciadores de arquivos fornecem pouco ou nenhum suporte para controles de recuperação e concorrência.

■ Não há verdadeiramente um conceito de dicionário de dados no nível do gerenciador de arquivos.

■ Os gerenciadores de arquivos proporcionam muito menos independência de dados que o SGBD.

■ Em geral, os arquivos não estão "integrados" ou "compartilhados" no mesmo sentido que o banco de dados, mas são privativos de algum usuário ou alguma aplicação específica.

2.9 COMUNICAÇÕES DE DADOS

Nesta seção, consideraremos resumidamente o tópico de **comunicações de dados**. As requisições a bancos de dados de um usuário final são, na verdade, transmitidas do computador ou estação de trabalho do usuário – que pode estar fisicamente afastada do próprio sistema de banco de dados – para alguma aplicação on-line (embutida ou não), e daí até o SGBD, sob a forma de *mensagens de comunicação*. De modo semelhante, as respostas do SGBD e da aplicação on-line para a estação de trabalho do usuário também são transmitidas sob a forma dessas mensagens. Todas essas transmissões de mensagens ocorrem sob o controle de outro componente de software, o **gerenciador de comunicações de dados** (gerenciador DC – Data Communications).

O gerenciador DC não faz parte do SGBD, mas é um sistema autônomo. Porém, como o gerenciador DC e o SGBD são claramente obrigados a trabalhar em harmonia, às vezes os dois são considerados parceiros de mesmo nível em um empreendimento cooperativo de nível mais alto, denominado **sistema de bancos de dados/comunicações de dados** (sistema DB/DC), no qual o SGBD toma conta do banco de dados e o gerenciador DC manipula todas as mensagens de e para o SGBD ou, mais precisamente, de e para aplicações que utilizam o SGBD. Porém, neste livro, teremos pouco a dizer sobre o tratamento de mensagens como essas (o que, por si só, é um assunto extenso). A Seção 2.12 descreve resumidamente a questão das comunicações *entre sistemas distintos* (ou seja, entre máquinas diferentes em uma rede de comunicações, como a Internet), mas esse é, na realidade, um tópico à parte.

2.10 ARQUITETURA CLIENTE/SERVIDOR

Até agora neste capítulo, estivemos discutindo a respeito dos sistemas de bancos de dados sob o ponto de vista da chamada arquitetura ANSI/SPARC. Em particular, a Figura 2.3 forneceu uma representação simplificada dessa arquitetura. Nesta seção, examinaremos os sistemas de bancos de dados sob uma perspectiva um pouco diferente.

O objetivo geral desses sistemas é fornecer suporte ao desenvolvimento e à execução de aplicações de bancos de dados. Portanto, sob um ponto de vista de mais alto nível, um sistema desse tipo pode ser considerado como tendo uma estrutura muito simples em duas partes, consistindo em um *servidor*, também chamado *back end*, e um conjunto de *clientes*, também chamados *front ends* (consulte a Figura 2.5). *Explicação*:

1. O **servidor** é o próprio SGBD. Ele admite todas as funções básicas de SGBDs discutidas na Seção 2.8 – definição de dados, manipulação de dados, segurança e integridade de dados, e assim por diante. Em outras palavras, o termo "servidor" neste contexto é tão somente um outro nome para o SGBD.

2. Os **clientes** são as diversas aplicações executadas em cima do SGBD – tanto aplicações escritas por usuários quanto aplicações internas (built-in, ou seja, aplicações fornecidas pelo fabricante do SGBD ou por terceiros). No que se refere ao servidor, é claro que não existe diferença alguma entre aplicações escritas pelo usuário e aplicações internas; todas elas empregam a mesma interface para o servidor – especificamente, a interface de nível externo discutida na Seção 2.3. (Observamos também que, como dissemos na Seção 2.5, certas aplicações especiais, chamadas "utilitárias", poderiam constituir uma exceção ao que vimos antes, já que elas às vezes poderiam ter de operar diretamente no nível *interno* do sistema. Esses utilitários normalmente são considerados componentes internos do SGBD, em vez de aplicações no sentido mais comum. Eles são discutidos com mais detalhes na próxima seção.)

Vamos examinar melhor a questão de aplicações escritas pelo usuário *versus* aplicações fornecidas pelo fabricante:

- **Aplicações escritas pelo usuário** são basicamente programas de aplicação comuns, escritos (em geral) em uma linguagem de programação convencional de terceira geração (L3G), como C++ ou COBOL, ou então em alguma linguagem proprietária de quarta geração (L4G) – embora em ambos os casos a linguagem precise ser, de algum modo, acoplada a uma sublinguagem de dados apropriada, conforme explicamos na Seção 2.3.

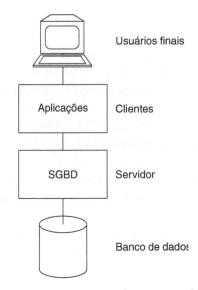

FIGURA 2.5 *Arquitetura cliente/servidor.*

- **Aplicações fornecidas por fabricante** (frequentemente chamadas de **ferramentas**) são aplicações cuja finalidade básica é auxiliar na criação e execução de outras aplicações! As aplicações criadas são aplicações adaptadas a alguma tarefa específica (elas podem não ser muito semelhantes às aplicações no sentido convencional; de fato, a finalidade das ferramentas é permitir aos usuários, em especial aos usuários finais, criar aplicações *sem* ter de escrever programas em uma linguagem de programação convencional). Por exemplo, uma das ferramentas fornecidas pelo fabricante será um *gerador de relatórios* (*report writer*), cuja finalidade é permitir que os usuários finais obtenham relatórios formatados a partir do sistema sob requisição. Qualquer requisição de relatório pode ser considerada um pequeno programa de aplicação, escrito em uma *linguagem de geração de relatórios* de nível muito alto (e finalidade especial).

As ferramentas fornecidas pelo fabricante podem ser divididas em diversas classes mais ou menos distintas:

a. Processadores de linguagem de consulta

b. Geradores de relatórios

c. Subsistemas gráficos de negócios

d. Planilhas eletrônicas

e. Processadores de linguagem natural

f. Pacotes estatísticos

g. Ferramentas para gerenciamento de cópias ou "extração de dados"

h. Geradores de aplicações (inclusive processadores L4G)

i. Outras ferramentas para desenvolvimento de aplicações, inclusive produtos de engenharia de software auxiliada pelo computador (CASE – Computer-Aided Software Engineering)

j. Ferramentas de mineração de dados e visualização

e muitas outras. Os detalhes dessas ferramentas e de várias outras estão além do escopo deste livro; entretanto, observamos que, tendo em vista que (como foi dito no início desta seção) toda a importância de um sistema de banco de dados está em dar suporte à criação e à execução de aplicações, a qualidade das ferramentas disponíveis é, ou deve ser, um fator preponderante na "decisão sobre o banco de dados" (isto é, o processo de escolha do produto de banco de dados apropriado). Em outras palavras, o SGBD em si não é o único fator que precisa ser levado em consideração, nem mesmo é necessariamente o fator mais significativo.

Encerramos esta seção com uma introdução a um assunto que será estudado mais adiante. Como o sistema por completo pode estar tão claramente dividido em duas partes, servidor e clientes, surge a possibilidade de executar os dois em máquinas diferentes. Em outras palavras, existe o potencial para o **processamento distribuído**. O processamento distribuído significa que máquinas diferentes podem estar conectadas entre si para formar algum tipo de rede de comunicações, de maneira que uma única tarefa de processamento de dados possa ser dividida entre várias máquinas na rede. Na verdade, essa possibilidade é tão atraente – por diversos motivos, principalmente de ordem econômica – que o termo *cliente/servidor* passou a se aplicar quase exclusivamente ao caso em que o cliente e o servidor estão de fato localizados em máquinas diferentes. Examinaremos o processamento distribuído com mais detalhes na Seção 2.12.

2.11 UTILITÁRIOS

Utilitários são programas projetados para auxiliar o DBA com diversas tarefas administrativas. Como mencionamos na seção anterior, alguns programas utilitários operam no nível externo do sistema e, portanto, são na verdade apenas aplicações de uso especial; alguns podem nem mesmo ser fornecidos pelo fabricante do SGBD, mas sim por terceiros. Porém, outros utilitários operam diretamente no nível interno (em outras palavras, eles realmente fazem parte do servidor) e, desse modo, devem ser oferecidos pelo fornecedor do SGBD.

Aqui estão alguns exemplos dos tipos de utilitários que costumam ser necessários na prática:

- Rotinas de **carga,** a fim de criar a versão inicial do banco de dados a partir de um ou mais arquivos do sistema operacional.

- Rotinas de **descarga/recarga** (ou **dump/restore**), a fim de descarregar o banco de dados, ou partes dele, para o meio de armazenamento de backup e recarregar dados dessas cópias de backup (é claro que o "utilitário de recarga" é basicamente idêntico ao utilitário de carga que acabamos de mencionar).

- Rotinas de **reorganização,** a fim de arrumar novamente os dados no banco de dados armazenado por vários motivos (em geral, relacionadas com o desempenho) – por exemplo, para clusterizar dados de algum modo particular no disco, ou para retomar o espaço ocupado por dados já logicamente excluídos.

- Rotinas **estatísticas,** a fim de calcular diversas estatísticas de desempenho, tais como tamanhos de arquivos e distribuição de valores, contagens de E/S e assim por diante.

- Rotinas de **análise,** a fim de analisar as estatísticas mencionadas antes.

Naturalmente, essa lista representa apenas uma pequena amostra das funções em geral oferecidas pelos utilitários; existem várias outras possibilidades.

2.12 PROCESSAMENTO DISTRIBUÍDO

Repetindo o que mencionamos na Seção 2.10, a expressão *processamento distribuído* significa que máquinas diferentes podem estar conectadas entre si em uma rede de comunicações – a Internet é o exemplo mais óbvio –, de tal modo que uma única tarefa de processamento de dados possa se estender a várias máquinas na rede. (A expressão *processamento paralelo* também é utilizada algumas vezes com significado quase idêntico, exceto pelo fato de que as diferentes máquinas tendem a manter uma certa proximidade física em um sistema "paralelo", mas não precisam estar tão próximas em um sistema "distribuído"; ou seja, elas poderiam estar geograficamente dispersas no último caso.) A comunicação entre as várias máquinas é efetuada por algum tipo de software de gerenciamento de rede, possivelmente uma extensão do gerenciador DC (discutido na Seção 2.9) ou, mais provavelmente, um componente de software separado.

São possíveis muitos níveis ou variedades de processamento distribuído. Conforme mencionamos na Seção 2.10, um caso simples envolve a execução do back end do SGBD (o servidor) em uma das máquinas e dos front ends da aplicação (os clientes) em outra. Veja a Figura 2.6.

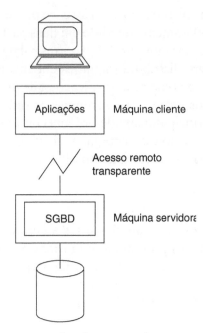

FIGURA 2.6 *Cliente(s) e servidor funcionando em máquinas diferentes.*

Como vimos no final da Seção 2.10, o termo *cliente/servidor*, embora seja estritamente uma expressão relacionada à arquitetura, passou a ser quase um sinônimo da disposição ilustrada na Figura 2.6, na qual o cliente e o servidor funcionam em máquinas diferentes. De fato, há muitos argumentos em favor de um esquema desse tipo:

- O primeiro é basicamente o argumento mais comum sobre o processamento paralelo: especificamente, duas ou mais máquinas estão sendo agora aplicadas na tarefa geral, enquanto o processamento do servidor (o banco de dados) e do cliente (a aplicação) está sendo feito em paralelo. Assim, o tempo de resposta e a vazão (throughput) devem ser melhorados.

- Além disso, a máquina servidora pode ser uma máquina feita por encomenda para se ajustar à função do SGBD (uma "máquina de banco de dados") e pode assim fornecer melhor desempenho ao SGBD.

- Do mesmo modo, a máquina cliente poderia ser uma estação de trabalho pessoal, adaptada às necessidades do usuário final e, portanto, capaz de oferecer interfaces melhores, alta disponibilidade, respostas mais rápidas e, de modo geral, maior facilidade de utilização para o usuário.

- Várias máquinas clientes distintas poderiam ser capazes (na verdade, normalmente serão capazes) de obter acesso à mesma máquina servidora. Assim, um único banco de dados poderia ser compartilhado entre vários sistemas clientes distintos (ver Figura 2.7).

Além dos argumentos anteriores, existe também o fato de que a execução do(s) cliente(s) e do servidor em máquinas diferentes corresponde ao modo como as empresas operam na realidade. É bastante comum que uma única empresa – um banco, por exemplo – opere muitos computadores, de tal modo que os dados correspondentes a uma parte da empresa sejam armazenados em um computador e os dados de outra parte sejam armazenados em outro computador. Prosseguindo com o exemplo do banco, é muito provável que os usuários de uma agência ocasionalmente tenham de obter acesso a dados armazenados em outra agência. Portanto, observe que as máquinas clientes poderiam ter seus próprios dados armazenados, e a máquina servidora poderia ter suas próprias aplicações. Dessa forma, em geral, cada máquina atuará como um servidor para alguns usuários e como cliente para outros (ver Figura 2.8); em outras palavras, cada máquina admitirá *um sistema de banco de dados inteiro*, no sentido estudado em seções anteriores deste capítulo.

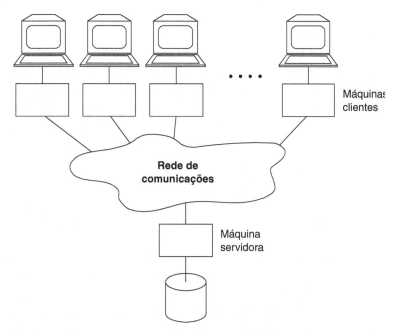

FIGURA 2.7 *Uma máquina servidora, várias máquinas clientes.*

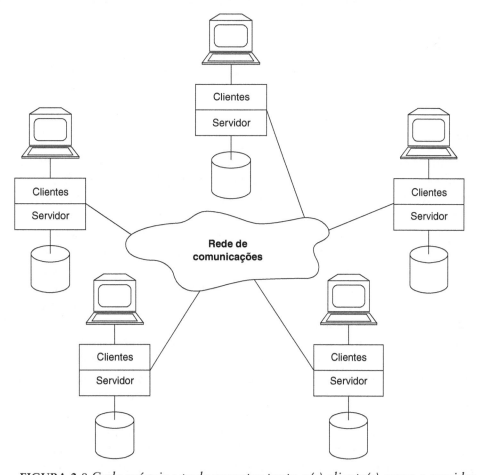

FIGURA 2.8 *Cada máquina pode executar tanto o(s) cliente(s) como o servidor.*

O último ponto a mencionar é que uma única máquina cliente poderia ser capaz de obter acesso a várias máquinas servidoras diferentes (a recíproca do caso ilustrado na Figura 2.7). Esse recurso é desejável porque, como já dissemos, as empresas em geral operam de tal maneira que a totalidade de seus dados não fica armazenada em uma única máquina, mas se espalha por muitas máquinas distintas, e as aplicações às vezes precisarão ter a capacidade de acessar dados de mais de uma máquina. Basicamente, esse acesso pode ser fornecido de dois modos distintos:

- Determinado cliente pode ser capaz de obter acesso a qualquer quantidade de servidores, mas somente um de cada vez (ou seja, cada requisição individual ao banco de dados tem de ser direcionada para apenas um servidor). Em um sistema desse tipo não é possível, dentro de uma única requisição, combinar dados de dois ou mais servidores diferentes. Além disso, o usuário de tal sistema tem de saber qual máquina em particular contém quais partes dos dados.

- O cliente pode ser capaz de obter acesso a vários servidores simultaneamente (isto é, uma única requisição ao banco de dados poderia ter a possibilidade de combinar dados de vários servidores). Nesse caso, os servidores aparentam para o cliente, de um ponto de vista lógico, ser realmente um único servidor, e o usuário não precisa saber qual máquina contém cada uma das partes constituintes dos dados.

Esse último caso constitui um exemplo daquilo que se costuma chamar **sistema de banco de dados distribuído**. O tema de bancos de dados distribuídos é um grande tópico por si só; levado a sua conclusão lógica, o suporte completo a bancos de dados distribuídos implica que uma única aplicação deve ser capaz de operar "de modo transparente" sobre dados espalhados por uma variedade de bancos de dados diferentes, gerenciados por uma variedade de SGBDs diferentes, funcionando em uma variedade de máquinas distintas, com suporte de uma variedade de sistemas operacionais diferentes e conectados entre si por meio de uma variedade de redes de comunicações diferentes – onde "de modo transparente" significa que a aplicação opera, de um ponto de vista lógico, como se os dados fossem todos gerenciados por um único SGBD executado em uma única máquina. Esse tipo de recurso pode parecer algo muito difícil de conseguir, mas é altamente desejável de um ponto de vista prático, e muito esforço tem sido dedicado a fazer desses sistemas uma realidade. Discutiremos os sistemas de bancos de dados distribuídos em detalhes no Capítulo 21.

2.13 RESUMO

Neste capítulo, examinamos os sistemas de bancos de dados sob o ponto de vista da arquitetura. Primeiro, descrevemos a **arquitetura ANSI/SPARC**, que divide um sistema de bancos de dados em três níveis, da seguinte forma: o nível **interno** é o mais próximo do meio de armazenamento físico (ou seja, é o que trata do modo como os dados são armazenados fisicamente); o nível **externo** é o mais próximo dos usuários (ou seja, é o que trata do modo como os dados são visualizados por usuários individuais); e o nível **conceitual** é um nível indireto entre os outros dois (ele oferece uma *visão comunitária* dos dados). Os dados percebidos em cada nível são descritos em um **esquema** (ou por vários esquemas, no caso do nível externo). Os **mapeamentos** definem a correspondência entre (a) um esquema externo qualquer e o esquema conceitual, e (b) o esquema conceitual e o esquema interno. Esses mapeamentos são a chave para proporcionar **independência de dados lógica** e **física**, respectivamente.

Os usuários – isto é, usuários finais e programadores de aplicações, ambos operando no nível externo – interagem com os dados por meio de uma **sublinguagem de dados**, que se divide em pelo menos dois componentes: uma **linguagem de definição de dados** (DDL) e uma **linguagem de manipulação de dados** (DML). A sublinguagem de dados está incorporada em uma **linguagem hospedeira**. Contudo, observe que os limites (a) entre a linguagem hospedeira e a sublinguagem de dados e (b) entre a DDL e a DML têm natureza principalmente conceitual; em condições ideais, eles devem ser "transparentes ao usuário".

Também examinamos mais de perto as funções do **DBA** e do **SGBD**. Entre outras tarefas, o DBA é responsável pela criação do esquema interno (**projeto físico do banco de dados**); ao contrário, a criação do esquema conceitual (projeto **lógico** ou **conceitual** do banco de dados) é de responsabilidade do administrador de *dados* (DA). Por sua vez, o SGBD é responsável, dentre outras coisas, pela implementação de requisições DDL e DML do usuário. O SGBD também é responsável por providenciar algum tipo de função de **dicionário de dados.**

Os sistemas de bancos de dados também podem ser considerados de forma conveniente como sistemas formados por um **servidor** (o próprio SGBD) e um conjunto de **clientes** (as aplicações). O cliente e o servidor podem ser (e frequentemente serão) executados em máquinas diferentes, fornecendo, assim, um tipo simples de **processamento distribuído.** Em geral, cada servidor pode servir a muitos clientes, e cada cliente pode ter acesso a muitos servidores. Se o sistema oferecer "transparência" total – o que significa que cada cliente pode se comportar como se estivesse lidando com um único servidor em uma única máquina, qualquer que seja o estado físico geral –, então teremos um verdadeiro **sistema de banco de dados distribuído.**

EXERCÍCIOS

2.1 Desenhe um diagrama da arquitetura de sistemas de bancos de dados apresentada neste capítulo (a arquitetura ANSI/SPARC).

2.2 Explique, com suas próprias palavras, os seguintes termos:

back end	linguagem de manipulação de dados
banco de dados distribuído	linguagem hospedeira
carga	mapeamento conceitual/interno
cliente	mapeamento externo/conceitual
DDL externa, esquema externo, visão externa	processamento distribuído
DDL conceitual, esquema conceitual, visão conceitual	projeto lógico de banco de dados
	projeto físico de banco de dados
DDL interna, esquema interno, visão interna	reorganização
definição de banco de dados armazenado	requisição não planejada
descarga/recarga	requisição planejada
dicionário de dados	servidor
front end	sistema DB/DC
gerenciador DC	sublinguagem de dados
interface como o usuário	utilitário
linguagem de definição de dados	

2.3 Descreva a sequência de passos envolvida na busca de determinada ocorrência de registro externo.

2.4 Liste as funções mais importantes executadas pelo SGBD.

2.5 Estabeleça a distinção entre independência de dados lógica e física.

2.6 O que você entende pelo termo *metadados*?

2.7 Liste algumas das funções mais importantes executadas pelo DBA.

2.8 Estabeleça a distinção entre o SGBD e um sistema de gerenciamento de arquivos.

2.9 Dê alguns exemplos de ferramentas fornecidas pelo fabricante.

2.10 Dê alguns exemplos de utilitários de bancos de dados.

2.11 Examine qualquer sistema de banco de dados que esteja disponível a você. Tente mapear esse sistema na arquitetura ANSI/SPARC da maneira descrita neste capítulo. Ele admite claramente os três níveis da arquitetura? Como são definidos os mapeamentos entre os níveis? Que aparência têm as diversas DDLs (externa, conceitual, interna)? Qual(is) subliguagem(ns) de dados o sistema admite? Que linguagens hospedeiras ele aceita? Quem executa a função de DBA? Existem quaisquer dispositivos de segurança ou de integridade? Existe um dicionário? Ele é autodescritivo? Que aplicações fornecidas pelo fabricante o sistema admite? Quais utilitários? Há um gerenciador DC separado? Existem recursos de processamento distribuído?

REFERÊNCIAS E BIBLIOGRAFIA

Quase todas as referências a seguir são bastante antigas, mas ainda são relevantes para os conceitos introduzidos neste capítulo. Veja também as referências no Capítulo 14.

2.1 ANSI/X3/SPARC Study Group on Data Base Management Systems: Interim Report, *FDT* (boletim da ACM SIGMOD) 7, Número 2 (1975).

2.2 Dionysios C. Tsichritzis e Anthony Klug (editores): "The ANSI/X3/SPARC DBMS Framework: Report of the Study Group on Data Base Management Systems", *Information Systems 3* (1978).

> As referências [2.1] e [2.2] são o relatório provisório e o relatório final, respectivamente, do chamado ANSI/SPARC Study Group. O ANSI/X3/SPARC Study Group on Data Base Management Systems (para indicar seu título completo) foi estabelecido no final de 1972 pelo Standards Planning and Requirements Committee (SPARC) do American National Standards Institute (ANSI) Committee on Computers and Information Processing (X3). (*Nota:* Cerca de 25 anos depois, o nome X3 mudou para NCITS – National Committee on Information Technology Standards.) Os objetivos do Study Group eram determinar que áreas (se é que havia alguma) da tecnologia de bancos de dados eram adequadas para padronização e produzir um conjunto de recomendações para ação em cada uma dessas áreas. No trabalho para atender a esses objetivos, o Study Group adotou a posição razoável de que as *interfaces* eram o único aspecto de um sistema de bancos de dados que talvez pudesse ser adequado para padronização e, atuando de acordo com isso, definiu uma arquitetura (ou estrutura) generalizada para sistemas de bancos de dados, que enfatizava o papel dessas interfaces. O relatório final oferece uma descrição detalhada dessa arquitetura e de algumas das 42 (!) interfaces identificadas. O relatório provisório é um documento de trabalho inicial, que ainda gera algum interesse; em certas áreas, ele oferece detalhes adicionais.

2.3 J. J. van Griethuysen (editor): "Concept and Terminology for the Conceptual Schema and the Information Base", International Organization for Standardization (ISO) Technical Report ISO/TR 9007: 1987(E) (março de 1982; revisado em julho de 1987).

> Esse documento é o relatório de um grupo de trabalho da ISO cujos objetivos incluíam "a definição de conceitos para linguagens de esquemas conceituais". Ele inclui uma introdução a três candidatos concorrentes (mais precisamente, três *conjuntos* de candidatos) para um conjunto apropriado de formalismos, e aplica cada um dos três a um exemplo comum, envolvendo as atividades de uma autoridade hipotética de registro de automóveis. Os três conjuntos de competidores são (1) esquemas de "entidades/atributos/relacionamentos", (2) esquemas de "relacionamentos binários" e (3) esquemas de "lógica de predicados interpretada". O relatório também inclui uma discussão dos conceitos fundamentais em que se baseia a noção do esquema conceitual e sugere alguns princípios como base para implementação de um sistema que admite essa noção. Uma leitura pesada em certos pontos, mas é um documento importante para qualquer pessoa seriamente interessada no nível conceitual do sistema.

2.4 William Kent, *Data and Reality*. Amsterdã, Países Baixos: North-Holland/New York, N.Y.: Elsevier Science (1978).

> Uma discussão estimulante e que nos faz pensar na natureza das informações e, em particular, do esquema conceitual. "Esse livro projeta uma filosofia de que a vida e a realidade são no fundo amorfas, desordenadas, contraditórias, incoerentes, irracionais e subjetivas" (fragmento do último capítulo). O livro pode ser considerado em grande parte um compêndio de problemas do mundo real com os quais (é sugerido) os formalismos existentes de bancos de dados – em particular, formalismos baseados em estruturas convencionais semelhantes a registros, o que inclui o modelo relacional – têm dificuldade para lidar. Recomendado.

2.5 Odysseas G. Tsatalos, Marvin H. Solomon e Yannis E. Ioannidis: "The GMAP: A Versatile Tool for Physical Data Independence", Proc. 20th Int. Conf. on Very Large Data Bases, Santiago, Chile (setembro de 1994).

> GMAP significa *Generalized Multi-Level Access Path*. Os autores do artigo observam corretamente que os produtos de bancos de dados de hoje "obrigam os usuários a enquadrarem suas consultas em termos de um esquema lógico preso diretamente a estruturas físicas" e, consequentemente, são bastante fracos no que se refere à independência física dos dados. Por essa razão, em seu trabalho, eles propõem uma linguagem de mapeamento conceitual/interno (conforme a terminologia usada neste capítulo) que pode ser usada para especificar muito mais tipos de mapeamentos que aqueles normalmente aceitos nos produtos atuais. Dado um determinado "esquema lógico", a linguagem (baseada na álgebra relacional – consulte o

Capítulo 7 – e, portanto, de natureza declarativa, e não de procedimento) permite a especificação de diferentes esquemas "físicos" ou internos, todos eles formalmente derivados desse esquema lógico. Dentre outras coisas, esses esquemas físicos podem incluir particionamento vertical e horizontal (ou "fragmentação" – consulte o Capítulo 21), diversos caminhos de acesso físico, clusterizações e redundância controlada.

O artigo também fornece um algoritmo para transformar operações do usuário contra o esquema lógico em operações equivalentes contra o esquema físico. Um protótipo de uma implementação mostra que o DBA pode ajustar o esquema físico para "conseguir um desempenho significativamente melhor do que é possível com as técnicas convencionais".

CAPÍTULO **3**

Introdução aos bancos de dados relacionais

3.1	Introdução
3.2	Uma olhada informal do modelo relacional
3.3	Relações e RelVars
3.4	O que significam as relações
3.5	Otimização
3.6	O catálogo
3.7	RelVars básicas e visões
3.8	Transações
3.9	O banco de dados de fornecedores e peças
3.10	Resumo
	Exercícios
	Referências e bibliografia

3.1 INTRODUÇÃO

Conforme explicamos no Capítulo 1, grande parte da ênfase deste livro está na abordagem relacional. Em particular, a Parte II aborda os fundamentos teóricos desses sistemas (o modelo relacional) com uma profundidade considerável. O objetivo deste capítulo é apenas o de fazer uma apresentação preliminar, intuitiva e muito informal do material a ser examinado na Parte II (e, até certo ponto, também em outras partes), a fim de pavimentar o caminho para uma compreensão melhor das partes finais do livro. A maioria dos tópicos mencionados será discutida novamente de modo muito mais formal, e com muito mais detalhes, nesses capítulos posteriores.

3.2 UMA OLHADA INFORMAL DO MODELO RELACIONAL

Já dissemos várias vezes que os sistemas relacionais são baseados em um alicerce formal, ou teoria, chamada *modelo relacional de dados*. O modelo relacional é constantemente descrito como tendo os três aspectos a seguir:

- *Aspecto estrutural:* os dados no banco de dados são percebidos pelo usuário como tabelas, e nada além de tabelas.

- *Aspecto de integridade:* essas tabelas satisfazem a certas restrições de integridade, a serem discutidas mais ao final desta seção.

- *Aspecto manipulador:* os operadores disponíveis para que o usuário possa manipular essas tabelas – por exemplo, para propósitos de busca de dados – são operadores que derivam tabelas a partir de outras tabelas. Desses operadores, três particularmente importantes são os operadores de *restrição*, *projeção* e *junção*.

Um banco de dados relacional simples, o banco de dados de departamentos e empregados, é mostrado na Figura 3.1. Como você pode ver, esse banco de dados é de fato "percebido como tabelas" (e os significados dessas tabelas pretendem ser autoexplicativos). A Figura 3.2 apresenta alguns exemplos de operações de restrição, projeção e junção sobre o banco de dados da Figura 3.1. Aqui estão definições (bastante informais!) dessas operações:

- A operação de *restrição* extrai linhas específicas de uma tabela. *Nota:* Restrição às vezes é chamada de *seleção*; preferimos usar *restrição* porque o operador não é o mesmo que o SELECT da SQL.

- A operação de *projeção* extrai colunas específicas de uma tabela.

- A operação de *junção* une duas tabelas com base em valores comuns em uma coluna comum.

DEPTO

DEPTO#	NOMEDEPTO	ORÇAMENTO
D1	Marketing	10M
D2	Desenvolvimento	12M
D3	Pesquisa	5M

EMP

EMP#	NOMEEMP	DEPTO#	SALÁRIO
E1	Lopez	D1	40K
E2	Cheng	D1	42K
E3	Finzi	D2	30K
E4	Saito	D2	35K

FIGURA 3.1 *O banco de dados de departamentos e empregados (amostra dos valores).*

Restrição: Resultado:

DEPTOs onde ORÇAMENTO > 8M

DEPTO#	NOMEDEPTO	ORÇAMENTO
D1	Marketing	10M
D2	Desenvolvimento	12M

Projeção: Resultado:

DEPTOs sobre DEPTO#, ORÇAMENTO

DEPTO#	ORÇAMENTO
D1	10M
D2	12M
D3	5M

Junção:

DEPTOs e EMPs sobre DEPTO#

Resultado:

DEPTO#	NOMEDEPTO	ORÇAMENTO	EMP#	NOMEEMP	SALÁRIO
D1	Marketing	10M	E1	Lopez	40K
D1	Marketing	10M	E2	Cheng	42K
D2	Desenvolvimento	12M	E3	Finzi	30K
D2	Desenvolvimento	12M	E4	Saito	35K

FIGURA 3.2 *Restrição, projeção e junção (exemplos).*

Dos três exemplos, o único que parece necessitar de mais alguma explicação é o último, o exemplo de junção. A junção exige que as duas tabelas tenham uma coluna em comum, e as duas tabelas DEPTO e EMP têm essa coluna (ambas têm uma coluna chamada DEPTO#), de modo que podem ser unidas com base nos valores comuns dessa coluna. Para ser específico, determinada linha da tabela DEPTO se juntará a determinada linha na tabela EMP (para produzir uma linha da tabela de resultados) se e somente se as duas linhas em questão tiverem o mesmo valor em DEPTO#. Por exemplo, as linhas de DEPTO e EMP

DEPTO#	NOMEDEPTO	ORÇAMENTO
D1	Marketing	10M

EMP#	NOMEEMP	DEPTO	SALÁRIO
E1	Lopez	D1	40K

(com os nomes de colunas mostrados para facilitar a compreensão) podem ser unidas para produzir a linha resultante

DEPTO#	NOMEDEPTO	ORÇAMENTO	EMP#	NOMEEMP	SALÁRIO
D1	Marketing	10M	E1	Lopez	40K

porque têm o mesmo valor D1 na coluna comum. Observe que o valor comum aparece apenas uma vez, e não duas vezes, na linha resultante. O resultado global da junção contém todas as linhas possíveis que podem ser obtidas dessa maneira, e nenhuma outra linha. Observe em particular que, como nenhuma linha de EMP tem o valor D3 em DEPTO# (isto é, nenhum empregado está designado no momento para esse departamento), nenhuma linha correspondente a D3 aparece no resultado, embora *exista* uma linha correspondente a D3 na tabela DEPTO.

Um ponto que a Figura 3.2 ilustra claramente é que *o resultado de cada uma das três operações é outra tabela* (em outras palavras, os operadores são de fato "operadores que derivam tabelas a partir de outras tabelas", conforme a necessidade). Essa é a propriedade de **fechamento** (closure) dos sistemas relacionais, e é muito importante. Basicamente, pelo fato de que a saída de qualquer operação é do mesmo tipo de objeto que a entrada – ambas são tabelas –, *a saída de uma operação pode se tornar a entrada de outra*. Desse modo, é possível (por exemplo) obter uma projeção de uma junção, ou uma junção de duas restrições, ou uma restrição de uma projeção, e assim por diante. Em outras palavras, é possível escrever *expressões relacionais aninhadas* – isto é, expressões em que os próprios operandos são representados por expressões relacionais, não necessariamente apenas por simples nomes de tabelas. Esse fato ocasiona diversas consequências importantes, como veremos mais adiante, tanto neste capítulo quanto em muitos outros subsequentes.

A propósito, quando dizemos que a saída de cada operação é outra tabela, é importante entender que estamos falando *de um ponto de vista conceitual*. Não queremos necessariamente dizer que o sistema realmente tenha de materializar o resultado completo de cada operação individual em sua totalidade.[1] Por exemplo, vamos supor que estamos tentando calcular uma restrição de uma junção. Então, assim que for formada uma determinada linha da junção, o sistema poderá testar imediatamente essa linha em relação à condição de restrição especificada, a fim de verificar se ela pertence ao resultado final, e descartá-la de imediato se não pertencer. Em outras palavras, o resultado intermediário, que é a saída da junção, poderá jamais existir sob a forma de uma tabela totalmente materializada. De fato, como regra geral, o sistema sempre tenta *não* materializar completamente os resultados intermediários, obviamente, por motivo de desempenho. *Nota*: Se os resultados intermediários forem totalmente materializados, a estratégia global de avaliação da expressão será chamada (de modo não surpreendente) **avaliação materializada**; se os resultados intermediários forem repassados aos poucos a operações subsequentes, ela será chamada **avaliação em pipeline**.

---

[1]Em outras palavras, repetindo o que dissemos no Capítulo 1, o modelo relacional é realmente um *modelo* – ele não tem qualquer relação com a implementação.

Outro ponto que a Figura 3.2 também ilustra com clareza é que as operações são todas realizadas sobre um **conjunto (de linhas) de cada vez**, e não sobre uma linha de cada vez; ou seja, os operandos e os resultados são tabelas completas, não apenas linhas individuais, e as tabelas contêm *conjuntos* de linhas. (É claro que uma tabela contendo um conjunto de apenas uma linha é válida, bem como uma tabela *vazia*, isto é, uma tabela que não contém linha alguma.) Por exemplo, a junção na Figura 3.2 opera sobre duas tabelas de três e quatro linhas respectivamente, e retorna uma tabela resultante com quatro linhas. Em vez disso, as operações sobre sistemas não relacionais em geral ocorrem no nível de uma linha (ou um registro) de cada vez; portanto, essa *capacidade de processar conjuntos* é uma característica importante que distingue os sistemas relacionais (veja mais detalhes sobre o assunto na Seção 3.5).

Voltemos por um momento à Figura 3.1. Existem alguns pontos adicionais a serem elaborados em relação ao exemplo de banco de dados dessa figura:

- Primeiro, observe que os sistemas relacionais só exigem que o banco de dados seja *percebido pelo usuário* como tabelas. As tabelas são a estrutura lógica em um sistema relacional, não a estrutura física. No nível físico, de fato, o sistema é livre para armazenar os dados do modo que preferir – usando arquivos sequenciais, indexação, hashing, cadeias de ponteiros, compactação etc. – desde que ele possa mapear essa representação armazenada como tabelas no nível lógico. Outra maneira de dizer a mesma coisa é afirmar que as tabelas representam uma *abstração* do modo como os dados estão armazenados fisicamente – uma abstração na qual diversos detalhes do nível de armazenamento (como posicionamento de registros armazenados, sequência de registros armazenados, representações de valores de dados armazenados, prefixos de registros armazenados, estruturas de acesso armazenadas, como índices, e assim por diante) estão todos *ocultos do usuário*.

  A propósito, o termo *estrutura lógica* no parágrafo anterior pretende englobar os níveis conceitual e externo, em termos ANSI/SPARC. O detalhe é que – conforme explicamos no Capítulo 2 – os níveis conceitual e externo em um sistema relacional serão ambos relacionais, mas o nível interno ou físico não será. Na verdade, a teoria relacional como tal não tem absolutamente qualquer relação com o nível interno; ela se preocupa, vale a pena repetir, com a aparência do banco de dados para o *usuário*.[2] A única exigência é que, voltamos a insistir, qualquer estrutura física escolhida no nível interno deve oferecer suporte total à estrutura lógica exigida.

- Em segundo lugar, os bancos de dados relacionais satisfazem a um princípio muito interessante, chamado **O Princípio da Informação**: *todo o conteúdo de informação do banco de dados é representado de um e somente um modo, ou seja, como valores explícitos em posições de colunas em linhas de tabelas.* Esse método de representação é o *único* método disponível (no nível lógico, evidentemente) em um sistema relacional. Em particular, **não existem *ponteiros*** conectando uma tabela a outra. Por exemplo, na Figura 3.1 há uma conexão entre a linha D1 da tabela DEPTO e a linha E1 da tabela EMP, porque o empregado E1 trabalha no departamento D1; porém, essa conexão é representada não por um ponteiro, mas pelo aparecimento do *valor* D1 na posição DEPTO# da linha de EMP correspondente a E1. Em vez disso, nos sistemas não relacionais (como IMS ou IDMS) tais informações normalmente são representadas – como mencionamos no Capítulo 1 – por algum tipo de *ponteiro* visível de modo explícito para o usuário.

  Nota: Explicaremos, no Capítulo 26, por que permitir tais ponteiros visíveis ao usuário constituiriam uma violação do *Princípio da Informação*. Além disso, quando dizemos que não existem ponteiros em um banco de dados relacional, não queremos dizer que não possam existir ponteiros no *nível físico* – pelo contrário, eles certamente podem existir e, de fato, quase com certeza existirão. Entretanto,

---

[2]É lamentável que a maioria dos produtos SQL de hoje não ofereça suporte apropriado para esse aspecto da teoria. Para ser mais específico, eles normalmente oferecem suporte apenas a mapeamentos conceitual/interno um tanto restritivos; de fato, normalmente eles mapeiam uma tabela lógica diretamente em um único arquivo armazenado. Esse é um motivo pelo qual (como dissemos no Capítulo 1) esses produtos não oferecem tanta independência de dados quanto a tecnologia relacional teoricamente é capaz de oferecer. Veja mais detalhes no Apêndice A.

como já foi explicado, todos esses detalhes de armazenamento físico são ocultados do usuário em um sistema relacional.

Concluímos o estudo dos aspectos estrutural e manipulativo do modelo relacional; agora, vamos examinar o aspecto da integridade. Considere mais uma vez o banco de dados de departamentos e empregados da Figura 3.1. Na prática, esse banco de dados poderia estar sujeito a inúmeras restrições de integridade – por exemplo, os salários dos empregados poderiam ter de estar no intervalo de, digamos, 25K a 95K, os orçamentos de departamentos poderiam ter de estar no intervalo de 1M a 15M, e assim por diante. Porém, algumas dessas restrições são de tal importância no sentido pragmático que desfrutam de uma nomenclatura especial. Para sermos específicos:

1. Cada linha na tabela DEPTO deve incluir um valor DEPTO# exclusivo; de modo semelhante, cada linha na tabela EMP deve incluir um valor EMP# exclusivo. Dizemos informalmente que as colunas DEPTO# na tabela DEPTO e EMP# na tabela EMP são as **chaves primárias** de suas respectivas tabelas. (Você deve lembrar que, no Capítulo 1, indicamos chaves primárias em nossos exemplos por um traço duplo.)

2. Cada valor DEPTO# na tabela EMP deve existir como um valor DEPTO# na tabela DEPTO, a fim de refletir o fato de que cada empregado deve ser designado para um departamento existente. Dizemos informalmente que a coluna DEPTO# na tabela EMP é uma chave **estrangeira** que faz referência à chave primária da tabela DEPTO.

Uma definição mais formal

Fechamos esta seção com uma definição mais formal do modelo relacional, para fins de referência futura (a despeito do fato de que a definição é bastante abstrata e não fará muito sentido neste estágio). Em termos simples, o **modelo relacional** consiste nos cinco componentes a seguir:

1. Uma coleção ilimitada de **tipos escalares** (incluindo em particular o tipo *booleano* ou *valor verdade*)

2. Um **gerador de tipo de relação** e uma interpretação pretendida para esses tipos de relações gerados

3. Recursos para definição de **RelVars** desses tipos de relações gerados

4. Um operador de **atribuição relacional** para atribuição de valores de relações a essas RelVars

5. Uma coleção ilimitada de **operadores relacionais** genéricos ("a álgebra relacional") para derivar valores de relações a partir de outros valores de relações

Como podemos ver, o modelo relacional é muito mais que apenas "tabelas com restrições, projeções e junções", embora muitas vezes seja caracterizado informalmente dessa maneira.

A propósito, talvez você se surpreenda ao ver que não existe qualquer menção explícita a restrições de integridade na definição apresentada. Porém, o fato é que tais restrições representam apenas uma aplicação (embora uma aplicação muito importante) dos operadores relacionais; ou seja, essas restrições são formuladas em termos desses operadores, conforme veremos no Capítulo 9.

3.3 RELAÇÕES E RELVARS

Se é verdade que um banco de dados relacional é simplesmente um banco de dados no qual os dados são percebidos como tabelas – e, naturalmente, isso *é* verdade –, então uma boa pergunta é: por que exatamente chamamos esse banco de dados de relacional? A resposta é simples (de fato, nós a mencionamos no Capítulo 1): *relação* é apenas um termo matemático para uma tabela – para sermos precisos, uma tabela de um certo tipo específico (veremos os detalhes no Capítulo 6). Assim, por exemplo, podemos dizer que o banco de dados de departamentos e empregados da Figura 3.1 contém duas *relações*.

Agora, em contextos informais, é comum tratarmos os termos *relação* e *tabela* como se fossem sinônimos; na verdade, na prática, o termo *tabela* é usado com muito mais frequência que o termo *relação*. Porém, vale a pena dedicar um momento a entender por que o termo *relação* foi introduzido em primeiro lugar. Em poucas palavras, a explicação é a seguinte:

- Como já vimos, os sistemas relacionais se baseiam no modelo relacional. Por sua vez, o modelo relacional é uma teoria abstrata de dados que se baseia em certos aspectos da matemática (principalmente na teoria dos conjuntos e na lógica de predicados).

- Os princípios do modelo relacional foram enunciados originalmente em 1969-70 por E. F. Codd, nessa época um pesquisador da IBM. Foi no final de 1968 que Codd, um matemático por formação, percebeu pela primeira vez que a disciplina da matemática podia ser usada para injetar alguns princípios sólidos e algum rigor em uma área (gerenciamento de bancos de dados) que, até então, era deficiente demais em tais qualidades. As ideias iniciais de Codd foram amplamente disseminadas em um artigo agora clássico, "A Relational Model of Data for Large Shared Data Banks" (referência [6.1] no Capítulo 6).

- Desde então, essas ideias – agora aceitas quase universalmente – tiveram uma ampla influência em quase todos os aspectos da tecnologia de bancos de dados e, na verdade, também em outras áreas, como a inteligência artificial, o processamento da linguagem natural e o projeto de sistemas de hardware.

O modelo relacional formulado originalmente por Codd usou deliberadamente certos termos, como o próprio termo *relação*, que não eram familiares nos círculos de tecnologia da informação (TI) da época (embora os conceitos fossem familiares em alguns casos). O problema era que muitos dos termos mais familiares eram bastante vagos – eles não tinham a precisão necessária a uma teoria formal do tipo que Codd estava propondo. Por exemplo, considere o termo *registro*. Em diferentes momentos e em diferentes contextos, esse único termo pode significar uma *ocorrência* de um registro ou um *tipo* de registro; um registro *lógico* ou um registro *físico*; um registro *armazenado* ou um registro *virtual*; e talvez outros significados além destes. Por essa razão, o modelo relacional não usa de forma alguma o termo *registro*; em vez disso, ele utiliza o termo *tupla* (que rima com "dupla"), que recebe uma definição muito precisa. Discutiremos essa definição com detalhes no Capítulo 6; para nossos propósitos neste momento, é suficiente dizer que o termo *tupla* corresponde aproximadamente à noção de linha (assim como o termo *relação* corresponde aproximadamente à noção de tabela).

Da mesma maneira, o modelo relacional não utiliza o termo *campo*; em vez disso, ele utiliza o termo *atributo*, que, para nossos propósitos neste momento, podemos dizer que corresponde aproximadamente à noção de uma coluna de uma tabela.

Quando passarmos ao estudo dos aspectos mais formais dos sistemas relacionais, na Parte II, usaremos a terminologia formal; porém, neste capítulo, não estamos tentando ser tão formais (na verdade, nem um pouco formais), e na maioria das vezes usaremos termos como *linha* e *coluna*, que são razoavelmente familiares. Contudo, um termo formal que utilizaremos bastante a partir de agora é o próprio termo *relação*.

Vamos voltar mais uma vez ao banco de dados de departamentos e empregados da Figura 3.1, a fim de destacarmos outro ponto importante. O fato é que DEPTO e EMP nesse banco de dados são, na realidade, **RelVars**: variáveis cujos valores são **valores** de relações (diferentes valores de relações em momentos diferentes). Por exemplo, suponha que EMP tenha atualmente o valor – na verdade, o valor de *relação* – mostrado na Figura 3.1, e suponha também que a linha correspondente a Saito (o empregado número E4) seja excluída:

```
DELETE EMP WHERE EMP# = EMP# ('E4') ;
```

O resultado aparece na Figura 3.3.

EMP	EMP#	NOMEEMP	DEPTO#	SALÁRIO
	E1	Lopez	D1	40K
	E2	Cheng	D1	42K
	E3	Finzi	D2	30K

FIGURA 3.3 *A RelVar EMP após a exclusão da linha E4.*

Conceitualmente, o que aconteceu nesse caso foi que *o antigo valor de relação de EMP foi substituído em bloco por um valor de relação inteiramente novo*. É claro que o valor antigo (com quatro linhas) e o novo (com três linhas) são muito semelhantes, mas, em termos conceituais, eles *são* valores diferentes. De fato, a operação de exclusão em questão é basicamente apenas uma abreviação para uma certa operação de **atribuição relacional** que poderia ser semelhante a esta:

```
EMP  :=  EMP WHERE NOT ( EMP# = EMP# ('E4') ) ;
```

Como em todas as atribuições, o que está acontecendo aqui em termos conceituais é que (a) a *expressão* no lado direito é avaliada e, em seguida, (b) o resultado dessa avaliação é atribuído à *variável* do lado esquerdo (é claro que, por definição, esse lado esquerdo deve identificar especificamente uma variável). Portanto, como já mencionamos, o efeito disso é a substituição do valor "antigo" de EMP por um valor "novo". (A propósito, este é o nosso primeiro exemplo do uso da linguagem **Tutorial D** – tanto o DELETE original quanto a atribuição equivalente são expressos nessa linguagem.)

De um modo semelhante, as operações relacionais INSERT e UPDATE também são basicamente abreviações para certas atribuições relacionais. Veja mais detalhes no Capítulo 6.

Agora, é um fato lamentável que grande parte da literatura utilize o termo *relação* quando o que ele realmente indica é uma RelVar (bem como quando ele indica uma relação em si – isto é, um *valor* de relação). Porém, historicamente, essa prática com certeza tem causado alguma confusão. Por essa razão, em todo este livro faremos uma distinção muito cuidadosa entre RelVars e relações propriamente ditas; de fato, seguindo a referência [3.3], empregaremos a expressão **RelVar** e procuraremos expressar nossos comentários em termos de RelVars, e não de relações, quando for isso o que realmente desejarmos dizer.[3] Portanto, observe que, deste ponto em diante, usamos o termo não qualificado *relação* para indicar um valor de relação especificamente (assim como usamos, por exemplo, o termo não qualificado *inteiro* para indicar um valor inteiro especificamente), embora também usaremos o termo qualificado *valor de relação* em certas ocasiões, para enfatizar.

Antes de prosseguirmos, devemos advertir que a expressão *RelVars* não é de uso comum – mas deveria ser! Na realidade, consideramos importante deixar clara a distinção entre relações propriamente ditas (ou seja, valores de relações) e RelVars. (Admitimos que edições anteriores deste livro deixaram de fazê-lo, juntamente com a maior parte da literatura. Mais do que isso, a maioria ainda falha nesse aspecto.) Observe particularmente que, por definição, as operações de atualização e as restrições de integridade – consulte os Capítulos 6 e 9, respectivamente – aplicam-se especificamente a RelVars, e não a relações.

3.4 O QUE SIGNIFICAM AS RELAÇÕES

No Capítulo 1, mencionamos o fato de que as colunas nas relações têm **tipos de dados** associados a elas (*tipos*, para abreviar, também conhecidos como *domínios*). No final da Seção 3.2, dissemos que o modelo relacional inclui "uma coleção ilimitada de tipos". Observe cuidadosamente que isso significa (dentre outras coisas) que os **usuários poderão definir seus próprios tipos** (além de serem capazes de usar tipos definidos pelo sistema ou tipos *embutidos*, é claro). Por exemplo, poderíamos definir tipos da seguinte maneira (mais uma vez, a sintaxe de **Tutorial D**; as reticências "..." significam partes das definições que não têm importância na discussão atual):

```
TYPE EMP# ... ;
TYPE NOME ... ;
TYPE DEPTO# ... ;
TYPE DINHEIRO ... ;
```

Por exemplo, o tipo EMP# pode ser considerado (dentre outras coisas) *o conjunto de todos os números de empregado possíveis*; o tipo NOME como *o conjunto de todos os nomes possíveis*; e assim por diante.

---

[3]A distinção entre valores de relação e RelVars é, na realidade, um caso especial da distinção entre valores e variáveis em geral. Examinaremos essa distinção com mais detalhes no Capítulo 5.

Agora, considere a Figura 3.4, que é basicamente a parte de EMP da Figura 3.1, expandida para mostrar os tipos de dados de colunas. Como a figura indica, toda relação – para ser mais preciso, todo *valor* de relação – possui duas partes, um conjunto de pares nome de coluna:nome de tipo (o **cabeçalho**), acompanhado por um conjunto de linhas em conformidade com esse cabeçalho (o **corpo**). *Nota*: Na prática, muitas vezes ignoramos os componentes de nome de tipo do cabeçalho, como de fato fizemos em todos os nossos exemplos anteriores a este ponto, mas você deve entender que, conceitualmente, eles sempre existem.

EMP# : EMP#	NOMEEMP : NOME	DEPTO# : DEPTO#	SALÁRIO: DINHEIRO
E1	Lopez	D1	40K
E2	Cheng	D1	42K
E3	Finzi	D2	30K
E4	Saito	D2	35K

FIGURA 3.4 *Exemplo de valor de relação de EMP, exibindo os tipos de colunas.*

Então, existe um modo muito importante (embora talvez pouco comum) de pensar sobre relações, e aqui está ele:

1. Dada uma relação *r*, o cabeçalho de *r* representa um certo **predicado** (onde um predicado é apenas uma *função de valor verdade* que, como todas as funções, utiliza um conjunto de *parâmetros*).

2. Como mencionamos rapidamente no Capítulo 1, cada linha no corpo de *r* representa uma certa **proposição verdadeira**, obtida a partir do predicado pela substituição de certos valores de *argumento* do tipo apropriado para os parâmetros do predicado ("instanciação do predicado").

   Por exemplo, no caso da Figura 3.4, o predicado é semelhante a este:

   O empregado EMP# chama-se NOMEEMP, trabalha no departamento DEPTO# e recebe um salário anual de valor SALÁRIO

   (os parâmetros são EMP#, NOMEEMP, DEPTO# e SALÁRIO, correspondendo, é claro, às quatro colunas de EMP.) As proposições verdadeiras correspondentes são:

   O empregado E1 chama-se Lopez, trabalha no departamento D1 e recebe um salário anual de valor 40K

   (essa proposição foi obtida substituindo-se EMP# pelo valor E1, NOME pelo valor Lopez, DEPTO# pelo valor D1 e DINHEIRO pelo valor 40K para os parâmetros apropriados);

   O empregado E2 chama-se Cheng, trabalha no departamento D1 e recebe um salário anual de valor 42K

   (essa proposição foi obtida substituindo-se EMP# pelo valor E2, NOME pelo valor Cheng, DEPTO# pelo valor D1 e DINHEIRO pelo valor 42K para os parâmetros apropriados); e assim por diante. Em resumo, temos:

- *Tipos* **são (conjuntos de) coisas sobre as quais podemos falar.**

- *Relações* **são (conjuntos de) coisas que dizemos a respeito das coisas sobre as quais podemos falar.**

(Existe uma analogia interessante nesse caso que poderia ajudá-lo a apreciar e memorizar estes pontos importantes: *tipos estão para relações assim como substantivos estão para frases*.) Desse modo, no exemplo, as coisas sobre as quais podemos falar são números de empregados, nomes, números de departamentos e valores monetários, e as coisas que dizemos são declarações verdadeiras da forma "o empregado com o número de empregado especificado tem o nome especificado, trabalha no departamento especificado e recebe anualmente o salário especificado".

De tudo o que foi dito, segue-se que:

1. Tipos e relações são ambos *necessários* (sem tipos, não temos nada a falar sobre; sem relações, não podemos dizer nada).

2. Tipos e relações são *suficientes*, além de necessários – isto é, não precisamos de nada mais, em termos lógicos.

3. *Tipos e relações não são a mesma coisa.* É lamentável observar que certos produtos comerciais – produtos que não são relacionais, por definição! – sejam confusos exatamente nesse ponto. Examinaremos essa confusão no Capítulo 26 (Seção 26.2).

A propósito, é importante entender que *toda* relação tem um predicado associado, inclusive relações que são derivadas de outras por meio de operadores relacionais como o de junção. Por exemplo, a relação DEPTO da Figura 3.1 e as três relações resultantes da Figura 3.2 têm predicados como estes:

- DEPTO: *O departamento DEPTO# é chamado NOMEDEPTO e tem o orçamento ORÇAMENTO*

- Restrição de DEPTO onde ORÇAMENTO > 8M: *O departamento DEPTO# é chamado NOMEDEPTO e tem o orçamento ORÇAMENTO, o qual é maior que oito milhões*

- Projeção de DEPTO sobre DEPTO# e ORÇAMENTO: *O departamento DEPTO# tem algum nome e tem o orçamento ORÇAMENTO*

- Junção de DEPTO e EMP sobre DEPTO#: *O departamento DEPTO# é chamado NOMEDEPTO e tem o orçamento ORÇAMENTO, e o empregado EMP# é chamado NOMEEMP, trabalha no departamento DEPTO# e recebe o salário SALÁRIO* (observe que esse predicado tem seis parâmetros, e não sete – as duas referências a DEPTO# indicam o mesmo parâmetro)

Finalmente, observe que as RelVars também possuem predicados: a saber, o predicado que é comum a todas as relações que são valores possíveis da RelVar em questão. Por exemplo, o predicado para a variável de relatório EMP é:

O empregado EMP# chama-se NOMEEMP, trabalha no departamento DEPTO# e recebe um salário anual de valor SALÁRIO

3.5 OTIMIZAÇÃO

Conforme explicamos na Seção 3.2, operadores relacionais como restrição, projeção e junção são todos operadores *em nível de conjuntos*. Por consequência, as linguagens relacionais normalmente são consideradas **não procedimentais** *(ou não procedurais)*, tendo em vista que os usuários especificam *o que*, e não *como* – isto é, eles dizem o que desejam, sem especificar um procedimento para obtê-lo. O processo de "navegação" em torno dos dados armazenados para satisfazer a requisição do usuário é feito automaticamente pelo sistema, e não manualmente pelo usuário. Por essa razão, dizemos às vezes que os sistemas relacionais executam a **navegação automática**. Ao contrário, em sistemas não relacionais, a navegação é geralmente de responsabilidade do usuário. Uma ilustração interessante dos benefícios da navegação automática é mostrada na Figura 3.5, que compara uma certa instrução INSERT da SQL com o código de "navegação manual" que o usuário poderia ter de escrever para obter um efeito equivalente em um sistema não relacional (na realidade, um sistema em rede CODASYL; o exemplo foi extraído do capítulo sobre bancos de dados em rede na referência [1.5]). *Nota*: O banco de dados é o conhecido exemplo de banco de dados de fornecedores e peças. Consulte a Seção 3.9 para obter mais explicações a respeito dele.

Apesar das observações do parágrafo anterior, devemos dizer que *não procedimental*[*] não é um termo muito satisfatório, por mais comum que seja, porque "procedimentalidade" e "não procedimentalidade" não são termos absolutos. O melhor que se pode dizer é que alguma linguagem *A* é mais ou menos procedimental do que alguma outra linguagem *B*. Talvez um modo melhor de expressar essas ideias fosse dizer que linguagens relacionais estão em um *nível de abstração mais elevado* que linguagens não relacionais

---

[*]*Nota do revisor técnico*: Também se usa em português o anglicismo *não procedural*.

```
INSERT INTO FP ( F#, P#, QDE )
       VALUES ( 'F4', 'P3', 1000 ) ;

MOVE 'F4' TO F# IN F
FIND CALC F
ACCEPT F-FP-ENDER FROM F-FP CURRENCY
FIND LAST FP WITHIN F-FP
while FP found PERFORM
  ACCEPT F-FP-ENDER FROM F-FP CURRENCY
  FIND OWNER WITHIN P-FP
  GET P
  IF P# IN P < 'P3'
     leave loop
  END-IF
  FIND PRIOR FP WITHIN F-FP
END-PERFORM
MOVE 'P3' TO P# IN P
FIND CALC P
ACCEPT P-FP-ENDER FROM P-FP CURRENCY
FIND LAST FP WITHIN P-FP
while FP found PERFORM
  ACCEPT P-FP-ENDER FROM P-FP CURRENCY
  FIND OWNER WITHIN F-FP
  GET F
  IF F# IN F < 'F4'
     leave loop
  END-IF
  FIND PRIOR FP WITHIN P-FP
END-PERFORM
MOVE 1000 TO QDE IN FP
FIND DB-KEY IS F-FP-ENDER
FIND DB-KEY IS P-FP-ENDER
STORE FP
CONNECT FP TO F-FP
CONNECT FP TO P-FP
```

FIGURA 3.5 *Navegação automática* versus *navegação manual.*

(como mostra a Figura 3.5). Fundamentalmente, é esse aumento do nível de abstração o responsável pelo aumento de produtividade que os sistemas relacionais podem oferecer.

Decidir exatamente como executar a navegação automática, que mencionamos anteriormente, é responsabilidade de um componente muito importante do SGBD, chamado **otimizador** (mencionamos esse componente rapidamente no Capítulo 2). Em outras palavras, para cada consulta relacional do usuário, cabe ao otimizador escolher um modo eficiente de implementar a consulta. A título de exemplo, vamos supor que o usuário emita a requisição a seguir (mais uma vez, usando a linguagem **Tutorial D**):

```
( EMP WHERE EMP# = EMP# ('E4' ) ) { SALÁRIO }
```

Explicação: A expressão entre os parênteses externos ("EMP WHERE...") indica uma restrição do valor atual da RelVar EMP para apenas a linha do empregado E4. O nome da coluna entre chaves ("SALÁRIO") faz então o resultado dessa restrição ser projetado sobre a coluna SALÁRIO. O resultado dessa projeção consiste em uma relação de uma única coluna e uma única linha, que contém o salário do empregado E4. (A propósito, observe que, nesse exemplo, estamos utilizando implicitamente a propriedade relacional de *fechamento* – escrevemos uma expressão relacional aninhada, na qual a entrada da projeção é a saída da restrição.)

Agora, mesmo nesse exemplo muito simples, existem provavelmente pelo menos dois modos de executar o necessário acesso aos dados:

1. Fazendo uma busca sequencial física da (versão armazenada da) RelVar EMP até encontrar os dados exigidos.

2. Se houver um índice sobre a (versão armazenada da) coluna EMP# – que, na prática, provavelmente haverá, porque os valores de EMP# devem ser exclusivos e muitos sistemas realmente *exigem* um índice para forçar a exclusividade –, usando esse índice e indo assim diretamente aos dados exigidos.

O otimizador escolherá qual dessas duas estratégias deve ser adotada. De maneira mais genérica, dada qualquer requisição em particular, o otimizador fará essa escolha de estratégia para implementar essa requisição com base em considerações como as seguintes:

- Quais RelVars são referenciadas na requisição
- Qual o tamanho atual dessas RelVars
- Quais índices existem
- O quanto esses índices são seletivos
- Como os dados estão clusterizados fisicamente no disco
- Que operações relacionais estão envolvidas.

e assim por diante. Portanto, repetimos: os usuários especificam somente os dados que desejam, e não como obter esses dados; a estratégia de acesso para se chegar aos dados é escolhida pelo otimizador ("navegação automática"). Usuários e programas de usuários, portanto, são independentes dessas estratégias de acesso, o que naturalmente é essencial se deve ser alcançada a independência de dados.

Teremos muito mais a dizer sobre o otimizador no Capítulo 18.

3.6 O CATÁLOGO

Conforme explicamos no Capítulo 2, o SGBD precisa fornecer uma função de **catálogo** ou **dicionário**. O catálogo é o lugar em que – dentre outras coisas – todos os diversos esquemas (externo, conceitual, interno) e todos os mapeamentos correspondentes (externo/conceitual, conceitual/interno, externo/externo) são mantidos. Em outras palavras, o catálogo contém informações detalhadas, às vezes chamadas *informações do descritor* ou *metadados*, com relação aos diversos objetos que são de interesse do próprio sistema. São exemplos desses objetos RelVars, índices, usuários, restrições de integridade, restrições de segurança, e assim por diante. As informações do descritor são essenciais para que o sistema faça seu trabalho de modo apropriado. Por exemplo, o otimizador utiliza informações do catálogo a respeito de índices e outras estruturas físicas de armazenamento, bem como muitas outras informações, para ajudá-lo a decidir como implementar as requisições do usuário (ver Capítulo 18). Da mesma forma, o subsistema de autorização utiliza informações do catálogo sobre usuários e restrições de segurança para conceder ou negar tais requisições em primeiro lugar (ver Capítulo 17).

Uma das características interessantes dos sistemas relacionais é o fato de que, em um sistema desse tipo, *o próprio catálogo consiste em RelVars* (mais precisamente, RelVars do *sistema*, assim chamadas para distingui-las de RelVars comuns do usuário). Como resultado, os usuários podem consultar o catálogo exatamente da mesma forma como consultam seus próprios dados. Por exemplo, o catálogo de um sistema SQL poderá incluir duas RelVars do sistema, chamadas TABLE e COLUMN, cuja finalidade é descrever as tabelas (isto é, RelVars) no banco de dados e as colunas nessas tabelas. No caso do banco de dados de departamentos e empregados da Figura 3.1, as RelVars TABLE e COLUMN devem ter uma estrutura semelhante à da Figura 3.6.[4]

---

[4]Observe que a presença da coluna ROWCOUNT na Figura 3.6 sugere que operações INSERT e DELETE sobre o banco de dados causarão uma atualização no catálogo como um efeito colateral. Na prática, ROWCOUNT poderia ser atualizada apenas a pedido (por exemplo, quando algum utilitário fosse executado), significando que os valores dessa coluna nem sempre estariam atualizados.

```
TABLE    TABNAME   COLCOUNT   ROWCOUNT    .....
         DEPTO         3          3      .....
         EMP           4          4      .....
         .......    ........   ........  .....


COLUMN   TABNAME   COLNAME    .....
         DEPTO     DEPTO#     .....
         DEPTO     NOMEDEPTO  .....
         DEPTO     ORÇAMENTO  .....
         EMP       EMP#       .....
         EMP       NOMEEMP    .....
         EMP       DEPTO#     .....
         EMP       SALÁRIO    .....
         .......   ........   .....
```

FIGURA 3.6 *Catálogo para o banco de dados de departamentos*
e empregados (esboço da estrutura).

Nota: Conforme mencionamos no Capítulo 2, o catálogo normalmente deve ser autodescrito – ou seja, ele deve incluir entradas descrevendo as próprias RelVars do catálogo (ver Exercício 3.3).

Suponha, agora, que algum usuário do banco de dados de departamentos e empregados queira saber exatamente quais colunas a RelVar DEPTO contém (obviamente, estamos considerando que, por alguma razão, o usuário ainda não tem essa informação). Então, a expressão

```
( COLUMN WHERE TABNAME = 'DEPTO' ) { COLNAME }
```

fornece exatamente o que se deseja.

Aqui está outro exemplo: "Quais RelVars incluem uma coluna chamada EMP#?"

```
( COLUMN WHERE COLNAME = 'EMP#' ) { TABNAME }
```

Exercício: Qual é a finalidade do trecho a seguir?

```
( ( TABLE JOIN COLUMN )
      WHERE COLCOUNT < 5 ) { TABNAME, COLNAME }
```

3.7 RELVARS BÁSICAS E VISÕES

Vimos que, partindo-se de um conjunto de RelVars como DEPTO e EMP, juntamente com um conjunto de valores de relações referentes a essas RelVars, as expressões relacionais nos permitem obter valores de relações adicionais a partir dos que foram dados. É hora de apresentarmos um pouco mais de terminologia. As RelVars originais (dadas) são chamadas **RelVars básicas**, e seus valores são chamados **relações básicas**; uma relação que não é uma relação básica, mas que pode ser obtida a partir das relações básicas por meio de alguma expressão relacional, é chamada relação **derivada** ou **derivável**. *Nota*: RelVars básicas são chamadas RelVars reais na referência [3.3].

Obviamente, os sistemas relacionais têm de fornecer um meio para se criar em primeiro lugar as RelVars básicas. Por exemplo, em SQL, essa tarefa é realizada pela instrução CREATE TABLE (onde TABLE significa, de modo muito específico, uma RelVar básica, ou aquilo que a SQL chama tabela básica). Além disso, é evidente que as RelVars básicas têm de receber um *nome* (elas devem ser *nomeadas*) – por exemplo:

```
CREATE TABLE EMP ... ;
```

Porém, em geral os sistemas relacionais também admitem outra espécie de RelVar nomeada, chamada **visão**, cujo valor em determinado instante é uma relação *derivada* (e, portanto, uma visão pode ser imaginada informalmente como uma **RelVar derivada**). O valor de determinada visão em determinado instante é o que resulta da avaliação de certa expressão relacional nesse instante; a expressão relacional em questão é especificada no momento em que a visão em questão é criada. Por exemplo, a instrução

```
CREATE VIEW TOPEMP AS
    ( EMP WHERE SALÁRIO > 33K ) { EMP#, NOMEEMP, SALÁRIO } ;
```

poderia ser usada para definir uma visão chamada TOPEMP. (Por questões que não têm importância neste momento, o exemplo foi expresso em uma mistura de SQL e **Tutorial D.**)

Quando essa instrução é executada, a expressão relacional que vem após AS – a **expressão de definição da visão** – não é avaliada, mas simplesmente "memorizada" de algum modo pelo sistema (na realidade, pelo armazenamento da expressão no catálogo, sob o nome TOPEMP especificado). Porém, para o usuário, agora é como se de fato existisse uma RelVar no banco de dados chamada TOPEMP, com um valor atual indicado nas partes não sombreadas (somente) da Figura 3.7 a seguir. O usuário também deve ser capaz de operar sobre essa visão, exatamente como se ela fosse uma RelVar básica. *Nota*: Se (como sugerimos antes) DEPTO e EMP são consideradas RelVars *reais*, então TOPEMP poderia ser considerada uma RelVar *virtual* – isto é, uma RelVar que aparentemente existe por si própria, mas que não existe de fato (seu valor em qualquer instante depende do valor ou dos valores de certas outras RelVars).

EMPSUP	EMP#	NOMEEMP	DEPTO#	SALÁRIO
	E1	Lopez	D1	40K
	E2	Cheng	D1	42K
	E3	Finzi	D2	30K
	E4	Saito	D2	35K

FIGURA 3.7 *TOPEMP como uma visão de EMP (porções não sombreadas).*

Contudo, observe cuidadosamente que, embora digamos que o valor de TOPEMP é a relação que resultaria se a expressão de definição da visão fosse avaliada, *não* pretendemos sugerir que temos agora *uma cópia separada* dos dados; isto é, não queremos sugerir que a expressão de definição da visão *é* efetivamente avaliada e o resultado é materializado. Pelo contrário, a visão é na realidade apenas uma espécie de "janela" para a RelVar básica EMP. Em consequência disso, quaisquer alterações feitas nessa RelVar básica estarão automática e instantaneamente visíveis através dessa janela (supondo-se, naturalmente, que elas residam dentro da parte visível, não sombreada na figura). Da mesma forma, mudanças em TOPEMP serão aplicadas de forma automática e instantânea à RelVar EMP e, portanto, estarão visíveis através da janela (veja um exemplo mais adiante).

Aqui está um exemplo de operação de busca sobre a visão TOPEMP:

```
(TOPEMP WHERE SALÁRIO < 42K ) { EMP#, SALÁRIO }
```

Considerando-se a amostra de dados da Figura 3.7, o resultado será semelhante a este:

EMP#	SALÁRIO
E1	40K
E4	35K

Conceitualmente, operações sobre uma visão, como na operação de busca que acabamos de mostrar, são manipuladas pela substituição de referências ao nome da visão pela expressão de definição da visão (ou seja, a expressão que foi armazenada no catálogo). Assim, no exemplo, a expressão original

```
(TOPEMP WHERE SALÁRIO < 42K ) { EMP#, SALÁRIO }
```

é modificada pelo sistema, tornando-se

```
( ( ( EMP WHERE SALÁRIO > 33K ) { EMP#, NOMEEMP, SALÁRIO } )
        WHERE SALÁRIO < 42K ) { EMP#, SALÁRIO }
```

(colocamos o nome da visão em itálico na expressão original e o texto substituto da versão modificada). A expressão modificada pode então ser simplificada para

```
( EMP WHERE SALÁRIO > 33K AND SALÁRIO < 42K ) { EMP#, SALÁRIO }
```

(ver Capítulo 18) que, quando avaliada, forma o mesmo resultado mostrado anteriormente. Em outras palavras, a operação original sobre a visão é efetivamente convertida em uma operação equivalente sobre a RelVar básica, e essa operação equivalente é então executada da maneira normal (ou, de forma mais precisa, *otimizada e* executada da maneira normal).

Para vermos outro exemplo, considere a seguinte operação DELETE:

```
DELETE TOPEMP WHERE SALÁRIO < 42K ;
```

A operação DELETE que é realmente executada é semelhante a esta:

```
DELETE EMP WHERE SALÁRIO > 33K AND SALÁRIO < 42K ;
```

A visão TOPEMP é muito simples, consistindo apenas em um subconjunto de linhas e colunas de uma única RelVar básica subjacente (em termos informais). Porém, em princípio, uma definição de visão, por ser essencialmente apenas uma expressão relacional com nome, pode ter *qualquer complexidade* (e pode até mesmo fazer referência a outras visões). Por exemplo, aqui está uma visão cuja definição inclui uma junção de duas RelVars básicas:

```
CREATE VIEW EXEMPJOIN AS
    ( ( EMP JOIN DEPTO ) WHERE ORÇAMENTO > 7M ) { EMP#, DEPTO# } ;
```

No Capítulo 10, voltaremos a tratar de toda a questão de definição de visões e processamento de visões.

A propósito, podemos agora explicar o comentário do Capítulo 2, próximo ao fim da Seção 2.2, no qual afirmamos que o termo *visão* tem um significado bastante específico em contextos relacionais, que não é idêntico ao significado atribuído a ele na arquitetura ANSI/SPARC. No nível externo dessa arquitetura, o banco de dados é percebido como uma "visão externa", definida por um esquema externo (e diferentes usuários podem ter diferentes visões externas). Ao contrário, em sistemas relacionais, uma visão é, especificamente, uma *RelVar com nome, derivada e virtual*, conforme já explicamos. Portanto, o análogo relacional de uma "visão externa" ANSI/SPARC é (geralmente) uma coleção de diversas RelVars, cada uma das quais é uma visão no sentido relacional, e o "esquema externo" consiste em definições dessas visões. (Segue-se que as visões no sentido relacional são o modo pelo qual o modelo relacional proporciona **independência de dados lógica**, embora uma vez mais deva ser dito que, infelizmente, os produtos SQL de hoje são bastante deficientes nesse aspecto. Consulte o Capítulo 10.)

A arquitetura ANSI/SPARC é bastante genérica e permite qualquer variabilidade entre os níveis externo e conceitual. Em princípio, mesmo os *tipos* de estruturas de dados admitidos nos dois níveis poderiam ser diferentes; por exemplo, o nível conceitual poderia ser relacional, enquanto um determinado usuário poderia ter uma visão externa que fosse hierárquica.[5] Porém, na prática, a maioria dos sistemas utiliza o mesmo tipo de estrutura como base para ambos os níveis, e os produtos relacionais não são exceções a essa regra – visões ainda são RelVars, exatamente como as RelVars básicas. Além disso, como o mesmo tipo de objeto é admitido em ambos os níveis, a mesma sublinguagem de dados (data sublanguage) – geralmente, a SQL – se aplica a ambos os níveis. Na realidade, o fato de uma visão ser uma RelVar é exatamente um dos pontos mais fortes dos sistemas relacionais; ele é importante do mesmo modo que também é importante, na matemática, o fato de um subconjunto ser um conjunto. *Nota*: Porém, os produtos de SQL e o padrão SQL (ver Capítulo 4) muitas vezes parecem ignorar esse ponto, pois se referem repetidamente a "tabelas e visões" (dando a entender que uma visão não é uma tabela). O leitor é aconselhado a *não* cair nessa armadilha comum de considerar "tabelas" (ou "RelVars") apenas com o significado específico de tabelas (ou RelVars) *básicas*.

---

[5]Veremos um exemplo dessa possibilidade no Capítulo 27.

Há um último ponto que deve ser mencionado sobre o assunto de RelVars básicas *versus* visões, como vemos a seguir. A distinção entre RelVar básica e visão é constantemente caracterizada desta maneira:

- RelVars básicas "existem realmente", no sentido de que representam dados que estão de fato armazenados no banco de dados.

- Ao contrário, as visões não "existem realmente", mas apenas oferecem diferentes modos de visualização dos "dados reais".

No entanto, embora talvez sendo útil em um sentido informal, essa caracterização não reflete com precisão a situação real. É verdade que os usuários podem *pensar* em RelVars básicas como se elas estivessem fisicamente armazenadas; de certo modo, na verdade, a finalidade dos sistemas relacionais é permitir aos usuários imaginarem RelVars básicas como fisicamente existentes, embora eles não tenham de se preocupar com o modo como essas RelVars estão realmente representadas no meio de armazenamento. Porém – e esse é um grande porém! –, esse modo de pensar não deve ser interpretado com o significado de que uma RelVar básica está fisicamente armazenada de qualquer maneira direta (por exemplo, como um único arquivo armazenado). Conforme explicamos na Seção 3.2, as RelVars básicas devem ser consideradas como uma *abstração* de alguma coleção de dados armazenados – uma abstração em que todos os detalhes no nível de armazenamento ficam ocultos. Em princípio, pode haver um grau qualquer de diferenciação entre uma RelVar básica e sua correspondente armazenada.[6]

Um exemplo simples poderia ajudar a esclarecer esse ponto. Considere uma vez mais o banco de dados de departamentos e empregados. A maior parte dos sistemas relacionais de hoje provavelmente implementaria esse banco de dados com dois arquivos armazenados, um para cada uma das duas RelVars básicas. Contudo, não há absolutamente nenhuma razão lógica pela qual não deva existir apenas um arquivo armazenado de registros armazenados *hierárquicos*, cada qual consistindo em (a) número de departamento, nome e orçamento para algum departamento determinado, juntamente com (b) número de empregado, nome e salário para cada empregado que esteja nesse departamento. Em outras palavras, os dados podem estar fisicamente armazenados de qualquer modo que pareça apropriado (veja, no Apêndice A, uma discussão a respeito de outras possibilidades), mas sempre terão a mesma aparência no nível lógico.

3.8 TRANSAÇÕES

Nota: O tópico desta seção não é peculiar a sistemas relacionais. Apesar disso, nós o abordamos aqui, porque é necessária uma compreensão da ideia básica para se entender certos aspectos do material contido na Parte II. Contudo, nossa cobertura neste ponto deliberadamente não é muito profunda.

No Capítulo 1, dissemos que uma transação é uma "unidade lógica de trabalho", em geral envolvendo diversas operações de bancos de dados. Também indicamos que o usuário precisa ser capaz de informar ao sistema quando operações distintas fazem parte da mesma transação. As operações BEGIN TRANSACTION, COMMIT e ROLLBACK são fornecidas para essa finalidade. Basicamente, uma transação começa quando uma operação BEGIN TRANSACTION é executada, e termina quando uma operação COMMIT ou ROLLBACK correspondente é executada. Por exemplo (em pseudocódigo):

```
BEGIN TRANSACTION ; /* move $$$ da conta A para a conta B */
UPDATE conta A ;                    /* retirada    */
UPDATE conta B ;                    /* depósito    */
IF tudo funcionou bem
   THEN COMMIT ;                    /* fim normal  */
   ELSE ROLLBACK ;                  /* fim anormal */
END IF ;
```

---

[6]A citação a seguir, extraída de um livro recente, exibe várias das confusões sobre as quais discutimos neste parágrafo, além de outras discutidas na Seção 3.3, anteriormente: "É importante fazer uma distinção entre relações armazenadas, que são *tabelas,* e relações virtuais, que são *visões... Usaremos relação* apenas onde puder ser usada uma tabela ou uma visão. Quando quisermos enfatizar que a relação é armazenada, e não uma visão, às vezes usaremos o termo *relação básica* ou *tabela básica.*" Lamentavelmente, essa citação de modo algum é atípica.

Alguns pontos importantes são:

1. As transações têm a garantia de serem **atômicas** – isto é, elas têm a garantia (de um ponto de vista lógico) de que serão executadas inteiramente ou não serão executadas ao todo,[7] mesmo que (digamos) o sistema falhe no meio de um processo.

2. As transações também têm a garantia de serem **duráveis** (ou **persistentes**) no sentido de que, uma vez que uma transação execute uma operação COMMIT com sucesso, suas atualizações terão a garantia de serem aplicadas ao banco de dados, mesmo que ocorra alguma falha subsequente do sistema em determinado instante. (É essa propriedade de durabilidade das transações que torna *persistentes* os dados no banco de dados, no sentido do Capítulo 1.)

3. As transações também têm a garantia de estarem **isoladas** uma das outras, no sentido de que atualizações feitas no banco de dados por determinada transação *T1* não se tornarão visíveis para qualquer transação *T2* distinta, até e a menos que *T1* execute com sucesso uma operação COMMIT. A operação COMMIT faz com que as atualizações efetuadas pela transação se tornem visíveis para outras transações; dizemos que essas atualizações *fizeram o commit* (ou, como se diz, foram "commitadas") e têm a garantia de nunca serem canceladas. Por outro lado, se a transação executar a operação ROLLBACK, todas as atualizações feitas pela transação serão canceladas (ou *desfeitas*). Nesse último caso, o efeito será como se a transação nunca tivesse sido executada.

4. A execução intercalada de um conjunto de transações concorrentes geralmente tem a garantia de ser **seriável**, no sentido de que ela produz o mesmo resultado que a execução dessas mesmas transações uma de cada vez em alguma ordem serial não especificada.

Os Capítulos 15 e 16 contêm uma discussão mais ampla sobre todos esses pontos e muitos outros assuntos.

3.9 O BANCO DE DADOS DE FORNECEDORES E PEÇAS

Nosso exemplo prático em grande parte deste livro é o conhecido banco de dados de **fornecedores** e **peças**. O propósito desta seção é explicar esse banco de dados, a fim de servir como ponto de referência para capítulos posteriores. A Figura 3.8 apresenta um conjunto de amostras de valores de dados; os exemplos subsequentes de fato utilizarão esses valores específicos, onde fizer alguma diferença.[8] A Figura 3.9 mostra a definição do banco de dados, expressa uma vez mais em **Tutorial D** (a palavra-chave VAR da **Tutorial D** significa "variável"). Observe, em particular, as especificações da chave primária e da chave estrangeira. Observe também que (a) diversas colunas têm tipos de dados do mesmo nome que a coluna em questão; (b) a coluna STATUS e as duas colunas CIDADE são definidas em termos de tipos definidos pelo sistema – INTEGER (inteiros) e CHAR (strings de caracteres de comprimento arbitrário) – em vez de tipos definidos pelo usuário. Finalmente, observe que há um ponto importante a ser considerado em relação aos valores de colunas mostrados na Figura 3.8, mas ainda não estamos em condições de fazer essa consideração; voltaremos ao assunto no Capítulo 5, Seção 5.3, na subseção intitulada "Representações possíveis".

O banco de dados foi elaborado para ser entendido da seguinte maneira:

- A RelVar F representa *fornecedores* (mais precisamente, fornecedores *sob contrato*). Cada fornecedor tem um número de fornecedor (F#), exclusivo para esse fornecedor, um nome de fornecedor (FNOME), não necessariamente exclusivo (embora os valores de FNOME sejam exclusivos na Figura 3.8), um valor de classificação ou status (STATUS) e um local (CIDADE). Partimos do princípio de que cada fornecedor está localizado em exatamente uma cidade.

---

[7]Como uma transação é a execução de algum código, uma frase como "a execução de uma transação" é, na realidade, um erro sintático (se houver algum significado, ele deverá ser a execução de uma execução). Contudo, essa construção é muito comum e útil; logo, por falta de algo melhor, continuaremos usando-a neste livro.

[8]Para facilitar a referência, a Figura 3.8 é repetida no final deste livro. Como um benefício aos leitores que já possam estar acostumados com as amostras dos valores de dados das edições anteriores, observamos que a peça P3 passou de Roma para Oslo. A mesma mudança também foi feita na Figura 4.5, no próximo capítulo.

```
F   | F# | FNOME | STATUS | CIDADE |      FP  | F# | P# | QDE |

      F1   Smith    20      Londres          F1   P1   300
      F2   Jones    10      Paris            F1   P2   200
      F3   Blake    30      Paris            F1   P3   400
      F4   Clark    20      Londres          F1   P4   200
      F5   Adams    30      Atenas           F1   P5   100
                                             F1   P6   100
                                             F2   P1   300
P   | P# | PNOME | COR | PESO | CIDADE |     F2   P2   400
                                             F3   P2   200
      P1   Porca    Vermelho  12.0  Londres  F4   P2   200
      P2   Pino     Verde     17.0  Paris    F4   P4   300
      P3   Parafuso Azul      17.0  Oslo     F4   P5   400
      P4   Parafuso Vermelho  14.0  Londres
      P5   Came     Azul      12.0  Paris
      P6   Tubo     Vermelho  19.0  Londres
```

FIGURA 3.8 *O banco de dados de fornecedores e peças (amostras de valores).*

```
TYPE F# ... ;
TYPE NOME ... ;
TYPE P# ... ;
TYPE COR ... ;
TYPE PESO ... ;
TYPE QDE ... ;

VAR F BASE RELATION
    { F#      F#,
      FNOME   NOME,
      STATUS  INTEGER,
      CIDADE  CHAR }
    PRIMARY KEY { F# } ;

VAR P BASE RELATION
    { P#      P#,
      PNOME   NOME,
      COR     COR,
      PESO    PESO,
      CIDADE  CHAR }
    PRIMARY KEY { P# } ;

VAR FP BASE RELATION
    { F#      F#,
      P#      P#,
      QDE     QDE }
    PRIMARY KEY { F#, P# }
    FOREIGN KEY { F# } REFERENCES F
    FOREIGN KEY { P# } REFERENCES P ;
```

FIGURA 3.9 *O banco de dados de fornecedores e peças (definição de dados).*

- A RelVar P representa *peças* (mais precisamente, *tipos* de peças). Cada tipo de peça tem um número de peça (P#) exclusivo, um nome de peça (PNOME), uma cor (COR), um peso (PESO) e um local em que peças desse tipo são armazenadas (CIDADE). Supomos, onde isso faz alguma diferença, que os pesos de peças são dados em libras (mas veja a discussão sobre *unidades de medida* no Capítulo 5, Seção 5.4). Também supomos que cada tipo de peça tem exatamente uma cor e é armazenado em um depósito de exatamente uma cidade.

- A RelVar FP representa *remessas*. Em certo sentido, ela serve para unir as outras duas RelVars, falando-se em termos lógicos. Por exemplo, a primeira linha de FP mostrada na Figura 3.8 vincula um fornecedor específico de F (ou seja, o fornecedor F1) a uma peça específica da RelVar P (ou seja, a peça P1) – em outras palavras, ela representa uma remessa de peças do tipo P1 pelo fornecedor chamado F1 (e a quantidade da remessa é 300). Assim, cada remessa tem um número de fornecedor (F#), um número de peça (P#) e uma quantidade (QDE). Presumimos que, em determinado momento, possa haver no máximo uma remessa correspondente a um determinado fornecedor e um tipo de peça; para uma remessa determinada, portanto, a combinação do valor de F# e do valor P# é exclusiva com relação ao conjunto de remessas que aparecem no momento em FP. Observe que o banco de dados da Figura 3.8 inclui um fornecedor, o fornecedor F5, que não possui remessa alguma correspondente a ele.

Observamos que (como já foi comentado no Capítulo 1, Seção 1.3) fornecedores e peças podem ser considerados **entidades**, e que uma remessa pode ser considerada um **relacionamento** entre determinado fornecedor e uma peça específica. Porém, também mencionamos naquela seção que é melhor considerar um relacionamento apenas como um caso especial de entidade. Uma vantagem dos bancos de dados relacionais em relação a todos os outros tipos conhecidos é exatamente o fato de que todas as entidades, mesmo que elas sejam de fato relacionamentos, são representadas do mesmo modo uniforme; especificamente, por meio de linhas em relações, conforme indica o exemplo.

Aqui estão dois comentários finais:

- Primeiro, o banco de dados de fornecedores e peças é naturalmente muito simples, bem mais simples que qualquer banco de dados real provavelmente será; a maioria dos bancos de dados reais incluirá muito mais entidades e relacionamentos (e, mais importante, uma quantidade muito maior de *tipos* de entidades e relacionamentos) que esse. No entanto, ele pelo menos é adequado para ilustrar a maioria dos pontos que precisaremos considerar no restante do livro e (conforme já foi mencionado) nós o empregaremos como base para a maioria dos nossos exemplos (não para todos) nos próximos capítulos.

- Em segundo lugar, não há nada de errado com o uso de nomes mais descritivos, como FORNECEDORES, PEÇAS e REMESSAS em lugar dos nomes bastante abreviados F, P e FP que empregamos nas Figuras 3.8 e 3.9; na verdade, na prática, geralmente é recomendável o uso de nomes descritivos. Contudo, no caso específico de fornecedores e peças, as RelVars são referenciadas com tanta frequência nos capítulos seguintes que nos pareceu desejável usar nomes bem curtos. Nomes mais longos costumam se tornar irritantes quando há muita repetição.

3.10 RESUMO

Chegamos ao fim da nossa breve visão geral da tecnologia relacional. É evidente que apenas arranhamos a superfície do que se tornou agora um tema bastante extenso, mas a finalidade do capítulo foi a de servir como uma introdução leve às discussões muito mais amplas que virão. Mesmo assim, conseguimos avançar bastante. Veja, a seguir, um resumo dos principais tópicos que discutimos.

Um **banco de dados relacional** é um banco de dados percebido por seus usuários como uma coleção de **RelVars** (*relvars*) ou, de modo mais informal, **tabelas**. Um **sistema relacional** é um sistema que admite bancos de dados relacionais e operações sobre esses bancos de dados, incluindo em particular as operações de **restrição, projeção** e **junção**. Essas operações, e outras semelhantes a elas, são conhecidas coletivamente como **álgebra relacional**,[9] e todas elas são operações **em nível de conjunto**. A propriedade de **fechamento** dos sistemas relacionais significa que a saída de toda operação é do mesmo tipo de objeto que a entrada (são todas relações), o que significa que podemos escrever **expressões relacionais aninhadas**. As RelVars podem ser atualizadas por meio da operação de **atribuição relacional**; as conhecidas operações de atualização **INSERT, UPDATE** e **DELETE** podem ser consideradas atalhos para certas atribuições relacionais comuns.

A teoria formal em que se baseiam os sistemas relacionais é chamada **modelo relacional de dados**. O modelo relacional trata apenas de questões lógicas, não de questões físicas. Ele está relacionado com três aspectos principais dos dados: a **estrutura** de dados, a **integridade** de dados e a **manipulação** de dados. O aspecto *estrutural* tem a ver com as relações propriamente ditas; o aspecto de *integridade* está relacionado com (entre outras coisas) **chaves primárias** e **chaves estrangeiras**; e o aspecto *manipulativo* tem a ver com os operadores (de restrição, projeção, junção etc.). *O Princípio da Informação* – que agora observamos que seria melhor chamá-lo *O Princípio da Representação Uniforme* – estabelece que todo o conteúdo de informação de um banco de dados relacional é representado de um e somente um modo, especificamente sob a forma de valores explícitos em posições de colunas nas linhas das relações. Equivalência: *As únicas variáveis permitidas em um banco de dados relacional são, especificamente, RelVars.*

---

[9]Mencionamos esse termo na definição formal do modelo relacional na Seção 3.2. Contudo, não começaremos a usá-lo cuidadosamente antes de chegarmos ao Capítulo 6.

Toda relação tem um **cabeçalho** e um **corpo**; o cabeçalho é um conjunto de pares nome de coluna:nome de tipo, e o corpo é um conjunto de linhas em conformidade com o cabeçalho. O cabeçalho de determinada relação pode ser considerado um **predicado**, e cada linha no corpo indica uma certa **proposição verdadeira**, obtida pela substituição dos **parâmetros** do predicado por certos valores de **argumentos** do tipo apropriado. Observe que esses comentários são verdadeiros tanto para relações básicas quanto para as derivadas; eles também são verdadeiros para RelVars, sendo feitas as mudanças necessárias. Em outras palavras, os *tipos* são (conjuntos de) coisas sobre as quais podemos falar, e as *relações* são (conjuntos de) coisas que dizemos a respeito das coisas sobre as quais podemos falar. Juntos, os tipos e as relações são **necessários** e **suficientes** para representar quaisquer dados que desejarmos (isto é, no nível lógico).

O **otimizador** é o componente do sistema que determina como implementar requisições do usuário (que se relacionam com *o que*, e não com *como*). Portanto, tendo em vista que os sistemas relacionais pressupõem a responsabilidade pela navegação no banco de dados armazenado para localizar os dados desejados, às vezes eles são descritos como sistemas de **navegação automática**. A otimização e a navegação automática são pré-requisitos para a **independência de dados física**.

O **catálogo** é um conjunto de RelVars do sistema que contém **descritores** para os diversos itens que são de interesse do sistema (RelVars básicas, visões, índices, usuários etc.). Os usuários podem consultar o catálogo exatamente do mesmo modo que consultam seus próprios dados.

As RelVars originais (dadas) em um determinado banco de dados são chamadas **RelVars básicas**, e seus valores são chamados **relações básicas**; uma relação que não é uma relação básica, mas que é obtida a partir dessas relações básicas por meio de alguma expressão relacional, é chamada uma relação **derivada** (coletivamente, as relações básicas e derivadas são às vezes referenciadas como relações **expressáveis**). Uma **visão** é uma RelVar cujo valor em determinado instante é uma relação derivada (informalmente, ela pode ser imaginada como uma **RelVar derivada**); o valor de tal RelVar em um instante qualquer é o resultado da avaliação associada à **expressão de definição da visão** naquele instante. Por essa razão, observamos que as RelVars básicas têm *existência independente*, mas não as visões – elas dependem das RelVars básicas aplicáveis. (Outro modo de dizer a mesma coisa é afirmar que as RelVars básicas são *autônomas*, mas as visões não são autônomas.) Os usuários podem operar sobre as visões exatamente da mesma maneira como operam sobre RelVars básicas, pelo menos em teoria. O sistema implementa operações sobre visões substituindo referências ao nome da visão pela expressão de definição da visão, convertendo assim a operação em uma operação equivalente sobre a(s) variável(is) de relação(ões) básica(s) em que se baseia.

Uma **transação** é uma *unidade lógica de trabalho*, normalmente envolvendo diversas operações sobre bancos de dados. Uma transação começa quando a instrução **BEGIN TRANSACTION** é executada e termina quando se executa a instrução **COMMIT** (término normal) ou **ROLLBACK** (término anormal). As transações são **atômicas, duráveis** e **isoladas** umas das outras. A execução intercalada de uma série de transações concorrentes geralmente tem a garantia de ser **seriável**.

Por fim, o exemplo básico usado na maior parte do livro é o **banco de dados de fornecedores e peças**. Vale a pena dedicar algum tempo para familiarizar-se com esse exemplo agora, se você ainda não o fez; ou seja, você deve pelo menos saber quais RelVars têm quais colunas, e ainda qual é a chave primária e quais são as chaves estrangeiras (não é tão importante saber exatamente quais são os valores das amostras de dados!).

EXERCÍCIOS

3.1 Defina os seguintes termos:

banco de dados relacional	junção	projeção
catálogo	modelo relacional	proposição
chave estrangeira	navegação automática	restrição
chave primária	operação em nível de conjuntos	SGBD relacional
fazer o commit		RelVar básica
desfazer (rollback)	otimização	RelVar derivada
fechamento	predicado	visão

3.2 Esboce o conteúdo das RelVars TABLE e COLUMN do catálogo do banco de dados de fornecedores e peças.

3.3 Como explicamos na Seção 3.6, o catálogo é autodescrito – isto é, ele inclui entradas para as próprias RelVars do catálogo. Amplie a Figura 3.6 para incluir as entradas necessárias às próprias RelVars TABLE e COLUMN.

3.4 Aqui está uma consulta sobre o banco de dados de fornecedores e peças. Qual é sua finalidade?

```
( ( F JOIN FP ) WHERE P# = P# ('P2') ) { F#, CIDADE } ;
```

3.5 Suponha que a expressão no Exercício 3.4 seja usada na definição de uma visão:

```
CREATE VIEW V AS
    ( ( F JOIN FP ) WHERE P# = P# ('P2') ) { F#, CIDADE } ;
```

Agora, considere a consulta

```
( V WHERE CIDADE = 'Londres' ) { F# } ;
```

O que essa consulta faz? Qual é o predicado para o resultado? Mostre o que está envolvido na parte do SGBD ao se processar essa consulta.

3.6 O que você entende pelos termos *atomicidade*, *durabilidade*, *isolação* e *seriação*, tratando-se de transações?

3.7 Declare *O Princípio da Informação*.

3.8 Se você estiver acostumado com o modelo de dados hierárquico, identifique o máximo de diferenças que puder entre ele e o modelo relacional, conforme descrevemos resumidamente neste capítulo.

REFERÊNCIAS E BIBLIOGRAFIA

3.1 E. F. Codd: "Relational Database: A Practical Foundation for Productivity". *CACM* 25, Número 2 (fevereiro de 1982). Reeditado em Robert L. Ashenhurst (editor), ACM *Turing Award Lectures: The First Twenty Years 1966-1985*. Reading, Mass.: Addison-Wesley (*ACM Press Anthology Series*, 1987).

Esse é o artigo que Codd apresentou na ocasião do recebimento do ACM Turing Award de 1981, por seu trabalho sobre o modelo relacional. Ele discute o conhecido problema de *acúmulo de aplicações* ("application backlog"). Para citar o autor: "A demanda por aplicações de computador está crescendo rapidamente – com tanta rapidez que os departamentos de sistemas de informações (cuja responsabilidade é fornecer essas aplicações) estão ficando cada vez mais atrasados em sua capacidade de atender à demanda". Existem duas maneiras complementares de atacar esse problema:

1. Fornecer novas ferramentas aos profissionais de tecnologia de informação (TI), a fim de aumentar sua produtividade.

2. Permitir a interação direta entre os usuários finais e o banco de dados, contornando assim por completo o profissional de tecnologia de informação.

Ambas as abordagens são necessárias e, nesse documento, Codd oferece evidências para sugerir que a base necessária para as duas é proporcionada pela tecnologia relacional.

3.2 C. J. Date: "Why Relational?", em *Relational Database Writings 1985-1989*. Reading, Mass.: Addison-Wesley (1990).

Uma tentativa de fornecer um resumo sucinto, ainda que razoavelmente completo, das principais vantagens dos sistemas relacionais. A observação a seguir, extraída do documento, merece ser repetida aqui: Entre todas as numerosas vantagens da "abordagem relacional", há uma em particular que deve ser enfatizada, e essa é *a existência de uma base teórica sólida*. Para citar o autor: "O sistema relacional é realmente diferente. É diferente porque não é *ad hoc*. Ao contrário, sistemas mais antigos eram ocasionais; eles podem ter fornecido soluções para certos problemas importantes de sua época, mas não tinham qualquer base teórica sólida. Ao contrário, os sistemas relacionais se apóiam nessa base teórica... o que significa que [eles] são *sólidos como a rocha*... Graças a esse sólido alicerce, os sistemas relacionais se comportam de modos bem definidos e (possivelmente sem perceber o fato) os usuários possuem um modelo simples desse comportamento em suas mentes, um modelo que lhes permite prever com confiança o que o sistema fará em qualquer situação. Não há (nem deve haver) surpresas. Essa previsibilidade significa que as interfaces do usuário são fáceis de entender, documentar, ensinar, aprender, usar e lembrar."

3.3 C. J. Date e Hugh Darwen: *Foundation for Object/Relational Databases: The Third Manifesto*. Reading, Mass.: Addison-Wesley (2000). Ver também *http://www.thethirdmanifesto.com*, que contém certos trechos formais do livro, uma lista de errata e muito material relevante. a Referência [20.1] também é relevante.

> *The Third Manifesto* é uma proposta detalhada, formal e rigorosa para a orientação futura dos bancos de dados e SGBDs. Ele pode ser visto como um esboço abstrato para o projeto de um SGBD e a interface de linguagem para esse SGBD. Ele se baseia nos conceitos centrais clássicos de **tipo**, **valor**, **variável** e **operador**. Por exemplo, poderíamos ter um *tipo* INTEGER; o inteiro "3" poderia ser um *valor* desse tipo; N poderia ser uma *variável* desse tipo, cujo valor em determinado instante seria algum valor inteiro (isto é, algum valor desse tipo); e "+" poderia ser um *operador* que se aplicasse a valores inteiros (isto é, a valores desse tipo). *Nota:* A ênfase sobre os tipos em particular é evidenciada pelo subtítulo do livro: *Um estudo detalhado do impacto da teoria de tipos sobre o modelo relacional de dados, incluindo um modelo abrangente da herança de tipos.* Parte do objetivo aqui é que a teoria de tipos e o modelo relacional são mais ou menos independentes um do outro. Para ser mais específico, o modelo relacional não prescreve o suporte para quaisquer tipos específicos (além do tipo *boolean*); ele simplesmente diz que os atributos das relações precisam ter algum tipo, o que significa que *alguns* tipos (não especificados) precisam ser admitidos.

> O termo *RelVar* é retirado desse livro. Com relação a isso, o livro também diz: "A primeira versão deste *Manifesto* fez uma distinção entre os valores do banco de dados e as variáveis do banco de dados, de modo semelhante à distinção entre valores de relação e variáveis de relação. Ele também introduziu o termo *dbvar* como uma abreviação para *variável de banco de dados*. Embora ainda acreditemos que essa distinção seja válida, achamos que ela teria pouca relevância direta com outros aspectos dessas propostas. Portanto, decidimos, por questão de familiaridade, reverter para a terminologia mais tradicional." Acontece que essa decisão não foi muito feliz... Citando a referência [23.4]: "Pensando bem, teria sido muito melhor adotar os termos, mais corretos do ponto de vista lógico, *valor de banco de dados* e *variável de banco de dados* (ou *dbvar*), apesar da falta de familiaridade com eles". Neste livro, permanecemos com o termo familiar *banco de dados*, mas decidimos fazer isso apenas contra nossa própria melhor opinião (em parte).

> Mais um detalhe. Como o próprio livro diz: "Confessamos que achamos um pouco desconfortável a ideia de chamar de *manifesto* o que, afinal, é principalmente um documento técnico. De acordo com o *Chambers Twentieth Century Dictionary*, um manifesto é uma *declaração escrita das intenções, opiniões ou motivos* de alguma pessoa ou grupo (por exemplo, um partido político). Ao contrário, *The Third Manifesto* é... uma questão de ciência e lógica, e não meras intenções, opiniões ou motivos." Contudo, *The Third Manifesto* foi escrito especificamente para ser comparado com os dois anteriores, *The Object-Oriented Database System Manifesto* [20.2, 25.1] e *The Third-Generation Database System Manifesto* [26.44], e nosso título foi efetivamente escolhido por nós.

3.4 C. J. Date: "Great News, The Relational Model Is Very Much Alive!", *http://www.dbdebunk.com* (agosto de 2000).

> Desde que surgiu inicialmente em 1969, o modelo relacional tem estado sujeito a uma extraordinária variedade de ataques, por diversos escritores diferentes. Um exemplo recente foi intitulado, de modo não atípico: "Great News, The Relational Model Is Dead!" Este artigo foi escrito como uma resposta a essa posição.

3.5 C. J. Date: "There's Only One Relational Model!", *http://www.dbdebunk.com* (fevereiro de 2001).

> Desde que surgiu inicialmente em 1969, o modelo relacional tem estado sujeito a uma extraordinária variedade de má interpretação e confusão, por diversos escritores diferentes. Um exemplo recente foi um capítulo de livro intitulado "Diferentes modelos relacionais", sendo que sua primeira sentença era: "Não existe mais algo como o modelo relacional para bancos de dados [literalmente], da mesma forma como há apenas uma geometria." Este artigo foi escrito como uma resposta a essa posição.

CAPÍTULO **4**

Uma introdução à SQL

4.1	Introdução
4.2	Visão geral
4.3	O catálogo
4.4	Visões
4.5	Transações
4.6	SQL embutida
4.7	SQL dinâmica e SQL/CLI
4.8	A SQL não é perfeita
4.9	Resumo
	Exercícios
	Referências e bibliografia

4.1 INTRODUÇÃO

Como mencionamos no Capítulo 1, a SQL é a linguagem padrão para se lidar com bancos de dados relacionais, e é aceita por quase todos os produtos existentes no mercado. A SQL foi desenvolvida originalmente na IBM Research no início da década de 1970 [4.9, 4.10]; ela foi implementada pela primeira vez em grande escala em um protótipo da IBM chamado System R [4.1–4.3, 4.12–4.14], e reimplementada depois disso em diversos outros produtos comerciais da IBM [4.8, 4.14, 4.21] e de muitos outros fornecedores. Neste capítulo, apresentaremos uma visão geral dos principais recursos da linguagem SQL (aspectos adicionais detalhados, relacionados a assuntos como integridade, segurança etc., serão descritos em capítulos subsequentes, dedicados a esses tópicos). Por todas as nossas discussões, usamos o nome não qualificado SQL para nos referirmos à versão atual do padrão (**SQL:1999**), exceto onde for indicado algo em contrário.[1] A referência [4.23] é a especificação SQL:1999 formal; a referência [4.24] é um grande conjunto de correções a essa especificação.

---

[1]Uma nova versão do padrão ("SQL:2003"); ocasionalmente também faremos referência explícita a essa versão mais recente.

Nota: A versão anterior do padrão foi a SQL:1992, e a SQL:1999 tem por finalidade ser uma extensão compatível com essa versão anterior. Em todo caso, também devemos assinalar que nenhum produto atual admite nem mesmo a SQL:1992 em sua totalidade; em vez disso, os produtos em geral admitem aquilo que se poderia chamar "um superconjunto de um subconjunto" do padrão (seja ele o SQL:1999 ou, mais provavelmente, o SQL:1992). Para ser mais específico, a maioria dos produtos deixa de oferecer suporte a determinados aspectos do padrão e ainda vai além do padrão em outros aspectos.[2] Por exemplo, o produto DB2 da IBM não admite no momento todos os recursos de integridade do padrão, mas inclui o suporte a um operador para trocar o nome de uma tabela básica, algo que o padrão não possui.

Aqui estão algumas observações preliminares adicionais:

- Em sua forma original, a SQL pretendia ser especificamente uma "sublinguagem de dados" (data sublanguage) (ver Capítulo 2). Porém, com a incorporação do recurso de *Módulos Armazenados Persistentes* (SQL/PSM, ou *PSM* – Persistent Stored Modules – para abreviar) ao padrão em 1996, o padrão se tornou completo em termos computacionais – ele agora inclui instruções como CALL, RETURN, SET, CASE, IF, LOOP, LEAVE, WHILE e REPEAT, bem como diversas características relacionadas, como a capacidade de declarar variáveis e tratadores de exceções. Outros detalhes dos PSM estão além do escopo deste livro, mas uma descrição tutorial poderá ser encontrada na referência [4.20].

- A SQL utiliza o termo *tabela* em lugar dos termos *relação* e *RelVar*, e os termos *linha* e *coluna* no lugar de *tupla* e *atributo*, respectivamente. Por essa razão, para manter a consistência com o padrão SQL e os produtos de SQL, faremos o mesmo neste capítulo (e em qualquer outro lugar neste livro, sempre que estivermos preocupados especificamente com a SQL).

- A SQL é uma linguagem enorme. A própria especificação [4.23] tem bem mais de 2.000 páginas (sem contar as mais de trezentas páginas de revisões e correções na referência [4.24]). Por conseguinte, não é possível (e nem mesmo desejável) esgotar o assunto em um livro desta natureza, e não tentamos fazer isso; em vez disso, omitimos muitos recursos e simplificamos muitos outros.

- Finalmente, deve ser dito que (conforme indicado em diversos pontos nos Capítulos de 1 a 3) a SQL está muito longe de ser a linguagem relacional perfeita – ela se ressente de pecados de omissão e comissão. Não obstante, ela é o padrão, é utilizada por quase todos os produtos existentes no mercado, e todo profissional de banco de dados precisa conhecer algo sobre ela. Daí a cobertura feita neste livro.

4.2 VISÃO GERAL

A SQL inclui operações de definição de dados e operações de manipulação de dados. Consideraremos primeiro as operações de **definição**. A Figura 4.1 oferece uma definição SQL para o banco de dados de fornecedores e peças (compare-a com a Figura 3.9, no Capítulo 3). Como podemos observar, a definição inclui uma instrução **CREATE TYPE** para cada um dos seis tipos definidos pelo usuário (UDTs – User-Defined Types) e uma instrução **CREATE TABLE** para cada uma das três tabelas básicas (conforme notamos no Capítulo 3, a palavra-chave TABLE em CREATE TABLE indica especificamente uma tabela básica). Cada uma dessas instruções CREATE TABLE especifica o nome da tabela básica a ser criada, os nomes e os tipos de dados das colunas dessa tabela, e ainda a chave primária e quaisquer chaves estrangeiras nessa tabela (e, possivelmente, também algumas informações adicionais, não ilustradas na Figura 4.1). Observe, também, os seguintes detalhes:

- Fazemos uso frequente do símbolo "#" em (por exemplo) nomes de colunas mas, na realidade, esse símbolo não é válido no padrão.

- Usamos o ponto e vírgula (;) como indicador de término de instrução. Na realidade, o uso desses indicadores pelo padrão SQL dependerá do contexto. Os detalhes específicos estão além do escopo deste livro.

---

[2]Na verdade, nenhum produto poderia oferecer suporte ao padrão inteiro, pois simplesmente existem muitas lacunas, erros e inconsistências nas referências [4.23] e [4.24]. A referência [4.20] inclui uma discussão detalhada desse problema no nível do padrão SQL:1992.

- O tipo embutido CHAR, na SQL, exige que seja especificado um *tamanho* associado –15, na Figura 4.1.

```
CREATE TYPE F# ... ;
CREATE TYPE NOME ... ;
CREATE TYPE P# ... ;
CREATE TYPE COR ... ;
CREATE TYPE PESO ... ;
CREATE TYPE QDE ... ;

CREATE TABLE F
    ( F#       F#,
      FNOME   NOME,
      STATUS INTEGER,
      CIDADE CHAR(15),
    PRIMARY KEY ( F# ) ) ;

CREATE TABLE P
    ( P#       P#,
      PNOME   NOME,
      COR     COR,
      PESO    PESO,
      CIDADE CHAR(15),
    PRIMARY KEY ( P# ) ) ;

CREATE TABLE FP
    ( F#       F#,
      P#       P#,
      QDE     QDE,
    PRIMARY KEY ( F#, P# ),
    FOREIGN KEY ( F# ) REFERENCES F,
    FOREIGN KEY ( P# ) REFERENCES P ;
```

FIGURA 4.1 *O banco de dados de fornecedores e peças (definição de SQL).*

Tendo definido o banco de dados, podemos agora começar a operar sobre ele por meio das operações de **manipulação** da SQL: SELECT, INSERT, UPDATE e DELETE. Em particular, podemos executar operações relacionais de restrição, projeção e junção sobre os dados, utilizando em cada caso a instrução de manipulação de dados **SELECT** da SQL. A Figura 4.2 mostra alguns exemplos. *Nota*: O exemplo de junção na figura ilustra o fato de que **nomes qualificados com ponto** (por exemplo, F.F#, FP.F#) às vezes são necessários em SQL para "tirar a ambiguidade" de referências a colunas. A regra geral (embora haja exceções) é a de que esses nomes qualificados são sempre aceitáveis, mas nomes não qualificados também são aceitáveis, desde que não causem qualquer ambiguidade.

Restrição:
```
SELECT F#, P#, QDE
FROM    FP
WHERE  QDE < QDE ( 150 ) ;
```
Resultado:

F#	P#	QDE
F1	P5	100
F1	P6	100

Projeção:
```
SELECT F#, CIDADE
FROM    F ;
```
Resultado:

F#	CIDADE
F1	Londres
F2	Paris
F3	Paris
F4	Londres
F5	Atenas

Junção:
```
SELECT F.F#, FNOME, STATUS, CIDADE, P#, QDE
FROM    F, FP
WHERE  F.F# = FP.F# ;
```

Resultado:

F#	FNOME	STATUS	CIDADE	P#	QDE
F1	Smith	20	Londres	P1	300
F1	Smith	20	Londres	P2	200
F1	Smith	20	Londres	P3	400
..	.....	..	......	..	...
F4	Clark	20	Londres	P5	400

FIGURA 4.2 *Exemplos de restrição, projeção e junção em SQL.*

Observamos que a SQL também admite uma forma abreviada da cláusula SELECT, como ilustra o exemplo a seguir:

```
SELECT  *                    /* ou "SELECT F.*" (isto é, o "*"    */
FROM    F ;                  /* pode ser qualificado)             */
```

O resultado é uma cópia da tabela F inteira; o asterisco ou estrela é a abreviação para uma "lista separada por vírgulas" – veja, na Seção 4.6, uma explicação formal desse termo – de (a) nomes de todas as colunas na primeira tabela referenciada na cláusula FROM, na ordem da esquerda para a direita em que essas colunas são definidas dentro dessa tabela, seguido por (b) nomes de todas as colunas na segunda tabela referenciada na cláusula FROM, na ordem da esquerda para a direita em que essas colunas são definidas dentro dessa tabela (e assim por diante, para todas as outras tabelas referenciadas na cláusula FROM). *Nota*: A expressão SELECT * FROM *T*, em que *T* é um nome de tabela, pode ser abreviada ainda mais, tornando-se apenas TABLE *T*.

A instrução SELECT é discutida com muito mais detalhes no Capítulo 8 (Seção 8.6).

Vamos examinar agora as operações de **atualização**. Já foram dados exemplos de instruções INSERT, UPDATE e DELETE da SQL no Capítulo 1, mas esses exemplos envolviam deliberadamente apenas operações de uma única linha. Contudo, como SELECT, as operações **INSERT, UPDATE** e **DELETE** em geral são todas operações em *nível de conjunto* (e alguns dos exercícios no Capítulo 1 de fato ilustravam esse detalhe). Aqui estão alguns exemplos de operações de atualização de alto nível para o banco de dados de fornecedores e peças:

```
INSERT
INTO   TEMP ( P#, PESO )
       SELECT P#, PESO
       FROM   P
       WHERE  COR = COR ('Vermelho') ;
```

Esse exemplo pressupõe que já criamos outra tabela TEMP com duas colunas, P# e PESO. A instrução INSERT insere nessa tabela números de peças e pesos correspondentes a todas as peças vermelhas.

```
DELETE
FROM   FP
WHERE  P# = P# ('P2') ;
```

Essa instrução DELETE elimina todas as remessas correspondentes à peça P2.

```
UPDATE F
SET    STATUS = 2 * STATUS ,
       CIDADE = 'Roma'
WHERE  CIDADE = 'Paris' ;
```

A instrução UPDATE dobra o valor do status para todos os fornecedores em Paris e move esses fornecedores para Roma.

Nota: A SQL não inclui uma analogia direta da operação de **atribuição relacional**. Porém, podemos simular essa operação eliminando primeiro todas as linhas da tabela de destino, e depois executando uma operação INSERT ... SELECT ... (como no primeiro exemplo anterior) nessa tabela.

4.3 O CATÁLOGO

O padrão SQL inclui especificações para um catálogo padrão chamado **Information Schema** (esquema de informações). De fato, os termos convencionais *catálogo* e *esquema* são ambos usados em SQL, mas com significados altamente específicos à SQL; em termos informais, um **catálogo** SQL consiste nos descritores para um banco de dados individual,[3] e um **esquema** SQL consiste nos descritores para a parte desse banco de dados que pertence a algum usuário individual. Em outras palavras, pode haver um número qualquer de catálogos (um por banco de dados), cada qual dividido em uma quantidade qualquer de esquemas. Entretanto, cada catálogo deve incluir exatamente um esquema chamado INFORMATION_SCHEMA e, do ponto de vista do usuário, é esse esquema (como já mencionamos) que realiza a função normal de catálogo.

Desse modo, o Information Schema consiste em um conjunto de tabelas SQL cujo conteúdo reproduz efetivamente, de uma forma definida com precisão, todas as definições de todos os outros esquemas no catálogo em questão. De um modo mais exato, o Information Schema é definido para conter um conjunto de *visões* de um hipotético "Definition Schema" (esquema de definições). A implementação não tem a obrigação de fornecer suporte ao Definition Schema como tal, mas deve (a) dar suporte a *algum* tipo de "Definition Schema" e (b) dar suporte a visões desse "Definition Schema" semelhantes a visões do Information Schema. Surgem alguns pontos importantes:

1. Existem razões para se enunciar a exigência em termos de dois itens separados (a) e (b), como acabamos de descrever. Em primeiro lugar, os produtos existentes certamente oferecem suporte para algo semelhante ao "Definition Schema". No entanto, esses "Definition Schemas" variam muito de um produto para outro (até mesmo quando os produtos em questão vêm do mesmo fabricante). Daí, faz sentido a ideia de exigir apenas que a implementação admita certas visões predefinidas de seu "Definition Schema".

2. Na realidade, devemos dizer "um" (e não "o") Information Schema, pois, como vimos, existe um esquema desse tipo em cada catálogo. Desse modo, em geral, a totalidade de dados disponíveis para um determinado usuário *não* será descrita por um único Information Schema. Porém, por questão de simplicidade, continuaremos a falar como se existisse apenas um.

Não vale a pena entrarmos em muitos detalhes sobre o conteúdo do Information Schema neste ponto; em vez disso, simplesmente vamos relacionar algumas visões mais importantes do Information Schema, na esperança de que apenas seus nomes sejam suficientes para dar alguma ideia do conteúdo dessas visões. Entretanto, um detalhe que precisa ser explicado é que a visão TABLE contém informações sobre *todas* as tabelas nomeadas, tanto visões quanto tabelas básicas, enquanto a visão VIEWS contém informações apenas sobre visões.

Visão do Information Schema	Significado
ASSERTIONS	Proposições ou assertivas
CHECK_CONSTRAINTS	Restrições de verificação
COLUMN_PRIVILEGES	Privilégios de coluna
COLUMNS	Colunas
CONSTRAINT_COLUMN_USAGE	Uso da coluna de restrição
CONSTRAINT_TABLE_USAGE	Uso da tabela de restrição
CONSTRAINT_UDT_USAGE	Uso do tipo definido pelo usuário da restrição
KEY_COLUMN_USAGE	Uso da coluna de chave
REFERENTIAL_CONSTRAINTS	Restrições referenciais
SCHEMATA	Esquemas
TABLE_CONSTRAINTS	Restrições de tabela
TABLE_PRIVILEGES	Privilégios de tabela
TABLES	Tabelas
UDT_PRIVILEGES	Privilégios de tipo definido pelo usuário
USAGE_PRIVILEGES	Privilégios de uso
USER_DEFINED_TYPES	Tipos definidos pelo usuário
VIEW_COLUMN_USAGE	Uso de coluna de visão
VIEW_TABLE_USAGE	Uso de tabela de visão
VIEWS	Visões

---

[3]Para sermos precisos, devemos mencionar que não existe algo semelhante a um "banco de dados" no padrão SQL! O modo exato como é descrita a coleção de dados por um catálogo é definido pela implementação. Porém, não é considerado um erro pensar nela como um banco de dados.

A referência [4.20] oferece mais detalhes; em particular, ela mostra como formular consultas sobre o Information Schema (o processo não é tão simples quanto você poderia esperar).

4.4 VISÕES

Aqui está um exemplo de uma definição de visão em SQL:

```
CREATE VIEW BOM_FORNECEDOR
    AS SELECT F#, STATUS, CIDADE
        FROM   F
        WHERE   STATUS > 15 ;
```

E aqui está um exemplo de uma consulta de SQL sobre essa visão:

```
SELECT F#, STATUS
FROM   BOM_FORNECEDOR
WHERE  CIDADE = 'Londres' ;
```

Substituindo a referência ao nome da visão pela definição da visão, obtemos uma expressão semelhante a esta (observe a **subconsulta** na cláusula FROM):

```
SELECT BOM_FORNECEDOR.F#, BOM_FORNECEDOR.STATUS
FROM ( SELECT F#, STATUS, CIDADE
       FROM   F
       WHERE   STATUS > 15 ) AS BOM_FORNECEDOR
WHERE  BOM_FORNECEDOR.CIDADE = 'Londres' ;
```

E essa expressão pode, então, ser simplificada, resultando em algo como isto:

```
SELECT F#, STATUS
FROM   F
WHERE   STATUS > 15
AND    CIDADE = 'Londres' ;
```

Essa última é a consulta realmente executada.

Como outro exemplo, considere a operação DELETE a seguir:

```
DELETE
FROM   BOM_FORNECEDOR
WHERE  CIDADE = 'Londres' ;
```

A operação DELETE realmente executada é semelhante a esta:

```
DELETE
FROM   F
WHERE  STATUS > 15
AND    CIDADE = 'Londres' ;
```

4.5 TRANSAÇÕES

A SQL inclui correspondentes diretos das instruções BEGIN TRANSACTION, COMMIT e ROLLBACK que vimos no Capítulo 3, chamados **START TRANSACTION, COMMIT WORK** e **ROLLBACK WORK**, respectivamente (a palavra-chave WORK é opcional).

4.6 SQL EMBUTIDA

A maioria dos produtos de SQL permite que as instruções SQL sejam executadas **diretamente** (ou seja, interativamente, a partir de um terminal on-line) e como parte de um programa aplicativo (isto é, as instruções SQL podem estar **embutidas,** significando que elas podem estar intercaladas com as instruções da linguagem de programação de tal programa). Além disso, no caso das instruções embutidas, o programa aplicativo geralmente pode ser escrito em diversas linguagens hospedeiras; o padrão SQL inclui suporte para Ada, C, COBOL, Fortran, Java, M (anteriormente conhecida como MUMPS), Pascal e PL/I. Nesta seção, consideraremos especificamente o caso das instruções embutidas.

Um princípio fundamental por trás da SQL embutida, ao qual nos referimos como o **princípio da dualidade,** é que *qualquer instrução de SQL que pode ser usada interativamente também pode ser empregada em um programa aplicativo.* É claro que existem várias diferenças nos detalhes entre determinada instrução SQL interativa e sua equivalente embutida, e operações de busca em particular exigem um tratamento significativamente estendido no caso da SQL embutida (ver mais adiante, nesta seção) mas, apesar disso, o princípio continua sendo verdadeiro. (A propósito, a recíproca não é verdadeira; várias instruções SQL embutidas não podem ser usadas de modo interativo, conforme veremos.)

Antes de podermos descrever as instruções reais da SQL embutida, é necessário explicar uma série de detalhes preliminares. A maioria desses detalhes é ilustrada pelo fragmento de programa apresentado na Figura 4.3. (Para fixarmos nossas ideias, supomos que a linguagem hospedeira é PL/I. A maior parte das ideias se traduz em outras linguagens hospedeiras, somente com pequenas alterações.) Vários pontos se destacam:

```
EXEC SQL BEGIN DECLARE SECTION ;

    DCL SQLSTATE     CHAR(5) ;
    DCL P1           CHAR(6) ;
    DCL PESO         FIXED DECIMAL(5,1);

EXEC SQL END DECLARE SECTION ;

P# = 'P2' ;                          /* por exemplo              */
EXEC SQL SELECT P.PESO
         INTO    :PESO
         FROM    P
         WHERE   P.P# = P# ( :P# ) ;
IF SQLSTATE = '00000'
THEN ... ;                           /* PESO = valor obtido pela busca  */
ELSE ... ;                           /* ocorreu alguma exceção          */
```

FIGURA 4.3 *Fragmento de um programa PL/I com SQL embutida.*

1. As instruções SQL embutidas têm o prefixo **EXEC SQL,** a fim de distingui-las de instruções da linguagem hospedeira, e são encerradas por um símbolo **terminador** especial (um ponto e vírgula, no caso da linguagem PL/I).

2. Uma instrução SQL *executável* (no restante desta seção, deixaremos de lado o qualificador "embutido") poderá surgir sempre que uma instrução executável da hospedeira também puder aparecer. A propósito, observe esse "executável": diferente da SQL interativa, a SQL embutida inclui algumas instruções que são puramente declarativas e não executáveis. Por exemplo, DECLARE CURSOR não é uma instrução executável (consulte a subseção "Operações que envolvem cursores", mais adiante neste capítulo), nem as instruções BEGIN e END DECLARE SECTION (consulte o item 5, mais adiante), e nem a instrução WHENEVER (consulte o item 9, mais adiante).

3. As instruções SQL podem incluir referências a **variáveis hospedeiras;** essas referências devem incluir um **prefixo de dois-pontos** para distingui-las dos nomes de colunas da SQL. As variáveis hospedeiras podem aparecer na SQL embutida onde qualquer literal poderia aparecer na SQL interativa. Elas também podem surgir em uma cláusula INTO de uma instrução SELECT (consulte o item 4, a seguir) ou FETCH (consulte novamente a subseção "Operações que envolvem cursores", mais adiante) para designar destinos para as operações de busca.

4. Observe a cláusula **INTO** na instrução SELECT da Figura 4.3. A finalidade dessa cláusula é (como acabamos de mencionar) especificar as variáveis de destino nas quais os valores devem ser atribuídos; a *i*-ésima variável de destino mencionada na cláusula INTO corresponde ao *i*-ésimo valor a ser retornado, conforme especificado na cláusula SELECT.

5. Todas as variáveis hospedeiras referenciadas em instruções SQL devem ser declaradas (DCL, em PL/I) dentro de uma **seção de declaração de SQL embutida,** delimitada pelas instruções **BEGIN** e **END DECLARE SECTION.**

6. Todo programa que contém instruções SQL embutidas deve incluir uma variável hospedeira chamada **SQLSTATE.** Após a execução de qualquer instrução SQL, um código de status é retornado ao programa nessa variável; em particular, o código de status 00000 significa que a instrução foi executada com sucesso, e o valor 02000 significa que a instrução foi executada, mas que não foram encontrados dados que satisfizessem o pedido (veja os detalhes sobre os outros valores na referência [4.23]). Portanto, em princípio, toda instrução SQL no programa deve ser seguida por um teste de SQLSTATE, e ações apropriadas deverão ser tomadas se o valor não for o esperado. Contudo, na prática, esses testes constantemente podem ser implícitos (consulte o item 9, a seguir).

7. Variáveis hospedeiras devem ter um **tipo de dados** apropriado para os usos a que elas se destinam. Por exemplo, uma variável hospedeira que tenha de ser usada como destino (por exemplo, em SELECT) precisa ter um tipo de dados compatível com o da expressão que fornece o valor a ser atribuído a esse destino; da mesma forma, uma variável hospedeira que tenha de ser usada como origem (por exemplo, em INSERT) deve ter um tipo de dados compatível com o da coluna de SQL à qual os valores dessa origem devem ser atribuídos. Contudo, os detalhes são complicados, e por isso ignoramos a questão no restante deste capítulo (em sua maior parte), deixando uma discussão mais completa para o Capítulo 5, Seção 5.7.

8. Variáveis hospedeiras e colunas de SQL podem ter o mesmo nome.

9. Como já mencionamos, toda instrução SQL deve, em princípio, ser seguida por um teste do valor retornado em SQLSTATE. A instrução **WHENEVER** é fornecida para simplificar esse processo. A instrução WHENEVER assume o seguinte formato:

```
EXEC SQL WHENEVER <condição> <ação> ;
```

Aqui, *<condição> pode ser* NOT FOUND, SQLWARNING e SQLEXCEPTION (também existem valores específicos de SQLSTATE e violação de restrições de integridade especificadas); e *<ação>* é uma instrução CONTINUE ou GO TO. A instrução WHENEVER não é uma instrução executável, mas sim uma diretiva para o compilador de SQL. A expressão "WHENEVER *<condição>* GO TO *<rótulo>*" faz com que o compilador insira uma instrução da forma "IF *<condição>* THEN GO TO *<rótulo>*" após cada instrução de SQL executável que encontrar; já "WHENEVER *<condição>* CONTINUE" faz com que não seja inserida qualquer uma dessas instruções; nesse caso, a implicação é que o programador fará a inserção manual de tais instruções. Os argumentos de *<condição>* NOT FOUND, SQLWARNING e SQLEXCEPTION são definidos da seguinte maneira:

NOT FOUND	*significa*	não foram encontrados dados – SQLSTATE = 02xxx
SQLWARNING	*significa*	houve um erro secundário – SQLSTATE = 01xxx
SQLEXCEPTION	*significa*	houve um erro importante – ver referência [4.23] sobre SQLSTATE

Cada instrução WHENEVER que o compilador de SQL encontra em sua busca sequencial pelo texto do programa para uma determinada condição anula a anterior, que ele encontrou para essa condição.

10. Por fim, observe que (para usar a terminologia do Capítulo 2) a SQL embutida constitui um *acoplamento fraco* entre a SQL e a linguagem hospedeira.

Aqui terminam os conceitos preliminares. No restante desta seção, iremos concentrar nossa atenção especificamente em operações de manipulação de dados. Conforme já dissemos, a maioria dessas operações pode ser tratada de forma bastante direta (isto é, com apenas algumas alterações em sua sintaxe). No entanto, as operações de busca exigem um tratamento especial. O problema é que essas operações retornam muitas linhas (em geral), não apenas uma, e as linguagens hospedeiras normalmente não estão equipadas para manipular mais de uma linha de cada vez. Por esse motivo, é necessário fornecer alguma espécie de ponte entre o processamento orientado a conjuntos da SQL e o processamento orientado a linhas da linguagem hospedeira. Essa é a finalidade dos **cursores**. Um cursor é um tipo especial de *ponteiro* (lógico) – ou seja, um ponteiro na aplicação, e não no banco de dados – que pode ser usado para examinar uma coleção de linhas, apontando para cada uma das linhas de cada vez e fornecendo, assim, a possibilidade de endereçar essas linhas uma a uma. Porém, adiaremos a descrição detalhada dos cursores para a subseção "Operações que envolvem cursores", e consideraremos primeiro as instruções que não necessitam deles.

Operações que não envolvem cursores

As instruções de manipulação de dados que não necessitam de cursores são:

- SELECT unitária
- INSERT
- DELETE (exceto a forma CURRENT – veja na próxima subseção)
- UPDATE (exceto a forma CURRENT – veja na próxima subseção)

Daremos exemplos de cada dessas instruções, uma por vez.

SELECT unitária: Obter o status e a cidade para o fornecedor cujo número de fornecedor é dado pela variável hospedeira DADOF#.

```
EXEC SQL SELECT STATUS, CIDADE
         INTO   :GRAU, :CIDADE
         FROM   F
         WHERE  F# = F# ( :DADOF# ) ;
```

Usamos o termo *SELECT unitária* para indicar uma expressão SELECT que é avaliada como uma tabela contendo no máximo uma linha. No exemplo, se houver exatamente uma linha na tabela F que satisfaça à condição da cláusula WHERE, então os valores de STATUS e CIDADE dessa linha serão atribuídos às variáveis hospedeira GRAU e CIDADE como solicitado, e SQLSTATE será definida como 00000. Se nenhuma linha de F satisfizer à condição de WHERE, SQLSTATE será definida como 02000. Além disso, se mais de uma linha satisfizer à condição, o programa tem um erro e SQLSTATE será definida como um código de erro.

INSERT: Inserir uma nova peça (número de peça, nome e peso dados pelas variáveis hospedeiras P#, PNOME e PPS, respectivamente; cor e cidade desconhecidas) na tabela P.

```
EXEC SQL INSERT
         INTO   P ( P#, PNOME, PESO )
         VALUES ( :P#, :PNOME, :PPS ) ;
```

Os valores de COR e CIDADE para a nova peça serão definidos como os *valores default* aplicáveis (consulte o Capítulo 6, Seção 6.6). *Nota:* Por motivos além do escopo deste livro, o valor default para uma coluna de algum tipo definido pelo usuário necessariamente será *NULL*. (Deixaremos uma discussão detalhada dos valores NULL para o Capítulo 19. Contudo, referências ocasionais antes desse ponto são inevitáveis.)

DELETE: Eliminar todas as remessas correspondentes a fornecedores cuja cidade é dada pela variável hospedeira CIDADE.

```
EXEC SQL DELETE
        FROM    FP
        WHERE   :CIDADE =
              ( SELECT CIDADE
                FROM    F
                WHERE   F.F# = FP.F# ) ;
```

Se nenhuma linha de fornecedor satisfizer à condição WHERE, SQLSTATE será definida como 02000. Mais uma vez, observe a subconsulta (desta vez, na cláusula WHERE).

UPDATE: Aumentar o status de todos os fornecedores de Londres pelo valor indicado na variável hospedeira AUMENTO.

```
EXEC SQL UPDATE F
        SET     STATUS = STATUS + :AUMENTO
        WHERE   CIDADE = 'Londres' ;
```

Novamente, SQLSTATE será definida como 02000 se nenhuma linha de FP satisfizer à condição WHERE.

Operações que envolvem cursores

Agora vamos examinar a questão da busca em nível de conjunto – isto é, o retorno de um conjunto contendo um número qualquer de linhas, em vez de no máximo uma linha, como no caso da SELECT unitária, discutida na seção anterior. Conforme já explicamos, o que é necessário aqui é um mecanismo para obter acesso às linhas do conjunto uma a uma, e os **cursores** oferecem esse mecanismo. O processo é ilustrado de forma geral pelo exemplo da Figura 4.4, o qual pretende buscar informações de F#, FNOME e STATUS para todos os fornecedores na cidade indicada pela variável hospedeira Y.

```
EXEC SQL DECLARE X CURSOR FOR                /* define o cursor         */
        SELECT F.F#, F.FNOME, F.STATUS
        FROM    F
        WHERE   F.CIDADE = :Y
        ORDER   BY F# ASC ;

EXEC SQL OPEN X ;                            /* executa a consulta      */
        DO para todas as linhas de F acessíveis via X ;
            EXEC SQL FETCH X INTO :F#, :FNOME, :STATUS ;
                                            /* busca próximo fornecedor */
            ..........
        END ;
EXEC SQL CLOSE X ;                          /* desativa o cursor X     */
```

FIGURA 4.4 *Exemplo de busca retornando várias linhas.*

Explicação: a instrução "DECLARE X CURSOR..." define um cursor chamado X, com uma *expressão de tabela* associada (ou seja, uma expressão avaliada como uma tabela), especificada pela instrução SELECT que forma parte dessa DECLARE. Essa expressão de tabela não é avaliada nesse momento; DECLARE CURSOR é uma instrução puramente declarativa. A expressão é avaliada quando o cursor é aberto ("OPEN X"). A instrução "FETCH X INTO..." é usada então para buscar as linhas uma de cada vez no conjunto resultante, atribuindo os valores retornados a variáveis hospedeiras de acordo com as especificações da cláusula INTO nessa instrução. (Para simplificar, demos às variáveis hospedeiras os mesmos nomes das colunas correspondentes do banco de dados. Note que a instrução SELECT na declaração do cursor não tem uma cláusula INTO própria.) Tendo em vista que haverá muitas linhas no conjunto de resultados, a instrução FETCH aparecerá normalmente dentro de um laço (loop); o laço será repetido desde que ainda existam outras linhas a serem incluídas no conjunto de resultados. Na saída do laço, o cursor X é fechado ("CLOSE X").

Agora vamos considerar os cursores e as operações de cursores com mais detalhes. Em primeiro lugar, um cursor é declarado por meio de uma instrução **DECLARE CURSOR**, que assume este formato geral:

```
EXEC SQL DECLARE <nome do cursor> CURSOR
        FOR <expressão de tabela> [ <ordenação> ] ;
```

(estamos ignorando algumas especificações opcionais no interesse da brevidade). O parâmetro opcional *<ordenação>* toma a forma

```
ORDER BY <lista_com_vírgulas de itens de ordenação>
```

onde (a) a lista com vírgulas contém pelo menos um *<item de ordenação>* e (b) cada *<item de ordena­ção>* individual consiste em um nome de coluna (*não* qualificado, devemos observar),[4] seguido opcionalmente por ASC (crescente) ou DESC (decrescente); ASC é o default. Se não for especificada uma cláusula ORDER BY, a ordem será determinada pelo sistema. (De fato, o mesmo acontece se uma cláusula ORDER BY *for* especificada, pelo menos com relação às linhas com o mesmo valor para a *<lista_com_vírgulas de itens de ordenação>* especificada.)

Nota: Definimos o termo *lista_com_vírgulas* da seguinte forma. Considere que *<xyz>* indique uma categoria sintática qualquer (isto é, qualquer coisa que apareça no lado esquerdo de alguma regra de produção BNF). Então, a expressão *<lista_com_vírgulas de xyz>* indica uma sequência de zero ou mais *<xyz>*s, na qual cada par de *<xyz>*s adjacentes está separado por uma vírgula (e, opcionalmente, por um ou mais espaços em branco). Observe que usaremos bastante o recurso da lista de vírgulas em regras de sintaxe futuras (na verdade, em todas as regras de sintaxe, não apenas na SQL).

Conforme afirmamos anteriormente, a instrução DECLARE CURSOR é declarativa, e não executável; ela declara um cursor com o nome especificado e que tem a expressão de tabela e a ordenação especificadas associadas permanentemente a ele. A expressão de tabela pode incluir referências a variáveis hospedeiras. Um programa pode incluir qualquer quantidade de instruções DECLARE CURSOR, e cada uma das quais deve (é claro) servir a um cursor diferente.

Três instruções executáveis são fornecidas para operação sobre cursores: **OPEN, FETCH** e **CLOSE**.

- A instrução:

```
EXEC SQL OPEN <nome de cursor> ;
```

abre o cursor especificado (que não pode estar aberto no momento). Com efeito, a expressão de tabela associada com o cursor é avaliada (usando-se os valores atuais de quaisquer variáveis hospedeiras referenciadas dentro dessa expressão); portanto, um conjunto de linhas é identificado e se torna o **conjunto ativo** atual para o cursor. O cursor também identifica uma **posição** dentro desse conjunto ativo, ou seja, a posição imediatamente antes da primeira linha. *Nota:* Conjuntos ativos sempre são considerados como tendo uma ordenação – veja a discussão anterior sobre ORDER BY – e, portanto, o conceito de posição tem significado.[5]

- A instrução:

```
EXEC SQL FETCH <nome de cursor>
        INTO <lista_com_vírgulas de referências a variáveis hospedeiras> ;
```

---

[4]Na realidade, o nome da coluna *pode* ser qualificado se a *<expressão de tabela>* especificada combinar com um conjunto de regras um tanto complexo. As regras em questão foram introduzidas na SQL:1999, que também introduziu regras de acordo com as quais um *<item de ordenação>* às vezes pode especificar (a) uma expressão de cálculo, como em ORDER BY A + B, por exemplo, ou (b) o nome de uma coluna que não faz parte da tabela de resultados, como em SELECT CITY FROM F ORDER BY STATUS, por exemplo. Os detalhes a respeito dessas regras estão além do escopo deste livro.

[5]Os conjuntos propriamente ditos não possuem uma ordenação (ver Capítulo 6), de modo que um "conjunto ativo" não é, de modo algum, um conjunto em si. Seria melhor pensar nele como uma *lista ordenada* ou um *array* (de linhas).

avança o cursor especificado (que deve estar aberto) para a próxima linha no conjunto ativo, e depois atribui o *i*-ésimo valor dessa linha à *i*-ésima variável hospedeira referenciada na cláusula INTO. Se não houver uma próxima linha quando FETCH for executada, SQLSTATE será definida como 02000 e nenhum dado será retornado.

- A instrução:

```
EXEC SQL CLOSE <nome de cursor> ;
```

fecha o cursor especificado (que precisa estar aberto no momento). Agora, o cursor não possui um conjunto ativo atual. Porém, ele pode ser novamente aberto em seguida; nesse caso, ele obterá outro conjunto ativo – talvez não exatamente o mesmo conjunto de antes, em especial se os valores de quaisquer variáveis hospedeiras referenciadas na declaração do cursor tiverem sido alterados nesse meio tempo. Observe que a alteração dos valores dessas variáveis hospedeiras enquanto o cursor está aberto não tem qualquer efeito sobre o conjunto ativo atual.

Duas instruções adicionais podem incluir referências a cursores, isto é, as formas **CURRENT** de **DELETE** e **UPDATE**. Se um cursor, digamos X, estiver posicionado no momento sobre determinada linha, é possível a excluir (DELETE) ou alterar (UPDATE) "o valor atual de X" – ou seja, a linha na qual X está posicionado. Por exemplo:

```
EXEC SQL UPDATE F
        SET    STATUS = STATUS + :AUMENTO
        WHERE  CURRENT OF X ;
```

As formas CURRENT de DELETE e UPDATE não serão permitidas se a *<expressão de tabela>* na declaração do cursor definir uma visão não atualizável, caso ela faça parte de uma instrução CREATE VIEW (consulte o Capítulo 10, Seção 10.6).

4.7 SQL DINÂMICA E SQL/CLI

A seção anterior considerou, implicitamente, que poderíamos compilar qualquer programa em sua totalidade – com instruções SQL e tudo – "antes da hora", ou seja, antes do momento da execução. Porém, para certas aplicações, essa suposição não é garantida. Como um exemplo, considere uma aplicação on-line (lembre-se, como vimos no Capítulo 1, que uma aplicação on-line é aquela que oferece acesso ao banco de dados a partir de um terminal on-line ou algo semelhante). Normalmente, as etapas que essa aplicação precisa realizar são as seguintes (resumidamente):

1. Aceitar um comando do terminal.

2. Analisar esse comando.

3. Executar instruções SQL apropriadas sobre o banco de dados.

4. Retornar uma mensagem e/ou resultados ao terminal.

Se o conjunto de comandos que o programa pode aceitar na Etapa 1 for razoavelmente pequeno, como no caso de (talvez) um programa que lida com reservas de passagens aéreas, então o conjunto de instruções SQL passíveis de serem executadas provavelmente também será pequeno e poderá ser "embutido" no código do programa. Nesse caso, as Etapas 2 e 3 anteriores consistirão apenas na lógica para examinar o comando de entrada, e depois no desvio para a parte do programa que emite a(s) instrução(ões) SQL predefinida(s). Por outro lado, se houver possibilidade de grandes variações na entrada, então pode não ser prático predefinir e "embutir no código" (*hardwire*) instruções SQL para cada comando possível. Em vez disso, o que precisamos é *construir* as instruções SQL necessárias de forma dinâmica e, em seguida, compilar e executar essas instruções dinamicamente. Os recursos de SQL descritos nesta seção são fornecidos para auxiliá-lo nesse processo.

SQL dinâmica

SQL dinâmica faz parte da SQL embutida. Ela consiste em um conjunto de "instruções dinâmicas" – que *são* compiladas antes da hora –, cuja finalidade é exatamente oferecer suporte à compilação e à execução de instruções SQL regulares, construídas no momento da execução. Assim, as duas principais instruções dinâmicas são PREPARE (significando, com efeito, *compilar*) e EXECUTE. Seu uso está ilustrado no seguinte exemplo em PL/I (irrealista e simples, porém preciso).

```
DCL SQLSOURCE CHAR VARYING (65000) ;

SQLSOURCE = 'DELETE FROM FP WHERE QDE < QDE ( 300 )' ;
EXEC SQL PREPARE SQLPREPPED FROM :SQLSOURCE ;
EXEC SQL EXECUTE SQLPREPPED ;
```

Explicação:

1. O nome SQLSOURCE identifica uma variável (do tipo "string de caracteres de comprimento variável") em PL/I, na qual o programa construirá, de algum modo, o formato fonte de alguma instrução SQL – uma instrução DELETE, em nosso exemplo específico – como uma string de caracteres.

2. Ao contrário, o nome SQLPREPPED identifica uma variável *SQL*, não uma variável PL/I, que será usada para manter a forma compilada da instrução SQL cujo formato fonte é dado em SQLSOURCE. (Naturalmente, os nomes SQLSOURCE e SQLPREPPED são arbitrários.)

3. A instrução de atribuição em PL/I "SQLSOURCE = ...;" atribui a SQLSOURCE o formato fonte de uma instrução DELETE da SQL. É claro que, na prática, o processo de construção de uma instrução fonte como essa provavelmente será muito mais complexo – envolvendo talvez a entrada e a análise de alguma requisição do usuário final, expressa em linguagem natural ou de alguma outra maneira mais amistosa para o usuário que a SQL.

4. A instrução PREPARE recebe então essa instrução fonte e a "prepara" (isto é, compila) para produzir uma versão executável, a qual é armazenada em SQLPREPPED.

5. Finalmente, a instrução EXECUTE executa essa versão de SQLPREPPED e, desse modo, realiza de fato a operação DELETE. As informações de SQLSTATE da instrução DELETE são retornadas como se DELETE tivesse sido executada diretamente, pelo modo normal.

Observe que, pelo fato de indicar uma variável SQL, e não uma variável PL/I, o nome SQLPREPPED não tem o prefixo de dois-pontos quando é referenciado nas instruções PREPARE e EXECUTE. Observe também que essas variáveis SQL não precisam ser declaradas de modo explícito.

A propósito, o processo que acabamos de descrever é exatamente o que acontece quando as próprias instruções SQL são introduzidas de modo interativo. A maioria dos sistemas oferece alguma espécie de processador de consultas de SQL interativa. Na verdade, esse processador de consultas é apenas um tipo específico de aplicação on-line generalizada; ele está preparado para aceitar uma grande variedade de formatos de entrada, ou seja, qualquer instrução SQL válida (ou inválida!). Ele utiliza os recursos da SQL dinâmica para construir instruções SQL convenientes, que correspondem à sua entrada, para compilar e executar essas declarações construídas, e ainda para retornar mensagens e resultados ao terminal.

Naturalmente, há muito mais com relação à SQL dinâmica do que as instruções PREPARE e EXECUTE que descrevemos; por exemplo, existem mecanismos para parametrizar as instruções a serem preparadas e oferecer argumentos a serem substituídos por esses parâmetros quando essas instruções forem executadas, e existem equivalentes aos recursos de cursor, conforme descrevemos na seção anterior. Particularmente, existe uma instrução EXECUTE IMMEDIATE, que efetivamente combina as funções de PREPARE e EXECUTE em uma única operação.

Call-Level Interface

O recurso **SQL Call-Level Interface** (SQL/CLI, ou *CLI* para abreviar a expressão em inglês correspondente a *interface de nível de chamada*) foi acrescentado ao padrão em 1995. A SQL/CLI se baseia fortemente na interface *Open Database Connectivity* (ODBC) da Microsoft. Ambos permitem que uma aplicação escrita em uma das linguagens hospedeiras comuns emita requisições de banco de dados, não através da SQL embutida, mas pela invocação de certas rotinas fornecidas pelo fabricante. Essas rotinas, que devem ter sido vinculadas à aplicação em questão, utilizam então a SQL dinâmica para executar as operações de banco de dados solicitadas em favor da aplicação. (Em outras palavras, do ponto de vista do SGBD, essas rotinas podem ser consideradas apenas como outra aplicação.)

Como podemos ver, SQL/CLI e ODBC procuram resolver o mesmo problema geral que a SQL dinâmica: ambas permitem que sejam escritas aplicações para as quais as instruções SQL exatas a serem executadas não são conhecidas até o momento da execução. Entretanto, na realidade elas representam uma abordagem melhor que a SQL dinâmica para o problema. Há duas razões principais para isso:

- Em primeiro lugar, a SQL dinâmica é um padrão de *código-fonte*. Assim, qualquer aplicação que usa a SQL dinâmica exige os serviços de algum tipo de compilador de SQL para processar as operações – PREPARE, EXECUTE etc. – prescritas pelo padrão SQL/CLI. Ao contrário, a SQL/CLI simplesmente padroniza os detalhes de certas *invocações de rotina* (isto é, basicamente chamadas de sub-rotinas); não é necessário qualquer serviço especial do compilador, apenas os serviços normais do compilador padrão da linguagem hospedeira. Como resultado, as aplicações podem ser distribuídas (talvez por fornecedores de software independentes) sob a forma de *código-objeto* "empacotado e encolhido" (*shrink-wrapped*).

- Segundo, essas aplicações podem ser *independentes do SGBD*; ou seja, a SQL/CLI inclui recursos que permitem a criação (novamente, talvez por fornecedores de software independentes) de aplicações genéricas que podem ser usadas com vários SGBDs diferentes, em vez de terem de ser específicas para algum SGBD em particular.

Para fins de ilustração, veja a seguir um equivalente SQL/CLI ao exemplo da SQL dinâmica da subseção anterior:

```
char sqlsource [65000] ;

strcpy ( sqlsource,
        "DELETE FROM FP WHERE QDE < QDE ( 300 )" ) ;
rc = SQLExecDirect ( hstmt, (SQLCHAR *)sqlsource, SQL_NTS ) ;
```

Explicação:

1. Como as aplicações SQL/CLI no mundo real costumam usar C como linguagem hospedeira, usamos C no lugar de PL/I como base para este exemplo. Também seguimos a especificação SQL/CLI no uso de minúsculas (ou maiúsculas e minúsculas misturadas) para nomes de variável, nomes de rotina etc., em vez de todas as letras maiúsculas, como em todos os outros lugares neste livro (e mostramos tais nomes em **negrito** nestas notas explicativas para destacá-los do texto ao redor). Além disso, observe que, exatamente por ser um padrão para chamada de rotinas a partir de uma linguagem hospedeira, a sintaxe da SQL/CLI – embora não a semântica correspondente – geralmente varia de uma linguagem hospedeira para outra.

2. A função **strcpy** da linguagem C é invocada para copiar o formato fonte de uma certa instrução DELETE da SQL para a variável C **sqlsource**.

3. A instrução de atributo na C ("="), invoca a rotina **SQLExecDirect** da SQL/CLI – o equivalente a EXECUTE IMMEDIATE da SQL dinâmica – para executar a instrução SQL contida em **sqlsource**, e atribui o código de retorno, resultante dessa chamada, à variável **rc** da linguagem C.

Como você provavelmente poderia esperar, a SQL/CLI inclui equivalentes de quase tudo o que existe na SQL dinâmica, e mais alguns extras. Outros detalhes estão além do escopo deste livro. Contudo, você precisa estar ciente de que interfaces como SQL/CLI, ODBC e JDBC (uma variante Java da ODBC) estão se tornando cada vez mais importantes na prática, por questões que serão discutidas no Capítulo 21, Seção 21.6.

4.8 A SQL NÃO É PERFEITA

Como afirmamos na Seção 4.1, a SQL está muito longe de ser a linguagem relacional "perfeita" – ela sofre de diversos pecados de omissão e comissão. Em pontos apropriados dos capítulos seguintes, ofereceremos críticas específicas a respeito da linguagem, mas a questão fundamental é simplesmente a de que a SQL apresenta tantas falhas e em tantos aspectos que não pode fornecer suporte apropriado ao modelo relacional. Em consequência disso, não está claro de modo algum se os produtos SQL de hoje realmente devem merecer o rótulo de "relacionais"! De fato, pelo menos até onde o autor tem conhecimento, *não existe um produto no mercado atual que ofereça suporte ao modelo relacional completo.*[6] Isso não quer dizer que algumas partes do modelo não tenham importância; pelo contrário, todo detalhe do modelo é importante e, mais ainda, é importante por motivos genuinamente práticos. É importante frisar que, na realidade, o propósito da teoria relacional não é apenas "teoria por causa própria"; em vez disso, a finalidade dessa teoria é fornecer uma base sobre a qual serão elaborados sistemas *100% práticos*. Porém, o triste fato é que os fornecedores ainda não se aproximaram do desafio de implementar a teoria em sua totalidade. Em consequência disso, todos os produtos "relacionais" de hoje lamentavelmente apresentam falhas, de um modo ou de outro, quando se trata de oferecer a promessa da tecnologia relacional por completo.

4.9 RESUMO

Isso conclui nossa introdução a alguns dos principais recursos do padrão SQL. Enfatizamos o fato de que a SQL é muito importante do ponto de vista comercial, embora infelizmente ela seja um pouco deficiente sob a ótica relacional.

A SQL inclui um componente de linguagem de **definição de dados** (DDL – Data Definition Language) e um componente de linguagem de **manipulação de dados** (DML – Data Manipulation Language). A DML da SQL pode operar tanto no nível externo (sobre visões) quanto no nível conceitual (sobre tabelas básicas). Do mesmo modo, a DDL da SQL pode ser usada para definir objetos no nível externo (visões), no nível conceitual (tabelas básicas), e ainda – na maioria dos sistemas comerciais, embora não no padrão propriamente dito – no nível interno (isto é, em índices e outras estruturas auxiliares). Além disso, a SQL também oferece certos recursos de *controle de dados* – ou seja, recursos que, na realidade, não podem ser classificados como pertencentes à DDL ou à DML. Um exemplo desses recursos é a instrução GRANT, que permite aos usuários concederem *privilégios de acesso* uns aos outros (consulte o Capítulo 17).

Mostramos como a SQL pode ser usada para criar tabelas básicas, com a utilização da instrução **CREATE TABLE** (também abordamos rapidamente a instrução **CREATE TYPE**). Em seguida, apresentamos alguns exemplos de instruções **SELECT, INSERT, DELETE** e **UPDATE**, mostrando em particular como SELECT pode ser usada para expressar as operações relacionais de restrição, projeção e junção. Também descrevemos rapidamente o **Information Schema**, que consiste em um conjunto de visões prescritas a partir de um "Definition Schema" hipotético, e examinamos os recursos da SQL para lidar com **visões** e **transações**.

Uma grande parte do capítulo tratou da **SQL embutida**. A ideia básica que rege a SQL embutida é o **princípio da dualidade**, isto é, o princípio segundo o qual (na medida do possível) *qualquer instrução SQL que possa ser utilizada interativamente também pode ser usada em um programa aplicativo*. A principal exceção a esse princípio surge com relação às **operações de busca com retorno de várias linhas**, que exigem o uso de um **cursor** para servir de ponte sobre o abismo entre os recursos de busca no nível de conjuntos da SQL e os recursos de busca no nível de linhas das linguagens hospedeiras, como PL/I, usada como exemplo.

---

[6]Porém, veja a referência [20.1].

Depois de um certo número de temas preliminares necessários, embora relacionados principalmente com a sintaxe (incluindo em particular uma breve explicação de **SQLSTATE**), consideramos as operações (como **SELECT unitária, INSERT, DELETE** e **UPDATE**) que não precisam de cursores. Depois, voltamos nossa atenção para as operações que *precisam* de cursores, e discutimos sobre **DECLARE CURSOR, OPEN, FETCH, CLOSE** e as formas **CURRENT** de **DELETE** e **UPDATE**. (O padrão se refere às formas CURRENT desses operadores como DELETE e UPDATE *posicionados*, e usa o termo DELETE e UPDATE *pesquisados* para as formas não CURRENT ou "inesperadas".) Finalmente, fornecemos uma introdução ao conceito de **SQL dinâmica**, descrevendo em especial as instruções **PREPARE** e **EXECUTE**, e também explicamos rapidamente a **SQL Call-Level Interface** (interface de nível de chamada da SQL), ou SQL/CLI (e também mencionamos ODBC e JDBC).

EXERCÍCIOS

4.1 A Figura 4.5 (a seguir) mostra alguns valores de amostras de dados para uma forma estendida do banco de dados de fornecedores e peças, que chamamos banco de dados de fornecedores, peças e projetos.[7] Fornecedores (F), peças (P) e projetos (J) são identificados de forma exclusiva por número de fornecedor (F#), número de peça (P#) e número de projeto (J#), respectivamente. O predicado para FPJ (remessa) é: *O fornecedor F# fornece a peça P# para o projeto J# na quantidade QDE* (a combinação {F#,P#,J#} é a chave primária, como a figura indica). Escreva um conjunto apropriado de definições SQL para esse banco de dados. *Nota*: Esse banco de dados será usado como base para diversos exercícios nos próximos capítulos.

F	F#	FNOME	STATUS	CIDADE
	F1	Smith	20	Londres
	F2	Jones	10	Paris
	F3	Blake	30	Paris
	F4	Clark	20	Londres
	F5	Adams	30	Atenas

P	P#	PNOME	COR	PESO	CIDADE
	P1	Porca	Vermelho	12.0	Londres
	P2	Pino	Verde	17.0	Paris
	P3	Parafuso	Azul	17.0	Oslo
	P4	Parafuso	Vermelho	14.0	Londres
	P5	Came	Azul	12.0	Paris
	P6	Tubo	Vermelho	19.0	Londres

J	J#	JNOME	CIDADE
	J1	Classificador	Paris
	J2	Monitor	Roma
	J3	OCR	Atenas
	J4	Console	Atenas
	J5	RAID	Londres
	J6	EDS	Oslo
	J7	Fita	Londres

FPJ	F#	P#	J#	QDE
	F1	P1	J1	200
	F1	P1	J4	700
	F2	P3	J1	400
	F2	P3	J2	200
	F2	P3	J3	200
	F2	P3	J4	500
	F2	P3	J5	600
	F2	P3	J6	400
	F2	P3	J7	800
	F2	P5	J2	100
	F3	P3	J1	200
	F3	P4	J2	500
	F4	P6	J3	300
	F4	P6	J7	300
	F5	P2	J2	200
	F5	P2	J4	100
	F5	P5	J5	500
	F5	P5	J7	100
	F5	P6	J2	200
	F5	P1	J4	100
	F5	P3	J4	200
	F5	P4	J4	800
	F5	P5	J4	400
	F5	P6	J4	500

FIGURA 4.5 *O banco de dados de fornecedores, peças e projetos (amostras de valores).*

4.2 Na Seção 4.2, descrevemos a instrução CREATE TABLE conforme ela é definida pelo padrão SQL *propriamente dito*. Muitos produtos comerciais de SQL oferecem suporte para opções adicionais sobre essa instrução; porém, em geral elas estão relacionadas com índices, alocação de espaço de disco e outras questões de implementação (prejudicando com isso os objetivos de independência física de dados e compatibilidade entre sistemas). Examine qualquer produto SQL que possa estar disponível para você. A crítica aqui apresentada se aplica a esse produto? Especificamente, quais opções adicionais de CREATE TABLE o produto admite?

4.3 Mais uma vez, investigue qualquer produto de SQL que possa estar disponível para você. Esse produto oferece suporte para o Information Schema? Se não, que suporte para catálogo ele possui?

---

[7]Para facilitar na consulta, a Figura 4.5 (junto com a Figura 3.8) é repetida no final deste livro.

4.4 Apresente formulações de SQL para as seguintes atualizações ao banco de dados de fornecedores, peças e projetos:

    a. Inserir um novo fornecedor F10 na tabela F (o nome e a cidade são Smith e Nova York, respectivamente; o status ainda não é conhecido).

    b. Eliminar (excluir) todos os projetos para os quais não há remessas.

    c. Mudar a cor de todas as peças vermelhas para alaranjado.

4.5 Usando novamente o banco de dados de fornecedores, peças e projetos, escreva um programa com instruções da SQL embutida para listar todos os fornecedores, em ordem de número de fornecedor. Cada fornecedor deve ser seguido imediatamente na listagem por todos os projetos fornecidos por esse fornecedor, em ordem de número de projeto.

4.6 Considere as tabelas PEÇA e ESTRUTURA_PEÇA, definidas da seguinte maneira:

```
CREATE TABLE PEÇA
    ( P# P#, DESCRIÇÃO CHAR(100),
      PRIMARY KEY ( P# ) ) ;


CREATE TABLE ESTRUTURA_PEÇA
    ( PRINC_P# P#, SEC_P# P#, QDE QDE,
      PRIMARY KEY ( PRINC_P#, SEC_P# ),
      FOREIGN KEY ( PRINC_P# ) REFERENCES PEÇA,
      FOREIGN KEY ( SEC_P# ) REFERENCES PEÇA ) ;
```

A tabela ESTRUTURA_PEÇA mostra quais peças (PRINC_P#) contêm quais outras peças (SEC_P#) como componentes de primeiro nível. Escreva um programa SQL para listar todas as peças componentes de determinada peça, para todos os níveis (o problema conhecido como **detalhamento de peças** – part explosion problem). *Nota*: Os dados de amostra apresentados na Figura 4.6 poderão ajudá-lo a visualizar esse problema. Observamos que a tabela ESTRUTURA_PEÇA mostra como os dados da *lista de materiais* – consulte a Seção 1.3, subseção "Entidades e relacionamentos" – normalmente são representados em um sistema relacional.

ESTRUTURA_PEÇA	PRINC_P#	SEC_P#	QDE
	P1	P2	2
	P1	P3	4
	P2	P3	1
	P2	P4	3
	P3	P5	9
	P4	P5	8
	P5	P6	3

FIGURA 4.6 *A tabela ESTRUTURA_PEÇA (amostra de valores).*

REFERÊNCIAS E BIBLIOGRAFIA

O Apêndice H da referência [3.3] oferece uma comparação detalhada entre SQL:1999 e as propostas do *The Third Manifesto*. Consulte também o Apêndice B deste livro.

4.1 M. M. Astrahan e R. A. Lorie: "SEQUEL-XRM: A Relational System", Proc. ACM Pacific Regional Conf., San Francisco, Calif. (abril de 1975).

    Descreve a implementação do primeiro protótipo da SEQUEL [4.9], a versão original da SQL. Ver também as referências [4.2] e [4.3], que realizam uma função equivalente para o System R.

4.2 M. M. Astrahan e outros: "System R: Relational Approach to Database Management", *ACM TODS 1*, Número 2 (junho de 1976).

    O System R era a implementação de protótipo principal da linguagem SEQUEL/2 (mais tarde chamada SQL) [4.10]. Esse artigo descreve a arquitetura do System R, como ela foi planejada originalmente. Ver também a referência [4.3].

4.3 M. W. Blasgen e outros: "System R: An Architectural Overview", *IBM Sys. J. 20*, Número 1 (fevereiro de 1981).

Descreve a arquitetura do System R, como ela se tornou quando o sistema foi completamente implementado (compare com a referência [4.2]).

4.4 Joe Celko: *SQL for Smarties: Advanced SQL Programming*. San Francisco, Calif.: Morgan Kaufmann (1995).

"Esse é o primeiro livro avançado de SQL disponível que oferece uma apresentação completa das técnicas necessárias para dar suporte ao seu progresso, desde usuário casual de SQL até se tornar um programador especialista" (da própria capa do livro).

4.5 Surajit Chaudhuri e Gerhard Weikum: "Rethinking Database System Architecture: Towards a Self-Tuning RISC-Style Database System", Proc. 26th Int. Conf. on Very Large Data Bases, Cairo, Egito (setembro de 2000).

Esse artigo inclui fortes críticas à SQL. Citando um trecho: "*SQL é dolorosa*. Uma grande dor de cabeça que surge com um sistema de banco de dados é a linguagem SQL. Ela é a união de todos os recursos imagináveis (muitos deles raramente usados ou cujo uso, de qualquer forma, deveria ser desencorajado) e é muito complexa para o desenvolvedor de aplicações típico. Seu núcleo, ou seja, consultas de seleção, projeção e junção, e agregação, é extremamente proveitoso, mas duvidamos que haja um uso amplo e sensato de todos os seus detalhes. Seria um pesadelo tentar entender a semântica [da SQL:1992, quanto mais da SQL:1999], abrangendo todas as combinações de subconsultas aninhadas (e correlacionadas), [NULL], gatilhos, funções de ADT etc. O ensino da SQL normalmente se concentra no básico, deixando os demais recursos como uma experiência de vida para "aprendizado na função". Algumas revistas dessa área ocasionalmente incluem testes de SQL, nos quais o desafio é expressar um pedido de informações complicado em uma única requisição SQL. As instruções correspondentes costumam abranger várias páginas, e dificilmente são compreensíveis."

4.6 Andrew Eisenberg e Jim Melton: "SQL:1999, Formerly Known as SQL3", *ACM SIGMOD Record 28*, Número 1 (março de 1999).

Uma rápida introdução aos novos recursos que foram acrescentados ao padrão SQL com a publicação do SQL:1999.

4.7 Andrew Eisenberg e Jim Melton: "SQLJ Part 0, Now Known as SQL/OLB (Object Language Bindings)", *ACM SIGMOD Record 27*, Número 4 (dezembro de 1998); "SQLJ – Part 1: SQL Routines Using the Java™ Programming Language", *ACM SIGMOD Record 28*, Número 4 (dezembro de 1999). Ver também Gray Clossman e outros: "Java and Relational Databases: SQLJ", Proc. 1998 ACM SIGMOD Int. Conf. on Management of Data, Seattle, Wash. (junho de 1998).

O nome *SQLJ* referia-se originalmente a um projeto para considerar os possíveis graus de integração entre SQL e Java (um esforço conjunto envolvendo alguns dos fornecedores de SQL mais conhecidos). A Parte 0 desse projeto tratava da SQL embutida em programas Java; a Parte I elaborava a ideia de invocar a Java a partir da SQL (por exemplo, chamando um procedimento armazenado – Capítulo 21 – escrito em Java); e a Parte 2 focalizava a possibilidade de uso das classes Java como tipos de dados da SQL (por exemplo, como base para definir colunas em tabelas SQL). A Parte 0 foi incluída no padrão SQL:1999, e as Partes 1 e 2 quase certamente serão incluídas na SQL:2003 (veja a anotação na referência [4.23]).

4.8 Donald Chamberlin: *Using the New DB2*. San Francisco. Calif.: Morgan Kaufmann (1996).

Uma descrição legível e completa de um produto comercial de SQL de última geração, feita por um dos dois principais projetistas da linguagem SQL original [4.9-4.11]. *Nota*: O livro também descreve "algumas decisões controvertidas" tomadas no projeto da SQL – principalmente (a) a decisão de oferecer suporte a NULL e (b) a decisão de permitir linhas duplicadas. "Meu propósito [isto é, o de Chamberlin]... é histórico, em vez de persuasivo – reconheço que NULL e duplicatas são questões quase religiosas... Em sua maioria, os projetistas [da SQL] eram pessoas práticas, e não teóricas, e essa orientação se refletiu em muitas decisões [de projeto]." Essa posição é muito diferente da que é mantida por este autor! NULL e duplicatas são questões *científicas*, não religiosas; elas são discutidas cientificamente neste livro nos Capítulos 19 e 6, respectivamente. No caso de "práticas... e não teóricas", rejeitamos categoricamente a sugestão de que a teoria não é prática; já afirmamos (na Seção 4.8) nossa posição de que pelo menos a teoria relacional é, de fato, muito prática.

4.9 Donald D. Chamberlin e Raymond F. Boyce: "SEQUEL: A Structured English Query Language", Proc. 1974 ACM SIGMOD Workshop on Data Description, Access, and Control, Ann Arbor, Mich. (maio de 1974).

O artigo que primeiro introduziu a linguagem SQL (ou SEQUEL, como ela foi chamada originalmente; o nome foi modificado mais tarde por motivos legais).

4.10 Donald D. Chamberlin e outros: "SEQUEL/2: A Unified Approach to Data Definition, Manipulation, and Control". *IBM J. R&D. 20*, Número 6 (novembro de 1976). Ver também a errata em *IBM J. R&D. 21*, Número 1 (janeiro de 1977).

A experiência da implementação do protótipo original da SEQUEL discutida na referência [4.1] e os resultados de certos testes de facilidade de uso levaram ao projeto de uma versão revisada da linguagem, chamada SEQUEL/2. A linguagem admitida pelo System R [4.2, 4.3] era basicamente SEQUEL/2 (com a ausência notável dos recursos chamados "assertion" e "trigger" – ver Capítulo 9) além de certas extensões sugeridas pela experiência dos primeiros usuários [4.11].

4.11 Donald D. Chamberlin: "A Summary of User Experience with the SQL Data Sublanguage", Proc. Int. Conf. on Databases, Aberdeen, Escócia (julho de 1980). Também disponível como IBM Research Report RJ2767 (abril de 1980).

Descreve a experiência dos primeiros usuários com o System R e propõe algumas extensões para a linguagem SQL à luz dessa experiência. Algumas dessas extensões – EXISTS, LIKE, PREPARE e EXECUTE – foram realmente implementadas na versão final do System R. Elas são descritas na Seção 8.6 (EXISTS), no Apêndice B (LIKE) e na Seção 4.7 (PREPARE e EXECUTE).

4.12 Donald D. Chamberlin e outros: "Support for Repetitive Transactions and *Ad Hoc* Queries in System R", *ACM TODS 6*, Número 1 (março de 1981).

Apresenta algumas medidas de desempenho do System R, tanto nos ambientes de consulta *ad hoc* quanto de "transação condensada" (canned transaction). (Uma "transação condensada" é uma aplicação simples que tem acesso apenas a uma pequena parte do banco de dados e é compilada antes do momento da execução. Ela corresponde ao que chamamos *requisição planejada* no Capítulo 2, Seção 2.8.) O artigo mostra, entre outras coisas, que (a) a compilação é quase sempre superior à interpretação, mesmo no caso de consultas ocasionais, e (b) muitas transações podem ser executadas por segundo, desde que existam índices apropriados no banco de dados. O artigo é notável porque foi um dos primeiros a negar a reivindicação, ouvida frequentemente na época, de que "os sistemas relacionais nunca terão bom desempenho". Desde então, produtos relacionais comerciais alcançaram taxas de transações na casa de centenas e até milhares de transações por segundo.

4.13 Donald D. Chamberlin e outros: "A History and Evaluation of System R", *CACM 24*, Número 10 (outubro de 1981).

Descreve as três principais fases do projeto do System R (protótipo preliminar, protótipo multiusuário, avaliação) com ênfase nas tecnologias de compilação e otimização nas quais o System R foi o pioneiro. Há alguma superposição entre esse artigo e a referência [4.14].

4.14 Donald D. Chamberlin, Arthur M. Gilbert e Robert A. Yost: "A History of System R and SQL/Data System", Proc. 7th Int. Conf. on Very Large Data Bases, Cannes, França (setembro de 1981).

Discute as lições aprendidas a partir do protótipo do System R e descreve a evolução desse protótipo até chegar ao primeiro membro da família de produtos DB2 da IBM, o SQL/DS (mais tarde renomeado "DB2 para VM e VSE").

4.15 C. J. Date: "A Critique of the SQL Database Language", *ACM SIGMOD Record 14*, Número 3 (novembro de 1984). Republicado em *Relational Database: Selected Writings*. Reading, Mass.: Addison-Wesley (1986).

Como observamos no corpo do capítulo, a SQL não é perfeita. Esse artigo apresenta uma análise crítica de várias das principais deficiências da linguagem (principalmente sob o ponto de vista das linguagens formais de computador em geral, em vez de linguagens de bancos de dados especificamente). *Nota*: Certas críticas desse artigo não se aplicam à SQL:1999.

4.16 C. J. Date: "What's Wrong with SQL?", em *Relational Database Writings 1985 – 1989*. Reading, Mass.: Addison-Wesley (1990).

Descreve algumas deficiências adicionais da SQL, além daquelas identificadas na referência [4.15], sob os títulos "What's Wrong with SQL *per se*", "What's Wrong with the SQL Standard" e "Application Portability". *Nota*: Novamente, certas críticas desse artigo não se aplicam à SQL:1999.

4.17 C. J. Date: "SQL Dos and Don'ts", em *Relational Database Writings 1985 – 1989*. Reading, Mass.: Addison-Wesley (1990).

Esse artigo oferece alguns conselhos práticos sobre como usar a SQL de modo a (a) evitar algumas armadilhas potenciais que surgem dos problemas discutidos nas referências [4.15]. [4.16] e [4.19] e (b) obter os maiores benefícios possíveis em termos de produtividade, portabilidade, conectividade e assim por diante.

4.18 C. J. Date: "How We Missed the Relational Boat", em *Relational Database Writings 1991 – 1994*. Reading, Mass.: Addison-Wesley (1995).

Um resumo sucinto das deficiências da SQL relacionadas com seu suporte (ou com a falta dele) para os aspectos estruturais, de integridade e manipulativos do modelo relacional.

4.19 C. J. Date: "Grievous Bodily Harm" (em duas partes), *DBP&D 11*, Número 5 (maio de 1998) e Número 6 (junho de 1998); "Fifty Ways to Quote Your Query", *http://www.dbpd.com* (julho de 1998).

A SQL é uma linguagem extremamente redundante, no sentido de que tudo, exceto as consultas mais triviais, pode ser expresso de muitas maneiras diferentes. Esses artigos ilustram esse ponto e discutem algumas de suas implicações. Em particular, eles mostram que a cláusula GROUP BY, a cláusula HAVING e as variáveis de intervalos poderiam ser todas descartadas da linguagem sem qualquer perda de funcionalidade efetiva (e o mesmo também é verdadeiro no caso da construção "IN *<subconsulta>*"). *Nota*: Todas essas construções da SQL são explicadas no Capítulo 8 (Seção 8.6).

4.20 C. J. Date e Hugh Darwen: *A Guide to the SQL Standard* (4ª edição). Reading, Mass.: Addison-Wesley (1997).

Um tutorial completo sobre o padrão SQL (versão 1992), incluindo SQL/CLI (1995) e SQL/PSM (1996) e uma visão preliminar do padrão SQL:1999. Em particular, o livro contém um apêndice, o Apêndice D, que documenta "muitos aspectos do padrão que parecem estar definidos de modo inadequado, ou mesmo incorretamente, neste momento". A maioria dos problemas identificados nesse apêndice ainda existe na SQL:1999.

4.21 C. J. Date e Colin J. White: *A Guide to DB2* (4ª edição). Reading, Mass.: Addison-Wesley (1993).

Fornece uma visão extensa e completa do produto DB2 original da IBM (como ele era em 1993) e alguns de seus produtos complementares. O DB2, assim como o SQL/DS [4.14], se baseava no System R.

4.22 Neal Fishman: "SQL *du Jour*", *DBP&D 10*, Número 10 (outubro de 1997).

Uma pesquisa desanimadora de algumas incompatibilidades encontradas entre produtos de SQL, todos eles afirmando ter "suporte para o padrão SQL".

4.23 International Organization for Standardization (ISO): *Information Technology – Database Languages – SQL*, documento ISO/IEC 9075:1999. *Nota:* Ver também a referência [22.21].

A definição da ISO SQL:1999 original (conhecida como *ISO/IEC 9075*, ou às vezes apenas *ISO 9075*). O documento original de uma única parte foi desde então expandido em uma série de "partes" separadas (ISO/IEC 9075-1, -2 etc.). Na época em que este livro era escrito, as seguintes partes haviam sido definidas:

Parte 1: Estrutura (SQL/Framework)
Parte 2: Fundamentos (SQL/Foundation)
Parte 3: Interface de nível de chamada (SQL/CLI)
Parte 4: Módulos armazenados persistentes (SQL/PSM)
Parte 5: Acoplamentos (bindings) da linguagem hospedeira (SQL/Bindings)
Parte 6: *Não existe uma Parte 6*
Parte 7: *Não existe uma Parte 7*
Parte 8: *Não existe uma Parte 8*
Parte 9: Gerência de dados externos (SQL/MED)
Parte 10: Acoplamentos de linguagem objeto (SQL/OLB)

Conforme observamos anteriormente no capítulo, a próxima edição do padrão deverá ocorrer em 2003, quando provavelmente serão feitas as seguintes mudanças:

- O material da Parte 5 será colocado na Parte 2 e a Parte 5 será removida.

- O material da Parte 2, definindo o catálogo de banco de dados do padrão (o "Information Schema") será movido para uma nova Parte 11, "SQL Schemata" (esquemas SQL).

- Uma nova Parte 13, "Java Routines and Types (SQL/JRT)" (rotinas e tipos Java), padronizará ainda mais a integração entre Java e SQL (veja a anotação na referência [4.7]).

- Uma nova Parte 14, "XML-Related Specifications (SQL/XML)" (especificações relacionadas à XML), padronizará os recursos relativos ao relacionamento entre SQL e XML (ver Capítulo 27).

A propósito, vale a pena mencionar que, embora a SQL seja amplamente reconhecida como o padrão internacional de bancos de dados "relacionais", o documento padrão não se descreve como tal; na verdade, ele jamais utiliza o termo *relação*! (Conforme mencionamos em uma nota de rodapé neste capítulo, o documento também não menciona em momento algum a expressão *banco de dados*.)

4.24 International Organization for Standardization (ISO): *(ISO Working Draft) – Database Language SQL – Technical Corrigendum 5*. Documento ISO/IEC JTC1/SC32/WG3 (2 de dezembro de 2001).

Contém diversas revisões e correções para as especificações da referência [4.23].

4.25 Raymond A. Lorie e Jean-Jacques Daudenarde: *SQL and Its Applications*. Englewood Cliffs, N.J.: Prentice-Hall (1991).

Um livro prático de SQL (quase metade do livro consiste em uma série detalhada de estudos de casos envolvendo aplicações realistas).

4.26 Raymond A. Lorie e J. F. Nilsson: "An Access Specification Language for a Relational Data Base System", *IBM J. R&D. 23*, Número 3 (maio de 1979).

Oferece mais detalhes sobre um determinado aspecto do mecanismo de compilação do System R [4.12, 4.27]. Para qualquer instrução de SQL dada, o otimizador do System R gera um programa em uma linguagem interna chamada ASL (Access Specification Language). Essa linguagem serve como interface entre o otimizador e o *gerador de código*. (O gerador de código, como seu nome sugere, converte um programa ASL em código de máquina.) A ASL consiste em operadores como "scan" e "insert" sobre objetos como índices e arquivos armazenados. O propósito da ASL era tornar o processo de tradução global mais gerenciável, decompondo-o em uma série de subprocessos bem definidos.

4.27 Raymond A. Lorie e Bradford W. Wade: "The Compilation of a High-Level Data Language", IBM Research Report RJ2598 (agosto de 1979).

O System R foi o pioneiro em um esquema para compilar consultas antes do momento da execução, e depois recompilar automaticamente essas consultas se a estrutura física do banco de dados tivesse sofrido alterações significativas nesse ínterim. Esse ensaio descreve com certos detalhes o mecanismo de compilação e recompilação do System R, contudo, sem entrar em questões relacionadas com a otimização (ver a referência [18.33] para obter informações sobre esse último tópico).

4.28 Jim Melton e Alan R. Simon: *SQL:1999 – Understanding Relational Components*. San Francisco, Calif.: Morgan Kaufmann (2002).

Um tutorial sobre a SQL:1999 (somente os fundamentos – os tópicos avançados foram deixados para a referência [26.32]). Melton era o editor do padrão SQL no momento em que este livro foi escrito.

4.29 David Rozenshtein, Anatoly Abramovich e Eugene Birger: *Optimizing Transact-SQL: Advanced Programming Techniques*. Fremont. Calif.: SQL Forum Press (1995).

A Transact-SQL é o dialeto de SQL admitido pelos produtos Sybase e SQL Server. Esse livro apresenta uma série de técnicas de programação para a Transact-SQL, baseadas no uso de *funções características* (definidas pelos autores como "dispositivos que permitem aos programadores codificarem a lógica condicional como... expressões dentro de cláusulas SELECT, WHERE, GROUP BY e SET"). Embora expressas especificamente em termos de Transact-SQL, as ideias têm, na realidade, uma aplicação mais ampla. *Nota*: Talvez devamos acrescentar que a "otimização" mencionada no título do livro se refere não ao componente otimizador do SGBD, mas sim à "otimização" que pode ser feita manualmente pelos próprios usuários.

PARTE II

O MODELO RELACIONAL

A base da moderna tecnologia de bancos de dados é, sem dúvida, o modelo relacional: é essa base que faz da área uma ciência. Portanto, qualquer livro sobre os fundamentos da tecnologia de bancos de dados que não inclua a cobertura completa do modelo relacional é, por definição, superficial. Do mesmo modo, toda declaração de *expertise* na área de bancos de dados não será plenamente justificada se o declarante não compreender o modelo relacional com profundidade. Não que o material seja de forma alguma "difícil", devemos acrescentar – ele certamente não o é – mas, vale a pena repetir, ele *é* a base e continuará a ser no futuro previsível e sob qualquer ponto de vista.

Como foi explicado no Capítulo 3, o modelo relacional se dedica ao exame de três aspectos principais dos dados: a *estrutura* de dados, a *manipulação* de dados e a *integridade* de dados. Nesta parte do livro, consideraremos cada um desses aspectos por sua vez:

- Os Capítulos 5 e 6 discutem a estrutura (o Capítulo 5 trata dos *tipos*, e o Capítulo 6, das *relações*).
- Os Capítulos 7 e 8 discutem a manipulação (o Capítulo 7 trata da *álgebra relacional*, e o Capítulo 8, do *cálculo relacional*).
- O Capítulo 9 se dedica à integridade.

Finalmente, o Capítulo 10 examina o importante tópico das *visões*. *Nota:* Talvez seja bom acrescentar que a divisão do modelo relacional em três partes, por mais útil que possa ser em um alto nível conceitual, costuma falhar quando começamos a examinar o modelo mais de perto. De fato, como você logo notará, os componentes individuais do modelo são bastante interligados e contam uns com os outros de várias maneiras; assim, geralmente não é possível (mesmo em princípio) remover determinado componente sem destruir o modelo inteiro. Uma consequência desse fato é que os Capítulos de 5 a 10 incluem diversas referências cruzadas entre si.

Também é importante entender que o modelo relacional não é algo estático – ele evoluiu e se expandiu ao longo dos anos, e continua a fazê-lo.[1] O texto a seguir reflete o pensamento atual do autor e de outros profissionais dessa área (em particular, como mencionamos no prefácio, todo ele é influenciado pelas ideias do *The Third Manifesto* [3.3]). O tratamento pretende ser bastante completo, até mesmo definitivo (no momento em que escrevemos), embora naturalmente tenha um estilo pedagógico, mas é preciso entender o que o material apresentado a seguir não é a última palavra sobre o assunto.

Devemos repetir que o modelo relacional não é difícil de entender – porém, ele é uma teoria, e a maior parte das teorias vem com sua própria terminologia especial; assim (por questões já explicadas na Seção 3.3), o modelo relacional não é exceção com relação a isso. Além disso, é natural que usemos essa terminologia especial nesta parte do livro. Entretanto, não é possível negar que a terminologia talvez seja um pouco confusa a princípio e, de fato, possa servir como uma barreira ao entendimento. (Esse último fato é particularmente desagradável, visto que as ideias básicas não são de modo algum difíceis.) Assim, se tiver dificuldades para compreender alguma parte do material a seguir, tenha paciência; você provavelmente descobrirá que os conceitos se tornarão muito mais objetivos à medida que se familiarizar com a terminologia.

Como o leitor logo verá, os capítulos que se seguem são muito extensos (esta parte do livro é quase como um livro separado). Porém, o tamanho desta parte reflete a importância do assunto que ela aborda! Seria possível apresentar uma visão geral do tópico em apenas uma ou duas páginas; na verdade, um dos pontos fortes do modelo relacional é a possibilidade de explicar e entender suas ideias básicas com muita facilidade. No entanto, um tratamento de uma ou duas páginas não pode fazer justiça ao tema, nem ilustrar suas inúmeras aplicações. A extensão considerável desta parte do livro deve assim ser vista, não como um comentário sobre a complexidade do modelo, mas como um tributo à sua importância e ao seu sucesso como um alicerce para diversos desenvolvimentos de longo alcance. O esforço investido para entender totalmente o material recompensará o leitor muitas vezes em suas atividades subsequentes com bancos de dados.

Por fim, uma palavra com relação à SQL. Já explicamos, na Parte I deste livro, que a SQL é a linguagem padrão dos bancos de dados "relacionais", e que quase todos os produtos de bancos de dados do mercado oferecem suporte para ela (ou, mais precisamente, para algum dialeto da linguagem – ver referência [4.22]). Em consequência disso, nenhum livro moderno que trate de bancos de dados estaria completo sem uma boa explicação sobre a SQL. Por essa razão, os capítulos seguintes, que tratam de vários aspectos do modelo relacional, também descrevem os recursos da SQL relevantes, onde forem aplicáveis (eles foram elaborados como base no Capítulo 4, que aborda os conceitos básicos da SQL).

---

[1] Nesse aspecto, ele lembra a matemática (a matemática também não é estática, mas cresce com o tempo); de fato, o modelo relacional pode ser considerado um pequeno ramo da matemática.

CAPÍTULO 5

Tipos

5.1 Introdução

5.2 Valores *versus* variáveis

5.3 Tipos *versus* representações

5.4 Definição de tipo

5.5 Operadores

5.6 Geradores de tipos

5.7 Recursos de SQL

5.8 Resumo

    Exercícios

    Referência e bibliografia

5.1 INTRODUÇÃO

Nota: Você poderá fazer apenas uma leitura superficial deste capítulo, em uma primeira passada. O capítulo pertence a este local logicamente, mas diversas partes do material não são realmente muito necessárias antes do Capítulo 20, na Parte V, e nos Capítulos 25 a 27, na Parte VI.

O conceito de tipo de dados (ou *tipo*, para abreviar) é fundamental; cada valor, cada variável, cada parâmetro, cada operador somente de leitura e, particularmente, cada atributo relacional possui algum tipo. Mas o que é um tipo? Entre outras coisas, é **um conjunto de valores**. Alguns exemplos são o tipo INTEGER (o conjunto de todos os inteiros), o tipo CHAR (o conjunto de todas as strings de caracteres), o tipo F# (o conjunto de todos os números de fornecedores) e assim por diante. Assim, quando dizemos que, por exemplo, a RelVar de fornecedores F possui um atributo STATUS do tipo INTEGER, o que queremos dizer é que os valores desse atributo são inteiros, e nada além de inteiros.

Nota: Dois pontos aparecem imediatamente:

- Primeiro, os tipos também são chamados *domínios*, especialmente em contextos relacionais; na verdade, usamos esse último termo nas edições anteriores deste livro, mas agora preferimos usar *tipos*.

- Segundo, um aviso: Estamos tentando ser razoavelmente precisos nesta parte do livro. Portanto, em vez de dizer que, por exemplo, o tipo INTEGER é o conjunto de *todos* os inteiros, temos de dizer que é o conjunto de *todos os inteiros que são capazes de ser representados no sistema de computador em consi-*

deração (obviamente, haverá alguns inteiros que estão além da capacidade de representação de um sistema de computador qualquer). Uma qualificação semelhante também se aplica a muitas outras afirmações e exemplos neste capítulo, como você poderia esperar; não vamos nos preocupar em estender a definição em cada ocasião, mas deixaremos que este aviso sirva de alerta em todos os casos.

Qualquer tipo pode ser **definido pelo sistema** (ou seja, interno ou embutido) ou **definido pelo usuário**. Neste capítulo, consideramos que, dos três tipos mencionados anteriormente, INTEGER e CHAR são definidos pelo sistema, e F# é definido pelo usuário. Qualquer tipo, independente de ser definido pelo sistema ou pelo usuário, pode ser usado como base para a declaração de atributos relacionais (e variáveis, parâmetros e operadores somente de leitura – ver Seção 5.2).

Qualquer tipo possui um conjunto associado de **operadores** válidos que podem ser fornecidos legalmente para valores desse tipo em questão; ou seja, podem ocorrer operações sobre valores desse tipo *unicamente* por meio dos operadores definidos para esse tipo (em que "definidos para esse tipo" significa dizer, exatamente, que o operador em questão possui um parâmetro que é declarado para ser desse tipo). Por exemplo, no caso do tipo definido pelo sistema INTEGER:

- O sistema fornece operadores "=", "<" e assim por diante, com a finalidade de comparar inteiros.

- Ele também fornece operadores "+", "*" e assim por diante, a fim de executar operações aritméticas sobre inteiros.

- Ele *não* fornece operadores "||" (concatenação), SUBSTR (substring) e assim por diante, para executar operações de strings sobre inteiros (em outras palavras, operações de strings sobre inteiros não são admitidas).

Ao contrário, no caso do tipo definido pelo usuário F#, provavelmente definiríamos operadores "=", "<" e assim por diante, para comparar números de fornecedores. Entretanto, provavelmente *não* definiríamos operadores "+", "*" e assim por diante, o que significaria que a aritmética sobre números de fornecedores não teria suporte para esse tipo (por que desejaríamos somar ou multiplicar dois números de fornecedores?).

Agora, vamos prosseguir explorando essas ideias com mais profundidade, usando como base a teoria de tipos da referência [3.3].

5.2 VALORES *VERSUS* VARIÁVEIS

A primeira coisa que precisamos fazer é identificar a *diferença lógica*[1] crucial e fundamental entre valores e variáveis (há uma confusão surpreendente sobre essa questão na literatura). Seguindo a referência [5.1], adotamos as seguintes definições:

- Um **valor** é uma "constante individual" – por exemplo, a constante individual que é o inteiro 3. Um valor *não possui local no tempo ou no espaço*. Contudo, os valores podem ser representados na memória por meio de alguma codificação, e tais representações, ou (nosso termo preferido) *aparições*, possuem locais no tempo e no espaço. Na realidade, aparições distintas do mesmo valor podem existir em vários locais distintos no tempo e no espaço, significando, informalmente, que diversas variáveis diferentes podem ter o mesmo valor, ao mesmo tempo ou em momentos diferentes. Em particular, observe que, por definição, **um valor não pode ser atualizado**; se pudesse, então, depois dessa atualização, ele não seria mais esse valor.

- Uma **variável** é um recipiente para um aparecimento de um valor. Uma variável possui um local no tempo e no espaço. Além disso, logicamente, as variáveis, diferente dos valores, **podem ser atualizadas**; ou seja, o valor atual da variável em questão pode ser substituído por outro valor, provavelmente, diferente do anterior. (Logicamente, a variável em questão ainda é a mesma variável após a atualização.)

---

[1]Veja, na referência [3.3], uma explicação sobre esse conceito útil e importante.

Por favor, observe atentamente que não são apenas coisas simples, como o inteiro 3, que se constituem em valores legítimos. Ao contrário, os valores podem ter muita complexidade; por exemplo, um valor poderia ser um ponto geométrico, ou um polígono, ou um raio X, ou um documento XML, ou uma impressão digital, ou um array, ou uma pilha, ou uma lista ou uma relação (e assim por diante). Comentários semelhantes também se aplicam a variável, é claro.

Em seguida, observe que é importante fazer uma distinção entre um valor propriamente dito, por um lado, e um aparecimento desse valor em determinado contexto (particularmente, como o valor atual de alguma variável), por outro lado. Conforme já explicamos, exatamente o mesmo valor pode aparecer em muitos contextos diferentes simultaneamente. Internamente, cada uma dessas aparições consiste em alguma *codificação* ou *representação física* do valor em questão; além do mais, nem todas essas codificações são necessariamente iguais. Por exemplo, o valor inteiro 3 ocorre exatamente uma vez no conjunto de inteiros (há exatamente um inteiro 3 "no universo", podemos dizer assim), mas muitas variáveis poderiam conter simultaneamente um aparecimento desse inteiro como seu valor atual. Além do mais, algumas dessas aparições podem ser representadas fisicamente por meio de (digamos) uma codificação decimal, e outras por meio de uma codificação binária, desse inteiro em particular. Assim, há também uma diferença lógica entre, por um lado, um aparecimento de um valor, e por outro lado, a **codificação** ou **representação física** interna desse aparecimento.

Apesar desses comentários, normalmente achamos conveniente, por motivos bastante óbvios, abreviar "codificação de um aparecimento de um valor" como apenas "aparecimento de um valor" ou (mais frequentemente ainda) apenas "valor", desde que, ao fazer isso, não haja risco de causar ambiguidade. Observe que "aparecimento de um valor" é um conceito do *modelo*, enquanto "codificação de um aparecimento" é um conceito da *implementação*. Por exemplo, os usuários certamente poderiam ter que saber se duas variáveis distintas contêm aparições do mesmo valor (ou seja, se elas são "comparadas como iguais"); no entanto, eles não precisam saber se essas duas aparições utilizam a mesma codificação física.

Valores e variáveis são tipados

Todo valor "possui" (o que equivale a dizer que "é de") algum tipo. Em outras palavras, se v é um valor, então v pode ser considerado como algo que carrega algum tipo de bandeira anunciando "eu sou um inteiro" ou "eu sou um número de fornecedor" ou "eu sou um ponto geométrico" (etc.). Observe que, por definição, qualquer valor sempre terá exatamente um tipo,[2] que nunca muda. Segue-se que tipos distintos são sempre *disjuntos*, significando que eles não terão valores em comum. Além do mais:

- Cada variável é declarada explicitamente para ser de algum tipo, significando que cada valor possível da variável em questão é um valor do tipo em questão.

- Cada atributo de cada RelVar – consulte o Capítulo 6 – é declarado explicitamente para ser de algum tipo, significando que cada valor possível do atributo em questão é um valor do tipo em questão.

- Cada operador – consulte a Seção 5.5 – que retorna um resultado é declarado explicitamente para ser de algum tipo, significando que cada resultado possível, que pode ser retornado por uma chamada do operador em questão, é um valor do tipo em questão.

- Cada parâmetro de cada operador – novamente, consulte a Seção 5.5 – é declarado explicitamente para ser de algum tipo, significando que cada argumento possível que pode ser substituído pelo parâmetro em questão é um valor do tipo em questão. (Na realidade, essa afirmação não é muito precisa. Os operadores normalmente podem ser de duas classes disjuntas, operadores somente de leitura *versus* operadores de atualização; os operadores somente de leitura retornam um resultado, enquanto os operadores de atualização, em vez disso, atualizam um ou mais de seus argumentos. Para um operador de atualização, qualquer argumento que esteja sujeito à atualização precisa ser uma *variável*, e não um *valor*, do mesmo tipo do parâmetro correspondente.)

---

[2]Exceto, possivelmente, se houver suporte para herança de tipo, uma possibilidade que ignoraremos até chegarmos ao Capítulo 20.

- Geralmente, toda expressão é pelo menos implicitamente declarada para ser de algum tipo: a saber, o tipo declarado para o operador mais externo que esteja envolvido, no qual "operador mais externo" significa o operador executado por último na avaliação da expressão em questão. Por exemplo, o tipo declarado da expressão *a * (b + c)* é o tipo declarado do operador "*" (multiplicação).

Como um aparte, observamos que esses comentários referentes a operadores e parâmetros de operador precisam de uma ligeira melhoria se os operadores em questão forem **polimórficos**. Diz-se que um operador é polimórfico se for definido em termos de algum parâmetro *P* e os argumentos correspondentes a *P* puderem ser de diferentes tipos em diferentes chamadas. O operador de igualdade "=" é um exemplo óbvio: podemos testar a igualdade de *qualquer* um dos dois valores *v1* e *v2* (desde que *v1* e *v2* sejam do mesmo tipo) e, portanto, "=" é polimórfico – ele se aplica a inteiros, a strings de caracteres, a números de fornecedor e, na verdade, a valores de qualquer tipo possível. Comentários semelhantes se aplicam ao operador de atribuição ":=" (que também é definido para cada tipo): podemos atribuir qualquer valor *v* a qualquer variável *V*, desde que *v* e *V* sejam do mesmo tipo. (Naturalmente, a atribuição falhará se violar alguma restrição de integridade – ver Capítulo 9 –, mas não poderá falhar com um erro de tipo.)[3] Veremos outros exemplos de operadores polimórficos no Capítulo 20 e em outros lugares.

5.3 TIPOS *VERSUS* REPRESENTAÇÕES

Já explicamos sobre o fato de que existe uma diferença lógica entre um tipo propriamente dito, por um lado, e a representação física de valores desse tipo no interior do sistema, por outro lado. De fato, os tipos são uma questão do *modelo*, enquanto as representações físicas são uma questão de *implementação*. Por exemplo, números de fornecedores poderiam ser representados fisicamente como strings de caracteres, mas isso não significa que podemos executar operações de strings de caracteres sobre números de fornecedores; em vez disso, só poderemos executar tais operações se tiverem sido definidos operadores apropriados para o tipo. E, é claro, os operadores que definirmos para um determinado tipo dependerão do significado ou da semântica pretendida para o tipo em questão, não do modo como os valores desse tipo estejam representados fisicamente – na realidade, essas representações físicas devem ficar **ocultas do usuário**. Em outras palavras, a distinção que fazemos entre tipo e representação física é um aspecto importante da *independência de dados* (ver Capítulo 1).

De passagem, notamos que os tipos de dados (especialmente os tipos definidos pelo usuário) às vezes são chamados na literatura de tipos de dados **abstratos**, ou ADTs (Abstract Data Types), para enfatizar o ponto anterior: ou seja, que os tipos precisam ser distinguidos de sua representação física. Contudo, não usamos esse termo por nós mesmos, pois ele sugere que pode haver alguns tipos que não são "abstratos" nesse sentido, e acreditamos que *sempre* deverá ser feita uma distinção entre um tipo e sua representação física.

Tipos escalares e não escalares

Determinado tipo pode ser *escalar* ou *não escalar*:

- Um tipo **não escalar** é um tipo cujos valores são definidos explicitamente para ter um conjunto de componentes visíveis para o usuário, acessíveis diretamente. Em particular, os tipos de relação (ver Capítulo 6) são não escalares nesse sentido, pois as relações possuem tuplas e atributos como componentes visíveis para o usuário. (Além do mais, por sua vez, os tipos de tuplas não são escalares, pois as tuplas possuem valores de atributo como componentes visíveis para o usuário.)

- Um tipo **escalar** é um tipo que não é não escalar (!). *Nota:* Os termos **encapsulado** e **atômico** também são usados no lugar de *escalar; atômico* particularmente costuma ser usado em contextos relacionais (incluindo nas edições anteriores deste livro). Com relação a *encapsulado*, consulte o Capítulo 25.

---

[3]Mais precisamente, ela não poderá falhar com um erro de tipo *no momento da execução*. Aqui, estamos supondo que o sistema realiza a verificação de tipo "estática", ou no momento da compilação; logicamente, um erro em tempo de execução não poderá ocorrer se a verificação durante a compilação for bem-sucedida.

Os valores de tipo T são *escalares* ou *não escalares*, dependendo se T é escalar ou não escalar; assim, um valor não escalar possui um conjunto de componentes visíveis para o usuário, enquanto isso não acontece com um valor escalar. Comentários semelhantes se aplicam a variáveis, atributos, operadores, parâmetros e expressões em geral, com as devidas modificações.

Representações possíveis, seletores e operadores THE_

Considere T um tipo escalar. Já vimos que a representação física dos valores de tipo T é oculta para o usuário. De fato, tais representações podem ser bastante complexas – particularmente, elas com certeza podem ter componentes – mas, repetindo, qualquer um desses componentes será oculto para o usuário. No en tanto, exigimos que os valores de tipo T tenham pelo menos uma **representação possível**[4] (declarada como parte da definição do tipo T), e tais representações possíveis *não* sejam ocultas para o usuário; em particular, elas possuem componentes visíveis para o usuário. Contudo, entenda que os componentes em questão *não* são componentes do tipo, eles são componentes da representação possível – o tipo ainda é escalar no sentido já explicado. Por motivo de ilustração, considere o tipo definido pelo usuário QDE ("quantidade"), cuja definição em **Tutorial D** poderia ser esta:

```
TYPE QDE REPRPOS { INTEGER } ;
```

A definição do tipo diz, com efeito, que as quantidades podem "possivelmente ser representadas" por inteiros. Assim, a representação possível declarada ("reprpos") certamente possui componentes visíveis para o usuário – na verdade, ela tem exatamente um componente, do tipo INTEGER –, mas as quantidades em si não possuem.

Aqui está outro exemplo para ilustrar o mesmo ponto:

```
TYPE PONTO   /* pontos geométricos no espaço bidimensional */
    REPRPOS CARTESIANO { X RATIONAL, Y RATIONAL }
    REPRPOS POLAR  { R RATIONAL,  RATIONAL } ;
```

A definição do tipo PONTO aqui possui duas representações possíveis distintas, CARTESIANO e POLAR, refletindo o fato de que pontos geométricos no espaço bidimensional podem realmente ser "possivelmente representados" por coordenadas cartesianas ou polares. Por sua vez, cada representação possível tem dois componentes, ambos do tipo RATIONAL.[5] Contudo, observe atentamente que (para enfatizar novamente) o tipo PONTO por si só ainda é escalar – ele não possui componentes visíveis para o usuário.

Sintaxe: Adotamos a convenção de que, se determinado tipo T tiver uma representação possível sem um nome explícito, então essa representação possível será chamada T como padrão. Também adotamos a convenção de que, se determinada representação possível RP tiver um componente sem um nome explícito, então esse componente será chamado RP como padrão. Além disso, cada declaração de representação possível (REPRPOS) causa a definição automática dos seguintes operadores, mais ou menos autoexplicativos:

- Um operador **seletor**, que permite ao usuário especificar ou *selecionar* um valor do tipo em questão fornecendo um valor para cada componente da representação possível.

- Um conjunto de operadores **THE_** (um para cada componente da representação possível), que permite ao usuário obter acesso aos componentes de valores correspondentes da representação possível do tipo em questão.

Nota: Quando afirmamos que uma declaração REPRPOS causa a "definição automática" desses operadores, estamos querendo dizer que qualquer agência – possivelmente o sistema ou algum usuário huma-

---

[4]A menos que T seja um "tipo fictício" (dummy type) (ver Capítulo 20).
[5]**Tutorial D** utiliza o tipo RATIONAL mais preciso do que o tipo REAL mais conhecido. Observamos que RATIONAL poderia muito bem ser um exemplo de um tipo *embutido* com mais de uma representação possível declarada. Por exemplo, as expressões 530.00 e 5.3E2 poderiam indicar o mesmo valor RATIONAL – ou seja, elas poderiam constituir invocações distintas, porém equivalentes, de dois seletores RATIONAL distintos (veja a discussão seguinte).

no – que seja responsável por implementar o tipo em questão também é responsável por implementar os operadores.

Como exemplo, aqui estão algumas chamadas de operadores seletores e THE_ para o tipo PONTO:

```
CARTESIANO ( 5.0, 2.5 )
/* seleciona o ponto com x = 5.0, y = 2.5 */

CARTESIANO ( X1, Y1 )
/* seleciona o ponto com x = X1, y = Y1, onde  */
/* X1 e Y1 são variáveis de tipo RATIONAL      */

POLAR ( 2.7, 1.0 )
/* seleciona o ponto com r = 2.7,   = 1.0 */

THE_X ( P )
/* denota a coordenada x do ponto em P, */
/* onde P é uma variável do tipo PONTO  */

THE_R ( P )
/* denota a coordenada r do ponto em P */

THE_Y ( exp )
/* denota a coordenada y do ponto indicado */
/* pela expressão exp (que tem tipo PONTO) */
```

Observe que (a) os seletores possuem o mesmo nome da representação possível correspondente; (b) operadores THE_ possuem nomes na forma THE_C, em que *C* é o nome do componente correspondente da representação possível correspondente. Observe também que os seletores (ou melhor, as *chamadas* de seletores) são uma generalização do conceito familiar de **literal** (todas as literais são chamadas de seletor, mas nem todas as chamadas de seletor são literais; na verdade, uma chamada de seletor é uma literal se e somente se todos os seus argumentos, por sua vez, forem literais).

Para ver como os conceitos anteriores poderiam funcionar na prática, vamos supor que a representação física de pontos seja de fato em coordenadas cartesianas (embora geralmente não seja necessário que uma representação física seja idêntica a qualquer das representações físicas possíveis enunciadas). Depois, o sistema fornecerá certos operadores altamente protegidos, indicados no trecho a seguir por *pseudocódigo em itálico*, que efetivamente expõem essa representação física, e o *implementador de tipo* usará então esses operadores para implementar os seletores CARTESIANO e POLAR necessários. (Obviamente, o implementador de tipo é, e realmente precisa ser, uma exceção à regra geral de que os usuários não estão cientes da representação física.) Por exemplo:

```
OPERATOR CARTESIANO ( X RATIONAL, Y RATIONAL ) RETURNS PONTO ;
  BEGIN ;
     VAR P PONTO ;    /* P é uma variável do tipo PONTO */
     componente X da representação física de P := X ;
componente Y da representação física de P := Y ;
     RETURN ( P ) ;
  END ;
END OPERATOR ;

OPERATOR POLAR ( R RATIONAL, θ RATIONAL ) RETURNS PONTO ;
   RETURN ( CARTESIANO ( R * COS ( θ ), R * SIN ( θ ) ) ) ;
END OPERATOR ;
```

Observe que a definição de POLAR faz uso do seletor CARTESIANO, bem como dos operadores (presumivelmente embutidos) SIN e COS. Outra alternativa seria expressar a definição de POLAR diretamente em termos dos operadores protegidos, como a seguir:

```
OPERATOR POLAR ( R RATIONAL, θ RATIONAL ) RETURNS PONTO ;
  BEGIN ;
    VAR P PONTO ;
    componente X da representação física de P
                          := R * COS ( θ ) ;
    componente Y da representação física de P
                          := R * SIN ( θ ) ;
    RETURN ( P ) ;
  END ;
END OPERATOR ;
```

O definidor de tipo também usará esses operadores protegidos para implementar os operadores THE_ necessários. Portanto:

```
OPERATOR THE_X ( P PONTO ) RETURNS RATIONAL ;
  RETURN ( componente X da representação física de P ) ;
END OPERATOR ;

OPERATOR THE_Y ( P PONTO ) RETURNS RATIONAL ;
  RETURN ( componente Y da representação física de P ) ;
END OPERATOR ;

OPERATOR THE_R ( P PONTO ) RETURNS RATIONAL ;
  RETURN ( SQRT ( THE_X ( P ) ** 2 + THE_Y ( P ) ** 2 ) ) ;
END OPERATOR ;

OPERATOR THE_θ ( P PONTO ) RETURNS RATIONAL ;
  RETURN ( ARCTAN ( THE_Y ( P ) / THE_X ( P ) ) ) ;
END OPERATOR ;
```

Observe que as definições de THE_R e THE_θ utilizam THE_X e THE_Y, bem como os operadores (presumivelmente embutidos) SQRT e ARCTAN. Outra possibilidade poderia ser a de definir diretamente THE_R e THE_θ em termos dos operadores protegidos (os detalhes ficam como exercício).

Isso é tudo sobre o exemplo de PONTO. Porém, é importante entender que todos os conceitos discutidos também se aplicam a tipos mais simples[6] – por exemplo, o tipo QDE. Aqui estão alguns exemplos de chamadas de seletores para esse tipo:

```
QDE ( 100 )

QDE ( N )

QDE ( N1 − N2 )
```

E aqui estão alguns exemplos de chamadas do operador THE_:

```
THE_QDE ( Q )

THE_QDE ( Q1 − Q2 )
```

---

[6]Incluindo os tipos embutidos em particular, embora (parcialmente por motivos históricos) os seletores correspondentes e os operadores THE_ possam se afastar um pouco das regras sintáticas e outras regras que prescrevemos nesta seção. Veja uma discussão mais completa na referência [3.3].

Nota: Estamos considerando, nestes exemplos, que (a) N, N1 e N2 são variáveis do tipo INTEGER, (b) Q, Q1 e Q2 são variáveis do tipo QDE, e (c) "–" é um operador polimórfico – ele se aplica a inteiros e a quantidades.

Observe que, pelo fato de os valores serem sempre tipados, é estritamente incorreto dizer que (por exemplo) a quantidade correspondente a uma certa remessa é 100. Uma quantidade é um valor do tipo QDE, não um valor do tipo INTEGER! Portanto, no caso da remessa que estamos examinando, devemos dizer de forma mais apropriada que a quantidade é QDE(100), e não simplesmente 100. Em particular, observe que usamos essas abreviaturas nos bancos de dados de fornecedores e peças e de fornecedores, peças e projetos (ver Figuras 3.8 e 4.5, ambas repetidas no início deste livro).

Aqui está mais um exemplo de definição de tipo:

```
TYPE SEGLIN REPRPOS { BEGIN PONTO, END PONTO } ;
```

O tipo SEGLIN indica segmentos de linha. O exemplo ilustra o ponto de que determinada representação possível pode ser definida em termos de tipos *definidos pelo usuário*, e não apenas por tipos definidos pelo sistema, como em todos os nossos exemplos anteriores (em outras palavras, um tipo definido pelo usuário é realmente um tipo).

Finalmente, observe que todos os nossos exemplos nesta subseção sobre representações possíveis e tópicos relacionados envolveram especificamente tipos escalares. Contudo, os tipos não escalares também possuem representações possíveis. Voltaremos a essa questão na Seção 5.6.

5.4 DEFINIÇÃO DE TIPO

Novos tipos podem ser introduzidos em **Tutorial D** por meio da instrução TYPE, já ilustrada em diversos exemplos nas seções anteriores, ou por meio de algum *gerador de tipos*. Deixaremos a discussão sobre geradores de tipos, e a questão relacionada de como definir tipos não escalares, para a Seção 5.6; nesta seção, vamos discutir especificamente a respeito da instrução TYPE. Aqui está, por meio de um exemplo, a definição para o tipo escalar PESO:

```
TYPE PESO REPRPOS { D DECIMAL (5,1)
                    CONSTRAINT D > 0.0 AND D < 5000.0 } ;
```

Explicação: Os pesos possivelmente podem ser representados por números decimais com cinco dígitos de precisão, com um dígito após o ponto decimal, em que o número decimal em questão é maior que zero e menor que 5.000. *Nota:* Essa afirmação em sua totalidade constitui uma **restrição de tipo** para o tipo PESO. Em geral, uma restrição de tipo para o tipo T é, precisamente, uma definição do conjunto de valores que compõem o tipo T. Se determinada decodificação REPRPOS não tiver uma especificação CONSTRAINT explícita, então CONSTRAINT TRUE é assumido como padrão (no exemplo, a omissão da especificação CONSTRAINT indicaria que os valores válidos para o tipo PESO são precisamente aqueles que podem ser representados por números decimais com cinco dígitos de precisão, com um dígito após o ponto decimal).

Contudo, o exemplo de PESO levanta outra questão. No Capítulo 3, Seção 3.9, dissemos que os pesos das peças eram dados em libras. Mas poderia ser uma boa ideia juntar a noção de tipo com a noção de *unidades*, um tanto separada (onde *unidades* significa unidades de medida). Na realidade, seguindo a referência [3.3], podemos permitir que os usuários pensem nos pesos como sendo medidos *tanto* em libras *quanto em* (digamos) gramas, oferecendo uma representação distinta possível para cada um, desta forma:

```
TYPE PESO
    REPRPOS LBS { L DECIMAL (5,1)
                  CONSTRAINT L > 0.0 AND L < 5000.0 }
    REPRPOS GMS { G DECIMAL (7,1)
                  CONSTRAINT G > 0.0 AND G < 2270000.0 }
                      AND MOD ( G, 45.4 ) = 0.0 } ;
```

Observe que as duas declarações REPRPOS incluem uma especificação CONSTRAINT, e essas duas especificações são equivalentes logicamente (MOD é um operador que apanha dois operandos numéricos e retorna o resto resultante após a divisão do primeiro pelo segundo; estamos considerando, para simplificar, que uma libra é igual a 454 gramas). Dada esta definição:

- Se P é uma expressão do tipo PESO, então THE_L(P) retornará um valor DECIMAL(5,1) indicando o peso correspondente em libras, enquanto THE_G(P) retornará um valor DECIMAL(7,1) indicando o mesmo peso em gramas.

- Se N é uma expressão do tipo DECIMAL(5,1), então as expressões LBS(N) e GMS(454*N) retornarão o mesmo valor de PESO.

Portanto, aqui está a sintaxe em **Tutorial D** para a definição de um tipo escalar:

```
<def tipo>
    ::=  TYPE <nome tipo> <lista def reprpos> ;

<def reprpos>
    ::=  REPRPOS [ <nome reprpos> ]
                { <lista_com_vírgulas def componente reprpos>
                        [ <def restrição reprpos> ] }

<def componente reprpos>
    ::=  [ <nome componente reprpos> ] <nome do tipo>

<def restrição reprpos>
    ::=  CONSTRAINT <exp bool>
```

Alguns pontos precisam ser explicados com relação a essa sintaxe (a maioria ilustrada pelos dois exemplos de PESO, mostrados anteriormente):

1. A sintaxe utiliza listas e listas_com_vírgulas. O termo *lista_com_vírgulas* foi definido no Capítulo 4 (Seção 4.6); o termo *lista* é definido a seguir. Considere que *<xyz>* represente uma categoria sintática qualquer (ou seja, algo que aparece no lado esquerdo de alguma regra de produção BNF). Então, a expressão *<lista xyz>* representa uma sequência de zero ou mais *<xyz>*s em que cada par de *<xyz>*s adjacentes é separado por um ou mais espaços em branco.

2. A *<lista def reprpos>* precisa conter pelo menos uma *<def reprpos>*. A *<lista_com_vírgulas def componente reprpos>* precisa conter pelo menos uma *<def componente reprpos>*.

3. Os colchetes "[" e "]" indicam que o material que eles delimitam é opcional (como é comum na notação BNF). Ao contrário, chaves "{" e "}" são símbolos da própria linguagem sendo definida, e não (como normalmente são) símbolos da metalinguagem. Mais especificamente, usamos as chaves para delimitar listas_com_vírgulas de itens quando a lista em questão tiver que indicar um *conjunto* de algum tipo (significando, entre outras coisas, que a ordem em que os itens aparecem dentro da lista_com_vírgulas é imaterial, e também que nenhum item pode aparecer mais de uma vez).

4. Em geral, uma *<exp bool>* ("expressão booleana") é uma expressão que indica um valor verdade (TRUE ou FALSE). No contexto atual, a *<exp bool>* não pode mencionar quaisquer variáveis, mas sim *<nome componente reprpos>*s da *<def reprpos>* que a contém podem ser usados para indicar os componentes correspondentes da representação possível aplicável de um valor qualquer do tipo escalar em questão. *Nota:* As expressões booleanas também são chamadas expressões *condicional, de valor verdade* ou *lógicas*.

5. Observe que *<def tipo>*s não têm absolutamente nada a informar sobre a representação física. Em vez disso, tais representações precisam ser especificadas como parte do mapeamento conceitual/interno (ver Capítulo 2, Seção 2.6).

6. A definição de um novo tipo faz com que o sistema crie uma entrada no catálogo para descrever esse novo tipo (consulte o Capítulo 3, Seção 3.6, se quiser refrescar a memória com relação ao catálogo). Comentários desse tipo também se aplicam a definições de operadores (ver Seção 5.5).

Aqui estão, para futuras consultas, as definições dos tipos escalares usados no banco de dados de fornecedores e peças (exceto pelo tipo PESO, que já foi discutido). Especificações CONSTRAINT foram omitidas para simplificar.

```
TYPE F#   REPRPOS ( CHAR ) ;
TYPE NOME REPRPOS ( CHAR ) ;
TYPE P#   REPRPOS ( CHAR ) ;
TYPE COR  REPRPOS ( CHAR ) ;
TYPE QDE  REPRPOS ( INTEGER ) ;
```

(Lembre-se, como vimos no Capítulo 3, que o atributo STATUS de fornecedor e os atributos CIDADE de fornecedor e peça são definidos em termos de tipos embutidos (ou internos), em vez de tipos definidos pelo usuário; assim, não é mostrada nenhuma definição de tipo correspondente a esses atributos.)

É claro que também deve ser possível livrar-se de um tipo, caso não haja mais necessidade de utilizá-lo:

```
DROP TYPE <nome do tipo> ;
```

O <nome do tipo> precisa identificar um tipo definido pelo usuário, não um tipo embutido. A operação causa a eliminação da entrada de catálogo que descreve o tipo, significando que o tipo em questão não será mais reconhecido pelo sistema. Por simplicidade, partiremos do princípio de que DROP TYPE falhará se o tipo em questão ainda estiver sendo utilizado em algum lugar – particularmente, se algum atributo de alguma relação em algum lugar for definido sobre ele.

Encerramos esta seção explicando que a operação de definição de um tipo não cria realmente o conjunto de valores correspondente; por conceito, esses valores já existem, e sempre existirão (pense no tipo INTEGER, por exemplo). Portanto, tudo o que a operação de "definição de tipo" – por exemplo, a instrução TYPE, em **Tutorial D** – realmente faz é introduzir um *nome* pelo qual esse conjunto de valores pode ser referenciado. De modo semelhante, a instrução DROP TYPE não remove realmente os valores correspondentes, mas simplesmente remove o nome que foi introduzido pela instrução TYPE correspondente.

5.5 OPERADORES

Todas as definições de operadores que vimos até aqui neste capítulo foram para seletores ou para operadores THE_; agora, examinaremos com maior atenção a questão da definição de operadores em geral. Nosso primeiro exemplo mostra um operador definido pelo usuário, ABS, para o tipo embutido RATIONAL:

```
OPERATOR ABS ( Z RATIONAL ) RETURNS ( RATIONAL ) ;
  RETURN ( CASE
            WHEN Z  ≥ 0.0 THEN +Z
            WHEN Z  < 0.0 THEN -Z
          END CASE ) ;
END OPERATOR ;
```

O operador ABS ("valor absoluto") é definido em termos de apenas um parâmetro, Z, do tipo RATIONAL, e retorna um resultado desse mesmo tipo. Assim, uma chamada de ABS – por exemplo, ABS (AMT1 + AMT2) – é, como padrão, uma expressão do tipo RATIONAL.

O próximo exemplo, DIST ("distância entre"), envolve dois parâmetros de um tipo definido pelo usuário (PONTO) e retorna um resultado de outro (LENGTH):

```
OPERATOR DIST ( P1 PONTO, P2 PONTO ) RETURNS COMPRIMENTO ;
  RETURN ( WITH THE_X ( P1 ) AS X1 ,
```

```
              THE_X ( P2 ) AS X2 ,
              THE_Y ( P1 ) AS Y1 ,
              THE_Y ( P2 ) AS Y2 :
      COMPRIMENTO ( SQRT ( ( X1 - X2 ) ** 2
                         + ( Y1 - Y2 ) ** 2 ) ) ) ;
END OPERATOR ;
```

Estamos supondo, nesse caso, que o seletor COMPRIMENTO utiliza um argumento do tipo RATIONAL. Além disso, observe o uso de uma cláusula WITH com o objetivo de introduzir nomes para os resultados de certas subexpressões. Estaremos usando muitas construções desse tipo nos próximos capítulos.

O próximo exemplo é o operador de comparação "=" (igualdade[7]) necessário para o tipo PONTO:

```
OPERATOR EQ ( P1 PONTO, P2 PONTO ) RETURNS BOOLEAN ;
   RETURN ( THE_X ( P1 ) = THE_X ( P2 ) AND
            THE_Y ( P1 ) = THE_Y ( P2 ) ) ;
END OPERATOR ;
```

Observe que a expressão na instrução RETURN desse exemplo faz uso do operador *embutido* "=" para o tipo RATIONAL. Por simplicidade, faremos de agora em diante a suposição de que a notação normal infixada de "=" pode ser usada para o operador de igualdade (para todos os tipos, ou seja, não apenas o tipo PONTO); omitimos a consideração do modo como uma notação infixada poderia ser especificada na prática, tendo em vista que se trata basicamente apenas de uma questão de sintaxe.

Aqui está o operador ">" para o tipo QDE:

```
OPERATOR GT ( Q1 QDE, Q2 QDE ) RETURNS BOOLEAN ;
   RETURN ( THE_QDE ( Q1 ) > THE_QDE ( Q2 ) ) ;
END OPERATOR ;
```

A expressão na instrução RETURN faz uso do operador embutido ">" para o tipo INTEGER. Mais uma vez, faremos a suposição a partir daqui de que a notação normal infixada pode ser usada para esse operador – na verdade, para todos os "tipos ordenados", não apenas para o tipo QDE. (De fato, um **tipo ordenado** é, por definição, um tipo para o qual ">" se aplica. Um exemplo simples de tipo que definitivamente não é ordenado nesse sentido é o tipo PONTO.)

Finalmente, aqui está um exemplo de uma definição de operador de *atualização* (todos os exemplos anteriores se baseavam em operadores *somente de leitura*, que não podem atualizar coisa alguma exceto, possivelmente, variáveis locais).[8] Como podemos ver, a definição envolve uma especificação UPDATES em lugar de uma especificação RETURNS; os operadores de atualização não retornam um valor e devem ser invocados por CALLs explícitas [3.3].

```
OPERATOR REFLECT ( P PONTO ) UPDATES P ;
   BEGIN ;
     THE_X ( P )  :=  - THE_X ( P ) ;
     THE_Y ( P )  :=  - THE_Y ( P ) ;
     RETURN ;
   END ;
END OPERATOR ;
```

---

[7]Nosso operador de "igualdade" poderia ser chamado *identidade*, pois $v1 = v2$ é verdadeiro se e somente se $v1$ e $v2$ de fato forem o mesmo valor.

[8]Os operadores somente de leitura apenas e de atualização também são conhecidos como *observadores* (*observers*) e *modificadores* (*mutators*), respectivamente, especialmente nos sistemas de objetos (ver Capítulo 25). *Função* é outro sinônimo para o *operador somente de leitura* (*Read-only*) (e ocasionalmente é utilizado neste livro).

105

O operador REFLECT efetivamente move o ponto com coordenadas cartesianas (x,y) para a posição inversa $(-x,-y)$; ele faz isso atualizando de maneira apropriada seu argumento de ponto. Observe o uso de **pseudovariáveis THE_** nesse exemplo. Uma pseudovariável THE_ é uma chamada de um operador THE em uma posição de destino (em particular, no lado esquerdo de uma atribuição). Na realidade, essa chamada (ou invocação) *designa* o – em lugar de apenas retornar o valor do – componente especificado (da representação possível aplicável) do seu argumento. Por exemplo, dentro da definição REFLECT, a atribuição

```
THE_X ( P )  := ... ;
```

na realidade atribui um valor ao componente X da (representação cartesiana possível da) variável de argumento correspondente ao parâmetro P. É claro que qualquer argumento a ser atualizado por um operador de atualização – pela atribuição a uma pseudovariável THE_ em particular – deve ser definido especificamente como uma variável, e não como alguma expressão mais geral.

As pseudovariáveis podem estar aninhadas, como neste caso:

```
VAR LS SEGLIN ;

THE_X ( THE_BEGIN ( LS ) ) := 6.5 ;
```

Agora, observe que as pseudovariáveis THE_, na realidade, são desnecessárias do ponto de vista lógico. Considere novamente a seguinte atribuição:

```
THE_X ( P )  := - THE_X ( P ) ;
```

Essa atribuição, que utiliza uma pseudovariável, é equivalente, do ponto de vista lógico, à seguinte atribuição, que não a utiliza:

```
P := CARTESIAN ( - THE_X ( P ), THE_Y ( P ) ) ;
```

De modo semelhante, a atribuição

```
THE_X ( THE_BEGIN ( LS ) ) := 6.5;
```

é o equivalente lógico desta atribuição:

```
LS := SEGLIN ( CARTESIAN ( 6.5,
                          THE_Y ( THE_BEGIN ( LS ) ) ) ,
             THE_END ( LS ) ) ;
```

Em outras palavras, as pseudovariáveis, em si, não são estritamente necessárias para dar suporte ao tipo de atualização no nível de componente que estamos discutindo aqui. Contudo, o uso de pseudovariáveis parece ser intuitivamente mais atraente do que a alternativa (para a qual pode ser considerada uma abreviação); além disso, ela também oferece um maior grau de dificuldade a mudanças na sintaxe do seletor correspondente. (Também poderia ser mais fácil de implementar de modo eficiente.)

Enquanto estamos falando de abreviações, devemos explicar que o único operador de atualização logicamente necessário é, de fato, a atribuição ("$:=$"); todos os outros operadores de atribuição podem ser definidos em termos apenas de atribuição (como, de fato, já vimos no Capítulo 3, no caso dos operadores de atualização relacionais em particular). Contudo, exigimos o suporte para uma forma **múltipla** de atribuição, que permite que qualquer quantidade de atribuições individuais seja realizada "simultaneamente" [3.3]. Por exemplo, poderíamos substituir as duas atribuições na definição do operador REFLECT pela seguinte atribuição múltipla:

```
THE_X ( P ) := - THE_X ( P ),
THE_Y ( P ) := - THE_Y ( P ) ;
```

(observe o uso da vírgula separadora). A semântica é a seguinte: primeiro, todas as expressões de origem nos lados direitos são avaliadas; segundo, todas as atribuições individuais são executadas em sequência, conforme aparecem escritas.[9] *Nota:* Como a atribuição múltipla é considerada uma única operação, nenhuma verificação de integridade é realizada "no meio de" tal atribuição; na realidade, esse fato é o principal motivo para exigirmos o suporte para atribuição múltipla em primeiro lugar. Veja uma discussão mais detalhada nos Capítulos 9 e 16.

Por fim, é claro, deve ser possível livrar-se de um operador, se não houver mais nenhum uso para ele. Por exemplo:

```
DROP OPERATOR REFLECT ;
```

O operador especificado deve ser definido pelo usuário e não embutido.

Conversões de tipo

Considere mais uma vez a seguinte definição de tipo:

```
TYPE F# REPRPOS { CHAR } ;
```

Como padrão, a representação possível nesse caso tem o nome herdado F# e, em consequência disso, o operador seletor correspondente também tem esse nome. Portanto, a chamada a seguir é uma chamada de seletor válida:

```
F# ('F1')
```

(ela retorna um certo número de fornecedor). Desse modo, observe que o seletor F# poderia ser considerado de maneira informal como um operador de **conversão de tipo,** que converte strings de caracteres em números de fornecedores. De modo semelhante, o seletor P# poderia ser considerado um operador de conversão capaz de converter strings de caracteres em números de peças; o seletor QDE poderia ser considerado um operador de conversão que converteria inteiros em quantidades; e assim por diante.

Da mesma forma, operadores THE_ poderiam ser considerados operadores que realizam conversão de tipo na direção oposta. Por exemplo, lembre-se da definição do tipo PESO do início da Seção 5.4:

```
TYPE PESO REPRPOS { D DECIMAL (5,1)
                 CONSTRAINT D > 0.0 AND D < 5000.0 } ;
```

Se W é do tipo PESO, então a expressão

```
THE_D ( W )
```

efetivamente converte o peso indicado por W em um número DECIMAL(5,1).

Agora, dissemos na Seção 5.2 que (a) a origem e o destino em uma atribuição precisam ter o mesmo tipo e (b) os comparandos (operandos de uma comparação) em uma comparação de igualdade precisam ter o mesmo tipo. Contudo, em alguns sistemas, essas regras não são impostas diretamente; assim, pode ser possível que tal sistema exija, por exemplo, uma comparação entre um número de peça e uma string de caracteres – talvez, em uma cláusula WHERE, como a seguir:

```
... WHERE P# = 'P2'
```

Nesse caso, o comparando da esquerda é do tipo P# e o comparando da direita é do tipo CHAR; assim, diante disso, a comparação deve recair em um **erro de tipo** (na verdade, um erro de tipo em *tempo de compilação*). Porém, em termos conceituais, o que acontece é que o sistema percebe que pode usar o "operador de conversão" P# (em outras palavras, o seletor P#) com a finalidade de converter o comparando CHAR para o tipo P#; dessa forma, ele efetivamente reescreve a comparação da seguinte maneira:

---

[9] A definição exige algum refinamento no caso em que duas ou mais atribuições individuais se referem à mesma variável de destino. Os detalhes estão além do escopo deste livro; basta dizer que eles são cuidadosamente especificados para dar o resultado desejado quando – de fato, como no exemplo – atribuições individuais distintas atualizam partes da mesma variável de destino (um caso especial importante).

```
... WHERE P# = P# ( 'P2' )
```

Agora a comparação é válida.

A ação de invocar implicitamente um operador de conversão desse modo é conhecida como **coerção** (ou coação). Entretanto, na prática, é bem conhecido o fato de que a coerção pode levar a bugs de programas. Por essa razão, adotaremos de agora em diante a posição conservadora de *não permitir qualquer coerção* – os operandos sempre deverão ser dos tipos apropriados, não apenas coercíveis para esses tipos. Naturalmente, permitiremos a definição e a invocação explícita de operadores de conversão de tipo (aquilo que se costuma chamar de operadores "CAST"), onde for necessário – por exemplo:

```
CAST_AS_CHAR ( 530.00 )
```

Como já assinalamos, os seletores (pelo menos, aqueles que apanham apenas um argumento) também podem ser considerados operadores de conversão explícita (de um tipo).

Até agora, você deve ter percebido que estamos falando sobre aquilo que se conhece nos círculos de linguagens de programação como **tipagem forte**. Diferentes autores apresentam definições ligeiramente distintas para esse termo; porém, da maneira que o empregamos, ele significa, entre outras coisas, que (a) todo valor *tem* um tipo, e (b) sempre que tentamos executar uma operação, o sistema verifica se os operandos são dos tipos corretos para a operação em questão. Por exemplo, considere as seguintes expressões:

```
PESO + QDE    /* peso da peça mais quantidade da remessa  */

PESO * QDE    /* peso da peça vezes quantidade da remessa */
```

A primeira delas não faz nenhum sentido, e o sistema deve rejeitá-la. Por outro lado, a segunda expressão faz sentido – ela indica o peso total de todas as peças incluídas na remessa. Desse modo, os operadores que definiríamos para pesos e quantidades (em combinação) presumivelmente incluiriam "*", mas não "+".

Aqui estão mais alguns exemplos, dessa vez envolvendo operações de comparação

```
PESO > QDE

PAR > ÍMPAR
```

(No segundo exemplo, estamos considerando que PAR é do tipo INTEIRO_PAR e ÍMPAR é do tipo INTEIRO_ÍMPAR, com a semântica óbvia.) Novamente, a primeira expressão não faz sentido, mas a segunda sim. Portanto, os operadores que definiríamos para pesos e quantidades (em combinação) provavelmente não incluiriam ">", mas os operadores para inteiros pares e ímpares possivelmente sim.[10] (A propósito, com relação a essa questão de decidir quais operadores são válidos para quais tipos, observamos que, historicamente, a maior parte da literatura sobre banco de dados – incluindo as primeiras edições deste livro – considerava apenas os operadores de comparação e ignorava outros operadores, como "+" e "*".)

Observações finais

O suporte completo para operadores, conforme examinamos nesta seção, apresenta uma série de implicações significativas, que resumiremos rapidamente a seguir:

- Primeiro, e mais importante, ele significa que o sistema saberá (a) exatamente **quais expressões são válidas**, e (b) o **tipo do resultado** para cada expressão válida.

- Ele também significa que a coleção total de tipos para um determinado banco de dados será um **conjunto fechado** – ou seja, o tipo do resultado de toda expressão válida será um tipo conhecido pelo sistema.

---

[10]Na prática, INTEIRO_PAR e INTEIRO_ÍMPAR poderiam ser subtipos do tipo INTEGER, quando o operador ">" provavelmente seria *herdado* desse último tipo (ver Capítulo 20).

Observe, em particular, que esse conjunto fechado de tipos *tem de* incluir o tipo *booleano* ou *valor verdade* se as comparações tiverem de ser expressões válidas!

■ Em particular, o fato de o sistema conhecer o tipo do resultado de toda expressão válida significa que ele sabe quais **atribuições** e também quais **comparações** são válidas.

Fechamos esta seção com uma importante referência para o que veremos mais adiante. Afirmamos que domínios são tipos de dados definidos pelo sistema ou pelo usuário, de complexidade interna arbitrária, cujos valores podem ser manipulados unicamente por meio dos operadores definidos para o tipo em questão (e cuja representação interna está, por conseguinte, oculta do usuário). Agora, se voltarmos nossa atenção por um momento para sistemas de **objetos**, descobriremos que o conceito mais fundamental de objeto, a *classe de objetos*, é um tipo de dados definido pelo sistema ou pelo usuário, de complexidade interna arbitrária, cujos valores podem ser manipulados unicamente por meio dos operadores definidos para o tipo em questão (e cuja representação interna está, por conseguinte, oculta do usuário)... Em outras palavras, domínios e classes de objetos são *a mesma coisa!* Portanto, temos aqui a chave para unir as duas tecnologias (relacional e orientada a objetos). Vamos elaborar mais esse importante assunto no Capítulo 26.

5.6 GERADORES DE TIPOS

Agora, passaremos para os tipos que não são definidos por meio da instrução TYPE, mas são obtidos pela chamada de algum **gerador de tipo**. De forma abstrata, um gerador de tipo é apenas um tipo especial de operador; ele é especial porque retorna um tipo em vez de, por exemplo, um valor escalar simples. Em uma linguagem de programação convencional, por exemplo, poderíamos escrever

```
VAR VENDAS ARRAY INTEGER [12] ;
```

para definirmos uma variável chamada VENDAS, cujos valores válidos são arrays unidimensionais de 12 inteiros. Nesse exemplo, a expressão ARRAY INTEGER [12] pode ser considerada como uma chamada do gerador de tipo ARRAY, e retorna um tipo de array específico. Esse tipo de array é um **tipo gerado**. Alguns pontos precisam ser esclarecidos:

1. Os geradores de tipo são conhecidos por muitos nomes diferentes na literatura, incluindo *construtores de tipos*, *tipos parametrizados*, *tipos polimórficos*, *modelos de tipo* e *tipos genéricos*. Ficaremos com o termo *gerador de tipos*.

2. Os tipos gerados são realmente tipos, e podem ser usados em qualquer lugar onde os tipos comuns, "não gerados", podem ser usados. Por exemplo, poderíamos definir alguma RelVar para que tenha algum atributo do tipo ARRAY INTEGER [12]. Ao contrário, os geradores de tipos propriamente ditos *não* são tipos.

3. Quase todos os tipos gerados, embora nem todos, serão tipos *não escalares* especificamente (tipos de array são um caso). Portanto, conforme prometemos na Seção 5.4, agora mostramos como os tipos não escalares poderiam ser definidos. *Nota:* Embora seja possível definir os tipos não escalares sem chamar diretamente algum gerador de tipos, não consideramos mais essa possibilidade neste livro.

4. Por questão de definição, consideramos os tipos gerados como tipos *definidos pelo sistema* especificamente, pois são obtidos pela chamada de um gerador de tipo definido pelo sistema. *Nota:* Na realidade, estamos simplificando as coisas com relação a isso. Em particular, não excluímos a possibilidade de os usuários definirem seus próprios geradores de tipos. Contudo, não iremos considerar tal possibilidade neste livro.

Os tipos gerados nitidamente possuem representações possíveis ("reprpos", para abreviar) que são derivadas pelo modo mais óbvio a partir de (a) uma reprpos *genérica*, que se aplica ao gerador de tipos em questão e (b) uma ou mais reprpos's específicas do(s) componente(s) visível(is) para o usuário do tipo gerado específico em questão. No caso de ARRAY INTEGER [12], por exemplo:

- Haverá alguma reprpos genérica definida para arrays unidimensionais em geral, provavelmente como uma sequência contígua de *elementos de array* que podem se definidos por subscritos no intervalo do *inferior* ao *superior* (onde *inferior* e *superior* são os limites que se aplicam – 1 e 12, em nosso exemplo).

- Os componentes visíveis para o usuário são exatamente os 12 elementos de array que mencionamos, e eles terão quaisquer reprpos's definidas para o tipo INTEGER.

De modo semelhante, haverá operadores que oferecem o seletor necessário e a funcionalidade do operador THE_. Por exemplo, a expressão

```
ARRAY INTEGER ( 2, 5, 9, 9, 15, 27, 33, 32, 25, 19, 5, 1 )
```

– na verdade, uma literal de array – poderia ser usada para especificar um valor específico do tipo ARRAY INTEGER [12] ("funcionalidade de seletor"). Semelhantemente, a expressão

```
VENDAS [3]
```

poderia ser usada para acessar o terceiro componente (ou seja, o terceiro elemento do array) do valor de array que seja o valor atual da variável de array VENDAS ("funcionalidade de seletor THE_"). Ela também poderia ser usada como uma pseudovariável.

Os operadores de atribuição e comparação de igualdade também se aplicam. Por exemplo, aqui está uma atribuição válida:

```
VENDAS := ARRAY INTEGER ( 2, 5, 9, 9, 15, 27,
                         33, 32, 25, 19, 5, 1 ) ;
```

E aqui temos uma comparação de igualdade válida:

```
VENDAS = ARRAY INTEGER ( 2, 5, 9, 9, 15, 27,
                        33, 32, 25, 19, 5, 1 ) ;
```

Nota: Qualquer gerador de tipos também terá um conjunto de restrições e operadores genéricos, associado a ele (genéricos, no sentido de que as restrições e os operadores em questão se aplicarão a cada tipo específico obtido por meio da chamada do gerador de tipos em questão). Por exemplo, no caso do gerador de tipos ARRAY:

- Pode haver uma restrição genérica para o efeito de que o limite *inferior* não pode ser maior que o limite *superior*.

- Pode haver um operador "reverso" genérico, que apanha um array unidimensional qualquer como entrada e retorna como saída outro array desse tipo, contendo os elementos desse array em ordem reversa.

(Na verdade, os "seletores", "operadores THE_" e operadores de atribuição e comparação de igualdade discutidos anteriormente também são efetivamente derivados de certos operadores genéricos.)

Observe, finalmente, que dois geradores de tipos de importância particular no mundo relacional são TUPLE e RELATION. Eles serão discutidos com detalhes no próximo capítulo.

5.7 RECURSOS DE SQL

Tipos embutidos

A SQL oferece os seguintes tipos embutidos, mais ou menos autoexplicativos:

```
BOOLEAN                     NUMERIC (p,q)    DATE
BIT [ VARYING ] (n)         INTEGER (p,q)    TIME
BINARY LARGE OBJECT (n)     INTEGER          TIMESTAMP
CHARACTER [ VARYING ] (n)   SMALLINT         INTERVAL
CHARACTER LARGE OBJET (n)   FLOAT (p)
```

Diversos defaults, abreviações e ortografias alternativas – por exemplo, CHAR para CHARACTER, CLOB para CHARACTER LARGE OBJECT, BLOB para BINARY LARGE OBJECT – também são aceitos; não entraremos nos detalhes. Algumas observações importantes:

1. BIT e BIT VARYING foram acrescentados na SQL:1992 e foram novamente removidos na SQL:2003 (!).

2. Apesar de seus nomes, (a) CLOB e BLOB são, na realidade, tipos de *string* (eles não têm nada a ver com objetos no sentido do Capítulo 25); (b) BLOB, em particular, é apenas um tipo de string de *bytes* ou "octetos" (ele não tem nada a ver com números binários). Além disso, como os valores desses tipos podem ser muito grandes – às vezes, eles são chamados informalmente de *strings longas* –, a SQL oferece uma construção chamada *localizador* que (entre outras coisas) permite que sejam acessados aos poucos.

3. Os operadores de atribuição e comparação de igualdade estão disponíveis para todos esses tipos. A comparação de igualdade é essencialmente direta (mas veja o item 5). A instrução de atribuição se parece com isto:

```
SET <destino> = <origem> ;
```

Naturalmente, as atribuições também são realizadas implicitamente quando as buscas e atualizações de banco de dados são executadas. Contudo, a atribuição relacional como tal não é aceita.[11] Se a linha *r* for atualizada por meio de uma instrução no formato

```
UPDATE T SET C1 = exp1, ..., Cn = expn WHERE p ;
```

(sendo *r* aqui uma linha no resultado de *T* WHERE *p*), todas as expressões *exp1, ..., expn* são avaliadas antes que qualquer uma das atribuições individuais a *C1, ..., Cn* sejam executadas.

4. A tipagem forte é aceita, mas de forma limitada. Para ser específico, uma certa taxonomia pode ser imposta sobre os tipos embutidos, que os divide em 10 categorias disjuntas, assim:

- booleanos
- string de bits
- binários
- strings de caracteres
- numéricos
- data
- hora
- Timestamp (selo de tempo)
- intervalo de ano/mês
- intervalo de dia/hora

A verificação de tipo é realizada com base nessas 10 categorias (particularmente, em operações de atribuição e comparação de igualdade). Assim, por exemplo, uma tentativa de comparar um número com uma string de caracteres é inválida; contudo, uma tentativa de comparar dos números é válida, mesmo que esses números sejam de tipos numéricos diferentes, digamos, INTEGER e FLOAR (nesse exemplo, o valor INTEGER será forçado a passar para o tipo FLOAT antes que ocorra a comparação).

5. Especificamente para tipos de strings de caracteres – CHAR(n), CHAR VARYING(n) e CLOB(n) – as regras de verificação de tipo são bastante complexas. Os detalhes completos estão além do escopo deste livro, mas precisamos explicar resumidamente o caso de strings de caracteres de tamanho fixo (ou seja, o tipo CHAR(n)) em particular.

---

[11]Duas outras exceções são explicadas rapidamente no Capítulo 9, Seção 9.12, subseção "Restrições de tabelas básicas", e no Capítulo 10, Seção 10.6, subseção "Atualização de visões".

- *Comparação:* Se valores do tipo CHAR(*n1*) e CHAR(*n2*) forem comparados, o mais curto é conceitualmente preenchido à direita com espaços, para que tenha o mesmo tamanho do maior quando for feita a comparação.[12] Assim, por exemplo, as strings 'P2' (de tamanho dois) e 'P2 ' (de tamanho 3) são consideradas "comparativamente iguais".

- *Atribuição:* Se um valor do tipo CHAR(*n1*) for atribuído a uma variável do tipo CHAR(*n2*), então, antes que a atribuição seja feita, o valor de CHAR(*n1*) é preenchido com espaços à direita se *n1* < *n2*, ou truncado à direita se *n1* > *n2*, para que tenha o tamanho de *n2*. Será um erro se algum caractere que não for de espaço for perdido em qualquer operação de truncamento.

Para obter mais explicações e uma discussão mais completa, consulte a referência [4.20].

Tipos DISTINCT

A SQL aceita duas espécies de tipos definidos pelo usuário, tipos *DISTINCT* e tipos *estruturados*, ambos definidos por meio da instrução **CREATE TYPE**.[13] Consideramos os tipos DISTINCT nesta subseção e os tipos estruturados na próxima (usamos DISTINCT com letras maiúsculas para enfatizar o fato de que a palavra não está sendo usada neste contexto em seu sentido da linguagem natural, como em "tipos distintos"). A seguir, veja uma definição da SQL para o tipo DISTINCT PESO (compare com as diversas definições em **Tutorial D** para esse tipo na Seção 5.4):

```
CREATE TYPE PESO AS DECIMAL (5,1) FINAL ;
```

Em sua forma mais simples (ou seja, ignorando diversas especificações opcionais), a sintaxe é:

```
CREATE TYPE <nome de tipo> AS <representação> FINAL ;
```

Aqui está um exemplo:
Aqui estão alguns comentários:

1. A especificação FINAL obrigatória é explicada no Capítulo 20.

2. A *<representação>* é o nome de outro tipo (e o tipo em questão não pode ser definido pelo usuário ou gerado). Em particular, observe que, dadas essas regras considerando a *<representação>*, não podemos definir nosso tipo PONTO pela Seção 5.3 como um tipo SQL DISTINCT.

3. Observe, ainda, que a *<representação>* especifica não uma representação possível, conforme discutimos anteriormente neste capítulo, mas a representação *física* real do tipo DISTINCT em questão. De fato, a SQL não possui qualquer noção de "reprpos". Uma consequência dessa omissão é que não é possível definir um tipo DISTINCT – ou um tipo estruturado, pelo mesmo motivo – com duas ou mais reprpos's distintas.

4. Não há nada semelhante à especificação CONSTRAINT de **Tutorial D**. No caso do tipo PESO, por exemplo, não há como especificar que, para cada valor de PESO, o valor DECIMAL(5,1) correspondente precisa ser maior que zero (!) ou menor que 5.000.

5. Os operadores de comparação que se aplicam ao tipo DISTINCT sendo definido são exatamente aqueles que se aplicam à representação física básica. *Nota:* Além da atribuição (ver item 8), outros operadores que se aplicam à representação física *não* se aplicam ao tipo DISTINCT. Por exemplo, nenhuma das expressões a seguir é válida, mesmo que PS seja do tipo PESO:

```
PS + 14.7    PS * 2    PS + PS
```

---

[12]Aqui, estamos considerando que PAD SPACE se aplica a tais comparações [4.20].
[13]Ela também aceita algo a que chama de *domínio*, mas os domínios da SQL não têm nada a ver com os domínios no sentido relacional. A referência [4.20] discute os detalhes a respeito dos domínios da SQL.

6. Os operadores "seletor" e "THE_" *são* aceitos. Por exemplo, se NP é uma variável de host do tipo DECIMAL(5,1), então a expressão PESO(:NP) retorna o valor do peso correspondente, e se PS for uma coluna do tipo PESO, então a expressão DECIMAL(PS) retorna o valor de DECIMAL(5,1) correspondente.[14] Logo, as seguintes instruções SQL são válidas:

```
DELETE
FROM    P
WHERE   PESO = PESO ( 14.7 ) ;

EXEC SQL DELETE
        FROM    P
        WHERE   PESO = PESO ( :NP ) ;

EXEC SQL DECLARE Z CURSOR FOR
        SELECT DECIMAL ( PESO ) AS DPS
        FROM    P
        WHERE   PESO > PESO ( :NP ) ;
```

7. Com uma exceção importante (ver item 8), a tipagem forte se aplica aos tipos DISTINCT. Observe, particularmente, que as comparações entre os valores de um tipo DISTINCT e os valores do tipo de representação básico não são válidas. Logo, as seguintes instruções SQL *não* são válidas, mesmo que (como antes) NP seja do tipo DECIMAL(5,1):

```
DELETE
FROM    P
WHERE   PESO = 14.7 ;              / * aviso -- inválido !!! */

EXEC SQL DELETE
        FROM    P
        WHERE   PESO = :NP ;       / * aviso -- inválido !!! */

EXEC SQL DECLARE Z CURSOR FOR
        SELECT DECIMAL ( PESO ) AS DPS
        FROM    P
        WHERE   PESO > :NP ;       / * aviso -- inválido !!! */
```

8. A exceção mencionada no item 7 tem a ver com operações de atribuição. Por exemplo, se quisermos colocar algum valor de PESO em uma variável DECIMAL(5,1), é preciso que haja algum tipo de conversão. Agora, certamente podemos realizar essa conversão explicitamente, como aqui:

```
SELECT DECIMAL ( PESO ) AS DPS
INTO    :NP
FROM    P
WHERE   P# = P# ('P1') ;
```

Contudo, a instrução a seguir também é válida (e haverá uma coerção apropriada):

```
SELECT PESO
INTO    :NP
FROM    P
WHERE   P# = P# ('P1') ;
```

Comentários semelhantes também se aplicam a operações INSERT e UPDATE.

---

[14]Na realidade, DECIMAL(PS) não é válida sintaticamente no padrão SQL:1999, mas espera-se que se torne válida no SQL:2003. Observe, no entanto, que (ao contrário dos operadores THE_ em **Tutorial D**) isso não pode ser usado como uma pseudovariável.

9. Operadores CAST explícitos também podem ser definidos para conversão de, para ou entre tipos DISTINCT. Não entraremos em detalhes aqui.

10. Operadores adicionais poderão ser definidos (e, mais tarde, removidos), conforme a necessidade. *Nota:* O termo da SQL para operadores é *rotinas*, e existem três tipos: *funções, procedimentos* e *métodos*. (Funções e procedimentos correspondem mais ou menos aos nossos operadores somente de leitura e de atualização, respectivamente; os métodos se comportam como funções, mas são chamados por meio de um estilo sintático diferente.)[15] Assim, poderíamos definir uma função – na verdade, uma função polimórfica – chamada SOMAPESO, permitindo que duas variáveis sejam somadas, não importa se elas são valores PESO ou DECIMAL(5,1) ou uma mistura dos dois. Logo, todas as expressões a seguir seriam válidas:

```
SOMAPESO ( PS, 14.7 )
SOMAPESO ( 14.7, PS )
SOMAPESO ( PS, PS )
SOMAPESO ( 14.7, 3.0 )
```

Outras informações com relação a rotinas SQL poderão ser encontradas nas referências [4.20] e [4.28]. Detalhes adicionais estão além do escopo deste livro.

11. A instrução a seguir é usada para remover um tipo definido pelo usuário:

```
DROP TYPE <nome de tipo> <comportamento> ;
```

Aqui, *<comportamento>* é RESTRICT ou CASCADE; informalmente, RESTRICT significa que o DROP falhará se o tipo estiver atualmente em uso em algum lugar, enquanto CASCADE significa que o DROP sempre terá sucesso e causará um DROP...CASCADE implícito para tudo o que estiver atualmente usando o tipo (!).

Tipos estruturados

Agora, passemos para os tipos estruturados. Aqui estão dois exemplos:

```
CREATE TYPE PONTO AS ( X FLOAT, Y FLOAT ) NOT FINAL ;

CREATE TYPE SEGLIN AS ( BEGIN PONTO, END PONTO ) NOT FINAL ;
```

(Na realidade o segundo exemplo falha, porque BEGIN e END são palavras reservadas em SQL, mas escolhemos desconsiderar esse ponto.) Em sua forma mais simples, então – ou seja, ignorando uma série de especificações opcionais –, a sintaxe para a criação de um tipo estruturado é:

```
CREATE TYPE <nome de tipo> AS <representação> NOT FINAL ;
```

Alguns comentários:

1. A especificação NOT FINAL é explicada no Capítulo 20. *Nota:* A SQL:20003 deverá permitir que a alternativa FINAL seja especificada em seu lugar.

2. A *<representação>* é uma *<lista_com_vírgulas de definições de atributos>* delimitada por parênteses, onde um *<atributo>* consiste em um *<nome de atributo>* seguido pelo *<nome de tipo>*. Contudo, observe atentamente que esses "atributos" não são atributos no sentido relacional, em parte porque os tipos estruturados não são tipos de relação (ver Capítulo 6). Além do mais, essa *<representação>* é a representação física real do tipo estruturado em questão, e não apenas alguma repre-

---

[15]Eles também, ao contrário de funções e procedimentos, envolvem alguma *ligação (binding) em tempo de execução* (ver Capítulo 20). *Nota:* O termo *método* e o significado ligeiramente estranho que precisa ser atribuído a ele em contextos como este derivam-se do mundo da orientação a objeto (ver Capítulo 25).

sentação possível. *Nota:* Porém, o projetista de tipos pode efetivamente ocultar esse fato – ou seja, o fato de que a representação é física – por uma escolha e um projeto sensato dos operadores. Por exemplo, dada a definição anterior do tipo PONTO, o sistema fornecerá automaticamente os operadores para expor a representação cartesiana (veja os pontos 3 e 6), mas o projetista de tipos também poderia oferecer operadores "manualmente", para expor uma representação polar.

3. Cada definição de atributo causa a definição automática de dois operadores associados (na realidade, "métodos"), um *observador* e um *mutator*, que oferecem funcionalidade semelhante à dos operadores THE_ da linguagem **Tutorial D**.[16] Por exemplo, se SL, P e Z são do tipo SEGLIN, PONTO e FLOAT, respectivamente, as seguintes atribuições são válidas:

```
SET Z = P.X             /* "observa" o atributo X do ponto P   */
SET P.X = Z ;           /* "muda" o atributo X do ponto P      */
SET X = SL.BEGIN.X ;    /* "observa" o atributo X do           */
                        /* atributo BEGIN de SL                */
SET LS.BEGIN.X = Z ;    /* "muda" o atributo X do atributo     */
                        /* BEGIN de LS                         */
```

4. Não há nada semelhante à especificação CONSTRAINT do **Tutorial D**.

5. Os operadores de comparação que se aplicam ao tipo estruturado sendo definido são especificados por meio de uma instrução **CREATE ORDERING** separada. Aqui estão dois exemplos:

```
CREATE ORDERING FOR PONTO EQUALS ONLY BY STATE ;

CREATE ORDERING FOR SEGLIN EQUALS ONLY BY STATE ;
```

EQUALS ONLY significa que "=" e "≠" (ou "< >"; este último é usado pela SQL como "não igual") são os únicos operadores de comparação válidos para os valores do tipo em questão. BY ESTADO significa que dois valores do tipo em questão são iguais se e somente se, para todo i, seus i-ésimos atributos forem iguais. Outras especificações CREATE ORDERING possíveis estão além do escopo deste livro; basta dizer que, por exemplo, a semântica de ">" também pode ser definida para um tipo estruturado, se for desejado. Contudo, observe que, se determinado tipo estruturado não tiver uma "ordenação" associada, então nenhuma comparação, **nem mesmo as comparações de igualdade**, poderá ser realizada sobre os valores desse tipo – um estado de coisas que possui consequências de longa duração, como você poderia imaginar.

6. Nenhum seletor é fornecido automaticamente, mas seu efeito pode ser obtido da seguinte maneira. Primeiro, a SQL não oferece automaticamente o que chama de *funções construtoras*, mas tais funções retornam o mesmo valor em cada invocação – a saber, esse valor do tipo em questão cujos atributos têm o valor *default* aplicável.[17] Por exemplo, a chamada de função construtora

```
PONTO ( )
```

retorna o ponto com os valores default X e Y. Agora, porém, podemos chamar imediatamente os mutatores X e Y (ver item 3) para obter o ponto que quisermos a partir do resultado da chamada

---

[16]Para sermos mais exatos, devemos dizer que os *mutators* da SQL não são realmente *mutators* no sentido convencional do termo (ou seja, eles não são operadores de atualização), mas podem ser usados de modo a conseguir a funcionalidade convencional de um *mutator*. Por exemplo, "SET P.X=Z" (que, na verdade, não contém explicitamente uma chamada de um *mutator*!) é definido como uma abreviação para "SET P=P.X(Z)" (que contém).

[17]O valor default para determinado atributo pode ser especificado como parte da definição de atributo correspondente. Se nenhum valor for especificado explicitamente, o valor default – "o default do default" – será NULL. *Nota:* Por motivos além do escopo deste livro, o default *precisa* ser NULL se o tipo do atributo for um tipo de linha ou um tipo definido pelo usuário (como PONTO), e precisa ser NULL ou vazio – especificado como ARRAY[ ] – se for um tipo de array. Assim, por exemplo, a chamada da função construtora SEGLIN( ) necessariamente retornará o segmento de linha cujos componentes BEGIN e END são NULL.

função construtora. Além do mais, podemos reunir a "construção" inicial e as "mutações" subsequentes em uma única expressão, conforme ilustramos no exemplo a seguir:

```
PONTO ( ) . X ( 5.0 ) . Y ( 2.5 )
```

Aqui é um exemplo mais complexo:

```
SEGLIN ( ) . BEGIN ( PONTO ( ) . X ( 5.0 ) . Y ( 2.5 ) )
           . END   ( PONTO ( ) . X ( 7.3 ) . Y ( 0.8 ) )
```

Nota: Opcionalmente, as chamadas de função construtora podem ser precedidas pela palavra NEW sem alterar a semântica. Por exemplo:

```
NEW SEGLIN ( ) . BEGIN ( NEW PONTO ( ) . X ( 5.0 ) . Y ( 2.5 ) )
               . END   ( NEW PONTO ( ) . X ( 7.3 ) . Y ( 0.8 ) )
```

7. A tipagem forte se aplica a tipos estruturados, exceção, possivelmente, conforme descrevemos no Capítulo 6, Seção 6.6 (Subseção "Tipos estruturas").

8. Operadores além daqueles que já foram mencionados podem ser definidos (e, mais tarde, removidos) conforme a necessidade.

9. Tipos estruturados e ordenações podem ser removidos. Esses tipos também podem ser "alterados" por meio de uma instrução ALTER TYPE – por exemplo, novos atributos podem ser acrescentados ou atributos existentes podem ser removidos (em outras palavras, a representação pode ser alterada).

Temos muito mais a discutir a respeito dos tipos estruturas da SQL no próximo capítulo (Seção 6.6) e nos Capítulos 20 e 26.

Geradores de tipos

A SQL aceita três geradores de tipos (em SQL, o termo é *construtores de tipos*): REF, ROW e ARRAY.[18] Neste capítulo, vamos discutir apenas sobre ROW e ARRAY, deixando REF para o Capítulo 26. Aqui está um exemplo ilustrando o uso de ROW:

```
CREATE TABLE CLIENTES
    ( CLI# CHAR(3),
      ENDE ROW ( RUA    CHAR(50),
                 CIDADE CHAR(25),
                 ESTADO CHAR(2),
                 CEP    CHAR(8) )
PRIMARY KEY ( CLI# ) ) ;
```

RUA, CIDADE, ESTADO e CEP, aqui, são os *campos* do tipo de linha gerado. Geralmente, esses campos podem ser de qualquer tipo, inclusive outros tipos de linha. As referências no nível de campo utilizam a qualificação de campo, como no exemplo a seguir (a sintaxe é *<exp>.<nome de campo>*, em que a *<exp>* precisa ter valor de linha):

```
SELECT CX.CLI#
FROM   CLIENTES AS CX
WHERE  CX.ENDE.ESTADO = 'PR' ;
```

Nota: CX aqui é um *nome correlacionado*. Nomes correlacionados são discutidos com detalhes no Capítulo 8 (Seção 8.6); aqui, observamos apenas que a SQL exige que nomes correlacionados explícitos sejam utilizados referências de campo, para evitar uma certa ambiguidade sintática que, de outra forma, poderia acontecer.

---

[18]O padrão SQL:2003 provavelmente incluirá MULTISET.

Veja agora um exemplo de INSERT:

```
INSERT INTO CLIENTES ( CLI#, ENDE )
VALUES ( '777', ROW ( 'Rua Sete de Setembro, 111'
                      'Rio de Janeiro', 'RJ', '20050002' ) ) ;
```

Observe a literal de linha neste exemplo (na realidade, ela deveria ser "literal de linha", entre aspas – formalmente, não existe uma literal de linha em SQL, e a expressão no exemplo é um *construtor de valor de linha*).

Mais um exemplo:

```
UPDATE CLIENTES AS CX
SET    CX.ENDE.STATE = 'SP'
WHERE  CLI# = '999';
```

Nota: Na verdade, atualmente o padrão não permite a atualização no nível de campo, como neste exemplo, mas a omissão parece ter sido uma distração.

O gerador de tipos ARRAY é semelhante. Veja um exemplo:

```
CREATE TABLE ITEM_VENDAS
    ( ITEM#  CHAR(5),
      VENDAS INTEGER ARRAY [12],
      PRIMARY KEY ( ITEM# ) ) ;
```

Os tipos gerados por meio de ARRAY são sempre unidimensionais. O tipo de elemento especificado (INTEGER, no exemplo) pode ser qualquer coisa, exceto outro tipo de array.[19] Considere a como um valor de algum tipo de array. Então, a pode conter qualquer quantidade n de elementos ($n \geq 0$), até o limite superior especificado (12, no exemplo), sem ultrapassá-lo. Se a contém exatamente n elementos ($n > 0$), então esses elementos são exatamente – e podem ser referenciados como – $a[1], a[2],..., a[n]$. A expressão CARDINALITY(a) retorna o valor n.

A seguir, veja alguns exemplos que utilizam a tabela ITEM_VENDAS. Observe a literal de array (ou "literal de array" – oficialmente, é um *construtor de valor de array*) no segundo exemplo.

```
SELECT ITEM#
FROM   ITEM_VENDAS
WHERE  VENDAS [3] > 10;

INSERT INTO ITEM_VENDAS ( ITEM#, VENDAS )
VALUES ( 'X4320',
         ARRAY [ 0, 0, 0, 0, 0, 0, 0, 0, 0, 0, 0, 0 ] ) ;

UPDATE ITEM_VENDAS
SET    VENDAS [3] = 10
WHERE  ITEM# = 'Z0564' ;
```

Encerramos esta seção observando que os operadores de atribuição e de comparação de igualdade se aplicam aos tipos ROW e ARRAY – a menos que o tipo ROW ou ARRAY em questão envolva um tipo de elemento para o qual a comparação de igualdade não seja definida, quando também não será definida para o tipo ROW ou ARRAY em questão.

---

[19]Essa restrição provavelmente será removida no padrão SQL:2003. De qualquer forma, o tipo do elemento pode ser um tipo de linha, e esse tipo de linha pode incluir um campo de algum tipo de array. Assim (por exemplo), a seguir definição de variável é válida:

```
VX ROW (FX INTEGER ARRAY [12]) ARRAY [12]
```

Depois disso, (por exemplo) VX[3].FX[5] refere-se ao quinto elemento do array que seja o único valor de campo dentro da linha que é o terceiro elemento do array que é o valor da variável VX.

5.8 RESUMO

Neste capítulo, tivemos uma visão completa da noção de **tipo de dados** (também conhecidos como domínios ou simplesmente tipos). Um tipo é um **conjunto de valores**: a saber, o conjunto de todos os valores que satisfazem a uma certa **restrição de tipo** (especificada em **Tutorial D** por uma classificação **REPRPOS**, incluindo uma especificação **CONSTRAINT** opcional). Todo tipo possui um conjunto de **operadores** (tanto operadores *somente de leitura* quanto operadores de *atualização*) para operações sobre valores e variáveis do tipo em questão. Os tipos podem ser simples ou complexos, como quisermos. Assim, podemos ter tipos cujos valores são números, strings, datas, horas, gravações de áudio, mapas, gravações de vídeo, pontos geométricos etc. Os tipos **restringem operações**, considerando-se que os operandos para determinada operação precisam ser dos tipos apropriados para essa operação (**tipagem forte**). A tipagem forte é uma boa ideia, porque permite que determinados erros lógicos sejam apanhados e, acima de tudo, apanhados em tempo de compilação, e não em tempo de execução. Observe que a tipagem forte possui implicações importantes para as operações relacionais em particular (junção, união etc.), como veremos no Capítulo 7.

Também discutimos sobre a importante *diferença lógica* entre **valores** e **variáveis**, e explicamos que a propriedade essencial de um valor é que *ele não pode ser atualizado*. Valores e variáveis sempre são tipados; também o são os *atributos* (relacionais), *operadores* (somente de leitura), *parâmetros* e, em geral, *expressões* de qualquer complexidade.

Os tipos podem ser **definidos pelo sistema** ou **definidos pelo usuário**; eles também podem ser **escalares** ou **não escalares**. Um tipo escalar não possui componentes visíveis para o usuário. (Os tipos *não* escalares mais importantes no modelo relacional são os tipos de relação, que são discutidos no próximo capítulo.) Distinguimos cuidadosamente entre um tipo e sua **representação física** (os tipos são uma questão de *modelo*, representações físicas são uma questão de *implementação*). Contudo, é preciso que cada tipo tenha pelo menos uma representação **possível** declarada (possivelmente, mais de uma). Cada uma dessas representações possíveis causa a definição automática de um operador **seletor** e, para cada componente dessa representação possível, um operador **THE_** (incluindo a pseudovariável THE_). Apoiamos as **conversões** de tipo explícitas, mas não as **coerções** de tipo implícitas. Também apoiamos a definição de qualquer quantidade de operadores adicionais para os tipos escalares, e exigimos que a **comparação de igualdade** e a **atribuição** (múltipla) sejam definidas para cada tipo

Também discutimos sobre **geradores de tipos**, que são operadores que retornam tipos (ARRAY é um exemplo). As restrições e operadores que se aplicam aos tipos gerados são derivados das restrições e operadores *genéricos* que estão associados ao gerador de tipos que se aplica.

Finalmente, esboçamos os recursos de tipo da SQL. A SQL oferece uma série de tipos **embutidos** – BOOLEAN, INTEGER, DATE, TIME e assim por diante (evidentemente, cada um com seu conjunto de operadores associado) –, mas aceita somente uma forma limitada de tipagem forte com relação a esses tipos. Ela também permite que os usuários definam seus próprios tipos, divididos em tipos **DISTINCT** e tipos **estruturados**, e possui suporte para certos **geradores de tipos** (ARRAY e ROW, além de REF). Oferecemos uma análise de toda essa funcionalidade da SQL em termos das ideias apresentadas anteriormente no capítulo.

EXERCÍCIOS

5.1 Descreva as regras de tipo para os operadores de atribuição (":=") e comparação de igualdade ("=")

5.2 Faça a distinção entre:

> valor e variável
> tipo e representação
> representação física e representação possível
> escalar e não escalar
> operador somente de leitura e operador de atualização

5.3 Explique os seguintes termos em suas próprias palavras:

coerção	pseudovariável
gerador de tipos	seletor
literal	tipagem forte
operador polimórfico	tipo gerado
operador THE_	tipo ordinal

5.4 Por que as pseudovariáveis são desnecessárias do ponto de vista lógico?

5.5 Defina um operador que, dado um número racional, retorne o cubo desse número.

5.6 Defina um operador que, dado um ponto com coordenadas cartesianas x e y, retorna o ponto com coordenadas cartesianas $f(x)$ e $g(y)$, em que f e g são operadores predefinidos.

5.7 Repita o Exercício 5.6, mas torne o operador em um operador de atualização.

5.8 Dê uma definição de tipo para um tipo escalar chamado CIRCLE. Que seletores e operadores THE_ se aplicam a esse tipo? Além disso:

    a. Defina um conjunto de operadores somente de leitura para calcular o diâmetro, a circunferência e a área de determinado círculo.

    b. Defina um operador de atualização para dobrar o raio de determinado círculo (mais precisamente, para atualizar determinada variável CIRCLE de modo que seu valor de círculo seja inalterado, exceto que o raio seja o dobro do que era antes).

5.9 Dê alguns exemplos de tipos para os quais poderia ser útil definir duas ou mais representações possíveis distintas. Você pode imaginar um exemplo no qual representações possíveis distintas para o mesmo tipo têm diferentes números de componentes?

5.10 Dado um catálogo para o banco de dados de departamentos e empregados, mostrado no esboço da Figura 3.6, no Capítulo 3, como esse catálogo poderia ser estendido para levar em consideração os tipos definidos pelo usuário e os operadores?

5.11 Em que tipos as próprias variáveis de relações do catálogo estão definidas?

5.12 Dê um conjunto apropriado de definições de tipo escalares para o banco de dados de fornecedores, peças e projetos (ver Figura 4.5, repetida no início do livro). Não tente escrever as definições de RelVar.

5.13 Explicamos, na Seção 5.3, que é estritamente incorreto dizer que (por exemplo) a quantidade para certa remessa seja 100 ("uma quantidade é um valor do tipo QDE, e não um valor do tipo INTEGER"). Como consequência, a Figura 4.5 é um tanto incorreta, já que ela finge *ser* correto pensar, por exemplo, em quantidades como inteiros. Dada sua resposta ao Exercício 5.12, mostre o modo correto de referir-se aos diversos valores escalares na Figura 4.5.

5.14 Dada sua resposta ao Exercício 5.12, quais das seguintes expressões escalares são válidas? Para as que são válidas, indique o tipo do resultado; para as outras, mostre uma expressão válida para o que parece ser o efeito desejado.

    a. `J.CIDADE = P.CIDADE`

    b. `JNOME || PNOME`

    c. `QDE * 100`

    d. `QDE + 100`

    e. `STATUS + 5`

    f. `J.CIDADE < F.CIDADE`

    g. `COR = P.CIDADE`

    h. `J.CIDADE = P.CIDADE || 'burgo'`

5.15 Às vezes, sugere-se que os tipos também são realmente variáveis, como variáveis de relações. Por exemplo, os números de funcionário válidos podem crescer de três dígitos para quatro enquanto uma empresa se expande, de modo que poderíamos precisar atualizar "o conjunto de todos os números de empregados possíveis". Explique.

5.16 Dê os correspondentes em SQL de todas as definições de tipo das Seções 5.3 e 5.4.

5.17 Dê uma resposta SQL ao Exercício 5.12.

5.18 Em SQL:

    a. O que é um tipo DISTINCT? Como são chamados genericamente os valores de um tipo DISTINCT? Existe algo como um tipo indistinto?

    b. O que é um tipo estruturado? Como os valores de um tipo estruturado são chamados genericamente? Existe algo como um tipo não estruturado?

5.19 Explique os termos *função observadora, mutator e construtora* usados na SQL.

5.20 Quais são as consequências do operador "=" não sendo definido para algum tipo determinado?

5.21 Um tipo é um conjunto de valores, de modo que poderíamos definir um tipo *vazio* como sendo o tipo (necessariamente exclusivo), no qual o conjunto em questão é vazio. Você poderia pensar em algum uso para esse tipo?

5.22 "A SQL não possui literais de linha ou array formais." Explique e justifique essa observação.

5.23 Considere o tipo PONTO em SQL, conforme definido na subseção "Tipos estruturados" da Seção 5.7. Esse tipo possui uma representação envolvendo coordenadas cartesianas X e Y. O que acontece se substituirmos esse tipo por um tipo revisado PONTO, com uma representação envolvendo, em vez disso, coordenadas polares R e θ?

5.24 Qual é a diferença entre os operadores COUNT e CARDINALITY da SQL? *Nota:* COUNT é discutido no Capítulo 8, Seção 8.6.

REFERÊNCIA E BIBLIOGRAFIA

5.1 J. Craig Cleaveland: *An Introduction to Data Types*, Reading, Mass.: Addison-Wesley (1986).

CAPÍTULO 6

Relações

6.1 Introdução

6.2 Tuplas

6.3 Tipos de relações

6.4 Valores de relações

6.5 Variáveis de relações

6.6 Recursos de SQL

6.7 Resumo

Exercícios

Referências e bibliografia

6.1 INTRODUÇÃO

No capítulo anterior, discutimos sobre tipos, valores e variáveis em geral; agora, voltamos nossa atenção para os tipos de relação, valores e variáveis em particular. E como as relações são montadas a partir de tuplas (falando de modo informal), precisamos examinar também os tipos, valores e variáveis de tuplas. Contudo, observe imediatamente que as tuplas não são tão importantes por si próprias, pelo menos de um ponto de vista relacional; sua importância está principalmente no fato de que formam um degrau necessário no caminho para as relações.

6.2 TUPLAS

Começaremos definindo precisamente o termo *tupla*. Dada uma coleção de tipos Ti ($i = 1, 2, ... n$), não necessariamente todas distintas, um **valor de tupla** (tupla, para abreviar) sobre esses tipos – digamos, t – é um conjunto de triplas ordenadas, na forma $<Ai,Ti,vi>$, em que Ai é um **nome de atributo**, Ti é um **nome de tipo**, e vi é um **valor** do tipo Ti, e:

- O valor n é o **grau** ou **aridez** de t.

- A tripla ordenada $<Ai,Ti,vi>$ é um **componente** de t.

- O par ordenado $<Ai,Ti>$ é um **atributo** de t, e é identificado exclusivamente pelo nome de atributo Ai (nomes de atributo Ai e Aj são iguais somente se $i = j$). O valor vi é o **valor de atributo** para o atributo Ai de t.[1] O tipo Ti é o **tipo de atributo** correspondente.

- O conjunto completo de atributos é o **cabeçalho** de t.

- O **tipo de tupla** de t é determinado pelo cabeçalho de t, e o cabeçalho e esse tipo de tupla possuem os mesmos atributos (e, portanto, os mesmos nomes e tipos de atributo) e o mesmo grau de t. O **nome do tipo de tupla** é exatamente:

```
TUPLE { A1 T1, A2 T2, ..., An Tn }
```

Aqui está um exemplo de tupla:

PRINC_P# : P#	SEC_P# : P#	QDE : QDE
P2	P4	7

Aqui, os nomes de atributo são PRINT_P#, SEC_P# e QDE; os nomes de tipo correspondentes são P#, P# novamente e QDE, e os valores correspondentes são P#('P2'), P#('P4') e QDE(7) (para simplificar, esses valores foram abreviados para apenas P2, P4 e 7, respectivamente, no quadro anterior). O grau dessa tupla é três. Seu cabeçalho é:

PRINC_P# : P#	SEC_P# : P#	QDE : QDE

E seu tipo é:

```
TUPLE { PRINC_P# P#, SEC_P# P#, QDE QDE }
```

Nota: É comum em contextos informais omitir os nomes de tipo de um cabeçalho de tupla, mostrando apenas os nomes de atributo. Informalmente, portanto, poderíamos representar a tupla indicada desta forma:

PRINC_P#	SEC_P#	QDE
P2	P4	7

Em **Tutorial D,** a expressão a seguir poderia ser usada para indicar a tupla sobre a qual estamos discutindo:

```
TUPLE { PRINC_P# P#('P2'), SEC_P# P#('P4'), QDE QDE(7) }
```

(um exemplo de uma chamada de seletor de tupla – veja na próxima subseção). Observe nesta expressão, particularmente, que os tipos dos atributos de tupla são determinados de modo não ambíguo pelos valores de atributo especificados (por exemplo, atributo MINOR_P# é do tipo P#, pois o valor de atributo correspondente é do tipo P#).

Propriedades das tuplas

As tuplas satisfazem a uma série de propriedades importantes, todas elas consequências imediatas das definições apresentadas até aqui nesta seção. Especificamente:

---

[1]Naturalmente, há uma diferença lógica entre um nome de atributo e um atributo em si. Apesar desse fato, normalmente usamos expressões como "atributo Ai", informalmente, para indicar o atributo cujo *nome* é Ai (na realidade, fizemos exatamente isso várias vezes no capítulo anterior).

- Cada tupla contém exatamente um valor (do tipo apropriado) para cada um de seus atributos.

- Não existe ordenação da esquerda para a direita nos componentes de uma tupla. Essa propriedade acontece porque uma tupla é definida para chamar um *conjunto* de componentes, e os conjuntos na matemática não possuem qualquer ordenação em seus elementos.

- Cada subconjunto de uma tupla é uma tupla (e cada subconjunto de um cabeçalho é um cabeçalho). Mais que isso, esses comentários são verdadeiros para um subconjunto vazio em particular! – veja no próximo parágrafo.

Mais terminologia: Diz-se que uma tupla de grau um é *unária*, uma tupla de grau dois é *binária*, uma tupla de grau três é *ternária* (e assim por diante); geralmente, uma tupla de grau n é considerada n-ária.[2] Uma tupla de grau zero (ou seja, uma tupla sem componentes) é considerada *nulária*. Vamos explicar resumidamente esta última possibilidade. Aqui está uma tupla nulária em notação **Tutorial D**:

```
TUPLE { }
```

Às vezes, referimo-nos a uma tupla de grau zero mais explicitamente como uma "0-tupla", a fim de enfatizar o fato de que ela não possui componentes. Agora, pode parecer que uma 0-tupla provavelmente não será muito útil na prática; porém, na verdade, acontece que o conceito é muito importante. Falaremos mais sobre isso na Seção 6.4.

O gerador de tipos TUPLE

O **Tutorial D** oferece um gerador de tipo TUPLE, que pode ser chamado na definição de (por exemplo) algum atributo de RelVar ou alguma variável de tupla.[3] Aqui está um exemplo do último caso:

```
VAR ENDE TUPLE { RUA    CHAR,
                 CIDADE CHAR,
                 ESTADO CHAR,
                 CEP    CHAR } ;
```

Uma chamada ao gerador de tipo TUPLE tem o seguinte formato geral:

```
TUPLE { <lista_com_vírgulas de atributos> }
```

(em que cada *<atributo>* consiste em um *<nome de atributo>* seguido por um *<nome de tipo>*). O tipo de tupla produzido por uma chamada específica do gerador de tipo TUPLE – por exemplo, aquela mostrada na definição da variável ENDE – é, naturalmente, um tipo gerado.

Cada tipo de tupla possui um operador *seletor de tupla* associado. Veja um exemplo de uma chamada de seletor para o tipo de tupla mostrado na definição da variável ENDE:

```
TUPLE { RUA 'Rua Sete de Setembro, 111',
        CIDADE 'Rio de Janeiro', STATE 'RJ', CEP '20050002' }
```

A tupla indicada pela expressão poderia ser atribuída à variável de tupla ENDE, ou ter sua igualdade testada com outra tupla do mesmo tipo. Particularmente, observe que, para duas tuplas serem do mesmo tipo, é necessário e suficiente que elas tenham os mesmos atributos. Observe, também, que os atributos de determinado tipo de tupla podem ser de qualquer tipo (eles podem ainda ser de algum tipo de relação ou algum outro tipo de tupla).

---

[2] O termo *n-tupla* é usado às vezes em lugar de *tupla* (e assim podemos mencionar, por exemplo, 4-tuplas, 5-tuplas e assim por diante). Porém, é comum ignorar o prefixo "*n-*".

[3] As variáveis de tupla não fazem parte do modelo relacional, e não são permitidas dentro de um banco de dados relacional. Mas um sistema que aceita o modelo relacional provavelmente terá suporte total para variáveis de tupla dentro de aplicações individuais (ou seja, variáveis de tupla que sejam "locais à aplicação").

Operadores em tuplas

Já mencionamos rapidamente a respeito dos operadores de seleção, atribuição e comparação de igualdade de tuplas. Contudo, vale a pena explicar a semântica da igualdade de tuplas com detalhes, pois muita coisa nos próximos capítulos depende disso. Especificamente, todos os seguintes são definidos em termos de:

- Basicamente todos os operadores da álgebra relacional (ver Capítulo 7)

- Chaves candidatas (ver Capítulo 9)

- Chaves estrangeiras (novamente, ver Capítulo 9)

- Dependências funcionais e outras (ver Capítulos 11-13)

e outros, além destes. Portanto, aqui está uma definição precisa:

- **Igualdade de tuplas:** As tuplas $t1$ e $t2$ são **iguais** (ou seja, $t1 = t2$ é verdadeiro) se e somente se elas tiverem os mesmos atributos $A1, A2, ..., An$ e, para todo i ($i = 1,2, ..., n$), o valor $v1$ de Ai em $t1$ é igual ao valor $v2$ de Ai em $t2$.

- Além do mais – isso pode parecer óbvio, mas precisa ser dito –, as tuplas $t1$ e $t2$ são **duplicatas** uma da outra se e somente se foram iguais (significando que, de fato, são a mesma tupla).

Observe que essa é uma consequência imediata da definição anterior, de que todas as 0-tuplas são duplicatas uma da outra! Por esse motivo, podemos falar em termos de "a" 0-tupla, em vez de "uma" 0-tupla, e realmente fazemos isso.

Observe, também, que os operadores de comparação "<" e ">" *não* se aplicam a tuplas (ou seja, os tipos de tupla não são "tipos ordinais").

Além desse fato, a referência [3.3] propõe correspondentes de certos operadores relacionais bem conhecidos (que serão abordados no Capítulo 7) – projeto de tupla, junção de tupla e assim por diante. Esses operadores, em sua maior parte, são autoexplicativos; contentamo-nos aqui com apenas um exemplo, um projeto de tupla (na prática, esse operador provavelmente será o mais útil). Considere a variável ENDE definida na subseção anterior, e imagine que seu valor atual seja o seguinte:

```
TUPLE { RUA 'Rua Sete de Setembro, 111',
      CIDADE 'Rio de Janeiro', STATE 'RJ', CEP '20050002' }
```

Então, a **projeção de tupla**

```
ENDE { CIDADE, CEP }
```

indica a tupla

```
TUPLE { CIDADE 'Rio de Janeiro', CEP '20050002' }
```

Também precisamos **extrair** determinado valor de atributo de determinada tupla. Apenas como exemplo, se ENDE for o mesmo de antes, então a expressão

```
CEP FROM ENDE
```

indica o valor

```
'20050002'
```

Interface de tipo de tupla: Uma vantagem importante do esquema de nomeação de tipo de tupla, definido perto do início desta seção, é que isso facilita a tarefa de determinar o tipo de resultado de uma expressão de tupla qualquer. Por exemplo, considere novamente esta projeção de tupla:

```
ENDE { CIDADE, CEP }
```

Como já vimos, essa expressão é avaliada como uma tupla derivada do valor atual de ENDE "projetando para fora" os atributos RUA e ESTADO. E o tipo de tupla dessa tupla derivada é exatamente:

```
TUPLE { CIDADE CHAR, CEP CHAR }
```

Comentários semelhantes se aplicam a todas as expressões de tupla possíveis.

WRAP e UNWRAP: Considere os seguintes tipos de tupla:

```
TUPLE { NOME NOME, ENDE TUPLE { RUA    CHAR, CIDADE CHAR,
                                ESTADO CHAR, CEP    CHAR } }

TUPLE { NOME NOME, RUA    CHAR, CIDADE CHAR,
                   ESTADO CHAR, CEP    CHAR }
```

Vamos nos referir a esses tipos de tuplas como *TT1* e *TT2*, respectivamente. Observe, particularmente, que o tipo *TT1* inclui um atributo que, por si só, é de algum tipo de tupla (o grau de *TT1* é dois, e não cinco). Agora, considere NENDE1 e NENDE2 como variáveis de tupla dos tipos *TT1* e *TT2*, respectivamente. Logo:

- A expressão

```
NENDE2 WRAP { RUA, CIDADE, ESTADO, CEP } AS ENDE
```

apanha o valor atual de NENDE2 e *empacota* (*wrap*) os componentes RUA, CIDADE, ESTADO e CEP desse valor para gerar um único componente ENDE com o valor da tupla. Logo, o resultado da expressão é do tipo *TT1* e, portanto, a atribuição a seguir (por exemplo) é válida:

```
NENDE1 := NENDE2 WRAP { RUA, CIDADE, ESTADO, CEP } AS ENDE ;
```

- A expressão

```
NENDE1 UNWRAP ENDE
```

apanha o valor atual de NENDE1 e *desempacota* (*unwrap*) o componente ENDE (com valor da tupla) desse valor para gerar quatro componentes separados RUA, CIDADE, ESTADO e CEP. Logo, o resultado da expressão é do tipo *TT2* e, portanto, a atribuição a seguir (por exemplo) é válida:

```
NENDE2 := NENDE1 UNWRAP ENDE ;
```

Tipos de tuplas *versus* representações possíveis

Você pode ter observado uma certa semelhança entre a sintaxe do nosso *gerador de tipo TUPLE*, descrito nesta seção, e a sintaxe da nossa *representação possível declarada*, descrita no Capítulo 5 – ambos envolvendo uma lista de itens separados por vírgulas, em que cada item especifica o nome de algo e um nome de tipo correspondente –, e pode estar pensando se realmente existem dois conceitos aqui ou apenas um. Na verdade, existem dois conceitos (e a semelhança sintática não é importante). Por exemplo, se *X* é um tipo de tupla, então poderíamos muito bem querer apanhar uma projeção de algum valor desse tipo, conforme descrevemos na subseção anterior. Contudo, se *X* for uma representação possível de algum tipo escalar *T*, então não há como apanhar uma projeção de um valor desse tipo escalar *T*. Para ver uma discussão mais profunda, consulte a referência [3.3].

6.3 TIPOS DE RELAÇÕES

Agora, vamos passar para as relações. Nosso estudo está em paralelo com o das tuplas, na seção anterior; contudo, temos muito mais a dizer sobre relações do que para tuplas, e por isso dividimos o conteúdo em duas ou mais seções – a Seção 6.3 discute sobre os tipos de relações, a Seção 6.4 sobre valores de relações e a Seção 6.5 sobre RelVars (ou relvars).

Primeiro, vejamos uma definição exata do termo *relação*. Um **valor de relação** (ou relação, para abreviar), digamos *r*, consiste em um *cabeçalho* e um *corpo*,[4] no qual:

- O **cabeçalho** de *r* é um cabeçalho de tupla, conforme definido na Seção 6.2. A relação *r* tem os mesmos atributos (e, portanto, os mesmos nomes e tipos de atributos) e o mesmo grau do cabeçalho.

- O **corpo** de *r* é um conjunto de tuplas, todas com o mesmo cabeçalho; a cardinalidade desse conjunto é a **cardinalidade** de *r*. (Em geral, a *cardinalidade* de um conjunto é o número de elementos no conjunto.)

O **tipo de relação** de *r* é determinado pelo cabeçalho de *r*, e ele tem os mesmos atributos (e, portanto, nomes e tipos de atributos) e grau desse cabeçalho. O **nome do tipo de relação** é exatamente:

```
RELATION { A1 T1, A2 T2, ..., An Tn }
```

Aqui está um exemplo de relação (ele é semelhante, mas não idêntico, à relação mostrada na Figura 4.6, no Capítulo 4):

PRINC_P# : P#	SEC_P# : P#	QDE : QDE
P1	P2	5
P1	P3	3
P2	P3	2
P2	P4	7
P3	P5	4
P4	P6	8

O tipo dessa relação é:

```
RELATION { PRINC_P# P#, SEC_P# P#, QDE QDE }
```

É comum, em contextos informais, omitir os nomes de tipo do cabeçalho de uma relação, mostrando apenas os nomes de atributos. Informalmente, portanto, poderíamos representar a relação anterior desta forma:

PRINC_P#	SEC_P#	QDE
P1	P2	5
P1	P3	3
P2	P3	2
P2	P4	7
P3	P5	4
P4	P6	8

Em **Tutorial D**, a expressão a seguir poderia ser usada para indicar esta relação:

```
RELATION {
 TUPLE { PRINC_P# P#('P1'), SEC_P# P#('P2'), QDE QDE(5) } ,
 TUPLE { PRINC_P# P#('P1'), SEC_P# P#('P3'), QDE QDE(3) } ,
 TUPLE { PRINC_P# P#('P2'), SEC_P# P#('P3'), QDE QDE(2) } ,
 TUPLE { PRINC_P# P#('P2'), SEC_P# P#('P4'), QDE QDE(7) } ,
 TUPLE { PRINC_P# P#('P3'), SEC_P# P#('P5'), QDE QDE(4) } ,
 TUPLE { PRINC_P# P#('P4'), SEC_P# P#('P6'), QDE QDE(8) } }
```

Essa expressão é um exemplo de uma chamada de seletor de relação. O formato geral é:

```
RELATION [ <cabeçalho> ] { <lista_com_vírgulas exp tupla> }
```

---

[4]Em termos da imagem tabular de uma relação, o cabeçalho corresponde à linha de nomes de coluna e o corpo ao conjunto de linhas de dados. Portanto, o cabeçalho também é referenciado na literatura como um **esquema** de relação ou, às vezes, **esquema**. Ele também é chamado de **intensão** (a letra "s" é intencional) e, nesse caso, o corpo é chamado de **extensão**.

(em que o *<cabeçalho>* opcional, que é uma lista_com_vírgulas de *<atributo>*s delimitados em chaves, é obrigatório somente se a *<lista_com_vírgulas exp tupla>* for vazia). Naturalmente, todas as *<exp tupla>*s precisam ser do mesmo tipo de tupla, e o tipo dessa tupla precisa ser exatamente aquele determinado pelo *<cabeçalho>*, se houver um *<cabeçalho>* especificado.

Observe que, estritamente falando, uma relação não contém tuplas – ela contém um corpo, e esse corpo, por sua vez, contém tuplas. Informalmente, no entanto, é conveniente falarmos como se as relações contivessem tuplas diretamente, e seguiremos essa convenção simplificada no restante deste livro.

Assim como as tuplas, uma relação de grau um é considerada *unária*, uma relação de grau dois é *binária*, uma relação de grau três é *ternária* (e assim por diante); genericamente, uma relação de grau n é considerada *n-ária*. Uma relação de grau zero (ou seja, uma relação sem atributos) é considerada *nulária* (vamos discutir essa última possibilidade com detalhes na próxima seção). Além disso, observe que:

- Todo subconjunto de um cabeçalho é um cabeçalho (assim como as tuplas).

- Todo subconjunto de um corpo é um corpo.

Nos dois casos, o subconjunto em questão poderia ser o subconjunto vazio em particular.

O gerador de tipos RELATION

A linguagem **Tutorial D** oferece um gerador de tipos RELATION que pode ser chamado (por exemplo) na definição de alguma RelVar. Veja um exemplo:

```
VAR ESTRUTURA_PEÇA ...
    RELATION { PRINC_P# P#, SEC_P# P#, QDE QDE } ... ;
```

(Omitimos as partes irrelevantes dessa definição para simplificar o exemplo.) Em geral, o gerador de tipos RELATION tem a mesma forma do gerador de tipos TUPLE, exceto pelo aparecimento de RELATION no lugar de TUPLE. O tipo de relação produzido por uma chamada específica do gerador de tipos RELATION – por exemplo, aquela que acabamos de mostrar na definição da RelVar ESTRUTURA_PEÇA – é, naturalmente, um tipo gerado.

Todo tipo de relação possui um operador *seletor de relação* associado. Já vimos um exemplo de uma chamada de seletor para o tipo de relação que acabamos de ilustrar. A relação indicada por essa chamada de seletor poderia ser atribuída à RelVar ESTRUTURA_PEÇA, ou poderia ter sua igualdade testada com outra relação do mesmo tipo. Particularmente, observe que, para duas relações serem do mesmo tipo, é necessário e suficiente que elas tenham os mesmos atributos. Além disso, observe que os atributos de determinado tipo de relação podem ser de qualquer tipo (eles podem ainda ser de algum tipo de tupla ou de algum outro tipo de relação).

6.4 VALORES DE RELAÇÕES

Agora, podemos começar a examinar as relações (ou melhor, *valores* de relações) mais detalhadamente. O primeiro ponto a observar é que as relações satisfazem a certas propriedades, todas consequências imediatas da definição de *relação* dada na seção anterior e todas elas muito importantes. Primeiro, vamos enunciar brevemente as propriedades, para depois discuti-las em detalhes. As propriedades são as seguintes. Dentro de qualquer relação dada:

1. Cada tupla contém exatamente um valor (do tipo apropriado) para cada atributo.

2. Atributos não são ordenados da esquerda para a direita.

3. Tuplas não são ordenadas de cima para baixo.

4. Não existem tuplas em duplicata.

Usamos a relação de fornecedores da Figura 3.8 (veja uma cópia no início deste livro) para ilustrar essas propriedades. Por conveniência, mostramos essa relação novamente na Figura 6.1, exceto que agora expandimos o cabeçalho para incluir os nomes de tipos. *Nota*: O correto seria ter expandido também o corpo, para incluir os nomes de atributo e tipo. Por exemplo, a entrada F# para o fornecedor F1 deveria se parecer com algo deste tipo:

```
F# F# F#('F1')
```

F# : F#	FNOME : NOME	STATUS: INTEGER	CIDADE : CHAR
F1	Smith	20	Londres
F2	Jones	10	Paris
F3	Blake	30	Paris
F4	Clark	20	Londres
F5	Adams	30	Atenas

FIGURA 6.1 *A relação de fornecedores da Figura 3.8.*

Contudo, para simplificar, mantivemos o corpo mostrado originalmente na Figura 3.8.

1. *As relações são normalizadas.*

   Pelo que sabemos da Seção 6.2, toda tupla contém exatamente um valor para cada um de seus atributos; portanto, certamente segue-se que cada tupla em cada relação contém exatamente um valor para cada um de seus atributos. Uma relação que satisfaz a essa propriedade é considerada **normalizada** ou, de forma equivalente, diz-se que ela está na **primeira forma normal**, 1FN.[5] A relação da Figura 6.1 é normalizada nesse sentido.

   Nota: Essa propriedade particular pode parecer muito óbvia, e realmente é – em especial tendo em vista que, como você pode já ter percebido, *todas* as relações são normalizadas de acordo com a definição! Não obstante, a propriedade tem algumas consequências importantes. Consulte a subseção "Atributos de valores de relações", mais adiante nesta seção, e também o Capítulo 19 (sobre a falta de informações).

2. *Atributos não são ordenados da esquerda para a direita.*

   Já sabemos que os componentes de uma tupla não são ordenados da esquerda para a direita, e o mesmo acontece com os atributos de uma relação (basicamente pelo mesmo motivo, ou seja, que o cabeçalho de uma relação envolve um *conjunto* de atributos, e os conjuntos na matemática não possuem ordenação em seus elementos). Agora, quando apresentamos uma relação como uma tabela em papel, somos naturalmente forçados a mostrar as colunas dessa tabela em alguma ordem da esquerda para a direita, mas você deve ignorar essa ordem, se puder. Por exemplo, na Figura 6.1, as colunas poderiam muito bem ter sido mostradas na ordem (digamos) FNOME, CIDADE, STATUS, F# – a figura ainda representaria a mesma relação, pelo menos no que se refere ao modelo relacional.[6] Assim, não existe um "primeiro atributo" ou "segundo atributo" (etc.), assim como não existe um "próximo atributo" (ou seja, não existe um conceito de "sequência"); em outras palavras, os atributos são sempre referenciados pelo nome, nunca pela posição. Em consequência disso, a possibilidade de erros e de programação obscura é reduzida. Por exemplo, não há ou não deve haver um modo de subverter o sistema fazendo algo como "passar" de um atributo para outro. Essa situação contrasta com a que se encontra em muitos sistemas de programação, nos quais muitas vezes é possível explorar as adjacências físicas de itens logicamente discretos, seja de forma deliberada ou não, de diversas maneiras subversivas.

---

[5]Assim chamada porque certas formas normais "mais altas" – segunda, terceira etc. – também podem ser definidas (ver Capítulos 12 e 13).

[6]Por motivos com os quais não precisamos nos preocupar aqui, as relações na matemática, ao contrário de seus correspondentes no modelo relacional, possuem uma ordem da esquerda para a direita em seus atributos (o mesmo com as tuplas, é claro).

3. *Tuplas não são ordenadas de cima para baixo.*

Essa propriedade também resulta do fato de que o corpo da relação é um conjunto (de tuplas); em matemática, os conjuntos não são ordenados. Quando representamos uma relação como uma tabela no papel, somos forçados a mostrar as linhas dessa tabela em alguma ordem de cima para baixo, porém, mais uma vez, você deverá ignorar essa ordem, se puder. Na Figura 6.1, por exemplo, as linhas poderiam muito bem ter sido mostradas na sequência inversa – a figura ainda representaria a mesma relação. Assim, não há nada como "a primeira tupla" ou "a quinta tupla" ou "a 97ª tupla" de uma relação, nem existe algo como "a próxima tupla"; em outras palavras, não existe um conceito de endereçamento posicional e não existe um conceito de "sequência". Observe que, se tivéssemos tais conceitos, precisaríamos de certos operadores adicionais – por exemplo, "buscar a próxima tupla", "inserir esta nova tupla *aqui*", "mover esta tupla *daqui* para *ali*" por assim por diante. Esse é um recurso muito poderoso do modelo relacional (e uma consequência direta do *Princípio da Informação* de Codd) que, como há um e somente um modo de representar informações nesse modelo, precisamos de um e somente um conjunto de operadores para lidar com ele.

Para prosseguir um pouco mais com esse último ponto, na verdade, é axiomático que, se temos N maneiras diferentes de representar informações, então precisamos de N conjuntos de operadores diferentes. E se $N > 1$, então temos mais operadores para implementar, documentar, ensinar, aprender, lembrar e usar. Mas esses operadores extras aumentam muito a complexidade, e não o poder! Não há nada de útil que possa ser feito se $N > 1$ que não possa ser feito se $N = 1$. Retornaremos a essa questão no Capítulo 26 (ver referências [26.12-26.14] e [26.17]), e ele aparecerá novamente no Capítulo 27.

Mas voltemos especificamente às relações. Naturalmente, é preciso que haja alguma noção de ordem de tuplas de cima para baixo – e ordem de atributos da esquerda para a direita, pelo mesmo motivo – na interface entre o banco de dados e uma linguagem hospedeira como C ou COBOL (consulte a discussão sobre os cursores de SQL e sobre ORDER BY no Capítulo 4). Porém, é a linguagem hospedeira e não o modelo relacional que impõe essa exigência; com efeito, a linguagem hospedeira exige que conjuntos não ordenados sejam convertidos em listas ordenadas ou arrays (de tuplas), exatamente para que operações como "buscar a próxima tupla" podem ter significado. Da mesma forma, alguma noção de ordenação de tuplas também é necessária quando os resultados das consultas são apresentados ao usuário final. Contudo, essas noções não fazem parte do modelo relacional; em vez disso, elas se encontram somente no ambiente em que a implementação relacional reside.

4. *Não existem tuplas em duplicata.*

Essa propriedade resulta do fato de que o corpo da relação é um conjunto; em matemática, os conjuntos não são ordenados (o que equivale a dizer que os elementos são todos distintos). *Nota:* Essa propriedade ainda serve para ilustrar o fato de que uma relação e uma tabela não são a mesma coisa, pois uma tabela poderia conter linhas duplicadas (na ausência de qualquer disciplina para impedir tal possibilidade), enquanto uma relação, por definição, *nunca* contém quaisquer tuplas em duplicata.

Na verdade, deve ser óbvio que o conceito de "tuplas em duplicata" não faria qualquer sentido. Considere, para simplificar, que a relação da Figura 6.1 tivesse apenas dois atributos, F# e CIDADE, significando – ver Seção 6.5 – "o fornecedor F# está localizado na cidade CIDADE", e suponha que a relação contém uma tupla mostrando que é um "fato verdadeiro" que o fornecedor F1 está localizado em Londres. Então, se a relação contivesse uma duplicata dessa tupla (se isso fosse possível), ela simplesmente estaria afirmando esse mesmo "fato verdadeiro" uma segunda vez. Porém, se algo é verdadeiro, afirmá-lo duas vezes não o torna *mais* verdadeiro!

As referências [6.3] e [6.6] discutem com mais detalhes os problemas que podem ser causados por tuplas em duplicata.

Relações *versus* tabelas

Para fins de referência, apresentamos nesta subseção uma lista de algumas das principais diferenças entre (a) o objeto formal que é uma relação e (b) o objeto informal que é uma tabela, o qual é uma imagem informal no papel desse objeto formal:

1. Cada atributo no cabeçalho de uma relação envolve um nome de tipo, mas esses nomes de tipo normalmente são omitidos das figuras em forma de tabela.

2. Cada componente de cada tupla no corpo de uma relação envolve um nome de tipo e um nome de atributo, mas esses nomes de tipo e atributo normalmente são omitidos das figuras em forma de tabela.

3. Cada valor de atributo em cada tupla no corpo de uma relação é um valor do tipo a que se aplica, mas esses valores normalmente aparecem de algum formato abreviado – por exemplo, F1 em vez de F#('F') – nas figuras em forma de tabela.

4. As colunas de uma tabela possuem uma ordem da esquerda para a direita, mas não os atributos de uma relação. *Nota:* Uma implicação desse ponto é que as colunas poderiam ter nomes duplicados, ou até mesmo nenhum nome. Por exemplo, considere esta consulta SQL:

```
SELECT F.CIDADE, F.STATUS * 2, P.CIDADE
FROM   F, P ;
```

Quais são os nomes de coluna no resultado dessa consulta?

5. As linhas de uma tabela possuem uma ordem de cima para baixo, mas não as tuplas de uma relação.

6. Uma tabela poderia conter linhas em duplicata, mas uma relação não contém tuplas em duplicata.

   Essa não é uma lista completa das diferenças. Outras diferenças são:

   - O fato de que as tabelas normalmente são consideradas como tendo pelo menos uma coluna, enquanto as relações não precisam ter pelo menos um atributo (veja a subseção "Relações sem atributos", mais adiante nesta seção)

   - O fato de que as tabelas – pelo menos, na SQL – podem incluir NULL, enquanto as relações certamente não podem (ver Capítulo 19)

   - O fato de que as tabelas são "planas" (*flat*) ou bidimensionais, enquanto as relações podem ter *n* dimensões (ver Capítulo 22)

Por tudo isso, podemos concluir que, para concordar que uma figura tabular pode ser considerada corretamente como algo que representa uma relação, *temos que concordar em como "ler" tal figura*; em outras palavras, temos que concordar com certas **regras de interpretação** para tais figuras. Para sermos específicos, temos que concordar que existe um tipo básico para cada coluna; que cada valor de atributo é um valor do tipo relevante; que as ordens de linha e coluna são irrelevantes; e que linhas em duplicata não são permitidas. Se pudermos concordar com todas essas regras de interpretação, então – *e somente então* – podemos concordar que uma tabela é uma figura razoável para representar uma relação.

Assim, agora podemos ver que uma tabela e uma relação não são exatamente a mesma coisa (embora normalmente seja conveniente fazer de conta que são). Em vez disso, uma **relação** é o que a definição diz que ela é, um tipo de objeto um tanto abstrato, e uma **tabela** é uma figura concreta, normalmente no papel, de tal objeto abstrato. Repetindo, elas não são a mesma coisa. Naturalmente, são muito semelhantes... e, pelo menos nos contextos informais, é comum e perfeitamente aceitável dizer que são a mesma coisa. Mas, quando estamos tentando ser precisos – e neste momento *estamos* tentando ser –, então temos que reconhecer que os dois conceitos não são exatamente idênticos.

Dito isto, é preciso apontar também que, de fato, é uma grande vantagem do modelo relacional que seu objeto abstrato básico, a relação, tenha tal representação simples no papel. É essa representação simples que torna os sistemas relacionais fáceis de usar e de entender, facilitando a compreensão do modo como os sistemas relacionais se comportam. Apesar disso, infelizmente também acontece que essa representação simples sugere algumas coisas que não são verdadeiras (por exemplo, que existe uma ordem de tuplas de cima para baixo).

Atributos de valor de relação

Como vimos na Seção 6.3, qualquer tipo pode ser usado como base para a definição de atributos relacionais em geral. Então, os tipos de relação em particular, visto que certamente são tipos, podem ser usados como base para a definição de atributos de relações; em outras palavras, os atributos podem ter **valor de relação**, significando que podemos ter relações contendo atributos cujos valores sejam eles próprios relações. Em outras palavras, podemos ter relações que tenham outras relações aninhadas dentro de si mesmas. Um exemplo é mostrado na Figura 6.2. Observe, a respeito dessa relação, que (a) o atributo PQ dessa relação é de valor de relação; (b) a cardinalidade e o grau são cinco; e, em particular, (c) o conjunto vazio de peças fornecidas pelo fornecedor P5 é representado por um valor de PQ que é um conjunto vazio (mais precisamente, por uma relação vazia).

F#	FNOME	STATUS	CIDADE	PQ	
F1	Smith	20	Londres	**P#**	**QDE**
				P1	300
				P2	200
				..	...
				P6	100
F2	Jones	10	Paris	**P#**	**QDE**
				P1	300
				P2	400
..	.....	..	......	....	
F5	Adams	30	Atenas	**P#**	**QDE**

FIGURA 6.2 *Uma relação como valor de um atributo.*

Nossa principal razão para mencionarmos aqui de modo explícito a possibilidade de atributos cujos valores são relações é que, historicamente, essa possibilidade tem sido considerada inválida. De fato, ela foi considerada dessa forma nas edições anteriores deste livro. Por exemplo, o texto a seguir é um trecho ligeiramente editado da sexta edição deste livro:

Observe que *todos os valores de colunas são atômicos...* Ou seja, em cada posição de linha e coluna de cada tabela sempre há exatamente um valor de dados, nunca um grupo de diversos valores. Assim, por exemplo, na tabela EMP, temos:

DEPTO#	EMP#
D1	E1
D1	E2
..	..

em vez de:

DEPTO#	EMP#
D1	E1,E2
..	..

A coluna EMP# na segunda versão dessa tabela é um exemplo daquilo que se costuma chamar de **grupo repetido**. Um grupo repetido é uma coluna... que contém diversos valores em cada linha (em geral, diferentes números de valores em diferentes linhas). *Os bancos de dados relacionais não permitem grupos repetidos*; a segunda versão da tabela anterior não seria permitida em um sistema relacional.

E, mais adiante no mesmo livro, encontramos: "Domínios (ou seja, tipos) contêm somente valores atômicos... [Por isso], *relações não contêm grupos repetidos*. Uma relação que satisfaz a essa condição é dita normalizada ou, de forma equivalente, diz-se que ela está na primeira forma normal... O termo *relação* sempre assume o significado de uma relação normalizada no contexto do modelo relacional."

Contudo, essas observações não são corretas (pelo menos não em sua totalidade): elas surgiram de uma compreensão errada por parte deste autor sobre a verdadeira natureza dos tipos (domínios). Por questões a serem discutidas no Capítulo 12 (na Seção 12.6), é improvável que esse equívoco tenha causado quaisquer erros sérios na prática; apesar disso, ainda devo desculpas a qualquer pessoa que possa ter sido prejudicada por ele. Pelo menos, a sexta edição estava correta quando afirmava que as relações no modelo relacional eram sempre normalizadas! Mais uma vez, consulte o Capítulo 12, onde há uma discussão adicional.

Relações sem atributos

Toda relação possui um conjunto de atributos; e, como o conjunto vazio certamente também é um conjunto, conclui-se que deve ser possível que uma relação tenha um conjunto vazio de atributos ou, em outras palavras, nenhum atributo. (Não se confunda: Normalmente falamos sobre "relações vazias", significando relações cujo corpo é um conjunto vazio de tuplas, mas aqui, ao contrário, estamos falando sobre relações cujo *cabeçalho* é um conjunto vazio de *atributos*.) Assim, as relações sem atributos pelo menos são respeitáveis do ponto de vista matemático. O que talvez seja mais surpreendente é o fato de que elas são extremamente importantes também do ponto de vista prático!

Para examinar essa noção mais atentamente, primeiro temos que considerar a questão de se uma relação sem atributos pode conter alguma tupla. A resposta (novamente, talvez de forma surpreendente) é *sim*. Para ser mais específico, essa relação pode conter *no máximo uma* tupla: a saber, a 0-tupla ou seja, a tupla sem componentes; ela não pode conter mais de uma tupla, pois todas as 0-tuplas são duplicatas uma da outra). Assim, existem exatamente duas relações de grau zero – uma que contém apenas uma tupla, e uma que não contém tupla alguma. Essas duas relações são tão importantes que, segundo Darwen [6.5], temos apelidos definidos para elas: chamamos a primeira de TABLE_DEE e a outra de TABLE_DUM, ou DEE e DUM, para abreviar (DEE é a relação com uma tupla; DUM é a vazia). *Nota:* É difícil desenhar figuras dessas relações! Pensar em relações como tabelas convencionais, de certa forma, não funciona no caso de DEE e DUM.

Por que DEE e DUM são tão importantes? Existem várias respostas mais ou menos relacionadas a essa pergunta. Uma delas é que elas desempenham um papel importante na álgebra relacional – ver Capítulo 7 – que é semelhante, de certa forma, ao papel desempenhado pelo conjunto vazio na teoria de conjuntos ou zero na aritmética comum. Outra tem a ver com o significado das relações (ver referência [6.5]); basicamente, DEE significa VERDADEIRO, ou *sim*, e DUM significa FALSO, ou *não*. Em outras palavras, elas têm *os significados mais fundamentais de todos*. (Uma boa forma de lembrar quem é quem é por meio dos sons: DEE faz lembrar de "sim", e DUM faz lembrar de "não".)

Em **Tutorial D**, as expressões TABLE_DEE e TABLE_DUM podem ser usadas como uma abreviação para as chamadas do seletor de relação

```
RELATION { } { TUPLE { } }
```

e

```
RELATION { } { }
```

respectivamente.

Não é possível entrar em mais detalhes sobre esse assunto neste contexto; basta dizer que você encontrará DEE e DUM muitas vezes nas próximas páginas. Para ler mais a respeito, consulte a referência [6.5].

Operadores e relações

Mencionamos rapidamente a respeito dos operadores relacionais de seleção, atribuição e comparação de igualdade na Seção 6.3. Naturalmente, os operadores de comparação "<" e ">" *não* se aplicam a relações; contudo, as relações certamente estão sujeitas a outros tipos de comparações, além da simples igualdade, conforme explicamos em seguida.

Comparações relacionais: Começamos definindo uma nova espécie de *<exp booleana>*, *<comp relação>*, com a seguinte sintaxe:

```
<exp relação> <op comp relação> <exp relação>
```

As relações indicadas pelas duas *<exp relação>*s precisam ser do mesmo tipo, e *<op comp relação>* precisa ser um dos seguintes:

=	(igual)
≠	(não igual)
⊆	(subconjunto de)
⊂	(subconjunto próprio de)
⊇	(superconjunto de)
⊃	(superconjunto próprio de)

Então, permitimos que um *<comp relação>* apareça sempre que uma *<exp booleana>* for esperada – por exemplo, em uma cláusula WHERE. Aqui estão alguns exemplos:

1. `F { CIDADE } = P { CIDADE }`
   Significado: A projeção de fornecedores sobre CIDADE é igual à projeção de peças sobre CIDADE?

2. `F { F# } ⊃ FP { F# }`
   Significado (consideravelmente parafraseado): Existem fornecedores que não fornecem peça alguma?

Uma comparação relacional em particular, constantemente necessária na prática, é um teste para ver se determinada relação é igual a uma relação vazia do mesmo tipo (ou seja, uma que não contenha tuplas). É útil que haja uma abreviação para esse caso em particular. Portanto, definimos a expressão

```
IS_EMPTY ( <exp relacional> )
```

para retornar TRUE se a relação indicada pela *<exp relacional>* for vazia; caso contrário, ela retorna FALSE.

Outros operadores: Outro requisito comum é poder testar se determinada tupla *r* aparece em determinada relação *r*:

```
t ∈ r
```

Essa expressão retorna TRUE se *t* aparece em *r* e FALSE se não aparece ("∈" é o operador de *inclusão em conjunto*; a expressão *t   r* pode ser pronunciada como "*t* pertence a *r*", ou "*t* é um membro de *r*" ou, de forma mais simples, apenas "*t* [está] em *r*").

Também precisamos de um modo de extrair a única tupla de uma relação de cardinalidade um:

```
TUPLE FROM r
```

Essa expressão gera uma exceção se *r* não tiver exatamente uma tupla; caso contrário, ela retorna exatamente essa única tupla.

Além dos operadores discutidos até aqui, também existem todos os operadores genéricos – junção, restrição, projeção etc. – dos quais se compõe a álgebra relacional. Deixamos um tratamento detalhado desses operadores para o próximo capítulo.

Inferência de tipo de relação: Assim como o esquema de nomeação do tipo de tupla, descrito na Seção 6.2, facilita a tarefa de determinar o tipo de resultado de uma expressão de tupla qualquer, também o esquema de nomeação do tipo de relação, descrito na Seção 6.3, facilita a tarefa de determinar o tipo do resultado de uma expressão relacional qualquer. O Capítulo 7 entra em mais detalhes sobre essa questão; aqui, vamos nos contentar com um exemplo simples. Dada a RelVar de fornecedores F, a expressão

```
F { F#, CIDADE }
```

gera um resultado (uma relação) cujo tipo é:

```
RELATION { F# F#, CIDADE CHAR }
```

Comentários semelhantes se aplicam a todas as expressões relacionais possíveis.

ORDER BY: Para fins de apresentação, é muito importante dar suporte para um operador ORDER BY, como na SQL (ver Capítulo 3). Omitimos aqui uma definição detalhada, pois a semântica certamente é óbvia. Observe, no entanto, que:

- ORDER BY funciona (efetivamente) classificando tuplas em alguma sequência especificada, embora "<" e ">" não sejam definidos para tuplas (!).

- ORDER BY não é um operador *relacional*, pois o que ele retorna não é uma relação.

- ORDER BY não é uma *função*, pois geralmente existem muitas saídas possíveis para determinada entrada.

Como exemplo desse último ponto, considere o efeito da operação ORDER BY CIDADE sobre a relação de fornecedores da Figura 6.1. Logicamente, essa operação pode retornar qualquer um de quatro resultados distintos. Ao contrário, os operadores da álgebra relacional certamente são funções – para determinada entrada, sempre há uma saída possível.

6.5 VARIÁVEIS DE RELAÇÃO

Agora, vamos passar para as variáveis de relação (*RelVars* também é um termo utilizado). Lembre-se de que, no Capítulo 3, vimos que as RelVars existem em duas variedades, as *RelVars básicas* e as *visões* (também chamadas RelVars reais e virtuais, respectivamente). Nesta seção, consideraremos principalmente as RelVars básicas (as visões serão discutidas com detalhes no Capítulo 10); porém, observe que o que for dito aqui com relação a *RelVars*, não qualificadas, serve para RelVars em geral, inclusive visões.

Definição de RelVar básica

Aqui está a sintaxe para se definir uma RelVar básica:

```
VAR <nome variável relação> BASE <tipo relação>
        <lista def chave candidata>
        [ <lista def chave estrangeira> ] ;
```

O <*tipo relação*> assume este formato:

```
RELATION { <lista_com_vírgulas de atributos> }
```

(essa, na verdade, é uma chamada do gerador de tipos RELATION, conforme discutimos na Seção 6.3). O parâmetro *<lista def chave candidata>* e o parâmetro opcional *<lista def chave estrangeira>* serão examinados em seguida. Aqui, para tomarmos como exemplo, estão as definições de RelVars básicas para o banco de dados de fornecedores e peças (uma repetição da Figura 3.9):

```
VAR F BASE RELATION
    { F#      F#,
      FNOME   NOME,
      STATUS  INTEGER,
      CIDADE  CHAR }
    PRIMARY KEY { F# } ;

VAR P BASE RELATION
    { P#      P#,
      PNOME   NOME,
      COR     COR,
      PESO    PESO,
      CIDADE  CHAR }
    PRIMARY KEY { P# } ;

VAR FP BASE RELATION
    { F#      F#,
      P#      P#,
      QDE     QDE }
    PRIMARY KEY { F#, P# }
    FOREIGN KEY { F# } REFERENCES F
    FOREIGN KEY { P# } REFERENCES P ;
```

Explicação:

1. Os **tipos** (de relações) dessas três RelVars básicas são os seguintes:

   ```
   RELATION { F# F#, FNOME NOME, STATUS INTEGER, CIDADE CHAR }

   RELATION { P# P#, PNOME NOME, COR COR, PESO PESO, CIDADE CHAR }

   RELATION { F# F#, P# P#, QDE QDE }
   ```

2. Os termos *cabeçalho*, *corpo*, *atributo*, *tupla*, *grau* (e assim por diante), já definidos para valores de relações, são todos interpretados da maneira óbvia de modo a se aplicarem também a RelVars.

3. Todos os valores possíveis de qualquer RelVar determinada são do mesmo tipo de relação – ou seja, o tipo de relação especificado (indiretamente, se determinada RelVar for uma visão) na definição da RelVar – e, por conseguinte, têm o mesmo cabeçalho.

4. Quando uma RelVar básica é definida, ela recebe um valor inicial que é relação vazia do tipo apropriado.

5. As definições de chaves candidatas são explicadas em detalhes no Capítulo 9. Antes desse ponto, simplesmente partiremos do princípio de que cada definição de RelVar básica inclui exatamente uma *<def chave candidata>*, com o seguinte formato em particular:

   ```
   PRIMARY KEY { <lista_com_vírgulas de nomes de atributos> }
   ```

6. As definições de chaves estrangeiras também são explicadas no Capítulo 9.

7. A definição de uma nova RelVar faz com que o sistema crie entradas no catálogo para descrever essa RelVar.

8. Como explicamos no Capítulo 3, as RelVars, assim como as relações, possuem um **predicado** correspondente: a saber, o predicado que é comum a todas as relações que são valores possíveis da RelVar em questão. No caso da RelVar de fornecedores F, por exemplo, o predicado é semelhante a este:

   O fornecedor com número de fornecedor F# está sob contrato, é chamado de FNOME, possui status STATUS e está localizado na cidade CIDADE.

9. Consideramos que existe um meio de especificar **valores default** para os atributos das RelVars básicas. O valor default (ou padrão) para determinado atributo é um valor que deve ser colocado na posição do atributo se o usuário não fornecer um valor explícito ao inserir alguma tupla. A sintaxe apropriada em **Tutorial D** para especificar os defaults poderia tomar a forma de uma nova cláusula na default da RelVar básica, DEFAULT { *<lista_com_vírgulas esp default>* }, digamos, onde cada *<esp default>* assume a forma *<nome atributo> <default>*. Por exemplo, poderíamos especificar DEFAULT { STATUS 0, CIDADE '' } na definição da RelVar de fornecedores, F. *Nota:* Os atributos de chave candidata normalmente, embora não invariavelmente, não terão um default (ver Capítulo 19).

Aqui está a sintaxe para se descartar uma RelVar básica existente:

```
DROP VAR <nome variável relação> ;
```

Essa operação define o valor da RelVar especificada como uma relação "vazia" (ou seja, em termos informais, elimina todas as tuplas na RelVar), e então elimina todas as entradas de catálogo para aquela RelVar. Agora, a RelVar não mais será conhecida pelo sistema. *Nota:* Por simplicidade, consideramos que a operação DROP falhará se a RelVar em questão ainda estiver sendo usada em algum lugar – por exemplo, se ela for utilizada como referência em alguma definição de visão em algum lugar.

Atualização de RelVars

O modelo relacional inclui uma operação de **atribuição relacional** para atribuir valores a – isto é, *atualizar* – RelVars (em particular, RelVars básicas). Aqui está a sintaxe em **Tutorial D**, ligeiramente simplificada:

```
<atribuição relacional>
   ::=   <lista_com_vírgulas indicação relação> ;

<indicação relação>
   ::=   <nome variável relação> := <exp relação> ;
```

A semântica é explicada a seguir.[7] Em primeiro lugar, todas as *<exp relação>*s no lado direito das *<indicação relação>*s são avaliadas; depois, as *<indicação relação>*s são executadas na sequência em que são escritas. A execução de uma *<indicação relação>* individual envolve a atribuição do resultado da relação a partir da avaliação da *<exp relação>*, no lado direito da RelVar identificada pelo *<nome variável relação>*, para o lado esquerdo (substituindo o valor anterior dessa RelVar). Naturalmente, a relação e a RelVar precisam ser do mesmo tipo.

Para exemplificar, suponha que tivéssemos recebido duas outras RelVars básicas F' e FP', com os mesmos tipos da RelVar de fornecedores F e da RelVar de remessas FP, respectivamente:

```
VAR F' BASE RELATION
   { F# F#, FNOME NOME, STATUS INTEGER, CIDADE CHAR } ... ;

VAR FP' BASE RELATION
   { F# F#, P# P#, QDE QDE } ... ;
```

---

[7] Exceto conforme observado na nota de rodapé 9 do Capítulo 5.

Então, aqui estão alguns exemplos válidos de *<atribuição relacional>*:

1. `F' := F, FP' := FP ;`

2. `F' := F WHERE CIDADE = 'Londres' ;`

3. `F' := F WHERE NOT ( CIDADE = 'Paris' ) ;`

Observe que cada *<indicação relação>* individual pode ser considerada como (a) *retornando* a relação especificada no lado direito, e também como (b) *atualizando* a RelVar especificada no lado esquerdo.

Agora, suponha que o segundo e o terceiro exemplos sejam alterados, por meio da substituição da RelVar F' no lado esquerdo pela RelVar F em cada caso:

2. `F := F WHERE CIDADE = 'Londres' ;`

3. `F := F WHERE NOT ( CIDADE = 'Paris' ) ;`

Observe que essas duas atribuições são ambas efetivamente *atualizações da RelVar F* – uma delas de fato elimina todos os fornecedores que não estão em Londres, e a outra elimina todos os fornecedores de Paris. Por conveniência, **Tutorial D** não admite operações INSERT, DELETE e UPDATE explícitas, mas cada uma dessas operações é definida como a versão reduzida de uma determinada *<indicação relação>*. Aqui estão alguns exemplos:

1.
```
INSERT F RELATION { TUPLE {F#      F# ( 'F6' ),
                    FNOME  NOME ( 'Smith' ),
                    STATUS 50,
                    CIDADE 'Roma' } } ;
```

Atribuição equivalente:
```
F   :=  F UNION RELATION { TUPLE { F#      F# ( 'F6' ),
                           FNOME  NOME ( 'Smith' ),
                           STATUS 50,
                           CIDADE 'Roma' } } ;
```

A propósito, observe que essa atribuição terá sucesso se a tupla especificada para o fornecedor F6 já existir na RelVar F. Na prática, poderíamos melhorar a semântica do INSERT para gerar uma exceção se for feita uma tentativa de "inserir uma tupla que já existe". Contudo, por simplicidade, ignoramos essa melhoria aqui. Comentários semelhantes também se aplicam a DELETE e UPDATE.

2. `DELETE F WHERE CIDADE = 'Paris' ;`

Atribuição equivalente:

`F   :=  F WHERE NOT ( CIDADE = 'Paris' ) ;`

3.
```
UPDATE F WHERE CIDADE = 'Paris'
            { STATUS := 2 * STATUS,
              CIDADE := 'Roma' } ;
```

Atribuição equivalente:
```
F := WITH ( F WHERE CIDADE = 'Paris' ) AS T1 ,
        ( EXTEND T1 ADD ( 2 * STATUS AS NOVO_STATUS,
```

```
                    'Roma' AS NOVA_CIDADE ) ) AS T2 ,
        T2 { ALL BUT STATUS, CIDADE } AS T3 ,
        ( T3 RENAME ( NOVO_STATUS AS STATUS,
                      NOVA_CIDADE AS CIDADE ) ) AS T4 :
  ( F MINUS T1 ) UNION T4 ;
```

Como você pode ver, a atribuição equivalente é um pouco complicada neste caso – de fato, ela conta com vários recursos que não serão explicados com detalhes antes do próximo capítulo. Por esse motivo, omitimos aqui mais discussões a respeito dela.

Para fins de consulta, aqui está um resumo ligeiramente simplificado da sintaxe de INSERT, DELETE e UPDATE:

```
INSERT INTO <nome variável relação> <exp relacional> ;

DELETE <nome variável relação> [ WHERE <exp booleana> ] ;

UPDATE <nome variável relação> [ WHERE <exp booleana> ]
                     { <lista_com_vírgulas atualização atributos> } ;
```

Por sua vez, uma *<atualização atributo>* assume este formato:

```
<nome atributo> := <exp>
```

Além disso, a *<exp booleana>* em DELETE e UPDATE pode incluir referências a atributos da RelVar de destino, com a semântica óbvia.

Encerramos esta subseção destacando o fato de que as operações de atribuição relacional e, consequentemente, INSERT, DELETE e UPDATE, são todas operações em **nível de conjunto**.[8] Por exemplo, UPDATE atualiza um *conjunto* de tuplas na RelVar de destino, falando-se de modo informal. Com frequência, falaremos informalmente de (por exemplo) atualizar alguma tupla individual, mas deve ficar bastante claro que:

1. Na realidade, estamos falando sobre a atualização de um *conjunto* de tuplas, um conjunto que nesse caso tem cardinalidade um.

2. Às vezes, é impossível atualizar um conjunto de tuplas de cardinalidade um!

Vamos supor, por exemplo, que a RelVar de fornecedores esteja sujeita à restrição de integridade (consulte o Capítulo 9) de que os fornecedores F1 e F4 devem ter o mesmo status. Então, qualquer operação UPDATE de "tupla única" que tentar alterar o status de apenas um desses dois fornecedores deverá *necessariamente* falhar. Em vez disso, ambos devem ser atualizados ao mesmo tempo, assim:

```
UPDATE F WHERE F# = F# ( 'F1' ) OR F# = F# ( 'F4' )
        { STATUS := algum valor } ;
```

Prosseguindo mais um pouco com o ponto anterior, devemos acrescentar agora que falar (como temos feito) em "atualizar uma tupla" (ou um conjunto de tuplas) é na realidade algo bastante equivocado. Tuplas, como relações, são *valores* e *não podem* ser atualizadas, por definição. Assim, o que realmente queremos dizer quando falarmos em "atualizar a tupla *t* para *t'*", por exemplo, é que estamos **substituindo** a tupla *t* (ou melhor, o *valor* da tupla *t*) por outra tupla *t'* (que é, mais uma vez, um *valor* de tupla).[9] Observações desse tipo também se aplicam a frases como "atualizar o atributo *A*" (em alguma tupla). Neste livro, continuare-

---

[8]A propósito, observamos que, por definição, as formas CURRENT de DELETE e UPDATE em SQL – ver Seção 4.6 – são em nível de *tupla* (ou em nível de linha) e, portanto, são contraindicadas.

[9]Naturalmente, nada disso quer dizer que não podemos atualizar *variáveis* de tupla. Porém, como explicamos na Seção 6.2, a noção de uma variável de tupla não faz parte do modelo relacional, e os bancos de dados relacionais não contêm tais variáveis.

mos a falar em termos de "atualizar tuplas" ou "atualizar atributos de tuplas" – a prática é conveniente –, mas é preciso entender que tal uso é apenas uma abreviação, e não deve ser considerada ao pé da letra.

Variáveis de relações e sua interpretação

Concluímos esta seção com um lembrete de que (conforme explicamos no Capítulo 3, Seção 3.4) (a) o cabeçalho de qualquer relação dada pode ser considerado um **predicado,** e (b) as tuplas dessa relação podem ser consideradas **proposições verdadeiras,** obtidas a partir do predicado pela substituição dos parâmetros desse predicado por argumentos do tipo apropriado ("instanciação do predicado"). Podemos dizer que o predicado correspondente a determinada RelVar é a **interpretação pretendida** (ou significado) da RelVar, e as proposições correspondentes às tuplas dessa RelVar são compreendidas, por convenção, como sendo verdadeiras. De fato, a Hipótese do Mundo Fechado (**Closed World Assumption,** também conhecida como **Closed World Interpretation**) diz que, se uma tupla que de outro modo seria válida – isto é, uma tupla em conformidade com o cabeçalho da RelVar – *não* aparecer no corpo da RelVar, então poderemos supor que a proposição correspondente é falsa. Ou seja, o corpo da RelVar contém em determinado momento *todas* as tuplas e *somente* as tuplas que correspondem a proposições verdadeiras nesse momento. Ainda temos muito a falar sobre esses assuntos no Capítulo 9.

6.6 RECURSOS DE SQL

Linhas

A SQL não tem suporte algum para tuplas, mas sim para *linhas,* que possuem uma ordem da esquerda para a direita em seus componentes. Dentro de determinada linha, os valores componentes – que são chamados *valores de coluna* se a linha estiver contida imediatamente em uma tabela, ou *valores de campo,* em caso contrário – são identificados principalmente por sua posição ordinal (mesmo que também tenham nomes, o que nem sempre acontece). Os tipos de linhas não possuem um nome de tipo de linha explícito. Um valor de linha pode ser "selecionado" (o termo SQL é *construído*) por meio de uma expressão – na realidade, um *<construtor de valor de linha>* – no seguinte formato:

```
[ ROW ] ( <lista_com_vírgulas exp> )
```

Os parênteses podem ser omitidos se a *lista_com_vírgulas* tiver apenas uma *<exp>*; a palavra-chave ROW precisa ser omitida nesse caso; de outra forma, ela será opcional. A *lista_com_vírgulas* não pode ser vazia (a SQL não aceita uma "0-linha"). Aqui está um exemplo:

```
ROW ( P#('P2'), P#('P4'), QDE(7) )
```

Essa expressão indica uma linha de grau três.

Como vimos no Capítulo 5, a SQL também aceita um *construtor de tipo* ROW (seu equivalente ao gerador de tipos TUPLE em **Tutorial D**), que pode ser chamado na definição de, por exemplo, alguma coluna da tabela ou alguma variável.[10] Aqui está um exemplo desse último caso:

```
DECLARE ENDE ROW ( RUA    CHAR(50),
                   CIDADE CHAR(25),
                   ESTADO CHAR(2),
                   CEP    CHAR(8) );
```

Os atributos e as comparações de linha são aceitos, com o detalhe de que a única tipagem forte que se aplica é a forma limitada descrita no Capítulo 5, Seção 5.7. Portanto, observe particularmente que o fato de *r1* = *r2* ser verdadeiro não significa que as linhas *r1* e *r2* são a mesma linha. Além do mais, "<" e ">"

---

[10]Não se confunda: O "construtor do *valor* de linha" da SQL é basicamente um seletor de tuplas, enquanto seu "construtor de *tipo* de linha" é basicamente o gerador de tipos TUPLE (de modo bastante informal!).

são operadores de comparação de linha válidos! Porém, os detalhes dessas comparações são complicados, e não serão explicados aqui; consulte a referência [4.20] para obter mais informações.

A SQL não aceita novas versões de qualquer um dos operadores relacionais normais ("projeção de linha", "junção de linha" etc.), e nem oferece equivalentes diretos para WRAP e UNWRAP. Ela também não aceita qualquer "inferência de tipo de linha" – mas este último ponto talvez não seja muito importante, visto que, de qualquer forma, a SQL possui pouco suporte para operadores de linha.

Tipos de tabelas

A SQL não tem suporte para relações; em vez disso, ela utiliza *tabelas*. O corpo de uma tabela em SQL não é um conjunto de tuplas, mas uma *sacola (bag) de linhas* (uma sacola, também conhecida como um *multiconjunto*, é uma coleção que, como um conjunto, não possui ordem, mas, diferente de um conjunto, permite elementos em duplicata); assim, as colunas de tal tabela possuem uma ordem da esquerda para a direita, e pode haver linhas em duplicata. (Porém, em todo este livro, aplicaremos certas disciplinas para garantir que as linhas em duplicata nunca ocorram, mesmo em contextos de SQL.) A SQL não usa os termos *cabeçalho* ou *corpo*.

Os tipos de tabelas não possuem um nome de tipo de tabela explícito. Um valor pode ser "selecionado" (mais uma vez, o termo em SQL é *construído*) por meio de uma expressão – na realidade, um *<construtor valor tabela>* – no seguinte formato:

```
VALUES <lista_com_vírgulas construtor valor linha>
```

(no qual a *lista_com_vírgulas* não pode ser vazia). Assim, por exemplo, a expressão

```
VALUES ( P#('P1'), P#('P2'), QDE(5) ) ,
       ( P#('P1'), P#('P3'), QDE(3) ) ,
       ( P#('P2'), P#('P3'), QDE(2) ) ,
       ( P#('P2'), P#('P4'), QDE(7) ) ,
       ( P#('P3'), P#('P5'), QDE(4) ) ,
       ( P#('P4'), P#('P6'), QDE(8) )
```

é avaliada como uma tabela semelhante à relação mostrada na Seção 6.3, exceto por não conter nomes de coluna explícitos.

Na realidade, a SQL não possui um equivalente explícito ao gerador de tipos RELATION. Ela também não tem suporte para um operador de atribuição de tabela explícito (embora aceite instruções INSERT, DELETE e UPDATE explícitas). Ela também não oferece suporte para quaisquer operadores de comparação de tabelas (nem mesmo "="). Porém, ela permite o uso de um operador para testar se determinada linha aparece em determinada tabela:

```
<construtor valor linha> IN <exp tabela>
```

Ela também oferece um equivalente ao operador TUPLE FROM:

```
( <exp tabela> )
```

Se uma expressão desse tipo aparecer onde uma linha individual é necessária, e se a *<exp tabela>* indicar uma tabela que contenha exatamente uma linha, então essa linha será retornada; caso contrário, uma exceção será gerada. *Nota:* A propósito, devemos explicar que *<nome tabela>* não é uma *<exp tabela>* válida (!).

Valores e variáveis de tabela

Infelizmente, a SQL utiliza o mesmo termo *tabela* para indicar um valor de tabela e uma variável de tabela. Portanto, nesta seção, o termo *tabela* precisa ser entendido como indicando ou um valor de tabela ou uma variável de tabela, conforme o contexto. Primeiro, então, veja a sintaxe SQL para a definição de uma tabela básica:

```
CREATE TABLE <nome de tabela básica>
        ( <lista_com_vírgulas de elementos de tabela básica> ) ;
```

em que cada *<elemento de tabela básica>* é uma *<definição de coluna>* ou uma *<restrição>*:[11]

- As *<restrições>* especificam certas restrições de integridade que se aplicam à tabela básica em questão. Adiaremos a discussão detalhada dessas restrições até o Capítulo 9, exceto para observar que, por permitirem linhas em duplicata, as tabelas SQL não necessariamente possuem uma chave primária (ou, mais fundamentalmente, quaisquer chaves candidatas).

- As *<definições de colunas>* – deve haver pelo menos uma – assumem o seguinte formato geral:

```
<nome de coluna> <nome de tipo> [ <especificação default> ]
```

A *<especificação default>* opcional especifica um *valor default*, ou simplesmente *default*, que deve ser inserido na coluna aplicável se o usuário não fornecer um valor explícito em INSERT (consulte o Capítulo 4, Seção 4.6, subseção "Operações que não envolvem cursores", para ver um exemplo). Ela assume a forma "DEFAULT *<default>*" – em que *<default>* é um literal, um nome de operador embutido niládico,[12] ou a palavra-chave NULL (ver Capítulo 19). Se determinada coluna não tiver um default explícito, ela será considerada implicitamente como tendo o default NULL – isto é, NULL será o "default do default" (como de fato sempre acontece, no caso da SQL). *Nota:* Por motivos além do escopo deste livro, o default *precisa* ser NULL se a coluna for de um tipo definido pelo usuário (como já mencionamos no Capítulo 4). Ele também precisa ser NULL se as colunas forem de algum tipo de linha, e precisa ser NULL ou vazio (especificado como ARRAY[ ]) se a coluna for de um tipo de array.

Para examinar alguns exemplos de CREATE TABLE, consulte a Figura 4.1 do Capítulo 4. Observe que (como já sabemos), a SQL não tem suporte para colunas com valor de tabela, e nem tabelas sem coluna alguma. Ela aceita ORDER BY, junto com equivalentes à maioria dos operadores da álgebra relacional (ver Capítulos 7 e 8). Contudo, suas regras para "inferência de tipo de tabela" (embora necessariamente existam) pelo menos são parcialmente implícitas; elas também são complicadas, e omitiremos os detalhes neste ponto.

Uma tabela básica existente pode ser descartada por meio desta sintaxe:

```
DROP TABLE <nome de tabela básica> <comportamento> ;
```

em que (como no caso de DROP TYPE, no Capítulo 5), *<comportamento>* é RESTRICT ou CASCADE. Informalmente, RESTRICT significa que o DROP falhará se a tabela estiver sendo utilizada em algum lugar, enquanto CASCADE significa que a instrução DROP sempre terá sucesso e causará um DROP...CASCADE implícito para tudo o que estiver atualmente usando a tabela.

Em seguida, uma tabela básica existente também pode ser *alterada* a qualquer momento por meio da instrução ALTER TABLE. Os seguintes tipos de "alterações" são admitidos:

- Uma nova coluna pode ser acrescentada.

- Um novo default pode ser definido para uma coluna existente (substituindo o anterior, se houver).

- Um default de uma coluna existente pode ser eliminado.

- Uma coluna existente pode ser excluída.

- Uma nova restrição de integridade pode ser especificada.

- Uma restrição de integridade existente pode ser excluída.

---

[11]Um *<elemento de tabela básica>* também pode ter a forma LIKE *T*, que permite que algumas ou todas as definições de coluna para a tabela básica sejam definidas para serem copiadas de alguma tabela de nome *T*, já existente.
[12]Um operador niládico é aquele que não utiliza operandos explícitos. CURRENT_DATE é um exemplo.

Daremos um exemplo somente do primeiro caso:

```
ALTER TABLE F ADD COLUMN DESCONTO INTEGER DEFAULT -1 ;
```

Essa instrução acrescenta uma coluna DESCONTO (do tipo INTEGER) à tabela básica de fornecedores. Todas as linhas existentes nessa tabela serão estendidas de quatro colunas para cinco; o valor inicial da nova quinta coluna será −1 em qualquer caso.

Finalmente, as instruções SQL INSERT, DELETE e UPDATE já foram discutidas no Capítulo 4.

Tipos estruturados

Aviso: As partes do padrão SQL que são relevantes a esta subseção são difíceis de compreender. O conteúdo a seguir é a melhor tentativa do autor de dar algum sentido a esse material.

Primeiro, repetindo do Capítulo 5 (Seção 5.7), este é um exemplo de uma definição de tipo estruturado:

```
CREATE TYPE PONTO AS ( X FLOAT, Y FLOAT ) NOT FINAL ;
```

Agora, o tipo PONTO pode ser usado na definição de variáveis e colunas. Por exemplo:

```
CREATE TABLE NENDE
    ( NOME ... ,
      END ... ,
      LOCAL PONTO ... ,
      ... );
```

Não dissemos isso muito explicitamente no Capítulo 5, mas pelo menos ficou implícito que os tipos estruturas da SQL eram especificamente escalares, assim como o equivalente em **Tutorial D** do tipo PONTO anterior era um tipo escalar. Contudo, em alguns aspectos, eles são mais próximos dos tipos de *tupla* do **Tutorial D**.[13] Certamente, é verdade que podemos acessar os componentes ("atributos") de determinado valor de PONTO, como se fosse um tupla. A sintaxe de qualificação de ponto é usada para essa finalidade, como nos exemplos a seguir (observe que nomes correlacionados explícitos são necessários, como indicam os exemplos):

```
SELECT NT.LOCAL.X, NT.LOCAL.Y
FROM   NENDE AS NT
WHERE  NOME = ... ;

UPDATE NENDE AS NT
SET    NT.LOCATION.X = 5.0
WHERE  NOME = ... ;
```

Quando usado como no exemplo anterior, um tipo estruturado em SQL comporta-se como se fosse uma linha simples (novamente, consulte a Seção 5.7, no Capítulo 5), exceto que:

- Os componentes são chamados de atributos, em vez de campos.

- Mais importante que isso, os tipos estruturados, ao contrário dos tipos de linha, possuem *nomes* (retornaremos a esse ponto no final desta seção).

Até aqui, então, os tipos estruturados da SQL parecem não ser muito difíceis de se entender. Mas – e sempre há um mas! – a história ainda não terminou.[14] Além do que já explicamos, a SQL também permite que uma tabela básica seja definida para ser de ("OF") algum tipo estruturado, quando diversas outras

---

[13]Exceto que os tipos estruturados possuem uma sequência da esquerda para a direita em seus atributos, enquanto os tipos de tupla não são ordenados.

[14]Nem é o que vem em seguida! Consulte os Capítulos 20 e 26 para obter mais informações.

considerações se tornam importantes. Para discutir algumas dessas considerações, vamos primeiro estender a definição do tipo PONTO, como a seguir:

```
CREATE TYPE PONTO AS ( X FLOAT, Y FLOAT ) NOT FINAL
      REF IS SYSTEM GENERATED ;
```

Agora, podemos definir uma tabela básica se "OF" for esse tipo – por exemplo:

```
CREATE TABLE PONTOS OF PONTO
    ( REF IS PONTO# SYSTEM GENERATED ... ) ;
```

Explicação:

1. Quando definimos um tipo estruturado T, o sistema automaticamente define um *tipo de referência* associado ("tipo REF"), chamado REF(T). Os valores do tipo REF(T) são "referências" às linhas dentro de alguma tabela básica[15] que foi definida para ser de ("OF") tipo T (ver item 3). No exemplo, portanto, o sistema define automaticamente um tipo chamado REF(PONTO), cujos valores são referências a linhas dentro de tabelas básicas que são definidas para serem de ("OF") tipo PONTO.

2. A especificação REF IS SYSTEM GENERATED em uma instrução CREATE TYPE significa que os valores reais do tipo REF associado são fornecidos pelo sistema (outras opções – por exemplo, REF IS USER GENERATED – estão disponíveis, mas estão omitidos os detalhes aqui). *Nota*: Na verdade, REF IS SYSTEM GENERATED é o default; portanto, em nosso exemplo, poderíamos ter deixado a definição original do tipo PONTO inalterada, se quiséssemos.

3. A tabela básica PONTOS foi definida para ser do ("OF") tipo estruturado PONTO. Contudo, a palavra-chave OF não é realmente muito apropriada, pois a tabela *não* é realmente "do" tipo em questão, e nem suas linhas o são![16]

   - Primeiro, se a tabela tivesse apenas uma coluna e essa coluna fosse do tipo estruturado em questão, digamos, *EST*, então *poderíamos* dizer – embora não em SQL! – algo com o efeito de que a tabela é do tipo TABLE(*EST*) e suas linhas são do tipo ROW(*EST*).

   - Porém, em geral, a tabela não tem apenas uma coluna; em vez disso, ela tem uma coluna para cada atributo de *EST*. Assim, no exemplo, a tabela básica PONTOS possui duas colunas X e Y; ela explicitamente *não* tem uma coluna do tipo PONTO.

   - Além do mais, essa tabela também possui uma coluna extra: a saber, a coluna do tipo REF aplicável. Contudo, a sintaxe para a definição dessa coluna não é a sintaxe normal de definição de coluna, mas sim algo como isto:

     ```
     REF IS <nome coluna> SYSTEM GENERATED
     ```

     A coluna extra é chamada *coluna de autorreferência*; ela é usada para conter IDs ou "referências" exclusivas para as linhas da tabela básica em questão. A ID para determinada linha é atribuída quando a linha é inserida e permanece associada a essa linha até que seja excluída. No exemplo, portanto, a tabela básica PONTOS, na realidade, possui *três* colunas (PONTO#, X e Y, nessa ordem), e não apenas duas. *Nota:* Não é totalmente claro o motivo pelo qual é necessário definir a tabela para ser de ("OF") algum tipo estruturado em primeiro lugar, em vez de simplesmente definir uma coluna apropriada no modo normal, a fim de obter essa funcionalidade de "ID exclusiva", mas nossas explicações estão de acordo com o modo como a SQL foi definida.

---

[15]Ou, possivelmente, alguma visão. Os detalhes do caso da visão estão além do escopo deste livro.

[16]Portanto, observe particularmente que, se o tipo declarado de algum parâmetro P de algum operador *Op* for algum tipo estruturado *EST*, uma linha de uma tabela básica que foi definida para ser "OF" tipo *EST* não poderá ser analisada como um argumento correspondente de uma chamada desse operador *Op*.

Como um parêntese, observamos que (talvez de modo surpreendente) uma coluna SYSTEM GENERATED pode ser uma coluna de destino em uma operação INSERT ou UPDATE, embora considerações especiais se apliquem. Não entraremos nos detalhes aqui.

4. A tabela PONTOS é um exemplo daquilo que o padrão chama, não muito corretamente, tanto de *tabela tipada* quanto de *tabela referenciável*. Como o próprio padrão informa: "Uma tabela ... cujo tipo de linha é derivado de um tipo estruturado é chamada de *tabela tipada*. Somente uma tabela básica ou uma visão podem ser uma tabela tipada." E, em outro lugar: "Uma tabela referenciável é necessariamente também uma *tabela tipada* ... Uma tabela tipada é chamada de tabela referenciável."

De certa forma, parece que os recursos apresentados anteriormente foram introduzidos ao padrão SQL:1999 principalmente para servir como base para incorporar algum tipo de "funcionalidade de objeto" à SQL,[17] e discutiremos essa funcionalidade com detalhes no Capítulo 26. Mas nada no padrão diz que os recursos em questão só podem ser usados em conjunto com essa funcionalidade, motivo pelo qual os descrevemos neste capítulo.

Um comentário final: Lembre-se, pelo que vimos no Capítulo 5, que não existe um operador "definir tipo de tupla" explícito em **Tutorial D**; em vez disso, há um gerador de tipos TUPLE genérico, que pode ser chamado (por exemplo) na definição de uma variável de tupla. Por conseguinte, os únicos nomes que os tipos de tuplas têm em **Tutorial D** são nomes no formato:

```
TUPLE { A1 T1, A2 T2, ..., An Tn }
```

Uma consequência importante é que fica imediatamente claro quando dois tipos de tuplas são de fato os mesmos, e quando duas tuplas são do mesmo tipo.

Agora, os tipos de linhas em SQL são semelhantes aos tipos de tuplas em **Tutorial D** com relação ao texto anterior. Mas os tipos estruturados são diferentes; *existe* um operador "definir tipo estruturado" explícito, e os tipos estruturados possuem nomes explícitos adicionais. Como um exemplo, considere as seguintes definições em SQL:

```
CREATE TYPE PONTO1 AS ( X FLOAT, Y FLOAT ) NOT FINAL;

CREATE TYPE PONTO2 AS ( X FLOAT, Y FLOAT ) NOT FINAL;

DECLARE V1 PONTO1 ;

DECLARE V2 PONTO2 ;
```

Observe atentamente que as variáveis V1 e V2 são de tipos diferentes. Assim, elas não podem ser comparadas entre si, e uma não pode ser atribuída à outra.

6.7 RESUMO

Neste capítulo, tivemos uma visão completa das relações e questões relacionadas a elas. Começamos definindo as **tuplas** com exatidão, enfatizando os pontos que (a) toda tupla contém exatamente um valor para cada um de seus atributos, (b) não existe uma sequência da esquerda para a direita para os atributos e (c) todo subconjunto de uma tupla é uma tupla, e todo subconjunto de um cabeçalho é um cabeçalho. Discutimos a respeito do **gerador de tipos TUPLE, seletores** de tuplas, **atribuição** e **igualdade** de tuplas, e outros operadores genéricos sobre tuplas.

Depois, passamos para as **relações** (significando, mais especificamente, *valores* de relações). Oferecemos uma definição precisa e explicamos que todo subconjunto de um corpo é um corpo, e (assim como

---

[17]O fato de que os tipos estruturados da SQL *sempre* têm um tipo REF associado, mesmo que esse tipo REF não tenha outra finalidade exceto quando o tipo estruturado em questão é usado como base para definir uma "tabela tipada", sugere que essa hipótese esteja correta.

nas tuplas), todo subconjunto de um cabeçalho é um cabeçalho. Discutimos sobre o **gerador de tipos RELATION** e **seletores** de relação, observando que os atributos de determinado tipo de relação podem ser de **qualquer tipo**, em geral.

Nota: É importante explicarmos esse último ponto resumidamente, pois há muita confusão em torno disso no setor. Você ouvirá declarações de que os atributos relacionais só podem ter tipos muitos simples (números, strings e assim por diante). Contudo, a verdade é que não há absolutamente nada no modelo relacional para dar suporte a tais afirmações. De fato, conforme explicamos no Capítulo 5, os tipos podem ser simples ou complexos, como quisermos, e por isso podemos ter atributos cujos valores são números, ou strings, ou datas, ou horas, ou gravações de áudio, ou mapas, ou gravações de vídeo, ou pontos geométricos etc.

Essa mensagem é tão importante – e tão mal entendida – que vamos citá-la novamente em outros termos:

> **A questão dos tipos de dados que são aceitos é relacionada à questão do suporte para o modelo relacional.**

Voltemos ao nosso resumo. Em seguida, prosseguimos para declarar certas propriedades a que todas as relações satisfazem:

1. Elas sempre são normalizadas.

2. Seus atributos não são ordenados da esquerda para a direita.

3. Suas tuplas não são ordenadas de cima para baixo.

4. Elas não possuem tuplas em duplicata.

Também identificamos algumas das principais diferenças entre relações e tabelas; discutimos sobre **atributos de valor de relação**; e consideramos rapidamente TABLE_DEE e TABLE_DUM, que são as únicas relações possíveis sem atributo algum. Descrevemos as **comparações relacionais** com alguns detalhes e vimos rapidamente alguns outros operadores sobre relações (incluindo **ORDER BY**, particularmente).

A propósito, em conjunto com operadores nas relações, você pode ter notado que discutimos a questão de operadores definidos pelo usuário para os tipos escalares com alguma profundidade no Capítulo 5, mas não fizemos o mesmo para os tipos de relação. O motivo é que a maior parte dos operadores relacionais que precisamos – restrição, projeção, junção, comparações relacionais e assim por diante – de fato está embutida no próprio modelo relacional e não exige qualquer "definição do usuário". (Mais que isso, essas operações são *genéricas*, pois se aplicam a relações de todos os tipos, informalmente falando.) Contudo, não há motivo para que esses operadores embutidos não sejam aumentados com um conjunto de operadores definidos pelo usuário, se o sistema oferecer um meio para defini-los.

Lembramos que o cabeçalho de uma determinada relação pode ser considerado um predicado e as tuplas dessa relação podem ser consideradas proposições verdadeiras, obtidas a partir do predicado pela substituição dos parâmetros do predicado por valores de argumentos com tipos apropriados.

Em seguida, passamos a considerar as **RelVars básicas**, explicando que, assim como as relações, as RelVars possuem **predicados**. A **Hipótese do Mundo Fechado** afirma que podemos supor que, se uma tupla que de outro modo seria válida não aparecer no corpo da RelVar, então a proposição correspondente será falsa.

Em seguida, discutimos sobre a **atribuição** relacional (e as abreviações **INSERT**, **DELETE** e **UPDATE**) com alguns detalhes. Enfatizamos o ponto de que a atribuição relacional era uma operação **no nível de conjunto**; também observamos que não era realmente correto falar de "atualizar tuplas" ou "atualizar atributos".

Finalmente, esboçamos os equivalentes SQL das ideias anteriores, nos quais elas se aplicam. Uma tabela SQL não é um conjunto de tuplas, mas uma **sacola de linhas** (além disso, a SQL usa o mesmo termo *tabela* para os valores de tabela e as variáveis de tabela). As tabelas básicas podem ser "alteradas" por meio de **ALTER TABLE**. Elas também podem ser definidas em termos de **tipos estruturados**, uma possibilidade que estaremos considerando com muito mais detalhes em outro ponto deste livro (no Capítulo 26).

EXERCÍCIOS

6.1 O que você entende pelo termo *cardinalidade*?

6.2 Defina o mais precisamente que você puder os termos *tupla* e *relação*.

6.3 Explique o mais precisamente que você puder o que significa (a) duas tuplas serem iguais; (b) dois tipos de tuplas serem iguais; (c) duas relações serem iguais; (d) dois tipos de relação serem iguais.

6.4 Escreva (a) um conjunto de predicados e (b) um conjunto de definições de RelVars em **Tutorial D** para o banco de dados de fornecedores, peças e projetos da Figura 4.5 (consulte a cópia dessa figura ao início do livro).

6.5 Escreva chamadas de seleção de tuplas para uma tupla típica a partir de cada uma das RelVars no banco de dados de fornecedores, peças e projetos.

6.6 Defina uma variável de tupla local em que uma tupla individual possa ser apanhada da RelVar de remessas, no banco de dados de fornecedores, peças e projetos.

6.7 O que indicam as seguintes expressões em **Tutorial D**?

a. `RELATION { F# F#, P# P#, J# J#, QDE QDE } { }`

b. `RELATION { TUPLE { F# F#('F1'), P# P#('P1'),`
`                     J# J#('J1'), QDE QDE(200) } }`

c. `RELATION { TUPLE { } }`

d. `RELATION { } { TUPLE { } }`

e. `RELATION { } { }`

6.8 O que você entende pelo termo *primeira forma normal*?

6.9 Liste o máximo de diferenças que você puder lembrar entre relação e tabelas.

6.10 Crie um exemplo de uma relação com (a) um atributo de valor de relação e (b) dois atributos desse tipo. Além disso, crie mais duas relações que representem a mesma informação dessas relações, mas não envolvendo atributos de valor de relação.

6.11 Escreva uma expressão que retorne TRUE se o valor atual da RelVar de peças P estiver vazio e FALSE se não estiver. Não use a abreviação IS_EMPTY.

6.12 De que maneiras ORDER BY é um operador incomum?

6.13 Enuncie a **Hipótese do Mundo Fechado**.

6.14 Às vezes, sugere-se que uma RelVar seja realmente apenas um arquivo de computador tradicional, com "tuplas" em vez de registros e "atributos" em vez de campos. Discuta o assunto.

6.15 Indique formulações em **Tutorial D** para as seguintes atualizações ao banco de dados de fornecedores, peças e projetos:

a. Inserir uma nova remessa com o número de fornecedor F1, número de peça P1, número de projeto J2, quantidade 500.

b. Inserir um novo fornecedor F10 à tabela F (o nome e a cidade são, respectivamente, Smith e Nova York; o status ainda não é conhecido).

c. Excluir todas as peças azuis.

d. Excluir todos os projetos para os quais não há remessas.

e. Alterar a cor de todas as peças vermelhas para alaranjado.

f. Substituir todas as aparições do fornecedor F1 por aparições do fornecedor F9.

6.16 Como já vimos, as operações de definição de dados fazem com que sejam efetuadas atualizações no catálogo. Porém, o catálogo é apenas uma coleção de RelVars, exatamente como o restante do banco de dados; então, não poderíamos usar as operações normais de atualização INSERT, DELETE e UPDATE para atualizar apropriadamente o catálogo? Discuta.

6.17 No corpo do capítulo, dissemos que qualquer tipo pode ser usado como base para definir atributos relacionais, em geral. Contudo, esse qualificador "em geral" foi incluído por algum motivo. Você pode imaginar algumas exceções a essa regra geral?

6.18 O que você entende pelos termos da SQL *coluna, campo* e *atributo*?

6.19 (*Versão modificada do exercício 5.23*) Considere o tipo SQL PONTO e a tabela SQL PONTOS, conforme definimos na subseção "Tipos estruturados", na Seção 6.6. O tipo PONTO possui uma representação envolvendo as coordenadas cartesianas X e Y. O que acontece se substituirmos esse tipo por um tipo revisado PONTO, com uma representação envolvendo, em vez disso, coordenadas polares R e θ?

REFERÊNCIAS E BIBLIOGRAFIA

A maior parte das referências a seguir se aplica a todos os aspectos do modelo relacional, não apenas a relações.

6.1 E. F. Codd: "A Relational Model of Data for Large Shared Data Banks", *CACM 13*, Número 6 (junho de 1970). Republicado em *Milestones of Research – Selected Papers 1958-1982 (CACM 25th Anniversary Issue)*, *CACM 26*, Número 1 (janeiro de 1983). Ver também a versão anterior "Derivability, Redundancy, and Consistency of Relations Stored in Large Data Banks", IBM Research Report RJ599 (19 de agosto de 1969), que foi a primeira publicação de Codd sobre o modelo relacional.

O artigo que deu início a tudo. Embora já tenha mais de 30 anos, ele aceita notavelmente bem a leitura repetida. É verdade que muitas ideias foram um tanto aprimoradas desde a primeira publicação do artigo. Porém, de modo geral, as mudanças foram de natureza evolucionária, e não revolucionária. Na realidade, há algumas ideias no artigo cujas implicações ainda não foram completamente exploradas.

Observamos uma pequena questão de terminologia. Em seu artigo, Codd usa a expressão *relações que variam com o tempo* em lugar de nossa preferida *RelVars*. Contudo, *relações que variam com o tempo* não é realmente um termo muito bom. Primeiro, relações desse tipo são *valores* e simplesmente não "variam com o tempo" (não existe em matemática qualquer noção de uma relação que tenha valores diferentes em momentos diferentes). Em segundo lugar, se dissermos em alguma linguagem de programação, por exemplo:

```
DECLARE N INTEGER ;
```

não chamaremos N de "inteiro que varia com o tempo"; nós o chamaremos de uma *variável inteira*. Neste livro, portanto, ficaremos com nossa terminologia de "RelVar", e não com a terminologia de "variação com o tempo"; porém, você deve pelo menos estar ciente da existência dessa última terminologia.

6.2 E. F. Codd: *The Relational Model for Database Management Version 2*. Reading, Mass.: Addison–Wesley (1990).

Codd passou grande parte do final da década de 1980 revisando e estendendo seu modelo original (ao qual ele agora se refere como "o Modelo Relacional Versão 1" ou RM/V1), e esse livro é o resultado. Ele descreve o "Modelo Relacional Versão 2" (RM/V2). A diferença essencial entre o RM/V1 e o RM/V2 é a seguinte: enquanto RM/V1 tinha o objetivo de ser um plano abstrato para um aspecto particular do problema total de bancos de dados (essencialmente, o aspecto de fundamentos) o RM/V2 tem o objetivo de ser um plano abstrato para o *sistema inteiro*. Assim, onde RM/V1 continha apenas três partes – estrutura, integridade e manipulação – o RM/V2 contém 18; além disso, essas 18 partes incluem não apenas as três originais (naturalmente), mas também partes relacionadas com o catálogo, autorização, nomenclatura, bancos de dados distribuídos e vários outros aspectos do gerenciamento de bancos de dados. Para fins de referência, aqui está a lista completa das 18 partes:

A Autorização

B Operadores básicos

C Catálogo

D Princípios de projeto de SGBDs

E Comandos para o DBA

F Funções

I Integridade	Q Qualificadores
J Indicadores	S Estrutura
L Princípios de projeto de linguagem	T Tipos de dados
M Manipulação	V Visões
N Nomenclatura	X Bancos de dados distribuídos
P Proteção	Z Operadores avançados

Entretanto, as ideias apresentadas nesse livro não têm de modo algum aceitação universal [6.7, 6.8]. Comentamos aqui uma questão em particular. Como vimos no Capítulo 5, domínios (ou seja, tipos) restringem comparações. Por exemplo, no caso de fornecedores e peças, a comparação F.F# = FP.P# não é válida, porque os comparandos são de tipos diferentes; em consequência disso, uma tentativa de unir fornecedores e remessas sobre números de fornecedores e de peças correspondentes falhará. Codd propõe, então, versões de **"anulação da verificação de domínio"** (DCO – Domain Check Override) de certas operações de álgebra relacional, o que permite que as operações em questão sejam executadas, mesmo que elas envolvam uma comparação entre valores de tipos diferentes. Por exemplo, uma versão DCO da junção que acabamos de mencionar fará com que a junção seja executada, ainda que os atributos F.F# e FP.P# sejam de tipos diferentes (presumivelmente, a junção é realizada com base em *representações* coincidentes, em vez de se basear em *tipos* coincidentes).

Porém, é exatamente aí que reside o problema. *Toda a ideia da DCO é baseada em uma confusão entre tipos e representações*. Reconhecer domínios pelo que eles são (isto é, tipos) – com tudo o que esse reconhecimento acarreta – nos dá a verificação de domínio que queremos *e* nos fornece também algo semelhante à capacidade de DCO. Por exemplo, a expressão a seguir constitui uma comparação possível no nível de representação entre um número de fornecedor e um número de peça:

```
THE_F# ( F# ) = THE_P# ( P# )
```

(nesse caso, ambos os comparandos são do tipo CHAR). Assim, é nossa pretensão que o tipo de mecanismo discutido no Capítulo 5 nos dê todos os recursos que queremos, mas o faça de maneira limpa, sistemática (isto é, não *ad hoc*) e completamente ortogonal. Em particular, não existe agora nenhuma necessidade de atravancar o modelo relacional com novos operadores como "junção de DCO" (etc.).

6.3 Hugh Darwen: "The Duplicity of Duplicate Rows", em C. J. Date e Hugh Darwen, *Relational Database Writings 1989-1991*. Reading, Mass.: Addison-Wesley (1992).

Esse artigo foi escrito como apoio adicional aos argumentos já apresentados na referência [6.6] (primeira versão), em favor da proibição de linhas duplicadas. O artigo não só oferece novas versões de alguns dos mesmos argumentos, mas também consegue oferecer alguns argumentos adicionais. Em particular, ele enfatiza o ponto fundamental de que, para se discutir de qualquer maneira inteligente a questão de saber se dois objetos são duplicatas um do outro, é essencial ter um *critério de igualdade* (chamado critério de *identidade* no artigo) para a classe de objetos em consideração. Em outras palavras, o que significa para dois objetos, sejam eles linhas de uma tabela ou qualquer outra coisa, o fato de serem "iguais"?

6.4 Hugh Darwen: "Relation-Valued Attributes", em C. J. Date e Hugh Darwen, *Relational Database Writings 1989–1991*. Reading, Mass.: Addison-Wesley (1992).

6.5 Hugh Darwen: "The Nullologist in Relationland", em C. J. Date e Hugh Darwen, *Relational Database Writings 1989-1991*. Reading, Mass.: Addíson-Wesley (1992).

A **nulologia** é, como Darwen enuncia, "o estudo de absolutamente nada" ou, em outras palavras, o estudo do conjunto vazio. (Isso não tem nada a ver com os NULL no estilo SQL!) Os conjuntos aparecem em toda parte na teoria relacional, e a questão do que acontece se tal conjunto é vazio está longe de ser frívola. Na verdade, frequentemente o caso conjunto vazio parece ser absolutamente fundamental. No que diz respeito a este capítulo, as partes mais imediatamente aplicáveis desse artigo são a Seção 2 ("Tables with No Rows" – tabelas sem linhas) e a Seção 3 ("Tables with No Columns" – tabelas sem colunas).

6.6 C. J. Date: "Double Trouble, Double Trouble" (em duas partes), *http://www.dbdebunk.con* (abril de 2002). Uma versão mais antiga desse artigo, "Why Duplicate Rows Are Prohibited", apareceu em *Relational Database Writings 1985–1989*. Reading, Mass.: Addison-Wesley (1990).

Apresenta uma extensa série de argumentos, com exemplos, em apoio à proibição de linhas em duplicata. Em particular, o artigo mostra que linhas duplicadas constituem um importante *inibidor de otimização* (consulte o Capítulo 18). Ver também a referência [6.3].

6.7 C. J. Date: "Notes Toward a Reconstituted Definition of the Relational Model Version 1 (RM/V1)", em C. J. Date e Hugh Darwen, *Relational Database Writings 1989–1991*. Reading, Mass.: Addison-Wesley (1992).

Resume e critica o "RM/V1" de Codd (veja a anotação na referência [6.2]) e oferece uma definição alternativa. A suposição é a de que tem importância crucial obter a "Versão 1" antes de se poder até mesmo pensar em passar para alguma "Versão 2". *Nota*: A versão do modelo relacional descrita neste livro é essencialmente a versão "reconstituída" esboçada nesse artigo, e que foi esclarecida e descrita com mais detalhes na referência [3.3].

6.8 C. J. Date: "A Critical Review of the Relational Model Version 2 (RM/V2)", em C. J. Date e Hugh Darwen, *Relational Database Writings 1989–1991*. Reading, Mass.: Addison-Wesley (1992).

Resume e critica o "RM/V2" de Codd [6.2].

6.9 C. J. Date: *The Database Relational Model: A Retrospective Review and Analysis*. Reading, Mass.: Addison-Wesley (2001).

Esse pequeno livro (160 páginas) é oferecido como uma revisão e avaliação retrospectiva, cuidadosa e imparcial, da contribuição relacional de Codd documentada em suas publicações dos anos 70. Em termos específicos, ele examina em detalhes os seguintes documentos (além de tocar de passagem em vários outros):

- "Derivability, Redundancy, and Consistency of Relations Stored in Large Data Banks" (a primeira versão da referência [6.1]).
- "A Relational Model of Data for Large Shared Data Banks" [6.1].
- "Relational Completeness of Data Base Sublanguages" [7.1].
- "A Data Base Sublanguage Founded on the Relational Calculus" [8.1].
- "Further Normalization of the Data Base Relational Model" [11.6].
- "Extending the Relational Database Model to Capture More Meaning" [14.7].
- "Interactive Support for Nonprogrammers: The Relational and Network Approaches" [26.12].

6.10 Mark A. Roth, Henry F. Korth e Abraham Silberschatz: "Extended Algebra and Calculus for Nested Relational Databases", ACM *TODS 13,* Número 4 (dezembro de 1988).

Ao longo dos anos, vários pesquisadores propuseram a possibilidade de oferecer suporte a atributos com valor de relação; esse artigo é um desses casos. Essas propostas normalmente têm o nome "relações NF^2", em que NF^2 (pronuncia-se "NF ao quadrado") = NFNF = "Non First Normal Form" (não primeira forma normal). Na verdade, existem pelo menos duas diferenças importantes entre tais propostas e o suporte para atributos de valor de relação, conforme descritos neste capítulo:

- Primeiro, os defensores da relação NF^2 consideram que os atributos de valor de relação são proibidos no modelo relacional e, portanto, anunciam suas propostas como "extensões" a esse modelo (em conexão com isso, observe o título da referência [6.10]).
- Segundo, os defensores da NF^2 estão corretos – eles *estão* estendendo o modelo relacional! Por exemplo, Roth e outros propõem uma forma estendida de união que, em nossos termos, (a) desagrupa os dois operandos recursivamente até que eles não envolvam quaisquer atributos de valor de relação, direta ou indiretamente; (b) realiza uma união normal sobre esses operandos desagrupados; e (c) finalmente, (re)agrupa recursivamente o resultado mais uma vez. E é a recursão que constitui a extensão. Ou seja, embora qualquer união estendida *específica* seja uma abreviação para alguma combinação *específica* de operadores relacionais existentes, não é possível dizer que a união estendida *em geral* é apenas uma abreviação para alguma combinação de operadores existentes.

CAPÍTULO 7

Álgebra relacional

7.1   Introdução

7.2   Revendo o fechamento

7.3   A álgebra original: sintaxe

7.4   A álgebra original: semântica

7.5   Exemplos

7.6   Para que serve a álgebra?

7.7   Pontos adicionais

7.8   Operadores adicionais

7.9   Agrupamento e desagrupamento

7.10   Resumo

       Exercícios

       Referências e bibliografia

7.1 INTRODUÇÃO

A álgebra relacional é uma coleção de operadores que tomam relações como seus operandos e retornam uma relação como seu resultado. A primeira versão da álgebra foi definida por Codd nas referências [5.1] e [7.1]; a referência [7.1], em particular, veio a ser considerada como a origem da álgebra "original". Essa álgebra original consistia em oito operadores, formando dois grupos de quatro:

1. Os operadores de conjuntos tradicionais *união*, *interseção*, *diferença* e *produto cartesiano* (todos eles um pouco modificados para levar em conta o fato de que seus operandos são, especificamente, relações e não conjuntos arbitrários)

2. Os operadores relacionais especiais de *restrição* (também conhecido como *seleção*), *projeção*, *junção* e *divisão*

A Figura 7.1 oferece uma imagem simplificada de como esses operadores funcionam.

Codd tinha uma finalidade bastante específica em mente, que examinaremos no próximo capítulo, para definir apenas esses oito operadores. Mas eles não são o fim da história; em vez disso, *qualquer quantidade* de operadores pode ser definida, desde que satisfaça o requisito simples de "relações entram, rela-

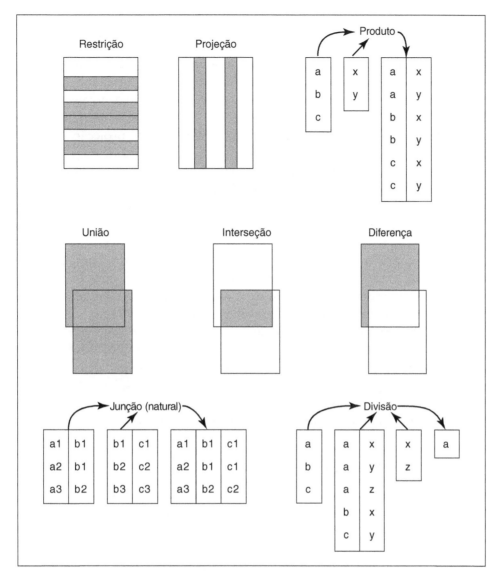

FIGURA 7.1 *Os oito operadores originais (visão geral).*

ções saem", e muitos operadores adicionais realmente foram definidos, por muitos autores diferentes. Neste capítulo, vamos discutir a respeito dos oito operadores originais – não exatamente como foram definidos originalmente, mas como vieram a se tornar – e usá-los como base para discutirmos uma série de idéias algébricas; depois, prosseguiremos considerando alguns dos muitos operadores úteis que mais tarde foram acrescentados ao conjunto original.

Contudo, antes que possamos discutir a álgebra com detalhes, existem mais alguns comentários preliminares que precisamos fazer:

- Em primeiro lugar, os operadores se aplicam a todas as relações, informalmente; de fato, eles são realmente operadores *genéricos*, associados com o gerador de tipos RELATION e, portanto, aplicáveis a qualquer tipo de relação específico, obtido pela chamada desse gerador de tipos.

- Segundo, quase todos os operadores que estaremos discutindo na realidade são, de qualquer forma, apenas abreviações! Teremos mais a dizer sobre esse ponto importante na Seção 7.10.

- Terceiro, os operadores são todos *apenas de leitura* (*read-only*, ou seja, eles "leem" mas não atualizam seus operandos). Assim, eles se aplicam especificamente a *valores* – valores de relação, naturalmente – e, portanto, de maneira inofensiva, aos valores de relação que sejam os valores atuais das variáveis de relações.

- Por fim, segue-se do item anterior que faz sentido falar, por exemplo, sobre "a projeção sobre o atributo *A* da RelVar *R*", significando a relação que resulta de apanhar a projeção sobre esse atributo *A* do valor atual dessa variável de relação *R*. Ocasionalmente, porém, é conveniente usar expressões como "a projeção sobre o atributo *A* da variável de relação *R*" em um sentido ligeiramente diferente. Por exemplo, suponha que tenhamos definido uma visão FC da variável de relação de fornecedores F que consiste apenas nos atributos F# e CIDADE da variável de relação. Então, poderíamos dizer, de modo informal, porém bastante conveniente, que a variável de relação FC é "a projeção sobre F# e CIDADE da variável de relação F" – significando, mais precisamente, que o valor de FC em determinado momento é a projeção sobre F# e CIDADE do valor da variável de relação F nesse momento. Portanto, de certa maneira, podemos falar em termos de projeções de RelVars *propriamente ditas*, em vez de apenas em termos de projeções dos valores atuais das variáveis de relações. Esperamos que esse tipo de uso dual da terminologia da nossa parte não cause qualquer confusão.

O plano do restante do capítulo é o seguinte. Após esta seção introdutória, a Seção 7.2 apresenta mais uma vez a questão do fechamento relacional e elabora consideravelmente a questão. As Seções 7.3 e 7.4 examinam em detalhes os oito operadores originais de Codd, e a Seção 7.5 dá alguns exemplos de como esses operadores podem ser usados para formular consultas. Em seguida, a Seção 7.6 considera a questão mais geral da utilidade da álgebra. Em seguida, a Seção 7.7 descreve uma série de extensões úteis para a álgebra original de Codd, incluindo em particular os importantes operadores EXTEND e SUMMARIZE. A Seção 7.8 discute operadores para mapeamento entre relações que envolvem atributos de valores de relações e relações que envolvem apenas atributos escalares. A Seção 7.9 considera então comparações relacionais. Finalmente, a Seção 7.10 oferece um breve resumo. *Nota:* Adiaremos a discussão dos recursos de SQL para o Capítulo 8, por motivos que serão explicados neste capítulo.

7.2 REVENDO O FECHAMENTO

Como vimos no Capítulo 3, o fato de que saída de determinada operação relacional é outra relação é referenciado como a propriedade relacional de *fechamento*. Para recapitular, o fechamento significa que podemos escrever expressões relacionais aninhadas – isto é, expressões relacionais nas quais os operandos são eles próprios representados por expressões relacionais de qualquer complexidade. (Há uma analogia óbvia entre a capacidade de aninhar expressões relacionais na álgebra relacional e a capacidade de aninhar expressões aritméticas na aritmética comum. Na verdade, o fato de que as relações são fechadas sob a álgebra é importante exatamente pelas mesmas razões que tornam importante o fato de números serem fechados sob a aritmética comum.)

Ora, quando discutimos o fechamento no Capítulo 3, havia um ponto muito significativo que deliberadamente não aprofundamos. Lembre-se de que toda relação tem duas partes, um **cabeçalho** e um **corpo**; em termos informais, o cabeçalho é o conjunto de atributos e o corpo é o conjunto de tuplas. O cabeçalho para uma relação básica – em que, como você deve se lembrar do Capítulo 5, uma *relação básica* é o valor de uma variável de relação básica – é obviamente bem conhecido pelo sistema, porque é especificado como parte da definição da variável de relação básica relevante. Porém, o que acontece no caso das relações derivadas? Por exemplo, considere a expressão:

```
F JOIN P
```

(que representa a junção de fornecedores e peças sobre cidades correspondentes, sendo CIDADE o único atributo comum às duas relações). Conhecemos a aparência do corpo do resultado – mas como será o cabeçalho? O fechamento determina que ele deve *ter* um cabeçalho e o sistema precisa saber qual é esse cabeçalho (na verdade, o usuário também, como veremos em breve). Em outras palavras, esse resultado deve naturalmente ser – naturalmente! – de um tipo de relação bem definido. Assim, se vamos levar a sério o fechamento, claramente devemos definir as operações relacionais de forma a garantir que toda operação produzirá um resultado com um tipo de relação adequado: em particular, com nomes de atributos apropriados. (Observamos que esse aspecto da álgebra não tem sido considerado na maior parte dos tratamentos na literatura – e também, lamentavelmente, na linguagem SQL e, em consequência, em produtos de SQL – com a exceção importante do tratamento encontrado nas referências [7.2] e [7.10]. A versão da álgebra apresentada neste capítulo é muito influenciada por essas duas referências.)

Uma razão pela qual exigimos que toda relação resultante tenha nomes de atributos corretos é a de nos permitir fazer referência a esses nomes de atributos em operações subsequentes – em particular, em operações chamadas de outros lugares dentro da expressão aninhada geral. Por exemplo, não poderíamos sequer *escrever* de modo sensato uma expressão como:

```
( F JOIN P ) WHERE CIDADE = 'Atenas'
```

se não soubéssemos que o resultado da avaliação da expressão F JOIN P teria um atributo chamado CIDADE.

Portanto, o que precisamos ter é um conjunto de **regras de inferência de tipo de relação** incorporado à álgebra, tal que, se soubermos o(s) tipo(s) de relação(ões) da(s) relação(ões) de entrada para qualquer operação relacional determinada, possamos inferir o tipo da saída dessa operação. Dadas essas regras, teremos que, uma *expressão* relacional qualquer, não importando o quanto ela seja complexa, produzirá um resultado que também terá um tipo bem definido e, em particular, um conjunto bem definido de nomes de atributos.

Como uma etapa preparatória para alcançar esse objetivo, introduzimos um novo operador, RENAME, cuja finalidade é basicamente renomear atributos dentro de uma relação especificada. Mais precisamente, o operador RENAME toma determinada relação e retorna outra relação idêntica à primeira, exceto pelo fato de um de seus atributos receber um nome diferente. (A relação dada é especificada por meio de uma expressão relacional, talvez envolvendo outras operações relacionais.) Por exemplo, poderíamos escrever:

```
F RENAME CIDADE AS FCIDADE
```

Essa expressão – observe que ela *é* uma expressão, e não um "comando" ou instrução, e portanto pode estar aninhada dentro de outras expressões – produz uma relação que tem o mesmo cabeçalho e corpo da relação que é o valor atual da variável de relação F, exceto pelo fato de o atributo de cidade ser chamado FCIDADE, em vez de CIDADE:

F#	FNOME	STATUS	FCIDADE
F1	Smith	20	Londres
F2	Jones	10	Paris
F3	Blake	30	Paris
F4	Clark	20	Londres
F5	Adams	30	Atenas

Importante: Observe que essa expressão RENAME *não* alterou a variável de relação de fornecedores no banco de dados! É apenas uma expressão (da mesma forma como, por exemplo, F JOIN FP é apenas uma expressão) e, como qualquer outra expressão, simplesmente denota um certo valor – um valor que, nesse caso particular, é muito semelhante ao valor atual da variável de relação de fornecedores.

Aqui está outro exemplo (dessa vez, uma "renomeação múltipla"):

```
P RENAME ( PNOME AS PN, PESO AS PS )
```

Essa expressão é uma abreviação da seguinte:

```
( P RENAME PNOME AS PN ) RENAME PESO AS PS
```

O resultado é semelhante a isto:

P#	PN	COR	PS	CIDADE
P1	Porca	Vermelho	12.0	Londres
P2	Pino	Verde	17.0	Paris
P3	Parafuso	Azul	17.0	Oslo
P4	Parafuso	Vermelho	14.0	Londres
P5	Came	Azul	12.0	Paris
P6	Tubo	Vermelho	19.0	Londres

Vale a pena destacar explicitamente que a disponibilidade de RENAME significa que (diferente da SQL) a álgebra relacional não necessita (e, na verdade, não admite) de nomes de atributos qualificados com ponto, como F.F#.

7.3 A ÁLGEBRA ORIGINAL: SINTAXE

Nesta seção, apresentamos uma sintaxe concreta, baseada em **Tutorial D**, para as expressões da álgebra relacional que utilizam os oito operadores originais, mais RENAME. A sintaxe foi incluída aqui principalmente para fins de referência futura. Algumas notas sobre semântica também foram incluídas. *Nota:* A maioria dos textos sobre banco de dados usa uma notação "matemática" ou "grega" para os operadores relacionais: para restrição ("seleção"), para projeção, para interseção, ("gravata borboleta") para junção e assim por diante. Como você pode ver, preferimos usar palavras-chave, como JOIN e WHERE. As palavras-chave criam expressões mais extensas, mas achamos que também geram expressões mais fáceis de entender.

```
<expressão relacional>
    ::=    RELATION { <lista_com_vírgulas de expressão de tupla> }
        | <nome de variável de relação>
        | <invocação de operador relacional>
        | <expressão with>
        | <nome introduzido>
        | ( <expressão relacional> )
```

Uma *<expressão relacional>* é uma expressão que indica uma relação (significando um *valor* de relação). O primeiro formato é uma *invocação de seletor de relação* (ver Capítulo 6); aqui, não apresentamos em detalhes a sintaxe de *<expressão de tupla>*, pois os exemplos deverão ser suficientes para ilustrar a ideia geral. Os formatos *<nome de variável de relação>* e (*<expressão relacional>*) são autoexplicativos; os outros são explicados a seguir.

```
<invocação de operador relacional>
    ::= <projeção> | <não-projeção>
```

Uma invocação de operador relacional, *<invocação de operador relacional>*, é uma *<projeção>* ou uma *<não-projeção>*. *Nota:* Distinguimos *<projeção>* de *<não-projeção>* na sintaxe apenas por questões de precedência de operadores (é conveniente atribuir uma maior precedência à projeção).

```
<projeção>
    ::= <expressão relacional>
                { [ ALL BUT ] <lista_com_vírgulas de nomes de atributos> }
```

A *<expressão relacional>* não pode ser uma *<não-projeção>*.

```
<não-projeção>
    ::= <renomear> | <união> | <interseção> | <diferença> | <produto>
        | <restrição> | <junção> | <divisão>
```

```
<renomear>
    ::= <expressão relacional> RENAME <lista_com_vírgulas de renomeação>
```

A *<expressão relacional>* não pode ser uma *<não-projeção>*. Os itens individuais de *<renomeação>* são executados em sequência, conforme escritos (para ver a sintaxe de *<renomeação>*, consulte os exemplos na seção anterior). Os parênteses podem ser omitidos se a lista_com_vírgulas tiver apenas uma *<renomeação>*.

```
<união>
    ::= <expressão relacional> UNION <expressão relacional>
```

Nenhuma *<expressão relacional>* pode ser *<não-projeção>*, exceto pelo fato de que uma ou ambas podem ser outra *<união>*.

```
<interseção>
    ::= <expressão relacional> INTERSECT <expressão relacional>
```

Nenhuma *<expressão relacional>* pode ser *<não-projeção>*, exceto pelo fato de que uma ou ambos podem ser outra *<interseção>*.

```
<diferença>
    ::= <expressão relacional> MINUS <expressão relacional>
```

Nenhuma *<expressão relacional>* pode ser *<não-projeção>*.

```
<produto>
    ::= <expressão relacional> TIMES <expressão relacional>
```

Nenhuma *<expressão relacional>* pode ser *<não-projeção>*, exceto pelo fato de que uma ou ambas podem ser outro *<produto>*.

```
<restrição>
    ::= <expressão relacional> WHERE <expressão booleana>
```

A *<expressão relacional>* não pode ser um *<não-projeção>*. A *<expressão booleana>* pode incluir referências a atributos da relação indicada pela *<expressão relacional>*, com a semântica óbvia.

```
<junção>
    ::= <expressão relacional> JOIN <expressão relacional>
```

Nenhuma *<expressão relacional>* pode ser *<não-projeção>*, exceto pelo fato de que uma ou ambas podem ser outra *<junção>*.

```
<divisão>
    ::= <expressão relacional> DIVIDEBY <expressão relacional> PER <por>
```

Nenhuma *<expressão relacional>* pode ser *<não-projeção>*.

```
<por>
    ::= <expressão relacional>
        | ( <expressão relacional>, <expressão relacional> )
```

Nenhuma *<expressão relacional>* deve ser *<não-projeção>*.

```
<expressão with>
    ::= WITH <lista_com_vírgulas de introdução de nome> : <expressão>
```

As *<expressões with>* a que estamos nos referindo neste livro são expressões relacionais especificamente, motivo pelo qual estamos discutindo esse assunto neste capítulo. Contudo, *<expressões with>* escalares e de tupla também são admitidas; de fato, determinada *<expressão with>* é uma *<expressão relacional>*, uma *<expressão de tupla>* ou uma *<expressão escalar>* dependendo se a *<expressão>* após o sinal de dois-pontos for uma *<expressão relacional>*, uma *<expressão de tupla>* ou uma *<expressão escalar>*. Em todos os casos, as *<introduções de nomes>* individuais são executadas em sequência, conforme aparecem escritas, e a semântica da *<expressão with>* é definida como sendo a mesma da versão de *<expressão>*, em que cada ocorrência de cada nome introduzido é substituída por uma referência a uma variável cujo valor e o resultado da avaliação da expressão correspondente. *Nota:* WITH não é realmente um operador da álgebra relacional; na realidade, é apenas um dispositivo para ajudar na formulação daquilo que, de outra forma, poderia se constituir em expressões complicadas (especialmente as que envolvem subexpressões comuns). A Seção 7.5 contém vários exemplos.

```
<introdução de nome>
   ::=  <expressão> AS <nome introduzido>
```

O *<nome introduzido>* pode ser usado dentro da *<expressão with>* que o contém sempre que a *<expressão>* (entre parênteses, se for preciso) for permitida.

7.4 A ÁLGEBRA ORIGINAL: SEMÂNTICA

União

Em matemática, a união de dois conjuntos é o conjunto de todos os elementos que pertencem a um ou a ambos os conjuntos originais. Como uma relação é (ou melhor, contém) um conjunto, na verdade um conjunto de tuplas, obviamente é possível construir a união de tais conjuntos; o resultado será um conjunto consistindo em todas as tuplas que pertencem a uma ou ambas as relações originais. Por exemplo, a união do conjunto de tuplas de fornecedores que aparecem atualmente na variável de relação F e o conjunto de tuplas de peças que aparecem atualmente na variável de relação P é com certeza um conjunto.

Porém, embora esse resultado seja um conjunto, *ele não é uma relação*; as relações não podem conter uma mistura de tipos diferentes de tuplas, elas devem ter "tuplas homogêneas". Mas queremos que o resultado seja uma relação, porque queremos preservar a propriedade de fechamento. Portanto, a união na álgebra relacional não é a união matemática habitual; em vez disso, ela é um tipo especial de união, no qual exigimos que as duas relações de entrada sejam **do mesmo tipo** – significando, por exemplo, que ambas contêm tuplas de fornecedores ou ambas contêm tuplas de peças, mas não uma mistura das duas. Se as duas relações forem do mesmo tipo, então poderemos tomar sua união, e o resultado também será uma relação do mesmo tipo; em outras palavras, a propriedade de fechamento será preservada. *Nota:* Historicamente, grande parte da literatura de banco de dados (incluindo as edições anteriores deste livro) tem usado o termo *compatibilidade de união* para se referir à noção de que duas relações precisam ser do mesmo tipo. Contudo, esse termo ainda não é apropriado, por diversos motivos; o mais óbvio é que a noção não se aplica apenas à união.

Então, aqui está uma definição do operador relacional de união: Dadas duas relações *a* e *b* do mesmo tipo, a **união** dessas duas relações, *a* UNION *b*, é uma relação do mesmo tipo, cujo corpo consiste em todas as tuplas *t* tais que *t* aparece em *a* ou em *b*, ou ainda em ambas.

Exemplo: Sejam as relações *A* e *B* mostradas na Figura 7.2 (ambas são derivadas do valor atual da variável de relação de fornecedores F; A representa os fornecedores de Londres, e B representa os fornecedores que fornecem a peça P1, em termos simples). Então, A UNION B (consulte a parte 1 da figura) representa os fornecedores que estão localizados em Londres ou fornecem a peça P1 (ou ambos). Note que o resultado tem três tuplas, não quatro; as relações nunca contêm tuplas em duplicata, por definição (informalmente, dizemos que a união "elimina duplicatas"). Observamos de passagem que a única operação além dessa para a qual surge essa questão de eliminação de duplicatas é a projeção (conforme veremos mais adiante nesta seção).

A propósito, observe como a definição da união se baseia no conceito de igualdade de tupla. Aqui está uma definição diferente, porém equivalente, que deixa isso bastante claro (o texto revisado aparece em destaque): Dadas duas relações *a* e *b* do mesmo tipo, a união dessas duas relações, *a* UNION *b*, é uma relação do mesmo tipo, cujo corpo consiste em todas as tuplas *t* tais que *t* **é igual a (ou seja, é uma duplicata de) alguma tupla** em *a* ou em *b*, ou ainda em ambas. Comentários semelhantes também se aplicam às operações de interseção e diferença, como veremos em breve.

Interseção

Como o operador de união, e essencialmente pela mesma razão, o operador relacional de interseção exige que seus operandos sejam do mesmo tipo. Então, dadas duas relações *a* e *b* do mesmo tipo, a **interseção** dessas duas relações, *a* INTERSECT *b*, é uma relação do mesmo tipo, cujo corpo consiste em todas as tuplas *t* tais que *t* aparece em *a* e em *b*.

Exemplo: Mais uma vez, sejam as relações A e B mostradas na Figura 7.2. Então, A INTERSECT B (veja a parte 2 da figura) representa os fornecedores localizados em Londres e que fornecem a peça P1.

A					B			
F#	FNOME	STATUS	CIDADE		F#	FNOME	STATUS	CIDADE
F1	Smith	20	Londres		F1	Smith	20	Londres
F4	Clark	20	Londres		F2	Jones	10	Paris

1. União (A UNION B)

F#	FNOME	STATUS	CIDADE
F1	Smith	20	Londres
F4	Clark	20	Londres
F2	Jones	10	Paris

2. Interseção (A INTERSECT B)

F#	FNOME	STATUS	CIDADE
F1	Smith	20	Londres

3. Diferença (A MINUS B)

F#	FNOME	STATUS	CIDADE
F4	Clark	20	Londres

4. Diferença (B MINUS A)

F#	FNOME	STATUS	CIDADE
F2	Jones	10	Paris

FIGURA 7.2 *Exemplos de união, interseção e diferença.*

Diferença

Como os operadores de união e interseção, o operador relacional de diferença também exige que seus operandos sejam do mesmo tipo. Então, dadas duas relações *a* e *b* do mesmo tipo, a **diferença** entre essas duas relações, *a* MINUS *b* (nessa ordem), é uma relação do mesmo tipo, cujo corpo consiste em todas as tuplas *t* tais que *t* aparece em *a* e não em *b*.

Exemplo: Sejam novamente as relações A e B mostradas na Figura 7.2. então, A MINUS B (veja a parte 3 da figura) representa os fornecedores localizados em Londres e que não fornecem a peça P1, e B MINUS A (veja parte 4 da figura) representa os fornecedores que fornecem a peça P1 e que não estão localizados em Londres. Observe que MINUS tem uma orientação, do mesmo modo que a subtração na aritmética comum (por exemplo, "5 – 2" e "2 – 5" não são a mesma coisa).

Produto

Em matemática, o produto cartesiano (ou simplesmente produto) de dois conjuntos é o conjunto de todos os pares ordenados tais que, em cada par, o primeiro elemento vem do primeiro conjunto e o segundo elemento vem do segundo conjunto. Assim, o produto cartesiano de duas relações seria um conjunto de pares ordenados de *tuplas*, em termos informais. Porém, mais uma vez, queremos preservar a propriedade de fechamento; em outras palavras, queremos que o resultado seja formado por tuplas propriamente ditas, não por *pares ordenados* de tuplas. Portanto, a versão relacional do produto cartesiano é uma *forma estendida* da operação, na qual cada par ordenado de tuplas é substituído pela única tupla que corresponde à *união* das duas tuplas em questão (usando-se "união" em seu sentido normal na teoria de conjuntos, não no sentido relacional especial). Ou seja, dadas as tuplas:[1]

`{ A1 a1, A2 a2, ..., Am am }`

e

`{ B1 b1, B2 b2, ..., Bn bn }`

a união das duas é a única tupla:

`{ A1 a1, A2 a2, ..., Am am, B1 b1, B2 b2, ..., Bn bn }`

---

[1]A linguagem **Tutorial D** exigiria que a palavra-chave TUPLE aparecesse na frente de cada uma dessas expressões.

Nota: Para simplificar, estamos considerando que as duas tuplas não possuem nomes de atributo em comum. O parágrafo a seguir explica melhor esse ponto.

Outro problema que ocorre com relação ao produto cartesiano é que (naturalmente) exigimos que a relação resultante tenha um cabeçalho bem formado (isto é, que ela seja de um tipo de relação apropriado). Ora, é claro que o cabeçalho do resultado consiste em todos os atributos de ambos os cabeçalhos de entrada. Portanto, surgirá um problema se esses dois cabeçalhos tiverem quaisquer nomes de atributos em comum; se a operação fosse permitida, o cabeçalho resultante teria dois atributos com o mesmo nome e, desse modo, não seria bem formado. Por essa razão, se precisarmos construir o produto cartesiano de duas relações que tenham nomes de atributos comuns, teremos de usar primeiro o operador RENAME para trocar os nomes dos atributos adequadamente.

Assim, definimos o **produto cartesiano** (relacional) de duas relações *a* e *b*, *a* TIMES *b*, em que *a* e *b* não têm nomes de atributos comuns, como uma relação com um cabeçalho que é a união (da teoria de conjuntos) dos cabeçalhos de *a* e *b* e com um corpo que consiste no conjunto de todas as tuplas *t*, tais que *t* é a união (da teoria de conjuntos) de uma tupla que pertence a *a* e uma tupla que pertence a *b*. Observe que a cardinalidade do resultado é o produto das cardinalidades, e que o grau do resultado é a soma dos graus das relações de entrada *a* e *b*.

Exemplo: Sejam as relações A e B mostradas na Figura 7.3 (A representa todos os números de fornecedores atuais e B representa todos os números de peças atuais, falando-se de modo simplificado). Então, A TIMES B – veja a parte inferior da figura – representa todos os pares atuais de número de fornecedor/número de peça.

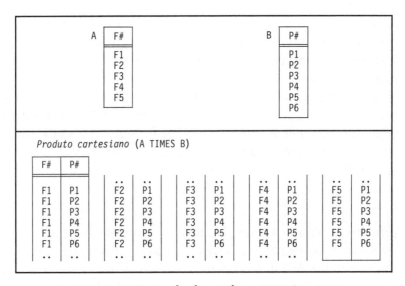

FIGURA 7.3 *Exemplo de produto cartesiano.*

Restrição

Seja a relação *A* com os atributos *X* e *Y* (e possivelmente outros), e seja θ um operador – normalmente, "=", "≠", ">", "<" etc. – tal que a expressão booleana *X* θ *Y* seja bem definida e, dados valores particulares para *X* e *Y*, seja avaliada como um valor verdade (TRUE ou FALSE). Então, a **restrição-θ, ou apenas** *restrição* (para abreviar) da relação *A* sobre os atributos *X* e *Y* (nessa ordem) –

a WHERE X θ Y

– é uma relação com o mesmo cabeçalho de *a* e cujo corpo consiste em todas as tuplas de *a*, tais que a expressão *X* θ *Y* é avaliada como TRUE para essa tupla em questão.

Nota: Essa é essencialmente a definição de restrição dada na maior parte da literatura (incluindo nas edições anteriores deste livro). Contudo, é possível generalizá-la, e faremos isso em seguida. Seja a relação *a* com os atributos *X*, *Y*, ..., *Z* (e possivelmente outros), e seja *p* uma função de valor verdade cujos parâmetros são, precisamente, algum subconjunto de *X*, *Y*, ..., *Z*. Então, a restrição de *a* de acordo com *p* –

```
a WHERE p
```

– é uma relação com o mesmo cabeçalho de *a* e com corpo consistindo em todas as tuplas de *a*, tais que *p* é avaliado como TRUE para a tupla em questão.

O operador de restrição efetivamente produz um subconjunto "horizontal" de determinada relação: ou seja, aquele subconjunto de tuplas de determinada relação para o qual alguma condição especificada é satisfeita. Alguns exemplos (todos eles ilustrando a versão generalizada da restrição, conforme definimos) são dados na Figura 7.4.

F WHERE CIDADE = 'Londres'	F#	FNOME	STATUS	CIDADE
	F1	Smith	20	Londres
	F4	Clark	20	Londres

P WHERE PESO < PESO (14.0)	P#	PNOME	COR	PESO	CIDADE
	P1	Porca	Vermelho	12.0	Londres
	P5	Came	Azul	12.0	Paris

FP WHERE F# = F# ('F6') OR P# = P# ('P7')	F#	P#	QDE

FIGURA 7.4 *Exemplos de restrições.*

Surgem pontos importantes:

1. A expressão *p* após a palavra WHERE, naturalmente, é uma expressão booleana; na realidade, ela é um *predicado*, em um sentido a ser discutido com detalhes no Capítulo 9.

2. Referimo-nos a esse predicado como uma **condição de restrição**. Se essa condição for tal que possa ser avaliada para determinada tupla *t* sem examinar qualquer tupla diferente de *t* (e, portanto, sem examinar qualquer relação diferente de *a*), então essa é uma condição de restrição **simples**. Todas as condições de restrição na Figura 7.4 são simples nesse sentido. Aqui, por contraste, está um exemplo que envolve uma condição de restrição não simples:

```
F WHERE ( ( FP RENAME F# AS X ) WHERE X = F# ) { P# } = P { P# }
```

Vamos examinar esse exemplo com detalhes mais adiante, nesta seção, após a discussão sobre a divisão.

3. É importante observar as seguintes equivalências:

```
a WHERE p1 OR p2      ( a WHERE p1 ) UNION ( a WHERE p2 )
a WHERE p1 AND p2     ( a WHERE p1 ) INTERSECT ( a WHERE p2 )
a WHERE NOT ( p )     a MINUS ( a WHERE p )
```

Projeção

Seja a relação *a* com os atributos *X, Y, ..., Z* (e possivelmente outros). Então, a **projeção** da relação *a* sobre *X, Y, ..., Z* –

```
a { X, Y, ..., Z }
```

– é uma relação com:

- Um cabeçalho derivado do cabeçalho de *a* pela remoção de todos os atributos não mencionados no conjunto { *X, Y, ..., Z* }.

- Um corpo que consiste em todas as tuplas {X x, Y y, ..., Z z}, tais que uma tupla aparece em *a* com o valor X de x, o valor Y de y, ..., e o valor Z de z.

Assim, o operador de projeção produz efetivamente um subconjunto "vertical" de determinada relação, ou seja, o subconjunto obtido pela remoção de todos os atributos não mencionados na lista_com_vírgulas de nomes de atributos especificada e, em seguida, pela eliminação de (sub)tuplas duplicadas do restante.

Surgem pontos importantes:

1. Nenhum atributo pode ser mencionado mais de uma vez na lista_com_vírgulas de nomes de atributos (por que não?).
2. Na prática, muitas vezes é conveniente poder especificar não os atributos sobre os quais a projeção deve ser tomada, mas sim os que devem ser "deixados de fora" (isto é, removidos). Por exemplo, em vez de dizer "projetar a relação P sobre os atributos P#, PNOME, COR e CIDADE", podemos dizer "remover o atributo PESO da relação P", como neste caso:

```
P { ALL BUT PESO }
```

Alguns exemplos de projeções são dados na Figura 7.5. Note no primeiro exemplo (a projeção de fornecedores sobre CIDADE) que, embora a variável de relação F contenha atualmente cinco tuplas e portanto, cinco cidades, há apenas três cidades no resultado ("as duplicatas são eliminadas"). Observe também que, mais uma vez, conta-se com a igualdade de tuplas.

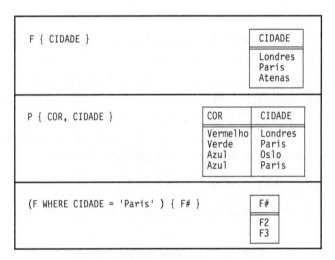

FIGURA 7.5 *Exemplos de projeções.*

Junção

Existem diversas variedades da operação de junção. Porém, de longe a mais importante é a chamada junção *natural* – tanto que, de fato, o termo *junção* não qualificado é empregado invariavelmente para indicar de forma específica a junção natural, e adotaremos esse uso neste livro. Então, aqui está a definição (um pouco abstrata, mas você já deve estar familiarizado com a junção natural em um nível intuitivo, desde nossas descrições feitas no Capítulo 3). Sejam as relações *a* e *b* com os atributos:

```
{ X1, X2, ..., Xm, Y1, Y2, ..., Yn }
```

e

```
{ Y1, Y2, ..., Yn, Z1, Z2, ..., Zp }
```

respectivamente; isto é, os atributos $Y1, Y2, ..., Yn$ de Y (apenas) são comuns às duas relações; os atributos $X1, X2, ..., Xm$ de X são os outros atributos de a, e os atributos $Z1, Z2, ..., Zp$ de Z são os outros atributos de b. Observe que:

- Podemos considerar e realmente consideramos, sem perda de generalização, graças à disponibilidade do operador RENAME do atributo, que nenhum atributo $Xi(i = 1, 2, ..., m)$ possui o mesmo nome de qualquer atributo $Zj(j = 1, 2, ..., p)$.

- Todo atributo $Yk(k = 1, 2, ..., n)$ tem o mesmo tipo em a e b (se não, por definição, esse não seria um atributo comum).

Agora, considere $\{X1, X2,...,Xm\}$, $\{Y1, Y2,...,Yn\}$ e $\{Z1, Z2,...,Zp\}$ como três atributos *compostos X, Y e Z*, respectivamente. Então, a **junção natural** de a e b –

```
a JOIN b
```

– é uma relação com o cabeçalho $\{X,Y,Z\}$ e corpo que consiste no conjunto de todas as tuplas $\{X\,x, Y\,y, Z\,z\}$ tal que uma tupla aparece em a com o valor X de x e o valor Y de y, e uma tupla aparece em b com o valor Y de y e o valor Z de z.

Um exemplo de junção natural (a junção natural F JOIN P, sobre o atributo comum CIDADE) é dado na Figura 7.6.

F#	FNOME	STATUS	CIDADE	P#	PNOME	COR	PESO
F1	Smith	20	Londres	P1	Porca	Vermelho	12.0
F1	Smith	20	Londres	P4	Parafuso	Vermelho	14.0
F1	Smith	20	Londres	P6	Tubo	Vermelho	19.0
F2	Jones	10	Paris	P2	Pino	Verde	17.0
F2	Jones	10	Paris	P5	Came	Azul	12.0
F3	Blake	30	Paris	P2	Pino	Verde	17.0
F3	Blake	30	Paris	P5	Came	Azul	12.0
F4	Clark	20	Londres	P1	Porca	Vermelho	12.0
F4	Clark	20	Londres	P4	Parafuso	Vermelho	14.0
F4	Clark	20	Londres	P6	Tubo	Vermelho	19.0

FIGURA 7.6 *A junção natural F JOIN P.*

Nota: Observamos várias vezes esse ponto – na verdade, ele está ilustrado pela Figura 7.6 – mas ainda vale a pena afirmar explicitamente que as junções *nem sempre* são feitas entre uma chave estrangeira e uma chave primária correspondente, embora essas junções sejam um caso especial muito comum e importante.

A propósito, observe como a definição da junção natural conta com a igualdade de tuplas mais uma vez. Além disso, observe, com relação a essa definição, que:

- Se $n = 0$ (significando que a e b não têm atributos comuns), então a JOIN b se degenera para a TIMES b.[2]

- Se $m = p = 0$ (significando que a e b são do mesmo tipo), então a JOIN b se degenera para a INTERSECT b.

Agora, voltemos à operação *junção-* , que se aplica àquelas ocasiões (relativamente raras mas de modo algum desconhecidas) em que precisamos unir duas relações com base em algum operador de comparação que não seja o de igualdade. Sejam as relações a e b que satisfazem aos requisitos do produto cartesiano (ou seja, elas não têm nomes de atributos comuns); suponha que a tenha um atributo X e que b tenha um atributo Y, e suponha ainda que X, Y e atendam aos requisitos da restrição-θ. Então, a **junção-θ** da rela-

---

[2]A versão em **Tutorial D** definida na referência [3.3] não inclui suporte direto para a operação TIMES por esse mesmo motivo.

ção *a* sobre o atributo *X* com a relação *b* sobre o atributo *Y* é definida como sendo o resultado da avaliação da expressão:

```
( a TIMES b ) WHERE X θ Y
```

Em outras palavras, ela é uma relação com o mesmo cabeçalho que o produto cartesiano de *a* e *b*, e cujo corpo é o conjunto de todas as tuplas, *t* tais que *t* pertence ao produto cartesiano e a condição "*X θ Y*" tem valor TRUE para essa tupla *t*.

A título de exemplo, suponha que desejamos calcular a *junção maior que* da relação F sobre CIDADE com a relação P sobre CIDADE (então, θ aqui é ">"; como os atributos CIDADE são definidos como sendo do tipo CHAR ">" significa simplesmente "maior em ordem alfabética"). Uma expressão relacional apropriada é:

```
( ( F RENAME CIDADE AS FCIDADE ) TIMES
  ( P RENAME CIDADE AS PCIDADE ) )
WHERE FCIDADE > PCIDADE
```

Observe a mudança de nomes (renomeação) de atributos nesse exemplo. (Naturalmente, bastaria renomear apenas um dos dois atributos CIDADE; a única razão para renomear ambos é a simetria.) O resultado da expressão geral é mostrado na Figura 7.7.

F#	FNOME	STATUS	FCIDADE	P#	PNOME	COR	PESO	PCIDADE
F2	Jones	10	Paris	P1	Porca	Vermelho	12.0	Londres
F2	Jones	10	Paris	P3	Parafuso	Azul	17.0	Oslo
F2	Jones	10	Paris	P4	Parafuso	Vermelho	14.0	Londres
F2	Jones	10	Paris	P6	Tubo	Vermelho	19.0	Londres
F3	Blake	30	Paris	P1	Porca	Vermelho	12.0	Londres
F3	Blake	30	Paris	P3	Parafuso	Azul	17.0	Oslo
F3	Blake	30	Paris	P4	Parafuso	Vermelho	14.0	Londres
F3	Blake	30	Paris	P6	Tubo	Vermelho	19.0	Londres

FIGURA 7.7 *Junção "maior que" de fornecedores e peças sobre cidades.*

Se θ é "=", a junção-θ é chamada **equijunção**. Segue-se da definição que o resultado de uma equijunção deve incluir dois atributos com a propriedade de que os valores desses dois atributos sejam iguais em cada tupla da relação. Se um desses dois atributos for eliminado e o outro renomeado de maneira apropriada (se necessário), o resultado será a junção natural! Por exemplo, a expressão que representa a junção natural de fornecedores e peças (sobre cidades) –

```
F JOIN P
```

– é equivalente à seguinte expressão mais complexa:

```
( ( F TIMES ( P RENAME CIDADE AS PCIDADE ) )
                   WHERE CIDADE = PCIDADE )
                      { ALL BUT PCIDADE }
```

Nota: **Tutorial D** não inclui suporte direto para o operador de junção-θ, porque (a) na prática, ele não é necessário com tanta frequência e, em todo caso, (b) ele não é um operador primitivo (ou seja, ele pode ser definido em termos de outros operadores, como já vimos).

Divisão

A referência [7.4] define dois operadores de "divisão" distintos, chamados de Divisão Pequena (Small Divide) e Divisão Grande (Great Divide), respectivamente. Em **Tutorial D**, uma *<divisão>* em que o *<por>* consiste apenas em uma *<expressão relacional>* é uma Divisão Pequena; uma *<divisão>* na qual

<por> consiste em uma lista_com_vírgulas entre parênteses de dois itens *<expressão relacional>* é uma Divisão Grande. A descrição a seguir se aplica apenas à Divisão Pequena, e somente a uma forma limitada específica da Divisão Pequena. Consulte a referência [7.4] a fim de examinar uma descrição da Divisão Grande e para ver também detalhes adicionais relativos à Divisão Pequena.

Devemos enfatizar que a versão do operador de Divisão Pequena que discutimos aqui não é igual ao operador original de Codd – de fato, é uma versão melhorada que supera certas dificuldades que surgiram com aquele operador original no caso de relações vazias. Além disso, o operador também não é igual ao da versão discutida nas primeiras edições deste livro.

Então, aqui está a definição. Sejam as relações *a* e *b* com os atributos:

```
X1, X2, ..., Xm
```

e

```
Y1, Y2, ..., Yn
```

respectivamente, em que nenhum atributo *Xi* ($i = 1, 2, ..., m$) tem o mesmo nome de qualquer atributo *Yj* ($j = 1, 2, ..., n$), e seja *c* uma relação com os atributos

```
X1, X2, ..., Xm, Y1, Y2, ..., Yn
```

(isto é, *c* tem um cabeçalho que é a união dos cabeçalhos de *a* e *b*). Agora, vamos considerar { *X1*, *X2*, ..., *Xm*} e { *Y1*, *Y2*, ..., *Yn* } atributos *compostos* *X* e *Y*, respectivamente. Então, a **divisão** entre *a* e *b* por *c* (em que *a* é o dividendo, *b* é o divisor e C é o "mediador") –

```
a DIVIDEBY b PER c
```

– é uma relação com o cabeçalho { *X* } e um corpo que consiste em todas as tuplas { *Xx* }, tais que uma tupla { *Xx*, *Yy* } aparece em *c* para todas as tuplas { *Yy* } que aparecem em *b*. Em outras palavras, o resultado consiste em todos os valores *X* de *a* cujos valores *Y* correspondentes em *c* incluem todos os valores *Y* de *a*, informalmente falando. Observe mais uma vez a dependência da igualdade de tuplas!

A Figura 7.8 mostra alguns exemplos simples de divisão. O dividendo (DEND) em cada caso é a projeção do valor atual da variável de relação F sobre F#: o mediador (MED) em cada caso é a projeção do valor atual da variável de relação FP sobre F# e P#; o três divisores (DOR) são os indicados na figura. Note

DEND

F#
F1
F2
F3
F4
F5

MED

F#	P#
F1	P1
F1	P2
F1	P3
F1	P4
F1	P5
F1	P6
..	..
..	..
F2	P1
F2	P2
F3	P2
F4	P2
F4	P4
F4	P5

DOR

P#
P1

DOR

P#
P2
P4

DOR

P#
P1
P2
P3
P4
P5
P6

DEND DIVIDEBY DOR PER MED

F#
F1
F2

F#
F1
F4

F#
F1

FIGURA 7.8 *Exemplos de divisão.*

o último exemplo em particular, no qual o divisor é uma relação contendo números de peças referentes a todas as peças conhecidas no momento; o resultado (evidentemente) mostra números de fornecedores que fornecem todas essas peças. Como esse exemplo sugere, o operador DIVIDEBY é planejado para consultas dessa mesma natureza geral; de fato, sempre que a versão em linguagem natural da consulta contém a palavra "todos" (como em "Obter fornecedores que fornecem *todas* as peças"), existe uma forte possibilidade de que a divisão esteja envolvida. (Porém, a divisão foi criada especificamente por Codd para ser um equivalente algébrico do *quantificador universal*, de modo semelhante à criação da projeção para ser um equivalente algébrico do *quantificador existencial*. Veja mais explicações no Capítulo 8.)

Em conjunto com o exemplo anterior, devemos assinalar que consultas dessa natureza geral frequentemente são expressas com maior facilidade em termos de *comparações relacionais*. Por exemplo:

```
F WHERE ( ( FP RENAME F# AS X ) WHERE X = F# ) { P# } = P { P# }
```

Essa expressão é avaliada como uma relação contendo todas e somente as tuplas de fornecedor para os fornecedores que fornecem todas as peças atualmente conhecidas. *Explicação:*

1. Para qualquer fornecedor indicado, a expressão

   ```
   ( ( FP  RENAME F# AS X ) WHERE X = F# ) { P# }
   ```

   produz o conjunto de números de peça para as peças fornecidos por esse fornecedor.

2. Esse conjunto de números de peças é, em seguida, comparado com o conjunto de todos os números de peça conhecidos.

3. Se e somente se dois conjuntos forem iguais, a tupla de fornecedores correspondente aparecerá no resultado.

   Aqui, ao contrário, está a versão de DIVIDEBY, agora com todos os detalhes:

   ```
   F JOIN ( F { F$ } DIVIDEBY P { P# } PER FP { E#, P# } )
   ```

Você poderá achar que a versão da comparação relacional é conceitualmente mais fácil de usar. De fato, não é certo se DIVIDEBY teria sido sequer definido se o modelo relacional tivesse incluído comparações relacionais em primeiro lugar – mas ele não incluiu.

7.5 EXEMPLOS

Nesta seção, apresentaremos alguns exemplos do uso de expressões de álgebra relacional na formulação de consultas. Recomenda-se que o leitor confira esses exemplos com as amostras de dados da Figura 3.8 (veja também a cópia da figura no início deste livro).

7.5.1 Obter nomes de fornecedores correspondentes a fornecedores que fornecem a peça P2:

```
( ( FP JOIN F ) WHERE P# = P# ('P2') ) { FNOME }
```

Explicação: primeiro é construída a junção das relações FP e F sobre números de fornecedores, o que tem – conceitualmente – o efeito de estender cada tupla de FP com as informações correspondentes sobre fornecedores (isto é, os valores apropriados FNOME, STATUS e CIDADE). Essa junção é então restrita apenas às tuplas em que o valor de P# é P2. Por fim, essa restrição é projetada sobre o atributo FNOME. O resultado final tem um único atributo, chamado FNOME.

7.5.2 Obter nomes de fornecedores correspondentes a fornecedores que fornecem pelo menos uma peça vermelha:

```
( ( ( P WHERE COR = COR ('Vermelho') )
            JOIN FP ) { F# } JOIN F ) { FNOME }
```

Novamente, o único atributo do resultado é FNOME.

A propósito, aqui está uma formulação diferente para a mesma consulta:

```
( ( ( P WHERE COR = COR ('Vermelho') ) { P# }
                 JOIN FP ) { F# } JOIN F ) { FNOME }
```

Esse exemplo ilustra o detalhe importante da existência frequente de vários modos distintos de se formular determinada consulta. Consulte o Capítulo 18 para ver uma discussão de algumas implicações desse ponto.

7.5.3 Obter nomes de fornecedores correspondentes a fornecedores que fornecem todas as peças:

```
( ( F { F# } DIVIDEBY P { P# } PER FP { F#, P# } )
                                      JOIN F ) { FNOME }
```

Ou:

```
( F WHERE
( ( FP RENAME F# AS X ) WHERE X = F# ) { P# } = P { P# } )
{ FNOME }
```

Mais uma vez, o resultado tem somente o atributo chamado FNOME.

7.5.4 Obter números de fornecedores correspondentes a fornecedores que fornecem pelo menos todas as peças fornecidas pelo fornecedor F2:

```
F { F# } DIVIDEBY ( FP WHERE F# = F# ('F2') ) { P# }
                                   PER FP { F#, P# }
```

O resultado tem um único atributo chamado F#.

7.5.5 Obter todos os pares de números de fornecedores, tais que os dois fornecedores referidos estão localizados na mesma cidade:

```
( ( ( F RENAME F# AS FA ) { FA, CIDADE } JOIN
    ( F RENAME F# AS FB ) { FB, CIDADE } )
        WHERE FA < FB ) { FA, FB }
```

O resultado tem dois atributos, chamados FA e FB (é claro, seria suficiente renomear apenas um dos dois atributos F#; porém, renomeamos os dois por uma questão de simetria). *Nota:* Supomos que o operador "<" foi definido para o tipo F#. O propósito da condição FA < FB é duplo:

- Ela elimina pares de números de fornecedores da forma (x,x).

- Ela garante que os pares (x,y) e (y,x) não aparecerão ao mesmo tempo.

Mostramos outra formulação dessa consulta para ilustrar que o uso de WITH pode simplificar o processo de escrever expressões que, de outra forma, poderiam ser muito complicadas:[3]

```
WITH ( F RENAME F# AS FA ) { FA, CIDADE } AS T1,
     ( F RENAME F# AS FB ) { FB, CIDADE } AS T2,
     T1 JOIN T2 AS T3,
     T3 WHERE FA < FB AS T4 :
     T4 { FA, FB }
```

WITH nos permite raciocinar sobre expressões grandes e complicadas usando uma abordagem passo a passo, e ainda não viola, de modo algum, o caráter não procedimental da álgebra relacional. Aprofundaremos esse ponto na discussão seguinte ao próximo exemplo.

---

[3]Na verdade, usamos a forma *escalar* de WITH na definição do operador DIST no Capítulo 5, Seção 5.5; também mostramos a forma relacional na expansão da abreviação UPDATE, no Capítulo 6, Seção 6.5.

7.5.6 Obter nomes de fornecedores correspondentes a fornecedores que não fornecem a peça P2:

```
( ( F { F# } MINUS ( FP WHERE P# = P# ('P2') ) { F# } )
                                       JOIN F ) { FNOME }
```

O resultado tem um único atributo chamado FNOME.

Conforme prometemos, elaboramos um pouco esse último exemplo para ilustrar um outro ponto. Nem sempre é fácil ver de imediato como formular determinada consulta como uma única expressão aninhada. Nem deve ser necessário fazê-lo. Aqui está uma formulação passo a passo para o Exemplo 7.5.6:

```
WITH F { F# } AS T1,
    FP WHERE P# = P# ('P2') AS T2,
    T2 { F# } AS T3,
    T1 MINUS T3 AS T4,
    T4 JOIN F AS T5,
    T5 { FNOME } AS T6 :
    T6
```

T6 representa o resultado desejado. *Explicação:* Nomes introduzidos por uma cláusula WITH – isto é, nomes da forma T*i* no exemplo – são considerados locais para a instrução que contém essa cláusula. Agora, se o sistema admitir a "avaliação preguiçosa" (*lazy evaluation*) (como fazia, por exemplo, o sistema PRTV [7.9]), a divisão da consulta geral em uma sequência de passos, dessa maneira, *não* precisa ter qualquer implicação de desempenho indesejável. Em vez disso, a consulta pode ser processada como a seguir:

- As expressões que precedem o sinal de dois-pontos não exigem qualquer avaliação imediata pelo sistema – tudo o que o sistema tem a fazer é memorizá-las, juntamente com os nomes introduzidos pelas cláusulas AS correspondentes.

- A expressão que segue o sinal de dois-pontos representa o resultado final da consulta (no exemplo, essa expressão é apenas "T6"). Quando alcança esse ponto, o sistema não pode retardar mais a avaliação e, em vez disso, tem de calcular de algum modo o valor desejado (ou seja, o valor de T6).

- Para avaliar T6, que é a projeção de T5 sobre FNOME, o sistema deve primeiro avaliar T5; para avaliar T5, que é a junção de T4 e F, o sistema primeiro deve avaliar T4, e assim por diante. Em outras palavras, o sistema efetivamente tem de avaliar a expressão aninhada original, exatamente como se o usuário tivesse escrito essa expressão aninhada em primeiro lugar.

Consulte a próxima seção, que contém uma breve discussão da questão geral de avaliação dessas expressões aninhadas, e também o Capítulo 18, para examinar um tratamento estendido do mesmo tópico.

7.6 PARA QUE SERVE A ÁLGEBRA?

Vamos resumir o que vimos neste capítulo até agora: definimos uma *álgebra relacional*, isto é, uma coleção de operações sobre relações. As operações em questão são união, interseção, diferença, produto, restrição, projeção, junção e divisão, além de um operador para renomear atributos, RENAME (esse é basicamente o conjunto que Codd definiu originalmente na referência [7.1], com exceção de RENAME). Também apresentamos uma sintaxe para essas operações e usamos essa sintaxe como base para uma série de exemplos e ilustrações.

Porém, conforme observamos em nossas discussões, os oito operadores de Codd não constituem um conjunto *mínimo* (nem jamais houve essa pretensão), porque alguns deles não são primitivos – eles podem ser definidos em termos dos outros. Por exemplo, os operadores junção, interseção e divisão podem ser definidos em termos dos outros cinco (consulte o Exercício 7.6), e poderiam ter sido eliminados sem qualquer perda de funcionalidade. Contudo, dos cinco restantes, nenhum pode ser definido em termos dos outros três, de modo que podemos considerar esses cinco como constituindo um conjunto de **primitivas** ou conjunto mínimo (não necessariamente o único conjunto, é claro).[4] Todovia, na prática, os outros três operadores (especialmente o de junção) são tão úteis que se pode criar um bom argumento para um suporte direto a eles.

Agora, podemos esclarecer um ponto muito importante. Embora nunca tenhamos dito isso de forma explícita, o texto do capítulo até agora certamente sugeriu que o objetivo principal da álgebra é apenas a *busca de dados*. No entanto, não é esse o caso. O objetivo fundamental da álgebra é permitir a **escrita de expressões relacionais**. Essas expressões, por sua vez, devem servir a uma variedade de propósitos, incluindo a busca, é claro, mas sem se limitar a essa única finalidade. A lista a seguir – que não pretende esgotar o assunto – indica algumas aplicações possíveis para essas expressões:

- Definir um escopo para **busca** – isto é, definir os dados a serem pesquisados em alguma operação de busca (conforme já discutimos bastante).

- Definir um escopo para **atualização** – ou seja, definir os dados a serem inseridos, alterados ou eliminados em alguma operação de atualização (consulte o Capítulo 6).

- Definir **restrições de integridade** – isto é, definir alguma restrição à qual o banco de dados deverá atender (consulte o Capítulo 9).

- Definir **RelVars derivadas** – isto é, definir os dados a serem incluídos em uma visão, ou "instantâneo" (consulte o Capítulo 10).

- Definir **requisitos de estabilidade** – isto é, definir os dados que devem constituir o escopo de alguma operação de controle da concorrência (consulte o Capítulo 16).

- Definir **restrições de segurança** – ou seja, definir os dados sobre os quais será concedida alguma espécie de autorização (consulte o Capítulo 17).

Na realidade, de modo geral, as expressões servem como uma *representação simbólica de alto nível da intenção do usuário* (por exemplo, com relação a alguma consulta específica). E precisamente pelo fato de serem de alto nível e simbólicas, elas podem ser manipuladas de acordo com uma variedade de **regras de transformação** simbólicas e de alto nível. Por exemplo, a expressão:

```
( ( FP JOIN F ) WHERE P# = P# ('P2') ) { FNOME }
```

("Obter nomes de fornecedores que fornecem a peça P2" – Exemplo 7.5.1) pode ser transformada na expressão lógica equivalente, mas provavelmente de maior eficiência:

```
( ( FP WHERE P# = P# ('P2') ) JOIN F ) { FNOME }
```

(*Exercício:* Em que sentido a segunda expressão provavelmente seria mais eficiente? Por que apenas "provavelmente"?)

Portanto, a álgebra serve como uma base conveniente para **otimização** (reveja o Capítulo 3, Seção 3.5, se precisar lembrar desse conceito). Isto é, mesmo que o usuário expresse sua consulta na primeira das duas formas apresentadas, o otimizador deve convertê-la na segunda forma antes de executá-la (no caso ideal, o desempenho de determinada consulta *não* deverá depender da forma particular na qual o usuário a enuncia). Consulte o Capítulo 18, se quiser obter uma discussão adicional.

Concluímos esta seção observando que, precisamente em função de sua natureza fundamental, a álgebra é empregada, com frequência, como uma espécie de *fita métrica* com a qual poderá medir o poder expressivo de alguma linguagem qualquer. Basicamente, uma linguagem é considerada **completa em termos**

---

[4] Esta sentença exige uma certa qualificação. Primeiro, como vimos que o produto é um caso especial de junção, poderíamos substituir produto por junção no conjunto indicado de primitivas. Segundo, realmente precisamos incluir RENAME, pois nossa álgebra (ao contrário daquela da referência [7.1]) conta com nomes de atributos, em vez de posição ordinal. Terceiro, a referência [3.3] descreve uma espécie de versão da álgebra com um "conjunto de instruções reduzido", chamada **A**, permitindo que a funcionalidade inteira da álgebra original de Codd (além de RENAME e vários outros operadores úteis) seja alcançada com apenas dois primitivos, chamados *remove* e *nor*.

relacionais [7.1] se ela for pelo menos tão poderosa quanto a álgebra – ou seja, se suas expressões permitem a definição de toda relação que possa ser definida por meio de expressões da álgebra (isto é, a álgebra *original* descrita nas seções anteriores). Examinaremos essa noção de completitude relacional com mais detalhes no próximo capítulo.

7.7 PONTOS AVANÇADOS

Esta seção aborda algumas questões variadas com relação aos oito operadores originais.

Associatividade e comutatividade

É fácil verificar que a operação UNION é **associativa** – isto é, se *a*, *b* e *c* são expressões relacionais arbitrárias que produzem relações do mesmo tipo, então as expressões

(*a* UNION *b*) UNION *c*

e

a UNION (*b* UNION *c*)

são logicamente equivalentes. Desse modo permitimos, por conveniência, que uma sequência de operações UNION seja escrita sem o uso de parênteses; isto é, cada uma das expressões a seguir pode ser simplificada de forma não ambígua, gerando apenas

a UNION *b* UNION *c*

Observações semelhantes se aplicam a INTERSECT, TIMES e JOIN (mas não a MINUS). *Nota:* Por esses motivos entre outros, alguma espécie de notação de prefixo, como, por exemplo, em UNION (*a,b,c*) poderia ser preferível na prática ao estilo infixo da linguagem **Tutorial D**. Porém, neste livro, permanecemos com o estilo infixo.

Observamos ainda que as operações UNION, INTERSECT, TIMES e JOIN (mas não MINUS) também são **comutativas** – ou seja, as expressões

a UNION *b*

e

b UNION *a*

também são logicamente equivalentes e semelhantes às operações INTERSECT, TIMES e JOIN.

Veremos de novo toda a questão de associatividade e comutatividade no Capítulo 18. A propósito, sobre TIMES, observamos que a operação de produto cartesiano na versão da teoria de conjuntos não é nem associativa nem comutativa, mas (como acabamos de ver) a versão relacional tem essas duas propriedades.

Algumas equivalências

Nesta subseção, simplesmente listamos algumas equivalências importantes, sem muita necessidade de comentários adicionais. Na relação a seguir, *r* representa uma relação qualquer, e *vazio* representa a relação vazia do mesmo tipo de *r*.

- *r* WHERE TRUE ≡ *r* (uma restrição de *identidade*)

- *r* WHERE FALSE ≡ *vazio*

- *r* { *X, Y, ..., Z* } ≡ *r* se *X, Y, ..., Z* forem todos os atributos de *r* (uma projeção de *identidade*)

- *r* { } ≡ TABLE_DUM se *r* = *vazio*, TABLE_DEE em caso contrário (uma projeção *nulária*)

- r JOIN $r \equiv r$ UNION $r \equiv r$ INTERSEC $r \equiv r$

- `r JOIN TABLE_DEE` $\equiv$ `TABLE_DEE JOIN r` $\equiv r$ (ou seja, DEE é a *identidade* com relação à junção, assim como zero é o elemento neutro da adição, ou um é o elemento neutro da multiplicação, na aritmética comum)

- `r TIMES TABLE_DEE` $\equiv$ `TABLE_DEE TIMES r` $\equiv r$ (essa equivalência é apenas um caso especial da anterior)

- `r UNION` *vazio* $\equiv$ `r MINUS` *vazio* $\equiv r$

- *vazio* `INTERSECT r` $\equiv$ *vazio* `MINUS r` $\equiv$ *vazio*

Algumas generalizações

Os operadores JOIN, UNION e INTERSECT foram todos definidos originalmente como operadores *diádicos* (isto é, cada um deles toma exatamente dois operandos);[5] como vimos, porém, eles podem ser generalizados sem ambiguidade para se tornarem operadores *n*-ádicos para um valor arbitrário $n > 1$. Porém, o que se pode dizer de $n = 1$? Ou de $n = 0$? Acontece que é desejável, pelo menos por um ponto de vista conceitual, a possibilidade de realizar "junções", "uniões" e "interseções" de (a) apenas uma única relação e (b) nenhuma relação (embora a **Tutorial D** não ofereça um suporte sintático direto para qualquer operação desse tipo). Aqui estão as definições. Seja *s* o conjunto de relações (todas do mesmo tipo de relação *RT*, no caso da união e interseção). Então:

- Se *s* contém apenas uma relação *r*, então a junção, união e interseção de todas as relações em *s* são definidas para serem simplesmente *r*.

- Se *s* não contém relação alguma, então:

  - A junção de todas as relações em *s* é definida como sendo TABLE_DEE (a identidade com relação à junção).

  - A união de todas as relações em *s* é definida como sendo a relação vazia do tipo *RT*.

  - A interseção de relações em *s* é definida para ser a relação "universal" do tipo *RT* – ou seja, relação exclusiva do tipo *RT* que contém todas as tuplas possíveis com cabeçalho *H*, em que *H* é o cabeçalho do tipo de relação *RT*.[6]

7.8 OPERADORES ADICIONAIS

Diversos escritores propuseram novos operadores algébricos desde que Codd definiu seus oito operadores originais. Nesta seção, examinaremos alguns desses operadores – SEMIJOIN, SEMIMINUS, EXTEND, SUMMARIZE e TCLOSE – com certa profundidade. Em termos de nossa sintaxe em **Tutorial D**, esses operadores envolvem cinco novas formas de *<não-projeção>*, com os seguintes detalhes específicos:

```
<semijunção>
    ::=  <expressão relacional> SEMIJOIN <expressão relacional>
```

```
<semidiferença>
    ::=  <expressão relacional> SEMIMINUS <expressão relacional>
```

```
<extensão>
    ::=  EXTEND <expressão relacional>
                ADD ( <lista_com_vírgulas de adição de extensão> )
```

Os parênteses podem ser omitidos se a lista_com_vírgulas tiver apenas uma *<adição de extensão>*.

---

[5]MINUS também é diádico. Ao contrário, restrição e projeção são operadores *monádicos*.

[6]Observamos, de passagem, que o termo *relação universal* normalmente é usado na literatura com um significado bem diferente. Consulte, por exemplo, a referência [13.20].

```
<adição de extensão>
    ::=   <expressão> AS <nome de atributo>

<totalização>
    ::=   SUMMARIZE <expressão relacional>
              PER <expressão relacional>
              ADD <lista_com_vírgulas de adição de totalização>
```

Os parênteses podem ser omitidos se a lista_com_vírgulas tiver apenas uma *<adição de totalização>*.

```
<adição de totalização>
    ::=   <tipo de total> [ ( <expressão escalar> ) ]
                      AS <nome de atributo>

<tipo de total>
    ::=   COUNT  | SUM  | AVG  | MAX | MIN | ALL | ANY
        | COUNTD | SUMD | AVGD | ...

<tclose>
    ::=   TCLOSE <expressão relacional>
```

As diversas ocorrências de *<expressão relacional>* mencionadas nas regras de produção BNF apresentadas não devem ser do tipo *<não-projeção>*.

Semijunção

Sejam a, b, X e Y conforme definidas na subseção "Junção" da Seção 7.4. Então, a **semijunção** de a com b (nessa ordem), a SEMIJOIN b, é definida como equivalente a:

```
( a JOIN b ) { X, Y }
```

Em outras palavras, a semijunção de a com b é a junção de a e b projetada sobre os atributos de a. Portanto, o corpo do resultado consiste (informalmente) nas tuplas de a que têm uma equivalente em b.

Exemplo: Obter F#, FNOME, STATUS e CIDADE para fornecedores que fornecem a peça P2:

```
F SEMIJOIN ( FP WHERE P# = P# ('P2') )
```

Semidiferença

A **semidiferença** entre a e b (nessa ordem), a SEMIMINUS b, é definida como a operação equivalente a:

```
a MINUS ( a SEMIJOIN b )
```

Portanto, o corpo do resultado consiste (informalmente) nas tuplas de a que não têm qualquer equivalente em b.

Exemplo: Obter F#, FNOME, STATUS e CIDADE para fornecedores que não fornecem a peça P2:

```
F SEMIMINUS ( FP WHERE P# = P# ('P2') )
```

Extensão

O leitor deve ter observado que a álgebra que descrevemos até agora não incluí qualquer capacidade computacional (no sentido em que essa expressão costuma ser entendida). Porém, na prática, tais recursos são evidentemente desejáveis. Por exemplo, poderíamos querer buscar o valor de uma expressão aritmética como PESO * 454, ou então fazer referência a tal valor em uma cláusula WHERE (lembre-se de que – apesar da discussão sobre unidades na Seção 5.4 – os pesos de peças são dados em libras, e uma libra corresponde a 454 gramas).[7] O objetivo da operação de **extensão** é fornecer suporte a tais recursos. Mais precisamente, EXTEND toma uma relação e retorna outra relação idêntica à relação dada, mas incluindo um atributo adicional, cujos valores são obtidos pela avaliação de alguma expressão computacional especificada. Por exemplo, poderíamos escrever:

```
EXTEND P ADD ( PESO * 454 ) AS PESOGM
```

Essa expressão – observe que *é* mesmo uma expressão, e não um "comando" ou uma instrução e, por conseguinte, pode estar aninhada no interior de outras expressões – produz uma relação com o mesmo cabeçalho que P, mas inclui um atributo adicional, chamado PESOGM. Cada tupla dessa relação é igual à tupla correspondente de P, mas inclui também um valor adicional de PESOGM, calculado de acordo com a expressão aritmética especificada: PESO * 454. Consulte a Figura 7.9.

P#	PNOME	COR	PESO	CIDADE	PESOGM
P1	Porca	Vermelho	12.0	Londres	5448.0
P2	Pino	Verde	17.0	Paris	7718.0
P3	Parafuso	Azul	17.0	Oslo	7718.0
P4	Parafuso	Vermelho	14.0	Londres	6356.0
P5	Came	Azul	12.0	Paris	5448.0
P6	Tubo	Vermelho	19.0	Londres	8626.0

FIGURA 7.9 *Um exemplo de EXTEND.*

Importante: Observe que essa expressão de EXTEND *não* alterou a variável de relação de peças no banco de dados; ela é apenas uma expressão e, como qualquer outra expressão, simplesmente representa um certo valor – um valor que, nesse caso particular, é muito semelhante ao valor atual da variável de relação de peças. (Em outras palavras, EXTEND *não* é um equivalente da álgebra relacional a ALTER TABLE ... ADD COLUMN da SQL.)

Agora, podemos usar o atributo PESOGM em projeções, restrições etc. Por exemplo:

```
( ( EXTEND P ADD ( PESO * 454 ) AS PESOGM )
        WHERE PESOGM > PESO ( 10000.0 ) ) { ALL BUT PESOGM }
```

Nota: Naturalmente, uma linguagem mais facilitada para o usuário permitiria que a expressão escalar aparecesse diretamente na cláusula WHERE:

```
P WHERE ( PESO * 454 ) > PESO ( 10000.0 )
```

(veja a discussão sobre restrição, na Seção 7.4). No entanto, esse recurso é realmente apenas uma redução sintática.

Então, em geral o valor da **extensão**

```
EXTEND a ADD expressão AS Z
```

é uma relação definida da seguinte maneira:

- O cabeçalho do resultado consiste no cabeçalho de *a*, estendido com o atributo *Z*.

- O corpo do resultado é formado por todas as tuplas *t*, tais que *t* é uma tupla de *a* estendida com um valor para o atributo *Z*, calculado pela avaliação da *expressão* sobre essa tupla de *a*.

A relação *a* não pode ter um atributo chamado *Z*, e *expressão* não pode se referir a *Z*. Observe que a cardinalidade do resultado é a cardinalidade de *a* e que o grau do resultado é igual ao de *a* mais um. O tipo de *Z* nesse resultado é o tipo de *expressão*.

---

[7]Também estamos considerando que "*" é uma operação válida entre pesos e inteiros. Qual é o tipo do resultado de tal operação?

Aqui estão mais alguns exemplos:

1. `EXTEND F ADD 'Fornecedor' AS TAG`

   Essa expressão efetivamente "marca" cada tupla do valor atual da variável da relação F com o valor de string de caracteres "Fornecedor" (um literal – ou, de modo mais genérico, uma invocação de seletor – é uma expressão computacional válida, naturalmente).

2. `EXTEND ( P JOIN FP ) ADD ( PESO * QDE ) AS PESO_REMESSA`

   Esse exemplo ilustra a aplicação de EXTEND ao resultado de uma expressão relacional mais complicada que apenas um nome de variável de relação simples.

3. `( EXTEND F ADD CIDADE AS FCIDADE ) { ALL BUT CIDADE }`

   Um nome de atributo como CIDADE também é uma expressão computacional válida. Observe que esse exemplo específico é equivalente a:

   `F RENAME CIDADE AS FCIDADE`

   Em outras palavras, RENAME não é primitivo! Ele pode ser definido em termos de EXTEND (e de projeção). É claro que não desejaríamos descartar nosso importante operador RENAME, mas é no mínimo interessante notar que, na realidade, ele é apenas uma abreviação.

4. `EXTEND P ADD PESO * 454 AS PESOGM, PESO * 16 AS PESO_ONÇA`

   Esse exemplo ilustra uma operação com "EXTEND múltiplo".

5. `EXTEND F`
   `ADD COUNT ( ( FP RENAME F# AS X ) WHERE X = F# )`
   `AS NP`

   O resultado dessa expressão é mostrado na Figura 7.10. *Explicação*:

   a. Para uma determinada tupla de fornecedor no valor atual da variável de relação F, a expressão:

      `( ( FP RENAME F# AS X ) WHERE X = F# )`

      fornece o conjunto de remessas correspondentes a esse fornecedor.

   b. O *operador agregado* COUNT é aplicado, então, a esse conjunto de tuplas de remessas e retorna a cardinalidade correspondente (que é um valor escalar).

F#	FNOME	STATUS	CIDADE	NP
F1	Smith	20	Londres	6
F2	Jones	10	Paris	2
F3	Blake	30	Paris	1
F4	Clark	20	Londres	3
F5	Adams	30	Atenas	0

FIGURA 7.10 *Outro exemplo de EXTEND.*

O atributo NP no resultado representa, assim, o número de peças fornecidas pelo fornecedor identificado pelo valor de F# correspondente. Observe em particular o valor de NP que corresponde ao fornecedor F5; o conjunto de tuplas de FP para o fornecedor F5 é vazio e, desse modo, a função COUNT retorna zero.

Vamos aprofundar rapidamente essa questão de **operadores agregados**. A finalidade de um desses operadores é, em geral, derivar um único valor escalar a partir dos valores pertencentes a determinado atributo de alguma relação especificada (normalmente, uma relação *derviada*). Outros exemplos típicos são SUM, AVG, MAX, MIN, ALL e ANY. Em **Tutorial D**, uma *<invocação de operador agregado>* – que, pelo fato de retornar um valor escalar, é um caso especial de uma *<expressão escalar>* – assume a seguinte forma geral:

```
<nome de operador> ( <expressão relacional> [, <nome de atributo> ] )
```

Se *<nome de operador>* for COUNT, o *<nome de atributo>* será irrelevante e deverá ser omitido; caso contrário, ele poderá ser omitido se e somente se *<expressão relacional>* representar uma relação de grau um e, nesse caso, o único atributo do resultado dessa *<expressão relacional>* será considerado como default. Aqui estão dois exemplos:

```
SUM ( FP WHERE F# = F# ('F1'), QDE )
```

```
SUM ( ( FP WHERE F# = F# ('F1') ) { QDE } )
```

Observe a diferença entre essas duas expressões – a primeira gera o total de todas as quantidades de remessas para o fornecedor F1, e a segunda calcula o total de todas as quantidades de remessas *distintas* para o fornecedor F1.

Se o argumento para determinado operador agregado for um conjunto vazio, COUNT (como vimos) retornará zero, assim como SUM; por sua vez, MAX e MIN retornarão, respectivamente, o maior e o menor valor no domínio relevante; ALL e ANY retornarão TRUE e FALSE, respectivamente; por fim, AVG irá gerar uma exceção.

Totalização

Devemos iniciar esta subseção afirmando que a versão de SUMMARIZE discutida aqui não é igual à que foi discutida em edições anteriores deste livro – na verdade, é uma versão melhorada que supera certas dificuldades surgidas com a versão anterior em conexão com relações vazias.

Como vimos, o operador de *extensão* fornece um meio de se incorporarem cálculos "horizontais" ou cálculos "por linhas" à álgebra relacional. O operador de **totalização** executa a função equivalente para cálculos "verticais", ou "por colunas". Por exemplo, a expressão:

```
SUMMARIZE FP PER FP { P# } ADD SUM ( QDE ) AS QDETOTAL
```

é avaliada como uma relação com os atributos P# e QDETOTAL, na qual existe uma única tupla para cada valor de P# na projeção de P sobre P#, contendo esse valor de P# e a quantidade total correspondente (ver Figura 7.11). Em outras palavras, a relação FP é agrupada conceitualmente em *conjuntos* de tuplas (um conjunto para cada número de peça em P) e, então, cada grupo é usado para gerar uma tupla do resultado geral.

P#	QDETOTAL
P1	600
P2	1000
P3	400
P4	500
P5	500
P6	100

FIGURA 7.11 *Um exemplo de SUMMARIZE.*

Em geral, o valor da **totalização**

```
SUMMARIZE a PER b ADD total AS Z
```

é uma relação definida da seguinte forma:

- Primeiro, *b* deve ser do mesmo tipo de alguma projeção de *a* (isto é, todo atributo de *b* deve ser um atributo de *a*). Sejam os atributos dessa projeção (ou, de modo equivalente, de *b*) *A1, A2, ..., An*.

- O cabeçalho do resultado consiste no cabeçalho de *b* estendido com o atributo *Z*.

- O corpo do resultado consiste em todas as tuplas t, tais que t é uma tupla de b estendida com um valor para o novo atributo Z. Esse novo valor de Z é calculado avaliando-se o *total* sobre todas as tuplas de a que têm os mesmos valores para os atributos { $A1, A2, ..., An$ } que a tupla t. (É claro que, se nenhuma tupla de a tiver o mesmo valor para { $A1, A2, ..., An$ } que a tupla t, *total* será avaliado sobre um conjunto vazio.)

A relação b não pode ter um atributo chamado Z, e *total* não deve se referir a Z. Observe que o resultado tem cardinalidade igual à de b e grau igual ao de b mais uma unidade. O tipo de Z nesse resultado é o tipo de *total*.

Aqui está outro exemplo:

```
SUMMARIZE ( P JOIN FP ) PER P { CIDADE } ADD COUNT AS NFP
```

O resultado é semelhante a:

CIDADE	NSP
Londres	5
Oslo	1
Paris	6

Em outras palavras, o resultado contém uma tupla para cada uma das três cidades de peças (Londres, Oslo e Paris), mostrando em cada caso o número de remessas de peças armazenadas nessa cidade.

Surgem alguns detalhes importantes:

1. Observe mais uma vez que temos aqui um operador cuja definição conta com a noção de igualdade de tuplas.

2. Nossa sintaxe permite "vários operadores SUMMARIZE". Por exemplo:

```
SUMMARIZE FP PER P { P# } ADD ( SUM ( QDE ) AS QDETOTAL,
                                AVG ( QDE ) AS QDEMÉDIA )
```

3. A forma geral da *<totalização>* (para repetir) é a seguinte:

```
SUMMARIZE <expressão relacional>
        PER <expressão relacional>
        ADD <lista_com_vírgulas de adição de totalização>
```

Cada *<adição de totalização>*, por sua vez, assume a forma:

```
<tipo de total> [ ( <expressão escalar> ) ] AS <nome de atributo>
```

São exemplos válidos típicos de *<tipo de total>* COUNT, SUM, AVG, MAX, MIN, ALL, ANY, COUNTD, SUMD e AVGD. A letra "D" (de "distinto") em COUNTD, SUMD e AVGD significa "eliminar valores duplicados redundantes antes de executar a totalização". A *<expressão escalar>* pode incluir referências a atributos da relação indicada pela *<expressão relacional>* imediatamente seguinte à palavra-chave SUMMARIZE. A *<expressão escalar>* e os parênteses que a envolvem poderão e deverão ser omitidos somente se o *<tipo de total>* for COUNT.

A propósito, observe que uma *<adição de totalização>* não é a mesma coisa que uma invocação de operador de agregado. Uma *<invocação de operador de agregado>* é uma expressão escalar e pode aparecer onde quer que um literal do tipo apropriado puder aparecer. Ao contrário, *<adição de totalização>* é apenas um operando SUMMARIZE; ela *não* é uma expressão escalar, não tem significado fora do contexto de SUMMARIZE e, na verdade, não pode aparecer fora desse contexto.

4. Como você já deve ter percebido, SUMMARIZE não é um operador primitivo – ele pode ser simulado por meio de EXTEND. Por exemplo, a expressão:

```
SUMMARIZE  FP PER F { F# } ADD COUNT AS NP
```

é definida como a abreviação de:

```
( EXTEND F { F# }
        ADD ( ( ( FP RENAME F# AS X ) WHERE X = F# ) AS Y,
            COUNT ( Y ) AS NP ) )
{ F#, NP }
```

ou, de modo equivalente:

```
WITH ( F { F# } ) AS T1,
   ( FP RENAME F# AS X ) AS T2,
   ( EXTEND T1 ADD ( T2 WHERE X = F# ) AS Y ) AS T3,
   ( EXTEND T3 ADD COUNT ( Y ) AS NP ) AS T4 :
T4 { F#, NP }
```

A propósito, o atributo Y aqui é um valor de relação. Consulte a Seção 6.4, se precisar reavivar sua memória a respeito dessa possibilidade.

5. Aqui está outro exemplo:

```
SUMMARIZE F PER F { CIDADE } ADD AVG ( STATUS ) AS STATUS_MÉDIO
```

Aqui, a relação PER não é apenas "do mesmo tipo que" alguma projeção da relação a ser totalizada, mas realmente *é* essa projeção. Nesse caso, permitimos a seguinte abreviação:

```
SUMMARIZE F BY { CIDADE } ADD AVG ( STATUS ) AS STATUS_MÉDIO
```

(Substituímos PER *<expressão relacional>* por BY *<lista_com_vírgulas de nomes de atributos>*. Os atributos indicados precisam ser todos atributos da relação sendo totalizada.)

6. Considere o seguinte exemplo:

```
SUMMARIZE FP PER FP { } ADD SUM ( QDE ) AS TOTALGERAL
```

De acordo com o item anterior, podemos reescrever essa expressão da seguinte forma:

```
SUMMARIZE FP BY { } ADD SUM ( QDE ) AS TOTALGERAL
```

De qualquer forma, o agrupamento e a totalização são feitos com base em uma relação que não tem atributo algum. Seja *fp* o valor atual da variável de relação FP e suponha, por enquanto, que a relação *fp* contém pelo menos uma tupla. Então, todas essas tuplas de *fp* terão o mesmo valor para absolutamente nenhum atributo (ou seja, a tupla 0); assim, haverá apenas um grupo e, desse modo, apenas uma tupla no resultado global (em outras palavras, o cálculo de agregação será executado exatamente uma vez para a relação *fp* inteira). Assim, a expressão é avaliada como uma relação com um único atributo e uma tupla; o atributo é chamado TOTALGERAL, e o único valor escalar na única tupla resultante é o total de todos os valores QDE na relação *fp* original.

Se, por outro lado, a relação *fp* original não tiver absolutamente nenhuma tupla, então não haverá grupos e, em consequência, tuplas resultantes (ou seja, a relação resultante também estará vazia). Ao contrário, a expressão a seguir –

```
SUMMARIZE FP PER TABLE_DEE ADD SUM ( QDE ) AS TOTALGERAL
```

– "funcionará" (isto é, retornará o resultado correto, especificamente zero) mesmo se *fp* for vazia. Mais precisamente, ela retornará uma relação com um único atributo, chamado TOTALGERAL, e uma única tupla contendo o valor zero. Então, sugerimos que deve ser possível omitir a cláusula PER, da seguinte forma:

```
SUMMARIZE FP ADD SUM ( QDE ) AS TOTALGERAL
```

A omissão da cláusula PER é definida como equivalente à especificação de uma cláusula PER TABLE_DEE.

Tclose

"Tclose" (transitive closure) significa *fecho transitivo*. Mencionamos esse termo aqui principalmente por completitude; a discussão detalhada está além do escopo deste capítulo. Contudo, pelo menos definimos a operação como a seguir. Seja a uma relação binária com atributos X e Y, ambos do mesmo tipo T. Então, o **fecho transitivo** de a, TCLOSE a, é uma relação a^+ cujo cabeçalho é igual ao de a e cujo corpo é um superconjunto do corpo de a, definido desta forma: A tupla

```
{ X x , Y y }
```

pertencerá a a^+ se e somente ela aparecer em a ou se existir uma sequência de valores $z1$, $z2$, ..., zn, todos do tipo T, tais que as tuplas:

```
{ X x, Y z1 }, { X z1, Y z2 }, ..., { X zn, Y y }
```

apareçam todas em a. (Em outras palavras, se pensarmos na relação a como representando um *grafo*, então a tupla "(x,y)" só aparecerá em a^+ se existir no grafo um caminho do nó x para o nó y. Observe que o corpo de a^+ inclui necessariamente o corpo de a como um subconjunto.)

Para ver uma discussão adicional sobre fecho transitivo, consulte o Capítulo 24.

7.9 AGRUPAMENTO E DESAGRUPAMENTO

O fato de podermos ter relações com atributos cujos valores sejam relações, por sua vez, nos conduz ao fato de ser desejável a existência de certos operadores relacionais adicionais, aos quais chamaremos operadores de *agrupamento* e *desagrupamento*, para mapear entre as relações que contêm tais atributos e as relações que não os contêm. Por exemplo:

```
FP GROUP { P#, QDE } AS PQ
```

Considerando nossos dados habituais de amostra, essa expressão gera o resultado mostrado na Figura 7.12. *Nota*: Você provavelmente achará útil empregar esses valores para conferir as explicações seguintes, tendo em vista que elas são (lamentável mas inevitavelmente) um pouco abstratas.

F#	PQ	
F1	P#	QDE
	P1	300
	P2	200
	P3	400
	P4	200
	P5	100
	P6	100
F2	P#	QDE
	P1	300
	P2	200
F3	P#	QDE
	P2	200
F4	P#	QDE
	P2	200
	P4	300
	P5	400

FIGURA 7.12 *Agrupamento de FP por F#.*

Começaremos observando que a expressão original:

```
FP GROUP { P#, QDE } AS PQ
```

pode ser lida como "agrupar FP *por* F#", pois F# é o único atributo de FP *não* mencionado na especificação de GROUP. O resultado é uma relação definida como a seguir. Primeiro, o cabeçalho é semelhante a:

```
{ F# F#, PQ RELATION { P# P#, QDE QDE } }
```

Em outras palavras, ele consiste em um atributo com valor de relação, PQ (em que PQ, por sua vez, tem atributos P# e QDE), juntamente com todos os outros atributos de FP (é evidente que, no caso, "todos os outros atributos de FP" significa apenas o atributo F#). Em segundo lugar, o corpo contém exatamente uma tupla para cada valor de F# distinto em FP (e nenhuma outra tupla). Cada tupla nesse corpo consiste no valor de F# aplicável (digamos, *f*), junto com um valor de PQ (digamos, *pq*), e é obtida da seguinte forma:

- Cada tupla de FP é substituída por uma tupla (digamos, *x*) em que os componentes P# e QDE foram "empacotados" em um componente com valor de tupla (digamos, *y*).

- Os componentes *y* de todas essas tuplas *x* em que o valor de F# é igual a *f* são "agrupados" em uma relação *pq*, e assim é gerada uma tupla resultante com valor de F# igual a *f* e valor de PQ igual a *pq*.

Desse modo, o resultado global é de fato o que está ilustrado na Figura 7.12. Observe, particularmente, que o resultado não inclui uma tupla para o fornecedor F5 (pois a RelVar FP atualmente também não o inclui).

Observe que o resultado de R GROUP { A1, A2, ..., An } AS B tem um grau igual a *nR-n+1*, onde *nR* é o grau de *R*.

Agora, vejamos o *desagrupamento*. Seja FPQ a relação mostrada na Figura 7.12. Então, a expressão

```
FPQ UNGROUP PQ
```

nos devolve (o que talvez não seja surpreendente) a nossa amostra habitual da relação FP. Para ser mais específico, ela produz uma relação definida como a seguir. Primeiro, o cabeçalho é semelhante a:

```
{ F# F#, P# P#, QDE QDE }
```

Em outras palavras, o cabeçalho consiste em atributos P# e QDE (derivados do atributo PQ), juntamente com todos os outros atributos de FPQ (ou seja, apenas o atributo F#, no exemplo). Em segundo lugar, o corpo contém exatamente uma tupla para cada combinação de uma tupla em FPQ e uma tupla no valor de PQ dentro dessa tupla FPQ (e nenhuma outra tupla). Cada tupla nesse corpo consiste no valor de F# aplicável (digamos, *f*), junto com valores de P# e QDE (digamos, *p* e *q*) obtidos desta maneira:

- Cada tupla de FPQ é substituída por um conjunto de tuplas, uma tupla (digamos, *x*) para cada tupla no valor de PQ nessa tupla de FPQ.

- Cada uma dessas tuplas *x* contém um componente F# (digamos, *f*) igual ao componente F# da tupla de FPQ em questão e um componente com valor de tupla (digamos, *y*) igual a alguma tupla do componente PQ da tupla de FPQ em questão.

- Os componentes *y* de cada uma das tuplas *x* na qual o valor de F# é igual a *f* são "desempacotados" em componentes P# e QDE separados (digamos, *p* e *q*) e, desse modo, obtém-se uma tupla de resultado com valor de F# igual a *f*, valor de P# igual a *p* e valor de QDE igual a *q*.

Portanto, o resultado global é, como afirmamos, nosso exemplo de relação FP habitual.

Observe que o resultado de R UNGROUP B (em que as relações que são valores do atributo de valor de relação B têm cabeçalho { A1, A2, ..., An }) tem um grau igual a *nR+n-1*, em que *nR* é o grau de *R*.

Como podemos ver, GROUP e UNGROUP fornecem juntos o que se costuma chamar normalmente de "aninhamento" e "desaninhamento" de relações. Entretanto, preferimos usar nossa terminologia de agrupamento/desagrupamento, porque a terminologia de aninhamento/desaninhamento está fortemente associada com o conceito de relações NF^2 [6.10], um conceito que não endossamos.

Para completar, fechamos esta seção com alguns comentários a respeito da reversibilidade de operações GROUP e UNGROUP (embora tenhamos a percepção de que nossas observações podem não ser totalmente compreensíveis em uma primeira leitura). Se agruparmos alguma relação *r* de algum modo, sempre existirá um desagrupamento inverso que nos levará de volta a *r*. Porém, se de algum modo desagruparmos alguma relação *r*, poderá existir ou não um agrupamento inverso que nos leve de volta a *r*. Aqui está um exemplo (baseado em um exemplo dado na referência [6.4]). Suponha que comecemos com a relação DOIS (ver Figura 7.13) e que ela seja desagrupada para obter TRÊS. Agora, se agruparmos TRÊS por A (e denominarmos mais uma vez RVX o atributo com valor de relação resultante), obteremos não DOIS, mas sim UM.

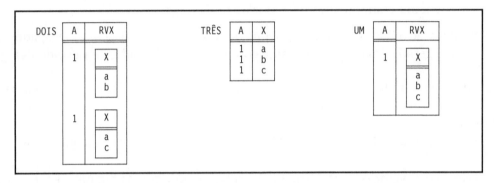

FIGURA 7.13 *O desagrupamento e o (re)agrupamento não são operações necessariamente reversíveis.*

Se agora desagruparmos UM, retornaremos a TRÊS, e já vimos que TRÊS pode ser agrupada para gerar UM; desse modo, as operações de agrupamento e desagrupamento são realmente inversas uma da outra para esse par específico de relações. Observe que, em UM, RVX é *funcionalmente dependente* de A[8] (necessariamente, pois UM tem cardinalidade um). De fato, em geral, podemos dizer que se a relação *r* tiver um atributo com valor de relação *RVX*, então *r* poderá ser reversivelmente desagrupada com relação a *RVX* se e somente se as afirmativas a seguir forem verdadeiras:

- Nenhuma tupla de *r* tem uma relação vazia como seu valor de *RVX*.

- *RVX* é funcionalmente dependente da combinação de todos os outros atributos de *r*.

7.10 RESUMO

Neste capítulo, discutimos a respeito da **álgebra relacional**. Começamos enfatizando a importância do **fechamento** e das **expressões relacionais aninhadas**, e explicamos que, se vamos levar a sério o fechamento, então precisamos de um conjunto de **regras de inferência de tipo de relação**. Tais considerações nos levaram a apresentar o operador **RENAME**.

A álgebra original consistia em oito operadores – os operadores tradicionais de conjuntos, denominados **união, interseção, diferença e produto** (todos eles um tanto modificados para levar em consideração o fato de que seus operandos são muito especificamente relações, e não conjuntos quaisquer) e os operadores relacionais especiais de **restrição, projeção, junção e divisão**. (Porém, no caso da divisão, comentamos que as consultas envolvendo a divisão sempre podem ser formuladas em termos de *comparações relacionais*, e muitas pessoas acham essas formulações intuitivamente mais fáceis de entender.) A esse conjunto original acres-

---

[8]Consulte o Capítulo 11 e observe particularmente que estamos apelando aqui para essa forma de dependência funcional que se aplica a valores de relações (ao contrário da forma mais comum, que se aplica a variáveis de relações).

centamos **RENAME** (como já mencionamos), **SEMIJOIN, SEMIMINUS, EXTEND** e **SUMMARIZE**, e também mencionamos **TCLOSE** e discutimos a respeito de **GROUP** e **UNGROUP**. EXTEND, em particular, é extremamente importante (de certas maneiras, é tão importante quanto a junção).

Também observamos que esses operadores algébricos **não são todos primitivos** (ou seja, vários deles podem ser definidos em termos de outros) – um estado de coisas bastante satisfatório, em nossa opinião. Conforme a referência [7.3]: "A definição de uma linguagem deve começar com alguns operadores primitivos escolhidos criteriosamente... O desenvolvimento subsequente ocorre, onde for possível, definindo-se novos operadores em termos dos... [operadores] previamente definidos" – em outras palavras, definindo-se **abreviações** úteis. Se as abreviações em questão forem bem escolhidas, então não apenas elas nos pouparão muita escrita, mas também efetivamente **aumentarão o nível de abstração**, permitindo-nos falar em termos de certos "pacotes" de conceitos que se encaixam naturalmente. (Elas também pavimentam o caminho para uma implementação mais eficiente.) A respeito disso, lembramos que, como foi observado na Seção 7.6, a referência [3.3] descreve um tipo de álgebra com "conjunto de instruções reduzido", denominado A, cuja finalidade específica é dar suporte à definição sistemática de operadores mais poderosos em termos de uma quantidade muito pequena de primitivos; na verdade, ele mostra que a funcionalidade inteira da álgebra original, junto com RENAME, EXTEND, SUMMARIZE, GROUP e UNGROUP, pode ser conseguida com apenas dois primitivos, chamados *remove* e *nor*.

Voltemos ao nosso resumo. Continuamos mostramos como os operadores podem ser combinados em expressões que servem a diversos propósitos: **busca, atualização** e vários outros. Também discutimos brevemente a ideia de **transformar** essas expressões para fins de **otimização** (mas examinaremos essa ideia com muito mais detalhes no Capítulo 18). E explicamos como a formulação de expressões complexas pode ser simplificada com o uso de **WITH**, que efetivamente nos permite introduzir nomes para subexpressões, permitindo-nos, assim, formular essas expressões complexas passo a passo, sem comprometer o caráter não procedimental fundamental da álgebra.

Também explicamos que certos operadores eram **associativos** e **comutativos**, e mostramos certas **equivalências** (por exemplo, mostramos que qualquer relação R e equivalente a uma certa restrição de R e uma certa projeção de R). Também consideramos o que significa realizar junções, uniões e interseções sobre apenas uma relação e sobre nenhuma relação.

EXERCÍCIOS

7.1 Quais dos operadores relacionais definidos neste capítulo possuem uma definição que não conta com a igualdade de tuplas?

7.2 Dado o banco de dados comum de fornecedores e peças, qual e o valor da expressão F JOIN FP JOIN P? Qual é o predicado correspondente? *Atenção:* há uma armadilha aqui.

7.3 Considere r como sendo uma relação de grau n. Quantas projeções diferentes de r existem?

7.4 União, interseção, produto e junção natural são comutativos e associativos. Verifique essas afirmações.

7.5 Considere a expressão a JOIN b. Se a e b têm cabeçalhos disjuntos, essa expressão é equivalente à expressão a TIMES b; se têm o mesmo cabeçalho, ela é equivalente a a INTERSECT b. Verifique essas afirmações. Qual será a expressão equivalente se o cabeçalho de a for um subconjunto apropriado do cabeçalho de b?

7.6 Do conjunto original de Codd de oito operadores, os de união, diferença, produto, restrição e projeção podem ser considerados primitivos. Forneça definições de junção natural, interseção e divisão (essa é a mais difícil!) em termos desses primitivos.

7.7 Na aritmética comum, a multiplicação e a divisão são operações inversas. TIMES e DIVIDEBY são operações inversas na álgebra relacional?

7.8 Na aritmética normal, existem dois números especiais, 1 e 0, com as propriedades de que:

$$n * 1 = 1 * n = n$$

e

$$n * 0 = 0 * n = 0$$

para todo número *n*. Quais relações (se existirem) desempenham papéis semelhantes na álgebra relacional? Investigue o efeito das operações algébricas discutidas neste capítulo sobre essas relações.

7.9 Na Seção 7.2, dissemos que a propriedade relacional de fechamento era importante pela mesma razão que tornava importante a propriedade aritmética de fechamento. Contudo, na aritmética existe uma situação desagradável em que a propriedade deixa de valer, ou seja, a divisão por zero. Existe alguma situação semelhante na álgebra relacional?

7.10 Visto que a interseção é um caso especial de junção, por que os dois operadores não geram o mesmo resultado quando aplicados a nenhuma relação?

7.11 Quais das expressões a seguir (se alguma) são equivalentes?

a. `SUMMARIZE r PER r { } ADD COUNT AS CT`

b. `SUMMARIZE r ADD COUNT AS CT`

c. `SUMMARIZE r BY { } ADD COUNT AS CT`

d. `EXTEND TABLE_DEE ADD COUNT ( r ) AS CT`

7.12 Seja *r* a relação indicada pela seguinte expressão:

`FP GROUP { } AS X`

Mostre o conteúdo de *r*, dado nosso valor de FP de exemplo. Além disso, mostre o resultado de:

`r UNGROUP X`

Exercícios sobre consultas

Os exercícios restantes são todos baseados no banco de dados de fornecedores, peças e projetos. Em cada caso, pede-se que você escreva uma expressão da álgebra relacional correspondente à consulta indicada. (Como uma variação interessante, você poderia experimentar examinar primeiro algumas das respostas on-line e enunciar o significado da expressão dada em linguagem natural.) Por conveniência, repetimos a estrutura do banco de dados (em esboço) a seguir:

```
F    { F#, FNOME, STATUS, CIDADE }
     PRIMARY KEY { F# }
P    { P#, PNOME, COR, PESO, CIDADE }
     PRIMARY KEY { P# }
J    { J#, JNOME, CIDADE }
     PRIMARY KEY { J# }
FPJ  { F#, P#, J#, QDE }
     PRIMARY KEY { F#, P#, J# }
     FOREIGN KEY { F# } REFERENCES F
     FOREIGN KEY { P# } REFERENCES P
     FOREIGN KEY { J# } REFERENCES J
```

7.13 Obtenha detalhes completos sobre todos os projetos.

7.14 Obtenha detalhes completos sobre todos os projetos em Londres.

7.15 Obtenha os números de fornecedores correspondentes a fornecedores que fornecem para o projeto J1.

7.16 Obtenha todas as remessas em que a quantidade está na faixa de 300 a 750 inclusive.

7.17 Obtenha todas as combinações cor de peça/cidade de peça. *Nota*: Aqui e em exercícios subsequentes o termo "todas" deve ser entendido como significando "todas as que estão representadas atualmente no banco de dados", e não "todas as possíveis".

7.18 Obtenha todas as triplas número de fornecedor/número de peça/número de projeto, tais que o fornecedor, a peça e o projeto indicados estejam todos na mesma cidade.

7.19 Obtenha todas as triplas número de fornecedor/número de peça/número de projeto, tais que o fornecedor, a peça e o projeto indicados não estejam todos na mesma cidade.

7.20 Obtenha todas as triplas número de fornecedor/número de peça/número de projeto, tais que dois quaisquer dos fornecedores, peças e projetos indicados nunca estejam na mesma cidade.

7.21 Obtenha detalhes completos sobre peças fornecidas por um fornecedor em Londres.

7.22 Obtenha números de peças correspondentes a peças fornecidas por um fornecedor em Londres para um projeto em Londres.

7.23 Obtenha todos os pares de nomes de cidades, tais que um fornecedor da primeira cidade forneça para um projeto na segunda cidade.

7.24 Obtenha números de peças correspondentes a peças fornecidas a qualquer projeto por um fornecedor da mesma cidade que esse projeto.

7.25 Obtenha números de projetos correspondentes a projetos fornecidos por pelo menos um fornecedor que não esteja na mesma cidade.

7.26 Obtenha todos os pares de números de peças, tais que algum fornecedor forneça ambas as peças indicadas.

7.27 Obtenha o número total de projetos supridos pelo fornecedor F1.

7.28 Obtenha a quantidade total da peça P1 fornecida pelo fornecedor F1.

7.29 Para cada peça fornecida a um projeto, obtenha o número da peça, o número do projeto e a quantidade total correspondente.

7.30 Obtenha números de peças correspondentes às peças fornecidas a algum projeto em uma quantidade média maior que 350.

7.31 Obtenha nomes de projetos correspondentes a projetos supridos pelo fornecedor F1.

7.32 Obtenha cores de peças fornecidas pelo fornecedor F1.

7.33 Obtenha números de peças correspondentes a peças fornecidas a qualquer projeto em Londres.

7.34 Obtenha números de projetos correspondentes a projetos que utilizem pelo menos uma peça disponível do fornecedor F1.

7.35 Obtenha os números de fornecedores correspondentes a fornecedores que forneçam pelo menos uma peça fornecida por, no mínimo, um fornecedor que forneça pelo menos uma peça vermelha.

7.36 Obtenha os números de fornecedores correspondentes a fornecedores com um status inferior ao do fornecedor F1.

7.37 Obtenha números de projetos correspondentes a projetos cuja cidade seja a primeira em ordem alfabética na lista de tais cidades.

7.38 Obtenha os números de projetos correspondentes a projetos abastecidos com a peça P1 em uma quantidade média maior que a maior quantidade com que qualquer peça é fornecida ao projeto J1.

7.39 Obtenha os números de fornecedores correspondentes a fornecedores que fornecem a algum projeto a peça P1 em uma quantidade maior que a quantidade média das remessas da peça P1 para esse projeto.

7.40 Obtenha os números de projetos correspondentes a projetos não supridos com qualquer peça vermelha fornecida por qualquer fornecedor de Londres.

7.41 Obtenha os números de projetos correspondentes a projetos supridos inteiramente pelo fornecedor F1.

7.42 Obtenha os números de peças correspondentes a peças fornecidas a todos os projetos em Londres.

7.43 Obtenha os números de fornecedores correspondentes a fornecedores que fornecem a mesma peça a todos os projetos.

7.44 Obtenha os números de projetos correspondentes a projetos supridos com pelo menos todas as peças disponíveis no fornecedor F1.

7.45 Obtenha todas as cidades em que ao menos um fornecedor, uma peça ou um projeto esteja localizado.

7.46 Obtenha os números de peças correspondentes a peças que são fornecidas ou por um fornecedor de Londres ou para um projeto em Londres.

7.47 Obtenha pares número de fornecedor/número de peça, tais que o fornecedor indicado não forneça a peça indicada.

7.48 Obtenha todos os pares de números de fornecedores, digamos Fx e Fy, tais que Fx e Fy forneçam exatamente o mesmo conjunto de peças cada um. *Nota:* Para simplificar, você pode utilizar o banco de dados original de fornecedores e peças para resolver este exercício, em vez do banco de dados de fornecedores, peças e projetos.

7.49 Obtenha uma versão "agrupada" de todas as remessas mostrando, para cada par número de fornecedor/número de peça, os números de projetos e quantidades correspondentes, sob a forma de uma relação binária.

7.50 Obtenha uma versão "desagrupada" da relação produzida no Exercício 7.49.

REFERÊNCIAS E BIBLIOGRAFIA

7.1 E. F. Codd: "Relational Completeness of Data Base Sublanguages", em Randall J. Rustin (editor), *Data Base Systems, Courant Computer Science Symposia Series 6*. Englewood Cliffs, N.J.: Prentice-Hall (1972).

Esse é o artigo em que Codd primeiro definiu *formalmente* os operadores algébricos originais (as definições também apareceram na referência [6.1], mas elas eram um pouco menos formais ou, no mínimo, menos completas). *Nota:* Um aspecto talvez desafortunado desse artigo é o fato de que ele pressupõe "por conveniência de notação e exposição" que os atributos de uma relação mantêm uma sequência da esquerda para a direita e, em consequência disso, podem ser identificados por sua posição ordinal (embora Codd enfatize que "[devem] ser empregados nomes em vez de números de posições ... quando se estiver realmente armazenando ou buscando informações" – e, naturalmente, tenha dito antes quase tudo o que afirmou na referência [6.1]). Então, o artigo não menciona um operador de atributo RENAME e não considera a questão da inferência de tipo de resultado. Possivelmente como consequência dessas omissões, as mesmas críticas ainda podem ser aproveitadas hoje (a) em muitas discussões da álgebra na literatura, (b) em produtos atuais de SQL e (c), em extensão um pouco menor, também no padrão SQL. Comentários adicionais sobre esse artigo aparecem no Capítulo 8, em especial na Seção 8.4.

7.2 Hugh Darwen (escrevendo como Andrew Warden): "Adventures in Relationland", em C. J. Date, *Relational Database Writings 1985-1989*. Reading, Mass.: Addison-Wesley (1990).

Uma série de artigos curtos que examinam diversos aspectos do modelo relacional e de SGBDs relacionais em estilo original, de entretenimento e de informação.

7.3 Hugh Darwen: "Valid Time and Transaction Time Proposals: Language Design Aspects", em Opher Etzion, Sushil Jajodia e Suryanaryan Sripada (editores), *Temporal Databases: Research and Practice*. New York, N.Y.: Springer-Verlag (1998).

7.4 Hugh Darwen e C. J. Date: "Into the Great Divide", em C. J. Date e Hugh Darwen, *Relational Database Writings 1989-1991*. Reading, Mass.: Addison-Wesley (1992).

Esse artigo analisa tanto (a) a divisão original de Codd definida na referência [7.1] quanto (b) uma generalização desse operador devida a Hall, Hitchcock e Todd [7.10] que – diferente da divisão original de Codd – permitia que qualquer relação fosse dividida por qualquer relação (a divisão original de Codd foi definida apenas para relações dividendo e divisor, tais que o cabeçalho do divisor era um subconjunto do cabeçalho do dividendo). O artigo mostra que ambos os operadores encontram dificuldades no caso de relações vazias, com o resultado de que nenhum deles resolve satisfatoriamente o problema que foi criado para resolver (isto é, nenhum deles é o equivalente do quantificador universal que deveria ser). Versões revisadas dos dois operadores (respectivamente, a "Small Divide" e a "Great Divide") foram propostas para contornar esses problemas. *Nota*: Como sugere a sintaxe de **Tutorial D** para esses dois operadores, na realidade eles são dois operadores diferentes; ou seja, Great Divide não é (infelizmente) uma extensão compatível ascendente de Small Divide. O artigo também sugere que os operadores revisados não merecem mais o nome de "divisão"! Em conexão com esse último ponto, consulte o Exercício 7.7.

Para fins de referência, damos aqui uma definição da divisão original de Codd. Sejam as relações A e B com os cabeçalhos $\{X,Y\}$ e $\{Y\}$, respectivamente (onde X e Y podem ser compostos). Então, a expressão A DIVIDEBY B fornece uma relação com o cabeçalho $\{X\}$ e um corpo que consiste em todas as tuplas $\{Xx\}$ tais que uma tupla $\{Xx,Yy\}$ aparece em A para *todas* as tuplas $\{Yy\}$ que aparecem em B. Em outras palavras, falando informalmente, o resultado consiste nos valores X de A cujos valores Y correspondentes (em A) incluem *todos* o valores Y de B.

7.5 C. J. Date: "Quota Queries" (em três partes), em C. J. Date, Hugh Darwen e David MacGoveran, *Relational Database Writings 1994-1997*. Reading, Mass.: Addison-Wesley (1998).

Uma *consulta de quota* é uma consulta que especifica um limite desejado sobre a cardinalidade do resultado – por exemplo, a consulta "Obter as três peças mais pesadas". Esse artigo discute uma técnica para formular tais consultas. Usando essa técnica, a consulta "Obter as três peças mais pesadas" pode ser formulada da seguinte maneira:

```
P QUOTA ( 3, DESC PESO )
```

Essa expressão é definida como uma abreviação para o seguinte:

```
( ( EXTEND P
    ADD COUNT ( ( P RENAME PESO AS PS ) WHERE PS > PESO )
    AS #_MAISPESADO )
WHERE #_MAISPESADO < 3 ) { ALL BUT #_MAISPESADO }
```

(em que os nomes PS e #_MAISPESADO são arbitrários; dada nossa amostra de dados habitual, o resultado consiste nas peças P2, P3 e P6.) O artigo analisa o requisito da consulta de quota em profundidade e propõe várias abreviações para lidar com ela e com questões relacionadas. *Nota:* Uma técnica alternativa para a formulação de consultas de quota, envolvendo um novo operador relacional, chamado RANK, é descrita na referência [3.3].

7.6 R. C. Goldstein e A. J. Strnad: "The MacAIMS Data Management System", Proc. 1970 ACM SICFIDET Workshop on Data Description and Access (novembro de 1970).

Consulte a anotação à referência [7.7], imediatamente a seguir.

7.7 A. J. Strnad: "The Relational Approach to the Management of Data Bases", Proc. IFIP Congress, Ljubljana, Iugoslávia (agosto de 1971).

Mencionamos o MacAIMS [7.6, 7.7] principalmente por questões históricas: parece ser o mais antigo exemplo de um sistema que admite tanto relações *n*-árias quanto uma linguagem algébrica. O detalhe interessante sobre ele é o fato de ter sido desenvolvido em paralelo, e pelo menos em parte independente do trabalho de Codd sobre o modelo relacional. Contudo, o que o distingue do trabalho de Codd é que o esforço no MacAIMS aparentemente não ocasionou qualquer outra atividade significativa em consequência dele.

7.8 M. G. Notley: "The Peterlee IS/1 System", IBM UK Scientific Centre Report UKSC-0018 (março de 1972).

Consulte a anotação à referência [7.9].

7.9 S. J. P. Todd: "The Peterlee Relational Test Vehicle – A System Overview", *IBM Sys. J. 15*, Número 4 (1976).

O Peterlee Relational Test Vehicle (PRTV) foi o sistema experimental desenvolvido no IBM UK Scientific Centre, em Peterlee, Inglaterra. Ele se baseava em um protótipo anterior – possivelmente a primeira implementação das ideias de Codd – chamado IS/1 [7.8] e admitia relações *n*-árias e uma versão da álgebra chamada ISBL (Information System Base Language), que era baseada em propostas documentadas na referência [7.10]. As ideias discutidas neste capítulo a respeito da inferência de tipo de relação têm suas origens na ISBL e nas propostas da referência [7.10]. Os aspectos significativos do PRTV eram os seguintes:

- Admitia RENAME, EXTEND e SUMMARIZE.

- Incorporava algumas técnicas sofisticadas de transformação de expressões (consulte o Capítulo 18).

- Incluía um recurso de *avaliação preguiçosa*, importante tanto para otimização quanto para o suporte de visões (consulte a discussão sobre WITH neste capítulo).

- Permitia que os usuários definissem seus próprios operadores.

7.10 P. A. V. Hall, P. Hitchcock e S. J. P. Todd: "An Algebra of Relations for Machine Computation", Conf. Record of the 2nd ACM Symposium on Principles of Programming Languages, Palo Alto, Calif. (janeiro de 1975).

7.11 Anthony Klug. "Equivalence of Relational Algebra and Relational Calculus Query Languages Having Aggregate Functions", *JACM 29*, Número 3 (julho de 1982).

Define extensões tanto para a álgebra relacional original quanto para o cálculo relacional original (consulte o Capítulo 8) para dar suporte a operadores de agregados, e demonstra a equivalência dos dois formalismos estendidos.

CAPÍTULO **8**

Cálculo relacional

8.1   Introdução
8.2   Cálculo de tuplas
8.3   Exemplos
8.4   Cálculo *versus* álgebra
8.5   Capacidades computacionais
8.6   Recursos de SQL
8.7   Cálculo de domínios
8.8   Query-By-Example
8.9   Resumo
    Exercícios
    Referências e bibliografia

8.1 INTRODUÇÃO

O cálculo relacional é uma alternativa à álgebra relacional. A distinção principal entre eles é a seguinte: enquanto a álgebra oferece uma coleção de operadores explícitos – junção, união, projeção etc. – que podem ser usados para dizer ao sistema como *construir* efetivamente alguma relação desejada a partir de certas relações dadas, o cálculo apenas fornece uma notação para formular a *definição* dessa relação desejada em termos dessas relações dadas. Por exemplo, considere a consulta: "Obter números de fornecedores e cidades para fornecedores que fornecem a peça P2". Uma formulação algébrica dessa consulta poderia especificar operações como a seguir (deliberadamente não usamos a sintaxe formal do Capítulo 7):

1. Formar a junção de fornecedores e remessas sobre F#.

2. Restringir o resultado dessa junção a tuplas para a peça P2.

3. Projetar o resultado dessa restrição sobre F# e CIDADE.

Por comparação, uma formulação do cálculo poderia ter o seguinte aspecto:

Obter F# e CIDADE para fornecedores, tais que exista uma remessa FP com o mesmo valor F# e com valor P# igual a P2.

Nessa última formulação, o usuário apenas enunciou as características que definem o resultado desejado e deixou ao sistema a decisão sobre exatamente quais junções, restrições etc. devem ser executadas, e em que sequência, para construir o resultado. Assim, poderíamos dizer que – ao menos superficialmente – a formulação do cálculo é *descritiva*, enquanto a algébrica *é prescritiva*: o cálculo simplesmente descreve qual *é* o problema, a álgebra prescreve um procedimento para *resolver* o problema. Ou, muito informalmente: a álgebra é procedural (reconhecidamente em alto nível, mas ainda procedural); o cálculo é não procedural.

Porém, enfatizamos que as distinções anteriores são apenas superficiais. O fato é que *álgebra e o cálculo são logicamente equivalentes*: para cada expressão da álgebra existe uma expressão equivalente do cálculo; da mesma forma, para cada expressão do cálculo existe uma expressão equivalente da álgebra. Existe uma correspondência biunívoca entre os dois. Assim, as diferenças são apenas uma questão de *estilo*: o cálculo está comprovadamente mais próximo da linguagem natural, a álgebra talvez se pareça mais com uma linguagem de programação. Porém, para repetir, todas essas distinções são mais aparentes que reais; em particular, nenhuma das abordagens é genuinamente mais não procedural que a outra. Examinaremos a questão dessa equivalência entre as duas abordagens com mais detalhes na Seção 8.4.

O cálculo relacional se baseia em um ramo da lógica matemática chamado cálculo de **predicados**. A ideia de usar o cálculo de predicados como base para uma linguagem de consulta parece ter se originado em um artigo de Kuhns [8.6]. O conceito de um cálculo especificamente *relacional* – isto é, uma forma aplicada de cálculo de predicados adaptado especificamente a bancos de dados relacionais – foi proposto inicialmente por Codd na referência [6.1]; uma linguagem explicitamente baseada nesse cálculo, chamada "sublinguagem de dados ALPHA", também foi apresentada por Codd em outro artigo, na referência [8.1]. A própria ALPHA nunca foi implementada, mas uma linguagem chamada QUEL [8.5, 8.10-8.12] – que certamente foi implementada e por algum tempo foi concorrente séria da SQL – era muito semelhante a ela; de fato, o projeto da QUEL foi muito influenciado pela ALPHA.

As **variáveis de intervalo** (range variables) são um recurso fundamental do cálculo. Em resumo, uma variável de intervalo "varia sobre" alguma relação especificada (isto é, uma variável cujos valores permitidos são as tuplas dessa relação). Portanto, se a variável de intervalo V percorre uma relação r então, em qualquer momento, a expressão "V" representa alguma tupla de r. Por exemplo, a consulta "Obter números de fornecedores para fornecedores em Londres" poderia ser expressa em QUEL da seguinte maneira:

```
RANGE OF FX IS F ;
RETRIEVE ( FX.F# ) WHERE FX.CIDADE = "Londres" ;
```

A única variável de intervalo aqui é FX, e ela percorre qualquer relação que seja o valor atual da RelVar F (a instrução RANGE é uma *definição* dessa variável de intervalo). A instrução RETRIEVE, então, pode ser parafraseada: "Para cada valor possível da variável FX, retorne a componente F# desse valor se e somente se o componente CIDADE tiver o valor Londres."

Por depender de variáveis de intervalo (e para distingui-lo do cálculo de *domínios* – veja no próximo parágrafo), o cálculo relacional original tornou-se conhecido como cálculo de **tuplas**. O cálculo de tuplas é descrito em detalhes na Seção 8.2. *Nota*: Para simplificar, adotaremos em todo este livro a convenção de que os termos *cálculo* e *cálculo relacional*, sem um qualificador de "tupla" ou "domínio", se refere especificamente ao cálculo de tuplas (onde isso fizer qualquer diferença).

Na referência [8.7], Lacroix e Pirotte propuseram uma versão alternativa do cálculo, chamada cálculo de **domínio,** em que variáveis de intervalo variam sobre domínios (ou seja, tipos), em vez de relações. (A terminologia é ilógica: Se o cálculo de domínios fosse chamado assim pelo motivo dado – o que é verdade –, então o cálculo de tuplas teria o direito de ser chamado cálculo de *relações*.) Diversas linguagens de cálculo de domínios foram propostas na literatura; provavelmente, a mais conhecida é Query-By-Example, QBE [8.14] (embora QBE seja na realidade algo híbrido – ela também incorpora elementos do cálculo de tuplas). Existem diversas implementações comerciais da QBE, ou quase QBE. Esboçaremos o cálculo de domínios na Seção 8.7; a QBE será discutida brevemente na Seção 8.8.

Nota: Por motivos de espaço, omitimos a discussão dos equivalentes aos cálculos de certos tópicos do Capítulo 7 (por exemplo, agrupamento e desagrupamento). Também omitimos considerações sobre versões de cálculo dos operadores relacionais de atualização. Veja uma breve descrição desses assuntos na referência [3.3].

8.2 CÁLCULO DE TUPLAS

Como em nossas discussões sobre a álgebra no Capítulo 7, introduzimos primeiro uma sintaxe concreta – padronizada com base na (porém não idêntica à) versão de cálculo de **Tutorial D** definida no Apêndice A da referência [3.3] – e depois continuaremos a discussão semântica. A subseção imediatamente a seguir discute a sintaxe, e as subseções restantes consideram a semântica.

Sintaxe

Nota: muitas regras de sintaxe dadas por extenso nesta subseção não farão qualquer sentido até você ter estudado algumas partes do material de semântica que vem mais tarde. Contudo, juntaremos todas elas aqui neste único lugar para facilitar a consulta posterior.

É conveniente começar repetindo a sintaxe de *<expressão relacional>* do Capítulo 7:

```
<expressão relacional>
    ::=     RELATION { <lista_com_vírgulas de expressão de tupla> }
        | <nome de RelVar>
        | <invocação de operação relacional>
        | <expressão with>
        | <nome introduzido>
        | ( <expressão relacional> )
```

Em outras palavras, a sintaxe de *<expressão relacional>* é igual à de antes, mas um dos casos mais importantes, *<invocação de operação relacional>*, que é o único que discutimos neste capítulo com mais detalhes, agora tem uma definição muito diferente, como veremos mais adiante.

```
<definição de variável de intervalo>
    ::= RANGEVAR <nome de variável de intervalo>
        RANGES OVER <lista_com_vírgulas de expressão relacional> ;
```

Um *<nome de variável de intervalo>* pode ser usado como uma *<expressão de tupla>*,[1] mas apenas em certos contextos – ou seja:

- Precedendo o qualificador de ponto em uma *<referência de atributo de intervalo>*.

- Imediatamente após o quantificador em uma *<expressão booleana quantificada>*.

- Como operando dentro de uma *<expressão booleana>*.

- Como uma *<prototupla>* ou como (um operando dentro de) uma *<expressão>* dentro de uma *<prototupla>*.

```
<referência de atributo de intervalo>
    ::= <nome de variável de intervalo> . <nome de atributo>
                              [ AS <nome de atributo> ]
```

Uma *<referência de atributo de intervalo>* pode ser usada como uma *<expressão>*, mas apenas em certos contextos – ou seja:

- Como um operando dentro de uma *<expressão booleana>*.

- Como uma *<prototupla>* ou como (um operando dentro de) uma *<expressão>* dentro de uma *<prototupla>*.

```
<expressão booleana>
    ::=     ... todas as possibilidades comuns, juntamente com:
        | <expressão booleana quantificada>
```

---

[1]Não mostraremos todos os detalhes de *<expressão de tupla>* aqui, confiando em que os exemplos serão suficientes para ilustrar a ideia geral; contudo, por motivos que não são importantes aqui, não usamos exatamente a mesma sintaxe que usamos nos capítulos anteriores.

Referências a variáveis de intervalo dentro de uma *<expressão booleana>* podem ser livres dentro dessa *<expressão booleana>* somente se os dois itens a seguir forem verdadeiros:

- A *<expressão booleana>* aparece imediatamente dentro de uma *<invocação de operação relacional>* (isto é, a *<expressão booleana>* segue imediatamente a palavra-chave WHERE).

- Uma referência (necessariamente livre) a essa mesma variável de intervalo aparece de imediato dentro da *<prototupla>* contida imediatamente dentro dessa mesma *<invocação de operação relacional>* (isto é, a *<prototupla>* precede a palavra-chave WHERE).

Um detalhe de terminologia: no contexto do cálculo relacional (qualquer que seja a versão), expressões booleanas são muitas vezes chamadas **fórmulas bem formadas** ou FBFs. Usaremos essa terminologia em grande parte do texto a seguir.

```
<expressão booleana quantificada>
    ::=  <quantificador> <nome de variável de intervalo> ( <expressão booleana> )

<quantificador>
    ::=  EXISTS | FORALL

<invocação de operação relacional>
    ::= <prototupla> [ WHERE <expressão booleana> ]
```

Como na álgebra do Capítulo 7, uma *<invocação de operação relacional>* é uma forma de *<expressão relacional>* mas (como já observamos) estamos dando a ela uma definição diferente aqui:

```
<prototupla>
    ::=  ... veja o corpo do texto
```

Todas as referências a variáveis de intervalo que aparecem imediatamente dentro de uma *<prototupla>* devem ser livres dentro dessa *<prototupla>*. *Nota*: "prototupla" significa "tupla protótipo"; o termo é habitual, mas não é padrão.

Variáveis de intervalo

Aqui estão algumas amostras de definições de variáveis de intervalo (expressas, como normalmente temos feito, em termos de fornecedores e peças):

```
RANGEVAR FX  RANGES OVER F ;
RANGEVAR FY  RANGES OVER F ;
RANGEVAR FPX RANGES OVER FP ;
RANGEVAR FPY RANGES OVER FP ;
RANGEVAR PX  RANGES OVER P ;

RANGEVAR FU RANGES OVER
     ( FX WHERE FX.CIDADE = 'Londres' ) ,
     ( FX WHERE EXISTS FPX ( FPX.F# = FX.F# AND
                             FPX.P# = P# ('P1') ) ) ;
```

A variável de intervalo FU, nesse último exemplo, é definida como o intervalo sobre a *união* do conjunto de tuplas de fornecedores para fornecedores localizados em Londres e o conjunto de tuplas de fornecedores para fornecedores que fornecem a peça P1. Observe que a definição da variável de intervalo FU utiliza as variáveis de intervalo FX e FPX. Note também que nessas definições "no estilo de união", as relações a serem "unidas" devem ser todas (naturalmente) do mesmo tipo.

Nota: Variáveis de intervalo não são variáveis no sentido normal de linguagem de programação, mas são variáveis no sentido da lógica. De fato, elas são de certa forma equivalentes aos *parâmetros* de predicados, discutidos no Capítulo 3; a diferença é que os parâmetros do Capítulo 3 tinham significado para valores de domínios (quaisquer que fossem), enquanto as variáveis de intervalo no cálculo de tuplas valem especificamente para tuplas.

Em todo restante deste capítulo, vamos supor que as definições de variáveis de intervalo mostradas são válidas. Observamos que, em uma linguagem real, teriam de existir algumas regras sobre o *escopo* dessas definições. Vamos ignorar essas questões neste capítulo (exceto em contextos de SQL).

Referências a variáveis livres e limitadas

Cada ocorrência de uma variável de intervalo é **livre** ou **limitada** (bound) (em algum contexto – em particular dentro de alguma FBF). Nesta subseção, explicaremos essa noção em termos puramente sintáticos, depois entraremos na discussão de seu significado semântico, nas próximas subseções.

Seja V uma variável de intervalo e sejam p e q FBFs. Então:

- Referências a V na FBF "NOT p" são livres ou limitadas dentro dessa FBF de acordo com o fato de serem livres ou limitadas em p. Referências a V nas FBFs "p AND q" e "p OR q" são livres ou limitadas nessas FBFs conforme sejam livres ou limitadas em p ou q, respectivamente.

- Referências a V que sejam livres na FBF "p" são limitadas nas FBFs "EXISTS V (p)" e "FORALL V (p)". Outras referências a variáveis de intervalo em p são livres ou limitadas nas FBFs "EXISTS V (p)" e "FORALL V (p)" conforme sejam livres ou limitadas em p.

Por completude, precisamos acrescentar o seguinte:

- A única referência a V em <*nome de variável de intervalo*> V é livre dentro desse <*nome de variável de intervalo*>.

- A única referência a V na <*referência a atributo de intervalo*> $V.A$ é livre dentro dessa <*referência a atributo de intervalo*>.

- Se uma referência a V é livre em alguma expressão *exp*, essa referência também é livre em qualquer expressão *exp'* que contenha imediatamente *exp* como uma subexpressão, a menos que *exp'* introduza um quantificador que torne a referência limitada.

Aqui estão alguns exemplos de FBFs contendo referências a variáveis de intervalo:

- *Comparações simples:*

```
FX.F# = F# ('F1')

FX.F# = FPX.F#

FPX.P# ≠ PX.P#
```

Todas as referências a FX, PX e FPX são livres nesses exemplos.

- *Combinações booleanas de comparações simples:*

```
PX.PESO < PESO ( 15.5 ) OR PX.CIDADE = 'Oslo'

NOT ( FX.CIDADE = 'Londres' )

FX.F# = FPX.F# AND FPX.P# ≠ PX.P#

PX.COR = COR ('Vermelho') OR PX.CIDADE = 'Londres'
```

Novamente, todas essas referências a FX, PX e FPX são livres.

- *FBFs quantificadas:*

```
EXISTS FPX ( FPX.F# = FX.F# AND FPX.P# = P# ('P2') )

FORALL PX ( PX.COR = COR ('Vermelho') )
```

As referências a FPX e PX nesses dois exemplos são limitadas e a referência a FX é livre. Consulte a próxima subseção, "Quantificadores".

Quantificadores

Há dois quantificadores, EXISTS e FORALL; EXISTS é o quantificador **existencial** e FORALL é o quantificador **universal**.[2] Basicamente, se p é uma FBF na qual V é livre, então:

```
EXISTS V ( p )
```

e

```
FORALL V ( p )
```

são ambas FBFs válidas e V é limitada em ambas. A primeira significa: **Existe pelo menos um valor** V que torna p verdadeira. A segunda significa: **Para todos os valores** de V, p é verdadeira. Por exemplo, suponha que a variável V percorra o conjunto "Membros do Senado dos EUA em 2003", e suponha que p seja a FBF "V é mulher" (é claro que não estamos tentando usar aqui nossa sintaxe formal!). Então "EXISTS V (p)" e "FORALL V (p)" são ambas FBFs válidas e têm os valores TRUE (verdadeiro) e FALSE (falso), respectivamente.

Observe novamente o exemplo de EXISTS no final da subseção anterior:

```
EXISTS FPX ( FPX.F# = FX.F# AND FPX.P# = P# ('P2') )
```

Então, concluímos que essa FBF pode ser lida como:

> *Existe uma tupla FPX, digamos, no valor atual da RelVar FP, tal que o valor F# nessa tupla FPX é igual ao valor de FX.F# – qualquer que seja ele – e o valor P# nessa tupla FPX é P2.*

Cada referência a FPX nesse exemplo é limitada. A única referência a FX é livre.

Definimos formalmente EXISTS como **um OR repetido**. Em outras palavras, se (a) r é uma relação com tuplas $t1, t2, ..., tm$, (b) V é uma variável de intervalo que varia sobre r, e (c) $p(V)$ é uma FBF na qual V ocorre como uma variável livre, então a FBF

```
EXISTS V ( p ( V ) )
```

é definida como sendo equivalente à FBF

```
FALSE OR p ( t1 ) OR ... OR p ( tm )
```

Observe particularmente que, se R é vazia (isto é, se m é zero), essa expressão é avaliada como FALSE.

Como um exemplo, suponha que a relação R contém as seguintes tuplas (aqui, fugimos da nossa sintaxe normal para simplificar):

```
( 1, 2, 3 )
( 1, 2, 4 )
( 1, 3, 4 )
```

Suponhamos que os três atributos, mostrados da esquerda para a direita, são chamados respectivamente A, B e C, e que todo atributo é do tipo INTEGER. Então, as FBFs a seguir possuem os valores indicados:

```
EXISTS V ( V.C > 1 )            :   TRUE
EXISTS V ( V.B > 3 )            :   FALSE
EXISTS V ( V.A > 1 OR V.C = 4 ) :   TRUE
```

---

[2] O termo *quantificador* é derivado do verbo quantificar, que significa, informalmente, "dizer quantos". Os símbolos ∃ ("E ao contrário") e ("A de cabeça para baixo") normalmente são usados no lugar de EXISTS e FORALL, respectivamente.

Vejamos agora FORALL. Repetindo, aqui está o exemplo de FORALL do fim da subseção anterior:

```
FORALL PX ( PX.COR = COR ('Vermelho') )
```

Essa FBF pode ser lida da seguinte forma:

> *Para todas as tuplas PX, digamos, no valor atual da RelVar P, o valor de COR nessa tupla PX é Vermelho.*

As duas referências a PX nesse exemplo são limitadas.

Assim como definimos EXISTS como um OR repetido, também definimos FORALL como **um AND repetido**. Em outras palavras, se r, v e $p(V)$ são idênticos aos de antes (em nossa discussão sobre EXISTS), então a FBF

```
FORALL V ( p ( V ) )
```

é definida como equivalente à FBF

```
TRUE AND p ( t1 ) AND ... AND p ( tm )
```

Além disso, observe que essa expressão é avaliada como TRUE se R é vazia (isto é, se m é zero).

Como exemplo, considere a relação r como sendo igual aos nossos exemplos de EXISTS. Então, as FBFs a seguir têm os valores indicados:

```
FORALL V ( V.A > 1 )            : FALSE
FORALL V ( V.B > 1 )            : TRUE
FORALL V ( V.A = 1 AND V.C > 2 ) : TRUE
```

Nota: Admitimos os dois quantificadores apenas por conveniência – não é necessário logicamente oferecer suporte a ambos, pois cada um pode ser definido em termos do outro. Para sermos específicos, a equivalência:

```
FORALL V ( p )  ≡  NOT EXISTS V ( NOT p )
```

(informalmente, "todo V satisfaz a p" é igual a "nenhum V não satisfaz a p") mostra que qualquer FBF envolvendo FORALL pode sempre ser substituída por uma FBF equivalente envolvendo EXISTS, e vice-versa. Por exemplo, a declaração (verdadeira) "Para todo inteiro x, existe um inteiro y tal que $y > x$" (isto é, todo inteiro tem um inteiro maior que ele) é equivalente à declaração "Não existe um inteiro x tal que não exista um inteiro y tal que $y > x$" (isto é, não existe nenhum inteiro maior que todos). Porém, alguns problemas são formulados mais naturalmente em termos de FORALL, e outros em termos de EXISTS; para sermos mais específicos, se um dos quantificadores não estiver disponível, às vezes teremos que usar uma dupla negativa (como ilustra o exemplo anterior), e duplas negativas sempre são traiçoeiras. Na prática, portanto, é desejável ter suporte para ambos os quantificadores.

Retorno às referências a variáveis livres e limitadas

Suponha que x percorra o conjunto de todos os inteiros e considere a FBF:

```
EXISTS x ( x > 3 )
```

Observe que x aqui é uma espécie de *dummy* – ele serve apenas para ligar a expressão booleana dentro dos parênteses ao quantificador do lado de fora. A FBF simplesmente diz que existe algum inteiro, digamos x, que é maior que três. *Portanto, observe que o significado dessa FBF permaneceria totalmente invariável se todas as ocorrências de* x *fossem substituídas por referências a alguma outra variável* y. Em outras palavras, a FBF

```
EXISTS y ( y > 3 )
```

é semanticamente idêntica à anterior.

Agora, considere a FBF:

```
EXISTS x ( x > 3 ) AND x < 0
```

Aqui há três referências a *x, denotando duas variáveis diferentes.* As duas primeiras referências são limitadas e poderiam ser substituídas por referências a alguma outra variável *y* sem mudar o significado geral. A terceira referência é livre, e *não* pode ser substituída impunemente. Assim, das duas FBFs a seguir, a primeira é equivalente à que acabamos de mostrar e a segunda não é:

```
EXISTS y ( y > 3 ) AND x < 0
```

```
EXISTS y ( y > 3 ) AND y < 0
```

Além disso, observe que o valor verdade da FBF original não pode ser determinado sem conhecer o valor denotado pela referência à variável livre *x.* Ao contrário, uma FBF na qual todas as referências a variáveis são limitadas é TRUE ou FALSE, inequivocamente. *Mais terminologia*: Uma FBF na qual todas as referências a variáveis são limitadas é chamada **FBF fechada**, enquanto uma FBF que contém pelo menos uma referência a variável livre é uma **FBF aberta**. Em outras palavras, para usar a terminologia introduzida no Capítulo 3, uma FBF fechada é uma *proposição*, e uma FBF aberta é um *predicado* que não é uma proposição. (A propósito, observe que uma proposição é realmente um predicado – esse é aquele caso especial degenerado, em que o conjunto de parâmetros é vazio.)

Operações relacionais

O termo <*invocação de operação relacional*> talvez não seja muito adequado em um contexto de cálculo – <*definição relacional*> seria mais apropriado – mas vamos usá-lo por coerência com o Capítulo 7. Vamos relembrar a sintaxe:

```
<invocação de operação relacional>
    ::=    <prototupla> [ WHERE <expressão booleana> ]

<prototupla>
    ::=    ... veja o corpo do texto
```

Também devemos lembrá-lo das seguintes regras de sintaxe, agora um pouco simplificadas:

- Todas as referências a variáveis de intervalo na prototupla devem ser livres dentro dessa prototupla.

- Uma referência a uma variável de intervalo na cláusula WHERE só pode ser livre se uma referência a essa mesma variável de intervalo (necessariamente livre) aparece na prototupla correspondente.

Por exemplo, a linha a seguir é uma <*invocação de operação relacional*> válida ("Obter nomes de fornecedores para fornecedores em Londres"):

```
FX.F# WHERE FX.CIDADE = 'Londres'
```

A referência a FX na prototupla é livre. A referência a FX na cláusula WHERE também é livre, uma situação válida porque uma referência (necessariamente livre) à mesma variável de intervalo também aparece na prototupla.

Aqui está outro exemplo ("Obter nomes de fornecedores para fornecedores que fornecem a peça P2" – veja a discussão sobre EXISTS na subseção "Quantificadores", anteriormente nesta seção):

```
FX.FNOME WHERE EXISTS  FPX ( FPX.F# = FX.F# AND
                             FPX.P# = P# ('P2') )
```

As referências a FX são todas livres; as referências a FPX (na cláusula WHERE) são todas limitadas, como deveriam ser, porque não há referências a essa mesma variável de intervalo na prototupla.

Intuitivamente, determinada *<invocação de operação relacional>* é avaliada como uma relação contendo cada valor possível da *<prototupla>* para a qual a *<expressão booleana>* especificada na cláusula WHERE é TRUE (e omitir a cláusula WHERE equivale a especificar WHERE TRUE). Para sermos mais específicos:

- Antes de tudo, uma prototupla é uma lista_com_vírgulas entre chaves (mas as chaves podem ser omitidas se a lista_com_vírgulas tiver apenas um item) na qual cada item é uma referência de atributo de intervalo – talvez incluindo uma cláusula AS para introduzir um novo nome de atributo – ou o nome de uma variável de intervalo simples. (Existem outras possibilidades, mas estamos limitando nossa atenção apenas a essas duas possibilidades.) Porém:

   a. Nesse contexto, o nome de uma variável de intervalo é apenas uma abreviação para uma lista_com_vírgulas de referências de atributos de intervalos, uma para cada atributo da relação que a variável de intervalo percorre.

   b. Uma referência de atributo de intervalo sem uma cláusula AS em geral é apenas uma abreviação para uma referência que inclui uma cláusula na qual o nome do novo atributo é igual ao do antigo.

   Portanto, sem perder a generalidade, podemos então considerar uma prototupla como uma lista_com_vírgulas entre chaves contendo referências de atributos de intervalos da forma *Vi.Aj* AS *Bj*. Note que *Vi*'s provavelmente não serão todos distintos, e os *Aj*'s não precisam ser, mas os valores de *Bj* precisam ser.

- Sejam as variáveis de intervalo distintas mencionadas na prototupla *V1, V2, ..., Vm*. Sejam as relações que essas variáveis percorrem *r1, r2, ..., rm*, respectivamente. Sejam ainda as relações correspondentes, após a aplicação das mudanças de nomes de atributos especificadas nas cláusulas AS, *r1', r2', ..., rm'*. Seja *r'* o produto cartesiano de *r1', r2', ..., rm'*.

- Seja *r* a restrição de *r'* que satisfaz a FBF na cláusula WHERE. *Nota*: Estamos supondo nessa explicação que as mudanças de nomes na etapa anterior também foram aplicadas aos atributos mencionados na cláusula WHERE – do contrário, a FBF nessa cláusula WHERE pode não fazer sentido. Porém, na verdade, nossa sintaxe concreta não se baseia nessa suposição, mas sim na qualificação de ponto, para solucionar qualquer ambiguidade existente, como veremos na próxima seção.

- O valor global da *<invocação de operação relacional>* é definido como a projeção de *r* sobre todos os valores *Bj*.

   Para ver alguns exemplos, consulte a próxima seção.

8.3 EXEMPLOS

Apresentamos alguns exemplos do uso do cálculo para formulação de consultas. Como exercício, experimente dar também soluções algébricas, para fins de comparação. Em alguns casos, os exemplos são repetições dos exemplos do Capítulo 7 (sendo indicados dessa forma).

8.3.1 Obter números de fornecedores e status para fornecedores em Paris com status > 20.

```
{ FX.F#, FX.STATUS }
WHERE FX.CIDADE = 'Paris' AND FX.STATUS > 20
```

8.3.2 Obter todos os pares de números de fornecedores tais que os dois fornecedores estejam localizados na mesma cidade (Exemplo 7.5.5):

```
{ FX.F# AS FA, FY.F# AS FB }
            WHERE FX.CIDADE = FY.CIDADE AND FX.F# < FY.F#
```

Observe que as cláusulas AS na prototupla dão nomes a atributos do *resultado*; portanto, esses nomes não estão disponíveis para uso na cláusula WHERE; é por isso que a segunda comparação nessa cláusula WHERE tem a forma "FX.F# < FY.F#", e não "FA < FB".

8.3.3 Obter informações completas de fornecedores para os fornecedores que fornecem a peça P2 (versão modificada do Exemplo 7.5.1):

```
FX WHERE EXISTS FPX ( FPX.F# = FX.F# AND FPX.P# = P# ('P2') )
```

Observe aqui o uso do nome de uma variável de intervalo na prototupla. O exemplo é uma abreviação para o seguinte:

```
{ FX.F#, FX.FNOME, FX.STATUS, FX.CIDADE }
  WHERE EXISTS FPX ( FPX.F# = FX.F# AND FPX.P# = P# ('P2') )
```

8.3.4 Obter nomes de fornecedores para fornecedores que fornecem pelo menos uma peça vermelha (Exemplo 7.5.2):

```
FX.FNOME
WHERE EXISTS FPX ( FX.F# = FPX.F# AND
                   EXISTS PX ( PX.P# = FPX.P# AND
                               PX.COR = COR ('Vermelho') ) )
```

ou, equivalentemente (mas em **forma normal prenex**, na qual todos os quantificadores aparecem na frente da FBF):

```
FX.FNOME
WHERE EXISTS FPX ( EXISTS PX ( FX.F# = FPX.F# AND
                               FPX.P# = PX.P# AND
                               PX.COR = COR ('Vermelho') ) )
```

A forma normal prenex não é inerentemente mais ou menos correta que qualquer outra forma, mas, com um pouco de prática, costuma tornar-se a formulação mais natural em muitos casos. Além disso, ela introduz a possibilidade de se reduzir o número de parênteses, como a seguir. A FBF:

```
Q1 V1 ( Q2 V2 ( fbf ) )
```

(em que cada valor de *Q1* e *Q2* pode ser EXISTS ou FORALL) pode opcionalmente, e sem ambiguidade, ser abreviado apenas para

```
Q1 V1 Q2 V2 ( fbf )
```

Assim, podemos simplificar a expressão de cálculo anterior, fazendo:

```
FX.FNOME
WHERE EXISTS FPX EXISTS PX ( FX.F# = FPX.F# AND
                             FPX.P# = PX.P# AND
                             PX.COR = COR ('Vermelho') )
```

Porém, por clareza, continuaremos a mostrar todos os parênteses em todos os exemplos restantes desta seção.

8.3.5 Obter nomes de fornecedores para os fornecedores que fornecem pelo menos uma peça fornecida pelo fornecedor F2:

```
FX.FNOME
WHERE EXISTS FPX ( EXISTS FPY ( FX.F# = FPX.F# AND
                               FPX.P# = FPY.P# AND
                               FPY.F# = F# ('F2') ) )
```

8.3.6 Obter nomes de fornecedores para fornecedores que fornecem todas as peças (Exemplo 7.5.3):

```
FX.FNOME WHERE FORALL PX ( EXISTS FPX ( FPX.F# = FX.F# AND
                                        FPX.P# = PX.P# ) )
```

Ou, de modo equivalente, mas sem usar FORALL:

```
FX.FNOME WHERE NOT EXISTS PX NOT EXISTS FPX
                                   ( FPX.F# = FX.F# AND
                                     FPX.P# = PX.P# ) )
```

8.3.7 Obter nomes de fornecedores para fornecedores que não fornecem a peça P2 (Exemplo 7.5.6):

```
FX.FNOME WHERE NOT EXISTS FPX
                ( FPX.F# = FX.F# AND FPX.P# = P# ('P2') )
```

Observe o quanto é fácil derivar essa solução a partir da solução dada ao Exemplo 8.3.3.

8.3.8 Obter números de fornecedores para os fornecedores que fornecem pelo menos todas as peças supridas pelo fornecedor F2 (Exemplo 7.5.4):

```
FX.F# WHERE FORALL FPX ( FPX.F# ≠ F# ('F2') OR
                   EXISTS FPY ( FPY.F# = FX.F# AND
                                FPY.P# = FPX.P# ) )
```

Parafraseando: "Obter números de fornecedores para fornecedores FX, tais que, para todas as remessas FPX, ou essa remessa não é do fornecedor F2 ou, se for, então existe uma remessa FPY da peça FPX do fornecedor FX." Introduzimos uma outra convenção sintática para ajudar no caso de consultas complexas como essa, ou seja, uma forma sintática explícita para o operador de **implicação lógica**. Se p e q são FBFs, então a expressão de implicação lógica

```
IF p THEN q END IF
```

também é uma FBF, com semântica idêntica à da FBF

```
( NOT p ) OR q
```

Portanto, o exemplo pode ser reformulado deste modo:

```
FX.F# WHERE FORALL FPX ( IF FPX.F# = F# ('F2') THEN
                   EXISTS FPY ( FPY.F# = FX.F# AND
                                FPY.P# = FPX.P# )
                END IF )
```

Parafraseando: "Obter números de fornecedores para fornecedores FX, tais que, para todas as remessas FPX, se essa remessa FPX é do fornecedor F2, então existe uma remessa FPY da peça FPX do fornecedor FX".

8.3.9 Obter números de peças para peças que pesam mais de 16 libras ou são fornecidas pelo fornecedor F2, ou ambos.

```
RANGEVAR PU RANGES OVER
      ( PX.P# WHERE PX.PESO > PESO ( 16.0 ) ),
      ( FPX.P# WHERE FPX.F# = F# ('F2') ) ;
PU.P#
```

Nesse caso, o equivalente na álgebra relacional envolveria uma união explícita.

Por ser interessante, mostramos uma formulação alternativa a essa consulta. Porém, essa segunda formulação se apoia no fato de que todo número de peça na RelVar FP aparece também na RelVar P (o que não acontecia antes).

```
PX.P# WHERE PX.PESO > PESO ( 16.0 )
    OR   EXISTS FPX ( FPX.P# = PX.P# AND
                          FPX.F# = F# ('F2') )
```

8.4 CÁLCULO *VERSUS* ÁLGEBRA

Na introdução deste capítulo, afirmamos que a álgebra e o cálculo são fundamentalmente equivalentes um ao outro. Agora, examinaremos essa afirmação com mais detalhes. Em primeiro lugar, Codd mostrou na referência [7.1] que a álgebra é pelo menos tão poderosa quanto o cálculo. Ele fez isso dando um algoritmo – o "algoritmo da redução de Codd" – pelo qual uma expressão qualquer do cálculo podia ser reduzida a uma expressão semanticamente equivalente da álgebra. Não apresentamos aqui os detalhes do algoritmo de Codd, mas nos contentamos com um exemplo razoavelmente complexo que ilustra, em termos gerais, como funciona esse algoritmo.[3]

Como base para nosso exemplo, usamos não o familiar banco de dados fornecedores e peças, mas a versão estendida de fornecedores, peças e projetos dos exercícios no Capítulo 4 e em outros lugares. Por conveniência, mostramos na Figura 8.1 (repetida da Figura 4.5) um conjunto de valores de amostra para esse banco de dados.

F	F#	FNOME	STATUS	CIDADE
	F1	Smith	20	Londres
	F2	Jones	10	Paris
	F3	Blake	30	Paris
	F4	Clark	20	Londres
	F5	Adams	30	Atenas

P	P#	PNOME	COR	PESO	CIDADE
	P1	Porca	Vermelho	12.0	Londres
	P2	Pino	Verde	17.0	Paris
	P3	Parafuso	Azul	17.0	Oslo
	P4	Parafuso	Vermelho	14.0	Londres
	P5	Came	Azul	12.0	Paris
	P6	Tubo	Vermelho	19.0	Londres

J	J#	JNOME	CIDADE
	J1	Classificador	Paris
	J2	Monitor	Roma
	J3	OCR	Atenas
	J4	Console	Atenas
	J5	RAID	Londres
	J6	EDS	Oslo
	J7	Fita	Londres

FPJ	F#	P#	J#	QDE
	F1	P1	J1	200
	F1	P1	J4	700
	F2	P3	J1	400
	F2	P3	J2	200
	F2	P3	J3	200
	F2	P3	J4	500
	F2	P3	J5	600
	F2	P3	J6	400
	F2	P3	J7	800
	F2	P5	J2	100
	F3	P3	J1	200
	F3	P4	J2	500
	F4	P6	J3	300
	F4	P6	J7	300
	F5	P2	J2	200
	F5	P2	J4	100
	F5	P5	J5	500
	F5	P5	J7	100
	F5	P6	J2	200
	F5	P1	J4	100
	F5	P3	J4	200
	F5	P4	J4	800
	F5	P5	J4	400
	F5	P6	J4	500

FIGURA 8.1 *O banco de dados de fornecedores, peças e projetos (amostra de valores).*

Agora, considere a consulta "Obter nomes e cidades para fornecedores que suprem pelo menos um projeto em Atenas com pelo menos 50 unidades de cada peça". Uma expressão do cálculo para essa consulta é:

```
{ FX.FNOME, FX.CIDADE } WHERE EXISTS JX FORALL PX EXISTS FPJX
                            ( JX.CIDADE = 'Atenas' AND
                            JX.J# = FPJX.J# AND
                            PX.P# = FPJX.P# AND
                            FX.F# = FPJX.F# AND
                            FPJX.QDE ≥ QDE ( 50 ) )
```

---

[3]Na realidade, o algoritmo apresentado na referência [7.1] tinha uma ligeira falha [8.2]. Além disso, a versão do cálculo definida nesse artigo não incluía um equivalente completo para o operador de união, de modo que, na verdade, o cálculo de Codd era estritamente menos eficiente que a álgebra de Codd. Apesar disso, a afirmação de que a álgebra e o cálculo (ampliada para incluir uma equivalência) são equivalentes é verdadeira, como vários autores já demonstraram; veja, por exemplo, Klug [7.11].

em que FX, PX, JX e FPJX são variáveis de intervalo que variam sobre F, P, J e FPJ, respectivamente. Agora, mostramos como essa expressão pode ser avaliada para dar o resultado desejado.

Etapa 1: Para cada variável de intervalo, obter o intervalo (isto é, o conjunto de valores possíveis para essa variável), se possível restrito. Por "se possível restrito", entende-se que pode existir uma condição de restrição simples – veja uma definição desse termo no Capítulo 7 – embutida na cláusula WHERE, que possa ser usada para eliminar certas tuplas de toda consideração adicional. Neste caso, os conjuntos de tuplas retornadas são:

FX   :   Todas as tuplas de F   5 tuplas
PX   :   Todas as tuplas de P   6 tuplas
JX   :   Tuplas de J em que CIDADE = 'Atenas'   2 tuplas
FPJX :   Tuplas de FPJ em que QDE ≥ QDE (50)   24 tuplas

Etapa 2: Construir o produto cartesiano dos intervalos retornados na Etapa 1, produzindo:

F#	FN	STATUS	CIDADE	P#	PN	COR	PESO	CIDADE	J#	JN	CIDADE	F#	P#	J#	QDE
F1	Sm	20	Lon	P1	Por	Vermelho	12.0	Lon	J3	OR	Ate	F1	P1	J1	200
F1	Sm	20	Lon	P1	Por	Vermelho	12.0	Lon	J3	OR	Ate	F1	P1	J4	700
..	..	..	...	..	..	...	..	...	..	..	...	..	..	..	...
..	..	..	...	..	..	...	..	...	..	..	...	..	..	..	...
..	..	..	...	..	..	...	..	...	..	..	...	..	..	..	...

(etc.). O produto completo contém 5 * 6 * 2 * 24 = 1.440 tuplas. *Nota*: Fizemos um certo número de abreviações óbvias no interesse do espaço. Também não nos demos ao trabalho de renomear atributos (como deveríamos ter feito para evitar ambiguidade) mas, em vez disso, estamos usando a posição ordinal para mostrar (por exemplo) qual "F#" vem de F e qual vem de FPJ. Esse artifício é adotado simplesmente para abreviar a exposição.

Etapa 3: restringir o produto cartesiano construído na Etapa 2 de acordo com a "parte de junção" da cláusula WHERE. No exemplo, essa parte é:

```
JX.J# = FPJX.J# AND PX.P# = FPJX.P# AND FX.F# = FPJX.F#
```

Portanto, eliminamos tuplas do produto para as quais o valor do fornecedor F# não é igual ao valor F# da remessa ou o valor da peça P# não é igual ao valor P# da remessa, ou o valor J# do projeto não é igual ao valor J# da remessa, o que resulta em um subconjunto do produto cartesiano consistindo (como vemos) em apenas dez tuplas:

F#	FN	STATUS	CIDADE	P#	PN	COR	PESO	CIDADE	J#	JN	CIDADE	F#	P#	J#	QDE
F1	Sm	20	Lon	P1	Po	Vermelho	12.0	Lon	J4	Cn	Ate	F1	P1	J4	700
F2	Jo	10	Par	P3	Pa	Azul	18.0	Osl	J3	OR	Ate	F2	P3	J3	200
F2	Jo	10	Par	P3	Pa	Azul	18.0	Osl	J4	Cn	Ate	F2	P3	J4	200
F4	Cl	20	Lon	P6	Tb	Vermelho	19.0	Lon	J3	OR	Ate	F4	P6	J3	300
F5	Ad	30	Ate	P2	Pn	Verde	18.0	Par	J4	Cn	Ate	F5	P2	J4	100
F5	Ad	30	Ate	P1	Po	Vermelho	12.0	Lon	J4	Cn	Ate	F5	P1	J4	100
F5	Ad	30	Ate	P3	Pa	Azul	18.0	Osl	J4	Cn	Ate	F5	P3	J4	200
F5	Ad	30	Ate	P4	Pa	Vermelho	14.0	Lon	J4	Cn	Ate	F5	P4	J4	800
F5	Ad	30	Ate	P5	Cm	Azul	12.0	Par	J4	Cn	Ate	F5	PS	J4	400
F5	Ad	30	Ate	P6	Tb	Vermelho	19.0	Lon	J4	Cn	Ate	F5	P6	J4	500

(É claro que essa relação é a equijunção pertinente.)

Etapa 4: aplicar os quantificadores da direita para a esquerda, como a seguir.

■ Para o quantificador "EXISTS *V*" (em que *V* é uma variável de intervalo que percorre alguma relação *r*), *projetar* o resultado intermediário para eliminar todos os atributos da relação *r*.

- Para o quantificador "FORALL *V*", *dividir* o resultado intermediário atual pela relação de "intervalo restrito" associada com *V*, retornada no Passo 1. Essa operação também terá o efeito de eliminar todos os atributos da relação *r*. *Nota*: "Dividir" aqui significa a operação de divisão original de Codd (consulte a anotação à referência [7.4]).

No exemplo, os quantificadores são:

```
EXISTS JX FORALL PX EXISTS FPJX
```

Portanto, procedemos da seguinte maneira:

- *(EXISTS FPJX)* Remover os atributos de FPJ – ou seja, FPJ.F#, FPJ. P#, FPJ.J# e FPJ.QDE. *Resultado*:

F#	FN	STATUS	CIDADE	P#	PN	COR	PESO	CIDADE	J#	JN	CIDADE
F1	Sm	20	Lon	P1	Po	Vermelho	12.0	Lon	J4	Cn	Ate
F2	Jo	10	Par	P3	Pa	Azul	17.0	Osl	J3	OR	Ate
F2	Jo	10	Par	P3	Pa	Azul	17.0	Osl	J4	Cn	Ate
F4	Cl	20	Lon	P6	Tb	Vermelho	19.0	Lon	J3	OR	Ate
F5	Ad	30	Ate	P2	Pn	Verde	17.0	Par	J4	Cn	Ate
F5	Ad	30	Ate	P1	Po	Vermelho	12.0	Lon	J4	Cn	Ate
F5	Ad	30	Ate	P3	Pa	Azul	17.0	Osl	J4	Cn	Ate
F5	Ad	30	Ate	P4	Pa	Vermelho	14.0	Lon	J4	Cn	Ate
F5	Ad	30	Ate	PS	Cm	Azul	12.0	Par	J4	Cn	Ate
F5	Ad	30	Ate	P6	Tb	Vermelho	19.0	Lon	J4	Cn	Ate

- *(FORALL PX)* Dividir por P. *Resultado*:

F#	FNOME	STATUS	CIDADE	J#	JNOME	CIDADE
F5	Adams	30	Atenas	J4	Console	Atenas

(Agora, temos espaço para mostrar o resultado sem qualquer abreviação.)

- *(EXISTS JX)* Remover os atributos de J – ou seja, J.J#, J.JNOME e J.CIDADE. *Resultado*:

F#	FNOME	STATUS	CIDADE
F5	Adams	30	Atenas

Etapa 5: Projetar o resultado da Etapa 4 de acordo com as especificações na prototupla. Em nosso exemplo, a prototupla é:

```
{ FX.FNOME, FX.CIDADE }
```

Portanto, o resultado final é apenas:

FNOME	CIDADE
Adams	Atenas

Segue-se de tudo o que foi dito que a expressão original do cálculo é semanticamente equivalente a uma certa expressão algébrica aninhada – para sermos precisos, uma projeção de uma projeção de uma divisão de uma projeção de uma restrição de um produto de quatro restrições (!).

Isso conclui o exemplo. Naturalmente, são possíveis muitos aperfeiçoamentos do algoritmo (consulte o Capítulo 18, em particular a referência [18.4], para ver algumas ideias de tais aperfeiçoamentos), e muitos detalhes foram deixados de lado em nossa explicação; no entanto, o exemplo deverá ser adequado para dar uma ideia geral de como funciona a redução.

A propósito, agora podemos explicar uma das razões (não a única) pelas quais Codd definiu precisamente os oito operadores algébricos. Esses oito operadores forneciam uma **linguagem de destino** conveniente como veículo para uma implementação possível do cálculo. Em outras palavras, dada uma linguagem como QUEL, que é baseada no cálculo, uma abordagem possível para a implementação dessa linguagem seria tomar a consulta conforme é submetida pelo usuário – que basicamente é apenas uma expressão de cálculo – e aplicar o algoritmo de redução a ela, obtendo assim uma expressão algébrica equivalente. Essa expressão algébrica naturalmente consiste em um conjunto de operadores algébricos, que são por definição inerentemente implementáveis. (A etapa seguinte é seguir adiante, a fim de *otimizar* essa expressão algébrica – consulte o Capítulo 18.)

Outro ponto que podemos observar é que os oito operadores algébricos de Codd também fornecem uma espécie de *fita métrica* para medir o poder de expressão de qualquer linguagem de bancos de dados. Mencionamos essa questão rapidamente no Capítulo 7, no final da Seção 7.6. Vamos examiná-la agora com um pouco mais de profundidade.

Primeiro, uma linguagem é dita **relacionalmente completa** se é pelo menos tão poderosa quanto o cálculo – isto é, se toda relação definível por alguma expressão do cálculo também é definível por alguma expressão da linguagem em questão [7.1]. (No Capítulo 7, dissemos que "relacionalmente completa" significava tão poderosa quanto a *álgebra*, não o cálculo, mas isso vem a ser o mesmo, como veremos em breve. Observe que resulta imediatamente da existência do algoritmo de redução de Codd que a álgebra é relacionalmente completa.)

A completeza relacional pode ser vista como medida básica do poder expressivo para linguagens de bancos de dados em geral. Em particular, como o cálculo e a álgebra são relacionalmente completos, ambos fornecem uma base para o projeto de linguagens que forneçam esse poder de expressividade *sem terem de recorrer ao uso explícito da iteração* – uma consideração particularmente importante no caso de uma linguagem que deve servir a usuários finais, embora também seja significativa para programadores de aplicações.

Em seguida, como a álgebra é relacionalmente completa, segue-se que, para mostrar que qualquer linguagem dada *L* é também completa, é suficiente mostrar que (a) *L* inclui equivalentes de cada um dos oito operadores algébricos (na verdade, basta mostrar que inclui equivalentes dos cinco operadores algébricos *primitivos*) e que (b) os operandos de qualquer operador em *L* podem ser expressões *L* arbitrárias (do tipo apropriado). A SQL é um exemplo de linguagem da qual se pode mostrar que é relacionalmente completa nesse sentido (veja o Exercício 8.9); outra linguagem é QUEL. Na verdade, frequentemente é mais fácil na prática mostrar que determinada linguagem possui equivalentes dos operadores algébricos que mostrar que ela possui equivalentes das expressões do cálculo. É por isso que em geral definimos a completeza relacional em termos algébricos, e não em termos de cálculo.

A propósito, entenda que a completeza relacional não implica necessariamente qualquer outra espécie de completeza. Por exemplo, é desejável que uma linguagem forneça também "completeza computacional" – isto é, deve ser capaz de computar todas as funções computáveis. A completeza computacional foi uma das motivações para os operadores EXTEND e SUMMARIZE que adicionamos à álgebra no Capítulo 7. Na próxima seção, consideraremos os equivalentes do cálculo para esses operadores.

Voltando à questão da equivalência entre a álgebra e o cálculo: mostramos, por exemplo, que qualquer expressão do cálculo pode ser reduzida a um equivalente algébrico e, portanto, que a álgebra é pelo menos tão poderosa quanto o cálculo. Reciprocamente, é possível mostrar que qualquer expressão algébrica pode ser reduzida a uma expressão do cálculo equivalente e, por conseguinte, que o cálculo é pelo menos tão poderoso quanto a álgebra; como prova consulte, por exemplo, Ullman [8.13]. Segue-se que os dois formalismos são logicamente equivalentes.

8.5 CAPACIDADES COMPUTACIONAIS

Não mencionamos esse ponto explicitamente antes, mas o cálculo como já o definimos inclui, de fato, equivalentes dos operadores algébricos EXTEND e SUMMARIZE, porque:

- Uma forma possível de prototupla é uma *<invocação de seletor de tupla>* e os componentes de uma *<invocação de seletor de tupla>* podem ser expressões quaisquer.

- Os comparandos de uma comparação em uma *<expressão booleana>* também pode ser expressões quaisquer.

- Como vimos no Capítulo 7, o primeiro ou único argumento de uma *<invocação de operador de agrega-dos>* é uma *<expressão relacional>*.

Não vale a pena entrar aqui em todos os detalhes sintáticos e semânticos que se aplicam. Vamos nos contentar apenas em dar alguns exemplos (e os próprios exemplos serão um pouco simplificados em certos aspectos).

8.5.1 Obter o número de peça e o peso em gramas para cada peça com peso > 10.000 gramas:

```
{ PX.P#, PX.PESO * 454 AS PESOGM }
                WHERE PX.PESO * 454 > PESO ( 10000.0 )
```

Observe que (como no Exemplo 8.3.2) a especificação AS na prototupla dá um nome a um atributo do *resultado*. Assim, esse nome não está disponível para uso na cláusula WHERE, razão pela qual a subexpressão PX.PESO * 454 aparece duas vezes.

8.5.2 Obter todos os fornecedores e "marcar" (tag) cada um com o valor literal "Fornecedor":

```
{ FX, 'Fornecedor' AS TAG }
```

8.5.3 Para cada remessa, obter todos os detalhes sobre a remessa, inclusive o peso total da remessa:

```
{ FPX, PX.PESO * FPX.QDE AS PESOREM } WHERE PX.P# = FPX.P#
```

8.5.4 Para cada peça, obter o número da peça e a quantidade total da remessa:

```
{ PX.P#, SUM ( FPX WHERE FPX.P# = PX.P#, QDE ) AS QDETOTAL }
```

8.5.5 Obter a quantidade total de remessa:

```
SUM ( FPX, QDE ) AS TOTALGERAL
```

8.5.6 Para cada fornecedor, obter o número do fornecedor e o número total de peças fornecidas:

```
{ FX.F#, COUNT ( FPX WHERE FPX.F# = FX.F# ) AS #_DE_PEÇAS }
```

8.5.7 Obter cidades de peças que armazenam mais de cinco peças vermelhas:

```
RANGEVAR PY RANGES OVER P ;
PX.CIDADE WHERE COUNT ( PY WHERE PY.CIDADE = PX.CIDADE
                        AND   PY.COR = COR ('Vermelho') ) > 5
```

8.6 RECURSOS DE SQL

Dissemos na Seção 8.4 que determinada linguagem relacional pode se basear na álgebra relacional ou no cálculo relacional. Então, em que a SQL se baseia? Lamentavelmente, a resposta é parcialmente em ambas, e parcialmente em nenhuma... Quando foi projetada, a SQL era especificamente destinada a ser diferente tanto da álgebra quanto do cálculo [4.9]; na realidade, tal meta era a motivação para a introdução da construção "IN *<subconsulta>*" (ver Exemplo 8.6.10, mais adiante nesta seção). Porém, com o tempo, certas características da álgebra e do cálculo foram necessárias, afinal de contas, e a linguagem cresceu para acomodá-las.[4] Hoje a situação é que alguns aspectos da SQL são "como álgebra", alguns

---

[4] Uma consequência desse crescimento é que – como observamos na anotação da referência [4.19] (queira ver) – a construção "IN *<subconsulta>*" inteira poderia agora ser removida da linguagem sem qualquer perda de funcionalidade! Esse fato é irônico porque foi a essa construção que se referia o termo "estruturada" no nome original da SQL (Structured Query Language – "linguagem de consulta estruturada"); na realidade, foi essa construção a justificativa original para se adotar a SQL em lugar da álgebra ou do cálculo em primeiro lugar.

são "como cálculo" e outros não são nada disso. Esse estado de coisas explica por que dissemos no Capítulo 7 que adiaríamos a discussão dos recursos de manipulação de dados de SQL para este capítulo. Deixamos como exercício para você descobrir quais partes da SQL estão baseados na álgebra, quais no cálculo e quais em nenhum dos dois.

Uma consulta de SQL é formulada como uma *<expressão de tabela>*, de complexidade potencialmente considerável. Entretanto, não entramos em toda essa complexidade aqui; em vez disso, simplesmente apresentamos um conjunto de exemplos, na esperança de que esses exemplos destaquem os pontos mais importantes. Os exemplos são baseados nas definições de tabelas de SQL para fornecedores e peças mostradas no Capítulo 4 (Figura 4.1).

8.6.1 Obter cor e cidade para peças "não de Paris" com peso maior que 10 libras:

```
SELECT PX.COR, PX.CIDADE
FROM   P AS PX
WHERE  PX.CIDADE < > 'Paris'
AND    PX.PESO > PESO ( 10.0 ) ;
```

Detalhes que surgem:

1. Lembre-se, pelo que vimos no Capítulo 5, que o operador de comparação "< >" é a sintaxe para *não igual*. *Menor ou igual* e *maior ou igual* são escritos como "<=" e ">=", respectivamente.

2. Note também a especificação P AS PX na cláusula FROM. Essa especificação constitui efetivamente a definição de uma variável de intervalo (no estilo do cálculo de tuplas) chamada PX, que percorre o valor atual da tabela P. O *nome* – não a variável! – PX é considerado um **nome correlacionado** e seu escopo é, em termos informais, a expressão de tabela em que sua definição aparece, excluindo qualquer expressão interna em que outra variável de intervalo seja definida com o mesmo nome (ver o Exemplo 8.6.12).

3. A SQL também admite a noção de variáveis de intervalo *implícitas*, de acordo com a qual a consulta poderia igualmente bem ter sido expressa como:

```
SELECT P.COR, P.CIDADE
FROM   P
WHERE  P.CIDADE < > 'Paris'
AND    P.PESO > PESO ( 10.0 ) ;
```

A ideia básica é permitir que um *nome* de tabela seja usado para representar uma variável de intervalo implícita que varia sobre a tabela em questão, desde que isso não resulte em alguma ambiguidade. Nesse exemplo, a cláusula FROM de FROM P pode ser considerada uma abreviatura para uma cláusula FROM que se lê FROM P AS P. Em outras palavras, deve ficar claro que o nome qualificador "P" em (por exemplo) "P.CIDADE" nas cláusulas SELECT e WHERE *não* significa a tabela P – mas sim uma *variável de intervalo* chamada P, que varia sobre a tabela com o mesmo nome.

4. Como observamos no Capítulo 4, poderíamos ter usado nomes de colunas não qualificados em todo esse exemplo, escrevendo:

```
SELECT COR, CIDADE
FROM   P
WHERE  CIDADE < > 'Paris'
AND    PESO > PESO ( 10.0 ) ;
```

A regra geral é que nomes não qualificados são aceitáveis se não causarem ambiguidade. Porém, em nossos exemplos, em geral (mas não invariavelmente!) incluiremos todos os qualificadores, mesmo quando eles forem redundantes. Contudo, infelizmente há certos contextos nos quais se exige de forma explícita que nomes de coluna *não* sejam qualificados! A cláusula ORDER BY é um desses casos[5] – veja o exemplo imediatamente a seguir.

5. A cláusula **ORDER BY**, mencionada em conexão com DECLARE CURSOR no Capítulo 4, também pode ser usada em consultas de SQL interativas. Por exemplo:

```
SELECT P.COR, P.CIDADE
FROM   P
WHERE  P.CIDADE < > 'Paris'
AND    P.PESO > PESO ( 10.0 )
ORDER  BY CIDADE DESC ;  /* note o nome de coluna não qualificado */
```

6. Lembramos a você da abreviação "SELECT *", também mencionada no Capítulo 4. Por exemplo:

```
SELECT *
FROM   P
WHERE  P.CIDADE < > 'Paris'
AND    P.PESO > PESO ( 10.0 ) ;
```

O asterisco em "SELECT *" é abreviação para uma lista_com_vírgulas de todos os nomes de colunas na(s) tabela(s) referenciada(s) na cláusula FROM, da esquerda para a direita em que essas colunas são definidas dentro dessas(s) tabela(s). Observamos que a notação de asterisco é conveniente para consultas interativas, pois economiza digitação. Porém, é potencialmente perigosa na SQL embutida – isto é, a SQL incorporada a um programa de aplicação –, porque o significado do "*" pode mudar (por exemplo, se uma coluna for acrescentada ou removida de alguma tabela, através de ALTER TABLE).

7. (*Muito mais importante que os pontos anteriores!*) Observe que, considerando nossa amostra de dados habitual, a consulta em discussão retornará quatro linhas, e não duas, embora três dessas quatro linhas sejam idênticas. A SQL não elimina linhas em duplicata redundantes de um resultado de consulta, a menos que o usuário o solicite explicitamente por meio da palavra-chave **DISTINCT**, como neste exemplo:

```
SELECT DISTINCT P.COR, P.CIDADE
FROM   P
WHERE  P.CIDADE < > 'Paris'
AND    P.PESO > PESO (10.0 ) ;
```

Essa consulta retornará duas linhas somente, e não quatro.

Segue-se, pelo que pudemos ver (como de fato já sabíamos, pelo Capítulo 6) que o objeto de dados fundamental em SQL não é uma relação – em vez disso, é uma tabela, e as tabelas no estilo de SQL contêm (em geral) não conjuntos, mas *sacolas* (*bags*) de linhas (e a SQL viola *O Princípio de Informação*). Uma consequência importante disso é que os operadores fundamentais em SQL não são operadores relacionais verdadeiros, mas equivalentes a sacolas desses operadores; outra, é que resultados e teoremas verdadeiros no modelo relacional – por exemplo, a respeito da transformação de expressões [6.6] – não são necessariamente verdadeiros em SQL.

8.6.2 Para todas as peças, obter o número de peça e o peso dessa peça em gramas (versão simplificada do Exemplo 8.5.1):

```
SELECT P.P#, P.PESO * 454 AS PESOGM
FROM   P ;
```

A especificação AS PESOGM introduz um nome de coluna de resultado apropriado para a "coluna calculada". As duas colunas da tabela de resultados são então chamadas P# e PESOGM, respectivamente. Se a cláusula AS fosse omitida, a coluna de resultados correspondente teria sido efetivamente não nomea-

---

[5]Exceto conforme observamos no Capítulo 4, Seção 4.6.

da. Observe, então, que a SQL não exige na realidade que o usuário forneça o nome de uma coluna de resultado em tais circunstâncias, mas sempre o faremos em nossos exemplos.

8.6.3 Obter todas as combinações de informações de fornecedor e peça tais que o fornecedor e a peça em questão estejam localizados na mesma cidade:

A SQL fornece muitos modos diferentes de formular essa consulta. Daremos três dos mais simples aqui.

```
1. SELECT F.*, P.P#, P.PNOME, P.COR, P.PESO
   FROM   F, P
   WHERE  F.CIDADE = P.CIDADE ;

2. F JOIN P USING CIDADE ;

3. F NATURAL JOIN P ;
```

O resultado em cada caso é a **junção natural** das tabelas F e P (sobre cidades).[6]

A primeira das formulações apresentadas – a única que seria válida em SQL conforme definida originalmente (o suporte explícito de JOIN foi acrescentado na SQL:1992) – merece alguma discussão adicional. Conceitualmente, podemos pensar nessa versão da consulta como sendo implementada desta forma:

- Primeiro, a cláusula FROM é executada para formar o **produto cartesiano** F TIMES FP. (Estritamente, devemos nos preocupar aqui em renomear colunas antes de calcularmos o produto; ignoramos essa questão para simplificar as coisas. Além disso, lembre-se de que – como vimos na Seção 7.7 – o "produto cartesiano" de uma única tabela t pode ser considerado apenas a própria tabela t.)

- Em seguida, a cláusula WHERE é executada, produzindo uma **restrição** desse produto na qual os dois valores de CIDADE em cada linha são iguais (em outras palavras, calculamos agora *equijunção* de fornecedores e peças sobre cidades).

- Finalmente, a cláusula SELECT é executada, gerando uma **projeção** dessa restrição sobre as colunas especificadas na cláusula SELECT. O resultado final é a junção natural.

Assim, informalmente, FROM em SQL corresponde ao produto cartesiano, WHERE a restrição e SELECT a projeção, e a construção de SQL SELECT – FROM – WHERE representa uma projeção de uma restrição de um produto (embora a "projeção" em questão não necessariamente elimine as duplicatas, como já sabemos).

8.6.4 Obter todos os pares de nomes de cidades tais que um fornecedor localizado na primeira cidade fornece uma peça armazenada na segunda cidade:

```
SELECT DISTINCT F.CIDADE AS FCIDADE, P.CIDADE AS PCIDADE
FROM   F JOIN FP USING F# JOIN P USING P# ;
```

Observe que o código a seguir *não* está correto (por que não?) *Resposta:* Porque inclui CIDADE como uma coluna de junção na segunda junção.

```
SELECT DISTINCT F.CIDADE AS FCIDADE, P.CIDADE AS PCIDADE
FROM   F NATURAL JOIN FP NATURAL JOIN P ;
```

8.6.5 Obter todos os pares de números de fornecedores tais que os dois fornecedores envolvidos estejam na mesma cidade (Exemplo 8.3.2):

```
SELECT A.F# AS FA, B.F# AS FB
FROM   F AS A, F AS B
WHERE  A.CIDADE = B.CIDADE
AND    A.F# < B.F# ;
```

---

[6]O padrão SQL:2003 provavelmente exigirá que a segunda e a terceira formulações incluam um prefixo "SELECT * FROM".

As variáveis de intervalo explícitas são claramente necessárias nesse exemplo. Observe que os nomes de colunas FA e FB introduzidos se referem a colunas da *tabela de resultados* e, portanto, não podem ser usados na cláusula WHERE.

8.6.6 Obter o número total de fornecedores:

```
SELECT COUNT(*) AS N
FROM   F ;
```

O resultado aqui é uma tabela com uma coluna, chamada N, e uma linha contendo o valor 5. A SQL admite os operadores de agregados normais **COUNT, SUM, AVG, MAX, MIN, EVERY e ANY,**[7] mas existem alguns pontos específicos da SQL de que o usuário precisa estar ciente:

- Em geral, o parâmetro pode opcionalmente ser precedido pela palavra-chave DISTINCT – como, por exemplo, em SUM (DISTINCT QDE) – para indicar que as duplicatas devem ser eliminadas antes de ser aplicada a agregação. Porém, para MAX, MIN, EVERY e ANY, a cláusula DISTINCT é irrelevante e não tem efeito algum.

- O operador especial COUNT(*) – a cláusula DISTINCT não é permitida – é fornecido para contar todas as linhas em uma tabela sem qualquer eliminação de duplicatas.

- Quaisquer NULLs na coluna de argumentos (consulte o Capítulo 19) são eliminados antes da agregação ser feita, não importando se DISTINCT é especificada – com exceção do caso de COUNT(*), em que os NULLs se comportam como se fossem valores.

- Se, depois de eliminados os NULLs, o resultado for um conjunto vazio, COUNT retornará zero; todos os outros operadores retornarão NULL. *Nota:* Esse resultado é logicamente correto para COUNT, mas não para os outros operadores. Por exemplo, EVERY logicamente retornaria TRUE quando aplicado a um conjunto vazio, como vimos na Seção 8.2.

8.6.7 Obter a quantidade máxima e mínima para a peça P2:

```
SELECT MAX ( FP.QDE ) AS MAXQ, MIN ( FP.QDE ) AS MINQ
FROM   FP
WHERE  FP.P# = P# ('P2');
```

Observe que as cláusulas FROM e WHERE fornecem efetivamente parte do argumento para as duas chamadas do operador de agregação e, portanto, devem aparecer logicamente dentro dos parênteses que envolvem o parâmetro. No entanto, a consulta é realmente escrita como mostramos. Essa abordagem não ortodoxa para a sintaxe tem repercussões negativas significativas sobre a estrutura, a facilidade de uso e a ortogonalidade[8] da linguagem SQL. Por exemplo, uma consequência imediata é que operadores de agregados não podem ser aninhados, com o resultado de que uma consulta como "Obter média da quantidade total de peças" não pode ser formulada sem rodeios inconvenientes. Para ser específico, a consulta a seguir é inválida:

```
SELECT AVG ( SUM ( FP.QDE ) )         /* Atenção! Inválida! */
FROM   FP ;
```

Em vez disso, ela deverá ser formulada da seguinte forma:

---

[7]EVERY é o equivalente em SQL do nosso ALL (o termo ALL *não* é admitido). ANY pode ser escrito como SOME. Além disso, vários outros operadores de agregação foram acrescentados pela emenda de "processamento analítico on-line", SQL/OLAP (consulte o Capítulo 22).

[8]**Ortogonalidade** significa *independência*. Uma linguagem é ortogonal se conceitos independentes forem mantidos independentes, e não misturados de formas confusas. A ortogonalidade é desejável porque, quanto menos ortogonal for uma linguagem, mais complicada ela é, e – paradoxalmente, mas simultaneamente – menos poderosa ela também é.

```
SELECT AVG ( X )
FROM ( SELECT SUM ( FP.QDE ) AS X
       FROM    FP
       GROUP  BY FP.F# ) AS SEMSENTIDO ;
```

Veja o exemplo imediatamente a seguir para obter uma explicação sobre GROUP BY, e os vários exemplos subsequentes para obter uma explicação de subconsultas como aquela da cláusula FROM, vista aqui. *Nota*: A especificação AS *SEMSENTIDO* é sem sentido, mas é exigida pelas regras de sintaxe de SQL. Veja uma discussão mais completa na referência [4.20].

8.6.8 Para cada peça fornecida, obter o número da peça e a quantidade total da remessa (versão modificada do Exemplo 8.5.4):

```
SELECT FP.P#, SUM ( FP.QDE ) AS QDETOTAL
FROM   FP
GROUP  BY FP.P# ;
```

O código anterior é o equivalente em SQL à expressão da álgebra relacional:

```
SUMMARIZE FP BY { P# } ADD SUM ( QDE ) AS QDETOTAL
```

ou da expressão do cálculo de tuplas:

```
( FPX.P#, SUM ( FPY WHERE FPY.P# = FPX.P#, QDE ) AS QDETOTAL )
```

Observe particularmente que, se a cláusula GROUP BY for especificada, as expressões na cláusula SELECT deverão ter **valores exclusivos por grupo**.

Aqui está uma formulação alternativa (realmente preferível) da mesma consulta:

```
SELECT P.P#, ( SELECT SUM ( FP.QDE )
               FROM    FP
               WHERE  FP.P# = P.P# ) AS QDETOTAL
FROM P ;
```

A capacidade de usar subconsultas aninhadas dessa maneira nos permite gerar um resultado que inclui linhas para peças que não são fornecidas de modo algum, o que a formulação anterior (usando GROUP BY) não faz. (Porém, o valor de QDETOTAL para tais peças infelizmente será NULL, e não zero.)

8.6.9 Obter números de peça para peças fornecidas por mais de um fornecedor:

```
SELECT FP.P#
FROM   FP
GROUP  BY FP.P#
HAVING COUNT ( FP.F# ) > 1 ;
```

A cláusula HAVING está para grupos como a cláusula WHERE está para linhas; em outras palavras, HAVING é usada para eliminar grupos, da mesma maneira que WHERE é usada para eliminar linhas. As expressões em uma cláusula HAVING devem ter valor exclusivo por grupo.

8.6.10 Obter nomes de fornecedores para fornecedores que fornecem a peça P2 (Exemplo 7.5.1):

```
SELECT DISTINCT F.FNOME
FROM   F
WHERE  F.F# IN
     ( SELECT FP.F#
       FROM   FP
       WHERE  FP.P# = P# ('P2') ) ;
```

Explicação: Esse exemplo utiliza uma subconsulta na cláusula WHERE. Informalmente, uma subconsulta é uma expressão SELECT – FROM – WHERE – GROUP BY – HAVING aninhada em algum lugar dentro de outra expressão. As subconsultas são usadas entre outras coisas para representar o conjunto de valores a serem pesquisados por meio de uma **condição IN**, como ilustra o exemplo. O sistema avalia a consulta global calculando primeiro a subconsulta (pelo menos conceitualmente). Essa subconsulta retorna o conjunto de *números* de fornecedores para os fornecedores que fornecem a peça P2, ou seja, o conjunto {F1,F2,F3,F4}. A expressão original é, desse modo, equivalente à seguinte, mais simples:

```
SELECT DISTINCT F.FNOME
FROM    F
WHERE   F.F# IN ( F#('F1'), F#('F2'), F#('F3'), F#('F4') ) ;
```

A propósito, vale a pena assinalar que o problema original ("Obter nomes de fornecedores para fornecedores que fornecem a peça P2") pode igualmente ser bem formulado por meio de uma *junção*; por exemplo, como a seguir:

```
SELECT DISTINCT F.FNOME
FROM    F, FP
WHERE   F.F# = FP.F#
AND     FP.P# = F# ('P2') ;
```

8.6.11 Obter nomes de fornecedores para fornecedores que fornecem pelo menos uma peça vermelha (Exemplo 8.3.4):

```
SELECT DISTINCT F.FNOME
FROM    F
WHERE   F.F# IN
      ( SELECT FP.F#
        FROM    FP
        WHERE   FP.P# IN
             ( SELECT P.P#
               FROM    P
               WHERE   P.COR = COR ('Vermelho') ) ) ;
```

As subconsultas podem ser aninhadas em qualquer profundidade. *Exercício*: Dê algumas formulações de junções equivalentes a essa consulta.

8.6.12 Obter números de fornecedores para fornecedores com status menor que o status máximo atual na tabela F:

```
SELECT F.F#
FROM    F
WHERE   F.STATUS <
      ( SELECT MAX ( F.STATUS )
        FROM    F ) ;
```

Esse exemplo envolve *duas variáveis de intervalo implícitas distintas*, ambas indicadas pelo mesmo símbolo "F" e ambas variando sobre a tabela F.

8.6.13 Obter nomes de fornecedores para fornecedores que fornecem a peça P2. *Nota*: Esse exemplo é igual ao Exemplo 8.6.10; mostramos uma solução diferente, a fim de introduzir outra característica da SQL.

```
SELECT DISTINCT F.FNOME
FROM    F
WHERE   EXISTS
```

```
    ( SELECT  *
      FROM    FP
      WHERE   FP.F# = F.F#
      AND     FP.P# = P# ('P2') ) ;
```

Explicação: A expressão SQL "EXISTS (SELECT...FROM...)" é avaliada como TRUE se e somente se o resultado da avaliação de "SELECT...FROM..." não for vazio. Em outras palavras, o operador EXISTS de SQL corresponde ao *quantificador existencial* do cálculo de tuplas (mais ou menos – mas veja a referência [19.6]). *Nota*: A SQL se refere à subconsulta nesse exemplo particular como uma subconsulta **correlata**, pois ela inclui referências a uma variável de intervalo (ou seja, a variável de intervalo implícita F), que é definida na consulta mais externa. Outro exemplo de uma subconsulta correlata apareceu na segunda solução do Exemplo 8.6.8.

8.6.14 Obter nomes de fornecedores para fornecedores que não fornecem a peça P2 (Exemplo 8.3.7):

```
SELECT DISTINCT F.FNOME
FROM   F
WHERE  NOT EXISTS
    ( SELECT *
      FROM    FP
      WHERE   FP.F# = F.F#
      AND     FP.P# = P# ('P2') ) ;
```

Outra alternativa:

```
SELECT DISTINCT F.FNOME
FROM   F
WHERE  F.F# NOT IN
    ( SELECT FP.F#
      FROM    FP
      WHERE   FP.P# = P# ('P2') ) ;
```

8.6.15 Obter nomes de fornecedores para fornecedores que fornecem todas as peças (Exemplo 8.3.6):

```
SELECT DISTINCT F.FNOME
FROM   F
WHERE  NOT EXISTS
    ( SELECT *
      FROM    P
      WHERE   NOT EXISTS
          ( SELECT *
            FROM    FP
            WHERE   FP.F# = F.F#
            AND     FP.P# = P.P# ) ) ;
```

A SQL não inclui qualquer suporte direto para o quantificador universal FORALL: consequentemente, as "consultas FORALL" em geral têm de ser expressas em termos de EXISTS e dupla negativa, como neste exemplo.

A propósito, vale a pena esclarecer que expressões como a que acabamos de mostrar, embora pareçam assustadoras à primeira vista, são construídas com facilidade por um usuário familiarizado com o cálculo relacional, como explica a referência [8.4]. Como alternativa, se elas ainda forem assustadoras, haverá então diversas abordagens "auxiliares", que poderão ser usadas para evitar a necessidade de negar quantificadores. Neste exemplo, podemos escrever:

```
SELECT DISTINCT F.FNOME
FROM    F
```

```
WHERE  ( SELECT COUNT ( FP.P# )
         FROM   FP
         WHERE  FP.F# = F.F# )
    =  ( SELECT COUNT ( P.P# )
         FROM   P ) ;
```

("Obter nomes de fornecedores onde a contagem das peças que eles fornecem é igual à contagem de todas as peças".) Porém, observe que essa formulação se baseia – diferente da formulação com NOT EXISTS – no fato de que todo número de peça de remessa é o número de alguma peça existente. Em outras palavras, as duas formulações são equivalentes (e a segunda é correta) somente porque uma certa *restrição de integridade* está em vigor (consulte o próximo capítulo).

Nota: O que realmente gostaríamos de fazer seria comparar duas *tabelas*, expressando assim a consulta da seguinte forma:

```
SELECT DISTINCT F.FNOME          /* Aviso! inválida! */
FROM   F
WHERE  ( SELECT FP.P#
         FROM   FP
         WHERE  FP.F# = F.F# )
    =  ( SELECT P.P#
         FROM P ) ;
```

Porém, a SQL não admite diretamente comparações entre tabelas, e então temos de lançar mão do artifício de comparar cardinalidades de tabelas (confiando em nosso próprio conhecimento externo para garantir que, se as cardinalidades são as mesmas, então as tabelas também são as mesmas, pelo menos na situação atual). Consulte o Exercício 8.11, no final deste capítulo.

8.6.16 Obter números de peça para peças que pesam mais de 16 libras ou são fornecidas pelo fornecedor F2, ou ambos (Exemplo 8.3.9):

```
SELECT P.P#
FROM   P
WHERE  P.PESO > PESO ( 16.0 )

UNION

SELECT FP.P#
FROM   FP
WHERE  FP.F# = F# ('F2') ;
```

As linhas duplicadas redundantes são sempre eliminadas do resultado de uma **UNION, INTERSECT** ou **EXCEPT** não qualificada (EXCEPT é o equivalente em SQL do nosso MINUS). Porém, a SQL também oferece as variantes qualificadas **UNION ALL, INTERSECT ALL** e **EXCEPT ALL**, em que duplicatas (se houver) são mantidas. Deliberadamente, omitimos exemplos dessas variantes.

8.6.17 Obter o número de peça e o peso em gramas para cada peça com peso > 10.000 gramas (Exemplo 8.5.1):

```
SELECT P.P#, P.PESO * 454 AS PESOGM
FROM   P
WHERE  P.PESO * 454 > PESO ( 10000.0 ) ;
```

Lembre-se agora da cláusula WITH, que foi apresentada no Capítulo 5 e usada em conjunto com a álgebra relacional no Capítulo 7.[9] A finalidade de WITH é, informalmente falando, introduzir nomes para expressões. A SQL também possui uma cláusula WITH, embora seu uso seja limitado a apenas expressões de tabela. No exemplo, podemos usar tal cláusula para evitar ter que escrever a expressão P.PESO * 454 duas vezes:

---

[9]Naturalmente, a cláusula WITH também pode ser usada em conjunto com o cálculo relacional.

```
WITH T1 AS ( SELECT P.P#, P.PESO * 454 AS PESOGM
              FROM   P )
    SELECT T1.P#, T1.PESOGM
    FROM   T1
    WHERE  T1.GMWT > PESO ( 10000.0 ) ;
```

A propósito, observe que as entradas em uma cláusula WITH – que chamamos de *<introdução de nome>* no capítulo anterior – têm a forma *<nome>* AS (*<expressão>*) em SQL, enquanto em **Tutorial D** elas têm a forma *<expressão>* AS *<nome>*. Observamos, de passagem, que WITH é importante na formulação do equivalente SQL do operador algébrico TCLOSE. Omitimos os detalhes aqui, mas um exemplo poderá ser encontrado na resposta on-line ao Exercício 4.6.

Isso nos leva ao final da lista de exemplos de busca em SQL. A lista é bastante longa; apesar disso, existem diversas características da SQL que nem sequer mencionamos. O fato é que a SQL é uma linguagem extremamente *redundante* [4.19], no sentido de que ela quase sempre fornece várias maneiras diferentes de formular a mesma consulta, e o espaço simplesmente não nos permite descrever todas as formulações possíveis e todas as opções possíveis, mesmo para o número comparativamente pequeno de exemplos que discutimos nesta seção. Veja mais detalhes no Apêndice B.

8.7 CÁLCULO DE DOMÍNIOS

Agora vamos passar para o cálculo de domínios. Conforme indicamos Seção 8.1, o cálculo de domínios difere do cálculo de tuplas por ter variáveis de intervalo que percorrem domínios (tipos) em vez de relações. De um ponto de vista sintático, a diferença de sintaxe mais imediatamente óbvia entre o cálculo de domínios e o cálculo de tuplas é que o primeiro admite uma forma adicional de *<expressão booleana>*, a qual chamaremos de **condição de pertinência** (*membership condition*). Uma condição de pertinência toma a forma

```
R { <lista_com_vírgulas de pares> }
```

onde R é um nome de RelVar, e cada *<par>* tem a forma $A\,x$, onde, por sua vez, A é o nome de um atributo de R e v é o nome de uma variável de intervalo ou uma invocação de seletor (em geral, um literal). A condição geral toma valor TRUE se e somente se existe uma tupla na relação indicada por R tal que, para cada *<par>* $A\,x$ especificado, a comparação $A = x$ é avaliada como TRUE para essa tupla. Por exemplo, a expressão

```
FP { F# F#('F1'), P# P#('P1') }
```

é uma condição de pertinência que tem valor TRUE se e somente se existe uma tupla de remessa com o valor 'F1' em F# e o valor 'P1' em P#. Da mesma forma, a condição de pertinência

```
FP ( F# FX, P# PX )
```

tem valor TRUE se e somente se existe uma tupla de remessa com valor de F# igual ao valor atual da variável de intervalo FX (qualquer que seja ele) e valor de P# igual ao valor atual da variável de intervalo PX (novamente, qualquer que seja).

No restante desta seção, supomos a existência de variáveis de intervalo do cálculo de domínios como a seguir:

Domínio: *Variáveis de intervalo:*

```
F#          FX, FY, ...
P#          PX, PY, ...
NOME        NOMEX, NOMEY, ...
COR         CORX, CORY, ...
PESO        PESOX, PESOY, ...
QDE         QDEX, QDEY, ...
CHAR        CIDADEX, CIDADEY, ...
INTEGER     STATUSX, STATUSY, ...
```

Então, aqui estão alguns exemplos de expressões do cálculo de domínios:

```
FX

FX WHERE F { F# FX }

FX WHERE F { F# FX, CIDADE 'Londres' }

{ FX, CIDADEX } WHERE F { F# FX, CIDADE CIDADEX }
             AND   FP { F# FX, P# P#('P2') }

{ FX, PX } WHERE F { F# FX, CIDADE CIDADEX }
         AND   P { P# PX, CIDADE CIDADEY }
         AND   CIDADEX ≠ CIDADEY
```

Informalmente, a primeira dessas expressões representa o conjunto de todos os números de fornecedores; a segunda representa o conjunto de todos os números de fornecedores na RelVar F; a terceira representa o subconjunto desses números de fornecedores para os quais a cidade é Londres. A seguinte é uma representação em cálculo de domínios para a consulta "Obter números de fornecedores e cidades para fornecedores que fornecem a peça P2" (note que a versão em cálculo de tuplas dessa consulta exigiu um quantificador existencial). A última é uma representação no cálculo de domínios da consulta "Obter pares número de fornecedor/número de peça tais que o fornecedor e a peça não estejam localizados na mesma cidade".

Apresentamos agora versões para o cálculo de domínios de alguns dos exemplos da Seção 8.3 (algumas delas um pouco modificadas).

8.7.1 Obter números de fornecedores para fornecedores em Paris com status > 20 (versão simplificada do Exemplo 8.3.1):

```
FX WHERE EXISTS STATUSX
     ( STATUSX > 20 AND
       F { F# FX, STATUS STATUSX, CIDADE 'Paris' } )
```

Esse primeiro exemplo é um pouco menos elegante que seu correspondente no cálculo de tuplas (observe, particularmente, que um quantificador explícito ainda é necessário). Por outro lado, há também casos em que o oposto é verdade; veja especialmente alguns dos exemplos mais complexos, mais adiante nesta seção.

8.7.2 Obter todos os pares de números de fornecedores, tais que os dois fornecedores estejam localizados na mesma cidade (Exemplo 8.3.2):

```
{ FX AS FA, FY AS FB } WHERE EXISTS CIDADEZ
                       ( F { F# FX, CIDADE CIDADEZ } AND
                         F { F# FY, CIDADE CIDADEZ } AND
                         FX < FY )
```

8.7.3 Obter nomes de fornecedores para fornecedores que fornecem pelo menos uma peça vermelha (Exemplo 8.3.4):

```
NOMEX WHERE EXISTS FX EXISTS PX
       ( F { F# FX, FNOME NOMEX }
         AND FP { F# FX, P# PX }
         AND P { P# PX, COR COR('Vermelho') } )
```

8.7.4 Obter nomes de fornecedores para fornecedores que fornecem pelo menos uma peça suprida pelo fornecedor F2 (Exemplo 8.3.5):

```
NOMEX WHERE EXISTS FX EXISTS PX
           ( F { F# FX, FNOME NOMEX }
             AND FP { F# FX, P# PX }
             AND FP { F# F#('F2'), P# PX } )
```

8.7.5 Obter nomes de fornecedores para fornecedores que fornecem todas as peças (Exemplo 8.3.6):

```
NOMEX WHERE EXISTS FX ( F { F# FX, FNOME NOMEX }
           AND FORALL PX ( IF P { P# PX }
                           THEN FP { F# FX, P# PX }
                           END IF )
```

8.7.6 Obter nomes de fornecedores para fornecedores que não fornecem a peça P2 (Exemplo 8.3.7):

```
NOMEX WHERE EXISTS FX ( F { F# FX, FNOME NOMEX }
                        AND NOT FP { F# FX, P# P#('P2') } )
```

8.7.7 Obter números de fornecedores para fornecedores que fornecem pelo menos todas as peças supridas pelo fornecedor F2 (Exemplo 8.3.8):

```
FX WHERE FORALL PX ( IF FP { F# F#('F2'), P# PX }
                     THEN FP { F# FX, P# PX }
                     END IF )
```

8.7.8 Obter números de peças para peças que pesam mais de 16 libras ou são fornecidas pelo fornecedor F2, ou ambos (Exemplo 8.3.9):

```
PX WHERE EXISTS PESOX
          ( P { P# PX, PESO PESOX }
            AND PESOX > PESO ( 16.0 ) )
            OR  FP { F# F#('F2'), P# PX }
```

O cálculo de domínios, como o cálculo de tuplas, é formalmente equivalente à álgebra relacional (ou seja, é relacionalmente completo). Para provar, por exemplo veja Ullman [8.13].

8.8 QUERY-BY-EXAMPLE

O exemplo mais conhecido de uma linguagem baseada no cálculo de domínios é a linguagem **Query-By-Example**, QBE [8.14]. (Na realidade, QBE incorpora elementos tanto do cálculo de domínios quanto do cálculo de tuplas, mas a ênfase está no primeiro.) Sua sintaxe, que é atraente e intuitivamente muito simples, se baseia na ideia de *fornecer entradas para tabelas vazias*. Por exemplo, uma formulação em QBE da consulta "Obter nomes de fornecedores que fornecem pelo menos uma peça suprida pelo fornecedor F2" poderia ser semelhante a esta:

F	F#	FNOME		FP	F#	P#		FP	F#	P#
	_FX	P._NX			_FX	_PX			F2	_PX

Explicação: o usuário pede que o sistema mostre três tabelas vazias na tela, uma para fornecedores e duas para remessas, e cria entradas para elas, como mostramos. As entradas que começam com um sublinhado representam *elementos de exemplo* (isto é, variáveis de intervalo do cálculo de domínios); outras entradas representam valores literais. O usuário está pedindo ao sistema que *apresente* ("P.") nomes de fornecedores (_NX) tais que, se o número do fornecedor for _FX, então _FX forneça alguma peça _PX, e a peça _PX por sua vez também seja fornecida pelo fornecedor F2. Se você comparar essa formulação QBE com um equivalente em cálculo de tuplas ou de domínios (ver Exemplos 8.3.5 e 8.7.4), verá que ela difere dessas outras formulações porque não envolve quantificação explícita[10] – outra razão pela qual a QBE é fácil de entender intuitivamente. Também vale a pena comparar a versão QBE com uma formulação SQL (exercício para o leitor).

Agora, apresentamos uma série de exemplos para ilustrar alguns dos principais recursos da QBE. Como exercício, você poderia tentar comparar esses exemplos da QBE com seus equivalentes puramente de cálculo de domínios.

8.8.1 Obter números de fornecedores para fornecedores em Paris com status > 20 (Exemplo 8.7.1):

F	F#	FNOME	STATUS	CIDADE
	P.		> 20	Paris

Observe como é fácil expressar as comparações ">" e "=". Observe, também, que não e preciso especificar um elemento de exemplo explicitamente se ele não for referenciado em qualquer outro lugar (embora um elemento de exemplo explícito, como em P._FX, não estaria errado). Observe, finalmente, que os valores de string de caracteres, como Paris, podem ser especificados sem o uso de apóstrofos (porém, não seria errado incluir apóstrofos, e às vezes eles são necessários – por exemplo, se a string inclui espaços).

Também é possível especificar "P.", contra a linha inteira – por exemplo:

F	F#	FNOME	STATUS	CIDADE
P.			> 20	Paris

Esse exemplo é equivalente a especificar "P." em cada posição de coluna na linha, assim:

F	F#	FNOME	STATUS	CIDADE
	P.	P.	P. > 20	P.Paris

Um último ponto a respeito deste exemplo: O sistema oferecerá facilidades para permitir que tabelas vazias sejam editadas na tela, pelo acréscimo ou remoção de colunas e linhas e pelo alargamento e estreitamento de colunas. As tabelas, assim, podem ser ajustadas de acordo com os requisitos de qualquer operação que o usuário esteja tentando formular; em particular, as colunas que não são necessárias para a operação em questão podem ser eliminadas. Por exemplo, na primeira formulação QBE do exemplo em discussão, a coluna FNOME poderia ter sido eliminada, para produzir:

F	F#	STATUS	CIDADE
	P.	> 20	Paris

Portanto, daqui para a frente, normalmente omitiremos as colunas que não são necessárias para a consulta sendo considerada.

8.8.2 Obter números de peças para todas as peças fornecidas, com a eliminação das duplicatas redundantes:

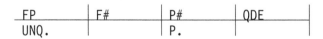

FP	F#	P#	QDE
UNQ.		P.	

UNQ. significa *unique* – exclusivo – (correspondente a DISTINCT em SQL).

---

[10]A propósito, um comentário semelhante se aplica a QUEL (ver, por exemplo, a referência [8.5]).

8.8.3 Obter números de fornecedores e status para os fornecedores em Paris, em ordem crescente de número de fornecedor, dentro da ordem decrescente de status:

F	F#	STATUS	CIDADE
	P.AO(2).	P.DO(1).	Paris

"AO" significa "Ascending Order" (ordem crescente), "DO" significa "Descending Order" (ordem decrescente). Os inteiros entre parênteses indicam a sequência do principal ao secundário para a ordenação de colunas; neste exemplo, STATUS é a coluna principal e F# é a coluna secundária.

8.8.4 Obter números de fornecedores e status para fornecedores localizados em Paris ou que tenham status > 20, ou ambos (versão modificada do Exemplo 8.8.1).

As condições especificadas dentro de uma única linha são consideradas como "AND" (veja, por exemplo, o Exemplo 8.8.1). Para realizar o "OR" de duas condições, elas precisam ser especificadas em linhas diferentes, como vemos aqui:

F	F#	STATUS	CIDADE
	P.		Paris
	P.	>20	

Outra técnica para essa consulta utiliza o que conhecemos como *caixa de condições*, desta forma:

F	F#	STATUS	CIDADE
	P.	_ST	_FC

CONDIÇÕES
_FC = Paris OR _ST > 20

Em geral, uma caixa de condições permite a especificação de condições que são muito complexas para serem representadas dentro de uma única coluna de uma tabela vazia – por exemplo, comparações envolvendo duas colunas distintas, ou comparações envolvendo um operador de agregação.

8.8.5 Obter peças cujo peso esteja no intervalo de 16 a 19, inclusive:

P	P#	PESO	PESO
	P.	>= 16.0	<= 19.0

8.8.6 Para todas as peças, obter o número de peça e o peso dessa peça em gramas (Exemplo 8.6.2):

P	P#	PESO	PESOGM
	P.	_PP	P. _PP * 454

8.8.7 Obter nomes de fornecedores para fornecedores que fornecem a peça P2 (Exemplo 7.5.1):

F	F#	FNOME		FP	F#	P#
	_FX	P.			_SX	P2

Implicitamente, a linha na tabela FP aqui é quantificada existencialmente. A consulta pode ser parafraseada:

> Obter nomes de fornecedores para os fornecedores FX de modo que exista uma remessa mostrando o fornecedor FX fornecendo a peça P2.

A QBE, assim, admite EXISTS implicitamente (e observe que a variável de intervalo implícita percorre uma relação, e não um domínio, motivo pelo qual dissemos anteriormente que a QBE envolve alguns aspectos do cálculo de tuplas). Contudo, ela não admite NOT EXISTS.[11] Como consequência, certas consultas – por exemplo, "Obter nomes de fornecedores para os fornecedores que suprem todas as peças" (Exemplo 8.7.5) – não podem ser expressas em QBE, que não é relacionalmente completa.

8.8.8 Obter todos os pares número de fornecedor/número de peça tais que o fornecedor e a peça em questão estejam localizados na mesma cidade (versão modificada do Exemplo 8.6.3):

F	F#	CIDADE		P	P#	CIDADE			
	_FX	_CX			_PX	_CX	P.	_FX	_PX

Três tabelas vazias são necessárias para essa consulta, uma para F, uma para P (somente as colunas relevantes aparecem) e outra para o resultado. Observe como os elementos de exemplo são especificados para vincular essas três tabelas. A consulta inteira pode ser parafraseada:

> Obter pares número de fornecedor/número de peça, digamos, FX e PX, de modo que FX e PX estejam localizados na mesma cidade CX.

8.8.9 Obter todos os pares de números de fornecedores tais que os dois fornecedores envolvidos estejam na mesma cidade (Exemplo 8.6.5):

F	F#	CIDADE			
	_FX	_SY	P.	_FX	_FY
	_CZ	_CZ			

Uma caixa de condição poderia ser usada, se for desejado, para especificar a condição adicional _FX < _FY.

8.8.10 Obter a quantidade total da peça P2 fornecida:

FP	F#	P#	QDE	
		P2	_QX	P.SUM._QX

A QBE admite os operadores normais de agregação.

8.8.11 Para cada peça fornecida, obter o número da peça e a quantidade total da remessa (Exemplo 8.6.8):

FP	F#	P#	QDE	
		G.P.	_QY	P.SUM._QY

"G." ocasiona um agrupamento (ele corresponde à cláusula GROUP BY da SQL).

8.8.12 Obter os números de peças para todas as peças fornecidas por mais de um fornecedor:

FP	F#	P#	CONDIÇÕES
	_FX	G.P.	CMT._FX >1

---

[11]Pelo menos, não de modo apropriado; ela admite NOT EXISTS parcialmente. Originalmente, ela admitia "completamente", mas o suporte sempre foi problemático. O problema básico era que não havia como especificar a ordem em que os diversos quantificadores implícitos tinham que ser aplicados, e infelizmente a ordem é significativa quando quaisquer NOTs são envolvidos. Como resultado, certas expressões QBE eram ambíguas. Uma discussão detalhada desse ponto poderá ser encontrada na referência [8.3]. Veja também o Exercício 8.2.

8.8.13 Obter números de peças para peças que pesam mais de 16 libras ou são fornecidas pelo fornecedor F2, ou ambos (Exemplo 8.7.8):

P	P#	PESO		FP	F#	P#			
	_PX	> 16.0			F2	_PY		P.	_PX
								P.	_PY

8.8.14 Inserir a peça P7 (cidade Atenas, peso 24, nome e cor atualmente desconhecidos) na tabela P:

P	P#	PNOME	COR	PESO	CIDADE
I.	P7			24.0	Atenas

Observe que "I." se aplica à linha inteira e, portanto, aparece abaixo do nome da tabela. *Nota:* Naturalmente, a inserção de novas tuplas não é uma operação de cálculo relacional (ou álgebra relacional); é uma operação de atualização, e não apenas de leitura. Incluímos o exemplo aqui por questão de completitude. Comentários semelhantes também se aplicam aos próximos três exemplos.

8.8.15 Excluir todas as remessas com quantidade maior que 300:

FP	F#	P#	QDE
D.			> 300

8.8.16 Alterar a cor da peça P2 para amarelo, aumentar o peso em 5 e definir a cidade como Oslo:

P	P#	PNOME	COR	PESO	PESO	CIDADE
	P2		U.Amarelo	_PT	U._PT + 5	U. Oslo

8.8.17 Definir a quantidade de remessa como cinco para todos os fornecedores em Londres:

FP	F#	QDE		F	F#	CIDADE
	_FX	U.5			_FX	Londres

8.9 RESUMO

Descrevemos aqui o **cálculo relacional**, uma alternativa à álgebra relacional. Superficialmente, os dois parecem muito diferentes – o cálculo é **descritivo**, enquanto a álgebra é **prescritiva** – mas, em um nível mais profundo, eles são a mesma coisa, porque qualquer expressão do cálculo pode ser convertida em uma expressão semanticamente equivalente da álgebra, e *vice-versa*.

O cálculo existe em duas formas, cálculo de **tuplas** e cálculo de **domínios**. A principal diferença entre eles é que as variáveis de intervalo do cálculo de tuplas variam sobre relações, enquanto as variáveis de intervalo do cálculo de domínios variam sobre domínios.

Uma expressão do cálculo de tuplas consiste em uma **prototupla** e uma cláusula WHERE opcional, contendo uma expressão booleana ou **FBF** ("fórmula bem formada"). Essa FBF pode conter quantificadores (EXISTS e FORALL), **referências de variáveis livres** e **limitadas**, operadores booleanos (AND, OR, NOT etc.) e assim por diante. Toda variável livre mencionada na FBF também deve ser mencionada na prototupla. *Nota*: Não discutimos explicitamente esse ponto no corpo do capítulo, mas as expressões do cálculo devem servir essencialmente aos mesmos fins que as expressões da álgebra (consulte o Capítulo 7, Seção 7.6).

Mostramos, por exemplo, como o **algoritmo de redução** de Codd pode ser usado para converter uma expressão arbitrária do cálculo em uma expressão equivalente da álgebra, abrindo assim caminho para uma possível estratégia de implementação para o cálculo. E mencionamos uma vez mais a questão de **com-**

pletitude relacional e discutimos brevemente o que está envolvido na demonstração de que determinada linguagem é completa nesse sentido.

Também consideramos a questão de incluir capacidades **computacionais** (análogas às capacidades fornecidas na álgebra por EXTEND e SUMMARIZE) no cálculo de tuplas. Depois apresentamos uma visão dos recursos relevantes da **SQL**. SQL é um tipo de mistura entre a álgebra e o calculo de tuplas; por exemplo, ela admite explicitamente os operadores JOIN e UNION da álgebra, mas também usa as variáveis de intervalo e o quantificador existencial do cálculo.

Uma consulta SQL consiste em uma **expressão de tabela** – geralmente, apenas uma única **expressão de seleção**, mas várias espécies de expressões **JOIN** explícitas também são admitidas, e podem ser combinadas expressões de junção e seleção de várias formas, usando-se os operadores **UNION, INTERSECT** e **EXCEPT**. Também mencionamos o uso de **ORDER BY** para impor uma ordem na tabela resultante a partir de uma expressão de tabela (de qualquer tipo). Com relação às **expressões de seleção** em particular, descrevemos:

- A própria **cláusula SELECT** básica, inclusive o uso de **DISTINCT**, expressões computacionais, a introdução de nomes de colunas do resultado e a abreviação "SELECT *".

- A **cláusula FROM**, incluindo o uso de **variáveis de intervalo**.

- A **cláusula WHERE**, incluindo o uso do operador **EXISTS**.

- As **cláusulas GROUP BY** e **HAVING**, incluindo o uso dos **operadores de agregação** COUNT, SUM, AVG e assim por diante.

- O uso de **subconsultas** em cláusulas (por exemplo) SELECT, FROM e WHERE.[12]

Também apresentamos um **algoritmo de avaliação conceitual** – isto é, um esboço de uma definição formal – para expressões de seleção em SQL. Resumindo, esse algoritmo envolve (a) a formação do produto cartesiano das tabelas especificadas na cláusula FROM, (b) a restrição desse produto de acordo com a expressão booleana especificada na cláusula WHERE e, finalmente, (c) a projeção dessa restrição sobre as colunas especificadas na cláusula SELECT. Contudo, saiba que esse esboço é extremamente incompleto; consulte a referência [4.20] para obter uma explicação mais detalhada.

Em seguida, apresentamos uma rápida introdução ao cálculo de **domínios**, e afirmamos (sem tentar provar) que ele também era relacionalmente completo. Assim, o cálculo de tuplas, o cálculo de domínios e a álgebra são todos equivalentes entre si. Finalmente, esboçamos as facilidades da **Query-By-Example**, que provavelmente é a implementação comercial mais bem conhecida das ideias do cálculo de domínios.

EXERCÍCIOS

8.1 Sejam $p(x)$ e q FBFs arbitrárias em que x ocorre e não ocorre, respectivamente, como variável livre. Quais dos enunciados a seguir são válidos? *Nota:* O símbolo $\Rightarrow$ significa *implica*; o símbolo $\equiv$ significa *é equivalente a*. Note que $A \Rightarrow B$ e $B \Rightarrow A$ são juntos o mesmo que $A \equiv B$.)

    a. EXISTS x (q) $\equiv$ q

    b. FORALL x (q) $\equiv$ q

    c. EXISTS x ($p(x)$ AND q) $\equiv$ EXISTS x ($p(x)$) AND q

    d. FORALL x ($p(x)$ AND q) $\equiv$ FORALL x ($p(x)$) AND q

    e. FORALL x ($p(x)$) $\Rightarrow$ EXISTS x ($p(x)$)

    f. EXISTS x (TRUE) $\equiv$ TRUE

    g. FORALL x (FALSE) $\equiv$ FALSE

---

[12]Agora observamos, contudo, que – falando bem informalmente – as subconsultas na cláusula FROM são tratadas como expressões de *tabela*, as subconsultas na cláusula SELECT são tratadas como expressões *escalares*, e as subconsultas na cláusula WHERE são tratadas como expressões de tabela ou expressões escalares, dependendo do contexto (!).

8.2 Seja $p(x,y)$ uma FBF arbitrária com variáveis livres x e y. Quais dos seguintes enunciados são válidos?

a. `EXISTS x EXISTS y ( p(x,y) ) ≡   EXISTS y EXISTS x ( p(x,y) )`

b. `FORALL x FORALL y ( p(x,y) ) ≡   FORALL y FORALL x ( p(x,y) )`

c. `FORALL x ( p(x,y) )  ≡  NOT EXISTS x ( NOT p(x,y)`

d. `EXISTS x ( p(x,y) )  ≡  NOT FORALL x ( NOT p(x,y)`

e. `EXISTS x FORALL y ( p(x,y) ) ≡   FORALL y EXISTS x ( p(x,y) )`

f. `EXISTS y FORALL x ( p(x,y) ) ⇒  FORALL x EXISTS y ( p(x,y) )`

8.3 Sejam $p(x)$ e $q(y)$ FBFs arbitrárias com variáveis livres x e y, respectivamente. Quais dos seguintes enunciados são válidos?

a. `EXISTS x ( p(x) ) AND EXISTS y ( q(y) )  ≡`
   `EXISTS x EXISTS y ( p(x) AND q(y) )`

b. `EXISTS x ( IF p(x) THEN q(x) END IF )  ≡`
   `IF FORALL x ( p(x) ) THEN EXISTS x ( q(x) ) END IF`

8.4 Considere mais uma vez a consulta "Obter números de fornecedores para fornecedores que fornecem pelo menos todas as peças supridas pelo fornecedor F2". Uma formulação possível do cálculo de tuplas é

```
FX.F# WHERE FORALL FPY ( IF FPY.F# = F# ( 'F2' ) THEN
                              EXISTS FPZ ( FPZ.F# = FX.F# AND
                                           FPZ.P# = FPY.P# )
                         END IF )
```

(Aqui, FPZ é outra variável de intervalo que varia sobre remessas.) O que retornará essa consulta se o fornecedor F2 atualmente não fornece peça alguma? Que diferença faria se substituíssemos FX por FPX em tudo?

8.5 Aqui está um exemplo de consulta sobre o banco de dados de fornecedores, peças e projetos (aplicam-se as convenções comuns sobre nomes de variáveis de intervalo):

```
{ PX.PNOME, PX.CIDADE } WHERE FORALL FX FORALL JX EXISTS FPJX
                          ( FX.CIDADE = 'Londres' AND
                            JX.CIDADE = 'Paris' AND
                            FPJX.F# = FX.F# AND
                            FPJX.P# = PX.P# AND
                            FPJX.J# = JX.J# AND
                            FPJX.QDE  < QDE ( 500 ) )
```

a. Traduza essa consulta para a linguagem natural.

b. Atue como SGBD e "execute" o algoritmo de redução de Codd sobre essa consulta. Você percebe algum aperfeiçoamento que poderia ser feito nesse algoritmo?

8.6 Dê uma formulação do cálculo de tuplas para a consulta "Obter as três peças mais pesadas".

8.7 Considere a RelVar de *lista de materiais* (*bill of materials*) ESTRUTURA_PEÇA do Capítulo 4, Exercício 4.6. A bem conhecida consulta de **explosão de peças** "Obter números de peças para todas as peças que são componentes, em qualquer nível, de alguma peça dada, digamos a peça P1" – cujo resultado, digamos LISTA_PEÇA, é certamente uma relação que pode ser derivada de ESTRUTURA_PEÇA – não pode ser formulada como uma expressão única da álgebra relacional original. Em outras palavras, LISTA_PEÇA é uma relação derivável que, no entanto, não pode ser derivada por meio de uma expressão única da álgebra original. Por que isso acontece?

8.8 Suponha que a RelVar de fornecedores F fosse substituída por um conjunto de RelVars LF, PF, AF, ... (uma para cada cidade de fornecedor diferente; a relação LF, por exemplo, contém apenas as tuplas de fornecedores para os fornecedores de Londres). Suponha também que não se saiba exatamente quais cidades de fornecedores existem e, portanto, não se saiba exatamente quantas dessas RelVars existem. Considere a consulta "O fornecedor F1 está representado no banco de dados?". Essa consulta pode ser expressa no cálculo (ou na álgebra)? Justifique sua resposta.

8.9 Mostre que a SQL é relacionalmente completa.

8.10 A SQL tem equivalentes para os operadores relacionais EXTEND e SUMMARIZE?

8.11 A SQL tem equivalentes para os operadores relacionais de comparação?

8.12 Dê todas as formulações de SQL diferentes que conseguir imaginar para a consulta "Obter nomes de fornecedores para os fornecedores que fornecem a peça P2".

Exercícios sobre consultas

Os exercícios restantes são todos baseados no banco de dados de fornecedores, peças e projetos. Em cada caso, você deverá escrever uma expressão para a consulta indicada. (Como uma variação interessante, talvez você queira experimentar ver primeiro algumas respostas on-line e enunciar o significado da expressão dada em linguagem natural.)

8.13 Dê soluções do cálculo de tuplas para os Exercícios 7.13 a 7.50.

8.14 Dê soluções de SQL para os Exercícios 7.13 a 7.50.

8.15 Dê soluções do cálculo de domínios para os Exercícios 7.13 a 7.50.

8.16 Dê soluções de QBE para os Exercícios 7.13 a 7.50.

REFERÊNCIAS E BIBLIOGRAFIA

8.1 E. F. Codd: "A Data Base Sublanguague Founded on the Relational Calculus", Proc. 1971 ACM SIGFIDET Workshop on Data Description, Access and Control, San Diego, Calif. (novembro de 1971).

8.2 C. J. Date: "A Note on the Relational Calculus", *ACM SIGMOD Record 18*, Número 4 (dezembro de 1989). Republicado como "An Anomaly in Codd's Reduction Algorithm" em C. J. Date e Hugh Darwen, *Relational Database Writings 1989-1991*. Reading, Mass.: Addison-Wesley (1992).

8.3 C. J. Date: "Why Quantifier Order Is Important", em C. J. Date e Hugh Darwen, *Relational Database Writings 1989-1991* Reading, Mass.: Addison-Wesley (1992).

8.4 C. J. Date: "Relational Calculus as an Aid to Effective – Formulation", em C. J. Date e Hugh Darwen, *Relational Database Writings 1989-1991*. Reading. Mass.: Addison-Wesley (1992).

> Praticamente, todos os produtos relacionais no mercado de hoje possuem suporte para a SQL, não o cálculo relacional (nem a álgebra relacional). Esse artigo, porém, defende e ilustra a ideia de usar o cálculo relacional como um passo intermediário na construção de consultas SQL.

8.5 G. D. Held, M. R. Stonebraker e E. Wong: "INGRES – A Relational Data Base System", Proc. NCC *44*, Anaheim, Calif. Montvale, N.J.: AFIPS Press (maio de 1975).

> Existiam dois protótipos relacionais principais em desenvolvimento de meados para o final da década de 1970. O System R na IBM, e o Ingres (originalmente INGRES, em maiúsculas) na Universidade da Califórnia, em Berkeley. Ambos os projetos se tornaram muito influentes no mundo da pesquisa, e ambos subsequentemente levaram a sistemas comerciais, incluindo o DB2 no caso do System R e o produto comercial Ingres no caso de Ingres. *Nota*: O protótipo Ingres algumas vezes é chamado de "University Ingres" [8.11], para distingui-lo de "Commercial Ingres", a versão comercial do sistema. Uma visão geral como tutorial da versão comercial pode ser encontrada na referência [1.5].
> Originalmente, Ingres não era um sistema SQL; em vez disso, admitia uma linguagem chamada QUEL ("Query Language"), que em muitos aspectos era tecnicamente superior à SQL. Na verdade, a QUEL ainda forma a base para uma certa proporção da pesquisa atual sobre bancos de dados, e exemplos expressos em QUEL ainda aparecem na literatura de pesquisa de vez em quando. Esse artigo, que foi o primeiro a descrever o protótipo de Ingres, inclui uma definição preliminar de QUEL. Ver também as referências [8.10-8.12].

8.6 J. L. Kuhns: "Answering Questions by Computer: A Logical Study", Report RM-5428-PR, Rand Corp., Santa Monica, Calif. (1967).

8.7 M. Lacroix e A. Pirotte: "Domain-Oriented Relational Languages", Proc. 3rd Int. Conf. on Very Large Data Bases, Tóquio, Japão (outubro de 1977).

8.8 T. H. Merrett: "The Extended Relational Algebra, A Basis for Query Languages", em B. Shneiderman (editor), *Databases: Improving Usability and Responsiveness*. New York, N.Y.: Academic Press (1978).

A álgebra relacional estendida do título desse artigo inclui certos quantificadores – não apenas EXISTS e FORALL, conforme descrevemos neste capítulo, mas os quantificadores na forma *o número de* e *a proporção de* (por exemplo, "pelo menos três de", "não mais que metade de", "um número ímpar de" etc.).

8.9 M. Negri, G. Pelagatti e L. Sbattella: "Formal Semantics of SQL Queries", *ACM TODS 16*, Número 3 (setembro de 1991).

Para citar o resumo: "A semântica de consultas de SQL é definida formalmente pela declaração de um conjunto de regras que determinam uma tradução dirigida pela sintaxe de uma consulta de SQL para um modelo formal chamado E3VPC (Extended Three-Valued Predicate Calculus), em grande parte baseada em conhecidos conceitos matemáticos. As regras para transformar uma expressão geral de E3VPC para uma forma canônica também são indicadas; [além disso,] problemas como análise de equivalência de consultas SQL são completamente resolvidos". Porém, observe que o dialeto de SQL considerado é apenas a primeira versão do padrão (1986). *Nota:* Para obter uma explicação sobre a *lógica de três valores* (three-valued) e a *forma canônica*, consulte os Capítulos 19 e 18, respectivamente.

8.10 Michael Stonebraker (editor): *The INGRES Papers: The Anatomy of a Relational Database Management System*. Reading, Mass.: Addison-Wesley (1986).

Uma coleção de alguns dos mais importantes artigos do projeto University Ingres, editado e anotado por um dos projetistas originais do Ingres.

8.11 Michael Stonebraker, Eugene Wong, Peter Kreps e Gerald Held: "The Design and Implementation of INGRES", *ACM TODS 1*, Número 3 (setembro de 1976). Republicado na referência [8.10].

Uma descrição detalhada do protótipo University Ingres.

8.12 Michael Stonebraker: "Retrospection on a Data Base System", *ACM TODS 5*, Número 2 (junho de 1980). Republicado na referência [8.10].

Um relato da história do projeto de protótipo Ingres (até janeiro de 1979). A ênfase é dada aos erros e às lições aprendidas, mais que nos sucessos.

8.13 Jeffrey D. Ullman: *Principles of Database and Knowledge-Base Systems: Volume I*. Rockville, Md.: Computer Science Press (1988).

O livro de Ullman inclui um tratamento mais formal do que este livro para o cálculo relacional e questões relacionadas. Em particular, ele discute o conceito de **segurança** nas expressões de cálculo. Esse tópico é importante se adotarmos uma versão ligeiramente diferente do cálculo, na qual as variáveis de intervalo não são definidas por instruções separadas, mas estão limitadas a seu intervalo por meio de expressões explícitas dentro da cláusula WHERE. Nessa versão do cálculo, a consulta "Obter fornecedores em Londres", por exemplo, poderia ser semelhante a esta:

```
X WHERE X ∈ F AND X.CIDADE = 'Londres'
```

Um problema (não o único) com essa versão do cálculo é que ela aparentemente permitiria uma consulta como:

```
X WHERE NOT ( X ∈ F )
```

Tal expressão é considerada "insegura", porque não retorna uma resposta finita (o conjunto de todas as coisas que não são tuplas de F é infinito). Em consequência, certas regras têm de ser impostas para garantir que todas as expressões válidas sejam seguras. Essas regras são descritas no livro de Ullman (tanto para o cálculo de tuplas quanto para o cálculo de domínios). Observamos que o cálculo original de Codd incluía efetivamente essas regras.

8.14 Moshé M. Zloof: "Query-By-Example", Proc. NCC *44*, Anaheim, Calif. (maio de 1975). Montvale, N.J.: AFIPS Press (1977).

Zloof foi o inventor e projetista original da QBE. Esse artigo foi o primeiro de muitos que Zloof escreveu sobre o assunto.

CAPÍTULO 9

Integridade

9.1 Introdução

9.2 Olhando mais de perto

9.3 Predicados e proposições

9.4 Predicados de RelVar e predicados de banco de dados

9.5 Verificando as restrições

9.6 Predicados internos e externos

9.7 Correção e consistência

9.8 Integridade e visões

9.9 Esquema de classificação de restrições

9.10 Chaves

9.11 Triggers (um desvio)

9.12 Recursos de SQL

9.13 Resumo

Exercícios

Referências e bibliografia

9.1 INTRODUÇÃO

A parte de integridade do modelo relacional é a parte que mais mudou com o passar dos anos (talvez seja melhor dizer *evoluiu*, em vez de *mudou*). A ênfase original estava nas chaves primária e estrangeira, especificamente ("chaves", para abreviar). Gradualmente, porém, a importância – na realidade, a importância *crucial* – das restrições de integridade em geral começou a ser mais bem entendida e mais apreciada de modo generalizado; ao mesmo tempo, certas questões esquisitas com relação às chaves em particular começaram a aparecer. A estrutura deste capítulo reflete essa mudança na ênfase, porquanto trata primeiro das restrições de integridade em geral, por uma extensão considerável, e depois prossegue para discutir as chaves (que continuam a ser de grande importância pragmática) em sequência.

Informalmente, então, uma **restrição de integridade** é uma expressão booleana que está associada a algum banco de dados e precisa ser avaliada o tempo todo como TRUE. Essa restrição pode ser considerada a expressão formal de alguma "regra de negócios" [9.15] – embora as regras de negócios, por sua vez (que, neste capítulo, consideramos sempre serem expressas em linguagem natural), também costumam ser denominadas restrições de integridade. Seja como for, aqui estão alguns exemplos, todos baseados no banco de dados de fornecedores e peças:

1. O valor de status de cada fornecedor está no intervalo de 1 a 100, inclusive.

2. Cada fornecedor em Londres possui status 20.

3. Se houver peças, pelo menos uma delas é azul.

4. Dois fornecedores distintos não têm o mesmo número de fornecedor.

5. Cada remessa envolve um fornecedor existente.

6. Nenhum fornecedor com status menor que 20 fornece peça alguma com uma quantidade maior que 500.

Usaremos muitos desses exemplos no decorrer deste capítulo.

De modo bem claro, as restrições precisam ser declaradas formalmente ao SGBD, e o SGBD precisa forçá-las. Sua declaração é simplesmente uma questão de usar os recursos relevantes da linguagem de banco de dados; sua imposição depende de o SGBD monitorar as atualizações que possam violar as restrições e rejeitá-las, quando for preciso. Aqui está uma declaração formal do primeiro dos nossos exemplos em **Tutorial D**:

```
CONSTRAINT FC1
    IS_EMPTY ( F WHERE STATUS < 1 OR STATUS > 100 ) ;
```

Para impor essa restrição, o SGBD terá que monitorar todas as operações que tentem inserir um novo fornecedor ou alterar o status de um fornecedor existente [9.5].

Naturalmente, quando uma restrição é declarada inicialmente, o sistema precisa verificar se o banco de dados atualmente a satisfaz. Se não, a restrição deverá ser rejeitada; caso contrário, ela será aceita – ou seja, salva no catálogo do sistema – e imposta desse ponto em diante. A propósito, observe o *nome* da restrição: FC1 ("fornecedores, restrição 1") no exemplo. Supondo que essa restrição seja aceita pelo SGBD, ela será registrada no catálogo sob esse nome, que aparecerá então nas mensagens de diagnóstico produzidas pelo sistema em resposta a tentativas de violá-la.

Aqui estão mais duas formulações possíveis do Exemplo 1, agora usando uma versão baseada em cálculos da linguagem **Tutorial D** (FX aqui é uma variável de intervalo que varia sobre os fornecedores):

```
CONSTRAINT FC1
    NOT EXISTS FX ( FX.STATUS < 1 OR FX.STATUS > 100 ) ;
```

```
CONSTRAINT FC1
    FORALL FX ( FX.STATUS ≥ 1 AND FX.STATUS ≤ 100 )
```

Todas as três formulações são equivalentes, é claro. Neste capítulo, no entanto, usamos o cálculo em vez da álgebra como base para a maior parte de nossas discussões, por motivos que deverão se tornar claros à medida que prosseguirmos. Como um exercício, você poderia tentar deduzir a versão algébrica dos nossos exemplos baseados em cálculo.

Naturalmente, também precisamos de um meio de nos livrar das restrições quando não forem mais necessárias:

```
DROP CONSTRAIN <nome da restrição> ;
```

9.2 OLHANDO MAIS DE PERTO

As restrições de integridade em geral são restrições sobre os valores que alguma variável ou combinação de variáveis têm permissão para assumir.[1] Assim, o fato de que determinada variável é de algum tipo qualquer representa uma restrição *a priori* sobre a variável em questão (os valores que podem ser assumidos por essa variável obviamente precisam ser valores desse tipo). Segue-se imediatamente – na realidade, esse é apenas um caso especial – que o fato de cada atributo de determinada RelVar ser de algum tipo representa uma restrição *a priori* sobre a RelVar em questão. Por exemplo, a RelVar F (fornecedores) é restrita a conter valores que são relações onde cada valor de F# é um número de fornecedor (um valor do tipo F#), cada valor de FNOME é um nome (um valor do tipo NOME), e assim por diante.

Contudo, essas simples restrições *a priori* certamente não são as únicas possíveis; na verdade, nenhum dos seis exemplos na Seção 9.1 foi uma restrição *a priori* nesse sentido. Considere o Exemplo 1 mais uma vez:

1. O valor de status de cada fornecedor está no intervalo de 1 a 100, inclusive.

Aqui está uma forma ligeiramente mais precisa de dizer a mesma coisa:

Se *f* é um fornecedor, então *f* tem um valor de status no intervalo de 1 a 100, inclusive.

E aqui está uma forma ainda mais precisa (ou mais formal):[2]

```
FORALL f# ∈ F#, fn ∈ NOME, ft ∈ INTEGER, fc ∈ CHAR
  ( IF { F# f#, FNOME fn, STATUS ft, CIDADE fc } ∈ F
    THEN ft ≥ 1 AND ft ≤ 100 )
```

Essa expressão formal pode ser lida da seguinte forma (em um português um tanto bombástico):

Para todos os números de fornecedor *f#*, todos os nomes *fn*, todos os inteiros *ft*, e todas as strings de caracteres *fc*, se uma tupla com F# *f#*, FNOME *fn*, STATUS *ft* e CIDADE *fc* aparecer na RelVar de fornecedores, então *ft* é maior ou igual a 1 e menor ou igual a 100.

Talvez agora você possa ver por que demos essa versão da linguagem natural alternativa do Exemplo 1 há alguns instantes. O fato é que essa versão alternativa, a expressão formal correspondente e o português bombástico possuem uma certa "forma" geral (como se fosse), semelhante a algo desse tipo:

SE uma certa tupla aparece em uma certa RelVar, ENTÃO essa tupla satisfaz a uma cerca condição.

Essa "forma" é um exemplo de uma **implicação lógica** (também chamada implicação *material*). Já vimos essa construção antes, no Capítulo 8; ela tem a seguinte forma geral:

```
IF p THEN q
```

em que *p* e *q* são expressões booleanas, chamadas de **antecedente** e **consequente**, respectivamente. A expressão geral – ou seja, a implicação – é falsa se *p* for verdadeira e *q* for falsa, caso contrário, a expressão é verdadeira; em outras palavras, IF *p* THEN *q* já é uma expressão booleana, sendo o equivalente lógico de (NOT *p*) OR *q*.

A propósito, observe como essa forma implicitamente inclui a quantificação FORALL necessária – "IF uma certa tupla aparecer" significa, implicitamente, "FORALL tuplas que apareçam".

Agora, prosseguimos analisando os Exemplos 2-6 da mesma forma (porém, omitindo as formulações bombásticas em inglês). *Nota:* As formulações a seguir não são exclusivas, e nem necessariamente as mais simples possíveis, mas, pelo menos, são corretas. Observe também que cada exemplo ilustra pelo menos um novo ponto:

---

[1]Conforme esse comentário indica, as restrições de integridade se aplicam (pelo menos, em princípio) a variáveis de todos os tipos. Por motivos óbvios, porém, nosso foco principal neste livro está especificamente nas RelVars.

[2]Por favor, observe que a sintaxe usada nesses exemplos formais não é **Tutorial D** (as versões em **Tutorial D** dos exemplo são apresentadas mais adiante). Também não é exatamente a sintaxe que definimos para o cálculo relacional no Capítulo 8, embora seja próxima (especialmente da versão de domínio).

2. Cada fornecedor em Londres possui status 20.

```
FORALL f# ∈ F#, fn ∈ NOME, ft ∈ INTEGER, fc ∈ CHAR
  ( IF { F# f#, FNOME fn, STATUS ft, CIDADE fc } ∈ F
    THEN ( IF fc = 'Londres'
          THEN ft = 20 ) )
```

Nesse exemplo, a consequente da implicação é, por si só, uma implicação.

3. Se houver peças, pelo menos uma delas é azul.

```
IF
EXISTS p# ∈ P#, pn ∈ PNOME, pl ∈ COR, pp ∈ PESO, pc ∈ CHAR
  ( { P# p#, PNOME pn, COR pl, PESO pp, CIDADE pc } ∈ P )
THEN
EXISTS p# ∈ P#, pn ∈ PNOME, pl ∈ COR, pp ∈ PESO, pc ∈ CHAR
  ( { P# p#, PNOME pn, COR pl, PESO pp, CIDADE pc } ∈ P )
    AND pl = COR ('Azul') )
```

Observe que não podemos dizer apenas "pelo menos uma peça é azul" – temos que nos preocupar com o caso em que não existe peça alguma. *Nota:* Embora possa não ser óbvio, este exemplo está em conformidade com a mesma forma geral dos dois anteriores. Aqui está uma formulação alternativa que esclarece esse ponto:

```
FORALL p# ∈ P#, pn ∈ PNOME, pl ∈ COR, pp ∈ PESO, pc ∈ CHAR
  ( IF { P# p#, PNOME pn, COR pl, PESO pp, CIDADE pc } ∈ P
    THEN EXISTS q# ∈ P#, qn ∈ NOME, ql ∈ COR,
                    qp ∈ PESO, pc ∈ CHAR
          ( { P# q#, PNOME qn, COR ql,
                    PESO qp, CIDADE qc } ∈ P
            AND ql = COR ('Azul') ) )
```

4. Dois fornecedores distintos não têm o mesmo número de fornecedor.

```
FORALL x# ∈ F#, xn ∈ NOME, xt ∈ INTEGER, xc ∈ CHAR,
       y# ∈ F#, yn ∈ NOME, yt ∈ INTEGER, yc ∈ CHAR,
  ( IF { F# x#, FNOME xn, STATUS xt, CIDADE xc } ∈ F AND
       { F# y#, FNOME yn, STATUS yt, CIDADE yc } ∈ F
    THEN ( IF x# = y#
          THEN xn = yn AND xt = yt AND xc = yc ) )
```

Essa expressão é apenas uma declaração formal do fato de que {F#} é uma chave candidata – ou uma superchave, em qualquer escala – para fornecedores; assim, as restrições de chave são apenas um caso especial das restrições em geral. A sintaxe em **Tutorial D** KEY {F$} poderia ser considerada uma abreviação para a expressão anterior, mais complicada. (A propósito, observe as chaves: elas sempre são *conjuntos* de atributos – mesmo que o conjunto em questão contenha apenas um único atributo – e por isso sempre mostramos atributos de chave entre os símbolos, pelo menos em contextos formais.) *Nota:* Chaves candidatas e superchaves são discutidas com detalhes na Seção 9.10.

A propósito, observe que esse exemplo tem a forma geral:

SE certas tuplas aparecem em uma certa RelVar, ENTÃO essas tuplas satisfazem a uma certa condição.

Compare os exemplos 2 e 3, que têm a mesma forma do Exemplo 1 (assim como o Exemplo 5, que veremos mais adiante). Ao contrário, o Exemplo 6 tem a seguinte forma geral:

SE certas tuplas aparecem em certas RelVars, ENTÃO essas tuplas satisfazem a uma certa condição.

Essa última forma é a que se aplica a restrições de integridade em geral (as duas primeiras podem ser consideradas como casos especiais desse caso mais genérico).

5. Cada remessa envolve um fornecedor existente.

```
FORALL f# ∈ F#, p# ∈ P#, q ∈ QDE
  ( IF { F# f#, P# p#, QDE q } ∈ FP
    THEN EXISTS fn ∈ NOME, ft ∈ INTEGER, fc ∈ CHAR
          ( { F# f#, FNOME fn, STATUS ft, CIDADE fc } ∈ F ) )
```

Essa expressão é uma declaração formal do fato de que {F#} é uma chave estrangeira para as remessas, correspondente à chave candidata {F#} para fornecedores; assim, as restrições de chave estrangeira também são apenas um caso especial das restrições em geral (novamente, consulte a Seção 9.10 para ver uma discussão mais detalhada). Observe que esse exemplo envolve duas RelVars distintas, FP e F, enquanto os Exemplos de 1 a 4 envolvem apenas uma.[3]

6. Nenhum fornecedor com status menor que 20 fornece peça alguma com uma quantidade maior que 500.

```
FORALL f# ∈ F#, fn ∈ NOME, ft ∈ INTEGER, fc ∈ CHAR,
       p# ∈ P#, q = QDE
  ( IF { F# f#, FNOME fn, STATUS ft, CIDADE fc } ∈ F AND
       { F# f#, P# p#, QDE q } ∈ FP
    THEN ft  20 OR q  QDE ( 500 ) )
```

Este exemplo também envolve duas RelVars distintas, mas essa não é uma restrição de chave estrangeira.

Exemplos em Tutorial D

Fechamos esta seção com as versões em **Tutorial D** (baseadas em cálculo) dos Exemplos de 2 a 6. Adotamos nossas convenções normais com relação a nomes de variável de intervalo.

2. Cada fornecedor em Londres possui status 20.

```
CONSTRAINT FC2
    FORALL FX ( IF FX.CIDADE = 'Londres'
                THEN FX.STATUS = 20 END IF ) ;
```

Observe que as implicações lógicas (expressões IF/THEN) incluem um término "END IF" em **Tutorial D**.

3. Se houver peças, pelo menos uma delas é azul.

```
CONSTRAINT FC3
    IF EXISTS PX ( TRUE )
    THEN EXISTS PX (PX.COR = COR ('Azul') ) END IF ;
```

4. Dois fornecedores distintos não têm o mesmo número de fornecedor.

```
CONSTRAINT FC4
    FORALL FX FORALL FY ( IF   FX.F#     = FY.F#
                          THEN FX.FNOME  = FY.FNOME
                          AND  FX.STATUS = FY.STATUS
                          AND  FX.CIDADE = FY.CIDADE
                          END IF ) ;
```

5. Cada remessa envolve um fornecedor existente.

```
CONSTRAINT FFP5
    FORALL FPX EXISTS FX ( FX.F# = FPX.F# ) ;
```

---

[3]A edição anterior deste livro usava os termos *restrição de RelVar* para uma restrição envolvendo exatamente uma RelVar e *restrição de banco de dados* para uma restrição envolvendo mais de uma. Porém, conforme veremos na Seção 9.9, a importância dessa distinção é mais uma questão de pragma do que de lógica, e teremos pouco a dizer sobre isso no texto a seguir.

6. Nenhum fornecedor com status menor que 20 fornece peça alguma com uma quantidade maior que 500.

```
CONSTRAINT FFP6
    FORALL FX FORALL FPX
        ( IF FX.F# = FPX.F#
          THEN FX.STATUS ≥ 20 OR FPX.QDE ≤ 500 END IF ) ;
```

9.3 PREDICADOS E PROPOSIÇÕES

Considere mais uma vez a versão formal do Exemplo 1 ("O valor de status de cada fornecedor está no intervalo de 1 a 100, inclusive"):

```
FORALL f# ∈ F#, fn ∈ NOME, ft ∈ INTEGER, fc ∈ CHAR
  ( IF { F# f#, FNOME fn, STATUS ft, CIDADE fc } ∈ F
    THEN ft ≥ 1 AND ft ≤ 100 )
```

Essa versão formal é uma expressão booleana. Observe, porém, que ela envolve uma *variável*, a saber, a RelVar de fornecedores F.[4] Assim, *não podemos dizer qual é o valor da expressão* – ou seja, não podemos dizer que valor verdade ela produz – *enquanto não substituirmos essa variável por um valor* (na realidade, em geral, diferentes substituições produzirão diferentes valores verdade). Em outras palavras, a expressão é um **predicado**, e a variável **F** é um **parâmetro** para esse predicado; e quando queremos "instanciar" esse predicado – que significa dizer quando queremos verificar a restrição –, fornecemos como **argumento** a relação que é o valor da RelVar F (sendo a RelVar F o único parâmetro) e a expressão pode, então, ser avaliada.

Agora, quando instanciamos esse predicado – com efeito, substituindo o único parâmetro por algum argumento – acabamos ficando com uma expressão de valor verdade que não envolve variável alguma, apenas valores. Comentários semelhantes se aplicam a restrições envolvendo duas, três, quatro ou qualquer quantidade de RelVars; em todos os casos, quando queremos avaliar a expressão (ou seja, quando queremos verificar a restrição), substituímos cada parâmetro pela relação que é o valor atual da RelVar aplicável, e acabamos ficando com uma expressão de valor verdade que não envolve variável alguma, ou, em outras palavras, uma **proposição**. Uma proposição é verdadeira ou falsa, inequivocamente (ela pode ser considerada como um predicado degenerado – ou seja, um predicado para o qual um conjunto de parâmetros é vazio, como vimos no capítulo anterior). Aqui estão alguns exemplos simples:

- O Sol é uma estrela.

- A Lua é uma estrela.

- O Sol está mais longe de nós que a Lua.

- George W. Bush venceu as eleições presidenciais no ano 2000.

Decidir quais dessas proposições são verdadeiras e quais são falsas fica como um exercício. Observe, porém, que nem todas as proposições são verdadeiras; um erro muito comum é pensar que elas sempre são verdadeiras.

A mensagem desta seção é esta: Uma restrição declarada formalmente é um predicado. Contudo, quando essa restrição é verificada, os argumentos são substituídos pelos parâmetros e o predicado, portanto, é reduzido a uma proposição – e essa proposição precisa ser avaliada como TRUE.

---

[4]Ela também envolve diversas variáveis de *intervalo*, mas, como vimos no Capítulo 8, as variáveis de intervalo não são variáveis no sentido da linguagem de programação – e assumimos o termo *variável* durante todo este capítulo para indicar especificamente uma variável no sentido da linguagem de programação (salvo afirmações explícitas indicando de outra forma).

9.4 PREDICADOS DE RELVAR E PREDICADOS DE BANCO DE DADOS

Naturalmente, qualquer RelVar estará sujeita a muitas restrições, em geral. Seja R uma RelVar. Então, o **predicado de RelVar** para R é o AND lógico ou *conjunção* de todas as restrições que se aplicam a – em outras palavras, mencionam – RelVar R. Agora, existe aqui uma pequena possibilidade de confusão. Cada restrição individual é um predicado por si só, como já sabemos; porém, o predicado de RelVar para R é o conjunto de *todos* os predicados individuais que se aplicam a R. Por exemplo, se considerarmos, para simplificar, que as seis restrições da Seção 9.1 são as únicas restrições que se aplicam ao banco de dados de fornecedores e peças (fora as restrições *a priori*), então o predicado de RelVar para os fornecedores é o conjunto dos Números 1, 2, 4, 5 e 6, e o predicado de RelVar para remessas é o conjunto dos Números 5 e 6. Observe que esses dois predicados de RelVar se "superpõem", de certa forma, porquanto possuem certas restrições constituintes em comum.[5]

Agora, considere R como uma RelVar, e considere RP como o predicado de RelVar para R. Claramente, então, R nunca poderá ter um valor que, quando substituído por R em RP (e quando quaisquer outras substituições necessárias de argumentos pelos parâmetros também forem feitas em RP), faz com que RP seja avaliado como FALSE. Assim, agora podemos apresentar **A Regra Áurea** – *Goden Rule* – (primeira versão):

> *Nenhuma operação de atualização poderá atribuir a qualquer RelVar um valor que faça com que seu predicado de RelVar seja avaliado como FALSE.*

Agora, seja D um banco de dados,[6] contendo as RelVars $R1$, $R2$, ...Rn (somente). Considere que os predicados de RelVar para essas RelVars sejam $RP1$, $RP2$, ..., RPn, respectivamente. Então, o **predicado de banco de dados** para D, digamos, DP, é o conjunto de todos esses predicados de RelVar:

`DP ≡ RP1 AND RP2 AND ... RPn`

E aqui está a versão estendida (mais genérica e, de fato, final) da **Regra Áurea**:

> *Nenhuma operação de atualização poderá atribuir a qualquer banco de dados um valor que faça com que seu predicado de banco de dados seja avaliado como FALSE.*

Naturalmente, um predicado de banco de dados será avaliado como FALSE se e somente se isso acontecer com pelo menos um de seus predicados de RelVar constituintes. E um predicado de RelVar será avaliado como FALSE se e somente se isso acontecer com pelo menos uma de suas restrições constituintes. *Nota:* Como já vimos, dois predicados de RelVar distintos RPi e RPj ($i{\neq}j$) poderiam ter certas restrições constituintes em comum. Segue-se que a própria restrição poderia aparecer muitas vezes no predicado de banco de dados DP. Por um ponto de vista lógico, não há prejuízo nesse estado de coisas, pois se r é uma restrição, então r AND r é um equivalente lógico de apenas r. Assim, embora obviamente seja desejável em tal situação que o sistema avalie c apenas uma vez, e não duas, essa questão fica com a implementação, e não com o modelo.

9.5 VERIFICANDO AS RESTRIÇÕES

Esta seção discute a respeito de dois tópicos, um referente à implementação e outro referente ao modelo, ambos tendo a ver com a questão da verificação real das restrições declaradas. Primeiro, vamos à questão da implementação. Considere o Exemplo 1 mais uma vez, que, como já sabemos, declara efetivamente que, se certa tupla aparece na RelVar F, então essa tupla precisa satisfazer a uma certa condição (ou seja,

---

[5]A edição anterior deste livro definiu o predicado de RelVar para a RelVar R como sendo o conjunto de todas as restrições de *RelVar* que se aplicavam a R (em que, como dissemos na Seção 9.2, uma restrição de RelVar é uma restrição que menciona apenas uma RelVar). Porém, seguindo a referência [3.3], agora o definimos como sendo o conjunto de *todas* as restrições, não apenas as restrições de *RelVar*, que se aplicam a R. Pedimos desculpas a qualquer um que possa ter se confundido com essa mudança na terminologia.

[6]D é uma variável, é claro (veja a anotação na referência [3.3]) e, portanto, está sujeito a restrições de integridade.

"status no intervalo de 1 a 100"). Observe, particularmente, que a restrição fala a respeito de tuplas *na RelVar*. Aparentemente, portanto, se tentarmos inserir uma nova tupla de fornecedor com o status (digamos) 200, a sequência de eventos precisa ser:

1. Inserir a nova tupla.

2. Verificar a restrição.

3. Desfazer a atualização (porque a verificação falha).

Mas isso é um absurdo! Claramente, gostaríamos de apanhar o erro antes que a inserção seja feita em primeiro lugar. Assim, o que a implementação certamente precisa fazer é usar a expressão formal da restrição para *inferir* a(s) verificação(ções) apropriada(s) a ser(em) realizada(s) sobre as tuplas apresentadas para inserção, antes que a inserção realmente seja efetuada.

Em princípio, esse processo de inferência é bastante simples. Para ser específico, se o predicado do banco de dados incluir uma restrição na forma

```
IF { F# f#, FNOME fn, STATUS ft, CIDADE fc } ∈ F
THEN ...
```

– ou seja, se a antecedente em alguma implicação dentro do predicado geral estiver na forma "Algumas tuplas aparecem em F" – então a consequente nessa implicação é basicamente uma restrição sobre as tuplas que são apresentadas para inserção na RelVar F. *Nota:* Como um parêntese, comentamos que, se o banco de dados for projetado de acordo com *O Princípio do Projeto Ortogonal* (ver Capítulo 13) – e supondo que o SGBD está ciente das restrições pertinentes –, então qualquer tupla terá que ser verificada contra no máximo um predicado de RelVar, pois será um candidato plausível a INSERT para no máximo uma RelVar.

Agora, vamos passar à questão do modelo (que é mais fundamental, é claro). Considere **A Regra Áurea** mais uma vez:

> *Nenhuma operação de atualização poderá atribuir a qualquer banco de dados um valor que faça com que seu predicado de banco de dados seja avaliado como FALSE.*

Embora não tenhamos explicado isso explicitamente na Seção 9.4, você poderia ter notado que essa regra, conforme declarada, significa que *toda a verificação de restrição é imediata*. Por quê? Porque ela fala em termos de *operações de atualização* e não em termos de transações (veja no próximo parágrafo). Com efeito, portanto, **A Regra Áurea** exige que as restrições de integridade sejam satisfeitas *nos limites do enunciado*,[7] e não existe qualquer noção de verificação de integridade "postergada" ou no momento do COMMIT.

Agora, você pode já estar ciente de que a posição articulada – de que toda a verificação precisa ser imediata – não é nada ortodoxa; a maior parte da literatura (incluindo as edições anteriores deste livro) argumenta, ou simplesmente assume, que "a unidade de integridade" é a *transação*, e que pelo menos alguma verificação precisa ser postergada até o final da transação (ou seja, para o momento do COMMIT). Contudo, existem bons motivos para as transações serem inadequadas como essa "unidade de integridade", deixando essa unidade para as *instruções*. Infelizmente, não é possível explicar esses motivos devidamente sem que primeiro tenhamos uma certa base com relação ao conceito de transação em geral. Portanto, adiamos a discussão detalhada para o Capítulo 16; antes desse capítulo, simplesmente assumimos, sem tentar justificar nossa posição, que a verificação imediata é a coisa logicamente correta a fazer. (Contudo, um argumento importante em favor de nossa posição poderá ser encontrado na anotação à referência [9.16], no final deste capítulo.)

---

[7]Realmente precisamos ser um pouco mais precisos aqui, mas isso depende em parte da linguagem em particular com que estamos lidando. Para as finalidades atuais, basta dizer que as restrições precisam ser satisfeitas no final de toda e qualquer instrução que não contenha qualquer outra instrução aninhada sintaticamente dentro de si mesma. Ou então, informalmente: *As restrições precisam ser satisfeitas nos pontos e vírgulas*.

9.6 PREDICADOS INTERNOS E EXTERNOS

Vimos que cada RelVar possui um predicado de RelVar e que o banco de dados como um todo possui um predicado de banco de dados. Naturalmente, os predicados em questão são todos "entendidos pelo sistema": eles são *declarados formalmente* (na verdade, eles fazem parte da definição do banco de dados) e também são *impostos* pelo sistema. Por esses motivos, é conveniente referirmo-nos aos predicados em questão, de vez em quando, especificamente como predicados **internos** – principalmente porque as RelVars e os bancos de dados também possuem predicados **externos**, que explicaremos em seguida.[8]

O primeiro e mais significativo ponto é que, enquanto os predicados internos são uma construção formal, os predicados externos são uma construção meramente informal. Os predicados internos são (informalmente) *aquilo que os dados significam para o sistema*; os predicados externos, ao contrário, são aquilo que os dados significam para o *usuário*. Naturalmente, os usuários precisam entender os predicados internos tanto quanto os externos, mas, para repetir, o sistema precisa entender – na realidade, só *pode* entender – os internos. De fato, poderíamos dizer, informalmente, que determinado predicado interno é *a aproximação do sistema para* o predicado externo correspondente.

Vamos nos concentrar especificamente nas RelVars, até indicarmos outra coisa. Como já dissemos, então, o predicado externo para determinada RelVar é basicamente o que essa RelVar significa para o usuário. No caso da RelVar de fornecedores F, por exemplo, o predicado externo poderia se parecer com isto:

O fornecedor com número de fornecedor (F#) especificado está sob contrato, possui o nome (FNOME) especificado e o status (STATUS) especificado, e está localizado na cidade (CIDADE) especificada. Além do mais, o valor do status está no intervalo de 1 a 100, inclusive, e precisa ser 20 se a cidade for Londres. Além disso, dois fornecedores distintos não podem ter o mesmo número de fornecedor.

Contudo, para a discussão a seguir, vamos substituir esse predicado pelo seguinte, mais simples:

Fornecedor F# está sob contrato, chama-se FNOME, tem status STATUS e está localizado em CIDADE.

(Afinal, o predicado externo é apenas informal, e por isso temos a liberdade de torná-lo simples ou complexo, como quisermos – naturalmente, de forma razoável.)

Agora, observe que a declaração anterior é realmente um predicado: Ela possui quatro parâmetros (F#, FNOME, STATUS e CIDADE) correspondentes aos quatro atributos da RelVar,[9] e quando os argumentos com os tipos apropriados são substituídos por esses parâmetros, obtemos uma proposição (ou seja, algo que é categoricamente verdadeiro ou falso). Assim, cada tupla aparecendo na RelVar F a qualquer momento pode ser considerada como indicando tal proposição, obtida instanciando esse predicado. E – muito importante! – essas proposições em particular (ou seja, aquelas atualmente representadas por tuplas de F) são aquelas entendidas pela convenção como sendo verdadeiras nesse momento. Por exemplo, se a tupla

```
{ F# F#('F1'), FNOME NOME('Smith'), STATUS 20, CIDADE 'Londres' }
```

realmente aparecer na RelVar F em determinado momento, então devemos entender como um "fato verdadeiro" que existe nesse momento um fornecedor sob contrato com número de fornecedor F1, chamado Smith, com status 20 e localizado em Londres. De um modo mais genérico:

```
IF ( f ∈ F ) = TRUE THEN PEF ( f ) = TRUE
```

---

[8] Eles foram discutidos anteriormente nos Capítulos 3 e 6, mas naquela ocasião foram chamados apenas de predicados. Na verdade, estivemos usando o termo *predicado* em todo o livro até aqui, implicitamente, para indicar especificamente um predicado externo. A única exceção importante foi na discussão sobre a operação de restrição, no Capítulo 7, em que dissemos que uma condição de restrição é um predicado; e realmente é, mas não um predicado externo.

[9] O termo *parâmetro* está sendo usado aqui em um sentido ligeiramente diferente do sentido em que foi usado nas Seções 9.3 e 9.4. Nessas seções, os parâmetros (e os argumentos correspondentes) indicavam relações inteiras. Agora, eles indicam valores de atributo individuais.

Aqui:

- *f* é uma tupla com a forma

  ```
  { F# f#, FNOME fn, STATUS ft, CIDADE fc }
  ```

  (em que *s#* é um valor de tipo F#, *fn* é um valor de tipo NOME, *ft* é um valor de tipo INTEGER e *fc* é um valor de tipo CIDADE).

- *PEF* é o predicado externo para fornecedores.

- *PEF(f)* é a proposição obtida pela instanciação de *PEF* com valores de argumento F# = *s#*, FNOME = *fn*, STATUS = *ft* e CIDADE = *fc*.

Porém, conforme explicamos no Capítulo 6, seguimos um passo adiante com os predicados externos, além do que chegamos com os internos. Para sermos específicos, adotamos a **Hipótese do Mundo Fechado**, que afirma que, se uma tupla válida de outra forma *não* aparece na RelVar em determinado momento, então a proposição correspondente é entendida por convenção como sendo falsa nesse momento. Por exemplo, se a tupla

```
{ F# F#('F6'), FNOME NOME('Lopez'), STATUS 30, CIDADE 'Madri' }
```

não aparece na RelVar F em determinado momento, então devemos entender que não existe nesse momento um fornecedor sob contrato, com número de fornecedor F6, chamado Lopez, com status 30 e localizado em Madri. De um modo mais genérico:

```
IF ( f ∈ F ) = FALSE THEN PEF ( f ) = FALSE
```

Ou, de forma mais sucinta:

```
IF NOT ( f ∈ F ) THEN NOT PEF ( f )
```

Juntando tudo isso, temos simplesmente:

```
f ∈ F ≡ PEF ( f )
```

Em outras palavras, determinada tupla aparece em determinada RelVar em determinado momento se e somente se essa tupla faz com que o predicado externo dessa RelVar seja avaliado como TRUE nesse momento. Logo, qualquer RelVar contém *todas* e *somente* as tuplas que correspondem a instanciações verdadeira do predicado externo dessa RelVar no momento em questão.

9.7 CORREÇÃO E CONSISTÊNCIA

Por definição, os predicados externos e as proposições obtidas pela instanciação de tais predicados não são (e, de fato, não podem ser) entendidos pelo sistema. Por exemplo, o sistema não pode saber o que significa um "fornecedor estar localizado" em algum lugar, ou o que significa um "fornecedor ter status" (etc.). Tudo isso são questões de *interpretação* – faz sentido para o usuário, mas não para o sistema. Por meio de um exemplo mais específico, se o fornecedor número F1 e o nome de cidade Londres aparecerem juntos em alguma tupla, então o usuário pode interpretar esse fato como indicando que o fornecedor F1 está localizado em Londres,[10] mas (para repetir), não há como o sistema fazer algo semelhante.

Mais do que isso, mesmo que o sistema pudesse saber o que significa um fornecedor estar localizado em algum lugar, ele ainda não poderia saber *a priori* se aquilo que o usuário diz é verdade! Se o usuário afirmar para o sistema – normalmente, executando uma instrução INSERT – que o fornecedor F1 está localizado em Londres, então não há como o sistema saber se essa afirmação é verdadeira. Tudo o que o sis-

---

[10]Ou que o fornecedor R1 *costuma estar* localizado em Londres, ou que o fornecedor F1 *tem um escritório* em Londres, ou qualquer uma dentre infinitas outras interpretações possíveis (correspondentes a um número infinito de predicados externos possíveis).

tema pode fazer é garantir que isso não ocasionará quaisquer violações de restrição (ou seja, que isso não fará com que algum predicado interno seja avaliado como FALSE). Supondo que não, então o sistema deverá aceitar a afirmação e *tratá-la como verdadeira desse ponto em diante* (pelo menos, até que o usuário diga ao sistema – normalmente, executando uma instrução DELETE – que ela não é mais verdadeira).

A propósito, a explicação anterior mostra claramente por que a Hipótese do Mundo Fechado não se aplica a predicados internos. Especificamente, uma tupla poderia satisfazer a um predicado interno para determinada RelVar e ainda, de forma válida, não aparecer nessa RelVar, pois não corresponde a uma proposição verdadeira no mundo real.

Podemos resumir essa discussão dizendo que, informalmente, o predicado externo para determinada RelVar é a **interpretação pretendida** para essa RelVar. Desse modo, ele é importante para o usuário, mas não para o sistema. Também podemos dizer, mais uma vez informalmente, que o predicado externo para determinada RelVar é o **critério de aceitação de atualizações** sobre a RelVar em questão – ou seja, ele dita, pelo menos em princípio, se uma operação INSERT, DELETE ou UPDATE solicitada sobre essa RelVar tem permissão para ser bem-sucedida. Portanto, o ideal é que o sistema conheça o predicado externo para cada RelVar, de modo que possa lidar corretamente com todas as tentativas possíveis de atualização dessa RelVar. Contudo, como vimos, esse objetivo é inalcançável; o sistema *não pode* conhecer o predicado externo para qualquer RelVar dada. *Mas ele conhece uma boa aproximação*: ele conhece o predicado *interno* correspondente – e é esse que será imposto. Assim, o *pragmático* "critério de aceitação de atualizações" (ao contrário do ideal) é o predicado interno, e não o externo. Outra maneira de dizer a mesma coisa é a seguinte:

O sistema não pode garantir a verdade, apenas a consistência.

Ou seja, o sistema não pode garantir que o banco de dados contém apenas proposições verdadeiras – tudo o que ele pode fazer é garantir que ele não contém algo que cause violação de qualquer restrição de integridade (ou seja, não contém quaisquer inconsistência). Infelizmente, a verdade e a consistência não são a mesma coisa! Na realidade, podemos observar que:

- Se o banco de dados tem apenas proposições verdadeiras, então ele é consistente, mas a recíproca não é necessariamente verdadeira.

- Se o banco de dados é inconsistente, então ele contém pelo menos uma proposição falsa, mas a recíproca não é necessariamente verdadeira.

Mais sucintamente: **correto** implica **consistente** (mas não o contrário), e **inconsistente** pressupõe **incorreto** (mas não o contrário) – onde *correto* significa que o banco de dados está correto se e somente se reflete completamente o estado de coisas verdadeiro no mundo real.

9.8 INTEGRIDADE E VISÕES

É importante entender que, até este ponto do capítulo, quase toda a nossa discussão se aplica a RelVars em geral, e não apenas as básicas; particularmente, elas se aplicam a *visões* (que são RelVars *virtuais*). Assim, as visões também estão sujeitas a restrições, e possuem predicados de RelVar, tanto internos quanto externos. Por exemplo, suponha que tenhamos definido uma visão projetando a RelVar de fornecedores sobre os atributos F#, FNOME e STATUS (portanto, efetivamente removendo o atributo CIDADE). Então, o predicado externo para essa visão se parece com algo assim:

Existe alguma cidade CIDADE de modo que o fornecedor F# está sob contrato, chama-se FNOME, possui status STATUS e está localizado em CIDADE.

Observe que, conforme é necessário, esse predicado possui três parâmetros, e não quatro, correspondendo aos três atributos da visão (CIDADE agora não é mais um parâmetro, mas sim uma variável vinculada, graças ao fato de que é quantificada pela frase "existe alguma cidade"). Outra forma, talvez mais clara, de indicar a mesma coisa é observar que o predicado, conforme indicado, é logicamente equivalente a este:

> *O fornecedor F# está sob contrato, chama-se FNOME, tem status STATUS e está localizado em alguma cidade.*

Essa versão do predicado possui claramente apenas três parâmetros.

E o predicado interno? Aqui, novamente, estão nossos seis exemplos comuns:

1. O valor de status de cada fornecedor está no intervalo de 1 a 100, inclusive.

2. Cada fornecedor em Londres possui status 20.

3. Se houver peças, pelo menos uma delas é azul.

4. Dois fornecedores distintos não têm o mesmo número de fornecedor.

5. Cada remessa envolve um fornecedor existente.

6. Nenhum fornecedor com status menor que 20 fornece peça alguma com uma quantidade maior que 500.

Suponha que a visão em discussão (a projeção de fornecedores sobre F#, FNOME e STATUS) seja chamada FFT. Então, o Exemplo 3 é claramente irrelevante em se tratando da visão FFT, pois ele tem a ver com peças, e não fornecedores. Quanto aos outros, cada um deles também se aplica à visão FFT, mas em uma forma ligeiramente modificada. Aqui, por exemplo está a forma modificada do Exemplo 5:

```
FORALL f# ∈ F#, p# ∈ P#, q ∈ QDE
 ( IF { F# f#, P# p#, QDE q } ∈ FP
    THEN EXISTS fn ∈ NOME, ft ∈ INTEGER
         ( { F# f#, FNOME fn, STATUS ft } ∈ FFT ) )
```

As mudanças estão na terceira e na quarta linhas: Todas as referências a CIDADE foram removidas, e a referência a F foi substituída por uma referência a FFT. Observe que podemos considerar essa restrição para FFT como sendo derivada da restrição correspondente para F, assim como a própria RelVar FFT é derivada da RelVar F[11] (e como o predicado externo para FFT é derivado do predicado externo para F, pelo mesmo motivo).

Comentários semelhantes também se aplicam diretamente aos Exemplos 1, 2, 4 e 6. O Exemplo 2 é um pouco mais complicado, porquanto envolve a introdução de um EXISTS correspondente ao atributo que foi removido:

```
FORALL f# ∈ F#, fn ∈ NOME, ft ∈ INTEGER
 ( IF { F# f#, FNOME fn, STATUS ft } ∈ FFT
    THEN EXISTS fc ∈ CHAR
       ( { F# f#, FNOME fn, STATUS ft, CIDADE fc } ∈ F AND
         ( IF fc = 'Londres'
            THEN ft = 20 ) )
```

Contudo, mais uma vez, podemos considerar essa restrição como sendo derivada da restrição correspondente para F.

9.9 ESQUEMA DE CLASSIFICAÇÃO DE RESTRIÇÕES

Nesta seção, vamos explicar rapidamente um esquema de classificação para as restrições (basicamente, o esquema adotado na referência [3.3]). Rapidamente, dividimos as restrições em quatro grandes categorias: restrições de banco de dados, RelVar, atributo e tipo. Resumindo:

---

[11]Observe, também, que a restrição derivada é efetivamente uma restrição de chave estrangeira a partir de uma RelVar básica para uma visão! Consulte a Seção 9.10.

- Uma restrição de banco de dados é uma restrição sobre os valores que determinado banco de dados tem permissão para assumir.

- Uma restrição de RelVar é uma restrição sobre os valores que determinada RelVar tem permissão para assumir.

- Uma restrição de atributo é uma restrição sobre os valores que determinado atributo tem permissão para assumir.

- Uma restrição de tipo é, precisamente, uma definição do conjunto de valores que constituem determinado tipo.

Porém, para os nossos propósitos, é melhor explicar a respeito delas na ordem contrária.

Restrições de tipo

As restrições de tipo não foram mencionadas neste capítulo até este ponto. Contudo, elas são discutidas com alguns detalhes no Capítulo 5, de modo que vamos apenas relembrar o que dissemos naquele capítulo. Primeiro, uma restrição de tipo é uma especificação precisa dos valores que compõem o tipo em questão. Aqui está um exemplo (repetido do Capítulo 5):

```
TYPE PESO REPRPOS { D DECIML (5,1)
                CONSTRAINT D > 0.0 AND D < 5000.0 } ;
```

Significado: Os valores válidos para o tipo PESO são exatamente aqueles que possivelmente podem ser representados por números decimais de cinco dígitos de precisão, com um dígito após o ponto decimal, em que o número decimal em questão é maior que zero e menor que 5.000.

Deve ficar claro que, em última análise, o único modo pelo qual *qualquer* expressão pode produzir um valor do tipo PESO é por meio de alguma invocação de seletor PESO. Assim, o único modo pelo qual essa expressão pode violar a restrição de tipo PESO é se a invocação de seletor em questão o fizer. Desse modo, essas *restrições de tipo sempre podem ser vistas, pelo menos conceitualmente, como verificadas em tempo de execução de alguma invocação de seletor.* Por exemplo, considere a seguinte invocação de seletor para o tipo PESO:

```
PESO ( 7500.0 )
```

Essa expressão gerará uma exceção em tempo de execução ("violação de restrição do tipo PESO: valor fora dos limites").

Em consequência, podemos dizer que as restrições de tipo são verificadas imediatamente e, então, que nenhuma RelVar poderá adquirir um valor para qualquer atributo de qualquer tupla que não seja do tipo apropriado (é claro, em um sistema que admita restrições de tipo de forma apropriada!).

Como as restrições de tipo são basicamente apenas uma especificação dos valores que compõem o tipo em questão, em **Tutorial D**, limitamos tais restrições com a definição do tipo aplicável, e as identificamos por meio do nome de tipo aplicável. Desse modo, uma restrição de tipo só pode ser removida pela remoção do próprio tipo.

Restrições de atributo

Restrições de atributo são basicamente o que chamamos declarações *a priori* na Seção 9.2; em outras palavras, uma restrição de atributo é apenas uma declaração para o efeito de que um atributo especificado de uma RelVar especificada seja de um tipo especificado. Por exemplo, considere mais uma vez a definição da RelVar de fornecedores:

```
VAR  F BASE RELATION
    { F#       F#,
      FNOME    NOME,
      STATUS   INTEGER,
      CIDADE   CHAR } ... ;
```

Nessa RelVar, os valores dos atributos F#, FNOME, STATUS e CIDADE estão limitados aos tipos F#, NOME, INTEGER e CHAR, respectivamente. Em outras palavras, as restrições de atributos fazem parte da definição do atributo em questão e podem ser identificadas por meio do nome do atributo correspondente. Segue-se que uma restrição de atributo só pode ser descartada se descartarmos o próprio atributo (o que na prática significará normalmente descartar a RelVar que a contém). *Nota*: Em princípio, qualquer tentativa de introduzir um valor de atributo no banco de dados (por meio de uma operação INSERT ou UPDATE) que não seja um valor do tipo relevante será simplesmente rejeitada. Porém, na prática, tal situação nunca deve ocorrer, pois o sistema impõe de fato as restrições de tipo descritas na subseção anterior.

Restrições de RelVar e banco de dados

As restrições de RelVar e banco de dados são aquelas em que estivemos nos concentrando neste capítulo até aqui; a diferença entre elas é que uma restrição de RelVar envolve exatamente uma RelVar, enquanto uma restrição de banco de dados envolve duas ou mais RelVars. Porém, conforme dissemos na Seção 9.2, a diferença não é muito importante de um ponto de vista teórico (embora poderia ser útil de um ponto de vista pragmático).

Porém, um ponto que ainda não vimos até aqui é que restrições de alguma RelVar ou banco de dados podem ser restrições de *transição*. Uma **restrição de transição** é uma restrição sobre as transições legais que determinada variável em particular, uma RelVar ou um banco de dados – pode fazer de um valor para outro;[12] por exemplo, o estado civil de uma pessoa pode mudar de "nunca casado" para "casado", mas não o inverso. Desde que tenhamos um meio de nos referir, dentro de uma única expressão, a (a) o valor da variável em questão antes de uma atualização qualquer e (b) o valor dessa mesma variável após essa mesma atualização, então temos um meio de formular qualquer restrição de transição desejada. Aqui está um exemplo ("nenhum status de fornecedor poderá diminuir"):

```
CONSTRAINT TRC1
    FORALL FX' FORALL FX ( FX'.F# ≠ FX.F# OR
                           FX'.STATUS ≤ FX.STATUS ) ;
```

Explicação: Introduzimos a convenção de que um nome de variável de intervalo com apóstrofo, como FX' no exemplo, refere-se à RelVar correspondente em seu estado *anterior à atualização sendo considerada*. A restrição no exemplo pode, então, ser entendida da seguinte forma: Se FX' é uma tupla de fornecedor antes da atualização, então não existe uma tupla de fornecedor FX após a atualização com o mesmo número de fornecedor de FX' e com um valor de status menor que o valor em FX'.

Observe que a restrição TRC1 é uma restrição de transição de *RelVar* (ela se aplica apenas a uma RelVar, a RelVar F). A seguir, ao contrário, vemos uma restrição de transição de *banco de dados* ("a quantidade total de determinada peça, para todos os fornecedores em geral, nunca deverá diminuir"):

```
CONSTRAINT TRC2
    FORALL PX
        SUM ( FPX' WHERE FPX'.P# = PX.P#, QDE ) ≤
        SUM ( FPX  WHERE FPX .P# = PX.P#, QDE ) ;
```

O conceito de restrições de transição não se aplica às restrições de tipo ou de atributo.

9.10 CHAVES

Como dissemos na Seção 9.1, o modelo relacional sempre enfatizou o conceito de chaves, embora tenhamos visto que elas são na realidade apenas um caso especial – apesar de importante – de um fenômeno mais geral. Nesta seção, vamos voltar nossa atenção especificamente para as chaves.

---

[12]As restrições que não são restrições de transição às vezes são denominadas restrições de *estado*.

Chaves candidatas

Seja *R* uma RelVar. Por definição, o conjunto de todos os atributos de *R* tem a propriedade de *unicidade* significando que, em qualquer instante, não há duas tuplas no valor de *R* nesse instante que sejam duplicatas uma da outra. Na prática, ocorre com frequência que algum subconjunto apropriado do conjunto de todos os atributos de *R* também tenha a propriedade de unicidade; por exemplo, no caso da RelVar de fornecedores F, o subconjunto que contém apenas o atributo F# tem essa propriedade. Esses fatos constituem a intuição que rege a seguinte definição:[13]

- Seja *K* um conjunto de atributos da RelVar *R*. Então, *K* é uma **chave candidata** para *R* se e somente se ela possui ambas as propriedades a seguir:

  a. **Unicidade**: Nenhum valor válido de *R* contém duas tuplas diferentes com o mesmo valor para *K*.

  b. **Irredutibilidade**: Nenhum subconjunto apropriado de *K* tem a propriedade de unicidade.

Note que toda RelVar tem pelo menos uma chave candidata. A propriedade de unicidade de tais chaves é autoexplicativa. Quanto à propriedade de irredutibilidade, o ponto é que, se fôssemos especificar uma "chave candidata" que não fosse irredutível, o sistema não ficaria a par do real estado de coisas, e assim não seria capaz de impor adequadamente a restrição de integridade associada. Por exemplo, suponha que fôssemos definir a combinação {F#,CIDADE} – em vez de {F#} apenas – como chave candidata para fornecedores. Então, o sistema não imporia a restrição de que números de fornecedores são "globalmente" exclusivos; em vez disso, imporia somente a condição mais fraca de serem os números de fornecedores "localmente" exclusivos, ou seja, dentro da cidade. Por essa razão, entre outras, exigimos que chaves candidatas não incluam atributos que sejam irrelevantes para fins de identificação exclusiva.[14]

A propósito, a irredutibilidade no sentido mencionado anteriormente é dita *minimalidade* na maior parte da literatura (inclusive em edições anteriores deste livro). Porém "minimalidade" não é realmente o mais correto, porque dizer que uma chave candidata *K1* é "mínima" não significa que não se possa achar uma outra chave candidata *K2* com menos componentes; é inteiramente possível que (por exemplo) *K1* tenha quatro componentes e *K2* apenas dois. Ficaremos com o termo *irredutível*.

Em **Tutorial D**, usaremos a sintaxe:

```
KEY { <lista_com_vírgulas de nomes de atributos> }
```

dentro de uma definição de RelVar, a fim de especificar uma chave candidata para a RelVar. Aqui estão alguns exemplos:

```
VAR F BASE RELATION
    { F#      F#,
      FNOME   NOME,
      STATUS INTEGER,
      CIDADE CHAR }
    KEY { F# } ;
```

Nota: Em capítulos anteriores, mostramos essa definição com uma cláusula PRIMARY KEY, e não com uma cláusula KEY. Consulte a subseção "Chaves primárias e chaves alternativas", mais adiante nesta seção, para ver uma discussão e uma explicação adicional.

---

[13] Observe que a definição se aplica especificamente a RelVars; uma noção semelhante também pode ser definida para valores de relações [3.3], mas as RelVars são o caso mais importante. Observe, também, que estamos contando mais uma vez com a noção da igualdade de tuplas (na definição da propriedade de unicidade, especificamente).

[14] Outra boa razão para se exigir que chaves candidatas sejam irredutíveis é a seguinte: qualquer chave estrangeira que referenciasse uma chave candidata "redutível" (se isso fosse possível) seria também "redutível", e a RelVar que a contém estaria então quase certamente violando os princípios de normalização avançada, discutidos no Capítulo 12.

```
VAR FP BASE RELATION
  { F#      F#,
    P#      P#,
    QDE     QDE }
  KEY { F#, P# } ... ;
```

Esse exemplo mostra uma RelVar com uma chave candidata **composta** (isto é, uma chave candidata envolvendo dois ou mais atributos). Uma chave candidata **simples** é aquela que não é composta.

```
VAR ELEMENTO BASE RELATION { NOME     NOME,
                             SÍMBOLO  CHAR,
                             ATÔMICO# INTEGER }
                    KEY { NOME }
                    KEY { SÍMBOLO }
                    KEY { ATÔMICO# } ;
```

Esse exemplo mostra uma RelVar com diversas chaves candidatas (simples) distintas.

```
VAR CASAMENTO BASE RELATION { MARIDO                    NOME,
                              ESPOSA                    NOME,
                              DATA /* do casamento */   DATE }
/* supondo-se que não há poliandria nem poliginia, e      */
/* que nenhum marido e esposa se casam um com o outro     */
/* mais de uma vez ...                                    */
                    KEY { MARIDO, DATA }
                    KEY { DATA, ESPOSA }
                    KEY { ESPOSA, MARIDO } ;
```

Esse exemplo mostra uma RelVar com diversas chaves candidatas compostas distintas. Observe também a superposição entre essas chaves.

É claro que, como destacamos na Seção 9.2, uma definição de chave candidata é, na realidade, apenas uma abreviação para uma certa restrição de RelVar. A abreviação é útil por diversos motivos; um deles é simplesmente porque o conceito de chave candidata é muito importante de um ponto de vista pragmático. Especificamente, as chaves candidatas fornecem o **mecanismo básico de endereçamento no nível de tupla** no modelo relacional; ou seja, o único modo garantido pelo sistema de se apontar com precisão alguma tupla específica é pelo valor de alguma chave candidata. Por exemplo, a expressão:

```
F WHERE F# = F# ('F3')
```

oferece a garantia de fornecer no máximo uma tupla (mais precisamente, ela produz uma relação que contém no máximo uma tupla). Ao contrário, a expressão

```
F WHERE CIDADE = 'Paris'
```

fornecerá (uma relação contendo) um número imprevisível de tuplas, em geral. Segue-se que chaves *candidatas são tão fundamentais para a operação bem-sucedida de um sistema relacional quanto os endereços da memória principal para a operação bem-sucedida da máquina sendo utilizada*. Em consequência:

1. "RelVars" que não tenham uma chave candidata – isto é, "RelVars" que permitam tuplas duplicadas – certamente exibirão um comportamento estranho e anômalo em algumas circunstâncias.

2. Um sistema que não tenha conhecimento de chaves candidatas certamente exibirá em algumas ocasiões um comportamento que não é "verdadeiramente relacional", mesmo se as RelVars com que ele lida sejam de fato RelVars verdadeiras e não permitam tuplas duplicadas.

O comportamento mencionado aqui como "estranho e anômalo" e "não verdadeiramente relacional" tem a ver com questões como *atualização de visões* e *otimização* (consulte os Capítulos 10 e 18, respectivamente).

Alguns pontos finais para fecharmos esta subseção:

- Não são apenas as RelVars básicas que possuem chaves candidatas! – *todas* as RelVars as possuem, incluindo particularmente as visões. Contudo, no caso particular das visões, se tais chaves podem ou devem ser declaradas dependerá, em parte, se o sistema sabe como realizar a **inferência de chave candidata** [3.3].

- Um superconjunto de chave candidata é uma **superchave** (por exemplo, o conjunto de atributos {F#,CIDADE} é uma superchave para a RelVar F). Uma superchave tem a propriedade de unicidade, mas não necessariamente a propriedade de irredutibilidade. Naturalmente, uma chave candidata é um caso especial de uma superchave.

- Se *SK* é uma superchave para a RelVar *R* e *A* é um atributo de *R*, então a **dependência funcional** *SK* *A* é necessariamente verdadeira em *R*. De fato, podemos *definir* uma superchave como um subconjunto *SK* dos atributos de *R*, tal que a dependência funcional *SK* *A* é verdadeira para todos os atributos *A* de *R*. *Nota:* O importante conceito de dependência funcional é discutido em profundidade no Capítulo 11.

- Por fim, observe que a noção lógica de chave candidata não deve ser confundida com a noção física de um "índice exclusivo" (embora essa última seja usada com muita frequência para implementar a primeira). Em outras palavras, não existe qualquer implicação que tenha de existir um índice (ou, de fato, qualquer outro caminho de acesso físico especial) sobre uma chave candidata. Na prática, provavelmente haverá algum caminho de acesso especial, mas o fato dele existir ou não está além do escopo do modelo relacional.

Chaves primárias e chaves alternativas

Como vimos, é possível que uma dada RelVar tenha mais de uma chave candidata. Em tal caso, o modelo relacional historicamente tem exigido (pelo menos no caso de RelVars básicas) que exatamente uma dessas chaves candidatas seja escolhida como a **chave primária**, e as outras sejam então chamadas **chaves alternativas**. Por exemplo, em ELEMENTOS, poderíamos escolher o {SÍMBOLO} como chave primária; {NOME} e {ATÔMICO#} seriam então chaves alternativas. E, no caso em que só existe uma chave candidata, o modelo relacional (mais uma vez) historicamente tem exigido que essa chave candidata seja designada como a chave primária para a RelVar em questão. Portanto, toda RelVar básica sempre tem uma chave primária.

Ora, escolher uma chave candidata (nos casos em que existe uma escolha) como chave primária poderia ser um boa ideia em muitos casos – até mesmo na maioria dos casos –, mas não pode ser justificada em *todos* os casos, inequivocamente. Argumentos detalhados em apoio a essa posição são dados na referência [9.14]; aqui, vamos apenas observar um caso em que a escolha de qual chave candidata será primária é essencialmente arbitrária, e não ditada pela lógica (para citar Codd [9.9], "a base normal [para fazer a escolha] é a simplicidade, mas esse aspecto está fora do escopo do modelo relacional"). Em nossos próprios exemplos, definiremos às vezes uma chave primária e em outras vezes não. Porém, sempre especificaremos pelo menos uma *chave candidata*.

Chaves estrangeiras

Informalmente, uma *chave estrangeira* é um conjunto de atributos de uma RelVar *R2* cujos valores devem obrigatoriamente corresponder a valores de alguma chave candidata de alguma RelVar *R1*. Por exemplo, considere o conjunto de atributos {F#} da RelVar FP. Deve ficar claro que um dado valor para {F#} deve poder aparecer na RelVar FP somente se esse mesmo valor também aparecer como um valor da única chave candidata {F#} para a RelVar F (não podemos ter uma remessa para um fornecedor que não existe). Da mesma forma, um dado valor para o conjunto de atributos {P#} deve poder aparecer na RelVar FP somente se o mesmo valor também aparecer como valor da única chave candidata {P#} para a RelVar P (também não podemos ter uma remessa de uma peça que não existe). Esses exemplos servem como motivação desta definição:[15]

---

[15]Observe que a definição conta novamente com a noção de igualdade de tuplas.

- Seja *R2* uma RelVar. Então, uma **chave estrangeira** em *R2* é um conjunto de atributos de *R2*, digamos *FK*, tal que:

  a. Existe uma RelVar *R1* (*R1* e *R2* não necessariamente distintas) com uma chave candidata *CK*.

  b. É possível renomear algum subconjunto dos atributos de *FK*, de modo que *FK* se torne *FK'* (digamos) e *FK'* e *CK* sejam do mesmo tipo (de tupla).

  c. Para sempre, cada valor de *FK* no valor atual de *R2* produz um valor para *FK'* que é idêntico ao valor de *CK* em alguma tupla no valor atual de *R1*.

Surgem alguns pontos importantes:

1. Na prática, raramente será preciso realizar qualquer troca de nomes real; ou seja, o subconjunto de atributos de *FK* que exigem troca de nome normalmente estará vazio (um exemplo onde não está vazio aparece sob o item 7). Portanto, para simplificar, iremos considerar deste ponto em diante, que *FK* e *FK'* são idênticos, salvo quando houver indicação explícita ao contrário.

2. Observe que, embora cada valor de *FK* deva aparecer como um valor de *CK*, a recíproca não é uma exigência; ou seja, *R1* poderia conter um valor de *CK* que não aparece atualmente como um valor de *FK* em *R2*. No caso de fornecedores e peças, por exemplo (amostras de valores como na Figura 3.8 – veja uma cópia no final deste livro), o fornecedor número F5 aparece na RelVar F, mas não na RelVar FP, porque o fornecedor F5 não está fornecendo peças no momento.

3. *FK* é **simples** ou **composta**, conforme a *CK* que corresponde a ela seja simples ou composta.

4. Um valor de *FK* representa uma **referência** à tupla que contém o valor de *CK* associado (a **tupla referenciada**). A restrição de que os valores de *FK* tenham que combinar com os valores de *CK* é conhecido como **restrição referencial**. A RelVar *R2* é a RelVar **referente**, e a RelVar *R1* é a **referida**. O problema de garantir que o banco de dados não inclui quaisquer valores inválidos de chave estrangeira é então conhecido como o problema de **integridade referencial** (ver item 12).

5. Considere mais uma vez fornecedores e peças. Podemos representar as restrições referenciais que existem nesse banco de dados por meio do seguinte **diagrama referencial**:

   $$F \leftarrow FP \rightarrow P$$

   Cada seta significa que há uma chave estrangeira na RelVar da qual a seta emerge, que se refere especificamente a alguma chave candidata na RelVar para a qual a seta aponta. *Nota*: Por clareza, às vezes é uma boa ideia identificar cada seta em um diagrama referencial com o(s) nome(s) do(s) atributo(s) que constitui(em) a chave estrangeira relevante.[16] Por exemplo:

   $$\begin{array}{ccc} F\# & & P\# \\ F \leftarrow & FP & \rightarrow P \end{array}$$

   Porém, neste livro mostraremos esses rótulos (labels) apenas quando omiti-los puder levar à confusão ou ambiguidade.

6. Determinada RelVar pode ser uma relação referida e referente, como acontece com a relação *R2* no diagrama a seguir:

   $$R3 \rightarrow R2 \rightarrow R1$$

   De um modo mais genérico, sejam as relações Rn, R(n-1), ... R2, R1 tais que exista uma restrição referencial de Rn para R(n-1), uma restrição referencial de R(n-1) para R(n-2), ... e uma restrição referencial de R2 para R1:

   $$Rn \rightarrow R(n\text{-}1) \rightarrow R(n\text{-}2) \rightarrow ... \rightarrow R2 \rightarrow R1$$

   Então, a cadeia de setas de Rn até R1 representa um **caminho referencial** de Rn a R1.

---

[16]Como uma alternativa (e talvez de preferência), poderíamos *nomear* as chaves estrangeiras, e depois usar esses nomes para rotular as setas.

7. Observe que as RelVars *R1* e *R2* na definição de chaves estrangeiras não são necessariamente distintas. Isto é, uma RelVar poderia incluir uma chave estrangeira cujos valores devem combinar com os valores de alguma chave candidata na mesma RelVar. Como um exemplo, considere a definição de RelVar a seguir (explicaremos a sintaxe em breve mas, de qualquer modo, ela deve ser autoexplicativa):

```
VAR EMP BASE RELATION
          { EMP# EMP#, ..., GER_EMP# EMP#, ... }
    PRIMARY KEY { EMP# }
    FOREIGN KEY { RENAME GER_EMP# AS EMP# } REFERENCES EMP ;
```

Aqui, o atributo GER_EMP# representa o número de empregado do gerente do empregado identificado por EMP#; por exemplo, a tupla para o empregado E4 pode incluir um valor GER_EMP# igual a E3, que representa uma referência à tupla de EMP para o empregado E3. (Conforme prometemos no item 1, temos aqui um exemplo em que alguma renomeação de atributo explícita é necessária.) Uma RelVar como EMP às vezes é considerada **autorreferente**. *Exercício*: Crie algumas amostras de dados para a RelVar EMP.

8. RelVars autorreferentes na verdade representam um caso particular de uma situação mais geral – ou seja, podem existir **ciclos referenciais**. As RelVars Rn, R(n-1), R(n-2), ..., R2, R1 formam um ciclo referencial se Rn incluir uma chave estrangeira fazendo referência a R(n-1), R(n-1) incluir uma chave estrangeira fazendo referência a R(n-2), ..., e assim por diante, e finalmente R1 incluir uma chave estrangeira fazendo referência de novo a Rn. De modo mais sucinto, existe um ciclo referencial se existe um caminho referencial de alguma RelVar Rn para ela mesma:

$$R n \rightarrow R(n\text{-}1) \rightarrow R(n\text{-}2) \rightarrow \ldots \rightarrow R2 \rightarrow R1 \rightarrow R n$$

9. Associações de chaves estrangeiras para chaves candidatas às vezes são consideradas como a "cola" que mantém unido o banco de dados. Outro modo de dizer isso é que essas combinações representam certos *relacionamentos* entre tuplas. Porém, observe com cuidado que nem todos esses relacionamentos são representados por chaves desse modo. Por exemplo, existe um relacionamento ("mesma cidade") entre fornecedores e peças, representado pelos atributos CIDADE das relações F e P; um dado fornecedor e uma certa peça estão colocalizados se estiverem localizados na mesma cidade. Contudo, esse relacionamento não é representado por chaves.

10. Historicamente, o conceito de chave estrangeira tem sido definido apenas para RelVars básicas, um fato que, por si só, levanta algumas questões (veja a discussão do *Princípio da Permutabilidade* no Capítulo 10, Seção 10.2). Não impomos tal restrição aqui; no entanto, vamos limitar nossas discussões somente às RelVars básicas (onde fizer diferença), por motivos de simplicidade.

11. Originalmente, o modelo relacional exigia que as chaves estrangeiras referenciassem, de forma muito específica, chaves *primárias*, não apenas chaves candidatas (por exemplo, veja de novo a referência [9.9]). Rejeitamos essa limitação como desnecessária e indesejável em geral, embora ela possa, com frequência constituir boa disciplina na prática [9.14].

12. Juntamente com o conceito de chave estrangeira, o modelo relacional inclui a seguinte regra (a regra de *integridade referencial*):

  - **Integridade referencial**: o banco de dados não pode conter quaisquer valores de chaves estrangeiras não correspondentes.[17]

    Aqui, a expressão "valor de chave estrangeira não correspondente" significa apenas um valor de chave estrangeira em alguma RelVar referente para a qual não existe um valor associado da

---

[17]A regra de integridade referencial pode ser considerada uma "metarrestrição": ela implica que qualquer banco de dados deve estar sujeito a certas restrições de integridade *específicas* ao banco de dados em questão que, juntas, garantem que a regra não será violada por esse banco de dados em particular. Observamos de passagem que o modelo relacional é considerado como incluindo outra "metarrestrição" desse tipo, a regra de integridade de *entidades*. Vamos deixar a discussão sobre essa regra para o Capítulo 19.

chave candidata relevante na RelVar referida relevante. Em outras palavras, a restrição diz apenas: se *B* faz referência a *A*, então *A* tem de existir.

Então, aqui está a sintaxe para a definição de uma chave estrangeira:

```
FOREIGN KEY { <lista_com_vírgulas de itens > } REFERENCES <nome de RelVar>
```

Essa cláusula aparece dentro de uma definição de RelVar referente; *<nome de RelVar>* identifica a RelVar referenciada. E cada *<item>* é um *<nome de atributo>* da RelVar referente ou uma expressão da forma:

```
RENAME <nome de atributo> AS <nome de atributo>
```

(veja a RelVar autorreferente EMP no item 7 como exemplo do caso de RENAME). Já foram dados exemplos em muitos pontos anteriores no livro (por exemplo, veja a Figura 3.9, no Capítulo 3). Naturalmente, como mencionamos na Seção 9.2, uma definição de chave estrangeira é na realidade apenas uma abreviação para uma certa restrição de banco de dados (ou uma certa restrição de RelVar, no caso de uma RelVar autorreferente) – *a menos que* a definição da chave estrangeira seja estendida para incluir certas "ações referenciais", e nesse caso ela se torna mais que apenas uma restrição de integridade *por si só*. Veja a subseção "Ações referenciais", imediatamente a seguir.

Ações referenciais

Considere a seguinte instrução em **Tutorial D**:

```
DELETE F WHERE F# = F# ('F1') ;
```

Suponha que essa operação DELETE faz exatamente o que seu nome diz – isto é, elimina a tupla de fornecedor correspondente ao fornecedor F1, nem mais nem menos. Suponha também que (a) o banco de dados inclui algumas remessas para o fornecedor F1 e (b) a aplicação não elimina essas remessas. Então, quando o sistema verificar a restrição referencial de remessas para fornecedores, encontrará uma violação e ocorrerá uma exceção.

Contudo, existe uma abordagem alternativa, uma que pode ser preferível em alguns casos e que faz o sistema executar uma *ação de compensação* apropriada, a fim de garantir que o resultado geral ainda atenderá à restrição. No exemplo, a ação de compensação óbvia seria o sistema eliminar as remessas para o fornecedor F1 "de forma automática". Podemos conseguir esse efeito estendendo a definição de chave estrangeira, assim:

```
VAR FP BASE RELATION { ... } ...
    FOREIGN KEY { F# } REFERENCES F
                  ON DELETE CASCADE ;
```

A especificação ON DELETE CASCADE define uma *regra de eliminação* para essa chave estrangeira em particular, e a especificação CASCADE é a *ação referencial* para essa regra de eliminação. O significa dessas especificações é que uma operação DELETE sobre a RelVar de fornecedores também deve "propagar" a eliminação até as tuplas correspondentes na RelVar de remessas.

Outra ação referencial comum é RESTRICT (não relacionada com o operador de *restrição* da álgebra relacional). No caso, RESTRICT significaria que operações DELETE são "restritas" ao caso em que não há nenhuma remessa correspondente (caso contrário, elas são rejeitadas). Omitir uma ação referencial para uma determinada chave estrangeira é equivalente a especificar a "ação" NO ACTION, que significa exatamente o que seu nome diz – a operação DELETE é executada exatamente como foi solicitada, nem mais nem menos. (Se NO ACTION for especificada no caso e um fornecedor que tenha remessas correspondentes for eliminado, teremos em seguida uma violação de integridade referencial, de modo que o efeito será muito semelhante ao de RESTRICT.) Surgem pontos importantes:

1. DELETE não é a única operação para a qual as ações referenciais fazem sentido. Por exemplo, o que aconteceria se tentássemos atualizar o número de fornecedor correspondente a um fornecedor para o qual existisse pelo menos uma remessa associada? É claro que precisaríamos também de uma regra *UPDATE*, além de uma regra DELETE. Em geral, existem as mesmas possibilidades para UPDATE que existem para DELETE:

   - CASCADE: UPDATE atua em cascata para atualizar a chave estrangeira também nessas remessas associadas.

   - RESTRICT: A operação UPDATE é restrita ao caso em que não há nenhuma remessa associada (do contrário, ela é rejeitada).

   - NO ACTION: UPDATE é executada exatamente como foi solicitada (mas uma violação de integridade referencial poderia ocorrer em seguida).

2. É claro que CASCADE, RESTRICT e NO ACTION não são as únicas ações referenciais possíveis – são apenas as que se exigem normalmente na prática. Porém, em princípio, poderia haver um número qualquer de respostas possíveis a, por exemplo, uma tentativa de eliminar um determinado fornecedor. Vejamos alguns exemplos:

   - A tentativa poderia ser rejeitada por algum motivo.

   - As informações poderiam ser gravadas em algum banco de dados de arquivo morto.

   - As remessas para o fornecedor em questão poderiam ser transferidas para algum outro fornecedor.

   Nunca será viável fornecer a sintaxe declarativa para todas as respostas possíveis. Portanto, em geral, deve ser possível especificar uma ação referencial consistindo em um procedimento qualquer definido pelo usuário (veja na próxima seção). Além disso, (a) a execução desse procedimento deve ser considerada parte da execução da transação que provocou a verificação de integridade; (b) essa verificação de integridade deve ser executada novamente após esse procedimento ser executado (obviamente, o procedimento não deve deixar o banco de dados em um estado que viole a restrição).

3. Sejam *R2* e *R1*, respectivamente, uma RelVar referente e a RelVar referida correspondente:

   $$R2 \rightarrow R1$$

   Suponha que a regra de exclusão aplicável especifica CASCADE. Então, uma operação DELETE sobre determinada tupla de R1 implicará um DELETE em certas tuplas da RelVar R2 (em geral). Agora, suponha que a RelVar R2 seja, por sua vez, referenciada por alguma outra RelVar R3:

   $$R3 \rightarrow R2 \rightarrow R1$$

   Então, o efeito da operação DELETE implícita sobre as tuplas de R2 é definido exatamente como se fosse feita uma tentativa de eliminar essas tuplas de forma direta; isto é, ele depende da regra DELETE especificada para a restrição referencial de R3 para R2. Se esse DELETE implícito falhar (devido à regra DELETE de R3 para R2 ou por qualquer outra razão), então a operação inteira falhará, e o banco de dados permanecerá inalterado. E assim por diante, recursivamente, até qualquer número de níveis.

   Aplicam-se comentários semelhantes também à regra de atualização em cascata, com as devidas mudanças, se a chave estrangeira na RelVar R2 tiver quaisquer atributos em comum com a chave candidata da RelVar referenciada pela chave estrangeira em R3.

4. Concluímos do que foi dito que, de um ponto de vista lógico, as atualizações de bancos de dados são sempre atômicas, ou indivisíveis (tudo ou nada), mesmo que nos bastidores elas envolvam diversas atualizações sobre diversas RelVars, em virtude de, por exemplo, uma ação referencial em cascata.

9.11 TRIGGERS (UM DESVIO)

Como já deve estar claro, pelo que vimos até aqui neste capítulo, estamos tratando especificamente do suporte à integridade *declarativa*. E, embora a situação tenha melhorado nos últimos anos, o fato é que poucos produtos (se algum) oferecem muita coisa em relação a esse suporte quando apareceram inicialmente. Como consequência, as restrições de integridade eram constantemente implementadas de forma procedimental, usando **procedimentos de trigger** (gatilho), que são procedimentos pré-compilados e armazenados junto com (possivelmente em) o banco de dados e invocados automaticamente na ocorrência de algum evento especificado. Por exemplo, poderíamos implementar o Exemplo 1 ("valores de status precisam estar no intervalo de 1 a 100, inclusive") por meio de um procedimento de trigger que (a) seja invocado sempre que uma tupla for inserida na RelVar F, (b) examine essa tupla recém-inserida e (c) a exclua novamente se o valor de status estiver fora do intervalo. Nessa seção, examinamos rapidamente os procedimentos de trigger, considerando que têm uma importância pragmática considerável. Porém, por favor, observe imediatamente que:

1. Exatamente por serem procedimentos, os procedimentos de trigger *não* são o modo recomendado de implementar as restrições de integridade. Os procedimentos são mais difíceis para os humanos entenderem e mais difíceis para o sistema otimizar. Observe, também, que as restrições declarativas são verificadas em todas as atualizações relevantes, enquanto os procedimentos de trigger são executados apenas quando ocorre o evento especificado – por exemplo, inserir uma tupla na RelVar F.[18]

2. A aplicabilidade dos procedimentos de trigger não está limitada ao problema de integridade, que é o assunto deste capítulo. Na realidade, dados os comentários no item 1, eles de fato podem servir a outras finalidades úteis, que são sua verdadeira *razão de existir*. Alguns exemplos dessas "outras finalidades úteis" são:

   a. Alterar o usuário se houver alguma exceção (por exemplo, emitindo um aviso se a quantidade disponível de alguma peça cair abaixo do nível de perigo)

   b. Depuração (por exemplo, monitoração de referências e/ou mudança de estado de variáveis designadas)

   c. Auditoria (por exemplo, acompanhamento de quem realizou quais atualizações sobre quais eventos do banco de dados)

   d. Medição de desempenho (por exemplo, temporização ou rastreamento de eventos específicos do banco de dados)

   e. Execução de ações de compensação (por exemplo, propagação da exclusão de uma tupla de fornecedores para excluir também as tuplas de remessa correspondentes)[19]

   e assim por diante. Portanto, esta seção, como o título indica, é uma espécie de desvio.

Considere o exemplo a seguir. (O exemplo é baseado em SQL, e não em **Tutorial D**, pois a referência [3.3] não prescreve – e não proscreve – qualquer suporte para procedimento de trigger; na verdade, o exemplo é baseado em um produto comercial, e não no padrão SQL, pois o padrão SQL não tem suporte para o recurso específico que ilustramos.) Suponha que haja uma visão chamada FORNECEDOR_LONDRES, definida da seguinte maneira:

```
CREATE VIEW FORNECEDOR_LONDRES
    AS SELECT F$, FNOME, STATUS
       FROM   F
       WHERE  CIDADE = 'Londres' ;
```

---

[18]Observe que as especificações de restrição declarativa não dizem explicitamente ao SGBD quando as verificações de integridade devem ser feitas. E nem queremos isso: primeiro, porque isso exigiria um trabalho extra da parte do usuário que declara as restrições; segundo, porque o usuário poderia errar. Em vez disso, queremos que o sistema decida, por si só, quando fazer as verificações (veja a anotação da referência [9.5]).

[19]Na realidade, a exclusão em cascata é um exemplo simples de um procedimento de trigger. Observe, no entanto, que ele é especificado declarativamente! Não queremos sugerir que as ações referenciadas sejam uma má ideia só porque estão "engatilhadas".

Normalmente, se o usuário tentar inserir uma linha nessa visão, a SQL realmente inserirá uma linha na tabela básica F com o valor CIDADE, qualquer que seja o default para a coluna CIDADE (ver Capítulo 10). Supondo que o default não seja Londres, o efeito disso é que a nova linha não aparecerá na visão! Portanto, vamos criar um procedimento de trigger da seguinte forma:

```
CREATE TRIGGER INSERT_FORNECEDOR_LONDRES
    INSTEAD OF INSERT ON FORNECEDOR_LONDRES
    REFERENCING NEW ROW AS R
    FOR EACH ROW
    INSERT INTO F ( F#, FNOME, STATUS, CIDADE )
        VALUES ( R.F#, R.FNOME, R.STATUS, 'Londres' ) ;
```

A inserção de uma linha na visão agora fará com que uma linha seja inserida na tabela básica, com o valor de CIDADE igual a Londres, em vez do valor default (e a nova linha agora aparecerá na visão, presume-se conforme solicitado).

Aqui estão alguns pontos que surgem a partir desse exemplo. *Nota:* Esses pontos não são específicos à SQL, apesar do fato de que nosso exemplo fosse baseado na SQL (os detalhes da SQL são dados na próxima seção).

1. Em geral, CREATE TRIGGER especifica, entre outras coisas, um *evento*, uma *condição* e uma *ação*.

   - O **evento** é uma operação sobre o banco de dados ("INSERT ON FORNECEDER_LONDRES" no exemplo).

   - A **condição** é uma expressão booleana que precisa ser avaliada como TRUE para que a ação seja executada (se nenhuma condição for especificada explicitamente, como no exemplo, então o default é apenas TRUE).

   - A **ação** é o procedimento de trigger apropriado ("INSERT INTO S..." no exemplo).

   O evento e a condição juntos também são chamados *evento de trigger*. A combinação dos três (evento, condição e ação) normalmente é chamado apenas de **trigger**. Por motivos óbvios, os triggers também são conhecidos como *regras de evento-condição-ação* (*regras ECA*, para abreviar).

2. Os eventos possíveis incluem INSERT, DELETE, UPDADE (possivelmente com atributo específico), alcance do fim da transação (COMMIT), alcance de um horário especificado do dia, excesso de um tempo limite especificado, violação de uma restrição especificada e assim por diante.

3. Em geral, a ação pode ser realizada BEFORE, AFTER ou INSTEAD OF (antes, depois ou em vez de) do evento especificado (onde cada opção fizer sentido).

4. Em geral, a ação pode ser realizada FOR EACH ROW (para cada linha) ou FOR EACH STATEMENT (para cada instrução), onde cada opção fizer sentido.

5. Em geral, haverá uma maneira de uma ação se referir aos dados como se encontram antes e depois que o evento especificado tenha ocorrido (onde essa facilidade fizer sentido).

6. Um banco de dados que possui triggers associados às vezes é chamado de *banco de dados ativo*.

Encerramos esta seção observando que, embora os triggers obviamente tenham suas utilidades, eles precisam ser usados com cautela, e provavelmente não deverão ser usados de forma alguma se houver um modo alternativo de solucionar o problema em questão. Aqui estão os motivos pelos quais o uso de triggers pode ser problemático na prática:

- Se o mesmo evento causar o "disparo" de vários triggers distintos (para usar o jargão), então a sequência em que eles atuam poderia ser importante e indefinida.

- O trigger T1 poderia causar o disparo do trigger T2, que poderia causar o disparo de T3, e assim por diante (uma *cadeia de triggers*).

- O trigger T poderia até mesmo causar seu disparo novamente, de forma recursiva.

- Dada a presença de triggers, o efeito de um "simples" INSERT, DELELE ou UPDATE poderia ser radicalmente diferente daquilo que o usuário espera (especialmente se INSTEAD OF for especificado, como em nosso exemplo).

Juntando tudo isso, deverá ficar claro que os efeitos gerais de determinada coleção de triggers poderia ser muito difícil de entender. As soluções declarativas, quando disponíveis, sempre são preferíveis às soluções procedimentais.

9.12 RECURSOS DE SQL

Começamos considerando o suporte da SQL – ou sua falta de suporte, na maior parte – para o esquema de classificação de restrições descrito na Seção 9.9.

- A SQL não tem suporte algum para *restrições de tipo*, exceto para as restrições primitivas que são uma consequência direta da representação física aplicável. Como vimos no Capítulo 5, por exemplo, podemos dizer que os valores do tipo PESO precisam ser representáveis como números DECIMAL(5,1), mas não podemos dizer que esses números devam ser maiores que zero e menores que 5.000.

- A SQL tem suporte para *restrições de atributo* (naturalmente).

- A SQL não tem suporte para *restrições de RelVar* como tais. Ela tem suporte para restrições de *tabelas básicas*, mas (a) essas restrições se aplicam especificamente apenas a tabelas básicas, e não a tabelas em geral (particularmente, não a visões), e (b) elas não estão limitadas a mencionar apenas uma tabela básica, mas podem ser de qualquer complexidade.

- A SQL não tem suporte para *restrições de banco de dados* como tais. Ela tem suporte para restrições *gerais*, que são chamadas de *assertivas*, mas essas restrições não precisam mencionar pelo menos duas tabelas. (De fato, as restrições de tabela básica da SQL e as restrições gerais são logicamente permutáveis, exceto pelo truque observado no final da subseção "Restrições de tabelas básicas", imediatamente a seguir.)

Observamos também que a SQL não fornece qualquer suporte direto para restrições de transição, nem admite no momento procedimentos por triggers. Ela também não possui o conceito explícito de um predicado de RelVar (ou tabela), um ponto que será significativo no próximo capítulo.

Restrições de tabelas básicas

As restrições de tabelas básicas da SQL são especificadas como CREATE TABLE ou ALTER TABLE. Cada restrição desse tipo é uma restrição de chave candidata, uma restrição de chave estrangeira ou uma restrição de verificação. Discutiremos cada caso em detalhes a seguir. *Nota*: Qualquer dessas restrições pode ser precedida opcionalmente pela especificação CONSTRAINT *<nome da restrição>*, fornecendo assim um nome para a nova restrição. Para abreviar, vamos ignorar essa opção (embora observando que, na prática, provavelmente é uma boa ideia nomear todas as restrições). Também pelo mesmo motivo, ignoramos certas abreviações – por exemplo, a capacidade de definir uma chave candidata "em linha", como parte de uma definição de coluna.

Chaves candidatas: Uma definição de chave candidata tem uma das seguintes formas:

```
PRIMARY KEY ( <lista_com_vírgulas de nomes de colunas> )
UNIQUE ( <lista_com_vírgulas de nomes de colunas> )
```

Uma *<lista_com_vírgulas de nomes de colunas>* não deve ser vazia em nenhum dos casos.[20] Determinada tabela básica pode ter, no máximo, uma especificação de PRIMARY KEY, mas qualquer quantidade

---

[20]Ver Exercício 9.10.

de especificações UNIQUE. No caso de PRIMARY KEY, cada coluna especificada é, além disso, considerada NOT NULL, mesmo que NOT NULL não seja especificado de forma explícita (veja a discussão sobre restrições de verificação, a seguir).

Chaves estrangeiras: Uma definição de chave estrangeira tem a forma:

```
FOREIGN KEY ( <lista_com_vírgulas de nomes de colunas> )
  REFERENCES <nome de tabela básica> [ ( <lista_com_vírgulas de nomes de colunas> ) ]
[ ON DELETE <ação referencial> ]
[ ON UPDATE <ação referencial> ]
```

em que *<ação referencial>* é NO ACTION (o default), RESTRICT, CASCADE, SET DEFAULT ou SET NULL.[21] Adiaremos a discussão de SET DEFAULT e SET NULL para o Capítulo 19; as outras opções são descritas na Seção 9.10. A segunda *<lista_com_vírgulas de nomes de colunas>* é necessária se a chave estrangeira faz referência a uma chave candidata que não é uma chave primária. *Nota*: A correspondência de chave estrangeira para chave candidata é feita com base não nos nomes de colunas, mas na *posição* de colunas (da esquerda para a direita) dentro das listas_com_vírgulas.

Restrições de verificação: Uma restrição de verificação SQL tem a forma:

```
CHECK ( <expressão booleana> )
```

Seja *RV* uma restrição de verificação para a tabela básica *T*. Então consideramos que *T* infringe a *RV* se e somente se ela atualmente tiver pelo menos uma linha – veja o parágrafo final desta subseção – e o valor atual de *T* fizer com que a *<expressão booleana>* para a *RV* seja avaliada como FALSE. *Nota:* Em geral, as *<expressões booleanas>* da SQL podem ser bastante complexas; mesmo no contexto em questão, elas *não* estão limitadas explicitamente a uma condição que se refira apenas à tabela *T*, mas podem se referir a qualquer parte acessível do banco de dados.

Então, aqui está um exemplo de CREATE TABLE envolvendo restrições de tabelas básicas de todos os três tipos:

```
CREATE TABLE FP
    ( F# F# NOT NULL, P# P# NOT NULL, QDE QDE NOT NULL,
      PRIMARY KEY ( F#, P# ),
      FOREIGN KEY ( F# ) REFERENCES F
                         ON DELETE CASCADE
                         ON UPDATE CASCADE,
      FOREIGN KEY ( P# ) REFERENCES P
                         ON DELETE CASCADE
                         ON UPDATE CASCADE,
      CHECK ( QDE ≥ QDE ( 0 ) AND QDE ≤ QDE ( 5000 ) ) ) ;
```

Estamos supondo aqui que F# e P# já foram definidos explicitamente como sendo chaves primárias para as tabelas F e P, respectivamente. Além disso, também fazemos uso deliberado da abreviação pela qual uma restrição de verificação da forma

```
CHECK ( <nome de coluna> IS NOT NULL )
```

pode ser substituída por uma simples especificação NOT NULL na definição da coluna em questão. No exemplo, substituímos assim três restrições de verificação um pouco incômodas por três especificações NOT NULL.

Fechamos esta subseção repetindo o ponto de que uma restrição de tabela básica de SQL é *sempre* considerada satisfeita se a tabela básica em questão está vazia – mesmo que a restrição seja da forma (digamos) "1=2" (ou ainda, se tiver a forma "esta tabela não deve estar vazia"!).

---

[21]Observamos que o suporte para certas *<ações referenciais>* (CASCADE, em particular) implica que, pelo menos nos bastidores, o sistema precisa oferecer suporte a algum tipo de atribuição relacional múltipla! – apesar do fato de não haver qualquer operador na SQL para isso.

243

Assertivas

Agora, vamos concentrar nossa atenção nas restrições gerais ou "assertivas" da SQL. Essas restrições são definidas por meio da sintaxe de CREATE ASSERTION:

```
CREATE ASSERTION <nome de restrição>
     CHECK ( <expressão booleanal> ) ;
```

E aqui está a sintaxe de DROP ASSERTION:

```
DROP ASSERTION <nome de restrição> ;
```

Observe que, diferente da maior parte das outras formas do operador DROP de SQL (DROP TYPE, DROP TABLE, DROP VIEW), DROP ASSERTION não oferece uma opção RESTRICT *versus* CASCADE.

Aqui estão os seis exemplos da Seção 9.1, expressos na forma de assertivas SQL. Como um exercício, você poderia tentar formular esses exemplos como restrições de tabelas básicas.

1. O valor de status de cada fornecedor está no intervalo de 1 a 100, inclusive.

```
CREATE ASSERTION FC1 CHECK
    ( NOT EXISTS ( SELECT * FROM P
                   WHERE  F.STATUS < 0
                   OR     F.STATUS > 100 ) ) ;
```

2. Cada fornecedor em Londres possui status 20.

```
CREATE ASSERTION FC2 CHECK
    ( NOT EXISTS ( SELECT * FROM P
                   WHERE  F.CIDADE = 'Londres'
                   AND    F.STATUS ≠ 20 ) ) ;
```

3. Se houver peças, pelo menos uma delas é azul.

```
CREATE ASSERTION PC3 CHECK
    ( NOT EXISTS ( SELECT * FROM P )
      OR  EXISTS ( SELECT * FROM P
                   WHERE  P.COR = COLOR ('Azul') ) ) ;
```

4. Dois fornecedores distintos não têm o mesmo número de fornecedor.

```
CREATE ASSERTION FC4 CHECK
    ( UNIQUE ( SELECT F.F# FROM F ) ) ;
```

UNIQUE aqui é um operador SQL que apanha uma tabela como argumento e retorna TRUE se essa tabela não tiver linhas em duplicata; caso contrário, retorna FALSE.

5. Cada remessa envolve um fornecedor existente.

```
CREATE ASSERTION FFP5 CHECK
    ( NOT EXISTS
        ( SELECT * FROM FP
          WHERE  NOT EXISTS
            ( SELECT * FROM F
              WHERE  F.F# = FP.F# ) ) ) ;
```

6. Nenhum fornecedor com status menor que 20 fornece peça alguma com uma quantidade maior que 500.

```
CREATE ASSERTION FFP6 CHECK
        ( NOT EXISTS ( SELECT * FROM F, FP
                       WHERE  F.STATUS < 20
                       AND    F.F# = FP.F#
                       AND    FP.QDE > QDE ( 500 ) ) ) ;
```

Vamos considerar rapidamente mais um exemplo. Reveja esta definição de visão da seção anterior:

```
CREATE VIEW FORNECEDOR_LONDRES
    AS SELECT F$, FNOME, STATUS
        FROM    F
        WHERE   CIDADE = 'Londres' ;
```

Já sabemos que não é possível incluir uma especificação com o formato

```
UNIQUE ( F# )
```

na definição dessa visão. Contudo, por mais estranho que pareça, *podemos* especificar uma restrição geral da seguinte forma:

```
CREATE ASSERTION LSK CHECK
    ( UNIQUE ( SELECT F# FROM FORNECEDOR_LONDRES ) ) ;
```

Verificação postergada

As restrições da SQL também diferem das nossas quanto à questão de quando a verificação é feita. Em nosso esquema, todas as restrições são verificadas imediatamente. Em contraste, em SQL, as restrições podem ser definidas como DEFERRABLE ou NOT DEFERRABLE;[22] se determinada restrição é DEFERRABLE, ela pode ainda ser definida como INITIALLY DEFERRED ou INITIALLY IMMEDIATE, o que define seu estado no início de cada transação. As restrições NOT DEFERRABLE são sempre verificadas imediatamente, mas as restrições DEFERRABLE podem ser ativadas e desativadas dinamicamente por meio da instrução:

```
SET CONSTRAINTS <lista_com_vírgulas de nomes de restrições> <opção> ;
```

onde *<opção>* é IMMEDIATE ou DEFERRED. Aqui está um exemplo:

```
SET CONSTRAINTS FFP5, FFP6 DEFERRED ;
```

As restrições DEFERRABLE são verificadas apenas quando se encontram no estado IMMEDIATE. A definição de uma restrição DEFERRABLE para o estado IMMEDIATE faz essa restrição ser verificada de imediato, é claro; se a verificação falhar, SET IMMEDIATE falhará. O COMMIT força uma SET IMMEDIATE para todas as restrições DEFERRABLE; se qualquer verificação de integridade falhar, então a transação será cancelada.

Triggers

A instrução CREATE TRIGGER da SQL tem o seguinte formato:

```
CREATE TRIGGER <nome do trigger>
        <antes ou depois> <evento> ON <nome da tabela básica>
    [ REFERENCING <lista_com_vírgulas de nomeação> ]
    [ FOR EACH <linha ou instrução> ]
    [ WHEN ( <expressão booleana> ) ] <ação> ;
```

Explicação:

1. A especificação *<antes ou depois>* pode ser BEFORE ou AFTER (o padrão SQL não admite INSTEAD OF, ao contrário de alguns produtos, que o admitem).

---

[22]Contudo, certas restrições precisam ser NOT DEFERRABLE. Por exemplo, se *FK* for uma chave estrangeira, então a restrição de chave candidata para a chave candidata correspondente precisa ser NOT DEFERRABLE.

2. O *<evento>* é INSERT, DELETE ou UPDATE. UPDATE pode ser qualificado ainda mais pela especificação OF *<lista_com_vírgulas de nome de coluna>*.

3. Cada *<nomeação>* pode ser um dos seguintes:

```
OLD ROW    AS <nome>
NEW ROW    AS <nome>
OLD TABLE AS <nome>
NEW TABLE AS <nome>
```

4. A especificação *<linha ou instrução>* é ROW ou STATEMENT (STATEMENT é o default). ROW significa que o trigger dispara para cada linha individual afetada pela instrução de trigger; STATEMENT significa que o trigger dispara apenas uma vez para a instrução tomada como um todo.

5. Se uma cláusula WHEN for especificada, isso significa que a *<ação>* só deve ser executada se a *<expressão booleana>* for avaliada como TRUE.

6. A *<ação>* é uma única instrução SQL (porém, essa única instrução pode ser *composta*, significando, informalmente, que pode consistir em uma sequência de instruções cercadas pelos delimitadores BEGIN e END).

   Finalmente, aqui está a sintaxe de DROP TRIGGER:

```
DROP TRIGGER <nome do trigger> ;
```

Assim como DROP ASSERTION, DROP TRIGGER não oferece uma opção RESTRICT *versus* CASCADE.

9.13 RESUMO

Neste capítulo, discutimos o conceito crucial de **integridade**. O problema da integridade é o de garantir que os dados no banco de dados são *corretos* (ou o mais corretos possível; lamentavelmente, o melhor que podemos realmente fazer é garantir que os dados são *consistentes*). Naturalmente, estamos interessados em soluções **declarativas** para esse problema.

Começamos mostrando que as restrições de integridade têm a seguinte forma geral:

SE certas tuplas aparecem em certas RelVars, ENTÃO essas tuplas satisfazem a uma certa condição.

(As restrições de tipo são um pouco diferentes – veja a discussão seguinte.) Demos uma sintaxe para indicar tais restrições, com base na versão de cálculo da **Tutorial D**, e apontamos que a sintaxe não inclui qualquer meio para o usuário dizer a SGBD quando realizar a verificação; em vez disso, queremos que o SGBD determine por si só quando irá fazer essa verificação. E dissemos (contudo, sem justificar nossa posição) que toda a verificação de restrição precisa ser **imediata**.

Em seguida, explicamos que uma restrição conforme declarada é um **predicado**, mas, quando é verificada (ou seja, quando os valores atuais da relação são usados no lugar das RelVars mencionadas nesse predicado), ela se torna uma **proposição**. A operação lógica AND de todas as restrições de RelVars para uma determinada RelVar é o **predicado de RelVar** para essa RelVar, e o AND lógico de todos os predicados de RelVar que se aplicam a determinado banco de dados é o **predicado de banco de dados** para esse banco de dados. E **A Regra Áurea** estabelece que:

Nenhuma operação de atualização terá jamais permissão para atribuir a qualquer banco de dados um valor que faça com que seu predicado de banco de dados seja avaliado como FALSE.

Em seguida, distinguimos entre predicados **internos** e **externos**. Os predicados internos são formais: eles são entendidos pelo sistema, e são verificados pelo SGBD (os predicados de RelVar e de banco de dados indicados no parágrafo anterior são predicados internos). Os predicados externos, ao contrário, são apenas informais: eles são entendidos pelo usuário, mas não pelo sistema. A **Hipótese do Mundo Fechado** aplica-se a predicados externos, mas não aos internos.

A propósito, como você pode ter observado, o que normalmente chamamos de "integridade" nos contextos de banco de dados significa, na realidade, **semântica**: são as restrições de integridade (particularmente, os predicados de RelVar e banco de dados) que representam o **significado** dos dados. E esse é o motivo pelo qual, conforme dissemos na introdução deste capítulo, a integridade tem *importância crucial*.

Também indicamos que, apesar da sabedoria convencional, tudo o que tem a ver com integridade se aplica a todas as RelVars, e não apenas às básicas (particularmente, aplica-se também a visões) – embora as restrições que se aplicam a determinada visão possam ser derivadas daquelas que se aplicam às RelVars das quais a visão em questão é derivada, naturalmente.

Dividimos as restrições de integridade em quatro categorias:

- Uma restrição de **tipo** especifica os valores válidos para um determinado tipo (ou domínio), e é verificada durante invocações do seletor correspondente.

- Uma restrição de **atributo** especifica os valores válidos para um determinado atributo, e possivelmente nunca poderá ser violada se as restrições de tipo forem verificadas.

- Uma restrição de **RelVar** especifica os valores válidos para uma determinada RelVar, e é verificada quando essa RelVar é atualizada.

- Uma restrição de **banco de dados** especifica os valores válidos para um determinado banco de dados, e é verificada quando o banco de dados em questão é atualizado.

Contudo, explicamos que a distinção entre restrições de RelVar e banco de dados é uma questão mais de pragma do que de lógica. Também esboçamos rapidamente a ideia básica de restrições de **transição**.

Então, passamos a discutir os casos especiais pragmaticamente importantes de chaves **candidatas, primárias, alternativas** e **estrangeiras**. As chaves candidatas satisfazem às propriedades de **unicidade** e **irredutibilidade**, e toda RelVar tem pelo menos uma (sem exceções!). A restrição de que os valores de uma determinada chave estrangeira devem corresponder aos valores da chave candidata correspondente é uma **restrição referencial**; exploramos diversas implicações da ideia de integridade referencial, inclusive em particular a noção de **ações referenciais** (especialmente **CASCADE**). Essa última discussão nos levou a um rápido desvio para o assunto de **triggers**.

Concluímos nossas discussões com um exame dos aspectos relevantes de SQL. As restrições de tipo da SQL são muito fracas; basicamente, elas são limitadas a dizer que o tipo em questão precisa ter uma certa representação física. As restrições de tabelas básicas da SQL (que incluem o suporte do caso especial para as chaves) e as restrições gerais ("assertivas") incluem correspondentes às nossas restrições de RelVar e banco de dados (excluindo as restrições de transição), mas não são classificadas tão cuidadosamente (de fato, elas são quase permutáveis, e não se sabe ao certo por que a linguagem as inclui). SQL também admite a **verificação postergada**. Finamente, analisamos rapidamente o suporte da SQL para triggers.

EXERCÍCIOS

9.1 Quais operações podem causar a violação das restrições dos Exemplos de 1 a 6, da Seção 9.1?

9.2 Indique formulações algébricas em **Tutorial D** dos Exemplos de 1 a 6, da Seção 9.1. Quais você prefere, as formulações de cálculo ou as algébricas? Por quê?

9.3 Usando a sintaxe **Tutorial D** baseada em cálculo da Seção 9.2, escreva restrições de integridade para as seguintes "regras de negócios" sobre o banco de dados de fornecedores, peças e projetos:

a. As únicas cidades válidas são Londres, Paris, Roma, Atenas, Oslo, Estocolmo, Madri e Amsterdã.

b. Os únicos números de fornecedores válidos são aqueles que podem ser representados por uma string de caracteres de pelo menos dois caracteres, dos quais o primeiro é uma letra "F" e os restantes denotam um inteiro decimal no intervalo de 0 a 9999.

c. Todas as peças vermelhas devem pesar menos de 50 libras.

d. Dois projetos não podem estar localizados na mesma cidade.

e. No máximo um fornecedor pode estar localizado em Atenas em qualquer instante.

f. Nenhuma remessa pode ter uma quantidade maior que o dobro da média de todas as quantidades de remessas.

g. O fornecedor de status mais alto não deve estar localizado na mesma cidade que o fornecedor de status mais baixo.

h. Todo projeto deve estar localizado em uma cidade na qual exista pelo menos um fornecedor.

i. Todo projeto deve estar localizado em uma cidade na qual exista pelo menos um fornecedor desse projeto.

j. Deve existir pelo menos uma peça vermelha.

k. O status de fornecedor médio deve ser maior que 19.

l. Todo fornecedor de Londres deve fornecer a peça P2.

m. Pelo menos uma peça vermelha deve pesar menos que 50 libras.

n. Fornecedores em Londres devem fornecer mais tipos diferentes de peças que fornecedores em Paris.

o. Fornecedores em Londres devem fornecer mais peças no total que fornecedores em Paris.

p. Nenhuma quantidade de remessa pode ser reduzida (em uma única atualização) a menos de metade de seu valor atual.

q. Fornecedores em Atenas só podem mudar para Londres ou Paris, e fornecedores em Londres só podem mudar para Paris.

9.4 Para cada uma de suas respostas ao Exercício 9.3, (a) estabeleça se a restrição é uma restrição de RelVar ou de banco de dados; (b) indique as operações que poderiam fazer a restrição aplicável ser violada.

9.5 Usando os valores de dados de fornecedores, peças e projetos da Figura 4.5 (veja uma cópia no final deste livro), diga qual será o efeito de cada uma das seguintes operações:

a. UPDATE projeto J7, definindo CIDADE como Nova York.

b. UPDATE peça P5, definindo P# como P4.

c. UPDATE fornecedor F5, definindo F# como F8, se a ação referencial aplicável for RESTRICT.

d. DELETE fornecedor F3, se a ação referencial aplicável for CASCADE.

e. DELETE peça P2, se ação referencial aplicável for RESTRICT.

f. DELETE projeto J4, se ação referencial aplicável for CASCADE.

g. UPDATE remessa F1-P1-J1, definindo F# como F2.

h. UPDATE remessa F5-P5-J5, definindo J# como J7.

i. UPDATE remessa F5-P5-J5, definindo J# como J8.

j. INSERT remessa F5-P6-J7.

k. INSERT remessa F4-P7-J6.

l. INSERT remessa F1-P2-*jjj* (em que *jjj* representa um número de projeto padrão).

9.6 O texto do capítulo discutiu as regras de chaves estrangeiras DELETE e UPDATE, mas não mencionou nenhuma "regra INSERT" de chave estrangeira. Por que não?

9.7 Um banco de dados de ensino contém informações sobre um esquema de treinamento educacional interno de uma empresa. Para cada curso de treinamento, o banco de dados contém detalhes de todos os cursos que são pré-requisitos para esse curso e todas as ofertas desse curso; para cada oferta, ele contém detalhes de todos os professores e todas as matrículas de alunos para essa oferta. O banco de dados também contém informações sobre empregados. As RelVars relevantes são as seguintes, em um esboço:

```
CURSO      { CURSO#, TÍTULO }
PREREQ     { SUP_CURSO#, SUB_CURSO# }
OFERTA     { CURSO#, OFER#, DATAOFER, LOCAL }
PROFESSOR  { CURSO#, OFER#, EMP# }
MATRÍCULA  { CURSO#, OFER#, EMP#, GRAU }
```

```
EMPREGADO  { EMP#, ENOME, CARGO }
```

O significado da RelVar PREREQ é que o curso superior (SUP_CURSO#) tem o curso subordinado (SUB_CURSO#) como pré-requisito imediato; as outras RelVars devem ser autoexplicativas. Trace um diagrama referencial adequado para esse banco de dados. Forneça também a definição do banco de dados correspondente (isto é, escreva um conjunto apropriado de definições de tipos e RelVars).

9.8 As duas RelVars a seguir representam um banco de dados contendo informações sobre departamentos e empregados:

```
DEPTO  { DEPTO#, ..., GER_EMP#, ... }
EMP    { EMP#, ..., DEPTO#, ... }
```

Cada departamento tem um gerente (GER_EMP#); cada empregado tem um departamento (DEPTO#). Novamente, trace um diagrama referencial e escreva uma definição de banco de dados adequada para esse banco de dados.

9.9 As duas RelVars a seguir representam um banco de dados contendo informações sobre empregados e programadores:

```
EMP  { EMP#, ..., CARGO, ... }
PGMR { EMP#, ..., LING, ... }
Todo programador é um empregado, mas a recíproca não é verdadeira. Mais uma vez, trace um diagrama
referencial e escreva uma definição de banco de dados adequada.
```

9.10 Chaves candidatas são definidas para serem *conjuntos* de atributos. O que acontece se o conjunto em questão estiver vazio (ou seja, não contém atributos)? Você pode pensar em algum uso para tal chave candidata "vazia" (ou "nulária")?

9.11 Seja R uma RelVar de grau n. Qual é o número máximo de chaves candidatas que R pode possuir?

9.12 Sejam A e B duas RelVars. Declare a(s) chave(s) candidata(s) para cada um dos itens a seguir:

a. A WHERE ...

b. A {...}

c. A TIMES B

d. A UNION B

e. A INTERSECT B

f. A MINUS B

g. A JOIN B

h. EXTEND A ADD exp AS Z

i. SUMMARIZE A PER B ADD exp AS Z

j. A SEMIJOIN B

k. A SEMIMINUS B

Em cada caso, suponha que A e B atendem às exigências para a operação em questão (por exemplo, elas são do mesmo tipo, no caso de UNION).

9.13 Repita o Exercício 9.10, substituindo a palavra *candidata* pela palavra *externa* (duas vezes).

9.14 Dê as soluções SQL para o Exercício 9.3.

9.15 Dê as definições do banco de dados SQL para os Exercícios 9.7 a 9.9.

9.16 Vimos que cada RelVar (e, de fato, cada relação) corresponde a algum predicado. A recíproca é verdadeira?

9.17 Em uma nota de rodapé na Seção 9.7, dissemos que, se os valores F1 e Londres aparecem juntos na mesma tupla, então isso pode significar (entre muitas outras interpretações possíveis) que o fornecedor F1 não tem um escritório em Londres. Na realidade, essa interpretação específica é extremamente improvável. Por quê? *Dica:* Lembre-se da Hipótese do Mundo Fechado.

REFERÊNCIAS E BIBLIOGRAFIA

9.1 Alexander Aiken, Joseph M. Hellerstein e Jennifer Widom: "Static Analysis Techniques for Predicting the Behavior of Active Database Rules", *ACM TODS 20*, Número 1 (março de 1995).

> Esse artigo continua o trabalho das referências [9.2] e [9.5] sobre "sistemas de bancos de dados especialistas" (chamados aqui de sistemas de bancos de dados *ativos*). Em particular, descreve o sistema de regras do protótipo Starburst da IBM (consulte as referências [18.21], [18.48], [26.19] e [26.23] e [26.29, 26.30], e também a referência [9.25].

9.2 Elena Baralis e Jennifer Widom: "An Algebraic Approach to Static Analysis of Active Database Rules", *ACM TODS 25*, Número 3 (setembro de 2000). Uma versão anterior desse artigo, "An Algebraic Approach to Rule Analysis in Expert Database Systems", apareceu em Proc. 20th Int. Conf. on Very Large Data Bases, Santiago, Chile (setembro de 1994).

> As "regras" do título aqui são essencialmente *triggers*. Um problema com essas regras é que (conforme observamos na Seção 9.11), seu comportamento é inerentemente difícil de prever ou entender. Esse artigo apresenta métodos para determinar, antes da execução, se determinado conjunto de regras possui as propriedades de terminação e confluência. A *terminação* significa que o processamento de regras tem a garantia de não continuar para sempre. *Confluência* significa que o estado final do banco de dados é independente da ordem em que as regras são executadas.

9.3 Philip A. Bernstein, Barbara T. Blaustein e Edmund M. Clarke: "Fast Maintenance of Semantic Integrity Assertions Using Redundant Aggregate Data", Proc. 6th Int. Conf. on Very Large Data Bases, Montreal, Canadá (outubro de 1980).

> Apresenta um método eficiente para impor restrições de integridade de um certo tipo especial. Um exemplo é "todo valor no conjunto *A* deve ser menor que todo valor no conjunto *B*". A técnica de imposição é baseada na observação de que (por exemplo) a restrição dada é logicamente equivalente à restrição "o valor *máximo* em *A* deve ser menor que o valor *mínimo* em *B*". Reconhecendo essa classe de restrição e mantendo de forma automática os valores máximo e mínimo relevantes em variáveis ocultas, o sistema pode reduzir o número de comparações envolvidas na imposição da restrição sobre uma atualização de algo na ordem da cardinalidade de *A* ou *B* (dependendo do conjunto ao qual a atualização se aplica) a *um* – é claro, ao custo de ser obrigado a manter as variáveis ocultas.

9.4 0. Peter Buneman e Erik K. Clemons: "Efficiently Monitoring Relational Databases", *ACM TODS 4*, Número 3 (setembro de 1979).

> Esse artigo se preocupa com a implementação eficiente de triggers (aqui chamados *alertas*) – em particular, com o problema de decidir quando a condição de trigger será satisfeita, sem necessariamente avaliar essa condição. Ele apresenta um método (um algoritmo de *anulação*) para detectar atualizações que talvez não possam satisfazer a uma determinada condição de trigger; ele também discute uma técnica para reduzir a sobrecarga de processamento no caso em que o algoritmo de anulação falha, avaliando a condição de trigger para algum subconjunto pequeno (um *filtro*) do conjunto total de tuplas relevantes.

9.5 Stefano Ceri e Jennifer Widom: "Deriving Production Rules for Constraint Maintenance", Proc. 16th Int. Conf. on Very Large Data Bases, Brisbane, Austrália (agosto de 1990).

> Descreve uma linguagem baseada em SQL para definir restrições e oferece um algoritmo para identificar todas as operações que poderiam violar determinada restrição. (Um esboço preliminar desse algoritmo foi apresentado anteriormente na referência [9.12].) O artigo também examina questões de otimização e correção.

9.6 Stefano Ceri, Roberta J. Cochrane e Jennifer Widom: "Practical Application of Triggers and Constraints: Successes and Lingering Issues", Proc. 26th Int. Conf. on Very Large Data Bases, Cairo, Egito (setembro de 2000).

> Uma citação da resumo: "[Uma] parte significativa das... aplicações de trigger são de fato nada mais do que *mantenedores de restrições* para diversas classes de restrições de integridade." O artigo prossegue sugerindo que muitos triggers, incluindo aqueles "mantenedores de restrições" em particular, poderiam de fato ser gerados automaticamente, a partir de especificações declarativas.

9.7 Stefano Ceri, Piero Fraternali, Stefano Paraboschi e Letizia Tanca: "Automatic Generation of Production Rules for Integrity Maintenance", *ACM TODS 19*, 3 (setembro de 1994).

Esse artigo, que se baseia no trabalho da referência [9.5], introduz a possibilidade de *reparação automática* dos danos feitos por uma violação de restrição. As restrições são compiladas em *regras de produção* com os seguintes componentes:

1. Uma lista de operações que podem violar a restrição.

2. Uma expressão booleana que terá o valor verdadeiro (TRUE) se a restrição for violada (basicamente, apenas a negação da restrição original).

3. Um procedimento de reparação em SQL.

O artigo também inclui uma boa pesquisa sobre trabalhos relacionados.

9.8 Roberta Cochrane, Hamid Pirahesh e Nelson Mattos: "Integrating Triggers and Declarative Constraints in SQL Database Systems", Proc. 22nd Int. Conf. on Very Large Data Bases, Mumbai (Bombaim), Índia (setembro de 1996).

Citando o artigo: "A semântica da interação de triggers e restrições declarativas deve ser definida com cuidado para evitar a execução inconsistente e fornecer aos usuários um modelo amplo para compreensão dessas interações. Este [artigo] define tal modelo". O modelo em questão tornou-se a base para os aspectos relevantes do padrão SQL:1999.

9.9 E. F. Codd: "Domains, Keys and Referential Integrity in Relational Databases", *InfoDB 3*, Número 1 (primavera de 1988).

Uma discussão dos conceitos de domínio, chave primária e chave estrangeira. O artigo evidentemente tem autoridade, pois Codd foi o inventor de todos esses conceitos; porém, na opinião deste autor, ele ainda deixa muitas questões não resolvidas ou não explicadas. A propósito, o artigo oferece o seguinte argumento em favor da disciplina de exigir que uma única chave candidata seja escolhida como chave primária: "Deixar de apoiar essa disciplina é algo como tentar usar um computador com o esquema de endereçamento ... que altere o radical sempre que uma espécie particular de evento ocorrer (por exemplo, encontrar um endereço que seja um número primo)". Contudo, se aceitarmos esse argumento, por que não levá-lo à sua conclusão lógica e usar um esquema de endereçamento idêntico para *tudo*? Não é estranho ter de "endereçar" fornecedores por números de fornecedores e peças por números de peças? – sem mencionar as remessas, que envolvem "endereços" que são *compostos*. (Na verdade, há muito o que dizer em favor dessa ideia de um esquema de endereçamento globalmente uniforme. Consulte a discussão sobre *substitutos* na anotação à referência [14.21], no Capítulo 14.)

9.10 C. J. Date: "Referential Integrity", Proc. 7th Int. Conf. on Very Large Data Bases, Cannes, França (setembro de 1981). Republicado em forma revisada em *Relational Database: Selected Writings*. Reading, Mass.: Addison-Wesley (1986).

O artigo que introduziu as ações referenciais (principalmente CASCADE e RESTRICT), discutidas na Seção 9.10 deste capítulo. A principal diferença entre a versão original do artigo (VLDB 1981) e a versão revista é que a versão original, seguindo a referência [14.7], permitia que uma determinada chave estrangeira fizesse referência a qualquer número de RelVars, enquanto – por questões explicadas em detalhes na referência [9.11] – a versão revista recuava dessa posição excessivamente geral.

9.11 C. J. Date: "Referential Integrity and Foreign Keys" (em duas partes), em *Relational Database Writings 1985–1989*. Reading, Mass.: Addison-Wesley (1990).

A Parte I desse artigo discute a história do conceito de integridade referencial e oferece um conjunto preferido de definições básicas (com justificativa). A Parte II fornece mais argumentos em favor dessas definições preferidas e dá algumas recomendações práticas específicas; em particular, discute problemas causados por (a) superposição de chaves estrangeiras, (b) valores compostos de chaves estrangeiras que são parcialmente NULL, e (c) caminhos referenciais contíguos (isto é, diferentes caminhos referenciais que têm o mesmo ponto de partida e o mesmo ponto final). *Nota*: Certas posições nesse artigo são ligeiramente (mas não muito seriamente) minadas pelos argumentos da referência [9.14].

9.12 C. J. Date: "A Contribution to the Study of Database Integrity", em *Relational Database Writings 1985–1989*. Reading, Mass.: Addison-Wesley (1990).

Para citar do resumo: "Esse artigo tenta impor alguma estrutura sobre o problema [da integridade] (a) propondo um esquema de classificação para restrições de integridade, (b) usando esse esquema para esclarecer os principais conceitos básicos da integridade de dados, (c) esboçando uma abordagem para uma linguagem concreta de formulação de restrições de integridade e (d) identificando algumas áreas específicas para pesquisa adicional." Partes deste capítulo se baseiam nesse artigo inicial, mas o esquema de classificação propriamente dito deve ser considerado como superado pela versão revisada descrita nas Seções de 9.9 deste capítulo.

9.13 C. J. Date: "Integrity", Capítulo 11 da referência [4.21].

O produto DB2 da IBM fornece suporte declarativo para chave primária e chave estrangeira (na verdade, foi um dos primeiros produtos a fazê-lo, senão o primeiro). Porém, como explica esta referência, esse suporte sofre de certas restrições de implementação, cujo objetivo geral é *garantir um comportamento previsível*. Damos aqui um exemplo simples. Suponha que a RelVar *R* contenha somente duas tuplas, com valores de chave primária 1 e 2 respectivamente, e considere a requisição de atualização "Duplicar todo valor de chave primária em *R*". O resultado correto é que as tuplas devem agora ter os valores de chave primária 2 e 4, respectivamente. Se o sistema atualizar o "2" primeiro (substituindo-o por "4") e depois atualizar o "1" (substituindo-o por "2") a requisição terá sucesso. Se, por outro lado, o sistema atualizar – ou melhor, tentar atualizar – o "1" primeiro (substituindo-o por "2"), ocorrerá uma violação da unicidade, e a requisição falhará (o banco de dados permanecerá inalterado). Em outras palavras, *o resultado da requisição será imprevisível*. Para evitar essa imprevisibilidade, o DB2 simplesmente impede situações nas quais ela poderia ocorrer. Porém, infelizmente, algumas das restrições resultantes são bastante severas [9.20].

Observe que, como sugere o exemplo anterior, o DB2 em geral efetua uma "verificação em tempo de execução" – isto é, aplica verificações de integridade a cada tupla individual *quando atualiza essa tupla*. Essa verificação em tempo de execução é incorreta do ponto de vista lógico (veja a subseção "Atualizando RelVars", no Capítulo 6, Seção 6.5); ela é feita por questões de desempenho.

9.14 C. J. Date: "The Primacy of Primary Keys: An Investigation", em *Relational Database Writings 1991-1994*. Reading, Mass.: Addison-Wesley (1995).

Apresenta argumentos para apoiar a posição de que às vezes não é boa ideia tornar uma chave candidata "mais igual que outras".

9.15 C. J. Date: *WHAT Not HOW: The Business Rules Approach to Application Development*. Reading, Mass.: Addison-Wesley (2000).

Uma introdução bastante informal (e não muito exigente, do ponto de vista técnico) às "regras de negócios". Ver também as referências [9.21] e [9.22].

9.16 C. J. Date: "Constraints and Predicates: A Brief Tutorial" (em três partes), *http://www.dbdebunk.com* (maio de 2001).

Este capítulo é bastante influenciado nesse tutorial. A seguinte versão editada (e abreviada) da seção de conclusão do artigo também é relevante:

Vimos que um banco de dados é uma coleção de proposições verdadeiras. De fato, um banco de dados, junto com os operadores que se aplicam às proposições nesse banco de dados, é um **sistema lógico**. E, com "sistema lógico", queremos indicar um sistema formal – como a geometria Euclideana, por exemplo – que possui *axiomas* ("verdades dadas") e *regras de inferência*, pelas quais podemos provar *teoremas* ("verdades derivadas") a partir desses axiomas. Na realidade, essa foi a própria grande ideia de Codd, quando inventou o modelo relacional em 1969, de que um banco de dados não é realmente apenas uma coleção de *dados* (apesar do nome); em vez disso, é uma coleção de *fatos*, ou aquilo que os lógicos chamam de proposições verdadeiras. Essas proposições – as verdades dadas, ou seja, as representadas nas RelVars básicas – são os axiomas do sistema lógico em discussão. E as regras de inferência são basicamente as regras pelas quais novas proposições são derivadas das que são dadas; em outras palavras, elas são as regras que nos dizem como aplicar os operadores da álgebra relacional. Assim, quando o sistema avalia alguma expressão relacional (particularmente, quando ele responde a alguma consulta), ele está realmente derivando novas verdades a partir de verdades dadas; com efeito, ele está provando um teorema!

Quando reconhecemos a verdade de tudo isso, vemos que o aparato inteiro da lógica formal torna-se disponível para uso no ataque ao "problema do banco de dados". Em outras palavras, questões como

- Como o banco de dados deve ser apresentado ao usuário?

- Como deve ser a aparência da linguagem de consulta?

- Como os resultados devem ser apresentados ao usuário?

- Como podemos implementar melhor as consultas (ou, de um modo geral, avaliar expressões de banco de dados)?

- Como devemos projetar o banco de dados em primeiro lugar?

(sem falar na questão de como devem ser as restrições de integridade) tornam-se, com efeito, questões na lógica que são suscetíveis ao tratamento lógico, e que podem receber respostas lógicas.

Naturalmente, nem é preciso dizer que o modelo relacional admite diretamente a percepção do significado do banco de dados – motivo pelo qual, na opinião deste autor, o modelo relacional é sólido como a rocha, e "correto" e permanecerá.

Finalmente, dado que um banco de dados junto com os operadores relacionais é na realidade um sistema lógico, podemos agora ver a **importância absolutamente vital** das restrições de integridade. Se o banco de dados estiver violando alguma restrição de integridade, então o sistema lógico de que estamos falando será inconsistente. E podemos obter *absolutamente qualquer resposta* de um sistema inconsistente! Suponha que o sistema em questão seja tal que implique que b e NOT p sejam verdadeiros (existe a inconsistência), em que p é alguma proposição. Agora, seja q alguma proposição qualquer. Então:

- Pela verdade de p, podemos deduzir a verdade de p OR q.

- Pela verdade de p OR q e pela verdade de NOT p, podemos deduzir a verdade de q.

Mas q foi arbitrário! Portanto, conclui-se que qualquer proposição pode ser mostrada como sendo verdadeira em um sistema inconsistente.

9.17 M. M. Hammer e S. K. Sarin: "Efficient Monitoring of Database Assertions", Proc. 1978 ACM SIGMOD Int. Conf. on Management of Data, Austin, Texas (maio/junho de 1978).

É esboçado um algoritmo para gerar procedimentos de verificação de integridade mais eficiente que o método óbvio da "força bruta" de simplesmente avaliar restrições após ter sido executada uma atualização. As verificações são incorporadas ao código objeto da aplicação em tempo de compilação. Em alguns casos, é possível detectar que nenhuma verificação é necessária em tempo de execução. Mesmo quando elas são necessárias, normalmente é possível reduzir de modo significativo o número de acessos ao banco de dados de diversas maneiras.

9.18 Bruce M. Horowitz: "A Run-Time Execution Model for Referential Integrity Maintenance", Proc. 8th IEEE Int. Conf. on Data Engineering, Phoenix, Arizona (fevereiro de 1992).

É bem sabido que certas combinações de

1. Estruturas referenciais (isto é, coleções de RelVars relacionadas entre si por meio de restrições referenciais)

2. Regras de exclusão e atualização de chaves estrangeiras

3. Valores de dados reais no banco de dados

podem juntos levar a certas situações de conflito e potencialmente podem causar comportamento imprevisível por parte da implementação (por exemplo, consulte a referência [9.11] para obter uma explicação adicional). Existem três abordagens amplas para se lidar com esse problema:

a. Deixá-lo para o usuário.

b. Fazer o sistema detectar e rejeitar tentativas de definir estruturas que potencialmente possam levar a conflitos em tempo de execução.

c. Fazer o sistema detectar e rejeitar conflitos *reais* em tempo de execução.

A opção *a* não vem ao caso e a opção *b* tende a ser excessivamente cautelosa [9.13, 9.20]; portanto, Horowitz propõe a opção *c*. O artigo oferece um conjunto de regras para essas ações em tempo de execução e demonstra sua correção. Porém, observe que a questão da sobrecarga de desempenho dessa verificação em tempo de execução não é considerada.

Horowitz foi membro ativo do comitê que definiu a SQL:1992, e as partes sobre integridade referencial desse padrão implicam efetivamente que as propostas desse artigo devem ser admitidas.

9.19 Victor M. Markowitz: "Referential Integrity Revisited: An Object-Oriented Perspective", Proc. 16th Int. Conf. on Very Large Data Bases, Brisbane, Austrália (agosto de 1990).

A "perspectiva orientada a objeto" do título desse artigo reflete a declaração da posição inicial do autor de que "a integridade referencial é a base da representação relacional de estruturas orientadas a objeto". Porém, o artigo não trata na realidade de orientação a objeto. Em vez disso, ele apresenta um algoritmo que, partindo de um diagrama de entidades/relacionamentos (consulte o Capítulo 14) irá gerar uma definição de banco de dados relacional na qual certas situações problemáticas identificadas na referência [9.11] (por exemplo, superposição de chaves) têm a garantia de não ocorrer.

O artigo também discute a respeito de três produtos comerciais (DB2, SYBASE e Ingres, como eram em 1990) sob o ponto de vista da integridade referencial. O DB2, que oferece suporte *declarativo*, se mostra indevidamente restritivo; o Sybase e o Ingres, que oferecem suporte *procedimental* (por meio de "triggers" e "regras", respectivamente), são apresentados como menos restritivos que o DB2, mas incômodos e difíceis de usar (embora o suporte do Ingres seja considerado "tecnicamente superior" ao do Sybase).

9.20 Victor M. Markowitz: "Safe Referential Integrity Structures in Relational Databases", Proc. 17th Int. Conf. on Very Large Data Bases, Barcelona, Espanha (setembro de 1991).

Propõe duas "condições de segurança" formais que garantem que certas situações problemáticas discutidas (por exemplo) nas referências [9.11] e [9.18] não podem ocorrer. O artigo também considera o que está envolvido para satisfazer essas condições em DB2, SYBASE e Ingres (novamente, como eles eram em 1990). Quanto ao DB2, é mostrado que algumas restrições de implementação impostas no interesse da segurança [9.13] são logicamente desnecessárias, enquanto outras são inadequadas (isto é, o DB2 ainda assim permite que ocorram certas situações inseguras). Quanto a SYBASE e Ingres, afirma-se que o suporte procedimental encontrado nesses produtos não fornece meios para a detecção de especificações referenciais inseguras – ou mesmo incorretas!

9.21 Ronald G. Ross: *The Business Rule Book: Classifying, Defining, and Modeling Rules* (versão 3.0). Boston, Mass.: Database Research Group (1994).

Consulte a anotação à referência [9.22].

9.22 Ronald G. Ross: *Business Rule Concepts*. Houston, Texas: Business Rule Solutions Inc. (1998).

Uma grande quantidade de suporte para regras de negócios vem sacudindo o mundo comercial nos últimos anos; alguns especialistas do setor começaram a sugerir que elas poderiam ser uma base melhor para projeto e elaboração de bancos de dados e de aplicações de bancos de dados (melhor, vale dizer, que técnicas mais estabelecidas como a modelagem de entidades/relacionamentos, modelagem de objeto, modelagem semântica e outras). E nós concordamos com isso, porque as regras de negócios não são essencialmente nada além de um modo mais amistoso (isto é, menos acadêmico e menos formal) de se falar sobre predicados, proposições e todos os outros aspectos da integridade discutidos neste capítulo. Ross é um dos primeiros defensores da abordagem de regras de negócios e seus livros são recomendados aos profissionais. A referência [9.21] é exaustiva, enquanto a referência [9.22] é um breve tutorial. *Nota:* Outro livro de Ross, *Principles of the Business Rule Approach* (Addison-Wesley, 2003), foi publicado enquanto este livro estava sendo editado.

9.23 M. R. Stonebraker e E. Wong: "Access Control in a Relational Data Base Management System by Query Modification", Proc. ACM National Conf. (1974).

O protótipo University Ingres [8.11] foi o pioneiro em uma interessante abordagem para restrições de integridade (e também restrições de segurança – consulte o Capítulo 17), baseada em *modificação de requisição*. As restrições de integridade foram definidas por meio da instrução DEFINE INTEGRITY – aqui está a sintaxe:

```
DEFINE INTEGRITY ON <nome de RelVar> IS <expressão booleana>
```

Por exemplo:

```
DEFINE INTEGRITY ON F IS F.STATUS > 0
```

Suponha que o usuário *U* tente a seguinte operação REPLACE de QUEL:

```
REPLACE F ( STATUS = F.STATUS – 10 )
WHERE    F.CIDADE = "Londres"
```

Então, o Ingres modifica automaticamente a REPLACE para:

```
REPLACE F ( STATUS = F.STATUS - 10 )
WHERE   F.CIDADE = "Londres"
AND     ( F.STATUS - 10 ) > 0
```

Obviamente, essa operação modificada não terá a possibilidade de violar a restrição de integridade. Uma desvantagem dessa abordagem é que nem todas as restrições podem ser impostas dessa maneira simples; na verdade, QUEL só admitia restrições nas quais a expressão booleana era uma condição de restrição simples. Porém, mesmo esse suporte limitado representava mais do que aquilo que poderia ser encontrado na maioria dos sistemas da época.

9.24 A. Walker e S. C. Salveter: "Automatic Modification of Transactions to Preserve Data Base Integrity Without Undoing Updates", Universidade Estadual de Nova York, Stony Brook, N.Y.: Technical Report 81/026 (junho de 1981).

Descreve uma técnica para modificação automática de qualquer "modelo de transação" (isto é, código-fonte de transação) em um modelo correspondente *seguro* – no sentido de que nenhuma instância de transação que obedeça a esse modelo modificado terá possibilidade de violar qualquer restrição de integridade declarada. O método funciona acrescentando consultas e testes ao modelo original para assegurar, antes de qualquer atualização ser efetuada, que nenhuma restrição será violada. Durante a execução, se qualquer desses testes falhar, a transação será rejeitada e uma mensagem de erro será gerada.

9.25 Jennifer Widom e Stefano Ceri (editores): *Active Database Systems: Triggers and Rules for Advanced Database Processing*. São Francisco, Calif.: Morgan Kaufmann (1996).

Um compêndio útil de artigos de pesquisa e tutoriais sobre "sistemas de bancos de dados ativos" (isto é, sistemas de bancos de dados que executam automaticamente ações especificadas em resposta a determinados eventos – em outras palavras, sistemas de bancos de dados com triggers). São incluídas descrições de vários sistemas protótipos, inclusive o Starburst da IBM Research (veja as referências [18.21], [18.48], [26.19], [26.23] e [26.29, 26.30]) e o Postgres, da Universidade da Califórnia em Berkeley (veja as referências [26.36], [26.40] e [26.42, 26.43]). O livro também resume os aspectos relevantes da SQL:1992, uma primeira versão da SQL:1999, e de certos produtos comerciais (entre eles, Oracle, Informix e Ingres). Está incluída também uma extensa bibliografia.

CAPÍTULO 10

Visões

10.1 Introdução
10.2 Para que servem as visões?
10.3 Busca em visões
10.4 Atualizações de visões
10.5 Snapshots (um desvio)
10.6 Recursos de SQL
10.7 Resumo
Exercícios
Referências e bibliografia

10.1 INTRODUÇÃO

Como explicamos no Capítulo 3, uma visão é essencialmente uma expressão nomeada da álgebra relacional (ou algo equivalente à álgebra relacional). Aqui está um exemplo em **Tutorial D**:

```
VAR BOM_FORNECEDOR VIEW
  ( F WHERE STATUS > 15 ) { F#, STATUS, CIDADE };
```

Quando essa instrução é executada, a expressão da álgebra relacional especificada (isto é, a **expressão de definição de visão**) não é avaliada, mas apenas "lembrada" pelo sistema (na verdade, gravando-a no catálogo sob o nome especificado BOM_FORNECEDOR). Porém, para o usuário é como se realmente houvesse uma RelVar chamada BOM_FORNECEDOR no banco de dados, com tuplas e atributos como mostram as partes não sombreadas da Figura 10.1 (estamos considerando os valores comuns da nossa amostra de dados). Em outras palavras, o nome BOM_FORNECEDOR denota uma RelVar **derivada** (e **virtual**), cujo valor em qualquer instante é a relação que resultaria se a expressão de definição da visão fosse de fato avaliada nesse instante.

BOM_FORNECEDOR	F#	FNOME	STATUS	CIDADE
	F1	Smith	20	Londres
	F2	Jones	10	Paris
	F3	Blake	30	Paris
	F4	Clark	20	Londres
	F5	Adams	30	Atenas

FIGURA 10.1 *BOM_FORNECEDOR como uma visão da RelVar básica F (partes não sombreadas).*

Também explicamos no Capítulo 3 que uma visão como BOM_FORNECEDOR é, na verdade, apenas uma *janela* aberta para os dados básicos: quaisquer atualizações nesses dados serão automática e instantaneamente visíveis através da janela (desde que, é claro, essas mudanças estejam dentro do escopo da visão); da mesma forma, atualizações na visão serão aplicadas automática e instantaneamente aos dados básicos e, portanto, estarão visíveis através da janela.[1]

Dependendo das circunstâncias, o usuário pode ou não perceber que BOM_FORNECEDOR é realmente uma visão; alguns usuários poderiam ter consciência disso e entender que há uma RelVar real (básica) nos bastidores, outros poderiam acreditar mesmo que BOM_FORNECEDOR é uma RelVar real (básica) em si. De qualquer forma, isso faz pouca diferença: o importante é que os usuários possam operar sobre BOM_FORNECEDOR como se ela *fosse* uma RelVar real. Por exemplo, uma consulta sobre BOM_FORNECEDOR poderia ser:

```
BOM_FORNECEDOR WHERE CIDADE ≠ 'Londres'
```

Considerando-se a amostra de dados da Figura 10.1, o resultado é:

F#	STATUS	CIDADE
F3	30	Paris
F5	30	Atenas

A consulta certamente é semelhante a uma consulta normal sobre uma RelVar regular. E, como vimos no Capítulo 3, o sistema trata dessa consulta convertendo-a em uma consulta equivalente sobre a RelVar básica (ou RelVars básicas, no plural). Ele faz isso substituindo efetivamente cada aparição dentro da consulta do *nome* da visão pela expressão que *define* a visão. No exemplo, esse **procedimento de substituição** fornece:

```
( ( F WHERE STATUS > 15 ) { F#, STATUS, CIDADE } )
                        WHERE CIDADE ≠ 'Londres'
```

que se percebe facilmente ser equivalente à forma mais simples:

```
( F WHERE STATUS > 15 AND CIDADE ≠ 'Londres' )
                        { F#, STATUS, CIDADE }
```

E essa consulta produz o resultado mostrado antes.

A propósito, vale a pena observar que esse processo de substituição – isto é, o processo de substituir o nome da visão pela expressão que a define – *funciona exatamente devido à propriedade relacional de fechamento*. O fechamento implica (entre muitas outras coisas) que sempre que um nome R de RelVar simples puder aparecer dentro de uma expressão, uma expressão relacional de complexidade arbitrária pode aparecer em seu lugar (desde que, é claro, essa expressão seja avaliada como uma relação do mesmo tipo que R). Em outras palavras, as visões funcionam exatamente devido ao fato de que relações são fechadas sob a álgebra relacional – ainda outra ilustração da importância fundamental da propriedade de fechamento.

As operações de atualização são tratadas de modo semelhante. Por exemplo, a operação

```
UPDATE BOM_FORNECEDOR WHERE CIDADE = 'Paris'
    { STATUS := STATUS + 10 } ;
```

é efetivamente convertida em

```
UPDATE F WHERE STATUS > 15 AND CIDADE = 'Paris'
    { STATUS := STATUS + 10 } ;
```

As operações INSERT e DELETE são tratadas de maneira semelhante.

---

[1]Na realidade, eles podem *não* ser visíveis em SQL! – veja a discussão de WITH CHECK OPTION, na Seção 10.6.

Exemplos adicionais

Nesta subseção, apresentaremos vários outros exemplos:

1. VAR PEÇA_VERMELHA VIEW
```
( P WHERE COR = COR ('Vermelho') ) { ALL BUT COR } )
                              RENAME PESO AS PS ;
```

A visão PEÇA_VERMELHA é uma projeção de uma restrição (mais uma renomeação de atributo) da RelVar de peças. Ela tem atributos P#, PNOME, PS e CIDADE, e contém tuplas somente para peças vermelhas.

2. VAR PQ VIEW
```
SUMMARIZE FP PER P { P# } ADD SUM ( QDE ) AS QDETOTAL ;
```

A visão PQ é uma espécie de *resumo estatístico* ou *compressão* dos dados básicos.

3. VAR PAR_CIDADES VIEW
```
( ( F RENAME CIDADE AS FCIDADE ) JOIN FP JOIN
  ( P RENAME CIDADE AS PCIDADE ) ) { FCIDADE, PCIDADE } ;
```

A visão PAR_CIDADES junta fornecedores, peças e remessas sobre números de fornecedor e números de peça, e depois projeta o resultado sobre FNOME e PNOME. Informalmente, um par de nomes de cidades (x,y) aparece na visão PAR_CIDADES se e somente se um fornecedor localizado na cidade x fornece uma peça armazenada na cidade y. Por exemplo, o fornecedor F1 fornece a peça P1; o fornecedor F1 está localizado em Londres e a peça P1 está armazenada em Londres; assim, o par (Londres,Londres) aparece na visão.

4. VAR PEÇA_VERMELHA_PESADA VIEW
```
PEÇA_VERMELHA WHERE PS > PESO ( 12.0 ) ;
```

Esse exemplo mostra uma visão definida em termos de outra.

Como definir e descartar visões

Aqui está então a sintaxe para a definição de uma visão:

```
VAR <nome de RelVar> VIEW <expressão relacional>
                            <lista de definição de chave candidata> ;
```

A *<lista de definição de chave candidata>* pode ser vazia (de modo equivalente, a especificação pode ser omitida), porque o sistema deve ser capaz de *inferir* chaves candidatas para visões [3.3]. Por exemplo, no caso de BOM_FORNECEDOR, o sistema deve estar ciente de que a única chave candidata é {F#}, herdada da RelVar básica F.

Observamos que, para usar a terminologia ANSI/SPARC do Capítulo 2, as definições de visões combinam a função de *esquema externo* e a função de *mapeamento externo/conceitual*, porque especificam (a) qual é a aparência do objeto externo (isto é, a visão) e (b) o modo como esse objeto é mapeado para o nível conceitual (ou seja, para a(s) variável(is) de relação(ões) básica(s)). *Nota*: Algumas definições de visões especificam não o mapeamento externo/conceitual, mas sim um mapeamento *externo/externo*. A visão PEÇA_VERMELHA_PESADA, da subseção anterior, é um desses casos.

A sintaxe para descartar uma visão é:

```
DROP VAR <nome de RelVar> ;
```

em que, é claro, o *<nome de RelVar>* se refere especificamente a uma visão. Ora, no Capítulo 6, supomos que uma tentativa de descartar uma RelVar básica falharia se qualquer definição de visão referenciasse no momento essa RelVar básica. De modo análogo, supomos que uma tentativa de descartar uma visão também falhará se alguma outra definição de visão se referir no momento a essa visão. Uma alternativa (por analogia com as restrições referenciais) seria considerarmos a possibilidade de estender a declaração de definição de visão para incluir algum tipo de opção "RESTRICT *versus* CASCADE"; RESTRICT significaria que uma tentativa de descartar qualquer RelVar referenciada na definição de visão deve falhar; CASCADE significaria que uma tentativa desse tipo deve ser bem-sucedida e deve "se propagar" até descartar também a visão referente. *Nota*: A SQL admite essa opção, mas a coloca na instrução DROP, e não na definição da visão. Não existe um default – a opção exigida deve ser enunciada de forma explícita (consulte a Seção 10.6).

10.2 PARA QUE SERVEM AS VISÕES?

O suporte de visões é desejável por muitas razões. Aqui estão algumas delas:

- *As visões fornecem um recurso de abreviação ou de "macro".*

Considere a consulta "Obter cidades que armazenam peças que estão disponíveis de algum fornecedor em Londres". Dada a visão PAR_CIDADES da subseção "Exemplos adicionais" da seção anterior, é suficiente a formulação a seguir:

```
( PAR_CIDADES WHERE FCIDADE = 'Londres' ) { PCIDADE }
```

Em contraste, sem a visão, a consulta é muito mais complexa:

```
( ( ( F RENAME CIDADE AS FCIDADE ) JOIN FP JOIN
   ( P RENAME CIDADE AS PCIDADE ) )
  WHERE FCIDADE = 'Londres' ) { PCIDADE }
```

Embora o usuário *pudesse* usar diretamente essa segunda formulação (se as restrições de segurança a permitissem), a primeira é evidentemente mais simples. A primeira é na verdade apenas uma abreviação da segunda; o mecanismo de processamento de visões do sistema efetivamente expandirá a primeira formulação na segunda, antes que esta seja executada.

Existe aqui uma forte analogia com as *macros* de um sistema de linguagem de programação. Em princípio, um usuário de um sistema de linguagem de programação *poderia* escrever a forma expandida de uma certa macro diretamente em seu código-fonte – porém, é muito mais conveniente (por uma variedade de razões bem compreendidas) não fazê-lo, mas sim usar a abreviação de macro e deixar que o processador de macros do sistema faça a expansão em favor do usuário. Observações semelhantes se aplicam a visões. Assim, as visões em um sistema de banco de dados desempenham papel semelhante ao de macros em um sistema de linguagem de programação, e as bem conhecidas vantagens e os benefícios das macros também se aplicam diretamente a visões, com as devidas mudanças. Em particular, observe que (como ocorre com as macros) nenhum prejuízo de desempenho em tempo de execução está associado ao uso de visões – ocorre apenas um pequeno aumento do tempo de processamento da visão (semelhante ao tempo de expansão da macro).

- *As visões permitem que os mesmos dados sejam vistos por usuários diferentes de modos diferentes ao mesmo tempo.*

As visões permitem efetivamente que os usuários se concentrem apenas em (e talvez reestruturem logicamente) uma parte do banco de dados que lhes interessa e ignorem o restante. Essa consideração é obviamente importante quando há muitos usuários diferentes, com muitas exigências diferentes, todos interagindo ao mesmo tempo com um único banco de dados integrado.

- *As visões fornecem segurança automática para dados ocultos.*

A expressão "dados ocultos" se refere aos dados não visíveis através de uma determinada visão (por exemplo, nomes de fornecedores, no caso da visão BOM_FORNECEDOR). Esses dados estão claramente seguros quanto ao acesso (pelo menos o acesso para busca) através dessa visão particular. Assim, forçar usuários a acessar o banco de dados através de visões é um mecanismo simples mas eficiente de *segurança*. Falaremos mais sobre esse uso específico das visões no Capítulo 17.

- *As visões podem fornecer independência de dados lógica.*

Esse é um dos aspectos mais importantes. Veja a subseção imediatamente a seguir.

Independência de dados lógica

Lembramos que a independência de dados lógica pode ser definida como *a imunidade de usuários e programas de usuários a mudanças na estrutura lógica do banco de dados* (onde *estrutura lógica* se refere ao nível conceitual ou "lógico de comunidade" – consulte o Capítulo 2). Além disso, naturalmente, as visões são o meio pelo qual a independência de dados lógica é alcançada em um sistema relacional. Há dois aspectos da independência de dados lógica: o **crescimento** e a **reestruturação**. (Discutimos o **crescimento** aqui mais por completeza; embora seja importante, ele tem pouca relação com as visões.)

- *Crescimento*

À medida que o banco de dados cresce para incorporar novas espécies de informações, a definição do banco de dados também deve acompanhar esse crescimento. Existem dois tipos possíveis de crescimento que podem ocorrer:

1. A expansão de uma RelVar básica existente para incluir um novo atributo, correspondendo ao acréscimo de novas informações relativas a algum tipo de objeto existente (por exemplo, o acréscimo de um atributo DESCONTO à RelVar básica de fornecedores)

2. A inclusão de uma nova RelVar básica, correspondendo ao acréscimo de um novo tipo de objeto (por exemplo, o acréscimo de informações de projetos ao banco de dados de fornecedores e peças)

Nenhuma dessas mudanças deve ter qualquer efeito sobre usuários ou programas de usuários existentes, pelo menos em princípio (mas veja o Exemplo 8.6.1, ponto 6, no Capítulo 8, para examinar uma advertência relacionada ao uso de "SELECT *" na SQL, em relação a isso).

- *Reestruturação*

Ocasionalmente, pode se tornar necessário reestruturar o banco de dados de algum modo tal que, embora o conteúdo geral das informações permaneça o mesmo, o *posicionamento lógico* das informações muda – isto é, a alocação de atributos a RelVars básicas é alterada de algum modo. Aqui, consideramos apenas um exemplo simples. Suponha que, por alguma razão (a razão exata não é importante para os nossos fins), desejássemos substituir a RelVar básica F pelas duas RelVars básicas a seguir:

```
VAR FNC BASE RELATION { F# F#, FNOME NOME, CIDADE CHAR }
    KEY { F# } ;

VAR FT BASE RELATION { F# F#, STATUS INTEGER }
    KEY { F# } ;
```

O ponto crucial a observar é que *a RelVar antiga F é a junção das duas novas RelVars FNC e FT* (e FNC e FT são ambas *projeções* dessa antiga RelVar F). Assim, criamos uma *visão* que é exatamente essa junção e lhe damos o nome F:

```
VAR F VIEW
    FNC JOIN FT ;
```

Qualquer expressão que antes se referisse à RelVar básica F agora fará referência à visão F. Portanto – *desde que o sistema admita corretamente operações de manipulação de dados sobre visões* –, usuários e programas de usuários serão de fato logicamente imunes a essa reestruturação do banco de dados em particular.[2]

---

[2]Em princípio! É triste perceber que, em sua maioria, os produtos de SQL de hoje (e o padrão de SQL) *não* admitem operações de manipulação de dados sobre visões de forma apropriada. Portanto, eles não oferecem o grau desejado de imunidade a mudanças, como no exemplo. Para sermos mais específicos, a maioria dos produtos SQL (não todos) aceita corretamente buscas sobre de visões, e com isso oferece independência de dados lógica para operações de busca; porém, nenhum produto SQL – pelo menos de que o autor tenha conhecimento – admite atualizações de visões de modo correto (e o padrão certamente não as admite). Assim, nenhum produto SQL atualmente oferece independência de dados lógica total para operações de busca. *Nota:* Um produto que admite atualizações de visão corretamente (embora não sendo um produto SQL) é descrito na referência [20.1].

Como um comentário adicional, devemos mencionar que a substituição da RelVar original de fornecedores F por suas duas projeções FNC e FT não é uma questão totalmente trivial. Em particular, observe que algo deve ser feito quanto à RelVar de remessas FP, pois essa RelVar inclui uma chave estrangeira que referencia a RelVar original de fornecedores. Veja o Exercício 10.14, no final deste capítulo.

Voltando ao fio principal da discussão: Note que, do exemplo FNC-FT, não se conclui que a independência de dados lógica pode ser alcançada para *todas* as reestruturações *possíveis*. A questão crítica é se existe um mapeamento sem ambiguidade da versão reestruturada do banco de dados de volta à versão anterior (isto é, se a reestruturação é reversível) ou, em outras palavras, se as duas versões são **equivalentes em termos de informações**. Se não forem, a independência de dados lógica claramente não poderá ser alcançada.

Dois princípios importantes

A discussão anterior sobre a independência de dados lógica levanta outra questão. O fato é que as visões servem na realidade a dois propósitos bastante diferentes:

- Um usuário que realmente *define* uma visão V está, obviamente, consciente da expressão X de definição de visão correspondente; esse usuário pode empregar o nome V sempre que a expressão X for mencionada, mas (como já vimos) esses casos são basicamente apenas abreviações.

- Por outro lado, um usuário que foi apenas informado de que a visão V existe e está disponível para uso em geral *não* está consciente da expressão de definição de visão X (para esse usuário, a visão V deve de fato parecer e se comportar exatamente como uma RelVar básica).

Seguindo o que foi dito, vamos enfatizar o fato de que a dúvida sobre quais RelVars são básicas e quais são derivadas (isto é, visões) é em grande parte arbitrária! Vamos examinar o caso das RelVars F, FNC e FT da discussão sobre "reestruturação", na subseção anterior. Deve ficar claro que poderíamos

    a. Definir F como uma RelVar básica, e FNC e FT como visões de projeção dessa RelVar básica

ou

    b. Definir FNC e FT como RelVars básicas e F como uma visão de junção dessas duas RelVars básicas.[3]

Concluímos que não deve existir nenhuma distinção arbitrária e desnecessária entre RelVars básicas e derivadas. Mencionamos esse fato como O ***Princípio da Permutabilidade*** – *The Principle of Interchangeability* – (de RelVars básicas e derivadas). Observe em particular que esse princípio implica que *devemos* ser capazes de atualizar visões – a possibilidade de atualização do banco de dados não deve depender da decisão essencialmente arbitrária pela qual determinamos quais RelVars devem ser básicas e quais devem ser visões. Consulte a Seção 10.4 para ver uma discussão adicional.

Vamos concordar por enquanto em nos referirmos ao conjunto de todas as RelVars básicas como "o banco de dados real". Porém, um usuário típico interage (em geral) não com o banco de dados real em si, mas com o que se poderia chamar um banco de dados "expressável", consistindo (de novo, em geral) em alguma mistura de RelVars básicas e visões. Agora, podemos supor que nenhuma das RelVars nesse banco de dados expressável pode ser derivada das restantes (porque essa RelVar poderia ser descartada sem perda de informações). Então, do *ponto de vista do usuário*, essas RelVars são todas RelVars básicas, por definição! Por certo todas elas são independentes umas das outras (isto é, são todas autônomas, para usarmos a terminologia do Capítulo 3). O mesmo acontece no caso do próprio banco de dados – ou seja, a escolha de qual banco de dados é o banco de dados "real" é arbitrária, pois as opções têm todas informações equivalentes. Vamos nos referir a esse fato como O ***Princípio da Relatividade de Bancos de Dados***.

---

[3]Veja a discussão pertinente sobre *decomposição sem perdas* no Capítulo 12, Seção 12.2.

10.3 BUSCA EM VISÕES

Já explicamos em linhas gerais como uma operação de busca em uma visão é convertida em uma operação equivalente sobre a(s) variável(is) de relação(ões) básica(s). Agora, vamos tornar nossa explicação um pouco mais formal, como veremos adiante.

Em primeiro lugar, observe que qualquer expressão relacional dada pode ser considerada uma **função** com valor de relação: sendo dados valores para as diversas RelVars mencionadas na expressão (representando os argumentos para essa invocação da função específica), a expressão produz um resultado que é o valor de outra relação. Agora, seja D um banco de dados (que, para nossos propósitos atuais, vamos considerar apenas como um conjunto de RelVars básicas) e seja V uma visão sobre D (isto é, uma visão cuja expressão de definição X é alguma função em D):

```
V = X ( D )
```

Seja R uma operação de busca sobre V: é claro que R é outra função com valor de relação, e o resultado da busca é:

```
R ( V ) = R ( X ( D ) )
```

Assim, o resultado da busca é definido como igual ao resultado da aplicação de X a D – ou seja, a **materialização** de uma cópia da relação que é o valor atual da visão V, e depois da aplicação de R a essa variável materializada. Porém, na prática é quase certamente mais eficiente usar em vez disso o procedimento de **substituição**, discutido na Seção 10.1 (e agora podemos ver que esse procedimento é equivalente a formar a função $C(...)$, que é a *composição* $R(X(...))$ das funções X e R, nessa ordem, e depois aplicar C diretamente a D). Apesar disso, é conveniente, pelo menos em termos conceituais, definir a semântica da busca em visões em função da materialização, em vez da substituição; em outras palavras, a substituição é válida desde que ofereça a garantia de produzir o mesmo resultado que seria produzido se a materialização fosse usada em seu lugar (e naturalmente isso *é* garantido).

Agora, você já deve estar familiarizado com a explicação dada em nossas discussões anteriores. Vamos torná-la explícita aqui pelas seguintes razões:

- Primeiro, ela constitui a base para uma discussão semelhante (embora mais profunda) das operações, na próxima seção.

- Segundo, ela torna claro que a materialização é uma técnica de implementação perfeitamente legítima de implementação de visões (embora provavelmente um tanto ineficiente) – pelo menos para operações de busca. Porém, é claro que ela não pode ser usada para operações de atualização, porque toda a questão de atualizar uma visão é exatamente a de aplicar as atualizações aos dados básicos, não apenas a alguma *cópia* temporariamente materializada dos dados (mais uma vez, consulte a próxima seção).

- Terceiro, embora o procedimento de substituição seja bastante direto e funcione perfeitamente bem na teoria em 100 por cento dos casos, o fato triste é que (no momento em que escrevemos), existem alguns produtos de SQL para os quais ele *não* funciona na prática! – ou seja, existem alguns produtos de SQL nos quais algumas buscas sobre algumas visões falharão de forma surpreendente. Ele também não funciona na prática para versões do padrão SQL anteriores ao SQL:1992. E a razão para as falhas é exatamente que os produtos em questão e as versões anteriores do padrão SQL não têm suporte completo para a propriedade de fechamento relacional. Veja o Exercício 10.15, parte *a*, no final do capítulo.

10.4 ATUALIZAÇÕES DE VISÕES

Visões são *RelVars* e, portanto (como todas as variáveis), por definição, podem ser atualizadas. Contudo, historicamente, a atualização de visão tem sido considerada ou tratada como uma questão simples. O problema ser informalmente enunciado desta forma: Dada uma atualização particular sobre determinada visão, que atualizações precisam ser aplicadas a quais RelVars básicas para implementar a atualização da visão original? Mais precisamente, seja D um banco de dados, seja V uma visão sobre D, isto é, uma visão cuja definição X é uma função sobre D:

$V = X (D)$

(como na Seção 10.3). Agora, seja *U* uma operação de atualização (UPDATE) sobre *V*; *U* pode ser considerada uma operação que tem o efeito de alterar seu argumento, produzindo:

$U (V) = U (X (D))$

O problema de atualização de visões é então o problema de encontrar uma operação de atualização *U'* sobre *D* tal que:

$U (X (D)) = X (U' (D))$

porque, naturalmente, *D* é a única coisa que "realmente existe" (as visões são virtuais) e assim as atualizações não podem ser implementadas diretamente em termos de visões em si.

Antes de continuarmos, devemos enfatizar que o problema da atualização de visões foi tema de considerável pesquisa durante muitos anos, e foram propostas muitas abordagens diferentes para sua solução; por exemplo, consulte as referências [10.4], [10.7 a 10.10], [10.12] e, em particular, as propostas de Codd para o RM/V2 [6.2]. Neste capítulo, descrevemos uma abordagem mais recente [10.6, 10.11], que é menos *ad hoc* que algumas propostas anteriores, mas tem a virtude de apresentar compatibilidade com os melhores aspectos dessas propostas. Ela também tem a virtude de tratar como atualizável uma classe muito mais ampla de visões que abordagens anteriores; na verdade, ela trata *todas* as visões como potencialmente atualizáveis, salvo quando houver violações às restrições de integridade.

Revendo a Regra Áurea

Vamos relembrar a primeira versão (mais simples) da **Regra Áurea** do capítulo anterior:

> *Nenhuma operação de atualização poderá atribuir a qualquer RelVar um valor que faça com que seu predicado de RelVar seja avaliado como FALSE.*

Ou (um tanto informalmente):

> *Nenhuma operação de atualização deve ser permitida se puder deixar qualquer RelVar em um estado que viole seu próprio predicado.*

(No decorrer deste capítulo, usamos o termo *predicado de RelVar* para significar especificamente o predicado *interno* aplicável, e usamos o termo não qualificado *predicado* para indicar tal predicado de RelVar especificamente. De fato, adotamos a mesma convenção no restante deste livro, salvo quando houver declarações explícitas informando o contrário.)

Quando introduzimos pela primeira vez essa regra, enfatizamos o fato de que ela se aplica a *todas* as RelVars, derivadas e básicas. Em outras palavras, as RelVars derivadas também têm predicados (como de fato deveriam ter, em virtude do *Princípio da Permutabilidade*) e o sistema precisa saber quais desses predicados estão em ordem para executar corretamente as atualizações de visões. Então, qual a aparência de um predicado para uma visão? É claro que precisamos de um conjunto de **regras de inferência de predicados**, tais que, se soubermos o(s) predicado(s) para a(s) entrada(s) de qualquer operação relacional, possamos inferir o predicado para a saída dessa operação. Com esse conjunto de regras, seremos capazes de inferir o predicado para uma visão arbitrária do(s) predicado(s) da(s) variável(is) de relação(ões) básica(s) em cujos termos essa visão é direta ou indiretamente definida. (Logicamente, os predicados para essas RelVars básicas já são conhecidos: eles decorrem da operação lógica AND de quaisquer restrições que tenham sido declaradas para a RelVar básica em questão.)

Na verdade, é muito fácil encontrar um desses conjuntos de regras – eles resultam imediatamente das definições dos operadores relacionais. Por exemplo, se *A* e *B* são duas RelVars quaisquer do mesmo tipo e seus predicados respectivos são *PA* e *PB* e, se a visão *C* é definida como *A* INTERSECT *B*, então o predicado *PC* para essa visão é obviamente (*PA*) AND (*PB*). Considere:

- A tupla *t* aparecerá em *C* se e somente se aparecer em *A* e em *B*.

- Se a tupla *t* aparecer em *A*, então *PA(t)* precisa ser verdadeiro (usando "*PA(t)*" para indicar a proposição que resulta da instanciação de *PA* com os valores de atributo de *t* como argumentos.

- Da mesma forma, se a tupla *t* aparecer em *B*, então *PB(t)* também precisa ser verdadeiro.

- Logo, *PA(t)* AND *PB(t)* precisam ser verdadeiros, e o predicado *PC* é, portanto (conforme enunciado) o AND entre *PA* e *PB*.

Consideraremos os outros operadores relacionais mais adiante nesta seção.

Assim, RelVars derivadas "herdam" automaticamente certas restrições a partir das RelVars das quais elas derivam. Porém, é possível que uma determinada RelVar derivada esteja sujeita a certas restrições adicionais, além das que foram herdadas [3.3]. Portanto, é desejável poder enunciar restrições de forma explícita para RelVars derivadas (um exemplo poderia ser uma definição de chave candidata para uma visão), e **Tutorial D** de fato admite essa possibilidade. Porém, para simplificar, vamos ignorar tal possibilidade no texto que se segue.

Na direção de um mecanismo de atualização de visões

Há uma série de princípios importantes que devem ser satisfeitos por qualquer mecanismo sistemático para a atualização de visões (**A Regra Áurea** é o mais importante, mas não o único). Esses princípios são:

1. A possibilidade de atualizar visões é uma questão semântica e não sintática – isto é, ela não deve depender da forma sintática particular na qual a definição da visão é enunciada. Por exemplo, as duas definições a seguir são semanticamente idênticas:

```
VAR V VIEW
    F WHERE STATUS > 25 OR CIDADE = 'Paris' ;


VAR V VIEW
 ( F WHERE STATUS > 25 ) UNION ( F WHERE CIDADE = 'Paris' ) ;
```

   É evidente que essas visões deveriam ser as duas atualizáveis ou nenhuma das duas (evidentemente, elas de fato devem ser ambas atualizáveis). Ao contrario, o padrão SQL e a maioria dos produtos SQL atuais adotam a posição *ad hoc* de que a primeira é atualizável e a segunda não (consulte a Seção 10.6).

2. Concluímos do item anterior que o mecanismo de atualização de visões deve funcionar corretamente no caso particular em que a "visão" é na verdade uma RelVar básica – porque qualquer RelVar básica *B* é semanticamente indistinguível de uma visão *V* definida como *B* UNION *B*, ou *B* INTERSECT *B*, ou *B* WHERE TRUE, ou qualquer de várias outras expressões que são identicamente equivalentes a apenas *B*. Assim, por exemplo, as regras para atualizar uma visão de união, quando aplicadas à visão *V* = *B* UNION *B* devem produzir exatamente o mesmo resultado que dariam se a atualização em questão fosse aplicada diretamente à RelVar básica *B*. Em outras palavras, o assunto desta seção, embora anunciado como "atualização de visões", é na realidade a atualização de RelVars em geral; descreveremos uma teoria para atualização que funciona para *todas* as RelVars, não apenas para visões.

3. As regras de atualização devem preservar a simetria, quando for aplicável. Por exemplo, a regra DELETE para uma visão de interseção *V* = *A* INTERSECT *B* não deve arbitrariamente fazer com que uma tupla seja eliminada de *A*, e não de *B*, embora essa remoção unilateral certamente tivesse o efeito de eliminar a tupla da visão. Em vez disso, a tupla deve ser eliminada de ambas as RelVars *A* e *B*. (Em outras palavras, *não* deve haver *ambiguidade* – sempre deve haver exatamente um modo de implementar uma dada atualização, um modo que funcione em todos os casos. Em particular, não deve haver qualquer diferença lógica entre uma visão definida como *A* INTERSECT *B* e uma definida como *B* INTERSECT *A*.)

4. As regras de atualização devem levar em conta quaisquer ações engatilhadas aplicáveis, incluindo, em particular, ações referenciais, como a propagação das exclusões.

5. Por questões de simplicidade, entre outras, é desejável considerar UPDATE como abreviação para uma sequência DELETE-INSERT (isto é, apenas abreviação sintática), e vamos considerá-la assim. Essa abreviação é aceitável *desde que* esteja entendido que:

   - Nenhuma verificação de predicados seja feita "no meio de" qualquer atualização dada; isto é, a expansão de UPDATE é DELETE-INSERT-*verificação*, e não DELETE-*verificação*-INSERT-*verificação*. A razão é que DELETE pode violar temporariamente o predicado, enquanto a operação UPDATE geral não o faz. Por exemplo, suponha que a RelVar R contém exatamente 10 tuplas, e considere o efeito de UPDATE sobre alguma tupla de R se o predicado de RelVar de R afirma que R deve conter pelo menos 10 tuplas.

   - Da mesma forma, gatilhos nunca são executados "no meio de" qualquer atualização dada (na verdade, eles são executados no final, pouco antes da verificação do predicado da RelVar).

   - A abreviação exige algum refinamento no caso de visões de projeção (ver adiante nesta seção).

6. Todas as operações de atualização sobre visões devem ser implementadas pelo mesmo tipo de operação de atualização sobre as RelVars básicas. Isto é, INSERTs são mapeados como INSERTs e DELETEs como DELETEs (podemos ignorar UPDATEs, graças ao ponto anterior). Ao contrário, suponha que exista alguma espécie de visão – digamos, uma visão de união – para a qual (digamos) INSERTs sejam mapeados como DELETEs. Então, devemos concluir que INSERTs *sobre uma RelVar básica* também devem às vezes ser mapeados como DELETEs! Essa conclusão decorre (como já observamos no Princípio 2) de ser a RelVar básica B semanticamente idêntica à visão de união $V = B$ UNION B. Um argumento análogo também se aplica a todos os outros tipos de visões (restrição, projeção, interseção etc.). A ideia de que uma operação INSERT sobre uma RelVar básica possa, na verdade, ser uma operação DELETE parece ser evidentemente absurda; daí nossa posição de que (repetindo) INSERTs são mapeadas como INSERTs e DELETEs como DELETEs.

7. De modo geral, as regras de atualização, quando aplicadas a uma determinada visão V especificarão as operações que devem ser aplicadas às RelVars em cujos termos V é definida. Além disso, essas regras devem funcionar corretamente, mesmo quando essas RelVars básicas sejam elas próprias visões. Em outras palavras, as regras devem poder ter *aplicação recursiva*. Naturalmente, se uma tentativa de atualizar uma RelVar básica falhar por alguma razão, a atualização original também falhará; ou seja, atualizações sobre visões são tudo ou nada, exatamente como atualizações sobre RelVars básicas.

8. As regras não podem pressupor que o banco de dados foi bem projetado (por exemplo, completamente normalizado – consulte os Capítulos 12 e 13). Porém, elas podem ocasionalmente produzir um resultado um pouco surpreendente se o banco de dados *não* tiver sido bem projetado, um fato que pode ser visto em si mesmo como um argumento adicional para apoiar um bom projeto. Daremos um exemplo de um "resultado um pouco surpreendente" na próxima subseção.

9. Não deve haver uma razão evidente para permitir algumas atualizações e não outras (por exemplo, DELETEs mas não INSERTs) sobre uma determinada visão.

10. Tanto quanto possível, INSERT e DELETE deveriam ser inversas uma da outra.

O leitor deverá estar atento a outro princípio importante. Como foi explicado no Capítulo 6, as operações relacionais – atualizações relacionais em particular – são sempre realizadas em nível de conjunto (um conjunto contendo uma única tupla é apenas um caso especial). Mais ainda, atualizações de várias tuplas são às vezes uma *exigência* (isto é, algumas atualizações não podem ser simuladas por uma série de operações de única tupla). Essa observação é verdadeira tanto para RelVars básicas quanto para visões, em geral. Para simplificar, estaremos apresentando nossas regras de atualização de visões em termos de operações de única tupla, mas você não deve perder de vista o fato de que considerar operações de única tupla é apenas uma simplificação e, na verdade, uma simplificação excessiva em certos casos.

Consideramos agora um a um os operadores da álgebra relacional. Começamos com os operadores de união, interseção e diferença; vamos supor que estamos lidando com uma visão cuja expressão de definição tem a forma A UNION B ou A INTERSECT B ou A MINUS B (conforme o caso), em que A e B são, por sua vez, expressões relacionais (isto é, não são necessariamente RelVars básicas). As relações indicadas por A e B devem ser do mesmo tipo de relação. Os predicados de RelVars correspondentes são *PA* e *PB*, respectivamente.

Nota: Várias regras e exemplos discutidos a seguir referem-se à possibilidade de *efeitos colaterais.* Ora, sabe-se bem que os efeitos colaterais normalmente não são desejáveis; contudo, eles podem ser inevitáveis de A e B representarem subconjuntos superpostos da mesma RelVar básica, como normalmente acontecerá com a união, a interseção e a diferença de visões. Mais do que isso, os efeitos colaterais em questão são (por exceção) desejáveis, e não indesejáveis.

União

Aqui está então a regra de INSERT para A UNION B:

- **INSERT**: A nova tupla deve satisfazer a *PA* ou a *PB* ou a ambos. Se satisfizer a *PA*, ela será inserida em A; note que esse INSERT poderia ter o efeito colateral de inserir a tupla também em B. Se satisfizer a *PB*, ela será inserida em B, a menos que já tenha sido inserida em B como efeito colateral de ter sido inserida em A.

Explicação: A nova tupla deve satisfazer pelo menos a um predicado entre *PA* e *PB*, porque do contrário não se qualificaria para inclusão em A UNION B – isto é, não iria satisfazer ao predicado da RelVar, ou seja, (PA) OR (PB), para A UNION B. (Supomos também, embora na verdade essa suposição não seja estritamente necessária, que a nova tupla não deve aparecer atualmente em A ou B, pois, caso contrário, estaríamos tentando inserir uma tupla que já existe.) Considerando-se que as exigências enunciadas sejam satisfeitas, a nova tupla será inserida em A ou em B, seja qual for a RelVar a que ela logicamente pertença (possivelmente em ambas).

Nota: O modo procedimental específico como essa regra foi declarada ("insira em A, depois insira em B") deve ser entendido apenas como expediente pedagógico; ele não significa que o SGBD deve realmente executar as operações INSERTs em sequência, conforme foi enunciado. De fato, o princípio de simetria – o Princípio Número 3 na subseção imediatamente anterior – implica isso, porque nem A nem B tem prioridade uma sobre a outra. Observações semelhantes se aplicam a muitas das regras que discutiremos a seguir.

Exemplos: Seja a visão UV definida como:

```
VAR UV VIEW
    ( F WHERE STATUS > 25 ) UNION ( F WHERE CIDADE = 'Paris' ) ;
```

A Figura 10.2 mostra um valor possível para essa visão, correspondendo aos valores de dados de nossa amostra comum.

UV	F#	FNOME	STATUS	CIDADE
	F2	Jones	10	Paris
	F3	Blake	30	Paris
	F5	Adams	30	Atenas

FIGURA 10.2 *A visão UV (amostras de valores).*

- Seja (F6,Smith,50,Roma) a tupla a ser inserida.[4] Essa tupla satisfaz ao predicado para F WHERE STATUS > 25, mas não ao predicado para F WHERE CIDADE = 'Paris'. Portanto, ela é inserida em F WHERE STATUS > 25. Devido às regras relacionadas com INSERT em uma restrição (as quais são bastante óbvias – veja mais adiante nesta seção), o efeito é o de inserir a nova tupla na RelVar básica de fornecedores e, então, fazer a tupla aparecer na visão como desejado.

- Agora seja (F7,Jones,50,Paris) a tupla a ser inserida. Essa tupla satisfaz ao predicado para F WHERE STATUS > 25 e ao predicado para F WHERE CIDADE = 'Paris'. Portanto, ela é logicamente inserida em ambas as restrições. Contudo, inseri-la em qualquer uma das duas restrições tem o efeito colateral de inseri-la na outra, de qualquer forma, de modo que não há necessidade de executar explicitamente a segunda operação INSERT.

Suponha agora que FA e FB são duas RelVars básicas distintas, FA representando fornecedores com status > 25 e FB representando fornecedores em Paris (ver Figura 10.3); suponha que a visão UV seja definida como FA UNION FB, e considere novamente os dois exemplos de INSERTs discutidos antes. Inserir a tupla (F6,Smith,50,Roma) na visão UV fará com que essa tupla seja inserida na RelVar básica FA, presumivelmente como se desejava. Porém, inserir a tupla (F7,Jones,50,Paris) na visão UV fará que essa tupla seja inserida em *ambas as* RelVars básicas! Esse resultado é logicamente correto, embora se possa dizer que ele não é intuitivo (é um exemplo do que chamamos "resultado um pouco surpreendente" na subseção anterior). *Nossa posição é que tais surpresas só podem ocorrer se o banco de dados for mal projetado.* Em particular, é nossa posição que um projeto que permite que a mesma tupla apareça em – isto é, satisfaça ao predicado para – duas RelVars básicas distintas é, por definição, um mau projeto. Essa posição (talvez controvertida) é elaborada no Capítulo 13, Seção 13.6.

FA					FB			
F#	FNOME	STATUS	CIDADE		F#	FNOME	STATUS	CIDADE
F3	Blake	30	Paris		F2	Jones	10	Paris
F5	Adams	30	Atenas		F3	Blake	30	Paris

FIGURA 10.3 *RelVars básicas FA e FB (amostras de valores).*

Agora vamos cuidar da regra DELETE para *A* UNION *B*:

- **DELETE**: Se a tupla a ser removida aparecer em *A*, ela será removida de *A* (note que essa operação DELETE poderia ter o efeito colateral de remover a tupla também de *B*). Se ela (ainda) aparecer em *B*, será eliminada de *B*.

Exemplos para ilustrar essa regra ficam como exercício. Observe que remover uma tupla de *A* ou *B* poderia causar uma operação DELETE em cascata ou a execução de alguma outra ação engatilhada.

Finalmente, a regra de UPDATE:

- **UPDATE**: A tupla a ser atualizada deve ser tal que a versão atualizada satisfaça a *PA* ou a *PB* ou a ambos. Se a tupla a ser atualizada aparecer em *A*, ela será removida de *A* sem que sejam executadas quaisquer ações engatilhadas (propagação de exclusões etc.) que essa operação DELETE normalmente causaria e, do mesmo modo, sem verificar o predicado de RelVar para *A*. Note que essa operação DELETE poderia ter o efeito colateral de remover a tupla também de *B*. Se a tupla (ainda) aparecer em *B*, ela será removida de *B* (de novo sem a execução de quaisquer ações engatilhadas ou verificação de predicados). Em seguida, se a versão atualizada da tupla satisfizer a *PA*, ela será inserida em *A* (note que INSERT poderia ter o efeito colateral de inserir a tupla também em *B*). Finalmente, se a versão atualizada satisfizer a *PB*, ela será inserida em *B*, a menos que já tenha sido inserida em *B* como efeito colateral de inseri-la em *A*.

---

[4]Adotaremos essa notação simplificada para tuplas em toda esta seção, por questões de legibilidade.

Essa regra de UPDATE é formada essencialmente pela regra de exclusão seguida da regra de inserção, exceto que, como já indicamos, nenhuma ação engatilhada ou verificação de predicado sejam executados depois de DELETE (quaisquer ações engatilhadas associadas com UPDATE são conceitualmente executadas, depois de todas as remoções e inserções terem sido feitas, pouco antes das verificações de predicados).

Vale a pena observar que uma importante consequência de tratar UPDATE dessa forma é que uma determinada operação UPDATE pode fazer uma tupla *migrar* de uma RelVar para outra, em termos informais. Por exemplo, considerando-se o banco de dados da Figura 10.3, a atualização da tupla (F5,Adams,30,Atenas) dentro da visão UV para (F5,Adams,15,Paris), eliminará a tupla antiga para F5 de FA e irá inserir a nova tupla para F5 em FB.

Interseção

Agora, as regras para atualizar A INTERSECT B. Dessa vez, damos as regras simplesmente, sem mais discussão (elas seguem o mesmo padrão geral que as regras para união), exceto pela observação de que o predicado para A INTERSECT B é (PA) AND (PB). Os exemplos para ilustrar os vários casos ficam como exercício.

- **INSERT**: A nova tupla deve satisfazer tanto a PA quanto a PB. Se não aparecer atualmente em A, ela será inserida em A (note que esse INSERT poderia ter o efeito colateral de inserir a tupla também em B). Se (ainda) não aparecer em B, ela será inserida em B.

- **DELETE**: A tupla a ser eliminada é eliminada de A (note que esse DELETE poderia ter o efeito de eliminar a tupla também de B). Se (ainda) aparecer em B, ela será eliminada de B.

- **UPDATE**: A tupla a ser atualizada deve ser tal que a versão atualizada satisfaça tanto a PA quanto a PB. A tupla será eliminada de A, sem a execução de qualquer ação engatilhada ou verificação de predicado (note que esse DELETE poderia ter o efeito colateral de eliminar a tupla de B); se (ainda) aparecer em B, ela será eliminada de B, de novo sem a execução de quaisquer ações engatilhadas ou verificações de predicados. Em seguida, se a versão atualizada da tupla não aparecer no momento em A, ela será inserida em A (note que esse INSERT poderia ter o efeito colateral de inserir a tupla também em B). Se (ainda) não aparecer em B, ela será inserida em B.

Diferença

Estas são as regras para atualizar A MINUS B (o predicado é (PA) AND NOT (PB)):

- **INSERT**: A nova tupla deve satisfazer a PA e não a PB. Ela é inserida em A.

- **DELETE**: A tupla a ser eliminada será removida de A.

- **UPDATE**: A tupla a ser atualizada deve ser tal que a versão atualizada satisfaça a PA e não a PB. A tupla será eliminada de A sem a execução de quaisquer ações engatilhadas ou verificações de predicados de RelVars; a versão atualizada será então inserida em A.

Restrição

Seja A WHERE p a expressão de definição para a visão V, e seja PA o predicado de A. Então, o predicado para V é (PA) AND (p). Por exemplo, o predicado para a restrição F WHERE CIDADE = 'Londres' é (PF) AND (CIDADE = 'Londres'), em que PF é o predicado para fornecedores. Então, aqui estão as regras para atualização de A WHERE p:

- **INSERT**: A nova tupla deve satisfazer tanto a PA quanto a p. Ela será inserida em A.

- **DELETE**: A tupla a ser eliminada será eliminada de A.

- **UPDATE**: A tupla ser atualizada deve ser tal que a versão atualizada satisfaça tanto a *PA* quanto a *p*. A tupla será eliminada de *A* sem a execução de quaisquer ações engatilhadas ou verificações de predicados. A versão atualizada será então inserida em *A*.

Exemplos: Seja a visão LF definida como:

```
VAR LF VIEW
   F WHERE CIDADE = 'Londres' ;
```

A Figura 10.4 exibe uma amostra de valores para essa visão.

LF	F#	FNOME	STATUS	CIDADE
	F1	Smith	20	Londres
	F4	Clark	20	Londres

FIGURA 10.4 *A visão LF (amostras de valores).*

- Uma tentativa de inserir a tupla (F6,Green,20,Londres) em LF será bem-sucedida. A nova tupla será inserida na RelVar F e, portanto, também será efetivamente inserida na visão LF.

- Uma tentativa de inserir a tupla (F1,Green,20,Londres) em LF falhará porque viola o predicado de RelVar para a RelVar F (e, portanto, para LF também) – especificamente, ela viola a restrição de unicidade para a chave candidata {F#}.

- Uma tentativa de inserir a tupla (F6,Green,20,Atenas) em LF falhará porque viola a restrição CIDADE = 'Londres'.

- Uma tentativa de eliminar a tupla (F1,Smith,20,Londres) de LF será bem-sucedida. A tupla será eliminada da variável de relação F e, portanto, também será efetivamente eliminada da visão LF.

- Uma tentativa de atualizar a tupla LF (F1,Smith,20,Londres) para (F6,Green,20,Londres) será bem-sucedida. Uma tentativa de atualizar essa mesma tupla (F1,Smith,20,Londres) para (F2,Smith,20,Londres) ou (F1,Smith,20,Atenas) falhará (por que, exatamente, em cada caso?).

Projeção

Novamente começamos por considerar o predicado relevante. Sejam os atributos da RelVar *A* (com o predicado *PA*) particionados em dois grupos disjuntos, digamos *X* e *Y*. Considere *X* e *Y* como um único atributo *composto* cada um, e considere a projeção de *A* sobre *X*, *A*{*X*}. Seja (*x*) uma tupla dessa projeção. Então, deve estar claro que o predicado para essa projeção é basicamente "Para cada *x*, existe algum valor *y* do domínio de valores de *Y*, tais que a tupla (*x,y*) satisfaz a *PA*". Por exemplo, considere a projeção da RelVar F sobre F#, FNOME e CIDADE. Toda tupla (*f,n,c*) que aparece nessa projeção é tal que existe um valor de status *t*, tal que a tupla (*f,n,t,c*) satisfaz ao predicado para a RelVar F.

Aqui estão as regras para atualizar *A*{*X*}:

- **INSERT**: Seja (*x*) a tupla a ser inserida. Seja *y* o valor default de *Y* (é um erro se não existir um valor default, isto é, se *Y* tiver "defaults não permitidos"). A tupla (*x,y*) (que deve satisfazer a *PA*) é inserida em *A*.

  Nota: Atributos de chaves candidatas normalmente, embora nem sempre, não terão um default (consulte o Capítulo 19). Em consequência, uma projeção que não inclua todas as chaves candidatas da RelVar básica em geral não permitirá INSERTs.

- **DELETE**: Todas as tuplas de *A,* com o mesmo valor *X* que a tupla a ser eliminada de *A*{*X*}, serão eliminadas de *A*.

  Nota: Na prática, normalmente será desejável que *X* inclua pelo menos uma chave candidata de *A*, de modo que a tupla a ser removida de *A*{*X*} corresponda exatamente a uma tupla de *A*. Contudo, não há qualquer razão lógica para fazer disso uma exigência rígida. Observações semelhantes também se aplicam no caso de UPDATE – veja os parágrafos imediatamente a seguir.

269

- **UPDATE**: Seja (*x*) a tupla a ser atualizada e seja (*x'*) a versão atualizada. Seja *a* uma tupla de *A* com o mesmo valor *x* de *X*, e seja *y* o valor de *Y* em *a*. Todas essas tuplas *a* serão eliminadas de *A* sem a execução de quaisquer ações engatilhadas ou verificações de predicados. Então, para cada valor *y*, a tupla (*x'*,*y*) – que deve satisfazer a *PA* – será inserida em *A*.

  Nota: É aqui que se mostra o "ligeiro refinamento" a respeito da projeção mencionada no Princípio Número 5 na subseção "Na direção de um mecanismo de atualização de visões" (mais perto do início desta seção). Especificamente, observe que o passo "INSERT" final na regra de UPDATE restaura o valor de *Y* anterior em cada tupla inserida – ele *não* o substitui pelo valor default aplicável, como faria uma operação INSERT isolada.

  Exemplos: Seja a visão FC definida como:

```
FC { F#, CIDADE }
```

A Figura 10.5 apresenta uma amostra de valores para essa visão.

FC	F#	CIDADE
	F1	Londres
	F2	Paris
	F3	Paris
	F4	Londres
	F5	Atenas

FIGURA 10.5 *A visão FC (amostras de valores).*

- Uma tentativa de inserir a tupla (F6,Atenas) em FC será bem-sucedida e terá o efeito de inserir a tupla (F6,*n*,*t*,Londres) na RelVar F, em que *n* e *t* são os valores default para os atributos FNOME e STATUS, respectivamente.

- Uma tentativa de inserir a tupla (F1,Atenas) em FC falhará porque viola o predicado para a RelVar F (e, portanto, também para FC) – especificamente, ela viola a restrição de unicidade para chave candidata {F#}.

- Uma tentativa de eliminar a tupla (F1,Londres) de FC será bem-sucedida. A tupla para F1 será removida da RelVar F.

- Uma tentativa de atualizar a tupla FC (F1,Londres) para (F1,Atenas) será bem-sucedida; observe que o efeito será o de substituir a tupla (F1,Smith,20,Londres) na RelVar F pela tupla (F1,Smith,20,Atenas) – e *não* pela tupla (F1,*n*,*t*,Atenas), em que *n* e *t* são os default aplicáveis.

- Uma tentativa de atualizar a mesma tupla FC (F1,Londres) para (F2,Londres) falhará (por que exatamente?).

Deixamos como exercício a consideração do caso em que a projeção não inclui uma chave candidata da RelVar básica (por exemplo, a projeção da RelVar F sobre STATUS e CIDADE).

Extensão

Seja a expressão de definição para a visão *V*

```
EXTEND A ADD exp AS X
```

(em que, como sempre, o predicado para *A* é *PA*). Então, o predicado *PE* para *V* é:

```
PA ( a ) AND e.X = exp ( a )
```

Aqui, *e* é uma tupla de *V* e *a* é a tupla que permanece quando o componente *X* de *e* é removido (isto é, *a* é a projeção de *e* sobre todos os atributos de *A*). Em linguagem natural (e formal):

Toda tupla *e* na extensão é tal que (1) a tupla *a* que é derivada de *e* por projeção do componente *X* satisfaz a *PA*, e (2) esse componente *X* tem o valor igual ao resultado da aplicação da expressão *exp* a essa tupla *a*. Então, aqui estão as regras de atualização:

- **INSERT**: Seja *e* a tupla a ser inserida: *e* deve satisfazer a *PE*. A tupla *a* que é derivada de *e* por projeção do componente *X* é inserida em *A*.

- **DELETE**: Seja *e* a tupla a ser eliminada. A tupla *a* que é derivada de *e* por projeção do componente *X* é eliminada de *A*.

- **UPDATE**: Seja *e* a tupla a ser atualizada e seja *e'* a versão atualizada; *e'* deve satisfazer a *PE*. A tupla *a* que é derivada de *e* por projeção do componente *X* é eliminada de *A* sem a execução de quaisquer ações engatilhadas ou verificações de predicados. A tupla *a'* que é derivada de *e'* por projeção do componente *X* é inserida em *A*.

Exemplos: Seja a visão VPX definida como:

```
EXTEND P ADD ( PESO * 454 ) AS PESOGM
```

A Figura 10.6 ilustra uma amostra de valores para dessa visão.

VPX	P#	PNOME	COR	PESO	CIDADE	PESOGM
	P1	Porca	Vermelho	12.0	Londres	5448.0
	P2	Pino	Verde	17.0	Paris	7718.0
	P3	Parafuso	Azul	17.0	Oslo	7718.0
	P4	Parafuso	Vermelho	14.0	Londres	6356.0
	P5	Came	Azul	12.0	Paris	5448.0
	P6	Tubo	Vermelho	19.0	Londres	8626.0

FIGURA 10.6 *A visão VPX (amostras de valores).*

- Uma tentativa de inserir a tupla (P7,Tubo,Vermelho,12,Paris,5448) será bem-sucedida e terá o efeito de inserir a tupla (P7,Tubo,Vermelho,12,Paris) na RelVar P.

- Uma tentativa de inserir a tupla (P7,Tubo,Vermelho,Paris,5449) falhará (por quê?).

- Uma tentativa de inserir a tupla (P1,Tubo,Vermelho,12,Paris,5448) falhará (por quê?).

- Uma tentativa de eliminar a tupla para P1 será bem-sucedida e terá o efeito de eliminar a tupla para P1 da RelVar P.

- Uma tentativa de atualizar a tupla correspondente a P1 para (P1,Porca,Vermelho,10,Paris,4540) será bem-sucedida; o efeito será o de atualizar a tupla (P1,Porca,Vermelho,12,Londres) na RelVar P para (P1,Porca,Vermelho,10,Paris).

- Uma tentativa de atualizar a mesma tupla para uma tupla correspondente a P2 (com todos os outros valores inalterados) ou para uma tupla na qual o valor de PESOGM não seja igual a 454 vezes o valor de PESO falhará (em cada caso, por quê?).

Junção

Quase todos os tratamentos anteriores do problema de atualização de visões – inclusive nas cinco edições anteriores deste livro e em outros livros deste autor – arguiram que a possibilidade de atualização ou não de uma determinada junção depende, pelo menos em parte, de a junção ser de um para um, um para muitos ou muitos para muitos. Em contraste com esses tratamentos anteriores, afirmamos agora que junções são *sempre* atualizáveis. Além disso, as regras são idênticas nos três casos e são, em essência, bastante diretas. O que torna essa afirmação plausível – por mais surpreendente que ela possa parecer à primeira vista – é a perspectiva sobre o problema proporcionado pela adoção da **Regra Áurea**, como explicaremos agora.

Genericamente, o objetivo do suporte de visões sempre foi o de tornar as visões semelhantes às RelVars básicas tanto quanto possível. Porém:

- Em geral, supõe-se (de forma implícita) que seja sempre possível atualizar uma tupla individual de uma RelVar básica, independentemente de todas as outras tuplas dessa RelVar básica.

- Ao mesmo tempo, percebe-se (de forma explícita) que com certeza *não* é sempre possível atualizar uma tupla individual em uma visão, independentemente de todas as outras tuplas nessa visão.

Por exemplo, Codd mostra, na referência [12.2], que não é possível remover apenas uma tupla de uma certa junção, porque o efeito seria o de deixar uma relação que "não é a junção de duas relações quaisquer" (o que significa que o resultado não poderia de jeito algum satisfazer ao predicado para a visão). Além disso, historicamente a abordagem para essas atualizações de visões tem sido rejeitá-las por completo, com base na impossibilidade de torná-las completamente semelhantes às atualizações de RelVars básicas.

Nossa abordagem é um tanto diferente. Para sermos específicos, reconhecemos que mesmo com uma RelVar básica, nem sempre é possível atualizar tuplas individuais independentemente de todo o restante. Então, em geral, aceitamos as atualizações de visões que historicamente têm sido rejeitadas, interpretando-as de um modo óbvio e logicamente correto, como aplicáveis a RelVars básicas; acima de tudo, nós a aceitamos, reconhecendo por completo o fato de que a atualização dessas RelVars básicas poderia ter efeitos colaterais sobre a visão – *efeitos colaterais que são, todavia, necessários para evitar a possibilidade de que a visão venha a violar seu próprio predicado.*

Feito esse preâmbulo, vamos aos detalhes. No texto a seguir, primeiro definiremos nossos termos. Depois, apresentaremos as regras para atualização de visões de junção. Em seguida, consideraremos as implicações dessas regras para cada um dos três casos (um para um, um para muitos, muitos para muitos), um por vez.

Considere a junção $J = A$ JOIN B, em que (como no Capítulo 7, Seção 7.4) as RelVars A, B e J têm cabeçalhos $\{X,Y\}$, $\{Y,Z\}$ e $\{X,Y,Z\}$, respectivamente. Sejam PA e PB os predicados para A e B, respectivamente. Então, o predicado PJ para J é

```
PA ( a ) AND PB ( b )
```

em que, para determinada tupla j da junção, a é a "porção A" de j (isto é, a tupla que é derivada de j pela projeção do componente Z) e b é a "porção B" de j (isto é, a tupla que é derivada de j pela projeção do componente X). Em outras palavras, toda tupla na junção é tal que a porção A satisfaz a PA e a porção B satisfaz a PB. Por exemplo, o predicado para a junção das RelVars F e FP sobre F é o seguinte:

> Toda tupla (f,n,t,c,p,q) na junção é tal que a tupla (f,n,t,c) satisfaz ao predicado para F e a tupla (f,p,q) satisfaz ao predicado para FP.

Então, aqui estão as regras de atualização:

- **INSERT**: A nova tupla j deve satisfazer a PJ. Se a porção A de j não aparecer em A, ela será inserida em A.[5] Se a porção B de j não aparecer em B, ela será inserida em B.

- **DELETE**: A porção A da tupla a ser eliminada será eliminada de A e a porção B será eliminada de B.

- **UPDATE**: A tupla a ser atualizada deve ser tal que a versão atualizada satisfaça a PJ. A porção A será eliminada de A, sem a execução de ações engatilhadas e verificação de predicados. Então, se a porção A da versão atualizada da tupla não aparecer em A, ela será inserida em A; se a porção B não aparecer em B, ela será inserida em B.

Vamos examinar agora as implicações dessas regras para os três casos diferentes.

---

[5] Observe que esse INSERT poderia ter o efeito colateral de inserir a porção B também em B, como acontece nas visões de união, interseção e diferença, discutidas anteriormente. Comentários semelhantes se aplicam também às regras de exclusão e atualização; para resumir, não nos preocupamos em explicar os detalhes dessa possibilidade em cada caso.

Caso 1 (um para um): primeiro, observe que o termo *um para um* aqui seria mais precisamente *(zero ou um) para (zero ou um)*. Em outras palavras, existe uma restrição de integridade que garante que, para cada tupla de *A*, existe no máximo uma tupla correspondente em *B* e *vice-versa* – implicando que o conjunto de atributos *Y* sobre o qual a junção é executada tem de ser uma *superchave* tanto para *A* quanto para *B*.

Exemplos:

- Como primeiro exemplo, você deve considerar o efeito das regras precedentes sobre a junção da Rel-Var de fornecedores F com ela mesma sobre números de fornecedores (somente).

- Como segundo exemplo, suponha que temos outra RelVar básica FR com atributos F# e REST, em que F# identifica um fornecedor e REST identifica o restaurante favorito desse fornecedor. Vamos supor que nem todos os fornecedores de F aparecem em FR. Considere o efeito das regras de atualização da junção sobre F JOIN FR. Qual seria a diferença se algum fornecedor pudesse aparecer em FR e não em F?

Caso 2 (um para muitos): o termo *um para muitos* aqui seria mais exatamente *(zero ou um) para (zero ou mais)*. Em outras palavras, existe uma restrição de integridade em efeito que garante que, para cada tupla de *B* existe no máximo uma tupla correspondente em *A*. Em geral, isso significa que o conjunto de atributos *Y* sobre o qual a junção é executada deve incluir um conjunto *K*, digamos, tal que *K* seja uma chave candidata para *A* e uma chave estrangeira associada para *B*. *Nota*: se esse for realmente o caso, poderemos substituir a expressão "zero ou um" por "exatamente um".

Exemplos: Seja a visão FFP definida como

```
F JOIN FP
```

(essa é uma junção de chave estrangeira para chave candidata associada). Amostras de valores são apresentadas na Figura 10.7.

- Uma tentativa de inserir a tupla (F4,Clark,20,Londres,P6,100) em FFP será bem-sucedida e terá o efeito de inserir a tupla (F4,P6,100) na RelVar FP (acrescentando assim uma tupla à visão).

- Uma tentativa de inserir a tupla (F5,Adams,30,Atenas,P6,100) em FFP será bem-sucedida e terá o efeito de inserir a tupla (F5,P6,100) na RelVar FP (acrescentando assim uma tupla à visão).

- Uma tentativa de inserir a tupla (F6,Green,20,Londres,P6,100) em FFP será bem-sucedida e terá o efeito de inserir a tupla (F6,Green,20,Londres) na RelVar F e a tupla (F6,P6,100) na RelVar FP (acrescentando assim uma tupla à visão).

   Nota: Vamos supor por um momento que é possível existirem tuplas de FP sem uma tupla de F correspondente. Vamos supor ainda que a RelVar FP já inclui algumas tuplas com número de fornecedor F6, mas não uma com número de fornecedor F6 e número de peça P1. Então, a operação INSERT no exemplo discutido terá o efeito de inserir algumas tuplas adicionais na visão – ou seja, as tuplas obtidas pela junção da tupla (F6,Green,20,Londres) com as tuplas de FP que existiam anteriormente para o fornecedor F6.

FFP	F#	FNOME	STATUS	CIDADE	P#	QDE
	F1	Smith	20	Londres	P1	300
	F1	Smith	20	Londres	P2	200
	F1	Smith	20	Londres	P3	400
	F1	Smith	20	Londres	P4	200
	F1	Smith	20	Londres	P5	100
	F1	Smith	20	Londres	P6	100
	F2	Jones	10	Paris	P1	300
	F2	Jones	10	Paris	P2	400
	F3	Blake	30	Paris	P2	200
	F4	Clark	20	Londres	P2	200
	F4	Clark	20	Londres	P4	300
	F4	Clark	20	Londres	P5	400

FIGURA 10.7 *A visão FFP (amostras de valores).*

- Uma tentativa de inserir a tupla (F4,Clark,20,Atenas,P6,100) em FFP falhará (por quê?).

- Uma tentativa de inserir a tupla (F1,Smith,20,Londres,P1,400) em FFP falhará (por quê?).

- Uma tentativa de eliminar a tupla (F3,Blake,30,Paris,P2,200) de FFP será bem-sucedida e terá o efeito de eliminar a tupla (F3,Blake,30,Paris) da RelVar F e a tupla (F3,P2,200) da RelVar FP.

- Uma tentativa de eliminar a tupla (F1,Smith,20,Londres,P1,300) de FFP "será bem-sucedida" – veja a nota imediatamente a seguir – e terá o efeito de eliminar a tupla (F1,Smith,20,Londres) da RelVar F e a tupla (F1,P1,300) da RelVar FP.

  Nota: Na verdade, o efeito geral dessa tentativa de DELETE dependerá da regra DELETE da chave estrangeira de remessas para fornecedores. Se a regra especificar RESTRICT, a operação geral falhará. Se a regra especificar NO ACTION ou RESTRICT, a operação geral falhará. Se especificar CASCADE, ela terá o efeito colateral de eliminar todas as outras tuplas de FP (e, portanto, tuplas de FFP) também para o fornecedor F1.

- Uma tentativa de atualizar a tupla de FFP (F1,Smith,20,Londres,P1,300) para (F1,Smith, 20,Londres,P1,400) será bem-sucedida e terá o efeito de atualizar a tupla de FP (F1,P1,300) para (F1,P1,400).

- Uma tentativa de atualizar a tupla de FFP (F1,Smith,20,Londres,P1,300) para (F1,Smith,20,Atenas,P1,400) será bem-sucedida e terá o efeito de atualizar a tupla de F (F1,Smith,20,Londres) para (F1,Smith,20,Atenas) e a tupla de FP (F1,P1,300) para (F1,P1,400).

- Uma tentativa de atualizar a tupla de FFP (F1,Smith,20,Londres,P1,300) para (F6,Smith, 20,Londres,P1,300) "será bem-sucedida" – veja a nota imediatamente a seguir – e terá o efeito de atualizar a tupla de F (F1,Smith,20,Londres) para (F6,Smith,20,Londres) e a tupla de FP (F1,P1,300) para (F6,P1,300).

  Nota: Na realidade, o efeito geral dessa tentativa de atualização dependerá da regra UPDATE da chave estrangeira de remessas para fornecedores. Os detalhes ficam como exercício.

Caso 3 (muitos para muitos): o termo *muitos para muitos* aqui seria mais precisamente *(zero ou mais) para (zero ou mais)*. Em outras palavras, não existe qualquer restrição de integridade em efeito que garanta que realmente estamos lidando com uma situação do Caso 1 ou do Caso 2.

Exemplos: Vamos supor que temos uma visão definida como

```
F JOIN P
```

(junção de F e P sobre CIDADE – uma junção muitos para muitos). Amostras de valores estão representadas na Figura 10.8.

F#	FNOME	STATUS	CIDADE	P#	PNOME	COR	PESO
F1	Smith	20	Londres	P1	Porca	Vermelho	12.0
F1	Smith	20	Londres	P4	Parafuso	Vermelho	14.0
F1	Smith	20	Londres	P6	Tubo	Vermelho	19.0
F2	Jones	10	Paris	P2	Pino	Verde	17.0
F2	Jones	10	Paris	P5	Came	Azul	12.0
F3	Blake	30	Paris	P2	Pino	Verde	17.0
F3	Blake	30	Paris	P5	Came	Azul	12.0
F4	Clark	20	Londres	P1	Porca	Vermelho	12.0
F4	Clark	20	Londres	P4	Parafuso	Vermelho	14.0
F4	Clark	20	Londres	P6	Tubo	Vermelho	19.0

FIGURA 10.8 *A junção F e P sobre CIDADE.*

- Inserir a tupla (F7,Bruce,15,Oslo,P8,Roda,Branco,25) será bem-sucedida e terá o efeito de inserir a tupla (F7,Bruce,15,Oslo) na RelVar F e a tupla (P8,Roda,Branco,25,Oslo) na RelVar P (adicionando assim a tupla especificada à visão).

- Inserir a tupla (F1,Smith,Londres,P7,Arruela,Vermelha,4,Londres) será bem-sucedida e terá o efeito de inserir a tupla (P7,Arruela,Vermelho,5,Londres) na RelVar P (acrescentando assim *duas* tuplas à visão – a tupla (F1,Smith,20,Londres,P7,Arruela,Vermelho,5) como especificado, e também a tupla (F4,Clark, 20,Londres,P7,Arruela,Vermelho,5)).

- Inserir a tupla (F6,Green,20,Londres,P7,Arruela,Vermelho,5) será bem-sucedida e terá o efeito de inserir a tupla (F6,Green,20,Londres) na RelVar F e a tupla (P7,Arruela,Vermelho,5,Londres) na RelVar P (acrescentando assim *seis* tuplas à visão).

- A eliminação da tupla (F1,Smith,20,Londres,P1,Porca,Vermelho,12) será bem-sucedida e terá o efeito de eliminar a tupla (F1,Smith,20,Londres) da RelVar F e a tupla (P1,Porca,Vermelho,12,Londres) da RelVar P (eliminando assim *quatro* tuplas da visão).

Outros exemplos ficam como exercício.

Outros operadores

Por fim, vamos considerar rapidamente os operadores restantes da álgebra. Primeiro, notamos que junção-θ, semijunção, semidiferença e divisão não são primitivas; assim, as regras para esses operadores podem ser derivadas das regras para os operadores em cujos termos eles são definidos. Quanto aos outros:

- *Renomeação*: Trivial.

- *Produto cartesiano*: Como observamos na Seção 7.4 do Capítulo 7, o produto cartesiano é um caso particular da junção natural (*A* JOIN *B* degenera em *A* TIMES *B* se *A* e *B* não têm atributos em comum). Em consequência disso, as regras para *A* TIMES *B* são apenas um caso especial das regras para *A* JOIN *B* (como também as regras para *A* INTERSECT *B*, naturalmente).

- *Totalização*: A totalização também não é primitiva – ela é definida em termos de extensão e, assim, as regras de atualização podem ser derivadas daquelas existentes para a extensão. *Nota*: É verdade que a maioria das atualizações sobre a maioria das visões de SUMMARIZE falhará na prática. Porém, as falhas ocorrem não porque essas visões são *inerentemente* não atualizáveis, mas sim porque tentativas de atualizá-las, em geral, violarão alguma restrição de integridade. Por exemplo, seja a expressão de definição de visão:

```
SUMMARIZE FP PER FP { F# } ADD SUM ( QDE ) AS QDETOTAL
```

Então, uma tentativa de eliminar, digamos, a tupla para o fornecedor F1 será bem-sucedida. No entanto, uma tentativa de atualizar, digamos, a tupla (F4,900) para (F4,800) falhará, porque viola a restrição de que o valor de QDETOTAL deve ser igual à soma de todos os valores de QDE individuais aplicáveis. Uma tentativa de inserir a tupla (F5,0) também falhará, mas por uma razão diferente (exatamente, por quê?).

- *Agrupamento e desagrupamento*: Nesse caso também se aplicam comentários semelhantes aos que foram feitos sobre o operador de totalização [3.3].

- *Tclose*: Mais uma vez, aplicam-se comentários de certa forma semelhantes aos anteriores.

10.5 SNAPSHOTS (UM DESVIO)

Nesta seção, faremos um breve desvio para discutir **snapshots** (ou instantâneos) [10.1]. Os snapshots têm alguns pontos em comum com as visões, mas não são a mesma coisa. Como as visões, os snapshots são RelVars derivados; porém, diferentes das visões, eles são reais – isto é, são representados não apenas por sua definição em termos de outras RelVars, mas também (pelo menos conceitualmente) por sua própria cópia dos dados, materializada separadamente. Aqui está um exemplo:

```
VAR P2FC SNAPSHOT
   ( ( F JOIN FP ) WHERE P# = P# ('P2') ) { F#, CIDADE }
   REFRESH EVERY DAY ;
```

A definição de um snapshot é muito semelhante à execução de uma consulta, exceto pelo fato de que:

1. O resultado da consulta é mantido no banco de dados sob o nome especificado (P2FC, no exemplo) como uma *RelVar somente de leitura* (ou seja, somente de leitura fora da renovação periódica – veja o item 2).

2. Periodicamente (no exemplo, EVERY DAY – todo dia) o snapshot é **renovado** (*refreshed*) – isto é, seu valor atual é descartado, a consulta é executada outra vez, e o resultado dessa nova execução passa a ser o novo valor do snapshot.

Assim, o snapshot P2FC representa os dados relevantes como eram no máximo 24 horas antes. (Então, qual é o predicado?)

O importante na ideia de snapshots é que muitas aplicações – talvez até mesmo a maioria delas – podem tolerar, ou até exigir, dados "como eram" em algum instante determinado. Por exemplo, as aplicações de relatórios e de contabilidade são casos importantes; em geral, essas aplicações exigem que os dados sejam congelados em um momento apropriado (por exemplo, no final de um período contábil), e os snapshots permitem que esse congelamento ocorra sem impedir que outras transações executem atualizações nos dados em questão (ou seja, nos "dados reais"). De modo semelhante, poderia ser desejável congelar grandes quantidades de dados para uma consulta complexa ou uma aplicação somente de leitura, de novo sem impedir atualizações. *Nota*: Essa ideia se torna ainda mais atraente em um ambiente de banco de dados distribuído ou de apoio à decisão – consulte os Capítulos 21 e 22, respectivamente. Observamos que os snapshots representam um caso especial de *redundância controlada* (consulte o Capítulo 1) e uma "renovação de snapshot" é o processo de *propagação de atualização* correspondente (mais uma vez, consulte o Capítulo 1).

Então, em geral, uma definição de snapshot será semelhante a esta:

```
VAR <nome de RelVar> SNAPSHOT <expressão relacional>
    <lista de definição de chaves candidatas>
    REFRESH EVERY <período de renovação>
```

em que <*período de renovação*> é, por exemplo, MONTH ou WEEK ou DAY ou HOUR ou *n* MINUTES ou MONDAY, ou WEEKDAY. Em particular, uma especificação da forma REFRESH [ON] EVERY UPDATE poderia ser usada para manter o snapshot permanentemente sincronizado com as RelVars das quais ele derivasse. E aqui está a sintaxe da operação DROP correspondente:

```
DROP VAR <nome de RelVar> ;
```

em que <*nome de RelVar*> se refere especificamente ao snapshot. *Nota*: Supomos que uma tentativa de descartar um snapshot falhará se alguma outra definição de RelVar se referir atualmente a ele. Como outra opção, poderíamos considerar a extensão da definição do snapshot para incluir novamente alguma espécie de opção "RESTRICT *versus* CASCADE". Aqui, não consideraremos com maior profundidade essa última possibilidade.

Uma nota sobre terminologia: No momento em que escrevíamos este livro, os snapshots passavam a ser conhecidos – na verdade, quase exclusivamente – não como snapshots, mas como **visões materializadas**[6] (ver a Seção "Referências e bibliografia" do Capítulo 22). Contudo, essa terminologia é infeliz no extremo, e este autor sugere que esse termo seja firmemente combatido. Os snapshots *não* são visões. O objetivo das visões é que elas *não* sejam materializadas, pelo menos com relação ao modelo. (Se, nos bastidores, elas são ou não são materializadas, isso é uma questão da implementação, e não tem nada a ver com o modelo.) Tratando-se do modelo, em outras palavras, *visão materializada* é uma contradição nos termos – e também (muito previsivelmente) a *visão materializada* tornou-se tão onipresente que o termo não qualificado *visão* passou a significar, quase sempre, uma "visão materializada" especificamente! Portanto, não temos mais um

---

[6]Alguns autores – nem todos – reservam o termo *visão materializada* para indicar um snapshot que sempre estará atualizado (ou seja, um para o qual se aplica REFLRESH ON EVERY UPDATE).

276

bom termo para usar quando queremos nos referir a uma visão no sentido original. Certamente, corremos um sério risco de sermos mal interpretados quando usamos o termo não qualificado *visão* para essa finalidade. Porém, neste livro, resolvemos aceitar o risco; para sermos específicos, não usaremos o termo *visão materializada* (exceto ao citar de outras fontes), mantendo o termo *snapshot* para o conceito em questão, e sempre usaremos o termo não qualificado *visão* em seu sentido relacional original.

10.6 RECURSOS DE SQL

Nesta seção, vamos resumir o suporte de SQL para visões (somente para elas – a SQL não admite snapshots, pelo menos no momento em que escrevemos). Primeiro, a sintaxe de CREATE VIEW é a seguinte (omitindo uma série de opções e alternativas para abreviar, como a capacidade de definir uma visão para ser "de" algum tipo estruturado):

```
CREATE VIEW <nome de visão> AS <expressão de tabela>
    [ WITH [ <qualificador> ] CHECK OPTION ] ;
```

Explicação:

1. A *<expressão de tabela>* é a expressão de definição de visão.

2. WITH CHECK OPTION, se especificado, significa que operações INSERT e UPDATE sobre a visão serão rejeitadas se violarem qualquer restrição de integridade implícita na expressão de definição de visão. Portanto, observe que tais operações *só* falharão se WITH CHECK OPTION for especificado – isto é, por default, elas *não* falharão. Você deve lembrar da Seção 10.4, onde consideramos esse comportamento como logicamente incorreto; assim, recomendaríamos com veemência que WITH CHECK OPTION *sempre* seja especificada na prática[7] (consulte a referência [10.5]).

3. O *<qualificador>* é CASCADED ou LOCAL, e CASCADED é o default (e de fato a única opção sensata, como se explica em detalhes na referência [4.20]; por essa razão, omitimos aqui qualquer discussão mais detalhada sobre LOCAL).

Aqui estão correspondentes SQL das definições de visão da Seção 10.1:

```
1. CREATE VIEW BOM_FORNECEDOR
       AS SELECT F.F#, F.STATUS, F.CIDADE
          FROM   F
          WHERE  F.STATUS > 15
       WITH CHECK OPTION ;

2. CREATE VIEW PEÇA_VERMELHA
       AS SELECT P.P#, P.PNOME, P.PESO AS PS, P.CIDADE
          FROM   P
          WHERE  P.COR = 'Vermelho'
       WITH CHECK OPTION ;

3. CREATE VIEW PQ
       AS SELECT P.P#, ( SELECT SUM ( FP.QDE )
                         FROM   FP
                         WHERE  FP.P# = P.P# ) AS QDETOTAL
          FROM   P ;
```

A SQL não considera essa visão como atualizável, de modo que WITH CHECK OPTION precisa ser omitido.

---

[7]Ou seja, se a visão for atualizável. Como veremos mais adiante, as visões em SQL normalmente *não* são atualizáveis, e WITH CHECK OPTION é ilegal se a visão não for atualizável, de acordo com o padrão SQL.

4. CREATE VIEW PAR_CIDADES
```
   AS SELECT DISTINCT F.CIDADE AS FCIDADE, P.CIDADE AS PCIDADE
      FROM   F, FP, P
      WHERE  F.F# = FP.F#
      AND    FP.P# = P.P# ;
```

Novamente, a SQL não considera essa visão como atualizável, de modo que WITH CHECK OPTION precisa ser omitido.

5. CREATE VIEW PEÇA_VERMELHA_PESADA
```
   AS SELECT PV.P#, PV.PNOME, PV.PS, PV.CIDADE
      FROM   PEÇA_VERMELHA AS PV
      WHERE  PV.PS > 12,0
   WITH CHECK OPTION ;
```

Uma visão existente pode ser descartada por meio da sintaxe de DROP VIEW:

```
DROP VIEW <nome da visão> <comportamento> ;
```

em que (como é comum) <comportamento> é RESTRICT ou CASCADE. Se RESTRICT for especificado e a visão estiver atualmente em uso em algum outro lugar (por exemplo, em outra definição de visão ou em uma restrição de integridade), DROP falhará; se CASCADE for especificado, DROP será bem-sucedido e causará um DROP...CASCADE implícito para tudo o que estiver usando a visão atualmente.

Busca em visões

Como se indicou na Seção 10.3, todas as buscas sobre todas as visões têm a garantia de funcionar corretamente na versão atual do padrão SQL. Infelizmente, o mesmo não é verdade para certos produtos atuais, nem para versões do padrão anteriores à SQL:1992.

Atualização de visões

O suporte de SQL/92 para atualização de visões é muito limitado. Além disso, é *extremamente* difícil de entender! – de fato, o padrão é ainda mais impenetrável nessa área do que normalmente já é.[8] Aqui está um trecho típico desse padrão (aqui, ligeiramente editado):

[A] *<expressão de consulta>* QE1 é *atualizável* se e somente se, para cada *<expressão de consulta>* ou *<especificação de consulta>* QE2 que é simplesmente contida em *QE1:*

a. *QE1* contém *QE2* sem uma *<expressão de consulta não de junção>* intercala que especifica UNION DISTINCT, EXCEPT ALL ou EXCEPT DISTINCT.[9]

b. Se *QE1* simplesmente tiver uma *<expressão de consulta não de junção>* NJQE que especifica UNION ALL, então:

   i. *NJQE* contém imediatamente uma *<expressão de consulta>* LO e uma *<termo de consulta>* RO, de modo que nenhuma tabela básica geralmente final de *LO* também seja uma tabela básica geralmente final de *RO*.

   ii. Para cada coluna de *NJQE*, as colunas básicas nas tabelas identificadas por *LO* e *RO*, respectivamente, são atualizáveis ou não atualizáveis.

c. *QE1* contém *QE2* sem um *<termo de consulta não de junção>* intercalado que especifica INTERSECT.

d. *QE2* é atualizável.

---

[8] Para citar a referência [10.11]: "O padrão SQL foi e continua a ser uma barreira para o desenvolvimento (sem falar na implementação) de técnicas para a atualização geral de visões."

[9] Não mencionamos esse ponto no Capítulo 8, mas o padrão SQL:1999 acrescentou a capacidade de especificar um qualificador DISTINCT explícito como uma alternativa a ALL em UNION, INTERSECT e EXCEPT. Semelhantemente, um qualificador ALL explícito também pode ser especificado como uma alternativa a DISTINCT em SELECT. Porém, observe que DISTINCT é o default para UNION, INTERSECT e EXCEPT, enquanto ALL é o default para SELECT.

Observe que (a) o texto anterior é apenas uma das muitas regras que precisam ser apanhadas em combinação para se determinar se determinada visão é atualizável; (b) nem todas as regras em questão estão em um só lugar, mas estão espalhadas por muitas partes diferentes do documento; e (c) todas essas regras contam com uma série de conceitos e construções adicionais – por exemplo, colunas atualizáveis, tabelas básicas geralmente finais, *<termos de consulta não de junção>* – que, por sua vez, estão definidos em outras partes do documento.

Por causa dessas considerações, nem sequer tentamos dar uma caracterização precisa de quais visões são atualizáveis em SQL. Porém, informalmente falando, podemos dizer que a SQL considera as seguintes visões como atualizáveis:

1. Visões definidas como uma restrição e/ou projeção de uma única tabela de base

2. Visões definidas como uma junção um para um ou um para muitos de duas tabelas de base (no caso de um para muitos, somente o lado "muitos" é atualizável)[10]

3. Visões definidas como um UNION ALL ou INTERSECT de duas tabelas de base distintas

4. Certas combinações dos casos de 1 a 3

Mais do que isso, até mesmo esses casos limitados são tratados incorretamente, graças à falta de compreensão dos predicas pela SQL, e particularmente ao fato de que a SQL permite linhas em duplicata. E o quadro é complicado ainda mais pelo fato de que a SQL identifica quatro casos distintos; para sermos específicos, uma visão pode ser *atualizável, potencialmente atualizável, simplesmente atualizável* ou *intercalável*[11] (em que "atualizável" refere-se a UPDATE e DELETE, e "intercalável" refere-se a INSERT, e uma visão não pode ser intercalável se também não for atualizável).

Porém, com relação ao Caso 1, podemos ser um pouco mais precisos. Para sermos específicos, uma visão SQL certamente é atualizável se todas as oito condições a seguir forem satisfeitas:

1. A expressão de tabela que define o escopo da visão é uma expressão de seleção (isto é, ela não contém qualquer das palavras-chave JOIN, UNION, INTERSECT ou EXCEPT).

2. A cláusula SELECT dessa expressão de seleção não contém a palavra-chave DISTINCT.

3. Todo item de seleção nessa cláusula SELECT (depois de qualquer expansão necessária de itens de seleção "no estilo de asterisco") consiste em um nome de coluna possivelmente qualificado (e opcionalmente acompanhado de uma cláusula AS), representando uma referência simples a uma coluna da tabela básica (ver a condição 5), e nenhuma referência de coluna desse tipo aparece mais de uma vez.

4. A cláusula FROM dessa expressão de seleção contém exatamente uma referência a tabela.

5. Essa referência à tabela identifica uma tabela básica ou uma visão que satisfaça às condições de 1 a 8. *Nota*: A tabela identificada por essa referência à tabela é considerada a *tabela básica* para a visão atualizável em questão (ver a condição 3).

6. Essa expressão de seleção não contém uma cláusula WHERE que inclua uma subconsulta que inclua uma cláusula FROM que inclua uma referência à mesma tabela referenciada na cláusula FROM mencionada na condição 4.

7. Essa expressão de seleção não inclui uma cláusula GROUP BY.

8. Essa expressão de seleção não inclui uma cláusula HAVING.

---

[10]Com relação às junções um para um, acrescentamos o seguinte fato curioso. A SQL corretamente exige que as atualizações sobre tais junções sejam do tipo tudo ou nada. Mas essa exigência (como a exigência de que as atualizações em geral sejam do tipo tudo ou nada, mesmo que envolvam ações referenciais, como exclusão em cascata) significa que, pelo menos nos bastidores, o sistema precisa admitir algum tipo de atribuição relacional múltipla – apesar do fato de que a SQL não inclui suporte explícito para qualquer operador desse tipo.

[11]O padrão define esses termos formalmente, mas não explica seu significado intuitivo ou por que eles foram escolhidos. Observe a violação dos Princípios 9 e 10 da subseção "Na direção de um mecanismo de atualização de visões", na Seção 10.4.

10.7 RESUMO

Uma **visão** é essencialmente uma expressão relacional nomeada; ela pode ser considerada uma **RelVar derivada virtual**. Operações sobre uma visão são normalmente implementadas por um processo de **substituição**; isto é, referências ao *nome* da visão são substituídas pela expressão que *define* a visão – e esse processo de substituição funciona precisamente devido ao **fechamento**. Para operações de **busca**, o processo de substituição funciona 100 por cento do tempo (pelo menos em teoria, embora não necessariamente na prática). Para operações de **atualização**, ele também funciona 100 por cento do tempo (mais uma vez, em teoria, embora definitivamente não na prática); porém, no caso de algumas visões (por exemplo, visões definidas em termos de totalização), as atualizações geralmente falham, em virtude de violações de restrições de integridade. Também apresentamos um extenso conjunto de **princípios** a que o esquema de atualização deve satisfazer e mostramos em detalhes como o esquema de atualização funcionava para visões definidas em termos dos operadores de **união, interseção, diferença, restrição, projeção, junção** e **extensão**. Para cada um desses operadores, descrevemos as **regras de inferência de predicados** correspondentes.

Também examinamos a questão de visões e **independência de dados lógica**. Existem dois aspectos dessa independência, o **crescimento** e a **reestruturação**. Outros benefícios das visões incluem: (a) sua capacidade de ocultar dados e com isso fornecer uma certa medida de **segurança**, e (b) sua capacidade de atuar como uma abreviação e, assim, facilitar a vida do usuário. Continuamos a explicar dois princípios importantes, *O Princípio da Permutabilidade* (que implica entre outras coisas que devemos ser capazes de atualizar visões) e *O Princípio da Relatividade de Bancos de Dados*.

Também fizemos um desvio por um momento para dar uma breve descrição de **snapshots** (também conhecidos como *visões materializadas*, embora esse termo seja desaconselhado). Finalmente, descrevemos, em linhas gerais, os aspectos relevantes da SQL.

EXERCÍCIOS

10.1 Defina uma visão para fornecedores de Londres.

10.2 Defina uma visão consistindo em números de fornecedores e números de peças para fornecedores e peças que não estão na mesma cidade.

10.3 Defina a RelVar FP do banco de dados de fornecedores e peças como uma visão da RelVar FPJ do banco de dados de fornecedores, peças e projetos.

10.4 Defina uma visão sobre o banco de dados de fornecedores, peças e projetos consistindo em todos os projetos (somente atributos número de projeto e cidade) que são supridos pelo fornecedor F1 e utilizam a peça P1.

10.5 Dada a definição de visão:

```
VAR PESOPESADO VIEW
      ( ( P RENAME PESO AS PS, COR AS COL ) )
          WHERE PS > PESO ( 14.0 ) ) { P#, PS, COL } ;
```

– mostre a forma convertida após o procedimento de substituição ter sido aplicado para cada uma das seguintes expressões e instruções:

```
a. PESOPESADO WHERE COL = COR ('Verde') ;

b. ( EXTEND PESOPESADO ADD ( PS + PESO ( 5.3 ) ) AS PSP )
                                              { P#, PSP } ;

c. INSERT PESOPESADO
   RELATION { TUPLE { P#  P# ('P99'),
                      PS  PESO ( 12.0 ),
                      COL COR ('Púrpura') } } ;

d. DELETE PESOPESADO WHERE PS < PESO ( 10.0 ) ;

e. UPDATE PESOPESADO WHERE PS = PESO ( 18.0 )
        { COL := 'Branco' } ;
```

10.6 Suponha que a definição da visão PESOPESADO do Exercício 10.5 seja revista como a seguir:

```
VAR PESOPESADO VIEW
( ( ( EXTEND P ADD ( PESO * 454 ) AS PS )
    RENAME COR AS COL ) WHERE PS > PESO ( 6356.0 ) )
                                { P#, PS, COL } ;
```

(isto é, o atributo PS agora indica o peso em gramas, e não em libras). Em seguida, repita o Exercício 10.6.

10.7 Dê correspondentes, baseados no cálculo, às definições algébricas de visões da Seção 10.1.

10.8 ORDER BY não faz sentido em uma definição de visão (apesar do fato de que pelo menos um produto bem conhecido permite isso!). Por que não?

10.9 No Capítulo 9, sugerimos que às vezes poderia ser desejável ter a possibilidade de declarar chaves candidatas – ou possivelmente uma chave primária – para uma visão. Por que tal recurso seria desejável?

10.10 Quais extensões do catálogo do sistema são necessárias para dar suporte às visões? E no caso dos snapshots?

10.11 Suponha que uma determinada RelVar básica R seja substituída por duas restrições A e B, tais que A UNION B seja sempre igual a R e A INTERSECT B seja sempre vazia. É possível alcançar a independência de dados lógica?

10.12 Se A e B são do mesmo tipo de relação, A INTERSECT B é equivalente a A JOIN B (essa junção é de um para um, mas não *estritamente*, porque poderiam existir tuplas em A sem equivalentes em B e *vice-versa*). As regras de possibilidade de atualização, dadas na Seção 10.4 para visões de interseção e junção, são consistentes como essa equivalência?

10.13 A INTERSECT B também é equivalente a A MINUS (A MINUS B) e a B MINUS (B MINUS A). As regras de possibilidade de atualização, dadas na Seção 10.4 para visões de interseção e diferença, são consistentes com essas equivalências?

10.14 Um dos princípios que enunciamos na Seção 10.4 foi que INSERT e DELETE deveriam ser inversos um da outro, tanto quanto possível. As regras dadas nessa seção para atualizar visões de união, interseção e diferença obedecem a esse princípio?

10.15 Na Seção 10.2 (em nossa discussão da independência de dados lógica) discutimos a possibilidade de reestruturar o banco de dados de fornecedores e peças substituindo a RelVar básica F por duas de suas projeções, FNC e FT. Observamos também que tal reestruturação não era uma questão totalmente trivial. Quais são as implicações?

10.16 Investigue qualquer produto de SQL que possa estar disponível para você. (a) Você poderia encontrar exemplos de buscas de visões que falhem nesse produto? (b) Quais são as regras quanto à possibilidade de atualização de visões nesse produto? Observe que elas provavelmente serão bem diferentes daquelas indicadas na Seção 10.6 para a SQL:1999.

10.17 Considere o banco de dados de fornecedores e peças mas, para simplificar, ignore a RelVar de peças. Aqui estão, em linhas gerais, dois projetos possíveis para fornecedores e remessas:

```
a.  F  { F#, FNOME, STATUS, CIDADE }
    FP { F#, P#, QDE }

b.  FFP { F#, FNOME, STATUS, CIDADE, P#, QDE }
    XFF { F#, FNOME, STATUS, CIDADE }
```

O Projeto *a* é o habitual. Ao contrário, no Projeto *b*, a RelVar FFP contém uma tupla para cada remessa, fornecendo o número de peça e a quantidade aplicáveis, além de detalhes completos sobre os fornecedores, enquanto a RelVar XFF contém detalhes de fornecedor correspondentes a fornecedores que não fornecem absolutamente nenhuma peça. (Observe que os dois projetos têm informações equivalentes e que, portanto, os dois ilustram O *Princípio de Permutabilidade*.) Escreva definições de visões para expressar o Projeto *b* sob a forma de visões do Projeto *a* e *vice-versa*. Além disso, mostre as *restrições de bancos de dados* aplicáveis a cada projeto (veja o Capítulo 9, se precisar relembrar as restrições de bancos de dados). Algum dos dois projetos apresenta qualquer vantagem óbvia sobre o outro? Nesse caso, quais são essas vantagens?

10.18 Forneça soluções em SQL para os Exercícios de 10.1 a 10.4.

10.19 O algoritmo dado na Seção 10.4, para atualizar visões de junção em particular, às vezes é criticado com base em que (por exemplo) a exclusão de uma tupla da junção de fornecedores e remessas certamente deve ser entendida como significando que apenas a remessa correspondente deve ser excluída da RelVar FP – ou seja, o fornecedor não deverá ser excluído da RelVar F. Discuta.

10.20 Como exercício final (importante!) nessa parte do livro, reveja a definição do modelo relacional dada no fim da Seção 3.2 do Capítulo 3 e verifique se você agora a compreende totalmente.

REFERÊNCIAS E BIBLIOGRAFIA

10.1 Michel Adiba: "Derived Relations: A Unified Mechanism for Views, Snapshots, and Distributed Data", Proc. 1981 Int. Conf. on Very Large Data Bases, Cannes, França (setembro de 1981). Ver também a versão anterior "Database Snapshots", de Michel E. Adiba e Bruce G. Lindsay, IBM Research Report RJ2772 (7 de março de 1980).

O artigo que primeiro propôs o conceito de snapshot. A semântica e a implementação são ambas discutidas. A respeito da implementação, observe em particular que várias espécies de "renovação diferencial" ou *manutenção incremental* são possíveis nos bastidores – nem sempre é necessário o sistema executar novamente toda a consulta original no momento da renovação.

10.2 H. W. Buff: "Why Codd's Rule No. 6 Must Be Reformulated", *ACM SIGMOD Record 17*, Número 4 (dezembro de 1988).

Em 1985, Codd publicou um conjunto de 12 regras a serem usadas como "parte de um teste para determinar se um produto do qual se diz que é completamente relacional na realidade o é" [10.3]. Sua Regra Número 6 exigia que todas as visões que teoricamente fossem atualizáveis também fossem atualizáveis pelo sistema. Nessa breve nota, Buff afirma que o problema geral da possibilidade de atualização de visões é impossível de ser decidido – isto é, não existe algoritmo geral para determinar a possibilidade de atualização ou não de uma visão arbitrária. (De acordo com McGoveran [10.11], esse artigo "tem sido a barreira dominante e mais séria para a investigação do problema de atualização de visões.") Mas qualquer implementação relacional real estará sujeita a uma série de limites finitos (por exemplo, sobre o tamanho máximo de uma expressão), com a consequência de os resultados de Buff não se aplicarem a esse sistema específico. Para citar McGoveran novamente: "Buff [não considera] essas implementações limitadas da álgebra relacional [que] são necessárias para reduzir o modelo relacional à prática em computadores físicos; em vez disso, seu artigo simplesmente considera a pura matemática para algoritmos abstratos e teóricos" [10.11].

10.3 E. F. Codd: "Is Your DBMS Really Relational?" e "Does Your DBMS Run by the Rules?", *Computerworld* (14 e 21 de outubro de 1985).

10.4 Donald D. Chamberlin, James N. Gray e Irving L. Traiger: "Views, Authorization, and Locking in a Relational Data Base System", Proc. NCC *44*, Anaheim, Calif. Montvale, N.J.: AFIPS Press (maio de 1975).

Inclui uma breve justificativa da abordagem adotada para a atualização de visões no protótipo do System R (e, portanto, em SQL/DS, em DB2, no padrão de SQL etc.). Consulte também a referência [10.12], que faz o mesmo para o protótipo University Ingres.

10.5 Hugh Darwen: "Without Check Option", em C. J. Date e Hugh Darwen, *Relational Database Writings 1989–1991*. Reading, Mass.: Addison-Wesley (1992).

10.6 C. J. Date e David McGoveran: "Updating Union, Intersection, and Difference Views" e "Updating Joins and Other Views", em C. J. Date, *Relational Database Writings* 1991-1994. Reading, Mass.: Addison-Wesley (1995).

Esses dois artigos apresentam uma introdução informal ao novo esquema de atualização descrito com alguns detalhes na Seção 10.4. Um dos autores (McGoveran) preparou uma descrição formal do esquema e está reivindicando patente nos EUA com base nessa descrição [10.11].

10.7 Umeshwar Dayal e Philip A. Bernstein: "On the Correct Translation of Update Operations on Relational Views", *ACM TODS 7*, Número 3 (setembro de 1982).

Um tratamento inicial realmente formal do problema da atualização de visões (apenas para visões de restrição, projeção e junção). No entanto, não são considerados os predicados.

10.8 Antonio L. Furtado e Marco A. Casanova: "Updating Relational Views", na referência [18.1].

Há duas amplas abordagens para o problema de atualização de visões. Uma delas (a única discutida em detalhes neste capítulo) tenta fornecer um mecanismo geral que funcione qualquer que seja o banco de dados específico envolvido; ela é conduzida unicamente pelas definições das visões em questão (ou seja, pela semântica entendida pelo sistema). A outra abordagem, menos ambiciosa, exige que o DBA especifique, para cada visão, exatamente quais atualizações são permitidas e quais são suas semânticas, escrevendo (de fato) o código procedimental para implementar essas atualizações em termos das RelVars básicas. Esse artigo descreve trabalhos sobre cada uma das abordagens até 1985. Um extenso conjunto de referências a trabalhos anteriores está incluído no artigo.

10.9 Nathan Goodman: "View Update Is Practical", *InfoDB 5*. Número 2 (verão de 1990).

Uma discussão muito informal do problema da atualização de visões. Aqui está um trecho ligeiramente parafraseado da introdução: "Dayal e Bernstein [10.7] provaram que, em essência, nenhuma visão interessante pode ser atualizada; Buff [10.2] provou que não existe algoritmo que possa decidir se uma visão qualquer pode ser atualizada. Parece haver pouca razão para esperança. [Contudo,] nada poderia estar mais longe da verdade. O fato é que a atualização de visões é tanto possível quanto prática". O artigo prossegue até apresentar uma variedade de técnicas de atualização de visões ocasionais. Porém, a noção crucial dos predicados não é mencionada.

10.10 Arthur M. Keller: "Algorithms for Translating View Updates to Database Updates for Views Involving Selections, Projections, and Joins", Proc. 4th ACM SIGACT-SIGMOD Symposium on Principles of Database Systems, Portland, Ore. (março de 1985).

Propõe um conjunto de cinco critérios que deveriam ser satisfeitos por algoritmos de atualização de visões – nada de efeitos colaterais. somente mudanças em uma etapa, nada de mudanças desnecessárias, substituto mais simples impossível, nenhum par DELETE-INSERT em vez de UPDATEs – e apresenta algoritmos que satisfazem a esses critérios. Entre outras coisas, os algoritmos permitem a implementação de uma espécie de atualização por meio de outra; por exemplo, uma operação DELETE sobre uma visão poderia ser traduzida por uma operação UPDATE sobre a RelVar básica (por exemplo, um fornecedor poderia ser eliminado da visão "fornecedores de Londres" mudando-se o valor de CIDADE para Paris). Como outro exemplo (porém, fora do escopo do artigo de Keller), uma operação DELETE sobre *V* (em que *V* é definida como *A* MINUS *B*) poderia ser implementada por meio de uma operação INSERT sobre *B* em vez de uma operação DELETE sobre *A*. Note que rejeitamos tais possibilidades neste capítulo, em virtude de nosso Princípio Número 6.

10.11 David O. McGoveran: "Accessing and Updating Views and Relations in a Relational Database", U.S. Patent Application 10/114,609 (2 de abril de 2002).

10.12 M. R. Stonebraker: "Implementation of Views and Integrity Constraints by Query Modification", Proc. ACM SIGMOD Int. Conf. on Management of Data, San Jose, Calif. (maio de 1975).

Ver anotação à referência [10.4].

PARTE **III**

PROJETO DE BANCOS DE DADOS

Esta parte do livro trata do tema geral de projeto de bancos de dados (mais especificamente, do projeto de bancos de dados *relacionais*). O problema do projeto de bancos de dados pode ser enunciado de maneira muito simples: dado algum conjunto de dados a ser representado em um banco de dados, de que modo decidimos sobre uma estrutura lógica adequada para esses dados? – em outras palavras, como determinamos quais RelVars devem existir e quais atributos elas devem ter? O significado prático desse problema é óbvio.

Antes de entrarmos em detalhes, é importante fazermos alguns comentários preliminares:

- Primeiro, observe que estamos preocupados aqui apenas com o projeto *lógico* (ou *conceitual*),* e não com o projeto físico. Não estamos sugerindo que o projeto físico não seja importante – pelo contrário, o projeto físico é muito importante. Porém:

  a. O projeto físico pode ser tratado como uma atividade separada, a ser executada em seguida. Em outras palavras, o modo "certo" de projetar um banco de dados é primeiro criar um projeto lógico (isto é, relacional) limpo, e depois, como uma etapa separada e subsequente, realizar o mapeamento desse projeto lógico nas estruturas físicas que o SGBD de destino admitir. Em outras palavras, como observamos no Capítulo 2, o projeto físico deve ser derivado do projeto lógico, e não o contrário.[1]

  b. O projeto físico, por definição, tende a ser um tanto específico do SGBD e, como tópico, não é adequado para um texto geral como este. Ao contrário, o projeto lógico é ou deve ser bastante independente do SGBD, e devem existir alguns princípios teóricos sólidos que possam ser aplicados ao problema – e tais princípios definitivamente têm seu lugar em um livro desta natureza.

Nota do revisor técnico: Não se deve confundir com modelagem conceitual no sentido do Capítulo 14.
[1] De fato, o ideal é que o sistema possa derivar o projeto físico automaticamente, sem a necessidade de qualquer envolvimento humano no processo. Embora esse objetivo possa parecer utópico, o Apêndice A descreve uma técnica de implementação que leva isso para o âmbito da possibilidade.

Infelizmente, vivemos em um mundo imperfeito e, na prática, pode ser que as decisões de projeto tomadas no nível físico venham a produzir um impacto sobre o nível lógico (exatamente devido ao fato, já observado várias vezes neste livro, de que os produtos de SGBD de hoje admitem em geral apenas mapeamentos muito simples entre os níveis lógico e físico). Em outras palavras, pode ser necessário fazer diversas repetições sobre o ciclo de projeto "lógico-depois-físico", e provavelmente estabelecer compromissos. Apesar disso, reafirmamos nossa posição original de que a maneira correta de realizar o projeto de bancos de dados é primeiro conseguir um projeto lógico sem, nesse estágio, prestar atenção a considerações físicas – ou seja, de desempenho. Assim, esta parte do livro se ocupará principalmente daquilo que está envolvido na tarefa de "primeiro conseguir o projeto lógico correto".

- Embora (como já afirmamos) estejamos interessados principalmente no projeto *relacional*, é nossa firme convicção que as ideias a serem discutidas também são relevantes para o projeto de bancos de dados não relacionais. Em outras palavras, acreditamos que a maneira correta de realizar o projeto de bancos de dados em um sistema não relacional é criar primeiro um projeto relacional limpo, e depois, como uma etapa separada e subsequente, mapear esse projeto relacional nas estruturas não relacionais (por exemplo, hierarquias) que o SGBD de destino seja capaz de admitir.

- Tendo dito tudo isso, também devemos dizer agora que o projeto de bancos de dados ainda é muito mais uma arte, não uma ciência. Existem (repetimos) alguns princípios científicos que podem ser trazidos à solução do problema, e esses princípios são o assunto dos três capítulos a seguir: contudo, há muitas questões de projeto que esses princípios simplesmente não focalizam. Em consequência disso, numerosos teóricos de bancos de dados e outros praticantes têm proposto metodologias de projeto[2] – algumas bastante rigorosas, outras menos, mas todas elas *ad hoc* até certo ponto – que podem ser usadas como um ataque ao problema que, no momento em que escrevemos, é ainda um tanto intratável, ou seja, o problema de encontrar "o" projeto lógico que *seja* incontestavelmente o correto. Como essas metodologias são em sua maioria *ad hoc* em algum grau, não podem existir muitos critérios objetivos para se preferir qualquer abordagem determinada em detrimento de todas as outras; apesar disso, apresentamos no Capítulo 14 uma abordagem bem conhecido, que tem pelo menos o mérito de ser amplamente utilizado na prática. Também examinaremos rapidamente várias outras abordagens com suporte comercial nesse capítulo.

- Também devemos enunciar explicitamente um par de suposições em que se baseia a maioria das discussões desta parte do livro:

  a. O projeto de bancos de dados não é apenas uma questão de obter as estruturas de dados apropriadas; a integridade de dados também é um – talvez "o" – ingrediente chave. Esse comentário será repetido e desdobrado em vários pontos nos capítulos seguintes.

  b. Estaremos preocupados principalmente com aquele que pode ser chamado projeto *independente da aplicação*. Em outras palavras, nossa maior preocupação será com o que os dados *são*, e não com o modo como eles serão *usados*. Nesse sentido, a independência da aplicação é desejável pela excelente razão de que normalmente (talvez sempre) ocorre que nem todos os usos, aos quais os dados serão aplicados, são conhecidos no momento do projeto; assim, queremos um projeto que seja robusto, no sentido de que ele não será invalidado pelo advento de novas exigências das aplicações, que não foram previstas no momento do projeto original. Para colocar essa questão de outra maneira (e usar a terminologia do Capítulo 2), o que estamos tentando fazer é principalmente *chegar ao esquema conceitual correto*; isto é, estamos interessados em produzir um projeto lógico abstrato independente do hardware, do sistema operacional, do SGBD, da linguagem, do usuário, e assim por diante. Em particular, não estamos interessados em assumir compromissos por questões de desempenho, como já explicamos.

---

[2] Originalmente, o termo *metodologia* significava o *estudo dos métodos*, mas ele passou a ser empregado para representar "um sistema de métodos e regras aplicáveis à pesquisa ou ao trabalho em uma determinada ciência ou arte" (*Chambers Twentieth Century Dictionary*).

- Já dissemos que o problema de projeto de bancos de dados é o problema de decidir quais RelVars devem existir e quais atributos elas devem ter. Na verdade, ele certamente também envolve o problema de decidir quais *domínios* ou *tipos* devem ser definidos. Contudo, teremos pouco a dizer sobre esse assunto, pois poucos trabalhos relevantes parecem ter sido realizados sobre ele na época em que escrevemos (as referências [14.12] e [14.44] são algumas exceções).

A estrutura desta parte é a que se segue. O Capítulo 11 estabelece certos fundamentos teóricos. Os Capítulos 12 e 13 tratam das ideias de *normalização avançada*, que são elaboradas diretamente sobre esses conceitos básicos para dar significado formal a afirmações informais de que certos projetos são "melhores" que outros em determinados aspectos. O Capítulo 14, então, discute a respeito da *modelagem semântica*; particularmente, ele explica os conceitos de modelagem de "entidades/relacionamentos" e mostra como esses conceitos podem ser usados para se tratar do problema de projeto top down (começando com entidades do mundo real e terminando com um projeto relacional formal).

CAPÍTULO **11**

Dependências funcionais

11.1 Introdução

11.2 Definições básicas

11.3 Dependências triviais e não triviais

11.4 Fecho de um conjunto de dependências

11.5 Fecho de um conjunto de atributos

11.6 Conjuntos irredutíveis de dependências

11.7 Resumo

Exercícios

Referências e bibliografia

11.1 INTRODUÇÃO

Neste capítulo, examinaremos um conceito que foi caracterizado (por Hugh Darwen, em uma comunicação particular) como "não de todo fundamental, mas quase isso" [11.7] – ou seja, o conceito de **dependência funcional**. Esse conceito se mostrará de importância crucial para diversas questões que serão discutidas em capítulos posteriores, incluindo, em particular, a teoria do projeto de bancos de dados, descrita no Capítulo 12. Porém, observe imediatamente que sua utilidade não é limitada apenas a essa finalidade; na verdade, este capítulo poderia ter sido incluído na Parte II deste livro, em vez da Parte III.

Basicamente, uma dependência funcional (em geral abreviada como DF) é um *relacionamento de muitos para um* entre um conjunto de atributos e outro, com respeito a determinada RelVar. Por exemplo, no caso RelVar de remessas FP, existe uma dependência funcional entre o conjunto de atributos {F#,P#} e o conjunto de atributos {QDE}. Isso significa que, dentro de qualquer relação que seja um valor válido pra essa RelVar:

1. Para qualquer valor dado do par de atributos F# e P#, existe apenas um valor correspondente do atributo QDE.[1]

2. Contudo, muitos valores distintos do par de atributos F# e P# podem ter o mesmo valor correspondente para o atributo QDE (em geral).

---

[1]Observe que essa afirmação um tanto informal é verdadeira exatamente porque uma certa "regra de negócios" está em vigor (ver Capítulo 9) – ou seja, que existe no máximo uma remessa a qualquer momento para determinado fornecedor e determinada peça. Em outras palavras, com termos informais, DFs são uma questão de *semântica* (o que os dados significam), e não um acaso que surge de determinados valores que aparecem no banco de dados em um momento qualquer.

Observe que nossa amostra habitual de valores de FP (ver Figura 3.8) satisfaz a ambas as propriedades; observe também que, mais uma vez, temos um conceito cuja definição se baseia no conceito de igualdade de tuplas.

Na Seção 11.2, definimos o conceito de dependência funcional com maior precisão, distinguindo cuidadosamente entre as DFs que devam ser satisfeitas por uma determinada RelVar em algum instante particular e aquelas que devem ser satisfeitas por essa RelVar *todo* o tempo. Como já mencionamos, as DFs fornecem uma base para um tratamento científico a numerosos problemas práticos. Além disso, a razão pela qual elas o fazem é o fato de possuírem um rico conjunto de propriedades formais interessantes, que tornam possível tratar os problemas em questão de modo formal e rigoroso. As Seções de 11.3 a 11.6 exploram algumas dessas propriedades formais em detalhes e explicam algumas de suas consequências práticas. Finalmente, a Seção 11.7 apresenta um breve resumo.

Nota: Talvez você queira saltar partes deste capítulo em uma primeira leitura. Na verdade, muito do que você necessitará para entender o assunto dos três próximos capítulos é focalizado nas Seções 11.2 e 11.3. Por essa razão, talvez você prefira passar rapidamente pelas seções restantes em uma primeira leitura e voltar a elas mais tarde, quando tiver assimilado o material dos três capítulos seguintes.

11.2 DEFINIÇÕES BÁSICAS

Para ilustrar as ideias desta seção, faremos uso de uma versão ligeiramente revisada da RelVar de remessas, uma versão que inclui, além dos atributos normais F#, P# e QDE, um atributo CIDADE, que representa a cidade do fornecedor relevante. Faremos referência a essa RelVar revisada como FCP, a fim de evitar confusão. Um valor possível para a RelVar FCP é apresentado na Figura 11.1.

```
FCP   F#   CIDADE    P#   QDE
      F1   Londres   P1   100
      F1   Londres   P2   100
      F2   Paris     P1   200
      F2   Paris     P2   200
      F3   Paris     P2   300
      F4   Londres   P2   400
      F4   Londres   P4   400
      F4   Londres   P5   400
```

FIGURA 11.1 *Amostra de valores para a RelVar FCP.*

Porém, é muito importante nessa área – como em tantas outras! – distinguir claramente entre (a) o valor de uma determinada RelVar em um dado instante, e (b) o conjunto de todos os valores possíveis que a RelVar dada poderia assumir em diferentes instantes. No texto seguinte, definiremos primeiro o conceito de dependência funcional como ela se aplica ao Caso *a* e depois estenderemos esse conceito para aplicá-lo ao Caso *b*. Aqui está então a definição para o Caso *a*:

- **Dependência funcional**, Caso *a*: Seja *r* uma relação e sejam X e Y subconjuntos arbitrários do conjunto de atributos de *r*. Então, dizemos que Y é funcionalmente dependente de X – em símbolos,

$$X \rightarrow Y$$

(leia-se "X **determina funcionalmente** Y", ou simplesmente "X seta Y") – se e somente se cada valor X em *r* tiver associado a ele precisamente um valor Y em *r*. Em outras palavras, sempre que duas tuplas de *r* concordarem sobre seu valor X, elas também concordarão sobre seu valor Y.

Por exemplo, a relação mostrada na Figura 11.1 satisfaz à DF:

```
{ F# }  →  { CIDADE }
```

visto que cada tupla dessa relação com um valor F# dado também tem o mesmo valor de CIDADE. Na verdade, ela também satisfaz a várias outras DFs, e as seguintes estão entre elas:

```
{ F#, P# } → { QDE }
{ F#, P# } → { CIDADE }
{ F#, P# } → { CIDADE, QDE }
{ F#, P# } → { F# }
{ F#, P# } → { F#, P#, CIDADE, QDE }
{F#}        → { QDE }
{QDE}       → { F# }
```

(*Exercício*: verifique essas DFs.)

O lado esquerdo e o lado direito de uma DF às vezes são chamados o **determinante** e o **dependente**, respectivamente. Como diz a definição, o determinante e o dependente são ambos *conjuntos* de atributos. Porém, quando tal conjunto contém apenas um atributo – isto é, quando ele é um *conjunto unitário* –, com frequência abandonamos as chaves e escrevemos, por exemplo, apenas:

```
F# → CIDADE
```

Conforme já explicamos, as definições precedentes se aplicam ao "Caso *a*" – isto é, a valores de relações individuais. Porém, quando consideramos RelVars – em particular, quando consideramos RelVars *básicas* –, normalmente estamos interessados não tanto nas DFs que possam ser válidas para o valor particular que a RelVar tem em algum instante específico, mas sim nas DFs que são válidas para *todos os valores possíveis* dessa RelVar. Por exemplo, no caso de FCP, a DF:

```
F# → CIDADE
```

é válida para todos os valores possíveis de FCP porque, em qualquer instante dado, um determinado fornecedor tem exatamente uma cidade correspondente, e assim quaisquer duas tuplas pertencentes a FCP ao mesmo tempo, com o mesmo número de fornecedor, devem necessariamente ter também a mesma cidade. Na verdade, o fato de ser essa DF válida "para todo o tempo" (isto é, para todos os valores possíveis de FCP) é uma *restrição de integridade* sobre a RelVar FCP – ela estabelece limites sobre os valores que a RelVar FCP pode receber de forma legítima. Aqui está uma formulação dessa restrição com o uso da sintaxe de **Tutorial D** baseado em cálculo, do Capítulo 9:

```
CONSTRAINT F#_CIDADE_DF
    FORALL FCPX FORALL FCPY
      ( IF FCPX.F# = FCPY.F#
        THEN FCPX.CIDADE = FCPY.CIDADE
        END IF );
```

(FCPX e FCPY são variáveis de intervalo variando sobre FCP.) A sintaxe F# → CIDADE pode ser considerada uma abreviação para essa formulação mais longa. *Exercício:* Indique uma versão algébrica dessa restrição.

Aqui está então a definição do Caso *b* de dependência funcional (as extensões sobre a definição do Caso *a* são apresentadas em **negrito**):

- **Dependência funcional**, Caso *b*: Seja R uma **RelVar**, e sejam X e Y subconjuntos arbitrários do conjunto de atributos de R. Então, dizemos que Y é funcionalmente dependente de X – em símbolos,

  ```
  X → Y
  ```

  (leia-se "X determina funcionalmente Y", ou simplesmente "X seta Y") se e somente se, **em todo valor possível válido de R**, cada valor X tem associado a ele exatamente um valor Y. Em outras palavras, **em todo valor possível válido de R**, sempre que duas tuplas correspondem sobre seu valor X, elas correspondem também sobre seu valor Y.

Em consequência disso, daqui por diante usaremos a expressão *dependência funcional* neste último sentido, mais exigente e *independente do tempo*, salvo declarações explícitas em contrário.

Aqui temos então algumas DFs (independentes do tempo) que se aplicam à RelVar FCP:

```
{ F#, P# }  →  { QDE }
{ F#, P# }  →  { CIDADE }
{ F#, P# }  →  { CIDADE, QDE }
{ F#, P# }  →  F#
{ F#, P# }  →  { F#, P#, CIDADE, QDE }
{ F# }      →  { CIDADE }
```

Observe em particular que as DFs a seguir, que de fato são válidas para o valor da relação mostrada na Figura 11.1, não são válidas "para todo o tempo" para a RelVar FCP:

```
F#  → QDE
QDE → F#
```

Em outras palavras, a declaração de que (por exemplo) "toda remessa para um dado fornecedor envolve a mesma quantidade" vem a ser verdadeira para o valor da relação FCP específico mostrado na Figura 11.1, mas não é verdadeira para todos os valores válidos possíveis da RelVar FCP.

Vale a pena observar que, se X é uma chave candidata da RelVar R, então todos os atributos Y da RelVar R deverão ser funcionalmente dependentes de X. (Mencionamos esse fato de passagem na Seção 9.10, no Capítulo 9. Ele vem da definição de chave candidata.) Por exemplo, no caso da RelVar de peças P, necessariamente temos:

```
P# → { P#, PNOME, COR, PESO, CIDADE }
```

De fato, se a RelVar R satisfaz à DF $A \rightarrow B$ e se A *não* é uma chave candidata,[2] então R terá alguma **redundância**. Por exemplo, no caso da RelVar FCP, a DF F# $\rightarrow$ CIDADE implica que o fato de determinado fornecedor estar localizado em determinada cidade aparecerá várias vezes nessa RelVar, em geral (veja a Figura 11.1, que contém uma ilustração com relação a isso). Voltaremos a essa questão de redundância e a discutiremos em detalhes no próximo capítulo.

Agora, mesmo se limitarmos nossa atenção às DFs que valem por todo tempo, o conjunto completo de DFs para determinada RelVar ainda pode ser muito grande, como sugere o exemplo de FCP. (*Exercício*: Enuncie o conjunto completo de DFs satisfeitas pela RelVar FCP.) Gostaríamos de encontrar algum modo de reduzir esse conjunto a um tamanho administrável – e, de fato, a maior parte do restante deste capítulo trata exatamente dessa questão.

Por que esse objetivo é desejável? Uma razão é que (como já foi dito) as DFs representam restrições de integridade e, portanto, o SGBD precisa impor essas restrições. Assim, dado um conjunto de DFs específico S, é desejável encontrar algum outro conjunto T que seja (no caso ideal) muito menor que S e tenha a propriedade de toda DF em S estar contida nas DFs em T. Se tal conjunto T puder ser encontrado, será suficiente o SGBD impor apenas as DFs em T, e as DFs em S serão então impostas automaticamente. Desse modo, o problema de encontrar esse conjunto T é de interesse prático considerável.

11.3 DEPENDÊNCIAS TRIVIAIS E NÃO TRIVIAIS

Nota: No restante deste capítulo, abreviaremos ocasionalmente "dependência funcional" simplesmente como "dependência". Faremos o mesmo para "funcionalmente dependente de", "determina funcionalmente" e assim por diante.

Um modo evidente de reduzir o tamanho do conjunto de DFs com que precisamos lidar é eliminar as dependências *triviais*. Uma dependência é **trivial** se não puder deixar de ser satisfeita. Apenas uma das DFs mostradas na seção anterior para a RelVar FCP era trivial nesse sentido, ou seja, a DF:

---

[2]Além disso, a DF não é trivial (consulte a Seção 11.3), A não é uma superchave (consulte a Seção 11.5) e R contém pelo menos duas tuplas (!).

```
{ F#, P# } → F#
```

Na verdade, uma DF é trivial se e somente se o lado direito é um subconjunto (não necessariamente um subconjunto próprio) do lado esquerdo.

Como o nome sugere, dependências triviais não são muito interessantes na prática; na prática, em geral, estamos mais interessados em dependências **não triviais** (que são, é claro, exatamente aquelas que não são triviais), porque são as únicas que correspondem a restrições de integridade "genuínas". Porém, quando estamos lidamos com a teoria formal, temos de levar em consideração *todas* as dependências, tanto as triviais quanto as não triviais.

11.4 FECHO DE UM CONJUNTO DE DEPENDÊNCIAS

Já sugerimos que algumas DFs podem sugerir outras. Como um exemplo simples, a DF:

```
{ F#, P# } → { CIDADE, QDE }
```

sugere as duas DFs a seguir:

```
{ F#, P# } → CIDADE
{ F#, P# } → QDE
```

Como um exemplo mais complexo, vamos supor que temos uma RelVar R com três atributos A, B e C, tais que as DFs $A \rightarrow B$ e $B \rightarrow C$ são ambas válidas para R. Então, é fácil ver que a DF $A \rightarrow C$ também é válida para R. Aqui, a DF $A \rightarrow C$ é um exemplo de DF **transitiva** – dizemos que C depende de A *transitivamente*, através de B.

O conjunto de todas as DFs implicadas por determinado conjunto S de DFs é chamado **fecho** de S, representando por S^+ (observe que isso não tem nada a ver com o fecho no sentido da álgebra relacional). É claro que precisamos de um algoritmo que nos permita calcular S^+ a partir de S. A primeira abordagem para solucionar esse problema surgiu em um artigo de Armstrong [11.2], que forneceu um conjunto de **regras de inferência** (comumente chamadas **axiomas de Armstrong**), pelo qual novas DFs podem ser deduzidas a partir de DFs dadas. Essas regras podem ser enunciadas de várias maneiras equivalentes, das quais uma das mais simples é apresentada a seguir. Sejam A, B e C subconjuntos arbitrários do conjunto de atributos da RelVar R dada, e vamos concordar em escrever (por exemplo) AB para indicar a união de A e B. Então, temos:

1. **Reflexão:** Se B é um subconjunto de A, então $A \rightarrow B$.

2. **Aumento:** se $A \rightarrow B$, então $AC \rightarrow BC$.

3. **Transitividade:** Se $A \rightarrow B$ e $B \rightarrow C$, então $A \rightarrow C$.

Cada uma dessas três regras pode ser demonstrada diretamente a partir da definição de dependência funcional (a primeira é apenas a definição de dependência **trivial**, naturalmente). Ademais, as regras são **completas**, no sentido de que, dado um conjunto S de DFs, todas as DFs implicadas por S podem ser derivadas de S usando-se as regras. Elas também são **corretas**, no sentido de que nenhuma DF adicional (isto é, DFs não implicadas por S) pode ser derivada. Em outras palavras, as regras podem ser usadas para derivar com precisão o fecho S^+.

Várias regras adicionais podem ser derivadas das três regras dadas anteriormente, dentre as quais encontramos as regras da lista a seguir. Essas regras adicionais podem ser usadas para simplificar a tarefa prática de calcular S^+ a partir de S. (No texto a seguir, D é outro subconjunto arbitrário do conjunto de atributos de R.)

4. **Autodeterminação:** $A \rightarrow A$.

5. **Decomposição:** Se $A \rightarrow BC$, então $A \rightarrow B$ e $A \rightarrow C$.

6. **União:** Se $A \rightarrow B$ e $A \rightarrow C$, então $A \rightarrow BC$.

7. **Composição:** Se $A \rightarrow B$ e $C \rightarrow D$, então $AC \rightarrow BD$.

Além disso, na referência [11.7], Darwen demonstra a seguinte regra, que ele chama *Teorema Geral da Unificação*:

8. Se $A \rightarrow B$ e $C \rightarrow D$, então $A \cup (C - B) \rightarrow BD$

(em que "$\cup$" representa a união e "$-$" a diferença de conjuntos). O nome "Teorema Geral da Unificação" se refere ao fato de que várias das regras anteriores podem ser vistas como casos especiais [11.7].

Exemplo: Vamos supor que temos a relação R com os atributos A, B, C, D, E, F e as DFs:

```
A  → BC
B  → E
CD → EF
```

Observe que estamos estendendo ligeiramente (mas não de forma incompatível) nossa notação ao escrever, por exemplo, BC para o conjunto que consiste nos atributos B e C (anteriormente, BC significaria a *união* de B e C, em que B e C seriam *conjuntos* de atributos). *Nota:* Se preferir um exemplo mais concreto, considere A como número de empregado, B como número de departamento, C como número de empregado do gerente, D como número de um projeto controlado por esse gerente (exclusivo dentro de gerente), E como nome de departamento e F como porcentagem de tempo designada pelo gerente especificado para o projeto especificado.

Vamos mostrar agora que a DF $AD \rightarrow F$ é válida para R e, portanto, é um membro do fecho do conjunto dado:

1. $A \quad \rightarrow \quad BC$ (dada)

2. $A \quad \rightarrow \quad C$ (1, decomposição)

3. $AD \quad \rightarrow \quad CD$ (2, aumento)

4. $CD \quad \rightarrow \quad EF$ (dada)

5. $AD \quad \rightarrow \quad EF$ (3 e 4, transitividade)

6. $AD \quad \rightarrow \quad F$ (5, decomposição)

11.5 FECHO DE UM CONJUNTO DE ATRIBUTOS

Em princípio, podemos calcular o fecho S^+ de um determinado conjunto S de DFs por meio de um algoritmo que estabelece "aplicar repetidamente as regras da seção anterior, até que elas parem de produzir novas DFs". Na prática, existe pouca necessidade de calcular o fecho em si (o que é justo, visto que o algoritmo que acabamos de mencionar não será muito eficiente). Porém, nesta seção, mostraremos como calcular um certo subconjunto do fecho: ou seja, o subconjunto que consiste em todas as DFs com um certo conjunto (especificado) Z de atributos do lado esquerdo. Mais exatamente, mostraremos como, dada uma RelVar R, um conjunto Z de atributos de R e um conjunto S de DFs válidas para R, podemos determinar o conjunto de todos os atributos de R que são funcionalmente dependentes de Z – o chamado **fecho Z^+ de Z sob S**.[3] Um algoritmo simples para calcular esse fecho é dado na Figura 11.2. *Exercício:* Prove que o algoritmo é correto.

---

[3]Observe que agora temos dois tipos de fecho: fecho de um conjunto de DFs e fecho de um conjunto de atributos sob um conjunto de DFs. Observe, também, que usamos a mesma notação de "mais sobrescrito" para os dois tipos. Confiamos que esse uso dual não causará confusão.

```
[LIST]FECHO[Z,S] := Z ;
faça "para sempre" ;
   para cada DF X à Y em S
      faça ;
         se X Í  FECHO[Z,S]
         então FECHO[Z,S] := FECHO[Z,S] È  Y ;
      fim
   se FECHO[Z,S] não mudou nesta iteração
   então saia do loop ;                    /* cálculo concluído */
fim ;
```

FIGURA 11.2 O *cálculo do fecho* Z^+ *de Z sob S.*

Exemplo: Suponhamos que temos a RelVar R com atributos A, B, C, D, E, F, e também as DFs:

$A \to BC$

$E \to CF$

$B \to E$

$CD \to EF$

Agora, vamos calcular o fecho $\{A,B\}^+$ do conjunto de atributos $\{A,B\}$ sob esse conjunto de DFs.

1. Inicializamos o resultado FECHO[Z,S] como $\{A,B\}$.

2. Agora, vamos percorrer o laço (loop) interno quatro vezes, uma vez para cada uma das DFs dadas. Na primeira iteração (para a DF $A \to BC$), vemos que o lado esquerdo é de fato um subconjunto de FECHO[Z,S] como calculamos até agora; assim, acrescentamos atributos (B e C) ao resultado. Agora, FECHO[Z,S] é o conjunto $\{A,B,C\}$.

3. Na segunda iteração (para a DF $E \to CF$), vemos que o lado esquerdo *não* é um subconjunto do resultado calculado até agora, o qual permanece então inalterado.

4. Na terceira iteração (para a DF $B \to E$), acrescentamos E ao FECHO[Z,S], que agora tem o valor $\{A,B,C,E\}$.

5. Na quarta iteração (para a DF $CD \to EF$), FECHO [Z,S] permanece inalterado.

6. Agora, novamente percorremos o laço interno quatro vezes. Na primeira iteração, o resultado não muda; na segunda, ele se expande para $\{A,B,C,E,F\}$; na terceira e na quarta, ele não muda.

7. Agora, vamos percorrer de novo o laço interno quatro vezes. FECHO[Z,S] não muda, e todo o processo termina com $\{A,B\}^+ = \{A,B,C,E,F\}$.

Observe que se (como dissemos) Z é um conjunto de atributos da RelVar R e S é um conjunto de DFs válido para R, então o conjunto de DFs que é válido para R com Z como lado esquerdo é o conjunto consistindo em todas as DFs na forma $Z \to Z'$, em que Z' é algum subconjunto do fecho Z^+ de Z sob S. O fecho S^+ do conjunto de DFs original S é, então, a união de todos esses conjuntos de DFs, tomados sobre todos os conjuntos de atributos Z possíveis.

Um importante corolário do que foi dito é: dado um conjunto S de DFs, podemos saber facilmente se uma DF $X \to Y$ decorre de S porque essa DF ocorrerá se e somente se Y for um subconjunto do fecho X^+ de X sob S. Em outras palavras, agora temos um modo simples de determinar se determinada DF $X \to Y$ está no fecho S^+ de S, sem ter realmente de calcular esse fecho S^+.

Outro corolário importante é dado a seguir. Vimos no Capítulo 9 que uma superchave para uma RelVar R é um conjunto de atributos de R que inclui alguma chave candidata de R como subconjunto (não necessariamente um subconjunto próprio). Agora, decorre imediatamente da definição que as superchaves para determinada RelVar R são exatamente os subconjuntos K dos atributos de R, tais que a DF:

$K \to A$

é válida para todo atributo A de R. Em outras palavras, K é uma superchave se e somente se o fecho K^+ de K – sob o conjunto de DFs dado – é exatamente o conjunto de todos os atributos de R (e K será uma chave *candidata* se e somente se for uma superchave irredutível).

11.6 CONJUNTOS IRREDUTÍVEIS DE DEPENDÊNCIAS

Sejam $S1$ e $S2$ dois conjuntos de DFs. Se toda DF implicada por $S1$ for implicada por $S2$ – isto é, se $S1^+$ for um subconjunto de $S2^+$ – diremos que $S2$ é uma **cobertura** para $S1$.[4] O significado dessa afirmação é que, se o SGBD impuser as DFs em $S2$, então ele estará impondo automaticamente as DFs em $S1$.

Em seguida, se $S2$ é uma cobertura para $S1$ e $S1$ é uma cobertura para $S2$ – isto é, se $S1^+ = S2^+$ –, dizemos que $S1$ e $S2$ são **equivalentes**. É claro que, sendo $S1$ e $S2$ equivalentes, se o SGBD impuser as DFs em $S2$, ele estará automaticamente impondo as DFs em $S1$, e *vice-versa*.

Agora definimos um conjunto S de DFs como **irredutível**[5] se e somente se ele satisfaz às três propriedades seguintes:

1. O lado direito (o dependente) de cada DF em S envolve apenas um atributo (ou seja, ele é um conjunto unitário).

2. O lado esquerdo (o determinante) de cada DF em S é, por sua vez, irredutível – significando que nenhum atributo pode ser descartado do determinante sem mudar o fecho S^+ (isto é, sem converter S em algum conjunto não equivalente a S). Diremos que uma DF desse tipo é **irredutível à esquerda**.

3. Nenhuma DF em S pode ser descartada de S sem alterar o fecho S^+ (isto é, sem converter S em algum conjunto não equivalente a S).

A propósito, com relação aos itens 2 e 3 anteriores, observe com atenção que não é necessário conhecer exatamente qual é o fecho S^+ para saber se ele será alterado no caso de algo ser descartado. Por exemplo, considere a já familiar RelVar de peças P. As DFs a seguir (entre outras) são válidas para essa RelVar:

```
P# → PNOME
P# → COR
P# → PESO
P# → CIDADE
```

É fácil perceber que esse conjunto de DFs é irredutível: o lado direito é um atributo único em cada caso; por sua vez, o lado esquerdo é obviamente irredutível e nenhuma das DFs pode ser descartada sem alterar o fecho (isto é, sem *a perda de alguma informação*). Ao contrário, os conjuntos de DFs a seguir não são irredutíveis:

1. `P# → { PNOME, COR }`   *O lado direito da primeira DF nesse caso não é um conjunto unitário.*
   `P# → PESO`
   `P# → CIDADE`

2. `{ P#, PNOME } → COR`   *A primeira DF nesse caso pode ser simplificada descartando-se PNOME do*
   `P# → PNOME`   *lado esquerdo sem alterar o fecho (ou seja, ela não é irredutível à esquerda).*
   `P# → PESO`
   `P# → CIDADE`

3. `P# → P#`   *Aqui, a primeira DF pode ser descartada sem alterar o fecho.*
   `P# → PNOME`
   `P# → COR`
   `P# → PESO`
   `P# → CIDADE`

Afirmamos agora que, para todo conjunto de DFs, existe pelo menos um conjunto equivalente que é irredutível. Na verdade, isso é fácil de ver. Seja S o conjunto original de DFs. Graças à regra de decomposição, podemos supor sem perda de generalidade que toda DF em S tem um lado direito unitário. Em segui-

---

[4]Alguns autores empregam o termo *cobertura* para indicar o que chamaremos (daqui a pouco) de conjunto *equivalente*.
[5]Normalmente chamado *mínimo* ou *minimal* na literatura.

da, para cada DF f em S, examinamos cada atributo A no lado esquerdo de f; se a eliminação de A do lado esquerdo de f não tiver efeito algum sobre o fecho S^+, eliminamos A do lado esquerdo de f. Então, para cada DF f restante em S, se a eliminação de f de S não tiver efeito sobre o fecho S^+, eliminamos f de S. O conjunto final S é irredutível e equivalente ao conjunto S original.

Exemplo: Vamos supor que temos a RelVar R com atributos A, B, C, D e as DFs:

$A \rightarrow BC$
$B \rightarrow C$
$A \rightarrow B$
$AB \rightarrow C$
$AC \rightarrow D$

Agora, calculamos um conjunto irredutível de DFs que é equivalente a esse conjunto dado.

1. O primeiro passo é reescrever as DFs de modo que cada uma tenha um lado direito unitário:

   $A \rightarrow B$
   $A \rightarrow C$
   $B \rightarrow C$
   $A \rightarrow B$
   $AB \rightarrow C$
   $AC \rightarrow D$

   Observamos imediatamente que a DF $A \rightarrow B$ ocorre duas vezes; assim, uma ocorrência pode ser eliminada.

2. Em seguida, o atributo C pode ser eliminado do lado esquerdo da DF $AC \rightarrow D$, porque temos $A \rightarrow C$, então $A \rightarrow AC$ por aumento, e também temos $AC \rightarrow D$, e então $A \rightarrow D$ por transitividade; portanto, o C no lado esquerdo de $AC \rightarrow D$ é redundante.

3. Em seguida, observamos que a DF $AB \rightarrow C$ pode ser eliminada porque novamente temos $A \rightarrow C$, logo $AB \rightarrow CB$ por aumento, e então $AB \rightarrow C$ por decomposição.

4. Finalmente, a DF $A \rightarrow C$ é implicada pelas DFs $A \rightarrow B$ e $B \rightarrow C$, e também pode ser eliminada. Então, restam:

   $A \rightarrow B$
   $B \rightarrow C$
   $A \rightarrow D$

   Esse conjunto é irredutível.

Um conjunto I de DFs que é irredutível e equivalente a algum outro conjunto S de DFs é chamado **equivalente irredutível** a S. Assim, dado algum conjunto S específico de DFs que precisem ser impostas, é suficiente para o sistema encontrar e impor as DFs de um equivalente irredutível I em vez de S (e, vale repetir, não há necessidade de calcular o fecho S^+ para calcular um equivalente irredutível I). Porém, devemos deixar claro que um dado conjunto de DFs não tem necessariamente um equivalente irredutível único (veja o Exercício 11.12).

11.7 RESUMO

Uma **dependência funcional** (DF) é um relacionamento muitos para um entre dois conjuntos de atributos de determinada RelVar (ela é uma espécie particularmente comum e importante de restrição de integridade). Mais precisamente, sendo dada uma RelVar R, dizemos que a DF $A \rightarrow B$ (em que A e B são subconjuntos do conjunto de atributos de R) é válida para R se e somente se, sempre que duas tuplas de R têm o mesmo valor para A, elas também têm o mesmo valor para B. Toda RelVar necessariamente satisfaz a certas DFs **triviais**; uma DF é trivial se e somente se o lado direito (o **dependente**) é um subconjunto do lado esquerdo (o **determinante**).

Certas DFs implicam outras. Dado um conjunto S de DFs, o **fecho** S^+ desse conjunto é o conjunto de todas as DFs implicadas pelas DFs em S. S^+ é necessariamente um superconjunto de S. As **regras de inferência de Armstrong** fornecem uma base **correta** e **completa** para se calcular S^+ a partir de S (porém, em geral, não efetuamos realmente esse cálculo). Várias outras regras úteis podem ser derivadas facilmente das regras de Armstrong.

Dado um subconjunto Z do conjunto de atributos da RelVar R e um conjunto S de DFs válidas para R, o **fecho** Z^+ de Z sob S é o conjunto de todos os atributos A de R tais que a DF $Z \to A$ é um elemento de S^+. Se Z^+ consiste em todos os atributos de R, dizemos que Z é uma **superchave** para R (e uma **chave candidata** é uma superchave irredutível). Demos um algoritmo simples para se calcular Z^+ a partir de Z e S, e assim um modo simples de determinar se uma dada DF $X \to Y$ é um elemento de S^+ ($X \to Y$ é um elemento de S^+ se e somente se Y é um subconjunto de X^+).

Dois conjuntos de DFs $S1$ e $S2$ são **equivalentes** se e somente se eles são **coberturas** um para o outro, isto é, se e somente se $S1^+ = S2^+$. Todo conjunto de DFs é equivalente a pelo menos um conjunto **irredutível**. Um conjunto de DFs é irredutível se (a) toda DF no conjunto tem um lado direito unitário, (b) nenhuma DF no conjunto pode ser descartada sem mudar o fecho do conjunto, e (c) nenhum atributo pode ser descartado do lado esquerdo de qualquer DF no conjunto sem mudar o fecho do conjunto. Se I é um conjunto irredutível equivalente a S, a imposição das DFs em I imporá automaticamente as DFs em S.

Concluindo, observamos que muitas das ideias anteriores podem ser estendidas a restrições de integridade em geral, não apenas a DFs. Por exemplo, em geral é verdade que:

1. Certas restrições são triviais.

2. Certas restrições sugerem outras.

3. O conjunto de todas as restrições implicadas por um dado conjunto pode ser considerado como o fecho do conjunto dado.

4. A questão de saber se uma restrição específica está em um certo fecho – isto é, se a restrição específica é implicada por certas restrições dadas – é um problema prático interessante.

5. A questão de encontrar um equivalente irredutível para um certo conjunto de restrições é um problema prático interessante.

O que torna as DFs, em particular, muito mais fáceis de lidar que as restrições de integridade em geral é a existência de um conjunto de regras de inferência para DFs correto e completo. As seções "Referências e bibliografia" deste capítulo e do Capítulo 13 oferecem referências para artigos que descrevem vários outros tipos específicos de restrições – *MVDs*, *JDs* e *INDs* –, para os quais também existem esses conjuntos de regras de inferência. No entanto, neste livro, optamos por não dar a esses outros tipos de restrições um tratamento tão extenso e tão formal quanto o que acabamos de dar às DFs.

EXERCÍCIOS

11.1 (a) Seja R uma RelVar de grau n. Qual é o número máximo de dependências funcionais a que R poderá satisfazer (triviais e não triviais)? (b) Sendo A e B na DF $A \to B$ *conjuntos* de atributos, o que acontece se um deles for o conjunto *vazio*?

11.2 O que significa dizer que as regras de inferência de Armstrong são corretas? E completas?

11.3 Demonstre as regras de *reflexão*, *aumento* e *transitividade*, considerando apenas a definição básica de dependência funcional.

11.4 Demonstre que as três regras do exercício anterior implicam as regras da *autodeterminação*, *decomposição*, *união* e *composição*.

11.5 Demonstre o "Teorema Geral de Unificação" de Darwen. Quais das regras dos dois exercícios precedentes você utilizou? Que regras podem ser derivadas como casos especiais do teorema?

11.6 Defina (a) o fecho de um conjunto de DFs; (b) o fecho de um conjunto de atributos sob um conjunto de DFs.

11.7 Liste todas as DFs satisfeitas pela RelVar de remessas FP.

11.8 A RelVar $R\{A,B,C,D,E,F,G\}$ satisfaz às seguintes DFs:

$A \rightarrow B$
$BC \rightarrow DE$
$AEF \rightarrow G$

Calcule o fecho $\{A,C\}^+$ sob esse conjunto de DFs. A DF $ACF \rightarrow DG$ pode ser deduzida por meio desse conjunto?

11.9 O que significa dizer que dois conjuntos de DFs $S1$ e $S2$ são equivalentes?

11.10 O que significa dizer que um conjunto de DFs é irredutível?

11.11 Aqui estão dois conjuntos de DFs para uma RelVar $R\{A,B,C,D,E\}$. Eles são equivalentes?

1. $A \rightarrow B$ $AB \rightarrow C$ $D \rightarrow AC$ $D \rightarrow E$

2. $A \rightarrow BC$ $D \rightarrow AE$

11.12 A RelVar $R\{A,B,C,D,E,F\}$ satisfaz às seguintes DFs:

$AB \rightarrow C$
$C \rightarrow A$
$BC \rightarrow D$
$ACD \rightarrow B$
$BE \rightarrow C$
$CE \rightarrow FA$
$CF \rightarrow BD$
$D \rightarrow EF$

Encontre um equivalente irredutível para esse conjunto de DFs.

11.13 Uma RelVar HORÁRIO é definida com os seguintes atributos:

D   Dia da semana (1 a 5)

H   Horário no dia (1 a 6)

S   Número da sala de aula

P   Nome do professor

A   Nome da aula

A tupla $\{d,h,s,p,a\}$ aparece nessa RelVar se e somente se na hora $\{d,h\}$ a aula a está sendo ministrada pelo professor p na sala de aula s. Você pode supor que as aulas têm um período de duração e que toda aula tem um nome exclusivo com relação a todas as aulas ministradas na semana. Quais são as dependências funcionais válidas nessa RelVar? Quais são as chaves candidatas?

11.14 Uma RelVar NENDR é definida com atributos NOME (exclusivo), RUA, CIDADE, ESTADO e CEP. Suponha que (a) para qualquer CEP dado, existe apenas uma cidade e estado; (b) para qualquer rua, cidade e estado dados, há somente um CEP. Forneça um conjunto irredutível de DFs para essa RelVar. Quais são as chaves candidatas?

11.15 As suposições do exercício anterior são válidas na prática?

11.16 A RelVar R possui atributos $A, B, C, D, E, F, G, H, I$ e J e satisfaz às seguintes DFs:

$ABD \rightarrow E$
$AB \rightarrow G$
$B \rightarrow F$
$C \rightarrow J$
$CJ \rightarrow I$
$G \rightarrow H$

Esse conjunto é irredutível? Quais são as chaves candidatas?

REFERÊNCIAS E BIBLIOGRAFIA

Conforme explicamos na Seção 11.1, este é o capítulo mais formal do livro; portanto, pareceu-nos apropriado incluir as referências [11.1], [11.3] e [11.10] aqui, pois cada uma é um livro que oferece um tratamento formal de diversos aspectos da teoria de banco de dados (não apenas sobre as dependências funcionais).

11.1 Serge Abiteboul, Richard Hull e Victor Vianu: *Foundations of Databases*. Reading, Mass.: Addison-Wesley (1995).

11.2 W. W. Armstrong: "Dependency Structures of Data Base Relationships", Proc. IFIP Congress, Estocolmo, Suécia (1974).

O artigo que primeiro formalizou a teoria de DFs (é a origem dos axiomas de Armstrong). O artigo também oferece uma caracterização precisa de chaves candidatas.

11.3 Paolo Atzeni e Valeria De Antonellis: *Relational Database Theory*. Redwood City, Calif.: Benjamin/Cummings (1993).

11.4 Marco A. Casanova, Ronald Fagin e Christos H. Papadimitriou: "Inclusion Dependencies and Their Interaction with Functional Dependencies", Proc. 1st ACM SIGACT-SIGMOD Symposium on Principles of Database Systems, Los Angeles, Calif. (março de 1982).

As **dependências de inclusão** (INDs – Inclusion Dependencies) podem ser consideradas uma generalização de restrições referenciais. Por exemplo, a IND:

```
FP.F# → F.F#
```

(não é a notação usada no artigo) estabelece que os valores que aparecem no atributo F# da RelVar FP devem ser um subconjunto do conjunto de valores do atributo F# da RelVar F. Esse exemplo particular *é* de fato uma restrição referencial, é claro; em geral, porém, não há qualquer exigência para uma IND que o lado esquerdo seja uma chave estrangeira, ou que o lado direito seja uma chave candidata. *Nota*: As INDs têm alguns pontos em comum com as DFs, pois ambas representam relacionamentos muitos para um; entretanto, as INDs normalmente abrangem as RelVars enquanto as DFs não o fazem.
O artigo fornece um conjunto correto e completo de regras de inferência para INDs, que podemos enunciar (de modo um pouco impreciso) desta forma:

1. $A \rightarrow A$.
2. Se $AB \rightarrow CD$, então $A \rightarrow C$ e $B \rightarrow D$.
3. Se $A \rightarrow B$ e $B \rightarrow C$, então $A \rightarrow C$.

11.5 R. G. Casey e C. Delobel: "Decomposition of a Data Base and the Theory of Boolean Switching Functions", *IBM J. R&D 17*, Número 5 (setembro de 1973).

O artigo mostra que, para qualquer RelVar dada, o conjunto de DFs (chamadas *relações funcionais* nesse artigo) satisfeitas por essa RelVar pode ser representado por uma "função booleana de comutação". Além disso, essa função é única no seguinte sentido: as DFs originais podem ser especificadas de muitas maneiras superficialmente diferentes (porém, na realidade, equivalentes), cada qual dando origem a uma função booleana superficialmente diferente – mas todas essas funções podem ser reduzidas pelas leis da álgebra booleana à mesma "forma canônica" (consulte o Capítulo 18). O problema de *decompor* a RelVar original de uma forma *sem perdas* (consulte o Capítulo 12) é então demonstrado como logicamente equivalente ao bem compreendido problema da álgebra booleana de encontrar "um conjunto de cobertura de implicações de números primos" para a função booleana correspondente a essa RelVar juntamente com suas DFs. Então, o problema original pode ser transformado em um problema equivalente na álgebra booleana, e técnicas conhecidas poderão ser aplicadas a ele.
Esse artigo foi o primeiro de vários a traçar paralelos entre a teoria da dependência e outras disciplinas. Consulte, por exemplo, a referência [11.8] a seguir, e também várias referências no Capítulo 13.

11.6 E. F. Codd: "Further Normalization of the Data Base Relational Model", em Randall J. Rustin (editor), *Data Base Systems, Courant Computer Science Symposia Series* 6, Englewood Cliffs, N.J.: Prentice-Hall (1972)

O artigo que primeiro descreveu o conceito de dependência funcional (além de um memorando interno da IBM, anterior a esse artigo, também de Codd). A "normalização avançada" do título se refere à disciplina específica de projeto de bancos de dados discutida no Capítulo 12; o propósito do artigo foi, muito especificamente, mostrar a aplicabilidade das ideias de dependência funcional ao problema do projeto de bancos de dados. (De fato, as DFs representaram a primeira abordagem científica para esse problema.) Porém, conforme observamos na Seção 11.1, a ideia de dependência funcional tem mostrado servir a uma aplicação muito mais ampla (consulte, por exemplo, a referência [11.7]).

11.7 Hugh Darwen: "The Role of Functional Dependence in Query Decomposition" em J. C. Date e Hugh Darwen, *Relational Database Writings 1989-1991*. Reading, Mass.: Addison-Wesley (1992).

Esse artigo fornece um conjunto de regras de inferência pelas quais as DFs que são válidas para uma RelVar derivada qualquer podem ser deduzidas a partir das que são válidas para a(s) variável(is) de relação(ões) da(s) qual(is) a RelVar em questão é derivada. O conjunto de DFs assim deduzido pode então ser inspecionado, a fim de determinar chaves candidatas para a RelVar derivada, fornecendo, desse modo, as regras de inferência de *chaves candidatas*, mencionadas de passagem (muito rapidamente) nos Capítulos 9 e 10. O artigo mostra como essas diversas regras podem ser utilizadas para proporcionar melhorias significativas no desempenho, na funcionalidade e na facilidade de utilização dos SGBDs. *Nota:* Essas regras são usadas no padrão SQL:1999 (a) para estender ligeiramente o conjunto de visões que o padrão considera como atualizáveis – ver Capítulo 10 – e (b) estender também a compreensão do padrão quanto ao que significa uma expressão (por exemplo, na cláusula SELECT) ter "valor único por grupo". Como uma ilustração desse último ponto, considere a seguinte consulta:

```
SELECT  F.F#, F.CIDADE, SUM ( FP.QDE ) AS QT
FROM    F, FP
WHERE   F.F# = FP.F#
GROUP   BY F.F#;
```

Essa consulta era inválida no padrão SQL:1992, pois F.CIDADE é mencionado na cláusula SELECT e não na cláusula GROUP BY, mas é válida no SQL:1999, pois a SQL agora compreende que a RelVar F satisfaz a DF F# $\rightarrow$ CIDADE.

11.8 R. Fagin: "Functional Dependencies in a Relational Database and Propositional Logic", *IBMJ. R&D 21*, Número 6 (novembro de 1977).

Mostra que os Axiomas de Armstrong [11.2] são estritamente equivalentes ao sistema de declarações de implicação na lógica proposicional. Em outra palavras, o artigo define um mapeamento entre DFs e declarações proposicionais, e depois mostra que determinada DF *f* é uma consequência de determinado conjunto *S* de DFs se e somente se a proposição correspondente a *f* é uma consequência lógica do conjunto de proposições correspondente a *S*.

11.9 Claudio L. Lucchesi e Sylvia L. Osborn: "Candidate Keys for Relations", *J. Comp. and Sys. Sciences 17*, Número 2 (1978).

Apresenta um algoritmo para localização de todas as chaves candidatas correspondentes a determinada RelVar, dado o conjunto de DFs que valem nessa RelVar.

11.10 David Maier: *The Theory of Relational Databases*. Rockville, Md.: Computer Science Press (1983).

CAPÍTULO **12**

Normalização avançada I: 1FN, 2FN, 3FN, FNBC

12.1 Introdução

12.2 Decomposição sem perdas e dependências funcionais

12.3 Primeira, segunda e terceira formas normais

12.4 Preservação de dependências

12.5 Forma normal de Boyce/Codd (FNBC)

12.6 Uma observação sobre atributos com relação como valor

12.7 Resumo

Exercícios

Referências e bibliografia

12.1 INTRODUÇÃO

Em todo este livro, até agora, fizemos uso do banco de dados de fornecedores e peças como um exemplo continuado, com o seguinte projeto lógico (em linhas gerais):

```
F  { F#, FNOME, STATUS, CIDADE }
   PRIMARY KEY { F# }


P  { P#, PNOME, COR, PESO, CIDADE }
   PRIMARY KEY { P# }


FP { F#, P#, QDE }
   PRIMARY KEY { F#, P# }
   FOREIGN KEY { F# } REFERENCES F
   FOREIGN KEY { P# } REFERENCES P
```

Nota: Conforme indicam essas definições, consideramos neste capítulo (até que informemos de outra forma) que as RelVars sempre possuem uma chave primária especificamente.

Esse projeto transmite um sentimento de correção: é "óbvio" que três RelVars F, P e FP são necessárias; também é "óbvio" que o atributo CIDADE de fornecedor pertence à RelVar F, o atributo COR de peça pertence à RelVar P, o atributo QDE de remessa pertence à RelVar FP, e assim por diante. Porém, o que nos diz que tudo acontece dessa forma? Algum discernimento sobre essa questão pode ser obtido observando-se o que acontecerá se o projeto for alterado de algum modo. Por exemplo, suponha que o atributo CIDADE de fornecedor seja deslocado da RelVar de fornecedores para a RelVar de remessas (intuitivamente, o lugar errado para ele, pois "cidade de fornecedor" obviamente diz respeito a fornecedores, não a remessas). A Figura 12.1, uma variação da Figura 11.1 do Capítulo 11, ilustra uma amostra de valores para essa RelVar de remessas revisadas. *Nota*: Para evitar confusão com nossa RelVar de remessas normais, FP, chamaremos essa RelVar revisada de FCP, como fizemos no Capítulo 11.

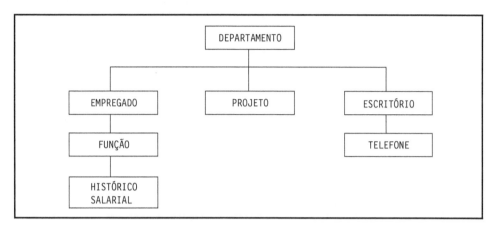

FIGURA 12.1 *Amostra de valores para a RelVar FCP.*

Uma olhada na figura é suficiente para mostrar imediatamente o que está errado com esse projeto: a **redundância**. Para sermos específicos, toda tupla de FCP para o fornecedor F1 nos diz que F1 está localizado em Londres, toda tupla de FCP para o fornecedor F2 nos diz que F2 está localizado em Paris, e assim por diante. De modo mais geral, o fato de determinado fornecedor estar localizado em determinada cidade é enunciado tantas vezes quantas são as remessas para esse fornecedor. Por sua vez, essa redundância leva a vários outros problemas. Por exemplo, depois de uma atualização, o fornecedor F1 pode ser mostrado como localizado em Londres de acordo com uma tupla e em Amsterdã de acordo com outra.[1] Assim, talvez um bom princípio de projeto seja "um fato em um lugar" (isto é, evitar redundância). *O assunto de normalização avançada é, basicamente, apenas* uma *formalização de ideias simples como essa* – contudo, uma formalização que tem grande aplicação prática no problema do projeto de bancos de dados.

Naturalmente, valores de relações sempre estão normalizados, no que se refere ao modelo relacional, como vimos no Capítulo 6. No caso das RelVars podemos dizer que elas também são normalizadas, pois seus valores válidos são relações normalizadas; portanto, as RelVars também são sempre normalizadas, no que se refere ao modelo relacional. De modo equivalente, podemos dizer que as RelVars (e as relações) estão sempre na **primeira forma normal** (abreviada como 1FN). Em outras palavras, "normalizada" e na "1FN" significam *exatamente a mesma coisa* – embora você deva estar ciente de que o termo *normalizada* é usado com frequência para indicar um dos níveis mais altos de normalização (em geral, a *terceira* forma normal, 3FN); esse último modo de utilização é inadequado, mas muito comum.

Ora, determinada RelVar poderia estar normalizada no sentido anterior e ainda possuir certas propriedades indesejáveis. A RelVar FCP (ver Figura 12.1) é um exemplo. Os princípios de normalização avançada nos permitem reconhecer esses casos e substituir essas RelVars por outras mais desejáveis de algum modo. Por exemplo, no caso da RelVar FCP, esses princípios nos informariam exatamente o que está

---

[1] No decorrer deste capítulo e do seguinte, é preciso considerar (bem realisticamente!) que os predicados de RelVar não estão sendo totalmente impostos – porque, se fossem, problemas como este possivelmente não poderiam surgir (não seria possível atualizar a cidade para o fornecedor F1 em algumas tuplas e não em outras). De fato, uma maneira de pensar a respeito da disciplina de normalização é a seguinte: ela nos ajuda a estruturar o banco de dados de modo a tornar mais aceitáveis logicamente as atualizações de uma única tupla do que ocorreria em caso contrário (ou seja, se o projeto não estivesse completamente normalizado). Esse objetivo é alcançado porque os predicados são mais simples se o projeto for totalmente normalizado do que de outra forma.

errado com essa RelVar, e nos diriam como substituí-la por duas RelVars "mais desejáveis", uma com o cabeçalho {F#,CIDADE} e outra com o cabeçalho {F#,P#,QDE}.

Formas normais

O processo de normalização avançada – de agora em diante, abreviado apenas como *normalização* – é elaborado em torno do conceito de **formas normais**. Dizemos que uma RelVar está em determinada forma normal se ela satisfaz a um certo conjunto prescrito de condições. Por exemplo, dizemos que uma RelVar está na segunda forma normal (2FN) se e somente se ela está em 1FN e também satisfaz a outra condição, a ser discutida na Seção 12.3.

Muitas formas normais foram definidas (ver Figura 12.2). As três primeiras (1FN, 2FN, 3FN) foram definidas por Codd na referência [11.6]. Como indica a Figura 12.2, todas as RelVars normalizadas estão em 1FN; algumas RelVars 1FN também estão em 2FN, e algumas RelVars 2FN também estão em 3FN. A motivação por trás das definições de Codd foi que a 2FN era mais desejável (em um sentido a ser explicado) que a 1FN, e que a 3FN, por sua vez, era mais desejável que a 2FN. Assim, o projetista de bancos de dados deve em geral buscar a meta de fazer um projeto envolver RelVars em 3FN, não aquelas que estão simplesmente em 2FN ou 1FN.

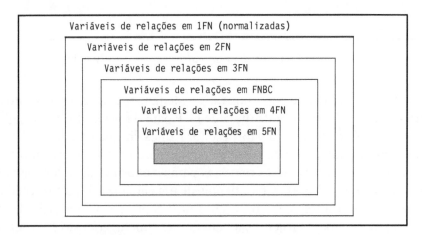

FIGURA 12.2 *Níveis de normalização.*

A referência [11.6] também introduziu a ideia de um procedimento, chamado **procedimento de normalização**, pelo qual uma RelVar que está em alguma forma normal específica, digamos a 2FN, pode ser substituída por um conjunto de RelVars em alguma forma mais desejável, digamos 3FN. (O procedimento definido originalmente só chegou até a 3FN, mas foi subsequentemente estendido até a 5FN, como veremos no próximo capítulo.) Podemos caracterizar esse procedimento como *a redução sucessiva de uma determinada coleção de RelVars a alguma forma mais desejável*. Observe que o processo é **reversível**; isto é, sempre é possível tomar a saída do procedimento (digamos, o conjunto de RelVars em 3FN) e mapeá-lo de volta à entrada (digamos, à RelVar original 2FN). Naturalmente, a reversibilidade é importante, porque ela significa que o processo de normalização é **sem perdas**, ou seja, **preserva informações**.

Voltemos ao assunto de formas normais em si. A definição original de Codd para a 3FN, conforme indicada na referência [11.6], tinha algumas inadequações, como veremos na Seção 12.5. Uma definição revisada e mais forte, criada por Boyce e Codd, foi dada na referência [12.2] – mais forte, no sentido de que qualquer RelVar que estivesse em 3FN pela nova definição certamente estaria em 3FN pela antiga, mas uma RelVar podia estar em 3FN pela definição antiga e não pela nova. A nova 3FN agora é conhecida como **forma normal de Boyce/Codd** (FNBC) – ou BCNF, Boyce/Codd Normal Form –, para distingui-la da antiga.

Mais tarde, Fagin [12.8] definiu uma nova "**quarta**" forma normal (4FN – "quarta", porque nessa época a FNBC ainda estava sendo chamada "terceira"). Na referência [12.9], Fagin definiu ainda uma outra forma normal que chamou de **forma normal de projeção-junção** (FN/PJ, também conhecida como "**quinta**" forma normal ou 5FN). Como mostra a Figura 12.2, algumas RelVars FNBC também estão em 4FN, e algumas RelVars 4FN também estão em 5FN.

Agora, você deve estar imaginando se existe algum fim nessa progressão, e também se poderia existir uma 6FN, uma 7FN e assim por diante, infinitamente. Embora essa seja uma boa pergunta, é evidente que ainda não estamos em condições de apresentar uma consideração detalhada. Vamos nos contentar com a declaração bastante equivocada de que existem de fato formas normais avançadas não mostradas na Figura 12.2, mas a 5FN é a forma normal "final" em um sentido especial (mas importante). Voltaremos a essa questão no Capítulo 13.

Estrutura do capítulo

O objetivo deste capítulo é examinar os conceitos de normalização avançada, até e inclusive a forma normal de Boyce/Codd (deixamos as outras duas para o Capítulo 13). O plano do capítulo é dado a seguir. Após esta introdução um tanto longa, a Seção 12.2 discute o conceito básico de *decomposição sem perdas* e demonstra a importância crucial de dependência funcional para esse conceito (na verdade, a dependência funcional constitui a base para as três formas normais originais de Codd, e também para a FNBC). A Seção 12.3 descreve então as três formas normais originais, mostrando (por exemplo) como determinada RelVar pode ser conduzida, pelo procedimento de normalização, até chegar à 3FN. A Seção 12.4 faz um pequeno desvio para considerar a questão de *decomposições alternativas* – isto é, a questão de escolher a "melhor" decomposição de determinada RelVar, quando há escolha. Em seguida, a Seção 12.5 discute a FNBC. Concluindo, a Seção 12.6 fornece um resumo e apresenta algumas observações finais.

Atenção: Você deve estar ciente de que não procuramos ser muito rigorosos no texto que se segue; em vez disso, nos baseamos, em grande parte, na simples intuição. De fato, observamos que conceitos como decomposição sem perdas, FNBC etc., apesar da terminologia um tanto esotérica, são ideias muito simples e de bom senso. Muitas das referências tratam o material de uma maneira muito mais formal e rigorosa. Um bom tutorial pode ser encontrado na referência [12.5].

Duas observações para concluir a introdução:

1. Como já sugerimos, a ideia geral de normalização é que o projetista do banco de dados deve almejar ter RelVars em forma normal "final" (5FN). Porém, essa recomendação não deve ser tomada como lei. Ocasionalmente – *muito* ocasionalmente! – podem existir boas razões para desafiar os princípios de normalização (consulte, por exemplo, o Exercício 12.7, no final deste capítulo). Na verdade, este é um lugar tão bom quanto qualquer outro para se dizer que o projeto de bancos de dados pode ser uma tarefa extremamente complexa. A normalização é um apoio útil no processo, mas não é uma panaceia; quem quiser projetar um banco de dados certamente deve estar familiarizado com os princípios básicos de normalização, mas nós não pretendemos sugerir que o projeto deva necessariamente basear-se apenas nesses princípios. O Capítulo 14 discute vários outros aspectos do projeto que têm pouca ou nenhuma relação com a normalização em si.

2. Como indicamos antes, usaremos o procedimento de normalização como base para introduzir e discutir as várias formas normais. Porém, não queremos sugerir que na prática o projeto de bancos de dados seja realizado pela aplicação desse procedimento; na verdade, é provável que não – é muito mais provável que algum esquema top-down, como o que descrevemos no Capítulo 14, seja utilizado. As ideias de normalização podem então ser usadas para *verificar* que o projeto resultante não viola de forma inadvertida quaisquer dos princípios de normalização. Apesar disso, o procedimento de normalização fornece uma estrutura conveniente na descrição desses princípios. Portanto, para as finalidades deste capítulo, adotaremos a hipótese útil de que estamos de fato executando o processo de projeto pela aplicação desse procedimento.

12.2 DECOMPOSIÇÃO SEM PERDAS E DEPENDÊNCIAS FUNCIONAIS

Antes de chegar aos detalhes específicos do procedimento de normalização, precisamos examinar mais de perto um aspecto crucial desse procedimento, ou seja, o conceito de **decomposição sem perdas**. Vimos que o procedimento de normalização envolve a decomposição de determinada RelVar em outras RelVars, e também que a decomposição tem de ser reversível, de modo que nenhuma informação seja perdida no processo; em outras palavras, as únicas decomposições em que estamos interessados são aquelas de fato sem perdas. Como veremos, a questão de saber se determinada decomposição é ou não sem perdas está intimamente ligada ao conceito de dependência funcional.

A título de exemplo, considere a já familiar RelVar F de fornecedores, com os atributos F#, STATUS, CIDADE (para simplificar, ignoramos o atributo FNOME). A Figura 12.3 ilustra uma amostra de valores dessa RelVar e – nas partes da figura identificadas como *a* e *b* – duas decomposições possíveis que correspondem a essa amostra de valores.

F

F#	STATUS	CIDADE
F3	30	Paris
F5	30	Atenas

(a) FFT

F#	STATUS
F3	30
F5	30

FC

F#	CIDADE
F3	Paris
F5	Atenas

(b) FFT

F#	STATUS
F3	30
F5	30

FTC

STATUS	CIDADE
30	Paris
30	Atenas

FIGURA 12.3 *Amostra de valores para a RelVar F e duas decomposições correspondentes.*

Examinando essas duas decomposições, observamos que:

1. No Caso *a*, nenhuma informação é perdida; os valores de FFT e FC ainda nos informam que o fornecedor F3 tem o status 30 e a cidade Paris, e que o fornecedor F5 tem o status 30 e a cidade Atenas. Em outras palavras, essa primeira decomposição é de fato sem perdas.
2. No Caso *b*, ao contrário, informações definitivamente são perdidas; ainda podemos dizer que os dois fornecedores têm status 30, mas não podemos saber qual fornecedor corresponde a qual cidade. Em outras palavras, a segunda decomposição não é sem perdas, mas sim **há perdas**.

O que é exatamente que torna a primeira decomposição sem perdas e a outra com perdas? Bem, primeiro observe que o processo ao qual estamos nos referindo como "decomposição" é, na verdade, um processo de *projeção*; FFT, FC e FTC na figura são projeções da RelVar F original. Assim, o operador de decomposição no procedimento de normalização é, na verdade, o de **projeção**. *Nota*: Como na Parte II deste livro, dizemos com frequência algo como "FFT é uma projeção da RelVar F", quando o que deveríamos dizer mais corretamente seria "FFT é uma RelVar cujo valor em qualquer instante dado é uma projeção da relação que é o valor da RelVar F nesse instante". Esperamos que essas abreviações não causem qualquer confusão.

Observe em seguida que, quando dizemos no Caso *a* que nenhuma informação é perdida, o que realmente queremos dizer é que, *se juntarmos FFT e FC de novo, teremos de volta a RelVar F original*. Ao contrário, no Caso *b*, se juntarmos FFT e FTC novamente, *não* obteremos de volta a RelVar original F e, portanto, teremos perda de informações.[2] Em outras palavras, "reversibilidade" significa exatamente que *a*

[2]Para sermos mais específicos, obtemos de volta todas as tuplas na RelVar original F, junto com algumas tuplas "falsas" adicionais; nunca poderemos obter de volta *menos* do que a RelVar original F. (*Exercício*: Prove essa afirmação.) Como não temos um modo geral de saber quais tuplas no resultado são falsas e quais são genuínas, na verdade perdemos informações.

RelVar original seja igual à junção de suas projeções. Assim, exatamente como o operador de decomposição para fins de normalização é a projeção, o operador de *recomposição* é a **junção**.

Assim, a questão interessante é a seguinte: se *R1* e *R2* são projeções de alguma RelVar *R*, e se *R1* e *R2* em conjunto incluem todos os atributos de *R*, que condições devem ser satisfeitas para garantir que a junção de *R1* e *R2* nos dará de volta a RelVar original *R*? E é aqui que entram as dependências funcionais. Voltando ao nosso exemplo, observe que a RelVar F satisfaz ao conjunto irredutível de DFs:

```
F# → STATUS
F# → CIDADE
```

Tendo em vista que ela satisfaz a essas DFs, certamente não pode ser coincidência que a RelVar F seja igual à junção de suas projeções sobre {F#,STATUS} e {F#,CIDADE} – e naturalmente não é. Na verdade, temos o seguinte *teorema* (devido a Heath [12.4]):

- **Teorema de Heath**: seja $R\{A,B,C\}$ uma RelVar, onde *A*, *B*, e *C* são conjuntos de atributos. Se *R* satisfaz à DF $A \rightarrow B$, então *R* é igual à junção de suas projeções sobre {A,B} e {A,C}.

Tomando-se *A* como F#, *B* como STATUS e *C* como CIDADE, esse teorema confirma o que já observamos, ou seja, que a RelVar F pode ser decomposta sem perdas em suas projeções sobre {F#,STATUS} e {F#,CIDADE}. Ao mesmo tempo, sabemos também que F *não pode* ser decomposta sem perdas em suas projeções sobre {F#,STATUS} e {STATUS,CIDADE}. O teorema de Heath não explica porque isso acontece;[3] porém, intuitivamente, podemos ver que o problema é que *uma das DFs se perdeu nessa última decomposição.* Especificamente, a DF F# → STATUS ainda é representada (pela projeção sobre {F#,STATUS}), mas a DF F# → CIDADE se perdeu.

Para concluir, então, podemos dizer que a decomposição da RelVar *R* nas projeções *R1*, *R2*, ..., *Rn* é **sem perda** se *R* for igual à união de *R1*, *R2*,..., *Rn*. *Nota:* Na prática, provavelmente gostaríamos de impor o requisito adicional de que *R1*, *R2*, ... *Rn* são todas necessárias na união, a fim de garantir que certas redundâncias, que de outra forma ocorreriam, sejam evitadas. Por exemplo, provavelmente não gostaríamos de considerar a decomposição da RelVar F em suas projeções sobre (digamos) {F#}, {F#,STATUS} e {F#,CIDADE} como uma decomposição sem perdas, embora F certamente seja igual à junção dessas três projeções. Por simplicidade, vamos combinar, deste ponto em diante, que esse requisito adicional sempre estará em vigor, salvo qualquer afirmação ao contrário.

Mais sobre dependências funcionais

Concluímos esta seção com algumas observações adicionais sobre DFs.

1. **Irredutibilidade**: Vimos no Capítulo 11 que uma DF é considerada **irredutível à esquerda** se o seu lado esquerdo "não for grande demais". Por exemplo, considere a RelVar FCP da Seção 12.1. Essa RelVar satisfaz à DF

   ```
   { F#, P# } → CIDADE
   ```

   Contudo, o atributo P# do lado esquerdo é redundante para fins de dependência funcional; ou seja, também temos a DF

   ```
   F# → CIDADE
   ```

   (isto é, CIDADE também é funcionalmente dependente de F# sozinho). Essa última DF é irredutível à esquerda, mas a anterior não é; de modo equivalente, CIDADE é **irredutivelmente dependente** de F#, mas não irredutivelmente dependente de {F#,P#}.[4] DFs irredutíveis à esquerda e de-

---

[3]Ele não faz isso porque está na forma "se...então...", e não "se *e somente se*...então" (veja o Exercício 12.1, no final do capítulo). Estaremos discutindo uma forma mais forte do teorema de Heath no Capítulo 13, Seção 13.2.

[4]*DF irredutível à esquerda* e *irredutivelmente dependente* são nossos termos preferidos para o que normalmente são chamadas "DF **completa**" e "**completamente** dependente" na literatura (e foram chamadas nas primeiras edições deste livro). Esses últimos termos têm o mérito da brevidade, mas são menos descritivos e menos adequados.

pendências irredutíveis se mostrarão importantes na definição da segunda e da terceira formas normais (consulte a Seção 12.3).

2. **Diagramas DF**: Seja *R* uma RelVar e seja *I* algum conjunto irredutível de DFs que se aplicam a *R* (de novo, consulte o Capítulo 11, se precisar refrescar sua memória em relação a conjuntos irredutíveis de DFs). É conveniente representar o conjunto *I* por meio de um *diagrama de dependências funcionais* (diagrama DF). Os diagramas DF para as RelVars F, FP e P – que devem ser autoexplicativos – são dados na Figura 12.4. Faremos uso frequente desses diagramas em todo o restante deste capítulo.

Como você pode ver, toda seta nos diagramas da Figura 12.4 é uma *seta para fora de uma chave candidata* (na verdade, a chave primária) da RelVar relevante. Por definição, sempre existirão setas para fora de cada chave candidata[5] porque, para um valor de cada chave candidata, sempre haverá um valor de todo o restante; essas setas nunca podem ser eliminadas. *As dificuldades surgem se há quaisquer outras setas.* Assim, o procedimento de normalização pode ser caracterizado, muito informalmente, como um procedimento para eliminar setas que não são setas saindo de chaves candidatas.

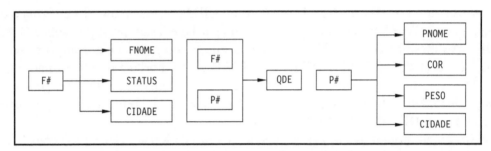

FIGURA 12.4 *Diagramas DF para as RelVars F, FP e P.*

3. **DFs são uma noção semântica**: Como indicamos no Capítulo 11, as DFs são um tipo especial de restrição de integridade. Como tais, são definitivamente uma noção *semântica* (de fato, elas fazem parte do predicado da RelVar). Reconhecer as DFs faz parte do processo de entender o que *significam* os dados; o fato de a RelVar F satisfazer à DF F# $\rightarrow$ CIDADE, por exemplo, significa que cada fornecedor está localizado em exatamente uma cidade. Em outras palavras:

- Há uma restrição no mundo real que o banco de dados representa, ou seja, a de que cada fornecedor está localizado em exatamente uma cidade.
- Como é parte da semântica da situação, essa restrição precisa de algum modo ser observada no banco de dados.
- A maneira de garantir que ela será observada é especificá-la na definição do banco de dados, de modo que o SGBD possa impor a restrição.
- O modo de especificá-la na definição do banco de dados é declarar a DF.

Veremos mais adiante que os conceitos de normalização conduzem a um meio muito simples para se declarar DFs.

12.3 PRIMEIRA, SEGUNDA E TERCEIRA FORMAS NORMAIS

Cuidado: Em toda esta seção supomos, por simplicidade, que cada RelVar tem exatamente uma chave candidata, que consideraremos como sendo a chave primária. Essa hipótese se reflete em nossas definições, que (repetimos) não são muito rigorosas. O caso de uma RelVar que tem mais de uma chave candidata é discutido na Seção 12.5.

---

[5]Mais precisamente, sempre haverá setas saindo de *superchaves*. Porém, se o conjunto *I* de DFs é irredutível, conforme indicado, todas as DFs (ou "setas") em *I* serão irredutíveis à esquerda.

Agora, podemos descrever as três formas normais originais de Codd. Apresentamos primeiro uma definição preliminar e bastante informal da 3FN, a fim de dar alguma ideia do ponto que desejamos atingir. Depois, consideramos o processo de reduzir uma RelVar arbitrária a uma coleção equivalente de RelVars em 3FN, apresentando durante o caminho definições um pouco mais precisas. Porém, notamos de início que 1FN, 2FN e 3FN não são, por si próprias, muito significativas, exceto como degraus para FNBC (e além).

Então, aqui temos nossa definição preliminar de 3FN:

- **Terceira forma normal** (*definição muito informal*): Uma RelVar está em 3FN se e somente se os atributos não chaves (se existem) são:

  a. Mutuamente independentes
  b. Irredutivelmente dependentes da chave primária.

Explicamos as expressões *atributo não chave* e *mutuamente independentes* da seguinte forma (de modo informal):

- Um *atributo não chave* é qualquer atributo que não participa da chave primária da RelVar considerada.

- Dois ou mais atributos são *mutuamente independentes* se nenhum deles é funcionalmente dependente de qualquer combinação dos outros. Tal independência implica que cada um desses atributos pode ser atualizado independentemente dos demais.

Por exemplo, a RelVar de peças P está em 3FN, de acordo com a definição anterior: os atributos PNOME, COR, PESO e CIDADE são todos independentes uns dos outros (é possível mudar, por exemplo, a cor de uma peça sem ter de mudar ao mesmo tempo seu peso) e todos eles são irredutivelmente dependentes da chave primária {P#}.

Essa definição informal da 3FN pode ser interpretada de forma ainda mais intuitiva, assim:

- **Terceira forma normal** (*definição ainda mais informal*): Uma RelVar está em terceira forma normal (3FN) se e somente se, por todo o tempo, cada tupla consiste em um valor de uma chave primária que identifica alguma entidade, acompanhado por um conjunto de zero ou mais valores de atributos mutuamente independentes que descrevem essa entidade de alguma maneira.

De novo, a RelVar P se enquadra na definição: cada tupla de P consiste em um valor de chave primária (um número de peça) que identifica alguma peça no mundo real, junto com quatro valores adicionais (nome de peça, cor de peça, peso de peça e cidade de peça), cada um dos quais serve para descrever essa peça, e sendo cada um independente de todos os restantes.

Vamos examinar agora o procedimento de normalização. Começamos por uma definição da primeira forma normal.

- **Primeira forma normal**: Uma RelVar está em 1FN se e somente se, em todo valor válido dessa RelVar, cada tupla contém exatamente um valor para cada atributo.

Essa definição diz apenas que qualquer RelVar está sempre em 1FN, o que naturalmente está correto. Porém, uma RelVar que está *somente* em primeira forma normal (isto é, uma RelVar 1FN, que não está em 2FN, e portanto também não está em 3FN) tem uma estrutura indesejável por uma série de razões. Para ilustrar esse ponto, vamos supor que as informações referentes a fornecedores e remessas, em vez de serem divididas em duas RelVars F e FP, estejam reunidas em uma única RelVar, como esta:

```
PRIMEIRA { F#, STATUS, CIDADE, P#, QDE }
       PRIMARY KEY { F#, P# }
```

Essa é uma versão estendida de FCP, da Seção 12.1. Os atributos têm seus significados habituais, mas, para fins deste exemplo, introduzimos uma restrição adicional:

```
CIDADE → STATUS
```

(STATUS é funcionalmente dependente de CIDADE; o significado dessa restrição é que o status de um fornecedor é determinado pelo local desse fornecedor – por exemplo, todos os fornecedores de Londres *precisam* ter status igual a 20). Também por simplicidade, ignoramos o atributo FNOME. A chave primária de PRIMEIRA é a combinação {F#,P#}; o diagrama DF é mostrado na Figura 12.5.

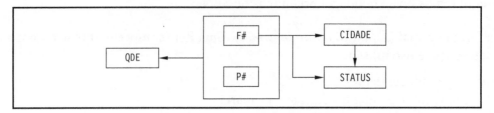

FIGURA 12.5 *DFs para a RelVar PRIMEIRA.*

Observe que, em termos informais, esse diagrama DF é "mais complexo" que o diagrama DF para uma RelVar 3FN. Como sugerimos na seção anterior, um diagrama 3FN tem setas saindo somente de chaves candidatas, enquanto um diagrama não 3FN (tal como o diagrama para PRIMEIRA) tem setas saindo de chaves candidatas *juntamente com certas setas adicionais* – e são essas setas adicionais que causam toda a dificuldade. De fato, a RelVar PRIMEIRA viola ambas as condições *a* e *b* na definição de 3FN anterior: os atributos não chave não são todos mutuamente independentes, porque STATUS depende de CIDADE (uma seta adicional) e não são irredutivelmente dependentes da chave primária, porque STATUS e CIDADE são cada um dependente de F# sozinho (duas setas adicionais).

Como base para ilustrar algumas das dificuldades que surgem dessas setas adicionais, a Figura 12.6 mostra um exemplo de valores para a RelVar PRIMEIRA. Os valores de atributos são basicamente os de costume, exceto pelo fato de que o status do fornecedor F3 foi alterado de 30 para 10, a fim de manter a coerência com a nova restrição de que CIDADE determina STATUS. As redundâncias são evidentes. Por exemplo, toda tupla para o fornecedor F1 mostra a CIDADE como Londres; da mesma forma, toda tupla para a cidade Londres mostra o STATUS como 20.

PRIMEIRA	F#	STATUS	CIDADE	P#	QDE
	F1	20	Londres	P1	300
	F1	20	Londres	P2	200
	F1	20	Londres	P3	400
	F1	20	Londres	P4	200
	F1	20	Londres	P5	100
	F1	20	Londres	P6	100
	F2	10	Paris	P1	300
	F2	10	Paris	P2	400
	F3	10	Paris	P2	200
	F4	20	Londres	P2	200
	F4	20	Londres	P4	300
	F4	20	Londres	P5	400

FIGURA 12.6 *Amostra de valores para a RelVar PRIMEIRA.*

As redundâncias na RelVar PRIMEIRA levam a variedade daquelas que, por questões históricas, se costuma chamar de **anomalias de atualização** – isto é, dificuldades com as operações de atualização INSERT, DELETE e UPDATE. Para fixar nossas ideias, vamos nos concentrar primeiro na redundância de fornecedor-cidade, correspondendo à DF F# → CIDADE. Ocorrem problemas com cada uma das três operações de atualização.

- **INSERT:** Não podemos inserir o fato de que um determinado fornecedor está localizado em uma cidade em particular até que esse fornecedor forneça pelo menos uma peça. De fato, a Figura 12.6 não mostra que o fornecedor F5 está localizado em Atenas. A razão é que, até F5 fornecer alguma peça, não temos um valor apropriado para a chave primária. (Estamos supondo em todo este capítulo, como fizemos no Capítulo 10, Seção 10.4 – de forma bastante razoável – que os atributos da chave primária não têm um valor default. Consulte o Capítulo 19 para ver uma discussão mais avançada.)

- **DELETE:** Se eliminarmos a única tupla de PRIMEIRA para um determinado fornecedor, eliminaremos não apenas a remessa que liga esse fornecedor a alguma peça, mas também a informação de que o fornecedor está localizado em uma determinada cidade. Por exemplo, se eliminarmos a tupla de PRIMEIRA com o valor F3 em F# e o valor P2 em P#, perderemos a informação de que F3 está localizado em Paris. (Os problemas de INSERT e DELETE são, na realidade, duas faces da mesma moeda.)

  Nota: O problema real aqui é que a RelVar PRIMEIRA contém informações demais e muito amontoadas; por isso, quando eliminamos uma tupla, *eliminamos em excesso*. Para sermos mais precisos, a RelVar PRIMEIRA contém informações quanto a remessas *e* informações relativas a fornecedores; desse modo, a eliminação de uma remessa faz com que informações sobre fornecedores também sejam eliminadas. A solução desse problema, naturalmente, é "desempacotar" – ou seja, inserir as informações sobre remessas em uma RelVar e as informações sobre fornecedores em outra (e é isso exatamente o que faremos em breve). Assim, outro modo informal de caracterizar o procedimento de normalização é descrevê-lo como um procedimento de *desempacotamento*: inserir informações logicamente isoladas em RelVars separadas.

- **UPDATE:** O valor de cidade para determinado fornecedor aparece várias vezes em PRIMEIRA, em geral. Essa redundância gera problemas de atualização. Por exemplo, se o fornecedor F1 se mudar de Londres para Amsterdã, teremos de enfrentar *ou* o problema de pesquisar PRIMEIRA para encontrar cada tupla que conecta F1 a Londres (e alterá-la) *ou* a possibilidade de produzir um resultado inconsistente (a cidade para F1 pode receber Amsterdã em uma tupla e Londres em outra).

A solução para esses problemas, como já sugerimos, é substituir a RelVar PRIMEIRA pelas duas RelVars:

```
SEGUNDA { F#, STATUS, CIDADE }
FP      { F#, P#, QDE }
```

Os diagramas DF para essas duas RelVars são dados na Figura 12.7; a Figura 12.8 apresenta uma amostra de valores. Observe que as informações correspondentes ao fornecedor F5 agora foram incluídas (na RelVar SEGUNDA, mas não na RelVar FP). Na realidade, a RelVar FP é agora exatamente nossa RelVar de remessa usual.

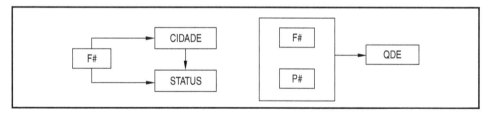

FIGURA 12.7 *DFs para as RelVars SEGUNDA e FP.*

SEGUNDA	F#	STATUS	CIDADE	FP	F#	P#	QDE
	F1	20	Londres		F1	F1	300
	F2	10	Paris		F1	F2	200
	F3	10	Paris		F1	F3	400
	F4	20	Londres		F1	F4	200
	F5	30	Atenas		F1	F5	100
					F1	F6	100
					F2	F1	300
					F2	F2	400
					F3	F2	200
					F4	F2	200
					F4	F4	300
					F4	F5	400

↳ Nenhum correspondente na Figura 12.6

FIGURA 12.8 *Amostras de valores para as RelVars SEGUNDA e FP.*

Deve ficar claro que essa estrutura revisada resolve todos os problemas com operações de atualização esboçados anteriormente:

- **INSERT:** Podemos inserir a informação de que F5 está localizada em Atenas, embora F5 não forneça qualquer peça no momento, simplesmente inserindo a tupla apropriada em SEGUNDA.

- **DELETE:** Podemos eliminar a remessa unindo F3 e P2, eliminando a tupla apropriada de FP; não perderemos a informação de que P3 está localizado em Paris.

- **UPDATE:** Na estrutura revista, a cidade para um determinado fornecedor aparece uma vez, não várias vezes, porque há exatamente uma tupla para um certo fornecedor na RelVar SEGUNDA (a chave primária para essa RelVar é {F#}); em outras palavras, a redundância de F#-CIDADE foi eliminada. Assim, podemos alterar a cidade para F1 de Londres para Amsterdã, alterando-a de uma vez por todas na tupla relevante de SEGUNDA.

Comparando as Figuras 12.5 e 12.7, vemos que o efeito da decomposição de PRIMEIRA em SEGUNDA e FP foi eliminar as dependências que não eram irredutíveis, e foi essa eliminação que resolveu as dificuldades. Intuitivamente, podemos dizer que, na RelVar PRIMEIRA, o atributo CIDADE não descrevia a entidade identificada pela chave primária, ou seja, uma remessa; em vez disso, ele descrevia o fornecedor envolvido nessa remessa (e, da mesma forma, o atributo STATUS). Misturar as duas espécies de informações na mesma RelVar foi o que gerou os problemas em primeiro lugar.

Damos agora uma definição da segunda forma normal:[6]

- **Segunda forma normal** (*definição supondo apenas uma chave candidata, que consideraremos como a chave primária*): Uma RelVar está em 2FN se e somente se ela está em 1FN e todo atributo não chave é irredutivelmente dependente da chave primária.

As RelVars SEGUNDA e FP estão ambas em 2FN (as chaves primárias são F# e a combinação {F#,P#}, respectivamente). A RelVar PRIMEIRA não está em 2FN. Uma RelVar que está em primeira forma normal, mas não em segunda, sempre pode ser reduzida a uma coleção equivalente de RelVars 2FN. O processo de redução consiste em substituir a RelVar 1FN por projeções convenientes; a coleção de projeções assim obtida é equivalente à RelVar original, no sentido de que a RelVar original pode ser recuperada unindo-se de novo essas projeções. Em nosso exemplo, SEGUNDA e FP são projeções de PRIMEIRA,[7] e PRIMEIRA é a junção de SEGUNDA e FP sobre F#.

Para resumir, o primeiro passo no procedimento de normalização é o de tomar projeções a fim de eliminar dependências funcionais "não irredutíveis". Assim, dada uma RelVar *R* como esta:

```
R { A, B, C, D }
  PRIMARY KEY { A, B }
  /* supondo que A → D é válida */
```

a disciplina de normalização recomenda substituir *R* por suas duas projeções *R1* e *R2*, como a seguir:

```
R1 { A, D }
  PRIMARY KEY { A }
```

```
R2 { A, B, C }
  PRIMARY KEY { A, B }
  FOREIGN KEY { A } REFERENCES R1
```

A RelVar *R* pode ser recuperada tomando-se a junção de chave estrangeira para chave primária correspondente de *R2* e *R1*.

---

[6]Estritamente falando, a 2FN só pode ser definida *com relação a um conjunto especificado de dependências*, mas é comum ignorar esse ponto em contextos informais. Observações como esta se aplicam a todas as formas normais além da primeira.

[7]Exceto pelo fato de que SEGUNDA pode incluir tuplas, como a tupla para o fornecedor F5 na Figura 12.8, isso não possui contrapartida em PRIMEIRA; em outras palavras, a nova estrutura pode representar informações que não poderiam ser representadas na anterior. Nesse sentido, a nova estrutura pode ser considerada uma representação ligeiramente mais fiel do mundo real.

Voltando ao exemplo: a estrutura SEGUNDA-FP ainda causa problemas. A RelVar FP é satisfatória; na verdade, a RelVar FP está agora em 3FN e vamos ignorá-la no restante desta seção. Por outro lado, a RelVar SEGUNDA ainda sofre pela falta de independência mútua entre seus atributos não de chave. O diagrama DF para SEGUNDA ainda é mais "complexo" que um diagrama 3FN. Para sermos específicos, a dependência de STATUS sobre F#, embora *seja* funcional e de fato irredutível, é **transitiva** (através de CIDADE): cada valor de F# determina um valor de CIDADE, e esse valor de CIDADE, por sua vez, determina o valor de STATUS. De modo mais geral, sempre que as DFs $A \rightarrow B$ e $B \rightarrow C$ são ambas válidas, então é uma consequência lógica que a DF transitiva $A \rightarrow C$ também seja válida, como explicamos no Capítulo 11. Além disso, dependências transitivas levam, mais uma vez, a anomalias de atualização (daqui por diante, vamos nos concentrar na redundância de cidade-status, correspondendo à DF CIDADE $\rightarrow$ STATUS):

- **INSERT:** Não podemos inserir o fato de uma determinada cidade ter um certo status – por exemplo, não podemos declarar que qualquer fornecedor em Roma deve ter status 50 – enquanto não tivermos algum fornecedor realmente localizado nessa cidade.

- **DELETE:** Se eliminarmos a única tupla de SEGUNDA para uma determinada cidade, eliminaremos não apenas as informações para o fornecedor em questão, mas também a informação de que essa cidade tem esse status em particular. Por exemplo, se eliminarmos a tupla de SEGUNDA para F5, perderemos a informação de que o status para Atenas é 30. (Mais um vez, os problemas de INSERT e DELETE são na realidade duas faces da mesma moeda.)

    Nota: Na verdade, mais uma vez o problema é de empacotamento. A RelVar SEGUNDA contém informações relativas a fornecedores *e* informações relativas a cidades. E mais uma vez a solução é "desempacotar" – ou seja, inserir informações sobre fornecedores em uma RelVar e informações sobre cidades em outra.

- **UPDATE:** O status para determinada cidade aparece muitas vezes em SEGUNDA, em geral (a RelVar ainda possui alguma redundância). Assim, se precisarmos mudar o status correspondente a Londres de 20 para 30, ficaremos diante *ou* do problema de pesquisar em SEGUNDA, a fim de localizar cada tupla para Londres (e alterá-la) *ou* da possibilidade de produzir um resultado incoerente (o status para Londres poderia ser dado como 20 em uma tupla e 30 em outra).

Novamente, a solução dos problemas é substituir a RelVar original (SEGUNDA, nesse caso) por duas projeções, ou seja, as projeções:

```
FC { F#, CIDADE}
CS { CIDADE, STATUS }
```

Os diagramas DF para essas duas RelVars são dados na Figura 12.9; a Figura 12.10 apresenta uma amostra de valores. Observe que as informações de status para Roma foram incluídas na RelVar CS. A redução novamente é reversível, pois SEGUNDA é a junção de FC e CS sobre CIDADE.

FIGURA 12.9 *DFs para as RelVars FC e CS.*

```
FC  F#   CIDADE        CS  CIDADE   STATUS
    F1   Londres           Atenas   30
    F2   Paris             Londres  20
    F3   Paris             Paris    10
    F4   Londres           Roma     50
    F5   Atenas
                       └─ Nenhuma equivalência na Figura 12.8
```

FIGURA 12.10 *Amostra de valores para as RelVars FC e CS.*

Novamente, deve ficar claro que essa estrutura revisada resolve todos os problemas com operações de atualização esboçadas antes. As considerações detalhadas sobre esses problemas ficam como exercício. Comparando as Figuras 12.7 e 12.9, vemos que o efeito da nova decomposição é eliminar a dependência transitiva de STATUS sobre F#, e mais uma vez foi essa eliminação que resolveu os problemas. Intuitivamente, podemos dizer que, na RelVar SEGUNDA, o atributo STATUS não descrevia a entidade identificada pela chave primária (ou seja, um fornecedor); em vez disso, ele descrevia a cidade na qual esse fornecedor estava localizado. Mais uma vez, misturar duas espécies de informações na mesma RelVar foi o que causou os problemas.

Agora, fornecemos uma definição da terceira forma normal.

- **Terceira forma normal** (*definição supondo apenas uma única chave candidata, que consideraremos como a chave primária*): Uma RelVar está em 3FN se e somente se ela está em 2FN e todo atributo não chave é dependente de forma não transitiva da chave primária.

(Observe que "nenhuma dependência transitiva" implica nenhuma dependência *mútua*, no sentido desse termo explicado no início desta seção.)

As RelVars FC e CS estão ambas em 3FN (as chaves primárias são {F#} e {CIDADE}, respectivamente). A RelVar SEGUNDA não está em 3FN. Uma RelVar que está na segunda forma normal e não na terceira sempre pode ser reduzida a uma coleção equivalente de RelVars em 3FN. Já indicamos que o processo é reversível e, portanto, nenhuma informação é perdida na redução; porém, a coleção 3FN pode conter informações como o fato de que o status para Roma é 50, que não podia ser representado na RelVar 2FN original.[8]

Para resumir, o segundo passo no processo de normalização é tomar projeções para eliminar dependências transitivas. Em outras palavras, dada uma RelVar *R* como a seguinte:

```
R { A, B, C }
  PRIMARY KEY { A }
  /* supondo que B → C seja válido */
```

a disciplina de normalização recomenda substituir *R* por suas duas projeções *R1* e *R2*, desta forma:

```
R1 { B, C }
  PRIMARY KEY { B }
```

```
R2 { A, B }
  PRIMARY KEY { A }
  FOREIGN KEY { B } REFERENCES R1
```

A RelVar *R* pode ser recuperada tomando-se a junção de chave estrangeira e chave primária associada de R2 e R1.

Concluímos esta seção enfatizando que o nível de normalização de uma RelVar dada é uma questão de semântica, não apenas uma questão de valores de dados que essa RelVar possa conter em algum momento específico. Não é possível apenas olhar o valor de uma certa RelVar em determinado momento e dizer se essa RelVar está ou não (digamos) em 3FN – também é necessário conhecer as dependências, antes de fazer tal julgamento. Observe ainda que, mesmo conhecendo as dependências, nunca é possível *provar* a partir do exame de um determinado valor que uma RelVar está em 3FN. O melhor que pode ser feito é mostrar que o valor em questão não viola qualquer das dependências; supondo-se que não, então o valor *é consistente com a hipótese* de que a RelVar está em 3FN, mas esse fato certamente não garante que a hipótese seja válida.

---

[8]Conclui-se que, assim como a combinação SEGUNDA-FP foi uma representação ligeiramente melhor do mundo real que a RelVar PRIMEIRA em 1FN, então a combinação FC-CS é uma representação ligeiramente melhor do que a RelVar SEGUNDA em 2NF.

12.4 PRESERVAÇÃO DE DEPENDÊNCIAS

Frequentemente ocorre de uma certa RelVar poder ser decomposta sem perdas, de várias maneiras diferentes. Considere mais uma vez a RelVar SEGUNDA da Seção 12.3, com as DFs F# → CIDADE e CIDADE → STATUS e, portanto, também (por transitividade) F# → STATUS (ver Figura 12.11, em que a DF transitiva é mostrada como uma seta tracejada). Mostramos na Seção 12.3 que as anomalias de atualização encontradas com SEGUNDA poderiam ser resolvidas substituindo-se essa RelVar por sua decomposição em duas projeções 3FN:

FC { F#, CIDADE }
CS { CIDADE, STATUS }

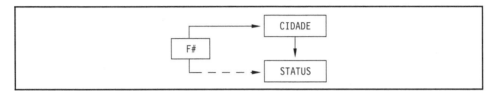

FIGURA 12.11 *DFs para a RelVar SEGUNDA.*

Vamos nos referir a essa decomposição como Decomposição A. Ao contrário, aqui está uma decomposição alternativa (Decomposição B):

FC { F#, CIDADE }
FS { F#, STATUS }

(a projeção FC é a mesma em ambos os casos). A Decomposição B também é sem perdas, e as duas projeções estão novamente em 3FN. Porém, a Decomposição B é menos satisfatória que a Decomposição A, por várias razões. Por exemplo, ainda não é possível (em B) inserir a informação de que determinada cidade tem um certo status, a menos que algum fornecedor esteja localizado nessa cidade.

Vamos examinar esse exemplo um pouco mais de perto. Primeiro, observe que as projeções na Decomposição A correspondem às setas *cheias* na Figura 12.11, enquanto uma das projeções na Decomposição B corresponde à seta *tracejada*. De fato, na Decomposição A, as duas projeções são **independentes** uma da outra, no seguinte sentido: podem ser feitas atualizações em uma delas sem se considerar a outra.[9] Desde que essa atualização seja válida no contexto da projeção em questão – o que significa apenas que ela não deve violar a restrição de unicidade da chave primária para essa projeção – então, *a junção das duas projeções após a atualização sempre será uma SEGUNDA válida* (isto é, a junção não terá a possibilidade de violar as restrições de DFs em SEGUNDA). Ao contrário, na Decomposição B, atualizações feitas em uma das duas projeções devem ser monitoradas para garantir que a DF CIDADE → STATUS não será violada (se dois fornecedores tiverem a mesma cidade, então eles deverão ter o mesmo status; por exemplo, considere o que acontece na Decomposição B ao se mover o fornecedor F1 de Londres para Paris). Em outras palavras, as duas projeções não são independentes uma da outra na Decomposição B.

O problema básico é que, na Decomposição B, a DF CIDADE → STATUS se torna – para usar a terminologia do Capítulo 9 – uma *restrição de banco de dados* que abrange duas RelVars (implicando, a propósito, que em muitos produtos atuais ela terá de ser mantida por código procedimental). Ao contrário, na Decomposição A, é a DF *transitiva* F# → STATUS que se torna a restrição de banco de dados, e essa restrição será imposta de forma automática se as duas restrições de *RelVar* F# → CIDADE e CIDADE → STATUS forem impostas. Além disso, a imposição dessas duas últimas restrições é naturalmente muito simples, envolvendo nada mais que a imposição das restrições correspondentes de unicidade da chave primária.

O conceito de projeções independentes fornece, portanto, uma orientação para a escolha de uma decomposição específica quando existe mais de uma possibilidade. Especificamente, uma decomposição em

---

[9]Exceto pela restrição referencial de FC para CS.

que as projeções são independentes no sentido descrito é, em geral, preferível a uma na qual elas não o são. Rissanen [12.6] mostra que as projeções *R1* e *R2* de uma RelVar *R* são independentes no sentido anterior, se e somente se:

- Toda DF em *R* é uma consequência lógica das DFs de *R1* e *R2*.

- Os atributos comuns de *R1* e *R2* formam uma chave candidata para pelo menos uma RelVar do par.

Considere as Decomposições *A* e *B* como definidas antes. Em *A*, as duas projeções são independentes porque seu atributo comum CIDADE constitui a chave primária para CS, e toda DF em SEGUNDA aparece em uma das duas projeções ou é uma consequência lógica daquelas que o fazem. Ao contrário, em *B*, as duas projeções não são independentes, porque a DF CIDADE → STATUS não pode ser deduzida a partir das DFs para essas projeções – embora seja verdade que seu atributo comum, F#, constitui uma chave candidata para ambas. *Nota*: A terceira possibilidade, substituir SEGUNDA por suas projeções sobre {F#,STATUS} e {CIDADE,STATUS}, não é uma decomposição válida porque não é sem perdas. *Exercício*: Prove essa afirmação.

A referência [12.6] chama uma RelVar que não pode ser decomposta em projeções independentes de **atômica** (um termo não muito bom). Porém, observe com atenção que o fato de alguma RelVar dada não ser atômica nesse sentido não deve necessariamente ser interpretado como significando que ela deve ser decomposta em componentes atômicos; por exemplo, as RelVars F e P do banco de dados de fornecedores e peças não são atômicas, mas não parece haver muito sentido em decompô-las ainda mais. (Ao contrário, a RelVar FP *é* atômica.)

A ideia de que o procedimento de normalização deve decompor RelVars em projeções que são independentes no sentido de Rissanen tornou-se conhecida como **preservação de dependências**. Fechamos esta seção explicando com mais detalhes esse conceito:

1. Vamos supor que temos alguma RelVar *R* que (após a aplicação de todos os passos do procedimento de normalização) substituímos por um conjunto de projeções *R1, R2,..., Rn*.

2. Seja *S* o conjunto de DFs dadas para a RelVar *R* original, e sejam *S1, S2, ..., Sn*, respectivamente, os conjuntos de DFs que se aplicam às RelVars *R1, R2, ..., Rn*.

3. Cada DF no conjunto *Si* fará referência somente a atributos de *Ri* ($i = 1, 2,..., n$). Então, impor as restrições (DFs) em qualquer conjunto dado *Si* é uma questão simples. Porém, o que precisamos fazer é impor as restrições no conjunto original *S*. Desse modo, gostaríamos que a decomposição em *R1, R2, ..., Rn* fosse tal que a imposição das restrições em *S1, S2, ..., Sn* individualmente fosse, em conjunto, equivalente a impor as restrições no conjunto original *S* – em outras palavras, gostaríamos que a decomposição fosse feita com *preservação de dependências*.

4. Seja *S'* a união de *S1, S2, ..., Sn*. Observe que, em geral, *não* é verdade que *S' = S*; contudo, para que a decomposição preserve as dependências, é suficiente que os *fechos* de *S* e *S'* sejam iguais (reveja a Seção 11.4, no Capítulo 11, se precisar reavivar a memória quanto à noção de fecho de um conjunto de DFs).

5. Não há uma maneira eficiente de calcular o fecho S^+ de um conjunto de DFs em geral, de modo que calcular efetivamente os dois fechos e testá-los quanto à igualdade é inviável. Apesar disso, há um modo eficiente de testar se determinada decomposição preserva as dependências. Os detalhes do algoritmo estão além do escopo deste capítulo; por exemplo, consulte a referência [8.13] para examinar os detalhes.

Aqui, para fins de referência futura, está um algoritmo em nove etapas pelo qual uma RelVar *R* qualquer pode ser decomposta sem perdas, de um modo que preserva as dependências, em um conjunto *D* de projeções 3FN. Seja *S* o conjunto de DFs satisfeitas por *R*. Então:

1. Inicialize *D* como o conjunto vazio.

2. Seja *I* uma cobertura irredutível de *S*.

3. Seja X um conjunto de atributos que aparecem no lado esquerdo de alguma DF $X \rightarrow Y$ em I.

4. Seja $X \rightarrow Y1$, $X \rightarrow Y2$, ... $X \rightarrow Yn$ o conjunto completo de DFs em I com o lado esquerdo X.

5. Seja Z a união de $Y1$, $Y2$, ..., Yn.

6. Substitua D pela união de D com a projeção de R sobre X e Z.

7. Repita as Etapas de 4 a 6 para cada X distinto.

8. Sejam $A1$, $A2$, ..., An os atributos de R (se existirem) ainda não levados em consideração (isto é, ainda não incluídos em qualquer RelVar em D); substitua D pela união de D e a projeção de R sobre $A1$, $A2$, ..., An.

9. Se nenhuma RelVar em D incluir uma chave candidata de R, substitua D pela união de D com a projeção de R sobre alguma chave candidata de R.

12.5 FORMA NORMAL DE BOYCE/CODD (FNBC)

Nesta seção, abandonamos nossa hipótese simplificada de que toda RelVar tem apenas uma chave candidata e consideramos o que acontece no caso geral. Na verdade, a definição original de Codd de 3FN na referência [11.6] não tratava satisfatoriamente do caso geral. Para sermos precisos, ela não lidava de forma adequada com o caso de uma RelVar que:

1. tivesse duas ou mais chaves candidatas

2. as chaves candidatas fossem compostas, e

3. elas tivessem superposição (isto é, tivessem pelo menos um atributo em comum).

Por isso, a definição original de 3FN foi substituída mais tarde por uma definição mais forte, creditada a Boyce e Codd, que também servia a esse caso [12.2]. Porém, tendo em vista que a nova definição na realidade define uma forma normal que é estritamente mais forte que a antiga 3FN, é melhor introduzir um novo nome para ela, em vez de continuar simplesmente a chamá-la de 3FN; daí o nome *Forma Normal de Boyce/Codd* (FNBC).[10] *Nota*: Na prática, a combinação das condições 1, 2 e 3 pode não ocorrer com muita frequência. Para uma RelVar em que ela não ocorre, 3FN e FNBC são equivalentes.

Para explicar a FNBC, primeiro lembramos do termo *determinante*, introduzido no Capítulo 11 para se referir ao lado esquerdo de uma DF. Também devemos lembrá-lo quanto ao termo *DF trivial*, que é uma DF na qual o lado esquerdo é um superconjunto do lado direito. Agora, vamos definir a FNBC:

■ **Forma normal de Boyce/Codd:** Uma RelVar está em FNBC se e somente se toda DF não trivial e irredutível à esquerda tem uma chave candidata como determinante.

Ou, de modo menos formal:

■ **Forma normal de Boyce/Codd** (*definição informal*): Uma RelVar está em FNBC se e somente se cada determinante é uma chave candidata.

Em outras palavras, as únicas setas no diagrama DF são setas originando de chaves candidatas. Já explicamos que sempre haverá setas saindo de chaves candidatas; a definição de FNBC diz que *não há outras setas*, significando que nenhuma outra seta pode ser eliminada pelo procedimento de normalização. *Nota*: A diferença entre as duas definições de FNBC é que tacitamente supomos no caso informal (a) que os determinantes "não são grandes demais", e (b) que todas as DFs são não triviais. No interesse da simplicidade, continuaremos a fazer essas suposições pelo restante do capítulo, exceto onde for indicado o contrário.

---

[10]Uma definição de "terceira" forma normal, que de fato era equivalente à definição de FNBC, foi dada inicialmente por Heath em 1971 [12.4]: a "forma normal de Heath", portanto, poderia ter sido um nome mais apropriado.

Vale a pena mencionar que a definição de FNBC é conceitualmente mais simples que a antiga definição de 3FN, no sentido de não fazer qualquer referência explícita à primeira e à segunda formas normais, nem ao conceito de dependência transitiva. Além disso, embora (como já afirmamos) a FNBC seja estritamente mais forte que 3FN, ainda é verdade que toda RelVar dada pode ser decomposta sem perdas em uma coleção equivalente de RelVars FNBC.

Antes de considerar alguns exemplos envolvendo mais de uma chave candidata, vamos nos convencer de que as RelVars PRIMEIRA e SEGUNDA, que não estavam em 3FN, também não estão em FNBC; além disso, as RelVars FP, FC e CS, que estavam em 3FN, também estão em FNBC. A RelVar PRIMEIRA contém três determinantes, ou seja, {F#}, {CIDADE} e {F#,P#}; desses, somente {F#,P#} é uma chave candidata, de modo que PRIMEIRA não está em FNBC. De modo semelhante, SEGUNDA também não está em FNBC, porque o determinante {CIDADE} não é uma chave candidata. Por outro lado, as RelVars FP, FC e CS estão em FNBC porque, em cada caso, a única chave candidata é o único determinante na RelVar.

Vamos examinar agora um exemplo envolvendo duas chaves candidatas disjuntas – isto é, sem superposição. Suponha que, na RelVar habitual de fornecedores – F{F#,FNOME,CIDADE} –, {F#} e {FNOME} sejam ambas chaves candidatas (isto é, por todo o tempo, ocorre que todo fornecedor tem um único número de fornecedor e também um único nome de fornecedor). Porém, suponha (como em outras partes deste livro) que os atributos STATUS e CIDADE são mutuamente independentes – ou seja, a DF CIDADE → STATUS, que introduzimos unicamente para os fins da Seção 12.3, não mais é válida. Então, o diagrama DF é o que mostra a Figura 12.12.

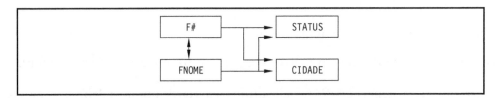

FIGURA 12.12 *DFs para a RelVar F se {FNOME} é uma chave candidata (e CIDADE   STATUS não é válida).*

A RelVar F está em FNBC. Embora o diagrama DF pareça "mais complexo" que um diagrama para 3FN, ainda ocorre que os únicos determinantes são chaves candidatas; isto é, as únicas setas são as que saem de chaves candidatas. Então, a mensagem desse primeiro exemplo é apenas que ter mais de uma chave candidata não é algo necessariamente ruim.

Agora, apresentamos alguns exemplos nos quais as chaves candidatas se superpõem. Duas chaves candidatas se superpõem se elas envolvem dois ou mais atributos cada uma e têm pelo menos um atributo em comum. *Nota*: De acordo com nossa discussão sobre o assunto no Capítulo 9, não tentaremos escolher uma das chaves candidatas como chave primária nos exemplos a seguir. Por isso, também não marcaremos quaisquer colunas com sublinhado duplo em nossas figuras desta seção.

Como nosso primeiro exemplo, vamos supor novamente que os nomes de fornecedores são exclusivos e vamos considerar a RelVar:

FFP { F#, FNOME, P#, QDE }

As chaves candidatas são {F#,P#} e {FNOME,P#}. Essa RelVar está em FNBC? A resposta é não, porque ela contém dois determinantes, F# e FNOME, que não são chaves candidatas para a RelVar ({F#} e {FNOME} são ambas determinantes porque cada uma determina a outra). Uma amostra de valores para essa RelVar é ilustrada na Figura 12.13.

Como mostra essa figura, a RelVar FFP envolve o mesmo tipo de redundâncias que as RelVars PRIMEIRA e SEGUNDA da Seção 12.3 (e a RelVar FCP da Seção 12.1) e, portanto, está sujeita ao mesmo tipo de anomalias de atualização. Por exemplo, a mudança do nome de fornecedor de Smith para Robinson leva, mais uma vez, a problemas de pesquisa ou a resultados possivelmente inconsistentes. No entanto, a FFP *está* em 3FN pela antiga definição, porque essa definição não exigia que um atributo fosse irredutivelmente dependente de cada chave candidata, se ele próprio fosse um componente de uma chave candidata da RelVar; assim, o fato de FNOME não ser irredutivelmente dependente de {F#,P#} era ignorado. *Nota*: Por "3FN" queremos dizer aqui a 3FN definida originalmente na referência [11.6], não a forma simplificada que definimos na Seção 12.3.

FFP	F#	PNOME	P#	QDE
	F1	Smith	F1	300
	F1	Smith	F2	200
	F1	Smith	F3	400
	F1	Smith	F4	200
	..	....	..	...

FIGURA 12.13 *Amostra (parcial) de valores para a RelVar FFP.*

A solução dos problemas de FFP é desmembrar a RelVar em duas projeções, nesse caso as projeções:

```
FF { F#, FNOME }
FP {F#, P#, QDE }
```

ou, de modo alternativo, as projeções:

```
FF { F#, FNOME }
FP { FNOME, P#, QDE }
```

(existem duas decomposições igualmente válidas nesse exemplo). Todas essas projeções estão em FNBC.

Nesse ponto, provavelmente deveríamos parar um instante e refletir sobre o que "realmente" está se passando aqui. O projeto original, consistindo na única RelVar FFP, é *claramente* ruim; os problemas com ele são intuitivamente óbvios e é improvável que qualquer projetista de banco de dados competente pensasse seriamente em propor esse projeto, mesmo que não tivesse conhecimento algum das ideias de FNBC etc. O senso comum diria ao projetista que o projeto de FF-FP é melhor. Entretanto, o que entendemos por "senso comum"? Quais são os *princípios* (dentro do cérebro do projetista) que ele está aplicando quando escolhe o projeto FF-FP em vez do projeto FFP?

A resposta, é claro, é que são exatamente os princípios da dependência funcional e a forma normal de Boyce/Codd. Em outras palavras, esses conceitos (DF, FNBC e todas as outras ideias formais que discutimos neste capítulo e no próximo) são nada mais nada menos que *senso comum formalizado*. Toda a importância da teoria de normalização está em tentar identificar esses princípios do senso comum e formalizá-los – o que, naturalmente, não é algo fácil de fazer! Porém, se pode ser feito, então podemos *mecanizar* esse princípios; em outras palavras, podemos escrever um programa e fazer com que a máquina execute o trabalho. Os críticos da normalização geralmente não percebem esse ponto; eles afirmam (com toda razão) que as ideias são todas basicamente de senso comum mas, em geral, não percebem que é uma realização significativa poder afirmar o que o "senso comum" quer dizer de modo preciso e formal.

Voltemos ao fio principal de nossa discussão. Como segundo exemplo de chaves candidatas superpostas – um exemplo que, devemos adverti-lo, algumas pessoas podem considerar patológico – consideramos a RelVar EAP com atributos E, A e P, indicando estudante, assunto e professor, respectivamente. O significado de uma tupla EAP (*e,a,p*) – notação simplificada – é que o estudante *e* aprende o assunto *a* ministrado pelo professor *p*. Aplicam-se as seguintes restrições:

- Para cada assunto, cada estudante aprende esse assunto lecionado por um único professor.

- Cada professor leciona apenas um assunto (mas cada assunto é ministrado por vários professores).

Uma amostra de valores de EAP é dada na Figura 12.14.

Quais são as DFs na RelVar EAP? Da primeira restrição, temos a DF {E,A} → P. Da segunda restrição, temos a DF P → A. Finalmente o fato de cada assunto ser ministrado por vários professores nos informa que a DF A → P *não* é válida. Então, o diagrama DF é o que está ilustrado na Figura 12.15.

EAP	E	A	P
	Smith	Matemática	Prof. White
	Smith	Física	Prof. Green
	Jones	Matemática	Prof. White
	Jones	Física	Prof. Brown

FIGURA 12.14 *Amostra de valores para a RelVar EAP.*

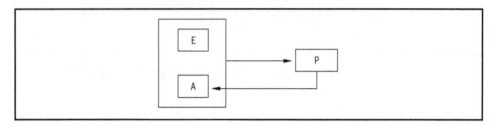

FIGURA 12.15 *DFs para a RelVar EAP.*

Mais uma vez temos duas chaves candidatas superpostas, {E,A} e {E,P}. De novo a RelVar está em 3FN e não em FNBC, e novamente a RelVar sofre de certas anomalias de atualização; por exemplo, se desejarmos eliminar a informação de que Jones está estudando física, não poderemos fazê-lo sem perdermos ao mesmo tempo a informação de que o Professor Brown leciona física. Essas dificuldades são causadas pelo fato de que o atributo P é um determinante, mas não uma chave candidata. Outra vez, podemos superar os problemas substituindo a RelVar original por duas projeções FNBC, no caso as projeções:

```
EP { E, P }
PA { P, A }
```

Fica como exercício mostrar os valores dessas duas RelVars correspondentes aos dados da Figura 12.14, traçar um diagrama DF correspondente, demonstrar que as duas projeções, de fato, estão em FNBC (quais são as chaves candidatas?) e verificar se essa decomposição realmente evita as anomalias.

Porém, existe outro problema. O fato é que, embora a decomposição em EP e PA evite certas anomalias, ela infelizmente introduz outras! A dificuldade está no fato de que as duas projeções não são *independentes*, no sentido de Rissanen (consulte a Seção 12.4). Para sermos específicos, a DF:

{ E, A } → P

não pode ser deduzida da DF:

P → A

(que é a única DF representada nas duas projeções). Em consequência disso, as duas projeções não podem ser atualizadas independentemente. Por exemplo, uma tentativa de inserir uma tupla para Smith e Prof. Brown na RelVar EP deve ser rejeitada, porque o Prof. Brown leciona física e Smith já está estudando física com o Prof. Green, ainda que o sistema não possa detectar esse fato sem examinar a RelVar PA. Somos forçados à desagradável conclusão de que os dois objetivos de (a) decompor uma RelVar em componentes *FNBC* e (b) decompor a RelVar em componentes *independentes* podem ocasionalmente estar em conflito – ou seja, nem sempre é possível satisfazer simultaneamente a ambos os objetivos.

Vamos analisar o exemplo um pouco melhor. Na verdade, a RelVar EAP é *atômica*, no sentido de Rissanen (consulte a Seção 12.4), embora não esteja em FNBC. Portanto, observe que o fato de uma RelVar atômica não poder ser decomposta em componentes independentes não significa que ela não possa ser de todo decomposta (em que, por "decomposta", entendemos a decomposição sem perdas). Assim, em termos intuitivos, *atomicidade* não é um termo muito bom para o conceito, pois ela não é necessária nem suficiente para um bom projeto de banco de dados.

Nosso terceiro e último exemplo de chaves candidatas com superposição diz respeito a uma RelVar EXAME, com atributos E (estudante), A (assunto) e P (posição). O significado de uma tupla de EXAME (*e,a,p*) é que o estudante *e* foi examinado sobre o assunto *a* e ficou na posição *p* em sua turma. Para os propósitos do exemplo, supomos que a seguinte restrição é válida:

- Não há empates; isto é, dois estudantes nunca obtêm a mesma posição no exame sobre o mesmo assunto.

Então as DFs são aquelas mostradas na Figura 12.16.

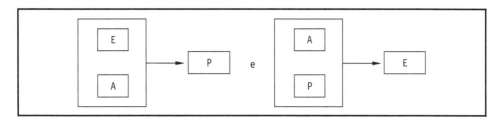

FIGURA 12.16 *DFs para a RelVar EXAME.*

Novamente, temos duas chaves candidatas com superposição, ou seja, {E,A} e {A,P}, porque (a) se temos um estudante e um assunto, então há exatamente uma posição correspondente e, do mesmo modo, (b) se temos um assunto e uma posição, há exatamente um estudante correspondente. Porém, a RelVar está em FNBC porque essas chaves candidatas são os únicos determinantes, e as anomalias de atualização, como aquelas discutidas no início deste capítulo, não ocorrem com essa RelVar. (*Exercício*: Verifique essa afirmação.) Assim, chaves candidatas superpostas não levam *necessariamente* a problemas do tipo que estivemos discutindo neste capítulo.

Concluindo, vimos que o conceito de FNBC elimina certos problemas adicionais que poderiam ocorrer sob a antiga definição de 3FN. Além disso, a FNBC é conceitualmente mais simples que a 3FN, no sentido de não fazer referência aberta aos conceitos de 1FN, 2FN, chave primária ou dependência transitiva. Mais ainda, a referência que ela faz a chaves candidatas poderia ser substituída por uma referência à noção mais fundamental de dependência funcional (a definição dada na referência [12.2] na verdade faz essa substituição). Por outro lado, os conceitos de chave primária, dependência transitiva etc. são úteis na prática, pois dão alguma ideia do real processo passo a passo que o projetista deve percorrer a fim de reduzir uma RelVar arbitrária a uma coleção equivalente de RelVars FNBC.

Para fins de referência futura, fechamos esta seção com um algoritmo em quatro etapas pelo qual uma RelVar *R* qualquer pode ser decomposta sem perdas em um conjunto *D* de projeções FNBC (porém, sem necessariamente preservar todas as dependências):

1. Inicialize *D* para conter apenas *R*.

2. Para cada RelVar *T* em *D*, não em FNBC, execute as Etapas 3 e 4.

3. Seja *X* → *Y* uma DF para *T* que viola os requisitos para FNBC.

4. Substitua *T* em *D* por duas de suas projeções, ou seja, a projeção sobre *X* e *Y* e a projeção sobre todos os atributos, exceto os atributos pertencentes a *Y*.

12.6 UMA OBSERVAÇÃO SOBRE ATRIBUTOS COM RELAÇÃO COMO VALOR

No Capítulo 6, vimos que é possível uma relação incluir um atributo cujos valores são, por sua vez, relações (um exemplo está ilustrado na Figura 12.17). Como resultado, naturalmente, as RelVars também podem ter atributos com valor de relação. Porém, do ponto de vista do projeto de bancos de dados, essas

RelVars são, em geral, contraindicadas porque tendem a ser *assimétricas*[11] – sem mencionar o fato de que seus predicados tendem a ser bastante complicados! – e tal assimetria pode conduzir a vários problemas práticos. Por exemplo, no caso da Figura 12.17, fornecedores e peças são tratados de forma assimétrica. Em consequência, as consultas (simétricas):

1. Obter F# para fornecedores que fornecem a peça P1
2. Obter P# para peças fornecidas pelo fornecedor F1

têm formulações muito diferentes:

1. (FPQ WHERE TUPLE { P# P# ('P1') }   PQ { P# }) { F# }
2. ((FPQ WHERE F# = F# ('F1')) UNGROUP PQ) { P# }

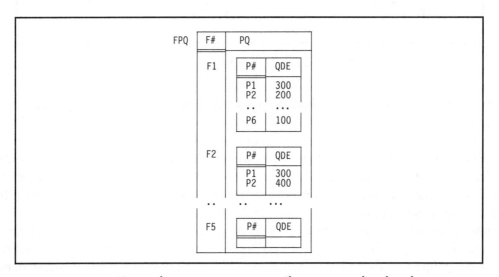

FIGURA 12.17 *Uma relação que tem um atributo com valor de relação.*

(Nesse caso, FPQ é considerada uma RelVar cujos valores são relações da forma indicada pela Figura 12.17.) Observe, a propósito, que não apenas essas duas formulações são bastante diferentes, mas elas são muito mais complicadas do que suas equivalentes FP.

A situação fica ainda pior no caso das operações de atualização. Por exemplo, considere as duas atualizações a seguir:

1. Criar uma nova remessa para fornecedor F6, peça P5, quantidade 500.
2. Criar uma nova remessa para fornecedor F2, peça P5, quantidade 500.

Com nossa RelVar de remessas FP habitual, não existe nenhuma diferença qualitativa entre essas duas atualizações – ambas envolvem a inserção de uma única tupla na RelVar. Ao contrário, no caso da RelVar FPQ, as duas atualizações diferem de forma significativa em espécie (sem mencionarmos o fato de que elas são ambas muito mais complicadas que sua equivalente FP):

1. INSERT FPQ RELATION
         { TUPLE { F# F# ('F6'),
                   PQ RELATION { TUPLE { P# P# ('P5'),
                                         QDE QDE (500) } } } } ;

---

[11] De fato, historicamente, tais RelVars nem eram válidas – elas eram consideradas *não normalizadas*, significando que nem sequer eram consideradas como estando em 1FN (consulte o Capítulo 6).

2. UPDATE FPQ WHERE F# = F# ('F2')
```
      { INSERT PQ RELATION { TUPLE { P#  P# ('P5'),
                                     QDE QDE ( 500 ) } } } ;
```

As RelVars – pelo menos, as RelVars básicas – sem atributos com valor de relação são, então, normalmente preferidas porque o fato de terem uma estrutura lógica mais simples conduz a simplificações correspondentes nas operações que precisamos executar sobre elas. Porém, entenda que essa posição deve ser vista apenas como uma diretriz, não como uma lei inviolável. Na prática, podem surgir casos em que um atributo com valor de relação não faz sentido, mesmo no caso de uma RelVar básica. Por exemplo, a Figura 12.18 mostra (parte de) um valor possível para uma RelVar de *catálogo* RVK, que lista as RelVars no banco de dados e suas chaves candidatas. O atributo CC nessa RelVar é um atributo com valor de relação. Ele também é um componente da única chave candidata para RVK! Uma definição em **Tutorial D** para RVK seria, portanto, semelhante a esta:

```
VAR RVK BASE RELATION
      { NOMEVR NOME, CC RELATION { NOMEATRIB NOME } }
        KEY { NOMEVR, CC } ;
```

RVK

NOMEVR	CC
F	NOMEATRIB F#
FP	NOMEATRIB F# P#
CASAMENTO	NOMEATRIB MARIDO DATA
CASAMENTO	NOMEATRIB DATA ESPOSA
CASAMENTO	NOMEATRIB ESPOSA MARIDO

FIGURA 12.18 *Amostra de valores para a RelVar de catálogo RVK.*

Nota: O Exercício 12.3, no final deste capítulo, pede que você considere o que está envolvido na eliminação de atributos com valor de relação, se (como normalmente acontece) essa eliminação for considerada desejável.[12]

12.7 RESUMO

Isso nos traz ao final do primeiro de nossos dois capítulos sobre normalização avançada. Discutimos os conceitos de **primeira, segunda** e **terceira formas normais**, além da **forma normal de Boyce/Codd**. As várias formas normais (inclusive a quarta e a quinta, que serão discutidas no próximo capítulo) constituem uma *ordenação total*, no sentido de que toda RelVar em um dado nível de normalização também está au-

[12]E é possível! Note que *não* é possível no caso de RVK, pelo menos não diretamente (ou seja, sem a introdução de alguma espécie de atributo NOMECC – "nome de chave candidata").

tomaticamente em todos os níveis inferiores, enquanto o inverso não é verdadeiro – existem RelVars em cada nível que não estão em nenhum nível mais alto. Além disso, a redução a FNBC (e na verdade até a 5FN) é sempre possível; isto é, qualquer RelVar dada sempre pode ser sempre substituída por um conjunto equivalente de RelVars em FNBC (ou 5FN). A finalidade de tal redução é **evitar redundância** e, portanto, evitar certas **anomalias de atualização**.

O processo de redução consiste em substituir a RelVar dada por certas **projeções**, de tal modo que fazendo a **junção** dessas projeções possamos obter de volta a RelVar original; em outras palavras, o processo é **reversível** (de modo equivalente, a decomposição é **sem perdas**). Vimos também o papel crucial que as **dependências funcionais** desempenham no processo; na verdade, o **teorema de Heath** nos diz que, se uma certa DF é satisfeita, então uma determinada decomposição é sem perdas. Essa situação pode ser vista como outra confirmação do que foi dito no Capítulo 11, que as DFs "não são tão fundamentais, mas quase isso".

Também discutimos o conceito de Rissanen de **projeções independentes** e sugerimos que é melhor fazer a decomposição em tais projeções, em vez de projeções que não são independentes, quando há escolha. Dizemos que uma decomposição em tais projeções independentes **preserva dependências**. Infelizmente, também vimos que os dois objetivos de decomposição sem perdas para FNBC e preservação de dependências podem ocasionalmente ser conflitantes.

Concluímos este capítulo com um par de definições muito elegantes (e totalmente precisas), devido a Zaniolo [12.7], dos conceitos de 3FN e FNBC. Primeiro, a 3FN:

- **Terceira forma normal** (*definição de Zaniolo*): Seja R uma RelVar, seja X qualquer subconjunto dos atributos de R e seja A qualquer atributo isolado de R. Então, R está em 3FN se e somente se, para cada DF $X \to A$ em R, pelo menos uma das afirmações a seguir é verdadeira:

    1. X contém A (então, a DF é trivial).
    2. X é uma superchave.
    3. A está contida em uma chave candidata de R.

A definição de **forma normal de Boyce/Codd** é obtida a partir da definição de 3FN, simplesmente descartando-se a possibilidade número 3 (um fato que mostra com clareza que a FNBC é estritamente mais forte que a 3FN). De fato, a possibilidade número 3 é exatamente a causa da "inadequação" na definição de 3FN original de Codd, que por fim levou à introdução da FNBC.

EXERCÍCIOS

12.1 Prove o teorema de Heath. O inverso desse teorema é válido?

12.2 Às vezes se afirma que toda RelVar binária está necessariamente em FNBC. Essa afirmação é válida?

12.3 A Figura 12.19 mostra as informações a serem registradas no banco de dados de pessoal de uma empresa, representadas como estariam em um sistema *hierárquico*, como o IMS. A figura deve ser lida da seguinte forma:

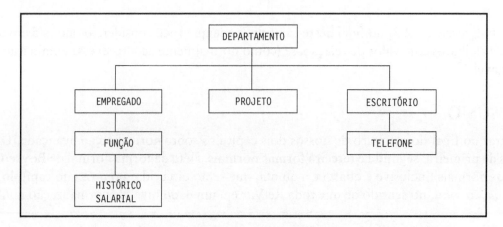

FIGURA 12.19 *O banco de dados de uma empresa (visão hierárquica).*

O banco de dados deve conter as seguintes informações:

- Para cada departamento: número de departamento (único), orçamento, e o número de empregado do gerente do departamento (único).

- Para cada empregado: número de empregado (único), número de projeto atual, número do escritório e número de telefone: além disso, título de cada função que o empregado ocupou, e mais a data e o salário para cada salário distinto recebido nessa função.

- Para cada projeto: número de projeto (único) e orçamento.

- Para cada escritório: número de escritório (único), área ocupada e números de telefones (únicos) para todos os telefones nesse escritório.

Projete um conjunto apropriado de RelVars para representar essas informações. Enuncie quaisquer suposições que fizer sobre as dependências funcionais.

12.4 Um banco de dados usado em um sistema de entrada de pedidos deve conter informações sobre clientes, itens e pedidos. As informações a seguir devem ser incluídas.

- Para cada cliente:
    - Número do cliente (exclusivo)
    - Endereços para entrega (vários por cliente)
    - Saldo
    - Limite de crédito
    - Desconto
- Para cada pedido:
    - Informações de cabeçalho:
      número do cliente
      endereço para entrega
      data do pedido
    - Linhas de detalhe (várias por pedido):
      número de item
      quantidade pedida
- Para cada item:
    - Número de item (exclusivo)
    - Fábricas de manufatura
    - Quantidade disponível em cada fábrica
    - Nível de risco de estoque para cada fábrica
    - Descrição do item

Além disso, por questões de processamento interno, um valor de "quantidade pendente" está associado a cada linha de detalhe de cada pedido; esse valor inicialmente é definido como igual à quantidade do item pedido e é progressivamente reduzido até zero, à medida que as remessas parciais são feitas. Novamente, projete um banco de dados para esses dados. Como no exercício anterior, enuncie quaisquer suposições que fizer quanto às dependências.

12.5 Suponha que, no Exercício 12.4, somente um número muito pequeno de clientes, digamos 1% ou menos, de fato tenha mais de um endereço para entrega. (Isso é típico em situações reais, nas quais ocorre com frequência que apenas algumas exceções – quase sempre muito importantes – deixam de obedecer a algum padrão geral.) Você pode ver alguma desvantagem na sua solução para o Exercício 12.4? Pode pensar em algum aperfeiçoamento?

12.6 (*Versão modificada do Exercício 11.13*). Uma RelVar HORÁRIO é definida com os seguintes atributos:

D Dia da semana (1 a 5)

P Período dentro do dia (1 a 6)

C Número da sala de aula

T Nome do professor

S Nome do aluno

A Nome da aula

A tupla (d,p,c,t,s,a) aparece nessa RelVar se e somente se na hora (d,p) o aluno s está assistindo à aula a, que está sendo ministrada pelo professor t na sala de aula c. Você pode supor que as aulas têm um período de duração e que toda aula tem um nome exclusivo com relação a todas as aulas ministradas na semana. Reduza HORÁRIO a uma estrutura mais desejável.

12.7 (*Versão modificada do Exercício 11.14*). A RelVar NENDR tem os atributos NOME (exclusivo), RUA, CIDADE, ESTADO e CEP. Considere que (a) para qualquer CEP dado, existe apenas uma cidade e um estado; (b) para qualquer rua, cidade e estado dados, há somente um CEP. NENDR está em FNBC? 3FN? 2FN? Você poderia pensar em um projeto melhor?

12.8 Seja FPQ uma RelVar cujos valores são relações da forma indicada pela Figura 12.17. Enuncie o predicado externo para FPQ.

REFERÊNCIAS E BIBLIOGRAFIA

Além das seguintes, consulte também as referências no Capítulo 11, em especial o artigo original de Codd sobre as três primeiras formas normais [11.6].

12.1 Philip A. Bernstein: "Synthesizing Third Normal Form Relations from Functional Dependencies", *ACM TODS 1*, Número 4 (dezembro de 1976).

> Neste capítulo, discutimos técnicas para decompor "grandes" RelVars em RelVars "menores" (isto é, aquelas de grau menor). Nesse artigo, Bernstein considera o problema inverso de usar "pequenas" RelVars para construir RelVars "maiores" (isto é, aquelas de grau mais alto). O problema não é realmente caracterizado dessa forma no artigo; em vez disso, é descrito como o problema de *sintetizar* RelVars dados um conjunto de atributos e um conjunto de DFs correspondentes, com a restrição de que as RelVars sintetizadas devem estar em 3FN. Porém, como atributos e DFs não têm significado algum fora do contexto de alguma RelVar que os contenha, seria mais preciso considerar a construção primitiva como uma RelVar binária envolvendo uma DF, em vez de um par de atributos mais uma DF.
>
> *Nota*: Seria igualmente possível considerar que o conjunto dado de atributos e DFs define uma **RelVar universal** – por exemplo, consulte a referência [13.20] – que satisfaz a um certo conjunto de DFs e, nesse caso, o processo de "síntese" pode alternativamente ser percebido como um processo de *decomposição* dessa RelVar universal em projeções de 3FN. Porém, vamos ficar com a interpretação original da "síntese" para os fins desta discussão.
>
> Então, o processo de síntese é o de construir RelVars n-árias a partir de RelVars binárias, dado um conjunto de DFs que se apliquem a essas RelVars binárias, e dado o objetivo de que todas as RelVars construídas estejam em 3FN. (A FNBC ainda não havia sido definida quando esse trabalho foi realizado.) São apresentados algoritmos para execução dessa tarefa.
>
> Uma objeção à abordagem (reconhecida por Bernstein) é que as manipulações efetuadas pelo algoritmo de síntese são de natureza puramente sintática, e não levam em conta a semântica. Por exemplo, dadas as DFs:
>
> $A \rightarrow B$ (para a RelVar $R\{A, B\}$)
>
> $B \rightarrow C$ (para a RelVar $S\{B, C\}$)
>
> $A \rightarrow C$ (para a RelVar $T\{A, C\}$)
>
> a terceira poderia ser ou não redundante (isto é, deduzida pela primeira e a segunda), dependendo do significado de R, S e T. Como um exemplo de onde ela não é deduzida, considere A um número de empregado, B um número de escritório, C como um número de departamento; considere R como "escritório de empregado", S como "departamento ao qual pertence o escritório", T como "departamento de empregado"; e considere ainda o caso de um empregado que trabalhe em um escritório pertencente a um departamento

ao qual o empregado não pertence. O algoritmo de síntese simplesmente assume que, por exemplo, os dois atributos *C* são o mesmo (na verdade, ele não reconhece em absoluto nomes de RelVars); assim, ele depende da existência de algum mecanismo externo – ou seja, a intervenção humana – para evitar manipulações semanticamente inválidas. No caso atual, seria de responsabilidade da pessoa definir as DFs originais para usarem nomes de atributos *C1* e *C2* (digamos) distintos nas duas RelVars *S* e *T*.

12.2 E. F. Codd: "Recent Investigations into Relational Data Base Systems", Proc. IFIP Congress, Estocolmo, Suécia (1974) e em outros lugares.

Esse artigo focaliza uma coleção um tanto misturada de tópicos. Porém, em particular, ele oferece uma "definição aperfeiçoada da terceira forma normal", onde "terceira forma normal" se refere de fato ao que conhecemos agora como FNBC. Outros tópicos discutidos incluem *visões* e *atualização de visões*, *sublinguagens de dados*, *intercâmbio de dados* e *investigações necessárias* (todas de 1974).

12.3 C. J. Date: "A Normalization Problem", em *Relational Database Writings 1991-1994*. Reading. Mass.: Addison-Wesley (1995).

Para citar o resumo, esse artigo "examina um problema simples de normalização e o utiliza para fazer algumas observações sobre o assunto de projeto de bancos de dados e declaração explícita de restrições de integridade". O problema envolve uma aplicação simples de companhia aérea e as seguintes DFs:

```
{ VOO } → DESTINO
{ VOO } → HORA
{ DIA, VOO } → PORTÃO
{ DIA, VOO } → PILOTO
{ DIA, HORA, PORTÃO } → DESTINO
{ DIA, HORA, PORTÃO } → VOO
{ DIA, HORA, PORTÃO } → PILOTO
{ DIA, HORA, PILOTO } → DESTINO
{ DIA, HORA, PILOTO } → VOO
{ DIA, HORA, PILOTO } → PORTÃO
```

Dentre outras coisas, esse exemplo serve como uma boa ilustração do fato de que o projeto de banco de dados "correto" raramente pode ser decidido com base apenas em princípios de normalização.

12.4 I. J. Heath: "Unacceptable File Operations in a Relational Database", Proc. 1971 ACM SIGFIDET Workshop on Data Description, Access, and Control, San Diego, Calif. (novembro de 1971).

Esse artigo fornece uma definição de "3FN" que, na verdade, foi a primeira definição publicada de *FNBC*. Ele também inclui uma prova daquilo a que nos referimos na Seção 12.2 como *teorema de Heath*. Observe que as três etapas no procedimento de normalização discutido no texto deste capítulo representam todas aplicações desse teorema.

12.5 William Kent: "A Simple Guide to Five Normal Forms in Relational Database Theory", *CACM 26*, Número 2 (fevereiro de 1983).

A origem da caracterização intuitivamente atraente a seguir de "3FN" (mais precisamente, FNBC): *Cada atributo deve representar um fato sobre a chave, toda a chave e nada além da chave* (ligeiramente parafraseado).

12.6 Jorma Rissanen: "Independent Components of Relations", *ACM TODS 2*, Número 4 (dezembro de 1977).

12.7 Carlo Zaniolo: "A New Normal Form for the Design of Relational Database Schemata", *ACM TODS 7*, Número 3 (setembro de 1982).

A origem das elegantes definições de 3FN e FNBC mencionadas na Seção 12.7. A principal finalidade do artigo é definir uma nova forma normal, a *forma normal de chave elementar* (FNCE) que se localiza entre a 3FN e FNBC, e "captura as qualidades salientes de ambas", enquanto evita os problemas das duas (ou seja, que a 3FN é "muito tolerante" e a FNBC é "propensa à complexidade computacional"). O artigo também mostra que o algoritmo de Bernstein [12.1] de fato gera RelVars que estão em FNCE, não apenas em 3FN.

CAPÍTULO 13

Normalização avançada II: formas normais maiores

13.1	Introdução
13.2	Dependências multivaloradas e quarta forma normal
13.3	Dependências de junção e quinta forma normal
13.4	O procedimento de normalização em resumo
13.5	Uma observação sobre desnormalização
13.6	Projeto ortogonal (um desvio)
13.7	Outras formas normais
13.8	Resumo
	Exercícios
	Referências e bibliografia

13.1 INTRODUÇÃO

No capítulo anterior, discutimos as ideias de normalização avançada até e inclusive a forma normal de Boyce/Codd (que é até onde o conceito de dependência funcional pode nos levar). Agora, concluímos nossa discussão examinando a *quarta* e a *quinta* formas normais (4FN e 5FN). Como veremos, a definição da quarta forma normal faz uso de uma nova espécie de dependência, chamada dependência *multivalorada* (DMV) – ou MVD, Multi-Valued Dependency –, que são uma generalização das DFs. Da mesma maneira, a definição da quinta forma normal faz uso ainda de outra espécie de dependência, chamada dependência de *junção* (DJ) – ou JD, Join Dependency –, que, por sua vez, são uma generalização das DMVs. A Seção 13.2 discute as DMVs e a 4FN, a Seção 13.3 discute DJs e a 5FN (e explica por que a 5FN é, em um certo sentido especial, "a forma normal final"). Observe que nossas discussões sobre DMVs e DJs são deliberadamente menos formais e menos completas que nossas descrições de DFs, no Capítulo 11 – deixamos o tratamento formal para os trabalhos de pesquisa (consulte a seção de "Referências e bibliografia").

A Seção 13.4, então, revisa todo o procedimento de normalização e faz alguns comentários adicionais sobre ele. Em seguida, a Seção 13.5 examina rapidamente a noção de *desnormalização*. A Seção 13.6 descreve outro importante princípio de projeto, chamado *projeto ortogonal*. Finalmente, a Seção 13.7 examina algumas tendências possíveis para pesquisa futura na área de normalização, e a Seção 13.8 apresenta um resumo.

13.2 DEPENDÊNCIAS MULTIVALORADAS E QUARTA FORMA NORMAL

Vamos supor que temos uma RelVar HCPT (H de "hierárquica") contendo informações sobre cursos, professores e textos, na qual os atributos correspondentes a professores e textos têm *valor de relação* (veja, na Figura 13.1, uma amostra de valores de HCPT). Como podemos ver, cada tupla de HCPT consiste em um nome de curso, além de uma relação contendo nomes de professores, uma relação contendo nomes de textos (duas dessas tuplas são mostradas na figura). O significado pretendido de tal tupla é que o curso especificado pode ser ministrado por qualquer um dos professores especificados e utiliza todos os textos especificados como referências. Supomos que, para um dado curso *c*, pode existir qualquer número *m* de professores correspondentes e qualquer número *n* de textos correspondentes. Além disso, também supomos – talvez de forma não muito realista! – que professores e textos são bastante independentes uns dos outros; isto é, não importa quem realmente ministra qualquer oferta particular de determinado curso, os mesmos textos são usados. Finalmente, também supomos que determinado professor ou determinado texto pode estar associado com qualquer número de cursos.

HCPT

CURSO	PROFESSORES	TEXTOS
Física	PROFESSOR *Prof. Green* *Prof. Brown*	TEXTO *Mecânica básica* *Princípios de ótica*
Matemática	PROFESSOR Prof. Green	TEXTO *Mecânica básica* *Análise vetorial* *Trigonometria*

FIGURA 13.1 *Amostra de valores para a RelVar HCPT.*

Agora vamos supor que (como no Capítulo 12, Seção 12.6) queremos eliminar os atributos com valor de relação. Uma das maneiras de fazê-lo – provavelmente, não a melhor maneira, mas voltaremos a esse ponto no final desta seção – é simplesmente substituir a RelVar HCPT por uma RelVar CPT com três atributos *escalares* CURSO, PROFESSOR e TEXTO, como indicamos na Figura 13.2. Como podemos observar a partir da figura, cada tupla de HCPT dá origem a $m * n$ tuplas em CPT, em que m e n são as cardinalidades das relações PROFESSORES e TEXTOS nessa tupla de HCPT. Observe que a RelVar resultante CPT é "toda chave" (ao contrário, a única chave candidata para HCPT era apenas {CURSO}). *Exercício:* Indique uma expressão relacional pela qual CPT pode ser derivado de HCPT.

CPT

CURSO	PROFESSOR	TEXTO
Física	Prof. Green	*Mecânica básica*
Física	Prof. Green	*Princípios de ótica*
Física	Prof. Brown	*Mecânica básica*
Física	Prof. Brown	*Princípios de ótica*
Matemática	Prof. Green	*Mecânica básica*
Matemática	Prof. Green	*Análise vetorial*
Matemática	Prof. Green	*Trigonometria*

FIGURA 13.2 *Valor da RelVar CPT correspondente ao valor de HCPT na Figura 13.1.*

O significado da RelVar CPT é mais ou menos o seguinte: uma tupla (*c*,*p*,*t*) – notação simplificada – aparece em CPT se e somente se o curso *c* pode ser ministrado pelo professor *p* e usa o texto *t* como referência. Observe que, para determinado curso, aparecem todas as possíveis combinações de professor e texto; isto é, CPT satisfaz à restrição (de RelVar):

se   as tuplas $(c,p1,t1)$, $(c,p2,t2)$ aparecem ambas

então   as tuplas $(c,p1,t2)$, $(c,p2,t1)$ também aparecem ambas

Ora, deve ser aparente que a RelVar CPT envolve uma boa dose de *redundância*, levando como de costume a certas *anomalias de atualização*. Por exemplo, para acrescentar a informação de que o curso de física pode ser ministrado por um novo professor, é necessário inserir *duas* novas tuplas, uma para cada um dos dois textos. Podemos evitar tais problemas? Bem, é fácil ver que os problemas em questão são causados pelo fato de que professores e textos são *completamente independentes um do outro*. Também é fácil ver que a situação seria muito melhor se CPT fosse decomposta em suas duas projeções – vamos chamá-las CP e CT – sobre {CURSO,PROFESSOR} e {CURSO,TEXTO}, respectivamente (ver Figura 13.3).

CP			CT		
CURSO	PROFESSOR		CURSO	TEXTO	
Física	Prof. Green		Física	*Mecânica básica*	
Física	Prof. Brown		Física	*Princípios de ótica*	
Matemática	Prof. Green		Matemática	*Mecânica básica*	
			Matemática	*Análise vetorial*	
			Matemática	*Trigonometria*	

FIGURA 13.3 *Valores para as RelVars CP e CT correspondentes ao valor de CPT na Figura 13.2.*

Para adicionar a informação de que o curso de física pode ser ministrado por um novo professor, tudo o que precisamos fazer, dado o projeto da Figura 13.3, é inserir uma única tupla na RelVar CP. (Observe também que a RelVar CPT pode ser recuperada unindo-se CP e CT novamente; assim, a decomposição é sem perdas.) Portanto, parece razoável sugerir que deve haver um modo de normalizar mais uma RelVar como CPT.

Ora, você poderia argumentar que a redundância em CPT era desnecessária e então que as anomalias de atualização correspondentes também eram desnecessárias. Mais especificamente, você poderia sugerir que CPT não precisa incluir todas as combinações possíveis de professor/texto para determinado curso; por exemplo, duas tuplas bastam para mostrar que o curso de física tem dois professores e dois textos. O problema é, *quais* são as duas tuplas? Qualquer escolha específica leva a uma RelVar que tem uma interpretação não muito óbvia e a um comportamento de atualização muito estranho. (Experimente enunciar o predicado para essa RelVar! – isto é, tente enunciar os critérios para decidir se uma determinada atualização é ou não uma operação aceitável sobre essa RelVar.)

Portanto, informalmente, é óbvio que o projeto de CPT é ruim, e que a decomposição em CP e CT é melhor. Contudo, o problema é que esses fatos não são *formalmente* óbvios. Em particular, observe que CPT não satisfaz a qualquer dependência funcional (além das triviais, como CURSO → CURSO); de fato, CPT está em FNBC,[1] pois, como já observamos, ela é toda chave – qualquer RelVar "toda chave" deve estar necessariamente em FNBC. (Observe que as duas projeções CP e CT também são toda chave e, portanto, estão em FNBC.) Dessa forma, as ideias do capítulo anterior não ajudam no problema em questão.

A existência de RelVars FNBC "problemáticas", como CPT, foi reconhecida desde cedo, e o modo de lidar com elas também foi logo entendido, pelo menos intuitivamente. Porém, somente em 1977 essas ideias intuitivas foram reunidas em uma sólida base teórica pela introdução por Fagin da noção de *dependências multivaloradas*, as DMVs [13.14]. As dependências multivaloradas são uma generalização das dependências funcionais, no sentido de que toda DF é uma DMV, mas o inverso não é verdadeiro (isto é, existem DMVs que não são DFs). No caso da RelVar CPT, há duas DMVs válidas:

```
CURSO →→ PROFESSOR
CURSO →→ TEXTO
```

---

[1] HCPT também está em FNBC; de fato, ela também está em 4FN e 5FN (veja as definições mais adiante, neste capítulo).

(Observe as setas duplas; a DMV $A \rightarrow\rightarrow B$ é lida como "B é **multidependente** de A" ou, de modo equivalente, "A **multidetermina** B".) Vamos nos concentrar na primeira DMV CURSO $\rightarrow\rightarrow$ PROFESSOR. Intuitivamente essa DMV significa que, embora um curso não tenha um *único* professor correspondente (isto é, a dependência *funcional* CURSO $\rightarrow$ PROFESSOR *não* seja válida) apesar disso, cada curso tem um conjunto bem definido de professores correspondentes. Por "bem definido" queremos dizer, mais precisamente, que para determinado curso c e determinado texto t, o conjunto de professores p que corresponde ao par (c,t) em CPT depende somente do valor de c – não faz diferença qual valor particular de t escolhemos. A segunda DMV, CURSO $\rightarrow\rightarrow$ TEXTO é interpretada de modo semelhante.

Então, aqui está a definição formal:

- **Dependência multivalorada:** Seja R uma RelVar, e sejam A, B e C subconjuntos dos atributos de R. Então, dizemos que B é **multidependente** de A – em símbolos:

$A \rightarrow\rightarrow B$

leia-se "A multidetermina B", ou simplesmente "A seta dupla B") – se e somente se, em todo valor válido possível de R, o conjunto de valores de B que corresponde a determinado par de valores AC depende apenas do valor de A e é independente do valor de C.

É fácil mostrar (veja Fagin [13.14]) que, dada a RelVar $R\{A,B,C\}$, a DMV $A \rightarrow\rightarrow B$ é válida se e somente se a DMV $A \rightarrow\rightarrow C$ também é válida. As DMVs sempre ficam juntas em pares desse modo. Por essa razão, é comum representá-las em uma única declaração, assim:

$A \rightarrow\rightarrow B \mid C$

Por exemplo:

CURSO $\rightarrow\rightarrow$ PROFESSOR | TEXTO

Agora, como dissemos antes, essas dependências multivaloradas são uma generalização de dependências funcionais, no sentido de que toda DF é uma DMV. Mais precisamente, uma DF é uma DMV em que o conjunto de valores dependentes associados a um dado valor determinante é sempre um conjunto unitário. Portanto, se $A \rightarrow B$, então certamente $A \rightarrow\rightarrow B$.

Voltando ao nosso problema original de CPT, podemos ver agora que o problema com RelVars como CPT é que elas envolvem DMVs que não são também DFs. (Caso não seja óbvio, observamos que é precisamente a existência dessas DMVs que leva à necessidade de, por exemplo, inserir *duas* tuplas para acrescentar outro professor de física; essas duas tuplas são necessárias para manter a restrição de integridade representado pela DMV.) As duas projeções CP e CT não envolvem tais DMVs, razão pela qual representam um aperfeiçoamento sobre o projeto original. Por isso, gostaríamos de substituir CPT por essas duas projeções, e um importante teorema provado por Fagin na referência [13.14] nos permite fazer exatamente essa substituição:

- **Teorema** (Fagin): Seja $R\{A,B,C\}$ uma RelVar, em que A, B e C são conjuntos de atributos. Então, R é igual à junção de suas projeções sobre $\{A,B\}$ e $\{A,C\}$ se e somente se R satisfaz às DMVs $A \rightarrow\rightarrow B \mid C$.

(Observe que essa é uma versão mais forte do teorema de Heath definido no Capítulo 12.) Acompanhando Fagin [13.14], podemos agora definir a *quarta forma normal* (assim chamada porque – como observamos no Capítulo 12 – a FNBC ainda estava sendo chamada *terceira* forma normal nessa época):

- **Quarta forma normal:** A RelVar R está em 4FN se e somente se, sempre que existem subconjuntos A e B dos atributos de R tais que a DMV não trivial $A \rightarrow\rightarrow B$ é satisfeita, todos os atributos de R também são *funcionalmente* dependentes de A. *Nota:* Uma DMV $A \rightarrow\rightarrow B$ é **trivial** se A é um superconjunto de B ou a união AB de A e B é o cabeçalho inteiro.

Em outras palavras, as únicas dependências não triviais (DFs ou DMVs) em R são da forma $K \to X$ (isto é, uma dependência *funcional* de uma superchave K para algum outro atributo X). De modo equivalente: R está em 4FN se está em FNBC e todas as DMVs em R são de fato "DFs saindo de chaves". Portanto, observe em particular que 4FN implica FNBC.

A RelVar CPT não está em 4FN pois envolve uma DMV que não é de modo nenhum uma DF, muito menos "DF saindo de uma chave". Porém, as duas projeções CP e CT estão ambas em 4FN. Assim, 4FN é um aperfeiçoamento sobre FNBC por eliminar outra forma de dependência indesejável. Além disso, Fagin mostra na referência [13.14] que a 4FN é sempre possível de ser conseguida – isto é, qualquer RelVar pode ser decomposta sem perdas em uma coleção equivalente de RelVars 4FN – embora nossa discussão do exemplo SJT na Seção 11.5 mostre que, em certos casos, poderia não ser desejável levar a decomposição tão longe (ou mesmo tão longe quanto FNBC).

Observamos também que o trabalho de Rissanen sobre projeções independentes [12.6], embora escrito em termos de DFs, também é aplicável a DMVs. Lembre-se de que uma RelVar $R\{A,B,C\}$ que satisfaz às DFs $A \to B$ e $B \to C$ é mais bem decomposta em suas projeções sobre $\{A,B\}$ e $\{B,C\}$ que nas projeções sobre $\{A,B\}$ e $\{A,C\}$. O mesmo vale se substituirmos as DFs pelas DMVs $A \to\to B$ e $B \to\to C$, respectivamente.

Concluímos esta seção retornando, como prometemos, à questão de eliminar atributos com valor de relação (para abreviar, AVRs). O ponto importante é: se começarmos com uma RelVar envolvendo duas ou mais AVRs independentes, então, em vez de simplesmente substituir essas AVRs por atributos escalares (como fizemos anteriormente nesta seção) e depois realizar a decomposição sem perdas sobre o resultado, *é melhor separar as AVRs primeiro*. Por exemplo, no caso da RelVar HCPT, é melhor substituir a RelVar original por suas duas projeções HCP {CURSO,PROFESSORES} e HCT {CURSO,TEXTOS} (em que, PROFESSORES e TEXTOS ainda são AVRs). As AVRs nessas duas projeções podem então ser substituídas por atributos escalares e os resultados reduzidos à FNBC (na realidade, 4FN) da maneira usual, se for preciso, e a RelVar FNBC "problemática" CPT simplesmente não surgirá mais. Porém, a teoria das DMVs e a 4FN nos dão uma base formal para aquilo que de outra forma seria uma simples regra prática.

13.3 DEPENDÊNCIAS DE JUNÇÃO E QUINTA FORMA NORMAL

Até aqui neste capítulo (e em todo o capítulo anterior) assumimos tacitamente que a única operação necessária ou disponível no processo de normalização é a substituição de uma RelVar de um modo sem perdas por *exatamente duas* de suas projeções. Essa hipótese nos levou com sucesso até à 4FN. Portanto, talvez seja uma surpresa descobrir que existem RelVars que não podem ser decompostas sem perdas em duas projeções, mas *podem* ser decompostas sem perdas em três ou mais. Para inventar um termo feio mas conveniente, descreveremos uma determinada RelVar (ou relação) como "n-decomponível" se puder ser decomposta sem perdas em n projeções mas não em m, em que $1 < m$ e $m < n$. *Nota*: o fenômeno da "n-decomponibilidade" para $n > 2$ foi observado pela primeira vez por Aho, Beeri e Ullman [13.1]. O caso particular $n = 3$ também foi estudado por Nicolas [13.26].

Considere a RelVar FPJ do banco de dados de fornecedores, peças e projetos (mas ignore o atributo QDE, para simplificar); uma amostra de valores está ilustrada na parte superior da Figura 13.4. Essa RelVar é toda chave e não envolve DFs ou DMVs não triviais; portanto, ela está em 4FN. Observe ainda que a Figura 13.4 também mostra:

a. As três projeções binárias FP, PJ e JF correspondentes ao valor de relação FPJ mostrado na parte superior da figura.

b. O efeito da junção das projeções FP e PJ (sobre P#).

c. O efeito da junção desse resultado e da projeção de JF (sobre J# e F#).

Observe que o resultado da primeira junção é produzir um cópia da relação FPJ original mais uma tupla adicional ("espúria"), e o efeito da segunda junção é então o de eliminar essa tupla adicional, portanto, retornando à relação FPJ original. Em outras palavras, essa relação FPJ original é 3-decomponível. *Nota*: O resultado é o mesmo qualquer que seja o par de projeções que escolhamos para a primeira junção, embora o resultado intermediário seja diferente em cada caso. *Exercício*: Verifique essa afirmação.

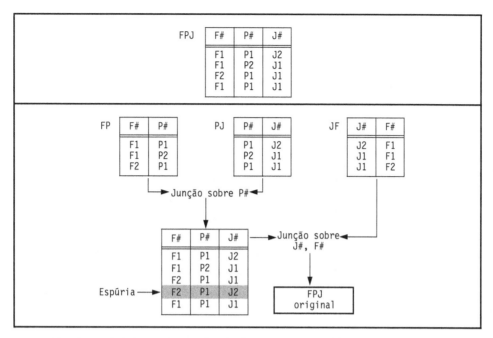

FIGURA 13.4 *A relação FPJ é a junção de suas três projeções binárias, mas não de duas quaisquer.*

O exemplo da Figura 13.4 é naturalmente expresso em termos de relações, e não de RelVars. Porém, a 3-decomponibilidade da RelVar FPJ poderia ser uma propriedade mais fundamental e independente do tempo – isto é, uma propriedade satisfeita por todos os valores válidos da RelVar – *se* essa RelVar satisfizer a uma certa restrição de integridade independente do tempo. Para entender qual deve ser essa restrição, observe primeiro que a declaração "FPJ é igual à junção de suas três projeções FP, PJ e JF" é exatamente equivalente à seguinte declaração:

se o par	*(f1,j1)*	aparece em FP
e o par	*(p1,j1)*	aparece em PJ
e o par	*(j1,f1)*	aparece em JF
então a tripla	*(f1,p1,j1)*	aparece em FPJ

porque a tripla *(f1,p1,j1)* evidentemente aparece na junção de FP, PJ e JF. (*Nota:* A recíproca dessa declaração – que se *(f1,p1,j1)* aparece em FPJ então *(f1,p1)* aparece na projeção FP etc. – é evidentemente verdadeira para toda relação FPJ de grau 3.) Como *(f1,p1)* aparece em FP se e somente se *(f1,p1,j2)* aparece em FPJ para algum *j2*, e do mesmo modo para *(p1,j1)* e *(j1,f1)*, podemos reescrever a declaração anterior como uma restrição sobre FPJ:

se *(f1,j1,j2)*, *(f2,p1,j1)*, *(f1,p2,j1)* aparecem em FPJ
então *(f1,p1,j1)* também aparece em FPJ

E se essa declaração é verdadeira o tempo todo – isto é, para todos os valores válidos possíveis da RelVar FPJ – então temos uma restrição independente do tempo sobre a RelVar (embora ela seja um tanto esquisita). Note a **natureza cíclica** dessa restrição ("se *f1* está ligado a *p1* e *p1* está ligado a *j1* e *j1* está ligado de novo a *f1*, então *f1* e *p1* e *j1* devem coexistir todos na mesma tupla"). *Uma RelVar será n-decomponível para algum n > 2 se e somente se satisfizer a alguma restrição cíclica (n-caminhos) desse tipo.*

Vamos supor então, para o restante desta seção, que a RelVar FPJ de fato satisfaz a essa restrição independente do tempo (a amostra de valores da Figura 13.4 é coerente com essa hipótese). Para abreviar, vamos concordar em chamar essa restrição de *Restrição 3D* (3D significando 3-decomponível). O que significa a Restrição 3D em termos reais? Vamos tentar torná-la um pouco mais concreta, apresentando um exemplo. A restrição diz que, na parte do mundo real que a variável FPJ supostamente representa, é um fato que *se* (por exemplo):

a. Smith fornece tenazes.

b. Tenazes são usadas no projeto Manhattan.

c. Smith fornece para o projeto Manhattan.

então

d. Smith fornece tenazes para o projeto Manhattan.

Observe que, como dissemos no Capítulo 1 (Seção 1.3), *a*, *b* e *c* juntas normalmente *não* implicam *d*; na verdade, esse exemplo foi usado no Capítulo 1 como uma ilustração da "armadilha de conexão". Porém, no caso em questão, estamos dizendo que *não existe armadilha* – porque existe uma restrição adicional do mundo real em vigor, ou seja, a Restrição 3D, que torna a inferência de *d* a partir de *a*, *b* e *c* válida nesse caso específico.

Voltando ao tópico principal da discussão: como a Restrição 3D é satisfeita se e somente se a RelVar em questão é igual à junção de certas projeções próprias, chamamos essa restrição de *dependência de junção* (DJ). Uma DJ é uma restrição sobre a RelVar em questão, da mesma forma que uma DMV ou uma DF é uma restrição sobre a RelVar. Aqui está a definição:

- **Dependência de junção:** Seja *R* uma RelVar e sejam *A*, *B*, ..., *Z* subconjuntos dos atributos de *R*. Então, dizemos que *R* satisfaz à DJ:

   * { A, B, ..., Z }

(leia-se "asterisco *A*, *B*, ..., *Z*") se e somente se todo valor válido possível de *R* é igual à junção de suas projeções sobre *A*, *B*, ..., *Z*.

Por exemplo, se concordarmos em usar FP para indicar o subconjunto {F#,P#} do conjunto de atributos de FPJ, e de modo semelhante para PJ e JF, então podemos dizer que – dada a Restrição 3D – a RelVar FPJ satisfaz à DJ * {FP,PJ,JF}.

Vimos então que a RelVar FPJ, com sua DJ * {FP,PJ,JF} pode ser 3-decomposta. A questão é, ela *deve* ser? E a resposta é "provavelmente sim". A RelVar FPJ (com sua DJ) sofre de uma série de problemas sobre operações de atualização, problemas que são removidos quando ela é 3-decomposta. Alguns exemplos desses problemas são mostrados na Figura 13.5. A consideração do que acontece após a 3-decomposição fica como exercício.

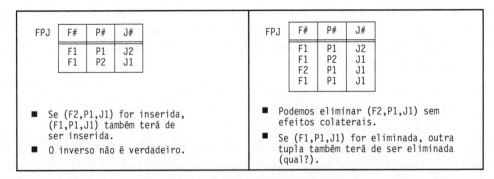

FIGURA 13.5 *Exemplos de problemas de atualização em FPJ.*

O teorema de Fagin, discutido na Seção 13.2, que diz que *R{A,B,C}* pode ser decomposta sem perdas em suas projeções sobre {*A,B*} e {*A,C*} se e somente se as DMVs $A \rightarrow\rightarrow B$ e $A \rightarrow\rightarrow C$ forem válidas em *R*, pode agora ser enunciada como:

- *R{A,B,C}* satisfaz à DJ * {*AB,AC*} se e somente se satisfaz à DMV $A \rightarrow\rightarrow B \mid C$.

Como esse teorema pode ser considerado uma *definição* de dependência multivalorada, temos que uma DMV é apenas um caso especial de uma DJ ou (de modo equivalente) que DJs são uma generalização de DMVs. Formalmente, temos:

`A →→ B | C ≡ * { AB, AC }`

Nota: Pela definição da dependência de junção, nota-se imediatamente que as DJs são **a forma mais geral possível de dependência** (usando-se, é claro, o termo "dependência" em um sentido muito especial). Ou seja, não existe uma forma ainda mais alta de dependência tal que as DJs sejam apenas um caso especial dessa forma mais alta – desde que limitemos nossa atenção a dependências que lidam com uma RelVar sendo decomposta por meio de projeção e recomposta por meio de junção. (Porém, se permitirmos outros operadores de decomposição e recomposição, poderão entrar em cena outros tipos de dependência. Discutimos essa possibilidade muito rapidamente na Seção 13.7.)

Voltando ao nosso exemplo, podemos ver que o problema com a RelVar FPJ é que ela envolve uma DJ que não é uma DMV e, portanto, também não é uma DF. (*Exercício*: *Por que* exatamente isso é um problema?) Também vimos que é possível, e provavelmente desejável, decompor tal RelVar em componentes menores: ou seja, nas projeções especificadas pela dependência de junção. Esse processo de decomposição pode ser repetido até que todas as RelVars resultantes estejam na *quinta forma normal*, que definimos agora:

- **Quinta forma normal:** Uma RelVar R está em 5FN – também chamada **forma normal de projeção-junção** (FN/PJ) – se e somente se toda dependência de junção não trivial que é satisfeita por R é implicada pelas chaves candidatas de R, em que:

  a. A dependência de junção * { $A, B, ..., Z$ } sobre R é **trivial** se e somente se pelo menos uma de $A, B, ..., Z$ é o conjunto de todos os atributos de R.

  b. A dependência de junção * { $A, B, ..., Z$ } sobre R é **implicada pela(s) chave(s) candidata(s)** de R se e somente se cada uma de $A, B, ..., Z$ é uma superchave para R.

A RelVar FPJ não está em 5FN; ela satisfaz a uma certa dependência de junção, ou seja, a Restrição 3D, que certamente não é implicada por sua única chave candidata (sendo essa chave a combinação de todos os seus atributos). Para enunciar isso de modo diferente, a RelVar FPJ não está em 5FN porque (a) *pode* ser 3-decomposta e (b) essa 3-decomponibilidade não é implicada pelo fato de a combinação {F#,P#,J#} ser uma chave candidata. Em contraste, após a 3-decomposição, as três projeções FP, PJ e JF estão, cada uma, em 5FN, pois elas não envolvem qualquer DJ não trivial.

Observe que qualquer RelVar em 5FN também está automaticamente em 4FN porque, como vimos, uma DMV é um caso especial de uma DJ. Na verdade, Fagin mostra na referência [13.15] que qualquer DMV implicada por uma chave candidata deve, de fato, ser uma DF na qual essa chave candidata é o determinante. Fagin mostra também nesse mesmo artigo que qualquer RelVar dada pode ser decomposta sem perdas em uma coleção equivalente de RelVars 5FN; ou seja, sempre é possível alcançar a 5FN.

Agora explicamos o que significa para uma DJ ser implicada por chaves candidatas. Primeiro, considere um exemplo simples. Considere nossa conhecida RelVar de fornecedores F mais uma vez. Essa RelVar satisfaz a várias dependências de junção – por exemplo, ela satisfaz à DJ:

`* { { F#, FNOME, STATUS }, { F#, CIDADE } }`

Ou seja, a RelVar F é igual à junção de suas projeções sobre {F#,FNOME,STATUS} e {F#,CIDADE}, e então pode ser decomposta sem perdas em suas projeções. (Esse fato não significa que ela *deveria* ser decomposta, mas apenas que ela *poderia* ser.) Essa DJ é implicada pelo fato de {F#} ser uma chave candidata (na verdade, ela é implicada pelo teorema de Heath [12.4]).

Suponha agora (como fizemos no Capítulo 12, Seção 12.5) que a RelVar F possui uma segunda chave candidata, {FNOME}. Então, há outra DJ que é satisfeita por essa RelVar:

`* { { F#, FNOME }, { F#, STATUS }, { FNOME, CIDADE } }`

Essa DJ é implicada pelo fato de {F#} e {FNOME} serem *ambas* chaves candidatas.

Como sugerem os exemplos anteriores, uma dada DJ * {A,B,...,Z} é implicada por chaves candidatas se e somente se cada A, B, ..., Z é uma superchave para a RelVar em questão. Assim, dada uma RelVar R, podemos saber se R está em 5FN, desde que conheçamos todas as chaves candidatas *e todas as DJs* em R. Porém, a descoberta de todas as DJs poderia ser ela própria uma operação não trivial. Isto é, embora seja relativamente fácil identificar DFs e DMVs (porque têm uma interpretação bastante direta no mundo real), não se pode dizer o mesmo das DJs – isto é, de DJs que não são DMVs e, portanto, nem DFs – porque o significado intuitivo de DJs pode não ser evidente. Por isso, o processo de determinar quando uma dada RelVar está em 4FN e não em 5FN, e assim provavelmente poderia ser decomposta com vantagem, ainda não está claro. A experiência sugere que tais RelVars provavelmente são raros na prática.

Concluindo, observamos que decorre da definição que a 5FN é a **última forma normal** com respeito à projeção e à junção (o que justifica seu nome alternativo, forma normal de *projeção-junção*). Isto é, uma RelVar em 5FN **tem a garantia de ser livre de anomalias** que possam ser eliminadas usando-se projeções. (Naturalmente, esse comentário não significa que ela esteja livre de todas as anomalias possíveis; quer dizer apenas, repetindo, que ela está livre de anomalias que possam ser removidas pelo uso de projeções.) Portanto, se uma RelVar está em 5FN, as únicas dependências de junção são aquelas implicadas por chaves candidatas e, portanto, as únicas decomposições válidas são aquelas baseadas em chaves candidatas (cada projeção em tal decomposição consistirá em uma ou mais dessas chaves candidatas, além de zero ou mais atributos adicionais). Por exemplo, a RelVar de fornecedores F está em 5FN. Ela ainda *pode* ser decomposta de vários modos sem perdas, como vimos antes, mas cada projeção em tal decomposição incluirá ainda uma chave candidata da RelVar original e, desse modo, não parece haver vantagem particular nessa decomposição adicional.

13.4 O PROCEDIMENTO DE NORMALIZAÇÃO EM RESUMO

Até aqui neste capítulo (e em todo o capítulo anterior) tratamos da técnica de *decomposição sem perdas* como auxílio ao projeto de bancos de dados. A ideia básica é a seguinte: dada uma RelVar R em 1FN e algum conjunto de DFs, DMVs e DJs que se aplicam a R, reduzimos R sistematicamente a uma coleção de RelVars "menores" (isto é, em menor grau), que são equivalentes a R em um certo sentido bem definido, mas, de alguma forma, são mais desejáveis que R.[2] Cada etapa do processo de redução consiste em tomar projeções das RelVars que resultam da etapa anterior. As restrições dadas são empregadas em cada etapa para guiar a escolha de quais projeções serão tomadas em seguida. O processo geral pode ser enunciado de modo informal como um conjunto de regras, assim:

1. Tome projeções da RelVar 1FN original para eliminar quaisquer dependências funcionais que não sejam irredutíveis. Essa etapa produzirá uma coleção de RelVars 2FN.

2. Tome projeções dessas RelVars 2FN para eliminar quaisquer dependências funcionais transitivas. Essa etapa produzirá uma coleção de RelVars 3FN.

3. Tome projeções dessas RelVars 3FN para eliminar quaisquer dependências funcionais restantes em que o determinante não seja uma chave candidata. Essa etapa produzirá uma coleção de RelVars FNBC. *Nota*: As regras de 1 a 3 podem ser resumidas em uma única orientação: "Tome projeções da RelVar original até eliminar todas as DFs em que o determinante não seja uma chave candidata".

4. Tome projeções dessas RelVars FNBC para eliminar quaisquer DMVs que não sejam também DFs. Essa etapa produzirá uma coleção de RelVars 4FN. *Nota*: Na prática, é comum – "separando AVRs independentes", como explicamos na Seção 13.2 – eliminar tais DMVs antes de aplicar as regras de 1 a 3 anteriores.

---

[2]Se R inclui quaisquer AVRs (o que poderia acontecer), consideramos que ela faz isso internamente. AVRs que não são desejadas podem ser eliminadas, conforme explicamos na Seção 13.2.

5. Tome projeções dessas RelVars 4FN para eliminar quaisquer DJs que não sejam implicadas por chaves candidatas – embora talvez devêssemos acrescentar "se você conseguir encontrá-las". Essa etapa produzirá uma coleção de RelVars em 5FN.

Vários pontos surgem a partir desse resumo:

1. Em primeiro lugar, o processo de tomar projeções a cada etapa deve ser feito sem perdas e, de preferência, de um modo que também preserve as dependências.

2. Note que (como foi observado inicialmente por Fagin na referência [13.15]), existe um paralelismo muito atraente entre as definições de FNBC, 4FN e 5FN, ou seja:

   - Uma RelVar R está em FNBC se e somente se toda DF satisfeita por R é implicada pelas chaves candidatas de R.

   - Uma RelVar R está em 4FN se e somente se toda DMV satisfeita por R é implicada pelas chaves candidatas de R.

   - Uma RelVar R está em 5FN se e somente se toda DJ satisfeita por R é implicada pelas chaves candidatas de R.

   - As anomalias de atualização discutidas no Capítulo 12 e em seções anteriores deste capítulo são precisamente anomalias causadas por DFs ou DMVs ou DJs que não são implicadas por chaves candidatas. (As DFs ou DMVs ou DJs a que estamos nos referindo aqui são todas consideradas não triviais.)

3. Os objetivos gerais do processo de normalização são os seguintes:

   - Eliminar certas espécies de redundâncias.

   - Evitar certas anomalias de atualização.

   - Produzir um projeto que seja uma "boa" representação do mundo real – isto é, que seja intuitivamente fácil de entender e uma boa base para crescimento futuro.

   - Simplificar a imposição de certas restrições de integridade.

   Vamos examinar um pouco mais o último item da lista. A ideia geral é que (como já sabemos pelas discussões em outras partes deste livro) *algumas restrições de integridade implicam outras*. Como um exemplo trivial, a restrição de que os salários devem ser maiores que $10.000 certamente implica a restrição que eles devem ser maiores que zero. Ora, se a restrição A implica a restrição B, então a imposição *de A* imporá B automaticamente (nem mesmo será necessário enunciar B de forma explícita, exceto talvez como comentário). E a normalização até 5FN nos dá um modo simples de impor certas restrições importantes e de ocorrência frequente; basicamente tudo o que temos a fazer é impor a unicidade de chaves candidatas, e então todas as DJs (e todas as DMVs e todas as DFs) serão impostas automaticamente – porque, naturalmente, todas essas DJs (e DMVs e DFs) serão implicadas pelas chaves candidatas.

4. Mais uma vez enfatizamos que as orientações para normalização são apenas orientações e ocasionalmente poderiam existir boas razões para não normalizar "até o fim". O exemplo clássico de um caso em que a normalização completa *poderia* não ser uma boa ideia é fornecido pela RelVar de nome e endereço NENDR (consulte o Exercício 12.7 no Capítulo 12) – embora, para ser franco, esse exemplo não seja muito convincente. Como regra prática, não normalizar até o fim em geral é má ideia.

5. Repetimos também o detalhe visto no Capítulo 12, de que as noções de dependência e normalização avançada são semânticas por natureza; em outras palavras, elas estão relacionadas com o que os dados significam. Em contraste, a álgebra relacional e o cálculo relacional, e ainda linguagens como SQL, que se baseiam nesses formalismos, têm relação apenas com valores de dados reais;

elas não exigem nem podem exigir qualquer nível particular de normalização além do primeiro. As orientações de normalização avançada devem ser consideradas principalmente como uma disciplina para ajudar o projetista de bancos de dados (e, portanto, o usuário) – uma disciplina pela qual o projetista pode capturar uma parte, embora muito pequena, da semântica do mundo real de um modo simples e direto.

6. Continuando a partir do ponto anterior: as ideias de normalização são úteis no projeto de bancos de dados, mas elas não são uma panaceia. Aqui estão algumas das razões para isso (essa lista foi elaborada na referência [13.9]:

- É verdade que a normalização pode ajudar a impor certas restrições de integridade de modo muito simples, mas (como vimos no Capítulo 9) DJs, DMVs e DFs não são os únicos tipos de restrição que podem surgir na prática.

- A decomposição pode não ser única (na verdade, em geral existirão muitas maneiras de reduzir uma dada coleção de RelVars à 5FN) e existem poucos critérios objetivos para escolher entre decomposições alternativas.

- A FNBC e os objetivos de preservação de dependências ocasionalmente podem estar em conflito, como explicamos na Seção 12.5 ("o problema EAP").

- O procedimento de normalização elimina redundâncias tomando projeções, mas nem todas as redundâncias podem ser eliminadas dessa maneira ("o problema CPTD" – consulte a anotação à referência [13.14]).

Também devemos mencionar que, de qualquer modo, as metodologias para um bom projeto top-down tendem a gerar projetos completamente normalizados (consulte o Capítulo 14).

13.5 UMA OBSERVAÇÃO SOBRE DESNORMALIZAÇÃO

Até agora neste capítulo (e em todo o capítulo anterior), consideramos como certo que a normalização completa até a 5FN é desejável. Porém, na prática, se afirma com frequência que a "desnormalização" é necessária para se alcançar um bom desempenho. O argumento é semelhante a este:

1. Normalização completa significa muitas RelVars logicamente isoladas (e supomos aqui que as RelVars em questão são especificamente RelVars básicas).

2. Muitas RelVars logicamente isoladas significam muitos arquivos armazenados fisicamente isolados.

3. Muitos arquivos armazenados fisicamente isolados significam muitas operações de E/S.

No sentido exato, esse argumento não é válido porque (como declaramos em outro lugar neste livro) o modelo relacional não estipula em nenhuma parte que as RelVars básicas devem obedecer a um mapeamento de um para um para arquivos armazenados. *A desnormalização, se necessária, deve ser feita no nível dos arquivos armazenados, não no nível de RelVars básicas.*[3] Porém, o argumento é válido, até certo ponto, para produtos de SQL de hoje, justamente por causa do grau inadequado de separação entre esses dois níveis que encontramos naqueles produtos. Assim, nesta seção, vamos examinar mais de perto a noção de "desnormalização". *Nota*: A discussão a seguir é fortemente baseada no material da referência [13.6].

O que é desnormalização?

Para rever rapidamente, **normalizar** uma RelVar R significa substituir R por um conjunto de projeções $R1$, $R2, ..., Rn$ tais que R seja a junção de $R1, R2, ..., Rn$; o objetivo é *reduzir a redundância*, pela certeza de que cada uma das projeções $R1, R2, ..., Rn$ está no nível mais alto possível de normalização.

---

[3]O comentário não é totalmente preciso; a desnormalização é uma operação sobre RelVars, e não sobre arquivos armazenados, e por isso não pode ser aplicada "no nível de arquivos armazenados". Mas não e irreal supormos que alguma analogia da desnormalização pode ser executada no nível de arquivos armazenados.

Agora podemos definir desnormalização como a seguir. Seja *R1, R2, ..., Rn* um conjunto de RelVars. Então, **desnormalizar** essas RelVars significa substituí-las por sua junção *R* (digamos) tal que, para todo *i* (*i* = 1, 2, ..., *n*) projetar *R* sobre os atributos de *Ri* oferece a garantia de gerar *Ri* novamente. O objetivo é *aumentar a redundância*, assegurando que *R* está em um nível mais baixo de normalização que as RelVars *R1, R2, ..., Rn*. Mais especificamente, o objetivo é reduzir o número de junções que precisam ser realizadas em tempo de execução fazendo-se (na realidade) algumas dessas junções antecipadamente, como parte do projeto do banco de dados.

Como exemplo, podemos considerar a desnormalização de peças e remessas para produzir uma RelVar PSQ como indica a Figura 13.6.[4] Observe que a RelVar PSQ está em 1FN, mas não em 2FN.

PSQ	P#	PNOME	COR	PESO	CIDADE	F#	QDE
	P1	Porca	Vermelho	12.0	Londres	F1	300
	P1	Porca	Vermelho	12.0	Londres	F2	300
	P2	Pino	Verde	17.0	Paris	F1	200
	..	.....	.....	.....	......	..	...
	P6	Tubo	Vermelho	19.0	Londres	F1	100

FIGURA 13.6 *Desnormalização de peças e remessas.*

Alguns problemas

O conceito de desnormalização sofre de vários problemas bem conhecidos. Um deles é que, uma vez que começamos a desnormalizar, não está claro onde devemos parar. Com a normalização, existem razões lógicas claras para continuar até alcançar a forma normal mais alta possível; então, podemos concluir que devemos prosseguir com a desnormalização até alcançarmos a forma normal *mais baixa* possível? Seguramente não; ainda não há nenhum critério *lógico* para decidir exatamente onde parar. Em outras palavras, ao escolhermos desnormalizar, estamos desistindo de uma posição que pelo menos tem alguns conceitos científicos sólidos e lógicos a apoiá-la, substituindo-a por outra cuja natureza é puramente pragmática e subjetiva.

O segundo ponto óbvio é que existem problemas de redundância e atualização, precisamente porque estamos lidando mais uma vez com RelVars que não estão completamente normalizadas. Já discutimos bastante essas questões. Porém, o que é menos óbvio é que também podem existir problemas de busca; ou seja, a desnormalização pode na realidade tornar certas consultas mais difíceis de expressar. Por exemplo, considere a consulta "Para cada cor de peça, obter o peso médio". Dado nosso projeto normalizado habitual, uma formulação satisfatória é:

```
SUMMARIZE P BY { COR } ADD AVG ( PESO ) AS PESOMED
```

Porém, dado o projeto desnormalizado da Figura 13.6, a formulação é um pouco mais complicada (para não mencionar o fato de que ela se baseia na hipótese forte e geralmente inválida de que toda peça tem pelo menos uma remessa):

```
SUMMARIZE PSQ { P#, COR, PESO } PER PSQ { COR }
            ADD AVG ( PESO ) AS PESOMED
```

(Observe que essa última formulação provavelmente também terá desempenho pior.) Em outras palavras, a percepção comum de que a desnormalização é boa para busca, mas ruim para atualização é incorreta, em geral, tanto por questões de facilidade de uso quanto de desempenho.

---

[4]Há um problema com a desnormalização de *fornecedores* e remessas, com nossas amostras de dados normais, porque o fornecedor F5 é perdido na junção. Por tais motivos, algumas pessoas podem argumentar que devemos usar junções "externas" no processo de desnormalização. Mas as junções externas também possuem problemas, como veremos no Capítulo 19.

Há ainda um terceiro e importante problema (e isso se aplica à desnormalização "propriamente dita" – isto é, a desnormalização que é feita somente no nível físico – e também ao tipo de desnormalização que às vezes tem de ser feita nos produtos de SQL de hoje): quando dizemos que a desnormalização é boa para o desempenho, na realidade, queremos dizer que ela é boa para o *desempenho de aplicações específicas*. Qualquer projeto físico determinado é, necessariamente, bom para algumas aplicações, mas ruim para outras (é claro, em termos de desempenho). Por exemplo, supomos que cada RelVar básica seja mapeada para um único arquivo fisicamente armazenado e também que cada arquivo armazenado consista em uma coleção fisicamente contígua de registros armazenados, um para cada tupla na RelVar correspondente. Então:

- Vamos supor que representamos a junção de fornecedores, remessas e peças como uma única RelVar básica e, consequentemente, um único arquivo armazenado. Então, a consulta "Obter detalhes de fornecedor para fornecedores que fornecem peças vermelhas" provavelmente funcionará bem nessa estrutura física.

- Porém, a consulta "Obter detalhes de fornecedor para fornecedores de Londres" terá desempenho pior sobre essa estrutura física do que teria se tivéssemos mantido as três RelVars básicas e fizéssemos o mapeamento delas para três arquivos armazenados fisicamente isolados. A razão é que, nesse último projeto, todos os registros armazenados de fornecedores estarão fisicamente contíguos, enquanto no antigo projeto eles estarão espalhados por uma área mais ampla e, assim, exigirão mais E/S. Observações semelhantes se aplicam a qualquer outra consulta que tenha acesso apenas a fornecedores, ou apenas a peças, ou apenas a remessas, em vez de executar algum tipo de junção.

13.6 PROJETO ORTOGONAL (UM DESVIO)

Nesta seção, vamos examinar rapidamente outro princípio de projeto de bancos de dados, um que não faz parte da normalização avançada em si, mas que está bastante relacionado a ela (e, como a normalização avançada, lembra a normalização em seu aspecto científico). Ele é chamado *O Princípio de Projeto Ortogonal*. Considere a Figura 13.7, que mostra um projeto obviamente ruim, mas possível, para fornecedores; a RelVar FA nesse projeto corresponde a fornecedores que estão localizados em Paris, enquanto a RelVar FB corresponde a fornecedores que não estão localizados em Paris ou têm status maior que 30 (isto é, em termos informais, esses são os predicados das RelVars). Como a figura indica, o projeto leva a certas redundâncias; para sermos específicos, a tupla para o fornecedor F3 aparece duas vezes, uma em cada RelVar. E essas redundâncias, por sua vez, ocasionam novamente anomalias de atualização.

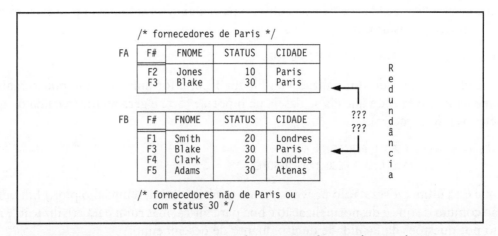

FIGURA 13.7 *Um projeto ruim, embora possível, para fornecedores.*

A propósito, observe que a tupla para o fornecedor F3 *deve* aparecer em ambos os lugares. Vamos supor que, ao contrário, ela tivesse que aparecer em FB (digamos), mas não em FA. A aplicação da Hipótese de Mundo Fechado a FA nos informaria que o fornecedor F3 não está localizado em Paris. Porém, FB nos informa que o fornecedor F3 *está* localizado em Paris. Em outras palavras, teríamos uma contradição em nossas mãos e o banco de dados estaria inconsistente.

É claro que problema com o projeto da Figura 13.7 é óbvio: trata-se exatamente do fato de ser possível à mesma tupla pertencer a duas RelVars distintas. Em outras palavras, as duas RelVars têm *significados superpostos*, no sentido de que é possível a mesma tupla satisfazer aos predicados de ambas as RelVars. Assim, uma regra óbvia é:

- *O Princípio de Projeto Ortogonal* (*versão inicial*): Dentro de um determinado banco de dados, duas RelVars básicas quaisquer não devem ter significados superpostos.

Surgem pontos importantes:

1. Vimos no Capítulo 10 que, do ponto de vista do usuário, *todas* as RelVars são RelVars básicas (exceto as visões, que são definidas como meras abreviações). Em outras palavras, o princípio se aplica ao projeto de todos os bancos de dados "expressáveis", não apenas ao banco de dados "real" – novamente, *O Princípio da Relatividade de Bancos de dados* em ação. (É claro que se aplicam observações semelhantes também aos princípios de normalização.)

2. Observe que duas RelVars não podem ter significados superpostos, a menos que sejam do mesmo tipo (isto é, a menos que elas tenham o mesmo cabeçalho).

3. A adesão ao princípio de projeto ortogonal implica que (por exemplo) ao inserirmos uma tupla, podemos considerar a operação como a inserção de uma tupla *no banco de dados*, e não em alguma RelVar específica – porque haverá no máximo uma RelVar cujo predicado será satisfeito pela nova tupla.

Vamos explicar um pouco mais esse último ponto. É verdade que, quando inserimos uma tupla, em geral especificamos o nome da RelVar *R* na qual essa tupla deve ser inserida. Porém, essa observação não invalida o argumento. O fato é que esse nome *R* é, na realidade, apenas uma *abreviação para o predicado correspondente*, digamos *PR*; na verdade, estamos dizendo "INSERT a tupla *t* – e, a propósito, *t* deve satisfazer ao predicado *PR*". Além disso, *R* pode ser uma visão, talvez definida por meio de uma expressão da forma *A* UNION *B* – e, como vimos no Capítulo 10, é muito interessante que o sistema saiba se a nova tupla entrará em *A*, *B* ou ambas.

De fato, observações semelhantes à anterior se aplicam a *todas* as operações, não apenas a operações INSERTs; em todos os casos, os nomes de RelVars são, na realidade, apenas abreviações para predicados de RelVars. *Devemos enfatizar que são os predicados, e não os nomes, que representam a semântica dos dados.*

Ainda não concluímos com o princípio de projeto ortogonal – existe um refinamento importante que precisa ser estudado. Considere a Figura 13.8, que mostra outro projeto obviamente ruim, mas possível para os fornecedores. Aqui, as duas RelVars propriamente ditas não têm qualquer significado superposto, mas suas projeções sobre {F#,FNAME} certamente sim. Como uma consequência, uma tentativa de inserir, digamos, a tupla (F6,Lopez) em uma visão definida como a união dessas duas projeções fará a tupla (F6,Lopez,*t*) ser inserida em FX e a tupla (F6,Lopez,*c*) ser inserida em FY (em que *t* e *c* são os valores padrão aplicáveis). É claro que precisamos estender o princípio de projeto ortogonal a problemas como o da Figura 13.8:

FX	F#	FNOME	STATUS		FY	F#	FNOME	CIDADE
	F1	Smith	20			F1	Smith	Londres
	F2	Jones	10			F2	Jones	Paris
	F3	Blake	30			F3	Blake	Paris
	F4	Clark	20			F4	Clark	Londres
	F5	Adams	30			F5	Adams	Atenas

FIGURA 13.8 *Outro projeto ruim, embora possível, para fornecedores.*

- **O *Princípio de Projeto Ortogonal*** (*versão final*): Sejam *A* e *B* duas RelVars básicas distintas. Então, não devem existir decomposições sem perdas de *A* e *B* em *A1, A2, ..., Am* e *B1, B2, ..., Bn* (respectivamente), tais que alguma projeção *Ai* no conjunto *A1, A2, ..., Am* e alguma projeção *Bj* no conjunto *B1, B2, ..., Bn* tenham significados superpostos.

Surgem pontos importantes:

1. A expressão *decomposição sem perdas* significa aqui exatamente o que sempre significa – ou seja, a decomposição em um conjunto de projeções tal que:

   - A RelVar dada possa ser reconstruída pela junção das projeções, reunindo-as novamente.

   - Nenhuma dessas projeções seja redundante nesse processo de reconstrução. (Estritamente falando, essa segunda condição não e necessária para que a decomposição seja feita sem perdas, mas normalmente é desejável, como vimos no Capítulo 12.)

2. Essa versão do princípio inclui a versão original, porque uma decomposição sem perdas que sempre existe para a RelVar *R* é a projeção identidade (isto é, a projeção de *R* sobre todos os atributos).

Outras observações

Oferecemos mais algumas observações sobre o princípio de projeto ortogonal.

1. Em primeiro lugar, o termo *ortogonalidade* deriva-se do fato de que o princípio de projeto efetivamente diz que as RelVars básicas devem ter significados mutuamente independentes (isto é, sem significados superpostos). O princípio é o senso comum, naturalmente, mas o senso comum *formalizado* (como os princípios da normalização).

2. Vamos supor que começamos com a RelVar normal de fornecedores F, mas decidimos, para fins de projeto, desmembrar essa RelVar em um conjunto de restrições. Então, o princípio de projeto ortogonal nos informa que as restrições nessa divisão devem ser todas disjuntas, no sentido de que nenhuma tupla de fornecedor poderá pertencer a mais de uma delas. (Além disso, é claro, a união dessas restrições precisa nos devolver a RelVar original.) Vamos nos referir a essa divisão como uma **decomposição ortogonal**.

3. O objetivo global de projeto ortogonal é reduzir a redundância e, assim, evitar anomalias de atualização (mais uma vez, como a normalização). De fato, ele complementa a normalização, no sentido de que – em termos informais – a normalização reduz a redundância *dentro* de RelVars enquanto a ortogonalidade reduz a redundância *entre* RelVars.

4. A ortogonalidade pode ser bom senso, mas frequentemente ela é desconsiderada na prática (na verdade, às vezes, tal desconsideração é até mesmo recomendável). Projetos como o seguinte, de um banco de dados financeiro, são muito comuns:

```
ATIVIDADES_2001 { ENTRADA#, DESCRIÇÃO, VALOR, NOVO_SALDO }
ATIVIDADES_2002 { ENTRADA#, DESCRIÇÃO, VALOR, NOVO_SALDO }
ATIVIDADES_2003 { ENTRADA#, DESCRIÇÃO, VALOR, NOVO_SALDO }
ATIVIDADES_2004 { ENTRADA#, DESCRIÇÃO, VALOR, NOVO_SALDO }
ATIVIDADES_2005 { ENTRADA#, DESCRIÇÃO, VALOR, NOVO_SALDO }
```

De fato, a codificação do significado em nomes – de RelVars ou de qualquer outra coisa – viola *O Princípio da Informação*, que declara (é bom lembrar) que todas as informações no banco de dados devem ser modeladas explicitamente em termos de valores, e de nenhum outro modo.

5. Se *A* e *B* são RelVars básicas do mesmo tipo, a adesão ao princípio de projeto ortogonal implica que:

```
A UNION B        : é sempre uma união de disjuntos
A INTERSECT B    : é sempre vazia
A MINUS B        : é sempre igual a A
```

13.7 OUTRAS FORMAS NORMAIS

Voltando à normalização em si, lembramos a observação feita na introdução ao Capítulo 12, de que existem outras formas normais, além daquelas que discutimos nestes dois capítulos até agora. O fato é que a teoria da normalização e os tópicos relacionados – agora normalmente conhecidos como **teoria da dependência** – cresceram até constituir uma área própria bastante considerável, com uma literatura muito extensa. A pesquisa na área é contínua e de fato floresceu por vários anos (embora recentemente possa ter sido um pouco abafada). Está além do escopo deste capítulo discutir essa pesquisa em profundidade; uma boa visão geral da área, como ela era em meados da década de 1980, pode ser encontrada na referência [13.18], e estudos mais recentes podem ser encontrados nas referências [11.1] e [11.3]. Aqui mencionamos apenas algumas questões específicas.

1. **Forma normal de chave e domínio:** A forma normal de chave e domínio (FN/CD) foi proposta por Fagin na referência [13.16]. FN/CD – diferente das formas normais que temos discutido – não é definida em termos de DFs, DMVs ou DJs. Em vez disso, dizemos que uma RelVar R está em FN/CD se e somente se toda restrição sobre R é uma consequência lógica das *restrições de domínios* e das *restrições de chaves* que se aplicam a R, em que:

   - Uma **restrição de domínio** é uma restrição pela qual valores de determinado atributo são tomados em algum domínio prescrito. (Portanto, observe que, para usar a terminologia do Capítulo 9, essa restrição é na verdade uma restrição de *atributo*, não uma restrição de tipo, embora os domínios sejam tipos.)

   - Uma **restrição de chave** é uma restrição pela qual um certo conjunto de atributos constitui uma chave candidata.

     A imposição de restrições sobre uma RelVar FN/CD é, então, conceitualmente simples, pois é suficiente impor apenas as restrições de "domínio" (atributo) e chave, e todas as outras restrições serão impostas automaticamente. Observe, também, que a expressão "todas as outras restrições" significa mais do que apenas DFs, DMVs e DJs; na verdade, significa o predicado da RelVar inteira.

     Fagin mostra, na referência [13.16], que qualquer RelVar FN/CD está necessariamente em 5FN (e, portanto, em 4FN etc.), e de fato também em (3,3)FN (ver o item 2, a seguir). Porém, a FN/CD nem sempre pode ser alcançada, nem a pergunta "Exatamente quando ela *pode* ser alcançada?" pode ser respondida.

2. **Forma normal de "restrição-união":** Considere mais uma vez a RelVar de fornecedores F. A teoria da normalização descrita nos informa que a RelVar F está em uma forma normal "boa"; de fato, ela está em 5FN e, desse modo, temos a garantia de que ela está livre de anomalias que podem ser eliminadas pelo uso de projeções. Porém, por que manter todos os fornecedores em uma única RelVar? O que dizer de um projeto em que os fornecedores de Londres são mantidos em uma RelVar (digamos, FL), os fornecedores de Paris em outra (por exemplo, FP) e assim por diante? Em outras palavras, o que dizer da possibilidade de decompor a RelVar de fornecedores original por meio da **restrição**, em lugar da projeção? A estrutura resultante seria um bom projeto ou um mau projeto? (Na verdade, quase certamente seria um mau projeto – consulte o Exercício 8.8 no Capítulo 8 – mas o importante é que a teoria clássica da normalização não tem absolutamente nada a dizer em resposta a essas perguntas.)

   Desse modo, outra orientação para a pesquisa sobre normalização consiste em examinar as implicações da decomposição de RelVars por alguma operação diferente da projeção. No exemplo, o operador de decomposição é, como mencionamos, a **restrição** (disjunta); o operador de recomposição correspondente é a **união** (disjunta). Assim, poderia ser viável elaborar uma teoria de normalização por "restrição-união", semelhante mas novamente ortogonal à teoria de normalização por projeção-junção, que estivemos discutindo.[5] Até o que este autor tem conhecimento, ne-

---

[5]Na realidade, Fagin [13.15] originalmente chamou a 5FN de forma normal *projeção-junção*, exatamente porque essa era *a* forma normal com respeito aos operadores de projeção e junção.

nhuma teoria desse tipo foi elaborada em detalhes, mas algumas idéias iniciais podem ser encontradas em um artigo escrito por Smith [13.32], no qual é definida uma nova forma normal chamada **"(3,3)FN"**. A (3,3)FN implica a FNBC; porém, uma RelVar (3,3)FN não precisa estar em 4FN, nem uma RelVar 4FN precisa estar em (3,3)FN, de modo que (como já sugerimos), a redução a (3,3)FN é ortogonal à redução a 4FN (e 5FN). Outras ideias sobre esse tópico aparecem nas referências [13.15] e [13.23]. *O Princípio do Projeto Ortogonal* também é relevante [13.12] (e o projeto ortogonal pode, assim, afinal ser considerado um tipo de normalização).

3. **Sexta forma normal:** A quinta forma normal é a forma normal final com respeito à projeção e à junção clássicas. Porém, no Capítulo 23, veremos que é possível (e desejável) definir (a) versões generalizadas desses operadores e, portanto, (b) uma forma generalizada de dependência de junção e, portanto, (c) uma nova (sexta) forma normal, 6FN. Observe que é razoável usar o nome "sexta forma normal", pois a 6FN (ao contrário das formas normais discutidas sob os itens 1 e 2) realmente representa outro passo no caminho de 1FN para 2FN para... para 5FN. Mais que isso, todas as RelVars em 5FN estão necessariamente em 5FN. Veja uma explicação mais completa no Capítulo 23.

13.8 RESUMO

Neste capítulo, concluímos nossa discussão (iniciada no Capítulo 12) da **normalização avançada**. Discutimos **dependências multivaloradas** (DMVs), que são uma generalização de dependências funcionais, e também as **dependências de junção** (DJs), que são uma generalização de dependências multivaloradas. Simplificando bastante:

- Uma RelVar $R\{A,B,C\}$ satisfaz às DMVs $A \rightarrow\rightarrow B \mid C$ se e somente se o conjunto de valores de B associados a determinado par (A,C) depende apenas do valor de A, e de modo semelhante para o conjunto de valores de C associados a determinado par (A,B). Tal RelVar pode ser decomposta sem perdas em suas projeções sobre $\{A,B\}$ e $\{A,C\}$; na verdade, a existência de DMVs é uma condição necessária e suficiente para essa decomposição ser sem perdas (teorema de Fagin).

- Uma RelVar $R\{A,B,...,Z\}$ satisfaz a DJ $* \{A,B,...Z\}$ se e somente se ela é igual à junção de suas projeções sobre $A, B, ..., Z$. Essa RelVar pode (obviamente) ser decomposta sem perdas nessas projeções.

Uma RelVar está em 4FN se e somente se as únicas DMVs não triviais a que ela satisfaz são de fato DFs saindo de superchaves. Uma RelVar está em 5FN – também chamada forma normal de **projeção-junção**, FN/PJ – se e somente se as únicas DJs não triviais a que ela satisfaz são, na verdade, DFs saindo de superchaves (significando que, se a DJ é $* \{A,B,...,Z\}$, então cada $A, B, ..., Z$ é uma superchave). A 5FN (que sempre pode ser alcançada) é a *última forma normal* com respeito à projeção e à junção.

Também resumimos o **procedimento de normalização**, apresentando-o como uma sequência informal de etapas (mas lembrando-o de que, de qualquer forma, o projeto de banco de dados normalmente não é feito seguindo-se esse procedimento). Em seguida, descrevemos *O Princípio de Projeto Ortogonal*: em termos informais, duas RelVars não devem ter projeções com significados superpostos. Por fim, mencionamos rapidamente algumas *formas normais adicionais*.

Concluindo, talvez devêssemos observar que a pesquisa sobre essas questões é uma atividade muito interessante. A razão é que a área de normalização avançada ou da **teoria da dependência,** como agora é chamada mais comumente, representa uma pequena parte da ciência em uma área (o projeto de bancos de dados) que lamentavelmente ainda é demasiado artística – isto é, ainda é subjetivo demais e carece de princípios e diretrizes sólidos. Portanto, qualquer sucesso posterior na pesquisa sobre a teoria da dependência será muito bem-vindo.

EXERCÍCIOS

13.1 As RelVars CPT e FPJ discutidas no texto do capítulo – veja as Figuras 13.2 e 13.4, a fim de obter algumas amostras de valores – satisfaziam a uma certa DMV e uma certa DJ, respectivamente, o que não era deduzido pelas chaves candidatas da RelVar em cada caso. Expresse essa DMV e essa DJ como restrições de integridade, usando a sintaxe de **Tutorial D** do Capítulo 9. Indique as versões de cálculo e algébrica.

13.2 Seja C um certo clube, e seja a RelVar $R\{A,B\}$ tal que a tupla (a,b) pertence a R se e somente se a e b pertencem ambos a C. A que DFs, DMVs e DJs R satisfaz? Em que forma normal ela está?

13.3 Um banco de dados deve conter informações relativas a representantes de vendas, áreas de vendas e produtos. Cada representante é responsável pelas vendas em uma ou mais áreas; cada área tem um ou mais representantes responsáveis. De modo semelhante, cada representante é responsável pelas vendas de um ou mais produtos, e cada produto tem um ou mais representantes responsáveis. Cada produto é vendido em todas as áreas; porém, dois representantes nunca vendem o mesmo produto na mesma área. Todo representante vende o mesmo conjunto de produtos em toda área pela qual esse representante é responsável. Projete um conjunto adequado de RelVars para esses dados.

13.4 No Capítulo 12, Seção 12.5, indicamos um algoritmo para a decomposição sem perdas de uma RelVar qualquer R em um conjunto de RelVars FNBC. Revise esse algoritmo de modo que ele forneça RelVars 4FN.

13.5 (*Versão modificada do Exercício 13.3.*) Um banco de dados deve conter informações relativas a representantes de vendas, áreas de vendas e produtos. Cada representante é responsável pelas vendas em uma ou mais áreas; cada área tem um ou mais representantes responsáveis. De modo semelhante, cada representante é responsável pelas vendas de um ou mais produtos, e cada produto tem um ou mais representantes responsáveis. Finalmente, cada produto é vendido em uma ou mais áreas, e cada área tem um ou mais produtos vendidos nela. Ainda mais, se o representante R é responsável pela área A, e o produto P é vendido na área A, e o representante R é responsável pelo produto P, então R vende P em A. Projete um conjunto adequado de RelVars para esses dados.

13.6 Suponha que representemos os fornecedores pelas duas RelVars a seguir, FX e FY (como na Figura 13.8, na Seção 13.6):

```
FX { F#, FNOME, STATUS }
FY { F#, FNOME, CIDADE }
```

Esse projeto está de acordo com as diretrizes de normalização descritas neste capítulo e no anterior? Justifique sua resposta.

REFERÊNCIAS E BIBLIOGRAFIA

13.1 A. V. Aho, C. Beeri e J. D. Ullman: "The Theory of Joins in Relational Databases" ACM *TODS 4, Número* 3 (setembro de 1979).

O artigo que primeiro observou que podiam existir RelVars que não eram iguais à junção de duas quaisquer de suas projeções, mas eram iguais à junção de três ou mais. O objetivo principal do artigo era o de apresentar um algoritmo, agora em geral chamado **chase**, a fim de determinar se uma dada DJ é ou não uma consequência lógica de um determinado conjunto de DFs (um exemplo do **problema de implicação** – ver a referência [13.18]). Esse problema é equivalente ao de determinar se uma determinada decomposição é sem perdas, dado um certo conjunto de DFs. O artigo discute também a questão de estender o algoritmo para lidar com o caso em que as dependências dadas não são DFs, mas sim DMVs.

13.2 Catriel Beeri, Ronald Fagin e John H. Howard. "A Complete Axiomatization for Functional and Multi-Valued Dependencies", Proc. 1977 ACM SIGMOD Int. Conf. on Management of Data, Toronto, Canadá (agosto de 1977).

Estende o trabalho de Armstrong [11.2] para incluir DMVs tanto quanto DFs. Em particular, oferece o seguinte conjunto de regras de inferência corretas e completas para DMVs:

1. **Complementação:** Se A, B, C incluem juntos todos os atributos da RelVar e A é um superconjunto de $B \cap C$, então $A \rightarrow\rightarrow B$ se e somente se $A \rightarrow\rightarrow C$.

2. **Reflexividade:** Se B é um subconjunto de A, então $A \rightarrow\rightarrow B$.

3. **Aumento:** Se $A \twoheadrightarrow B$ e C é um subconjunto de D, então $AD \twoheadrightarrow BC$.

4. **Transitividade:** Se $A \twoheadrightarrow B$ e $B \twoheadrightarrow C$, então $A \twoheadrightarrow C - B$.

As seguintes regras de inferência adicionais (e úteis) podem ser derivadas das quatro primeiras:

5. **Pseudotransitividade:** Se $A \twoheadrightarrow B$ e $BC \twoheadrightarrow D$, então $AC \twoheadrightarrow D - BC$.

6. **União:** Se $A \twoheadrightarrow B$ e $A \twoheadrightarrow C$ então $A \twoheadrightarrow BC$.

7. **Decomposição:** Se $A \twoheadrightarrow BC$ então $A \twoheadrightarrow B \cap C$, $A \twoheadrightarrow B - C$ e $A \twoheadrightarrow C - B$.

O artigo continua então dando mais duas regras pelas quais certas DFs podem ser inferidas a partir de certas combinações de DMVs e DFs:

8. **Replicação:** Se $A \rightarrow B$, então $A \twoheadrightarrow B$.

9. **Coalescência:** Se $A \twoheadrightarrow B$ e $C \rightarrow D$, e se D é um subconjunto de B e $B \cap C$ é vazio, então $A \rightarrow D$.

As regras de Armstrong [11.2], juntamente com as regras de 1 a 4 e de 8 e 9 anteriores, formam um conjunto correto e completo de regras de inferência para DFs e para DMVs consideradas em conjunto. O artigo também deriva mais uma regra útil que relaciona DFs e DMVs:

10. Se $A \twoheadrightarrow B$ e $AB \rightarrow C$, então $A \rightarrow C - B$.

13.3 Volkert Brosda e Gottfried Vossen. "Update and Retrieval Through a Universal Schema Interface", *ACM TODS 13*, Número 4 (dezembro de 1988).

Tentativas anteriores de fornecer uma interface de "relação universal" (ver a referência [13.20]) tratam apenas de operações de busca. Esse artigo desenvolve uma abordagem para tratar também com operações de atualização.

13.4 C. Robert Carlson e Robert S. Kaplan. "A Generalized Access Path Model and Its Application to a Relational Data Base System", Proc. 1976 ACM SIGMOD Int. Conf. on Management of Data, Washington, D.C. (junho de 1976).

Veja a anotação à referência [13.20].

13.5 C. J. Date: "Will the Real Fourth Normal Form Please Stand Up?", em C. J. Date e Hugh Darwen, *Relational Database Writings 1989-1991*. Reading, Mass.: Addison-Wesley (1992).

Parafraseando o resumo: "Existem várias noções distintas no mundo do projeto de bancos de dados reclamando o título de *quarta forma normal* (4FN). O objetivo deste artigo é tentar esclarecer os registros". Talvez devamos acrescentar que a noção referenciada como 4FN no texto deste capítulo é a única 4FN verdadeira ... Não aceite imitações!

13.6 C. J. Date: "The Normal Is So ... Interesting" (em duas partes), *DBP&D 10*, Números 11 e 12 (novembro e dezembro de 1997).

A discussão sobre desnormalização na Seção 13.5 foi tirada desse artigo. Vale a pena mencionar os seguintes detalhes adicionais:

- Mesmo em bancos de dados somente de leitura, ainda é necessário enunciar as restrições de integridade, pois elas definem o significado dos dados e (como observamos na Seção 13.4) *não* desnormalizar fornece um meio simples para enunciar certas restrições importantes. Além disso, se o banco de dados *não* é somente de leitura, então a não desnormalização também fornece um meio simples para *impor* essas restrições.

- Desnormalização implica aumento da redundância – mas (ao contrário da opinião popular) o aumento da redundância não implica necessariamente desnormalização! Muitos autores caíram nessa armadilha, e alguns continuam a cair.

- Como regra geral, a desnormalização (no nível lógico, vale dizer) deve ser tentada como tática de desempenho somente se tudo mais falhar, para citar a referência [4.17].

13.7 C. J. Date: "The Final Normal Form!" (em duas partes) *DBP&D 11*, Números 1 e 2 (janeiro e fevereiro de 1998).

Um tutorial sobre DJs e 5FN. O título poderia ser assunto de discussão (ver Capítulo 23).

13.8 C. J. Date: "What's Normal, Anyway?", *DBP&D 11*, Número 3 (março de 1998).

Um exame de certos exemplos "patológicos" de normalização.

13.9 C. J. Date: "Normalization Is No Panacea", *DBP&D 11*, Número 4 (abril de 1998).

Um exame de algumas questões de projeto de bancos de dados *não* auxiliadas pela teoria de normalização. O artigo não pretende ser agressivo.

13.10 C. J. Date: "Principles of Normalization", *http://www.BRCommunity.com* (fevereiro de 2003); *http://www.dbdebunk.com* (março de 2003).

Um tutorial sucinto. Para fins de referência, resumimos aqui os princípios:

1. Uma RelVar não 5FN deve ser decomposta em um conjunto de projeções 5FN.

2. A RelVar original deve ser reconstruível pela junção das projeções de volta.

3. O processo de decomposição deve preservar as dependências.

4. Toda projeção deve ser necessária no processo de reconstrução.

5. *(Não tão sólido quanto os quatro primeiros)* Pare de normalizar assim que as RelVars estiverem em 5FN.

13.11 C. J. Date e Ronald Fagin: "Simple Conditions for Guaranteeing Higher Normal Forms in Relational Databases", em C. J. Date e Hugh Darwen, *Relational Database Writings 1989-1991*. Reading. Mass.: Addison-Wesley (1992). Também em *ACM TODS 17*, Número 3 (setembro de 1992).

Mostra que se (a) a RelVar *R* está em 3FN e (b) todas as chaves candidatas de *R* são simples, então *R* está automaticamente em 5FN. Em outras palavras, não há necessidade de preocupação no caso de uma tal RelVar quanto aos tópicos relativamente complicados – DMVs, DJs, 4FN, 5FN – discutidos neste capítulo. *Nota*: O artigo também demonstra outro resultado, ou seja, se (a) *R* está em FNBC e (b) pelo menos uma de suas chaves candidatas é simples, então *R* está automaticamente em 4FN, mas não necessariamente em 5FN.

13.12 C. J. Date e David McGoveran: "A New Database Design Principle", em C. J. Date, *Relational Database Writings 1991-1994*. Reading, Mass.: Addison-Wesley (1995).

13.13 C. Delobel e D. S. Parker: "Functional and Multi-Valued Dependencies in a Relational Database and the Theory of Boolean Switching Functions", Tech. Report Número 142, Dept. Maths. Appl. et Informatique, Univ. de Grenoble, França (novembro de 1978).

Estende o resultado da referência [11.5] para incluir DMVs além de DFs.

13.14 Ronald Fagin: "Multi-Valued Dependencies and a New Normal Form for Relational Databases", *ACM TODS 2*, Número 3 (setembro de 1977).

A origem dos conceitos de DMV e 4FN. *Nota:* O artigo também discute as dependências multivaloradas *embutidas*. Vamos supor que a RelVar CPT da Seção 13.2 seja estendida para incluir um novo atributo DIAS, representando o número de dias gastos com o TEXTO indicado pelo PROFESSOR indicado no CURSO indicado. Vamos chamar essa RelVar de CPTD. Aqui está uma amostra de valores:

CTXD	COURSE	TEACHER	TEXT	DAYS
	Physics	Prof. Green	*Basic Mechanics*	5
	Physics	Prof. Green	*Principles of Optics*	5
	Physics	Prof. Brown	*Basic Mechanics*	6
	Physics	Prof. Brown	*Principles of Optics*	4
	Math	Prof. Green	*Basic Mechanics*	3
	Math	Prof. Green	*Vector Analysis*	3
	Math	Prof. Green	*Trigonometry*	4

A única chave candidata aqui é a combinação {CURSO,PROFESSOR,TEXTO}, e temos a DF:

```
{ CURSO, PROFESSOR, TEXTO } → DIAS
```

Observe que a RelVar agora está em quarta forma normal: ela não envolve quaisquer DMVs que não sejam também DFs. Porém, ela inclui duas DMVs **embutidas** (de PROFESSOR sobre CURSO e TEXTO sobre CURSO). Dizemos que a DMV embutida de *B* sobre *A* é válida na RelVar *R* se a DMV "normal" *A* →→ *B* é válida em alguma projeção de *R*. Uma DMV normal é um caso particular de uma DMV embutida, mas nem todas as DMVs embutidas são DMVs normais.

Como o exemplo ilustra, as DMVs embutidas implicam redundância, exatamente como as DMVs comuns; porém, essa redundância não pode (em geral) ser eliminada com o uso de projeções. A RelVar

CPTD não pode ser decomposta sem perdas em projeções (na verdade, ela está em quinta forma normal, como também em quarta), porque DIAS depende dos três atributos, CURSO, PROFESSOR e TEXTO, e então não pode aparecer em uma RelVar que não contenha todos os três. Portanto, em vez disso, as duas DMVs embutidas teriam de ser declaradas como restrições adicionais explícitas sobre a RelVar. Os detalhes ficam como exercício.

13.15 Ronald Fagin: "Normal Forms and Relational Database Operators", Proc. 1979 ACM SIGMOD Int. Conf. on Management of Data, Boston, Mass.: (maio/junho de 1979)

Esse é o artigo que introduziu o conceito de forma normal de projeção-junção (FN/PJ ou 5FN). Contudo, ele também é muito mais que isso. Ele pode ser considerado a declaração definitiva daquilo que se poderia chamar teoria "clássica" de normalização – isto é, a teoria da decomposição sem perdas baseada na projeção como operador de decomposição e na junção natural como operador de recomposição correspondente.

13.16 Ronald Fagin: "A Normal Form for Relational Databases that Is Based on Domains and Keys", *ACM TODS 6*, Número 3 (setembro de 1981).

13.17 Ronald Fagin: "Acyclic Database Schemes (of Various Degrees): A Painless Introduction", IBM Research Report RJ3800 (abril de 1983). Republicado em G. Ausiello e M. Protasi (editores). *Proc. CAAP83 8th Colloquium on Trees in Algebra and Programming* (Springer Verlag Lecture Notes em *Computer Science 159*). Nova York, N. Y.: Springer Verlag (1983)

A Seção 13.3 deste capítulo mostrou como uma certa RelVar ternária FPJ que satisfaz a uma certa condição cíclica podia ser decomposta sem perdas em suas três projeções binárias. A estrutura de banco de dados resultante (isto é, o esquema, chamado *scheme* nesse artigo) é considerada **cíclica**, porque cada uma das três RelVars tem um atributo em comum com cada uma das outras duas. (Se a estrutura for representada como um "hipergrafo", em que as arestas representam RelVars individuais e o nó que é a interseção de duas arestas corresponde precisamente aos atributos em comum entre as duas arestas, então deve ficar claro o porquê de ser usado o termo *cíclica*.) Ao contrário disso, a maior parte das estruturas que aparecem na prática tende a ser acíclica. As estruturas acíclicas desfrutam de várias propriedades formais que não se aplicam a estruturas cíclicas. Nesse artigo, Fagin apresenta e explica uma lista de tais propriedades.

Um meio útil de se pensar sobre o caráter acíclico é: assim como a teoria da normalização pode ajudar a determinar quando *uma RelVar única* deve ser reestruturada de algum modo, a teoria do caráter acíclico pode ajudar a determinar quando um *conjunto* de RelVars deve ser reestruturado de algum modo.

13.18 R. Fagin e M. Y. Vardi. "The Theory of Data Dependencies – A Survey", IBM Research Report RJ4321 (junho de 1984). Republicado em *Mathematics of Information Processing*: *Proc. Symposia in Applied Mathematics 34*, American Mathematical Society (1986).

Fornece um breve histórico sobre a teoria da dependência em meados da década de 1980 (note que "dependência" aqui *não* se refere apenas a DFs). Em particular, o artigo resume as maiores realizações em três áreas específicas dentro da área em geral, e ao fazer isso fornece uma boa lista selecionada de referências relevantes. As três áreas são (1) o problema da implicação, (2) o modelo de "relação universal" e (3) esquemas acíclicos. O **problema da implicação** é o problema de determinar, dado um conjunto de dependências *D* e alguma dependência especifica *d*, se *d* é uma consequência lógica de *D*. O **modelo de relação universal** e os **esquemas acíclicos** (também conhecidos como *schemes* acíclicos) são discutidos rapidamente na anotação às referências [13.20] e [13.17], respectivamente.

13.19 Ronald Fagin, Alberto O. Mendelzon e Jeffrey D. Ullman: "A Simplified Universal Relation Assumption and Its Properties", *ACM TODS 7*, Número 3 (setembro de 1982).

Especula se o mundo real sempre pode ser representado por meio de uma "relação universal" [13.20] – ou melhor, por uma RelVar universal – que satisfaz a exatamente uma dependência de junção e mais um conjunto de dependências funcionais, e explora alguma das consequências dessa conjectura.

13.20 W. Kent: "Consequences of Assuming a Universal Relation", *ACM TODS 6*, Número 4 (dezembro de 1981).

O conceito de **relação universal** se manifesta de várias maneiras diferentes. Primeiro, a disciplina de normalização descrita nos dois últimos capítulos assumiu tacitamente que é possível definir uma *relação* universal – ou, mais corretamente, uma *RelVar* universal – que inclui todos os atributos relevantes ao banco de dados em consideração, e depois mostrou como essa RelVar podia ser substituída por projeções sucessivamente "menores" (de grau mais baixo), até se alcançar alguma "boa" estrutura. Porém, essa hipótese inicial é realista ou justificável? A referência [13.20] sugere que não, por questões práticas e teóricas. A referência [13.33] é uma resposta à referência [13.20], e a referência [13.21] é uma réplica a essa resposta.

A segunda manifestação, e a mais significativa pragmaticamente, do conceito de RelVar universal é como uma *interface com o usuário*. A ideia básica aqui é muito direta, e de fato (de um ponto de vista intuitivo) bastante atraente: os usuários devem ser capazes de enunciar suas requisições ao banco de dados, não em termos de RelVars e junções entre essas RelVars, mas sim em termos de atributos isolados. Por exemplo:

```
STATUS WHERE COR = COR ('Vermelho')
```

("Obter o status para fornecedores que fornecem alguma peça vermelha".) Aqui a ideia se ramifica em duas interpretações mais ou menos distintas:

1. Uma possibilidade é que o sistema deve de algum modo determinar por si mesmo quais caminhos de acesso lógicos seguir – em particular, que junções executar – para responder à consulta. Essa é a abordagem sugerida na referência [13.4] (que parece ter sido o primeiro artigo a discutir a possibilidade de uma interface de "relação universal", embora não tenha usado o termo). Essa abordagem é dependente de modo crítico da nomeação apropriada de atributos. Assim, por exemplo, os dois atributos de números de fornecedores (nas RelVars F e FP, respectivamente) *devem* ter o mesmo nome; inversamente, os atributos cidade de fornecedor e cidade de peça (nas RelVars F e P, respectivamente) não devem receber o mesmo nome. Se uma dessas duas regras for violada, haverá certas consultas que o sistema será incapaz de tratar adequadamente.

2. A outra abordagem, menos ambiciosa, consiste simplesmente em considerar todas as consultas como sendo formuladas em termos de um conjunto de junções *predefinido* – na verdade, uma visão predefinida consistindo na junção de todas as RelVars no banco de dados.

Embora não exista dúvida de que qualquer das duas abordagens simplificaria enormemente a expressão de muitas consultas que surgem na prática – e, de fato, uma parte dessa abordagem é essencial ao suporte de qualquer front-end da linguagem natural – também fica claro que o sistema deve admitir a possibilidade de especificar caminhos de acesso (lógicos) de forma explícita em geral. Para ver que isso deve ser feito, considere a consulta:

```
STATUS WHERE COR  COR ('Vermelho')
```

Essa consulta significa "Obter status de fornecedores que fornecem uma peça que não é vermelha" ou "Obter status de fornecedores que não fornecem uma peça vermelha"? Seja como for, tem de haver algum modo de formular a outra consulta. (Pensando bem, o primeiro exemplo também é suscetível de uma interpretação alternativa: "Obter status de fornecedores que *só* fornecem peças vermelhas".) E aqui está um terceiro exemplo: "Obter pares de fornecedores que estão localizados na mesma cidade". Aqui, mais uma vez fica claro que uma junção explícita será necessária (porque o problema envolve uma junção da RelVar F com ela mesma, em termos informais).

13.21 William Kent: "The Universal Relation Revisited", *ACM TODS 8*, Número 4 (dezembro de 1983).

13.22 Henry E. Korth e outros: "System/U: A Database System Based on the Universal Relation Assumption", *ACM TODS 9*, Número 3 (setembro de 1984).

Descreve a teoria, DDL, DML e a implementação de um sistema de "relação universal" experimental, elaborado na Universidade de Stanford.

13.23 David Maier e Jeffrey D. Ullman: "Fragments of Relations", Proc. 1983 SIGMOD Int. Conf. on Management of Data, San Jose, Calif. (maio de 1983).

13.24 David Maier, Jeffrey D. Ullman e Moshe Y. Vardi: "On the Foundations of the Universal Relation Model", *ACM TODS 9*, Número 2 (junho de 1984). Uma versão anterior desse artigo, sob o título "The Revenge of the JD", apareceu em Proc. 2nd ACM SIGACT-SIGMOD Symposium on Principles of Database Systems, Atlanta, Ga. (março de 1983).

13.25 David Maier e Jetfrey D. Ullman: "Maximal Objects and the Semantics of Universal Relation Databases", *ACM TODS 8*, Número 1 (março de 1983).

Os *objetos máximos* representam uma abordagem para o problema da ambiguidade que surge em sistemas de "relação universal" quando a estrutura básica não é acíclica (consulte a referência [13.17]). Um objeto máximo corresponde a um subconjunto predefinido da totalidade de atributos para os quais a estrutura básica *é* acíclica. Esses objetos são então usados para orientar a interpretação de consultas que de outra forma seriam ambíguas.

13.26 J. M. Nicolas. "Mutual Dependencies and Some Results on Undecomposable Relations", Proc. 4th Int. Conf. on Very Large Data Bases, Berlim, República Federal da Alemanha (setembro de 1978).

Introduz o conceito de "dependência mútua". Uma dependência mútua é na verdade uma DJ que não é uma DMV ou uma DF, e que envolve exatamente três projeções (como o exemplo de "Restrição 3D" dado na Seção 13.3). Ela não tem relação alguma com o conceito de dependência mútua, discutido no Capítulo 12.

13.27 Sylvia E. Osbom: "Towards a Universal Relation Interface", Proc. 5th Int. Conf. on Very Large Data Bases, Rio de Janeiro, Brasil (outubro de 1979).

As propostas desse artigo pressupõem que, se há duas ou mais sequências de junções em um sistema de "relação universal" que irá gerar uma resposta candidata a uma dada consulta, então a resposta desejada é a união de todas essas candidatas. São dados algoritmos para gerar todas essas sequências de junções.

13.28 D. Stott Parker e Claude Delobel: "Algorithmic Applications for a New Result on Multi-Valued Dependencies", Proc. 5th Int. Conf. on Very Large Data Bases, Rio de Janeiro, Brasil (outubro de 1979).

Aplica os resultados da referência [13.13] a vários problemas, tais como o problema de testar uma decomposição sem perdas.

13.29 Y. Sagiv, C. Delobel, D. S. Parker e R. Fagin: "An Equivalence between Relational Database Dependencies and a Subclass of Propositional Logic", *JACM 28*, Número 3 (junho de 1981).

Combina as referências [11.8] e [13.30].

13.30 Y. Sagiv e R. Fagin: "An Equivalence Between Relational Database Dependencies and a Subclass of Propositional Logic", IBM Research Report RJ2500 (março de 1979).

Estende os resultados da referência [11.8] para incluir DMVs, bem como DFs.

13.31 E. Sciore: "A Complete Axiomatization of Full Join Dependencies", *JACM 29*, Número 2 (abril de 1982).

Estende o trabalho da referência [13.2] para incluir DJs, bem como DFs e DMVs.

13.32 J. M. Smith: "A Normal Form for Abstract Syntax", Proc. 4th Int. Conf. on Very Large Data Bases, Berlim, República Federal da Alemanha (setembro de 1978).

13.33 Jeffrey D. Ullman: "On Kent's 'Consequences of Assuming a Universal Relation'", *ACM TODS 8*, Número 4 (dezembro de 1983).

13.34 Jeffrey D. Ullman: "The U. R. Strikes Back", Proc. 1st ACM SIGACT-SIGMOD Symposium on Principles of Database Systems, Los Angeles, Calif. (março de 1982).

CAPÍTULO **14**

Modelagem semântica

14.1 Introdução

14.2 A abordagem geral

14.3 O modelo E/R

14.4 Diagramas E/R

14.5 Projeto de bancos de dados com o modelo E/R

14.6 Uma breve análise

14.7 Resumo

Exercícios

Referências e bibliografia

14.1 INTRODUÇÃO

A modelagem semântica tem sido tema de muita pesquisa desde o final da década de 1970. A motivação geral para essa pesquisa – isto é, o problema que os pesquisadores vêm tentando resolver – é esta: em geral, os sistemas de bancos de dados têm apenas uma compreensão muito limitada do que *significam* os dados no banco de dados; eles geralmente "compreendem" certos valores de dados simples, e talvez certas restrições de integridade simples que se aplicam a esses valores, mas pouca coisa além disso (qualquer interpretação mais sofisticada é deixada para o usuário humano). Seria muito bom se os sistemas pudessem entender um pouco mais,[1] de modo a poderem responder de modo um pouco mais inteligente a interações de usuários, e talvez admitir interfaces do usuário mais sofisticadas (de nível mais alto). Por exemplo, seria bom se a SQL pudesse entender que pesos de peças e quantidades de remessas, embora sejam ambos valores numéricos, são diferentes em espécies – isto é, *semanticamente* diferentes – de modo que (por exemplo) uma requisição de junção de peças e remessas com base nos pesos a quantidades correspondentes pudesse pelo menos ser questionada, se não rejeitada de imediato.

---

[1] É desnecessário dizer que é nossa posição que um sistema que admitisse predicados conforme discutimos no Capítulo 9 "*entenderiam* um pouco mais"; em outras palavras, podemos argumentar que tal suporte para predicados é a base certa e apropriada para a modelagem semântica. Contudo, infelizmente, a maior parte dos esquemas de modelagem semântica não tem qualquer base sólida, porém bastante *ad hoc* (as propostas das referências [14.22-14.24] são uma exceção). Porém, esse estado de coisas pode estar para mudar, graças à consciência cada vez maior no mundo comercial da importância das *regras de negócio* [9.21, 9.22]; os predicados externos do Capítulo 9 são, basicamente, apenas "regras de negócio" nesse sentido [14.14].

351

É claro que a noção de tipos (ou domínios) é muito relevante para esse exemplo particular – o que serve para ilustrar o ponto importante de que os modelos de dados atuais não são totalmente desprovidos de aspectos semânticos. Por exemplo, domínios, chaves candidatas e chaves estrangeiras são todos aspectos semânticos do modelo relacional conforme definido originalmente. Colocando de outra forma, os vários modelos "estendidos" de dados que foram desenvolvidos ao longo dos anos para considerar a questão semântica são apenas ligeiramente mais semânticos que os modelos anteriores; parafraseando Codd [14.7], capturar o significado dos dados é uma tarefa sem-fim, e podemos esperar (ou ter esperança de!) desenvolvimentos contínuos nessa área à medida que nossa compreensão continue a evoluir. O termo *modelo semântico*, usado com frequência para se referir a um ou outro dos modelos "estendidos", não é muito adequado porque tende a sugerir que o modelo em questão procurou de algum modo capturar *toda* a semântica da situação considerada. Por outro lado, **modelagem semântica** *é* um rótulo apropriado para a atividade geral de tentar representar significados. Neste capítulo, apresentamos primeiro uma breve introdução a algumas ideias em que essa atividade se baseia; em seguida, examinamos uma abordagem particular, a técnica de *entidades/relacionamentos* (que é a mais usada na prática) com alguma profundidade.

Observamos que a modelagem semântica é conhecida por muitos nomes, incluindo modelagem de *dados*, modelagem *entidades/relacionamentos*, modelagem de *entidades* e modelagem de *objetos*. Preferimos a expressão modelagem *semântica* (às vezes, modelagem *conceitual*) pelas seguintes razões:

- Não gostamos de *modelagem de dados* porque (a) ela é conflitante com nosso uso já estabelecido do termo *modelo de dados* para indicar um sistema formal, como o modelo relacional, e (b) tende a reforçar a impressão popular de que um modelo de dados (em nosso sentido preferido) envolve *apenas* a estrutura de dados. (É importante lembrá-lo do que vimos no Capítulo 1, Seção 1.3, sobre o fato de que o termo *modelo de dados* é usado na literatura com dois significados bem diferentes. O primeiro é como um modelo de *dados em geral*; o modelo relacional é um modelo de dados nesse sentido. O segundo é como um modelo dos dados persistentes de *alguma empresa em particular*. Nós mesmos não usamos o termo nesse último sentido, mas muitos autores o fazem.)

- Também não gostamos de *modelagem de entidades/relacionamentos*, porque tende a sugerir que há apenas uma abordagem específica para o problema, enquanto muitas abordagens diferentes são possíveis na prática. Porém, *modelagem de entidades/relacionamentos* é uma expressão bem estabelecida e, na verdade, bastante popular e comum.

- Não temos objeções profundas a *modelagem de entidades*, exceto pelo fato de parecer um pouco mais especifica como designação que *modelagem semântica* e, por isso, poderia sugerir uma ênfase que não é muito adequada.

- No caso de *modelagem de objetos*, o problema é que o termo *objeto* é claramente um sinônimo para *entidade* nesse contexto, embora seja usado com um significado muito diferente em outros contextos (em particular, outros contextos de *bancos de dados* – consulte o Capítulo 25). De fato, parece que é exatamente isso (dois significados diferentes para o termo) o fator responsável para aquilo que chamamos **O Primeiro Grande Erro** (*the first great blunder*). Consulte o Capítulo 26 para ver um exame mais completo do assunto.

Voltando ao fio principal da discussão, nossa razão para incluir esse material nesta parte do livro é: *as ideias de modelagem semântica podem ser úteis como auxílio no projeto de bancos de dados, mesmo na ausência de suporte direto do SGBD para essas ideias*. Assim, exatamente como as ideias do modelo relacional original foram usadas como ajuda a um projeto primitivo de banco de dados, bem antes de existirem implementações comerciais desse modelo, também as ideias de algum modelo "estendido" poderiam ser úteis como ajuda ao projeto, mesmo que não existissem implementações comerciais dessas ideias. De fato, na época em que escrevemos, talvez seja justo dizer que o impacto *maior* das ideias de modelagem semântica ocorreu na área de projeto de bancos de dados; foram propostas várias metodologias de projeto baseadas em uma ou outra abordagem de modelagem semântica. Por essa razão, a maior ênfase deste capítulo está na aplicação das ideias de modelagem semântica à questão específica do projeto de bancos de dados.

A organização do capítulo é a seguinte: após esta seção introdutória, a Seção 14.2 explica em termos gerais o que está envolvido na modelagem semântica. A Seção 14.3 introduz, então, o mais conhecido dos modelos estendidos, o modelo de *entidades/relacionamentos* (E/R) de Chen, e as Seções 14.4 e 14.5 consideram a aplicação desse modelo ao projeto de bancos de dados. (Outros modelos são discutidos rapidamente nas anotações a algumas referências da seção "Referências e bibliografia".) Finalmente, a Seção 14.6 oferece uma breve análise de certos aspectos do modelo E/R e a Seção 14.7 apresenta um resumo.

14.2 A ABORDAGEM GERAL

Podemos caracterizar a abordagem geral para o problema de modelagem semântica em termos das quatro etapas a seguir.

1. Primeiro, tentamos identificar um conjunto de conceitos *semânticos* que parecem úteis quando se fala informalmente sobre o mundo real. Por exemplo:

   - Podemos concordar que o mundo é composto de **entidades**. (Apesar do fato de que não podemos enunciar com alguma precisão o que é exatamente uma entidade, o conceito de entidade parece ser útil ao se falar sobre o mundo, pelo menos intuitivamente.)

   - Podemos ir além e concordar que as entidades podem ser classificadas de modo útil em **tipos de entidade**. Por exemplo, podemos concordar que todos os empregados individuais são **instâncias** do **tipo** de entidade genérico EMPREGADO. A vantagem dessa classificação é que todas as entidades de determinado tipo terão em comum certas **propriedades** – por exemplo, todos os empregados têm um salário – e, portanto, que isso pode levar a algumas *economias de representação* (bastante óbvias). Por exemplo, em termos relacionais, o caráter comum pode ser fatorado em um cabeçalho de RelVar.

   - Podemos ir ainda mais longe e concordar que cada entidade tem uma propriedade particular que serve para *identificar* essa entidade – isto é, toda entidade tem uma **identidade**.

   - Podemos outra vez ir mais longe e concordar que cada entidade pode estar relacionada a outras entidades por meio de **relacionamentos**.

     E assim por diante. Porém, observe cuidadosamente que todos esses termos (*instância de entidade, tipo de entidade, propriedade, relacionamento* etc.) *não* são definidos de maneira precisa ou formal – são conceitos do "mundo real", não formais. A Etapa 1 não é uma etapa formal. Porém, ao contrário, as Etapas de 2 a 4 a seguir são formais.

2. Em seguida, tentamos criar um conjunto de **objetos** *simbólicos* (isto é, formais), que possam ser usados para representar os conceitos semânticos anteriores. (*Nota*: Não estamos usando aqui o termo *objeto* em qualquer sentido carregado!) Por exemplo, o *modelo relacional estendido* RM/T [14.7] fornece algumas espécies particulares de relações chamadas *relações E* e relações *P*. Em linhas gerais, as relações E representam entidades e as relações P representam propriedades; porém, as relações E e P têm obviamente definições formais; por outro lado (conforme explicamos) as entidades e propriedades não têm.

3. Também criamos um conjunto de **regras de integridade** (ou "metarrestrições", para usar a terminologia do Capítulo 9) formais que acompanham esses objetos formais. Por exemplo, o RM/T inclui uma regra chamada *integridade de propriedade*, que diz que todo elemento em uma relação P deve ter uma entrada correspondente em uma relação E (refletindo o fato de que toda propriedade deve ser uma propriedade de alguma entidade no banco de dados).

4. Finalmente, também desenvolvemos um conjunto de **operadores** formais para manipular esses objetos formais. Por exemplo, RM/T fornece um operador *PROPERTY*, que pode ser usado para fazer a junção de uma relação E com todas as suas relações P correspondentes, e assim reunir todas as propriedade de determinada entidade.

Os objetos, regras e operadores das Etapas de 2 a 4 anteriores constituem juntos um modelo de dados estendido ("estendido" se essas construções de fato formam um superconjunto das construções de um dos modelos "básicos" – por exemplo, o modelo relacional básico – mas não há na realidade uma distinção clara entre o que é estendido e o que é básico). Entretanto, observe particularmente que *as regras e os operadores são apenas parte do modelo, tanto quanto os objetos* (exatamente como no modelo relacional, é claro). Contudo, apesar desse fato, provavelmente é correto dizer que os operadores são menos importantes que os objetos e regras do ponto de vista do projeto de bancos de dados;[2] a ênfase no restante do capítulo é então feita sobre objetos e regras, mais do que sobre operadores, embora ocasionalmente comentemos algo sobre os operadores.

Repetindo, a Etapa 1 envolve uma tentativa de identificar um conjunto de conceitos semânticos que parecem ser úteis para falar sobre o mundo. Alguns desses conceitos – entidade, propriedade, relacionamento, subtipo – são mostrados na Figura 14.1, acompanhados por definições informais e alguns exemplos. Observe que os exemplos foram escolhidos deliberadamente para ilustrar o fato de que o mesmo objeto no mundo real poderia ser considerado de forma legítima uma entidade por algumas pessoas, uma propriedade por outras e um relacionamento por outras ainda. (A propósito, esse fato mostra por que é impossível dar uma definição precisa a termos como *entidade*.) É uma meta da modelagem semântica – que ainda não foi completamente atingida – dar suporte a essa *flexibilidade de interpretação*.

Conceito	Definição informal	Exemplos
ENTIDADE	Um objeto perceptível	Fornecedor, peça, remessa
		Empregado, departamento
		Pessoa
		Composição, concerto
		Orquestra, maestro
		Pedido de compra, item de pedido
PROPRIEDADE	Um item de informação que descreve uma entidade	Número de fornecedor
		Quantidade de remessa
		Departamento de empregado
		Altura de pessoa
		Tipo de concerto
		Data de pedido de compra
RELACIONAMENTO	Uma entidade que serve para interconectar duas ou mais outras entidades	Remessa (fornecedor-peça)
		Designação (empregado-departamento)
		Gravação (composição-orquestra-maestro)
SUBTIPO	O tipo de entidade Y é um subtipo do tipo de entidade X se e somente se todo Y é necessariamente um X	Empregado é um subtipo de Pessoa
		Concerto é um subtipo de Composição

FIGURA 14.1 *Alguns conceitos semânticos úteis.*

A propósito, observe que provavelmente há choques entre (a) termos como os ilustrados na Figura 14.1, usados no nível semântico, e (b) termos usados em algum formalismo básico, como o modelo relacional. Por exemplo, muitos esquemas de modelagem semântica utilizam o termo *atributo* em lugar de nosso termo *propriedade* – mas isso não significa necessariamente que um desses atributos seja a mesma coisa ou possa ser mapeado como um atributo no nível relacional. Como outro exemplo (importante!), o conceito de *tipo de entidade* empregado (por exemplo) no modelo E/R não é, de modo algum, o mesmo conceito *tipo* discutido

---

[2]Exceto devido ao fato de serem os operadores necessários para formular as regras.

no Capítulo 5. Para sermos mais específicos, esses tipos de entidades provavelmente serão mapeados como *RelVars* em um projeto relacional, de modo que certamente não correspondem a tipos de *atributos* relacionais (domínios). Porém, eles também não correspondem totalmente a tipos de *relações*, porque:

1. Alguns tipos *básicos* de relações provavelmente corresponderão a tipos de relacionamentos, e não tipos de entidades, no nível semântico.
2. Tipos de relações *derivadas* podem não ter qualquer correspondência no nível semântico (embora outros possam).

A confusão sobre níveis – em particular, a confusão que surge de conflitos de terminologia – levou a alguns equívocos dispendiosos no passado, e continua a fazê-lo hoje (consulte o Capítulo 26, Seção 26.2).

Uma observação final para fechar esta seção: dissemos no Capítulo 1 que é preferível considerar relacionamentos como entidades por direito próprio, e que, em geral, os trataríamos assim em todo este livro. Também indicamos no Capítulo 3 que uma vantagem do modelo relacional era precisamente representar todas as entidades, inclusive relacionamentos, do mesmo modo uniforme: ou seja, por meio de RelVars. No entanto, o conceito de relacionamento (como o de entidade) parece ser *intuitivamente* útil quando se fala do mundo; além disso, a abordagem ao projeto de banco de dados a ser discutido nas Seções 14.3 a 14.5 depende, em grande parte, da distinção entre "entidade e relacionamento". Portanto, adotamos a terminologia de relacionamento nas próximas seções. Entretanto, teremos mais a dizer sobre a questão na Seção 14.6.

14.3 O MODELO E/R

Como indicamos na Seção 14.1, uma das abordagens de modelagem semântica mais conhecidas – certamente uma das mais usadas – é a abordagem chamada **entidades/relacionamentos** (E/R), baseada no *modelo de entidades/relacionamentos* introduzido por Chen em 1976 [14.6] e refinada de vários modos por Chen e muitos outros desde então (por exemplo, consulte as referências [14.18] e [14.45 a 14.47]. Grande parte deste capítulo é, portanto, dedicada a uma discussão da abordagem E/R. (Porém, devemos frisar que o modelo E/R está muito longe de ser o único modelo "estendido" – muitos e muitos outros também foram propostos. Por exemplo, consulte as referências [14.6], [14.18], [14.30], [14.37] e particularmente [14.24] para ver introduções a vários outros; consulte também as referências [14.27] e [14.36] para examinar pesquisas tutoriais da área.)

O modelo E/R inclui análogos de todos os objetos semânticos listados na Figura 14.1. Examinaremos esses objetos um a um. Porém, primeiro devemos observar que a referência [14.6] não apenas introduziu um modelo E/R em si, ela também introduziu uma **técnica de diagramação** correspondente ("diagramas E/R"). Discutiremos os diagramas E/R com algum detalhe na próxima seção, mas um exemplo simples desse diagrama, baseado em uma figura da referência [14.6], é mostrado na Figura 14.2, e você pode achar útil estudar esse exemplo em conjunto com as discussões desta seção. O exemplo representa os dados para uma fábrica simples (é uma versão estendida do diagrama E/R para a empresa "FazTudo Ltda.", dado na Figura 1.6 do Capítulo 1).

Nota: A maioria das ideias a serem discutidas nas subseções seguintes deverá ser bastante familiar para qualquer pessoa que conheça o modelo relacional. Contudo, existem certas diferenças na terminologia, como você verá em breve.

Entidades

A referência [14.6] começa definindo uma **entidade** como "uma coisa que pode ser identificada distintamente". Em seguida, continua a classificar entidades como **entidades regulares** e **entidades fracas**. Uma entidade fraca é uma entidade cuja existência depende de alguma outra entidade, no sentido de que ela não poder existir se essa outra entidade também não existir. Por exemplo, com referência à Figura 14.2, os dependentes de um empregado poderiam ser entidades fracas – eles não podem existir (no que se refere ao banco de dados) se o empregado relevante também não existir. Em particular, se algum empregado for excluído, todos os dependentes desse empregado também devem ser excluídos. Ao contrário, uma entidade regular é uma entidade que não é fraca; por exemplo, empregados podem ser entidades regulares. *Nota*: Alguns autores usam o termo "entidade forte" em lugar de "entidade regular".

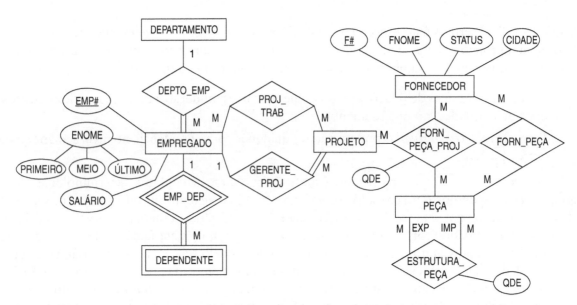

FIGURA 14.2 *Um diagrama de entidades/relacionamentos (exemplo incompleto).*

Propriedades

Entidades – e também relacionamentos – têm **propriedades**. Todas as entidades ou relacionamentos de determinado tipo possuem certas espécies de propriedades em comum; por exemplo, todos os empregados têm um número de empregado, um nome, um salário, e assim por diante. (*Nota*: Deliberadamente não mencionamos "número de departamento" como uma propriedade de empregado nesse exemplo. Consulte a discussão sobre relacionamentos, a seguir.) Cada espécie de propriedade tira seus valores de um **conjunto de valores** correspondente (isto é, domínio, em outras palavras). Além disso, as propriedades podem ser:

- **Simples** ou **compostas**: Por exemplo, a propriedade composta "nome de empregado" poderia ser constituída das propriedades simples "primeiro nome", "inicial do meio" e "último nome".

- **Chave** (isto é, exclusiva, possivelmente dentro de algum contexto): Por exemplo, o nome de um dependente poderia ser exclusivo dentro do contexto de determinado empregado.

- **Univalorada** ou **multivalorada** (em outras palavras, grupos repetidos[3] são permitidos, informalmente falando): Todas as propriedades mostradas na Figura 14.2 são univaloradas; porém, se um dado fornecedor, por exemplo, pudesse ter vários locais de fornecedor distintos, então "cidade de fornecedor" poderia ser uma propriedade multivalorada.

- **Em falta** (por exemplo "desconhecido" ou "não aplicável"): Esse conceito não está ilustrado na Figura 14.2; consulte o Capítulo 19 para ver uma descrição detalhada.

- **Básica** ou **derivada**: Por exemplo, "quantidade total" para determinada peça poderia ser derivada como a soma das quantidades de remessas individuais para essa peça (mais uma vez, esse conceito não está ilustrado na Figura 14.2).

Nota: Alguns autores, em um contexto de E/R, utilizam o termo *atributo* em lugar de *propriedade*.

Relacionamentos

A referência [14.6] define um **relacionamento** como "uma associação entre entidades". Por exemplo, existe um relacionamento chamado DEPTO_EMP entre departamentos e empregados, representando o fato de que certos departamentos empregam certos empregados. Como ocorre com as entidades (consulte o

---

[3] Se você não estiver familiarizado com esse termo, consulte a Seção 6.4, subseção "Atributos de valor de relação".

Capítulo 1), é necessário, em princípio, distinguir entre *tipos* de relacionamento e *instâncias* (ou ocorrências) de relacionamento, mas é comum ignorar esses refinamentos na discussão informal, e nós mesmos o faremos com frequência no texto a seguir.

As entidades envolvidas em determinado relacionamento são ditas **participantes** desse relacionamento. O número de participantes em determinado relacionamento é chamado **grau** desse relacionamento. (Portanto, observe que esse termo não significa a mesma coisa que no modelo relacional.)

Seja R um tipo de relacionamento que envolve o tipo de entidade E como participante. Se toda instância de E participa de pelo menos uma instância de R, então a participação de E em R é considerada **total**; do contrário ela é considerada **parcial**. Por exemplo, se todo empregado deve pertencer a um departamento, então a participação de empregados em DEPTO_EMP é total; se é possível que algum departamento não tenha empregados, então a participação de departamentos em DEPTO_EMP é parcial.

Um relacionamento E/R pode ser de **um para um**, de **um para muitos** (também conhecido como de **muitos para um**) ou de **muitos para muitos** (supomos por simplicidade que todos os relacionamentos são binários, isto é, de grau dois; estender os conceitos e a terminologia a relacionamentos de grau maior que dois é algo simples, em essência). Ora, se você estiver familiarizado com o modelo relacional, poderá ser tentado a pensar no caso de muitos para muitos como o único relacionamento genuíno, pois esse caso é o único que exige representação por meio de uma RelVar separada (os relacionamentos de um para um e de um para muitos sempre podem ser representados por meio de uma chave estrangeira em uma das RelVars participantes). Porém, há boas razões para tratar os casos de um para um e de um para muitos, do mesmo modo que o caso de muitos para muitos, pelo menos se existir qualquer possibilidade de que eles possam evoluir e se tornar de muitos para muitos com o tempo. Somente se não existir essa possibilidade será seguro tratá-los de modo diferente. É claro que às vezes não existe essa possibilidade; por exemplo, sempre será verdade que um círculo tem exatamente um ponto como centro.

Subtipos e supertipos de entidades

Nota: As ideias discutidas nesta subseção não foram incluídas no modelo E/R original da referência [14.6], mas foram acrescentadas mais tarde. Por exemplo, veja a referência [14.46].

Qualquer entidade específica é pelo menos de um tipo de entidade, mas uma entidade pode ser de vários tipos simultaneamente. Por exemplo, se alguns empregados são programadores (e todos os programadores são empregados), então podemos dizer que o tipo de entidade PROGRAMADOR é um **subtipo** do tipo de entidade EMPREGADO (ou, de forma equivalente, que o tipo de entidade EMPREGADO é um **supertipo** do tipo de entidade PROGRAMADOR). Todas as propriedades de empregados se aplicam automaticamente a programadores, mas a recíproca não é verdadeira (por exemplo, programadores poderiam ter uma propriedade "habilidade em linguagem de programação", que não se aplica a empregados em geral). Da mesma forma, programadores participam automaticamente de todos os relacionamentos em que os empregados participam, mas a recíproca não é verdadeira (por exemplo, os programadores poderiam pertencer a alguma sociedade profissional de computação, enquanto os empregados em geral não pertencem). Dizemos que as propriedades e os relacionamentos que se aplicam ao supertipo são **herdados** pelo subtipo.

Observe ainda que alguns programadores poderiam ser programadores de aplicações, e outros programadores de sistemas; assim, poderíamos dizer que os tipos de entidades PROGRAMADOR_APLICAÇÃO e PROGRAMADOR_SISTEMA são ambos subtipos do supertipo PROGRAMADOR (e assim por diante). Em outras palavras, um subtipo de entidade é ainda um tipo de entidade e pode ter seus próprios subtipos. Um determinado tipo e seus subtipos imediatos, seus subtipos imediatos e assim por diante constituem juntos uma **hierarquia de tipos de entidades** (ver Figura 14.3). Surgem pontos importantes:

1. Discutiremos as hierarquias de tipos e a herança de tipos em profundidade no Capítulo 20. Porém, devemos adverti-lo de imediato que, naquele capítulo, empregaremos o termo *tipo* com o significado exato do Capítulo 5 – ele *não* será um "tipo de entidade" no sentido deste capítulo.

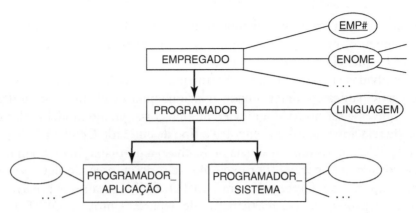

FIGURA 14.3 *Exemplo de uma hierarquia de tipos de entidades.*

2. Para os leitores que estejam familiarizados com o IMS (ou algum outro sistema de bancos de dados que admita uma estrutura de dados hierárquica) observamos que as hierarquias de tipos *não* devem ser confundidas com hierarquias no estilo do IMS. Na Figura 14.3, por exemplo, não há sugestão de que para um EMPREGADO existam muitos PROGRAMADORES correspondentes (como haveria se a figura representasse uma hierarquia no estilo do IMS); pelo contrário, para uma instância de EMPREGADO, há no *máximo um* PROGRAMADOR correspondente, representando o mesmo EMPREGADO em sua função de PROGRAMADOR.

Isso encerra nossa breve discussão sobre os aspectos estruturais mais importantes do modelo E/R. Agora, vamos dedicar nossa atenção aos diagramas E/R.

14.4 DIAGRAMAS E/R

Como foi explicado na seção anterior, a referência [14.6] não apenas introduziu o modelo E/R, como também introduziu o conceito de **diagramas de entidades/relacionamentos** (diagramas E/R). Diagramas E/R constituem uma técnica para representar a estrutura lógica de um banco de dados de modo pictórico. Com tal, fornecem um meio simples e fácil de entender para comunicar os aspectos principais do projeto de qualquer banco de dados; de fato, a popularidade do modelo E/R como abordagem ao projeto de banco de dados provavelmente pode ser atribuída à existência da técnica de diagramação E/R, mais que a qualquer outra causa ("uma imagem vale mil palavras"?). Descrevemos as regras para construir um diagrama E/R em termos dos exemplos já dados nas Figuras 14.2 e 14.3.

Nota: Como o próprio modelo E/R, a técnica de diagramação E/R evoluiu bastante com o tempo. A versão que descrevemos nesta seção difere em certos pontos importantes da descrita originalmente por Chen na referência [14.6].

Entidades

Cada tipo de entidade é mostrado como um retângulo, marcado com o nome do tipo de entidade em questão. Para um tipo de entidade fraca, o retângulo é dobrado.

Exemplos (ver Figura 14.2):

- Entidades regulares:

  DEPARTAMENTO
  EMPREGADO
  FORNECEDOR
  PEÇA
  PROJETO

- Entidade fraca:

  DEPENDENTE

Propriedades

As propriedades são mostradas como elipses, contendo o nome da propriedade em questão e ligadas à entidade ou ao relacionamento relevante por meio de um linha contínua. A borda da elipse é pontilhada ou tracejada se a propriedade é derivada e dupla se a propriedade é multivalorada. Se a propriedade é composta, suas propriedades componentes são mostradas como outras elipses, ligadas à elipse para a propriedade composta em questão por meio de outras linhas contínuas. As propriedades chaves são sublinhadas. Conjuntos de valores correspondentes a propriedades não são mostrados.

Exemplos (ver Figura 14.2):

- Para EMPREGADO:

  EMP# (chave)
  ENOME (composta, consistindo em PRIMEIRO, MEIO e ÚLTIMO)
  SALÁRIO

- Para FORNECEDOR:

  F# (chave)
  FNOME
  STATUS
  CIDADE

- Para FORN_PEÇA_PROJ:

  QDE

- Para ESTRUTURA_PEÇA:

  QDE

Todas as outras propriedades foram omitidas da Figura 14.2 por questões de espaço.

Relacionamentos

Cada tipo de relacionamento é mostrado como um losango, contendo o nome do tipo de relacionamento em questão. O losango é dobrado se o relacionamento é entre um tipo de entidade fraca e o tipo de entidade do qual depende sua existência. Os participantes de cada relacionamento estão ligados ao relacionamento relevante por meio de linhas contínuas; cada linha tem a indicação "1" ou "M" (muitos), a fim de indicar se o relacionamento é de um para um, muitos para um etc. A linha é dobrada se a participação é total.

Exemplos (ver Figura 14.2):

- DEPTO_EMP (relacionamento um para muitos entre DEPARTAMENTO e EMPREGADO)

- EMP_DEP (relacionamento um para muitos entre EMPREGADO e DEPENDENTE, um tipo de entidade fraca)

- PROJ_TRAB e PROJ_GER (ambos relacionamentos entre EMPREGADO e PROJETO, o primeiro muitos para muitos, o segundo um para muitos)

- FORN_PEÇA_PROJ (relacionamento muitos para muitos envolvendo FORNECEDOR, PEÇA e PROJETO)

- FORN_PEÇA (relacionamento muitos para muitos entre FORNECEDOR e PEÇA)

- FORN_ESTRUTURA (relacionamento muitos para muitos entre PEÇA e PEÇA)

359

Nesse último caso, observe que as duas linhas de PEÇA para ESTRUTURA_PEÇA são distinguidas identificando-se cada uma com nomes de **funções** distintos (EXP e IMP, para "explosão de peça" e "implosão de peça", respectivamente). ESTRUTURA_PEÇA é um exemplo daquilo que às vezes se chama um **relacionamento recursivo.**

Subtipos e supertipos de entidades

Seja o tipo de entidade Y um subtipo do tipo de entidade X. Então, traçamos uma linha contínua do retângulo X para o retângulo Y marcada com uma ponta de seta na extremidade Y. A linha denota aquilo que às vezes se chama "o relacionamento **é um**" (porque todo Y "é um" X – de modo equivalente, o conjunto de todos os Y é um subconjunto do conjunto de todos os X).

Exemplos (ver Figura 14.3):

- PROGRAMADOR é um subtipo de EMPREGADO.

- PROGRAMADOR_APLICAÇÃO e PROGRAMADOR_SISTEMA são subtipos de PROGRAMADOR.

14.5 PROJETO DE BANCOS DE DADOS COM O MODELO E/R

Em certo sentido, um diagrama E/R construído de acordo com as regras descritas na seção anterior *é* um projeto de banco de dados. Porém, se tentarmos transformar esse projeto nos formalismos de um SGBD específico,[4] logo descobriremos que o diagrama E/R ainda é muito impreciso em certos aspectos e deixa diversos detalhes sem especificação (principalmente detalhes de restrições de integridade). Para ilustrar esse fato, consideramos o que significa mapear um projeto como o da Figura 14.2 em uma definição de banco de dados relacional.

Entidades regulares

Repetindo, as entidades regulares na Figura 14.2 são:

```
DEPARTAMENTO
EMPREGADO
FORNECEDOR
PEÇA
PROJETO
```

Cada tipo de entidade regular é transformado em uma RelVar básica por mapeamento. Assim, o banco de dados conterá cinco RelVars básicas, digamos DEPTO, EMP, F, P e J, correspondendo a esses cinco tipos de entidades. Além disso, cada uma dessas RelVars básicas terá uma chave candidata – representada pelos atributos DEPTO#, EMP#, F#, P# e J#, digamos –, correspondendo às "chaves" identificadas no diagrama E/R. Em definitivo, vamos concordar (não apenas aqui, mas pelo restante desta seção) em dar a cada RelVar uma *chave primária* especificamente; então, a definição da RelVar DEPTO (por exemplo) poderia começar se parecendo com algo semelhante a isto:

```
VAR DEPTO BASE RELATION
     { DEPTO# ..., ... }
     PRIMARY KEY { DEPTO# } ;
```

As outras quatro RelVars ficam como exercício. *Nota:* Os domínios ou "conjuntos de valores" usados também precisam ser documentados. Omitimos a discussão detalhada desse aspecto aqui, pois os conjuntos de valores já mencionados não estão incluídos no diagrama E/R.

---

[4]Existem agora muitas ferramentas que podem ajudar nesse processo de mapeamento (por exemplo, utilizando o diagrama E/R para gerar instruções CREATE TABLE da SQL e outras semelhantes).

Relacionamentos muitos para muitos

Os relacionamentos muitos para muitos (ou muitos para muitos para muitos etc.) no exemplo são:

```
PROJ_TRAB (envolvendo empregados e projetos)
FORN_PEÇA (envolvendo fornecedores e peças)
FORN_PEÇA_PROJ (envolvendo fornecedores, peças e projetos)
ESTRUTURA_PEÇA (envolvendo peças e peças)
```

Cada relacionamento desses também é mapeado em uma RelVar básica. Introduzimos, portanto, mais quatro RelVars básicas correspondentes a esses quatro relacionamentos. Vamos nos concentrar no relacionamento FORN_PEÇA; a RelVar para esse relacionamento é FP (a RelVar normal para remessas). Vamos adiar por um momento a questão da chave primária para essa RelVar e nos concentrar, em vez disso, no problema das chaves *estrangeiras* necessárias para identificar os participantes do relacionamento:

```
VAR FP BASE RELATION FP
    { F# ... , P# ... , ... }
      .....
    FOREIGN KEY { F# } REFERENCES F
    FOREIGN KEY { P# } REFERENCES P ;
```

Evidentemente, a RelVar deve incluir duas chaves estrangeiras (F# e P#) correspondentes aos dois participantes (fornecedores e peças) e essas chaves estrangeiras devem fazer referência às RelVars participantes F e P correspondentes. Além disso, um conjunto apropriado de regras de chaves estrangeiras – isto é, uma regra de exclusão e uma regra de atualização – devem ser especificadas para cada uma dessas chaves estrangeiras, talvez como mostramos a seguir. *Nota:* As regras específicas mostradas são apenas para ilustração (elas não são as únicas possíveis). Mais importante, observe que, quaisquer que sejam as regras, elas não são derivadas do diagrama E/R ou especificadas por ele.

```
VAR FP BASE RELATION FP
    { F# ... , P# ... , ... }
      .....
    FOREIGN KEY { F# } REFERENCES F
            ON DELETE RESTRICT
            ON UPDATE CASCADE
    FOREIGN KEY { P# } REFERENCES P
            ON DELETE RESTRICT
            ON UPDATE CASCADE ;
```

O que dizer da chave primária para essa RelVar? Uma possibilidade seria tomar a combinação das chaves estrangeiras que identificam participantes (F# e P#, no caso de FP) – *se* (a) essa combinação tiver um valor único para cada instância do relacionamento (o que pode acontecer ou não, mas em geral acontece), e *se* (b) o projetista não fizer nenhuma objeção a chaves primárias compostas (o que pode ocorrer ou não). Como alternativa, um novo atributo *substituto* não composto, digamos "número de remessa", poderia ser introduzido para servir como chave primária (consulte as referências [14.11] e [14.21]). No caso do exemplo, continuaremos com a primeira dessas duas possibilidades, e assim adicionamos a cláusula

```
PRIMARY KEY { F#, P# }
```

à definição da RelVar básica FP.

Deixamos a consideração dos relacionamentos PROJ_TRAB, ESTRUTURA_PEÇA e FORN_PEÇA_PROJ como exercício.

Relacionamentos muitos para um

No exemplo, há três relacionamentos muitos para um:

```
PROJ_GER (de projetos a gerentes)
DEPTO_EMP (de empregados a departamentos)
EMP_DEP (de dependentes a empregados)
```

Desses três, o último envolve um tipo de entidade fraca (DEPENDENTE), enquanto os outros dois envolvem apenas tipos de entidades regulares. Discutiremos o caso de entidade fraca em breve; por enquanto, vamos nos concentrar nos outros dois casos. Considere o exemplo DEPTO_EMP. Esse exemplo não provoca a introdução de qualquer RelVar nova;[5] em vez disso, simplesmente introduzimos uma chave estrangeira na RelVar do lado "muitos" do relacionamento (EMP) que referencia a RelVar no lado "um" (DEPTO), assim:

```
VAR EMP BASE RELATION
    { EMP#..., DEPTO# ..., ... }
    PRIMARY KEY { EMP# }
    FOREIGN KEY ( DEPTO# ) REFERENCES DEPTO
            ON DELETE ...
            ON UPDATE ... ;
```

As possibilidades de regras de exclusão e atualização aqui são exatamente as mesmas de uma chave estrangeira que representasse um participante em um relacionamento muitos para muitos (em geral). Observe, mais uma vez, que elas não estão especificadas pelo diagrama E/R.

Nota: Para fins desta exposição, vamos supor que relacionamentos um para um (que de todo modo não são comuns na prática) são tratados exatamente do mesmo modo que relacionamentos muitos para um. A referência [14.8] contém uma discussão estendida dos problemas particulares do caso de um para um.

Entidades fracas

O relacionamento de um tipo de entidade fraca com o tipo de entidade do qual ela depende é naturalmente um relacionamento muitos para um, como indicamos na subseção anterior. Porém, as regras de exclusão e atualização *deverão* ser:

```
ON DELETE CASCADE
ON UPDATE CASCADE
```

Juntas, essas especificações captam e refletem a dependência de existência necessária. Aqui está um exemplo:

```
VAR DEPENDENTE BASE RELATION
  { EMP# ..., ... }
    .....
  FOREIGN KEY ( EMP# ) REFERENCES EMP
          ON DELETE CASCADE
          ON UPDATE CASCADE ;
```

Qual é a chave primária para essa RelVar? Como no caso de relacionamentos muitos para muitos, temos um escolha. Uma possibilidade é tomar a combinação da chave estrangeira e da "chave" de entidade fraca do diagrama E/R – *se* (mais uma vez) o projetista do banco de dados não fizer objeções quanto a chaves primárias compostas. Como outra opção, poderíamos introduzir um novo atributo substituto não composto para servir como chave primária (novamente, consulte as referências [14.11] e [14.21]). No caso do exemplo, ficaremos de novo com a primeira das duas possibilidades, e assim acrescentaremos a cláusula:

```
PRIMARY KEY { EMP#, NOME_DEP }
```

(em que NOME_DEP é o nome do dependente do empregado) à definição da RelVar básica DEPENDENTE.

---

[5]Embora pudesse; conforme mencionamos na Seção 14.3, às vezes existem bons motivos para tratar um relacionamento muitos para um como se fosse, de fato, muitos para muitos. A Parte IV da referência [19.19] discute essa questão com mais detalhes.

Propriedades

Cada propriedade mostrada no diagrama E/R é mapeada para um atributo na RelVar apropriada – exceto pelo fato de que, se a propriedade é multivalorada, em geral criamos uma nova RelVar para ela de acordo com os princípios de normalização discutidos no Capítulo 12, Seção 12.6, visto que os atributos com valor de relação normalmente são contraindicados. Conjuntos de valores são mapeados para tipos da maneira óbvia (de fato, naturalmente, os conjuntos de valores *são* tipos). Porém, observe que a decisão sobre os conjuntos de valores de que precisamos em primeiro lugar pode não ser tão fácil!

Subtipos e supertipos de entidades

Como a Figura 14.2 não envolve supertipos ou subtipos, vamos passar para o exemplo da Figura 14.3, que os contém. Vamos nos concentrar por enquanto em tipos de entidades EMPREGADO e PROGRA-MADOR. Para simplificar, suponha que programadores tenham habilidade em apenas uma linguagem de programação (isto é, a propriedade LING é univalorada). Então:[6]

- O supertipo EMPREGADO é mapeado em uma RelVar básica, digamos EMP, da maneira normal, como já discutimos.

- O subtipo PROGRAMADOR é mapeado em outra RelVar básica, digamos PGMR, com chave primária igual à da RelVar básica do supertipo e com outros atributos correspondentes às propriedades que se aplicam apenas a empregados que também são programadores (isto é, apenas LING, no exemplo):

```
VAR PGMR BASE RELATION
  { EMP# ..., LING ... }
  PRIMARY KEY { EMP# } ... ;
```

Além disso, a chave primária de PGMR também é uma chave *estrangeira*, fazendo referência de volta à RelVar EMP. Desse modo, também precisamos estender a definição de acordo (em particular, observe as regras de exclusão e atualização):

```
VAR PGMR BASE RELATION
  { EMP# ..., LING ... }
  PRIMARY KEY { EMP# }
  FOREIGN KEY { EMP# } REFERENCES EMP
          ON DELETE CASCADE
          ON UPDATE CASCADE ;
```

- Também necessitamos de uma *visão*, digamos EMP_PGMR, que seja a junção das RelVars supertipo e subtipo:

```
VAR EMP_PGMR VIEW
    EMP JOIN PGMR ;
```

Observe que essa junção é (zero ou um) para um – ela ocorre sobre uma chave candidata e uma chave estrangeira associada, e essa chave estrangeira é ela própria uma chave candidata. Assim, a visão contém apenas os empregadores que são programadores, em termos informais.

Dado este projeto:

- Podemos ter acesso a propriedades que se aplicam a todos os empregados (por exemplo, para fins de busca ou para referir a eles em alguma restrição de integridade) usando a RelVar básica EMP.

- Podemos ter acesso a propriedades que se aplicam apenas a programadores usando a RelVar básica PGMR.

---

[6]Observe, particularmente, que aquilo que *não* fazemos em seguida é mapear empregados e programadores a alguma espécie de construção de "supertabela" e "subtabela". Aqui, há uma certa dificuldade conceitual, ou armadilha: só porque o tipo de entidade Y é um subtipo do tipo de entidade X no diagrama E/R, isso não significa que o equivalente relacional de Y é um "sub" *qualquer coisa* do equivalente relacional de X – e realmente não é. Consulte a referência [14.13] para ver uma discussão mais detalhada.

- Podemos ter acesso a *todas* propriedades que se aplicam a programadores usando a visão EMP_PGMR.

- Podemos inserir empregados que não são programadores usando a RelVar básica EMP.

- Podemos inserir empregados que são programadores usando a visão EMP_PGMR.

- Podemos eliminar empregadores, programadores ou não, usando a RelVar básica EMP ou (somente para programadores) a visão EMP_PGMR.

- Podemos atualizar propriedades que se aplicam a todos os empregados usando a RelVar básica EMP ou (somente para programadores) a visão EMP_PGMR.

- Podemos atualizar propriedades que se aplicam apenas a programadores usando a RelVar básica PGMR.

- Podemos transformar um não programador existente em programador inserindo o empregado na RelVar básica PGMR ou na visão EMP_PGMR.

- Podemos transformar um programador existente em não programador eliminando o programador da RelVar básica PGMR.

Fica como exercício a consideração sobre os outros tipos de entidades na Figura 14.3 (PROGRAMADOR_APLICAÇÃO e PROGRAMADOR_SISTEMA).

14.6 UMA BREVE ANÁLISE

Nesta seção, examinaremos rapidamente certos aspectos do modelo E/R com um pouco mais de profundidade. As discussões que seguem foram tiradas em sua maior parte de um exame mais longo dos mesmos tópicos pelo autor na referência [14.9]. A análise e os comentários adicionais podem ser encontrados na anotação a muitas das referências da seção "Referências e bibliografia", no final do capítulo.

O modelo E/R como base para o modelo relacional?

Começamos considerando a abordagem E/R de um ponto de vista ligeiramente diferente. Talvez seja óbvio para você que as ideias da abordagem E/R, ou algo muito próximo a essas ideias, devem ter sido as bases *informais* na mente de Codd quando ele desenvolveu inicialmente o modelo relacional *formal*. Como explicamos na Seção 14.2, a abordagem geral para o desenvolvimento de um modelo "estendido" envolve quatro grandes etapas, como a seguir:

1. Identificar conceitos semânticos úteis.
2. Criar objetos formais.
3. Criar regras de integridade formais ("metarrestrições").
4. Criar operadores formais.

Porém, essas mesmas quatro etapas também são aplicáveis ao projeto do modelo relacional (e, na verdade, a qualquer modelo de dados formal), não apenas a modelos "estendidos", como o modelo E/R. Em outras palavras, para que Codd construísse o modelo relacional (formal), desde o início, ele deve ter tido em mente alguns "conceitos semânticos úteis" (informais), e esses conceitos basicamente devem ter sido os do modelo E/R, ou algo muito semelhante. De fato, os artigos do próprio Codd vêm em apoio a essa afirmação. No primeiro de todos os seus artigos sobre o modelo relacional (a versão de 1969 da referência [6.1]), encontramos o seguinte:

> O conjunto de entidades de determinado tipo de entidade pode ser visto como uma relação, e chamaremos a essa relação uma *relação de tipo de entidade*... As relações restantes... estão entre tipos de entidades e são... chamadas *relações entre entidades*... Uma propriedade essencial de toda relação entre entidades é que [ela inclui pelo menos duas chaves estrangeiras que] se referem a tipos de entidades distintos ou a um tipo de entidade comum desempenhando papéis distintos.

Aqui, Codd está claramente propondo que as relações sejam usadas para representar tanto "entidades" quanto "relacionamentos". Porém – e esse é um grande porém – o importante é que *relações são objetos formais, e o modelo relacional é um sistema formal*. A essência da contribuição de Codd está no fato de ele ter encontrado um bom modelo *formal* para certos aspectos do mundo real.

Ao contrário do texto anterior, o modelo de entidades/relacionamentos *não* é (ou, pelo menos, não principalmente) um modelo formal. Em vez disso, ele consiste em um conjunto de conceitos *in*formais, correspondendo à Etapa 1 (apenas) das quatro etapas mencionadas anteriormente. (Além disso, esses aspectos formais que ele possui não parecem ser significativamente diferentes dos aspectos correspondentes do modelo relacional – consulte a discussão estendida sobre esse ponto na próxima subseção.) Além disso, embora indiscutivelmente seja útil ter um arsenal de conceitos da "Etapa 1" à disposição para fins de projeto de banco de dados (entre outros fins), permanece o fato de não ser possível completar projetos de banco de dados sem os objetos formais e as regras das Etapas 2 e 3, e muitas outras tarefas não podem ser realizadas de modo algum sem os operadores formais da Etapa 4.

Por favor, entenda que as observações anteriores não pretendem sugerir que o modelo E/R não é útil. Ele é. Porém, isso não é tudo. Além do mais, é um pouco estranho perceber que a primeira descrição publicada do modelo E/R *in*formal aparece vários anos depois da primeira descrição publicada do modelo relacional *formal*, dado que (como vimos) este último foi original e explicitamente baseado em algumas ideias bem parecidas com as ideias do modelo E/R.

O modelo E/R é um modelo de dados?

Pelas discussões anteriores, não fica nem mesmo claro que o "modelo" E/R é realmente um modelo de dados, no sentido em que temos usado esse termo neste livro até agora (ou seja, como um sistema formal, envolvendo aspectos estruturais, de integridade e manipulação). Com certeza, a expressão *modelagem E/R* em geral é considerada como o processo de decidir a *estrutura* (somente) do banco de dados, embora tenhamos incluído também algum tratamento de aspectos de integridade (a maioria relacionada com chaves) em nossas discussões nas Seções de 14.3 a 14.5.[7] Porém, uma leitura cuidadosa da referência [14.6] poderia sugerir que o modelo E/R é de fato um modelo de dados, mas um modelo que é essencialmente apenas uma *fina camada acima do modelo relacional* (ele certamente não é candidato a substituir o modelo relacional, como algumas pessoas têm sugerido). Justificamos nossa afirmação desta forma:

- Primeiro, o objeto de dados fundamental de E/R – isto é, o objeto fundamental *formal*, em oposição aos objetos informais "entidade", "relacionamento" etc. – é a relação *n*-ária.

- Os operadores E/R são basicamente os operadores da álgebra relacional. (Na verdade, a referência [14.6] não é muito clara quanto a esse ponto, mas parece propor um conjunto de operadores que são estritamente menos poderosos que aqueles da álgebra relacional; por exemplo, aparentemente não há qualquer união nem qualquer junção explícita.)

- É na área da integridade que o modelo E/R tem algumas funções (secundárias) que o modelo relacional não tem: o modelo E/R inclui um conjunto de regras de integridade *embutidas*, correspondendo a algumas das (mas não todas as) regras de chaves estrangeiras discutidas neste livro. Assim, onde um sistema relacional "puro" exigiria que o usuário formulasse explicitamente certas regras de exclusão e atualização, um sistema E/R exigiria apenas que o usuário declarasse que determinada RelVar representa um certo tipo de relacionamento, e certas regras de exclusão e atualização seriam então entendidas.

---

[7]De fato, existe uma deficiência importante aqui. O modelo E/R é *completamente incapaz* de tratar de restrições de integridade ou "regras de negócio", exceto em alguns casos especiais (que admitimos ser importantes). Aqui está uma citação típica: "As regras declarativas são muito complexas para serem capturadas como parte do modelo comercial e precisam ser definidas separadamente pelo analisa/desenvolvedor" [14.32]. E ainda existe um argumento muito forte de que o projeto de bancos de dados deve ser exatamente um processo de determinar com exatidão as restrições aplicáveis (consulte as referências [9.21, 9.22] e [14.22-14.24].

Entidades *versus* relacionamentos

Já mencionamos várias vezes neste livro que o melhor modo de ver os "relacionamentos" é simplesmente considerá-los um tipo especial de entidade. Ao contrário, é uma condição *sine qua non* da abordagem E/R que os dois conceitos sejam diferenciados de alguma maneira. Em nossa opinião, qualquer abordagem que insista em fazer tal distinção tem um grave defeito, porque (como mencionamos na Seção 14.2) *o mesmo objeto* pode, de forma bastante legítima, ser visto como uma entidade por alguns usuários e como um relacionamento por outros. Considere, por exemplo, um casamento:

- De um certo ponto de vista, um casamento é claramente um relacionamento entre duas pessoas (amostra de consulta: "Com quem Elizabeth Taylor estava casada em 1975?").

- De outro ponto de vista, um casamento é uma entidade em si (amostra de consulta: "Quantos casamentos foram realizados nesta igreja desde abril?").

Se a metodologia de projeto insistir na distinção entre entidades e relacionamentos, então (na melhor das hipóteses) as duas interpretações serão tratadas assimetricamente (isto é, consultas de "entidades" e consultas de "relacionamentos" tomarão formas bastante diferentes); no pior caso, uma das interpretações não será admitida de modo algum (isto é, será impossível formular uma classe de consultas).

Como mais uma ilustração desse fato, considere a seguinte declaração de um tutorial sobre a abordagem E/R na referência [14.22]:

> É comum que se representem *inicialmente* alguns relacionamentos como atributos [*significando, especificamente, chaves estrangeiras*] durante a elaboração do projeto de esquema conceitual, e depois que se convertam esses atributos em relacionamentos, à medida que o projeto progride e é mais bem entendido.

Entretanto, o que acontece se um atributo passa a ser uma chave estrangeira em algum momento posterior? – isto é, se o banco de dados evoluir depois de já existir por algum tempo? Se levarmos esse argumento à sua conclusão lógica, projetos de bancos de dados deverão envolver somente relacionamentos, sem absolutamente qualquer atributo. (Na verdade, há algum mérito nessa posição. Consulte a anotação à referência [14.23], no final do capítulo.)

Uma observação final

Existem muitos outros esquemas de modelagem semântica além do esquema específico de modelagem E/R que estamos examinando neste capítulo. Contudo, a maioria desses esquemas tem uma forte semelhança em relação a cada um dos outros; particularmente, quase todos eles podem ser caracterizados por simplesmente fornecerem uma notação gráfica para representar certas restrições de chaves estrangeiras, além de alguns outros itens e fragmentos. Tais representações gráficas podem ser úteis em uma espécie de "quadro geral", mas são simplistas demais para realizar todo o trabalho de projeto.[8] Em particular, conforme já observamos, elas normalmente não conseguem lidar com restrições de integridade gerais. Por exemplo, como você representaria uma dependência de junção geral em um diagrama E/R?

14.7 RESUMO

Começamos este capítulo apresentando uma breve introdução à ideia geral de **modelagem semântica**. Há quatro grandes etapas envolvidas, das quais a primeira é informal e as outras são formais:

1. Identificar conceitos semânticos úteis.

2. Criar objetos simbólicos correspondentes.

---

[8]Uma observação triste sobre o estado do setor de TI é que soluções simples são populares mesmo quando são simples *demais*. Sobre esse tema, concordamos com Einstein, que disse certa vez: "Tudo deve ser o mais simples possível – *mas nada além disso*".

3. Criar regras de integridade ("metarrestrições") correspondentes.

4. Criar operadores correspondentes.

Alguns conceitos semânticos úteis são **entidade, propriedade, relacionamento e subtipo**. *Nota*: Também enfatizamos que (a) haverá provavelmente muitos **conflitos de terminologia** entre o nível de modelagem semântica (informal) e o nível de sistema de suporte (formal) básico, e (b) esses conflitos poderão causar confusão! O leitor deve estar atento.

O objetivo final da pesquisa sobre a modelagem semântica é o de tornar os sistemas de bancos de dados um pouco mais inteligentes. Um objetivo mais imediato é fornecer uma base para um ataque sistemático ao problema de **projeto de banco de dados**. Descrevemos a aplicação de um modelo "semântico" em particular, o **modelo de entidades/relacionamentos (E/R)** de Chen, para o problema de projeto. Lembramos que o artigo original de Chen [14.6] realmente continha duas propostas distintas e mais ou menos independentes; ele propunha o modelo E/R em si e também a **técnica de diagramação de E/R**. Como dissemos na Seção 14.4, a popularidade do modelo E/R pode provavelmente ser atribuída mais à existência dessa técnica de diagramação que a qualquer outra causa. Porém, o importante é que não é necessário adotar todas as ideias do *modelo* para usar os *diagramas*; é perfeitamente possível usar diagramas E/R como base para *qualquer* metodologia de projeto – talvez uma metodologia baseada no RM/T, por exemplo [14.7]. Argumentos a respeito da adequação relativa da modelagem E/R e de algumas outras abordagens como uma base para um projeto de banco de dados geralmente parecem omitir esse ponto.

Vamos comparar também as ideias de modelagem semântica (e do modelo E/R em particular) com a disciplina de normalização descrita nos Capítulos 12 e 13. A disciplina de normalização envolve a redução de grandes RelVars a outras menores; ela pressupõe que temos algum número pequeno de RelVars grandes como entrada e processa essa entrada para produzir um grande número de pequenas RelVars como saída – isto é, mapeia RelVars grandes em pequenas (é claro que estamos falando aqui de modo bastante informal!). Contudo, a disciplina de normalização não tem absolutamente nada a dizer sobre como chegamos a essas grandes RelVars. Ao contrário, as metodologias top-down, como a que foi descrita neste capítulo, atacam exatamente esse problema: transformam o mundo real em grandes relações. Em outras palavras, as duas abordagens (projeto top-down e normalização) *se complementam*. Logo, o procedimento geral sugerido para o projeto é este:

1. Usar a abordagem E/R (ou outra metodologia semelhante)[9] para gerar "grandes" RelVars representando entidades regulares, entidades fracas etc.

2. Em seguida, usar as ideias de normalização avançada para desmembrar essas "grandes" RelVars, reduzindo-as a "pequenas" RelVars.

Porém, você deve ter percebido, pela natureza das discussões no texto do capítulo, que a modelagem semântica em geral não é nem de longe tão rigorosa ou claramente definida quanto a disciplina de normalização discutida nos Capítulos 12 e 13. A razão para isso é que (como indicamos na introdução a esta parte do livro) o projeto de bancos de dados ainda é em grande parte um exercício subjetivo, e não objetivo; existem relativamente poucos princípios realmente sólidos que podem ser usados como base para solução do problema (basicamente, os poucos princípios que existem são aqueles que foram discutidos nos dois capítulos anteriores). As ideias deste capítulo podem ser consideradas mais como regras práticas, embora pareçam funcionar razoavelmente bem em situações do dia a dia.

Existe um último detalhe que vale a pena mencionar de forma explícita. Embora todo o assunto ainda seja um tanto subjetivo, há uma área específica em que as ideias da modelagem semântica podem ser hoje muito relevantes e úteis – ou seja, a área de **dicionários de dados**. O dicionário de dados pode ser visto em alguns aspectos como o "banco de dados do projetista de bancos de dados"; afinal, ele é um banco de dados no qual são registradas decisões de projeto de bancos de dados, entre outras coisas [14.2]. O estudo da modelagem semânti-

---

[9]Nossa abordagem preferida seria (a) escrever os predicados externos que descrevem a empresa e depois (b) mapear esses predicados diretamente em predicados internos, conforme descrevemos no Capítulo 9.

ca pode ser, assim, muito útil no projeto do sistema de dicionário, porque ele identifica as espécies de objetos que o próprio dicionário precisa admitir e "compreender" – por exemplo, categorias de entidades (como as entidades regulares e fracas do modelo E/R), regras de integridade (como a noção de participação total e parcial em um relacionamento do modelo E/R), supertipos e subtipos de entidades, e assim por diante.

EXERCÍCIOS

14.1 O que você entende pelo termo "modelagem semântica"?

14.2 Identifique as quatro grandes etapas envolvidas na definição de um modelo "estendido", como o modelo E/R.

14.3 Defina os seguintes termos de E/R:

entidade
entidade fraca
entidade regular
herança
hierarquia de tipos
propriedade
propriedade de chave
relacionamento
supertipo, subtipo
conjunto de valores

14.4 Suponha que o diagrama E/R para fornecedores e peças especifique que a participação das peças nas remessas seja "total" (ou seja, toda peça precisa ser fornecida por pelo menos um fornecedor). Como essa restrição pode ser especificada em (a) **Tutorial D**, (b) SQL?

14.5 Dê exemplos de:

a. Um relacionamento muitos para muitos no qual um dos participantes é uma entidade fraca.

b. Um relacionamento muitos para muitos no qual um dos participantes é outro relacionamento.

c. Um relacionamento muitos para muitos que tem um subtipo.

d. Um subtipo que tem uma entidade fraca associada, e que não se aplica ao supertipo.

14.6 Trace um diagrama E/R para o banco de dados de ensino do Exercício 9.7, no Capítulo 9.

14.7 Trace um diagrama E/R para o banco de dados de pessoal da empresa do Exercício 12.3, no Capítulo 12. Use esse diagrama para derivar um conjunto apropriado de definições de RelVars básicas.

14.8 Trace um diagrama E/R para o banco de dados de entrada de pedidos do Exercício 12.4, no Capítulo 12. Use esse diagrama para derivar um conjunto apropriado de definições de RelVars básicas.

14.9 Trace um diagrama E/R para o banco de dados de vendas do Exercício 13.3, no Capítulo 13. Use esse diagrama para derivar um conjunto apropriado de definições de RelVars básicas.

14.10 Trace um diagrama E/R para o banco de dados revisado de vendas do Exercício 13.5, no Capítulo 13. Use esse diagrama para derivar um conjunto apropriado de definições de RelVars básicas.

REFERÊNCIAS E BIBLIOGRAFIA

A extensão da lista de referências a seguir se deve, em grande parte, ao número de metodologias de projeto concorrentes que encontramos no mundo de bancos de dados de hoje, tanto nos meios industriais quanto acadêmicos. Existe pouco consenso nessa área; o esquema de E/R discutido no texto do capítulo certamente é a abordagem de uso mais amplo, mas nem todos concordam com ele (ou gostam dele). Na verdade, devemos frisar que as abordagens mais *conhecidas* não são necessariamente as *melhores* abordagens. Observamos ainda que muitos produtos disponíveis comercialmente são mais que apenas ferramentas de projeto de bancos de dados; em vez disso, o que elas fazem é gerar aplicações inteiras – telas interativas, lógica de aplicação, gatilhos etc., além de definições (esquemas) de bancos de dados em particular. (Com relação a isso, consulte os livros de Ross sobre regras de negócio [9.21, 9.22], além da referência [9.15].) Algumas outras referências relevantes para o material deste capítulo são o relatório da ISO sobre o esquema conceitual [2.3]; o livro *Data and Reality*, de Kent [2.4].

14.1 J. R. Abrial: "Data Semantics", em J. W. Klimbie e K. L. Koffeman (editores), *Data Base Managenment*. Amsterdã, Países Baixos: North-Holland/Nova York, NY: Elsevier Science (1974).

Uma das primeiras propostas na área de modelagem semântica. A citação a seguir capta muito bem o espírito geral do artigo (alguns diriam do assunto como um todo): "Sugestão para o leitor: se estiver procurando uma definição do termo *semântica*, pare de ler porque não existe essa definição neste artigo".

14.2 Philip A. Bernstein: "The Repository: A Modern Vision". *Database Programming and Design 9*, Número 12 (dezembro de 1996).

O termo *dicionário* parece estar perdendo lugar para o termo *repositório*. Um sistema de repositório é um SGBD especializado para a administração de metadados – metadados não apenas para SGBDs, mas para todos os tipos de ferramentas de software: "ferramentas para projeto, desenvolvimento e distribuição de software, como também ferramentas para gerenciamento de projetos eletrônicos, projetos mecânicos, Web sites e muitos outros tipos de documentos formais relacionados a atividades de engenharia", para citar Bernstein. Esse artigo é um tutorial sobre conceitos de repositórios.

14.3 Michael Blaha e William Premerlani: *Object-Oriented Modeling and Design for Database Applications*, Upper Saddle River. N.J.: Prentice-Hall (1998).

Descreve em profundidade uma metodologia de projeto chamada Object Modeling Technique (OMT). A OMT pode ser considerada uma variação do modelo E/R – seus *objetos* são basicamente *entidades* do E/R – mas ela engloba muito mais que apenas o projeto de bancos de dados especificamente. Veja também a anotação à referência [14.37].

14.4 Grady Booch: *Object-Oriented Design with Applications*. Redwood City, Calif.: Benjamin/Cummings (1991).

Consulte a anotação à referência [14.37].

14.5 Grady Booch, James Rumbaugh e Ivar Jacobson: *The Unified Modeling Language User Guide*. Reading, Mass.: Addison-Wesley (1999).

Veja a anotação à referência [14.37]. *Nota:* Dois livros relacionados estão disponíveis pelos mesmos autores (em combinações diferentes): *The Unified Modeling Language Reference Manual* (Rumbaugh, Jacobson, Boock) e *The Unified Software Development Process* (Jacobson, Booch, Rumbaugh), ambos publicados pela Addison-Wesley em 1999.

14.6 Peter Pin-Shan Chen: "The Entity-Relationship Model – Toward a Unified View of Data", *ACM TODS 1*, Número 1 (março de 1976). Republicado em Michael Stonebraker (editor), *Readings in Database Systems*. San Mateo, Calif.: Morgan Kaufmann (1988).

O artigo que introduziu o modelo E/R e os diagramas E/R. Como foi dito no texto do capítulo, o modelo foi consideravelmente revisado e aprimorado com o tempo; certamente as explicações e definições dadas nesse primeiro artigo eram bastante imprecisas, de modo que tais revisões eram sem dúvida necessárias. (Uma das críticas ao modelo E/R sempre foi a de que os termos não parecem ter um único significado bem definido, mas, em vez disso, são interpretados de muitos modos diferentes. É claro que é verdade que toda a área de bancos de dados é assombrada pela terminologia imprecisa e conflitante, mas essa área em particular é pior que a maioria.) Alguns exemplos:

- Como foi dito na Seção 14.3, uma entidade é definida como "uma coisa que pode ser identificada distintamente" e um relacionamento como "uma associação entre entidades". Logo, um relacionamento é uma entidade? Um relacionamento é claramente "uma coisa que pode ser identificada distintamente", mas seções posteriores do artigo parecem reservar o termo "entidade" para designar algo que definitivamente *não* é um relacionamento. De modo presumível, essa última é a interpretação desejada pois, do contrário, por que o termo modelo de *entidades/relacionamentos*? Porém, o artigo realmente não é claro.

- Entidades e relacionamentos podem ter *atributos* (usamos o termo *propriedade* no texto do capítulo). De novo, o artigo é ambivalente quanto ao significado do termo – em princípio, ele define um atributo como uma propriedade que não é a chave primária, nem qualquer componente dela (compare com a definição relacional); porém, mais adiante, ele utiliza o termo no sentido relacional.

- Vamos supor que a chave primária para um relacionamento seja a combinação das chaves estrangeiras identificando as entidades envolvidas no relacionamento (porém, a expressão *chave estrangeira* não é usada). Essa suposição só é apropriada para relacionamentos muitos para muitos, e mesmo assim nem sempre. Por exemplo, considere a RelVar FPD {F#,P#,DATA,QDE}, que representa remessas de certas peças por certos fornecedores em certas datas; suponha que o mesmo fornecedor possa enviar a mesma peça mais de um vez, mas não mais de um vez na mesma data. Então, a chave primária (ou, pelo menos, a única chave candidata) é a combinação {F#,P#,DATA}; no entanto, poderíamos optar por considerar fornecedores e peças como entidades, mas não datas.

14.7 E. F. Codd: "Extending the Database Relational Model to Capture More Meaning", *ACM TODS 4*, Número 4 (dezembro de 1979).

Nesse artigo, Codd introduziu uma versão "estendida" do modelo relacional, que chamou RM/T. O RM/T trata de algumas questões idênticas ao modelo E/R, embora seja mais cuidadosamente definido. Algumas diferenças imediatas entre os dois são: primeiro, o RM/T não faz distinções desnecessárias entre entidades e relacionamentos (um relacionamento é considerado apenas um tipo especial de entidade). Em segundo lugar, os aspectos estruturais e de integridade do RM/T são mais extensivos e definidos com maior precisão que os do modelo E/R. Terceiro, o RM/T inclui seus próprios operadores especiais, além dos operadores do modelo relacional propriamente dito (embora ainda precise ser feito muito trabalho adicional nessa última área).

Em linhas gerais, o RM/T funciona assim:

- As entidades (inclusive "relacionamentos") são representados por *relações E* e *relações P*,[10] ambas sendo formas particulares da relação *n*-área geral. As RelVars E são usadas para registrar o fato de que existem certas entidades, e as RelVars P são usadas para registrar certas propriedades dessas entidades.

- Diversos relacionamentos podem existir entre entidades; por exemplo, os tipos de entidades *A* e *B* poderiam ser reunidos em uma **associação** (o termo do RM/T para indicar um relacionamento muitos para muitos), ou o tipo de entidade *Y* poderia ser um **subtipo** do tipo de entidade *X*. O RM/T inclui uma estrutura de **catálogo** formal pela qual se pode dar conhecimento de tais relacionamentos ao sistema; assim, o sistema é capaz de impor as diversas **restrições de integridade** implicadas pela existência de tais relacionamentos.

- Diversos operadores de alto nível são fornecidos para facilitar a manipulação dos vários objetos RM/T (RelVars E, RelVars P, RelVars de catálogo etc.).

Como o modelo E/R, o RM/T inclui equivalentes de todas as construções (entidade, propriedade, relacionamento, subtipo) listadas na Figura 14.1. Especificamente, fornece um **esquema de classificação de entidades**, que de várias maneiras constitui o aspecto mais relevante – ou, pelo menos, o mais imediatamente visível – do modelo inteiro. De acordo com esse esquema, as entidades são divididas em três categorias, ou seja, *núcleos*, *características* e *associações*, da seguinte maneira:

- **Núcleos**: Entidades de núcleo são entidades que têm *existência independente*; elas são "aquilo sobre o que o banco de dados é realmente". Em outras palavras, núcleos são entidades que não são nem características nem associativas (veja os dois itens de marcadores a seguir).

- **Características**: Uma entidade característica é uma entidade cujo principal propósito é descrever ou "caracterizar" alguma outra entidade. As características são *dependentes da existência* da entidade que descrevem. A entidade descrita pode ser de núcleo, característica ou associativa.

- **Associações**: Uma entidade associativa é uma entidade cuja função é representar um *relacionamento muitos para muitos* (ou muitos para muitos para muitos, etc.) entre outras duas ou mais entidades. Cada entidade associada pode ser núcleo, característica ou associativa.

Além disso:

- Entidades (de qualquer classificação) também podem ter **propriedades**.

- Em particular, qualquer entidade (também de qualquer classificação) pode ter uma propriedade cuja função é **designar** alguma outra entidade relacionada. Uma designação representa um relacionamento muitos para um entre duas entidades. *Nota:* As designações não foram discutidas no artigo original sobre o RM/T, mas foram acrescentadas depois.

---

[10]O artigo as chama de *relações* E e P.

370

- **Supertipos** e **subtipos** de entidades são admitidos. Se Y é um subtipo de X, então Y é um núcleo, uma característica ou uma associação, dependendo do fato de X ser um núcleo, uma característica ou uma associação.

Os conceitos anteriores podem ser relacionados com seus equivalentes de E/R (de modo um tanto informal) como a seguir: um núcleo corresponde a uma "entidade regular" de E/R, uma característica a uma "entidade fraca" de E/R e uma associação a um "relacionamento" de E/R (somente da variedade muitos para muitos).

Além dos aspectos discutidos, o RM/T também inclui algumas propostas de suporte para (a) *substitutos* (consulte a referência [14.21]), (b) a dimensão *tempo* (consulte o Capítulo 23) e (c) vários tipos de *agregação de dados* (consulte as referências [14.40 e 14.41]).

14.8 C. J. Date: "A Note on One-to-One Relationships", em *Relational Database Writings 1985-1989*, Reading, Mass.: Addison-Wesley (1990).

Uma longa discussão sobre o problema de relacionamentos um para um, que se mostram bem mais complicados do que poderiam parecer à primeira vista.

14.9 C. J. Date: "Entity/Relationship Modeling and the Relational Model", em C. J. Date e Hugh Darwen, *Relational Database Writings 1989-1991*. Reading, Mass.: Addison-Wesley (1992).

14.10 C. J. Date: "Don't Encode Information into Primary Keys!" em C. J. Date e Hugh Darwen, *Relational Database Writings 1989-1991*. Reading, Mass.: Addison-Wesley (1992).

Apresenta uma série de argumentos informais contra o que às vezes se chama "chaves inteligentes". Consulte também a referência [14.11] para ver algumas recomendações relacionadas a respeito de chaves estrangeiras.

14.11 C. J. Date: "Composite Keys" em C. J. Date e Hugh Darwen, *Relational Database Writings 1989-1991*. Reading. Mass.: Addison-Wesley (1992).

Para citar do resumo: "Argumentos pró e contra a inclusão de [chaves] compostas no projeto de um banco de dados relacional são resumidos, e também são oferecidas algumas recomendações." Em particular, o artigo mostra que chaves substitutas [14.21] nem *sempre* são uma boa ideia.

14.12 C. J. Date: "A Database Design Dilemma?", *http://www.dbpd.com* (janeiro de 1999).

Diante disso, determinado tipo de entidade – digamos, empregados – poderia ser representado em um sistema relacional por um *tipo* empregados (isto é, um domínio) ou por uma *RelVar* empregados. Esse pequeno artigo (que é baseado no Apêndice C da referência [3.3]) oferece orientação sobre como escolher entre as duas possibilidades.

14.13 C. J. Date: "Subtables and Supertables", Apêndice E da referência [3.3].

Frequentemente, imaginamos que a herança de tipo de entidade deve ser tratada em um contexto relacional através do que se chama "subtabelas e supertabelas" – o mapeamento de subtipo de entidade para uma "subtabela" e o mapeamento de supertipo de entidade para uma "supertabela". Por exemplo, o padrão SQL admite tal abordagem no momento em que escrevemos (consulte o Capítulo 26), como também determinados produtos. A referência [14.13] contesta vigorosamente essa ideia.

14.14 C. J. Date: "Twelve Rules for Business Rules", *http://www.versata.com* (1º de maio de 2000).

Propõe um conjunto de regras, ou *prescrições*, que um "bom" sistema de regras de negócio precisa admitir.

14.15 C. J. Date: "Models, Models, Everywhere, Nor Any Time to Think", *http://www.dbdebunk.com* (novembro de 2000).

O termo *modelo* é grotescamente usado (para não dizer abusado) no mundo da TI, especialmente na comunidade de banco de dados. Esse artigo foi escrito para alertar as pessoas quanto a alguns dos piores excessos referentes a isso, tentando persuadi-los a pensar duas vezes (pelo menos!) antes de usarem o termo.

14.16 C. J. Date: "Basic Concepts in UML: A Request for Clarification", *http://www.dbdebunk.com* (dezembro de 2000/janeiro de 2001).

Esse artigo em duas partes é um exame e análise crítica séria da Unified Modeling Language, UML, com referência particular à Object Constraint Language, OCL. A Parte I trata principalmente do "livro da OCL" [14.49], enquanto a Parte II examina o "livro da UML" [14.5].

14.17 Debabrata Dey, Veda C. Storey e Terence M. Barron: "Improving Database Design Through the Analysis of Relationships", *ACM TODS 24*, Número 4 (dezembro de 1999).

14.18 Ramez Elmasri e Shamkant B. Navathe: *Fundamentals of Database Systems* (3ª edição). Redwood City, Calif.: Benjamim/Cummings (2000).

> Esse livro-texto geral sobre gerenciamento de bancos de dados inclui dois capítulos completos sobre o uso de técnicas de E/R para projetos de bancos de dados.

14.19 David W. Embley: *Object Database Development: Concepts and Principles*. Reading, Mass.: Addison-Wesley (1998).

> Apresenta uma metodologia de projeto baseada no OSM (Object-Oriented Systems Model). Partes do OSM lembram o ORM [14.22 a 14.24].

14.20 Candace C. Fleming e Barbara von Hallé: *Handbook of Relational Database Design*. Reading, Mass.: Addison-Wesley (1989).

> Um bom guia prático para projetos de bancos de dados em um sistema relacional, com exemplos específicos baseados no produto DB2 da IBM e no produto DBC/1012 da Teradata (agora NCR). São focalizadas tanto questões de projeto lógico quanto físico. Saiba, porém, que o livro utiliza o termo *projeto lógico* para representar aquilo que chamaríamos "projeto relacional", e o termo *projeto relacional* para incluir pelo menos alguns aspectos do que chamaríamos "projeto físico"!

14.21 P. Hall, J. Owlett e S. J. P. Todd: "Relations and Entities", em G. M. Nijssen (editor), *Modeling in Data Base Management Systems*. Amsterdã, Países Baixos: North-Holland/Nova York, NY: Elsevier Science (1975).

> O primeiro artigo a tratar o conceito de **chaves substitutas** em detalhes (o conceito foi incorporado mais tarde ao RM/T [14.7]). Chaves substitutas são chaves no sentido relacional normal, mas têm as seguintes propriedades específicas:
>
> ■ Sempre envolvem exatamente um atributo.
>
> ■ Seus valores servem *unicamente* como substitutos (daí o nome) para as entidades que representam. Em outras palavras, tais valores servem apenas para representar o fato de que as entidades correspondentes existem – eles não conduzem mais nenhuma informação ou significado adicional, nem qualquer outra bagagem de qualquer espécie.
>
> ■ Quando uma nova entidade é inserida no banco de dados, ela recebe um valor de chave substituta que nunca foi usado antes e nunca será usado novamente, mesmo que a entidade em questão seja eliminada mais tarde.
>
> No caso ideal, os valores de chaves substitutas seriam gerados pelo sistema, mas o fato de serem gerados pelo sistema ou pelo usuário não tem qualquer relação com a ideia básica de chaves substitutas.
> Vale a pena enfatizar que as substitutas *não* são (como alguns autores parecem pensar) o mesmo que IDs de tuplas (ou IDs de linhas). Para começar – e para dizer o óbvio –, as IDs de tuplas identificam tuplas e as substitutas identificam entidades, e com certeza não existe algo semelhante a uma correspondência de um para um entre tuplas e entidades. (Pense nas IDs de tuplas em particular – por exemplo, tuplas no resultado de alguma consulta arbitrária. De fato, não é claro que as tuplas derivadas terão IDs de tupla.) Além disso, as IDs de tuplas têm conotações de desempenho, enquanto as substitutas não têm; o acesso a uma tupla por meio de sua ID de tupla é geralmente considerado rápido (estamos supondo aqui que as tuplas, pelo menos as tuplas básicas, são mapeadas diretamente para o armazenamento físico, como de fato acontece na maioria dos produtos de hoje). Além disso, as IDs de tuplas costumam estar ocultas do usuário, enquanto as substitutas não devem estar (devido ao *Princípio da Informação*); em outras palavras, não é possível armazenar uma ID de tupla como um valor de atributo, enquanto certamente é possível armazenar uma substituta como um valor de atributo.
> Em resumo: as substitutas são um conceito de modelo; as IDs de tuplas são um conceito de implementação.

14.22 Terry Halpin: *Information Modeling and Relational Databases: From Conceptual Analysis to Logical Design*. San Francisco, Calif.: Morgan-Kaufmann (2001).

> Um tratamento detalhado do ORM (veja as anotações para as duas referências seguintes). Entre muitas outras coisas, o livro discute os relacionamentos entre (a) ORM e modelagem E/R e (b) ORM e UML. *Nota:* O livro é uma revisão e expansão importante de um livro mais antigo do mesmo autor, *Conceptual Schema and Relational Database Design* (2ª edição), publicado pela Prentice-Hall of Australia Pty. Ltd. (1995).

14.23 Terry Halpin: "Business Rules and Object-Role Modeling". *DBP&D 9*, Número 10 (outubro de 1996).

Uma introdução excelente à **modelagem de papel de objetos**, ORM [14.22]. Halpin começa observando que "[diferentemente da] modelagem E/R, que tem dezenas de dialetos diferentes, ORM tem somente alguns dialetos com diferenças menores". (*Nota*: Um desses dialetos é o NIAM [14.34].) O ORM também é conhecido como modelagem *baseada em fatos*, pois o que o projetista faz é escrever – em linguagem natural ou em uma notação gráfica especial – uma série de fatos *elementares* (ou melhor, *tipos* de fatos) que juntos caracterizam a empresa a ser modelada. Alguns exemplos desses tipos de fatos poderiam ser:

- Cada Empregado tem no máximo um NomeEmp.

- Cada Empregado se reporta a no máximo um Empregado.

- Se o Empregado *e1* se reporta ao Empregado *e2*, então não é possível que o Empregado *e2* se reporte ao Empregado *e1*.

- Nenhum Empregado pode dirigir e avaliar o mesmo Projeto.

Como você pode ver, os tipos de fatos são realmente *predicados externos*, ou *regras de negócio*; como sugere o título do artigo de Halpin, o ORM está muito mais no espírito da abordagem para o projeto de bancos de dados preferida pelos defensores e, na verdade, também por este autor. Em geral, os fatos especificam *papéis* desempenhados por *objetos* em relacionamentos (daí o nome "modelagem de papéis de objetos"). Observe que (a) o termo "objetos" aqui realmente significa entidades, não objetos no sentido especial descrito na Parte VI deste livro, e (b) relacionamento não são necessariamente binários. Porém, os fatos são *elementares* – eles não podem ser decompostos em fatos menores. *Nota*: A ideia de que o banco de dados deve conter somente fatos elementares (ou *irredutíveis*) no nível conceitual foi proposta anteriormente por Hall, Owlett e Todd [14.21].

Observe que ORM não tem qualquer conceito de "atributos". Como consequência, os projetos ORM são conceitualmente mais simples e mais robustos que seus equivalentes em E/R, como o artigo mostra (com relação a isso, veja também a anotação à referência [14.24]). Porém, os atributos podem aparecer e aparecem em projetos de E/R ou SQL gerados (automaticamente) a partir de um projeto ORM.

ORM enfatiza também o uso de "fatos de amostra" (isto é, *instâncias* de fatos de amostra – que chamaríamos *proposições*) como um modo de permitir ao usuário final validar o projeto. O argumento é que essa abordagem é direta no caso da modelagem baseada em fatos, mas muito menos direta no caso da modelagem E/R.

Existem, é claro, muitos modos logicamente equivalentes para descrever uma determinada empresa e, portanto, muitos esquemas ORM logicamente equivalentes. ORM inclui então um conjunto de *regras de transformação*, que permitem a transformação de esquemas logicamente equivalentes uns nos outros; então, uma ferramenta ORM pode executar alguma otimização no projeto como especificado pelo projetista humano. Ela também pode, como já mencionamos, gerar um esquema de E/R ou de SQL a partir de um esquema ORM, e pode executar um processo de engenharia reversa de um esquema ORM a partir de um esquema E/R ou SQL existente. Dependendo do SGBD de destino, um esquema de SQL gerado pode incluir restrições declarativas (no estilo da SQL), ou essas restrições podem ser implementadas por meio de gatilhos ou procedimentos armazenados. A propósito, em relação às restrições, observe que, diferente do modelo E/R, ORM inclui *por definição* "uma linguagem rica para expressar restrições". (Porém, Halpin admite na referência [14.24] que nem todas as regras de negócio podem ser expressas na anotação *gráfica* do ORM – o texto ainda é necessário para essa finalidade.)

Finalmente, um esquema ORM pode ser considerado como uma visão abstrata de nível muito alto do banco de dados; de fato, diríamos que ela está bem próxima de uma visão *relacional* pura, talvez um pouco disciplinada. Como tal, ela pode servir como base para a formulação direta da consulta. Veja a anotação à referência [14.24], imediatamente a seguir.

14.24 Terry Halpin: "Conceptual Queries". *Data Base Newsletter 26*, Número 2 (março/abril de 1998).

Para citar o resumo: "A formulação de consultas não triviais em linguagens relacionais como SQL e QBE pode ser assustadora para os usuários finais. *ConQuer*, uma nova linguagem de consulta conceitual baseada na modelagem de papéis de objetos (ORM), permite ao usuário apresentar consultas de um modo prontamente compreensível... Este artigo destaca as vantagens [de tal linguagem] sobre as linguagens de consulta tradicionais para especificação de consultas e regras de negócio." Entre outras coisas, o artigo discute uma consulta em ConQuer semelhante a esta:

```
✓Empregado
   +– dirige Carro
   +– trabalha para ✓ Escritório
```

("Obter empregado e escritório para empregados que dirigem carros".) Se empregados podem dirigir qualquer número de carros, mas trabalham apenas em um escritório, o projeto de SQL básico envolverá duas tabelas, e o código de SQL gerado será semelhante a:

```
SELECT DISTINCT X1.EMP#, X1.ESCR#
FROM   EMPREGADO AS X1, DIRIGE AS X2
WHERE  X1.EMP# = X2.EMP# ;
```

Agora, suponha que se torne possível para empregados o trabalho em vários escritórios ao mesmo tempo. Então, o projeto de SQL básico terá de mudar para envolver três tabelas em vez de duas, e o código de SQL gerado também terá de mudar:

```
SELECT DISTINCT XL.EMP#, X3.ESCR#
FROM   EMPREGADO AS X1, DIRIGE AS X2, TRABALHA_PARA AS X3
WHERE  X1.EMP# = X2.EMP# AND X1.EMP# X3.EMP# ;
```

Porém, a formulação em ConQuer permanece inalterada.

Como ilustra o exemplo anterior, uma linguagem como ConQuer pode ser considerada como fornecendo uma forma particularmente forte de independência de dados lógica. Porém, para explicar essa observação, precisamos primeiro refinar um pouco a arquitetura ANSI/SPARC. Dissemos, no Capítulo 2, que independência de dados lógica significa independência de mudanças no esquema conceitual – mas o exemplo anterior mostra que as mudanças no esquema conceitual não ocorrem! A dificuldade é que os produtos de SQL de hoje não admitem de forma adequada um esquema conceitual. Em vez disso, eles admitem um esquema de *SQL*. Esse esquema de SQL pode ser considerado em um nível intermediário entre o nível conceitual verdadeiro e o nível interno ou físico. Se uma ferramenta ORM nos permite definir um esquema conceitual verdadeiro, e depois mapeá-lo para um esquema de SQL, ConQuer pode fornecer independência de mudanças para esse esquema de SQL (é claro, fazendo mudanças apropriadas no mapeamento).

Não fica claro pelo artigo quais seriam os limites sobre a expressiva capacidade de ConQuer. Halpin não examina essa questão diretamente; porém, ele afirma (com certa preocupação) que "a linguagem deve permitir no caso ideal a formulação de qualquer pergunta relevante à aplicação; na prática, é aceitável um pouco menos que esse ideal" (ligeiramente reformulado). Ele também declara que a "característica mais poderosa de ConQuer... é sua capacidade para executar *correlações* de qualquer complexidade" e fornece o seguinte exemplo:

```
✓Empregado1
      +– mora em Cidade1
      +– nasceu no País1
      +– supervisiona Empregado2
            +–  mora em Cidade1
            +–  nasceu em País2 < > País1
```

("Obter empregados que supervisionam um empregado que mora na mesma cidade que o supervisor, mas nasceu em um país diferente do supervisor".) Como diz Halpin: "Experimente fazer isso em SQL!" Finalmente, considerando ConQuer e as regras de negócio, Halpin afirma o seguinte: "Embora a notação gráfica do ORM possa capturar mais regras de negócio [que as abordagens E/R], ele ainda precisa ser suplementado por uma linguagem textual [para expressar certas restrições]. Atualmente, estão sendo realizadas pesquisas para adaptar ConQuer a essa finalidade."

14.25 M. M. Hammer e D. J. McLeod: "The Semantic Data Model: A Modelling Mechanism for Database Applications", Proc. 1978 ACM SIGMOD Int. Conf. on Management of Data, Austin, Texas (maio/junho de 1978).

O SDM (Semantic Data Model – modelo de dados semântico) representa outra proposta para um formalismo de projeto de bancos de dados. Como o modelo E/R, ele se concentra em aspectos estruturais e (até certo ponto) de integridade, e tem pouco ou nada a dizer sobre aspectos de manipulação. Consulte também as referências [14.26] e [14.29].

14.26 Michael Hammer e Dennis McLeod: "Database Description with SDM: A Semantic Database Model", *ACM TODS 6*, Número 3 (setembro de 1981).

Consulte a anotação à referência [14.25].

14.27 Richard Hull e Roger King: "Semantic Database Modeling: Survey, Applications, and Research Issues", *ACM Comp. Surv. 19*, Número 3 (setembro de 1987).

Um tutorial abrangente sobre a área da modelagem semântica e assuntos relacionados, relativos ao final dos anos 80. Esse artigo é um bom ponto de partida para uma investigação mais profunda de questões e problemas de pesquisa em torno de atividades de modelagem semântica. Consulte também a referência [14.36].

14.28 Ivar Jacobson, Magnus Christerson, Patrick Jonsson e Gunnar Övergaard: *Object-Oriented Software Engineering* (impressão revista). Reading. Mass.: Addison-Wesley (1994).

Descreve uma metodologia de projeto chamada Object-Oriented Software Engineering (OOSE). Como o OMT [14.3], as porções do banco de dados, pelo menos, da OOSE podem ser consideradas uma variação do modelo E/R (como no OMT, os *objetos* da OOSE são basicamente *entidades* de E/R). A citação a seguir merece ser incluída: "A maioria dos métodos usados hoje no setor, para o desenvolvimento tanto de sistemas de informações quanto de sistemas técnicos, se baseia em uma decomposição do sistema funcional e/ou orientada para dados. Essas abordagens diferem em vários aspectos da abordagem usada pelos métodos orientados a objetos, nos quais dados e funções estão altamente integrados". Parece que aqui os autores apontam um desencontro significativo entre o pensamento de objetos e de bancos de dados. Os bancos de dados – pelo menos, bancos de dados compartilhados e de uso geral, que são o foco principal de grande parte da comunidade de bancos de dados – devem estar dissociados de "funções"; eles *supostamente* devem ser projetados separados das aplicações que os utilizam. Assim, nos parece que o termo *banco de dados* usado na comunidade de objetos significa, na realidade, um banco de dados *específico da aplicação*, e não aquele que é compartilhado e de uso geral (com relação a isso, consulte a discussão sobre bancos de dados de objetos no Capítulo 25). Consulte também a anotação às referências [14.5], [14.16] e [14.37].

14.29 D. Jagannathan e outros: "SIM: A Database System Based on the Semantic Data Model", Proc. 1988 ACM SIGMOD Int. Conf. on Management of Data, Chicago, Ill. (junho de 1988).

Descreve um produto comercial de SGBD baseado em "um modelo de dados semântico semelhante ao" Semantic Data Model proposto por Hammer e McLeod na referência [14.25].

14.30 Warren Keuffel: "Battle of the Modeling Techniques: A Look at the Three Most Popular Modeling Notations for Distilling the Essence of Data", *DBMS 9*, Número 9 (agosto de 1996).

As "três notações mais populares" são a modelagem E/R, o Natural-Language Information Analysis Method, NIAM, de Nijssen [14.34] e a Semantic Object Modeling, SOM. Keuffel afirma que a modelagem E/R é a "avó" das outras duas, mas critica sua falta de base formal; como ele diz, entidades, relacionamentos e atributos (isto é, propriedades) são todos "descritos sem referência ao modo como foram descobertos". NIAM é muito mais rigoroso; quando suas regras são seguidas de modo estrito, os projetos conceituais resultantes "têm muito mais integridade" que os projetos produzidos com o uso de outras metodologias, embora "alguns desenvolvedores considerem o rigor de NIAM restritivo demais" (!). No caso de SOM, ela "lembra a modelagem E/R... com definições [semelhantemente] vagamente articuladas de entidades, atributos e relacionamentos"; porém, ela difere da modelagem E/R pelo fato de admitir *atributos de grupos* (isto é, grupos de repetição), que permitem a um "objeto" (ou entidade) conter outros. (A modelagem E/R permite que entidades contenham grupos de repetição de *atributos* mas não de outras *entidades*.)

14.31 Heikki Mannila e Kari-Jouko Räihä: *The Design of Relational Databases*. Reading, Mass.: Addison-Wesley (1992).

Para citar o prefácio, este livro é um "livro-texto em nível de pós-graduação e uma referência sobre o projeto de bancos de dados relacionais". Ele cobre tanto a teoria da dependência e a normalização de um lado, quanto a abordagem E/R de outro, em cada caso de um ponto de vista bastante formal. A lista (incompleta) de títulos de capítulos a seguir dá uma ideia do escopo do livro:

- Princípios de projeto
- Restrições de integridade e dependências

- Propriedades de esquemas relacionais

- Axiomatizações para dependências

- Algoritmos para problemas de projetos

- Mapeamentos entre diagramas E/R e esquemas de bancos de dados relacionais

- Transformações de esquemas

- Exemplo de utilização de bancos de dados em projetos

As técnicas descritas no livro foram implementadas pelos autores na forma de uma ferramenta comercialmente disponível, chamada Design By Example.

14.32 Terry Moriarty: *Enterprise View* (coluna regular), *DBP&D 10*, Número 8 (agosto de 1997).

Descreve uma ferramenta de projeto e desenvolvimento de aplicação comercial chamada Usoft (*http:/ /www.usoft.com*), que permite a definição de regras de negócio por meio de uma sintaxe semelhante à SQL e emprega essas regras para gerar a aplicação (inclusive a definição do banco de dados).

14.33 G. M. Nijssen, D. J. Duke e S. M. Twine: "The Entity-Relationship Data Model Considered Harmful", Proc. 6th Symposium on Empirical Foundations of Information and Software Sciences, Atlanta, Ga. (outubro de 1988).

"O modelo E/R considerado prejudicial?" Bem, parece que ele tem muitas respostas para isso, inclusive:

- Confusão sobre tipos e RelVars (veja a discussão sobre **O Primeiro Grande Erro,** no Capítulo 26).

- O estranho negócio de "subtabelas e supertabelas" (veja a referência [14.13] e também o Capítulo 26).

- Uma falha geral na apreciação do *Princípio de Relatividade de Banco de Dados* (consulte o Capítulo 10).

- Uma percepção geral de que existe ou deveria haver uma distinção entre entidades e relacionamentos, conforme discutimos neste capítulo.

A referência [14.33] aumenta a litania anterior. Para sermos mais específicos, ela afirma que o modelo E/R:

- Fornece muitas maneiras superpostas para representar a estrutura dos dados, complicando, assim, indevidamente o processo de projeto.

- Não fornece qualquer orientação sobre como escolher entre representações alternativas, e de fato pode exigir que os projetos existentes sejam mudados desnecessariamente se as circunstâncias mudarem.

- Oferece bem poucas maneiras de representar a integridade de dados, tornando, assim, impossíveis certos aspectos do processo de projeto ("[é verdade que] as restrições podem ser expressas formalmente em uma notação mais geral [como] lógica de predicados, [mas] dizer que essa é uma desculpa razoável para omitir [restrições] do próprio modelo de dados é como dizer que uma linguagem de programação é adequada [mesmo se] forçar você a chamar rotinas de linguagem assembly para implementar tudo que não se consegue exprimir na própria linguagem!").

- Ao contrário da opinião popular, não serve como um bom veículo de comunicação entre usuários e profissionais de bancos de dados.

- Viola *O Princípio da Conceitualização*: "Um esquema conceitual deve... incluir [apenas] aspectos conceitualmente relevantes, tanto estáticos quanto dinâmicos, do universo de discurso, excluindo assim todos os aspectos de representação de dados (externa ou interna), organização de dados físicos e acesso, [e] todos os aspectos de uma representação de usuário particular externa como formatos de mensagens, estruturas de dados etc." [2.3]. De fato, os autores sugerem que o modelo E/R é "essencialmente apenas uma reencarnação" do antigo modelo de rede CODASYL. "Poderia ser essa forte inclinação em direção a estruturas de implementação a principal razão pela qual o modelo E/R recebeu tão ampla aceitação na comunidade profissional [de bancos de dados]?"

O artigo também identifica várias outras deficiências do modelo E/R no nível dos detalhes. Em seguida, propõe a metodologia alternativa NIAM [14.34] como a solução. Em particular, enfatiza o fato de que NIAM não deve incluir a distinção desnecessária de E/R entre atributos e relacionamentos.

14.34 T. W. Olle, H. G. Sol e A. A. Verrijn-Stuart (editores): *Information Systems Design Methodologies*: *A Comparative Review*. Amsterdã, Países Baixos: North-Holland/Nova York, NY: Elsevier Science (1982).

Anais de uma conferência do IFIP Working Group 8.1. Cerca de 13 metodologias diferentes são descritas e aplicadas a um problema padrão de avaliação. Uma das metodologias incluídas é o NIAM (veja a referência [14.33]); o artigo em questão deve ser um dos primeiros sobre a abordagem do NIAM. O livro inclui ainda um conjunto de resenhas sobre algumas das abordagens propostas, mais uma vez incluindo em particular o NIAM.

14.35 M. P. Papazoglou: "Unraveling the Semantics of Conceptual Schemas", *CACM* 38, Número 9 (setembro de 1995).

Esse artigo propõe uma abordagem para o que se poderia chamar *consultas de metadados* – isto é, consultas que consideram o significado (em vez dos valores) dos dados no banco de dados ou, em outras palavras, consultas que consideram o próprio esquema conceitual. Um exemplo de tal consulta poderia ser "O que é um empregado temporário?"

14.36 Joan Peckham e Fred Maryanski: "Semantic Data Models", *ACM Comp. Surv. 20*, Número 3 (setembro de 1988).

Outro tutorial de pesquisa (consulte também a referência [14.27]).

14.37 Paul Reed: "The Unified Modeling Language Takes Shape," *DBMS 11,* Número 8 (julho de 1998).

A Unified Modeling Language, UML, é uma outra notação gráfica para dar suporte à tarefa de projeto e desenvolvimento de aplicações (em outras palavras, ela lhe permite desenvolver aplicações, pelo menos em parte, desenhando figuras). Ela também pode ser usada para desenvolver esquemas de SQL. *Nota*: Quando apareceu inicialmente, esperava-se que a UML rapidamente se tornasse significativa em termos comerciais, em parte porque foi adotada como padrão pelo Object Management Group, OMG (de modo geral, ela tem uma forte característica de objetos). Porém, agora parece que o nível geral de aceitação é menor do que se esperava originalmente, embora tenha o suporte de diversos produtos comerciais.

Seja como for, a UML admite a modelagem de dados e processos (nesse aspecto, ela vai além da modelagem E/R), mas não parece ter muito a mostrar com relação a restrições de integridade. (A seção da referência [14.37] intitulada "From Models to Code: Business Rules" (de modelos a código: regras de negócio) não menciona o termo *declarativa* de modo algum! Em vez disso, ela se concentra na geração de *código procedimental de aplicação* para implementar "processos". Aqui está uma citação direta: "A UML formaliza o que os praticantes de objetos conhecem há anos: os objetos do mundo real são melhor modelados como entidades autônomas que contêm ao mesmo tempo dados e funcionalidade." Em outro lugar, encontramos: "É evidente, de um ponto de vista histórico, que a separação formal de dados e funções tornou frágil grande parte dos nossos esforços de desenvolvimento de software, na melhor das hipóteses." Esses comentários poderiam ser válidos do ponto de vista de uma aplicação, mas não está absolutamente claro que eles sejam válidos sob o ponto de vista de um banco de dados. Consulte, por exemplo, a referência [25.25].)

A UML cresceu a partir de um trabalho anterior de Booch , sobre o "método de Booch" [14.4], de Rumbaugh, sobre o OMT [14.3] e de Jacobson, sobre a OOSE [14.28]. Veja também as referências [14.5] e [14.16].

14.38 H. A. Schmid e J. R. Swenson: "On The Semantics of the Relational Data Base Model", Proc. 1975 ACM SIGMOD Int. Conf. on Management of Data, San Jose, Calif.: (maio de 1975).

Esse artigo propôs um "modelo semântico básico", anterior ao trabalho de Chen sobre o modelo E/R [14.6], mas, na verdade, era muito semelhante a esse modelo (exceto na terminologia – Schmid e Swenson usaram *objeto independente*, *objeto dependente* e *associação* em vez das expressões de Chen *entidade regular*, *entidade fraca* e *relacionamento*, respectivamente).

14.39 J. F. Sowa: *Conceptual Structures: Information Processing in Mind and Machine*. Reading. Mass.: Addison-Wesley (1984).

Esse livro não trata especificamente de sistemas de bancos de dados, mas sim do problema geral de representação e processamento do conhecimento. Contudo, partes dele são diretamente relevantes para o assunto deste capítulo. (As observações a seguir se baseiam em uma apresentação ao vivo de Sowa em 1990, sobre a aplicação de "estruturas conceituas" à modelagem semântica.) Um problema importante com os diagramas E/R e formalismos similares é o fato de que eles são estritamente menos poderosos que a lógica formal. Em consequência, são completamente incapazes de lidar com certas características importantes do projeto – em particular, tudo que envolve quantificação explícita, o que inclui a maioria das restrições de integridade –, que a lógica formal *pode* tratar. (Os quantificadores foram inventados por

Frege em 1879, o que torna os diagramas E/R "uma espécie de lógica anterior a 1879"!) Porém, a lógica formal tende a ser difícil de ler; como diz Sowa, "o cálculo de predicados é a linguagem assembly da representação do conhecimento". Os *grafos conceituais* constituem uma notação gráfica legível e rigorosa, que pode representar toda a lógica. Por essa razão, eles são (como afirma Sowa) muito mais adequados à atividade de modelagem semântica que as diagramas E/R e outros semelhantes.

14.40 J. M. Smith e D. C. P. Smith: "Database Abstractions: Aggregation", *CACM 20*, Número 6 (junho de 1977).

Consulte a referência [14.41], imediatamente a seguir.

14.41 J. M. Smith e D. C. P. Smith: "Database Abstractions: Aggregation and Generalization", *ACM TODS 2*, Número 2 (junho de 1977).

As propostas desses dois artigos, [14.40] e [14.41], tiveram uma influência significativa sobre o RM/T [14.7], especialmente na área de subtipos e supertipos de entidades.

14.42 Veda C. Storey: "Understanding Semantic Relationships", *The VLDB Journal 2*, Número 4 (outubro de 1993).

Citando o resumo: "Modelos de dados semânticos têm sido desenvolvidos [na comunidade de bancos de dados] com o uso de abstrações como [subtipificação], agregação e associação. Além desses relacionamentos bem conhecidos, vários relacionamentos semânticos adicionais foram identificados por pesquisadores em outras disciplinas como linguística, lógica e psicologia cognitiva. Esse artigo explora alguns [desses últimos] relacionamentos e discute... seu impacto sobre projetos de bancos de dados."

14.43 B. Sundgren: "The Infological Approach to Data Bases", em J. W. Klimbie e K. L. Koffeman (editores), *Data Base Management*. Amsterdã, Países Baixos: North-Holland/Nova York, NY: Elsevier Science (1974).

A "abordagem infológica" foi um dos primeiros esquemas de modelagem semântica a serem desenvolvidos. Ele foi usado com sucesso para o projeto de bancos de dados durante muitos anos na Escandinávia.

14.44 Dan Tasker: *Fourth Generation Data: A Guide to Data Analysis for New and Old Systems*. Sydney, Austrália: Prentice-Hall of Australia Pty., Ltd. (1989).

Um bom guia prático para projeto de bancos de dados, com ênfase em itens de dados individuais (isto é, nos *tipos*). Os itens de dados são classificados em três tipos básicos: rótulo, quantidade e descrição. Os itens *rótulo* representam entidades; em termos relacionais eles correspondem a chaves. Os itens *quantidade* representam medidas, quantidades ou posições em uma escala (talvez uma escala de data) e estão sujeitos às manipulações aritméticas usuais. Os itens *descrição* são todos os outros. (É claro que há muito mais no esquema de classificação do que esse breve esboço pode sugerir.) O livro trata de cada espécie com muitos detalhes. As discussões nem sempre são "relacionalmente puras" – por exemplo, o uso que Tasker faz do termo *domínio* não coincide completamente com o uso relacional desse bom termo – mas o livro contém bons conselhos práticos.

14.45 Toby J. Teorey e James P. Fry: *Design of Database Structures*. Englewood Cliffs, N.J.: Prentice-Hall (1982).

Um livro-texto sobre todos os aspectos do projeto de bancos de dados. O livro se divide em cinco partes: Introdução, Projeto Conceitual, Projeto de Implementação (isto é, o mapeamento do projeto conceitual para construções que um SGBD específico pode entender), Projeto Físico e Questões Especiais de Projeto.

14.46 Toby J. Teorey, Dongqing Yang e James P. Fry: "A Logical Design Methodology for Relational Databases Using the Extended Entity-Relationship Model", *ACM Comp. Surv. 18*, Número 2 (junho de 1986).

O "modelo E/R estendido" do título desse artigo acrescenta suporte para hierarquias de tipos de entidades, NULL (consulte o Capítulo 19) e relacionamento envolvendo mais de dois participantes.

14.47 Toby J. Teorey: *Database Modeling and Design: The Entity-Relationship Approach* (3ª edição). San Mateo, Calif.: Morgan Kaufmann (1990).

Um livro-texto mais recente sobre a aplicação de conceitos de E/R e E/R "estendido" [14.46] para projeto de bancos de dados.

14.48 Yair Wand, Veda C. Storey e Ron Weber: "An Ontological Analysis of the Relationship Construct in Conceptual Modeling", *ACM TODS 24*, Número 4 (dezembro de 1999).

14.49 Jos Warmer e Anneke Kleppe: *The Object Constraint Language: Precise Modeling with UML*. Reading, Mass.: Addison-Wesley (1999).

Consulte a anotação à referência [14.16].

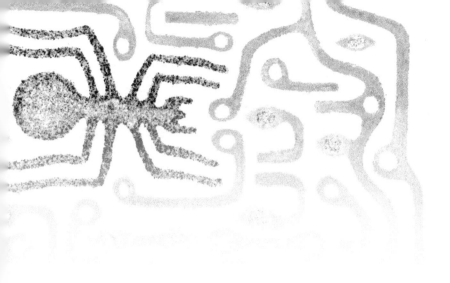

PARTE IV

GERENCIAMENTO DE TRANSAÇÕES

Esta parte do livro consiste em dois capítulos. Os assuntos desses capítulos, recuperação e concorrência, estão bastante inter-relacionados, sendo ambos aspectos do tópico mais amplo de *gerenciamento de transações*; contudo, por questões pedagógicas, é desejável tratá-los separadamente, na medida do possível.

A recuperação e a concorrência – ou antes, os *controles* de recuperação e concorrência – estão relacionados com a questão geral da **proteção de dados**: ou seja, a proteção dos dados contidos no banco de dados (até certo ponto, também dos resultados) contra perda ou danos. Em particular, eles tratam de problemas como os seguintes:

- O sistema pode cair (sofrer uma pane) em meio à execução de algum programa, deixando, assim, o banco de dados em um estado desconhecido.

- Dois programas que estão sendo executados ao mesmo tempo ("de modo concorrente") podem interferir um com o outro e, desse modo, produzir resultados incorretos, seja no interior do banco de dados ou no mundo exterior.

O Capítulo 15 estuda a recuperação e o Capítulo 16 trata da concorrência.

CAPÍTULO **15**

Recuperação

15.1 Introdução

15.2 Transações

15.3 Recuperação de transações

15.4 Recuperação do sistema

15.5 Recuperação da mídia

15.6 COMMIT de duas fases

15.7 Savepoints (um desvio)

15.8 Recursos de SQL

15.9 Resumo

Exercícios

Referências e bibliografia

15.1 INTRODUÇÃO

Conforme observamos na introdução a esta parte do livro, os tópicos deste capítulo e do seguinte, recuperação e concorrência, estão bastante interligados. No entanto, de um ponto de vista pedagógico, é desejável tentar separá-los tanto quanto possível; por isso, nosso foco principal neste capítulo será especificamente na recuperação, deixando a concorrência para o Capítulo 16 (apesar disso, aparecerão inevitavelmente algumas referências esporádicas à concorrência neste capítulo, especialmente na Seção 15.4).

A **recuperação** em um sistema de banco de dados significa basicamente a recuperação do próprio banco de dados: ou seja, restaurar o banco de dados a um estado que se sabe ser correto depois que alguma falha o leva a um estado incorreto ou, pelo menos, suspeito. (Na próxima seção, vamos explicar melhor o que significa "um estado correto do banco de dados".) E os princípios fundamentais em que se baseia essa recuperação são muito simples, e podem ser resumidos em uma palavra: **redundância**. (Na verdade, redundância no nível físico; por questões discutidas em profundidade em outra parte deste livro, em geral não desejamos que tal redundância se estenda até o nível lógico.) Em outras palavras, o modo de garantir que o banco de dados de fato é recuperável é garantir que toda informação que ele contém possa ser reconstruída a partir de alguma outra informação armazenada de modo redundante em algum outro lugar do sistema.

Antes de continuarmos, devemos deixar claro que as ideias de recuperação (de fato, as ideias de processamento de transações em geral) são um tanto independentes de ser o sistema básico relacional ou outro qualquer – embora também devamos mencionar que muito do trabalho teórico sobre processamento de transações historicamente tem sido feito, e continua a ser feito, em um contexto especificamente relacional. Também devemos deixar claro que este é um tema enorme! – o que esperamos fazer aqui é apresentar ao leitor algumas das ideias mais importantes e básicas. Consulte a seção "Referências e bibliografia" para obter algumas sugestões de leitura adicional. A referência [15.12] é particularmente recomendada.

A organização do capítulo é a seguinte. Após esta breve introdução, as Seções 15.2 e 15.3 explicam a noção fundamental de uma *transação* e a ideia associada de *recuperação de transação* (isto é, recuperação do banco de dados depois que alguma transação individual falhou por alguma razão). Em seguida, a Seção 15.4 expande essas ideias para a esfera mais ampla de recuperação do *sistema* (ou seja, a recuperação depois que alguma espécie de queda do sistema provoca a falha simultânea de todas as transações que estão sendo executadas no momento). A Seção 15.5 é um pequeno passeio pela questão da recuperação da *mídia* (isto é, a recuperação depois que o banco de dados é danificado fisicamente de algum modo; por exemplo, pela queda de uma cabeça de gravação sobre o disco). A Seção 15.6 introduz então o conceito fundamental do *commit de duas fases* (two-phase commit). A Seção 15.7 discute a respeito dos *savepoints*. A Seção 15.8 descreve os aspectos relevantes da SQL. Para encerrar, a Seção 15.9 apresenta um resumo e algumas observações finais.

Uma última nota preliminar: Supomos em todo este capítulo que estamos em um ambiente de banco de dados "de grande porte" (compartilhado, multiusuário). Os SGBDs "de pequeno porte" (não compartilhados, de único usuário) em geral fornecem pouco ou nenhum suporte para recuperação – em vez disso, a recuperação é considerada responsabilidade do usuário, o que implica que o usuário deve criar cópias de backup periódicas do banco de dados e refazer o trabalho manualmente, caso ocorra uma falha.

15.2 TRANSAÇÕES

Uma transação é uma **unidade lógica de trabalho**; ela começa com a execução de uma operação BEGIN TRANSACTION e termina com a execução de uma operação COMMIT ou ROLLBACK. Considere a Figura 15.1, que mostra o pseudocódigo para uma transação cuja finalidade é transferir a quantia de $100 da conta 123 para a conta 456. Como você pode ver, o que presumivelmente deveria ser uma operação indivisível – "transferir dinheiro de uma conta para outra" – de fato envolve duas atualizações separadas no banco de dados. Além do mais, o banco de dados está em um estado incorreto entre essas duas atualizações, no sentido de que não reflete um estado de coisas válido no mundo real; logicamente, uma transferência no mundo real, de uma conta para outra, não deverá afetar a soma total de reais nas respectivas contas, mas, em nosso exemplo, a quantia de $100 temporariamente ficará faltando (como se fosse) entre as duas atualizações. Assim, uma unidade lógica de trabalho, que é uma transação, não envolve necessariamente uma única operação sobre o banco de dados. Em vez disso, ela geralmente envolve uma *sequência* de várias dessas operações, cuja finalidade é transformar um estado correto do banco de dados em outro estado também correto, sem necessariamente preservar a correção em todos os pontos intermediários.

```
    BEGIN TRANSACTION ;

    UPDATE CONTA 123 { SALDO := SALDO - $100 } ;
    IF ocorreu algum erro THEN GO TO UNDO ; END IF ;

    UPDATE CONTA 456 { SALDO := SALDO + $100 } ;
    IF ocorreu algum erro THEN GO TO UNDO ; END IF ;

    COMMIT ;                              /* término bem-sucedido */
    GO TO FINISH ;

UNDO :
    ROLLBACK ;                            /* término malsucedido */

FINISH :
    RETURN ;
```

FIGURA 15.1 *Uma amostra de transação (pseudocódigo).*

Agora, é claro que o que não se deve permitir que ocorra no exemplo é que uma das atualizações seja executada e a outra não, pois isso deixaria o banco de dados em estado incorreto. Para nós, o ideal seria ter uma garantia sólida de que ambas as atualizações serão executadas. Infelizmente, é impossível fornecer tal garantia – há sempre a possibilidade de que as coisas saiam erradas, e saiam erradas no pior momento possível. Por exemplo, poderia ocorrer uma queda do sistema entre as duas operações UPDATE, ou poderia ocorrer um estouro aritmético na segunda operação, e assim por diante.[1] Porém, um sistema que admite o **gerenciamento de transações** fornece algo quase tão bom quanto essa garantia. Especificamente, ele garante que, se a transação executar algumas atualizações e ocorrer uma falha (por qualquer motivo) antes de a transação atingir seu término planejado, *então essas atualizações serão desfeitas*. Assim, a transação *ou* será executada integralmente *ou* será totalmente cancelada (isto é, será como se ela nunca tivesse sido executada). Desse modo, uma sequência de operações que fundamentalmente não é indivisível pode parecer indivisível de um ponto de vista externo.

O componente do sistema que fornece essa atomicidade é chamado **gerenciador de transações** (também conhecido como **monitor de processamento de transações** ou **monitor TP**), e as operações COMMIT e ROLLBACK são a chave para se entender o modo como ele funciona:

- A operação **COMMIT** indica o término *bem-sucedido* de uma transação. Ela informa ao gerenciador de transações que uma unidade lógica de trabalho foi concluída com sucesso, que o banco de dados está (ou deveria estar) novamente em um estado correto e que todas as atualizações feitas por essa unidade de trabalho podem agora complementar o COMMIT (ou seja, gravadas no banco de dados).

- Ao contrário, a operação **ROLLBACK** assinala o término *malsucedido* de uma transação. Ela informa ao gerenciador de transações que algo saiu errado, que o banco de dados pode estar em um estado incorreto, e que todas as atualizações feitas pela unidade lógica de trabalho até agora devem ser "retomadas" (ou seja, desfeitas).

No exemplo, portanto, emitimos uma instrução COMMIT se tivermos passado pelas duas atualizações com sucesso, o que acarretará o registro "permanente" (ou "persistente") das duas alterações no banco de dados. Porém, se algo sair errado – isto é, se uma das duas atualizações resultar em uma condição de erro – emitiremos uma instrução ROLLBACK, a fim de desfazer quaisquer mudanças feitas até o momento.

Usamos o exemplo simples da Figura 15.1 para fazer alguns comentários adicionais importantes:

- *ROLLBACK implícito*: O exemplo inclui testes de erros explícitos e emite um ROLLBACK explícito se um erro for detectado. Mas não podemos considerar (e nem desejaríamos) que as transações sempre incluem testes explícitos para todos os erros possíveis, portanto, o sistema emitirá um ROLLBACK *implícito* para qualquer transação que falhe, por algum motivo, antes de atingir seu término planejado (onde "término planejado" significa ou um COMMIT explícito ou um ROLLBACK explícito).

- *Tratamento de mensagem:* Uma aplicação típica não somente atualizará o banco de dados (ou tentará fazê-lo), mas também enviará algum tipo de mensagem de volta ao usuário final, indicando o que aconteceu. No exemplo, poderíamos enviar a mensagem "Transferência realizada com sucesso" se o COMMIT fosse alcançado, ou a mensagem "Erro – transferência não realizada" em caso contrário. Por sua vez, o tratamento de mensagens possui outras implicações para a recuperação. Consulte a referência [15.12] para ver uma discussão adicional.

- *Recuperação de log:* Você deve estar se perguntando como é possível desfazer uma atualização. A resposta é que o sistema mantém um **log** ou **diário** em fita ou (mais comumente) em disco, no qual são registrados detalhes de todas as operações de atualização – em particular, valores do objeto atualizado (por exemplo, tuplas) antes e depois de cada atualização, às vezes chamados de *imagens antes e depois*.

---

[1] A queda (crash) do sistema, que afeta todas as transações sendo executadas no momento, também é conhecida como uma falha *global*, ou do *sistema*, e uma falha de um programa individual, como um estouro aritmético, que afeta apenas uma transação, também é conhecido como uma falha *local*. Consulte as Seções 15.4 e 15.3, respectivamente.

Assim, se for necessário desfazer alguma atualização, o sistema poderá usar a entrada de log correspondente para restaurar o objeto atualizado a seu valor anterior. *Nota:* Na verdade, essa explicação está um tanto simplificado demais. Na prática, o log terá duas partes, um parte *ativa* ou on-line, e uma parte de *arquivo* ou off-line. A parte on-line é a parte usada durante a operação normal do sistema, para registrar os detalhes das atualizações à medida que elas são executadas e, em geral, está contida em disco. Quando a parte on-line fica cheia, seu conteúdo é transferido para a parte off-line, que (por ser sempre processada sequencialmente) pode estar contida em fita.

- *Atomicidade da instrução*: O sistema deve garantir que instruções individuais – ou seja, *execuções* de instruções individuais – sejam atômicas. Essa consideração se torna particularmente significativa em um sistema relacional, no qual as instruções são de nível de conjuntos e em geral operam sobre muitas tuplas ao mesmo tempo; não deve ser possível que uma determinada instrução falhe durante o processo e deixe o banco de dados em um estado incorreto (por exemplo, com algumas tuplas atualizadas e outras não). Em outras palavras, se ocorrer um erro no meio desse tipo de instrução, então o banco de dados deve permanecer totalmente inalterado. Além disso, como mencionamos nos Capítulos 9 e 10, o mesmo é verdade ainda que a instrução provoque a realização de operações adicionais "encobertas" (por exemplo, devido a uma regra de propagação de exclusões, ou porque uma visão de junção está sendo atualizada).

- *A execução do programa é uma sequência de transações:* Observe bem que COMMIT e ROLLBACK terminam a *transação*, não o programa de aplicação. Em geral, a execução de um único programa consistirá em uma *sequência* de várias transações executadas uma após a outra, como ilustra a Figura 15.2.

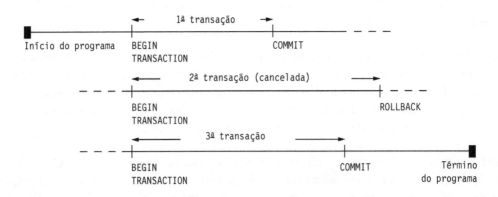

FIGURA 15.2 *A execução de um programa é uma sequência de transações.*

- *Não existem transações aninhadas:* Consideramos, por enquanto, que um programa de aplicação só pode executar uma instrução BEGIN TRANSACTION quando não tiver outra transação atualmente em andamento. Em outras palavras, nenhuma transação possui outras transações aninhadas dentro de si. Porém, observe que voltaremos a essa declaração no próximo capítulo.

- *Correção:* Por definição, o banco de dados sempre está pelo menos em um estado *consistente* – em que, acompanhando o Capítulo 9 (e, na verdade, acompanhando a literatura em geral), consideramos *consistente* como, precisamente, "não violando qualquer restrição de integridade conhecida". Observe, também, que a consistência nesse sentido é *imposta pelo SGBD*. Segue-se que as transações sempre transformam um estado consistente em outro estado consistente, por definição. Mas apenas a consistência não é o bastante; queremos *correção*, e não apenas consistência! No caso da transação da Figura 15.1, por exemplo, queremos que a quantidade total de dinheiro nas contas 123 e 456, juntas, não mude. Contudo, não seria razoável declarar uma restrição de integridade para esse efeito (por quê?), e por isso não podemos esperar que o SGBD imponha o requisito; na realidade, já sabemos, pelo Capítulo 9, que a consistência não significa correção. Portanto, infelizmente, tudo o que podemos fazer – e tudo o que o SGBD pode fazer – é simplesmente *assumir* que as transações estão corretas, no sentido de que refletem fielmente apenas as operações do mundo real que deveriam refletir. Mais precisamente, consideramos que, se *T* é uma transação que transforma o banco de dados do estado *D1* para o estado *D2*, e se *D1* está correto, então *D2* também está correto.[2] Contudo, repetindo, essa propriedade desejável *não pode ser imposta pelo sistema* ("o sistema não pode impor a verdade, apenas a consistência", como dissemos no Capítulo 9, Seção 9.7).

- *Atribuição múltipla:* No Capítulo 5, vimos que, acompanhando a referência [3.3], exigimos o suporte para uma forma múltipla de atribuição, permitindo a realização "simultânea" de qualquer quantidade de atribuições individuais (ou seja, atualizações). Por exemplo, poderíamos substituir os dois UPDATEs separados na Figura 15.1 pela seguinte instrução única (observe a vírgula separadora):

```
UPDATE CONTA 123 { SALDO := SALDO - $100 } ,
UPDATE CONTA 456 { SALDO := SALDO + $100 } ;
```

Agora, a transação envolveria apenas uma única operação de atualização; seu efeito sobre o banco de dados, portanto, seria atômico por definição e – pelo menos neste exemplo em particular – as instruções BEGIN TRANSACTION, COMMIT e ROLLBACK não seriam mais necessárias. Porém, conforme observamos no Capítulo 5, os produtos atuais não admitem atribuição múltipla (pelo menos, não totalmente); portanto, por motivos pragmáticos, ignoramos a possibilidade de atribuição múltipla no restante deste capítulo. (Na verdade, é claro, a atribuição múltipla nem sequer foi considerada como uma possibilidade quando surgiu o trabalho teórico original sobre transações. Veja uma discussão mais completa na Seção 16.10.)

15.3 RECUPERAÇÃO DE TRANSAÇÕES

Uma transação começa com a execução de uma operação BEGIN TRANSACTION e termina com a execução de uma operação COMMIT ou ROLLBACK. Um COMMIT estabelece um **ponto de COMMIT** (também conhecido, especialmente em sistemas mais antigos, como **ponto de sincronização**). Um ponto de COMMIT corresponde portanto ao fim (bem-sucedido) de uma unidade lógica de trabalho e, em consequência, a um ponto no qual o banco de dados supostamente está em um estado correto. Ao contrário, ROLLBACK devolve o banco de dados ao estado em que ele se encontrava em BEGIN TRANSACTION, o que efetivamente significa o retorno ao ponto de COMMIT anterior. *Nota:* A expressão "ponto de COMMIT anterior" ainda é exata, mesmo no caso da primeira transação no programa, se concordarmos em imaginar a primeira operação BEGIN TRANSACTION no programa como o estabelecimento implícito de um "ponto de COMMIT" inicial. Observe também que, neste contexto, o termo *banco de dados* significa na realidade apenas a parte do banco de dados acessível por meio da transação em questão; outras transações podem estar sendo executadas em paralelo com essa transação e efetuando mudanças em suas próprias partes, e assim o "banco de dados total" pode não se encontrar em um estado totalmente correto em um ponto de COMMIT. Contudo, como explicamos na Seção 15.1, estamos ignorando a possibilidade de transações concorrentes neste capítulo (tanto quanto possível). É claro que essa simplificação não afeta de modo substancial o ponto em discussão.

Quando um ponto de COMMIT é estabelecido:

1. Conforme explicamos na Seção 15.2, todas as atualizações ao banco de dados feitas pelo programa em execução desde o ponto de COMMIT anterior completaram o COMMIT; isto é, elas se tornam permanentes, no sentido de que serão registradas permanentemente no banco de dados. Antes do ponto de COMMIT, todas as atualizações devem ser consideradas como *apenas tentati-*

---

[2]Observe também, cuidadosamente, que essa instrução deveria ser aplicada a *todos* os estados corretos *D1 possíveis*. Logicamente, na realidade, *T* pode não "refletir fielmente as operações do mundo real que deveria refletir", produzindo ainda um estado *D2* correto a partir de *algum* estado *D1 específico* – mas isso não seria bom o suficiente; queremos que a correção seja uma garantia, e não uma questão de mera casualidade.

vas – tentativas no sentido de que podem ser desfeitas subsequentemente. Uma vez que o COMMIT foi completado, uma atualização tem a garantia de que nunca será desfeita[3] (essa é a definição de COMMIT completo).

2. Todos os posicionamentos do banco de dados são perdidos e todos os bloqueios de tuplas liberados. Nesse caso, "posicionamento de banco de dados" se refere à ideia de que, em qualquer instante dado, um programa em execução terá possibilidade de endereçamento a certas tuplas no banco de dados (por exemplo, por meio de determinados *cursores* no caso de SQL, como explicamos no Capítulo 4); essa possibilidade de endereçamento se perde em um ponto de COMMIT. Os "bloqueios de tuplas" serão explicados no próximo capítulo. *Nota*: Alguns sistemas oferecem uma opção pela qual o programa de fato pode ser capaz de conservar a capacidade de endereçamento para determinadas tuplas (e, portanto, reter certos bloqueios de tuplas) de uma transação para a seguinte; na verdade, essa opção foi acrescentada ao padrão SQL em 1999. Consulte a Seção 15.8 para ver mais detalhes.

Nota: O item 2 – excluindo-se a observação sobre a possibilidade de conservar alguma capacidade de endereçamento e, portanto, conservar certos bloqueios de tuplas – também se aplica no caso de uma transação se encerrar com ROLLBACK em vez de COMMIT. É claro que o item 1 não se aplica nesse caso.

Então, podemos ver agora que as transações são não apenas a unidade de trabalho, mas também a unidade de **recuperação**. Portanto, se uma transação tiver o COMMIT completado com sucesso, então o sistema garantirá que suas atualizações serão instaladas permanentemente no banco de dados, mesmo que o sistema caia no momento seguinte. Por exemplo, é bastante possível que o sistema caia depois da instrução COMMIT ser aceita, mas antes que as atualizações sejam gravadas fisicamente no banco de dados – elas ainda podem estar esperando em um buffer[4] de memória principal e serem perdidas no instante da queda. Mesmo que isso aconteça, o procedimento de reinicialização do sistema ainda registrará essas atualizações no banco de dados; ele é capaz de descobrir os valores que devem ser gravados por meio do exame das entradas relevantes no log. (Resulta que o log deve ser fisicamente gravado antes de se completar o processamento de COMMIT – essa é a **regra da gravação antecipada no log**, ou "**write-ahead log rule**".) Assim, o procedimento de reinicialização recuperará qualquer transação concluída com sucesso que não tenha conseguido fazer suas atualizações serem gravadas fisicamente antes da queda; por isso, como já dissemos, as transações são de fato a unidade de recuperação. *Nota:* No próximo capítulo, veremos que elas também são a unidade de *concorrência*.

Nesse ponto, precisamos discutir a respeito de alguma questões de implementação. Intuitivamente, deve ficar claro que a implementação será mais simples se as duas condições a seguir forem verdadeiras:

- As atualizações ao banco de dados são mantidas em buffers na memória principal e não são gravadas fisicamente no disco até que o COMMIT da transação seja completado. Desse modo, se a transação terminar sem sucesso, não será preciso desfazer quaisquer atualizações no disco.

- As atualizações ao banco de dados *são* gravadas fisicamente no disco como parte do processo de confirmação da requisição de COMMIT da transação. Desse modo, se o sistema cair mais tarde, podemos ter certeza de que não será preciso refazer quaisquer atualizações no disco.

Porém, na prática, nenhuma dessas propriedades será mantida (em geral). Primeiro, os buffers podem simplesmente não ser grandes o bastante, significando que as atualizações para a transação *A* podem ter que ser gravadas no disco antes do COMMIT de *A* – talvez para deixar espaço para as atualizações da transação *B* (nessa situação, diz-se que *B* **rouba** espaço de buffer de *A*). Segundo, gravar fisicamente ou **forçar** atualizações ao disco no momento do COMMIT poderia ser ineficaz; por exemplo, se 100 transações

---

3. Logicamente, a não ser pela ação explícita do usuário. (Na realidade, uma atualização com COMMIT também poderia ser desfeita pela ação implícita do sistema, se as transações puderem ser aninhadas [15.15], mas estamos ignorando essa última possibilidade até aviso ao contrário.)

[4]*Buffers* são áreas de retenção na memória principal para os dados que devem ser transferidos (em qualquer direção) entre o banco de dados físico e alguma transação em execução.

consecutivas atualizam o mesmo objeto, então forçar a gravação significaria que 100 gravações físicas serão realizadas, quando apenas uma seria suficiente. Por esses motivos, os gerenciadores de transação reais normalmente empregam o que é chamado *política de roubar sem forçar* (*steal/no force*), um fato que complica bastante a implementação, como você poderia imaginar. Qualquer detalhe adicional a respeito estará fora do escopo deste livro.

Ora, já dissemos que a regra da gravação antecipada no log significa que o log precisa ser gravado fisicamente antes que o processamento de COMMIT seja concluído. Essa afirmação é verdadeira, naturalmente, mas agora podemos explicá-la melhor e torná-la mais precisa:

- O registro em log para determinada atualização do banco de dados precisa ser gravado fisicamente no log antes que a atualização seja fisicamente gravada no banco de dados.

- Todos os outros registros de log para determinada transação precisam ser gravados fisicamente no log antes que o registro de log do COMMIT dessa transação seja fisicamente gravado no log.

- O processamento do COMMIT para determinada transação não deverá ser completado até que o registro de log do COMMIT para essa transação seja gravado fisicamente no log.[5]

As propriedades ACID

Acompanhando a referência [15.14], podemos resumir esta seção e a anterior dizendo que as transações possuem (ou deveriam possuir!) quatro propriedades importantes, que são chamadas "propriedades ACID": *Atomicidade*, *correção*,[6] *Isolamento* e *Durabilidade*. Resumindo:

- **Atomicidade:** As transações são atômicas (tudo ou nada).

- **Correção:** As transações transformam um estado correto do banco de dados em outro estado correto, sem necessariamente preservar a correção em todos os pontos intermediários.

- **Isolamento:** As transações são isoladas umas das outras. Isto é, embora em geral haja muitas transações sendo executadas ao mesmo tempo, as atualizações de qualquer transação dada são ocultas de todas as outras até o COMMIT dessa transação. Outro modo de dizer isso é afirmar que, no caso de duas transações distintas A e B, A poderia ver as atualizações de B (após B fazer o COMMIT) ou B poderia ver as atualizações de A (após A fazer o COMMIT), mas certamente não ambas.

- **Durabilidade:** Uma vez completado o COMMIT da transação, suas atualizações sobrevivem no banco de dados mesmo que haja uma queda subsequente do sistema.

O próximo capítulo contém muito mais detalhes a respeito dessas propriedades.

15.4 RECUPERAÇÃO DO SISTEMA

O sistema deve estar preparado para se recuperar não apenas de falhas puramente locais, como a ocorrência de uma condição de estouro (overflow) dentro de uma transação individual, mas também de falhas "globais" como uma queda de energia. Por definição, uma falha local só afeta a transação em que a falha realmente ocorreu; essas falhas já foram discutidas nas Seções 15.2 e 15.3. Ao contrário, uma falha global afeta todas as transações em andamento no instante da falha e, portanto, tem implicações significativas em todo o sistema. Nesta seção e na seguinte, consideramos brevemente o que está envolvido na recuperação de um falha global. Essas falhas se enquadram em duas grandes categorias:

---

[5]Alguns sistemas forçam o registro de log do COMMIT em disco assim que a requisição COMMIT é recebida, outros esperam até que (por exemplo) o buffer esteja cheio antes de forçá-lo para o disco. Essa última técnica é chamada de *commit em grupo*, baseada em que ela normalmente faz com que várias transações tenham o COMMIT completado ao mesmo tempo; isso reduz a quantidade de E/S, mas adia o término de algumas transações.

[6]O termo *consistência* é usado no lugar de *correção* na maior parte da literatura (na referência [15.14] em particular), mas já demos nossos motivos para preferir o segundo termo.

- **Falhas do sistema** (por exemplo, queda de energia), que afetam todas as transações em curso no momento, mas não danificam fisicamente o banco de dados. Às vezes, uma falha do sistema é chamada *soft crash*.

- **Falhas da mídia** (por exemplo, queda da cabeça de gravação sobre o disco), que causam danos ao banco de dados ou a uma parte dele, e afetam pelo menos todas as transações que no momento estão usando essa parte. Às vezes, uma falha da mídia é chamada *hard crash*.

As falhas do sistema são discutidas nesta seção; as falhas da mídia serão examinadas na Seção 15.5.

O ponto crítico com relação a falhas do sistema é o fato de que *o conteúdo da memória principal é perdido* (em particular, os buffers do banco de dados se perdem). Então, o estado exato de qualquer transação em curso no momento da falha deixa de ser conhecido; desse modo, tal transação não poderá nunca mais ser concluída com sucesso e deverá ser *desfeita* – isto é, retomada – quando o sistema for reinicializado. Além disso, também pode ser necessário (como sugerimos na Seção 15.3) *refazer* no momento da reinicialização certas transações concluídas com êxito antes da queda, mas que não conseguiram ter suas atualizações transferidas dos buffers do banco de dados para o banco de dados físico.

Surge aqui a questão óbvia: de que maneira o sistema saberá, no momento de reinicialização, quais transações devem ser desfeitas e quais devem ser refeitas? A resposta é a seguinte: em certos intervalos predeterminados – em geral, sempre que algum número preestabelecido de entradas é gravado no log – o sistema automaticamente *marca um checkpoint* (ponto de verificação). Marcar um checkpoint envolve (a) gravar fisicamente o conteúdo dos buffers do banco de dados no banco de dados físico e (b) gravar fisicamente um **registro de checkpoint** especial no log físico. O registro de checkpoint fornece uma lista de todas as transações que estavam em andamento no momento em que o checkpoint foi marcado. Para ver como essa informação é utilizada, considere a Figura 15.3, que deve ser lida da seguinte maneira (observe que a hora na figura flui da esquerda para a direita):

- Ocorreu uma falha do sistema no instante *tf*.

- O checkpoint mais recente antes do instante *tf* foi marcado no tempo *tc*.

- As transações de tipo *T1* foram concluídas (com sucesso) antes do tempo *tc*.

- As transações do tipo *T2* foram iniciadas antes do instante *tc* e concluídas (com sucesso) após o instante *tc* e antes de *tf*.

- As transações do tipo *T3* também foram iniciadas antes do instante *tc*, mas não foram concluídas até o instante *tf*.

- As transações do tipo *T4* começaram após o instante *tc* e foram concluídas (com sucesso) antes do instante *tf*.

- Finalmente, as transações do tipo *T5* também foram iniciadas após o instante *tc*, mas não foram concluídas até o instante *tf*.

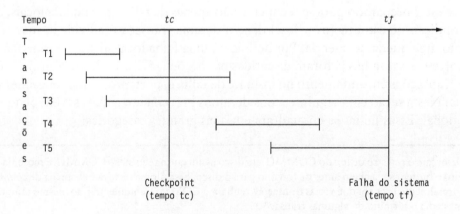

FIGURA 15.3 *Cinco categorias de transações.*

Deve ficar claro que, quando o sistema é reinicializado, as transações dos tipos *T3* e *T5* devem ser desfeitas, e as transações dos tipos *T2* e *T4* devem ser refeitas. Contudo, observe que as transações do tipo *T1* não entram absolutamente no processo de reinicialização, porque suas atualizações foram forçadas no banco de dados no instante *tc*, como parte do processo do checkpoint. Observe também que as transações concluídas sem sucesso (isto é, com uma retomada) antes do instante *tf* também não entram absolutamente no processo de reinicialização (por que não?).

Por conseguinte, no momento da reinicialização, o sistema passa primeiro pelo procedimento a seguir, a fim de identificar todas as transações dos tipos *T2* a *T5*:

1. Começar com duas listas de transações, a lista UNDO e a lista REDO.

2. Definir a lista UNDO como igual à lista de todas as transações dadas no registro do checkpoint mais recente e definir a lista REDO como vazia.

3. Pesquisar o log para a frente, a partir do registro do checkpoint.

4. Se for encontrada uma entrada de log BEGIN TRANSACTION para a transação *T*, acrescentar *T* à lista UNDO.

5. Se for encontrada uma entrada de log COMMIT para a transação *T*, mover *T* da lista UNDO para a lista REDO.

6. Quando for alcançado o final do log, as listas UNDO e REDO identificarão respectivamente transações dos tipos *T3* e *T5* e transações dos tipos *T2* e *T4*.

Agora, o sistema percorre o log do fim para o início, desfazendo as transações da lista UNDO; em seguida, ele percorre o log de novo para a frente, refazendo as transações da lista REDO. *Nota*: A restauração do banco de dados a um estado correto refazendo o trabalho às vezes é chamada *recuperação direta*. De modo semelhante, a restauração do banco de dados a um estado correto desfazendo o trabalho às vezes é chamada *recuperação inversa*. Observe que a recuperação direta refaz as atualizações na ordem em que foram feitas originalmente, enquanto a recuperação inversa desfaz as atualizações na ordem inversa.

Finalmente, quando toda essa atividade de recuperação for concluída, então (e só então) o sistema estará pronto para aceitar um novo trabalho.

ARIES

Naturalmente, a descrição anterior sobre o procedimento de recuperação do sistema é muito simplificada.[7] Observe, particularmente, que ela mostra operações de "desfazer" sendo feitas antes das operações de "refazer". Os primeiros sistemas atuavam dessa forma, mas, por questões de eficiência, os sistemas modernos normalmente fazem as coisas ao contrário; de fato, a maior parte dos sistemas de hoje utiliza um esquema chamado ARIES [15.20], ou algo muito próximo desse esquema, que na realidade realiza primeiro as operações de refazer. ARIES opera em três fases gerais:

1. *Análise:* Montar as listas de REDO e UNDO.

2. *Refazer:* Começar de uma posição no log determinada pela fase de análise e restaurar o banco de dados ao estado em que se encontrava no momento da falha.

3. *Desfazer:* Desfazer os efeitos de transações que não puderam ter o COMMIT completado.

Observe que "refazer antes de desfazer" implica refazer o trabalho para as transações que falharam no COMMIT, um trabalho que mais tarde será desfeito novamente. Em parte por esse motivo, a fase de refa-

---

[7]Entre outras coisas, ela considera que a recuperação é possível! Se as transações nunca são executadas ao mesmo tempo, então elas serão recuperáveis (obviamente); contudo, a possibilidade da execução simultânea gera certos fatores de complicação, e precisamos ter cuidado para que eles não enfraqueçam a capacidade de recuperação. Voltaremos a essa questão no próximo capítulo.

zer do esquema ARIES normalmente é considerada *repetir a história* [15.21]. Observe também que o ARIES registra as operações que realiza durante a fase de desfazer em um log, de modo que, se o sistema falhar novamente durante o procedimento de reinicialização – uma casualidade provável –, então as atualizações que já foram desfeitas não serão desfeitas novamente na próxima reinicialização.

O nome ARIES significa "Algorithms for Recovery and Isolation Exploiting Semantics" (algoritmo para recuperação e isolamento explorando a semântica).

15.5 RECUPERAÇÃO DA MÍDIA

Nota: O tópico de recuperação de mídia é de um tipo um pouco diferente dos assuntos de recuperação de transações e do sistema. Nós o incluímos aqui para completar o assunto.

Repetindo o que foi dito da Seção 15.4, uma falha de mídia é uma falha – como a queda de uma cabeça de disco, ou então uma falha do controlador de disco – na qual uma parte do banco de dados é destruída fisicamente. A recuperação de uma falha desse tipo envolve basicamente a recarga ou a restauração do banco de dados a partir de uma cópia de backup ou dump. Em seguida, usa-se o log – em geral, tanto a parte ativa quanto a parte arquivada – para refazer todas as transações que se completaram desde que foi feita a última cópia de backup. Não há necessidade de desfazer as transações que ainda estavam em curso no momento da falha pois, por definição, todas as atualizações dessas transações de qualquer modo foram "desfeitas" (na verdade, perdidas).

A necessidade de ser capaz de efetuar a recuperação da mídia implica a necessidade de um utilitário de dump/restore (ou de descarga/recarga). A parte de dump desse utilitário é usada para criar cópias de backup do banco de dados por solicitação. Essas cópias podem ser mantidas em fita ou em outro meio de armazenamento de arquivos; não é necessário que estejam na mídia de acesso direto. Depois de uma falha de mídia, a parte de restauração do utilitário é usada para recriar o banco de dados a partir de uma cópia de backup especificada.

15.6 COMMIT DE DUAS FASES

Nota: Você pode querer saltar esta seção em uma primeira leitura.

Nesta seção, examinaremos rapidamente uma elaboração muito importante do conceito básico de commit/rollback, chamada **COMMIT de duas fases** (ZPC – *two phase commit*). O COMMIT de duas fases é importante sempre que uma determinada transação pode interagir com vários "gerenciadores de recursos" independentes, cada um gerenciando seu próprio conjunto de recursos recuperáveis e mantendo seu próprio log de recuperação.[8] Por exemplo, considere uma transação sendo executada em um mainframe IBM que atualiza um banco de dados IMS e também um banco de dados DB2 (a propósito, essa é uma transação perfeitamente válida). Se a transação for completada com sucesso, então *todas* as suas atualizações, tanto aos dados do IMS quanto aos dados do DB2, deverão completar o COMMIT; inversamente, se ela falhar, então *todas* as suas atualizações terão de ser retomadas. Em outras palavras, não deverá ser possível que as atualizações IMS completem o COMMIT e as atualizações DB2 sejam retomadas, ou vice-versa – pois então a transação não seria mais atômica (tudo ou nada).

Segue-se que não faz sentido a transação emitir, digamos, um COMMIT para o IMS e um ROLLBACK para o DB2; e mesmo que ela emitisse a mesma instrução para ambos, o sistema ainda poderia falhar entre as duas, com resultados desagradáveis. Assim, em vez disso, a transação emite uma única instrução COMMIT (ou ROLLBACK) **para todo o sistema**. Essa instrução COMMIT ou ROLLBACK é por um componente do sistema chamado **coordenador**, cuja tarefa é garantir que ambos os gerenciadores de recursos (isto é, o IMS e o DB2 no exemplo) façam o COMMIT ou a retomada das atualizações pelas quais são responsáveis em *uníssono* – e, além disso, forneçam o COMMIT *mesmo que o sistema falhe no meio do processo*. Então, é o protocolo de COMMIT de duas fases que permite ao coordenador oferecer tal garantia.

---

[8]Em particular, isso é importante no contexto de sistemas de bancos de dados distribuídos, e por esse motivo é discutido com mais detalhes no Capítulo 21.

Vejamos como ele funciona. Para simplificar, suponha que a transação tenha concluído com sucesso seu processamento de banco de dados; assim, a instrução no âmbito do sistema que ela emite é COMMIT, e não ROLLBACK. Ao receber essa requisição de COMMIT, o coordenador executa o seguinte processo em duas fases:

- *Preparar:* Primeiro, ele instrui todos os gerenciadores de recursos a ficarem prontos para "seguir qualquer caminho" na transação. Na prática, isso significa que cada **participante** do processo – ou seja, cada gerenciador de recursos envolvidos – deve forçar todas as entradas de log de recursos locais utilizados pela transação em seu próprio log físico (isto é, para o armazenamento não volátil; aconteça o que acontecer daí por diante, o gerenciador de recursos terá agora um registro permanente do trabalho que realizou para a transação, e será capaz de completar o COMMIT de suas atualizações ou cancelá-las, como for preciso). Supondo-se que a gravação forçada seja bem-sucedida, o gerente de recursos responderá agora "OK" ao coordenador; caso contrário, ele responderá "Não OK".

- COMMIT: Depois de receber respostas de todos os participantes, o coordenador força a gravação de uma entrada em seu próprio log físico, registrando sua decisão a respeito da transação. Se todas as respostas foram "OK", essa decisão será COMMIT; se qualquer resposta tiver sido "Não OK", a decisão será "cancelar". De qualquer forma, o coordenador informará sua decisão a cada participante, e *cada participante deverá então fazer o COMMIT ou cancelar a transação de modo local, conforme tiver sido instruído.* Observe que cada participante *tem de* fazer o que lhe diz o coordenador na Fase 2 – esse é o protocolo. Observe também que o aparecimento do registro de decisão no log físico do coordenador assinala a transição da Fase 1 para a Fase 2.

Se o sistema falhar em algum ponto durante o processo geral, o procedimento de reinicialização procurará o registro de decisão no log do coordenador. Se o encontrar, então o processo de COMMIT de duas fases poderá continuar do ponto em que foi interrompido. Se não achar o registro, ele presumirá que a decisão foi "cancelar", e mais uma vez o processo poderá ser concluído adequadamente. *Nota:* Vale a pena observar que, se o coordenador e os participantes forem executados em máquinas diferentes, como poderia acontecer em um sistema distribuído (consulte o Capítulo 21), então uma falha por parte do coordenador poderá manter algum participante esperando durante um longo tempo pela decisão do coordenador – e, enquanto ele *estiver* esperando, quaisquer atualizações feitas pela transação por meio desse participante deverão ser mantidas ocultas de outras transações (isto é, essas atualizações provavelmente terão de ser mantidas *bloqueadas*, conforme veremos no próximo capítulo).

Observamos que o gerenciador de comunicações de dados (o gerenciador DC – consulte o Capítulo 2) também pode ser visto com um gerenciador de recursos no sentido descrito. Isto é, as mensagens também podem ser consideradas um recurso recuperável, exatamente como o banco de dados, e o gerenciador DC precisa ser capaz de participar do processo de COMMIT de duas fases. Para obter mais detalhes sobre esse ponto e sobre toda a ideia do COMMIT de duas fases, consulte a referência [15.12].

15.7 SAVEPOINTS (UM DESVIO)

Vimos que as transações, conforme normalmente são compreendidas, não podem ser aninhadas uma na outra. Apesar disso, existe alguma maneira de permitir que as transações sejam divididas em "subtransações" menores? A resposta é um *sim* limitado – pode ser possível que uma transação estabeleça **savepoints** intermediários enquanto está executando, e mais tarde retorne a um savepoint previamente estabelecido, se for preciso, em vez de ter que cancelar desde o início. De fato, um mecanismo de savepoint desse tipo foi incluído em vários dos primeiros sistemas, incluindo Ingres – o produto comercial, não o protótipo – e System R, e esse recurso foi acrescentado ao padrão SQL em 1999. Observe, no entanto, que o estabelecimento de um savepoint não é o mesmo que realizar um COMMIT; as atualizações feitas pela transação ainda não estão visíveis a outras transações até que determinada transação execute um COMMIT com sucesso. Veja uma discussão melhor na Seção 15.8, imediatamente a seguir.

15.8 RECURSOS DE SQL

O suporte de SQL para transações e, portanto, para recuperação baseada em transação, segue as linhas gerais descritas nas seções anteriores. Em primeiro lugar, a maior parte das instruções SQL executáveis é atômica (a única exceção são CALL e RETURN). Segundo, como vimos no Capítulo 4, a SQL oferece equivalentes diretos de BEGIN TRANSACTION, COMMIT e ROLLBACK, chamados START TRANSACTION, COMMIT WORK e ROLLBACK WORK, respectivamente. Aqui está a sintaxe para START TRANSACTION:

```
START TRANSACTION <lista_com_vírgulas de opções> ;
```

A <lista_com_vírgulas de opções> especifica um *modo de acesso*, um *nível de isolamento*, ou ambas as opções (uma terceira opção, relacionada ao *tamanho da área de diagnósticos*, está além do escopo deste livro):

- O **modo de acesso** é READ ONLY ou READ WRITE. Se nenhum deles for especificado, será pressuposto o modo READ WRITE, a menos que o nível de isolamento READ UNCOMMITED seja especificado; nesse caso, será pressuposto o modo READ ONLY. Se READ WRITE for especificado, o nível de isolamento não poderá ser READ UNCOMMITED.

- O **nível de isolamento** assume a forma ISOLATION LEVEL <isolamento>, onde <isolamento> é READ UNCOMMITED, READ COMMITED, REPEATABLE READ ou SERIALIZABLE. Para obter mais explicações, consulte o Capítulo 16.

A sintaxe para COMMIT e ROLLBACK é:

```
COMMIT [ WORK ] [ AND [ NO ] CHAIN ] ;
```

```
ROLLBACK [ WORK ] [ AND [ NO ] CHAIN ] ;
```

A palavra WORD é redundante. AND CHAIN faz com que um START TRANSACTION (com a mesma <lista_com_vírgulas de opções> de antes) seja executado automaticamente após o COMMIT; AND NO CHAIN é o default. Um CLOSE é executado automaticamente para cada cursor aberto (fazendo com que todo o posicionamento do banco de dados seja perdido), exceto – apenas para COMMIT – para cursores declarados com WITH HOLD. *Nota:* Discutimos isso no Capítulo 4, mas WITH HOLD é uma opção na declaração de um cursor. Um cursor declarado com WITH HOLD não é fechado automaticamente no COMMIT, mas é mantido aberto, posicionado de modo que o próximo FETCH o moverá para a próxima linha em sequência; assim, não é preciso usar o código de reposicionamento, possivelmente complexo, que de outra for poderia ser necessário no próximo OPEN.

A SQL também admite savepoints. A instrução

```
SAVEPOINT <nome do savepoint> ;
```

cria um savepoint com o nome especificado, escolhido pelo usuário (que é local à transação). A instrução

```
ROLLBACK TO <nome do savepoint> ;
```

desfaz todas as atualizações feitas desde o savepoint especificado. E a instrução

```
RELEASE <nome do savepoint> ;
```

remove o savepoint especificado, significando que não é mais possível executar um ROLLBACK para esse savepoint. Todos os savepoints são removidos automaticamente ao término de uma transação.

15.9 RESUMO

Neste capítulo, apresentamos uma introdução necessariamente breve ao tópico de **gerenciamento de transações**. Uma transação é uma **unidade lógica de trabalho** e também uma **unidade de recuperação** (e ainda uma unidade de concorrência – consulte o Capítulo 16). As transações têm as **propriedades ACID** de **atomicidade, consistência** (correção, conforme normalmente a chamamos neste livro), **isolamento e durabilidade**. O **gerenciamento de transações** é a tarefa de supervisionar a execução de transações de tal modo que se possa, de fato, garantir que elas têm essas importantes propriedades (exceto pela correção!). Com efeito, a finalidade geral do sistema poderia ser definida como a **execução confiável de transações**.

As transações são iniciadas por **BEGIN TRANSACTION** e terminadas por **COMMIT** (término *bem-sucedido*) ou por **ROLLBACK** (término *malsucedido*). Um COMMIT estabelece um **ponto de COMMIT** (as atualizações são registradas no banco de dados); um ROLLBACK rola o banco de dados para trás, até o ponto de COMMIT anterior (as atualizações são desfeitas). Se uma transação não atingir o término planejado, o sistema forçará a execução de um ROLLBACK para ela (**recuperação de transações**). Para ser capaz de desfazer e refazer atualizações, o sistema mantém um **log** de recuperação. Além disso, os registros do log para determinada transação devem ser gravados no log físico antes de poder ser concluído o processamento de COMMIT para essa transação (a **regra da gravação antecipada no log**).

Se houver uma falha no sistema, ele precisa (a) **refazer** todo o trabalho feito por transações concluídas com sucesso antes da falha e (b) **desfazer** todo o trabalho feito por transações iniciadas, mas não concluídas antes da falha. Essa atividade de **recuperação do sistema** é executada como parte do procedimento de **reinicialização** do sistema (algumas vezes conhecido como procedimento de *reinicialização/recuperação*). O sistema descobre qual trabalho deve ser refeito e qual trabalho deve ser desfeito examinando o **registro de checkpoint** mais recente. Os registros de checkpoint são gravados no log a intervalos predeterminados.

O sistema também fornece **recuperação de mídia** restaurando o banco de dados de um **dump** anterior e depois – com a utilização do log – refazendo o trabalho concluído desde que esse dump foi feito. Os **utilitários** de dump/restore são necessários para dar suporte à recuperação de mídia.

Os sistemas que permitem a interação de transações com dois ou mais **gerenciadores de recursos** – por exemplo, dois SGBDs diferentes, ou um SGBD e um gerenciador DC – devem usar um protocolo chamado **COMMIT de duas fases** (ou alguma variante deste) se tiverem de manter a propriedade de atomicidade de transações. As duas fases são (a) a fase de **preparação**, na qual o **coordenador** instrui todos os **participantes** a "ficarem prontos a irem para qualquer lado", e (b) a fase de **COMMIT**, na qual – supondo-se que todos os participantes responderam satisfatoriamente durante a fase preparação – o coordenador instrui todos os participantes a efetuarem o COMMIT (ou, caso contrário, o ROLLBACK).

Concluímos com uma breve menção a respeito de **savepoints** e um estudo dos recursos de recuperação no padrão SQL; em particular, descrevemos a instrução **START TRANSACTION** da SQL, que permite ao usuário especificar o **modo de acesso** e o **nível de isolamento** para a transação.

Um último ponto: fizemos em todo este capítulo a suposição tácita de um ambiente de programação de aplicações. Porém, todos os conceitos discutidos se aplicam igualmente ao ambiente do usuário final (embora eles possam estar um tanto ocultos nesse nível). Por exemplo, os produtos de SQL em geral permitem que o usuário digite instruções de SQL interativamente a partir de um terminal. Normalmente, cada uma dessas instruções interativas de SQL é tratada como uma transação em si; o sistema emitirá uma instrução COMMIT automática a pedido do usuário depois de executar a instrução SQL (ou uma instrução ROLLBACK automática se ocorrer uma falha). Contudo, alguns sistemas permitem ao usuário inibir essas instruções COMMIT automáticas e, em vez disso, executar toda uma série de instruções de SQL (seguidas por uma instrução COMMIT ou ROLLBACK explícita) como uma única transação. Entretanto, geralmente essa prática não é recomendável, pois poderia fazer partes do banco de dados permanecerem bloqueadas e, portanto, inacessíveis a outros usuários por períodos de tempo longos demais (consulte o Capítulo 16). Além disso, nesse ambiente é possível que ocorra um *impasse* (*deadlock*) entre usuários finais, que é outro bom argumento para a proibição dessa prática (novamente, consulte o Capítulo 16).

EXERCÍCIOS

15.1 Os sistemas não permitem que determinada transação complete o COMMIT de mudanças em bancos de dados (ou RelVars, ou qualquer outra unidade de dados) individualmente, ou seja, sem o COMMIT simultâneo de mudanças em todos os outros bancos de dados (ou RelVars ou ...). Por que não?

15.2 As transações normalmente não podem ser aninhadas umas dentro das outras. Por que não?

15.3 Enuncie a regra da gravação antecipada no log. Por que essa regra é necessária?

15.4 Quais são as implicações de recuperação para (a) forçar a gravação de buffers no banco de dados em COMMIT; (b) nunca gravar buffers fisicamente no banco de dados antes do COMMIT?

15.5 Enuncie o protocolo de COMMIT de duas fases e discuta as implicações de uma falha por parte (a) do coordenador, (b) de um participante, durante cada uma das duas fases.

15.6 Usando o banco de dados de fornecedores e peças, escreva um programa de SQL para ler e imprimir todas as peças na ordem de número de peça, removendo cada décima peça ao avançar, e começando uma nova transação depois de cada décima linha. Pode-se supor que a regra de remoção (DELETE) da chave estrangeira de peças para remessas específicas CASCADE (em outras palavras, você pode ignorar as remessas para a finalidade deste exercício). *Nota*: Solicitamos especificamente uma solução em SQL neste caso, para que você possa usar o mecanismo de cursor de SQL em sua resposta.

REFERÊNCIAS E BIBLIOGRAFIA

15.1 Philip A. Bernstein: "Transaction Processing Monitors", *CACM 33*, Número 11 (novembro de 1990).

Como vimos no corpo do capítulo, o *monitor TP* é outro nome para o gerenciador de transações. O artigo serve como uma boa introdução informal à estrutura e funcionalidade de monitores TP. Uma citação: "Um *sistema TP* é um conjunto integrado de produtos que ... inclui hardware, como processadores, memória, discos e controladores de comunicações, e ainda software, como sistemas operacionais, sistemas de gerenciamento de bancos de dados, redes de computadores e monitores TP. Grande parte da integração desses produtos é proporcionada pelos monitores TP."

15.2 Philip A. Bernstein, Vassos Hadzilacos e Nathan Goodman: *Concurrency Control and Recovery in Database Systems*. Reading, Mass.: Addison-Wesley (1987).

Um livro-texto que, como o título indica, aborda não apenas a recuperação, mas todo o gerenciamento de transações, de um ponto de vista muito mais formal que o deste capítulo.

15.3 A. Bilris e outros.: "ASSET: A System for Supporting Extended Transactions", Proc. 1994 ACM SIGMOD Int. Conf. on Management of Data, Minneapolis, Minn. (maio de 1994).

As noções básicas de transações descritas no corpo deste capítulo e no próximo são amplamente consideradas rígidas demais para certos tipos de aplicações mais recentes (em especial, aplicações altamente interativas), e diversos "modelos estendidos de transações" têm sido propostos para cuidar dessa questão (consulte a referência [15.16]). Contudo, no momento em que escrevemos, nenhuma dessas propostas se mostrou claramente superior a todas as outras; em consequência disso, "os fornecedores de bancos de dados [têm sido relutantes] na incorporação de qualquer modelo desse tipo a um produto".
O foco de ASSET é bem diferente. Em vez de propor mais um novo modelo de transações, o trabalho oferece um conjunto de operadores primitivos – inclusive o COMMIT normal e assim por diante, além de alguns novos operadores – que podem ser usados "para definir modelos personalizados de transações adequados para aplicações específicas". Em particular, o artigo mostra como ASSET pode ser empregado para especificar "transações aninhadas, transações divididas, sagas e outros modelos estendidos de transações, descritos na literatura".

15.4 L. A. Bjork: "Recovery Scenario for a DB/DC System", Proc. ACM National Conf., Atlanta, Ga. (agosto de 1973).

Esse artigo e seu complemento, o artigo escrito por Davies [15.7] representam provavelmente os primeiros trabalhos teóricos na área de recuperação.

15.5 R. A. Crus: "Data Recovery in IBM DATABASE 2", *IBM Sys. J. 23*, Número 2 (1984).

Descreve em detalhes o mecanismo de recuperação do DB2 (conforme implementado na primeira versão do produto) e, ao fazê-lo, fornece uma boa descrição das técnicas de recuperação em geral. Em particular, o artigo explica como o DB2 se recupera de uma queda do sistema durante o próprio processo de recuperação, enquanto alguma transação está no meio de uma retomada. Esse problema exige cuidado especial para garantir que atualizações sem COMMIT da transação que está sendo retomada sejam de fato desfeitas (em certo sentido, o oposto do problema da atualização perdida – consulte o Capítulo 16).

15.6 C. J. Date: "Distributed Database: A Closer Look", em C. J. Date e Hugh Darwen, *Relational Database Writings 1989-1991*. Reading, Mass.: Addison-Wesley (1992).

A Seção 15.6 deste capítulo descreve o que poderia ser chamado de protocolo *básico* do COMMIT de duas fases. Vários aperfeiçoamentos desse protocolo básico são possíveis. Por exemplo, se o participante *P* responder ao coordenador *C* na Fase 1 que não fez atualizações na transação em questão (isto é, ela foi *somente de leitura*), então *C* poderá simplesmente ignorar *P* na Fase 2; além disso, se *todos* os participantes responderem *somente de leitura* na Fase 1, então a Fase 2 poderá ser completamente omitida (veja uma discussão mais detalhada no Capítulo 21).

São possíveis outros aperfeiçoamentos e refinamentos. Esse artigo inclui uma descrição tutorial de alguns deles. Especificamente, ele discute os protocolos de *COMMIT presumido* e *ROLLBACK presumido* (versões melhoradas do protocolo básico), o modelo de *árvore de processos* (quando um participante precisa servir como coordenador para certas partes de uma transação), e o que acontecerá se uma *falha de comunicação* ocorrer durante o processo de reconhecimento de um participante pelo coordenador. *Nota*: Embora as discussões sejam apresentadas no contexto de um sistema distribuído, a maioria dos conceitos tem, na realidade, uma aplicação mais ampla. Novamente, consulte o Capítulo 21, particularmente a referência [21.13], para ver uma descrição ampliada de algumas dessas questões.

15.7 C. T. Davies, Jr.: "Recovery Semantics for a DB/DC System", Proc. ACM National Conf., Atlanta, Ga. (agosto de 1973)

Veja a anotação à referência [15.8].

15.8 C. T. Davies, Jr.: "Data Processing Spheres of Control", *IBM Sys. J. 17*, Número 2 (1978).

As *esferas de controle* foram a primeira tentativa de investigar e formalizar o que mais tarde se tornou a disciplina de gerenciamento de transações. Uma esfera de controle é uma abstração que representa um item de trabalho que, de fora, pode ser visto como atômico. Porém, ao contrário do modo como as transações são admitidas hoje na maioria dos sistemas, as esferas de controle podem ser aninhadas dentro de outras, até uma profundidade arbitrária.

15.9 Hector Garcia-Molina e Kenneth Salem: "Sagas", Proc. 1987 ACM SIGMOD Int. Conf. on Management of Data, San Francisco, Calif. (maio de 1987).

Um grande problema com as transações descritas neste capítulo é o fato de que elas são implicitamente consideradas de duração muito curta (milissegundos ou mesmo microssegundos). Se uma transação demorar muito (horas, dias, semanas), então (a) se ela tiver de ser retomada, será necessário desfazer uma grande quantidade de trabalho e (b) mesmo se tiver sucesso, ela ainda deverá depender de recursos do sistema (dados do banco de dados etc.) por um tempo excessivamente longo, bloqueando assim outros usuários (consulte o Capítulo 16). Infelizmente, muitas transações "reais" tendem a ser de longa duração, em especial em algumas áreas de aplicações mais recentes, como engenharia de hardware e software. As **sagas** são um modo de enfrentar esse problema. Uma saga é uma sequência de transações curtas, com a propriedade de que o sistema garante que (a) todas as transações na sequência serão executadas com sucesso, *ou* (b) certas *transações de compensação* [15.17] serão executadas para cancelar os efeitos de transações concluídas com sucesso dentro de uma execução geral incompleta da saga (funcionando assim como se a saga jamais tivesse sido executada). Por exemplo, em um sistema bancário, poderíamos ter a transação "somar R$100,00 à conta *A*"; a transação de compensação seria obviamente "subtrair R$100,00 da conta *A*". Uma extensão da instrução COMMIT permite que o usuário informe ao sistema que a transação de compensação a ser executada deve ser necessária mais tarde para cancelar os efeitos da transação concluída agora. Observe que, no caso ideal, uma transação de compensação nunca deve terminar com um ROLLBACK!

15.10 James Gray: "Notes on Data Base Operating Systems", em R. Bayer, R. M. Graham e G. Seegmuller (editores), *Operating Systems: An Advanced Course* (Springer Verlag *Lecture Notes in Computer Science 60*). Nova York, N.Y.: Springer Verlag (1978). Também disponível como IBM Research Report RJ 2188 (fevereiro de 1978).

Uma das primeiras fontes – e certamente a mais acessível – de material sobre gerenciamento de transações. Ela contém a primeira descrição amplamente disponível do protocolo de COMMIT de duas fases. É óbvio que ela não é tão completa quanto a referência mais recente [15.12], mas ainda assim é recomendável.

15.11 Jim Gray: "The Transaction Concept: Virtues and Limitations", Proc. 7th Int. Conf. on Very Large Data Bases, Cannes, França (setembro de 1981).

Um enunciado conciso de vários conceitos e problemas relacionados com transações, incluindo diversas questões de implementação.

15.12 Jim Gray e Andreas Reuter: *Transaction Processing: Concepts and Techniques*. San Mateo, Calif.: Morgan Kaufmann (1993).

Se algum texto de ciência da computação merece a qualificação "clássico instantâneo" certamente é este. A princípio, seu tamanho é assustador, mas os autores exibem uma invejável clareza, que torna agradável a leitura até mesmo dos aspectos mais áridos do assunto. Em seu prefácio, eles afirmam que sua intenção é a de "ajudar... a resolver problemas reais"; o livro é "pragmático, abrangendo questões básicas sobre transações em detalhes consideráveis"; e a apresentação "está repleta de fragmentos de código mostrando... algoritmos básicos e estruturas de dados" e não é "enciclopédico". Apesar dessa última afirmação, o livro é (o que não surpreende) abrangente, e com certeza se destina a tornar-se a obra padrão. Fortemente recomendado.

15.13 Jim Gray: "The Recovery Manager of the System R Data Manager", *ACM Comp. Surv. 13*, Número 2 (junho de 1981).

As referências [15.13] e [15.19] tratam dos recursos de recuperação do System R (uma espécie de pioneiro nessa área). A referência [15.13] fornece uma visão geral de todo o subsistema de recuperação. A referência [15.19] descreve em detalhes um aspecto específico, chamado mecanismo de *shadow page*.

15.14 Theo Härder e Andreas Reuter: "Principles of Transaction-Oriented Database Recovery", *ACM Comp. Surv. 15*, Número 4 (dezembro de 1983).

A origem da sigla ACID. O artigo oferece uma apresentação tutorial muito clara e cuidadosa dos princípios de recuperação. Ele também fornece uma estrutura de terminologia coerente para descrever uma grande variedade de esquemas de recuperação e técnicas de registro de log de maneira uniforme, classificando e descrevendo vários sistemas existentes de acordo com essa estrutura. O artigo inclui alguns números empíricos interessantes sobre a frequência de ocorrências e tempos típicos de recuperação "aceitáveis" para três espécies de falhas (local, de sistema, de mídia) em um sistema típico de grande porte:

Tipo de falha	Frequência de ocorrência	Tempo de recuperação
Local	10 a 100 por minuto	Igual ao tempo de execução da transação
Sistema	Várias por semana	Alguns minutos
Mídia	Uma ou duas vezes por ano	Uma a duas horas

15.15 Theo Härder e Kurt Rothermel: "Concepts for Transaction Recovery in Nested Transactions", Proc. 1987 ACM SIGMOD Int. Conf. on Management of Data, San Francisco, Calif. (maio de 1987).

Propõe um esquema em que qualquer transação pode ter subtransações de nível inferior (em que uma subtransação é uma transação por si só e pode ter "subtransações", e assim por diante). Uma transação que não é uma subtransação de qualquer outra transação é chamada transação de *nível superior*, e deverá satisfazer às propriedades ACID normais; contudo, uma transação que é uma subtransação de alguma outra transação precisa satisfazer apenas às propriedades de atomicidade e isolamento. Veja a Seção 16.10 para obter uma discussão mais completa.

15.16 Henry F. Korth: "The Double Life of the Abstraction Concept: Fundamental Principle and Evolving System Concept" (palestrante convidado), Proc. 21st Int. Conf. on Very Large Data Bases, Zurique, Suíça (setembro de 1995).

Uma boa e breve visão geral das maneiras pelas quais o conceito de transação precisa evoluir para oferecer suporte a novos requisitos de aplicações.

15.17 Henry F. Korth, Eliezer Levy e Abraham Silberschatz: "A Formal Approach to Recovery by Compensating Transactions", Proc. 16th Int. Conf. on Very Large Data Bases, Brisbane, Austrália (agosto de 1990).

Formaliza a noção de **transações de compensação** usadas em sagas [15.9] e outros lugares para "desfazer" transações com COMMIT (e sem COMMIT).

15.18 David Lomet e Mark R. Tuttle: "Redo Recovery after System Crashes", Proc. 21st Int. Conf. on Very Large Data Bases, Zurique, Suíça (setembro de 1995).

Uma análise precisa e cuidadosa da recuperação de operações de refazer (isto é, recuperação direta). "[Embora] a recuperação de refazer seja apenas uma forma de recuperação, ela é... importante [porque é uma parte crucial do processo geral de recuperação e] deve resolver os [problemas] mais difíceis." Os autores afirmam que sua análise conduz a uma compreensão melhor das implementações existentes e ao potencial para melhorar significativamente os sistemas de recuperação.

15.19 Raymond A. Lorie: "Physical Integrity in a Large Segmented Database", *ACM TODS 2*, Número 1 (março de 1977).

> Como foi explicado na anotação à referência [15.13], esse artigo trata de um aspecto específico do subsistema de recuperação do System R, chamado mecanismo de **shadow page**. (A propósito, observe que o termo *integridade* no título desse artigo tem pouca relação com a noção de integridade discutida no Capítulo 9.) A ideia básica é simples: Quando uma atualização sem COMMIT é gravada pela primeira vez no banco de dados, o sistema não grava sobre a página existente, mas armazena uma nova página em algum outro lugar no disco. A página antiga é então a "sombra" para a nova. O COMMIT da atualização envolve a atualização de diversos ponteiros, a fim de apontar para a nova página e descartar a sombra; por outro lado, a retomada da atualização envolve restabelecer a shadow page e descartar a nova. Embora seja conceitualmente simples, o esquema de shadow page sofre da deficiência séria de destruir qualquer clusterização que possa ter existido anteriormente nos dados. Por isso, o esquema não foi escolhido do System R para ser usado no DB2 [15.5], embora tenha sido usado em SQL/DS [4.14].

15.20 C. Mohan, Don Haderle, Bruce Lindsay, Hamid Pirahesh e Peter Schwartz: "ARIES: A Transaction Recovery Method Supporting FineGranularity Locking and Partial Rollbacks Using Write-Ahead Logging", *ACM TODS 17*, Número 1 (março de 1992).

> ARIES significa "Algorithm for Recovery and Isolation Exploiting Semantics – algoritmo para recuperação e isolamento explorando a semântica". ARIES foi implementado "em vários graus" em diversos sistemas comerciais e experimentais, incluindo em particular o DB2. Citando o artigo: "Soluções [do problema de gerenciamento de transações] podem ser avaliadas usando-se várias métricas: grau de concorrência admitido dentro de uma página e entre páginas, complexidade da lógica resultante, sobrecarga de espaço no armazenamento não volátil e em páginas de memória para dados e para o log, sobrecarga em termos do número de operações de E/S síncronas e assíncronas exigidas durante a reinicialização/recuperação e o processamento normal, tipos de funcionalidade admitidos (retomadas parciais de transações etc.), quantidade de processamento executada durante a reinicialização/recuperação, grau de processamento concorrente admitido durante a reinicialização/recuperação, extensão de retomadas de transações induzidas pelo sistema causadas por impasses (*deadlocks*), restrições impostas sobre dados armazenados (por exemplo, exigência de chaves exclusivas para todos os registros, restrição do tamanho máximo de objetos ao tamanho da página etc.), capacidade de dar suporte a novos modos de bloqueio que permitam a execução concorrente – com base na comutatividade e em outras propriedades – de operações como incremento/decremento sobre os mesmos dados por diferentes transações, e assim por diante. [ARIES] se comporta muito bem com relação a todas essas métricas".
>
> Desde que ARIES foi projetado pela primeira vez, numerosos aperfeiçoamentos e diversas versões especializadas foram desenvolvidas e descritas na literatura: ARIES/CSA (para sistemas cliente/servidor), ARIES/IM (para gerenciamento de índices), ARIES/KVL (para "bloqueio de valor de chave" sobre índices), ARIES/NT (para transações aninhadas) etc. Consulte a referência [15.21].

15.21 C. Mohan: "Repeating History Beyond ARIES", Proc. 25th Int. Conf. on Very Large Data Bases, Edinburgh (setembro de 1999).

CAPÍTULO **16**

Concorrência

16.1	Introdução
16.2	Três problemas de concorrência
16.3	Bloqueio
16.4	Uma revisão dos três problemas de concorrência
16.5	Impasse (deadlock)
16.6	Seriabilidade
16.7	Revendo a recuperação
16.8	Níveis de isolamento
16.9	Intenção de bloqueio
16.10	Objeções às propriedades ACID
16.11	Recursos de SQL
16.12	Resumo
	Exercícios
	Referências e bibliografia

16.1 INTRODUÇÃO

O termo **concorrência** se refere ao fato de que os SGBDs, em geral, permitem que muitas transações tenham acesso ao mesmo banco de dados ao mesmo tempo. Em um sistema desse tipo, é necessário algum tipo de mecanismo de controle para assegurar que transações concorrentes não interfiram umas com as outras. (Exemplos dos tipos de interferência que podem ocorrer na ausência de controles adequados são descritos na Seção 16.2.) Neste capítulo, examinamos essa questão com mais profundidade. A estrutura deste capítulo é a seguinte:

- Como dissemos, na Seção 16.2, explicamos alguns dos problemas que podem surgir, caso não sejam fornecidos controles apropriados.

- A Seção 16.3 introduz o mecanismo convencional para se lidar com tais problemas, ou seja, o *bloqueio* (locking). (O bloqueio não é o único mecanismo possível para o problema do controle da concorrência, mas é de longe o mais encontrado na prática. Alguns outros são descritos nas anotações às referências no final do capítulo.)

- A Seção 16.4 mostra como se pode utilizar o bloqueio para resolver os problemas descritos na Seção 16.2.

- O bloqueio infelizmente introduz seus próprios problemas, dos quais um dos mais conhecidos é o *impasse* (deadlock). A Seção 16.5 discute essa questão.

- A Seção 16.6 descreve o conceito de *seriabilidade*, geralmente reconhecido como o critério formal de correção nessa área.

- A seção 16.7 discute os efeitos da concorrência sobre o assunto do capítulo anterior, a *recuperação*.

- As Seções 16.8 e 16.9 passam então a considerar alguns refinamentos importantes sobre a ideia básica de bloqueio, ou seja, os *níveis de isolamento* e a *intenção de bloqueio*.

- A Seção 16.10 oferece alguma revisão e algumas observações ligeiramente céticas a respeito da questão das chamadas *propriedades ACID* das transações.

- A Seção 16.11 descreve os recursos de SQL relevantes.

- Por fim, a Seção 16.12 apresenta um resumo e algumas observações finais.

Fechamos esta seção introdutória com algumas das objetos gerais. Primeiro, as ideias de concorrência, como as de recuperação, são bastante independentes do fato de o sistema básico ser relacional ou de outro tipo (embora seja significativo – como ocorre com a recuperação – que muitos dos primeiros trabalhos teóricos da área tenham sido realizados especificamente em um contexto relacional "pela capacidade de definição" [16.6]). Em segundo lugar, a concorrência, como a recuperação, é um tema muito extenso, e tudo que podemos esperar fazer neste capítulo é introduzir algumas ideias importantes e básicas. As anotações às referências no final do capítulo incluem algumas descrições de aspectos mais avançados do assunto.

16.2 TRÊS PROBLEMAS DE CONCORRÊNCIA

Começamos por considerar alguns dos problemas que qualquer mecanismo de controle de concorrência tem de tratar. Há essencialmente três modos pelos quais as coisas podem dar errado: isto é, três modos pelos quais uma transação, ainda que correta no sentido explicado no Capítulo 15, pode produzir uma resposta errada se sofrer alguma forma de interferência de outra transação. Observe atentamente – de acordo com nossa suposição comum – que a transação que interfere também pode estar correta em si; é a intercalação descontrolada de operações das duas transações individualmente corretas que produz o resultado global incorreto. Os três problemas são:

- O problema da *atualização perdida* (*lost update*).

- O problema da *dependência sem COMMIT*.

- O problema da análise inconsistente.

Consideraremos cada um por sua vez.

O problema da atualização perdida

Considere a situação ilustrada na Figura 16.1. Essa figura deve ser lida da seguinte maneira: a transação A acessa alguma tupla t no instante $t1$; a transação B acessa essa mesma tupla t no instante $t2$; a transação A atualiza a tupla (com base nos valores vistos no instante $t1$) no tempo $t3$; e a transação B atualiza a mesma tupla (com base nos valores vistos no instante $t2$, que são os mesmos vistos no instante $t1$) no instante $t4$. A atualização da transação A é perdida no instante $t4$, porque a transação B a sobrescreve sem sequer examiná-la. *Nota*: Aqui e em todo este capítulo, adotaremos a ideia fictícia conveniente de que faz sentido falarmos em termos de "atualizar uma tupla".

Transação A	Tempo	Transação B
–		–
–		–
RETRIEVE *t*	*t1*	–
–		–
–	*t2*	RETRIEVE *t*
–		–
UPDATE *t*	*t3*	–
–		–
–	*t4*	UPDATE *t*
–		–

FIGURA 16.1 *A transação A perde uma atualização no instante t4.*

O problema da dependência sem commit

O problema da dependência sem commit surge se uma transação tiver permissão para ler – ou pior, atualizar – uma tupla que foi atualizada por outra transação, mas que ainda não foi validada por essa outra transação. Portanto, se ela ainda está sem COMMIT, sempre existe uma possibilidade de que não complete o COMMIT, mas que seja cancelada em vez disso – e, nesse caso, a primeira transação terá visto alguns dados que não mais existirão (e, em certo sentido, nunca existiram). Considere as Figuras 16.2 e 16.3.

Transação A	Tempo	Transação B
–		–
–		–
–	*t1*	UPDATE *t*
–		–
RETRIEVE *t*	*t2*	–
–		–
–	*t3*	ROLLBACK
–		

FIGURA 16.2 *A transação A se torna dependente de uma alteração sem commit no instante t2.*

Transação A	Tempo	Transação B
–		–
–		–
–	*t1*	UPDATE *t*
–		–
UPDATE *t*	*t2*	–
–		–
–	*t3*	ROLLBACK
–		

FIGURA 16.3 *A transação A atualiza uma alteração sem commit no instante t2 e perde essa atualização no instante t3.*

No primeiro exemplo (Figura 16.2) a transação *A* vê uma atualização sem commit – também chamada alteração sem commit – no instante *t2*. Esta atualização é então desfeita no instante *t3*. Portanto, a transação *A* está operando sobre uma suposição falsa: ou seja, a suposição de que a tupla *t* tem o valor visto no instante *t2*, enquanto na verdade ela tem o valor que tinha antes do instante *t1*. Como resultado, a transação *A* pode muito bem produzir um resultado incorreto. A propósito, observe que o ROLLBACK da transação *B* pode não ser devido a nenhum erro de *B*; por exemplo, poderia resultar de uma queda do sistema. (Além disso, a transação *A* pode já ter terminado nesse instante e, assim, a queda não provocaria a emissão de um ROLLBACK de A também.)

O segundo exemplo (Figura 16.3) é pior ainda. Não apenas a transação A se torna dependente de uma alteração sem commit no instante t2, mas na realidade ela perde uma atualização no instante t3 – porque o ROLLBACK no instante t3 faz a tupla t ser restaurada a seu valor anterior ao instante t1. Essa é outra versão do problema da atualização perdida.

O problema da análise inconsistente

Considere a Figura 16.4, que mostra duas transações A e B operando sobre tuplas de contas bancárias (CON). A transação A está totalizando saldos de contas, a transação B está transferindo uma quantia igual a 10 da conta 3 para a conta 1. O resultado produzido por A, 110, evidentemente está incorreto. Se A prosseguisse até gravar esse resultado de volta no banco de dados, ela na realidade deixaria o banco de dados em um estado inconsistente.[1] Dizemos que A viu um estado inconsistente do banco de dados e, portanto, efetuou uma análise inconsistente. Observe a diferença entre esse exemplo e o anterior: não há dúvida nesse caso de que A é dependente de uma alteração sem commit, pois B faz o COMMIT de todas as suas atualizações antes de A ver a conta CON 3. *Nota:* Observamos, de passagem, que o termo *análise inconsistente* deveria ser, por direito, "análise *incorreta*". Porém, continuaremos usando o primeiro termo por motivos históricos.

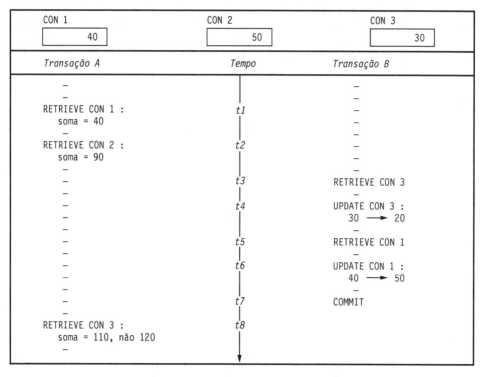

FIGURA 16.4 *A transação A executa uma análise inconsistente.*

Uma visão mais de perto

Nota: Você poderá saltar esta subseção em uma primeira leitura.

Vamos examinar mais de perto os problemas indicados anteriormente. Certamente, as operações que são de interesse principal de um ponto de vista da concorrência são buscas em banco de dados e atualizações de banco de dados; em outras palavras, podemos considerar uma transação como consistindo em uma sequência *apenas* de tais operações (além, é claro, das operações necessárias BEGIN TRANSAC-

---

[1] Com relação a essa possibilidade (ou seja, gravar o resultado de volta no banco de dados), naturalmente é necessário supor que não haja restrição de integridade para impedir tal gravação.

TION e COMMIT ou ROLLBACK). Vamos combinar que iremos nos referir a essas operações simplesmente como *leituras* e *escritas*, respectivamente. Então, fica claro que se A e B são transações concorrentes, poderá haver problemas se A e B quiserem ler ou escrever no mesmo objeto de banco de dados, digamos, na tupla t. Existem quatro possibilidades:

- **LL:** A e B querem ler t. As leituras não interferem umas nas outras, de modo que não existe problema nesse caso.

- **LE:** A lê t e depois B quer escrever em t. Se B tiver permissão para realizar sua escrita, então (como vimos na Figura 16.4) o problema da análise inconsistente pode surgir; assim, podemos dizer que a análise inconsistente é causada por um **conflito LE**. *Nota:* Se B realizar sua escrita e A em seguida ler t novamente, ele verá um valor diferente do que viu antes, um estado de coisas conhecido como (de modo um tanto incorreto) **leitura não repetitiva**; assim, leituras não repetitivas também são causadas por conflitos LE.

- **EL:** A escreve em t e depois B quer ler t. Se B tiver permissão para realizar sua leitura, então (como vimos na Figura 16.2, exceto que aqui estamos invertendo as funções de A e B) o problema da dependência sem commit pode surgir; assim, podemos dizer que as dependências sem commit são causadas por **conflitos EL**. *Nota:* A leitura de B, se permitida, é considerada uma **leitura suja**.

- **EE:** A escreve em t e depois B quer escrever em t. Se B tiver permissão para realizar sua escrita, então (como vimos na Figura 16.1 e, portanto, também na Figura 16.3) o problema da atualização perdida pode surgir; assim, podemos dizer que as atualizações perdidas são causadas por **conflitos EE**. *Nota:* A escrita de B, se permitida, é considerada **escrita suja**.

16.3 BLOQUEIO

Como mencionamos na Seção 16.1, os problemas da Seção 16.2 podem ser todos resolvidos por meio de um mecanismo de controle de concorrência chamado **bloqueio**. A ideia básica é simples: Quando uma transação precisa de uma garantia de que um objeto no qual está interessada – em geral, uma tupla de banco de dados – não mudará de algum modo enquanto ela estiver ativa (como se fosse), a transação **adquire um bloqueio** sobre esse objeto. O efeito do bloqueio é "impedir que outras transações atuem" sobre o objeto em questão e portanto, em particular, impedir que elas alterem o objeto. Desse modo, a transação A é capaz de executar seu processamento tendo a certeza de que o objeto em questão permanecerá em um estado estável durante o tempo que a transação A desejar.

Damos agora uma explicação mais detalhada de como funciona o bloqueio:

1. Primeiro, vamos supor que o sistema admita duas espécies de bloqueios, os **bloqueios exclusivos** (bloqueios X) e os **bloqueios compartilhados** (bloqueios C), definidos da maneira indicada nos dois parágrafos seguintes. *Nota:* Os bloqueios X e C às vezes são chamados **bloqueios de gravação** (write locks) e **bloqueios de leitura** (read locks), respectivamente. Vamos supor, até aviso em contrário, que os bloqueios X e C são os únicos tipos disponíveis; consulte a Seção 16.9 para ver exemplos de outras possibilidades. Vamos supor, também até aviso em contrário, que as tuplas são as únicas espécies de coisas que podem ser bloqueadas; mais uma vez, consulte a Seção 16.9 para ver uma discussão sobre outras possibilidades.

2. Se a transação A mantiver um bloqueio exclusivo (X) sobre a tupla t, então uma requisição feita por uma transação distinta B de um bloqueio de qualquer tipo sobre t será negada.

3. Se a transação A mantiver um bloqueio compartilhado (C) sobre a tupla t, então:

   - Uma requisição de uma transação distinta B de um bloqueio X sobre t será negada.

   - Uma requisição de alguma transação distinta B de um bloqueio C sobre t será concedida (ou seja, agora B também manterá um bloqueio C sobre t).

Essas regras podem ser resumidas de modo conveniente por meio de uma **matriz de compatibilidade de tipos de bloqueio** (Figura 16.5). Essa matriz é interpretada da seguinte maneira: considere alguma tupla t; suponha que a transação A mantenha no momento um bloqueio sobre t, conforme indicam as entradas nos cabeçalhos de colunas (traço = nenhum bloqueio); e suponha que alguma transação distinta B emita uma requisição de um bloqueio sobre t da maneira indicada pelas entradas contidas no lado esquerdo (para completar a matriz, vamos incluir novamente o caso de "nenhum bloqueio"). Um "N" indica um **conflito** (a requisição de B não pode ser satisfeita imediatamente); um "S" indica **compatibilidade** (a requisição de B é satisfeita imediatamente). Evidentemente, a matriz é simétrica.

	X	C	–
X	N	N	S
C	N	S	S
–	S	S	S

FIGURA 16.5 *Matriz de compatibilidade para bloqueios dos tipos X e C.*

Em seguida, introduzimos um **protocolo de acesso a dados** ou **protocolo de bloqueio** que utiliza os bloqueios X e C que acabamos de definir, a fim de garantir que problemas como os que foram expostos na Seção 16.2 não possam ocorrer:

1. Uma transação que deseja ler um tupla primeiro tem de adquirir um bloqueio C sobre essa tupla.
2. Uma transação que deseja atualizar uma tupla primeiro deve adquirir um bloqueio X sobre essa tupla. Como alternativa, se a transação já tiver um bloqueio C sobre a tupla, como acontecerá em uma sequência RETRIEVE-UPADTE, a alternativa será a de *promover* ou fazer o *upgrade* obrigatoriamente desse bloqueio C ao nível X.

   Nota: Interrompemos neste ponto para explicar que as requisições de bloqueios normalmente são implícitas; um pedido de "leitura de tupla" é uma requisição implícita de um bloqueio C sobre a tupla relevante, e um pedido de "atualização de tupla" é uma requisição implícita de um bloqueio X (ou solicita implicitamente a promoção de um bloqueio C para o nível X) sobre a tupla relevante. Além disso, fazemos o termo *atualizar* incluir as operações INSERT e DELETE, bem como operações UPDATE propriamente ditas, mas as regras exigem alguns refinamentos secundários para cuidar das operações INSERT e DELETE. Vamos omitir os detalhes aqui.
3. Se uma requisição de bloqueio da transação B não puder ser atendida imediatamente devido a um conflito com um bloqueio já mantido pela transição A, a transação B entrará em um **estado de espera**. B esperará pelo menos até que o bloqueio possa ser concedido, o que não ocorrerá antes que o bloqueio de A seja liberado. *Nota*: Dissemos "pelo menos" porque, quando o bloqueio de A é liberado, outra requisição de bloqueio sobre a tupla pertinente poderá ser concedida, mas pode não ser concedida para B – pode haver outras transações aguardando. Naturalmente, o sistema precisa garantir que B não esperará para sempre (uma condição às vezes referenciada como um **livelock** ou **starvation**). Um modo simples de fornecer essa garantia é atender a todas as requisições de bloqueios na ordem "primeiro a chegar, primeiro a ser atendido".
4. Os bloqueios X são mantidos até o fim da transação (COMMIT ou ROLLBACK). Normalmente, os bloqueios C também são mantidos até esse momento (pelo menos, consideraremos dessa maneira até chegarmos à Seção 16.8).

   Esse protocolo é chamado **bloqueio estrito em duas fases**. Vamos discuti-lo com mais detalhes – particularmente, explicaremos por que ele tem esse nome – na Seção 16.6

16.4 UMA REVISÃO DOS TRÊS PROBLEMAS DE CONCORRÊNCIA

Estamos agora em condições de ver como o esquema apresentado anteriormente resolve os três problemas descritos na Seção 16.2. Novamente, vamos considerá-los um de cada vez.

O problema da atualização perdida

A Figura 16.6 é a versão modificada da Figura 16.1, mostrando o que aconteceria à execução intercalada dessa figura sob o protocolo de bloqueio estrito em duas fases. A operação UPDATE da transação *A* no instante *t3* não é aceita, porque é uma requisição implícita de um bloqueio X sobre *t*, e essa requisição entra em conflito com o bloqueio C já mantido pela transação *B*; assim, *A* entra em estado de espera. Por motivos semelhantes, *B* entra em estado de espera no instante *t4*. Agora, as duas transações são incapazes de prosseguir e, portanto, não há nenhuma dúvida de que alguma atualização possa ser perdida. Dessa forma, o bloqueio resolve o problema da atualização perdida reduzindo-o a outro problema! – mas, pelo menos, ele resolve o problema original. O novo problema é chamado *impasse* (deadlock) e será discutido na Seção 16.5.

```
┌─────────────────────────────────────────────────────────────────────────┐
│  Transação A                      Tempo          Transação B              │
│ ─────────────────────────────────────────────────────────────────────── │
│        –                            │                   –                 │
│        –                            │                   –                 │
│  RETRIEVE t                        t1                   –                 │
│  (adquire bloqueio C sobre t)       │                   –                 │
│        –                            │                   –                 │
│        –                           t2             RETRIEVE t              │
│        –                            │             (adquire bloqueio C sobre t)│
│        –                            │                                     │
│  UPDATE t                          t3                   –                 │
│  (solicita bloqueio X sobre t)      │                   –                 │
│     espera                          │                                     │
│     espera                         t4             UPDATE t                │
│     espera                          │             (solicita bloqueio X sobre t)│
│     espera                          │                espera               │
│     espera                          │                espera               │
│     espera                          ▼                espera               │
└─────────────────────────────────────────────────────────────────────────┘
```

FIGURA 16.6 *Nenhuma atualização é perdida, mas ocorre um impasse no instante t4.*

O problema da dependência sem commit

As Figuras 16.7 e 16.8 a seguir são, respectivamente, versões modificadas das Figuras 16.2 e 16.3, mostrando o que aconteceria às execuções intercaladas dessas figuras sob o protocolo de bloqueio estrito em duas fases. A operação da transação *A* no instante *t2* (RETRIEVE na Figura 16.7, UPDATE na Figura 16.8) não é aceita em nenhum dos dois casos, porque é uma requisição implícita de um bloqueio sobre *t*, e tal pedido entra em conflito com o bloqueio X já mantido por *B*; assim, *A* entra em estado de espera. Ela permanece nesse estado até que *B* atinja seu término (seja com COMMIT ou ROLLBACK), quando o bloqueio de *B* é liberado e *A* pode continuar; e nesse ponto, *A* vê um valor *com COMMIT* (seja o valor anterior a *B*, se terminar com um ROLLBACK, ou então o valor após *B*, caso contrário). De qualquer forma, *A* já não dependerá de uma atualização sem commit, e resolvemos o problema original.

O problema da análise inconsistente

A Figura 16.9 é uma versão modificada da Figura 16.4, mostrando o que aconteceria em uma execução intercalada dessa figura sob o protocolo de bloqueio estrito em duas fases. A atualização (UPDATE) da transação *B* no instante *t6* não é aceita, porque é uma requisição implícita de um bloqueio X sobre CON 1, e tal requisição entra em conflito com o bloqueio C já mantido por *A*; assim, *B* entra em estado de espera. Da mesma forma, a leitura (RETRIEVE) de *A* no instante *t7* também não é aceita, porque é uma requisição implícita de um bloqueio C sobre CON 3, e essa requisição entra em conflito com o bloqueio X já mantido por *B*. Assim, *A* também entra em estado de espera. Novamente, portanto, o bloqueio resolve o problema original (no caso, o problema da análise inconsistente) forçando um impasse. Mais uma vez, consulte a Seção 16.5.

Transação A	Tempo	Transação B
–		–
–		–
–	t1	UPDATE t
–		(adquire bloqueio X sobre t)
–		–
RETRIEVE t	t2	–
(solicita bloqueio C sobre t)		–
espera		–
espera	t3	COMMIT / ROLLBACK
espera		(libera bloqueio X sobre t)
prossegue : RETRIEVE t	t4	
(adquire bloqueio C sobre t)		
–		

FIGURA 16.7 *A transação A é impedida de ver uma alteração sem commit no instante t2.*

Transação A	Tempo	Transação B
–		–
–		–
–	t1	UPDATE t
–		(adquire bloqueio X sobre t)
–		–
UPDATE t	t2	–
(solicita bloqueio X sobre t)		–
espera		–
espera	t3	COMMIT / ROLLBACK
espera		(libera bloqueio X sobre t)
prossegue : UPDATE t	t4	
(adquire bloqueio X sobre t)		
–		

FIGURA 16.8 *A transação A é impedida de atualizar uma alteração sem commit no instante t2.*

CON 1		CON 2		CON 3	
40		50		30	

Transação A	Tempo	Transação B
–		–
–		–
RETRIEVE CON 1 :	t1	–
(adquire bloqueio C sobre CON 1)		–
soma = 40		–
–		–
RETRIEVE CON 2 :	t2	–
(adquire bloqueio C sobre CON 2)		–
soma = 90		–
–		–
–	t3	RETRIEVE CON 3
–		(adquire bloqueio C sobre CON 3)
–		–
–	t4	UPDATE CON 3
–		(adquire bloqueio X sobre CON 3)
–		30 ⟶ 20
–		–
–	t5	RETRIEVE CON 1
–		(adquire bloqueio C sobre CON 1)
–		–
–	t6	UPDATE CON 1
–		(solicita bloqueio X sobre CON 3)
–		espera
RETRIEVE CON 3 :	t7	espera
(solicita bloqueio C sobre CON 3)		espera
espera		espera
espera		espera

FIGURA 16.9 *A análise inconsistente é evitada mas ocorre um impasse no instante t7.*

16.5 IMPASSE (DEADLOCK)

Vimos agora como o bloqueio – mais precisamente, o protocolo de bloqueio estrito em duas fases – pode ser usado para resolver os três problemas básicos da concorrência. Infelizmente, porém, também vimos que o bloqueio pode introduzir seus próprios problemas, principalmente o problema de *impasse*. Dois exemplos de impasse foram dados na seção anterior. A Figura 16.10 mostra uma versão um pouco mais geral do problema; nessa figura, *r1* e *r2* devem representar quaisquer recursos bloqueáveis, não necessariamente tuplas de bancos de dados (consulte a Seção 16.9), e as instruções "LOCK... EXCLUSIVE" se destinam a representar quaisquer operações que solicitem bloqueios X (exclusivos), implícita ou explicitamente.

Transação A	Tempo	Transação B
–		–
–		–
LOCK *r1* EXCLUSIVE	*t1*	–
–		–
–	*t2*	LOCK *r2* EXCLUSIVE
–		–
LOCK *r2* EXCLUSIVE	*t2*	–
wait		–
wait	*t4*	LOCK *r1* EXCLUSIVE
wait		wait
wait		wait

FIGURA 16.10 *Um exemplo de impasse.*

Geralmente, o **impasse** é uma situação na qual duas ou mais transações estão em estado de espera simultânea, cada uma esperando que uma das outras libere um bloqueio antes de poder prosseguir.[2] A Figura 16.10 mostra um impasse envolvendo duas transações, mas também são possíveis, ao menos em princípio, impasses envolvendo três, quatro ou mais transações. Porém, observamos que experiências com o System R parecem mostrar que, na prática, os impasses quase nunca envolvem mais de duas transações [16.9].

Se ocorrer um impasse, é desejável que o sistema o detecte e o interrompa. Detectar um impasse envolve detectar um ciclo no **Grafo de Espera** (isto é, o grafo de "quem está esperando por quem" – consulte o Exercício 16.4). Interromper o impasse envolve escolher uma das transações participantes (ou seja, uma das transações do ciclo no grafo) como **vítima** e desfazer a situação, liberando assim seus bloqueios e, portanto, permitindo o prosseguimento de alguma outra transação. *Nota*: Na prática, nem todos os sistemas detectam de fato os impasses; alguns utilizam apenas um mecanismo de tempo de espera e assumem simplesmente que uma transação que não tenha realizado qualquer trabalho durante um período de tempo predefinido está em uma situação de impasse.

A propósito, observe que a vítima "falhou" e então sofreu o ROLLBACK *sem culpa alguma*. Alguns sistemas reinicializarão de forma automática essa transação desde o início, supondo que as condições que causaram o impasse provavelmente não se repetirão. Outros sistemas apenas enviarão um código de exceção de "vítima de impasse" de volta à aplicação; caberá então ao programa lidar com a situação de algum modo elegante. A primeira dessas abordagens é claramente preferível do ponto de vista do programador de aplicações. Porém, ainda que o programador às vezes tenha de se envolver, *sempre* é desejável ocultar o problema do usuário final, por questões óbvias.

Como evitar o impasse

Em vez de permitir que os impasses ocorram e cuidar deles quando aparecerem (o que a maioria dos sistemas faz), seria possível evitá-los completamente, modificando o protocolo de impasse de várias maneiras. Aqui, vamos considerar rapidamente uma abordagem possível. A abordagem em questão (que foi propos-

---

[2]O impasse também é referenciado na literatura, de uma forma um pouco mais vistosa, como *deadly embrace* (abraço mortal).

ta inicialmente no texto de um sistema distribuído [16.19], mas que também poderia ser usada em um sistema centralizado) existe em duas versões, chamadas *Wait-Die* (espera-morre) e *Wound-Wait* (fere-espera). Ela funciona da seguinte maneira:

- Cada transação possui uma *timestamp* marcando seu início (que precisa ser exclusivo).

- Quando a transação *A* solicita um bloqueio sobre uma tupla que já está bloqueada pela transação *B*, então:

  - *Wait-Die: A* espera se for mais antiga que *B*; caso contrário, ela "morre" – ou seja, *A* é cancelada e reiniciada.

  - *Wound-Wait: A* espera se for mais recente que *B*; caso contrário, ela "fere" *B* – ou seja, *B* é cancelada e reiniciada.

- Se uma transação tiver que ser reiniciada, ela retém sua timestamp original.

Observe que o primeiro componente do nome (Wait ou Wound) indica em cada caso o que acontece se *A* for *mais antigo* que *B*. Como você pode ver, Wait-Die significa que todas as esperas consistem em transações mais antigas esperando pelas mais recentes, Wound-Wait significa que todas as esperas consistem em transações mais recentes esperando pelas mais antigas. Qualquer que seja a versão em vigor, é fácil ver que o impasse não pode ocorrer. Também é fácil ver que cada transação tem a garantia de que por fim chegará à sua conclusão apropriada – ou seja, o livelock não poderá ocorrer (nenhuma transação esperará indefinidamente) e também nenhuma transação será reiniciada indefinidamente. A principal desvantagem dessa técnica (qualquer uma das duas versões) é que ela efetua muitas retomadas.

16.6 SERIABILIDADE

Temos agora as bases para explicar a noção crucial de *seriabilidade*. A seriabilidade é o "critério de correção" geralmente aceito para a execução intercalada de determinado conjunto de transações; ou seja, tal execução é considerada correta se for seriável.[3] A execução de determinado conjunto de transações é **seriável** – portanto, correta – se e somente se for equivalente a (ou seja, tem a garantia de produzir o mesmo resultado que) alguma execução serial das mesmas transações, onde:

- Uma *execução serial* é aquela em que as transações são executadas uma de cada vez, em alguma sequência.

- *Tem a garantia* significa que determinada execução e a execução serial sempre produzem o mesmo resultado uma da outra, não importa qual seja o estado inicial do banco de dados.

Justificamos essa definição da seguinte maneira:

1. Transações individuais são consideradas corretas; ou seja, elas supostamente transformam um estado correto do banco de dados em outro estado correto, conforme discutimos no Capítulo 15.

2. A execução das transações uma de cada vez em qualquer ordem serial também é correta ("qualquer" ordem serial porque transações individuais são consideradas independentes umas das outras).

3. Assim, é razoável definir uma execução intercalada como sendo correta se e somente se ela for equivalente a alguma execução serial (isto é, se ela é seriável). Observe esse "somente se"! O motivo é que determinada execução intercalada poderia ser não seriável e ainda produz um resultado correto, dado algum estado inicial específico do banco de dados – veja o Exercício 16.3 – mas isso não seria bom o bastante; queremos que a correção seja *garantida* (ou seja, independente de estados específicos do banco de dados), e não como uma questão de mera casualidade.

---

[3]Na realidade, a literatura define dois tipos de seriabilidade: de *conflito* e de *visão*. Porém, a seriabilidade de visão possui pouco interesse prático, e é comum assumir que o termo *seriabilidade* significa especificamente a seriabilidade de conflito. Por exemplo, consulte a referência [16.21], para obter uma discussão mais profunda.

Voltando aos exemplos da Seção 16.2 (Figuras 16.1 a 16.4), podemos ver que o problema em cada caso foi exatamente o fato de que a execução intercalada não era seriável – isto é, ela nunca era equivalente à execução de A depois B, ou B depois A. Além disso, um estudo da Seção 16.4 mostra que o efeito do protocolo de bloqueio estrito em duas fases foi exatamente *forçar* a seriabilidade em cada caso. Nas Figuras 16.7 e 16.8, a execução intercalada era equivalente a B depois A. Nas Figuras 16.6 e 16.9, ocorreu um impasse, implicando que uma das duas transações sofreria ROLLBACK (e presumivelmente seria executada outra vez mais tarde). Se A for a transação a ser retomada, então mais uma vez a execução intercalada se tornará equivalente a B depois A.

Terminologia: Dado um conjunto de transações, qualquer execução dessas transações, intercaladas ou não, é chamada **escalonamento**. Um escalonamento **serial** é a execução das transações uma de cada vez, sem intercalação; um escalonamento não serial é um escalonamento **intercalado** (ou simplesmente um escalonamento *não serial*). Dois escalonamentos são considerados **equivalentes** se com certeza produzem o mesmo resultado, qualquer que seja o estado inicial do banco de dados. Assim, um escalonamento é seriável (e correto) se é equivalente a algum escalonamento serial.

Observe que dois escalonamentos seriais diferentes envolvendo o mesmo conjunto de transações poderiam perfeitamente produzir resultados distintos e, portanto, que dois escalonamentos intercalados diferentes envolvendo essas transações também poderiam produzir resultados diferentes, e ainda assim serem ambos considerados corretos. Por exemplo, suponha que a transação A seja da forma "Somar 1 a x" e a transação B seja da forma "Dobrar o valor de x" (em que x é algum item no banco de dados). Suponha também que o valor inicial de x seja 10. Então, o escalonamento A depois B resulta em $x = 22$, enquanto o escalonamento serial B depois A resulta em $x = 21$. Esses dois resultados são igualmente corretos e qualquer escalonamento que seja com certeza equivalente a A depois B ou B depois A também estará correto do mesmo modo.

O conceito de seriabilidade foi introduzido em primeiro lugar (embora não com esse nome) por Eswaran e outros, na referência [16.6]. O mesmo artigo também provou um importante teorema, chamado **teorema do bloqueio de duas fases** (*two phase locking*), que enunciamos da seguinte forma:[4]

> *Se todas as transações obedecerem ao protocolo do bloqueio de duas fases, então todos os escalonamentos intercalados possíveis serão seriáveis.*

Por sua vez, o **protocolo do bloqueio de duas fases** é o seguinte:

- Antes de operar sobre qualquer objeto (por exemplo, uma tupla de banco de dados), uma transação deve adquirir um bloqueio sobre esse objeto.

- Depois de liberar um bloqueio, uma transação nunca deve adquirir outros bloqueios.

Uma transação que obedece a esse protocolo tem então duas fases, uma fase de aquisição de bloqueio ou fase de "crescimento" e uma fase de liberação do bloqueio ou de "encolhimento". *Nota*: Na prática, a fase de encolhimento frequentemente é compactada em uma única operação COMMIT ou ROLLBACK no final da transação (um ponto ao qual retornaremos nas Seções 16.7 e 16.8); se for, então o protocolo torna-se a versão "estrita", explicada na Seção 16.3.

A noção de seriabilidade é de grande ajuda para se pensar com clareza nessa área potencialmente confusa, e por isso oferecemos alguns comentários adicionais sobre a questão. Seja I um escalonamento intercalado envolvendo algum conjunto de transações $T1, T2, ..., Tn$. Se I for seriável, então existirá algum escalonamento serial S envolvendo $T1, T2, ..., Tn$ tal que I seja equivalente a S. S é considerada uma **serialização** de I.

Sejam agora Ti e Tj duas transações quaisquer do conjunto $T1, T2, ..., Tn$. Suponha que Ti precede Tj na serialização S. Assim, no escalonamento intercalado I, o efeito tem de ser como se Ti realmente fosse executado antes de Tj. Em outras palavras, uma caracterização informal (mas muito útil) da seriabilidade é que, se A e B são duas transações quaisquer envolvidas em algum escalonamento seriável, então A precede

---

[4]O bloqueio de duas fases não tem relação alguma com o COMMIT de duas fases – simplesmente têm nomes semelhantes.

logicamente B ou B precede logicamente A nesse escalonamento; ou seja, **ou B pode ver a saída de A ou A pode ver a saída de B**. (Se A produz $x, y, ..., z$ como saída e se B vir qualquer desses recursos como uma entrada, então B verá todos eles como são após serem atualizados por A, *ou* verá todos eles como eram antes de serem atualizados por A – e não uma mistura das duas coisas.) Inversamente, se o efeito não for como se A tivesse sido executada antes de B ou como se B tivesse sido executada antes de A, então o escalonamento não será seriável e não estará correto.

Concluindo, vale a pena enfatizar que, se alguma transação A não tiver duas fases (isto é, não obedecer ao protocolo de bloqueio de duas fases), então **sempre** será possível construir alguma outra transação B que possa ser executada intercalada com A, de modo a produzir um escalonamento geral que não seja seriável e não esteja correto. Agora, no interesse da redução da contenção de recursos e, portanto, para melhorar o desempenho e a vazão (throughput), os sistemas reais em geral permitem a construção de transações que não tenham duas fases – ou seja, transações que "liberam bloqueios prematuramente" (antes do COMMIT) e depois continuam a adquirir outros bloqueios. No entanto, deve ficar claro que essas transações são uma proposta arriscada; com efeito, permitir que uma determinada transação A não seja de duas fases corresponde a apostar que nenhuma transação interferente B jamais coexistirá com A no sistema (se isso acontecer, o sistema poderá gerar respostas erradas).

16.7 REVENDO A RECUPERAÇÃO

Dado um escalonamento serial, transações individuais obviamente serão *recuperáveis* – essa transação sempre pode ser desfeita e/ou refeita conforme a necessidade, usando as técnicas descritas no capítulo anterior. Contudo, não é óbvio que as transações ainda serão recuperáveis se tiverem permissão para serem executadas intercaladas. De fato, o problema da dependência sem commit, discutido na Seção 16.2, pode causar problemas de recuperação, conforme mostramos a seguir.

Suponha, por um instante, que – como na Seção 16.2 – nenhum protocolo de bloqueio esteja em vigor, e por isso, particularmente, as transações nunca precisam esperar para adquirir um bloqueio. Agora considere a Figura 16.11, que é uma versão modificada da Figura 16.2 (a diferença é que a transação A agora realiza um COMMIT antes que a transação B realize um ROLLBACK). Aqui, o problema é que, para honrar a requisição de ROLLBACK de B e fazê-la como se B nunca fosse executada, também precisamos fazer o ROLLBACK de A, pois A viu uma das atualizações de B. Mas a retomada de A é impossível, pois A já completou o COMMIT. Assim, o escalonamento mostrado na figura é *irrecuperável*.

Transação A	Tempo	Transação B
–		–
–	$t1$	UPDATE t
–		–
RETRIEVE t	$t2$	–
–		–
COMMIT	$t3$	–
	$t4$	ROLLBACK

FIGURA 16.11 *Um escalonamento não recuperável.*

Uma condição suficiente para um escalonamento ser **recuperável** é a seguinte [15.2]:

Se A vir qualquer uma das atualizações de B, então A não pode fazer o COMMIT antes que B termine.

Logicamente, queremos que nosso mecanismo de controle de concorrência – ou seja, nosso protocolo de bloqueio, se é o bloqueio que estamos usando – garanta que todos os escalonamentos sejam recuperáveis nesse sentido.

Porém, isso não é o final da história. Suponha agora que tenhamos um protocolo de bloqueio em vigor, e o protocolo em questão é a *forma não estrita* do bloqueio de duas fases, de acordo com o qual uma transação pode liberar bloqueios antes de terminar. Agora considere a Figura 16.12, que é uma versão modificada da Figura 16.11 (as diferenças são que a transação A agora não fez o COMMIT antes do término da transação B, mas a transação B libera seu bloqueio sobre t "antecipadamente"). Assim como na Figura 16.11, para honrar a requisição de ROLLBACK de B e fazer como se B nunca tivesse sido executado, também precisamos retomar A, porque A viu uma das atualizações de B. Mais do que isso, também *podemos* retomar A, porque A ainda não fez o COMMIT. Mas as *propagações de retomada* dessa forma quase certamente são indesejáveis; em particular, é claro que, se permitirmos que a retomada de uma transação se propague e cause a retomada de outra, então precisamos estar preparados para lidar com tais "cadeias de propagação" de qualquer tamanho. Em outras palavras, o problema com o escalonamento mostrado na figura é que ele não está *livre de propagação*.

```
┌─────────────────────────────────────────────────────────────────────────┐
│   Transação A                    Tempo            Transação B             │
├─────────────────────────────────────────────────────────────────────────┤
│        –                           │                   –                  │
│        –                           │                   –                  │
│        –                          t1              UPDATE t                │
│        –                           │              (adquire bloqueio X sobre t) │
│                                    │                                      │
│   RETRIEVE t                      t2                   –                  │
│   (solicita bloqueio C sobre t)    │                   –                  │
│      espera                        │                   –                  │
│      espera                        │                   –                  │
│      espera                       t3              (libera bloqueio sobre t) │
│      espera                        │                   –                  │
│   prossegue : RETRIEVE t          t4                   –                  │
│   (adquire bloqueio C sobre t)     │                   –                  │
│        –                           │                   –                  │
│   (retomada forçada)              t5              ROLLBACK                │
│                                    ▼                                      │
└─────────────────────────────────────────────────────────────────────────┘
```

FIGURA 16.12 *Um escalonamento envolvendo a propagação de retomadas.*

Uma condição suficiente para um escalonamento ser **livre de propagação** é o seguinte [15.2]:

Se A vir qualquer atualização de B, então A não deverá fazer isso antes que B termine.

O bloqueio estrito de duas fases garantirá que todos os escalonamentos sejam livres de propagação, motivo pelo qual esse protocolo é utilizado na grande maioria dos sistemas.[5] Além disso, é fácil ver que um escalonamento livre de propagação necessariamente também precisa ser um escalonamento recuperável, conforme definimos esse termo anteriormente.

16.8 NÍVEIS DE ISOLAMENTO

A seriabilidade garante o *isolamento* no sentido ACID. Uma consequência direta e muito desejável é que, se todos os escalonamentos forem seriáveis, então o programador de aplicações que escreve o código para determinada transação A não precisa prestar atenção alguma ao fato de que alguma outra transação B possa estar sendo executada no sistema ao mesmo tempo. Porém, pode-se argumentar que os protocolos usados para garantir a seriabilidade reduzem o grau de concorrência ou a vazão geral do sistema para níveis não aceitáveis. Portanto, na prática, os sistemas normalmente admitem uma variedade de *níveis* de "isolamento" (entre aspas porque qualquer nível inferior ao máximo significa que a transação não está verdadeiramente isolada das outras, como veremos em breve).

---

[5]Na realidade, o bloqueio estrito em duas fases é ligeiramente estrito *demais*; não é preciso manter bloqueios compartilhados antes do fim da transação, desde que as transações ainda sejam de duas fases.

410

O **nível de isolamento** que se aplica a determinada transação poderia ser descrito informalmente como *o grau de interferência* que a transação em questão está preparada para tolerar por parte de transações concorrentes. Ora, para garantir a seriabilidade, nenhuma interferência pode ser aceita! Em outras palavras, o nível de isolamento tem de ser o máximo possível – se não, a correção, a capacidade de recuperação e os escalonamentos livres de propagação, em geral, não poderão mais ser garantidos. Mas continua existindo o fato de que, como já dissemos, os sistemas normalmente admitem níveis inferiores ao máximo, e nesta seção vamos examinar essa questão rapidamente.

Pelo menos cinco níveis de isolamento diferentes podem ser definidos, embora a referência [16.10], o padrão de SQL e o DB2 definam apenas quatro níveis cada um. De modo geral, quanto mais alto o nível de isolamento, menor a interferência (e mais baixa a concorrência); quanto mais baixo o nível de isolamento, maior a interferência (e mais alta a concorrência). A título de exemplo, consideramos dois dos níveis admitidos pelo DB2, chamados *estabilidade de cursor* (cursor stability) e *leitura repetível* (repeatable read), respectivamente. A **leitura repetível** (RR) é o nível máximo; se todas as transações operarem nesse nível, então todos os escalonamentos serão seriáveis. Ao contrário, sob a **estabilidade de cursor** (CS), se uma transação *A*:

- Obtém a possibilidade de endereçamento para alguma tupla t[6] e, portanto,

- Adquire um bloqueio sobre t e, então,

- Abandona sua possibilidade de endereçamento para t sem atualizá-la e, assim,

- Não promove seu bloqueio ao nível X e, desse modo,

- Esse bloqueio pode ser liberado sem ter de esperar pelo fim da transação.

Porém, note que alguma outra transação *B* agora pode atualizar t e fazer o COMMIT da alteração. Se a transação *A* voltar mais tarde e examinar t outra vez – observe aqui a violação do protocolo de bloqueio de duas fases! –, ela verá essa alteração e, portanto, poderá de fato ver um estado inconsistente do banco de dados. Por outro lado, sob a leitura repetível (RR), *todos* os bloqueios de tuplas (não apenas os bloqueios X) são mantidos até o fim da transação e o problema que acabamos de mencionar não poderá ocorrer.

Surgem alguns pontos importantes:

1. O problema anterior *não* é o único problema que pode ocorrer sob CS – é apenas o mais fácil de explicar. Porém, infelizmente ele sugere que RR só é necessário no caso quase improvável de que determinada transação precise examinar a mesma tupla duas vezes. Ao contrário, há argumentos sugerindo que RR é *sempre* uma escolha melhor que CS. Uma transação sob CS não é de duas fases e, por isso (como explicamos na seção anterior), a seriabilidade não mais poderá ser garantida. Um argumento em contrário é que CS oferece mais concorrência que RR (provavelmente, mas não necessariamente).

2. O fato de que a seriabilidade não pode ser garantida sob CS parece não ser muito bem entendido na prática. Portanto, é importante repetir o seguinte: *Se a transação* T *opera em um nível de isolamento inferior ao máximo, então não podemos mais garantir que* T, *se estiver executando concorrentemente com outras transações, transformará um estado correto do banco de dados em outro estado correto.*

3. Uma implementação que admita qualquer nível de isolamento menor que o máximo normalmente oferecerá alguns recursos explícitos de controle da concorrência – em geral, instruções LOCK explícitas – para permitir que os usuários escrevam suas aplicações de tal maneira que a segurança seja garantida na ausência de tal garantia por parte do próprio sistema. Por exemplo, o DB2 oferece uma instrução LOCK TABLE explícita, permitindo que os usuários que operam no nível CS adquiram bloqueios explícitos, além daqueles que o DB2 adquire de forma automática para impor esse nível. (Contudo, observe que o padrão de SQL não inclui qualquer mecanismo explícito de controle da concorrência – consulte a Seção 16.11.)

---

[6] Ela faz isso definindo um *cursor* que aponte para a tupla, como explicamos no Capítulo 4 – daí o nome "estabilidade de cursor". Para sermos mais precisos, devemos mencionar que o bloqueio que *A* adquire sobre t no DB2 é, na realidade, um bloqueio de "atualização" (U – Update), e não um bloqueio compartilhado (C) (ver a referência [4.21]).

A propósito, observe que a caracterização de RR que explicamos, como o nível máximo de isolamento, se refere à leitura repetível conforme ela foi implementada no DB2. Infelizmente, o padrão de SQL usa o mesmo termo *leitura repetível* para indicar um nível de isolamento estritamente mais baixo que o nível máximo (mais uma vez, consulte a Seção 16.11).

Fantasmas

Um problema especial que pode ocorrer se as transações operarem em um nível de isolamento inferior ao máximo é o chamado problema do *fantasma*. Considere o seguinte exemplo (ele é fictício, mas é suficiente para ilustrar a ideia):

- Primeiro, suponha que a transação *A* esteja calculando o saldo médio de todas as contas mantidas pelo cliente João. Suponha que haja atualmente três dessas contas, cada uma com um saldo de $100. A transação *A* verifica as três contas, adquirindo bloqueios compartilhados sobre elas enquanto prossegue, e obtém um resultado ($100).

- Porém, agora suponha que uma transação concorrente *B* esteja sendo executada, cujo efeito é o de acrescentar outra conta ao banco de dados para o cliente João, com um saldo de $200. Suponha ainda que a nova conta seja acrescentada depois que *A* calculou sua média de $100. Considere também que, depois de acrescentar a nova conta, *B* imediatamente faz o COMMIT (liberando o bloqueio exclusivo que terá mantido sobre a nova conta).

- Agora, suponha que *A* decida verificar as contas para o cliente João novamente, contando a quantidade total e somando seus saldos, para depois dividir a soma pela quantidade (talvez ela queira verificar se a média realmente é igual à soma dividida pela quantidade). Dessa vez, ela encontra *quatro* contas em vez de três, e obtém um resultado de $125, em vez de $100!

Agora, as duas transações seguiram aqui o bloqueio estrito de duas fases, embora algo ainda tenha saído errado; para sermos específicos, a transação *A* viu algo que não existia na primeira vez – um **fantasma**. Como consequência, a seriabilidade foi violada (a execução intercalada certamente não é equivalente a *A*-depois-*B* nem a *B*-depois-*A*).

Porém, observe cuidadosamente que o problema aqui não tem nada a ver com o bloqueio de duas fases propriamente dito. Em vez disso, o problema é que a transação *A* não bloqueou o que ela logicamente precisava bloquear. em vez de bloquear as três contas de João, ela precisaria bloquear *o conjunto de contas mantidas por João* ou, em outras palavras, o *predicado* "dono da conta = João" (veja as referências [16.6] e [16.13]).[7] Se ela pudesse ter feito isso, então a transação *B* teria que esperar enquanto tentasse incluir sua nova conta (porque *B* certamente solicitaria um bloqueio sobre essa nova conta, e esse bloqueio estaria em conflito com o bloqueio mantido por *A*).

Embora, por motivos discutidos na referência [15.12], a maioria dos sistemas de hoje não admita o bloqueio de predicado dessa forma, eles geralmente ainda conseguem evitar a ocorrência de "fantasmas", bloqueando o *caminho de acesso* usado para chegar até os dados em questão. No caso das contas mantidas por João, por exemplo, se esse caminho de acesso for um índice sobre o nome do cliente, então o sistema pode bloquear a entrada nesse índice para o cliente João. Esse bloqueio impedirá a criação de fantasmas, pois essa criação exigiria que o caminho de acesso – neste exemplo, a entrada de índice – fosse atualizado, e por isso exigiria a obtenção de um bloqueio X sobre esse caminho de acesso. Para ver uma discussão mais detalhada, consulte a referência [15.12].

16.9 INTENÇÃO DE BLOQUEIO

Até agora, temos suposto que a unidade para fins de bloqueio é a tupla individual. Porém, em princípio, não há razão pela qual os bloqueios não devam ser aplicados a unidades de dados maiores ou menores –

---

[7]Também poderíamos dizer que *A* precisava bloquear a *não existência* de quaisquer outras contas pertencentes a João.

por exemplo, a RelVar inteira, ou mesmo ao banco de dados inteiro, ou ainda (indo ao outro extremo) a um componente específico dentro de uma determinada tupla. Falamos de **granularidade de bloqueio** [16.10-16.11]. Como de costume, existe um compromisso: quanto mais minuciosa for a granularidade, maior a concorrência; quanto mais grosseira, menor o número de bloqueios que precisam ser definidos e testados, e mais baixa a sobrecarga (overhead). Por exemplo, se uma transação tiver um bloqueio X sobre uma RelVar inteira, não haverá necessidade de definir bloqueios X sobre tuplas individuais dentro dessa RelVar; por outro lado, nenhuma transação concorrente será capaz de obter qualquer bloqueio sobre essa RelVar ou sobre as tuplas nessa RelVar.

Agora, suponha que alguma transação T solicite um bloqueio X sobre alguma RelVar R. Ao receber a requisição de T, o sistema deve ser capaz de dizer se alguma outra transação já tem um bloqueio sobre qualquer tupla de R – em caso afirmativo, a requisição de T não poderá ser concedida dessa vez. Como pode o sistema detectar tal conflito? Evidentemente, não queremos ter de examinar todas as tuplas de R para ver se uma delas está bloqueada por alguma outra transação, ou ter de examinar todos os bloqueios existentes para ver se algum deles corresponde a uma tupla em R. Em vez disso, introduzimos outro protocolo, o **protocolo de intenção de bloqueio**, segundo o qual nenhuma transação está autorizada a adquirir um bloqueio sobre uma tupla sem primeiro adquirir um bloqueio – provavelmente uma *intenção* de bloqueio (ver o parágrafo a seguir) – sobre a RelVar que a contém. A detecção de conflitos no exemplo se torna, então, uma questão relativamente simples de verificar se qualquer transação tem um bloqueio conflitante *no nível da RelVar*.

Já indicamos que bloqueios X e C fazem sentido para RelVars inteiras, bem como para tuplas individuais. Agora, segundo as referências [16.10-16.11], vamos introduzir três novas espécies de bloqueios, chamadas **intenções de bloqueios**, que fazem sentido para RelVars, mas não para tuplas individuais: **intenção compartilhada** (IC), **intenção exclusiva** (IX) e **intenção compartilhada exclusiva** (ICX) de bloqueio. Elas podem ser definidas informalmente como a seguir. (Supomos que a transação T solicitou um bloqueio do tipo indicado sobre a RelVar R; para vermos o quadro inteiro, incluímos também as definições para os tipos X e C):

- *IC (intenção compartilhada):* T tem a intenção de definir bloqueios C sobre tuplas individuais em R, a fim de garantir a estabilidade dessas tuplas enquanto elas estiverem sendo processadas.

- *IX (intenção exclusiva):* Igual a IC; *além disso*, T poderia atualizar tuplas individuais em R e, dessa forma, definir bloqueios X sobre essas tuplas.

- *C (compartilhado):* T pode tolerar leitores concorrentes, mas não atualizadores concorrentes em R (a própria T não atualizará quaisquer tuplas em R).

- *ICX (intenção compartilhada exclusiva):* Combina C e IX; isto é, T pode tolerar leitores concorrentes mas não atualizadores concorrentes em R; *além disso*, T poderia atualizar tuplas individuais em R e, por isso, definir bloqueios X sobre essas tuplas.

- *X (exclusivo):* T não pode tolerar qualquer acesso concorrente a R. A própria T poderia ou não atualizar tuplas individuais em R.

As definições formais desses cinco tipos de bloqueios são dadas por um versão ampliada da matriz de compatibilidade de tipos de bloqueios, discutida pela primeira vez na Seção 16.3. Consulte a Figura 16.13.

Um enunciado mais preciso do protocolo de intenção de bloqueio seria:

1. Antes de determinada transação poder adquirir um bloqueio C sobre uma tupla qualquer, primeiro ela deve adquirir um bloqueio IC ou mais forte (ver a seguir) sobre a RelVar que contém essa tupla.

2. Antes de determinada transação poder adquirir um bloqueio X sobre uma tupla qualquer, primeiro ela deve adquirir um bloqueio IX ou mais forte (ver a seguir) sobre a RelVar que contém essa tupla.

	X	ICX	IX	C	IC	-
X	N	N	N	N	N	S
ICX	N	N	N	N	S	S
IX	N	N	S	N	S	S
C	N	N	N	S	S	S
IC	N	S	S	S	S	S
-	S	S	S	S	S	S

FIGURA 16.13 *Matriz de compatibilidade estendida para incluir intenções de bloqueios.*

(Porém, observe que essa ainda não é uma definição completa. Consulte a anotação à referência [16.10].)

Explicamos a seguir a noção de *força relativa de bloqueio*, mencionada no protocolo anterior. Observe o **grafo de precedência** na Figura 16.14. Dizemos que o tipo de bloqueio *L2* é mais forte – isto é, ele está em uma posição mais alta no grafo – que o tipo de bloqueio *L1* se e somente se, sempre que houver um "N" (conflito) na coluna *L1* da matriz de compatibilidade para determinada linha, também houver um "N" na coluna *L2* para a mesma linha (consulte a Figura 16.13.) Observe que uma requisição de bloqueio que falhar para um dado tipo de bloqueio certamente falhará para um tipo de bloqueio mais forte (o que implica ser sempre mais seguro utilizar um tipo de bloqueio que seja mais forte que o estritamente necessário). Observe também que C não é mais forte que IX ou *vice-versa*.

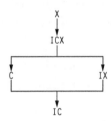

FIGURA 16.14 *Grafo de precedência do tipo de bloqueio.*

Vale a pena observar que, na prática, os bloqueios no nível de RelVar exigidos pelo protocolo de intenção de bloqueio, em geral, serão adquiridos de forma implícita. Por exemplo, para uma transação somente de leitura, o sistema provavelmente adquirirá um bloqueio IC implícito sobre cada RelVar à qual a transação tiver acesso. No caso de uma transação de atualização, é bem provável que ela adquira bloqueios IX. Contudo, o sistema provavelmente também terá de fornecer uma instrução LOCK explícita de alguma espécie, a fim de permitir que as transações adquiram bloqueios C, X ou ICX no nível de RelVar, se os desejarem. Uma instrução desse tipo é admitida, por exemplo, pelo DB2 (embora somente nos casos de bloqueios C e X, mas não de bloqueios ICX).

Fechamos esta seção com um comentário sobre **a escalada de bloqueios,** que é implementada em muitos sistemas e representa uma tentativa de estabelecer um equilíbrio entre os requisitos conflitantes de concorrência elevada e baixa sobrecarga de gerenciamento de bloqueio. A ideia básica é que, quando o sistema atinge um limiar predefinido, ele automaticamente substitui um conjunto de bloqueios de menor granularidade por um único bloqueio de maior granularidade – por exemplo, trocando um conjunto de bloqueios C no nível de tuplas individuais e convertendo um bloqueio IC sobre a RelVar que contém as tuplas em um bloqueio C. Essa técnica parece funcionar bem na prática [16.9].

16.10 OBJEÇÕES ÀS PROPRIEDADES ACID

No Capítulo 15, prometemos que falaríamos mais neste capítulo com relação às propriedades ACID das transações. De fato, temos algumas opiniões um tanto ortodoxas a oferecer sobre o assunto, conforme esclareceremos em seguida.

Primeiro, lembre-se que ACID é um acrônimo para *atomicidade* (*atomicity*) – *correção* (*correctness*) – *isolamento* – *durabilidade*. Como uma rápida revisão:

- *Atomicidade*: Qualquer transação é uma proposição do tipo tudo ou nada.

- *Correção* (também chamada *consistência* na literatura): Qualquer transação transforma o estado correto do banco de dados em outro estado correto, sem necessariamente preservar a correção em todos os pontos intermediários.

- *Isolamento:* As atualizações em qualquer transação são ocultadas de todas as outras transações, até que determinada transação faça o COMMIT.

- *Durabilidade:* Quando determinada transação faz o COMMIT, suas atualizações sobrevivem no banco de dados, mesmo que haja uma falha subsequente no sistema.

Portanto, ACID é um bom acrônimo – mas será que os conceitos que ele representa ainda subsistem quando se examina mais de perto? Nesta seção, apresentamos alguma evidência sugerindo que a resposta a essa pergunta, geralmente, é *não*.

Verificação de restrição imediata

Começamos com algo que poderia parecer um desvio: uma justificativa para nossa posição, articulada inicialmente no Capítulo 9, de que todas as restrições de integridade devem ser verificadas imediatamente (ou seja, no final da instrução), e não deixadas para o final da transação. Temos pelo menos quatro motivos para adotar essa posição, os quais explicamos em seguida.

1. Como sabemos, um banco de dados pode ser considerado uma coleção de proposições (consideradas, por convenção, como sendo verdadeiras). E se essa coleção tivesse permissão para conter qualquer inconsistência, *então todas as apostas são perdidas*. Nunca poderemos confiar nas respostas que obtemos de um banco de dados inconsistente; de fato, podemos obter *absolutamente qualquer resposta* de um banco de dados assim (uma prova desse fato aparece na anotação à referência [9.16], no Capítulo 9). Embora a propriedade de isolamento ou "I" das transações possa significar que não mais do que uma transação verá qualquer inconsistência específica, continua a existir o fato de que essa transação específica vê a inconsistência e, portanto, pode produzir respostas erradas. Na realidade, é exatamente porque as inconsistências não podem ser toleradas, mesmo que nunca sejam visíveis por mais de uma transação de cada vez, que as restrições precisam ser impostas em primeiro lugar.

2. De qualquer forma, não pode-se garantir que determinada inconsistência (supondo que ela seja permitida) *será* vista por apenas uma transação. Somente se seguirem certos protocolos – certos protocolos *não impostos* – é que as transações podem verdadeiramente ter a garantia de que estarão isoladas umas das outras. Por exemplo, se a transação *A* vê um estado inconsistente do banco de dados e grava dados inconsistentes em algum arquivo *F*, e a transação *B* depois lê essa mesma informação de *F*, então *A* e *B* não estão realmente isolados um do outro (independente de estarem sendo executados simultaneamente ou não).[8] Em outras palavras, a propriedade "I" das transações é, no mínimo, suspeita.

---

[8]Na verdade, o problema surge mesmo que *A* não veja um estado inconsistente do banco de dados; ainda é possível que *A* possa gravar dados inconsistentes em algum arquivo que será lido mais tarde por *B*.

3. A edição anterior deste livro afirmou que as restrições de RelVar eram verificadas imediatamente, mas as restrições de banco de dados eram verificadas no final da transação (uma posição que muitos autores concordam, embora normalmente usando uma terminologia diferente). Mas O *Princípio da Permutabilidade* (de RelVars básicas e derivadas – ver Capítulo 9) implica que a mesma restrição do mundo real poderia ser uma restrição de RelVar com um projeto para o banco de dados e uma restrição de banco de dados com outro projeto! Como as restrições de RelVar *obviamente* precisam ser verificadas imediatamente, segue-se que as restrições de banco de dados também precisam ser verificadas imediatamente.

4. A capacidade de realizar "otimização semântica" exige que o banco de dados seja consistente *o tempo todo*, e não apenas nos limites de transação. *Nota:* A otimização semântica é uma técnica de uso de restrições de integridade para simplificar as consultas, a fim de melhorar o desempenho. Logicamente, se as restrições não forem satisfeitas, então as simplificações serão inválidas. Para ver uma discussão mais profunda, consulte o Capítulo 18.

Naturalmente, a "sabedoria convencional" é que as verificações de restrição do banco de dados, pelo menos, certamente *precisam* ser postergadas. Como um exemplo trivial, suponha que o banco de dados de fornecedores e peças esteja sujeito à restrição "Fornecedor F1 e peça P1 estão na mesma cidade". Se o fornecedor F1 se mudar, digamos, de Londres para Paris, então a peça P1 também terá que se mudar de Londres para Paris. A solução convencional para esse problema é envolver as duas atualizações em uma única transação, da seguinte forma:

```
BEGIN TRANSACTION ;
UPDATE F WHERE F# = F# ('F1') { CIDADE := 'Paris' } ;
UPDATE P WHERE P# = P# ('P1') { CIDADE := 'Paris' } ;
COMMIT ;
```

Nessa solução convencional, a restrição é verificada no COMMIT, e o banco de dados é inconsistente entre as duas operações UPDATE. Observe, particularmente, que se a transação realizando os UPDATEs fizesse a pergunta "O fornecedor F1 e a peça P1 estão na mesma cidade?" entre as duas operações UPDATE, a resposta seria *não*.

Porém, lembre-se de que exigimos suporte para um operador de *atribuição múltipla*, que nos permite executar várias instruções em uma única operação (ou seja, dentro de uma única instrução), sem que qualquer verificação de integridade seja feita até que todas as atribuições em questão tenham sido executadas. Lembre-se também que INSERT, DELETE e UPDATE são apenas uma abreviação para certas operações de atribuição. Portanto, no exemplo, deveríamos ter condições de realizar a atualização desejada como uma única operação, assim:

```
UPDATE F WHERE F# = F# ('F1') { CIDADE := 'Paris' } ,
UPDATE P WHERE P# = P# ('P1') { CIDADE := 'Paris' } ;
```

Agora, nenhuma verificação de integridade é feita até que os dois UPDATEs tenham sido realizados (ou seja, "até que cheguemos ao ponto e vírgula"). Observe, também, que agora não há como a transação ver um estado inconsistente do banco de dados entre os dois UPDATEs, pois a noção de "entre os dois UPDATEs" agora não tem significado.

Com esse exemplo, vemos que se a atribuição múltipla fosse admitida, não haveria necessidade de verificação postergada no sentido tradicional (ou seja, a verificação que é postergada para o final da transação).

Agora, voltemos às propriedades ACID propriamente ditas. Contudo, para os nossos propósitos, é melhor discutir a respeito delas na ordem C-I-D-A.

Correção

Já demos nossos motivos (no Capítulo 15) para preferir o termo *correção* aqui, em vez do termo *consistência* mais comum. Porém, na verdade, a literatura normalmente parece igualar os dois conceitos. Aqui, por exemplo, está uma citação do glossário no livro de Gray e Reuter [15.12]:

Consistente. Correto.

E o mesmo livro define a propriedade de consistência da transação desta forma:

Consistência. Uma transação é uma transformação correta do estado. As ações tomadas como um grupo não violam quaisquer restrições de integridade associadas ao estado. Isso exige que a transação seja um programa correto.

Mas, se as restrições de integridade sempre são verificadas imediatamente, o banco de dados está *sempre* consistente – não necessariamente correto! – e as transações sempre transformam um estado consistente do banco de dados em outro estado consistente *a fortiori*.

Assim, se o C de ACID significa consistência, então, de certa forma, a propriedade é trivial;[9] e se significa correção, então ela não pode ser forçada. Portanto, de qualquer forma, a propriedade é essencialmente sem significado, pelo menos por um ponto de vista formal. Como já indicamos, nossa própria preferência seria dizer que o C significa correção (*correctness*); aí então, podemos prosseguir para considerar a "propriedade de correção" não realmente como uma propriedade em si, mas como uma necessidade.

Isolamento

Agora, vejamos a propriedade do isolamento. Como já explicamos anteriormente nesta seção, na subseção "Verificação de restrição imediata", essa propriedade também é suspeita. Pelo menos é verdade que, se toda transação se comportar como se fosse a única transação no sistema, então um mecanismo apropriado de controle de concorrência garantirá o isolamento (e a seriabilidade). Contudo, "comportar-se como se fosse a única transação no sistema" implica, entre outras coisas, que a transação em questão precisa:

- Não fazer qualquer tentativa, intencional ou não, de comunicar-se com outras transações, simultaneamente ou não

- Não fazer qualquer tentativa até mesmo de reconhecer a possibilidade (especificando um nível de isolamento inferior ao máximo) de que outras transações possam existir no sistema

Assim, a propriedade de isolamento também é mais uma necessidade do que uma garantia infalível. Mais ainda, os sistemas reais normalmente oferecem mecanismos explícitos – a saber, níveis de isolamento inferiores ao máximo – cujo efeito é precisamente enfraquecer o isolamento.

Durabilidade

Agora, vejamos a propriedade da durabilidade. Essa propriedade é razoável, graças ao mecanismo de recuperação do sistema, *desde que não haja aninhamento de transações* – e realmente consideramos isso até este ponto. Porém, suponha que o aninhamento de transações seja admitido. Para sermos específicos, suponha que a transação *B* esteja aninhada dentro da transação *A*, e ocorra a seguinte sequência de eventos:

```
BEGIN TRANSACTION (transação A) ;
    ...
    BEGIN TRANSACTION (transação B) ;
    transação B atualiza tupla t ;
    COMMIT (transação B) ;
    ...
ROLLBACK (transação A) ;
```

---

[9]De fato, ela seria trivial mesmo que as restrições não fossem verificadas imediatamente – a transação ainda seria cancelada e, com efeito, nunca seria executada, se violasse alguma restrição. Em outras palavras, é como se as transações tivessem um efeito duradouro sobre o banco de dados somente se não violassem quaisquer restrições.

Se o ROLLBACK de *A* for honrado, então *B* efetivamente também é cancelado (porque *B* realmente faz parte de *A*), e os efeitos de *B* sobre o banco de dados, portanto, não são "duráveis"; de fato, o ROLLBACK de *A* faz com que a tupla *t* seja restaurada ao seu valor anterior a *A*. Em outras palavras, a propriedade de durabilidade não pode mais ser garantida, pelo menos não para uma transação como *B* no exemplo que está aninhado dentro de alguma outra transação.

Agora, muitos autores (começando com Davies na referência [15.8]) de fato propuseram a capacidade de aninhar transações da forma sugerida pelo exemplo que acabamos de dar. A referência [15.15] afirma que esse suporte é desejável pelo menos por três motivos: paralelismo dentro da transação, controle de recuperação dentro da transação e modularidade do sistema. Como o exemplo indica, em um sistema com tal suporte, o COMMIT por uma transação interna faz o COMMIT das atualizações dessa transação, *mas somente até o próximo nível mais externo*. Com efeito, a transação externa tem poder de veto sobre o COMMIT da transação mais interna – se a transação mais externa realizar um ROLLBACK, a transação interna também será cancelada. No exemplo, o COMMIT de *B* é um COMMIT apenas para *A*, e não para o mundo exterior, e realmente esse COMMIT é revogado (cancelado) mais tarde.

Nota: Comentamos que as transações aninhadas podem ser consideradas como uma generalização dos *savepoints*. Os savepoints permitem que uma transação seja estruturada como uma *sequência* linear de ações, que são executadas uma de cada vez (e o cancelamento pode ocorrer a qualquer momento, até o início de qualquer ação anterior na sequência). Ao contrário, o aninhamento permite que uma transação seja estruturada, recursivamente, como uma *hierarquia* de ações que são executadas simultaneamente. Em outras palavras:

- BEGIN TRANSACTION é estendido para dar suporte a "subtransações" (ou seja, se BEGIN TRANSACTION for emitido quando uma transação já está em execução, ele inicia uma transação *filha*).

- COMMIT "conforma", mas somente dentro do *escopo do pai* (se essa transação for uma filha).

- ROLLBACK desfaz o trabalho, mas somente até o início dessa transação em particular (incluindo transações filhas, netas etc., mas *não* incluindo a transação pai, se houver).

Voltando ao fio principal da nossa discussão, agora vemos que a propriedade de durabilidade das transações só se aplica ao nível mais externo[10] (em outras palavras, a transações não aninhadas dentro de qualquer outra transação). Assim, vemos que essa propriedade, em geral, também não é 100% garantida.

Atomicidade

Finalmente, chegamos à propriedade da atomicidade. Assim como a propriedade da durabilidade, esta propriedade é garantida pelo mecanismo de recuperação do sistema (até mesmo com transações aninhadas). Nossas objeções aqui são um pouco diferentes. Para sermos específicos, simplesmente observamos que, se o sistema admitisse a atribuição múltipla, não seria preciso que as transações tenham a propriedade de atomicidade; em vez disso, seria suficiente que as *instruções* a tenham. Mais do que isso, é *necessário* que as instruções também a tenham, por motivos já discutidos com detalhes em outros lugares.[11]

Comentários finais

Podemos resumir esta seção por meio das seguintes perguntas, um tanto retóricas:

- *A transação é uma unidade de trabalho?* Sim, mas somente se a atribuição múltipla não for aceita.

- *Ela é uma unidade de recuperação?* A mesma resposta.

---

[10]A referência [15.15] diz que o mesmo é verdade para a propriedade de consistência, pois, como a maior parte do restante da literatura, ela considera que a transação mais externa não é necessária para preservar a consistência nos pontos intermediários. Contudo, rejeitamos essa posição pelos motivos já explicados.

[11]Lembramos que a maioria das instruções no padrão SQL em particular já tem a propriedade de atomicidade.

- *Ela é uma unidade de concorrência?* A mesma resposta.

- *Ela é uma unidade de integridade?* Sim, mas somente se "toda a verificação de restrição imediata" não for aceita.

Nota: Respondemos a essas perguntas dessa forma apesar dos vários comentários feitos em capítulos anteriores (e em edições anteriores do livro), que aderem mais à "sabedoria convencional" nessa área.

Portanto, em geral, concluímos que o conceito de transação é importante mais por um ponto de vista pragmático do que pelo ponto de vista teórico. Por favor, entenda que essa conclusão não deve ser considerada como um descrédito! Não podemos deixar de respeitar os muitos resultados elegantes e úteis obtidos durante os mais de 25 anos de pesquisa em gerenciamento de transações. Estamos apenas observando que, agora, temos um conhecimento melhor de algumas das suposições em que essa pesquisa foi baseada – particularmente, um conhecimento melhor do papel fundamental das restrições de integridade, além do reconhecimento da necessidade de admitir a atribuição múltipla como um operador primitivo. Na verdade, seria surpresa se uma mudança nas suposições não ocasionasse uma mudança nas conclusões.

16.11 RECURSOS DE SQL

A SQL padrão não fornece qualquer recurso explícito de bloqueio; na verdade, ele não menciona de forma alguma o bloqueio como tal.[12] Porém, ele exige que a implementação forneça as garantias normais quanto à interferência, ou quanto à ausência de interferência, entre transações em execução concorrente. Especificamente, ele exige que atualizações feitas por determinada transação *T1* não sejam visíveis para qualquer transação *T2* distinta a menos que (e até que) a transação *T1* encerre com um COMMIT. *Nota:* O que foi dito pressupõe que todas as transações são executadas no nível de isolamento READ COMMITTED, REPEATABLE READ ou SERIALIZABLE (ver o parágrafo seguinte). Considerações especiais se aplicam a transações executadas no nível READ UNCOMMITTED, que (a) tenham permissão para executar "leituras sujas", mas (b) devam ser definidas como READ ONLY (se READ WRITE fosse permitido, a possibilidade de recuperação não seria mais garantida).

Vimos no Capítulo 15 que os níveis de isolamento da SQL são especificados em START TRANSACTION. Existem quatro possibilidades – **SERIALIZABLE, REPEATABLE READ, READ COMMITTED** e **READ UNCOMMITTED**.[13] O default é SERIALIZABLE; se algum dos outros três for especificado, a implementação será livre para atribuir algum nível mais alto, em que "mais alto" é definido de acordo com a ordem SERIALIZABLE > REPEATABLE READ > READ COMMITTED > READ UNCOMMITTED.

Se todas as transações forem executadas no nível de isolamento SERIALIZABLE (o default), então a execução intercalada de qualquer conjunto de transações concorrentes terá a garantia de ser seriável. Entretanto, se qualquer transação for executada em um nível de isolamento menor, então a seriabilidade poderá ser violada de vários modos diferentes. O padrão define três tipos específicos de violações – *leitura suja* (dirty read), *leitura não repetível* (nonrepeatable read) e *fantasmas* (os dois primeiros foram explicados na Seção 16.2, e o terceiro foi explicado na Seção 16.8) – e os diversos níveis de isolamento são definidos em termos das violações que eles permitem.[14] Esses níveis estão resumidos na Figura 16.15 ("S" significa que a violação indicada pode ocorrer, e "N" significa que não pode).

Encerramos esta seção enfatizando o ponto de que a operação REPEATABLE READ do padrão SQL e a "leitura repetível" (RR) do DB2 não são a mesma coisa. De fato, a operação RR do DB2 é igual à operação SERIALIZABLE do padrão.

---

[12]A omissão é deliberada – a ideia é que o sistema deva ser livre para usar qualquer mecanismo de controle de concorrência que desejar, desde que implemente a funcionalidade desejada.

[13]SERIALIZABLE não é uma boa palavra-chave nesse caso, pois ela corresponde a *escalonamentos* que supostamente devem ser seriáveis, e não *transações*. Um termo melhor poderia ser simplesmente TWO PHASE, significando que a transação obedecerá (ou será forçada a obedecer) ao protocolo de bloqueio de duas fases.

[14]Mas consulte as referências [16.2] e [16.14].

Nível de isolamento	Leitura suja	Leitura não repetível	Fantasma
READ UNCOMMITTED	S	S	S
READ COMMITTED	N	S	S
REPEATABLE READ	N	N	S
SERIALIZABLE	N	N	N

FIGURA 16.15 *Níveis de isolamento de SQL.*

16.12 RESUMO

Examinamos a questão de **controle de concorrência**. Começamos observando três problemas que podem surgir em uma execução intercalada de transações concorrentes, se esse controle não estiver presente: o problema da **atualização perdida**, o problema da **dependência sem commit** e o problema da **análise inconsistente**. Todos esses problemas surgem de escalonamentos que não são **seriáveis**, isto é, não equivalentes a algum escalonamento serial envolvendo as mesmas transações.

A técnica mais difundida para lidar com tais problemas é o **bloqueio**. Há dois tipos básicos de bloqueios, **compartilhados** (C) e **exclusivos** (X). Se uma transação tiver um bloqueio C sobre um objeto, outras transações também poderão obter um bloqueio C sobre esse objeto, mas não um bloqueio X; se a transação tiver um bloqueio X sobre um objeto, nenhuma outra transação poderá obter qualquer tipo de bloqueio sobre o objeto. Introduzimos, então, um protocolo para o uso desses bloqueios, a fim de assegurar que não possam ocorrer problemas da atualização perdida e outros: adquirir um bloqueio C sobre tudo que for lido, adquirir um bloqueio X sobre tudo que for atualizado e conservar todos os bloqueios até o fim da transação. Esse protocolo garante a seriabilidade.

O protocolo que acabamos de descrever é uma forma estrita do **protocolo de bloqueio de duas fases**. Podemos mostrar que, se todas as transações obedecerem a esse protocolo, então todos os escalonamentos serão seriáveis – o **teorema do bloqueio de duas fases**. Um escalonamento seriável implica que, se A e B são duas transações quaisquer envolvidas nessa escalonamento, então A pode ver a saída de B ou B pode ver a saída de A. O bloqueio de duas fases também garante a **capacidade de recuperação** e **escalonamentos livres de propagação**; infelizmente, ele também pode levar a **impasses**. Os impasses são resolvidos escolhendo-se uma das duas transações que chegaram ao impasse como vítima e efetuando-se o ROLLBACK dessa transação (liberando, assim, todos os seus bloqueios).

Em geral, não é possível garantir que algo mais fraco que a seriabilidade total seja seguro. Contudo, os sistemas costumam permitir que as transações operem em um **nível de isolamento** que é de fato inseguro, com o objetivo de reduzir a disputa por recursos e aumentar a vazão (throughput) das transações. Descrevemos um determinado nível "inseguro", ou seja, a **estabilidade de cursor** (essa é a expressão usada pelo DB2; a expressão análoga no padrão SQL é READ COMMITTED).

Em seguida, consideramos brevemente a questão de **granularidade de bloqueio** e a ideia associada de **intenção de bloqueio**. Basicamente, antes que uma transação possa adquirir um bloqueio de qualquer espécie sobre algum objeto, digamos uma tupla de banco de dados, primeiro ela deve adquirir uma intenção de bloqueio apropriada (pelo menos) sobre o "pai" desse objeto (por exemplo, a RelVar recipiente, no caso de uma tupla). Na prática, essas intenções de bloqueios normalmente serão adquiridas de modo implícito, da mesma forma que bloqueios C e X sobre tuplas costumam ser adquiridos implicitamente. Entretanto, devem ser fornecidas **instruções LOCK explícitas** de alguma espécie, a fim de permitir a uma transação adquirir bloqueios mais fortes que aqueles adquiridos de forma implícita (embora o padrão SQL não ofereça tal mecanismo).

Em seguida, examinamos algumas objeções às chamadas **propriedades ACID** das transações, concluindo que as coisas não são tão claras nessa área quanto normalmente se supõe. Finalmente, esboçamos o suporte de controle de concorrência da SQL. Basicamente, a SQL não fornece qualquer capacidade explícita de bloqueio; contudo, ela admite vários níveis de isolamento – **SERIALIZABLE, REPEATABLE READ, READ COMMITTED** e **READ UNCOMMITTED,** os quais o SGBD provavelmente implementará por meio de bloqueios nos bastidores.

420

EXERCÍCIOS

16.1 Explique o significado de *seriabilidade* com suas próprias palavras.

16.2 Enuncie (a) o protocolo de bloqueio de duas fases; (b) o teorema de bloqueio de duas fases. Explique exatamente como o bloqueio de duas fases trata de conflitos, LE, EL e EE.

16.3 Sejam as transações *T1*, *T2* e *T3* definidas para realizar as seguintes operações:

T1: Somar 1 a *A*

T2: Duplicar *A*

T3: Mostrar *A* na tela e depois definir *A* como uma unidade

(Em que *A* é algum item do banco de dados.)

a. Suponha que as transações *T1*, *T2* e *T3* tenham permissão para serem executadas de modo concorrente. Se *A* tiver valor inicial zero, quantos resultados corretos possíveis existirão? Enumere-os.

b. Suponha que a estrutura interna de *T1*, *T2* e *T3* seja a indicada a seguir. Se as transações forem executadas *sem* qualquer bloqueio, quantos escalonamentos possíveis haverá?

c. Se novamente *A* tiver o valor inicial zero, existirão escalonamentos intercalados que de fato produzam um resultado correto e ainda não sejam seriáveis?

d. Haverá algum escalonamento que seja de fato seriável, mas que não possa ser produzido se todas as três transações obedecerem ao protocolo de bloqueio de duas fases?

16.4 Representamos aqui a sequência de eventos em um escalonamento envolvendo as transações *T1*, *T2*, ..., *T12*. *A*, *B*, ..., *H* são itens no banco de dados.

```
tempo t0          . . . . . . . . . .
tempo t1    (T1)     : RETRIEVE A ;
tempo t2    (T2)     : RETRIEVE B ;
   ...      (T1)     : RETRIEVE C ;
   ...      (T4)     : RETRIEVE D ;
   ...      (T5)     : RETRIEVE A ;
   ...      (T2)     : RETRIEVE E ;
   ...      (T2)     : UPDATE E ;
   ...      (T3)     : RETRIEVE F ;
   ...      (T2)     : RETRIEVE F ;
   ...      (T5)     : UPDATE A ;
   ...      (T1)     : COMMIT ;
   ...      (T6)     : RETRIEVE A ;
   ...      (T5)     : ROLLBACK ;
   ...      (T6)     : RETRIEVE C ;
   ...      (T6)     : UPDATE C ;
   ...      (T7)     : RETRIEVE G ;
   ...      (T8)     : RETRIEVE H ;
   ...      (T9)     : RETRIEVE G ;
   ...      (T9)     : UPDATE G ;
   ...      (T8)     : RETRIEVE E ;
   ...      (T7)     : COMMIT ;
   ...      (T9)     : RETRIEVE H ;
   ...      (T3)     : RETRIEVE G ;
   ...      (T10)    : RETRIEVE A ;
   ...      (T9)     : UPDATE H ;
   ...      (T6)     : COMMIT ;
   ...      (T11)    : RETRIEVE C ;
   ...      (T12)    : RETRIEVE D ;
   ...      (T12)    : RETRIEVE C ;
```

```
...        (T2)     : UPDATE F ;
...        (T11)    : UPDATE C ;
...        (T12)    : RETRIEVE A ;
...        (T10)    : UPDATE A ;
...        (T12)    : UPDATE D ;
...        (T4)     : RETRIEVE G ;
tempo t36    ..........
```

Suponha que "RETRIEVE *i*" (se bem-sucedida) adquira um bloqueio C sobre *i*, e que "UPDATE *i*" (se bem-sucedida) promova esse bloqueio ao nível X. Suponha também que todos os bloqueios sejam mantidos até o fim da transação. Desenhe um *Grafo de Espera* (mostrando quem está esperando por quem) representando o estado de coisas no instante *t36*. Haverá algum impasse nesse instante?

16.5 Considere mais uma vez os problemas de concorrência ilustrados nas Figuras 16.1 a 16.4. O que aconteceria em cada caso se todas as transações fossem executas sob o nível de isolamento CS em lugar de RR? *Nota:* CS e RR aqui referem-se aos níveis de isolamento do DB2, descritos na Seção 16.8.

16.6 Dê as definições formais e informais dos tipos de bloqueios X, C, IX, IC, ICX.

16.7 Defina a noção de força relativa de bloqueio e dê o grafo de precedência correspondente.

16.8 Defina o protocolo de intenção de bloqueio em sua forma mais genérica. Qual é a finalidade desse protocolo?

16.9 A SQL define três problemas de concorrência: *leitura suja*, *leitura não repetível* e *fantasmas*. De que maneira esses três problemas se relacionam com os problemas de concorrência identificados na Seção 16.2?

16.10 Esboce um mecanismo de implementação para os protocolos de controle da concorrência de várias versões, descritos brevemente na anotação à referência [16.1].

REFERÊNCIAS E BIBLIOGRAFIA

Além das referências seguintes, ver também as referências [15.2], [15.10] e (especialmente) [15.12] do Capítulo 15.

16.1 R. Bayer, M. Heller e A. Reiser: "Parallelism and Recovery ín Database Systems", *ACM TODS 5*, Número 2 (junho de 1980).

Conforme observamos no Capítulo 15, áreas de aplicações mais novas (por exemplo, engenharia de hardware e software) muitas vezes envolvem requisitos complexos de processamento, para os quais os controles clássicos de gerenciamento de transações descritos no corpo deste capítulo e do anterior não são muito adequados. O problema básico é que transações complexas podem durar horas ou dias, em vez de apenas alguns milissegundos no máximo, como em sistemas tradicionais. Em consequência disso:

1. O ROLLBACK de uma transação até o início pode provocar a perda de uma quantidade inaceitavelmente grande de trabalho.

2. O uso de bloqueio convencional pode provocar atrasos inaceitavelmente longos, enquanto se espera que os bloqueios sejam liberados.

Esse artigo é um dos muitos que se preocupam com esses temas (outros incluem as referências [16.8], [16.12], [16.15] e [16.20]). Ele propõe uma técnica de controle de concorrência conhecida como **bloqueio multiversão** (também conhecida como **leitura multiversão**, e agora implementada em vários produtos comerciais). A maior vantagem da técnica é que as operações de leitura nunca precisam esperar – qualquer número de leitores *e um único escritor* podem operar sobre o mesmo objeto lógico simultaneamente. Para ser mais específico:

- As leituras nunca são retardadas (como acabamos de afirmar).

- As leituras nunca retardam as atualizações.

- Nunca é necessário efetuar o ROLLBACK de uma transação somente de leitura.

- O impasse só é possível entre transações de atualização.

Essas vantagens são particularmente significativas em sistemas distribuídos – consulte o Capítulo 21 –, onde as atualizações podem demorar um longo tempo e consultas somente de leitura podem, desse modo, sofrer atrasos indevidos (e *vice-versa*). A ideia básica é:

- Se a transação B pedir para ler um objeto ao qual a transação A tem acesso para atualização no momento, a transação B receberá acesso a uma versão com COMMIT prévio desse objeto (essa versão deve existir no sistema em algum lugar – provavelmente no log – para fins de recuperação).

- Se a transação B pedir para atualizar um objeto ao qual a transação A tem acesso para leitura no momento, a transação B obterá acesso a esse objeto, enquanto a transação A manterá o acesso à sua própria versão do objeto (a qual agora é na verdade a versão anterior).

- Se a transação B pedir para atualizar um objeto ao qual a transação A tem no momento acesso de atualização, a transação B entrará em um estado de espera[15] (portanto, o impasse e o ROLLBACK forçado ainda serão possíveis, como observamos anteriormente).

Naturalmente, a abordagem inclui controles apropriados para assegurar que cada transação sempre verá um estado consistente do banco de dados.

16.2 Hal Berenson e outros: "A Critique of ANSI SQL Isolation Levels", Proc. 1995 ACM SIGMOD Int. Conf. on Management of Data, San Jose, Calif. (maio de 1995).

Esse artigo é uma crítica da tentativa do padrão de SQL para caracterizar níveis de isolamento em termos de violações de seriabilidade (consulte a Seção 16.11): "[As] definições deixam de caracterizar corretamente vários níveis de isolamento populares, inclusive as implementações padrão de bloqueio dos níveis cobertos". O artigo continua a assinalar em particular que o padrão falha ao proibir "gravações sujas". Parece ser verdade que o padrão não proíbe de modo explícito as gravações sujas. O que ele diz na realidade é o seguinte (ligeiramente reformulado):

- "A execução de transações concorrentes no nível de isolamento SERIALIZABLE tem a garantia de ser seriável." Em outras palavras, se todas as transações operarem no nível de isolamento SERIALIZABLE, a implementação será *obrigada* a proibir gravações sujas, pois as gravações sujas certamente violariam a seriabilidade.

- "Os quatro níveis de isolamento garantem que... nenhuma atualização será perdida." Essa afirmação é apenas uma intenção; por si sós, as definições dos quatro níveis de isolamento *não* oferecem qualquer garantia desse tipo. Porém, indicam que os definidores do padrão *pretendiam* proibir gravações sujas.

- "Mudanças feitas por uma transação não podem ser percebidas por outras transações [exceto aquelas cujo nível de isolamento seja READ UNCOMMITTED] até a transação original terminar com um COMMIT." A questão aqui é: qual o significado exato de *percebidas*? Seria possível uma transação atualizar um fragmento de "dados sujos" sem "percebê-los"?

Veja também a referência [16.14].

16.3 Philip A. Bernstein e Nathan Goodman: "Timestamp-Based Algorithms for Concurrency Control in Distributed Database Systems", Proc. 6th Int. Conf. on Very Large Data Bases, Montreal, Canadá (outubro de 1980).

Discute uma coleção de técnicas de controle de concorrência, baseadas não no bloqueio, mas no uso de **timestamps**. A ideia básica é que se a transação A iniciar sua execução antes da transação B, então o sistema deve se comportar como se A de fato fosse executada totalmente antes de B iniciar (como em um escalonamento genuinamente serial). Assim:

1. A nunca teria permissão para ver qualquer uma das atualizações de B.

2. A nunca deveria ter permissão para atualizar qualquer coisa que B já tenha visto.

Esses dois requisitos podem ser impostos como a seguir. Para qualquer requisição determinada de banco de dados, o sistema compara a timestamps da transação solicitante com a timestamp da transação que recuperou ou atualizou por último a tupla solicitada; se houver um conflito, então a transação solicitante poderá simplesmente ser reinicializada com uma nova timestamp (como nos métodos chamados *otimistas* [16.16]).

Como sugere o título do artigo, o uso da timestamp foi originalmente introduzido no contexto de um sistema distribuído (no qual se percebeu que o bloqueio impunha sobrecargas intoleráveis, devido às

---

[15]Em outras palavras, conflitos EE ainda podem ocorrer, e consideramos aqui que o bloqueio é usado para resolvê-los. Outras técnicas (por exemplo, marcação de tempo [16.3]) talvez pudessem ser usadas em seu lugar.

mensagens necessárias para testar e definir bloqueios etc.). É quase certo não ser apropriado seu uso em um sistema não distribuído. Na verdade, também há bastante ceticismo quanto à sua adequação prática aos sistemas distribuídos. Um problema óbvio é que cada tupla tem de transportar a timestamp da última transação que a *leu* (bem como a timestamp da transação que a atualizou por último), implicando que toda leitura se torna uma gravação! Na verdade, a referência [15.12] afirma que os esquemas de timestamp não passam na realidade de um caso degenerado de esquemas de controle de concorrência otimista [16.16], os quais se ressentem de seus próprios problemas.

16.4 M. W. Blasgen, J. N. Gray, M. Mitoma e T. G. Price: "The Convoy Phenomenon", *ACM Operating Systems Review 13*, Número 2 (abril de 1979).

O **fenômeno de comboio** é um problema encontrado em bloqueios de grande tráfego, como o bloqueio necessário para gravar um registro no log, em sistemas com *escalonamento preemptivo*. (Aqui, "escalonamento" se refere ao problema de alocar ciclos da máquina para transações, não à intercalação de operações de bancos de dados de diferentes transações, como discutimos no corpo deste capítulo.) O problema é o seguinte: se uma transação T estiver mantendo um bloqueio de tráfego elevado e for detida pelo escalonador do sistema – isto é, forçada a um estado de espera, talvez porque sua fatia de tempo tenha expirado – então se formará um *comboio* de transações, todas esperando por sua vez no bloqueio de grande tráfego. Quando T sair de seu estado de espera, ela logo irá liberar o bloqueio, mas (exatamente por que o bloqueio é de tráfego intenso) a própria T provavelmente se unirá de novo ao comboio antes da próxima transação ter terminado de usar o recurso; por essa razão não conseguirá continuar seu processamento e entrará de novo em um estado de espera.

A raiz do problema é que o escalonador geralmente faz parte do sistema operacional básico, não do SGBD e, portanto, foi projetado com base em diferentes suposições. Como os autores observam, um comboio, uma vez estabelecido, tende a se manter estável; o sistema se encontra em um estado de "superbloqueio", a maior parte dos ciclos da máquina é dedicada ao chaveamento de processos e pouco trabalho útil está sendo realizado. Uma solução sugerida – além da possibilidade de substituir o escalonador – é conceder o bloqueio não na ordem de primeiro a chegar, primeiro a ser atendido, mas sim em uma ordem aleatória.

16.5 Stephen Blott e Henry F. Korth: "An Almost-Serial Protocol for Transaction Execution in Main-Memory Database Systems", Proc. 28th Int. Conf. on Very Large Data Bases, Hong Kong (agosto de 2002).

Propõe um mecanismo de seriabilidade para os sistemas de memória principal, que evita totalmente o uso de bloqueios.

16.6 K. P. Eswaran, J. N. Gray, R. A. Lorie e I. L. Traiger: "The Notions of Consistency and Predicate Locks in a Data Base System", *CACM 19*, Número 11 (novembro de 1976).

O artigo que primeiro abordou o assunto do controle da concorrência sobre uma sólida base teórica.

16.7 Peter Franaszek e John T. Robinson: "Limitations on Concurrency in Transaction Processing", *ACM TODS 10*, Número 1 (março de 1985).

Consulte a anotação à referência [16.16].

16.8 Peter Franaszek, John T. Robinson e Alexander Thomasian: "Concurrency Control for High Contention Environments", *ACM TODS 17*, Número 2 (junho de 1992).

Esse artigo afirma que, por várias razões, os futuros sistemas de processamento de transações provavelmente envolverão um grau de concorrência significativamente maior que os de hoje. Em consequência disso, é provável que haja uma contenção de dados bem maior em tais sistemas. Os autores apresentam então "vários conceitos de controle de concorrência [sem bloqueios] e várias técnicas de escalonamento de transações aplicáveis a ambientes de alta disputa" os quais – como afirmam, baseados em experimentos com modelos de simulação – "podem oferecer benefícios substanciais" em tais ambientes.

16.9 J. N. Gray: "Experience with the System R Lock Manager", memorando interno do San Jose Research Laboratory da IBM (primavera de 1980).

Na realidade, essa referência é apenas um conjunto de notas, não um documento pronto, e suas descobertas podem estar um tanto obsoletas agora. Não obstante, contém algumas afirmações interessantes, entre elas as seguintes:

- O bloqueio impõe mais ou menos 10 por cento de sobrecarga sobre transações on-line, mais ou menos 1% nas transações batch.

- É desejável o suporte para uma variedade de granularidades de bloqueios.

- O escalonamento automático do bloqueio funciona bem.

- Os impasses são raros na prática e nunca envolvem mais de duas transações.

- Quase todos os impasses (97%) poderiam ser evitados pelo suporte a *bloqueios U*, como faz o DB2, mas não fazia o System R.

Nota: Os bloqueios U são definidos como compatíveis com bloqueios C, mas não com outros bloqueios U, e certamente não com bloqueios X. Para obter detalhes adicionais, consulte a referência [4.21].

16.10 J. N. Gray, R. A. Lorie e G. R. Putzolu: "Granularity of Locks in a Large Shared Data Base", Proc. 1st Int. Conf. on Very Large Data Bases, Framingham, Mass.: (setembro de 1975).

O artigo que introduziu o conceito de intenção de bloqueio. Conforme explicamos na Seção 16.9, o termo *granularidade* se refere ao tamanho dos objetos que podem ser bloqueados. Como diferentes transações obviamente têm diferentes características e requisitos distintos, é desejável que o sistema forneça várias opções de granularidade (o que de fato acontece com muitos sistemas). Esse artigo apresenta um mecanismo de implementação para um sistema de várias granularidades desse tipo, com base na intenção de bloqueio.

Elaboramos mais aqui o **protocolo de intenção de bloqueio**, pois as explicações dadas no texto do capítulo foram deliberadamente um tanto simplificadas. Em primeiro lugar, os tipos de objetos bloqueáveis não precisam estar limitados a RelVars e tuplas, como estivemos supondo antes. Em segundo lugar, esses tipos de objetos bloqueáveis não precisam nem mesmo formar uma hierarquia estrita; a presença de índices e outras estruturas de acesso significa que eles devem ser considerados como um *grafo acíclico direcionado*. Por exemplo, o banco de dados de fornecedores e peças poderia conter tanto a (uma forma armazenada da) RelVar de peças P quanto um índice, digamos XP, sobre o atributo P# dessa RelVar armazenada. Para obter as tuplas da RelVar P, precisamos começar com o banco de dados geral, e depois ir diretamente para a RelVar e fazer uma busca sequencial *ou* ir para o índice XP e daí para as tuplas P exigidas. Assim, as tuplas de P têm dois "pais" no grafo, P e XP, e ambos têm por sua vez o banco de dados como "pai".

Podemos agora enunciar o protocolo em sua forma mais geral.

- A aquisição de um bloqueio X sobre um determinado objeto adquire implicitamente um bloqueio X sobre todos os filhos desse objeto.

- A aquisição de um bloqueio C ou ICX sobre um determinado objeto adquire implicitamente um bloqueio C sobre todos os filhos desse objeto.

- Antes que uma transação possa adquirir um bloqueio C ou IC sobre um determinado objeto, primeiro ela deve adquirir um bloqueio IC (ou mais forte) sobre pelo menos um pai desse objeto.

- Antes que uma transação possa adquirir um bloqueio X, IX ou ICX sobre um determinado objeto, primeiro ela deve adquirir um bloqueio IX (ou mais forte) sobre todos os pais desse objeto.

- Antes que uma transação possa liberar um bloqueio sobre um determinado objeto, primeiro ela deve liberar todos os bloqueios que mantêm sobre todos os filhos desse objeto.

Na prática, o protocolo não impõe tanta sobrecarga em tempo de execução quanto se poderia imaginar, porque em qualquer instante determinado, a transação provavelmente já terá a maior parte dos bloqueios de que necessita. Por exemplo, é provável que um bloqueio IX, digamos, seja adquirido sobre o banco de dados inteiro apenas uma vez, no momento da inicialização do programa. Esse bloqueio será então mantido através de todas as transações executadas por todo o tempo de duração do programa.

16.11 J. N. Gray, R. A. Lorie, G. R. Putzolu e I. L. Traiger: "Granularity of Locks and Degrees of Consistency in a Shared Data Base", em G. M. Nijssen (editor), *Proc. IFIP TC-2 Working Conf. on Modelling in Data Base Management Systems*. Amsterdã, Países Baixos: Norte da Holanda/Nova York, NY.: Elsevier Science (1976).

O artigo que introduziu o conceito de níveis de isolamento (sob o nome de *graus de consistência*[16]).

---

[16]Não é o mais feliz dos nomes! Os dados ou são consistentes ou não. A noção de que pode haver "graus" de consistência, portanto, parece estar sujeito ao mesmo problema. Na verdade, parece provável que a teoria por trás dos "graus de consistência" tenha sido desenvolvida antes que tivéssemos uma noção clara da importância fundamental da integridade (ou "consistência") dos dados.

16.12 Theo Härder e Kurt Rothermel: "Concurrency Control Issues in Nested Transactions", *The VLDB Journal 2*, Número 1 (janeiro de 1993).

Conforme explicamos na seção "Referências e bibliografia" do Capítulo 15, vários autores sugeriram a ideia de *transações aninhadas*. Esse artigo propõe um conjunto adequado de protocolos de bloqueio para tais transações.

16.13 J. R. Jordan, J. Banerjee e R. B. Batman: "Precision Locks", Proc. 1981 ACM SIGMOD Int. Conf. on Management of Data, Ann Arbor, Mich. (abril/maio de 1981).

O **bloqueio de precisão** é um esquema de bloqueio no nível de tupla que garante que somente as tuplas que precisam ser bloqueados (a fim de alcançar seriabilidade) são realmente bloqueadas, incluídos os fantasmas. De fato, é uma forma daquilo que se chama em outros lugares bloqueio de *predicado* (ver Seção 16.8 e também a referência [16.6]). Ele funciona (a) verificando os pedidos de atualizações para ver se uma tupla a ser inserida ou eliminada satisfaz a um pedido de leitura anterior feito por alguma transação concorrente, e (b) verificando pedidos de leitura para ver se uma tupla que já foi inserida ou eliminada por alguma transação concorrente satisfaz o pedido de leitura em questão. O esquema não só é muito elegante, como os autores afirmam que ele na realidade funciona melhor que as técnicas convencionais (que, em geral, bloqueiam excessivamente).

16.14 Tim Kempster, Colin Stirling e Peter Thanisch: "Diluting ACID", *ACM SIGMOD Record 28,* Número 4 (dezembro de 1999);

Esse artigo poderia ser intitulado "*Concentrating* ACID"! Entre outras coisas, ele afirma que os mecanismos atuais de controle de concorrência impedem certos escalonamentos seriáveis ("o isolamento é realmente uma condição suficiente, mas não necessária, para a seriabilidade"). Assim como o padrão SQL e a referência [16.2], ele define os níveis de isolamento em termos de violações de seriabilidade; contudo, suas definições são mais refinadas do que (e admitem mais escalonamentos seriáveis do que) as tentativas anteriores. O artigo também demonstra uma falha (relacionada a fantasmas) na referência [16.2].

16.15 Henry F. Korth e Greg Speegle: "Formal Aspects of Concurrency Control in Long-Duration Transaction Systems Using the NT/PV Model", *ACM TODS 19*, Número 3 (setembro de 1994).

Como observamos em outras partes (consulte, por exemplo, as referências [15.3], [15.9], [15.16] e [15.17]), a seriabilidade é frequentemente considerada uma condição exigente demais para se impor em certos tipos de sistemas de processo de transações, em especial nas áreas de aplicações mais novas que envolvem a interação humana e, portanto, transações de longa duração. Esse artigo apresenta um novo modelo de transações chamado NT/PV ("transações aninhadas com predicados e visões") que trata de tais preocupações. Entre outras coisas, o artigo (a) mostra que o modelo padrão de transações com seriabilidade é um caso especial, (b) define "classes de correção novas e mais úteis" e (c) afirma que o novo modelo oferece "uma estrutura apropriada para a solução de problemas de transações de longa duração".

16.16 H. T. Kung e John T. Robinson: "On Optimistic Methods for Concurrency Control", *ACM TODS 6,* Número 2 (junho de 1981).

Os esquemas de bloqueio podem ser descritos como *pessimistas*, no sentido de que eles fazem a suposição do pior caso possível, de que todo fragmento de dados ao qual uma determinada transação tenha acesso pode ser necessário a alguma transação concorrente e, portanto, seria melhor bloqueá-lo. Ao contrário, os esquemas **otimistas** – também conhecidos como esquemas de *certificação* ou *validação* – fazem a suposição oposta, de que os conflitos provavelmente serão bastante raros na prática. Desse modo, eles operam permitindo que as transações sejam executadas até a conclusão, completamente livres de obstáculos, e depois verificando, no momento da operação COMMIT, se ocorreu de fato algum conflito. Em caso afirmativo, a transação responsável é simplesmente reinicializada. Nenhuma atualização é gravada no banco de dados antes do término bem-sucedido do processamento de COMMIT; desse modo, essas reinicializações não exigem que quaisquer atualizações sejam desfeitas.

Um artigo subsequente [16.7] mostrou que, sob certas hipóteses razoáveis, os métodos otimistas gozam de certas vantagens inerentes em relação aos métodos tradicionais de bloqueio, em termos do nível esperado de concorrência (isto é, número de transações simultâneas) que podem admitir, sugerindo que os métodos otimistas poderiam se transformar na técnica preferida em sistemas com grandes números de processadores em paralelo. (Ao contrário, a referência [15.12] afirma que os métodos otimistas em geral são na realidade *piores* que o bloqueio em situações "hotspot" – onde um *hotspot* é um item de dados atualizado com muita frequência e por muitas transações distintas. Consulte a anotação à referência [16.17] para ver uma discussão de uma técnica que funciona bem em hotspots.)

16.17 Patrick E. O'Neil: "The Escrow Transactional Method", *ACM TODS 11*, Número 4 (dezembro de 1986).

Considere o seguinte exemplo simples. Suponha que o banco de dados contém um item *TD* representando o "total em dinheiro disponível" e suponha também que quase toda transação no sistema atualize *TD*, subtraindo dele uma certa quantia (correspondente a algum pagamento a ser feito). Então, *TD* é um exemplo de um "hotspot", isto é, um item no banco de dados ao qual uma porcentagem significativa das transações em execução no sistema tem acesso. Sob o bloqueio tradicional, um hotspot pode rapidamente tornar-se um gargalo (misturando as metáforas terrivelmente). Porém, o uso do bloqueio tradicional em um item de dados como *TD* é realmente um exagero. Se *TD* tivesse inicialmente o valor de R$10 milhões e cada transação individual o diminuísse (em média) de apenas R$10, então poderíamos executar essas transações um milhão de vezes *e, além disso, aplicar os decrementos correspondentes a R$1 milhão em qualquer ordem*, antes de ter complicações. Assim, não há necessidade alguma de aplicar um bloqueio tradicional a *TD*. Basta garantir que o valor atual é suficientemente grande para permitir o decremento necessário e, então, fazer a atualização. (Naturalmente, se a transação falhar mais tarde, a quantia do decremento deverá ser adicionada de volta.)

O método de **escrow** (depósito) se aplica a situações como a que acabamos de descrever – ou seja, situações nas quais as atualizações são de um certo tipo especial, e não completamente arbitrárias. O sistema deve oferecer uma nova espécie particular de instrução de atualização (por exemplo, "decrementar de x, se e somente se o valor atual for maior que y"). Em seguida, ele poderá executar a atualização, inserindo o valor do decremento x "em depósito", tirando-o do depósito no fim da transação (e consolidando a mudança se o fim de transação for COMMIT, ou acrescentando de volta a quantia ao total original se o fim da transação for ROLLBACK).

O artigo descreve vários casos em que o método de depósito pode ser utilizado. Um exemplo de produto comercial que admite a técnica é a versão Fast Path do IMS, produzido pela IBM. Observamos que a técnica poderia ser considerada um caso especial de controle de concorrência otimista [16.16]. Contudo, note que o aspecto de "caso especial" – o fornecimento das instruções especiais de atualização – é crítico.

16.18 Christos Papadimitriou: *The Theory of Database Concurrency Control*. Rockville, Md.: Computer Science Press (1986).

Um livro-texto com ênfase em teoria formal.

16.19 Daniel J. Rosencrantz, Richard E. Stearns e Philip M. Lewis II: "System Level Concurrency Control for Distributed Database Systems", *ACM TODS 3*, Número 2 (junho de 1978).

16.20 Kenneth Salem, Hector Garcia-Molina e Jeannie Shands: "Altruistic Locking", *ACM TODS 19*, Número 1 (março de 1994).

Propõe uma extensão ao bloqueio de duas fases, de acordo com a qual uma transação *A* que tenha concluído o trabalho com algum fragmento de dados bloqueado, mas não pode desbloqueá-lo (devido ao protocolo de bloqueio de duas fases), pode, apesar disso, "doar" os dados de volta ao sistema, permitindo, assim, que alguma outra transação *B* adquira um bloqueio sobre ele. Diz-se, então, que *B* está "no encalço de" *A*. São definidos protocolos para impedir, por exemplo, que uma transação veja quaisquer atualizações efetuadas por transações que estão em seu encalço. O bloqueio altruísta (o termo deriva do fato de que a "doação" de dados beneficia outras transações, não a transação doadora) mostrou fornecer mais concorrência que o bloqueio de duas fases convencional, especialmente quando algumas das transações são de longa duração.

16.21 Abraham Silberschatz, Henry F. Korth e S. Sudarshan: *Database System Concepts* (4a. ed.). Nova York, N.Y.: McGraw-Hill (2002).

Esse livro-texto geral sobre gerenciamento de bancos de dados inclui um tratamento rigoroso sobre questões de gerenciamento de transação (recuperação e também concorrência).

16.22 Robert H. Thomas: "A Majority Consensus Approach to Concurrency Control for Multiple Copy Databases", *ACM TODS 4*, Número 2 (junho de 1979).

Consulte a anotação à referência [16.3].

16.23 Alexander Thomasian: "Concurrency Control: Methods, Performance, and Analysis", *ACM Comp. Surv. 30*, Número 1 (março de 1998).

Uma investigação detalhada sobre o desempenho de diversos algoritmos de controle de concorrência.

PARTE V

TÓPICOS ADICIONAIS

Afirmamos, na Parte II deste livro, que o modelo relacional é o alicerce para a moderna tecnologia de bancos de dados, e realmente é. Contudo, ele é *somente* o alicerce: existe muito mais na tecnologia de bancos de dados que apenas o modelo relacional descrito na Parte II, e os alunos e profissionais de bancos de dados precisam estar familiarizados com muitos conceitos e recursos adicionais, a fim de estarem totalmente "conscientes de bancos de dados" (como de fato deve ser óbvio, tendo em vista nossas discussões nas Partes III e IV). Agora, vamos voltar nossa atenção para uma coleção variada de outros tópicos importantes. Os tópicos a serem abordados são, em sequência:

- Segurança (Capítulo 17)
- Otimização (Capítulo 18)
- Perda de informações (Capítulo 19)
- Herança de tipos (Capítulo 20)
- Bancos de dados distribuídos (Capítulo 21)
- Apoio à decisão (Capítulo 22)
- Bancos de dados temporais (Capítulo 23)
- Bancos de dados baseados em lógica (Capítulo 24)

Na realidade, a sequência anterior é um tanto arbitrária, mas os capítulos foram escritos na suposição de que serão lidos (possivelmente de forma seletiva) na ordem em que foram escritos.

CAPÍTULO 17

Segurança

17.1 Introdução

17.2 Controle de acesso discriminatório

17.3 Controle de acesso mandatário

17.4 Bancos de dados estatísticos

17.5 Criptografia de dados

17.6 Recursos de SQL

17.7 Resumo

Exercícios

Referências e bibliografia

17.1 INTRODUÇÃO

As questões de segurança de dados estão frequentemente associadas a questões de integridade de dados, mas os dois conceitos são na realidade bastante diferentes: segurança se refere à proteção de dados contra acesso não autorizado, enquanto integridade se refere à correção desses dados.[1] Em outras palavras:

- **Segurança** significa proteger os dados contra usuários não autorizados.

- **Integridade** significa proteger os dados contra usuários *autorizados* (!).

De modo ainda mais informal, segurança significa garantir que os usuários terão permissão de fazer aquilo que estão tentando fazer; integridade envolve ter certeza de que aquilo que eles estão tentando fazer está correto.

É claro que também existem algumas semelhanças: em ambos os casos, o sistema precisa estar ciente de certas *restrições* que os usuários não devem violar; nos dois casos, essas restrições devem ser especificadas, de modo declarativo, em alguma linguagem adequada, e têm de ser mantidas no catálogo do sistema; nos dois casos, o sistema deve monitorar as operações dos usuários para assegurar que as restrições em questão serão impostas. Neste capítulo, examinaremos a segurança em particular (a integridade já foi discutida em profundidade no Capítulo 9). *Nota*: A principal razão para separarmos tão claramente nosso exame dos dois tópicos é o fato de considerarmos a integridade absolutamente fundamental, enquanto ve-

---

[1]Veja, no Capítulo 9, uma explicação sobre por que o termo "correção" na realidade deveria estar entre aspas aqui.

mos a segurança como uma questão mais secundária, embora de grande importância pragmática (especialmente nestes dias de uso generalizado da Internet, comércio eletrônico e considerações semelhantes).

Existem muitos aspectos a considerar sobre o problema da segurança. Aqui estão alguns deles:

- Aspectos legais, sociais e éticos (por exemplo, a pessoa que faz a requisição, digamos quanto ao crédito de um cliente, tem direito legal à informação solicitada?)

- Controles físicos (por exemplo, a sala do computador ou do terminal é trancada ou protegida de algum outro modo?)

- Questões de política (por exemplo, como a empresa proprietária do sistema decide quem deve ter acesso a quê?)

- Problemas operacionais (por exemplo, se é usado um esquema de senha, como é conservado o segredo das próprias senhas, e com que frequência elas são trocadas?)

- Controles de hardware (por exemplo, o servidor fornece recursos de segurança, tais como chaves de proteção de armazenamento ou um modo de operação protegido?)

- Suporte do sistema operacional (por exemplo, o sistema operacional sendo utilizado apaga o conteúdo da memória principal e dos arquivos de disco quando termina de trabalhar com eles – e o que dizer do log de recuperação?)

e, finalmente

- Questões que são de interesse específico do próprio sistema de banco de dados (por exemplo, o sistema de banco de dados tem um conceito de propriedade de dados?)

Por questões óbvias, vamos considerar neste capítulo principalmente questões dessa última categoria.

Os SGBDs modernos, em geral, admitem agora uma ou as duas abordagens gerais para a segurança de dados, conhecidas como controle *discriminatório* e *mandatário*. Em ambos os casos, a unidade de dados ou o "objeto de dados" que poderia necessitar de proteção pode variar de um banco de dados inteiro por um lado, até um componente específico dentro de uma tupla específica no outro lado. A maneira como as duas abordagens diferem é indicada pelo seguinte esboço:

- No caso de controle **discriminatório,** determinado usuário terá, em geral, direitos de acesso (também conhecidos como **privilégios**) diferentes sobre objetos diferentes; além disso, há bem poucas limitações inerentes a respeito de quais usuários podem ter quais direitos sobre quais objetos (por exemplo, o usuário $U1$ pode ser capaz de ver A, mas não B, enquanto o usuário $U2$ pode ser capaz de ver B, mas não A). Assim, os esquemas discriminatórios são muito flexíveis.

- Ao contrário, no caso de controle **mandatário,** cada objeto de dados é assinalado com um certo nível de **classificação,** e cada usuário recebe um certo nível de **liberação.** O acesso a determinado objeto de dados só pode ser feito por usuários com a liberação apropriada. Os esquemas mandatários tendem assim a ser hierárquicos por natureza e, desse modo, comparativamente rígidos. (Se o usuário $U1$ pode ver A mas não B, então a classificação de B deve ser maior que a de A, e então nenhum usuário $U2$ poderá ver B sem poder ver A.)

Discutiremos esquemas discriminatórios na Seção 17.2 e os esquemas mandatários na Seção 17.3.

Independente de estarmos lidando com um esquema discriminatório ou um esquema mandatário, todas as decisões quanto aos usuários que terão permissão para executar quais operações sobre quais objetos são decisões de política, não técnicas. Como tais, elas estão claramente fora da jurisdição do SGBD; tudo que o SGBD pode fazer é impor essas decisões, uma vez que elas sejam tomadas. Decorre que:

- Os resultados dessas decisões políticas (a) devem ser levados ao conhecimento do sistema (isso é feito pela declaração de **restrições de segurança** em alguma linguagem apropriada), e (b) devem ser memorizados pelo sistema (isso é feito gravando-se essas restrições no catálogo).

- É preciso que haja um meio de verificar determinada requisição de acesso em relação às restrições de segurança aplicáveis, existentes no catálogo. (Por "requisição de acesso", queremos indicar aqui a combinação de *operação solicitada* mais *objeto solicitado* mais *usuário solicitante*, em geral.) Essa verificação é feita pelo **subsistema de segurança** do SGBD, também conhecido por subsistema de **autorização**.

- Para decidir quais restrições de segurança são aplicáveis a uma determinada requisição de acesso, o sistema precisa ser capaz de reconhecer a *origem* dessa requisição – isto é, precisa ser capaz de reconhecer o *usuário solicitante*. Por isso, quando os usuários se conectam ao sistema, em geral eles são obrigados a fornecer não apenas sua ID de usuário (para dizer quem são), mas também uma **senha** (para provar que são quem dizem ser). A senha supostamente é conhecida apenas pelo sistema e por usuários legítimos da ID de usuário em questão. O processo de verificação de senha – ou seja, o processo de verificação se os usuários realmente são quem dizem ser – é chamada **autenticação**. *Nota:* Observamos de passagem que agora estão disponíveis técnicas de autenticação muito mais sofisticadas que a simples verificação de senhas, envolvendo uma grande variedade de dispositivos biométricos: leitoras de impressões digitais, scanners de retina, verificadores de imagem da geometria da mão, verificadores de voz, dispositivos de reconhecimento de assinaturas, e assim por diante. Tais dispositivos podem todos efetivamente ser usados para verificar "características pessoais que ninguém pode roubar" [17.6].

Quanto a esse último ponto, observe a propósito que qualquer número de usuários distintos poderia partilhar da mesma ID. Assim, o sistema pode admitir **grupos de usuários** – também conhecidos como *papéis (roles)* – e pode, portanto, fornecer um meio que permita (digamos) a qualquer pessoa do departamento de contabilidade compartilhar os mesmos privilégios sobre os mesmos objetos. As operações de adicionar usuários individuais ou remover usuários individuais de um dado grupo podem, então, ser realizadas de forma independente da operação de especificar quais privilégios sobre quais objetos se aplicam a esse grupo. Com relação a isso, chamamos sua atenção para a referência [17.11], que descreve um sistema no qual grupos de usuários podem estar *aninhados*. Citando a referência: "A capacidade de classificar usuários em uma hierarquia de grupos fornece uma ferramenta poderosa para a administração de sistemas de grande porte, com milhares de usuários e objetos". Porém, observe que o local óbvio para manter um registro de quais usuários estão em quais grupos é, mais uma vez, o catálogo (ou, talvez, o próprio banco de dados), e esses próprios registros precisam estar sujeitos a controles de segurança adequados, é claro.

17.2 CONTROLE DE ACESSO DISCRIMINATÓRIO

Repetindo o que foi dito na seção anterior, a maior parte dos SGBDs admite controle discriminatório, controle mandatário ou ambos. Na verdade, seria mais exato dizer que a maioria dos sistemas admite o controle discriminatório, e alguns sistemas admitem também o controle mandatário; assim, na prática, é mais provável encontrar o controle discriminatório e, por isso, vamos tratar dele primeiro.

Como já observamos, é preciso que haja uma linguagem que admita a definição de restrições de segurança (discricionárias). Porém, na prática, é mais fácil declarar o que é *permitido* do que enunciar o que *não* é permitido; por essa razão, as linguagens de segurança normalmente admitem a definição, não de restrições de segurança em si, mas de **autoridades**, que são efetivamente o oposto das restrições de segurança (se algo é autorizado, não é restringido). Portanto, começamos por descrever rapidamente uma linguagem hipotética para definir autoridades.[2] Primeiro, veja um exemplo simples:

```
AUTHORITY AF3
   GRANT RETRIEVE { F#, FNOME, CIDADE }, DELETE
   ON     F
   TO     Jim, Fred, Mary ;
```

Esse exemplo ilustra o fato de que (em geral) autoridades têm *quatro componentes*, como:

---

[2]**Tutorial D**, conforme definida no momento [3.3], deliberadamente não inclui recursos de definição de autoridade, mas a linguagem hipotética da presente seção pode ser considerada como estando no espírito da linguagem **Tutorial D**.

1. Um **nome** (AF3 – "autoridade de fornecedores três" – no exemplo)

2. Um conjunto de **privilégios**, especificados por meio da cláusula GRANT

3. A **RelVar** à qual a autoridade se aplica, especificada por meio da cláusula ON

4. Um conjunto de **"usuários"** (mais precisamente, *IDs de usuários*) a quem devem ser concedidos os privilégios especificados sobre a RelVar especificada, definidos por meio da cláusula TO

Então, aqui temos a sintaxe geral:

```
AUTHORITY <nome de autoridade>
  GRANT <lista_com_vírgulas de privilégios>
  ON    <nome de RelVar>
  TO    <lista_com_vírgulas de IDs de usuários>
```

Explicação: Os itens *<nome de autoridade>*, *<nome de RelVar>* e *<lista_com_vírgulas de IDs de usuários>* são autoexplicativos (exceto pelo fato de considerarmos ALL, representando todos os usuários conhecidos, como uma "ID de usuário" válida nesse contexto). Cada *<privilégio>* é um dos seguintes:

```
RETRIEVE [ { <lista_com_vírgulas de nomes de atributos> } ]
INSERT   [ { <lista_com_vírgulas de nomes de atributos> } ]
DELETE
UPDATE   [ { <lista_com_vírgulas de nomes de atributos> } ]
ALL
```

RETRIEVE (não qualificado), INSERT (não qualificado), DELETE e UPDATE (não qualificado) são autoexplicativos (bem, talvez nem tanto; o privilégio RETRIEVE também é necessário apenas para *mencionar* o objeto relevante – por exemplo, em uma definição de visão ou em uma restrição de integridade –, bem como para a leitura propriamente dita). Se uma lista_com_vírgulas de nomes de atributos for especificada com RETRIEVE, então o privilégio se aplicará somente aos atributos especificados; INSERT e UPDATE com uma lista_com_vírgulas de nomes de atributos são definidos de maneira semelhante. A especificação ALL é uma abreviação para todos os privilégios: RETRIEVE (todos os atributos), INSERT (todos os atributos), DELETE e UPDATE (todos os atributos). *Nota*: Para simplificar, ignoramos a questão de saber se são ou não necessários privilégios especiais para a execução de operações gerais de atribuição relacional. Além disso, estamos deliberadamente limitando nossa atenção a operações de manipulação de dados apenas; na prática, porém, há muitas outras operações que também gostaríamos de submeter às regras de segurança, tais como as operações para definir e descartar RelVars – e para definir e descartar as próprias autoridades. Aqui, deixamos de lado a consideração detalhada de tais operações por questões de espaço.

O que deve acontecer se algum usuário tentar realizar alguma operação sobre algum objeto para o qual não está autorizado? Evidentemente, a opção mais simples é apenas rejeitar a tentativa (e, é claro, fornecer uma mensagem de erro adequada); com certeza essa resposta será aquela que for mais necessária na prática, de modo que poderíamos torná-la o default. Porém, em situações mais delicadas, alguma outra ação talvez fosse mais adequada; por exemplo, poderia ser necessário encerrar o programa ou bloquear o teclado do usuário. Também poderia ser desejável registrar tais tentativas em um log especial ("monitoramento de ameaças") para permitir a análise subsequente de tentativas de romper a segurança, e também para servir por si só como prevenção contra infiltração ilegal (consulte a discussão sobre *trilhas de auditoria*, no final desta seção).

É claro que também precisamos de um modo de descartar autoridades:

```
DROP AUTHORITY <nome de autoridade> ;
```

Para simplificar, vamos supor que a ação de descartar determinada RelVar irá descartar automaticamente quaisquer autoridades que se apliquem a essa RelVar.

Aqui estão mais alguns exemplos de autoridades, a maioria deles autoexplicativa:

1. ```
   AUTHORITY EX1
      GRANT RETRIEVE { P#, PNOME, PESO }
      ON    P
      TO    Jacques, Anne, Charley ;
   ```

   Os usuários Jacques, Anne e Charley podem ver um "subconjunto vertical" da RelVar básica P. Temos então um exemplo de autoridade **independente de valor**.

2. ```
   AUTHORITY EX2
      GRANT RETRIEVE, DELETE, UPDATE { FNOME, STATUS }
      ON    LF
      TO    Dan, Misha ;
   ```

   Aqui, a RelVar LF é a visão "fornecedores de Londres" da Figura 10.4, no Capítulo 10. Os usuários Dan e Misha podem ver um "subconjunto horizontal" da RelVar básica F. Esse é, portanto, um exemplo de autoridade **dependente de valor**. Observe também que, embora os usuários Dan e Misha possam usar DELETE para remover certas tuplas de fornecedores (por meio da visão LF), eles não podem usar INSERT para inseri-las nem podem usar UPDATE para atualizar os atributos F# ou CIDADE.

3. ```
   VAR FFPPR VIEW
      ( F JOIN FP JOIN ( P WHERE CIDADE = 'Oslo' ) { P# } )
                                          { ALL BUT P#, QDE } ;

   AUTHORITY EX3
      GRANT  RETRIEVE
      ON     FFPPR
      TO     Lars ;
   ```

   Esse é outro exemplo de autoridade dependente de valor: o usuário Lars pode buscar informações de fornecedores, mas apenas para fornecedores que forneçam alguma peça armazenada em Oslo.

4. ```
   VAR FFQ VIEW
      SUMMARIZE FP PER F { F# } ADD SUM ( QDE ) AS FQ ;

   AUTHORITY EX4
      GRANT RETRIEVE
      ON    FFQ
      TO    Fidel ;
   ```

   O usuário Fidel pode ver quantidades totais de remessas por fornecedor, mas não quantidades de remessas individuais. Assim, o usuário Fidel vê um **resumo estatístico** dos dados básicos.

5. ```
   AUTHORITY EX5
      GRANT RETRIEVE, UPDATE { STATUS }
      ON    F
      WHEN  DAY ( ) IN { 'Seg', 'Ter', 'Qua', 'Qui', 'Sex' }
            AND NOW ( ) ≥ TIME '09:00:00'
            AND NOW ( ) ≤ TIME '17:00:00'
      TO    CONTABILIDADE ;
   ```

   Estamos ampliando aqui nossa sintaxe de AUTHORITY para incluir uma cláusula WHEN, cuja finalidade é especificar certos "controles de contexto"; também estamos supondo que o sistema fornece dois operadores niládicos – isto é, operadores que não utilizam operandos –, chamados DAY( ) e NOW( ), ou seja, o dia da semana atual e a hora atual, respectivamente. A autoridade EX5 garante que valores de status de fornecedores podem ser alterados pelo usuário CONTABILIDADE (presumivelmente significando qualquer pessoa no departamento de contabilidade) apenas em um dia útil e somente durante o horário do expediente. Esse é um exemplo do que às vezes se chama autoridade **dependente de contexto**, porque determinada requisição de acesso será ou
   ```

não permitida, dependendo do contexto – no caso, a combinação de dia da semana e hora do dia – em que ela é emitida.

Outros exemplos de operadores embutidos que o sistema provavelmente deve admitir de qualquer forma e que poderiam ser úteis para autoridades dependentes de contexto incluem:

```
TODAY( )     : Valor = a data atual
USER( )      : Valor = a ID do usuário atual
TERMINAL( ) : Valor = a ID do terminal de origem da requisição atual
```

Você provavelmente já percebeu que, falando-se conceitualmente, as autoridades são todas reunidas por uma operação lógica "OR". Em outras palavras, qualquer requisição de acesso (significando, repetimos, a combinação de operação solicitada mais objeto solicitado mais usuário solicitante) é aceitável se e somente se pelo menos uma autoridade a permite. Contudo, observe que (por exemplo), se (a) uma autoridade permitir que a usuária Nancy obtenha cores de peças e (b) outra permitir que ela leia pesos de peças, isso *não* quer dizer que ela possa ler cores e pesos de peças juntos (é necessária uma autoridade separada para essa combinação).

Finalmente, demos a entender, mas nunca realmente declaramos, que os usuários podem fazer apenas aquilo que explicitamente lhes é permitido pelas autoridades definidas. Tudo que não for explicitamente autorizado será implicitamente proibido!

Modificação de requisição

Para ilustrar algumas das ideias introduzidas na seção anterior, vamos descrever agora rapidamente os aspectos de segurança do protótipo University Ingres e de sua linguagem de consulta QUEL, pois eles adotam uma abordagem interessante para o problema. Basicamente, qualquer requisição dada em QUEL é modificada de forma automática antes da execução, de tal modo que não tenha a possibilidade de violar quaisquer restrições de segurança. Por exemplo, suponha que o usuário U tenha permissão somente para retornar peças armazenadas em Londres:

```
DEFINE PERMIT RETRIEVE ON P TO U
      WHERE  P.CIDADE = "Londres"
```

(veja a seguir os detalhes da operação DEFINE PERMIT). Agora, vamos supor que o usuário U emita a seguinte requisição em QUEL:

```
RETRIEVE ( P.P# P.PESO )
WHERE       P.COR = "Vermelho"
```

Usando a "permissão" especificada para a combinação da RelVar P e usuário U armazenada no catálogo, o sistema modifica automaticamente essa requisição, de tal modo que ela fique semelhante a:

```
RETRIEVE ( P.P# P.PESO )
WHERE       P.COR    = "Vermelho"
AND         P.CIDADE = "Londres"
```

Essa requisição modificada não tem a possibilidade de violar a restrição de segurança. A propósito, observe que o processo de modificação é "silencioso": o usuário U não é informado de que o sistema executou uma instrução um pouco diferente da requisição original, porque esse fato poderia ele próprio ser confidencial (talvez o usuário U não tenha sequer permissão para saber que existem peças não de Londres).

O processo de **modificação de requisição** que acabamos de descrever é, na verdade, idêntico à técnica usada para a implementação de visões [10.12], e também (especificamente no caso do protótipo Ingres) restrições de integridade [9.23]. Assim, uma vantagem do esquema é o fato de ser muito fácil implementá-lo – grande parte do código necessário já existe no sistema. Outra vantagem é o fato de ser ele comparativamente eficiente – o gasto para imposição da segurança ocorre em tempo de compilação, e não em tempo de execução, pelo menos em parte. Outra vantagem é que algumas coisas estranhas que poderiam ocorrer com a abordagem descrita anteriormente, quando determinado usuário precisa de privilégios diferentes sobre partes diferentes da mesma RelVar, não surgem nesse caso (consulte a Seção 17.6 para ver uma ilustração específica desse ponto).

Uma *des*vantagem é que nem todas as restrições de segurança podem ser tratadas dessa forma simples. Como um contraexemplo trivial, suponha que o usuário U não tenha permissão alguma para acesso à RelVar P. Então, nenhuma forma "modificada" simples da operação RETRIEVE original pode preservar a ilusão de que a RelVar P não existe. Em vez disso, uma mensagem de erro explícita semelhante a "Você não tem permissão para acessar esta RelVar" deve necessariamente ser produzida. Ou talvez o sistema pudesse simplesmente mentir e dizer "Essa RelVar não existe". Ou, melhor ainda, ele poderia dizer "*Ou* essa RelVar não existe *ou* você não tem permissão para acessá-la."

Aqui está então a sintaxe de DEFINE PERMIT:

```
DEFINE PERMIT <lista_com_vírgulas de nomes de operações>
      ON      <nome de RelVar>
              [ ( <lista_com_vírgulas de nomes de atributos> ) ]
      TO      <ID de usuário>
    [ AT      <lista_com_vírgulas de nomes de terminais> ]
    [ FROM    <hora> TO <hora> ]
    [ ON      <dia> TO <dia> ]
    [ WHERE   <expressão booleana> ]
```

Conceitualmente, essa instrução é bem semelhante à nossa instrução AUTHORITY, exceto pelo fato de admitir uma cláusula WHERE (as cláusulas AT, FROM e ON estão todas incluídas em nossa cláusula WHEN). Aqui está um exemplo:

```
DEFINE PERMIT RETRIEVE, APPEND, REPLACE
      ON      F ( F#, CIDADE )
      TO      Joe
      AT      TTA4
      FROM    9:00 TO 17:00
      ON      Sáb TO Dom
      WHERE   F.STATUS < 50
      AND     F.F# = FP.P#
      AND     FP.P# = P.P#
      AND     P.COR = "Vermelho"
```

Nota: APPEND e REPLACE são os equivalentes em QUEL aos nossos operadores INSERT e UPDATE, respectivamente.

Trilhas de auditoria

É importante não supor que o sistema de segurança seja perfeito. Um candidato a invasor que seja suficientemente determinado geralmente encontrará um meio de romper os controles, em especial se a recompensa por essa ação for grande. Por essa razão, em situações em que os dados são confidenciais o bastante, ou onde o processamento executado sobre os dados é suficientemente crítico, uma **trilha de auditoria** se torna necessária. Se, por exemplo, discrepâncias nos dados gerarem a suspeita de que o banco de dados foi violado, a trilha de auditoria poderá ser usada para examinar o que está acontecendo e verificar se tudo está sob controle (ou para ajudar a identificar o invasor, em caso contrário).

Uma trilha de auditoria é em essência um arquivo ou banco de dados especial em que o sistema automaticamente acompanha todas as operações realizadas por usuários sobre os dados normais. Em alguns sistemas, a trilha de auditoria pode estar fisicamente integrada ao log de recuperação (consulte o Capítulo 15) e em outros os dois sistemas podem ser distintos; de qualquer modo, os usuários devem ser capazes de examinar a trilha de auditoria usando sua linguagem de consulta normal (desde que estejam autorizados a fazer isso, é claro!). Uma entrada típica de trilha de auditoria poderia conter as seguintes informações:

- Requisição (texto de origem)
- Terminal de onde a operação foi chamada
- Usuário que chamou a operação
- Data e hora da operação
- Variável(is) de relação(ões), tupla(s), atributo(s) afetado(s)
- Imagens antes (valores antigos)
- Imagens depois (valores novos)

Como já dissemos, o simples fato de uma trilha de auditoria estar sendo mantida poderia ser suficiente para deter um possível invasor em algumas situações.

17.3 CONTROLE DE ACESSO MANDATÁRIO

Controles mandatários são aplicáveis a banco de dados nos quais os dados possuem uma estrutura de classificação bastante estática e rígida, como tende a ocorrer em certos ambientes (por exemplo) militares ou governamentais. Como explicamos rapidamente na Seção 17.1, a ideia básica é que cada objeto de dados tem um **nível de classificação** (por exemplo, altamente secreto, secreto, confidencial etc.), e cada usuário tem um **nível de liberação** (com as mesmas possibilidades que vimos para os níveis de classificação). Suponha-se que os níveis formem uma ordenação estrita (por exemplo, altamente secreto > secreto > confidencial etc.). As regras simples a seguir, criadas por Bell e La Padula [17.3] são então impostas:

1. O usuário i só pode ver o objeto j se o nível de liberação de i é maior ou igual ao nível de classificação de j (a "propriedade de segurança simples").

2. O usuário i só pode atualizar o objeto j se o nível de liberação de i é igual ao nível de classificação de j (a "propriedade estrela").

A primeira regra é bastante óbvia, mas a segunda requer algumas explicações. Primeiro, observe que outro modo de enunciar essa segunda regra é dizer que, por definição, qualquer coisa escrita pelo usuário i adquire automaticamente um nível de classificação igual ao nível de liberação de i. Essa regra é necessária para evitar que um usuário com, digamos, classificação "secreta" copie dados secretos em um arquivo com classificação inferior, subvertendo, assim, o objetivo do esquema de classificação. *Nota*: Do ponto de vista apenas de operações puras de "gravação" (INSERT), seria suficiente dizer, no caso da segunda regra, que o nível de liberação de i tem de ser *menor ou* igual ao nível de classificação de j e a regra é com frequência enunciada dessa forma na literatura. Porém, assim os usuários poderiam gravar coisas que não pudessem ler! (Pensando bem, algumas pessoas realmente têm dificuldade de ler o que escreveram... talvez por isso a forma mais fraca não seja tão irrealista assim.)

Os controles mandatários começaram a receber muita atenção no mundo de bancos de dados no início da década de 1990, porque foi nessa época que o Departamento de Defesa dos EUA (DoD – Department of Defense) começou a exigir que qualquer sistema que fosse adquirido tivesse suporte para esses controles, e por isso, os fornecedores de SGBDs começaram a implementá-los. Os controles em questão estão documentados em duas importantes publicações do DoD, conhecidas informalmente como *Orange Book* [17.21] e *Lavender Book* [17.22], respectivamente. O Orange Book define um conjunto de exigências de segurança para toda base de computação confiável ("Trusted Computing Base" – TCB), e o Lavender Book define uma "interpretação" das exigências da TCB especificamente para sistemas de banco de dados.

Os controles mandatários definidos nos livros Orange e Lavender, na verdade, fazem parte de um esquema mais geral de classificação de segurança global, que resumimos aqui para fins de referência. Primeiro, os documentos definem quatro **classes de segurança** (A, B, C e D). A classe D é a menos segura, a classe C é mais segura que a classe D e assim por diante. Dizemos que a classe D fornece proteção *mínima*, a classe C proteção *discricionária*, a classe B proteção *mandatária* e a classe A proteção *verificada*.

- **Proteção discricionária**: A classe C se divide em duas subclasses, C1 e C2 (em que C1 é *menos* segura que C2). Cada uma admite controles *discriminatórios*, o que significa que o acesso está sujeito à discrição (ao critério) do *proprietário* dos dados, como descrevemos na Seção 17.2. Além disso:

  1. A classe C1 distingue entre propriedade e acesso – isto é, ela admite o conceito de dados compartilhados, enquanto permite aos usuários terem também seus próprios dados privados.
  2. A classe C2, além disso, exige suporte contábil através de procedimentos de inscrição, auditoria e isolamento de recursos.

- **Proteção mandatária**: A classe B é a classe que lida com controles mandatários. Ela se divide ainda nas subclasses B1, B2 e B3 (em que B1 é a *menos* segura das três, e B3 a mais segura), da seguinte maneira:

  1. A classe B1 exige "proteção de segurança rotulada" (isto é, exige que cada objeto de dados seja marcado com seu nível de classificação – secreto, confidencial etc.). Ela também exige uma declaração informal da política de segurança adotada.
  2. A classe B2, além disso, exige uma declaração *formal* da mesma coisa. Ela também exige que *canais encobertos* sejam identificados e eliminados. Exemplos de canais encobertos seriam (a) a possibilidade de deduzir a resposta a uma consulta inválida a partir da resposta a uma consulta válida (veja a Seção 17.4), ou (b) a possibilidade de deduzir informações confidenciais a partir do tempo necessário para executar algum cálculo válido (consulte a anotação à referência [17.14]).
  3. A classe B3 exige especificamente suporte de auditoria e recuperação, bem como um *administrador de segurança* designado.

- **Proteção verificada**: A classe A, a mais segura, exige uma prova matemática de que o mecanismo de segurança é consistente e adequado para admitir a política de segurança especificada (!).

Vários produtos comerciais de SGBD fornecem atualmente controles mandatários no nível B1. Em geral, eles também fornecem controles discriminatórios no nível C2. *Terminologia*: Os SGBDs que admitem controles mandatários são chamados frequentemente sistemas *seguros em vários níveis* [17.15], [17.18] e [17.23] (consulte a subseção "Segurança em vários níveis", imediatamente a seguir). O termo *sistema confiável* também é usado quase com o mesmo significado [17.19], [17.21] e [17.22].

Segurança em vários níveis

Vamos supor que queremos aplicar as ideias de controle de acesso mandatário à RelVar de fornecedores F. Para manter a precisão e a simplicidade, suponhamos que a unidade de dados à qual desejamos controlar o acesso é a tupla individual dentro dessa RelVar. Então, cada tupla precisa ser identificada com seu nível de classificação, talvez da maneira mostrada na Figura 17.1 (4 = altamente secreto, 3 = secreto, 2 = confidencial etc.).

F	F#	FNOME	STATUS	CIDADE	CLASSE
	F1	Smith	20	Londres	2
	F2	Jones	10	Paris	3
	F3	Blake	30	Paris	2
	F4	Clark	20	Londres	4
	F5	Adams	30	Atenas	3

FIGURA 17.1 *A RelVar F com níveis de classificação (exemplo).*

Agora, suponha que os usuários U3 e U2 tenham níveis de liberação 3 (secreto) e 2 (confidencial), respectivamente. Então, U3 e U2 verão a RelVar F de formas diferentes! Uma requisição para retornar todos os fornecedores retornará quatro tuplas (ou seja, as tuplas de F1, F2, F3 e F5) se emitida por U3, mas apenas duas tuplas (isto é, as tuplas de F1 e F3) se emitida por U2. Além disso, nenhum dos dois usuários verá a tupla correspondente a F4.

Um modo de raciocinar sobre o que foi visto é, mais uma vez, pensar em termos de modificação de requisição. Considere a consulta a seguir ("Obter fornecedores em Londres"):

```
F WHERE CIDADE = 'Londres'
```

O sistema modificará esse pedido de forma que ele fique semelhante a:

```
F WHERE CIDADE = 'Londres' AND CLASSE   liberação do usuário
```

Considerações semelhantes se aplicam a operações de atualização. Por exemplo, o usuário U3 não está ciente de que a tupla para F4 existe. Então, para esse usuário, a operação INSERT a seguir parece razoável:

```
INSERT F RELATION { TUPLE { F#    F# ('F4'),
                            FNOME  NOME ('Baker'),
                            STATUS 25,
                            CIDADE 'Roma' } } ;
```

O sistema não deve rejeitar essa operação INSERT, porque fazê-lo significaria efetivamente informar ao usuário U3 que o fornecedor F4 afinal existe. Então, o sistema aceita a operação, mas a modifica para:

```
INSERT F RELATION { TUPLE { F#    F# ('F4'),
                            FNOME  NOME ('Baker'),
                            STATUS 25,
                            CIDADE 'Roma',
                            CLASSE 3 } } ;
```

Observe que, por essa razão, a chave primária para fornecedores não é apenas {F#}, mas a combinação {F#,CLASSE}. *Nota*: Para simplificar, estamos supondo que existe apenas uma chave candidata e que, portanto, podemos considerá-la (sem danos) como a *chave primária*.

Mais terminologia: A RelVar de fornecedores é um exemplo de uma *RelVar em vários níveis*. O fato de "os mesmos" dados parecerem diferentes para usuários distintos é chamado *poli-instanciação*. Por exemplo, seguindo a operação INSERT recém-discutida, uma requisição para acessar o fornecedor F4 retorna um resultado para um usuário U4 com a liberação altamente secreta, outra para o usuário U1 (com liberação secreta) e outra ainda para o usuário U2 (com liberação confidencial).

Operações UPDATE e DELETE são tratadas de modo semelhante; omitimos os detalhes aqui, mas observamos que várias referências, no final do capítulo, discutem essas questões em profundidade. Uma pergunta: Você acha que as ideias discutidas nesta subseção constituem uma violação do *Princípio da Informação*? Justifique sua resposta!

17.4 BANCOS DE DADOS ESTATÍSTICOS

No contexto atual, um **banco de dados estatístico** é um banco de dados que permite consultas que derivam informações de agregação (por exemplo, totais, médias), mas não consultas que derivam informações individuais. Por exemplo, a consulta "Qual é a média de salário dos programadores?" poderia ser permitida, enquanto a consulta "Qual é o salário da programadora Mary?" não seria.

O problema com esses bancos de dados é que, às vezes, é possível fazer deduções a partir de consultas válidas para deduzir as respostas a consultas inválidas. Como observa a referência [17.8]: "Os totais contêm vestígios das informações originais; um usuário curioso poderia ser capaz de (re)construir essas informações processando totais em número suficiente. Isso se chama *dedução de informações confidenciais por dedução*". Observamos que esse problema tem probabilidade de se tornar cada vez mais significativo à medida que aumentar o uso de *data warehouses* (consulte o Capítulo 22).

Aqui está um exemplo detalhado. Vamos supor que o banco de dados contenha apenas uma RelVar, STATS (ver Figura 17.2). Para simplificar, suponha que todos os atributos contenham apenas strings de caracteres ou números. Suponha ainda que algum usuário U esteja autorizado a executar consultas estatísticas (apenas) e que sua intenção seja descobrir o salário de Alf. Finalmente, suponha que U sabe de fontes externas que Alf é um programador e do sexo masculino. Agora, considere as seguintes consultas: [3]

```
1. WITH ( STATS WHERE SEXO = 'M' AND
          OCUPAÇÃO = 'Programador' ) AS X :
   COUNT ( X )
```

Resultado: 1.

```
2. WITH ( STATS WHERE SEXO = 'M' AND
          OCUPAÇÃO = 'Programador' ) AS X :
   SUM ( X, SALÁRIO )
```

Resultado: 50K.

NOME	SEXO	FILHOS	OCUPAÇÃO	SALÁRIO	IMPOSTOS	AUDITS
Alf	M	3	Programador	50K	10K	3
Bea	F	2	Médico	130K	10K	0
Cyn	F	0	Programador	56K	18K	1
Dee	F	2	Construtor	60K	12K	1
Ern	M	2	Escriturário	44K	4K	0
Fay	F	1	Artista	30K	0K	0
Guy	M	0	Advogado	190K	0K	0
Hal	M	3	Carpinteiro	44K	2K	0
Ivy	F	4	Programador	64K	10K	1
Joy	F	1	Programador	60K	20K	1

FIGURA 17.2 *A RelVar STATS (amostra de valores).*

A segurança do banco de dados foi claramente comprometida, embora o usuário U tenha emitido apenas consultas estatísticas legítimas. Como o exemplo ilustra, se o usuário puder encontrar uma expressão booleana que identifique algum indivíduo, então as informações a respeito desse indivíduo não serão mais seguras. Esse fato sugere que o sistema deve se recusar a responder a uma consulta para a qual a cardinalidade do conjunto a ser totalizado é menor que algum limite inferior b. Do mesmo modo, ele sugere que o sistema também deve se recusar a responder se essa cardinalidade for maior que o limite superior $n - b$ (onde n é a cardinalidade da relação recipiente), porque o compromisso anterior poderia ser obtido igualmente bem a partir da sequência de consultas a seguir:

```
3. COUNT ( STATS )
```

Resultado: 10.

```
4. WITH ( STATS WHERE NOT ( SEXO = 'M' AND
          OCUPAÇÃO = 'Programador' ) ) AS X :
   COUNT ( X )
```

Resultado: 9; $10 - 9 = 1$.

```
5. SUM ( STATS, SALÁRIO )
```

Resultado: 728K.

```
6. WITH ( STATS WHERE NOT ( SEXO = 'M' AND
          OCUPAÇÃO = 'Programador' ) ) AS X :
   SUM ( X, SALÁRIO )
```

Resultado: 678K; $728K - 678K = 50K$.

---

[3]Para evitar muita digitação, todas as consultas nesta seção são expressas em uma forma abreviada de **Tutorial D**. A expressão COUNT(X) na Consulta 1, por exemplo, deveria ser, de forma mais apropriada, digamos EXTEND TABLE_DEE ADD COUNT(X) AS RESULT1.

Infelizmente, é fácil mostrar que a simples restrição de consultas àquelas para as quais o conjunto a ser totalizado tem cardinalidade c no intervalo $b \leq c \leq n - b$, em geral, é inadequada para evitar o comprometimento. Considere mais uma vez a Figura 17.2 e suponha $b = 2$; as consultas serão respondidas somente se c estiver no intervalo $2 \leq c \leq 8$. Portanto, a expressão booleana:

```
SEXO = 'M' AND OCUPAÇÃO = 'Programador'
```

não é mais admissível. Porém, considere a seguinte sequência de consultas:

```
7. WITH ( STATS WHERE SEXO = 'M' ) AS X :
   COUNT ( X )
```

Resultado: 4.

```
8. WITH ( STATS WHERE SEXO = 'M' AND NOT
                      ( OCUPAÇÃO = 'Programador' ) ) AS X :
   COUNT ( X )
```

Resultado: 3.

Das consultas 7 e 8, o usuário U pode deduzir que existe exatamente um programador do sexo masculino, o qual deve então ser Alf (pois U já sabe que essa descrição se encaixa em Alf). Assim, o salário de Alf pode ser descoberto da seguinte maneira:

```
9. WITH ( STATS WHERE SEXO = 'M' ) AS X :
   SUM ( X, SALÁRIO )
```

Resultado: 328K.

```
10. WITH ( STATS WHERE SEXO = 'M' AND NOT
                       ( OCUPAÇÃO = 'Programador' ) ) :
    SUM ( X, SALÁRIO )
```

Resultado: 278K; 328K – 278K = 50K.

A expressão booleana SEXO = 'M' AND OCUPAÇÃO = 'Programador' é chamada **localizador individual** para Alf [17.8], porque permite ao usuário localizar informações referentes ao indivíduo Alf. Em geral, se o usuário conhecer uma expressão booleana *BE* que identifica algum indivíduo *I* específico, e se *BE* pode ser expressa na forma *BE1* AND *BE2*, então a expressão booleana *BE1* AND NOT *BE2* é um localizador para *I* (desde que *BE1* e *BE1* AND NOT *BE2* sejam ambas admissíveis – ou seja, identifiquem ambas conjuntos de resultados com cardinalidade c no intervalo $b \leq c \leq n - b$). A razão para isso é que o conjunto identificado por *BE* é idêntico à diferença entre o conjunto identificado por *BE1* e o conjunto identificado por *BE1* AND NOT *BE2*:

```
{ x : BE }   { x : BE1 AND BE2 }
         { x : BE1 } MINUS { x : BE1 AND NOT BE2 }
```

Consulte a Figura 17.3.

A referência [17.8] generaliza as ideias anteriores e mostra que, para *quase todo* banco de dados estatístico, um **localizador geral** (ao contrário de um conjunto de localizadores individuais) sempre pode ser encontrado. Um localizador geral é uma expressão booleana que pode ser usada para encontrar a resposta a *qualquer* consulta inadmissível – ou seja, qualquer consulta que envolve uma expressão inadmissível. (Ao contrário, um localizador individual funciona apenas para consultas envolvendo alguma expressão inadmissível *específica*.) De fato, qualquer expressão com uma cardinalidade c no intervalo $2b \leq c \leq n - 2b$ é um localizador geral (b deve ser menor que $n/4$, o que em geral ocorrerá em qualquer situação realista). Depois de se encontrar um localizador, uma consulta envolvendo uma expressão inadmissível *BE* pode ser respondida da maneira ilustrada no exemplo a seguir. (Por precisão, consideramos o caso em que a cardinalidade do conjunto de resultados correspondente a *BE* é menor que b. O caso em que ela é maior que $n - b$ é

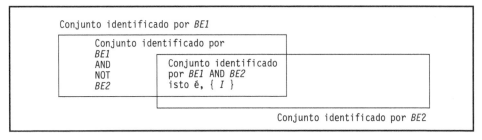

FIGURA 17.3 *O localizador individual BE1 AND NOT BE2.*

tratado de modo semelhante.) Observe que uma consequência da definição é que *T* é um localizador geral se e somente se NOT *T* também é um localizador geral.

Exemplo: Suponha mais uma vez que $b = 2$; então, um localizador geral é qualquer expressão com a cardinalidade do conjunto de resultados *c* no intervalo $4 \leq c \leq 6$. Suponha novamente que o usuário U sabe que Alf é um programador do sexo masculino – isto é, a expressão booleana inadmissível *BE* é (como antes):

```
SEXO = 'M' AND OCUPAÇÃO = 'Programador'
```

– e suponha que U deseja descobrir o salário de Alf. Usaremos um localizador geral duas vezes, primeiro para averiguar se *BE* de fato identifica Alf de forma exclusiva (Etapas de 2 a 4), e depois para determinar o salário de Alf (Etapas de 5 a 7).

Etapa 1: Fazer uma suposição de um localizador, *T*. Como nossa suposição, escolhemos *T* como a expressão:

```
AUDITS = 0
```

Etapa 2: Obter o número total de indivíduos no banco de dados, usando as expressões *T* e NOT *T*:

```
WITH ( STATS WHERE AUDITS = 0 ) AS X :
COUNT ( X )
```

Resultado: 5.

```
WITH ( STATS WHERE NOT ( AUDITS = 0 ) ) AS X :
COUNT ( X )
```

Resultado: 5; 5 + 5 = 10.

Agora podemos ver facilmente que nossa suposição *T* é realmente um localizador geral.

Etapa 3: Obter o resultado da soma (a) do número de indivíduos no banco de dados mais (b) o número que satisfaz à expressão inadmissível *BE*, usando as expressões *BE* OR *T* e *BE* OR NOT *T*.

```
WITH ( STATS WHERE ( SEXO = 'M' AND
                OCUPAÇÃO = 'Programador' )
           OR AUDITS = 0 ) AS X :
COUNT ( X )
```

Resultado: 6.

```
WITH ( STATS WHERE ( SEXO = 'M' AND
                OCUPAÇÃO = 'Programador' )
           OR NOT ( AUDITS = 0 ) ) AS X :
COUNT ( X )
```

Resultado: 5; 6 + 5 = 11.

Etapa 4: A partir dos resultados obtidos até agora, temos que o número de indivíduos que satisfazem a *BE* é um só (o resultado da etapa 3 menos o resultado da etapa 2); ou seja, *BE* designa Alf exclusivamente.

Agora, repetimos (nas Etapas 5 e 6) as consultas das Etapas 2 e 3, mas usando SUM em lugar de COUNT.

Etapa 5: Obter o salário total de indivíduos no banco de dados, usando as expressões *T* e NOT *T*.

```
WITH ( STATS WHERE AUDITS = 0 ) AS X :
SUM ( X, SALÁRIO )
```

Resultado: 438K.

```
WITH ( STATS WHERE NOT ( AUDITS = 0 ) ) AS X :
SUM ( X, SALÁRIO )
```

Resultado: 290K; 438K + 290K = 728K.

Etapa 6: Obter a soma de salários de Alf e o salário total, usando as expressões *BE* OR *T* e *BE* OR NOT *T*.

```
WITH ( STATS WHERE ( SEXO = 'M' AND
                     OCUPAÇÃO = 'Programador' )
             OR AUDITS = 0 ) AS X :
SUM ( X, SALÁRIO )
```

Resultado: 488K.

```
WITH ( STATS WHERE ( SEXO = 'M' AND
                     OCUPAÇÃO = 'Programador' )
             OR NOT ( AUDITS = 0 ) ) AS X :
SUM ( X, SALÁRIO )
```

Resultado: 290K; 488K + 290K = 778K.

Etapa 7: Obter o salário de Alf, subtraindo o salário total (encontrado na etapa 5) do resultado da etapa 6.

Resultado: 50K.

A Figura 17.4 ilustra o localizador geral:

```
{ x : BE } ≡ ( { x : BE OR T } UNION { x : BE OR NOT T } )
                       MINUS { x : T OR NOT T }
```

Conjunto identificado por *T*		Conjunto identificado por NOT *T*
	Conjunto identificado por *BE* – isto é, { *I* }	

FIGURA 17.4 *O localizador geral T.*

Se a suposição inicial estivesse errada (isto é, *T* não fosse um localizador geral), então uma ou ambas as expressões (*BE* OR *T*) e (*BE* OR NOT *T*) poderiam ser inadmissíveis. Por exemplo, se as cardinalidades dos conjuntos de resultados para *BE* e *T* são p e q, respectivamente, onde $p < b$ e $b \leq q < 2b$, então é possível que a cardinalidade do conjunto de resultados para (*BE* OR NOT *T*) seja maior que $n - b$. Em tal situação, é necessário fazer outra suposição de um localizador e tentar novamente. A referência [17.8] sugere que o processo de encontrar um localizador geral não é difícil na prática. Em nosso exemplo particular, a suposição inicial é um localizador geral (a cardinalidade de seu conjunto de resultados é 5), e as consultas na Etapa 3 são ambas admissíveis.

Em resumo: "Quase sempre" existe um localizador geral e normalmente é fácil encontrá-lo e é fácil utilizá-lo; na verdade, com frequência é possível encontrar rapidamente um localizador apenas por suposição [17.8]. Mesmo nos casos em que não existe um localizador geral, a referência [17.8] mostra que localizadores específicos normalmente podem ser encontrados para consultas específicas. É difícil escapar à conclusão de que a segurança em um banco de dados estatístico é um problema real.

Então, o que pode ser feito? A literatura tem mostrado diversas sugestões, mas não está claro que qualquer uma delas seja totalmente satisfatória. Por exemplo, uma possibilidade é a "troca de dados" – isto é, a troca de valores de atributos entre tuplas, de tal modo que a precisão estatística global seja mantida, para que até mesmo se um valor específico (digamos um salário específico) for identificado, não exista nenhum meio de saber a qual indivíduo particular esse valor pertence. A dificuldade dessa abordagem está em localizar conjuntos de entradas cujos valores possam ser trocados dessa maneira. Limitações semelhantes se aplicam à maioria das outras soluções sugeridas. Por essa razão, no momento, parece que devemos concordar com as conclusões da referência [17.8]: "O comprometimento é direto e econômico. A exigência de completo segredo de informações confidenciais não é consistente com a exigência de produção de medidas estatísticas exatas para subconjuntos quaisquer da população. Pelo menos uma dessas exigências deve ser relaxada antes de se poder confiar nas garantias de segredo."

17.5 CRIPTOGRAFIA DE DADOS

Até agora neste capítulo, dissemos que qualquer candidato a invasor estaria usando os recursos normais do sistema para obter acesso ao banco de dados. Agora, voltamos nossa atenção para o caso de um "usuário" que tenta contornar ilegalmente o sistema (por exemplo, removendo fisicamente um disco ou penetrando em uma linha de comunicações). A contramedida mais eficaz diante de tais ameaças é a **criptografia de dados**: isto é, o armazenamento e a transmissão de dados confidenciais em forma criptografada.

Para discutir alguns dos conceitos de criptografia de dados, precisamos introduzir mais alguma terminologia. Os dados originais (não criptografados) são chamados **texto comum**. O texto comum é **criptografado** quando é submetido a um **algoritmo de criptografia**, cujas entradas são o texto comum e uma **chave de criptografia**; a saída desse algoritmo – a forma criptografada do texto comum – é chamada **texto cifrado**. Os detalhes do algoritmo de criptografia se tornam públicos, ou pelo menos não são ocultados de modo especial, mas a chave de criptografia é mantida secreta. O texto cifrado, que deve ser ininteligível para qualquer pessoa que não possua a chave de criptografia, é o que fica armazenado no banco de dados ou é transmitido pela linha de comunicações.

Exemplo: Considere que o texto comum seja a string:

```
AS KINGFISHERS CATCH FIRE
```

(para simplificar, vamos supor que os únicos caracteres de dados com que temos de lidar são letras maiúsculas e espaços vazios). Seja a chave de criptografia a string:

```
ELIOT
```

e seja o algoritmo de criptografia dado a seguir.

1. Divida o texto comum em blocos de comprimento igual ao da chave de criptografia:

   ```
   AS+KI  NGFIS  HERS+  CATCH  +FIRE
   ```

   (os espaços em branco agora são mostrados explicitamente como "+").

2. Substitua cada caractere do texto comum por um inteiro entre 00 e 26, usando branco = 00, A = 01, ..., Z = 26:

   ```
   0119001109  1407060919  0805181900  0301200308  0006091805
   ```

3. Repita a Etapa 2 para a chave de criptografia:

   ```
   0512091520
   ```

4. Para cada bloco de texto comum, substitua cada caractere pela soma de módulo 27 de sua codificação inteira com a codificação inteira do caractere correspondente da chave de criptografia:

```
0119001109   1407060919   0805181900   0301200308   0006091805
0512091520   0512091520   0512091520   0512091520   0512091520
_____   _____   _____   _____   _____
0604092602   1919152412   1317000720   0813021801   0518180625
==========   ==========   ==========   ==========   ==========
```

5. Substitua cada codificação inteira no resultado da Etapa 4 pelo caractere equivalente:

```
FDIZB   SSOXL   MQ+GT   HMBRA   ERRFY
```

O procedimento de descriptografia para esse exemplo é direto, *dada a chave*. (*Exercício*: Descriptografe o texto cifrado mostrado anteriormente.) A questão é: qual é o grau de dificuldade para um candidato a invasor determinar a chave sem conhecimento anterior, dados textos comuns e textos cifrados correspondentes? Em nosso exemplo simples, a resposta é bastante óbvia, "não muito"; porém, é igualmente óbvio que podem ser elaborados facilmente esquemas muito mais sofisticados. No caso ideal, o esquema empregado deve ser tal que o trabalho necessário para rompê-lo pese muito mais que qualquer vantagem que possa ser obtida ao fazê-lo. (Na verdade, uma observação que siga as mesmas linhas gerais se aplicará a todos os aspectos da segurança: a intenção deve sempre ser a de tornar o custo de quebrar o sistema significativamente maior que a recompensa potencial.) O objetivo final aceito para esses esquemas é que o *inventor* do esquema, de posse do texto comum e do texto cifrado correspondente, deva ser incapaz de determinar a chave e, portanto, incapaz de decifrar outro fragmento de texto cifrado.

O Data Encryption Standard (DES)

O exemplo anterior utilizou um procedimento de **substituição**: uma chave de criptografia foi empregada com o objetivo de determinar, para cada caractere do texto comum, um caractere de texto cifrado que seria o *substituto* para esse caractere. A substituição é uma das duas abordagens básicas para a criptografia, tal como é tradicionalmente praticada. A outra é a **permutação**, na qual os caracteres do texto comum são simplesmente reorganizados em alguma sequência diferente. Nenhuma dessas abordagens é particularmente segura em si, mas algoritmos que combinam as duas podem fornecer um grau bastante elevado de segurança. Um desses algoritmos é o **Data Encryption Standard** (DES), que foi desenvolvido pela IBM e adotado como padrão federal nos EUA em 1977 [17.20].

Para usar o DES, o texto comum é dividido em blocos de 64 bits e cada bloco é criptografado com o uso de uma chave de 64 bits (na verdade, a chave consiste em 56 bits de dados e mais oito bits de paridade; assim, não existem 2^{64}, mas apenas 2^{56} chaves possíveis). Um bloco é criptografado pela aplicação de uma permutação inicial a ele, sujeitando-se, então, o bloco permutado a uma sequência de 16 etapas complexas de substituição e, finalmente, aplicando-se outra permutação, a inversa da permutação inicial, ao resultado da última dessas etapas. A substituição na i-ésima etapa não é controlada diretamente pela chave de criptografia original K, mas por uma chave Ki calculada a partir dos valores K e i. Para ver mais detalhes, consulte a referência [17.20].

O DES tem a propriedade de que o algoritmo de descriptografia é idêntico ao algoritmo de criptografia, exceto pelo fato de que os valores de Ki são aplicados em ordem inversa.

Porém, à medida que os computadores cresceram em velocidade e capacidade, o DES foi cada vez mais criticado por contar com chaves relativamente pequenas (56 bits). Portanto, em 2000, o governo federal dos EUA adotou um novo padrão, o **Advanced Encryption Standard** (AES), baseado no chamado *algoritmo Rijndael* [17.5], que utiliza chaves de 128, 192 e 256 bits. Até mesmo as chaves de 128 bits significam que o novo padrão é muito mais seguro que o antigo; de acordo com a referência [26.34], se "pudéssemos montar um computador rápido o suficiente para decifrar o DES em um segundo, então esse computador ficaria calculando por cerca de 149 trilhões de anos para decifrar uma chave AES de 128 bits" (ligeiramente modificado). Para ver mais detalhes, consulte a referência [17.5].

Criptografia de chave pública

Já indicamos que o DES pode não ser verdadeiramente seguro; AES é melhor, mas muitas pessoas sugeriram que tais esquemas podem ser rompidos por força bruta, se não por meios mais inteligentes. Muitas pessoas também consideram que os esquemas de criptografia de **chave pública** mais recentes tornam tais abordagens tecnologicamente obsoletas. Em um esquema de chave pública, tanto o algoritmo de criptografia *quanto a chave de criptografia* estão totalmente disponíveis; assim, qualquer pessoa pode converter texto comum em texto cifrado. Porém, a **chave de descriptografia** correspondente é mantida secreta (os esquemas de chave pública envolvem *duas* chaves, uma para criptografia e outra para descriptografia). Além disso, não é viável deduzir a chave de descriptografia a partir da chave de criptografia; então, até mesmo a pessoa que executa a criptografia original não pode executar a descriptografia correspondente, se não estiver autorizada.

A ideia original da criptografia de chave pública se deve a Diffie e Hellman [17.9]. Descrevemos a abordagem específica mais conhecida, criada por Rivest, Shamir e Adleman [17.17], a fim de mostrar como um esquema desse tipo funciona normalmente na prática. Sua abordagem (agora conhecida como *o esquema RSA*, formado pelas iniciais de seus criadores) se baseia nos dois fatos seguintes:

1. Existe um algoritmo rápido conhecido para determinar se determinado número é primo.

2. Não existe nenhum algoritmo rápido conhecido para localizar os fatores primos de determinado número composto (isto é, não primo).

A referência [17.12] oferece um exemplo no qual se determina (em uma máquina típica da época) se um certo número de 130 dígitos é primo, e essa determinação demora cerca de sete minutos, enquanto a localização de dois fatores primos (na mesma máquina) de um número obtido pela multiplicação de dois primos de 63 dígitos levaria aproximadamente 40 *quatrilhões* de anos (um quatrilhão é igual a 1.000.000.000.000.000).[4]

O esquema RSA funciona da seguinte maneira:

1. Escolha aleatoriamente dois números primos grandes distintos p e q, e calcule o produto $r = p * q$.

2. Escolha aleatoriamente um inteiro grande e que seja relativamente primo – isto é, que não tenha nenhum fator comum além da unidade – com o produto $(p-1) * (q-1)$. O inteiro e é a chave de criptografia. *Nota*: Escolher e é simples; por exemplo, qualquer primo maior que p e q servirá.

3. Tome a chave de descriptografia d como sendo o único "inverso multiplicativo" de e módulo $(p-1) * (q-1)$; isto é:

   ```
   d * e = 1 módulo (p-1) * (q-1)
   ```

   O algoritmo para se calcular d, sendo dados e, p e q, é direto e foi apresentado na referência [17.17].

4. Torne públicos os inteiros r e e, mas não d.

5. Para criptografar um fragmento de texto comum P (que supomos para simplificar ser um inteiro menor que r), substitua-o pelo texto cifrado C, calculado desta forma:

   ```
   C = pᵉ módulo r
   ```

6. Para descriptografar um fragmento de texto cifrado C, substitua-o pelo texto comum P, calculado da seguinte forma:

   ```
   P = cᵈ módulo r
   ```

---

[4]Ainda assim, há algumas dúvidas sobre a segurança do esquema RSA. A referência [17.12] surgiu em 1977. Em 1990, Lenstra e Manasse conseguiram fatorar com sucesso um número de 155 dígitos [17.24]; eles calcularam que o trabalho de computação envolvido, que estava distribuído entre mais de 1.000 computadores, era equivalente a executar um milhão de instruções por segundo em uma máquina durante 273 anos. O número de 155 dígitos em questão foi o nono número de Fermat, $2^{512} + 1$ (observe que $512 = 2^9$). Consulte também a referência [17.14], que relata uma abordagem completamente diferente – e bem-sucedida! – para romper a criptografia RSA.

A referência [17.17] prova que esse esquema funciona – isto é, que a descriptografia de C usando d de fato recupera o P original. Porém, o cálculo de d conhecendo-se apenas r e e (não p ou q) é inviável, como já dissemos. Portanto, qualquer um pode criptografar texto comum, mas somente usuários autorizados (conhecendo d) podem descriptografar texto cifrado.

Damos um exemplo trivial para ilustrar o procedimento anterior. Por razões óbvias, vamos nos limitar a números muito pequenos em todo o texto.

Exemplo: Sejam $p = 3$, $q = 5$; então $r = 15$ e o produto $(p-1) * (q-1) = 8$. Seja $e = 11$ (um primo maior que p e q). Para calcular d, temos:

```
d * 11 = 1 módulo 8
```

e, então, $d = 3$.

Agora, seja o texto comum P consistindo no inteiro 13. Então, o texto cifrado C é dado por:

```
C = p^e módulo r
  = 13^11 módulo 15
  = 1.792.160.394.037 módulo 15
  = 7
```

Agora, o texto comum P é dado por:

```
p = c^d módulo r
  = 7^3 módulo 15
  = 343 módulo 15
  = 13
```

Tendo em vista que e e d são inversos um do outro, os esquemas de criptografia de chave pública também permitem que mensagens criptografadas sejam **"assinadas"** de modo que o destinatário possa ter certeza de que a mensagem teve origem na pessoa que a mensagem declara como remetente (isto é, "assinaturas" não podem ser forjadas). Suponha que A e B sejam dois usuários que desejam se comunicar um com o outro usando um esquema de criptografia de chave pública. Então, A e B publicarão (cada um) um algoritmo de criptografia (incluindo em cada caso a chave de criptografia correspondente) mas conservarão em segredo o algoritmo e a chave de descriptografia, mesmo um do outro. Sejam os algoritmos de criptografia ECA e ECB (para criptografar mensagens a serem enviadas para A e B, respectivamente), e sejam os algoritmos de descriptografia correspondentes DCA e DCB, respectivamente. ECA e DCA são inversos um do outro, assim como ECB e DCB.

Agora, suponha que A deseja enviar um fragmento de texto comum P a B. Em vez de simplesmente calcular ECB(P) e transmitir o resultado, A primeiro aplica o algoritmo de *descriptografia* DCA a P, depois criptografa o resultado e o transmite como texto cifrado C:

```
C = ECB ( DCA ( P ) )
```

Ao receber C, o usuário B aplica o algoritmo de descriptografia DCB, e depois o algoritmo de *criptografia* ECA, produzindo o resultado final P:

```
ECA ( DCB ( C ) )
  = ECA ( DCB ( ECB ( DCA ( P ) ) ) )
  = ECA ( DCA ( P ) )          /* porque DCB e ECB se cancelam */
  = P                          /* porque ECA e DCA se cancelam */
```

Agora, B sabe que a mensagem de fato veio de A, porque ECA produzirá P somente se o algoritmo DCA tiver sido usado no processo de criptografia, e esse algoritmo só é conhecido por A. Ninguém, *nem mesmo B*, pode forjar a assinatura de A.

17.6 RECURSOS DE SQL

O padrão SQL atual admite apenas controle de acesso discriminatório. Dois aspectos mais ou menos independentes da SQL estão envolvidos: o **mecanismo de visão**, que pode ser usado para ocultar dados confidenciais de usuários não autorizados, e o próprio **subsistema de autorização**, que permite a usuários que têm privilégios específicos concederem de forma seletiva e dinâmica esses privilégios a outros usuários e, subsequentemente, revogarem esses privilégios, se desejarem. Ambos os recursos serão discutidos a seguir.

Visões e segurança

Para ilustrar o uso de visões para fins de segurança em SQL, primeiro damos correspondentes em SQL dos exemplos de visões (Exemplos de 2 a 4) da Seção 17.2.

```
2. CREATE VIEW LF AS
        SELECT F.F#, F.FNOME, F.STATUS, F.CIDADE
        FROM    F
        WHERE   F.CIDADE = 'Londres' ;
```

A visão define os dados sobre os quais a autorização deve ser concedida. A própria concessão é feita por meio da instrução GRANT – por exemplo:

```
GRANT SELECT, DELETE, UPDATE ( FNOME, STATUS )
ON      LF
TO      Dan, Misha ;
```

Observe que, por serem definidas por meio de uma instrução GRANT especial, e não por alguma instrução hipotética "CREATE AUTHORITY", as autoridades *não têm nome* em SQL. (Ao contrário, as restrições de integridade têm nomes, como vimos no Capítulo 9.)

```
3. CREATE VIEW FFPPR AS
        SELECT F.F#, F.FNOME, F.STATUS, F.CIDADE
        FROM    F
        WHERE   EXISTS
            ( SELECT * FROM FP
              WHERE  EXISTS
                  ( SELECT * FROM P
                    WHERE   F.F# = FP.F#
                    AND     FP.P# = P.P#
                    AND     P.CIDADE = 'Oslo' ) ) ;
```

GRANT correspondente:

```
GRANT SELECT ON FFPPR TO Lars ;
```

```
4. CREATE VIEW FFQ AS
        SELECT F.F#, ( SELECT SUM ( FP.QDE )
                       FROM    FP
                       WHERE   FP.F# = F.F# ) AS FQ
        FROM    F ;
```

GRANT correspondente:

```
GRANT SELECT ON FFQ TO Fidel ;
```

O Exemplo 5 da Seção 17.2 envolvia uma autoridade *dependente de contexto*. A SQL admite uma variedade de operadores niládicos embutidos – CURRENT_USER, CURRENT_DATE, CURRENT_TIME, etc. – que podem ser usados entre outras coisas para definir visões dependentes de contexto; porém, observe que a SQL não admite algo equivalente ao operador DAY( ) que usamos em nosso Exemplo 5 original. Aqui está um exemplo:

449

```
CREATE VIEW F_NOVE_AS_CINCO AS
     SELECT F.F#, F.FNOME, F.STATUS, F.CIDADE
     FROM    F
     WHERE   HORA_ATUAL   TIME '09:00:00'
     AND     HORA_ATUAL   TIME '17:00:00' ;
```

GRANT correspondente:

```
GRANT SELECT, UPDATE ( STATUS )
ON     F_NOVE_AS_CINCO
TO     CONTABILIDADE ;
```

Entretanto, observe que F_NOVE_AS_CINCO é um tipo muito estranho de visão! – seu valor muda com o tempo, mesmo que os dados básicos nunca mudem. (Qual é o predicado correspondente?) Além disso, uma visão cuja definição envolve o operador embutido CURRENT-USER pode até mesmo ter (de fato, provavelmente terá) valores diferentes para usuários distintos. Essas "visões" são na realidade diferentes em espécie das visões conforme as entendemos normalmente – na verdade, elas são *parametrizadas*. Pode ser preferível, pelo menos conceitualmente, permitir que os usuários definam suas próprias *funções* com valor de relação (potencialmente parametrizadas), e depois tratem visões como F_NOVE_AS_CINCO apenas como casos especiais dessas funções.

Seja como for, os exemplos anteriores ilustram o fato de que o mecanismo de visões fornece uma importante medida de segurança "de graça" ("de graça" porque, de qualquer forma, o mecanismo já está incluído no sistema para outras finalidades). Além disso, muitas verificações de autorização, até mesmo as dependentes de valor, podem ser feitas em tempo de compilação, em vez de serem realizadas em tempo de execução, um benefício significativo para o desempenho. Porém, a abordagem baseada em visões para a segurança ocasionalmente sofre de uma leve dificuldade – em particular, se algum usuário específico necessitar de privilégios diferentes sobre subconjuntos diferentes da mesma tabela ao mesmo tempo. Por exemplo, considere a estrutura de uma aplicação que tem permissão para ler e imprimir todas as peças de Londres, e também tem permissão para atualizar algumas delas (digamos, apenas as peças vermelhas) durante essa leitura.

GRANT e REVOKE

O mecanismo de visões permite que o banco de dados seja conceitualmente dividido em fragmentos de várias maneiras, de tal modo que informações confidenciais possam ser ocultas de usuários não autorizados. Entretanto, ele não permite a especificação das operações que usuários *autorizados* têm permissão para executar sobre esses fragmentos; em vez disso, como já vimos nos exemplos da subseção anterior, essa tarefa é executada pela instrução **GRANT**, que discutiremos agora com mais detalhes (porém, omitimos a discussão sobre alguns dos aspectos mais estranhos dessa instrução).

Primeiro, observe que o criador de qualquer objeto recebe automaticamente a concessão de todos os privilégios que fazem sentido para esse objeto. Por exemplo, o criador de uma tabela básica T recebe automaticamente a concessão dos privilégios SELECT, INSERT. DELETE, UPDATE, REFERENCES e TRIGGER[5] sobre T (veja a seguir uma explicação desses privilégios). Além disso, esses privilégios são concedidos "com autoridade para concessão" em cada caso, o que significa que o usuário que detém o privilégio pode concedê-lo a outros usuários.

Aqui está a sintaxe para a instrução GRANT:

```
GRANT <lista_com_vírgulas de privilégios>
    ON <objeto>
    TO <lista_com_vírgulas de IDs de usuários>
    [ WITH GRANT OPTION ] ;
```

---

[5]Presumimos que o privilégio UNDER também esteja incluído (em que esse privilégio fizer sentido), mas o padrão não o menciona.

Explicação:

1. Os *<privilégios>* válidos são USAGE, UNDER, SELECT, INSERT, DELETE, UPDATE, REFE-RENCES, TRIGGER e EXECUTE. Os privilégios SELECT, INSERT, UPDATE e REFERENCES podem ser específicos a uma coluna. *Nota:* Também é possível especificar ALL PRIVILEGES, mas a semântica não é direta (veja a referência [4.20]).

   - USAGE é necessário em determinado tipo definido pelo usuário, para poder usar esse tipo.

   - UNDER é necessário (a) em determinado tipo definido pelo usuário, para criar um subtipo desse tipo e (b) em determinada tabela, para criar uma subtabela dessa tabela (consulte os Capítulos 20 e 26, respectivamente).

   - SELECT, INSERT, DELETE e UPDATE são autoexplicativos.

   - REFERENCES é necessário em determinada tabela para se referir a essa tabela em uma restrição de integridade (ou seja, qualquer restrição, não necessariamente uma restrição referencial especificamente).

   - TRIGGER é necessário em determinada tabela básica para criar um gatilho sobre essa tabela.

   - EXECUTE é necessário sobre determinada rotina SQL para chamar a execução dessa rotina.

2. Os valores válidos de *<objeto>*s são TYPE *<nome de domínio>* e TABLE *<nome de tabela>* e (para EXECUTE) algo chamado *<designador de rotina específica>*, cujos detalhes estão além do escopo deste livro. *Nota*: Nesse contexto – diferente da maioria dos outros em SQL – a palavra-chave TABLE (que de fato é opcional) inclui tanto visões quanto tabelas básicas.

3. A *<lista_com_vírgulas de IDs de usuários>* pode ser substituída pela palavra-chave especial PUBLIC, significando todos os usuários conhecidos pelo sistema. *Nota:* SQL também admite **papéis** definidos pelo usuário; um exemplo poderia ser CONTABILIDADE, significando todos no departamento de contabilidade. Uma vez criado, um papel pode receber privilégios, como se fosse uma ID de usuário normal. Além do mais, os próprios papéis podem ser concedidos, como os privilégios, seja para uma ID de usuário ou para outro papel. Em outras palavras, os papéis são um mecanismo da SQL para dar suporte a grupos de usuários (ver Seção 17.1).

4. WITH GRANT OPTION, se especificada, significa que os usuários especificados recebem a concessão dos privilégios especificados sobre o objeto especificado **com autoridade de concessão** – significando, como já dissemos, que eles podem conceder esses privilégios sobre esse objeto para outros usuários. Naturalmente, WITH GRANT OPTION só pode ser especificada se o usuário que emite a instrução GRANT tiver a autoridade de concessão necessária.

Em seguida, se o usuário *A* conceder algum privilégio a algum outro usuário *B*, o usuário *A* poderá subsequentemente *revogar* tal privilégio do usuário *B*. A revogação de privilégios se faz por meio da declaração **REVOKE**, com a sintaxe:

```
REVOKE [ GRANT OPTION FOR ] <lista_com_vírgulas de privilégios>
                 ON <objeto>
                 FROM <lista_com_vírgulas de IDs de usuários>
                 <comportamento> ;
```

Aqui, (a) GRANT OPTION FOR significa que (somente) a autoridade para concessão é revogada; (b) *<lista_com_vírgulas de privilégios>*, *<objeto>* e *<lista_com_vírgulas de IDs de usuários>* são como os de GRANT; e (c) *<comportamento>* é RESTRICT ou CASCADE (como é comum). Exemplos:

1. ```
   REVOKE SELECT ON F FROM Jacques, Anne, Charley RESTRICT ;
   ```

2. ```
   REVOKE SELECT, DELETE, UPDATE ( FNOME, STATUS )
        ON LF FROM Dan, Misha CASCADE ;
   ```

3. REVOKE SELECT ON FFPPR FROM Lars RESTRICT ;

4. REVOKE SELECT ON FFQ FROM Fidel RESTRICT ;

Agora, vejamos um pouco mais com relação a RESTRICT *versus* CASCADE. Vamos supor que p é algum privilégio sobre algum objeto e que o usuário A concede p ao usuário B que, por sua vez, o concede ao usuário C. O que aconteceria se A agora revogasse p de B? Suponha por um momento que REVOKE tenha sucesso. Então, o privilégio p mantido por C seria "abandonado" – seria derivado de um usuário, ou seja B, que já não o possui. O objetivo da opção RESTRICT *versus* CASCADE é evitar a possibilidade de privilégios abandonados. Para sermos específicos, RESTRICT faz com que REVOKE falhe se seu sucesso puder conduzir a privilégios abandonados; CASCADE faz com que esses privilégios também sejam revogados.

Finalmente, a remoção de um tipo, uma tabela, uma coluna ou uma rotina revoga automaticamente de todos os usuários todos os privilégios sobre o objeto removido.

17.7 RESUMO

Discutimos vários aspectos do problema de **segurança** de bancos de dados. Começamos comparando segurança e *integridade*: segurança envolve a garantia de que os usuários têm permissão para fazer aquilo que estão tentando fazer; a integridade envolve a garantia de que o que eles estão tentando fazer está "correto". Em outras palavras, a segurança envolve *a proteção de dados contra acesso não autorizado*.

A segurança é imposta pelo **subsistema de segurança** do SGBD, que verifica todas as requisições de acesso, comparando-as com as **restrições de segurança** (ou *autoridades*, mais provavelmente) armazenadas no catálogo do sistema. Primeiro, consideramos esquemas **discriminatórios**, nos quais o acesso a determinado objeto é feito a critério do proprietário do objeto. Toda autoridade em um esquema discriminatório possui um **nome**, um conjunto de **privilégios** (RETRIEVE, INSERT etc.), uma **RelVar** correspondente (isto é, os dados aos quais a restrição se aplica) e um conjunto de **usuários**. Essas autoridades podem ser usadas para fornecer controles **dependentes de valor, independentes de valor, de resumo estatístico e dependentes de contexto**. Uma **trilha de auditoria** pode ser usada para registrar tentativas de romper a segurança. Examinamos rapidamente uma técnica de implementação de esquemas discriminatórios conhecida como **modificação de requisição** (uma técnica que foi lançada primeiro pelo protótipo Ingres, em conjunto com a linguagem QUEL).

Em seguida, discutimos os controles **mandatários**, em que cada objeto tem um nível de **classificação** e cada usuário tem um nível de **liberação**. Explicamos as regras para acesso sob tal esquema. Também resumimos o esquema de classificação de segurança definido pelo Departamento de Defesa dos EUA nos livros Orange e Lavender, e discutimos rapidamente as ideias de **RelVars em vários níveis** e **poli-instanciação**.

Depois, discutimos os problemas especiais de **bancos de dados estatísticos**. Um banco de dados estatístico é um banco de dados que contém vários itens de informações individualmente confidenciais, mas que deve fornecer apenas informações de resumos estatísticos a seus usuários. Vimos que a segurança desses bancos de dados é facilmente comprometida por meio de **localizadores** – um fato que deve servir como advertência, considerando-se o nível crescente de interesse em sistemas de data warehousing (consulte o Capítulo 22).

Examinamos em seguida a **criptografia de dados**, mencionando as ideias básicas de **substituição** e **permutação**, explicando o que são **Data Encryption Standard** (DES) e **Advanced Encryption Standard** (AES), e descrevendo em linhas gerais como funcionam os esquemas de **chave pública**. Em particular, fornecemos um exemplo simples do esquema de números primos **RSA**. Também discutimos o conceito de **assinaturas digitais**.

Também descrevemos rapidamente os aspectos de segurança da SQL – em particular, o uso de **visões** para esconder informações e o uso de **GRANT** e **REVOKE** para controlar quais usuários têm quais privilégios sobre quais objetos (principalmente tabelas básicas e visões).

Concluindo, talvez valha a pena enfatizar que de não adianta o SGBD fornecer um grande conjunto de controles de segurança se for possível contornar esses controles de algum modo. Por exemplo, no DB2, o banco de dados está fisicamente armazenado sob a forma de arquivos do sistema operacional; assim, o mecanismo de segurança do DB2 seria quase inútil se fosse possível obter acesso a esses arquivos a partir de um programa convencional, usando serviços convencionais do sistema operacional. Por essa razão, o DB2 trabalha em harmonia com seus vários sistemas complementares – em particular, o sistema operacional em que é executado – para garantir que o sistema total é seguro. Os detalhes estão além do escopo deste capítulo, mas a mensagem deve ser clara.

EXERCÍCIOS

17.1 Seja a RelVar básica STATS vista na Seção 17.4:

```
STATS { NOME, SEXO, FILHOS, OCUPAÇÃO, SALÁRIO, IMPOSTO, AUDITS }
     KEY { NOME }
```

Usando a linguagem hipotética introduzida na Seção 17.2 defina as autoridades necessárias para dar:

a. Ao usuário Ford privilégios RETRIEVE sobre a RelVar inteira.

b. Ao usuário Smith privilégios INSERT e DELETE sobre a RelVar inteira.

c. A cada usuário privilégios RETRIEVE sobre a tupla do próprio usuário (somente).

b. Ao usuário Nash privilégios RETRIEVE sobre a RelVar inteira e privilégios UPDATE sobre os atributos SALÁRIO e IMPOSTO (somente).

e. Ao usuário Todd privilégios RETRIEVE sobre os atributos NOME, SALÁRIO e IMPOSTO (somente).

f. Ao usuário Ward privilégios RETRIEVE como os de Todd e privilégios UPDATE sobre os atributos SALÁRIO e IMPOSTO (somente).

g. Ao usuário Bispo privilégios completos (RETRIEVE, INSERT, DELETE, UPDATE) sobre tuplas para religiosos (somente).

h. Ao usuário Jones privilégios DELETE sobre tuplas para pessoas que executem trabalho não especializado, onde trabalho *não especializado* é definido como aquele executado por mais de dez pessoas.

i. Ao usuário King privilégios RETRIEVE para salários máximo e mínimo por ocupação.

17.2 Considere as ações incluídas na extensão da sintaxe de definições AUTHORITY para incluir controle sobre operações tais como definir e descartar RelVars básicas, definir e descartar visões, definir e descartar autoridades e assim por diante.

17.3 Considere a Figura 17.2 uma vez mais. Vamos supor que sabemos que Hal é um carpinteiro com pelo menos dois filhos. Escreva uma sequência de consultas estatísticas que revelarão os valores dos impostos de Hal, usando um localizador individual. Suponha, como na Seção 17.4, que o sistema não responderá a consultas com uma cardinalidade de conjunto de resultados menor que 2 ou maior que 8.

17.4 Repita o Exercício 17.3, mas use um localizador geral em vez de um localizador individual.

17.5 Descriptografe o texto cifrado a seguir, produzido de maneira semelhante ao que foi usado no exemplo de "AS KINGFISHERS CATCH FIRE", na Seção 17.5, mas utilize uma chave de criptografia de cinco caracteres diferentes:

```
F N W A L
J P V J C
F P E X E
A B W N E
A Y E I P
S U S V D
```

17.6 Execute o esquema RSA de criptografia de chave pública com $p = 7$, $q = 5$ e $= 17$ para o texto comum $P = 3$.

17.7 Você poderia imaginar algum problema de implementação ou outras desvantagens que pudessem ser causadas pela criptografia?

17.8 Dê soluções de SQL para o Exercício 17.1.

17.9 Escreva instruções de SQL para descartar os privilégios concedidos na sua solução ao exercício anterior.

REFERÊNCIAS E BIBLIOGRAFIA

17.1 Rakesh Agrawal, Jerry Kiernan, Ramakrishnan Srikant e Yirong Xu: "Hippocratic Databases", Proc. 28th Int. Conf. on Very Large Data Bases, Hong Kong (agosto de 2002).

Citando o resumo: "[Nós] demonstramos que os sistemas de banco de dados do futuro terão que incluir responsabilidade pela privacidade dos dados que eles gerenciam como um princípio básico... Enunciamos... os mais importantes princípios de privacidade para... sistemas de banco de dados."

17.2 Rakesh Agrawal e Jerry Kiernan: "Watermarking Relational Databases", Proc. 28th Int. Conf. on Very Large Data Bases, Hong Kong (agosto de 2002).

Propõe um esquema de "marca d´água" dos dados, de modo que cópias piratas (com efeito, violações de direito autoral) possam ser detectadas.

17.3 D. E. Bell e L. J. La Padula: "Secure Computer Systems: Mathematical Foundations and Model", MITRE Technical Report M74-244 (maio de 1974).

17.4 Luc Bouganim e Philippe Pucheral: "Chip-Secured Data Access: Confidential Data on Untrusted Servers", Proc. 28th Int. Conf. on Very Large Data Bases, Hong Kong (agosto de 2002).

Citando o resumo: "[Esse esquema] impõe o aspecto confidencial dos dados e controla privilégios pessoais [por meio de] um componente de segurança baseado no cliente, atuando como um mediador entre um cliente e um banco de dados criptografado. Esse componente está embutido em um smartcard para impedir [falsificação]." O esquema contorna o problema clássico com bancos de dados criptografados, ou seja, que os dados normalmente precisam estar em formato de texto comum nos índices.

17.5 J. Daemen e V. Rijnen: "The Block Cipher Rijndael", em J.-J. Quisquater e B. Schneier (editores), *Smart Card Research and Applications* (Springer-Verlag *Lecture Notes in Computer Sciente 1820*). Nova York, N.Y.: Springer-Verlag (2000).

17.6 James Daly: "Fingerprinting a Computer Security Code", *Computerworld* (27 de julho de 1992).

17.7 Doroty E. Denning: *Cryptography and Data Security*. Reading, Mass.: Addison-Wesley (1983).

17.8 Doroty E. Denning e Peter J. Denning: "Data Security" *ACM Comp. Surv: 11*, Número 3 (setembro de 1979).

Um bom tutorial inicial, focalizando controles de acesso discriminatório, controles de acesso mandatário (aqui chamados controles *de fluxo*), criptografia de dados e controles de *inferência* (o problema especial de bancos de dados estatísticos).

17.9 W. Diffie e M. E. Hellman: "New Directions in Cryptography", *IEEE Transactions on Information Theory* IT-22 (novembro de 1976).

17.10 Ronald Fagin: "On An Authorization Mechanism", *ACM TODS 3*. Número 3 (setembro de 1978).

Uma extensa correção à referência [17.13], *q.v.* Sob certas circunstâncias, o mecanismo da referência [17.13] revogaria um privilégio que não deveria ser revogado. Esse artigo corrige tal falha.

17.11 Roberto Gagliardi, George Lapis e Bruce Lindsay: "A Flexible and Efficient Database Authorization Facility", IBM Research Report RJ6826 (11 de maio de 1989).

17.12 Martin Gardner: "A New Kind of Cipher That Would Take Millions of Years to Break", *Scientific American 237*, Número 2 (agosto de 1977).

Uma boa introdução informal ao trabalho sobre criptografia de chave pública. O título talvez seja um exagero.

17.13 Patricia P. Griffiths e Bradford W. Wade: "An Authorization Mechanism for a Relational Data Base System", *ACM TODS 1*, Número 3 (setembro de 1976).

Descreve o mecanismo de GRANT e REVOKE proposto originalmente para o System R. O esquema agora incluído no padrão SQL é baseado naquele mecanismo, embora diferindo de forma significativa (e sendo muito mais complexo) nos detalhes.

17.14 Nigel Hawkes: "Breaking into the Internet", *London Times* (18 de março de 1996).

Descreve como um especialista em informática rompeu o esquema RSA medindo o tempo que o sistema demorava para descriptografar mensagens – "o equivalente eletrônico de adivinhar a combinação de uma tranca olhando alguém girar os botões e ver quanto tempo demora cada giro".

17.15 Sushil Jajodia e Ravi Sandhu: "Toward a Multilevel Secure Relational Data Model", Proc. 1991 ACM SIGMOD Int. Conf. on Management of Data, Denver, Colorado (junho de 1991).

Como explicamos na Seção 17.3, a expressão "em vários níveis" em um contexto de segurança se refere a um sistema que admite controles de acesso mandatário. Esse artigo sugere que grande parte da atividade atual na área é *ad hoc*, pois existe pouquíssimo consenso sobre conceitos básicos e propõe o início da formalização dos princípios de sistemas de vários níveis.

17.16 Abraham Lempel: "Cryptology in Transition", *ACM Comp. Surv*: *11*, Número 4: Special Issue on Cryptology (dezembro de 1979).

Um bom tutorial inicial sobre criptografia e assuntos relacionados.

17.17 R. L. Rivest, A. Shamir e L. Adleman: "A Method for Obtaining Digital Signatures and Public Key Cryptosystems", *CACM 21*, Número 2 (fevereiro de 1978).

17.18 Ken Smith e Marianne Winslett: "Entity Modeling in the MLS Relational Model", Proc. 18th Int. Conf. on Very Large Data Bases, Vancouver, Canadá (agosto de 1992).

A sigla "MLS" no título desse artigo significa "seguro em vários níveis" (multi-level secure) [17.15]. Esse artigo se concentra no *significado* de bancos de dados MLS e propõe uma nova cláusula BELIEVED BY em operações de recuperação e atualização, para orientar essas operações até o estado particular do banco de dados entendido ou "acreditado" por um usuário específico. Essa abordagem afirma ser capaz de resolver muitos problemas existentes em abordagens anteriores. Consulte também a referência [17.23].

17.19 Bhavani Thuraisingham: "Current Status of R&D in Trusted Database Management Systems", *ACM SIGMOD Record 21*, Número 3 (setembro de 1992).

Uma breve pesquisa e um extenso conjunto de referências sobre sistemas "confiáveis" ou de vários níveis (como eram no início da década de 1990).

17.20 U. S. Department of Commerce/National Bureau of Standards: *Data Encryption Standard*. Federal Information Processing Standards Publication 46 (15 de janeiro de 1977).

A definição oficial do Data Encryption Standard (DES). O algoritmo de criptografia/descriptografia (consulte a Seção 17.5) é apropriado para implementação em um chip de hardware, o que significa que dispositivos que o incorporam podem operar a uma taxa de dados elevada. Vários dispositivos desse tipo estão disponíveis comercialmente.

17.21 U. S. Department of Defense: *Trusted Computer System Evaluation Criteria* (o "Orange Book"), Documento Número DoD 5200-28-ETD. DoD National Computer Securit Center (dezembro de 1985).

17.22 U. S. National Computer Security Center: *Trusted Database Management System Interpretation of Trusted Computer System Evaluation Criteria* (o "Lavender Book"). Documento Número NCSC-TG-201, Versão 1 (abril de 1991).

17.23 Marianne Winslett, Kenneth Smith e Xiaolei Qian: "Formal Query Languages for Secure Relational Databases", *ACM TODS 19*, Número 4 (dezembro de 1994).

Continua o trabalho da referência [17.18].

17.22 Ron Wolf: "How Safe Is Computer Data? A Lot of Factors Govern the Answer", *San Jose Mercury News* (5 de julho de 1990).

CAPÍTULO 18

Otimização

18.1 Introdução

18.2 Um exemplo motivador

18.3 Visão geral do processamento de consultas

18.4 Transformação de expressões

18.5 Estatísticas de bancos de dados

18.6 Uma estratégia de dividir e conquistar

18.7 Implementação de operadores relacionais

18.8 Resumo

Exercícios

Referências e bibliografia

18.1 INTRODUÇÃO

A otimização representa ao mesmo tempo um desafio e uma oportunidade para sistemas relacionais: um desafio, porque a otimização é uma *exigência*, se o sistema espera atingir um desempenho aceitável; uma oportunidade, porque é precisamente um dos pontos fortes da abordagem relacional o fato de que as expressões relacionais estão em um nível semântico suficientemente alto para que a otimização seja viável em primeiro lugar. Ao contrário, em um sistema não relacional, em que requisições dos usuários são expressas em um nível semântico mais baixo, qualquer "otimização" deve ser feita manualmente pelo usuário ("otimização" entre aspas, porque em geral o termo é entendido como otimização *automática*); em outras palavras, em tal sistema, é o *usuário* quem decide que operações de baixo nível serão necessárias e em qual sequência essas operações precisam ser executadas. E, se o usuário tomar uma decisão equivocada, não haverá nada que o sistema possa fazer para melhorar a situação. Observe também a implicação de que, em tal sistema, o usuário em questão precisa ter alguma experiência em programação; esse fato sozinho coloca o sistema fora do alcance de muitas pessoas que de outra forma poderiam se beneficiar dele.

A vantagem da otimização automática não está apenas no fato de que os usuários não precisam se preocupar com o melhor modo de formular suas consultas (isto é, como expressar suas requisições de modo a obter o melhor desempenho do sistema). O fato é que há uma real possibilidade de o otimizador na verdade sair-se *melhor* que o usuário. Há várias razões para isso, entre elas as seguintes:

1. Um bom otimizador terá uma grande quantidade de informações disponíveis para ele, informações que em geral os usuários não têm. Especificamente, terá certas informações estatísticas (informações de cardinalidade e outras), como:

   - O número de valores distintos de cada tipo

   - O número atual de tuplas que aparecem em cada RelVar básica

   - O número atual de valores distintos que aparecem em cada atributo de cada RelVar básica

   - O número de vezes em que ocorre cada um desses valores em cada um desses atributos

   e assim por diante. (Todas essas informações estarão mantidas no catálogo do sistema – consulte a Seção 18.5.) Em consequência disso, o otimizador deve ser capaz de fazer uma avaliação mais precisa da eficiência de qualquer estratégia para a implementação de uma requisição particular e, assim, ter maior probabilidade de escolher a implementação mais eficiente.

2. Além disso, se as estatísticas do banco de dados mudarem com o tempo, então uma opção diferente de estratégia poderia tornar-se desejável; em outras palavras, uma reotimização poderia ser necessária. Em um sistema relacional, a reotimização é trivial – ela envolve simplesmente um reprocessamento da requisição relacional original pelo otimizador do sistema. Em vez disso, no caso de um sistema não relacional, a reotimização envolve reescrever o programa, e provavelmente não será feita de modo algum.

3. O otimizador é um *programa*; assim, por definição, é muito mais paciente que um usuário humano típico. O otimizador é capaz de considerar literalmente centenas de estratégias de implementação diferentes para requisição, enquanto é extremamente improvável que um usuário sequer levasse em consideração mais de três ou quatro (pelo menos com alguma profundidade).

4. Por fim, o otimizador pode ser considerado, em certo sentido, como a incorporação dos conhecimentos e serviços "dos melhores" programadores. Em consequência disso, ele tem o efeito de tornar esses conhecimentos e serviços disponíveis para todos – o que significa que ele coloca à disposição de muitos usuários, de um modo eficiente e econômico, um conjunto de recursos que, de outra forma, seriam bastante escassos.

Tudo o que foi dito deve servir como evidência para apoiar a afirmação feita no início desta seção, de que a possibilidade de otimização – isto é, o fato de que as requisições relacionais podem ser otimizadas – é na verdade uma força dos sistemas relacionais.

Portanto, a finalidade geral do otimizador é escolher uma estratégia eficiente para avaliar determinada expressão relacional. Neste capítulo, descrevemos alguns princípios e técnicas fundamentais envolvidos nesse processo. Depois de um exemplo introdutório na Seção 18.2, a Seção 18.3 oferece uma visão geral de como funcionam os otimizadores, e a Seção 18.4 aprofunda então a discussão sobre um aspecto muito importante do processo, ou seja, a *transformação de expressões* (também conhecida como *reescrita de consultas*). A Seção 18.5 discute rapidamente a questão de *estatísticas de bancos de dados*. Em seguida, a Seção 18.6 descreve, com alguns detalhes, uma abordagem específica para a otimização, chamada *decomposição de consulta*. A Seção 18.7 examina então a questão de como os operadores relacionais (de junção e assim por diante) são de fato implementados e considera rapidamente o uso de estatísticas, discutido na Seção 18.5, a fim de efetuar uma estimativa de custos. Finalmente, a Seção 18.8 apresenta um resumo do capítulo inteiro.

Um último comentário introdutório: É comum fazermos referência a esse tema especificamente como otimização de *consultas*. Porém, esse termo é ligeiramente enganador, no sentido de que a expressão a ser otimizada – a "consulta" – pode ter surgido em algum outro contexto que não a pesquisa interativa no banco de dados (em particular, ela pode fazer parte de uma operação de atualização, em vez de uma consulta em si). Além disso, o próprio termo *otimização* é um tanto exagerado, pois em geral não há garantia de ser a estratégia de implementação escolhida realmente *ótima* em qualquer sentido mensurável; ela realmente poderia ser, mas, em geral, tudo o que se sabe é que a estratégia "otimizada" é um *aperfeiçoamento* da versão original, não otimizada. (Porém, em certos contextos bastante limitados, pode ser possível afirmar que a estratégia escolhida é de fato ótima em um certo sentido muito específico; consulte a referência [18.30]. Veja também o Apêndice A.)

18.2 UM EXEMPLO MOTIVADOR

Vamos começar com um exemplo simples – uma elaboração de um exemplo já discutido rapidamente no Capítulo 7, Seção 7.6 – para dar alguma ideia da drástica melhoria que pode ser obtida. A consulta é "Obter nomes de fornecedores que fornecem a peça P2". Uma formulação algébrica dessa consulta é:

```
( ( FP JOIN F ) WHERE P# = P# ('P2') ) { FNOME }
```

Vamos supor que o banco de dados contenha 100 fornecedores e 10.000 remessas, das quais apenas 50 são para a peça P2. Para simplificar, suponha que as RelVars F e FP estejam ambas representadas diretamente no disco como dois arquivos armazenados isolados, com um registro armazenado por tupla. Então, se o sistema apenas avaliasse a expressão "diretamente" – isto é, sem qualquer otimização – a sequência de eventos seria:

1. *Fazer a junção de FP e F (sobre F#):* Essa etapa envolve a leitura das 10 mil remessas; a leitura de cada um dos 100 fornecedores 10 mil vezes (uma vez para cada uma das 10 mil remessas); a construção de um resultado intermediário consistindo nas 10 mil tuplas reunidas; e a gravação dessas 10 mil tuplas reunidas pela junção de volta no disco. (Para fins do exemplo, supomos que não há espaço para esse resultado intermediário na memória principal.)

2. *Restringir o resultado da Etapa 1 a apenas as tuplas para a peça P2:* Essa etapa envolve a leitura das 10 mil tuplas reunidas de novo na memória, mas produz um resultado que consiste apenas em 50 tuplas, o que supomos ser pequeno o suficiente para ser mantido na memória principal.

3. *Projetar o resultado da Etapa 2 sobre FNOME:* Essa etapa produz o resultado final desejado (no máximo 50 tuplas, que podem ficar na memória principal).

O procedimento a seguir é equivalente ao que acabamos de descrever, no sentido de produzir necessariamente o mesmo resultado final, mas com certeza é muito mais eficiente:

1. *Restringir a relação FP somente às tuplas para a peça P2:* Essa etapa envolve a leitura das 10 mil tuplas, mas produz um resultado contendo apenas 50 tuplas, que supomos será mantido na memória principal.

2. *Fazer a junção do resultado da Etapa 1 com F (sobre F#):* Essa etapa envolve a leitura dos 100 fornecedores (somente uma vez, não uma vez por remessa de P2) e produz novamente um resultado de 50 tuplas (ainda na memória principal).

3. *Projetar o resultado da Etapa 2 sobre FNOME (igual a Etapa 3 anterior):* O resultado final desejado (50 tuplas no máximo) fica na memória principal.

O primeiro desses dois procedimentos envolve um total de 1.030.000 operações de E/S de tuplas, enquanto o segundo envolve apenas 10.100. Portanto, é claro que, se tomarmos "número de operações de E/S de tuplas" como nossa medida de desempenho, o segundo procedimento será um pouco mais de 100 vezes melhor que o primeiro. É claro também que gostaríamos que a implementação usasse o segundo procedimento, não o primeiro! *Nota:* Na prática, o que importa são as operações de E/S de *páginas*, não operações de E/S de tuplas, e por isso vamos imaginar, para simplificar, que cada tupla armazenada ocupa sua própria página.

Assim, vemos que uma mudança muito simples no algoritmo de execução – fazer uma restrição e depois uma junção, em vez de uma junção e depois uma restrição – produziu uma melhoria drástica no desempenho (cerca de cem vezes mais). E a melhoria seria ainda melhor se as remessas fossem *indexadas* ou resultassem do *hashing* sobre P# – o número de tuplas de remessas lidas na Etapa 1 seria reduzido de

10 mil para apenas 50, e o novo procedimento seria, então, quase 7 mil vezes melhor que o original. Do mesmo modo, se os fornecedores também tivessem um índice ou um hashing sobre F#, o número de tuplas lidas na Etapa 2 seria reduzindo de 100 para 50, de modo que o procedimento seria agora mais de 10 mil vezes melhor que o original. Isso significa que, se a consulta original não otimizada levasse três horas para ser executada, a versão final seria executada em uma fração de apenas *um segundo*. E é claro que muitas outras melhorias são possíveis.

O exemplo anterior, embora bastante simples, deve ser suficiente para dar alguma ideia da necessidade de otimização e dos tipos de melhorias possíveis. Na próxima seção, apresentaremos uma visão geral de uma abordagem sistemática da tarefa de otimização; em particular, mostraremos como o problema geral pode ser dividido em uma série de subproblemas mais ou menos independentes. Essa visão geral fornece uma estrutura conveniente, dentro da qual podem ser explicadas e compreendidas estratégias e técnicas de otimização como as que discutiremos em seções subsequentes.

18.3 VISÃO GERAL DO PROCESSAMENTO DE CONSULTAS

Podemos identificar quatro grandes estágios no processamento de consultas, como a seguir (ver Figura 18.1):

1. Converter a consulta para algum formato interno.
2. Converter para a forma canônica.
3. Escolher procedimentos candidatos de baixo nível.
4. Gerar planos de consultas e escolher o mais barato.

Agora vamos entrar nos detalhes de cada um desses quatro estágios.

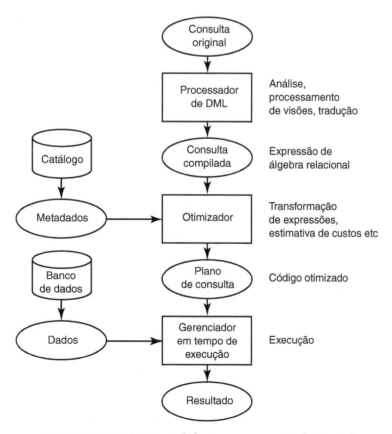

FIGURA 18.1 *Visão geral do processamento de consultas.*

Estágio 1: Converter a consulta para algum formato interno

O primeiro estágio envolve a conversão da consulta original em alguma representação interna mais adequada à manipulação pela máquina, eliminando, assim, considerações puramente externas (tais como peculiaridades da sintaxe concreta da linguagem de consulta em questão) e pavimentando o caminho para estágios subsequentes do processo de otimização. *Nota*: O processamento de visões – isto é, o processo de substituir referências a visões pelas expressões de definição de visões aplicáveis – também é executado durante esse estágio.

A pergunta óbvia é: em qual formalismo se deve basear a representação interna? Qualquer que seja o formalismo escolhido, é claro que ele deve ser suficientemente rico para representar todas as possíveis consultas na linguagem de consulta externa. Ele também deve ser tão neutro quanto possível, no sentido de não prejudicar quaisquer escolhas subsequentes. A forma interna tipicamente escolhida é alguma espécie de **árvore de sintaxe abstrata** ou **árvore de consulta**. Por exemplo, a Figura 18.2 mostra uma possível representação da árvore de consulta para o exemplo da Seção 18.2 ("Obter nomes de fornecedores que fornecem a peça P2").

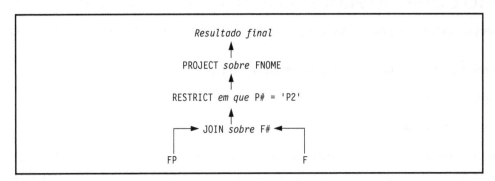

FIGURA 18.2 *"Obter nomes de fornecedores que fornecem a peça P2" (árvore de consulta).*

Porém, para nossos objetivos, é mais conveniente supor que a representação interna é um dos formalismos com que já temos familiaridade: ou seja, a álgebra relacional ou o cálculo relacional. Uma árvore de consulta como a da Figura 18.2 pode ser vista apenas como uma representação alternativa, codificada, de alguma expressão em um desses dois formalismos. Para fixar as ideias, supomos aqui que o formalismo é especificamente a álgebra. Assim, vamos supor de agora em diante que a representação interna da consulta da Figura 18.2 é precisamente a expressão algébrica mostrada anteriormente:[1]

```
( ( FP JOIN F ) WHERE P# = P# ('P2') ) { FNOME }
```

Estágio 2: Converter para a forma canônica

Nesse estágio, o otimizador executa uma série de otimizações que são "garantidamente boas", quaisquer que sejam os valores de dados reais e os caminhos de acesso físico que existam no banco de dados armazenado. O fato é que as linguagens relacionais em geral permitem que todas as consultas, exceto as mais simples, sejam expressas de vários modos distintos, pelo menos superficialmente. Por exemplo, em SQL, mesmo uma consulta simples como "Obter nomes de fornecedores que fornecem a peça P2" pode ser expressa literalmente em dezenas de maneiras diferentes[2] – sem incluir variações triviais como substituir a condição $A = B$ pela condição $B = A$ ou a condição p AND q por q AND p. E o desempenho de uma consulta realmente não deve depender do modo particular que o usuário escolheu para escrevê-la. A etapa seguinte no

---

[1] De fato, o mapeamento da consulta original para um equivalente na álgebra relacional é exatamente o que fazem alguns dos otimizadores SQL comerciais.

[2] Porém, devemos observar que a linguagem SQL é excepcionalmente propensa a esse tipo de problema (ver o Exercício 8.12, no Capítulo 8, e também a referência [4.19]). Outras linguagens (por exemplo, a álgebra ou o cálculo) normalmente não oferecem tantas maneiras diferentes de fazer a mesma coisa. Essa "flexibilidade" desnecessária por parte da SQL é o que realmente torna as coisas mais difíceis para o *implementador* – isso sem falar do usuário –, pois torna a tarefa do otimizador muito mais difícil.

processamento da consulta é, portanto, converter a representação interna em alguma *forma canônica* equivalente (ver o parágrafo a seguir), com a finalidade de eliminar tais distinções superficiais e, o que é mais importante, encontrar uma representação mais eficiente que a original em algum aspecto.

Uma observação a respeito da "forma canônica": A noção de **forma canônica** é fundamental em muitos ramos da matemática e disciplinas relacionadas. Ela pode ser definida desta maneira: dado um conjunto Q de objetos (digamos consultas) e uma noção de equivalência entre esses objetos (digamos, a noção de que as consultas *q1* e *q2* são equivalentes se e somente se elas necessariamente produzem o mesmo resultado), diz-se que o subconjunto C de Q é um **conjunto de formas canônicas** para Q sob a definição de equivalência dada, se e somente se todo objeto *q* em Q é equivalente a exatamente um objeto *c* em C. Diz-se que o objeto *c* é a *forma canônica* para o objeto *q*. Todas as propriedades "interessantes" que se aplicam a um objeto *q* também se aplicam à sua forma canônica *c*; assim, é suficiente estudar apenas o pequeno conjunto C, não o grande conjunto Q, a fim de demonstrar uma variedade de resultados "interessantes".

Vamos retomar o fio de nossa discussão. Para transformar a saída do Estágio 1 em alguma forma equivalente, porém mais eficiente, o otimizador faz uso de certas **regras** ou **leis de transformação** bem definidas. Aqui está um exemplo dessa regra: a expressão

```
( A JOIN B ) WHERE restrição sobre A
```

pode ser transformada na expressão equivalente, porém mais eficiente:

```
( A WHERE restrição sobre A ) JOIN B
```

Já discutimos rapidamente essa transformação no Capítulo 7, Seção 7.6; na verdade, ela foi a que usamos em nosso exemplo introdutório na Seção 18.2, e esse exemplo mostrou claramente porque essa transformação é desejável. Muitas outras leis desse tipo serão discutidas na Seção 18.4.

Estágio 3: Escolher procedimentos candidatos de baixo nível

Tendo convertido a representação interna da consulta em alguma forma mais desejável, o otimizador deve agora decidir como executar a consulta transformada, representada por essa forma convertida. Nesse estágio, entram em jogo considerações como a existência de índices ou outros caminhos de acesso, distribuição de valores de dados, cluster físico de dados armazenados etc. (observe que não demos atenção a esses assuntos nos Estágios 1 e 2 anteriores).

A estratégia básica é considerar que a expressão da consulta especifica uma série de operações de "baixo nível",[3] com certas interdependências entre elas. Um exemplo de tal interdependência é o seguinte: o código para executar uma projeção em geral exigirá que suas tuplas de entrada estejam classificadas em uma certa sequência, a fim de permitir a execução da eliminação de duplicatas, o que significa que a operação imediatamente precedente na série deve fornecer suas tuplas de saída nessa mesma sequência.

Agora, para cada operação de baixo nível possível (e provavelmente também para diversas combinações comuns de tais operações), o otimizador terá à sua disposição um conjunto de **procedimentos de implementação** predefinidos. Por exemplo, haverá um conjunto de procedimentos para a implementação da operação de restrição: um para o caso em que a restrição é uma condição de igualdade sobre uma chave candidata, outro em que o atributo de restrição é indexado, outro em que ele tem um hashing, e assim por diante. Os exemplos desses procedimentos são dados na Seção 18.7 (veja também as referências [18.7 a 18.12]).

Cada procedimento terá também uma **fórmula de custo** (parametrizada) associada a ele, indicando o custo – normalmente em termos de operações de E/S de disco, embora alguns sistemas levem em conta a utilização de CPU,[4] além de outros fatores – na execução do procedimento. Essas fórmulas de custo são usadas no Estágio 4 (veja na próxima subseção). As referências [18.7] a [18.12] discutem e analisam as fórmulas de custo para vários procedimentos de implementação diferentes, sob uma variedade de suposições. Consulte também a Seção 18.7.

---

[3]O nível é claramente um conceito relativo! Os operadores indicados como "baixo nível" neste contexto são basicamente os operadores da álgebra relacional (junção, restrição, totalização etc.), que normalmente são considerados de *alto* nível.
[4]CPU (Central Processing Unit) significa unidade central de processamento (UCP).

Em seguida, portanto, usando informações do catálogo quanto ao estado atual do banco de dados (existência de índices, cardinalidades atuais etc.) e utilizando também a informação de interdependência mencionada antes, o otimizador escolherá um ou mais procedimentos candidatos para implementar cada uma das operações de baixo nível na expressão da consulta. Esse processo às vezes é chamado **seleção de caminho de acesso** (consulte a referência [18.33]). *Nota*: Na realidade, a referência [18.33] emprega o termo *seleção de caminho de acesso* para abranger tanto o Estágio 3 quanto o Estágio 4, não apenas o Estágio 3. De fato, na prática, seria difícil fazer uma separação nítida entre os dois: o Estágio 3 flui de maneira quase transparente para o Estágio 4.

Estágio 4: Gerar planos de consultas e escolher o mais econômico

O último estágio no processo de otimização envolve a elaboração de um conjunto de **planos de consulta** candidatos, seguida pela escolha do melhor (isto é, o mais econômico) desses planos. Cada plano de consulta é construído combinando-se um conjunto de procedimentos de implementação candidatos, um procedimento para cada uma das operações de baixo nível da consulta. Observe que normalmente haverá muitos planos possíveis – talvez um número embaraçosamente grande – para qualquer consulta. Na verdade, poderia não ser uma boa ideia gerar todos os planos possíveis na prática, visto que, pelas possibilidades combinatórias, haverá um número muito grande e a tarefa de escolher o mais econômico poderia muito bem se tornar ela própria excessivamente dispendiosa; alguma técnica heurística para manter o conjunto gerado dentro de limites razoáveis é altamente desejável, senão essencial (mas veja a referência [18.53]). "Manter o conjunto dentro de limites" é o que usualmente se chama *reduzir o espaço de pesquisa*, porque pode ser considerado como a redução do intervalo ("o espaço") de possibilidades a serem examinadas ("pesquisadas") pelo otimizador a proporções controláveis.

A escolha do plano mais econômico exige, naturalmente, um método para atribuir um custo a qualquer plano dado. Basicamente, o custo de qualquer plano é a soma dos custos dos procedimentos individuais que compõem esse plano, de modo que tudo o que o otimizador deve fazer é avaliar as fórmulas de custos para esses procedimentos individuais. O problema é que essas fórmulas de custos dependerão do tamanho da(s) relação(ões) a ser(em) processada(s); como todas as consultas, com exceção das mais simples, envolvem a geração de resultados intermediários em tempo de execução (pelo menos em conceito), o otimizador pode ter de avaliar o tamanho desses resultados intermediários, a fim de avaliar as fórmulas. Infelizmente, esses tamanhos costumam depender muito dos valores reais dos dados. Em consequência disso, a avaliação exata dos custos pode ser um problema difícil. As referências [18.2, 18.3] discutem algumas abordagens para esse problema e oferecem referências para outras pesquisas na área.

18.4 TRANSFORMAÇÃO DE EXPRESSÕES

Nesta seção, descrevemos algumas leis de transformação que poderiam ser úteis no Estágio 2 do processo de otimização. A produção de exemplos para ilustrar as regras e decidir exatamente por que elas podem ser úteis ficam (em parte) como exercícios.

Naturalmente, você deve entender que, dada uma expressão particular a ser transformada, a aplicação de uma regra pode gerar uma expressão que pode, então, ser transformada de acordo com alguma outra regra. Por exemplo, é improvável que a consulta original tenha sido expressa diretamente de modo a exigir duas projeções sucessivas – veja a segunda regra na subseção "Restrições e projeções", imediatamente a seguir – mas tal expressão pode surgir internamente como resultado da aplicação de certas outras transformações. (Um caso importante é fornecido pelo *processamento de visões*; por exemplo, considere a consulta "Obter todas as cidades na visão V", em que a visão V é definida como a projeção de fornecedores sobre F# e CIDADE.) Em outras palavras, partindo da expressão original, o otimizador aplicará suas regras de transformação repetidas vezes até chegar finalmente a uma expressão que julgue – de acordo com algum conjunto embutido de heurísticas – ser "ótima" para a consulta em questão.

Restrições e projeções

Vamos começar com algumas transformações envolvendo somente restrições e projeções.

1. Uma sequência de restrições sobre a mesma relação pode ser transformada em uma única restrição (com AND) sobre essa relação. Por exemplo, a expressão

   ```
   ( A WHERE p1 ) WHERE p2
   ```

   é equivalente à expressão

   ```
   A WHERE p1 AND p2
   ```

   Essa transformação é desejável porque a formulação original implica duas passadas por *A*, enquanto a versão transformada exige apenas uma.

2. Em uma sequência de projeções sobre a mesma relação, todas – exceto a última – podem ser ignoradas. Por exemplo, a expressão

   ```
   ( A { lista1 } ) { lista2 }
   ```

   (em que *lista1* e *lista2* são listas com vírgulas de nomes de atributos) é equivalente à expressão

   ```
   A { lista2 }
   ```

   Naturalmente, *lista2* precisa ser um subconjunto de *lista1* para que a expressão original faça sentido em primeiro lugar.

3. Uma restrição de uma projeção pode ser transformada em uma projeção de uma restrição. Por exemplo, a expressão

   ```
   ( A { lista } ) WHERE p
   ```

   é equivalente à expressão

   ```
   ( A WHERE p ) { lista }
   ```

   Observe que, em geral, é uma boa ideia efetuar restrições antes de projeções, porque o efeito da restrição será reduzir o tamanho da entrada da projeção e, portanto, diminuir a quantidade de dados que talvez precisassem ser classificados para fins de eliminação de duplicatas.

Distributividade

A regra de transformação usada no exemplo da Seção 18.2 (transformar uma junção seguida de uma restrição em uma restrição seguida por uma junção), na verdade, é um caso particular de uma lei mais geral, chamada lei *distributiva*. Em geral, o operador monádico f é considerado distributivo sobre o operador diádico se e somente se

$$f (A \bigcirc B) \equiv f (A) \bigcirc f (B)$$

para todo *A* e *B*. Por exemplo, em aritmética comum, a operação SQRT (raiz quadrada, considerando não negativa) é distributiva sobre a multiplicação, porque

$$SQRT (A * B) \equiv SQRT (A) * SQRT (B)$$

para todo *A* e *B*. Portanto, um otimizador de expressão aritmética sempre pode substituir qualquer uma dessas expressões aritméticas pela outra, quando estiver fazendo a transformação de expressões aritméticas. Como um contraexemplo, SQRT não é distributiva sobre a adição, porque a raiz quadrada de $A + B$ em geral não é igual à soma das raízes quadradas de *A* e de *B*.

Em álgebra relacional, o operador de restrição é distributivo sobre união, interseção e diferença. Ele também é distributivo sobre junção, desde que a condição de restrição seja em sua forma mais complexa constituída de duas condições de restrição simples,[5] reunidas por AND, uma para cada um dos dois ope-

---

[5]Veja no Capítulo 7, Seção 7.4, subseção "Restrição", uma explicação do termo *condição de restrição simples*.

randos da junção. No caso do exemplo da Seção 18.2, essa exigência de fato foi satisfeita – na verdade, a condição era muito simples e se aplicava a apenas um dos operandos – e assim poderíamos usar a lei distributiva para substituir a expressão por outra equivalente e mais eficiente. O efeito líquido foi "antecipar a restrição". Antecipar restrições é quase sempre uma boa ideia, porque serve para reduzir o número de tuplas a serem varridas na próxima operação da sequência e, provavelmente, também reduz o número de tuplas na saída dessa próxima operação.

Aqui estão mais dois casos específicos da lei distributiva, dessa vez envolvendo a projeção. Primeiro, o operador de projeção é distributivo sobre união e interseção, mas não sobre diferença:

```
( A UNION B ) { lista } ≡ A { lista } UNION B { lista }

( A INTERSECT B ) { lista } ≡ A { lista } INTERSECT B { lista }
```

Aqui, naturalmente, A e B devem ser do mesmo tipo.

Segundo, a projeção também é distributiva sobre a junção, desde que a projeção retenha todos os atributos da junção, assim:

```
( A JOIN B ) { lista } ≡ ( A { lista1 } ) JOIN ( B { lista2 } )
```

Aqui, *lista1* é a união dos atributos da junção com os atributos de *lista* que aparecem apenas em A, e *lista2* é a união dos atributos da junção com os atributos de *lista* que aparecem apenas em B.

Essas leis podem ser usadas para "antecipar projeções", o que mais uma vez costuma ser uma boa ideia, por questões semelhantes às que foram dadas para restrições.

Comutatividade e associatividade

Outras duas leis gerais importantes são as leis de *comutatividade* e *associatividade*. Primeiro, o operador diádico ◯ é dito **comutativo** se e somente se

$$A \bigcirc B \equiv B \bigcirc A$$

para todo A e B. Por exemplo, na aritmética comum, a multiplicação e a adição são comutativas, mas a divisão e a subtração não. Na álgebra relacional, união, interseção e junção são todas comutativas, mas diferença e divisão não. Assim, por exemplo, se uma consulta envolve uma junção de duas relações A e B, a lei comutativa implica que não faz diferença qual dentre A e B é tomada como relação "externa" e qual é tomada como "interna". O sistema é, portanto, livre para escolher (digamos) a relação menor como a "externa" ao calcular a junção (consulte a Seção 18.7).

Quanto à associatividade, o operador diádico é considerado **associativo** se e somente se

$$A \bigcirc (B \bigcirc C) \equiv (A \bigcirc B) \bigcirc C$$

para todo A, B, C. Por exemplo, na aritmética, multiplicação e adição são associativas, mas divisão e subtração não. Na álgebra relacional, união, interseção e junção são todas operações associativas, mas não diferença e divisão. Assim, por exemplo, se uma consulta envolve uma junção de três relações A, B e C, as leis associativa e comutativa juntas implicam que não faz diferença a ordem em que as relações participam da junção. Portanto, o sistema fica livre para decidir qual das sequências possíveis é mais eficiente.

Idempotência e absorção

Outra lei geral importante é a lei de *idempotência*. O operador diádico é considerado **idempotente** se e somente se

$$A \bigcirc A \equiv A$$

para todo *A*. Como poderíamos esperar, a propriedade de idempotência também pode ser útil na transformação de expressões. Na álgebra relacional, união, interseção e junção são todas idempotentes, mas não diferença e divisão.

A união e a interseção também satisfazem as seguintes leis úteis da **absorção**:

```
A UNION ( A INTERSECT B ) ≡ A
A INTERSECT ( A UNION B ) ≡ A
```

Expressões computacionais

Não são apenas as expressões relacionais que estão sujeitas a leis de transformação. Por exemplo, já indicamos que certas transformações são válidas para expressões *aritméticas*. Aqui está um exemplo específico: a expressão

```
A * B + A * C
```

pode ser transformada em

```
A * ( B + C )
```

em virtude do fato de "*" ser distributivo sobre "+". Um otimizador relacional precisa saber dessas transformações, porque encontrará tais expressões no contexto dos operadores de extensão e totalização.

A propósito, observe que esse exemplo ilustra uma forma ligeiramente mais geral de distributividade. Antes, definimos distributividade em termos de um operador *monádico* distributivo sobre um operador *diádico*; porém, neste outro caso, "*" e "+" são ambos operadores *diádicos*. De modo geral, dizemos que o operador diádico é **distributivo** sobre o operador diádico se e somente se:

```
A δ ( B ○ C )  ≡  ( A δ B ) ○ ( A δ C )
```

para todo *A*, *B*, C (no exemplo aritmético anterior, considere δ como "*" e ○ como "+").

Expressões booleanas

Vamos examinar agora as expressões *booleanas*. Suponha que *A* e *B* sejam atributos de duas relações distintas. Então, a expressão booleana

```
A > B AND B > 3
```

é certamente equivalente ao (e, portanto, pode ser transformada no) seguinte:

```
A > B AND B > 3 AND A > 3
```

A equivalência é baseada no fato de que o operador de comparação ">" é **transitivo**. Note que essa transformação certamente vale a pena ser feita, porque permite ao sistema executar uma restrição adicional (sobre *A*) antes de fazer a junção "maior que" exigida pela comparação "*A* > *B*". Para repetir um detalhe já mencionado, efetuar restrições antecipadas, em geral, é uma boa ideia; fazer o sistema **inferir** (deduzir) restrições adicionais "antecipadas", como neste caso, também é uma boa ideia. *Nota*: Essa técnica é implementada em vários produtos comerciais, inclusive (por exemplo) DB2, em que ela é chamada "fecho transitivo de predicado", e Ingres.

Aqui temos outro exemplo. A expressão

```
A > B OR ( C = D AND E < F )
```

pode ser transformada em

```
( A > B OR C = D ) AND ( A > B OR E < F )
```

devido ao fato de que OR é distributivo sobre AND. Esse exemplo ilustra outra lei geral: qualquer expressão booleana pode ser transformada em uma expressão equivalente naquilo que é chamado **forma normal conjuntiva** (FNC). Uma expressão FNC é uma expressão da forma

`C1 AND C2 AND ... AND Cn`

na qual cada uma das expressões C1, C2, .., Cn é, por sua vez, uma expressão booleana (chamado um **conjuntor**) que não envolve qualquer operador AND. A vantagem da FNC é que uma expressão FNC é verdadeira somente se todo conjuntor é *verdadeiro*; de modo equivalente, ela é *falsa* se qualquer conjuntor é *falso*. Como AND é comutativa (*A* AND *B* é igual a *B* AND *A*), o otimizador pode avaliar os conjuntores individuais em qualquer ordem que desejar; em particular, pode efetuá-los na ordem de dificuldade crescente (primeiro o mais fácil). Logo que encontra um que é *falso*, todo o processo pode parar. Além disso, em um sistema de processamento paralelo, talvez até mesmo seja possível avaliar todos os conjuntores em paralelo [18.56 a 18.58]. De novo, logo que um conjuntor se torna *falso*, o processo inteiro pode parar.

Decorre desta subseção e da anterior que o otimizador precisa saber de que modo propriedades gerais como a distributividade se aplicam não apenas a operadores relacionais, como junção, mas também a operadores de comparação, como ">", operadores booleanos, como AND e OR, operadores aritméticos, como "+", e assim por diante.

Transformações semânticas

Considere a seguinte expressão:

`( FP JOIN F ) { P# }`

A junção aqui é uma *junção de chave estrangeira para chave candidata associada*; ela combina uma chave estrangeira na relação FP com uma correspondente chave candidata na relação F. Segue-se que toda tupla de FP participa da junção com alguma tupla de F e, portanto, toda tupla de FP contribui com um valor P# para o resultado geral. Em outras palavras, não há necessidade de fazer a junção! – a expressão pode ser simplificada, tornando-se apenas

`FP { P# }`

No entanto, note bem que essa transformação é válida *somente* devido à semântica da situação. Em geral, cada um dos operandos em uma junção incluirá algumas tuplas que não terão equivalentes no outro operando (e, portanto, algumas tuplas que não contribuirão para o resultado geral), e transformações como a que acabamos de ilustrar não serão válidas. Porém, no caso atual, toda tupla de FP tem uma correspondente em F, devido à restrição de integridade (na realidade, uma restrição referencial) que diz que cada remessa deve ter um fornecedor e, assim, a transformação será válida afinal.

Uma transformação que é válida somente porque uma certa restrição de integridade está em efeito é chamada **transformação semântica** [18.25] e a otimização resultante é chamada **otimização semântica**. A otimização semântica pode ser definida como o processo de transformar uma consulta especificada em outra consulta, qualitativamente diferente, mas da qual se garante que produzirá o mesmo resultado que a original, graças ao fato de que os dados com certeza satisfazem a uma determinada restrição de integridade.

É importante entender que, em princípio, *absolutamente qualquer restrição de integridade* pode ser usada na otimização semântica (a técnica não está limitada a restrições referenciais como a do exemplo). Vamos supor, a título de exemplo, que o banco de dados de fornecedores e peças esteja sujeito à restrição "Todas as peças vermelhas devem estar armazenadas em Londres" e considere a consulta:

Obter fornecedores que fornecem somente peças vermelhas e estão localizados na mesma cidade em que se encontra pelo menos uma das peças que eles fornecem.

Essa é uma consulta bastante complexa! Porém, graças à restrição de integridade, ela pode ser convertida para a forma muito mais simples:

Obter fornecedores de Londres que fornecem somente peças vermelhas.

Nota: Tanto quanto sabemos, poucos produtos comerciais atuais utilizam a otimização semântica. Contudo, em princípio, tal otimização poderia propiciar melhorias de desempenho muito significativas – provavelmente melhorias bem maiores do que aquelas obtidas por qualquer das técnicas de otimização mais tradicionais de hoje. Para examinar uma descrição mais profunda da ideia de otimização semântica, consulte as referências [18.13], [18.26 a 18.28] e (especialmente) [18.25].

Observações finais

Para encerrar esta seção, enfatizamos a importância fundamental da propriedade de *fechamento* relacional em tudo que estivemos discutindo. O fechamento significa que podemos escrever expressões aninhadas, o que por sua vez significa que uma única consulta pode ser representada por uma única expressão, em vez de um procedimento de várias instruções; assim, não é necessária qualquer análise de fluxo. Além disso, essas expressões aninhadas são definidas recursivamente em termos de subexpressões, o que permite ao otimizador adotar diversas táticas de avaliação de "dividir e conquistar" (consulte a Seção 18.6). E, naturalmente, as várias leis gerais – distributividade etc. – nem sequer começariam a fazer sentido na ausência da propriedade de fechamento.

18.5 ESTATÍSTICAS DE BANCOS DE DADOS

Os Estágios 3 e 4 do processo geral de otimização, os estágios de "seleção de caminho de acesso", utilizam as chamadas *estatísticas de bancos de dados* armazenadas no catálogo (consulte a Seção 18.7 para obter mais detalhes sobre como essas estatísticas são usadas). Para fins de ilustração, resumimos nesta seção, com poucos comentários adicionais, algumas das principais estatísticas mantidas por dois produtos comerciais, DB2 e Ingres. Primeiro, aqui estão algumas das principais estatísticas mantidas pelo DB2:[6]

- Para cada tabela básica:
    - Cardinalidade
    - Número de páginas ocupadas por essa tabela
    - Fração do "espaço de tabela" ocupado por essa tabela
- Para cada coluna de cada tabela básica:
    - Número de valores distintos nessa coluna
    - Segundo valor mais alto nessa coluna
    - Segundo valor mais baixo nessa coluna
    - Somente para colunas indexadas, os dez valores que ocorrem com maior frequência nessa coluna e o número de vezes em que ocorrem
- Para cada índice:
    - Uma indicação quanto a ser esse um "índice de cluster" (isto é, um índice usado para clusterizar fisicamente no disco os dados logicamente relacionados)
    - Se for o caso, a fração da tabela indexada que ainda está em sequência de cluster
    - Número de páginas de folhas nesse índice
    - Número de níveis nesse índice

Nota: As estatísticas anteriores não são atualizadas "em tempo real" (ou seja, toda vez que o banco de dados é atualizado), devido à sobrecarga que uma técnica desse tipo acarretaria. Em vez disso, elas são atualizadas seletivamente, por meio de um utilitário especial do sistema, chamado RUNSTATS, executado a pedido do DBA (por exemplo, após uma reorganização do banco de dados). Uma observação semelhante

---

[6]Como são sistemas SQL, DB2 e Ingres utilizam os termos *tabela* e *coluna* no lugar de *RelVar* e *atributo*; portanto, nesta seção, faremos o mesmo. Além disso, observe que os dois produtos consideram efetivamente que tabelas básicas são mapeadas diretamente em tabelas armazenadas.

se aplica à maioria dos outros produtos comerciais (embora não todos), inclusive, em particular, o Ingres (ver o parágrafo seguinte), no qual o utilitário é chamado OPTIMIZEDB.

Aqui temos, então, algumas das principais estatísticas do Ingres. *Nota*: No Ingres, um índice é considerado como apenas um tipo especial de tabela armazenada; assim, as estatísticas mostradas a seguir para tabelas básicas e colunas também podem ser obtidas para índices.

- Para cada tabela básica:

  - Cardinalidade

  - Número de páginas primárias para essa tabela

  - Número de páginas de estouro (overflow) para essa tabela

- Para cada coluna de cada tabela básica:

  - Número de valores distintos nessa coluna

  - Valores máximo, mínimo e médio para essa coluna

  - Valores reais nessa coluna e o número de vezes em que eles ocorrem

18.6 UMA ESTRATÉGIA DE DIVIDIR E CONQUISTAR

Como dissemos no final da Seção 18.4, expressões relacionais são definidas recursivamente em termos de subexpressões, e esse fato permite que o otimizador adote uma série de estratégias de "dividir e conquistar". Observe que tais estratégias provavelmente serão atraentes, em especial, no caso de um ambiente de processamento paralelo – em particular, em um sistema distribuído –, no qual diferentes partes da consulta podem ser executadas em paralelo em diferentes processadores [18.56 a 18.58]. Nesta seção, examinamos uma dessas estratégias, chamada **decomposição de consulta**, que foi utilizada pela primeira vez pelo protótipo do Ingres [18.34, 18.35].

A ideia básica por trás da decomposição de consultas é desmembrar uma consulta que envolve muitas variáveis de intervalo[7] em uma sequência de consultas menores, envolvendo (geralmente) uma ou duas dessas variáveis cada uma, utilizando *desmembramento* e *substituição de tupla*, a fim de conseguir a decomposição desejada:

- **Desmembramento** (*detachment*) é o processo de remover um componente da consulta que tem apenas uma variável em comum com o restante da consulta.

- **Substituição de tupla** é o processo de substituir, para uma das variáveis da consulta, uma tupla de cada vez.

O desmembramento é sempre usado preferencialmente à substituição de tupla, desde que haja escolha. Porém, eventualmente, a consulta terá sido decomposta por meio do desmembramento em um conjunto de consultas menores, que não poderão mais ser decompostas com o uso dessa técnica, e a substituição de tupla terá de entrar em cena.

Damos aqui um único exemplo (baseado em um exemplo da referência [18.34]). A consulta é "Obter nomes de fornecedores de Londres que fornecem alguma peça vermelha pesando menos de 25 libras em uma quantidade maior que 200". Aqui está uma formulação dessa consulta em QUEL ("Consulta C0"):

```
C0: RETRIEVE ( F.FNOME ) WHERE F.CIDADE = "Londres"
                  AND    F.F#      = FP.F#
                  AND    FP.QDE    > 200
                  AND    FP.P#     = P.P#
                  AND    P.COR     = "Vermelho"
                  AND    P.PESO    < 25.0
```

---

[7]Lembre-se de que QUEL, a linguagem de consulta do Ingres, é baseada em cálculo.

As variáveis de intervalo (implícitas) aqui são F, P e FP, cada qual variando sobre a RelVar básica com o mesmo nome.

Agora, se examinarmos essa consulta, veremos imediatamente, pelos dois últimos termos de comparação, que as únicas peças em que estamos interessados são peças vermelhas e que pesam menos de 25 libras. Assim, podemos desmembrar a "consulta de uma variável" (na realidade, uma projeção de uma restrição) envolvendo a variável P:

```
D1: RETRIEVE INTO P' ( P.P# ) WHERE P.COR  = "Vermelho"
                          AND   P.PESO < 25.0
```

Essa consulta de uma variável pode ser desmembrada porque tem apenas uma variável (ou seja, a própria P) em comum com o restante da consulta. Como ela se liga ao restante da consulta original por meio do atributo P# (no termo de comparação FP.P# = P.P#), o atributo P# é o que deve aparecer na "prototupla" (consulte o Capítulo 8) na versão desmembrada; isto é, a consulta desmembrada deve buscar exatamente os números de peça das peças vermelhas que pesam menos que 25 libras. Gravamos essa consulta desmembrada como uma Consulta D1, que obtém seu resultado em uma RelVar temporária P' (o efeito da cláusula INTO é causar uma nova RelVar P', com o único atributo P#, a ser definido automaticamente para guardar o resultado da execução de RETRIEVE). Finalmente, substituímos as referências a P na versão reduzida da Consulta C0 por referências a P'. Vamos chamar essa nova versão reduzida de Consulta C1:

```
C1: RETRIEVE ( F.FNOME ) WHERE F.CIDADE = "Londres"
                     AND   F.F#   = FP.F#
                     AND   FP.QDE > 200
                     AND   FP.P#  = P'.P#
```

Agora, vamos executar um processo semelhante de desmembramento sobre a consulta C1, desmembrando a consulta de uma variável que envolve a variável FP como a Consulta D2 e deixando uma versão modificada de C1 (consulta C2):

```
D2:  RETRIEVE INTO FP' ( FP.F#, FP.P# ) WHERE FP.QDE > 200

C2:  RETRIEVE ( F.FNOME ) WHERE F.CIDADE = "Londres"
                      AND   F.F#    = FP'.F#
                      AND   FP'.P#  = P'.P#
```

Em seguida, desmembramos a consulta em uma variável que envolve F:

```
D3:  RETRIEVE INTO F' ( F.F#, F.FNOME ) WHERE F.CIDADE = "Londres"

C3:  RETRIEVE ( F'.FNOME ) WHERE F'.F#  = FP'.F#
                       AND   FP'.P# = P'.P#
```

Finalmente, desmembramos a consulta de duas variáveis que envolve FP' e P':

```
D4: RETRIEVE INTO FP'' ( FP'.F# ) WHERE FP'.P# = P'.P#

C4: RETRIEVE ( F'.FNOME ) WHERE F'.F# = FP''.F#
```

Assim, a consulta original C0 foi decomposta em três consultas de uma variável D1, D2 e D3 (cada uma delas sendo uma projeção de uma restrição) e duas consultas de duas variáveis D4 e C4 (cada uma delas sendo uma projeção de uma junção). A essa altura, podemos representar a situação por meio da estrutura de árvore mostrada na Figura 18.3. Essa figura deve ser lida da seguinte forma:

- As consultas D1, D2 e D3 tomam como entrada as RelVars P, FP e F (mais precisamente, as relações que são os valores atuais das RelVars P, FP e F), respectivamente, e produzem como saída P', FP' e F'.

- A consulta D4 toma então P' e FP' como entrada e produz, como saída, FP''.

- Finalmente, a consulta C4 toma F' e FP'' como entrada e produz como saída o resultado geral solicitado.

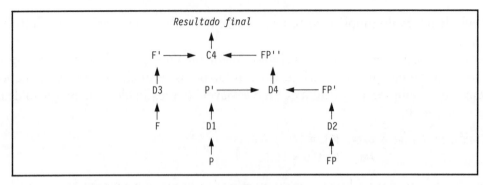

FIGURA 18.3 *Árvore de decomposição para a consulta C0.*

Observe agora que as Consultas D1, D2 e D3 são completamente independentes umas das outras e podem ser processadas em qualquer ordem (talvez até mesmo em paralelo). Da mesma forma, as consultas D3 e D4 podem ser processadas em qualquer ordem, uma vez que as consultas D1 e D2 tenham sido processadas. Porém, as consultas D4 e C4 não podem ser mais decompostas e devem ser processadas por substituição de tupla (o que na verdade significa simplesmente *força bruta*, *pesquisa de índice* ou *pesquisa de hash* – consulte a Seção 18.7). Por exemplo, considere a consulta C4. Com nossa amostra de dados comum até aqui, o conjunto de números de fornecedores no atributo FP''.F# será o conjunto {F1,F2,F4}. Cada um desses três valores será colocado, por sua vez, no lugar de FP''.F#. Portanto, C4 será avaliada como se tivesse sido escrita assim:

```
RETRIEVE ( F'.FNOME ) WHERE F'.F# = "F1"
                 OR         F'.F# = "F2"
                 OR         F'.F# = "F4"
```

A referência [18.34] fornece algoritmos para dividir a consulta original em consultas menores e escolher variáveis para substituição de tuplas. É nessa última opção que reside grande parte da otimização efetiva; a referência [18.34] inclui heurísticas para fazer avaliações de custos que orientam a opção (normalmente – mas nem sempre – o Ingres escolherá a relação com a menor cardinalidade como aquela em que será feita a substituição). Os principais objetivos do processo de otimização como um todo devem ser evitar a necessidade de elaborar produtos cartesianos e manter o número de tuplas a serem examinadas em um mínimo para cada estágio.

A referência [18.34] não discute a otimização de consultas de uma variável. Porém, as informações relativas a esse nível de otimização são dadas no documento de resumo do Ingres [8.11]. Basicamente, ela é semelhante à função correspondente em outros sistemas, envolvendo o uso de informações estatísticas mantidas no catálogo e a escolha de determinado caminho de acesso (por exemplo, um hashing ou um índice) para examinar os dados armazenados. A referência [18.35] apresenta evidência experimental – medições de um conjunto de avaliação de consultas – que sugere que as técnicas de otimização do Ingres descritas nesta seção são basicamente corretas e, na prática, bastante eficazes. Aqui estão algumas conclusões específicas desse artigo:

1. Desmembrar é a melhor ação inicial.

2. Se *for preciso* fazer primeiro a substituição de tuplas, então a melhor opção de variável para substituição será uma variável de junção.

3. Uma vez aplicada a substituição de tuplas a uma variável em uma consulta de duas variáveis, é uma excelente tática construir um índice ou aplicar hashing "em tempo de execução" (se necessário) sobre o atributo de junção na outra relação (na verdade, o Ingres aplica essa tática com frequência).

18.7 IMPLEMENTAÇÃO DE OPERADORES RELACIONAIS

Vamos apresentar agora uma breve descrição de alguns métodos diretos para a implementação de certos operadores relacionais, em particular o de junção. Nosso principal motivo para incluir esse material é simplesmente remover qualquer possível ar de mistério que ainda esteja rondando o processo de otimização. Os métodos que discutiremos correspondem ao que chamamos "procedimentos de baixo nível" na Seção 18.3. *Nota*: Algumas técnicas de implementação muito mais sofisticadas serão descritas nas anotações de algumas das referências no final do capítulo. Consulte também o Apêndice A.

Para simplificar, vamos supor que tuplas e relações estejam armazenadas fisicamente como tais. Os operadores que consideramos são os de projeção, junção e totalização – em que empregamos o termo "totalização" para incluir os dois casos a seguir:

1. O operando PER não especifica qualquer atributo ("PER TABLE_DEE").

2. O operador PER especifica pelo menos um atributo.

O Caso 1 é direto. Basicamente, ele envolve a leitura da relação inteira sobre a qual a totalização deve ser feita – exceto pelo fato de que, se o atributo a ser agregado (por exemplo, pelo cálculo da média) estiver indexado, talvez seja possível calcular o resultado diretamente a partir do índice, sem ter de obter acesso à própria relação [18.35]. Por exemplo, a expressão:

```
SUMMARIZE FP ADD SUM ( QDE ) AS QT
```

pode ser avaliada lendo-se o índice QDE (supondo que exista tal índice) sem tocar em absoluto nas remessas. Uma observação semelhante se aplicará se SUM for substituída por COUNT ou AVG (para COUNT, qualquer índice servirá). Quanto a MAX e MIN, o resultado pode ser encontrado por meio de um *único acesso* à última entrada de índice (para MAX) ou à primeira (no caso de MIN), supondo-se, mais uma vez, que exista um índice para o atributo em questão.

No restante desta seção, consideraremos "totalização" como significando especificamente o Caso 2. Aqui está um exemplo do Caso 2:

```
SUMMARIZE FP PER P { P# } ADD SUM ( QDE ) AS QDETOTAL
```

Do ponto de vista do usuário, projeção, junção e totalização do Caso 2 são muito diferentes umas da outras. Porém, do ponto de vista da implementação, elas guardam certas semelhanças porque, em cada caso, o sistema precisa agrupar tuplas com base em valores comuns de atributos especificados. No caso da projeção, esse agrupamento permite ao sistema eliminar duplicatas; no caso de junção, ele permite localizar tuplas coincidentes; e no caso de totalização, permite calcular os valores agregados individuais para cada grupo. Há várias técnicas para se realizar tal agrupamento:

1. Força bruta

2. Pesquisa de índice

3. Pesquisa de hash

4. Intercalação (merge)

5. Hash

6. Combinações dos itens de 1 a 5

As Figuras 18.4 a 18.8 oferecem procedimentos em pseudocódigo para o caso específico da junção (projeção e totalização ficam como exercícios). A notação usada nessas figuras é a seguinte: R e S são as relações a sofrerem junção, e C é seu atributo comum (possivelmente composto). Vamos supor que seja possível obter acesso às tuplas de R e de S uma de cada vez, em alguma sequência, e vamos indicar essas tuplas, nessa sequência, por $R[1], R[2], ..., R[m]$ e $S[1], S[2], ..., S[n]$, respectivamente. Usamos a expressão $R[i]$ *

$S[j]$ para indicar a tupla de junção formada pelas tuplas $R[i]$ e $S[j]$. Finalmente, vamos nos referir a R e S como a relação externa e interna, respectivamente (porque elas controlam o laço externo e o laço interno, respectivamente).

Força Bruta

Força bruta é o que se poderia chamar de caso "normal", em que cada combinação possível de tuplas é inspecionada (isto é, cada tupla de R é examinada em conjunto com cada tupla de S, como indica a Figura 18.4). *Nota*: Frequentemente, a força bruta é chamada de "laços aninhados" (nested loops), mas esse nome é enganador porque todos os algoritmos envolvem laços aninhados.

```
do i := 1 to m ;                                    /* loop externo */
  do j := 1 to n ;                                  /* loop interno */
    if R[i].C = S[j].C then
    soma tupla de junção R[i] * S[j] ao resultado ;
  end ;
end ;
```

FIGURA 18.4 *Força bruta.*

Vamos examinar os custos associados a essa técnica de força bruta. *Nota*: No caso, vamos limitar nossa atenção apenas aos custos de E/S, embora outros custos (por exemplo, custos de CPU) também possam ser importantes na prática.

Primeiro, a abordagem claramente exige um total de $m + (m * n)$ operações de leitura de tuplas. Mas, e quanto à gravação de tuplas? – isto é, qual é a cardinalidade do resultado da junção? (O número de gravações de tuplas será igual a essa cardinalidade se o resultado tiver de ser gravado de volta no disco.)

- No caso especial comum de junção muitos para um (em especial, uma junção de chave estrangeira para chave candidata associada), a cardinalidade do resultado é claramente igual à cardinalidade, m ou n, de qualquer das relações entre R e S que represente o lado da chave estrangeira da junção.

- Agora, considere o caso mais geral de junção muitos para muitos. Seja dCR o número de valores distintos do atributo de junção C na relação R, e seja dCS definido de modo equivalente. Se assumirmos *distribuições uniformes de valores* (de modo que qualquer valor dado de C na relação R tenha a mesma probabilidade de ocorrer que qualquer outro), então para determinada tupla de R haverá n/dCS tuplas de S com o mesmo valor para C que essa tupla; portanto, o número total de tuplas na junção (isto é, a cardinalidade do resultado) será $(m * n)/dCS$. Ou, se começarmos por considerar determinada tupla de S, em vez de uma tupla de R, o número total será $(n * m)/dCR$; os dois valores serão diferentes se dCR dCS (isto é, se existirem valores de C que ocorram em R, mas não em S, ou vice-versa), caso em que se usará o valor mais baixo.

Na prática, como dissemos na Seção 18.2, é claro que o que importa são as operações de E/S de *páginas*, não E/S de tuplas. Suponhamos, portanto, que R e de S armazenem pR tuplas por página e pS tuplas por página, respectivamente (de modo que as duas relações ocupem m/pR páginas e n/pS páginas, respectivamente). Então, fica fácil ver que o procedimento da Figura 18.4 envolverá $(m/pR) + (m * n)/pS$ leituras de páginas. Como alternativa, se trocarmos os papéis de R e S (tornando S a relação externa e R a interna), o número de leituras de páginas será $(n/pS) + (n * m)/pR$.

A título de exemplo, vamos supor que $m = 100$, $n = 10.000$, $pR = 1$, $pS = 10$. Então, as duas fórmulas resultarão em 100.100 e 1.001.000 leituras de páginas, respectivamente. *Conclusão*: É desejável, na abordagem por força bruta, que a menor das duas relações seja escolhida como relação externa (em que *menor* significa "menor número de páginas").

Concluímos essa breve discussão da técnica de força bruta observando que a força bruta deve ser considerada como o procedimento de pior caso; ele pressupõe que a relação S não está indexada nem possui hashing sobre o atributo de junção C. Experiências realizadas por Bitton e outros [18.6] indicam que, se tal hipótese de fato for válida, a situação em geral será melhorada pela construção dinâmica de tal índice ou pelo hashing, continuando-se, então, com uma junção de pesquisa de índice ou de hashing (veja as duas subseções a seguir). A referência [18.35] apoia essa ideia, como mencionamos no final da seção anterior.

Pesquisa de índice

Agora, vamos considerar o caso em que há um índice X sobre o atributo C da relação interna S (ver Figura 18.5). A vantagem dessa técnica sobre a técnica da força bruta é que, para determinada tupla da relação externa R, podemos ir "diretamente" para as tuplas correspondentes da relação interna S. O número total de leituras de tuplas para as relações R e S é, portanto, simplesmente a cardinalidade do resultado da junção; considerando-se a hipótese do pior caso, em que cada tupla lida para S é de fato uma leitura de página separada, o número total de leituras de páginas para R e S é $(m/pR) + ((m * n)/dCS)$.

```
/* suponha índice X sobre S.C */

do i := 1 to m ;                          /* loop externo */
    /* sejam k entradas de índice X[1], ..., X[k] com      */
    /* valor de atributo indexado = R[i].C                 */
    do j := 1 to k ;                      /* loop interno */
        /* seja S[j] a tupla de S indexada por X[j] */
        soma tupla de junção R[i] * S[j] ao resultado ;
    end ;
end ;
```

FIGURA 18.5 *Pesquisa de índice.*

Porém, se a relação S estiver armazenada em sequência por valores do atributo de junção C, o número de leituras de páginas diminui para $(m/pR) + ((m * n)/dCS)/pS$. Considerando-se os mesmos valores de amostra de antes ($m = 100, n = 10.000, pR = 1, pS = 10$) e considerando-se $dCS = 100$, as duas fórmulas serão avaliadas como 10.100 e 1.100, respectivamente. A diferença entre esses dois valores mostra claramente a importância de se manterem relações armazenadas em uma "boa" sequência física [18.7].

Contudo, devemos, é claro, incluir a sobrecarga para acesso ao próprio índice X. A hipótese do pior caso é que cada tupla de R exige uma pesquisa de índice "caída do céu" para encontrar as tuplas correspondentes de S, o que implica a leitura de uma página para cada nível do índice. Para um índice de x níveis, isso acrescentará $m * x$ leituras de páginas extras ao número total de leituras de páginas. Na prática, x normalmente será 3 ou menos (além disso, o nível superior do índice muito provavelmente residirá em um buffer da memória principal durante o processamento, reduzindo ainda mais o número de páginas para leitura).

Pesquisa de hash

A pesquisa de hash é semelhante à pesquisa de índice, exceto pelo fato de que o "caminho de acesso rápido" à relação interna S sobre o atributo de junção $S.C$ é uma tabela hash, em vez de um índice (ver Figura 18.6). O cálculo das estimativas de custo para esse caso fica como exercício.

```
/* suponha tabela hash H sobre S.C */

do i := 1 to m ;                          /* loop externo */
    k := hash (R[i].C) ;
    /* sejam h tuplas S[1], ..., S[h] armazenadas em H(k) */
    do j := 1 to h ;                      /* loop interno */
        if S[j].C = R[i].C then
        soma tupla de junção R[i] * S[j] ao resultado ;
    end ;
end ;
```

FIGURA 18.6 *Pesquisa de hash.*

Intercalação (merge)

A técnica de intercalação pressupõe que ambas as relações R e S estão fisicamente armazenadas em sequência por valores do atributo de junção C. Se isso de fato acontece, as duas relações podem ser lidas em sequência física, as duas leituras podem ser sincronizadas e toda a junção pode ser feita em uma única passagem sobre os dados (pelo menos, essa afirmação é verdadeira se a junção é de um para muitos; ela pode não ser verdadeira no caso de muitos para muitos). Essa técnica é indiscutivelmente a ideal sob nossas hipóteses indicadas, porque o acesso a cada página ocorre apenas uma vez (ver Figura 18.7). Em outras palavras, o número de leituras de páginas é somente $(m/pR) + (n/pS)$. Segue-se que:

■ O cluster físico de dados logicamente relacionados é um dos fatores de desempenho mais críticos; ou seja, é altamente desejável que os dados estejam em clusters de modo a fazer corresponderem as junções que sejam mais importantes para a empresa [18.7].

■ Na ausência desses clusters, geralmente é uma boa ideia classificar (sort) uma ou ambas as relações em tempo de execução, e depois efetuar uma junção de intercalação (merge join) de qualquer forma (é claro que o efeito de tal classificação é exatamente produzir o cluster desejado de modo dinâmico). Chamamos essa técnica (de forma bastante lógica) de **classificar/intercalar** (sort/merge) [18.8].

```
/* suponha que R e S estejam classificados sobre o atributo C ;    */
/* em seguida o código supõe que a junção é de muitos para muitos; */
/* o caso mais simples de muitos para um fica como exercício       */

r := 1 ;
s := 1 ;
do while r £ m and s £ n ;                        /* loop externo */
   v := R[r].C ;
   do j := S by 1 while S[j].C < v ;
   end ;
   s := j ;
   do j := s by 1 while S[j].C = V ;     /* loop interno principal */
      do i := r by 1 while R[i].C = v ;
         soma tupla de junção R[i] * S[j] ao resultado ;
      end ;
   end ;
   s := j ;
   do i := r by 1 while R[i].C = v ;
   end ;
   r := i ;
end ;
```

FIGURA 18.7 *Intercalação (caso de muitos para muitos).*

Hash

Como a técnica de intercalação que acabamos de discutir, a técnica de hash exige apenas uma passada sobre cada uma das duas relações (ver Figura 18.8). A primeira passada constrói uma tabela hash para a relação S sobre valores do atributo de junção $S.C$; as entradas nessa tabela contêm o valor de atributo de junção – e possivelmente também valores de outros atributos – e um ponteiro para a tupla correspondente no disco. A segunda passada, então, examina a relação R e aplica a mesma função hash ao atributo de junção $R.C$. Quando uma tupla de R colide na tabela hash com uma ou mais tuplas de S, o algoritmo verifica se os valores de $R.C$ e $S.C$ são de fato iguais e, se forem, gera a(s) tupla(s) de junção apropriada(s). A grande vantagem dessa técnica sobre a de intercalação é que as relações R e S não precisam ser armazenadas em alguma ordem específica e, portanto, não é necessária qualquer classificação.

Como no caso da técnica de pesquisa de hash, o cálculo das estimativas de custo para essa técnica também fica como exercício.

```
/* monta tabela hash H sobre S.C */

do j := 1 to n ;
    k := hash (S[j].C) ;
    soma S[j] à entrada da tabela de hash H[k] ;
end ;

/* agora executa pesquisa de hash sobre R */
```

FIGURA 18.8 *Hash.*

18.8 RESUMO

A otimização representa ao mesmo tempo um desafio e uma oportunidade para sistemas relacionais. Na verdade, a capacidade de otimização é um ponto forte de tais sistemas, por vários motivos; um sistema relacional com um bom otimizador poderia muito bem ter desempenho superior ao de um sistema não relacional. Nosso exemplo introdutório deu uma noção do tipo de melhoria que pode ser alcançada (um fator de mais de 10 mil para 1 nesse caso específico). Os quatro grandes estágios de otimização são:

1. Converter a consulta em alguma **forma interna** (em geral, uma **árvore de consulta** ou uma **árvore de sintaxe abstrata,** mas tais representações podem ser consideradas simplesmente como uma forma interna da álgebra relacional ou do cálculo relacional).

2. Converter para a **forma canônica,** usando várias **leis de transformação.**

3. Escolher **procedimentos de baixo nível** candidatos para a implementação de diversas operações na representação canônica da consulta.

4. Gerar **planos de consulta** e escolher o mais econômico, usando **fórmulas de custo** e conhecimento das **estatísticas do banco de dados.**

Em seguida, discutimos as leis **distributiva, comutativa** e **associativa** em geral e a viabilidade de sua aplicação a operadores relacionais tais como junção (e também a viabilidade de sua aplicação a operadores **aritméticos, lógicos** e de **comparação**), e mencionamos também as leis da **idempotência** e da **absorção.** Também discutimos algumas transformações específicas para os operadores de **restrição** e **projeção.** Depois, introduzimos a importante ideia de transformações **semânticas** – isto é, transformações baseadas no conhecimento das **restrições de integridade** pelo sistema.

A título de ilustração, esboçamos algumas das estatísticas mantidas pelos produtos **DB2** e **Ingres.** Depois, descrevemos uma estratégia de "dividir e conquistar", a **decomposição de consulta** (que foi introduzida com o protótipo do Ingres), mencionando que tais estratégias poderiam ser muito atraentes em um ambiente de processamento paralelo ou distribuído.

Finalmente, examinamos certas **técnicas de implementação** para alguns operadores relacionais, especialmente o de **junção.** Apresentamos algoritmos em pseudocódigo para cinco técnicas de junção – **força bruta, pesquisa de índice, pesquisa de hash, intercalação** (inclusive **classificar/intercalar**) e **hash** – e ainda consideramos rapidamente os custos associados a essas técnicas.

Não podemos concluir esta seção sem mencionar o fato de que muitos dos produtos de hoje infelizmente incluem certos **inibidores de otimização,** dos quais os usuários devem pelo menos estar cientes (embora, quase sempre, pouco se possa fazer em relação a eles). Um inibidor de otimização é uma característica do sistema em questão que impede o otimizador de fazer um trabalho tão bom quanto poderia ser feito (isto é, na ausência desse inibidor). Os inibidores em questão incluem *linhas duplicadas* (consulte a referência [6.6]), *lógica trivalorada* (consulte o Capítulo 19) e a *implementação de SQL da lógica trivalorada* (consulte as referências [19.6] e [19.10]).

Um comentário final: Neste capítulo, discutimos sobre a otimização conforme é compreendida e implementada de forma convencional; em outras palavras, descrevemos "a sabedoria convencional". Porém, mais recentemente, surgiu uma técnica radicalmente nova para a implementação de SGBD, que tem o efeito de invalidar muitas da hipóteses fundamentais dessa sabedoria convencional. Por conseguinte, muitos aspectos do processo geral de otimização podem ser simplificados (até mesmo totalmente eliminados, em alguns casos), incluindo:

- O uso de *seleção do caminho de acesso baseada em custo* (Estágios 3 e 4 do processo)
- O uso de *índices* e outros caminhos de acesso convencionais
- A escolha entre *compilar* e *interpretar* requisições ao banco de dados
- Os algoritmos para *implementar os operadores relacionais*

e muitos outros. Veja uma discussão mais aprofundada no Apêndice A.

EXERCÍCIOS

18.1 Alguns dos pares de expressões a seguir sobre o banco de dados de fornecedores, peças e projetos são equivalentes e outros não. Quais realmente o são?

```
a1.F JOIN ( ( P JOIN J ) WHERE CIDADE = 'Londres' )
```

```
a2.( P WHERE CIDADE = 'Londres' ) JOIN ( J JOIN F )
```

```
b1.( F MINUS ( ( F JOIN FPJ ) WHERE P# = P# ( 'P2' ) )
              { F#, FNOME, STATUS, CIDADE } ) { F#, CIDADE }
```

```
b2.F { F#, CIDADE } MINUS
      ( F { F#, CIDADE } JOIN
        ( FPJ WHERE P# = P# ( 'P2' ) ) ) { F#, CIDADE }
```

```
c1.( F { CIDADE } MINUS P { CIDADE } ) MINUS J { CIDADE }
```

```
c2.( F { CIDADE } MINUS J { CIDADE } )
      MINUS ( P { CIDADE } MINUS J { CIDADE } )
```

```
d1.( J { CIDADE } INTERSECT P { CIDADE } ) UNION F { CIDADE }
```

```
d2.J { CIDADE } INTERSECT ( F { CIDADE } UNION P { CIDADE } )
```

```
e1.( ( FPJ WHERE F# = F# ('F1') )
                  UNION ( FPJ WHERE P# = P# ('P1') ) )
    INTERSECT
    ( ( FPJ WHERE J# = J# ('J1') )
                  UNION ( FPJ WHERE F# = F# ('F1') ) )
```

```
e2.( FPJ WHERE F# = F# ('F1') ) UNION
    ( ( FPJ WHERE P# = P# ('P1') ) INTERSECT
      ( FPJ WHERE J# = J# ('J1') ) )
```

```
f1.( F WHERE CIDADE = 'Londres' ) UNION ( F WHERE STATUS > 10 )
```

```
f2.F WHERE CIDADE = 'Londres' AND STATUS > 10
```

```
g1.( F { F# } INTERSECT ( FPJ WHERE J# = J# ('J1') ) { F# } )
      UNION ( F WHERE CIDADE = 'Londres' ) { F# }
```

```
g2.F { F# } INTERSECT ( ( FPJ WHERE J# = J# ('J1') ) { F# }
                  UNION ( F WHERE CIDADE = 'Londres' ) { F# } )
```

```
h1.( FPJ WHERE J# = J# ('J1') ) { F# }
    MINUS ( FPJ WHERE P# = P# ('P1') ) { F# }
```

```
h2.( ( FPJ WHERE J# = J# ('J1') )
    MINUS ( FPJ WHERE P# = P# ('P1') ) ) { F# }
```

```
i1.F JOIN ( P { CIDADE } MINUS J { CIDADE } )
```

```
i2.( F JOIN P { CIDADE } ) MINUS ( F JOIN J { CIDADE } )
```

18.2 Mostre que junção, união e interseção são comutativas, mas diferença não.

18.3 Mostre que junção, união e interseção são associativas, mas diferença não.

18.4 Mostre que (a) a união é distributiva sobre a interseção; (b) a interseção é distributiva sobre a união.

18.5 Prove as leis da absorção.

18.6 Mostre que (a) a restrição é incondicionalmente distributiva sobre união, interseção e diferença, e condicionalmente distributiva sobre junção; (b) a projeção é incondicionalmente distributiva sobre união e interseção, é condicionalmente distributiva sobre junção, e não é distributiva sobre diferença. Enuncie as condições relevantes nos casos condicionais.

18.7 Estenda as regras de transformação da Seção 18.4 para levarem em conta a extensão e a totalização.

18.8 Você pode encontrar alguma regra de transformação útil para a operação de divisão relacional?

18.9 Forneça um conjunto apropriado de regras de transformação para expressões condicionais envolvendo AND, OR e NOT. Um exemplo de tal regra seria "comutatividade de AND" – isto é, A AND B é o mesmo que B AND A.

18.10 Estenda sua resposta ao exercício anterior para incluir expressões booleanas envolvendo os quantificadores EXISTS e FORALL. Um exemplo de tal regra seria a regra dada no Capítulo 8 (Seção 8.2), que permite que uma expressão envolvendo FORALL seja convertida em uma outra envolvendo EXISTS negado.

18.11 Aqui está uma lista de restrições de integridade para o banco de dados de fornecedores, peças e projetos (extraída dos exercícios do Capítulo 9):

- As únicas cidades válidas são Londres, Paris, Roma, Atenas, Oslo, Estocolmo, Madri e Amsterdã.
- Dois projetos nunca podem estar localizados na mesma cidade.
- No máximo um fornecedor pode estar localizado em Atenas em qualquer instante.
- Nenhuma remessa pode ter uma quantidade maior que o dobro da média de todas essas quantidades.
- O fornecedor de status mais alto não pode estar localizado na mesma cidade que o fornecedor de status mais baixo.
- Todo projeto deve estar localizado em uma cidade em que haja pelo menos um fornecedor desse projeto.
- Deve existir pelo menos uma peça vermelha.
- O status médio de fornecedores deve ser maior que 19.
- Todo fornecedor de Londres deve fornecer a peça P2.
- Pelo menos uma peça vermelha deve pesar menos que 50 libras.
- Fornecedores em Londres devem fornecer mais espécies diferentes de peças que fornecedores em Paris.
- Fornecedores em Londres devem fornecer mais peças no total que fornecedores em Paris.

E aqui estão alguns exemplos de consultas sobre esse banco de dados:

a. Obter fornecedores que não fornecem a peça P2.

b. Obter fornecedores que não fornecem a qualquer projeto na mesma cidade que o fornecedor.

c. Obter fornecedores tais que nenhum outro fornecedor forneça menos espécies de peças.

d. Obter fornecedores de Oslo que forneçam pelo menos duas peças diferentes de Paris a pelo menos dois projetos distintos de Estocolmo.

e. Obter pares de fornecedores localizados na mesma cidade e que fornecem pares de peças localizadas na mesma cidade.

f. Obter pares de fornecedores localizados na mesma cidade que forneçam a pares de projetos localizados na mesma cidade.

g. Obter peças fornecidas a pelo menos um projeto apenas por fornecedores que não estão na mesma cidade que esse projeto.

h. Obter fornecedores tais que nenhum outro fornecedor forneça mais espécies de peças.

Use as restrições de integridade para transformar essas consultas em formas mais simples (mas ainda em linguagem natural; você não precisa responder a esse exercício *formalmente*).

18.12 Investigue qualquer SGBD que esteja disponível para você. Que transformações de expressões esse sistema realiza? Ele executa alguma transformação semântica?

18.13 Tente a seguinte experiência: Tome uma consulta simples, digamos, "Obter nomes de fornecedores que fornecem a peça P2" e enuncie essa consulta em tantas formas diferentes quantas você puder imaginar em qualquer linguagem de consulta que esteja disponível (provavelmente SQL). Crie e preencha um banco de dados de teste conveniente, execute as diferentes versões da consulta e meça os tempos de execução. Se esses tempos variarem de modo significativo, você terá a evidência empírica de que o otimizador não está fazendo um trabalho muito bom de transformação de expressões. Repita a experiência com várias consultas diferentes. Se possível, repita-a também com vários SGBDs diferentes. *Nota:* Naturalmente, todas as versões diferentes da consulta devem fornecer o mesmo resultado. Se não, é provável que você tenha cometido algum engano – ou pode ser um bug do otimizador; se for, avise ao seu fornecedor!

18.14 Investigue qualquer SGBD disponível para você. Quais estatísticas do banco de dados esse sistema mantém? Como elas são atualizadas – em tempo real ou através de algum utilitário? Nesse último caso, como se chama o utilitário? Com que frequência ele é executado? Qual o nível de seletividade do utilitário, em termos de estatísticas específicas que ele pode atualizar em qualquer execução determinada?

18.15 Vimos na Seção 18.5 que, entre as estatísticas de bancos de dados mantidas pelo DB2, estão o segundo maior valor e o segundo menor valor para cada coluna de cada tabela básica. Você poderia dizer por que o *segundo* maior e menor valores?

18.16 Diversos produtos comerciais permitem ao usuário fornecer sugestões (hints) ao otimizador. Por exemplo, em DB2, a especificação OPTIMIZE FOR n ROWS em uma declaração de cursor de SQL significa que o usuário não espera buscar mais de n linhas por meio do cursor em questão (isto é, executar FETCH sobre esse cursor não mais que n vezes). Essa especificação às vezes pode fazer o otimizador escolher um caminho de acesso que seja mais eficiente, pelo menos para o caso em que o usuário não executa de fato a operação FETCH mais de n vezes. Você considera essas sugestões uma boa ideia? Justifique sua resposta.

18.17 Elabore um conjunto de procedimentos de implementação para operações de restrição e projeção (conforme os procedimentos esboçados para junção na Seção 18.7). Derive um conjunto apropriado de fórmulas de custo para tais procedimentos. Suponha que operações de E/S de página sejam as únicas quantidades que nos interessam, isto é, não tente incluir custos de CPU ou outros em suas fórmulas. Enuncie e justifique quaisquer outras hipóteses que fizer.

18.18 Leia o Apêndice A e discuta.

REFERÊNCIAS E BIBLIOGRAFIA

A área da otimização é enorme e cresce ainda mais o tempo todo; a lista a seguir representa uma seleção relativamente pequena da vasta literatura sobre esse assunto. Ela se divide em grupos, da seguinte forma:

- As referências [18.1-18.6] fornecem uma introdução ou uma visão geral do problema de otimização como um todo.

- As referências [18.7-18.14] estão relacionadas com a implementação eficiente de operações relacionais individuais, tais como junção ou totalização.

- As referências [18.15-18.32] descrevem uma variedade de técnicas baseadas em transformação de expressões como discutimos na Seção 18.4 (em particular, as referências [18.25 a 18.28] consideram transformações *semânticas*).

- As referências [18.33-18.43] discutem as técnicas usadas nos produtos System R, DB2 e Ingres, bem como o problema geral de otimizar consultas envolvendo subconsultas aninhadas no estilo SQL.

- As referências [18.44-18.62] tratam de um conjunto variado de técnicas, artifícios, ideias para pesquisa futura e assim por diante (em particular, as referências [18.55-18.58] consideram o impacto das técnicas de processamento paralelo sobre a questão da otimização).

Nota: As publicações sobre otimização em sistemas distribuídos e sistemas de apoio à decisão foram deliberadamente excluídas. Consulte os Capítulos 21 e 22, respectivamente.

18.1 Won Kim, David S. Reiner e Don S. Batory (editores): *Query Processing in Database Systems*. Nova York. N.Y.: Springer Verlag (1985).

Esse livro é uma antologia de artigos sobre o tópico geral de processamento de consultas (não apenas sobre otimização). Ele consiste em um artigo introdutório de pesquisa de Jarke, Koch e Schmidt (semelhante mas não idêntico à referência [18.2]), seguido por grupos de artigos que discutem o processamento de consultas em diversos contextos: bancos de dados distribuídos, sistemas heterogêneos, atualização de visões (a referência [10.8] é o único artigo nessa seção), aplicações não tradicionais (por exemplo, CAD/CAM), otimização de múltiplas instruções (consulte a referência [18.47]), máquinas de bancos de dados e projeto físico dos bancos de dados.

18.2 Matthias Jarke e Jürgen Koch: "Query Optimization in Database Systems", *ACM Comp. Surv: 16*, Número 2 (junho de 1984).

Um excelente tutorial. O artigo fornece uma estrutura geral para processamento de consultas, muito semelhante ao da Seção 18.3 deste capítulo, mas baseado no cálculo relacional, e não na álgebra. Em seguida, ele discute diversas técnicas de otimização dentro desse quadro: transformações sintáticas e semânticas, implementação de operação de baixo nível e algoritmos para geração de planos de consultas e escolha entre eles. É fornecido um conjunto extenso de regras de transformação sintática para expressões de cálculo. Também inclui uma longa bibliografia (não anotada); contudo, observe que o número de artigos sobre o assunto publicados desde 1984 é pelo menos uma ordem de grandeza maior que o número anterior a essa época.

O artigo também discute rapidamente outras questões correlatas: a otimização de linguagens de consulta de nível superior (isto é, linguagens mais poderosas que a álgebra ou o cálculo), otimização em um ambiente de banco de dados distribuído e o papel das máquinas de bancos de dados com relação à otimização.

18.3 Götz Graefe: "Query Evaluation Techniques for Large Databases", *ACM Comp. Surv. 25*, Número 2 (junho de 1993).

Outro excelente tutorial, mais recente que a referência [18.2], com uma extensa bibliografia. Citando o resumo: "Esta pesquisa oferece uma base para o projeto e a implementação de recursos de execução de consultas... Ela descreve uma grande variedade de técnicas práticas para avaliação de consultas... incluindo a execução iterativa de planos de avaliação de consultas complexas, a dualidade de algoritmos de correspondência de conjuntos baseados em classificação e hash, tipos de execução paralela de consultas e sua implementação, e operadores especiais para domínios de aplicações emergentes de bancos de dados". Recomendado.

18.4 Frank P. Palermo: "A Data Base Search Problem", em Julius T. Tou (editor) *Information Systems: COINS IV*. Nova York, N.Y.: Plenum Press (1974).

Um dos primeiros artigos sobre otimização (na verdade, um clássico). Partindo de uma expressão arbitrária do cálculo relacional, o artigo utiliza primeiro o algoritmo de redução de Codd para reduzir essa expressão a uma expressão algébrica equivalente (consulte o Capítulo 8) e, em seguida, introduz uma série de aperfeiçoamentos nesse algoritmo, entre os quais os seguintes:

- Nenhuma tupla é retornada mais de uma vez.

- Valores desnecessários são descartados de uma tupla logo que essa tupla é retornada – "valores desnecessários" são valores de atributos não referenciados na consulta ou valores usados unicamente para fins de restrição. Esse processo é equivalente a projetar a relação sobre os atributos "necessários" e, portanto, não somente reduz o espaço necessário para cada tupla, mas também o número de tuplas que precisam ser retidas (em geral).

- O método usado para construir o resultado se baseia em um princípio de crescimento mínimo, de modo que o resultado tende a crescer lentamente. Essa técnica tem o efeito de reduzir tanto o número de comparações envolvidas quanto a quantidade de armazenamento intermediário necessária.

- Uma técnica eficiente é empregada na construção de junções, envolvendo (a) a fatoração dinâmica de valores usados em termos de junção (como F.F# = FP.F#) em *semijunções*, as quais são efetivamente uma espécie de índice secundário dinamicamente construído – observe que as semijunções de Palermo não são iguais às semijunções do Capítulo 7 deste livro – e (b) o uso de uma representação interna de cada junção, chamada *junção indireta* (que utiliza IDs de tuplas internas para identificar as tuplas que participam da junção). Essas técnicas são projetadas para reduzir a quantidade de varreduras necessárias na construção da junção, assegurando para cada termo da junção que as tuplas em questão estão logicamente ordenadas sobre os valores dos atributos da junção. Elas também permitem a determinação dinâmica de uma melhor sequência possível para o acesso às relações exigidas.

18.5 Meikel Poess e Chris Floyd: "The TPC Benchmarks in Decision Support and Web Commerce", *ACM SIGMOD Record 29*, Número 4 (dezembro de 2000).

O TPC (*Transaction Processing Council*) é um corpo independente que produziu vários testes de referência (benchmarks) padrão do mercado nos últimos anos. O *TPC-C* (que foi moldado sobre um sistema de entrada de pedidos) é um teste de referência para medir o desempenho do OLPT. *TCP-H* e *TCP-R* são testes de referência de apoio à decisão; eles foram criados para medir o desempenho sobre consultas ocasionais (*TCP-H*) e relatórios planejados (*TCP-R*), respectivamente. *TCP-W* foi projetado para medir o desempenho em um ambiente de comércio eletrônico. Para obter mais informações, incluindo diversos resultados de benchmark reais, consulte *http://www.tcp.org*.

18.6 Dina Bitton, David J. DeWitt. e Carolyn Turbyfill: "Benchmarking Database Systems: A Systematic Approach", Proc. 9th Int. Conf. on Very Large Data Bases, Florença, Itália (outubro/novembro de 1983).

O primeiro artigo a descrever o que agora se chama "o teste de referência de Wisconsin" (por ter sido desenvolvido pelos autores do artigo na Universidade de Wisconsin). O teste de referência define um conjunto de relações com valores de atributos precisamente especificados e depois mede o desempenho de certas operações algébricas especificadas com precisão sobre essas relações (por exemplo, várias projeções, envolvendo diferentes graus de duplicação nos atributos sobre os quais são tomadas as projeções). Ele representa, assim, um teste sistemático da eficiência do otimizador sobre essas operações fundamentais.

18.7 M. W. Blasgen e K. P. Eswaran: "Storage and Access in Relational Databases", *IBM Sys. J. 16*, Número 4 (1977).

Várias técnicas para lidar com consultas envolvendo operações de restrição, projeção e junção são comparadas com base no seu custo em E/S de disco. As técnicas em questão são basicamente aquelas implementadas no System R [18.33].

18.8 T. H. Merrett: "Why Sort/Merge Gives the Best Implementation of the Natural Join", *ACM SIGMOD Record 13*, Número 2 (janeiro de 1983).

Apresenta argumentos intuitivos em apoio à posição declarada no título. O argumento é essencialmente que:

a. A própria operação de junção será mais eficiente se as duas relações estiverem ambas classificadas sobre valores do atributo de junção (porque nesse caso, como vimos na Seção 18.7, a intercalação será a técnica óbvia, e cada página de dados será acessada exatamente uma vez, o que é evidentemente o ideal).

b. O custo de classificar as relações nessa sequência desejada, em uma máquina suficientemente grande, provavelmente será menor que o custo de qualquer esquema para contornar o fato de não estarem classificadas.

Porém, o autor admite que poderiam existir exceções à sua posição um tanto extremada. Por exemplo, uma das relações poderia ser suficientemente pequena – ou seja, poderia ser o resultado de uma operação de restrição anterior – para que o acesso direto à outra relação, por meio de um índice ou tabela hash, pudesse ser mais eficiente que classificá-la. As referências [18.9-18.11] a seguir dão outros exemplos de casos em que classificar/intercalar provavelmente não é a melhor técnica na prática.

18.9 Giovanni Maria Sacco: "Fragmentation: A Technique for Efficient Query Processing", *ACM TODS 11*, Número 2 (junho de 1986).

Apresenta um método de "dividir e conquistar" para efetuar junções pela repartição recursiva das relações a serem juntadas em restrições disjuntas ("fragmentos") e execução de uma série de varreduras sequenciais sobre esses subconjuntos. Ao contrário de classificar/intercalar (sort/merge), essa técnica não exige que as relações sejam primeiro classificadas. O artigo mostra que a técnica de fragmentação sempre funciona melhor que classificar/intercalar no caso em que classificar/intercalar exige que as duas relações sejam classificadas antes e normalmente funciona melhor no caso em que classificar/intercalar exige apenas que uma relação (a maior) seja classificada antes. O autor afirma que a técnica também pode ser aplicada a outras operações, como interseção e diferença.

18.10 Leonard D. Shapiro: "Join Processing in Database Systems with Large Main Memories", *ACM TODS 11*, Número 3 (setembro de 1986).

Apresenta três novos algoritmos de junção por hash, um dos quais é "especialmente eficiente quando a memória principal disponível é uma fração significativa do tamanho de uma das relações a serem juntadas". Os algoritmos funcionam pelo desmembramento das relações em partições disjuntas (ou seja, restrições) que podem ser processados na memória principal. O autor afirma que métodos baseados em hash estão destinados a se tornar a técnica preferida, dada a queda de preços da memória principal.

18.11 M. Negri e G. Pelagatti: "Distributive Join: A New Algorithm for Joining Relations", *ACM TODS 16*. Número 4 (dezembro de 1991).

Outro método para junção de "dividir e conquistar". "[O método] se baseia na ideia de que... não é necessário classificar completamente as duas relações... É suficiente que a classificação de uma delas seja completa e a da outra seja parcial, evitando, assim, parte do trabalho de classificação." A classificação parcial desmembra a relação afetada em uma sequência de partições não classificadas *P1, P2, ..., Pn* (semelhante ao método de Sacco [18.9], exceto pelo fato de que Sacco usa o hashing no lugar da classificação), com a propriedade de que MAX(*Pi*) < MIN(*P*(*i*+1)) para todo *i* = (1, 2, ..., *n*-1). O artigo afirma que esse método funciona melhor que classificar/intercalar.

18.12 Götz Graefe e Richard L. Cole: "Fast Algorithms for Universal Quantification in Large Databases", *ACM TODS 20*, Número 2 (junho de 1995).

O quantificador universal FORALL não é admitido diretamente em SQL e, portanto, também não é implementado diretamente pelos SGBDs comerciais, ainda que seja extremamente importante na formulação de uma ampla classe de consultas. Esse artigo descreve e compara "três algoritmos conhecidos e um algoritmo proposto recentemente para divisão relacional, [que é] o operador da álgebra que incorpora a quantificação universal", e mostra que o novo algoritmo funciona "tão rápido quanto a (semi)junção de hash avalia a quantificação existencial sobre as mesmas relações" (com palavras ligeiramente diferentes). Os autores chegam à conclusão, entre outras coisas, de que FORALL deveria ter suporte direto na linguagem do usuário, porque a maioria dos otimizadores "não reconhece as formulações um tanto indiretas, disponíveis em SQL".

18.13 David Simmen, Eugene Shekita e Timothy Malkemus: "Fundamental Techniques for Order Optimization", Proc. 1996 ACM SIGMOD Int. Conf. on Management of Data, Montreal, Canadá (junho de 1996).

Apresenta técnicas para otimizar ou evitar classificações. As técnicas, baseadas em parte no trabalho de Darwen [11.7], foram implementadas em DB2.

18.14 Gurmeet Singh Manku, Sridhar Rajagopalan e Bruce G. Lindsay: "Approximate Medians and Other Quantiles in One Pass and with Limited Memory", Proc. 1998 ACM SIGMOD Int. Conf. on Management of Data, Seattle, Wash. (junho de 1998).

18.15 César A. Galindo-Legaria e Milind M. Joshi: "Orthogonal Optimization of Subqueries and Aggregation", Proc. 2001 ACM SIGMOD Int. Conf. on Management of Data, Santa Barbara, Calif. (maio de 2001).

18.16 James Miles Smith e Philip Yen-Tang Chang: "Optimizing the Performance of a Relational Algebra Database Interface", *CACM 18*. Número 10 (outubro de 1975).

Descreve o algoritmo usado em "Smart Query Interface for a Relational Algebra" (SQUIRAL). As técnicas utilizadas incluem:

- Transformar a expressão algébrica original eu uma sequência de operações equivalente, porém mais eficiente, conforme indicado na Seção 18.4

- Atribuir operações distintas na expressão transformada a processos distintos e explorar a concorrência e o encadeamento entre elas

- Coordenar as ordens de classificação das relações temporárias que passam entre esses processos

- Explorar índices e tentar localizar referências de páginas

Esse artigo e a referência [18.17] provavelmente foram os primeiros a discutir transformações de expressões.

18.17 P. A. V. Halt: "Optimization of a Single Relational Expression in a Relational Data Base System", *IBM J. R&D 20*, Número 3 (maio de 1976).

Esse artigo descreve algumas técnicas de otimização usadas no sistema PRTV [7.9]. O PRTV, assim como o SQUIRAL [18.16], começa por transformar determinada expressão algébrica em alguma forma mais eficiente, antes de avaliá-la. Um aspecto do PRTV é que o sistema não avalia automaticamente cada expressão logo que a recebe: em vez disso, adia a avaliação efetiva até o último momento possível (veja a descrição da formulação de consulta de um passo de cada vez no Capítulo 7, Seção 7.5). Assim, a "única expressão relacional" do título do artigo poderia, na verdade, representar toda uma sequência de operações do usuário. As otimizações descritas lembram as de SQUIRAL, mas vão mais longe em alguns aspectos. Entre elas estão os seguintes (em ordem de aplicação):

- Execução de restrições o mais cedo possível

- Combinação de sequências de projeções em uma única projeção

- Eliminação de operações redundantes

- Simplificação de expressões envolvendo relações vazias e condições triviais

- Fatoração de subexpressões comuns

O artigo termina com alguns resultados experimentais e algumas sugestões para mais investigação.

18.18 Matthias Jarke e Jürgen Koch: "Range Nesting: A Fast Method to Evaluate Quantified Queries", Proc. 1983 ACM SIGMOD Int. Conf. on Management of Data, San Jose, Calif. (maio de 1983).

Define uma versão do cálculo relacional que permite que sejam aplicadas algumas regras de transformação sintática adicionais e apresenta algoritmos para avaliar expressões desse cálculo. (Na verdade, a versão do cálculo descrita é bem próxima do cálculo de tuplas apresentado no Capítulo 8.) O artigo descreve a otimização de uma determinada classe de expressões do cálculo revisado, chamadas de "expressões aninhadas perfeitas". São fornecidos métodos para converter consultas aparentemente complexas – em particular, certas consultas envolvendo FORALL – em expressões perfeitas. Os autores mostram que um grande subconjunto das consultas que surgem na prática corresponde a expressões perfeitas.

18.19 Surajit Chaudhuri e Kyuseok Shim: "Including Group-By in Query Optimization", Proc. 20th Int. Conf. on Very Large Data Bases, Santiago, Chile (setembro de 1994).

18.20 A. Makinouchi, M. Tezuka, H. Kitakami e S. Adachi: "The Optimization Strategy for Query Evaluation in RDB/V1", Proc. 7th Int. Conf. on Very Large Data Bases, Cannes, França (setembro de 1981).

O RDB/V1 foi o protótipo predecessor do produto AIM RDB da Fujitsu. Esse artigo descreve as técnicas de otimização usadas nesse protótipo e compara-as rapidamente com as técnicas usadas nos protótipos do Ingres e do System R. Uma técnica em particular parece ser novidade: o uso de valores MAX e MIN obtidos dinamicamente para induzir restrições adicionais. Essa técnica tem o efeito de simplificar o processo de escolher uma ordem de junção e melhora o desempenho das próprias junções. Como exemplo simples do último ponto, suponha que fornecedores e peças devam sofrer junção sobre cidades. Primeiro, os fornecedores são classificados sobre CIDADE; durante a classificação, os valores máximo e mínimo, digamos ALTO e BAIXO, de F.CIDADE são determinados. Então a restrição:

```
LOW  P.CIDADE AND P.CIDADE  HIGH
```

pode ser usada para se reduzir o número de peças que devem ser inspecionadas na criação da junção.

18.21 Hamid Pirahesh, Joseph M. Hellerstein e Waqar Hasan: "Extensible Rule Based Query Rewrite Optimization in Starburst", Proc. 1992 ACM SIGMOD Int. Conf. on Management of Data, San Diego, Calif. (junho de 1992).

Como observamos na Seção 18.1, a "reescrita de consulta" é outro nome para identificar a transformação de expressões. Os autores afirmam que os produtos comerciais, de modo um tanto surpreendente, pouco fazem quanto a tais transformações (pelo menos, em 1992). Seja como for, o artigo descreve o mecanismo de transformação de expressões do protótipo Starburst da IBM (consulte as referências [18.48], [26.19], [26.23] e [26.29, 26.30]. Usuários devidamente qualificados podem acrescentar novas regras de transformação ao sistema a qualquer momento (daí o termo "extensível" no título do artigo).

18.22 Inderpal Singh Mumick, Sheldon J. Finkelstein, Hamid Pirahesh e Raghu Ramakrishnan: "Magic is Relevant", Proc. 1990 ACM SIGMOD Int. Conf. on Management of Data, Atlantic City, N.J. (maio de 1990).

O termo pouco feliz *mágica* se refere a uma técnica de otimização desenvolvida originalmente para ser usada em consultas – em especial consultas envolvendo recursão – expressas na linguagem Datalog (veja o Capítulo 24). Esse artigo estende a abordagem a sistemas relacionais convencionais, afirmando com base em medidas experimentais que ela frequentemente é mais eficiente que as técnicas tradicionais de otimização (observe que a consulta não precisa ser recursiva para que a técnica seja aplicável). A ideia básica é decompor a consulta dada em consultas menores, que definam um conjunto de "relações auxiliares" (semelhante ao que ocorre na abordagem de decomposição de consultas, discutida na Seção 18.6), de modo que possam ser usadas para filtrar tuplas que sejam irrelevantes para o problema em questão. O exemplo seguinte (expresso em cálculo relacional) é baseado em um outro apresentado no artigo. A consulta original é:

```
{ EX.ENOME }
    WHERE EX.CARGO = 'Escriturário' AND
          EX.SAL > AVG ( EY WHERE EY.DEPTO# = EX.DEPTO#, SAL )
```

("Obter nomes de escriturários cujo salário é maior que a média para o departamento"). Se essa expressão for avaliada conforme escrita, o sistema varrerá a relação de empregados tupla por tupla e, então, calculará várias vezes o salário médio para qualquer departamento que empregue mais de um escriturário. Desse modo, um otimizador tradicional poderia desmembrar a consulta nas duas consultas menores a seguir:

```
WITH { EX.DEPTO#,
       AVG ( EY WHERE
             EY.DEPTO# = EX.DEPTO#, SAL ) AS ASAL } AS T1 :

{ EMP.ENOME } WHERE EMP.CARGO = 'Escriturário' AND
                    EXISTS T1 ( EMP.DEPTO# = T1.DEPTO# AND
                                EMP.SAL > T1.ASAL )
```

Agora, nenhuma média de departamento será calculada mais de uma vez, mas algumas médias *irrelevantes* serão calculadas – especificamente, aquelas de departamentos que não empregam escriturários.

A abordagem "mágica" evita tanto os cálculos repetidos da primeira abordagem quanto os cálculos irrelevantes da segunda, ao custo de gerar relações "auxiliares" extras:

```
/* primeira relação auxiliar: nome, departamento e salário     */
/* para escriturários                                          */
WITH ( { EMP.ENOME, EMP.DEPTO#, EMP.SAL }
       WHERE EMP.CARGO = 'Escriturário' ) AS T1 :

/* segunda relação auxiliar: departamentos que têm escriturários */
WITH { T1.DEPTO# } AS T2 :

/* terceira relação auxiliar: departamentos que têm escriturários */
/* e salários médios correspondentes                           */
WITH ( { T2.DEPTO#,
         AVG ( EMP WHERE
               EMP.DEPTO# = T2.DEPTO#, SAL ) AS ASAL } ) AS T3 :

/* relação resultante */
{ T1.ENOME } WHERE EXISTS T3 ( T1.DEPTO# = T3.DEPTO# AND
                               T1.SAL > T3.ASAL )
```

A "mágica" consiste em determinar exatamente quais relações auxiliares são necessárias.

Consulte as referências [18.23, 18.24], imediatamente a seguir, e também a seção "Referências e bibliografia" do Capítulo 24, que contém outras referências à "mágica".

18.23 Inderpal Singh Mumick e Hamid Pirahesh: "Implementation of Magic in Starburst", Proc. 1994 ACM SIGMOD Int. Conf. on Management of Data, Minneapolis, Minn. (maio de 1994).

18.24 Inderpal Singh Mumick, Sheldon J. Finkelstein, Hamid Pirahesh e Raghu Ramakrishnan: "Magic Conditions", *ACM TODS 21*, Número 1 (março de 1996).

18.25 Jonathan J. King: "QUIST: A System for Semantic Query Optimization in Relational Databases", Proc. 7th Int. Conf. on Very Large Data Bases, Cannes, França (setembro de 1981).

O artigo que introduziu a ideia de otimização semântica (ver a Seção 18.4). Ele descreve um sistema experimental chamado QUIST ("QUery Improvement through Semantic Transformation" – aperfeiçoamento de consulta por meio de transformação semântica).

18.26 Sreekumar T. Shenoy e Z. Meral Ozsoyoglu: "A System for Semantic Query Optimization", Proc. 1987 ACM SIGMOD Int. Conf. on Management of Data, San Francisco, Calif. (maio/junho de 1987).

Estende o trabalho de King [18.25] pela introdução de um esquema que seleciona dinamicamente, de um conjunto potencialmente muito grande de restrições de integridade, aquelas que tenham probabilidade de serem úteis na transformação de determinada consulta. As restrições de integridade consideradas são de duas espécies básicas, *restrições de implicação* e *restrições de subconjunto*. Tais restrições são usadas para transformar consultas pela eliminação de restrições e junções redundantes e introdução de restrições adicionais sobre atributos indexados. Também são tratados, de modo eficiente, casos em que a consulta pode ser respondida somente a partir das restrições.

18.27 Michael Siegel, Edward Sciore e Sharon Salveter: "A Method for Automatic Rule Derivation to Support Semantic Query Optimization", *ACM TODS 17*, Número 4 (dezembro de 1992).

Como explicamos na Seção 18.4, a otimização semântica faz uso das restrições de integridade para transformar consultas. Porém, há vários problemas associados a essa ideia:

- Como o otimizador pode saber quais transformações serão eficazes (isto é, tornarão a consulta mais eficiente)?
- Algumas restrições de integridade não são muito úteis para fins de otimização. Por exemplo, a restrição de que pesos de peças devem ser maiores que zero, embora importante para fins de integridade, é essencialmente inútil para a otimização. Como o otimizador pode distinguir entre restrições úteis e inúteis?
- Algumas condições poderiam ser válidas para alguns estados do banco de dados – até para a maior parte deles – e, portanto, seriam úteis para fins de otimização; no entanto, podem não ser estritamente uma restrição de integridade. Um exemplo poderia ser a condição "idade de empregado menor ou igual a 50"; embora não seja uma restrição de integridade em si (empregados podem ter mais de 50 anos), poderia muito bem ocorrer que nenhum empregado tivesse mais de 50 anos no momento.

Esse artigo descreve a arquitetura para um sistema que resolve essas questões apresentadas.

18.28 Upen S. Chakravarthy, John Grant e Jack Minker: "Logic Based Approach to Semantic Query Optimization", *ACM TODS 15*, Número 2 (junho de 1990).

Citando o resumo: "Em vários artigos anteriores [os autores] descreveram e provaram a correção de um método para otimização semântica de consultas..." Este artigo consolida os principais resultados desses artigos, enfatizando as técnicas e sua adequação para a otimização de consultas relacionais. Além disso, [mostra] como esse método abrange e generaliza o trabalho anterior sabre otimização semântica de consultas. [Ele também indica] como as técnicas de otimização semântica de consultas podem ser estendidas a [consultas recursivas] e restrições de integridade que contêm disjunção, negação e recursão.

18.29 Qi Cheng e outros: "Implementation of Two Semantic Query Optimization Techniques in DB2 Universal Database", Proc. 25th Int. Conf. on Very Large Data Bases, Edimburgo, Escócia (setembro de 1999).

18.30 A. V. Aho, Y. Sagiv e J. D. Ullman: "Efficient Optimization of a Class of Relational Expressions", *ACM TODS 4* (dezembro de 1979).

A classe de expressões relacionais a que o título se refere é a das expressões que só envolvem restrições de igualdade ("seleções"), projeções e junções naturais: as chamadas *expressões FPJ*. As expressões FPJ correspondem às consultas do cálculo relacional em que a *<expressão booleana>* na cláusula WHERE envolve somente comparações de igualdade, ANDs e quantificadores existenciais. O artigo introduz *tableaus* (ou quadros) como um meio de representar simbolicamente expressões FPJ. Um **tableau** é um array retangular, em que as colunas correspondem a atributos e as linhas a condições: especificamente, *condições de pertinência*, que declaram que uma certa (sub)tupla deve existir em uma certa relação. As linhas são conectadas logicamente pela presença de símbolos comuns nas linhas em questão. Por exemplo, o tableau:

F#	STATUS	CIDADE	P#	COR	
	f1				
b1	*f1*	Londres			– fornecedores
b1			*b2*		– remessas
			b2	Vermelho	– peças

representa a consulta "Obter status (*f1*) de fornecedores (*b1*) em Londres que fornecem algumas peças vermelhas (*b2*)". A linha de cima do tableau lista todos os atributos mencionados na consulta, a linha seguinte é a linha de "resumo" (correspondendo à prototupla em uma consulta de cálculo, ou à projeção final em uma consulta algébrica), as linhas restantes (como já foi dito) representam condições de pertinência. Marcamos essas linhas no exemplo para indicar as relações (ou RelVars) relevantes. Observe que os "*b*"s se referem a variáveis acopladas e os "*f*"s se referem a variáveis livres: a linha de resumo só contém "*f*"s.

Os tableaus representam outro candidato a um formalismo canônico para consultas (consulte a Seção 18.3) exceto, naturalmente, pelo fato de não serem suficientemente genéricos para representar todas as expressões relacionais possíveis. (Na verdade, eles podem ser considerados uma variação sintática de Query-By-Example, muito embora uma variação estritamente menos poderosa que QBE.) O artigo apresenta algoritmos para reduzir qualquer tableau a outro, semanticamente equivalente, em que o número de linhas é reduzido a um mínimo. Como o número de linhas (sem contar as duas superiores, que são especiais) é um a mais que o número de junções na expressão FPJ correspondente, o tableau convertido representa uma forma ideal da consulta – ideal no sentido muito específico de que o número de junções foi minimizado. (Porém, no exemplo anterior, o número de junções já é o mínimo possível para a consulta; portanto, tal otimização não tem efeito.) O tableau mínimo pode, então, ser convertido, se desejável, em alguma outra representação para otimização adicional.

A ideia de minimizar o número de junções tem aplicação em consultas formuladas em termos de visões de junção (em particular, consultas formuladas em termos de uma "relação universal" – consulte a seção "Referências e bibliografia" no Capítulo 13). Por exemplo, suponha que seja apresentada ao usuário uma visão V, definida como a junção de fornecedores e remessas sobre F#, e o usuário emita a consulta:

```
V { P# }
```

Um algoritmo direto de processamento de visão converteria essa consulta na seguinte:

```
( FP JOIN F ) { P# }
```

Porém, como indicamos na Seção 18.4, a consulta a seguir produz o mesmo resultado e não envolve uma junção (isto é, o número de junções é minimizado):

```
FP { P# }
```

Entretanto, observe que, como os algoritmos para redução de tableau dados no artigo levam em conta quaisquer dependências funcionais explicitamente declaradas entre os atributos, esses algoritmos fornecem um exemplo limitado de uma técnica de otimização *semântica*.

18.31 Y. Sagiv e M. Yannakakis: "Equivalences Among Relational Expressions with the Union and Difference Operators", *JACM 27.* Número 4 (outubro de 1980).

Estende as ideias da referência [18.30] para tratar de consultas que incluem operações de união e diferença.

18.32 Alon Y. Levy, Inderpal Singh Mumick e Yehoshua Sagiv: "Query Optimization by Predicate Move-Around", Proc. 20th Int. Conf. on Very Large Data Bases, Santiago, Chile (setembro de 1994).

18.33 P. Griffiths Selinger e outros: "Access Path Selection in a Relational Database System", Proc. 1979 ACM SIGMOD Int. Conf. on Management of Data, Boston, Mass. (maio/junho de 1979).

Esse artigo discute algumas das técnicas de otimização usadas no protótipo do System R. Uma consulta no System R é uma instrução de SQL e, portanto, consiste em um conjunto de blocos "SELECT-FROM-WHERE" (*blocos de consulta*) dos quais alguns poderiam estar aninhados dentro de outros. Primeiro, o otimizador do System R decide em que ordem executará esses blocos de consulta; em seguida, ele procura minimizar o custo total da consulta, escolhendo a implementação mais econômica para cada bloco individual. Observe que essa estratégia (primeiro a escolha da ordem dos blocos, depois a otimização de blocos individuais) significa que certos planos de consultas possíveis nunca serão considerados; com efeito, essa é uma técnica para "reduzir o espaço de busca" (veja os comentários sobre esse assunto no final da Seção 18.3). *Nota*: No caso de blocos aninhados, o otimizador simplesmente segue a ordem aninhada como foi especificada pelo usuário – isto é, o bloco mais interno será executado primeiro, informalmente falando. Consulte as referências [18.37-18.43] para ver críticas e uma discussão adicional dessa estratégia.

Para determinado bloco de consulta, há basicamente dois casos a considerar (o primeiro dos quais pode na verdade ser visto como um caso especial do segundo):

1. Para um bloco que envolve somente uma restrição e/ou projeção de uma única relação, o otimizador utiliza informações estatísticas apanhadas do catálogo, junto com fórmulas (dadas no artigo) para esti-

mar tamanhos de resultados intermediários e custos de operações de baixo nível, a fim de escolher uma estratégia para executar essa restrição e/ou projeção.

2. Para um bloco que envolve duas ou mais relações a serem associadas, com (provavelmente) restrições locais e/ou também projeções, o otimizador (a) trata cada relação individual como no Caso 1 e (b) decide sobre uma sequência para executar as junções. As duas operações (a) e (b) não são independentes uma da outra; por exemplo, uma estratégia qualquer – digamos, o uso de um certo índice – para obter acesso a uma relação individual A poderia muito bem ser escolhida exatamente porque produz as tuplas de A na ordem em que são necessárias para a execução de uma junção subsequente de A com alguma outra relação B.

As junções são implementadas por classificação/intercalação, pesquisa de índice ou força bruta. Um ponto enfatizado no artigo é que, na avaliação (por exemplo) da junção aninhada $(A \text{ JOIN } B) \text{ JOIN } C$, não é necessário calcular a junção de A e B em sua totalidade antes de calcular a junção do resultado com C; ao contrário, tão logo qualquer tupla de $A \text{ JOIN } B$ tenha sido produzida, ela poderá imediatamente ser repassada ao processo que efetua a junção de tais tuplas com tuplas de C. Portanto, talvez nunca seja necessário materializar a relação "$A \text{ JOIN } B$" completamente. (Essa ideia geral de *pipeline* foi discutida rapidamente no Capítulo 3, Seção 3.2. Consulte também as referências [18.16] e [18.58].)

O artigo inclui também algumas observações sobre o custo da otimização. Para a junção de duas relações, o custo é considerado aproximadamente igual ao custo de 5 a 20 buscas de bancos de dados – uma sobrecarga que poderá ser ignorada se a consulta otimizada, em seguida, for executada um grande número de vezes. (Observe que o System R é um sistema de compilação – de fato, ele foi o pioneiro na técnica de compilação – e, portanto, uma instrução SQL pode ser otimizada uma vez e depois executada muitas vezes, talvez muitas milhares de vezes.) Dizemos que a otimização de consultas complexas exige "apenas alguns milhares de bytes de armazenamento e uns poucos décimos de segundo" em um Sistema 370 da IBM Modelo 158. "Junções de oito tabelas foram otimizadas em alguns segundos."

18.34 Eugene Wong e Karel Youssefi: "Decomposition – A Strategy for Query Processing", *ACM TODS 1*, Número 3 (setembro de 1976).

18.35 Karel Youssefi e Eugene Wong: "Query Processing in a Relational Database Management System", Proc. 5th Int. Conf. on Very Large Data Bases, Rio de Janeiro, Brasil (setembro de 1979).

18.36 Lawrence A. Rowe e Michael Stonebraker: "The Commercial Ingres Epilogue", na referência [8.10].

O "Commercial Ingres" é o produto que cresceu a partir do protótipo "University Ingres". Algumas diferenças entre os otimizadores do University e do Commercial Ingres são as seguintes:

1. O otimizador do University usava "planejamento incremental" – isto é, decidia o que fazer primeiro, fazia-o, decidia o que fazer em seguida com base no tamanho do resultado da etapa anterior, e assim por diante. O otimizador do Commercial decide sobre um plano completo antes de começar a execução, baseado em estimativas de tamanhos de resultados intermediários.

2. O otimizador do University tratava das consultas em duas variáveis (isto é, junção) por substituição de tuplas, como explicamos na Seção 18.6. O otimizador do Commercial admite uma grande variedade de técnicas preferenciais para manipulação dessas consultas, incluindo em particular a técnica de classificar/intercalar, descrita na Seção 18.7.

3. O otimizador do Commercial utiliza um conjunto de estatísticas muito mais sofisticado que o otimizador do University.

4. O otimizador do University fazia planejamento incremental, como observamos no item 1 anterior. O otimizador do Commercial faz uma busca muito mais exaustiva. Porém, o processo de pesquisa para se o tempo gasto na otimização excede a melhor estimativa atual do tempo necessário para executar a consulta (de outra forma, a sobrecarga do processo de otimização pode muito bem ser maior que as vantagens).

5. O otimizador do Commercial considera todas as possíveis combinações de índices, todas as possíveis sequências de junções e "todos os métodos de junção disponíveis – classificar/intercalar, classificar/intercalar parcial, pesquisa de hash, pesquisa do ISAM, pesquisa de árvore B e força bruta" (consulte a Seção 18.7).

18.37 Won Kim: "On Optimizing an SQL-Like Nested Query", *ACM TODS 7*, Número 3 (setembro de 1982).

Consulte a anotação à referência [18.41].

18.38 Werner Kiessling: "On Semantic Reefs and Efficient Processing of Correlation Queries with Aggregates", Proc. 11th Int. Conf. on Very Large Data Bases, Estocolmo, Suécia (agosto de 1985).

Consulte a anotação à referência [18.41].

18.39 Richard A. Ganski e Harry K. T. Wong: "Optimization of Nested SQL Queries Revisited", Proc. 1987 ACM SIGMOD Int. Conf. on Management of Data, San Francisco, Calif. (maio de 1987).

Consulte a anotação à referência [18.41].

18.40 Günter von Bültzingsloewen: "Translation and Optimizing SQL Queries Having Aggregates", Proc. 13th Int. Conf. on Very Large Data Bases, Brighton, Reino Unido (setembro de 1987).

Consulte a anotação à referência [18.41].

18.41 M. Muralikrishna: "Improved Unnesting Algorithms for Join Aggregate SQL Queries", Proc. 18th Int. Conf. on Very Large Data Bases, Vancouver, Canadá (agosto de 1992).

A linguagem SQL inclui o conceito de uma "subconsulta aninhada" – isto é, um bloco SELECT-FROM-WHERE aninhado dentro de outro bloco desse tipo, informalmente falando (consulte o Capítulo 8). Essa construção causou uma certa dificuldade aos implementadores. Considere a seguinte consulta SQL ("Obter nomes de fornecedores que fornecem a peça P2"), a qual chamaremos de Consulta C1:

```
SELECT  F.FNOME
FROM    F
WHERE   F.F# IN
      ( SELECT FP.F#
        FROM   FP
        WHERE  FP.P# = P# ('P2') ) ;
```

No System R [18.33], essa consulta será implementada (a) pela avaliação do bloco interno para fornecer uma tabela temporária, digamos T, contendo *números* de fornecedores para os fornecedores exigidos, e depois (b) pela leitura da tabela F uma linha de cada vez e, para cada linha, pela leitura da tabela T, a fim de ver se ela contém o número de fornecedor correspondente. É provável que essa estratégia seja muito ineficiente (especialmente porque a tabela T não será indexada).
Agora considere esta consulta (Consulta C2):

```
SELECT  F.FNOME
FROM    F, FP
WHERE   F.F# = FP.F#
AND     FP.P# = P# ('P2') ) ;
```

Vemos com facilidade que essa consulta é semanticamente idêntica à anterior, mas o System R agora considerará estratégias de implementação adicionais para ela. Em particular, se acontecer de as tabelas F e FP estarem fisicamente armazenadas na sequência de números de fornecedores, ela utilizará uma junção de intercalação, que será muito eficiente. Além disso, dado que (a) as duas consultas são logicamente equivalentes, mas (b) a segunda é mais imediatamente suscetível de implementação eficiente, a possibilidade de transformar consultas do tipo C1 em consultas do tipo C2 parece merecer um exame. Essa possibilidade é o assunto das referências [18.37-18.43].

Kim [18.37] foi o primeiro a considerar o problema. Foram identificados cinco tipos de consultas aninhadas e descritos os algoritmos de transformação correspondentes. O artigo de Kim incluía algumas medidas experimentais que mostravam que o algoritmo proposto melhorava o desempenho de consultas aninhadas (normalmente) por uma ou duas ordens de grandeza.

Mais tarde, Kiessling [18.38] mostrou que os algoritmos de Kim não funcionavam corretamente se (em qualquer nível) uma subconsulta aninhada incluísse um operador COUNT em sua lista SELECT (ele não tratava de modo apropriado o caso em que o argumento de COUNT era avaliado como um conjunto vazio). Os "recifes semânticos" (Semantic Reefs) do título do artigo se referiam às dificuldades e complexidades de SQL que obrigavam os usuários a navegar para obter respostas consistentes e corretas a tais consultas. Além disso, Kiessling também mostrou que o algoritmo de Kim não era fácil de corrigir ("parece não haver um modo uniforme de implementar essas transformações de maneira eficiente e correta em todas as circunstâncias").

O artigo de Ganski e Wong [18.39] fornece uma correção para o problema identificado por Kiessling, usando uma *junção externa* (consulte o Capítulo 19) em lugar da junção interna normal na versão transformada da consulta. (A correção não é totalmente satisfatória, na opinião deste autor, porque introduz uma indesejável dependência da ordem entre os operadores na consulta transformada.) O artigo também identifica mais um bug no artigo original de Kim, o qual é corrigido do mesmo modo. Porém, as transformações nesse artigo contêm seus próprios bugs adicionais, alguns relacionados com o problema de linhas duplicadas (um notório "recife semântico") e outros com o comportamento defeituoso do quantificador EXISTS da SQL (consulte o Capítulo 19).

O artigo de von Bültzingsloewen [18.40] representa uma tentativa de colocar todo o tópico em base teórica sólida (sendo o problema básico o fato de não se compreender bem o comportamento – tanto sintático quanto semântico – do aninhamento e da agregação no estilo SQL, como vários autores observaram). Ele define versões estendidas tanto do cálculo relacional quanto da álgebra relacional (as extensões estão relacionadas com agregações e NULLs) e demonstra a equivalência desses dois formalismos estendidos (a propósito, usando um novo método de prova que parece mais elegante que os publicados anteriormente). Em seguida, define a semântica de SQL, mapeando a SQL no cálculo estendido recém-definido. Contudo, devemos observar que:

1. O dialeto SQL discutido, embora mais próximo do dialeto admitido em geral nos produtos comerciais do que o das referências [18.37 a 18.39], ainda não é completamente ortodoxo: ele não inclui UNION, não tem suporte direto para operadores da forma "= ALL" ou "> ALL" (consulte o Apêndice B) e seu tratamento de valores verdade *desconhecidos* – ver Capítulo 19 – é diferente do tratamento da (e, na verdade, melhor que a) SQL convencional.

2. O artigo omite considerações sobre questões relacionadas com a eliminação de duplicatas "para simplificação técnica". Porém, as implicações dessa omissão não são claras, considerando-se que (como já indicamos) a possibilidade de duplicatas tem consequências significativas para a validade ou não de certas transformações [6.6].

Por fim, Muralikrishna [18.41] afirma que o algoritmo original de Kim [18.37], embora incorreto, ainda pode ser mais eficiente que a "estratégia geral" da referência [18.39] em alguns casos e por esse motivo propõe uma correção alternativa do algoritmo de Kim. Ele também oferece algumas melhorias adicionais.

18.42 Lars Baekgaard e Leo Mark: "Incremental Computation of Nested Query Expressions", *ACM TODS 20*, Número 2 (junho de 1995).

Outro artigo sobre a otimização de consultas envolvendo subconsultas no estilo de SQL, em especial as consultas *correlatas*. A estratégia é (1) converter a consulta original em uma equivalente não aninhada, e depois (2) avaliar a versão não aninhada de modo incremental. "Para dar suporte à etapa (1), desenvolvemos um algoritmo de transformação de álgebra para álgebra muito conciso... A expressão [transformada] faz uso intenso do operador [MINUS]. Para dar suporte à etapa (2), apresentamos e analisamos um algoritmo eficiente para a avaliação incremental [de operações MINUS]." O termo *cálculo incremental* se refere à ideia de que a avaliação de uma dada consulta pode fazer uso de resultados calculados anteriormente.

18.43 Jun Rao e Kenneth A. Ross: "Using Invariants: A New Strategy for Correlated Queries", Proc. 1998 ACM SIGMOD Int. Conf. on Management of Data, Seattle, Wash. (junho de 1998).

Mais um artigo sobre a otimização de consultas envolvendo subconsultas no estilo SQL.

18.44 David H. D. Warren: "Efficient Processing of Interactive Relational Database Queries Expressed in Logic", Proc. 7th Int. Conf. on Very Large Data Bases, Cannes, França (setembro de 1981).

Apresenta uma visão da otimização de consultas por um ponto de vista bem diferente: a saber, o da lógica formal. O artigo expõe técnicas usadas em um sistema experimental de banco de dados baseado em Prolog. As técnicas aparentemente são muito semelhantes às do System R, embora tenham chegado de forma bastante independente e com objetivos um tanto diferentes. O artigo sugere que, ao contrário das linguagens de consultas convencionais, como QUEL e SQL, as linguagens baseadas na lógica como Prolog permitem expressar consultas de maneira a destacar:

- Quais são os componentes essenciais da consulta: as metas lógicas
- O que une esses componentes: as variáveis lógicas
- Qual é o problema crucial da implementação: a sequência na qual se tentará satisfazer as metas

Em consequência disso, é sugerido que tal linguagem é muito conveniente como base para otimização. De fato, ela poderia ser considerada mais uma candidata para a representação interna de consultas expressas originalmente em alguma outra linguagem (consulte a Seção 18.3).

18.45 Yannis E. Ioannidis e Eugene Wong: "Query Optimization by Simulated Annealing", Proc. 1987 ACM SIGMOD Int. Conf. on Management of Data, San Francisco, Calif. (maio de 1987).

O número de planos de consultas possíveis cresce exponencialmente com o número de relações envolvidas na consulta. Em aplicações comerciais convencionais, o número de relações em uma consulta costuma ser pequeno, e assim o número de planos candidatos (o "espaço de pesquisa") geralmente permanece dentro de limites razoáveis. Porém, em aplicações mais recentes, o número de relações em uma consulta pode facilmente se tornar bem grande (consulte o Capítulo 22). Além disso, tais aplicações também provavelmente precisarão de otimização "global" (isto é, de múltiplas consultas) [18.47] e suporte de consultas recursivas, ambos também com o potencial para aumentar de modo significativo o espaço de pesquisa. A pesquisa exaustiva rapidamente se mostra fora de questão em tal ambiente; torna-se imperativa alguma técnica efetiva para reduzir o espaço de pesquisa.

Esse artigo oferece referências a trabalhos anteriores sobre os problemas de otimização para grandes números de relações e otimização de múltiplas consultas, mas afirma que nenhum algoritmo foi publicado anteriormente para a otimização de consultas recursivas. Ele também apresenta um algoritmo que afirma ser adequado sempre que o espaço de pesquisa é grande e, em particular, mostra como aplicar esse algoritmo ao caso da consulta recursiva. O algoritmo (chamado *reforço simulado* porque modela o processo de reforço pelo qual os cristais crescem, primeiro pelo aquecimento do fluido que os contêm e depois permitindo que ele se resfrie gradualmente) é um algoritmo probabilístico de escalada, que foi aplicado com sucesso a problemas de otimização em outros contextos.

18.46 Arun Swami e Anoop Gupta: "Optimization of Large Join Queries", Proc. 1988 ACM SIGMOD Int. Conf. on Management of Data, Chicago. Ill. (junho de 1988).

O problema geral de determinar a ordem de junção ideal em consultas envolvendo grandes números de relações (que surgem, por exemplo, em conexão com sistemas de bancos de dados dedutivos – consulte o Capítulo 24) é difícil, considerando-se as combinações. Esse artigo apresenta uma análise comparativa de diversos algoritmos que tratam do problema: percurso de perturbação, amostragem quase aleatória, aperfeiçoamento iterativo, heurística de sequência e reforço simulado [18.45] (os nomes acrescentam um agradável elemento de poesia a um assunto que poderia parecer um tanto prosaico). Segundo essa análise, o aperfeiçoamento iterativo é superior a todos os outros algoritmos; em particular o reforço simulado não é útil "sozinho" no caso de grandes consultas de junção.

18.47 Timos K. Sellis: "Multiple-Query Optimization", *ACM TODS 13*, Número 1 (março de 1988).

A pesquisa de otimização clássica tem se concentrado no problema de otimizar expressões relacionais individuais isoladamente. Porém, no futuro, a capacidade de otimizar várias consultas distintas como uma unidade provavelmente se tornará importante. Uma razão para isso é que o que começa como um única consulta em algum nível mais alto do sistema pode envolver várias consultas no nível relacional. Por exemplo, a consulta em linguagem natural "Mike é bem pago?" poderia ocasionar a execução de três consultas relacionais separadas:

- "Mike ganha mais de $75.000 por ano?"
- "Mike ganha mais de $60.000 por ano e tem menos de cinco anos de experiência?"
- "Mike ganha mais de $45.000 por ano e tem menos de três anos de experiência?"

Esse exemplo ilustra o detalhe de que conjuntos de consultas relacionadas provavelmente compartilharão subexpressões comuns, prestando-se, assim, à otimização global.

O artigo considera consultas envolvendo conjunções de restrições e/ou equijunções apenas. Alguns resultados experimentais encorajadores foram incluídos e as orientações são identificadas para pesquisa futura.

18.48 Guy M. Lohman: "Grammar-Like Functional Rules for Representing Query Optimization Alternatives", Proc. 1988 ACM SIGMOD Int. Conf. on Management of Data, Chicago, Ill. (junho de 1988).

Em certos aspectos, um otimizador relacional pode ser considerado como um sistema especialista; porém, as regras que dirigem o processo de otimização foram historicamente embutidas em código procedimental, e não enunciadas de forma separada e declarativa. Em consequência disso, não tem sido fácil estender o otimizador para incorporar novas técnicas de otimização. Sistemas de bancos de dados do futuro (consulte o Capítulo 26) irão intensificar esse problema, porque haverá uma necessidade clara de que as instalações individuais estendam o otimizador, a fim de incorporar (por exemplo) o suporte para tipos de dados específicos, definidos pelo usuário. Por essa razão, vários pesquisadores propuseram estruturar o otimizador como um sistema especialista convencional, com regras declarativas explicitamente enunciadas.

Contudo, essa ideia apresenta certos problemas de desempenho. Em particular, uma grande quantidade de regras poderia se aplicar a qualquer estágio determinado durante o processamento da consulta e a determinação da regra apropriada poderia envolver cálculos complexos. Esse artigo descreve uma abordagem alternativa (implementada no protótipo Starburst – veja a referência [18.21] e também as referências [26.19], [26.23] e [26.29, 26.30]), na qual as regras são enunciadas por meio de regras de produção, em uma gramática semelhante às que são utilizadas para descrever linguagens formais. As regras, chamadas STARs (STrategy Alternative Rules – regras de estratégia alternativa), permitem a construção recursiva de planos de consultas a partir de outros planos e de "operadores de planos de baixo nível" (LOLEPOPs), os quais são operações básicas sobre relações como junção, classificação etc. Os LOLEPOPs existem em diversas *variedades*; por exemplo, a junção LOLEPOP tem uma variedade de classificar/intercalar, uma variedade de hash, e assim por diante.

O artigo afirma que a abordagem anterior tem diversas vantagens: as regras (STARs) são facilmente compreendidas por pessoas que precisam definir novas regras, o processo de determinar que regra aplicar em determinada situação é mais simples e mais eficiente que a abordagem mais tradicional de sistemas especialistas, e o objetivo de extensibilidade é satisfeito.

18.49 Ryohei Nakano: "Translation with Optimization from Relational Calculus to Relational Algebra Having Aggregate Functions", *ACM TODS 15*, Número 4 (dezembro de 1990).

Como explicamos no Capítulo 8 (Seção 8.4), consultas em linguagem baseada no cálculo podem se implementadas (a) traduzindo a consulta em consideração para uma expressão algébrica equivalente, depois (b) otimizando essa expressão algébrica e, finalmente, (c) implementando-se essa expressão otimizada. Nesse artigo, Nakano propõe um esquema para combinar as etapas (a) e (b) em uma única etapa, traduzindo, assim, determinada expressão do cálculo diretamente em uma equivalente algébrica *ideal*. Ele afirma que esse esquema é "mais efetivo e mais promissor... porque parece bastante difícil otimizar expressões algébricas complicadas". O processo de tradução utiliza certas transformações *heurísticas*, incorporando o conhecimento humano quanto à equivalência de certas expressões do cálculo e da álgebra.

18.50 Kyu-Young Whang e Ravi Krishnamurthy: "Query Optimization in a Memory-Resident Domain Relational Calculus Database System", *ACM TODS 15*, Número 1 (março de 1990).

O aspecto mais dispendioso do processamento de consultas (no ambiente de memória principal específico, pressuposto por esse artigo) é, ao que se mostra, a avaliação de expressões booleanas. A otimização nesse ambiente é, então, dirigida à redução do número dessas avaliações.

18.51 Johann Cristoph Freytag e Nathan Goodman: "On the Translation of Relational Queries into Iterative Programs", *ACM TODS 14*, Número 1 (março de 1989).

Apresenta métodos para compilar expressões relacionais diretamente em código executável em uma linguagem como C ou Pascal. Observe que essa abordagem difere da que foi discutida no texto do capítulo, em que o otimizador combina efetivamente fragmentos de código *pré-escritos* (parametrizados) para construir o plano da consulta.

18.52 Kiyoshi Ono e Guy M. Lohman: "Measuring the Complexity of Join Enumeration in Query Optimization", Proc. 16th Int. Conf. on Very Large Data Bases, Brisbane, Austrália (agosto de 1990).

Dado que uma junção é basicamente uma operação diádica, o otimizador precisa quebrar uma junção envolvendo *n* relações (*n* > 2) em uma sequência de junções diádicas. A maior parte dos otimizadores faz isso de uma forma estritamente aninhada; isto é, eles escolhem um par de relações para a primeira junção, depois uma terceira para fazer a junção com o resultado da junção das duas primeiras, e assim por diante. Em outras palavras, uma expressão como *A* JOIN *B* JOIN *C* JOIN *D* poderia ser tratada, digamos, como ((*D* JOIN *B*) JOIN *C*) JOIN *A*, mas nunca como, por exemplo, (*A* JOIN *D*) JOIN (*B* JOIN *C*). Além disso, os otimizadores tradicionais, em geral, são projetados para evitar produtos cartesianos sempre que possível. Ambas as táticas podem ser vistas como modos de "reduzir o espaço de pesquisa" (embora a heurística para escolher a sequência de junções, naturalmente, ainda seja necessária).

O artigo descreve os aspectos relevantes do otimizador no protótipo Starburst da IBM (consulte as referências [18.21], [18.48], [26.19] e [26.23] e [26.29, 26.30]). Ele argumenta que as duas táticas anteriores podem ser inadequadas em certas situações, e que portanto é necessário um otimizador *adaptável*, que possa usar (ou ser instruído a usar) táticas diferentes para consultas diferentes.

18.53 Bennet Vance e David Maier: "Rapid Bushy Join-Order Optimization with Cartesian Products", Proc. 1996 ACM SIGMOD Int. Conf. on Management of Data, Montreal, Canadá (junho de 1996).

Como observamos na anotação à referência [18.52], os otimizadores tendem a "reduzir o espaço de pesquisa" (entre outras coisas) evitando planos que envolvam produtos cartesianos. Esse artigo mostra que a pesquisa do espaço inteiro "é mais viável do que se reconhecia antes" e que evitar produtos cartesianos não é necessariamente benéfico (relacionado a isso, consulte a discussão de "junção estrela" no Capítulo 22). De acordo com os autores, as principais contribuições do artigo estão em (a) separar totalmente a enumeração da ordem de junções da análise de predicados e (b) apresentar "novas técnicas de implementação" para enfrentar o problema da enumeração da ordem de junções.

18.54 Yannis E. Ioannidis, Raymond T. Ng, Kyuseok Shim e Timos K. Sellis: "Parametric Query Optimization", Proc. 18th Int. Conf. on Very Large Data Bases, Vancouver, Canadá (agosto de 1992).

Considere a seguinte consulta:

```
EMP WHERE SALÁRIO > salário
```

(em que *salário* é um parâmetro em tempo de execução). Suponha que exista um índice sobre SALÁRIO. Então:

- Se *salário* é $10.000 mensais, então o melhor modo de implementar a consulta é usar o índice (porque sem dúvida a maioria dos empregados não estará qualificada).

- Se *salário* é $1.000 mensais, então o melhor modo de implementar a consulta é usar uma varredura sequencial (porque presumivelmente a maioria dos empregados se qualificará).

Esse exemplo ilustra o fato de que é melhor tomar algumas decisões de otimização em tempo de execução, mesmo em um sistema de compilação. O artigo explora a possibilidade de gerar *conjuntos* de planos de consulta em tempo de compilação (cada plano sendo "ideal" para algum subconjunto do conjunto de todos os valores possíveis dos parâmetros em tempo de execução), e depois escolher o plano apropriado em tempo de execução, quando os valores reais dos parâmetros forem conhecidos. Em particular, ele focaliza um parâmetro específico, a quantidade de espaço de buffer disponível para a consulta na memória principal. Resultados experimentais mostram que a abordagem descrita impõe muito pouco aumento de tempo no processo de otimização e pouco sacrifício em termos de qualidade dos planos gerados; assim, ele afirma que a abordagem pode melhorar significativamente o desempenho das consultas. "A economia no custo de execução ao usar um plano adaptado especificamente para os valores reais dos parâmetros ... poderia ser enorme."

18.55 Navin Kabra e David J. DeWitt: "Efficient Mid-Query Re-Optmization of Sub-Optimal Query Execution Plans", Proc. 1998 ACM SIGMOD Int. Conf. Management of Data, Seattle, Wash. (junho de 1998).

18.56 Jim Gray: "Parallel Database Systems 101", Proc. 1995 ACM SIGMOD Int. Conf. on Management of Data, San Jose, Calif. (maio de 1995).

Esse não é um artigo de pesquisa, mas sim um resumo estendido de uma apresentação tutorial. A ideia básica que rege os sistemas paralelos, em geral, é desmembrar um problema grande em vários problemas menores, que possam ser resolvidos simultaneamente, melhorando, assim, o desempenho (vazão e tempo de resposta). Os sistemas de bancos de dados relacionais em particular são muito sensíveis ao tratamento em paralelo, devido à natureza do modelo relacional: é conceitualmente fácil (a) desmembrar relações em sub-relações de várias maneiras e (b) desmembrar expressões relacionais em subexpressões, mais uma vez de várias maneiras. No espírito do título dessa referência, oferecemos alguns comentários sobre certos conceitos importantes em sistemas de bancos de dados paralelos.

Primeiro, pressupõe-se que a arquitetura do hardware utilizado envolverá ela própria alguma espécie de paralelismo. Há três arquiteturas principais, cada uma envolvendo várias unidades de processamento, diversas unidades de disco e uma rede de interconexão de algum tipo:

- *Memória compartilhada* (shared memory): A rede permite que todos os processadores tenham acesso à mesma memória.

- *Disco compartilhado* (shared disk): Cada processador tem sua própria memória, mas a rede permite que todos os processadores tenham acesso a todos os discos.

- *Nada compartilhado* (shared nothing): Cada processador tem sua própria memória e seus discos, mas a rede permite que os processadores se comuniquem entre si.

Na prática, "shared nothing" é a arquitetura preferida, pelo menos em sistemas grandes (as outras duas abordagens logo encontram problemas de *interferência*, à medida que mais e mais processadores são acrescentados). Para sermos específicos, shared nothing permite uma **aceleração** (speed-up) linear (aumentar o hardware por determinado fator melhora o tempo de resposta pelo mesmo fator) e **crescimento** (scale-up) linear (o aumento do hardware e do volume de dados pelo mesmo fator mantém o tempo de resposta constante). *Nota*: "Crescimento" também é conhecido como **escalabilidade**.

Também existem várias técnicas de *particionamento de dados* (isto é, desmembrar uma relação *r* em partições ou sub-relações e atribuir essas partições a *n* processadores diferentes):

- *Particionamento por intervalos*: A relação *r* é dividida em partições disjuntas 1, 2, ..., *n* de acordo com os valores de algum subconjunto *s* dos atributos de *r* (conceitualmente, *r* é classificada sobre *s* e o resultado é dividido em *n* partições com o mesmo tamanho). A partição *i* é então atribuída ao processador *i*. Essa técnica é boa para consultas que envolvem restrições de igualdade ou de intervalos sobre *s*.

- *Particionamento por hash*: Cada tupla *t* de *r* é atribuída ao processador $i = h(t)$, onde *h* é alguma função de hash. Essa técnica é boa para consultas que envolvem uma restrição de igualdade nos atributos do hash e também para consultas que envolvem acesso sequencial à relação *r* inteira.

- *Particionamento de rodízio (round-robin)*: Conceitualmente, *r* é classificada de algum modo; a *i*-ésima tupla no resultado classificado é, então, atribuída ao processador *i* módulo *n*. Essa técnica é boa para consultas que envolvem acesso sequencial à relação *r* inteira.

O paralelismo pode se aplicar à execução de uma operação individual (paralelismo *intraoperação*), à execução de operações distintas dentro da mesma consulta (paralelismo de *interoperação* ou *intraconsulta*), e ainda à execução de consultas distintas (paralelismo *interconsulta*). A referência [18.3] contém um tutorial sobre todas essas possibilidades e as referências [18.57, 18.58] discutem algumas técnicas e algoritmos específicos. Observamos que uma versão em paralelo de *junção de hash* (consulte a Seção 18.7) é particularmente eficiente e muito usada na prática.

18.57 Dina Bitton, Haran Boral, David J. DeWitt e W. Kevin Wilkinson: "Parallel Algorithms for the Execution of Relational Database Operations", *ACM TODS 8*, Número 3 (setembro de 1983).

Apresenta algoritmos para implementação de operações de classificação, projeção, junção, agregação e atualização em um ambiente de processadores múltiplos. O artigo oferece fórmulas gerais de custo que levam em conta os custos de E/S, das mensagens e do processador, e elas podem ser ajustadas para diferentes arquiteturas de processadores múltiplos.

18.58 Waqar Hasan e Rajeev Motwani: "Optimization Algorithms for Exploiting the Parallelism-Communication Tradeoff in Pipelined Parallelism", Proc. 20th Int. Conf. on Very Large Data Bases, Santiago, Chile (setembro de 1994).

18.59 Donald Kossmann e Konrad Stocker: "Iterative Dynamic Programming: A New Class of Optimization Algorithms", *ACM TODS 25*, Número 1 (março de 2000).

18.60 Parke Godfrey, Jarek Gryz e Calisto Zuzarte: "Exploiting Constraint-Like Data Characterizations in Query Optimization", Proc. 2001 ACM SIGMOD Int. Conf. on Management of Data, Santa Barbara, Calif. (maio de 2001).

18.61 Alin Deutsch, Lucian Poppa e Val Tannen: "Physical Data Independence, Constraints, and Optimization with Universal Plans", Proc. 25th Int. Conf. on Very Large Data Bases, Edimburgo, Escócia (setembro de 1999).

18.62 Michael Stillger, Guy Lohman, Volker Markl e Mohtar Kandil: "LEO-DB2's LEarning Optimizer", Proc. 27th Int. Conf. on Very Large Data Bases, Roma, Itália (setembro de 2001).

CAPÍTULO 19

Falta de informações

19.1 Introdução

19.2 Visão geral da abordagem 3VL

19.3 Consequências do esquema anterior

19.4 NULLs e chaves

19.5 Junção externa (um desvio)

19.6 Valores especiais

19.7 Recursos de SQL

19.8 Resumo

Exercícios

Referências e bibliografia

19.1 INTRODUÇÃO

Constantemente há falta de informações no mundo real; exemplos como "data de nascimento desconhecida", "conferencista a ser anunciado", "endereço atual desconhecido" etc. são muito comuns e familiares a todos nós. Portanto, precisamos claramente de algum modo para lidar com a falta de informações dentro de nossos sistemas de bancos de dados. E a abordagem mais comumente adotada na prática para esse problema – em particular no caso de SQL e, portanto, na maioria dos produtos comerciais – se baseia em *NULLs* e na *lógica trivalorada* (3VL). Por exemplo, poderíamos não conhecer o peso de alguma peça, digamos a peça P7, e então dizer, informalmente, que o peso dessa peça "é NULL" – significando, mais exatamente, que (a) sabemos que a peça existe e, é claro, (b) também sabemos que ela tem um peso, mas, (c) repetindo, não sabemos qual é esse peso.

Vamos acompanhar esse exemplo um pouco mais. Evidentemente, não podemos pôr um valor genuíno de PESO na tupla correspondente à peça P7. Em vez disso, então, *marcamos* ou *assinalamos* a posição de PESO nessa tupla como "NULL" e interpretamos essa marca como significando, exatamente, que não sabemos qual é o valor genuíno. Agora, em termos informais, poderíamos imaginar essa posição de PESO como "contendo um NULL", ou o valor de PESO como "sendo NULL", e são, nesses termos, que de fato falamos frequentemente na prática. Porém, deve ficar claro que esse modo de falar é somente informal e, na verdade, não muito preciso; dizer que o componente PESO de alguma tupla "é NULL" significa realmente dizer que *a tupla não contém absolutamente valor* algum de *PESO*. Esse é o motivo pelo qual a expressão "valor NULL" (ouvida com muita frequência) é desaconselhada: a importância dos NULLs (ou grande parte de sua importância) é exatamente o fato de eles não serem valores – eles são, convém repetir, marcas ou flags.

Veremos na próxima seção que qualquer comparação escalar em que um dos termos comparados é NULL tem o valor verdade *desconhecido*, em vez de *verdadeiro* ou *falso*.[1] A justificativa para isso é a interpretação pretendida para NULL como "valor desconhecido". Se o valor de *A* não é conhecido, então certamente é *desconhecido* se, por exemplo, *A* > *B*, **qualquer que seja o valor de *B*** (mesmo – talvez especialmente – se o valor de *B* também não for conhecido). Portanto, observe em particular que dois NULLs não são considerados iguais um ao outro; isto é, a comparação *A* = *B* tem valor *desconhecido*, e não *verdadeiro*, se *A* e *B* são ambos NULLs. (Eles também não são considerados desiguais; ou seja, a comparação *A* *B* também é avaliada como *desconhecido*.) Daí a expressão *lógica trivalorada*: o conceito de NULLs, pelo menos como o termo em geral é entendido, inevitavelmente nos leva a uma lógica em que há três valores verdade, ou seja, *verdadeiro*, *falso* e *desconhecido*.

Antes de seguirmos adiante, devemos deixar claro que, em nossa opinião (e na opinião de muitos outros autores também, é bom acrescentar), NULLs e 3VL são e sempre foram um equívoco sério e não têm lugar no modelo relacional. Por exemplo, dizer que determinada tupla de peça não contém um valor de PESO significa dizer, por definição, que a tupla em questão não é uma tupla de peça; de modo equivalente, isso significa dizer que a tupla em questão não é uma instanciação do predicado aplicável. De fato, a "tupla" em questão simplesmente não é uma tupla! – como pode ser visto facilmente pela consulta à definição do termo *tupla*, no Capítulo 6. A verdade é que o próprio ato de tentar afirmar com precisão de que se trata o esquema de NULLs é (ou deveria ser) suficiente para mostrar por que a ideia não é exatamente consistente. Como consequência, também é difícil explicá-la de modo consistente. Citando a referência [11.10]: "Tudo isso poderá fazer sentido se você ficar um pouco vesgo e não pensar muito a respeito."

Seja como for, não seria apropriado excluir de todo a discussão sobre NULLs e 3VL de um livro desta natureza; daí este capítulo.

Então, o plano do capítulo é o seguinte. Após a introdução, na Seção 19.2, suspenderemos a descrença por algum tempo e mostraremos (da melhor forma possível) as ideias básicas que regem os NULLs e a 3VL, sem oferecer muitas críticas a essas ideias. (Obviamente, não é possível criticar as ideias de modo adequado ou justo sem antes explicar quais *são* essas ideias.) Em seguida, na Seção 19.3, discutiremos algumas das consequências mais importantes dessas ideias, em uma tentativa de justificar nossa posição de que os NULLs são um equívoco. A Seção 19.4 considera as implicações de NULLs para chaves primárias e externas. A Seção 19.5 faz um desvio para considerar uma operação que, em geral, é encontrada no contexto de NULLs e da 3VL, ou seja, a operação de *junção externa*. A Seção 19.6 contém uma rápida explicação a respeito de uma técnica alternativa para o problema da falta de informações, com o uso de *valores especiais*. A Seção 19.7 esboça os aspectos relevantes da SQL. Finalmente, a Seção 19.8 apresenta um resumo.

Um último comentário preliminar. É claro que existem muitas razões pelas quais poderíamos ser incapazes de inserir um valor de dados real em alguma posição dentro de alguma tupla – "valor desconhecido" é apenas uma razão possível. Outras incluem "valor não aplicável", "valor inexistente", "valor indefinido", "valor não fornecido", e assim por diante [19.5].[2] De fato, na referência [6.2], Codd propõe que o modelo relacional deveria ser estendido para incluir não um, mas dois NULLs distintos, um significando "valor desconhecido" e o outro "valor não aplicável", propondo, então, que os SGBDs devem lidar com uma lógica não trivalorada, mas de *quatro* valores. Contestamos essa proposta em outro local [19.5]; neste capítulo, vamos limitar nossa atenção a uma única espécie de NULL, o NULL "valor desconhecido", ao qual muitas vezes – mas não invariavelmente – iremos nos referir como **UNK** (significando *unknown* – desconhecido).

---

[1]Em outras partes deste livro, definimos os valores verdade como TRUE e FALSE. Neste capítulo, ao contrário, eles estão em minúsculas e itálico (principalmente para manter a consistência com outras publicações deste autor sobre o mesmo assunto).

[2]Porém, observamos que não existe qualquer falta de informações, como tal, nesses outros casos. Por exemplo, se dissermos que a comissão "não é aplicável" para o empregado Joe, estaremos dizendo, de modo bem explícito, que a propriedade de receber uma comissão não se aplica a Joe; nenhuma informação está faltando aqui. (Contudo, ainda podemos dizer que, se a "tupla de empregado" de Joe "contiver" um NULL não aplicável na posição da comissão, então essa tupla não é uma tupla de empregado – ou seja, ela não é uma instanciação do predicado "empregado"; de fato, ela não é tupla alguma.)

494

19.2 VISÃO GERAL DA ABORDAGEM 3VL

Nesta seção, tentaremos explicar os componentes principais da abordagem 3VL para a falta de informações. Vamos começar considerando (nas duas subseções imediatamente a seguir) o efeito de NULLs – significando especificamente UNKs – sobre expressões booleanas.

Operadores booleanos

Já dissemos que qualquer comparação escalar em que algum dos operandos é UNK tem valor verdade *desconhecido*, em vez de *verdadeiro* ou *falso*, e, portanto, que estamos lidando com lógica trivalorada (3VL). *Desconhecido* (que normalmente será abreviado de agora em diante como *unk* de *unknown*) é "o terceiro valor verdade". Então, aqui estão as tabelas verdade de 3VL para AND, OR e NOT (v = *verdadeiro*, f = *falso*, u = *unk*):

```
AND  | v u f        OR  | v u f        NOT |
-----+------        ----+------        ----++---
 v   | v u f         v  | v v v         v  || f
 u   | u u f         u  | v u u         u  || u
 f   | f f f         f  | v u f         f  || v
```

Por exemplo, vamos supor que A = 3, B = 4 e C é UNK. Então, as expressões a seguir têm os valores verdade indicados:

```
A > B AND B > C  :  falso
A > B OR  B > C  :  unk
A < B OR  B < C  :  verdadeiro
NOT ( A = C )    :  unk
```

Porém, AND, OR e NOT não são os únicos operadores booleanos de que necessitamos [19.11]; outro operador importante é MAYBE (talvez) [19.5], com a seguinte tabela verdade:

```
MAYBE |
------+---
 v    | f
 u    | t
 f    | f
```

Para ver por que MAYBE é desejável, considere a consulta "Obter empregados que *possam* ser – mas dos quais não se sabe definitivamente se são – programadores nascidos antes de 18 de janeiro de 1971, e com salário menor que $50.000". Com o operador MAYBE, a consulta pode ser enunciada de forma bastante sucinta, como:[3]

```
EMP WHERE MAYBE ( CARGO = 'Programador' AND
                  NASC < DATE ('1971-1-18') AND
                  SALÁRIO < 50000.00 )
```

(Supomos que os atributos CARGO, NASC e SALÁRIO da RelVar EMP são dos tipos CHAR, DATE e RATIONAL, respectivamente.) Sem o operador MAYBE, a consulta poderia ficar assim:

```
EMP WHERE    ( CARGO = 'Programador'
               OR IS_UNK ( CARGO ) )
      AND    ( NASC < DATE ('1971-1-18')
               OR IS_UNK ( NASC ) )
      AND    ( SALÁRIO < 50000.00
               OR IS_UNK ( SALÁRIO ) )
```

---

[3]Para os exemplos neste capítulo, é preciso imaginar que **Tutorial D** inclui suporte para UNKs e 3VL. Na verdade, logicamente, não existe tal suporte.

```
AND NOT ( CARGO = 'Programador' AND
          NASC < DATE ('1971-1-18') AND
          SALÁRIO < 50000.00)
```

Consideramos a existência de outro operador de valor verdade, chamado **IS_UNK**, o qual toma um único operando de expressão escalar e retorna *verdadeiro* se esse operando tem o valor UNK, *falso* em caso contrário. (Como um comentário, observamos que a versão de IS_UNK também seria necessária para valores não escalares. Contudo, não tentamos definir isso aqui, pois as complexidades envolvidas são assustadoras e, de qualquer forma, não acreditamos mesmo no suporte para 3VL.)

A propósito, o que foi dito não deve ser tomado como sugestão de que MAYBE seja o *único* operador booleano adicional necessário para 3VL. Na prática, por exemplo, um operador TRUE_OR_MAYBE (retornando *verdadeiro* se seu operando for avaliado como *verdadeiro* ou *unk*; caso contrário, ele retorna *falso*) poderia ser muito útil [19.5]. Consulte a anotação à referência [19.11], na seção "Referências e bibliografia".

Quantificadores

Apesar do fato de a maioria dos nossos exemplos neste livro se basear na álgebra e não no cálculo, precisamos considerar as implicações da 3VL para EXISTS e FORALL. Como explicamos no Capítulo 8, definimos esses quantificadores como OR e AND iterados, respectivamente. Em outras palavras, se (a) r é uma relação com tuplas $t1, t2, ..., tm$, (b) V é uma variável de intervalo que percorre r e (c) $p(V)$ é uma expressão booleana na qual V ocorre como uma variável livre, então a expressão

```
EXISTS V ( p ( V ) )
```

é definida como equivalente a

```
falso OR p ( t1 ) OR ... OR p ( tm )
```

De modo semelhante, a expressão

```
FORALL V ( p ( V ) )
```

é definida como equivalente à expressão

```
verdadeiro AND p ( t1 ) AND ... AND p ( tm )
```

Então, o que acontece se $p(ti)$ tem o valor *unk* para algum i? Como exemplo, seja a relação r, contendo exatamente as seguintes tuplas:

```
(  1,   2,   3  )
(  1,   2, UNK  )
( UNK, UNK, UNK )
```

Para simplificar, suponha que os três atributos, da esquerda para a direita, sejam chamados A, B e C, respectivamente, e que todo atributo seja do tipo INTEGER. Então, as expressões a seguir têm os valores indicados:

```
EXISTS V ( V.C > 1 )           : verdadeiro
EXISTS V ( V.B > 2 )           : unk
EXISTS V ( MAYBE ( V.A > 3 ) ) : verdadeiro
EXISTS V ( IS_UNK ( V.C ) )    : verdadeiro

FORALL V ( V.A > 1 )           : falso
FORALL V ( V.B > 1 )           : unk
FORALL V ( MAYBE ( V.C > 1 ) ) : falso
```

Outros operadores escalares

Considere a expressão numérica:

```
PESO * 454
```

em que PESO representa o peso de alguma peça. E se acontecer de o peso da peça P7 ser UNK? – qual será então o valor da expressão? A resposta é que ele também deverá ser considerado UNK. De fato, consideramos, em geral, que *qualquer* expressão numérica escalar tenha o valor UNK se qualquer dos operandos dessa expressão for ele próprio UNK. Assim, por exemplo, se acontecer de PESO ser UNK, todas as expressões a seguir também serão avaliadas como UNK:

```
PESO + 454      454 + PESO      + PESO
PESO – 454      454 – PESO      – PESO
PESO * 454      454 * PESO
PESO / 454      454 / PESO
```

Nota: talvez devêssemos dizer logo que o tratamento anterior para expressões numéricas faz surgirem certas anomalias. Por exemplo, a expressão PESO – PESO, que deveria claramente resultar em zero, na verdade retorna UNK, e a expressão PESO/0, que claramente deveria gerar um erro "divisão por zero", também retorna UNK (supondo-se em ambos os casos que PESO seja UNK, é óbvio). Por enquanto, vamos ignorar tais anomalias.

Considerações semelhantes se aplicam a todos os outros tipos de dados e operadores escalares, exceto (a) os operadores booleanos (consulte as duas subseções anteriores), (b) o operador IS_UNK discutido anteriormente e (c) o operador IF_UNK, a ser discutido no parágrafo seguinte. Assim, por exemplo, a expressão de strings de caracteres $A \,||\, B$ retorna UNK se A é UNK ou B é UNK, ou ambos. (Novamente, existem certas anomalias, cujos detalhes omitimos aqui.)

O operador **IF_UNK** toma dois operandos escalares e retorna o valor do primeiro operando, a menos que esse operando tenha o valor UNK; nesse caso, a expressão retorna o valor do segundo operando (em outras palavras, o operador efetivamente fornece um meio para converter um UNK em algum valor não UNK). Por exemplo, suponha que sejam permitidos UNKs para o atributo CIDADE de fornecedores. Então, a expressão:

```
EXTEND F ADD IF_UNK ( CIDADE, 'Cidade desconhecida' ) AS FCIDADE
```

produzirá um resultado em que o valor FCIDADE é "Cidade desconhecida" para qualquer fornecedor cuja cidade seja dada como UNK em F.

A propósito, observe que IF_UNK pode ser definido em termos de IS_UNK. Para sermos específicos, a expressão:

```
IF_UNK ( exp1, exp2 )
```

(em que as expressões *exp1* e *exp2* devem ser do mesmo tipo) é equivalente à expressão:

```
IF IS_UNK ( exp1 ) THEN exp2 ELSE exp1 END IF
```

UNK não é *unk*

É importante entender que UNK (o NULL "valor desconhecido") e *unk* (o valor verdade *desconhecido*) **não são a mesma coisa.**[4] De fato, essa situação é consequência imediata do fato de *unk* ser um valor (especificamente, um valor verdade) enquanto UNK não é absolutamente um valor. Sejamos um pouco mais específicos. Suponha que X seja uma variável do tipo BOOLEAN. Então, X deve ter um dos valores *verdadeiro*, *falso* ou *unk*. Assim, a instrução "X é *unk*" significa exatamente que o valor de X é **conhecido como** *unk*. Ao contrário, a instrução "X é UNK" significa que o valor de X é **desconhecido.**

---

[4]Porém, a SQL considera que eles são a mesma coisa (consulte a Seção 19.7).

Um tipo pode conter um UNK?

Também é uma consequência imediata de UNK não ser um valor o fato de que nenhum tipo pode conter um UNK (tipos são conjuntos de *valores*). De fato, se fosse possível que determinado tipo contivesse um UNK, então as verificações de restrições de tipos para esse tipo nunca falhariam! Contudo, como os tipos, na verdade, não podem conter UNKs, uma "relação" que inclua um UNK – qualquer que seja – na realidade, *não seria de modo algum uma relação*, nem pela definição dada no Capítulo 6, nem pela definição original de Codd, que foi dada na referência [6.1]. Voltaremos a esse importante assunto mais adiante.

Operadores relacionais

Vamos voltar nossa atenção agora para o efeito de UNKs sobre operadores da álgebra relacional. Para simplificar, nos limitaremos aos operadores produto, restrição, projeção, união e diferença (o efeito de UNKs sobre os outros operadores pode ser deduzido de seu efeito sobre esses cinco).

Em primeiro lugar, o **produto** não é afetado.

Segundo, a operação de **restrição** é redefinida (ligeiramente) para retornar uma relação cujo corpo contém apenas as tuplas para as quais a condição de restrição é avaliada como *verdadeira*, isto é, não é *falsa* nem *unk*. *Nota*: Fizemos essa suposição tácita de redefinição em nosso exemplo de MAYBE na subseção anterior "Operadores booleanos", anteriormente nesta seção.

Em seguida, a **projeção**. A projeção envolve a eliminação de tuplas duplicadas redundantes. Agora, na lógica convencional de *dois* valores (2VL), duas tuplas $t1$ e $t2$ são duplicatas uma da outra se e somente se têm os mesmos atributos $A1, A2, ..., An$ e, para todo i ($i = 1, 2, ..., n$), o valor de Ai em $t1$ é igual ao valor de Ai em $t2$. Porém, em 3VL, alguns desses valores de atributos podem ser UNK, e UNK (como vimos) não é igual a *nada*, nem sequer a ele mesmo. Seremos então forçados a concluir que uma tupla que contenha um UNK nunca poderá ser uma duplicata de nada, nem de si mesma?

Segundo Codd, a resposta a essa pergunta é *não*: dois UNKs, embora não sejam iguais entre si, ainda são considerados "duplicatas" um do outro para fins de eliminação de tuplas duplicadas [14.7].[5] A contradição aparente é explicada desta forma:

> Os testes de igualdade] para remoção de duplicatas estão... em um menor nível de detalhe que a verificação de igualdade na avaliação das condições de busca. Portanto, é possível adotar uma regra diferente.

Deixamos para você o trabalho de julgar se essa explicação é razoável ou não; de qualquer modo, vamos aceitá-la por enquanto e, em consequência disso, aceitar a seguinte definição:

- Duas tuplas $t1$ e $t2$ são **duplicatas** uma da outra se e somente se elas têm os mesmos atributos $A1, A2, ..., An$ e, para todo i ($i = 1, 2, ..., n$), o valor de Ai em $t1$ é igual ao valor de Ai em $t2$, ou Ai em $t1$ e Ai em $t2$ têm um valor UNK.

Com essa definição estendida de "tuplas duplicadas", a definição original de projeção se aplica agora sem alterações. Porém, observe que, agora, as seguintes declarações não são mais equivalentes:

- $t1 = t2$

- $t1$ e $t2$ são duplicatas uma da outra

Do mesmo modo, a **união** envolve a eliminação de tuplas duplicadas redundantes e a mesma definição de tuplas duplicadas se aplica. Assim, definimos a união de duas relações $r1$ e $r2$ (do mesmo tipo) como a relação r (mais uma vez do mesmo tipo) cujo corpo consiste em todas as tuplas t possíveis tais que t é uma duplicata de alguma tupla de $r1$ ou de alguma tupla de $r2$ (ou de ambas).

---

[5]A referência [14.7] foi o primeiro dos artigos de Codd a discutir sobre a falta de informações com detalhes (embora essa questão não fosse o foco principal do artigo – ver Capítulo 14). Entre outras coisas, o artigo propõe versões "talvez" dos operadores de junção-θ, seleção-θ (ou seja, restrição) e divisão (ver Exercício 19.4) e versões "externas" dos operadores de união, interseção, diferença, junção-θ e junção natural (consulte a Seção 19.5).

Finalmente – embora não envolva qualquer eliminação de duplicatas – a **diferença** é definida de modo semelhante; ou seja, uma tupla *t* aparece em *r1* MINUS *r2* se e somente se ela é uma duplicata de alguma tupla de *r1* e não é duplicata de alguma tupla de *r2*. (No caso da **interseção**, é claro que ela não é primitiva, mas, para completar, observamos que ela também é definida de modo semelhante; ou seja, uma tupla *t* aparece em *r1* INTERSECT *r2* se e somente se ela é uma duplicata de alguma tupla de *r1* e de alguma tupla de *r2*.)

Operadores de atualização

Há dois pontos gerais a enfatizar aqui:

1. Se o atributo *A* da RelVar *R* permite UNKs e se uma tupla é inserida em *R* sem valor algum fornecido para *A*, o sistema automaticamente colocará um UNK na posição *A* da tupla. (É claro que estamos supondo que nenhum valor default não UNK foi definido para *A*.) Se o atributo *A* da RelVar *R* não permite UNKs, será um erro tentar criar uma tupla em *R* por meio de INSERT ou UPDATE na qual a posição de *A* é UNK.

2. Uma tentativa de criar uma tupla duplicada em *r* por meio de INSERT ou UPDATE será um erro, como sempre. A definição de "tuplas duplicadas" aqui é a que foi dada na subseção anterior.

Restrições de integridade

Conforme explicamos no Capítulo 9, uma restrição de integridade pode ser considerada, informalmente, como uma expressão booleana que não deve ser avaliada como *falsa*. Portanto, observe que a restrição não é considerada violada se ela tem o valor *unk* (na verdade, estamos supondo tacitamente a validade de grande parte das nossas observações anteriores nesta seção a respeito de restrições de tipos). Tecnicamente, devemos dizer em tal caso que *não se sabe* se a restrição foi violada mas, da mesma forma que *unk* é considerado *falso* para as finalidades de uma cláusula WHERE, ele também é considerado *verdadeiro* para as finalidades de uma restrição de integridade (falando-se em termos bastante informais nos dois casos).

19.3 CONSEQUÊNCIAS DO ESQUEMA ANTERIOR

A abordagem 3VL como foi descrita na seção anterior tem várias consequências lógicas, nem todas imediatamente óbvias. Discutimos algumas dessas consequências e seus significados nesta seção.

Transformações de expressões

Primeiro, observamos que várias expressões que sempre têm valor *verdadeiro* na lógica de dois valores (2VL) não têm necessariamente valor *verdadeiro* na 3VL. Damos aqui alguns exemplos com comentários. Observe que não pretendemos que a lista a seguir seja completa.

- *A comparação x = x não resulta necessariamente em verdadeiro.*
  Em 2VL, qualquer valor *x* é sempre igual a si mesmo. Porém, em 3VL, *x* não é igual a si mesmo se ele for UNK.

- *A expressão booleana p OR NOT (p) não resulta necessariamente em verdadeiro.*

- Em 2VL, a expressão *p* OR NOT (*p*), em que *p*, por sua vez, é uma expressão booleana, é avaliada necessariamente como *verdadeira*. Contudo, em 3VL, se *p* tiver o valor *unk*, a expressão global terá o valor *unk* OR NOT (*unk*), isto é, o valor *unk* OR *unk*, que se reduz a *unk*, e não a *verdadeiro*. Esse exemplo em particular responde por uma propriedade anti-intuitiva bem conhecida da 3VL, que ilustramos assim: se emitirmos a consulta "Obter todos os fornecedores em Londres", seguida pela consulta "Obter todos os fornecedores não em Londres", e tomarmos a união dos dois resultados, *não* obteremos necessariamente todos os fornecedores. Em vez disso, precisamos incluir "todos os fornecedores que *possam* estar em Londres". (Em outras palavras, uma expressão que sempre tem o valor *verdadeiro* em 3VL – isto é, a equivalente em 3VL da expressão 2VL *p* OR NOT (*p*) – é *p* OR NOT (*p*) OR MAYBE (*p*).)

Vale a pena examinarmos esse exemplo anterior um pouco mais atentamente. A questão principal é esta: Embora os dois casos "cidade é Londres" e "cidade não é Londres" sejam mutuamente exclusivos e esgotem todas as possibilidades no mundo real, o banco de dados *não* contém o mundo real – em vez disso, ele contém apenas um **conhecimento sobre** o mundo real. Além disso, há três casos possíveis, e não dois, relacionados com o conhecimento sobre o mundo real; no exemplo, os três casos são "sabe-se que a cidade é Londres", "sabe-se que a cidade não é Londres" e "a cidade não é conhecida". Além do mais (como menciona a referência [19.6]), evidentemente não podemos formular perguntas para o sistema sobre o mundo real; só podemos formular perguntas sobre seu *conhecimento* do mundo real, representado pelos dados no banco de dados. Portanto, a natureza anti-intuitiva do exemplo deriva de uma confusão sobre âmbito: o usuário está pensando em termos do âmbito que é o mundo real, mas o sistema está operando em termos do âmbito que é *seu conhecimento sobre* esse mundo real. (Contudo, este autor considera que tal confusão sobre âmbitos é uma armadilha na qual é muito fácil cair. Observe que *cada consulta isolada* mencionada nos capítulos anteriores deste livro – exemplos, exercícios etc. – foi enunciada em termos "do mundo real", não em termos de "conhecimento sobre o mundo real". E este livro certamente não é diferente dos outros quanto a esse aspecto.)

- *A expressão r JOIN r não retorna necessariamente r.*
  Em 2VL, a formação da junção de uma relação *r* com ela própria sempre produz a relação *r* original (isto é, a junção é *idempotente*). Porém, em 3VL, uma tupla contendo UNK em qualquer posição não fará junção com ela mesma, porque – de acordo com a referência [14.7] – a junção, diferente da união, se baseia em testes de igualdade "para fins de acesso" e não em testes de igualdade "para fins de duplicata" (?).

- *INTERSECT já não é um caso especial de JOIN.*
  Isso é uma consequência do fato de que (novamente) a junção se baseia em testes de igualdade para fins de acesso, enquanto a interseção se baseia em testes de igualdade para fins de duplicata.

- *A = B e B = C juntos não implicam necessariamente A = C.*
  Uma ilustração estendida desse ponto é dada a seguir, na subseção "O exemplo de departamentos e empregados".

Resumindo, muitas equivalências válidas em 2VL já não subsistem em 3VL. Uma consequência muito séria dessas quebras é dada a seguir. Em geral, equivalências simples como *r* JOIN *r* R estão no cerne das várias *leis de transformação* usadas com a finalidade de converter consultas para alguma forma mais eficiente, como explicamos no Capítulo 18. Além disso, essas leis são usadas não apenas pelo *sistema* (ao fazer a otimização), mas também pelos *usuários* (quando tentam decidir a "melhor" maneira de enunciar determinada consulta). E se as equivalências não são válidas, então as leis não são válidas. Se as leis não são válidas, então as transformações não são válidas. E as transformações não são válidas, então receberemos *respostas erradas* do sistema.

O exemplo de departamentos e empregados

Para ilustrar o problema de transformações incorretas, discutiremos com algum detalhe um exemplo específico. (O exemplo é retirado da referência [19.9]; por questões pouco importantes aqui, ele se baseia no cálculo relacional e não na álgebra relacional.) Considere o dado o banco de dados simples de departamentos e empregados, mostrado na Figura 19.1, e a expressão:

```
DEPTO.DEPTO# = EMP.DEPTO# AND EMP.DEPTO# = DEPTO# ('D1')
```

(que poderia ser parte de uma consulta, é claro); DEPTO e EMP são variáveis de intervalo implícitas. Para as únicas tuplas existentes no banco de dados, essa expressão tem o valor *unk* AND *unk*, ou seja, *unk*. Contudo, um "bom" otimizador observará que a expressão tem a forma $a = b$ AND $b = c$, e por essa razão irá deduzir que $a = c$, e então acrescentará uma restrição adicional $a = c$ à expressão original (como discutimos no Capítulo 18, Seção 18.4), gerando a expressão:

```
        DEPTO   DEPTO#        EMP   EMP#    DEPTO#
                D2                  E1      UNK
```

FIGURA 19.1 *O banco de dados de departamentos e empregados.*

```
DEPTO.DEPTO# = EMP.DEPTO# AND EMP.DEPTO# = DEPTO# ('D1')
                      AND DEPTO.DEPTO# = DEPTO# ('D1')
```

Agora, essa expressão modificada é avaliada como *unk* AND *unk* AND *falso*, isto é, *falso* (para as duas únicas tuplas do banco de dados). Portanto, decorre que a consulta (por exemplo):

```
EMP.EMP# WHERE EXISTS DEPTO ( NOT
( DEPTO.DEPTO# = EMP.DEPTO# AND EMP.DEPTO# = DEPTO# ('D1') ) )
```

retornará o empregado E1 se "otimizada" no sentido anterior e não fará isso em caso contrário (na verdade, é claro que a "otimização" não é válida). Vemos assim que certas otimizações que são perfeitamente válidas e úteis na lógica convencional de dois valores já não são válidas sob a lógica de três valores.

Observe as implicações do que vimos quanto a estender um sistema 2VL para admitir a 3VL. Na melhor das hipóteses, tal extensão provavelmente exigirá uma certa dose de reengenharia do sistema existente, já que partes do código otimizador poderão ser invalidadas; na pior das hipóteses, introduzirá bugs. De forma mais geral, observe as implicações para se estender um sistema que admita a lógica de n valores a um sistema que admita a lógica de $(n+1)$ valores, para qualquer n maior que um; certamente, surgirão dificuldades semelhantes para cada valor distinto de n.

A questão de interpretação

Vamos examinar agora com mais detalhes o exemplo de departamentos e empregados. Como o empregado E1 tem *algum* departamento correspondente no mundo real, o UNK representa algum valor real, digamos d. Ora, ou d é D1 ou não é. Se é, então a expressão original:

```
DEPTO.DEPTO# = EMP.DEPTO# AND EMP.DEPTO# = DEPTO# ('D1')
```

é avaliada (para os dados fornecidos) como *falsa*, porque o primeiro termo é avaliado como *falso*. Como outra alternativa, se d não é D1, então a expressão também é avaliada (para os dados fornecidos) como *falsa*, porque o segundo termo tem o valor *falso*. Em outras palavras, a expressão original é sempre *falsa* no mundo real, *qualquer que seja o valor real representado por UNK*. Assim, o resultado correto segundo a lógica trivalorada e o resultado correto no mundo real não são a mesma coisa! Em outras palavras, a lógica de três valores não se comporta de acordo com o comportamento no mundo real; isto é, a 3VL não parece ter uma *interpretação* razoável em termos de como funciona o mundo real.

Nota: A questão de interpretação está muito longe de ser o único problema resultante de NULLs e da 3VL (consulte as referências [19.1-19.11] para ver uma extensa discussão de vários outros problemas). Ele nem mesmo é o problema mais fundamental (consulte a próxima subseção). Contudo, talvez seja o de maior significado pragmático; em nossa opinião, na verdade ele é um desmancha-prazeres.

Predicados de novo

Suponha que a relação que é o valor atual da RelVar EMP contém apenas duas tuplas, (E2,D2) e (E1,UNK). A primeira corresponde à proposição "Existe um empregado identificado como E2 no departamento identificado como D2". A segunda corresponde à proposição "Existe um empregado identificado como E1". (Lembre-se de que dizer que uma tupla "contém um UNK" é realmente dizer que a tupla não contém nada em absoluto na posição em questão; desse modo, a "tupla" (E1, UNK) – se ela é na verdade uma tupla, o que é em si mesmo uma noção duvidosa – deve ser considerada como sendo apenas (E1).) Em outras palavras, as duas tuplas são instanciações de *dois predicados diferentes* e a "relação" não é, em absoluto, uma relação, mas sim uma espécie de união (não uma união relacional!) de duas relações diferentes contendo, em particular, dois cabeçalhos diferentes.

Ora, poderíamos sugerir que é possível salvar a situação afirmando que, afinal de contas, só existe realmente um predicado, e que esse predicado envolve um OR – talvez da seguinte maneira:

Existe um empregado identificado como E# no departamento identificado como D# **OR** *existe um empregado identificado como E#.*

Porém, observe que agora, graças à Hipótese de Mundo Fechado, a relação terá de conter uma "tupla" da forma (Ei,UNK) para todos os empregados Ei! A generalização dessa tentativa de salvar a situação para uma relação que "contém UNKs" em vários atributos diferentes é algo horrível demais para se contemplar. (E, de qualquer forma, a "relação" resultante ainda não será uma relação – veja o próximo parágrafo.)

Em outras palavras, se o valor de determinado atributo dentro de uma tupla de uma certa relação "é UNK", então (repetindo) a posição desse atributo não contém realmente coisa alguma... o que significa que o "atributo" não é um atributo, a "tupla" não é uma tupla, a "relação" não é uma relação e a base para o que estamos fazendo (seja qual for) não é mais a teoria de relações matemáticas. Em outras palavras, UNKs e 3VL *corroem toda a base do modelo relacional.*

19.4 NULLS E CHAVES

Nota: Agora vamos descartar o termo UNK (em sua maior parte) e voltar, por questões históricas, à terminologia mais tradicional de "nulls".

Apesar da mensagem da seção anterior, o fato é que NULLS e 3VL têm suporte na maioria dos produtos, no momento em que escrevemos. Além disso, tal suporte tem implicações importantes para as chaves em particular. Portanto, nesta seção, vamos examinar rapidamente essas implicações.

Chaves primárias

Como explicamos na Seção 9.10, o modelo relacional costumava exigir que (pelo menos no caso de RelVars básicas) fosse escolhida exatamente uma chave candidata como a chave *primária* para a RelVar em questão. As chaves candidatas restantes, caso houvesse alguma, eram então consideradas chaves *alternativas*. E então, juntamente com o conceito de chave primária, o modelo incluía historicamente a seguinte "metarrestrição" ou regra (a regra de *integridade de entidade*):

- **Integridade de entidade:** Nenhum componente da chave primária de qualquer RelVar básica deve ter permissão para aceitar NULLS.

As razões para essa regra são mais ou menos as seguintes: (a) tuplas em relações básicas representam entidades no mundo real; (b) entidades no mundo real, por definição, são identificáveis; (c) portanto, suas equivalentes no banco de dados também devem ser identificáveis; (d) valores da chave primária servem como esses identificadores no banco de dados; (e) então, valores da chave primária não podem estar "faltando". Surgem pontos importantes:

1. Em primeiro lugar, constantemente se imagina que a regra de integridade de entidade diz algo como "Valores da chave primária devem ser exclusivos", mas isso não ocorre. (É verdade que valores da chave primária devem ser exclusivos, é claro, mas esse requisito é implicado pela definição básica do conceito de chave primária.)

2. Em seguida, observe que a regra se aplica explicitamente a chaves *primárias*; as chaves *alternativas* aparentemente podem ter NULLS permitidos. Porém, se *AK* fosse uma chave alternativa com NULLS permitidos, então *AK* não poderia ser escolhida como a chave primária, devido à regra de integridade de entidade – então, exatamente em que sentido *AK* seria uma chave "candidata", afinal? Como outra opção, se tivermos de dizer que chaves alternativas também não podem ter

NULLs de modo algum, então a regra de integridade de entidade se aplica a *todas as chaves candidatas*, não apenas à chave primária. De qualquer modo, parece haver algo errado com a regra, conforme enunciada.

3. Finalmente, observe que a regra de integridade de entidade só se aplica a *RelVars básicas*; outras RelVars aparentemente podem ter uma chave primária para a qual NULLs sejam permitidos. Como um exemplo trivial e óbvio, considere a projeção de uma RelVar *R* sobre qualquer atributo *A* que permita NULLs. Desse modo, a regra viola *O Princípio da Permutabilidade* (de RelVars básicas e derivadas). Em nossa opinião, esse seria um argumento forte para rejeitá-la mesmo que não envolvesse NULLs (um conceito que rejeitamos de qualquer maneira).

Agora, vamos supor que concordamos em descartar toda a ideia de NULLs e empregamos *valores especiais*[6] para representar informações perdidas (na verdade, da mesma maneira que fazemos no mundo real – consulte a Seção 19.6, mais adiante). Então, podemos querer conservar uma versão modificada da regra de integridade de entidade – "Nenhum componente da chave primária de qualquer RelVar básica pode aceitar tais valores especiais" – como uma *diretriz*, mas *não* como uma lei inviolável (de forma muito semelhante à maneira como as ideias de normalização avançada servem como diretrizes, mas não como leis invioláveis). A Figura 19.2 mostra um exemplo de uma RelVar básica chamada PESQUISA, para a qual podemos querer violar essa diretriz; ele representa os resultados de uma pesquisa de salários, mostrando o salário médio, máximo e mínimo por ano de nascimento para uma certa amostra de população (ANONASCIM é a chave primária). E a tupla com o valor especial de ANONASCIM "????" representa pessoas que deixaram de responder à pergunta "Em que ano você nasceu?".

PESQUISA	ANONASCIM	SALMED	SALMAX	SALMIN
	1960	85K	130K	33K
	1961	82K	125K	32K
	1962	77K	99K	32K
	1963	78K	97K	35K
	....	...	...	...
	1970	29K	35K	12K
	????	56K	117K	20K

FIGURA 19.2 *A RelVar básica PESQUISA (amostra de valores).*

Chaves estrangeiras

Considere uma vez mais o banco de dados de departamentos e empregados da Figura 19.1. Você pode não ter notado antes, mas deliberadamente não dissemos que o atributo DEPTO# da RelVar EMP naquela figura era uma chave estrangeira. Entretanto, vamos supor que seja. Então, é claro que a regra de integridade referencial precisa de algum refinamento porque agora as chaves estrangeiras devem aparentemente ter permissão para aceitar NULLs, e valores NULLs de chaves estrangeiras sem dúvida violam a regra enunciada originalmente no Capítulo 9:[7]

- **Integridade referencial** (*versão original*): O banco de dados não pode conter quaisquer valores de chaves estrangeiras sem correspondência.

Na realidade, podemos manter a regra como foi enunciada, desde que seja possível estender a definição do termo *valor de chave estrangeira sem correspondência* de modo apropriado. Para sermos específicos, definimos agora um valor de chave estrangeira sem correspondente como um valor de chave estrangeira *não NULL* em alguma RelVar referenciada para a qual não existe um valor corresponde da chave candidata relevante na RelVar referida em questão. Surgem pontos importantes:

---

[6]Constantemente chamados (de modo impróprio) valores *default* [19.12].
[7]Observe que esses NULLs seriam uma violação dessa regra mesmo que houvesse uma tupla na RelVar referenciada em que a chave candidata relevante fosse nula!

1. O fato de qualquer chave estrangeira ter ou não permissão para aceitar NULLs terá de ser especificado como parte da definição do banco de dados. (É claro que, na realidade, o mesmo é válido para atributos em geral, não importando se eles fazem parte ou não de alguma chave estrangeira.)

2. A possibilidade de que chaves estrangeiras possam aceitar NULLs levanta a possibilidade de outra ação referencial, SET NULL, que poderia ser especificada em uma regra de exclusão ou atualização de chave estrangeira. Por exemplo:

```
VAR FP BASE RELATION { ... } ...
    FOREIGN KEY { F# } REFERENCES F
                       ON DELETE SET NULL
                       ON UPDATE SET NULL ;
```

Com essas especificações, uma operação DELETE sobre a RelVar de fornecedores definirá a chave estrangeira como nula em todas as remessas correspondentes e, então, eliminará os fornecedores aplicáveis; da mesma forma, uma operação UPDATE sobre o atributo F# na RelVar de fornecedores definirá a chave estrangeira como nula em todas as remessas correspondentes, e depois atualizará os fornecedores aplicáveis. *Nota*: Naturalmente, SET NULL só pode ser especificado para uma chave estrangeira que admita NULLs.

3. Por último, e mais importante, observamos que a aparente "necessidade" de permitir NULLs em chaves estrangeiras pode ser evitada por um projeto de banco de dados apropriado [19.19]. Por exemplo, considere uma vez mais departamentos e empregados. Se fosse realmente possível o número de departamento ser desconhecido para certos empregados, então (como sugerimos no final da seção anterior), sem dúvida, seria melhor não incluir DEPTO# na RelVar EMP de forma alguma, mas sim ter uma RelVar separada ED (digamos), com atributos EMP# e DEPTO#, para representar a possibilidade de um empregado especificado estar em um departamento especificado. Nesse caso, o fato de um certo empregado ter um departamento desconhecido pode ser representado pela omissão de uma tupla para aquele empregado na RelVar ED.

19.5 JUNÇÃO EXTERNA (UM DESVIO)

Nesta seção vamos, fazer um pequeno desvio para discutir uma operação conhecida como **junção externa** (consulte as referências [19.3, 19.4], [19.7] e [19.14-19.16]). A junção externa (outer join) é uma forma estendida da operação de junção comum, ou *interna*. Ela difere da junção interna pelo fato de que as tuplas em uma relação que não têm correspondentes na outra aparecem no resultado com NULLs nas posições de outros atributos, em vez de simplesmente serem ignoradas, como normalmente aconteceria. Essa não é uma operação primitiva; por exemplo, a expressão a seguir poderia ser usada para construir a junção externa de fornecedores e remessas sobre números de fornecedores (supondo-se, como um exemplo, que "NULL" seja uma expressão escalar válida):

```
( F JOIN FP )
  UNION
( EXTEND ( ( F { F# } MINUS FP { F# } ) JOIN F )
  ADD ( NULL AS P#, NULL AS QDE ) )
```

O resultado inclui tuplas para fornecedores que não fornecem peça alguma, estendidas com NULLs nas posições P# e QDE.

Examinemos esse exemplo um pouco mais de perto. Observe a Figura 19.3. Nessa figura, a parte superior contém algumas amostras de valores de dados, a parte do meio mostra a junção interna normal e a parte inferior mostra a junção externa correspondente. Como indica a figura, a junção interna "perde informações" – em termos *muito* informais! – referentes a fornecedores que não fornecem peça alguma (no exemplo, o fornecedor F5), enquanto a junção externa "preserva" tais informações; na verdade, essa distinção é o motivo para a existência da junção externa.

F	F#	FNOME	STATUS	CIDADE		FP	F#	P#	QDE
	F2	Jones	10	Paris			F2	P1	300
	F5	Adams	30	Atenas			F2	P2	400

Junção normal (interna):

F#	FNOME	STATUS	CIDADE	P#	QDE	
F2	Jones	10	Paris	P1	300	"Perde" informações para o fornecedor F5
F2	Jones	10	Paris	P2	400	

Junção externa:

F#	FNOME	STATUS	CIDADE	P#	QDE	
F2	Jones	10	Paris	P1	300	"Preserva" informações para o fornecedor F5
F2	Jones	10	Paris	P2	400	
F5	Adams	30	Atenas	UNK	UNK	

FIGURA 19.3 *Junção interna e junção externa (exemplo).*

Agora, o problema que a junção externa foi criada para resolver – ou seja, o fato de que a junção interna às vezes "perde informações" – é, sem dúvida, um problema importante. Alguns autores argumentariam, então, que o sistema deve fornecer suporte direto, explícito, para a junção externa, em vez de exigir que o usuário faça rodeios para obter o efeito desejado. A referência [6.2], em particular, considera agora a junção externa como uma parte intrínseca do modelo relacional [5.2]. No entanto, nós mesmos não endossamos essa posição, pelas razões seguintes, entre outras:

- Primeiro, é claro, porque a operação envolve NULLs e somos contrários a NULLs, por numerosas e boas razões.

- Em segundo lugar, observe que existem diferentes variedades de junção externa – a *junção-θ* externa à esquerda, à direita e completa e a junção *natural* externa à esquerda, à direita e completa. (As junções "à esquerda" preservam informações do primeiro operando, as junções à "direita" preservam informações do segundo operando e as junções "completas" de ambos; o exemplo da Figura 19.3 é uma junção à esquerda – mais precisamente, uma junção natural externa à esquerda.) Observe ainda que não há um modo direto de derivar as junções naturais externas das junções-θ externas [19.7]. Em consequência disso, não é claro o modo exato como as junções externas precisam ter suporte explícito.

- Além do mais, o problema da junção externa está longe de ser tão trivial como poderia sugerir o exemplo simples da Figura 19.3. Na verdade, como mostra a referência [19.7], a junção externa sofre de várias *Propriedades Desagradáveis*, que juntas implicam que a tarefa de acrescentar o suporte para junção externa à linguagem existente – em particular à SQL – tende a ser algo difícil de se fazer com elegância. Vários produtos de SGBDs tentaram resolver esse problema e falharam lamentavelmente (isto é, tropeçaram nessas Propriedades Desagradáveis). Veja na referência [19.7] uma longa discussão dessa questão.

- Finalmente, os *atributos com valor de relação* fornecem uma abordagem alternativa para a solução do problema – uma abordagem que não envolve NULLs nem junção externa e é (em nossa opinião) uma solução muito mais elegante (sem falar no fato de ser uma solução *relacional* e não causar violência ao modelo relacional). Por exemplo, considerando-se a amostra de valores de dados da parte superior da Figura 19.3, a expressão:

```
WITH ( F RENAME F# AS X ) AS Y :
    ( EXTEND Y ADD ( FP WHERE F# = X ) AS PQ ) RENAME X AS F#
```

produz o resultado mostrado na Figura 19.4.

Em particular, observe que, na Figura 19.4, o conjunto vazio de peças fornecidas pelo fornecedor F5 é representado por um conjunto vazio, e não (como na Figura 19.3) por algum estranho "NULL".

505

F#	FNOME	STATUS	CIDADE	PQ	
F2	Jones	10	Paris	**P#**	**QDE**
				P1	300
				P2	400
F5	Adams	30	Atenas	**P#**	**QDE**

FIGURA 19.4 *Preservando informações sobre o fornecedor F5 (um modo melhor).*

Representar um conjunto vazio por um conjunto vazio obviamente parece ser uma ideia boa. De fato, *não haveria necessidade de qualquer junção externa* se os atributos com valor de relação tivessem suporte apropriado!

Vamos prosseguir com esse tema um pouco mais: afinal, como devemos *interpretar* os NULLs que aparecem no resultado de uma junção externa? Por exemplo, o que eles significam no exemplo da Figura 19.3? Certamente, não querem dizer nem "valor desconhecido" nem "valor não se aplica"; na verdade, a única interpretação que faz algum sentido lógico é exatamente "valor é o conjunto vazio". Consulte a referência [19.7] para ver uma discussão mais profunda também desse problema.

Concluímos esta seção observando que também é possível definir versões "externas" de algumas outras operações da álgebra relacional – especificamente, das operações de união, interseção e diferença [14.7] – e a referência [6.2] agora considera pelo menos uma delas, a *união externa*, como parte intrínseca do modelo relacional. Essas operações permitem que uniões (etc.) sejam executadas entre duas relações, mesmo que essas relações não sejam do mesmo tipo; basicamente, elas funcionam estendendo cada operando de modo a incluir os atributos peculiares ao outro (de modo que os operandos agora sejam do mesmo tipo), inserindo NULLs em cada tupla para todos esses atributos acrescentados e depois executando uma operação normal de união, interseção ou diferença, conforme o caso.[8] Porém, não discutiremos em detalhes essas operações, pelos seguintes motivos:

- A interseção externa retornará com certeza uma relação vazia, exceto no caso especial em que as relações originais são do mesmo tipo e, nesse caso, a operação se reduz à interseção normal.

- A diferença externa retornará com certeza seu primeiro operando (estendido com NULL), exceto no caso especial em que as relações originais são do mesmo tipo e, nesse caso, a operação se reduz à diferença normal.

- A união externa tem problemas *importantes* de interpretação (eles são muito piores que os problemas que surgem no caso da junção externa, como mostra a referência [19.2]).

19.6 VALORES ESPECIAIS

Vimos a questão de que os NULLs destroem o modelo relacional. De fato, vale a pena assinalar que o modelo relacional funcionou perfeitamente bem sem NULLs por dez anos! – o modelo foi definido inicialmente em 1969 [6.1], e os NULLs só foram acrescentados em 1979 [14.7].

Por esse motivo, suponha que (como sugere a Seção 19.4) concordamos em descartar toda a ideia de NULLs e, em vez disso, usar *valores especiais* para representar informações que faltam. Observe que usar valores especiais é exatamente o que fazemos no mundo real. Por exemplo, no mundo real, podemos utilizar o valor especial "?" para indicar as horas trabalhadas por um certo empregado, se o valor real é desco-

---

[8]Essa explicação se refere às operações como elas foram definidas originalmente na referência [14.7]; as definições foram um pouco alteradas na referência [6.2].

nhecido por alguma razão.[9] Desse modo, a ideia geral é simplesmente usar um valor especial apropriado, diferente de todos os valores normais do atributo em questão, quando nenhum valor normal puder ser usado. Observe que o valor especial precisa ser um valor do tipo aplicável; então, no exemplo de "horas trabalhadas", o tipo do atributo HORAS_TRABALHADAS não é simplesmente inteiros, mas sim inteiros junto com qualquer que seja o valor especial. (Uma analogia interessante aqui: Para muitos jogos de carta, o tipo NAIPES contém cinco valores, e não quatro – "copas", "paus", "ouros", "espadas" e "sem naipe".)

Agora, seríamos os primeiros a admitir que esse esquema não é muito elegante, mas ele tem a enorme vantagem de *não corroer as bases lógicas do modelo relacional*. Por essa razão, no restante deste livro, simplesmente ignoraremos a possibilidade de suporte para NULLs (exceto em certos contextos específicos de SQL, em que referências ocasionais a NULLs são inevitáveis). Consulte a referência [19.12] para ver uma descrição detalhada do esquema de valores especiais.

19.7 RECURSOS DE SQL

O suporte de SQL para NULLs e 3VL segue as linhas gerais da abordagem descrita nas seções anteriores. Assim, por exemplo, quando aplica uma cláusula WHERE a alguma tabela T, a SQL elimina todas as linhas de T para as quais a expressão nessa cláusula WHERE tem valor *falso* ou *unk* (isto é, não *verdadeiro*). Do mesmo modo, quando aplica uma cláusula HAVING a alguma "tabela agrupada" G, a SQL elimina todos os grupos de G para os quais a expressão nessa cláusula HAVING tem valor *falso* ou *unk* (ou seja, não *verdadeiro*).[10] Assim, simplesmente chamamos sua atenção a seguir para certos aspectos da 3VL específicos para a SQL em si, em vez de serem uma parte intrínseca da abordagem 3VL que discutimos anteriormente.

Nota: As implicações e ramificações do suporte de NULLs de SQL são muito complexas; na verdade, embora tenhamos dito que a SQL segue a lógica trivalorada em linhas gerais, a verdade é que ela também consegue cometer uma série de equívocos no seu suporte para essa lógica, como veremos em breve. Para obter mais informações, consulte a especificação oficial do padrão [4.23] ou o tratamento tutorial detalhado na referência [4.20].

Tipos de dados

Como vimos no Capítulo 4, a SQL inclui o tipo embutido BOOLEAN (ele foi acrescentado ao padrão em 1999, embora poucos produtos o admitam). Os operadores booleanos normais AND, OR e NOT estão disponíveis, e expressões booleanas podem aparecer onde quer que expressões escalares em geral podem aparecer. Porém, como sabemos, agora existem três valores verdade, e não dois (os literais correspondentes são TRUE, FALSE e UNKNOWN); apesar desse fato, o tipo BOOLEAN inclui apenas dois valores, e não três – o valor verdade *unknown* (desconhecido) é representado, incorretamente, por NULL! Aqui estão algumas consequências desse fato:

- A atribuição do valor UNKNOWN a uma variável B do tipo BOOLEAN ,na realidade, definirá essa variável como nula.

- Depois de tal atribuição, a comparação B = UNKNOWN não resultará em *verdadeiro* (ou TRUE) – em vez disso, resultará em NULL.

- De fato, a comparação B = UNKNOWN *sempre* resultará em NULL, não importa o valor de B! – porque ela é o equivalente lógico da comparação "B = NULL" (não significa que é uma sintaxe válida).

Para entender a seriedade desses equívocos, você poderia meditar na analogia de um tipo numérico que usa NULL em vez de zero para representar o zero.

---

[9]Observe que a única coisa que *não* fazemos é usar um NULL para essa finalidade. Não existe coisa alguma que corresponda a NULL no mundo real [19.12].

[10]Uma *tabela agrupada* em SQL é aquela produzida quando um GROUP BY (possivelmente implícito) é executado. Essa tabela é reduzida a uma tabela "desagrupada" normal quando a instrução SELECT acompanhante é executada.

Agora, seja T um tipo não escalar ou um tipo estruturado (e aqui não faz diferença se consideramos os tipos estruturados como escalares ou não escalares). Para reparar nossas ideias, seja T um tipo de linha especificamente e seja V uma variável do tipo T. Logo, existe claramente uma diferença lógica entre (a) a própria V sendo nula e (b) V tendo pelo menos um componente (ou seja, campo) que seja NULL. De fato, a própria V não é necessariamente nula, mesmo que todos os seus componentes sejam NULLs![11] – embora provavelmente seja verdade (mas o padrão não é claro quanto à questão) que se V é NULL, então todos os seus componentes também são considerados NULLs. Assim, se V não é NULL, mas tiver pelo menos um componente NULL, a comparação $V = V$ resulta em NULL, e até mesmo a expressão V IS NULL resulta em FALSE. Porém, em geral, podemos pelo menos dizer que, se ($(V = V)$ IS NOT TRUE) IS TRUE é TRUE, então ou V é NULL ou tem um componente NULL.

Tabelas básicas

Como explicamos no Capítulo 6, Seção 6.6, colunas em tabelas básicas em geral têm um valor default associado, e esse valor default é constantemente definido, explícita ou implicitamente, como NULL. Além disso, colunas em tabelas básicas sempre *permitem* NULLs, a menos que haja uma restrição de integridade – provavelmente apenas NOT NULL – para a coluna em questão que os proíba expressamente.

Portanto, se tivermos que permanecer verdadeiros em nossos próprios princípios, deveríamos realmente ter especificado NOT NULL, de maneira explícita ou implícita, para cada coluna de tabela básica em cada exemplo de SQL em cada ponto deste livro. Pelo menos, faremos isso em nossos exemplos de SQL deste ponto em diante. Contudo, observe que NOT NULL é assumido implicitamente para qualquer coluna mencionada em uma especificação de chave primária, PRIMARY KEY.

Expressões sobre tabelas

Vimos na Seção 8.6 que o suporte explícito de JOIN foi acrescentado ao padrão SQL em 1992. Se a palavra-chave JOIN tiver o prefixo LEFT, RIGHT ou FULL (seguido opcionalmente pela palavra OUTER em cada caso), então a junção em questão será uma junção *externa*. Aqui estão alguns exemplos:

```
F LEFT JOIN FP ON F.F# = FP.F#

F LEFT JOIN FP USING ( F# )

F LEFT NATURAL JOIN FP
```

Essas três expressões são todas efetivamente equivalentes, exceto pelo fato de a primeira produzir uma tabela com duas colunas idênticas (ambas chamadas F#) e a segunda e a terceira produzirem uma tabela com apenas uma dessas colunas.

A SQL também admite uma aproximação para a união externa, que ela chama *junção de união* (union join), acrescentada na SQL:1992, para ser excluída na SQL:2003. Os detalhes estão além do escopo deste livro.

Expressões booleanas

Não é surpresa que as expressões booleanas sejam a parte da SQL mais drasticamente afetada por NULLs e pela 3VL. Vamos nos contentar aqui com o exame de alguns casos especiais importantes:

- *Testes para NULLs*: A SQL fornece dois operadores de comparação especiais, IS NULL e IS NOT NULL, para testar a presença ou a ausência de NULLs. A sintaxe é:

```
<construtor de valor de linha> IS [ NOT ] NULL
```

---

[11]Na realidade, a SQL erra nesse aspecto – veja a discussão de IS [NOT] NULL na subseção "Expressões booleanas", mais adiante nesta seção.

Se o <*construtor de valor de linha*> "constrói" uma linha de grau um, então a SQL a trata como se realmente indicasse o valor contido nessa linha, em vez de indicar a linha como tal; caso contrário, ela a trata como indicando a linha. Porém, nesse último caso, ela considera a linha como (a) nula se e somente se cada componente for NULL e (b) não nula se e somente se cada componente for não NULL! Uma consequência desse equívoco é que se *r* for uma linha com dois componentes, digamos, *c1* e *c2*, então as expressões *r* IS NOT NULL e NOT (*r* IS NULL) não serão equivalentes; a primeira é equivalente a *c1* IS NOT NULL AND *c2* IS NOT NULL, enquanto a segunda é equivalente a *c1* IS NOT NULL OR *c2* IS NOT NULL. Outra consequência é que, se *r* incluir alguns componentes NULLs e alguns componentes não NULLs, então a própria *r* aparentemente não será nem nula nem não nula.

- *Testes para verdadeiro, falso, desconhecido:* Se *p* é uma expressão booleana entre parênteses (na realidade, os parênteses às vezes são desnecessários, mas nunca são errados), então as expressões a seguir também são expressões booleanas:

```
p IS [ NOT ] TRUE
p IS t NOT ] FALSE
p IS [ NOT ] UNKNOWN
```

Os significados dessas expressões são indicados pela tabela verdade a seguir:

p	*verdadeiro*	*falso*	*unk*
p IS TRUE	*verdadeiro*	*falso*	*falso*
p IS NOT TRUE	*falso*	*verdadeiro*	*verdadeiro*
p IS FALSE	*falso*	*verdadeiro*	*falso*
p IS NOT FALSE	*verdadeiro*	*falso*	*verdadeiro*
p IS UNKNOWN	*falso*	*falso*	*verdadeiro*
p IS NOT UNKNOWN	*verdadeiro*	*verdadeiro*	*falso*

Observe, portanto, que as expressões *p* IS NOT TRUE e NOT *p* não são equivalentes! *Nota*: A expressão *p* IS UNKNOWN corresponde ao nosso MAYBE(*p*). Dado que a SQL usa NULL para representar *unk*, ela também é equivalente a *p* IS NULL.

- *Condições de EXISTS:* O operador SQL EXISTS não é o mesmo que o quantificador existencial da 3VL, porque sempre tem o valor *verdadeiro* ou *falso*, nunca o valor *unk*, mesmo quando *unk* é a resposta logicamente correta. Para sermos específicos, ele retorna *falso* se sua tabela de argumentos estiver vazia, e *true* em caso contrário (assim, às vezes ele retorna *true* quando *unk* é a resposta logicamente correta). Consulte a referência [19.6] para ver uma discussão mais profunda.

- *Condições de UNIQUE:* As condições de UNIQUE são, informalmente, testes para verificar se uma tabela especificada não contém linhas duplicadas (!). Para sermos mais precisos. A expressão UNIQUE (<*expressão de tabela*>) retorna *verdadeiro* se a tabela indicada por <*expressão de tabela*> não tiver duas linhas distintas, digamos, *r1* e *r2*, tais que a comparação *r1* = *r2* resulte em *verdadeiro*, e *falso* em caso contrário. Portanto, assim como EXISTS, UNIQUE às vezes retorna *verdadeiro* quando *unk* é a resposta logicamente correta.

- *Condições de DISTINCT:* As condições de DISTINCT são, informalmente, testes para verificar se duas linhas são duplicatas uma da outra. Sejam as linhas em questão *Esquerda* e *Direita*; *Esquerda* e *Direita* precisam ser do mesmo grau, digamos, *n*. Sejam os *i*-ésimos componentes de *Esquerda* e *Direita*, respectivamente, Ei e Di ($i = 1, 2, ..., n$); Ei e Di deverão ser tais que a comparação $Ei = Di$ seja válida. Então, a expressão

```
Esquerda IS DISTINCT FROM Direita
```

retorna *falsa* se, para todo *i*, (a) "$Ei = Di$" é verdadeiro ou (b) Ei e Di são ambos NULLs; caso contrário, ela retorna *verdadeira*.

Outras expressões escalares

Novamente, vamos nos contentar em examinar alguns casos especiais importantes:

- *"Literais"*: A palavra-chave NULL às vezes pode ser usada como um tipo de representação literal de NULL (por exemplo, em uma instrução INSERT), mas não em todos os contextos; como diz o padrão: "a palavra-chave NULL... pode ser usada para indicar o valor NULL... em certos contextos, [mas não] em todos os lugares onde um literal é permitido" [4.23]. Assim, por exemplo, não é possível usar a palavra-chave NULL para indicar um operando em uma comparação simples – por exemplo, "WHERE X = NULL" é inválida (a forma correta é, naturalmente, WHERE X IS NULL).

- *COALESCE*: COALESCE é o equivalente da SQL para o nosso operador IF_UNK. Mais precisamente, a expressão COALESCE($x, y, ..., z$) retorna NULL se $x, y, ..., z$ forem todos avaliados como NULLs; caso contrário, ela retorna o valor do seu primeiro operando não NULL.

- *Operadores de agregação*: Os operadores de agregação SQL (SUM, AVG etc.) não se comportam segundo as regras para operadores escalares explicadas na Seção 19.2, em vez disso, simplesmente ignoram quaisquer NULLs em seu argumento (exceto no caso de COUNT(*), em que NULLs são tratados exatamente como se fossem valores comuns). Além disso, se o argumento para tal operador for avaliado como um conjunto vazio, COUNT retornará zero; todos os outros operadores retornarão NULL. (Como observamos no Capítulo 8, esse último comportamento é logicamente incorreto, mas foi assim que a SQL foi definida.)

- *"Subconsultas escalares"*: Se uma expressão escalar na verdade é uma expressão de tabela entre parênteses – por exemplo, (SELECT F.CIDADE FROM F WHERE F.F# = F#('F1')) – então, em geral essa expressão de tabela terá de ser avaliada como uma tabela contendo exatamente uma coluna e exatamente uma linha. O valor da expressão escalar é, então, tomado como, exatamente, o único valor escalar contido dentro dessa tabela. Porém, se a expressão de tabela for avaliada como uma tabela de coluna única que não contém linha alguma, então a SQL define o valor da expressão escalar como NULL.

Chaves

As interações entre NULLs e chaves em SQL podem ser resumidas da seguinte maneira:

- *Chaves candidatas*: Seja C uma coluna componente de alguma chave candidata K de alguma tabela básica. Se K for uma chave primária, a SQL não permitirá que C contenha NULLs (em outras palavras, ela irá impor a regra de integridade de entidade). Porém, se K não for uma chave primária, a SQL permitirá que C contenha *qualquer número* de NULLs (desde que duas linhas distintas não contenham o mesmo valor para K, é claro).

  Relacionado a isso, você poderia meditar no seguinte resumo ligeiramente editado da referência [4.20]: "Seja $k2$ um novo valor para K que algum usuário esteja tentando introduzir por meio de uma operação INSERT ou UPDATE... Esse INSERT ou UPDATE será rejeitado se $k2$ for igual a algum outro valor para K, $k1$, que já exista na tabela... Logo, o que significa que dois valores $k1$ e $k2$ são iguais? Acontece que todas estas três afirmações são diferentes, e não existem duas que sejam equivalentes:

  1. $k1$ e $k2$ são iguais para fins de comparação.
  2. $k1$ e $k2$ são iguais para fins de unicidade da chave candidata.
  3. $k1$ e $k2$ são iguais para fins de eliminação de duplicatas.

  O item 1 é definido de acordo com as regras da 3VL; o item 2 é definido de acordo com as regras da condição UNIQUE; e o item 3 é definido de acordo com a definição de duplicatas, na Seção 19.2. Particularmente, se $k1$ e $k2$ são ambos NULLs, então o item 1 resulta em *unk*, o item 2 resulta em *falso* e o item 3 resulta em *verdadeiro*."

- *Chaves estrangeiras*: As regras que definem o que significa (na presença de NULLs) para um dado valor de chave estrangeira coincidir com algum valor da chave candidata correspondente são bastante complexas. Omitimos os detalhes aqui. *Nota:* Os NULLs também têm implicações para as ações referenciais (CASCADE, SET NULL etc.) especificadas nas cláusulas ON DELETE e ON UPDATE. (SET DEFAULT também é admitida, com a interpretação óbvia.) Mais uma vez, os detalhes são bastante complexos e estão além do escopo deste texto; consulte a referência [4.20] para ver uma discussão avançada.

SQL embutida

- *Variáveis indicadoras*: Considere o seguinte exemplo (repetido do Capítulo 4) de uma instrução "SELECT unitária" de SQL embutida:

```
EXEC SQL SELECT STATUS, CIDADE
         INTO   :GRAU, :CIDADE
         FROM   F
         WHERE  F# = F# ( :DADOF# ) ;
```

Vamos supor que haja uma possibilidade de o valor de STATUS ser NULL para algum fornecedor. Então, a instrução SELECT anterior falhará se o STATUS selecionado for NULL (SQLSTATE será definida como o valor de exceção 22002). Em geral, se for possível que algum item na cláusula SELECT seja NULL, o usuário deverá especificar uma *variável indicadora*, além da variável de destino comum, assim:

```
EXEC SQL SELECT STATUS, CIDADE
         INTO   :GRAU INDICATOR :INDGRAU, :CIDADE
         FROM   F
         WHERE  F# = F# ( :DADOF# ) ;
IF INDGRAU = -1 THEN /* STATUS era NULL */ ... ; END IF ;
```

Se o valor a ser retornado for NULL e uma variável indicadora tiver sido especificada, então essa variável indicadora será definida com o valor -1. O efeito sobre a variável de destino normal dependerá da implementação.

- *Classificação*: A cláusula ORDER BY é usada para impor uma classificação sobre as linhas resultantes da avaliação da expressão de tabela em uma definição de cursor. (É claro que ela também pode ser usada em consultas interativas.) Surge a questão: qual a ordenação relativa para dois valores escalares A e B se A é NULL, B é NULL ou ambos? A resposta da SQL é a seguinte:

1. Para fins de ordenação, todos os NULLs são considerados iguais entre si.
2. Para fins de ordenação, todos os NULLs são considerados *ou* maiores que todos os valores não NULLs *ou* menores que todos os valores não NULLs (a implementação define qual das duas possibilidades se aplica).

19.8 RESUMO

Discutimos o problema da **falta de informações** e uma abordagem muito usada atualmente – embora muito ruim – para esse problema, baseada em **NULLs** e na **lógica trivalorada** (3VL). Enfatizamos o ponto de que NULL não é um valor, embora seja comum falar como se ele o fosse (por exemplo, dizendo que algum valor de atributo específico dentro de alguma tupla "é NULL"). Qualquer comparação na qual um comparando é NULL é avaliada como "o terceiro valor verdade" *desconhecido*, ou *unknown* (abreviado como *unk*), o que justifica o fato da lógica ser trivalorada. Também mencionamos que, pelo menos teoricamente, podem existir muitas espécies diferentes de NULLs, e introduzimos **UNK** como uma abreviação conveniente (e explícita) para a espécie "valor desconhecido".

Em seguida, exploramos as implicações de UNKs e 3VL para as expressões booleanas **AND, OR** e **NOT** (e **MAYBE**); os quantificadores **EXISTS** e **FORALL**; outros operadores **escalares**; os operadores **relacionais**; e também os operadores de **atualização** INSERT e UPDATE. Introduzimos os operadores **IS_UNK** (que efetua testes para UNK) e **IF_UNK** (que converte UNK em um valor não UNK). Discutimos a questão de **duplicatas** na presença de UNKs e observamos também que UNK e *unk* não são a mesma coisa.

Depois, examinamos algumas consequências das ideias apresentadas. Primeiro, explicamos que **certas equivalências não valem** para a 3VL – isto é, há equivalências válidas em 2VL, mas não em 3VL. Em consequência, tanto usuários quanto otimizadores provavelmente **cometerão erros ao transformar expressões**. E mesmo que esses erros não sejam cometidos, a 3VL sofre do problema muito sério ("desmancha-prazeres") de **não se ajustar à realidade** – ou seja, resultados corretos de acordo com a 3VL, às vezes são incorretos no mundo real.

Depois, continuamos a descrever as implicações de NULLs para **chaves primárias** e **chaves estrangeiras** (mencionando a **regra de integridade de entidade** e, em particular, a **regra de integridade referencial** revisada). Então, fizemos um desvio para explicar a **junção externa**. Porém, não recomendamos o suporte direto para essa operação (pelo menos não como normalmente é entendida), porque acreditamos que existem soluções melhores para o problema que a junção externa pretende resolver – em particular, preferimos uma solução que faça uso de **atributos com valor de relação**. Mencionamos rapidamente a possibilidade de outras operações "externas", em particular a **união externa**.

Em seguida, examinamos os **recursos da SQL** que dão apoio às ideias anteriores. O tratamento da SQL para a omissão de informações é amplamente baseado na 3VL, mas ele consegue incluir um grande número de complicações adicionais; a maior parte delas está além do escopo deste livro. Na verdade, a SQL consegue introduzir vários **equívocos adicionais**, além dos equívocos inerentes à 3VL propriamente dita [19.6, 19.10]. Mais ainda, esses equívocos adicionais servem como mais um **inibidor de otimização** (como mencionamos na Seção 18.8, no Capítulo 18).

Concluímos com as seguintes observações:

- Você perceberá que apenas arranhamos a superfície dos problemas que podem surgir de NULLs e da 3VL. Porém, tentamos cobrir o assunto de maneira a deixar claro que os "benefícios" da abordagem da 3VL são bastante duvidosos.

- Também devemos deixar claro que, mesmo que você não esteja convencido dos problemas da 3VL em si, ainda seria recomendável evitar os recursos de SQL correspondentes, devido aos equívocos adicionais já mencionados.

- Nossa recomendação para usuários de SGBDs, portanto, seria de que ignorassem completamente o suporte de 3VL do fornecedor e usassem um esquema disciplinado de valores especiais (permanecendo assim firmados à lógica de dois valores). Esse esquema é descrito em detalhes na referência [19.12].

- Finalmente, repetimos o ponto fundamental a seguir, mencionado na Seção 19.3: se – em termos *muitos* informais – o valor de determinado atributo dentro de uma tupla de uma certa relação "é UNK", então a posição desse atributo não contém realmente coisa alguma... o que significa que o "atributo" não é um atributo, a "tupla" não é uma tupla, a "relação" não é uma relação e a base para o que estamos fazendo (seja qual for) não é mais a teoria de relações matemáticas.

EXERCÍCIOS

19.1 Se A = 6, B = 5, C = 4 e D é UNK, dê os valores verdade das seguintes expressões:

    a. `A = B OR ( B > C AND A > D )`

    b. `A > B AND ( B < C OR IS_UNK ( A – D ) )`

    c. `A < C OR B < C OR NOT ( A = C )`

    d. `B < D OR B = D OR B > D`

    e. `MAYBE ( A > B AND B > C )`

f. MAYBE (IS_UNK (D))

g. MAYBE (IS_UNK (A + B))

h. IF_UNK (D, A) > B AND IF_UNK (C, D) < B

19.2 Seja a RelVar *r* que contém as seguintes tuplas:

```
( 6,   5,   4 )
( UNK, 5,   4 )
( 6,   UNK, 4 )
( UNK, UNK, 4 )
( UNK, UNK, UNK )
```

Como no texto do capítulo, suponha que os três atributos, na ordem da esquerda para a direita, são chamados *A*, *B* e *C*, respectivamente, e todo atributo é do tipo INTEGER. Se *V* é uma variável de intervalo que varia sobre *r*, dê os valores verdade das seguintes expressões:

a. EXISTS *V* (*V.B* > 5)

b. EXISTS *V* (*V.B* > 2 AND *V.C* > 5)

c. EXISTS *V* (MAYBE (*V.C* > 3))

d. EXISTS *V* (MAYBE (IS_UNK (*V.C*)))

e. FORALL *V* (*V.A* > 1)

f. FORALL *V* (*V.B* > 1 OR IS_UNK (*V.B*))

g. FORALL *V* (MAYBE (*V.A* > *V.B*))

19.3 Falando em termos estritos, o operador IS_UNK é desnecessário. Por quê?

19.4 Na referência [14.7], Codd propõe versões "talvez" de alguns (não todos) dos operadores da álgebra relacional. Por exemplo, o operador *talvez-restrição* difere do operador normal de restrição pelo fato de retornar uma relação cujo corpo contém as tuplas para as quais a condição de restrição tem o valor *unk* em vez de *verdadeiro*. Porém, tais operadores são estritamente desnecessários. Por quê?

19.5 Na lógica de dois valores (2VL) há exatamente dois valores verdade, *verdadeiro* e *falso*. Em consequência disso, há exatamente quatro operadores lógicos *monádicos* (de um único operando) possíveis: um que mapeia tanto *verdadeiro* quanto *falso* para *verdadeiro*, um que mapeia ambos para *falso*, um que mapeia *verdadeiro* para *falso* e *vice-versa* e um que deixa os dois valores inalterados. E há exatamente 16 operadores diádicos (de dois operandos) possíveis, como indica a tabela a seguir:

A	B	
v	v	v v v v v v v f f f f f f f f f
v	f	v v v v f f f f v v v v f f f f
v	v	v v f f v v f f v v f f v v f f
v	f	v f v f v f v f v f v f v f v f

Prove que, em 2VL, todos os quatro operadores monádicos e todos os 16 diádicos podem ser formulados em termos de combinações convenientes de NOT com AND ou OR (e, portanto, que não é necessário fornecer suporte explícito para todos os vinte operadores).

19.6 Quantos operadores lógicos há em 3VL? E em 4VL? De modo mais genérico, quantos há em *n*VL?

19.7 A tabela verdade para o operador 2VL NOR (também conhecido como *barra* e normalmente escrito como uma única barra vertical, "|") é a seguinte:

	v f
v	f f
f	f v

Conforme a tabela verdade sugere, *p* | *q* é equivalente a NOT *p* AND NOT *q* (isso pode ser considerado como "nem um nem outro" – "nem o primeiro operando nem o segundo operando é *verdadeiro*"). Mostre que os 20 operadores da 2VL podem ser formulados em termos desse operador. *Nota:* NOR, portanto, é um operador "gerador" para toda a 2VL. Você poderia encontrar um operador que realize a mesma função para 3VL? 4VL? *n*VL?

19.8 (Retirado da referência [19.5].) A Figura 19.5 representa alguns valores de amostra para uma ligeira variação sobre o banco de dados comum de fornecedores e peças (a diferença é que a RelVar FP inclui um novo atributo de *número de remessa* REM#, e o atributo P# nessa RelVar agora tem "UNKs permitidos"; a RelVar P é irrelevante para o exercício, e foi omitida). Considere agora a consulta de cálculo relacional

```
F WHERE NOT EXISTS FP ( FP.F# = F.F# AND
                        FP.P# = P# ('P2') )
```

(em que F e FP são variáveis de intervalo implícitas). Qual das expressões a seguir (se houver alguma) é uma interpretação correta dessa consulta?

a. Obter fornecedores que não fornecem P2.

b. Obter fornecedores sobre os quais não se sabe se fornecem P2.

c. Obter fornecedores sobre os quais se sabe que não fornecem P2.

d. Obter fornecedores sobre os quais ou se sabe que não fornecem ou não se sabe se fornecem P2.

F					FP			
F#	**FNOME**	**STATUS**	**CIDADE**		**REM#**	**F#**	**P#**	**QDE**
F1	Smith	20	Londres		REM1	F1	P1	300
F2	Jones	10	Paris		REM2	F2	P2	200
F3	Blake	30	Paris		REM3	F3	UNK	400
F4	Clark	20	Londres					

FIGURA 19.5 *Uma variação sobre fornecedores e peças.*

19.9 Projete um esquema de representação física para tabelas básicas de SQL nas quais as colunas podem conter NULLs.

19.10 Defina os operadores SQL EXISTS, UNIQUE e IS DISTINCT FROM. Algum desses operadores é primitivo, no sentido de que não podem ser expressos em termos de outros operadores? Existe um operador IS NOT DISTINCT FROM? Dê um exemplo de uma consulta envolvendo (a) EXISTS, (b) UNIQUE, que produza a resposta "errada".

REFERÊNCIAS E BIBLIOGRAFIA

19.1 E. F. Codd: "Much Ado about Nothing", em C. J. Date, *Relational Database Writings 1991-1994*. Reading, Mass.: Addison-Wesley (1995).

> Talvez Codd seja o mais proeminente defensor de NULLs e da 3VL como uma base para se lidar com informações em falta (algo muito estranho, visto que os NULLs violam o próprio *Princípio da Informação* de Codd!). Esse artigo contém o texto de um debate entre Codd e o autor deste livro sobre o assunto. Ele inclui o seguinte comentário: "O gerenciamento de bancos de dados seria mais fácil se não existissem os valores em falta" (Codd).

19.2 Hugh Darwen: "Into the Unknown", em C. J. Date *Relational Database Writings 1985-1989*. Reading. Mass.: Addison-Wesley (1990).

> Levanta várias outras questões com relação a NULLs e 3VL, das quais a seguinte talvez seja a mais profunda: se (como é dito na Seção 6.4 do Capítulo 6) TABLE_DEE corresponde a *verdadeiro* e TABLE_DUM corresponde a *falso*, e se TABLE_DEE e TABLE_DUM são as únicas relações possíveis de grau zero, então **o que corresponde a *unk*?**

19.3 Hugh Darwen: "Outer Join with No Nulls and Fewer Tears", em C. J. Date e Hugh Darwen, *Relational Database Writings 1989-1991*. Reading, Mass.: Addison-Wesley (1992).

> Propõe uma variante simples de junção externa, que não envolve NULLs e que resolve muitos dos problemas que a junção externa deveria resolver.

19.4 C. J. Date: "The Outer Join", em *Relational Databases: Selected Writings*. Reading, Mass.: Addison-Wesley (1986).

Analisa em profundidade o problema da junção externa e apresenta uma proposta para fornecer suporte à operação em uma linguagem como SQL.

19.5 C. J. Date: "NOT Is Not 'Not'! (Notes on Three-Valued Logic and Related Matters)", em C. J. Date, *Relation Database Writings 1985-1989*. Reading, Mass.: Addison-Wesley (1990).

Suponha que X seja uma variável do tipo BOOLEAN. Então, X deve ter um dos valores: *verdadeiro, falso* ou *unk*. Assim, a declaração "X não é *verdadeiro*" significa que o valor de X é *unk* ou *falso*. Ao contrário, a declaração "X é NOT *verdadeiro*" significa que o valor de X é *falso* (veja a tabela verdade para NOT). Assim, o NOT de 3VL não é o *não* da linguagem comum... Esse fato já fez com que várias pessoas (inclusive os projetistas do padrão SQL) tropeçassem, e com certeza isso acontecerá outra vez.

19.6 C. J. Date: "EXISTS Is Not 'Exists'! (Some Logical Flaws in SQL)", em C. J. Date, *Relational Database Writings 1985-1989*. Reading, Mass.: Addison-Wesley (1990).

19.7 C. J. Date: "Watch Out for Outer Join", em C. J. Date e Hugh Darwen, *Relational Database Writings 1989-1991*. Reading, Mass.: Addison-Wesley (1992).

A Seção 19.5 deste capítulo mencionou o fato de a junção externa sofrer de várias "Propriedades Desagradáveis". Esse artigo resume tais propriedades da seguinte maneira:

1. A junção-θ externa não é uma restrição do produto cartesiano.

2. A restrição não é distributiva sobre a junção-θ externa.

3. "$A \leq B$" não é a mesma coisa que "$A < B$ OR $A = B$" (no contexto da junção externa).

4. Os operadores de comparação θ não são transitivos (em 3VL).

5. A junção natural externa não é uma projeção da equijunção externa.

Em seguida, o artigo considera o que está envolvido quando se acrescenta suporte para junção externa à construção SQL SELECT-FROM-WHERE. Ele mostra que as Propriedades Desagradáveis anteriores implicam que:

1. Estender a cláusula WHERE não funciona.

2. Usar operações AND em junções externas e restrições não funciona.

3. Expressar a condição de junção na cláusula WHERE não funciona.

4. Junções externas de mais de duas relações não podem ser formuladas sem expressões aninhadas.

5. Estender a cláusula SELECT (apenas) não funciona.

O artigo também mostra que muitos produtos existentes no mercado colidiram com tais considerações.

19.8 C. J. Date: "Composite Foreign Keys and Nulls", em C. J. Date e Hugh Darwen, *Relational Database Writings 1989-1991*. Reading, Mass.: Addison-Wesley (1992).

O artigo discute essa questão: Os valores de chaves compostas devem ter a possibilidade de serem total ou parcialmente NULLs?

19.9 C. J. Date: "Three-Valued Logic and the Real World", em C. J. Date e Hugh Darwen, *Relational Database Writings 1989-1991*. Reading, Mass.: Addison-Wesley (1992).

19.10 C. J. Date: "Oh No Not Nulls Again", em C. J. Date e Hugh Darwen, *Relational Database Writings 1989-1991*. Reading, Mass.: Addison-Wesley (1992).

Esse artigo oferece mais informações sobre NULLs do que você pode querer saber.

19.11 C. J. Date: "A Note on the Logical Operators of SQL", em *Relational Database Writings 1991-1994*. Reading, Mass,: Addison-Wesley (1995).

Como a 3VL possui três valores verdade: *verdadeiro, falso* e *unk* (aqui abreviados como v, f e u, respectivamente), existem $3 * 3 * 3 = 27$ operadores monádicos possíveis em 3VL, porque cada uma das três possíveis entradas, v, f e u, pode ser mapeada para cada uma das três saídas possíveis, v, f e u. Além disso, há $3^9 = 19.683$ operadores diádicos possíveis em 3VL, como sugere a tabela a seguir:

	v	u	f
v	v/u/f	v/u/f	v/u/f
u	v/u/f	v/u/f	v/u/f
f	v/u/f	v/u/f	v/u/f

Na realidade, de modo geral, a lógica de n valores envolve n elevado à potência n operadores monádicos e n elevado à potência n^2 operadores diádicos:

- Para qualquer nVL com $n > 2$, surgem as seguintes questões:

- Qual é um conjunto adequado de operadores *primitivos*? (Por exemplo, qualquer um dos conjuntos {NOT,AND} ou {NOT,OR} é um conjunto primitivo adequado para 2VL.)

Qual é um conjunto adequado de operadores *úteis*? (Por exemplo, o conjunto {NOT,AND,OR} é um conjunto útil adequado para 2VL.)

Esse artigo mostra que o padrão SQL (sob uma interpretação *muito* generosa) admite pelo menos, direta ou indiretamente, todos os 19.710 operadores da 3VL.

19.12 C. J. Date: "Faults and Defaults" (em cinco partes), em C. J. Date, Hugh Darwen e David McGoveran, *Relational Database Writings 1994–1997*. Reading, Mass.: Addison-Wesley (1998).

Descreve uma abordagem sistemática para o problema de falta de informações, baseada em valores especiais e 2VL, em vez de NULLs e 3VL. O artigo argumenta com vigor que esses valores especiais são aquilo que usamos no mundo real e que, consequentemente, seria desejável que nossos sistemas de bancos de dados se comportassem sob esse aspecto do mesmo modo que o mundo real.

19.13 Debabrata Dey e Sumit Sarkar: "A Probabilistic Relational Model and Algebra", *ACM TODS 21*, Número 3 (setembro de 1996).

Propõe uma abordagem para a "incerteza em valores de dados" baseada na teoria das probabilidades, em vez de NULLs e 3VL. O "modelo relacional probabilístico" é uma extensão compatível do modelo relacional convencional.

19.14 César A. Galindo-Legaria: "Outerjoins as Disjunctions", Proc. 1994 ACM SIGMOD Int. Conf. on Management of Data, Minneapolis, Minn. (maio de 1994).

O operador de junção externa, em geral, não é um operador associativo [19.4]. Esse artigo caracteriza justamente as junções externas que são e as que não são associativas, e propõe estratégias de implementação para cada caso.

19.15 César Galindo-Legaria e Arnon Rosenthal: "Outerjoin Simplification e Reordering for Query Optimization", *ACM TODS 22*, Número 1 (março de 1997).

Apresenta "um conjunto completo de regras de transformação" para expressões envolvendo junções externas.

19.16 Piyush Goel e Bala Iyer: "SQL Query Optimization: Reordering for a General Class of Queries", Proc. 1996 ACM SIGMOD Int. Conf. on Management of Data, Montreal, Canadá (junho de 1996).

Como a referência [19.15], esse artigo trata da transformação de expressões que envolvem junções externas: "[Nós] propomos um método para reordenar [uma] consulta SQL contendo junções, junções externas e... agregações... [Nós] identificamos a necessidade de um primitivo poderoso [para auxiliar em tal reordenação, que chamaremos] *seleção generalizada*."

19.17 I. J. Heath: memorando interno da IBM (abril de 1971).

O artigo que introduziu o termo (e o conceito) *junção externa*.

19.18 Ken-Chih Liu e Rajshekhar Sunderraman: "Indefinite and Maybe Information in Relational Databases", *ACM TODS 15*, Número 1 (março de 1990).

Contém um conjunto de propostas formais para estender o modelo relacional de modo a lidar com *informações talvez* (por exemplo, "a peça P7 talvez seja preta") e *informações indefinidas* ou *disjuntivas* (por exemplo, "a peça P8 ou a peça P9 é vermelha"). São introduzidas *tabelas I* como um meio para representar informações normais (definidas), informações talvez e informações indefinidas. Os operadores de restrição, projeção, produto, união, interseção e diferença são estendidos para operar sobre tabelas I.

19.19 David McGoveran: "Nothing from Nothing" (em quatro partes), em C. J. Date, Hugh Darwen e David McGoveran, *Relational Databases Writings 1994-1997*. Reading, Mass.: Addison-Wesley (1998).

A Parte I dessa série de quatro partes explica o papel crucial da lógica em sistemas de bancos de dados. A Parte II mostra por que essa lógica deve ser especialmente a lógica de dois valores (2VL) e por que as tentativas de usar a lógica trivalorada (3VL) são mal direcionadas. A Parte III examina os problemas que a lógica de três valores supostamente resolve. Finalmente, a Parte IV descreve um conjunto de soluções pragmáticas para os problemas que não envolvem a 3VL.

19.20 Nicholas Rescher: *Many-Valued Logic*. Nova York, N.Y.: McGraw-Hill (1969).

O texto do padrão.

CAPÍTULO 20

Herança de tipo

20.1 Introdução

20.2 Hierarquia de tipos

20.3 Polimorfismo e possibilidade de substituição

20.4 Variáveis e atribuições

20.5 Especialização por restrição

20.6 Comparações

20.7 Operadores, versões e assinaturas

20.8 Um círculo é uma elipse?

20.9 Revisão da especialização por restrição

20.10 Recursos de SQL

20.11 Resumo

Exercícios

Referências e bibliografia

20.1 INTRODUÇÃO

Nota: Este capítulo se baseia bastante no material discutido inicialmente no Capítulo 5. Portanto, se você deu apenas uma "passada por alto" naquele capítulo, poderá voltar e revisá-lo antes de estudar este capítulo com mais profundidade.

Examinamos o conceito de subtipos e supertipos – mais especificamente, subtipos e supertipos de *entidades* – no Capítulo 14, onde observamos que (por exemplo) se alguns empregados são programadores e todos os programadores são empregados, então poderíamos considerar o tipo de entidade PROGRAMADOR como um *subtipo* do tipo de entidade EMPREGADO, e o tipo de entidade EMPREGADO como um *supertipo* do tipo de entidade PROGRAMADOR. Porém, também dissemos naquele capítulo que um "tipo de entidade" não era um tipo no próprio sentido formal desse termo (em parte porque o próprio termo "entidade" não é definido de modo muito formal). Neste capítulo, examinaremos subtipos e supertipos em profundidade, mas usaremos o termo *tipo* no sentido mais formal e preciso do Capítulo 5. Vamos começar, então, definindo com cuidado o termo:

- Um **tipo** é um *conjunto nomeado de valores* (isto é, todos os valores possíveis do tipo em questão), juntamente com um conjunto associado de *operadores* que podem ser aplicados a valores e variáveis do tipo em questão.

Além disso:

- Qualquer tipo dado pode ser definido pelo sistema ou pelo usuário.

- Parte da definição de qualquer tipo dado é uma especificação do conjunto de todos os valores válidos desse tipo (essa especificação é a *restrição de tipo* aplicável, é claro, conforme descrevemos nos Capítulos 5 e 9).

- Tais valores podem ter qualquer nível de complexidade.

- A representação física de tais valores está sempre oculta do usuário; isto é, *tipos* são diferenciados de suas *representações* (físicas). Contudo, cada tipo tem pelo menos uma representação *possível*, que é exposta de modo explícito para o usuário por meio de operadores THE_ adequados (ou de algo logicamente equivalente).

- Valores e variáveis de determinado tipo podem ser operados *unicamente* por meio dos operadores definidos para o tipo em questão.

- Além dos operadores THE_ já mencionados, esses operadores incluem:

  - Pelo menos um operador s*eletor* (mais precisamente, um operador desse tipo para cada representação possível exposta), o que permite a todo valor do tipo em questão ser "selecionado" ou especificado por meio de uma chamada de seletor apropriada

  - Um operador de *igualdade*, o que permite que dois valores do tipo em questão sejam testados para ver se de fato são o mesmo valor

  - Um operador de *atribuição*, o qual permite que um valor do tipo em questão seja atribuído a uma variável que tenha sido declarada como do tipo em questão

E agora acrescentamos o seguinte:

- Alguns tipos são **subtipos** de outros **supertipos**. Se B é um subtipo de A, então todos os operadores e restrições de tipos que se aplicam a A também se aplicam a (ou seja, "são herdados por") B, mas B tem operadores e restrições de tipos próprios, que não se aplicam a A. (Essas afirmações se tornarão muito mais claras adiante.)

Como exemplo, suponha que temos dois tipos ELIPSE e CÍRCULO, com as interpretações óbvias. Então, podemos dizer que o tipo CÍRCULO é um subtipo do tipo ELIPSE (e que o tipo ELIPSE é um supertipo do tipo CÍRCULO) e, desse modo, queremos dizer que:

- Todo círculo é uma elipse (isto é, o conjunto de todos os círculos é um subconjunto do conjunto de todas as elipses), mas a recíproca não é verdadeira.

- Então, todo operador que se aplica a elipses em geral se aplica a círculos em particular (porque círculos *são* elipses), mas a recíproca não é verdadeira. Por exemplo, o operador THE_CTR ("o centro de") pode se aplicar a elipses e portanto também a círculos, mas o operador THE_R ("o raio de") só pode se aplicar a círculos.

- Além disso, qualquer restrição que se aplique a elipses em geral também se aplica a círculos em particular (novamente, porque círculos são elipses), mas a recíproca não é verdadeira. Por exemplo, se elipses estão sujeitas à restrição $a \geq b$ (em que a e b são os semieixos maior e menor, respectivamente), então essa mesma restrição também deve ser satisfeita por círculos. É claro que, para círculos, a e b coincidam no raio r, e a restrição é satisfeita de modo trivial; de fato, a restrição $a = b$ é precisamente uma restrição que se aplica a círculos em particular, mas não a elipses em geral. *Nota:* Aqui e em todo este capítulo, usaremos o termo não qualificado *restrição* para indicar especificamente uma restrição de tipo. Também usaremos informalmente os termos *raio* e *semieixos* para indicar o que seria mais corretamente chamado de *comprimento* do raio ou do semieixo correspondente.

Resumindo: O tipo CÍRCULO herda operadores e restrições do tipo ELIPSE, mas também tem seus próprios operadores e restrições, que não se aplicam ao tipo ELIPSE. Portanto, observe que o subtipo tem um *subconjunto* dos valores, mas um *superconjunto* das propriedades – um fato que, às vezes, pode causar confusão! (Aqui e em todo este capítulo, usaremos o termo *propriedades* como uma abreviação conveniente para "operadores e restrições".)

Por que herança de tipo?

Por que este tópico merece ser investigado? Acreditamos que existem pelo menos duas respostas para essa pergunta:

- As ideias de subtipagem e herança parecem surgir naturalmente no mundo real. Isto é, não é de todo incomum encontrar situações nas quais todos os valores de determinado tipo têm certas propriedades em comum, enquanto algum subconjunto desses valores tem propriedades especiais adicionais próprias. Desse modo, subtipagem e herança podem ser ferramentas úteis para "modelar a realidade" (ou para a *modelagem semântica*, como nós a chamamos no Capítulo 14).

- Segundo, se podemos reconhecer tais padrões – isto é, padrões de subtipagem e herança – e elaborar a inteligência relacionada a eles em nosso software de aplicação e de sistema, podemos ser capazes de obter certas economias práticas. Por exemplo, um programa que funciona para elipses também pode funcionar para círculos, mesmo tendo sido escrito originalmente sem que se imaginassem os círculos (talvez o tipo CÍRCULO não tenha sido definido na época em que o programa foi escrito): o benefício da assim chamada **reutilização de código**.

Contudo, apesar dessas vantagens potenciais, observamos agora que não parece haver qualquer consenso sobre um *modelo* formal, rigoroso e abstrato de herança de tipo. Para citar a referência [20.13]:

> A ideia básica de herança é bastante simples... [e, ainda assim, apesar de] seu papel central nos sistemas atuais, ... a herança é ainda um mecanismo controvertido... Ainda está faltando uma visão abrangente da herança.

As discussões deste capítulo são baseadas em um modelo desenvolvido pelo autor deste livro em conjunto com Hugh Darwen e descrito em detalhes na referência [3.3].[1] Então, esteja ciente de que outros autores e outros textos às vezes empregam termos como *subtipo* e *herança* de modo diferente dos nossos. *Cuidado, leitor*.

Alguns conceitos preliminares

Existem vários conceitos preliminares que precisamos enfatizar antes de podermos chegar à discussão apropriada da herança em si. Esses conceitos preliminares são o assunto principal desta subseção.

- *Valores são tipados.*
  Repetindo o que foi dito no Capítulo 5, se v é um valor, então v pode ser imaginado como carregando uma espécie de bandeira que anuncia "sou um inteiro" ou "sou um número de fornecedor" ou "sou um círculo" (etc.). Agora, sem a herança, cada valor é de exatamente um tipo. No entanto, com a herança, um valor pode ser de vários tipos simultaneamente; por exemplo, determinado valor poderia ser dos tipos ELIPSE e CÍRCULO ao mesmo tempo,

---

[1]Conforme essa referência deixa claro, *não* queremos que nosso modelo seja visto como apenas outro exercício acadêmico. Em vez disso, ele é oferecido para consideração pela comunidade em geral como um concorrente para preencher a lacuna a que fazemos referência – ou seja, como um candidato à função de um modelo de herança que pode oferecer essa "visão abrangente da herança" que está faltando.

- *Variáveis são tipadas.*
  Toda variável tem exatamente um tipo **declarado**. Por exemplo, poderíamos declarar uma variável da seguinte maneira:

  ```
  VAR E ELIPSE ;
  ```

  O tipo declarado da variável E aqui é ELIPSE. Agora, sem a herança, todos os valores possíveis de determinada variável são de exatamente um tipo, ou seja, o tipo declarado aplicável. Porém, com a herança, uma determinada variável poderia ter um valor que fosse de vários tipos simultaneamente; por exemplo, o valor atual da variável E poderia ser uma elipse que, na realidade, é um círculo e, então, ela seria dos tipos ELIPSE e CÍRCULO ao mesmo tempo.

- *Herança simples e herança múltipla.*
  Existem duas "variedades" amplas da herança de tipo, a herança simples e a herança múltipla. Informalmente falando, a herança **simples** significa que cada subtipo tem apenas um supertipo e herda propriedades apenas desse único tipo; a herança **múltipla** significa que um subtipo pode ter qualquer número de supertipos e herda propriedades de todos eles. Obviamente, o primeiro é um caso especial do segundo. Porém, até mesmo a herança simples é bastante complicada (na verdade, de modo bastante surpreendente); assim, neste capítulo, vamos nos limitar apenas à herança simples e usaremos o termo *herança* não qualificado para indicar especificamente a herança *simples*. Consulte a referência [3.3] para ver um tratamento detalhado de ambos os tipos de herança, múltipla e simples.

- *Herança escalar, de tuplas e de relações.*
  É claro que a herança tem implicações para valores não escalares, bem como para valores escalares[2] pois, em última análise, esses valores não escalares são construídos a partir de valores escalares. Em particular, é evidente que ela tem implicações especificamente para valores de tuplas e relações. Contudo, até mesmo a herança escalar é bastante complicada (mais uma vez, de forma surpreendente); assim, neste capítulo, vamos limitar nossa atenção apenas à herança escalar e usaremos os termos não qualificados *tipo*, *valor*, *variável*, *operador* e *expressão* para representar especificamente tipos, valores, variáveis, operadores e expressões **escalares**. Consulte a referência [3.3] para ver um tratamento detalhado de todos os tipos de herança, de tuplas e relações e também escalar.

- *Herança estrutural e herança comportamental.*
  Lembramos que valores escalares podem ter uma estrutura ou representação interna (física) de complexidade variável; por exemplo, elipses e círculos, que (como já sabemos) podem ambos ser considerados de modo legítimo como valores escalares em circunstâncias apropriadas, certamente poderiam ter uma estrutura interna bastante complicada. Porém, essa estrutura interna está sempre *oculta do usuário*. Segue-se que, quando falamos de herança (pelo menos no que se refere ao nosso modelo), não queremos dizer herança de estrutura porque, do ponto de vista do usuário, não existe estrutura para herdar! Em outras palavras, estamos interessados naquilo que às vezes se chama herança **comportamental**, e não herança **estrutural** (em que "comportamento" se refere a operadores – embora devamos lembrá-lo de que, pelo menos em nosso modelo, restrições também são herdadas). *Nota*: Não excluímos a herança estrutural; apenas a vemos como uma simples questão de implementação, não relevante para o modelo.

- *"Subtabelas e supertabelas".*
  Até agora, deve estar claro para você que nosso modelo de herança está preocupado com aquilo que, em termos relacionais, se poderia chamar herança de *domínio* (lembre-se de que domínios e tipos são a mesma coisa). Porém, quando indagada sobre a possibilidade de herança em um contexto relacional, a maioria das pessoas imagina imediatamente que é alguma espécie de herança de *tabela* que está em discussão. Por exemplo, a SQL inclui suporte para algo que chama "subtabelas e supertabelas", de acordo com o

---

[2]Lembre-se de que *escalar* significa que não existem componentes visíveis para o usuário. Não seja enganado pelo fato de que os tipos escalares possuem representações possíveis que, por sua vez, têm componentes visíveis ao usuário, conforme explicamos no Capítulo 5; esses componentes são componentes da representação possível, e não componentes do tipo – apesar do fato de que às vezes nos referimos a eles, de modo equivocado, como se fossem realmente componentes do tipo.

qual alguma tabela *B* poderia herdar todas as colunas de alguma outra tabela *A* e depois acrescentar mais algumas colunas próprias (consulte o Capítulo 26). Entretanto, a nossa posição é que o conceito de "subtabelas e supertabelas" é um fenômeno totalmente isolado, que possivelmente poderia ser interessante – embora sejamos céticos [14.13] – mas que não tem relação alguma com a herança de tipo em si.

Uma última observação preliminar: O assunto de herança de tipo realmente tem relação com *dados em geral* – ele não se limita apenas a dados de *bancos de dados* em particular. Assim, por simplicidade, a maioria dos exemplos deste capítulo é expressa em termos de dados locais (variáveis comuns de programas etc.) em vez de dados de bancos de dados.

20.2 HIERARQUIA DE TIPOS

Agora, vamos introduzir um exemplo funcional que utilizaremos em todo o restante do capítulo. O exemplo envolve um conjunto de tipos geométricos – FIGURA_PLANA, ELIPSE, CÍRCULO, POLÍGONO, e assim por diante – organizados naquilo que se denomina uma **hierarquia de tipos** (ver Figura 20.1). Aqui estão, em linhas gerais, definições de **Tutorial D** para alguns desses tipos geométricos (observe as restrições de tipos em particular):

```
TYPE FIGURA_PLANA ... ;

TYPE ELIPSE
    IS FIGURA_PLANA
       REPRPOS { A COMPRIMENTO, B COMPRIMENTO, CTR PONTO
              CONSTRAINT A ≥ B } ;

TYPE CÍRCULO
    IS ELIPSE
       CONSTRAINT THE_A ( ELIPSE ) = THE_B ( ELIPSE )
       REPRPOS { R   = THE_A ( ELIPSE ) ,
              CTR = THE_CTR ( ELIPSE ) } ;
```

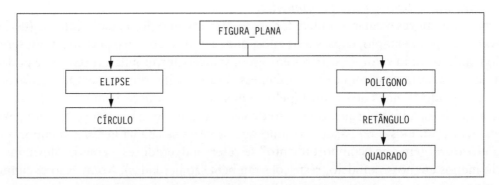

FIGURA 20.1 *Um exemplo de hierarquia de tipos.*

Vamos examinar mais de perto essas definições. Em primeiro lugar, estamos supondo, para simplificar, que as elipses sempre são orientadas de modo que seu eixo maior *a* seja horizontal e seu eixo menor *b* seja vertical; também estamos supondo que o semieixo maior *a* é sempre maior ou igual ao semieixo menor *b* (em outras palavras, as elipses são "baixas e gordas", e não "altas e magras"). Assim, as elipses possivelmente poderiam ser representadas por seus semieixos *a* e *b* (e seu centro). Ao contrário, os círculos possivelmente poderiam ser representados por seu raio *r* (e seu centro).

Em seguida, observe que:

- O tipo FIGURA_PLANA não possui qualquer representação declarada possível; de fato, veremos mais adiante neste capítulo que FIGURA_PLANA é, na realidade, um *tipo de união*. (Na verdade, ela é um tipo especial de união, chamado tipo *dummy*. Porém, uma discussão detalhada dos tipos dummy está fora do escopo deste capítulo; consulte a referência [3.3] para obter uma explicação detalhada.)

- Para o tipo ELIPSE, especificamos que cada elipse é uma figura plana; também especificamos a representação possível {a,b,ctr} pelo modo normal, com uma restrição para o efeito de que $a \geq b$. *Nota:* Para completar, deveríamos realmente acrescentar uma restrição para o efeito de que b é maior que zero. Omitimos essa restrição para abreviar.

- Para o tipo CÍRCULO, em vez disso, especificamos que cada círculo é uma elipse, e também especificamos uma restrição para o efeito de que $a = b$. Além disso, dentro dessa restrição, especificamos a representação possível {r,ctr} para os círculos, e também indicamos como essa representação possível está relacionada àquela usada para elipses. Observe como o nome do supertipo pode ser usado no contexto de tal restrição para indicar um valor qualquer do supertipo em questão.

Agora o sistema sabe, por exemplo, que CÍRCULO é um subtipo de ELIPSE e, portanto, que operadores (e restrições) que se aplicam a elipses em geral se aplicam também a círculos em particular. Aqui temos, em linhas gerais, as definições para alguns desses operadores:

```
OPERATOR ÁREA ( E ELIPSE ) RETURNS ÁREA ;
   /* "área de" – note que ÁREA é o nome tanto */
   /* do operador em si e o tipo do resultado   */ ... ;
END OPERATOR ;

OPERATOR THE_A ( E ELIPSE ) RETURNS COMPRIMENTO ;
   /* "o semi-eixo a de" */ ... ;
END OPERATOR

OPERATOR THE_B ( E ELIPSE ) RETURNS COMPRIMENTO ;
   /* "o semi-eixo b de" */ ...
END OPERATOR

OPERATOR THE_CTR ( E ELIPSE ) RETURNS PONTO ;
   /* "o centro de" */ ...
END OPERATOR

OPERATOR THE_R ( C CÍRCULO ) RETURNS COMPRIMENTO ;
   /* "o raio de" */ ...
END OPERATOR ;
```

Todos esses operadores, com exceção de THE_R, se aplicam a valores do tipo ELIPSE e, em consequência, também a valores do tipo CÍRCULO; ao contrário, THE_R se aplica somente a valores do tipo CÍRCULO.

Terminologia

Infelizmente, existem várias outras definições e termos que precisamos introduzir antes de podermos ir muito adiante. Contudo, os conceitos são diretos, em sua maioria.

1. Um supertipo de um supertipo é ele próprio um supertipo; por exemplo, POLÍGONO é um supertipo de QUADRADO.
2. Todo tipo é um supertipo dele próprio; por exemplo, ELIPSE é um supertipo de ELIPSE.

3. Se A é um supertipo de B, e se A e B são distintos, então A é um supertipo **próprio** de B; por exemplo, POLÍGONO é um supertipo próprio de QUADRADO. E se A é um supertipo próprio de B, então A também precisa ser um super*conjunto* de B – ou seja, deve haver pelo menos um valor do tipo A que não seja um valor do tipo B.

É claro que observações semelhantes se aplicam a subtipos. Portanto:

4. Um subtipo de um subtipo é ele próprio um subtipo; por exemplo, QUADRADO é um subtipo de POLÍGONO.

5. Todo tipo é um subtipo dele próprio; por exemplo, ELIPSE é um subtipo de ELIPSE.

6. Se B é um subtipo de A, e se B e A são distintos, então B é um subtipo **próprio** de A; por exemplo, QUADRADO é um subtipo próprio de POLÍGONO. E se B é um subtipo próprio de A, então B também precisa ser um sub*conjunto* próprio de A.

Além disso:

7. Se A é um supertipo de B e não existe qualquer tipo C que seja ao mesmo tempo um subtipo próprio de A e um supertipo próprio de B, então A é um supertipo **imediato** de B e B é um subtipo **imediato** de A; por exemplo, RETÂNGULO é um supertipo imediato de QUADRADO, e QUADRADO é um subtipo imediato de RETÂNGULO. Então, observe que, em nossa sintaxe de **Tutorial D**, a palavra-chave IS significa, de forma bastante específica, "é um subtipo *imediato* de".

8. Um tipo **raiz** é um tipo sem supertipo próprio; por exemplo, FIGURA_PLANA é um *tipo* raiz. *Nota*: Não supomos que existe apenas um tipo de raiz. No entanto, se existirem dois ou mais, sempre poderemos inventar alguma espécie de tipo "do sistema" que seja um supertipo imediato de todos eles; assim, não há qualquer perda de generalidade ao considerarmos apenas um.

9. Um tipo **folha** é um tipo sem subtipo próprio; por exemplo, CÍRCULO é um tipo folha. *Nota*: Essa definição é ligeiramente simplificada, mas é adequado para os fins atuais (ela precisa de uma pequena extensão para lidar corretamente com a herança múltipla [3.3]).

10. Todo subtipo próprio tem exatamente um supertipo imediato. *Nota*: Aqui estamos apenas tornando explícita nossa suposição de que estamos lidando somente com herança simples. Como já observamos, os efeitos de relaxar essa suposição são explorados em detalhes na referência [3.3].

11. Desde que (a) exista pelo menos um tipo e (b) não exista *ciclos* – ou seja, não exista qualquer sequência de tipos $T1, T2, T3, ..., Tn$ tal que $T1$ seja um subtipo imediato de $T2$, $T2$ seja um subtipo imediato de $T3$, ..., e Tn seja um subtipo imediato de $T1$ – então pelo menos um tipo *precisa* ser um tipo raiz. *Nota*: Na verdade, *não é possível* existir ciclo algum (por que não?).

A hipótese de disjunção

Vamos fazer mais uma suposição para simplificar, assim: se $T1$ e $T2$ são tipos raízes distintos ou subtipos imediatos distintos do mesmo supertipo (implicando em particular que nenhum deles é um subtipo do outro), então supomos que eles são **disjuntos** – ou seja, nenhum valor é do tipo $T1$ e $T2$ ao mesmo tempo. Por exemplo, nenhum valor é simultaneamente uma elipse e um polígono.

Os pontos adicionais a seguir são consequências imediatas dessa suposição:

12. Hierarquias de tipos distintas são disjuntas.

13. Tipos folhas distintos são disjuntos.

14. Todo valor tem exatamente um tipo **mais específico**. Por exemplo, determinado valor poderia ser "apenas uma elipse" e não um círculo, significando que seu tipo mais específico é ELIPSE (no mundo real, algumas elipses não são círculos). De fato, dizer que o tipo mais específico de algum valor v é T é dizer, precisamente, que o conjunto de tipos possuídos por v é o conjunto de todos os supertipos de T (um conjunto que, por definição, inclui o próprio T).

Um motivo para a hipótese da disjunção ser desejável é o fato de que ela evita certas ambiguidades que poderiam ocorrer em caso contrário. Por exemplo, imagine que algum valor v pudesse ser de dois tipos $T1$ e $T2$, nenhum deles sendo um subtipo do outro. Suponha ainda que um operador denominado Op tenha sido definido para o tipo $T1$ e outro operador com o mesmo nome Op tenha sido definido para o tipo $T2$ (em outras palavras, Op é sobrecarregado – ver Seção 20.3). Então, uma chamada de Op com o argumento v seria ambígua.

Nota: A hipótese de disjunção é razoável, desde que limitemos nossa atenção apenas à herança simples, mas ela precisa ser relaxada no caso da herança múltipla. Consulte a referência [3.3] para obter uma discussão detalhada.

Uma nota sobre representação física

Embora estejamos preocupados principalmente com um *modelo* de herança, não com os aspectos da implementação, existem certas questões de implementação que você precisa entender até certo ponto, a fim de compreender o conceito geral de herança de forma correta – e agora vamos a uma delas:

15. O fato de que B é um subtipo de A não implica que a representação física e oculta de valores de B é igual à de valores de A.[3] Por exemplo, elipses poderiam ser fisicamente representadas por seu centro e seus semieixos, enquanto círculos poderiam ser fisicamente representados por seu centro e raio (entretanto, não existe qualquer requisito, em geral, pelo qual uma representação física deva ser igual a qualquer uma das representações possíveis declaradas). Esse ponto será importante em várias seções a seguir.

20.3 POLIMORFISMO E POSSIBILIDADE DE SUBSTITUIÇÃO

Nesta seção, vamos considerar dois conceitos cruciais, o *polimorfismo* e a *possibilidade de substituição*, que juntos fornecem a base para se conseguir o benefício da reutilização do código, mencionado rapidamente na Seção 20.1. Devemos dizer de imediato que esses dois conceitos são, na realidade, apenas modos diferentes de ver a mesma coisa. Seja como for, vamos começar examinando o polimorfismo.

Polimorfismo

A noção de herança implica que, se T' é um subtipo de T, então todos os operadores que se aplicam a valores do tipo T também se aplicam a valores do tipo T'. Por exemplo, se ÁREA(e) é válida, em que e é uma elipse, então ÁREA(c), em que c é um círculo, também deve ser válida. Observe, portanto, que precisamos ser muito cuidadosos em relação à diferença entre os **parâmetros** em cujos termos determinado operador é definido, com seus tipos *declarados*, e os **argumentos** correspondentes a determinada chamada desse operador, com seus tipos *mais específicos*. Por exemplo, o operador ÁREA é definido em termos de um parâmetro do tipo declarado ELIPSE – veja a Seção 20.2 – mas o tipo mais específico do argumento da chamada ÁREA(c) é CÍRCULO.

Lembre-se agora que elipses e círculos, pelo menos do modo como os definimos na Seção 20.2, têm diferentes representações possíveis:

```
TYPE ELIPSE ...
     REPRPOS { A ..., B ..., CTR ... } ;

TYPE CÍRCULO ...
     REPRPOS { R ..., CTR ... } ;
```

---

[3]Na verdade, não existe qualquer motivo lógico para que todos os valores do *mesmo* tipo devam ter a mesma representação física. Por exemplo, alguns pontos poderiam ser representados fisicamente por coordenadas cartesianas e outros por coordenadas polares; algumas temperaturas poderiam ser representadas fisicamente em graus Celsius e outras em Fahrenheit; alguns inteiros poderiam ser representados fisicamente em decimal, e outros em binário; e assim por diante. Naturalmente, o sistema precisa saber como converter entre as representações físicas nesses casos, a fim de implementar atribuições, comparações etc. de modo correto.

Então, é razoável supor que duas versões diferentes do operador ÁREA possam existir nos bastidores, uma que utilize a representação possível ELIPSE e uma que utilize a representação possível CÍRCULO. Repetindo, é *razoável supor* – mas pode não ser *necessário*. Por exemplo, o código de ELIPSE poderia ser semelhante a este:

```
OPERATOR ÁREA ( E ELIPSE ) RETURNS ÁREA ;
   RETURN ( 3.14159 * THE_A ( E ) * THE_B ( E ) ) ;
END OPERATOR ;
```

(A área de uma elipse é πab). E obviamente esse código funcionará de forma correta se for chamado com um círculo em vez de uma elipse mais geral pois, no caso de um círculo, THE_A e THE_B retornam ambos o raio *r*. Entretanto, o responsável pela definição do tipo CÍRCULO poderia preferir, por várias razões, implementar uma versão distinta de ÁREA que fosse específica para círculos e chamasse THE_R em vez de THE_A e THE_B. *Nota*: De fato, pode ser desejável implementar duas versões do operador, mesmo que as representações possíveis sejam iguais, por questões de eficiência. Por exemplo, considere polígonos e retângulos. O algoritmo que calcula a área de um polígono geral certamente funcionará para um retângulo, mas, para retângulos, está disponível um algoritmo mais eficiente – multiplicar a altura pela largura.

Observe, porém, que o código da ELIPSE certamente não funcionará para círculos, se for escrito em termos da representação *física* de ELIPSE, em lugar de uma representação possível, e se as representações físicas para os tipos ELIPSE e CÍRCULO forem diferentes. A prática de implementar operadores em termos de representações físicas em geral não é uma boa ideia. Codifique defensivamente![4]

De qualquer forma, se ÁREA *não* for reimplementada para o tipo CÍRCULO, então obteremos a *reutilização do código* (isto é, para o código de implementação de ÁREA). *Nota*: Encontraremos um tipo mais importante de reutilização na próxima subseção.

É claro que, do ponto de vista do modelo, não faz diferença quantas versões de ÁREA existem nos bastidores: no que se refere ao usuário, existe apenas um operador ÁREA, que funciona para elipses e, portanto, também para círculos, por definição. Em outras palavras, do ponto de vista do modelo, ÁREA é **polimórfico**, significando que pode tomar argumentos de diferentes tipos em chamadas separadas. Então, observe que esse polimorfismo é uma consequência lógica da herança: se temos herança, *devemos* ter polimorfismo, caso contrário não temos herança!

Agora, o polimorfismo em si não é uma ideia nova, como você já deve ter percebido (de fato, discutimos a respeito disso rapidamente no Capítulo 5). Por exemplo, a SQL já tem operadores polimórficos ("=", "+", "||" e muitos outros), e de fato isso acontece na maioria das outras linguagens de programação. Algumas linguagens permitem até mesmo que os usuários definam seus próprios operadores polimórficos; por exemplo, PL/I oferece tal recurso, sob o nome de "funções GENERIC". Contudo, não há qualquer herança envolvida em qualquer um desses exemplos; são todos exemplos daquilo que às vezes se chama polimorfismo de **sobrecarga**. Ao contrário, o tipo de polimorfismo exibido pelo operador ÁREA é chamado polimorfismo de **inclusão**, pois o relacionamento entre (digamos) círculos e elipses é basicamente o de *inclusão de conjuntos* [20.4]. Por questões óbvias, usaremos o termo não qualificado *polimorfismo* no restante deste capítulo para indicar especificamente o polimorfismo de inclusão, exceto quando surgirem instruções explícitas em contrário.

Nota: Um modo útil de pensar sobre a diferença entre o polimorfismo de sobrecarga e o de inclusão é:

- O polimorfismo de *sobrecarga* significa que existem vários operadores distintos com o mesmo nome (e o usuário precisa saber que os operadores em questão são de fato distintos, com semântica distinta – embora de preferência semelhante). Por exemplo, "+" é sobrecarregado na maioria das linguagens: existe um operador "+" para adição de inteiros, outro operador "+" para adição de racionais, e assim por diante.

---

[4]De fato, nossa própria recomendação seria de que o acesso a representações físicas fosse limitado apenas ao código que implementa os operadores – seletores, operadores THE_ e assim por diante – *que são prescritos pelo modelo*. (Mais do que isso, na prática, muitos desses operadores provavelmente já possuem implementações fornecidas pelo sistema.)

- O polimorfismo de *inclusão* significa que existe apenas um operador, possivelmente com várias versões de implementação distintas nos bastidores (mas o usuário não precisa saber se de fato existem ou não várias versões de implementação – para o usuário, é bom repetir, existe apenas um operador).

Programação com polimorfismo

Considere o seguinte exemplo. Vamos supor que precisamos escrever um programa para exibir algum diagrama, formado de quadrados, círculos, elipses, e assim por diante. Sem polimorfismo, o código será semelhante ao do pseudocódigo a seguir:

```
FOR EACH x ∈ DIAGRAMA
   CASE ;
      WHEN IS_QUADRADO ( x ) THEN CALL EXIBIR_QUADRADO ... ;
      WHEN IS_CÍRCULO  ( x ) THEN CALL EXIBIR_CÍRCULO ... ;
         .....
   END CASE ;
```

(Estamos supondo a existência de operadores IS_QUADRADO, IS_CÍRCULO, assim por diante, que podem ser usados para testar se determinado valor é do tipo especificado. Consulte a Seção 20.6.) Ao contrário, com o polimorfismo, o código é muito mais simples e muito mais sucinto:

```
FOR EACH x   DIAGRAMA CALL EXIBIR ( x ) ;
```

Explicação: Aqui, EXIBIR é um operador polimórfico. A versão de implementação de EXIBIR que funciona para valores do tipo T será definida (em geral) quando o tipo T for definido e se tornará conhecida para o sistema nesse momento. Então, em tempo de execução, quando o sistema encontrar a chamada de EXIBIR com o argumento x, ele terá de determinar o tipo mais específico de x, e depois chamar a versão de EXIBIR apropriada para esse tipo – um processo conhecido como **acoplamento em tempo de execução (run-time binding)**.[5] Em outras palavras, o polimorfismo significa efetivamente que expressões CASE e instruções CASE que de outra forma teriam de aparecer no código-fonte do usuário são *movidas nos bastidores*: o sistema executa efetivamente essas operações CASE a mando do usuário.

Observe as implicações do que foi dito para a manutenção de programas em particular. Por exemplo, suponha que um novo tipo, TRIÂNGULO, seja definido como outro subtipo imediato de POLÍGONO e, portanto, que o diagrama a ser exibido pode agora incluir também triângulos. Sem o polimorfismo, todo programa que contém uma expressão ou instrução CASE como a que foi mostrada terá agora de ser modificado para incluir código da forma:

```
WHEN IS_TRIÂNGULO ( x ) THEN CALL EXIBIR_TRIÂNGULO ... ;
```

Porém, com o polimorfismo, nenhuma modificação será necessária no código-fonte.

Por causa de exemplos como estes, o polimorfismo é caracterizado às vezes de modo um pouco pitoresco, como "permitir que código antigo chame novo código"; isto é, um programa P pode chamar efetivamente alguma versão de algum operador que nem mesmo existia (ou seja, a versão) no momento em que P foi escrito. Então, aqui temos outro – e mais importante – exemplo de *reutilização do código*: o mesmo programa P pode ser utilizado sobre dados de um tipo T que, repetimos, nem mesmo existia no momento em que P foi escrito.

Possibilidade de substituição

Como já mencionamos, o conceito de possibilidade de substituição é realmente apenas o conceito de polimorfismo visto sob um ponto de vista um pouco diferente. Por exemplo, vimos que, se ÁREA(e) é válida, em que e

---

[5] O acoplamento em tempo de execução é uma questão de implementação, é claro, e não uma questão de modelo. Essa é outra daquelas questões de implementação que você tem de apreciar até certo ponto a fim de entender de modo correto o conceito geral de herança.

é uma elipse, então ÁREA(c), em que c é um círculo, também tem de ser válida. Em outras palavras, em qualquer ponto em que o sistema espera uma elipse, sempre podemos substituí-la por um círculo. De modo mais genérico, em qualquer ponto em que o sistema espera um valor do tipo T, sempre podemos substituí-lo por um valor do tipo T', em que T' é um subtipo de T – *O Princípio da Possibilidade de Substituição de Valores*.

Observe em particular que esse princípio implica que, se alguma relação r tem um atributo A do tipo declarado ELIPSE, alguns dos valores de A em r podem ser do tipo CÍRCULO, em vez de serem apenas do tipo ELIPSE. Do mesmo modo, se algum tipo T tem uma representação possível que envolve um componente C do tipo declarado ELIPSE, então para alguns valores v do tipo T a chamada do operador THE_C(v) pode retornar um valor do tipo CÍRCULO em lugar de apenas o tipo ELIPSE.

Finalmente observamos que, por ser na realidade apenas o polimorfismo sob outro ponto de vista, a possibilidade de substituição também é uma consequência lógica da herança: se temos herança, então *devemos* ter possibilidade de substituição; caso contrário, não temos herança.

20.4 VARIÁVEIS E ATRIBUIÇÕES

Vamos supor que temos duas variáveis E e C, dos tipos declarados ELIPSE e CÍRCULO, respectivamente:

```
VAR E ELIPSE ;
VAR C CÍRCULO ;
```

Primeiro, inicializamos C como algum círculo – digamos (apenas para sermos exatos) o círculo com raio três e centro na origem:

```
C  :=  CÍRCULO ( COMPRIMENTO ( 3.0 ), PONTO ( 0.0, 0.0 ) ) ;
```

Aqui, a expressão no lado direito é uma chamada de seletor para o tipo CÍRCULO. Vimos no Capítulo 5 que, para cada representação possível declarada, existe um operador seletor correspondente com o mesmo nome e com parâmetros que correspondem aos componentes da representação possível em questão. O propósito de um seletor é permitir ao usuário especificar ou "selecionar" um valor do tipo em questão fornecendo um valor para cada componente da representação possível em questão. *Nota:* Para simplificar, consideramos aqui e no restante deste capítulo que a representação possível cartesiana para os pontos é chamada PONTO, em vez de CARTESIANO (como no Capítulo 5). O segundo argumento do seletor de CÍRCULO no exemplo, portanto, é uma chamada desse seletor cartesiano para pontos.

Agora, considere a seguinte atribuição:

```
E  :=  C ;
```

Normalmente – isto é, na ausência da subtipagem e da herança –, a operação de atribuição exige que o valor indicado pela expressão no lado direito seja do mesmo tipo (ou seja, do mesmo tipo *declarado*) da variável no lado esquerdo. Contudo, *O Princípio da Possibilidade de Substituição de Valores* implica que, onde o sistema espera um valor do tipo ELIPSE, sempre podemos substituí-lo por um valor do tipo CÍRCULO e, então, a atribuição é válida como mostrada (de fato, a atribuição é um operador polimórfico). E o efeito é copiar o valor do círculo da variável C para a variável E; assim, o valor da variável E após a atribuição é do tipo CÍRCULO, não apenas do tipo ELIPSE. Em outras palavras:

- **Os valores retêm seu tipo mais específico na atribuição a variáveis de tipo declarado menos específico.** A conversão de tipo *não* ocorre em tal atribuição (no exemplo, o círculo *não* é convertido para se tornar "apenas uma elipse").[6] Observe que não queremos qualquer conversão desse tipo, porque ela causaria a perda do comportamento mais específico do valor; por exemplo, no caso em questão, ela significaria que, após a atribuição, não seríamos capazes de obter o valor do raio do círculo na variável E. (Consulte a subseção "TREAT DOWN", mais adiante nesta seção, para ver uma discussão do que está envolvido na obtenção desse raio.)

---

[6]De fato, refletindo bem, vemos que a própria ideia de tal conversão não tem sentido – porque, se fosse possível, significaria que algum valor poderia ter dois tipos mais específicos ao mesmo tempo.

- Segue-se que *a possibilidade de substituição implica que uma variável do tipo declarado T pode ter um valor cujo tipo mais específico seja* **qualquer subtipo** *de T.* Portanto, observe que agora devemos ter muito cuidado com relação à diferença entre o tipo *declarado* de uma determinada variável e o tipo *mais específico* do valor atual dessa variável. Voltaremos a esse importante assunto na próxima subseção.

Para continuar com o exemplo, suponha que agora temos outra variável A, do tipo declarado ÁREA:

```
VAR A ÁREA ;
```

Considere a seguinte atribuição:

```
A  :=  ÁREA ( E ) :
```

O que acontece aqui é o seguinte:

- Primeiro, o sistema executa a verificação de tipo em tempo de compilação na expressão ÁREA(E). Essa verificação é bem-sucedida, porque E é do tipo declarado ELIPSE, e o único parâmetro para o operador ÁREA também é do tipo declarado ELIPSE, como vimos na Seção 20.2.
- Segundo, o sistema descobre em tempo de execução que o tipo mais específico atual de (do valor em) E é CÍRCULO, e então chama a versão de ÁREA que se aplica a círculos; em outras palavras, ele executa o processo de acoplamento em tempo de execução discutido na seção anterior.

É claro que o fato de ser chamada a versão de círculo de ÁREA, e não a versão ELIPSE, não deve ser de interesse para o usuário – para o usuário, repetimos, existe apenas um operador ÁREA.

Variáveis

Vimos que o valor atual v de uma variável V de tipo declarado T pode ter qualquer subtipo de T como seu tipo mais específico. Segue-se que podemos modelar V como uma *tripla ordenada* da forma $<TD,TME,v>$, em que:

- TD é o tipo declarado para a variável V.
- TME é o tipo mais específico atual para a variável V (significando o tipo mais específico do valor atual da variável V).
- v é um valor de tipo mais específico TME – ou seja, o valor atual da variável V.

Usamos a notação $TD(V)$, $TME(V)$, e $v(V)$ para fazer referência aos componentes TD, TME e v, respectivamente, desse modelo de variável escalar V. Observe que (a) $TME(V)$ é sempre um subtipo – não necessariamente um subtipo próprio – de $TD(V)$; (b) $TME(V)$ e $v(V)$ mudam com o tempo, em geral; (c) de fato, $TME(V)$ é implicado por $v(V)$, porque todo valor é de exatamente um tipo mais específico.

Esse modelo de uma variável escalar é útil na obtenção da semântica precisa de diversas operações, inclusive operações de atribuição em particular. Porém, antes de podermos desenvolver esse tema, devemos explicar que as noções de tipo declarado e tipo mais específico atual podem ser estendidas de maneira óbvia para se aplicarem também a quaisquer expressões, além de variáveis simples. Seja X uma dessas expressões. Então:

- X tem um *tipo declarado*, $TD(X)$ – a saber, o tipo declarado do operador Op que é chamado no nível mais externo de X. $TD(X)$ é conhecido durante a compilação.
- X também tem um *tipo mais específico atual*, $TME(X)$ – a saber, o tipo que é o tipo mais específico de $v(X)$. $TME(X)$ não é conhecido antes do momento da execução (em geral).

Agora podemos explicar a atribuição corretamente. Considere a atribuição:

```
V  :=  X ;
```

(em que *V* é uma variável e *X* é uma expressão). *TD*(*X*) deve ser um subtipo de *TD*(*V*), caso contrário a atribuição será inválida (essa é uma verificação em tempo de compilação). Se a atribuição for válida, seu efeito será definir *TME*(*V*) igual a *TME*(*X*) e *v*(*V*) igual a *v*(*X*).

A propósito, observe que, se o tipo mais específico atual da variável *V* for *T*, então todo supertipo próprio do tipo *T* também será um "tipo atual" da variável *V*. Por exemplo, se a variável E (do tipo declarado ELIPSE) tem um valor atual do tipo mais específico CÍRCULO, então CÍRCULO, ELIPSE e FIGURA_PLANA são todos "tipos atuais" de E. Entretanto, a frase "tipo atual de *X*" normalmente é considerada, pelo menos em termos informais, com o significado específico de *TME*(*X*).

Revisão da possibilidade de substituição

Considere a definição de operador a seguir:

```
OPERATOR COPY ( E ELIPSE ) RETURNS ELIPSE ;
   RETURN ( E ) ;
END OPERATOR ;
```

Devido à possibilidade de substituição, o operador COPY pode ser chamado com um argumento de tipo mais específico ELIPSE ou CÍRCULO – e, qualquer que seja, ele certamente retornará um resultado desse mesmo tipo mais específico. Segue-se que a noção de possibilidade de substituição tem a implicação adicional de que, *se o operador Op é definido para ter um resultado de tipo declarado T, então o resultado real de uma chamada de Op pode ser de qualquer subtipo do tipo T* (geralmente). Em outras palavras, da mesma maneira que (a) uma referência a uma variável de tipo declarado *T* pode de fato indicar um valor de qualquer subtipo de *T* (geralmente), também (b) uma chamada de um operador com tipo declarado *T* pode de fato retornar um valor de qualquer subtipo de *T* (mais uma vez, geralmente).

TREAT DOWN

Aqui está novamente o exemplo do início desta seção:

```
VAR E ELIPSE ;
VAR C CÍRCULO ;

C  :=  CÍRCULO ( COMPRIMENTO ( 3.0 ), PONTO ( 0.0, 0.0 ) ) ;
E  :=  C ;
```

TME(E) agora é CÍRCULO. Então, suponha que queremos obter o raio do círculo em questão e atribuí-lo a alguma variável L. Poderíamos tentar o seguinte:

```
VAR L COMPRIMENTO ;

L  :=  THE_R ( E ) ;      /* erro de tipo em tempo de compilação !!! */
```

Porém, conforme indica o comentário, esse código incorre em um erro de tipo em tempo de compilação. Especificamente, ele falha porque o operador THE_R ("o raio de") no lado direito da atribuição exige um argumento do tipo CÍRCULO, e o tipo declarado do argumento E é ELIPSE, e não CÍRCULO. Observe que, se a verificação de tipo em tempo de compilação não fosse feita, teríamos, em vez disso, um erro de tipo *em tempo de execução* – o que é pior – se o valor de E em tempo de execução fosse apenas uma elipse, e não um círculo. Em nosso caso, sabemos que o valor em tempo de execução será um círculo; o problema é que nós sabemos disso, mas o compilador não.

Para resolver tais problemas, introduzimos um novo operador, ao qual nos referimos informalmente como *TREAT DOWN*. A maneira correta obter o raio no exemplo é esta:

```
L  :=  THE_R ( TREAT_DOWN_AS_CÍRCULO ( E ) ) ;
```

A expressão TREAT_DOWN_AS_CÍRCULO(E) é definida como tendo o tipo declarado CÍRCULO; assim, a verificação de tipo em tempo de compilação agora é bem-sucedida. Então, em tempo de execução:

- Se o valor atual de E é de fato do tipo CÍRCULO, então a expressão global retorna corretamente o raio desse círculo. De modo mais preciso, a chamada de TREAT DOWN produz um resultado Z, digamos, com (a) o tipo declarado $TD(Z)$ igual a CÍRCULO, devido à especificação "..._AS_CÍRCULO", (b) o tipo mais específico atual $TME(Z)$ igual a $TME(E)$, que também é CÍRCULO no exemplo; e (c) o valor atual $v(Z)$ igual a $v(E)$. Finalmente, (d) a expressão "THE_R(Z)" é avaliada, a fim de fornecer o raio desejado (que pode então ser atribuído a L).

- Porém, se o valor atual de E for somente do tipo ELIPSE, e não CÍRCULO, então TREAT DOWN incorrerá em um erro de tipo *em tempo de execução*.

O propósito geral de TREAT DOWN é assegurar que erros de tipo em tempo de execução só possam ocorrer no contexto de uma chamada de TREAT DOWN.

Nota: Suponha que CÍRCULO, por sua vez, tenha um subtipo próprio, digamos O_CÍRCULO (em que um "O-círculo" é um círculo que tem seu centro na origem):

```
TYPE O_CÍRCULO
    IS CÍRCULO
        CONSTRAINT THE_CTR ( CÍRCULO ) = PONTO ( 0.0, 0.0 )
        REPRPOS { R = THE_R ( CÍRCULO ) } ;
```

Então, o valor atual da variável E em algum momento determinado poderia ser do tipo mais específico O_CÍRCULO, em vez de apenas CÍRCULO. Nesse caso, a chamada de TREAT DOWN:

```
TREAT_DOWN_AS_CÍRCULO ( E )
```

terá sucesso e produzirá um resultado, digamos Z, com (a) $TD(Z)$ igual a CÍRCULO, devido à especificação "..._AS_CÍRCULO", (b) $TME(Z)$ igual a O_CÍRCULO, porque O_CÍRCULO é o tipo mais específico de E e (c) $v(Z)$ igual a $v(E)$. Em outras palavras (em termos informais): TREAT DOWN sempre deixa o tipo mais específico sozinho, nunca "o empurra" até torná-lo menos específico do que era antes.

Aqui está, para consulta futura, uma declaração mais formal da semântica de chamada do operador TREAT_DOWN_AS_$T(X)$, em que X é alguma expressão. Primeiramente, $TEM(X)$ deve ser um subtipo de T (essa é uma verificação em tempo de execução); supondo-se que essa condição seja satisfeita, a chamada retorna um resultado Z com $TD(Z)$ igual T, $TME(Z)$ igual a $TME(X)$ e $v(Z)$ igual a $v(X)$. *Nota*: A referência [3.3] também define uma forma generalizada de TREAT DOWN que permite a um operando ser "reduzido" ao tipo de outro, em vez de algum tipo nomeado explicitamente.

20.5 ESPECIALIZAÇÃO POR RESTRIÇÃO

Considere o exemplo a seguir de uma chamada de seletor para o tipo ELIPSE:

```
ELIPSE ( COMPRIMENTO ( 5.0 ), COMPRIMENTO ( 5.0 ), PONTO ( ... ) )
```

Essa expressão retorna uma elipse de semieixos iguais. Porém, no mundo real, uma elipse com semieixos iguais é na verdade um círculo – então essa expressão retorna um resultado do tipo mais específico CÍRCULO, em vez de ser do tipo mais específico ELIPSE?

Muitas controvérsias surgiram na literatura – e de fato isso ainda ocorre [20.6] – sobre questões como essa. Em nosso próprio modelo decidimos, após uma reflexão cuidadosa, que é melhor insistir que a expressão de fato retorna um resultado do tipo mais específico CÍRCULO. Em termos mais gerais, se o tipo T' é um subtipo do tipo T, e se uma chamada de seletor para o tipo T retorna um valor que satisfaz à restrição de tipo para o tipo T', então (em nosso modelo) o resultado dessa chamada de seletor é do tipo T'. Porém, saiba que poucos produtos comerciais de hoje (se algum) se comportam realmente dessa maneira na prática, mas consideramos esse fato como uma falha por parte desses sistemas; a referência [3.3] mostra que, em consequência dessa falha, esses sistemas são forçados a admitir "círculos não circulares", "quadrados não quadrados" e outros exemplos igualmente sem sentido – uma crítica que não se aplica à nossa abordagem. *Nota:* Veja também a discussão do **Segundo Grande Erro**, no Capítulo 26.

Decorre do que foi dito antes que (pelo menos em nosso modelo) nenhum valor do tipo mais específico ELIPSE tem $a = b$; em outras palavras, valores do tipo mais específico ELIPSE correspondem precisamente a elipses do mundo real que não são círculos. Ao contrário, valores do tipo mais específico ELIPSE em outros modelos de herança correspondem a elipses do mundo real que *podem ou não* ser círculos. Desse modo, consideramos que nosso modelo está um pouco mais próximo de ser "um bom modelo da realidade".

Finalmente, a ideia de que (por exemplo) uma elipse com $a = b$ tem de ser do tipo CÍRCULO é conhecida como **especialização por restrição** [3.3] – embora devamos adverti-lo de que outros autores usam esse termo, ou algo muito parecido, para indicar algo completamente diferente (por exemplo, consulte as referências [20.10] e [20.14]).

Revisão das pseudovariáveis THE_

Vimos no Capítulo 5 que as pseudovariáveis THE_ fornecem um meio para atualizar um componente de uma variável, deixando os outros componentes inalterados (aqui, "componentes" se refere a componentes de alguma representação *possível*, não necessariamente a representação *física*). Por exemplo, seja a variável E de tipo declarado ELIPSE, e seja o valor atual de E uma elipse com (digamos) a igual a cinco e b igual a três. Então, a atribuição

```
THE_B ( E ) :=  COMPRIMENTO ( 4.0 ) ;
```

atualiza o semieixo b de E para quatro, sem alterar seu semieixo a ou seu centro.

Agora, como também observamos no Capítulo 5, as pseudovariáveis THE_ são logicamente desnecessárias – na realidade, elas são apenas abreviações. Por exemplo, a atribuição que acabamos de mostrar, que utiliza a pseudovariável THE_, é uma abreviação para a seguinte, que não a utiliza:

```
E  :=  ELIPSE ( THE_A ( E ), COMPRIMENTO ( 4.0 ), THE_CTR ( E ) ) ;
```

Então, considere a seguinte atribuição:

```
THE_B (E) :=  COMPRIMENTO (5.0) ;
```

Por definição, essa atribuição é equivalente à seguinte:

```
E  :=  ELIPSE ( THE_A ( E ) , COMPRIMENTO (5.0), THE_CTR ( E ) ) ;
```

Portanto, a especialização por restrição entra em cena (porque a expressão no lado direito retorna uma elipse com $a = b$), e o efeito final é que, após a atribuição, TME(E) é CÍRCULO, e não ELIPSE.

Em seguida, considere a atribuição:

```
THE_B ( E ) :=  COMPRIMENTO ( 4.0 ) ;
```

Agora, E contém uma elipse com a cinco e b quatro, e TME(E) se torna mais uma vez ELIPSE – um efeito a que nos referimos como **generalização** por restrição.

Nota: Vamos supor (como fizemos no final da Seção 20.4) que o tipo CÍRCULO possui um subtipo próprio O_CÍRCULO (em que um "O-círculo" é um círculo com centro na origem):

```
TYPE O_CÍRCULO
    IS CÍRCULO
        CONSTRAINT THE_CTR ( CÍRCULO ) = PONTO ( 0.0, 0.0 )
        REPRPOS { R = THE_R ( CÍRCULO ) } ;
```

Então, o valor atual da variável E em qualquer instante pode ser do tipo mais específico O_CÍRCULO, em vez de ser apenas CÍRCULO. Vamos supor que seja assim e considerar esta sequência de atribuições:[7]

---

[7]Se a atribuição múltipla fosse admitida, poderíamos realizar a sequência como uma única operação.

```
THE_A ( E )  :=  COMPRIMENTO ( 7.0 ) ;
THE_B ( E )  :=  COMPRIMENTO ( 7.0 ) ;
```

Após a primeira dessas atribuições, E conterá "apenas uma elipse", graças à generalização por restrição. Porém, depois da segunda, ele conterá novamente um círculo – mas será um O-círculo especificamente ou "apenas um círculo"? Obviamente, gostaríamos que fosse um O-círculo especificamente. E de fato ele é, porque satisfaz à restrição para o tipo O_CÍRCULO (inclusive a restrição herdada por esse tipo do tipo CÍRCULO).

Alterando tipos lateralmente

Mais uma vez, seja E uma variável de tipo declarado ELIPSE. Vimos como alterar o tipo de E "para baixo" (por exemplo, se seu tipo mais específico atual é ELIPSE, vimos como atualizá-lo de modo que o tipo mais específico atual se torne CÍRCULO); vimos também como alterar o tipo de E "para cima" (por exemplo, se seu tipo mais específico atual é CÍRCULO, vimos como atualizá-lo de modo que o tipo mais específico atual se torne ELIPSE). Contudo, como alterar tipos "lateralmente"? Suponha que nosso exemplo funcional seja estendido de modo que o tipo ELIPSE tenha dois subtipos imediatos, CÍRCULO e NÃO_CÍRCULO (com os significados óbvios).[8] Sem entrarmos em muitos detalhes, deverá ficar claro que:

- Se o valor atual de E é do tipo CÍRCULO (então, $a = b$), atualizar E de modo que $a > b$ fará $TME(E)$ se tornar NÃO_CÍRCULO.

- Se o valor atual de E é do tipo NÃO_CÍRCULO (então, $a > b$), atualizar E de modo que $a = b$ fará $TME(E)$ se tornar CÍRCULO.

Desse modo, a especialização por restrição cuida também das alterações de tipos "laterais". *Nota*: Caso você esteja pensando nisso, a atualização de E de modo que $a < b$ é impossível (ela viola a restrição sobre o tipo ELIPSE).

20.6 COMPARAÇÕES

Vamos supor que temos nossas duas variáveis habituais E e C dos tipos declarados ELIPSE e CÍRCULO, respectivamente, e suponha ainda que atribuímos o valor atual de C a E:

```
E := C ;
```

Então, certamente é óbvio que, se executarmos agora a comparação de igualdade:

```
E = C
```

devemos obter o resultado *verdadeiro* – e de fato é o que obtemos. A regra geral é a seguinte. Considere X e Y expressões quaisquer. Então, a comparação $X = Y$ é válida se os tipos declarados $TD(X)$ e $TD(Y)$ tiverem um supertipo comum (um requisito que certamente é satisfeito se qualquer um deles for um supertipo do outro, naturalmente); caso contrário, ela é inválida (essa é uma verificação em tempo de compilação). Se a comparação for válida, seu efeito será retornar TRUE (verdadeiro) se o valor $v(X)$ for igual ao valor $v(Y)$, e FALSE (falso) em caso contrário. A propósito, observe que X e Y não podem ser "iguais na comparação" se seus tipos mais específicos forem diferentes, pois se $v(X)$ é igual a $v(Y)$, então $TME(X)$ precisa ser igual a $TME(Y)$.

Efeito sobre a álgebra relacional

Como sabemos pelo Capítulo 7, as comparações de igualdade estão envolvidas, de forma implícita ou explícita, em muitas operações da álgebra relacional.[9] E quando estão envolvidos supertipos e subtipos, observa-

---

[8]ELIPSE agora se torna um *tipo de união*. Veja a Seção 20.7.
[9]As comparações em questão são realmente comparações de tuplas, mas, para os propósitos atuais, podemos tratá-las como se fossem comparações escalares simples.

mos que certas operações desse tipo exibem um comportamento que poderia ser considerado (pelo menos a princípio) pouco intuitivo. Considere as relações RX e RY mostradas na Figura 20.2. Observe que o único atributo A em RX é do tipo declarado ELIPSE, e seu correspondente A em RY é do tipo declarado CÍRCULO. Adotamos, na figura, a convenção de que os valores da forma E*i* são elipses que não são círculos, e valores da forma C*i* são círculos. Os tipos mais específicos são mostrados em letras minúsculas e itálico.

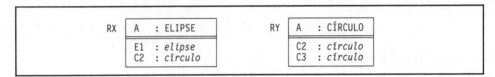

FIGURA 20.2 *Relações RX e RY.*

Agora, considere a junção de RX e RY, digamos, RJ (ver Figura 20.3). É claro que todo valor de A em RJ será necessariamente do tipo CÍRCULO (porque qualquer valor A em RX cujo tipo mais específico seja simplesmente ELIPSE não poderá "ser igual por comparação" a qualquer valor A em RY). Desse modo, poderíamos pensar que o tipo declarado do atributo A em RJ deve ser CÍRCULO, e não ELIPSE. Contudo, considere o seguinte:

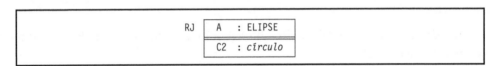

FIGURA 20.3 *A junção RJ das relações RX e RY.*

- Como RX e RY têm cada um A como seu único atributo, RX JOIN RY se reduz a RX INTERSECT RY. Nesse caso, portanto, a regra relativa ao tipo declarado do atributo resultante de JOIN obviamente deve se reduzir à regra semelhante para INTERSECT.

- Por sua vez, RX INTERSECT RY é logicamente equivalente a RX MINUS (RX MINUS RY). Seja RZ o resultado do segundo operando – isto é, RX MINUS RY. Então, deve ficar claro que:

    a. RZ incluirá alguns valores A do tipo mais específico ELIPSE, em geral, e assim o tipo declarado do atributo A em RZ deve ser ELIPSE.
    b. Desse modo, a expressão original se reduz a RX MINUS RZ, em que o tipo declarado do atributo A em RX e RZ é ELIPSE e, então, produz um resultado final no qual o tipo declarado do atributo A deve obviamente ser ELIPSE mais uma vez.

- Segue-se que o tipo declarado do atributo resultante de RX INTERSECT RY e, portanto, também de RX JOIN RY, deve ser ELIPSE, e não CÍRCULO – embora (repetimos) todo *valor* desse atributo deva de fato ser do tipo CÍRCULO!

Agora, vamos passar para o operador relacional de diferença, MINUS. Primeiro, considere RX MINUS RY. Deve ficar claro que alguns valores de A no resultado dessa operação serão do tipo ELIPSE, e não CÍRCULO, e assim o tipo declarado de A nesse resultado *deve* ser do tipo ELIPSE. Porém, o que dizer de RY MINUS RX? É claro que todo valor de A no resultado dessa última operação será do tipo CÍRCULO e, então, novamente podemos imaginar que o tipo declarado de A nesse resultado deve ser CÍRCULO, e não ELIPSE. Entretanto, observe que RX INTERSECT RY é logicamente equivalente, não apenas a RX MINUS (RX MINUS RY), como já discutimos, mas também a RY MINUS (RY MINUS RX); dado esse fato, é fácil ver que a especificação do tipo declarado de A no resultado de RY MINUS RX como CÍRCULO resulta em contradição. Segue-se que o tipo declarado do atributo resultante para RY MINUS RX também deve ser ELIPSE, e não CÍRCULO, embora todo *valor* desse atributo deva de fato ser do tipo CÍRCULO.

Finalmente, considere RX UNION RY. Nesse caso, deve ser óbvio que o resultado incluirá alguns valores de A do tipo mais específico ELIPSE, em geral, e assim o tipo declarado do atributo A nesse resultado deve necessariamente ser ELIPSE. Desse modo, o tipo declarado do atributo de resultado para UNION também deve ser ELIPSE (mas esse caso particular, diferente dos casos de JOIN, INTERSECT e MINUS, dificilmente pode ser considerado não intuitivo).

Aqui está, então, a regra geral:

- Seja rx e ry relações com um atributo comum A, e sejam os tipos declarados de A em rx e ry $TD(Ax)$ e $TD(Ay)$, respectivamente. Considere a junção de rx e ry (necessariamente sobre A, pelo menos em parte). $TD(Ax)$ e $TD(Ay)$ devem ter um supertipo comum T, do contrário a junção é inválida (essa é uma verificação em tempo de compilação). Se a junção é válida, então o tipo declarado de A no resultado é o **mais específico** de todos esses supertipos comuns T.

Observações semelhantes se aplicam à união, interseção e diferença: em cada caso, (a) atributos correspondentes dos operandos devem ser tais que seus tipos declarados tenham um supertipo comum T, e (b) o tipo declarado do atributo correspondente no resultado seja o mais específico de todos esses supertipos comuns T.

Testes de tipos

Na Seção 20.3, mostramos um fragmento de código que utilizava operadores da forma IS_QUADRADO, IS_CÍRCULO, e assim por diante, para testar se um valor especificado era de algum tipo especificado. É hora de observarmos mais de perto esses operadores. Em primeiro lugar, vamos supor que a definição de determinado tipo T cause a definição automática de um operador de valor verdade da forma:

```
IS_T ( X )
```

Essa expressão fornece TRUE se a expressão X é de tipo T, e FALSE em caso contrário. Por exemplo, se C é uma variável do tipo declarado CÍRCULO, então as expressões

```
IS_CÍRCULO ( C )
IS_ELIPSE ( C )
```

resultam em TRUE. E se E é uma variável do tipo declarado ELIPSE, mas o tipo mais específico atual é algum subtipo de CÍRCULO, a expressão

```
IS_CÍRCULO ( E )
```

também resulta em TRUE.

Os testes de tipos também têm implicações para os operadores relacionais. Considere o exemplo a seguir. Seja a RelVar R com um atributo A de tipo declarado ELIPSE, e suponha que desejamos obter as tuplas de R nas quais o valor de A é de fato um círculo e o raio desse círculo é maior que dois. Poderíamos tentar o seguinte:

```
R WHERE THE_R ( A ) > COMPRIMENTO ( 2.0 )
```

Porém, essa expressão falhará com um erro de tipo em tempo de compilação, porque THE_R exige um argumento do tipo CÍRCULO, e o tipo declarado de A é ELIPSE, e não CÍRCULO. (Naturalmente, se a verificação de tipo em tempo de compilação não fosse feita, teríamos um erro de tipo *em tempo de execução*, logo que encontrássemos uma tupla na qual o valor de A fosse apenas uma elipse, e não um círculo.) É claro que precisamos filtrar as tuplas nas quais o valor de A é apenas uma elipse, antes mesmo de tentarmos verificar o raio. E é exatamente isso o que acontece com a seguinte formulação:

```
R : IS_CÍRCULO ( A ) WHERE THE_R ( A ) > COMPRIMENTO (2.0)
```

Essa expressão é definida (informalmente) para retornar as tuplas nas quais o valor de A é um círculo com raio maior que dois. Mais precisamente, ela retorna uma relação com:

a. O mesmo cabeçalho que R, exceto pelo fato do tipo declarado do atributo A nesse resultado ser CÍRCULO, em vez de ELIPSE

b. Um corpo consistindo apenas nas tuplas de R em que o valor de A é do tipo CÍRCULO e o raio do círculo em questão é maior que dois

Em outras palavras, estamos falando de um novo operador relacional da forma:

```
R : IS_T ( A )
```

em que R é uma expressão relacional e A é um atributo da relação – digamos r – denotado por essa expressão. O valor da expressão global é definido como uma relação com:

a. Um cabeçalho igual ao de r, exceto que o tipo declarado do atributo A nesse cabeçalho é T

b. Um corpo consistindo nas tuplas de r em que o atributo A contém um valor do tipo T, exceto que o tipo declarado do atributo A em cada uma dessas tuplas é T

Nota: A referência [3.3] define formas generalizadas dos dois operadores introduzidos nesta subseção – por exemplo, uma forma generalizada de IS_T que testa se um operando é do mesmo tipo de outro, em vez de simplesmente testar se ele é de algum tipo nomeado explicitamente.

20.7 OPERADORES, VERSÕES E ASSINATURAS

Observamos na Seção 20.3 que um determinado operador pode ter muitas *versões de implementação* diferentes nos bastidores. Isto é, à medida que percorremos o caminho desde algum supertipo T até algum subtipo T' na hierarquia de tipos, devemos pelo menos (por várias razões) ter *permissão* para reimplementar operadores do tipo T para o tipo T'. A título de exemplo, considere o seguinte:

```
OPERATOR MOVE ( E ELIPSE, R RETÂNGULO ) RETURNS ELIPSE
   VERSION ER_MOVE ;
   RETURN ( ELIPSE ( THE_A ( E ), THE_B ( E ),
                                R_CTR ( R ) ) ) ;
END OPERATOR ;
```

O operador MOVE "desloca" a elipse E, informalmente falando, de modo que seu centro fique no centro do retângulo R – ou, mais precisamente, ele retorna uma elipse da mesma forma que a elipse do argumento correspondente ao parâmetro E, exceto que seu centro está sobre o centro do retângulo do argumento correspondente ao parâmetro R. Observe a especificação VERSION na segunda linha, que introduz um nome distinto, ER_MOVE, para essa *versão* particular de MOVE (definiremos outra versão em seguida). Note também que supomos a disponibilidade de um operador R_CTR que retorna o ponto central de um retângulo especificado.

Agora, vamos definir outra versão de MOVE para deslocar círculos em vez de elipses:[10]

```
OPERATOR MOVE ( C CÍRCULO, R RETÂNGULO ) RETURNS CÍRCULO
   VERSION CR_MOVE ;
   RETURN ( CÍRCULO ( THE_R ( C ), R_CTR ( R ) ) );
END OPERATOR ;
```

De forma semelhante, também podemos ter uma especialização explícita para o caso em que os argumentos são dos tipos mais específicos ELIPSE e QUADRADO, respectivamente (EQ_MOVE, digamos), e outro para o caso em que os argumentos são dos tipos mais específicos CÍRCULO e QUADRADO, respectivamente (CQ_MOVE, digamos).

---

[10]Na realidade, não há muito sentido em definir essa versão neste exemplo em particular (você poderia dizer por que, exatamente?).

Assinaturas

O termo *assinatura* significa, em linhas gerais, a combinação do *nome* de algum operador e dos *tipos dos operandos* para o operador em questão. (Porém, observamos de passagem que diferentes autores e diferentes idiomas atribuem significados ligeiramente diferentes ao termo. Por exemplo, o tipo do resultado às vezes é considerado parte da assinatura, bem como os nomes de operandos e do resultado.) Contudo, novamente temos de ser muito cuidadosos com as diferenças lógicas entre:

a. Argumentos e parâmetros

b. Tipos declarados e tipos mais específicos

c. Operadores vistos pelo usuário e operadores vistos pelo sistema (significando, nesse último caso, versões de implementação desses operadores, que existem nos bastidores, como descrevemos anteriormente)

De fato, podemos distinguir – embora a literatura frequentemente não o faça! – pelo menos três tipos diferentes de assinaturas associadas com qualquer operador *Op* determinado: a assinatura de *especificação* exclusiva, um conjunto de assinaturas de *versão*, e um conjunto de assinaturas de *chamada*. Para explicar melhor:

- A **assinatura de especificação** exclusiva consiste no nome do operador *Op* juntamente com tipos declarados, em ordem, dos parâmetros para *Op* especificados para o usuário pelo definidor de *Op*. Essa assinatura corresponde ao operador *Op* como entendido pelo usuário. Por exemplo, a assinatura de especificação para MOVE é simplesmente MOVE (ELIPSE, RETÂNGULO).

   A referência [3.3] propõe que seja possível separar a definição da assinatura de especificação para determinado operador das definições de *todas* as versões de implementação desse operador. A ideia básica é admitir **tipos de união** (também conhecidos como tipos "abstratos" ou "não instanciáveis", ou às vezes simplesmente "interfaces") – ou seja, tipos que não sejam o tipo mais específico de qualquer valor. Esse tipo oferece um meio de especificar operadores que se apliquem a vários tipos regulares diferentes, todos subtipos próprios do tipo de união em questão. As versões de implementação de tal operador podem, então, ser definidas para cada um desses subtipos regulares. Em termos do nosso exemplo em uso, FIGURA_PLANA poderia muito bem ser um tipo de união nesse sentido; a assinatura de especificação do operador ÁREA poderia, então, ser definida no nível de FIGURA_PLANA, e versões de implementação explícitas seriam então definidas para o tipo ELIPSE, o tipo POLÍGONO e assim por diante.

- Cada versão de implementação de *Op* possui sua própria *assinatura de versão*, consistindo no nome do operador *Op* junto com os tipos declarados, em ordem, dos parâmetros definidos para essa versão. Essas assinaturas correspondem aos diversos fragmentos do código de implementação que implementam *Op* nos bastidores. Por exemplo, a assinatura de versão para a versão CR_MOVE de MOVE é MOVE (CÍRCULO, RETÂNGULO).

- Cada combinação possível de tipos de argumentos mais específicos possui sua própria *assinatura de chamada*, consistindo no nome do operador *Op* junto com os tipos de argumentos mais específicos, em ordem. Essas assinaturas correspondem a várias chamadas possíveis de *Op* (naturalmente, a correspondência é de um para muitos – ou seja, uma assinatura de chamada pode corresponder a muitas chamadas distintas). Por exemplo, suponha que E e R tenham os tipos mais específicos CÍRCULO e QUADRADO, respectivamente. Então, a assinatura de chamada para a chamada de MOVE MOVE(E,R) é MOVE (CÍRCULO, QUADRADO).

Diferentes assinaturas de chamada envolvendo o mesmo operador correspondem então, pelo menos potencialmente, a diferentes versões implementadas do operador nos bastidores. Desse modo, se várias versões do "mesmo" operador existem de fato nos bastidores, então a versão que será chamada em qualquer ocasião determinada dependerá de qual assinatura de versão é "a melhor correspondência" para a assinatura de chamada aplicável. O processo de decidir qual é a melhor correspondência – isto é, o processo de decidir qual versão será chamada – é, naturalmente, o processo de *acoplamento em tempo de execução*, já discutido na Seção 20.3.

A propósito, observe que (a) assinaturas de *especificação* são na verdade um conceito de modelo; (b) assinaturas de *versão* são apenas um conceito de implementação; (c) assinaturas de *chamada*, embora de certa forma sejam um conceito de modelo, na realidade são apenas uma consequência lógica direta da ideia básica de herança de tipo em primeiro lugar – assim como o conceito da possibilidade de substituição. Realmente, o fato de serem possíveis diferentes assinaturas de chamada é apenas uma parte do conceito da possibilidade de substituição.

Operadores somente de leitura e de atualização

Até este ponto, nosso operador MOVE foi especificamente um operador somente de leitura. Porém, vamos supor que, em vez disso, ele fosse um operador de atualização:

```
OPERATOR MOVE ( E ELIPSE, R RETÂNGULO ) UPDATES E
   VERSION ER_MOVE ;
      THE_CTR ( E )  :=  R_CTR ( R ) ;
END OPERATOR ;
```

(Lembramos que os operadores somente de leitura e de atualização às vezes são chamados *observadores* e *modificadores*, respectivamente. Consulte o Capítulo 5 se precisar relembrar a diferença entre eles.)

Observe agora que uma chamada dessa versão de MOVE *atualiza seu primeiro argumento* (informalmente, ela "altera o centro" desse argumento). Observe ainda que a atualização funciona independentemente desse primeiro argumento ser do tipo mais específico ELIPSE ou do tipo mais específico CÍRCULO; em outras palavras, não é mais necessária uma versão de implementação explícita para círculos.[11] Desse modo, uma vantagem dos operadores de atualização, em geral, é que eles podem nos poupar da necessidade de escrever de forma explícita certas versões de implementação. Observe em particular as implicações para manutenção de programas; por exemplo, o que acontecerá se mais tarde introduzirmos O_CÍRCULO como um subtipo de CÍRCULO? (*Resposta*: A chamada de MOVE com uma variável de argumento do tipo declarado ELIPSE ou CÍRCULO, mas com o tipo mais específico atual O_CÍRCULO, funcionará muito bem. Contudo, chamar MOVE com uma variável de argumento do tipo declarado O_CÍRCULO, em geral, *não* funcionará.)

Mudança na semântica de operadores

O fato de ser sempre no mínimo válido reimplementar operadores à medida que descemos na hierarquia de tipos tem uma consequência muito importante: isso abre a possibilidade de *alterar a semântica* do operador em questão. Por exemplo, no caso de ÁREA, poderia acontecer de a implementação do tipo CÍRCULO retornar na realidade a circunferência do círculo em questão, digamos, em vez de retornar a área. (O projeto de tipo feito com cuidado pode ajudar a atenuar um pouco esse problema; por exemplo, se o operador ÁREA estiver definido para retornar um resultado do tipo ÁREA, é óbvio que a implementação não poderá retornar em seu lugar um resultado do tipo COMPRIMENTO. Porém, ela ainda poderá retornar a área *errada*!)

Por mais surpreendente que seja, é possível até mesmo declarar – de fato, já *foi* declarado – que mudar a semântica desse modo pode ser desejável. Por exemplo, seja o tipo ESTRADA_COM_PEDÁGIO um subtipo próprio do tipo ESTRADA, e seja TEMPO_VIAGEM um operador que calcula o tempo necessário para viajar entre dois pontos especificados por uma estrada especificada. No caso de uma estrada com pedágio, a fórmula é $(d/v) + (n*t)$, em que d = distância, v = velocidade, n = número de praças de pedágio e t = tempo gasto em cada praça de pedágio. Ao contrário, no caso de uma estrada sem pedágio, a fórmula é apenas d/v.

---

[11]Como observamos na nota de rodapé 10, essa versão não era realmente necessária no caso somente de leitura – ela foi incluída apenas por motivo de exemplo.

A título de contraexemplo – ou seja, um exemplo de uma situação na qual uma mudança de semântica é certamente *in*desejável – considere mais uma vez elipses e círculos. Talvez fosse interessante que o operador ÁREA estivesse definido de tal modo que determinado círculo tivesse a mesma área, independente de o considerarmos especificamente como um círculo ou apenas como uma elipse. Em outras palavras, suponha que os seguintes eventos ocorram na sequência mostrada:

1. Definimos o tipo ELIPSE e uma versão correspondente do operador ÁREA. Para simplificar, suponha que o código de ÁREA não faça uso da representação *física* para elipses.

2. Definimos o tipo CÍRCULO como um subtipo de ELIPSE, mas (ainda) não definimos uma versão de implementação separada de ÁREA para círculos.

3. Chamamos ÁREA sobre algum círculo específico *c* para obter um resultado, digamos *a1*. É claro que essa chamada utiliza a versão ELIPSE de ÁREA (pois essa é a única versão que existe atualmente).

4. Agora, definimos uma versão de implementação de ÁREA separada para círculos.

5. Chamamos ÁREA novamente sobre o mesmo círculo específico *c* de antes para obter um resultado, digamos *área2* (e dessa vez é chamada a versão de ÁREA para CÍRCULO).

Nesse ponto, seguramente gostaríamos de insistir que *a2 = a1*. Porém, essa exigência hipotética não pode ser imposta; ou seja, como já observamos, sempre existe a possibilidade de que a versão de ÁREA implementada para círculos retorne (digamos) a circunferência em lugar da área, ou simplesmente a área errada.

Vamos voltar ao exemplo de TEMPO_VIAGEM. O fato é que consideramos esse exemplo e outros como ele extremamente pouco convincentes – isto é, pouco convincentes como exemplos de situações em que a mudança da semântica de um operador poderia ser considerada desejável. Portanto, vejamos:

- Se ESTRADA_COM_PEDÁGIO é, na verdade, um subtipo de ESTRADA, isso significa por definição que cada estrada com pedágio individual é de fato uma estrada.

- Então, algumas estradas (isto é, alguns valores do tipo ESTRADA) são realmente estradas com pedágio – elas de fato têm praças de pedágio. Assim, o tipo ESTRADA não é "estradas sem praças de pedágio", mas sim "estradas com *n* praças de pedágio" (em que *n* pode ser zero).

- Assim, o operador TEMPO_VIAGEM para o tipo ESTRADA não é "calcular o tempo de viagem para uma estrada *sem* praças de pedágio", mas sim "calcular o tempo de viagem *d/v* para uma estrada *ignorando* praças de pedágio".

- Ao contrário, o operador TEMPO_VIAGEM para tipo ESTRADA_COM_PEDÁGIO é "calcular o tempo de viagem $(d/v) + (n*t)$ para uma estrada sem ignorar as praças de pedágio". Então, de fato os dois operadores TEMPO_VIAGEM são logicamente diferentes! A confusão surge porque esses dois operadores diferentes receberam o mesmo nome; na verdade, o que temos aqui é o polimorfismo de *sobrecarga*, não o polimorfismo de *inclusão*. (Para completar, observamos que surge ainda mais confusão na prática porque, lamentavelmente, muitos autores usam realmente o termo *sobrecarga* para fazer referência de fato ao polimorfismo de inclusão.)

Em suma: ainda não acreditamos que a mudança da semântica de operadores seja uma boa ideia. Como vimos, essa exigência não pode ser imposta; no entanto, certamente podemos definir nosso modelo de herança – e o faremos – para dizer que, se a semântica *for* alterada, então **a implementação estará sendo violada** (isto é, ela não será uma implementação do modelo e as consequências serão imprevisíveis). Observe que nossa posição sobre esse assunto (ou seja, que tais mudanças são inválidas) tem a vantagem de que, independente de serem definidas quaisquer especializações explícitas de determinado operador *Op*, a percepção do usuário continua sendo a mesma: isto é, (a) existe um operador – um *único* operador – chamado *Op*, e (b) esse operador *Op* se aplica a valores de argumentos de algum tipo especificado *T* e então, por definição, a valores de argumentos de qualquer subtipo próprio de *T*.

20.8 UM CÍRCULO É UMA ELIPSE?

Círculos realmente são elipses? Consideramos até agora neste capítulo – de modo bastante razoável! – que sim, mas agora devemos encarar o fato de que existe muito debate na literatura sobre esse ponto aparentemente óbvio [20.6]. Considere nossas variáveis E e C habituais dos tipos declarados ELIPSE e CÍRCULO, respectivamente. Suponha que essas variáveis tenham sido inicializadas assim:

```
E  :=  ELIPSE ( COMPRIMENTO ( 5.0 ), COMPRIMENTO ( 3.0 ),
                              PONTO ( 0.0, 0.0 ) ) ;
C  :=  CÍRCULO ( COMPRIMENTO ( 5.0 ), PONTO ( 0.0, 0.0 ) ) ;
```

Observe, em particular, que THE_A(C) e THE_B(C) agora têm ambos o valor cinco.

Agora, uma operação que certamente podemos executar sobre E é "atualizar o semieixo a" – por exemplo:

```
THE_A ( E )  :=  COMPRIMENTO ( 6.0 ) ;
```

Porém, se tentarmos executar a operação semelhante sobre C –

```
THE_A ( C )  :=  COMPRIMENTO ( 6.0 ) ;
```

– receberemos uma mensagem de erro! Que tipo de erro exatamente? Bem, se a atualização de fato ocorresse, a variável C acabaria contendo um "círculo", que violaria a restrição sobre círculos, de que $a = b$ (a agora seria seis, enquanto b presumivelmente ainda seria cinco, pois não o alteramos). Em outras palavras, C conteria agora um "círculo não circular", violando assim a restrição de tipo sobre o tipo CÍRCULO.

Tendo em vista que "círculos não circulares" são uma afronta à lógica e ao bom senso, parece razoável sugerir que a atualização não seja permitida de modo algum. E o caminho óbvio para conseguir esse efeito é rejeitar tais operações em tempo de compilação, definindo a atualização do – ou seja, a atribuição ao – semieixo a ou b de um círculo como *sintaticamente* inválida. Em outras palavras, a atribuição a THE_A ou THE_B não se aplica ao tipo CÍRCULO e a tentativa de atualização incorrerá em um erro de tipo em tempo de compilação.

Nota: De fato, é "óbvio" que tais atribuições devem ser sintaticamente inválidas. Lembre-se de que a atribuição a uma pseudovariável THE_ é na realidade apenas uma abreviação. Assim, por exemplo, a tentativa de atribuição a THE_A(C) mostrada anteriormente, se fosse válida, teria de ser a abreviação para algo como isto:

```
C  :=  CÍRCULO ( ... ) ;
```

E, nesse caso, a chamada de seletor CÍRCULO no lado direito teria de incluir um argumento THE_A de COMPRIMENTO(6.O). Porém, o seletor CÍRCULO não usa um argumento THE_A! – ele usa um argumento THE_R e um argumento THE_CTR. Então, a atribuição original claramente deve ser inválida.

O que dizer de mudar a semântica?

Vamos apresentar de imediato uma sugestão que às vezes é feita na tentativa de salvar a ideia de que, afinal, a atribuição a THE_A ou THE_B deve ser válida para círculos. A sugestão é que essa atribuição a (por exemplo) THE_A deve ser *redefinida* – em outras palavras, uma nova versão do operador deve ser implementada – para um círculo de tal modo que ela tenha o efeito colateral de uma atribuição também a THE_B, de modo que o círculo ainda satisfaça à restrição $a = b$ após a atualização. Rejeitamos essa sugestão pelo menos por três razões:

- Primeiro, a semântica de atribuição a THE_A e THE_B é – de forma muito deliberada! – prescrita por nosso modelo de herança e *não pode* ser mudada da maneira sugerida.

- Segundo, mesmo que essa semântica não fosse prescrita pelo modelo, já afirmamos que (a) alterar a semântica de um operador de modo arbitrário é, em geral, uma ideia ruim e (b) alterar a semântica de um

540

operador de modo a causar efeitos colaterais é uma ideia ainda pior. É um bom princípio geral insistir que operadores tenham exatamente o efeito solicitado, nem mais nem menos.

- Terceiro, e mais importante, a opção de mudar a semântica da maneira sugerida nem sempre está disponível, afinal de contas. Por exemplo, considere que o tipo ELIPSE tenha outro subtipo imediato NÃO_CÍRCULO; seja a restrição $a > b$ que se aplica a não círculos; considere ainda uma atribuição a THE_A para um não círculo que, se fosse aceita, definiria a como igual a b. O que seria uma redefinição semântica apropriada para essa atribuição? Exatamente, que efeito colateral seria apropriado?

Será que existe um modelo sensato?

Então, ficamos com a situação em que atribuição a THE_A ou THE_B é uma operação que se aplica a elipses em geral, mas não a círculos em particular. Contudo:

a. O tipo CÍRCULO deveria ser um subtipo do tipo ELIPSE.

b. Dizer que o tipo CÍRCULO é um subtipo do tipo ELIPSE deve significar que operações que se aplicam a elipses em geral se aplicariam a – em outras palavras, são *herdadas por* – círculos em particular.

c. Porém, agora estamos dizendo que a operação de atribuição a THE_A ou THE_B *não* é herdada, afinal.

Então, temos uma contradição em nossas mãos? O que está acontecendo?

Antes de tentarmos responder a essas perguntas, precisamos enfatizar a seriedade do problema. O argumento anterior parece um pouco forçado. Se certos operadores *não* são herdados pelo tipo CÍRCULO do tipo ELIPSE, em que sentido exatamente podemos dizer que um círculo é uma elipse? O que significa a herança se alguns operadores de fato não são herdados de modo algum? Será que existe um modelo de herança sensato? Estamos perseguindo uma inconsistência ao tentar encontrar um modelo?

Nota: Alguns autores sugeriram até mesmo seriamente que a atribuição a THE_A deve funcionar tanto para círculos quanto para elipses (no caso de um círculo, ela atualiza o raio), enquanto a atribuição a THE_B deve funcionar somente para elipses, e assim ELIPSE deve ser na realidade um subtipo de CÍRCULO! Em outras palavras, temos a hierarquia de tipos de cabeça para baixo. Porém, um pouco de raciocínio é suficiente para mostrar que essa ideia é um equívoco; em particular, a possibilidade de substituição se romperia (qual é o raio de uma elipse geral?).

Foram exatamente considerações como as anteriores que levaram alguns autores a concluir que, na realidade, não existe um modelo de herança sensato (veja a anotação à referência [20.2]). Outros autores propuseram modelos de herança com características anti-intuitivas ou claramente indesejáveis. Por exemplo, a SQL permite "círculos não circulares" e outras inconsistências, como veremos na Seção 20.10. (Na realidade, a SQL não admite restrição de tipo alguma, e é essa omissão que permite o aparecimento de tais inconsistências em primeiro lugar. Novamente, consulte a Seção 20.10.)

A solução

Para resumir a situação até agora, estamos diante do seguinte dilema:

- Se círculos herdam os operadores "atribuição a THE_A e THE_B" de elipses, então obtemos círculos não circulares.

- A maneira de evitar círculos não circulares é admitir restrições de tipos.

- Porém, se admitimos restrições de tipos, então os operadores não podem ser herdados.

- Assim, não existe afinal nenhuma herança!

Como resolveremos esse dilema?

A saída é – como ocorre muitas vezes – reconhecer e agir de acordo com o fato de que existe uma diferença lógica importante entre valores e variáveis. Quando dizemos "todo círculo é uma elipse", o que queremos dizer mais precisamente é que todo *valor* de círculo é um *valor* de elipse. Certamente não queremos dizer que toda *variável* círculo é uma *variável* elipse (uma variável de tipo declarado CÍRCULO *não* é uma variável de tipo declarado ELIPSE e não pode conter um valor do tipo mais específico ELIPSE). Em outras palavras, **a herança se aplica a valores, e não a variáveis**. Por exemplo, no caso de elipses e círculos:

- Como acabamos de observar, todo valor de círculo é um valor de elipse.

- Por essa razão, todas as operações que se aplicam a valores de elipses também se aplicam a valores de círculos.

- Porém, a única coisa que não podemos fazer com *qualquer* valor é alterá-lo – se pudéssemos, ele não seria mais aquele valor. (Logicamente, podemos "alterar o valor atual de" uma variável, atualizando essa variável, porém – repetimos – não podemos alterar o valor como tal.)

Agora, as operações que se aplicam a valores de elipses são precisamente todos os operadores *somente de leitura* definidos para o tipo ELIPSE, enquanto as operações que atualizam as variáveis ELIPSE são, é claro, os operadores *de atualização* definidos para esse tipo. Então, nossa afirmação de que "a herança se aplica a valores, e não a variáveis" pode ser enunciada de modo mais preciso, assim:

- **Operadores somente de leitura são herdados por valores e, consequentemente, por valores atuais de variáveis** (obviamente, desde que operadores somente de leitura possam ser aplicados – sem danos – aos valores tidos como valores atuais de variáveis).

Essa declaração mais precisa também serve para explicar por que os conceitos de polimorfismo e possibilidade de substituição se referem de modo muito específico a *valores* e não a variáveis. Por exemplo (e apenas para lembrá-lo), a possibilidade de substituição nos diz que, sempre que o sistema espera um **valor** do tipo T, podemos substituí-lo por um **valor** do tipo T', no qual T' é um subtipo de T (o negrito no texto foi acrescentado para dar ênfase). De fato, nos referimos especificamente a esse princípio quando o introduzimos pela primeira vez como O *Princípio da Possibilidade de Substituição de Valores* (novamente, observe a ênfase).

Então, o que dizer dos operadores de atualização? Por definição, tais operadores se aplicam a variáveis, não a valores. Assim, podemos dizer que operadores de atualização que se aplicam a variáveis do tipo ELIPSE são herdados por variáveis do tipo CÍRCULO?

Bem, não, não podemos – não exatamente. Por exemplo, a atribuição a THE_CTR se aplica a variáveis de ambos os tipos declarados, mas (como vimos) a atribuição a THE_A não se aplica. Desse modo, a herança de operadores de atualização tem de ser *condicional*; de fato, a definição precisa de quais operadores de atualização são herdados deve ser especificada de modo explícito. Por exemplo:

- Variáveis do tipo declarado ELIPSE têm operadores de atualização MOVE (versão de atualização) e atribuição a THE_A, THE_B e THE_CTR.

- Variáveis do tipo declarado CÍRCULO têm operadores de atualização MOVE (versão de atualização) e atribuição a THE_CTR e THE_R, mas *não* a THE_A ou THE_B.

Nota: O operador MOVE foi discutido na seção anterior.

Obviamente, se um operador de atualização *é* herdado, então temos um tipo de polimorfismo e um tipo de possibilidade de substituição que se aplicam a variáveis, em vez de valores. Por exemplo, a versão de atualização de MOVE espera um argumento que seja uma variável do tipo declarado ELIPSE, mas podemos chamá-la com um argumento que seja uma variável do tipo declarado CÍRCULO (embora não com um argumento que seja uma variável do tipo de clarado O_CÍRCULO!). Assim, podemos (e devemos) conversar de forma sensata sobre um *Princípio da Possibilidade de Substituição de Variáveis* – mas esse princípio é mais restritivo que o *Princípio da Possibilidade de Substituição de Valores*, que discutimos anteriormente.

542

20.9 REVISÃO DA ESPECIALIZAÇÃO POR RESTRIÇÃO

Aqui está um pequeno mas significativo complemento que precisa ser acrescentado às discussões das seções anteriores. Ele está relacionado com exemplos como este: "Seja o tipo CÍRCULO com um subtipo próprio chamado CÍRCULO_COLORIDO" (significado que "círculos coloridos" devem ser um caso especial de círculos em geral). Exemplos dessa natureza geral são citados com frequência na literatura. Ainda temos de dizer que consideramos tais exemplos bem pouco convincentes – até mesmo enganosos, em certos aspectos importantes. Para sermos mais específicos, sugerimos na prática que realmente não faz sentido pensar em círculos coloridos como uma espécie de caso particular de círculos em geral. Afinal, "círculos coloridos" devem por definição ser *imagens*, talvez em uma tela de vídeo, enquanto círculos em geral não são imagens, mas sim *figuras geométricas*. Desse modo, parece mais razoável considerar CÍRCULO_COLORIDO não como um subtipo de CÍRCULO, mas como *um tipo* completamente *separado*.[12] Esse tipo separado pode muito bem ter uma *representação possível* na qual um componente seja do tipo CÍRCULO e outro seja do tipo COR, mas ele não é – repetimos – um subtipo do tipo CÍRCULO.

Herdando representações possíveis

Um forte argumento em apoio à posição apresentada no parágrafo anterior é dado a seguir. Primeiro, vamos passar por um momento ao nosso exemplo mais comum de elipses e círculos. Aqui estão mais uma vez as definições de tipos (em linhas gerais):

```
TYPE ELIPSE ...
    REPRPOS { A ..., B ..., CTR ... } ;
TYPE CÍRCULO
    REPRPOS { R ..., CTR ... } ;
```

Observe, em particular, que elipses e círculos têm diferentes representações possíveis declaradas. Porém, a representação possível para elipses é – *necessariamente*, embora de forma implícita – uma representação possível também para círculo, porque círculos *são* elipses. Ou seja, círculos podem certamente ter uma "representação possível" por seus semieixos a e b (e seu centro), embora de fato seus semieixos a e b sejam iguais. Evidentemente, a recíproca não é verdadeira; isto é, uma representação possível para círculos *não* é necessariamente uma representação possível para elipses.

Decorre que poderíamos considerar representações possíveis, por exemplo, operadores e restrições, como "propriedades" adicionais que são herdadas por círculos das elipses ou, de modo mais geral, por subtipos de supertipos.[13] Porém (voltando agora ao caso de círculos e círculos coloridos), deve ficar claro que a representação possível declarada para o tipo CÍRCULO *não* é uma representação possível para o tipo CÍRCULO_COLORIDO, porque não há nada nela que seja capaz de representar a cor! Esse fato sugere fortemente que círculos coloridos *não* são círculos no mesmo sentido que, por exemplo, círculos são elipses.

O que significam realmente os subtipos?

O próximo argumento está relacionado (de certa forma) ao anterior, mas é de fato mais forte (isto é, *logicamente* mais forte). Aqui está ele: *não existe um modo de obter um círculo colorido a partir de um círculo através da especialização por restrição.*

Para explicar esse ponto, vamos voltar por um momento ao caso de elipses e círculos. Aqui temos novamente as definições de tipos, agora completas:

---

[12]Na realidade, CÍRCULO_COLORIDO é um subtipo de CÍRCULO da mesma forma como é um subtipo de COR (o que significa dizer: de jeito nenhum).

[13]Não as consideramos desse modo em nosso modelo formal – ou seja, não consideramos essas representações possíveis herdadas como *declaradas* –, porque dizer que elas eram declaradas nos levaria a uma contradição. Especificamente, se disséssemos que o tipo CÍRCULO herda uma representação possível do tipo ELIPSE, então a referência [3.3] exigiria que a atribuição a THE_A ou THE_B para uma variável do tipo declarado CÍRCULO fosse válida, e naturalmente sabemos que não é. Assim, dizer que o tipo CÍRCULO herda uma representação possível do tipo ELIPSE é apenas uma maneira de dizer – ela não tem qualquer peso formal.

```
TYPE ELIPSE
    IS FIGURA_PLANA
        REPRPOS { A COMPRIMENTO, B COMPRIMENTO, CTR PONTO
                CONSTRAINT A  B } ;

TYPE CÍRCULO
    IS ELIPSE
        CONSTRAINT THE_A ( ELIPSE ) = THE_B ( ELIPSE )
        REPRPOS { R   = THE_A ( ELIPSE ) ,
                CTR = THE_CTR ( ELIPSE ) } ;
```

Como já sabemos, graças à especialização por restrição, a especificação CONSTRAINT para o tipo CÍRCULO garante que uma elipse com $a = b$ será automaticamente especializada para o tipo CÍRCULO. Contudo – voltando a círculos e círculos coloridos –, não há qualquer cláusula CONSTRAINT que possamos escrever para o tipo CÍRCULO_COLORIDO que faça de modo semelhante um círculo ser especializado para o tipo CÍRCULO_COLORIDO; em outras palavras, não existe uma restrição de tipo que podemos escrever tal que, se ela for satisfeita por algum círculo dado, isso signifique que o círculo em questão é realmente um círculo colorido.

Então, novamente, parece mais razoável considerar CÍRCULO_COLORIDO e CÍRCULO como tipos completamente diferentes, e considerar o tipo CÍRCULO_COLORIDO como tendo uma representação possível na qual um componente é do tipo CÍRCULO e outro é do tipo COR. Assim:

```
TYPE CÍRCULO_COLORIDO REPRPOS { CI CÍRCULO, CO COR } ... ;
```

Na realidade, estamos tocando aqui em uma questão muito maior. O fato é que acreditamos que a subtipagem *sempre* deve ser feita por meio de especialização por restrição! Ou seja, sugerimos que **se T' é um subtipo de T, *sempre* deve existir uma restrição de tipo tal que, se ela for satisfeita por algum valor determinado do tipo T, então o valor em questão será na realidade um valor do tipo T'** (e deve automaticamente ser especializado para o tipo T'). Considerando-se os tipos T e T', e sendo T' um subtipo de T (de fato, podemos supor sem perda de generalidade que T' é um subtipo *imediato* de T), então:

- T e T' são ambos basicamente *conjuntos* (conjuntos nomeados de valores), e T' é um subconjunto de T.

- Desse modo, T e T' têm ambos *predicados de pertinência* – ou seja, predicados tais que um valor pertence ao conjunto em questão (e consequentemente é um valor do tipo em questão) se e somente se satisfaz ao predicado. Sejam esses predicados P e P', respectivamente.

- Observe agora que o predicado P' é, por definição, um predicado que pode ter valor TRUE apenas para certos valores que são de fato valores do tipo T. Assim, na verdade ele pode ser formulado em termos de valores do tipo T (em vez de valores do tipo T').

- E esse predicado P', formulado em termos de valores do tipo T, é precisamente a restrição de tipo à qual valores do tipo T têm de satisfazer, a fim de serem valores do tipo T'. Em outras palavras, um valor do tipo T é especializado para o tipo T', precisamente se satisfizer à restrição P'.

Desse modo, afirmamos que a especialização por restrição é o *único* meio conceitualmente válido de definir subtipos. Como consequência, rejeitamos exemplos como o que sugere que CÍRCULO_COLORIDO poderia ser um subtipo de CÍRCULO.

20.10 RECURSOS DE SQL

O suporte explícito da SQL à herança está limitado à herança simples (apenas) para "tipos estruturados" (apenas); ela não possui suporte explícito à herança para tipos gerados, nem para a herança múltipla, nem suporte para herança de todos os tipos embutidos ou tipos DISTINCT.[14]

---

[14]Como esses comentários sugerem, SQL possui algum suporte *implícito* para a herança de tipos gerados e herança múltipla (assim como as propostas da referência [3.3], embora estas sejam mais extensas). Porém, neste capítulo, estamos limitando nossa atenção apenas à herança simples e aos tipos escalares.

Esta é a sintaxe (ligeiramente simplificada) para definir um tipo estruturado:

```
CREATE TYPE <type name>
[ UNDER <type name> ]
        [ AS <representation> ]
        [ [NOT] INSTANTIABLE ]
        NOT FINAL
        [<method specification commalist> ];
```

Como um exemplo, veja aqui algumas definições SQL possíveis para os tipos FIGURA_PLANA, ELIPSE e CÍRCULO:

```
CREATE TYPE FIGURA_PLANA
        NOT INSTANTIABLE
        NOT FINAL ;

CREATE TYPE ELIPSE UNDER FIGURA_PLANA
  AS ( A COMPRIMENTO, B COMPRIMENTO, CTR PONTO )
        INSTANTIABLE
        NOT FINAL ;

CREATE TYPE CÍRCULO UNDER ELIPSE
  AS ( R COMPRIMENTO )
        INSTANTIABLE
        NOT FINAL ;
```

Estes são alguns pontos importantes (alguns repetidos do Capítulo 5):

1. NOT INSTANTIABLE significa que o tipo em questão não possui "instâncias", em que o termo *instância* significa – presume-se – um valor cujo tipo mais específico é o tipo em questão.[15] Em outras palavras, o tipo em questão é o que chamamos tipo de união. INSTANTIABLE significa que o tipo em questão possui pelo menos uma "instância"; ou seja, ele não é um tipo de união, e existe pelo menos um valor cujo tipo mais específico é o tipo em questão. Em nosso exemplo, o tipo FIGURA_PLANA é NOT INSTANTIABLE, enquanto os tipos ELIPSE e CÍRCULO são INSTANTIABLE (o default é INSTANTIABLE).

2. Como dissemos no Capítulo 5, NOT FINAL *precisa* ser especificado (embora a SQL:20003 provavelmente deverá permitir que a alternativa FINAL seja especificada em seu lugar), NOT FINAL significa que o tipo em questão pode ter subtipos próprios; FINAL, se admitido, significaria o contrário.

3. A especificação UNDER identifica o supertipo imediato desse tipo (ou o supertipo *direto*, em termos de SQL), se houver algum. Assim, por exemplo, CÍRCULO é um "subtipo direto" de ELIPSE, e as propriedades que se aplicam a elipses em geral são herdadas, incondicionalmente, por círculos em particular. Contudo, observe que:

   a. "Propriedades" aqui não significa (como em nosso modelo de herança) operadores e restrições, mas sim operadores e *estrutura* (ou representação). Em outras palavras, a SQL admite tanto a herança de comportamento quanto a herança de estrutura, pois a estrutura interna dos "tipos estruturados" é exposta explicitamente ao usuário. Veja o ponto 5.

   b. "Operadores" aqui não significa (como em nosso modelo de herança) apenas operadores somente de leitura, mas *todos* os operadores. Em outras palavras, a SQL não distingue adequadamente entre valores e variáveis, e exige herança incondicional dos operadores de atualização, além dos operadores somente de leitura – com a consequência de que, por exemplo, círculos

---

[15]A referência [4.23] define uma *instância* como sendo "uma representação física de um valor".

poderiam não ser circulares, quadrados poderiam não ser quadrados, e assim por diante. (Continuando um pouco mais nesse assunto: Em nosso modelo, se algum valor v for do tipo mais específico ELIPSE, então ele definitivamente é uma elipse que não é um círculo, e se for do tipo mais específico CÍRCULO, ele definitivamente é uma elipse que é um círculo, em termos reais. Na SQL, ao contrário, se o valor v é do tipo mais específico ELIPSE, ele pode ser um círculo, e se for do tipo mais específico CÍRCULO, ele poderia realmente ser uma elipse que não é um círculo – novamente em termos do mundo real.)

c. Os operadores em questão estão em três categorias: *funções, procedimentos* e *métodos*. Conforme observamos no Capítulo 5, funções e procedimentos correspondem aproximadamente aos nossos operadores somente de leitura e atualização, respectivamente; métodos se comportam como funções, mas são chamados usando um estilo sintático diferente. Além disso, funções e procedimentos são especificados por meio de instruções CREATE FUNCTION e CREATE PROCEDURE, mas os métodos são especificados em linha, como parte da instrução CREATE TYPE relevante, conforme indica a sintaxe de CREATE TYPE (omitimos as especificações de método dos nossos exemplos para simplificar). O acoplamento em tempo de compilação – ou seja, o acoplamento com base apenas nos tipos declarados – aplica-se a funções e procedimentos; o acoplamento em tempo de execução aplica-se a métodos, mas é feito com base apenas em um dos argumentos envolvidos (como também acontece, normalmente, em sistemas objeto – consulte o Capítulo 25).

4. O termo da SQL para *tipo raiz* é *supertipo máximo*; assim, FIGURA_PLANA em nosso exemplo é um supertipo máximo. (Estranhamente, o termo da SQL para *tipo folha* não é *subtipo mínimo*, mas *tipo folha*, de modo que CÍRCULO em nosso exemplo é um tipo folha.)

5. A *<representação>*, se for especificada, consiste em uma *<lista_com_vírgulas de definição de atributos>*, entre parênteses, em que um *<atributo>* consiste em um *<nome de atributo>* seguido por um *<nome de tipo>*. Porém, observe que tal *<representação>* é a *representação física* real – não uma "representação possível" – para valores do tipo em questão (e, portanto, essas representações físicas são expostas ao usuário, como já observamos no item 3). Observe, particularmente, que não é possível especificar duas ou mais *<representações>* distintas para o mesmo tipo. *Nota:* Porém, como dissemos no Capítulo 5, o projetista de tipos pode efetivamente ocultar o fato de que a *<representação>* é física, por uma escolha e um projeto sensato dos operadores.

6. Cada *<atributo>* possui um *método observador* e um *método mutator*, que são fornecidos automaticamente e juntos podem ser usados para conseguir funcionalidade semelhante, de certa forma, à dos operadores THE_ em **Tutorial D** (veja alguns exemplos no Capítulo 5). Não existem operadores seletores fornecidos automaticamente, mas cada tipo possui uma *função construtora* fornecida automaticamente que, quando chamada, retorna esse valor exclusivo do tipo para o qual todo e qualquer atributo toma o valor default aplicável – que, como vimos no Capítulo 5, precisa ser NULL para qualquer atributo que seja, por si só, de um tipo definido pelo usuário. Assim, por exemplo, a expressão

```
ELIPSE ( )
```

retorna a "elipse" com A e B tendo "o comprimento NULL" e CTR sendo "o ponto NULL" (logicamente, não confunda com o ponto cujos componentes X e Y são NULLs). E a expressão

```
ELIPSE ( ) . A   ( COMPRIMENTO ( ) . L ( 4.0 ) )
          . B   ( COMPRIMENTO ( ) . L ( 3.0 ) )
          . CTR ( PONTO ( ) . X ( 0.0 ) . Y ( 0.0 ) )
```

retorna a elipse com *a* quatro, *b* três e centro na origem. (Consideramos que o tipo COMPRIMENTO tem uma representação consistindo em apenas um atributo, L, do tipo FLOAT.)

7. Observe que não há como especificar o conjunto de valores válidos do tipo; em outras palavras, não existem restrições de tipo, exceto para os tipos *a priori*, que são implicados pela representação física. Segue-se que a SQL não admite algo como a herança de restrição! – como já indicamos no item 3.

8. Todo tipo estruturado tem um *tipo de referência* associado. Porém, não discutimos os tipos de referência neste capítulo, exceto para observar que, junto com seu suporte para tipos de referência, a SQL inclui suporte para "subtabelas e supertabelas". Examinaremos essas questões melhor no Capítulo 26.

Agora, prosseguimos para examinar o suporte para herança de tipo da SQL com um pouco mais de detalhes. Observe primeiro que a SQL não se assemelha ao nosso modelo (pelo menos à medida que esse modelo se aplica apenas a uma herança única), desde que conte com a hipótese de disjunção e, por conseguinte, com a hipótese de que os tipos mais específicos são exclusivos. Além disso, a SQL não admite a possibilidade de substituição (embora, por não distinguir corretamente entre valores e variáveis, nem entre operadores somente de leitura e atualizáveis, ela também não distinga corretamente entre a possibilidade de substituição de valor e variável). Ela não usa o termo *polimorfismo*.

A SQL aceita equivalentes aos nossos operadores TREAT DOWN e de teste de tipo. Por exemplo:

- O equivalente SQL de TREAT_DOWN_AS_CÍRCULO (E) é TREAT (E AS CÍRCULO).

- O equivalente SQL de IS_CÍRCULO (E) é TYPE (E) IS OF (CÍRCULO).

- O equivalente SQL de

```
R : IS_CÍRCULO ( E )
```

é

```
SELECT TREAT ( E AS CÍRCULO ) AS E, F, G, ..., H
FROM    R
WHERE   TYPE ( E ) IS OF ( CÍRCULO )
```

(em que F, G, ..., H são atributos de R além de E).

Agora, por não ter suporte a restrições de tipo, a SQL obviamente não admite especialização ou generalização por restrição. Contudo, observe que esse fato não significa que o tipo mais específico de uma variável não pode mudar. Por exemplo:

```
DECLARE E ELIPSE ;

SET E = CX ;
SET E = EX ;
```

CX e EX aqui são expressões que retornam valores do tipo mais específico CÍRCULO e ELIPSE, respectivamente. Assim, depois da primeira atribuição, a variável E (que declarou o tipo ELIPSE) possui o tipo mais específico CÍRCULO; após a segunda, ela tem o tipo mais específico ELIPSE. Porém, observe atentamente que (repetindo) esses efeitos *não* são obtidos pela especialização ou generalização por restrição.

Finalmente, lembrando do Capítulo 5, determinado tipo estruturado não necessariamente possui um operador "=" associado – e mesmo que tenha, a semântica desse operador é completamente definida pelo usuário. De fato, a SQL nem sequer exige que os tipos mais específicos dos comparandos estejam na mesma ordem para que a comparação seja TRUE! Decorre que, se os tipos estruturados estiverem envolvidos, não haverá garantias de que a SQL admitirá junções, uniões, interseções e diferenças corretamente. Observe, também, que essa crítica se aplica independentemente de a herança de tipos estar envolvida ou não.

Herança ou delegação?

Agora, temos que confessar que nossa discussão até este ponto da seção pode ter sido equivocada em um aspecto importante. O fato é que a herança de tipos da SQL – ao contrário do nosso próprio modelo de herança – quase certamente *não* foi criada para lidar com a ideia de que os subtipos são obtidos pela restrição de supertipos. Considere mais uma vez as elipses e os círculos:

```
CREATE TYPE ELIPSE UNDER FIGURA_PLANA
  AS ( A COMPRIMENTO, B COMPRIMENTO, CTR PONTO ) ... ;

CREATE TYPE CÍRCULO UNDER ELIPSE
  AS ( R COMPRIMENTO ) ... ;
```

Com essas definições, o tipo CÍRCULO possui atributos A, B, CTR (herdados do tipo ELIPSE) e R (especificados apenas para o tipo CÍRCULO). E, se for verdade que os atributos especificados constituem a representação *física*, então determinado círculo será representado fisicamente por uma coleção de quatro valores, três dos quais normalmente serão iguais! Por esse motivo, é provável que a definição do tipo CÍRCULO realmente *não* especificaria qualquer *<representação>* própria; em vez, disso, ela simplesmente herdaria a representação especificada para o tipo ELIPSE. Por outro lado, se a representação do tipo CÍRCULO não tiver o componente R ("raio"), então não haverá métodos observadores e mutators fornecidos automaticamente para o raio. E prosseguindo... se a representação tiver um componente R, e nós o "mudarmos", acabaremos com um "círculo não circular" – ou seja, um "círculo" para o qual os valores A, B e R afinal *não* são iguais.

Portanto, por uma ou outra razão, pode-se argumentar que "elipses e círculos" não é um bom exemplo para usarmos como base para ilustrar a funcionalidade da herança de tipos da SQL. Certamente, é verdade que a SQL não lida com esse exemplo muito bem. Portanto, vamos passar para um exemplo diferente:

```
CREATE TYPE CÍRCULO
  AS ( R COMPRIMENTO, CTR PONTO )
        INSTANTIABLE
        NOT FINAL ;

CREATE TYPE CÍRCULO_COLORIDO UNDER CÍRCULO
  AS ( CO COR )
        INSTANTIABLE
        NOT FINAL ;
```

Esse exemplo é exatamente aquele que estávamos desaprovando anteriormente, na Seção 20.9, no qual afirmamos que os "círculos coloridos não são círculos no mesmo sentido que, por exemplo, os círculos são elipses". Mas, se estivermos falando em herança, e possivelmente estendendo, *representações*, então o exemplo faz um pouco mais de sentido. Certamente, é razoável pensar em um círculo colorido como sendo representado por um raio, um centro e uma cor. Observe ainda mais que, se dissermos que o tipo CÍRCULO_COLORIDO está sob ("UNDER") o tipo CÍRCULO, então é sensato pensar em operadores que funcionam para círculos em geral – por exemplo, um operador para apanhar o raio – conforme se aplica a círculos coloridos em particular (círculos coloridos podem ser *substituídos* por círculos). Mas a única coisa que não faz sentido é pensar em círculos coloridos como sendo uma "forma restrita" de círculos em geral ou, de modo equivalente, em círculos coloridos como sendo obtidos de círculos por meio da especialização por restrição. Em outras palavras, o mecanismo de herança da SQL parece ter sido criado não para lidar com a herança no sentido em que definimos o termo anteriormente neste capítulo, mas sim para lidar com o que alguns autores chamam de *delegação*. A delegação significa que a responsabilidade por implementar certos operadores associados ao tipo é "delegada" ao tipo de algum componente da representação desse tipo (por exemplo, "obter o raio" para um círculo colorido é implementado pela chamada "obter o raio" sobre o componente círculo correspondente). Poderia ter sido mais claro chamar o mecanismo SQL de mecanismo de delegação em primeiro lugar, em vez de fingir que ele tenha algo a ver com subtipos.

20.11 RESUMO

Esboçamos os conceitos básicos de um **modelo de herança de tipo.** Se o tipo *B* é um subtipo do tipo *A* (de modo equivalente, o tipo *A* é um supertipo de tipo *B*), então todo valor do tipo *B* também é um valor do tipo *A* e, em consequência disso, operadores e restrições que se aplicam a valores do tipo *A* também se aplicam a valores do tipo *B* (mas também haverá operadores e restrições que se aplicam a valores do tipo *B* que não se aplicam a valores que são apenas do tipo *A*). De fato, podemos agora ser mais específicos e dizer que, se *B* é um subtipo próprio de *A*, então:

- O conjunto de valores *B* é um subconjunto apropriado do conjunto de valores *A*.

- *B* tem um superconjunto apropriado das restrições que se aplicam a *A*.

- *B* tem um superconjunto apropriado dos operadores somente de leitura que se aplicam a *A*.

- *B* tem um subconjunto dos operadores de atualização que se aplicam a *A* (mas também poderia ter operadores de atualização adicionais próprios, que não se aplicam a *A*).

Distinguimos herança **simples** de **herança múltipla** (mas discutimos somente a herança simples) e herança **escalar**, de **tupla** e de **relação** (mas discutimos somente a herança escalar)[16] e introduzimos o conceito de **hierarquia de tipos**. Também definimos os termos *subtipo e supertipo próprio*, *subtipo e supertipo imediato*, e ainda *tipo raiz* e *tipo folha*, e enunciamos uma **hipótese de disjunção**: Os tipos *T1* e *T2* são disjuntos, a menos que um deles seja um subtipo do outro. Como consequência dessa suposição, todo valor tem um tipo **mais específico** único (não necessariamente um tipo folha).

Em seguida, discutimos os conceitos de **polimorfismo** (de inclusão) e **possibilidade de substituição** (de valores), ambos consequências lógicas da noção básica de herança. Fizemos a distinção entre polimorfismo de **inclusão**, que está relacionado com a herança, e polimorfismo de **sobrecarga**, que não está relacionado. Mostramos ainda como – graças ao **acoplamento em tempo de execução** – o polimorfismo de inclusão poderia acarreta **reutilização do código**.

Passamos, então, a considerar os efeitos da herança sobre operações de **atribuição**. O ponto básico é que conversões de tipos *não* ocorrem – os valores conservam seu tipo mais específico na atribuição a variáveis de tipo declarado menos específico e, consequentemente, uma variável de tipo declarado *T* pode ter um valor cujo tipo mais específico seja qualquer subtipo de *T*. (Do mesmo modo, se o operador *Op* é definido para ter um resultado de tipo declarado *T*, o resultado real de uma chamada de *Op* pode ser um valor cujo tipo mais específico é qualquer subtipo do tipo *T*.) Por essa razão, modelamos uma variável *V* – ou, de modo mais geral, uma expressão qualquer – como uma tripla ordenada da forma $<TD,TME,v>$, em que *TD* é o tipo declarado, *TME* é o tipo mais específico atual e *v* é o valor atual. Introduzimos o operador **TREAT DOWN** para nos permitir operar por meios que, em caso contrário, produziriam um erro de tipo em tempo de compilação, sobre expressões cujo tipo mais específico em tempo de execução é algum subtipo próprio de seu tipo declarado. (Ainda podem ocorrer erros de tipos em tempo de execução, mas apenas dentro do contexto de TREAT DOWN.)

Depois, examinamos mais de perto os **seletores**. Vimos que a chamada de um seletor para o tipo *T* às vezes produzirá um resultado do mesmo subtipo próprio de *T* (pelo menos em nosso modelo, embora normalmente não nos produtos comerciais de hoje): a **especialização por restrição**. Em seguida, observamos mais de perto as **pseudovariáveis THE_**; tendo em vista que elas são realmente apenas abreviações, tanto a especialização quanto a **generalização** por restrição podem ocorrer na atribuição a uma pseudovariável THE_.

Então, continuamos a discutir os efeitos de subtipos e supertipos sobre **comparações de igualdade** e certas operações relacionais (**junção**, **união**, **interseção** e **diferença**). Também introduzimos vários operadores de **testes de tipos** (IS_*T* assim por diante). Depois, consideramos a questão de **operadores somente de leitura** e de **atualização**, **versões** de operadores e **assinaturas** de operadores, destacando que a habilidade de definir versões diferentes de um operador abre a porta para **mudar a semântica** do operador em questão (mas nosso modelo proíbe tais mudanças).

Em seguida, examinamos a pergunta "Círculos realmente são elipses?". Esse exame nos levou à posição de que **a herança se aplica a valores, não a variáveis**. De forma mais precisa, operadores somente de leitura (que se aplicam a valores) podem ser 100 por cento herdados sem qualquer problema, mas opera-

---

[16]Contudo, pelo menos podemos dizer que as ideias discutidas neste capítulo para herança simples e escalar se estendem muito bem (e de modo surpreendentemente fácil) à herança múltipla, de tupla e de relação, conforme mostramos na referência [3.3].

dores de atualização (que se aplicam a variáveis) só podem ser herdados **condicionalmente**. (Nosso modelo está em conflito com a maioria das outras abordagens nesse ponto. As outras abordagens em geral exigem que operadores de atualização sejam herdados incondicionalmente, mas então eles sofrem de vários problemas relacionados com "círculos não circulares" e outros semelhantes.) É nossa opinião que a especialização por restrição é o *único* modo logicamente válido de definir subtipos.

Também discutimos rapidamente o conceito de **delegação**, que está relacionada à herança (ela também tem a reutilização de código como objetivo), mas é diferente dela em termos lógicos. E esboçamos o mecanismo de herança da SQL, concluindo que o mecanismo em questão realmente visava a solucionar o problema de delegação, e não o problema de herança. Lembramos que o Capítulo 26 contém mais informações sobre a herança no estilo da SQL.

EXERCÍCIOS

20.1 Explique os seguintes termos em suas próprias palavras:

acoplamento em tempo de execução
assinatura
delegação
especialização por restrição
generalização por restrição
herança
polimorfismo
possibilidade de substituição
reutilização de código
subtipo imediato
subtipo próprio
tipo de união
tipo folha
tipo raiz

20.2 Explique o operador TREAT DOWN.

20.3 Faça a distinção entre:

argumento e parâmetro

tipo declarado e tipo mais específico atual

polimorfismo de inclusão e polimorfismo de sobrecarga

assinatura de versão e assinatura de especificação e assinatura de chamada

operador somente de leitura e operador de atualização

valor e variável

(Com relação a esses dois últimos, veja também o Exercício 5.2.)

20.4 Com referência à hierarquia de tipos da Figura 20.1, considere um valor *e*, do tipo ELIPSE. O tipo mais específico de *e* é ELIPSE ou CÍRCULO. Qual é o *tipo menos* específico de *e*?

20.5 Qualquer hierarquia de tipos específica inclui várias hierarquias secundárias que podem por sua vez ser consideradas hierarquias de tipos. Por exemplo, a hierarquia obtida a partir da Figura 20.1 pela eliminação dos tipos FIGURA_PLANA, ELIPSE e CÍRCULO (somente) pode ser considerada uma hierarquia de tipos em si, e então pode ser obtida pela eliminação dos tipos CÍRCULO, QUADRADO e RETÂNGULO (somente). Por outro lado, a hierarquia obtida pela eliminação de ELIPSE (somente) *não pode* ser considerada uma hierarquia de tipos em si (pelo menos, não uma hierarquia que possa ser derivada a partir da hierarquia da Figura 20.1), porque o tipo CÍRCULO "perde uma parte de sua herança" (por assim dizer) que tinha nessa hierarquia. Então, quantas hierarquias de tipos distintas existem ao todo na Figura 20.1?

20.6 Usando a sintaxe delineada no texto do capítulo, forneça definições de tipos para os tipos RETÂNGULO e QUADRADO. Para simplificar, suponha que todos os retângulos têm centro na origem, mas não suponha que todos os lados sejam verticais ou horizontais.

20.7 Dada sua resposta ao Exercício 20.6, defina um operador para girar um retângulo especificado 90 graus em torno de seu centro. Defina também uma versão de implementação desse operador para quadrados.

20.8 Aqui está uma repetição de um exemplo da Seção 20.6: "A RelVar R tem um atributo A de tipo declarado ELIPSE, e queremos consultar R para obter as tuplas em que o valor de A é de fato um círculo e o raio desse círculo é maior que dois". Fornecemos a seguinte formulação dessa consulta na Seção 20.6:

```
R : IS_CÍRCULO ( A ) WHERE THE_R ( A ) > COMPRIMENTO ( 2.0 )
```

a. Por que não poderíamos simplesmente expressar o teste de tipo na cláusula WHERE? – por exemplo:

```
R WHERE IS_CÍRCULO ( A ) AND THE_R ( A ) > COMPRIMENTO ( 2.0 )
```

b. Outra formulação candidata é:

```
R WHERE CASE
            WHEN IS_CÍRCULO ( A ) THEN
                 THE_R ( TREAT_DOWN_AS_CÍRCULO ( A ) )
                                        > COMPRIMENTO ( 2.0 )
            WHEN NOT ( IS_CÍRCULO ( A ) ) THEN FALSE
        END CASE
```

Essa formulação é válida? Se não, por que não?

20.9 A referência [3.3] propõe suporte para expressões relacionais da forma:

```
R TREAT_DOWN_AS_T ( A )
```

Aqui, R é uma expressão relacional, A é um atributo da relação – r, digamos – indicado por essa expressão, e T é um tipo. O valor da expressão global é definido como uma relação com:

a. Um cabeçalho igual ao de r, exceto que o tipo declarado do atributo A nesse cabeçalho é T.

b. Um corpo contendo as mesmas tuplas de r, exceto que o valor A em cada uma dessas tuplas foi reduzido ao tipo T.

Porém, mais uma vez, esse operador é apenas uma abreviação – para o que exatamente?

20.10 Expressões da forma $R:IS\_T(A)$ também são abreviações – para o que exatamente?

20.11 A SQL admite funções construtoras em vez de seletoras. Qual é a diferença?

20.12 Em sua opinião, por que a SQL não admite restrições de tipo? E quanto à especialização por restrição?

REFERÊNCIAS E BIBLIOGRAFIA

Para o seu interesse, indicamos aqui, sem muitas explicações, as principais mudanças necessárias no nosso modelo de herança, conforme descrito no corpo do capítulo, a fim de admitir a herança múltipla. Primeiro, relaxamos a hipótese de disjunção exigindo que apenas os tipos *raiz* sejam disjuntos. Segundo, substituímos a definição de "tipo mais específico" pelo requisito a seguir: Todo conjunto e tuplas $T1$, $T2$,..., Tn $(n\ 0)$ precisa ter um subtipo T comum de modo que determinado valor seja de cada um dos tipos $T1$, $T2$,..., Tn se e somente se for do tipo T. Veja, na referência [3.3], uma discussão detalhada desses pontos, juntamente com as extensões necessárias para admitir a herança de tuplas e de relações.

20.1 Alphora: *Dataphor™ Product Documentation*. Disponível pela Alphora, 2474 North University Avenue, Provo, Utah 84604 (ver também *http://www.alphora.com*).

Dataphor é um produto comercial que admite um grande subconjunto do modelo de herança descrito no corpo deste capítulo (assim como um grande subconjunto de tudo o mais proposto no *The Third Manifesto* [3.3]).

20.2 Malcolm Atkinson e outros: "The Object-Oriented Database System Manifesto", Proc. First International Conference on Deductive and Object-Oriented Databases, Kyoto, Japão (1989), Nova York, N.Y.: Elsevier Science (1990).

A respeito da falta de consenso (observada na Seção 20.1) sobre um bom modelo de herança, os autores desse artigo têm isto a dizer: "[Existem] pelo menos quatro tipos de herança: herança por *substituição*, herança por *inclusão*, herança por *restrição* e herança por *especialização*... São fornecidos vários graus desses quatro tipos de herança por sistemas e protótipos existentes, e não prescrevemos um estilo específico de herança".

Aqui estão algumas citações que ilustram o mesmo tema geral:

- Cleaveland [20.5] diz: "[A herança pode ser] baseada em [diversos] critérios diferentes e não existe uma definição de padrão aceita de modo comum" – e continua oferecendo oito interpretações possíveis. (Meyer [20.11] oferece 12.)

- Baclawski e Indurkhya [20.3] dizem: "[Uma] linguagem de programação [simplesmente] fornece um conjunto de mecanismos [de herança]. Embora esses mecanismos certamente limitem o que se pode fazer nessa linguagem e as visões de herança que podem ser implementadas... eles não validam, por si próprios, determinada visão de herança ou outra qualquer. Classes, especializações, generalizações e herança são apenas conceitos, e... eles não têm um significado objetivo universal... Esse [fato] implica que o modo como a herança deve ser incorporada a um sistema específico é responsabilidade dos projetistas [desse] sistema e constitui uma decisão política que deve ser implementada com os mecanismos disponíveis". Em outras palavras, não existe um modelo!

  Contudo, discordamos dessas conclusões, conforme este capítulo deixa claro.
  Nota: Esta referência aparece novamente como a referência [25.1] no Capítulo 25, em que outros comentários sobre ela podem ser encontrados.

20.3 Kenneth Baclawski e Bipin Indurkhya: Technical Correspondence, *CACM 37*, Número 9 (setembro 1994).

20.4 Luca Cardelli e Peter Wegner: "On Understanding Types, Data Abstraction, and Polymorphism", *ACM Comp. Surv. 17*, Número 4 (dezembro 1985).

20.5 J. Craig Cleaveland: *An Introduction to Data Types*. Reading. Mass.: Addison-Wesley (1986).

20.6 C. J. Date: "Is a Circle an Ellipse:" *http://www.dbedebunk.com* (julho de 2001).

  Parece haver uma unanimidade virtual no setor para que a resposta à pergunta desse artigo seja *não*. O artigo cita algumas autoridades no assunto e tenta derrubar seus argumentos. *Nota:* Quando foi publicado pela primeira vez, esse artigo atraiu muitos comentários e críticas on-line; a maioria deles também pode ser encontrada em *http://www.dbedebunk.com*.

20.7 C. J. Date: "What Does Substitutability Really Mean?" *http://www.dbedebunk.com* (julho de 2002).

  Uma análise e crítica cuidadosa da referência [20.9].

20.8 You-Chin Fuh e outros: "Implementation of SQL3 Structured Types with Inheritance and value Substitutability", Proc. 25th Int. Conf. on Very Large Data Bases, Edimburgo, Escócia (setembro de 1999).

  Para citar o resumo: "Este artigo apresenta a abordagem do DB2... Primeiro, os valores de tipos estruturados são representados de um modo autodescritivo e manipulados apenas por métodos observadores/mutators gerados pelo sistema, reduzindo o impacto sobre o gerenciador de armazenamento de baixo nível. Segundo, a semântica baseada em valor dos mutators é implementada de modo eficiente pelo algoritmo de impedimento de cópia em tempo de compilação. Terceiro, os valores dos tipos estruturados são armazenados em linha ou fora de linha dinamicamente." *Nota:* A expressão "a semântica baseada em valor dos mutators" refere-se ao fato de que os mutators SQL são, na realidade, operadores *apenas de leitura* (o efeito de "mutação" desejado é obtido pela chamada do mutator sobre o destino desejado, digamos T, e depois pela atribuição do resultado dessa chamada novamente a T).

20.9 Barbara Liskov e Jeannette Wing: "A Behavioral Notion of Subtyping", *ACM TOPLAS (Transactions on Programming Languages and Systems) 16*, Número 6 (novembro de 1994).

  A possibilidade de substituição é referida como LSP (*Liskov Substitution Principle* – princípio da substituição de Liskov) em grande parte da literatura. Esse artigo é considerado a origem desse princípio.

20.10 Nelson Mattos e Linda G. DeMichiel: "Recent Design Trade-Offs in SQL3", *ACM SIGMOD Record 23*, Número 4 (dezembro 1994).

  Esse artigo fornece as razões para a decisão por parte dos projetistas da linguagem SQL para não admitirem restrições de tipos (ela se baseia em um argumento apresentado antes por Zdonik e Maier na referência [20.14]). Porém, discordamos dessas razões. O problema fundamental com esse argumento é que ele deixa de distinguir corretamente entre valores e variáveis.

20.11 Bertrand Meyer: "The Many Faces of Inheritance: A Taxonomy of Taxonomy", *IEEE Computer 29*, Número 5 (maio 1996).

20.12 James Rumbaugh: "A Matter of Intent: How to Define Subclasses", *Journal of Object-Oriented Programming* (setembro 1996).

> Como observamos na Seção 20.9, assumimos a visão de que a especialização por restrição é o único modo logicamente válido de definir subtipos. Portanto, é interessante observar que o mundo de objetos (ou, pelo menos, alguns habitantes desse mundo) assume exatamente a posição oposta! Para citar Rumbaugh: "QUADRADO é uma subclasse de RETÂNGULO?... Alongar a dimensão x de um retângulo é uma ação perfeitamente razoável. Porém, se você o faz em um quadrado, então o objeto não é mais um quadrado. Isso não é necessariamente algo ruim em termos conceituais. Ao alongar um quadrado, você *obtém* um retângulo... Porém,... a maioria das linguagens orientadas a objeto não deseja que os objetos mudem de classe... Tudo isso sugere [um] princípio de projeto para sistemas de classificação: *uma subclasse não deve ser definida pela restrição de uma superclasse*" (itálico no original). *Nota*: O mundo de objetos usa frequentemente o termo *classe* para identificar aquilo que chamamos *tipo* (ver Capítulo 25). Consideramos notável o fato de que Rumbaugh assuma aparentemente essa posição, apenas porque as linguagens orientadas a objeto "não desejam que objetos mudem de classe". Nós preferiríamos obter primeiro o *modelo*, antes de nos preocuparmos com as implementações. (De qualquer forma, acreditamos saber implementar a especialização por restrição de modo eficiente, e documentamos algumas de nossas ideias com relação a isso na referência [3.3].)

20.13 Andrew Taivalsaari: "On the Notion of Inheritance", *ACM Comp. Surv. 28*, Número 3 (setembro 1996).

20.14 Stanley B. Zdonik e David Maier: "Fundamentals of Object-Oriented Databases", na referência [25.42].

CAPÍTULO **21**

Bancos de dados distribuídos

21.1 Introdução

21.2 Algumas questões preliminares

21.3 Os 12 objetivos

21.4 Problemas de sistemas distribuídos

21.5 Sistemas cliente/servidor

21.6 Independência do SGBD

21.7 Recursos de SQL

21.8 Resumo

Exercícios

Referências e bibliografia

21.1 INTRODUÇÃO

Tocamos no assunto de bancos de dados distribuídos no final do Capítulo 2, no qual dissemos que (para citar) "o suporte completo para bancos de dados distribuídos implica que uma única aplicação deve ser capaz de operar 'de modo transparente' sobre dados dispersos em uma variedade de bancos de dados diferentes, gerenciados por vários SGBDs diferentes, em execução em uma variedade de máquinas diferentes, admitidos por uma variedade de sistemas operacionais diferentes e conectados entre si por uma variedade de redes de comunicações diferentes – em que 'de modo transparente' significa que a aplicação opera de um ponto de vista lógico como se os dados fossem todos gerenciados por um único SGBD, funcionando em uma única máquina". Agora, podemos examinar essas ideias com mais detalhes. Para sermos específicos, neste capítulo explicaremos exatamente o que é um banco de dados distribuído, porque esses bancos de dados estão se tornando cada vez mais importantes (pense particularmente na World Wide Web – veja o Capítulo 27) e quais são alguns dos problemas técnicos que surgem na área de bancos de dados distribuídos.

O Capítulo 2 também discutiu rapidamente os sistemas **cliente/servidor**, que podem ser considerados como um caso particular especialmente simples dos sistemas distribuídos em geral. Consideraremos especificamente sistemas cliente/servidor na Seção 21.5.

O plano geral do capítulo será explicado no final da próxima seção.

21.2 ALGUMAS QUESTÕES PRELIMINARES

Começamos com uma definição de trabalho (necessariamente um pouco imprecisa neste estágio):

- Um sistema de banco de dados distribuído consiste em uma coleção de *sites*, interligados por meio de algum tipo de rede de comunicações, em que:

    a. Cada site é ele próprio um site completo do sistema de banco de dados, mas
    b. Os sites concordaram em atuar juntos, de modo que um usuário em qualquer site pode ter acesso a dados em qualquer lugar da rede, exatamente como se os dados estivessem armazenados no site do próprio usuário.

Decorre que o chamado "banco de dados distribuído" é, na verdade, uma espécie de banco de dados *virtual*, cujas partes componentes estão fisicamente armazenadas em vários bancos de dados "reais" distintos em vários sites distintos (com efeito, é a união lógica desses bancos de dados reais). A Figura 21.1 mostra um exemplo.

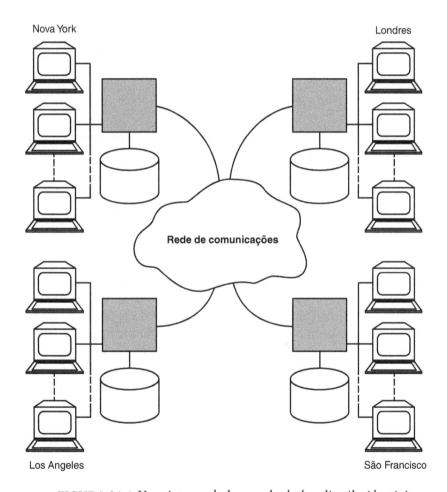

FIGURA 21.1 *Um sistema de banco de dados distribuído típico.*

Observe que, repetindo, *cada site é um site do sistema de banco de dados por si mesmo*. Em outras palavras, cada site possui seus próprios bancos de dados locais "reais", seus próprios usuários locais, seu próprio SGBD local e software de gerenciamento de transações (inclusive seu próprio software para bloqueio, registro, recuperação etc.), e seu próprio gerenciador de comunicações de dados local (gerenciador DC). Em particular, qualquer usuário pode executar operações sobre dados no seu site local exatamente como se esse site não participasse de modo algum do sistema distribuído (pelo menos, esse é um objetivo). O sistema de banco de dados distribuído em geral pode, portanto, ser considerado como um tipo de **parceria** entre SGBDs individuais locais nos sites locais individuais; um novo componente de software em cada site – uma extensão lógica do SGBD local – fornece a funcionalidade necessária à parceria e é a combinação desse novo componente com o SGBD existente, o que constituí aquilo que se costuma chamar **sistema de gerenciamento de banco de dados distribuído.**

A propósito, é comum supor que os sites componentes estão fisicamente dispersos – talvez dispersos também geograficamente, como sugere a Figura 21.1 –, embora na verdade seja suficiente que estejam dispersos *logicamente*. Dois "sites" poderiam até coexistir na mesma máquina física (em especial durante o período de testes iniciais do sistema). Na verdade, a ênfase em sistemas distribuídos tem se deslocado nos últimos anos; enquanto a maior parte da pesquisa original costumava assumir a distribuição geográfica, a maior parte das primeiras instalações comerciais envolvia a distribuição *local*, com (por exemplo) vários "sites", todos no mesmo prédio e interligados por meio de uma rede local (LAN – Local Area Network). Porém, mais recentemente, a enorme proliferação de redes remotas (WANs – Wide Area Networks) reativou o interesse na possibilidade de distribuição geográfica. De qualquer modo, isso faz pouca diferença – essencialmente os mesmos problemas técnicos têm de ser resolvidos (pelo menos, do ponto de vista do *banco de dados*) – e, portanto, podemos de forma razoável considerar a Figura 21.1 como a representação de um sistema típico para os objetivos deste capítulo.

Nota: Para simplificar a exposição, vamos supor até aviso em contrário que o sistema é *homogêneo*, no sentido que cada site executa uma cópia do mesmo SGBD: a **hipótese de homogeneidade estrita**. Na Seção 21.6, exploraremos a possibilidade de relaxar essa hipótese.

Vantagens

Por que bancos de dados distribuídos são desejáveis? A resposta básica a essa pergunta é que normalmente as empresas já são distribuídas, pelo menos logicamente (em divisões, departamentos, grupos de trabalho etc.) e, com grande probabilidade, também fisicamente (em fábricas, laboratórios etc.) – e disso decorre que os dados também já estão normalmente distribuídos, porque cada unidade organizacional dentro da empresa necessariamente manterá dados que são relevantes para sua própria operação. O patrimônio total das informações da empresa é, desse modo, disseminado naquilo que às vezes se costuma chamar de *ilhas de informações*. Um sistema distribuído fornece as *pontes* necessárias para conectar essas ilhas. Em outras palavras, ele permite que a estrutura do banco de dados reflita a estrutura da empresa – dados locais podem ser mantidos em instalações locais, às quais eles pertencem logicamente –, enquanto ao mesmo tempo dados remotos estão disponíveis para serem acessados quando for necessário.

Um exemplo esclarecerá o que foi dito. Considere mais uma vez a Figura 21.1. Para simplificar, suponha que existam apenas dois sites, Los Angeles e São Francisco, e suponha que o sistema é um sistema bancário, com dados de contas para as contas de Los Angeles armazenados em Los Angeles, e dados de contas para contas de São Francisco armazenados em São Francisco. Então, as vantagens são óbvias: o arranjo distribuído combina **eficiência de processamento** (os dados são mantidos próximos ao local em que são usados mais frequentemente) com **maior facilidade de acesso** (é possível ter acesso a uma conta em Los Angeles a partir de São Francisco e *vice-versa*, através da rede de comunicações).

Fazer com que a estrutura do banco de dados reflita a estrutura da empresa é provavelmente a principal vantagem dos sistemas distribuídos, como acabamos de explicar. É claro que também surgem vários benefícios adicionais, mas adiaremos a discussão desses benefícios adicionais para as seções apropriadas, mais adiante neste capítulo. Contudo, devemos mencionar que também há algumas desvantagens, das quais a maior é o fato de sistemas distribuídos serem *complexos*, pelo menos do ponto de vista técnico. É claro que, no caso ideal, essa complexidade deve ser um problema do implementador, e não do usuário, mas é provável – para sermos pragmáticos – que alguns aspectos dessa complexidade transpareçam para os usuários, a não ser que sejam tomadas muitas precauções.

Amostras de sistemas

Para fins de referência futura, mencionamos algumas das implementações mais conhecidas de sistemas distribuídos. Primeiro, os protótipos. Dentre numerosos sistemas de pesquisa, três dos mais conhecidos são (a) o *SDD-1*, elaborado na divisão de pesquisa da Computer Corporation of America entre o final da década de 1970 e o início da década de 1980 [21.32]; (b) o *R** (o "R estrela"), uma versão distribuída do protótipo do System R, criado na IBM Research no início da década de 1980 [21.37];[1] e (c) o *Distributed Ingres*, uma versão distribuída do protótipo Ingres, também elaborado no início da década de 1980 na Universidade da Califórnia em Berkeley [21.34].

Quanto a implementações comerciais, a maior parte dos produtos SQL de hoje oferece alguma espécie de suporte para bancos de dados distribuídos (com graus variáveis de funcionalidade, é claro). Alguns dos mais conhecidos incluem (a) o *Ingres/Star*, o componente de banco de dados distribuído do Ingres; (b) a opção de *banco de dados distribuído* do Oracle; e (c) o *recurso de dados distribuídos* do DB2.

Nota: Os fornecedores têm o hábito de mudar os nomes de produto com muita frequência e não podemos garantir que esses nomes (ou possivelmente até mesmo os produtos, em alguns casos) ainda estão sendo usados. Além disso, as listas de produtos e protótipos não pretendem ser completas – seu propósito é identificar certos sistemas que, por alguma razão, exerceram ou estão exercendo alguma influência, ou então têm algum interesse intrínseco especial. Mas, pelo menos, vale a pena observar que todos os sistemas listados anteriormente, protótipos e produtos, são especificamente sistemas relacionais (pelo menos, todos eles admitem a SQL). De fato, há várias razões pelas quais um sistema distribuído *deva* ser relacional para ser bem-sucedido; a tecnologia relacional é um pré-requisito para a tecnologia distribuída (eficaz) [15.6]. Veremos algumas das razões para esse estado de coisas ao prosseguirmos neste capítulo.

Um princípio fundamental

Agora é possível enunciar o que poderia ser considerado como **o princípio fundamental dos bancos de dados distribuídos** [21.13]:

> *Para o usuário, um sistema distribuído deve parecer exatamente como um sistema **não** distribuído.*

Em outras palavras, usuários em um sistema distribuído devem comportar-se exatamente como se o sistema não fosse distribuído. Todos os problemas dos sistemas distribuídos são – ou deveriam ser – problemas internos ou do nível de implementação, não problemas externos ou do nível do usuário.

Nota: O termo "usuários" no parágrafo anterior se refere especificamente a usuários (usuários finais ou programadores de aplicações) que estão executando operações de *manipulação de dados*; todas essas operações devem permanecer logicamente inalteradas. Ao contrário, as operações de *definição* de dados exigirão alguma extensão em um sistema distribuído – por exemplo, para que um usuário (talvez o DBA) no site *X* possa especificar que determinada RelVar deve ser dividida em "fragmentos" que serão armazenados nos sites *Y* e *Z* (consulte a discussão sobre fragmentação na próxima seção).

O princípio fundamental que enunciamos conduz a certas regras ou objetivos secundários,[2] em número de 12, que serão discutidos na próxima seção. Para referência, listamos aqui esses objetivos:

1. Autonomia local

2. Não dependência de um site central

3. Operação contínua

4. Independência de localização

5. Independência de fragmentação

6. Independência de replicação

---

[1]O asterisco é o chamado *operador de Kleene* – "R*" significa "zero ou mais [System] R's".
[2]*Regras* foi o termo usado no artigo [21.13], em que elas foram introduzidas (e o "princípio fundamental" foi considerado *Regra Zero*). Contudo, *objetivos* é um termo melhor – *regras* é muito dogmático. Neste capítulo, permaneceremos com o termo mais moderado *objetivos*.

7. Processamento de consultas distribuído

8. Gerenciamento de transações distribuído

9. Independência do hardware

10. Independência do sistema operacional

11. Independência da rede

12. Independência do SGBD

Entenda que esses objetivos *não* são todos independentes uns dos outros, nem são necessariamente completos, nem igualmente significativos (usuários diferentes darão graus diferentes de importância a objetivos diferentes em ambientes diferentes; na verdade, alguns deles podem ser totalmente não aplicáveis em algumas situações). Contudo, os objetivos são úteis como uma base para a compreensão da tecnologia distribuída e como uma estrutura para caracterizar a funcionalidade de sistemas distribuídos específicos. Por isso, vamos usá-los como princípio de organização no decorrer do capítulo. A Seção 21.3 apresenta uma breve descrição de cada objetivo; a Seção 21.4 trata então de certas questões específicas com mais detalhes. A Seção 21.5 (como já mencionamos) discute sistemas cliente/servidor. A Seção 21.6 examina o objetivo específico de independência do SGBD com mais profundidade. Para concluir, a Seção 21.7 trata da questão do suporte de SQL e a Seção 21.8 oferece um resumo e algumas observações finais.

Um último ponto introdutório: é importante distinguir sistemas de *bancos de dados* distribuídos verdadeiros, generalizados, dos sistemas que apenas fornecem alguma espécie de *acesso a dados remotos* (o que, a propósito, é tudo o que os sistemas cliente/servidor realmente fazem). Em um sistema de acesso a dados remotos, o usuário pode ser capaz de operar sobre dados em um site remoto, ou mesmo sobre dados em vários sites remotos simultaneamente, mas "as emendas aparecem"; ou seja, o usuário está definitivamente ciente – em maior ou menor grau – de que os dados são remotos, e precisa se comportar de acordo com esse fato. Ao contrário, em um verdadeiro sistema de banco de dados distribuído, as emendas ficam escondidas. (Grande parte do restante deste capítulo trata do significado nesse contexto de se dizer que as emendas ficam escondidas.) Em todo o restante deste capítulo, utilizaremos a expressão *sistema distribuído* para fazer referência especificamente a um sistema de banco de dados distribuído verdadeiro, generalizado (ao invés de um simples sistema de acesso a dados remotos), exceto quando houver menção explícita em contrário.

21.3 OS 12 OBJETIVOS

1. Autonomia local

Os sites em um sistema distribuído devem ser **autônomos**. Autonomia local significa que todas as operações em determinado site são controladas por esse site; nenhum site X deve depender de algum outro site Y para sua operação bem-sucedida (de outra forma, o fato de que o site Y esteja inativo poderia significar que o site X não poderia funcionar, mesmo que não houvesse nada de errado como o próprio site X – o que evidentemente seria indesejável). A autonomia local também implica que dados locais são de propriedade e gerenciamento locais, com contabilidade local; todos os dados "realmente" pertencem a algum banco de dados local, mesmo que sejam acessíveis a partir de outros sites. Assim, questões como segurança, integridade e representação de armazenamento físico de dados locais permanecem sob o controle e a jurisdição do site local.

Na verdade, o objetivo de autonomia local não é completamente realizável; há várias situações em que um determinado site X *precisa* ceder um certo grau de controle a algum outro site Y. O objetivo de autonomia, então, seria mais precisamente enunciado como: os sites devem ser autônomos *na maior extensão possível*. Consulte a anotação à referência [21.13] para obter mais detalhes sobre esse ponto.

2. Não dependência de um site central

A autonomia local implica que **todos os sites devem ser tratados como iguais**. Em particular, portanto, não deverá haver qualquer dependência de um site "mestre" central que forneça algum serviço central – por exemplo, serviços centralizados de processamento de consultas, gerenciamento de transações ou nomeações – tais que o sistema inteiro dependa desse site central. Desse modo, esse segundo objetivo é, na verdade, um corolário do primeiro (se o primeiro for realizado, o segundo virá em seguida). Porém, a "não dependência de um site central" é desejável por si, mesmo que não seja alcançada a completa autonomia local, motivo pelo qual a enunciamos como um objetivo separado.

A dependência de um site central seria indesejável pelo menos por estas duas razões: primeiro, esse site central poderia ser um gargalo; segundo, e mais importante, o sistema seria *vulnerável* – se o site central caísse, todo o sistema cairia (o problema do "único ponto de falha").

3. Operação contínua

Uma vantagem dos sistemas distribuídos em geral é que eles devem fornecer maior *confiabilidade* e maior *disponibilidade*:

- A **confiabilidade** é a probabilidade de o sistema funcionar sem queda em qualquer momento dado. A confiabilidade é melhor nos sistemas distribuídos porque esses sistemas não seguem a proposta de tudo ou nada – eles podem continuar a funcionar (em nível reduzido) mesmo diante da falha de algum componente individual, como um site isolado.

- A **disponibilidade** é a probabilidade de o sistema estar pronto e funcionando continuamente sem queda durante um período especificado. Assim como a confiabilidade, a disponibilidade é melhor em um sistema distribuído, em parte pela mesma razão e em parte devido à possibilidade de *replicação de dados* (veja uma discussão mais profunda no Objetivo 6, mais adiante).

As discussões anteriores se aplicam ao caso em que uma **parada não planejada** (isto é, uma falha de algum tipo) ocorreu em algum momento no sistema. As paradas não planejadas são obviamente indesejáveis, mas difíceis de evitar inteiramente! Ao contrário, as paradas **planejadas** *nunca* devem ser necessárias; isto é, nunca deve ser preciso desligar o sistema para a execução de alguma tarefa, como adicionar um novo site, ou atualizar o SGBD em um site existente para uma nova versão.

4. Independência de localização

A ideia básica da **independência de localização** (também chamada **transparência** de localização) é simples: os usuários não devem ser obrigados a saber onde estão fisicamente armazenados os dados, mas devem ser capazes de se comportar – pelo menos de um ponto de vista lógico – como se os dados estivessem todos armazenados em seu próprio site local. A independência de localização é desejável porque simplifica os programas de aplicações e as atividades do usuário final; em particular, permite que dados migrem de um site para outro sem invalidar qualquer desses programas ou atividades. Essa capacidade de migração é desejável porque permite que dados sejam deslocados pela rede em resposta a alterações de exigências de desempenho.

Nota: Sem dúvida, você já deve ter percebido que a independência de localização é somente uma extensão do conceito familiar de independência (física) de *dados*. De fato – para avançarmos um pouco mais – cada objetivo em nossa lista que tem "independência" em seu título pode ser considerado uma extensão da independência de dados, como veremos. Teremos um pouco mais a dizer especificamente sobre a independência de localização na Seção 21.4 (subseção "Gerenciamento de catálogo").

5. Independência de fragmentação

Um sistema admite **fragmentação de dados** se determinada RelVar armazenada pode ser dividida em pedaços ou *fragmentos* para fins de armazenamento físico, e os fragmentos distintos podem ser armazenados em sites diferentes. A fragmentação é desejável por motivos de desempenho: os dados podem ser armazenados no local em que são utilizados mais frequentemente, de modo que a maior parte das operações seja apenas local, e o tráfego da rede seja reduzido. Por exemplo, considere a RelVar EMP ("empregados"), com a amostra de valores apresentada na parte superior da Figura 21.2. Em um sistema que admitisse a fragmentação, poderíamos definir dois fragmentos:

```
FRAGMENT EMP AS
   N_EMP AT SITE 'Nova York' WHERE DEPTO# = 'D1'
                             OR   DEPTO# = 'D3',
   L_EMP AT SITE 'Londres'   WHERE DEPTO# = 'D2' ;
```

(observe a parte inferior da Figura 21.2). *Nota*: Estamos supondo que tuplas EMP são mapeadas no armazenamento físico de modo bastante direto, e que D1 e D3 são departamentos de Nova York, e D2 é um departamento de Londres. Logo, tuplas para empregados em Nova York serão armazenadas no site de Nova York, e tuplas para empregados em Londres serão armazenadas no site de Londres. Observe os *nomes dos fragmentos internos* do sistema, N_EMP e L_EMP.

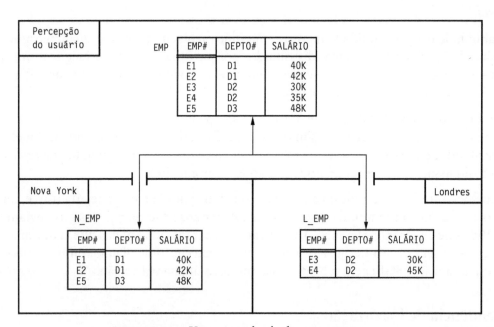

FIGURA 21.2 *Um exemplo de fragmentação.*

Existem basicamente duas espécies de fragmentação, *horizontal* e *vertical*, que correspondem às operações relacionais de restrição e projeção, respectivamente (a Figura 21.2 ilustra uma fragmentação horizontal). De modo mais geral, um fragmento pode ser derivado por qualquer combinação arbitrária de restrições e projeções – ou melhor, arbitrária, exceto que:

- No caso da restrição, as restrições devem constituir uma decomposição ortogonal no sentido do Capítulo 13.

- No caso da projeção, as projeções devem constituir uma decomposição *sem perdas* no sentido dos Capítulos 12 e 13.

O resultado dessas duas regras é que todos os fragmentos de determinada RelVar serão *independentes*, no sentido de que nenhum deles poderá ser derivado dos outros ou ter uma restrição ou uma projeção que possa ser derivada dos outros. *Nota:* Se realmente quisermos armazenar o mesmo fragmento de informações em vários lugares diferentes, poderemos fazê-lo por meio do mecanismo de *replicação* do sistema, a fim de obter o efeito desejado. Veja a próxima subseção.

A reconstrução da RelVar básica original a partir dos fragmentos é feita por meio de operações de junção e união adequadas (junção para fragmentos verticais, união para fragmentos horizontais). A propósito, no caso de união, observe que a eliminação de duplicatas não será necessária, graças à primeira das duas regras anteriores (ou seja, a união será uma união *disjunta*).

Devemos nos aprofundar mais um pouco sobre a questão de fragmentação vertical. Visto que tal fragmentação deve ser realizada sem perdas, fica claro que a fragmentação da RelVar EMP da Figura 21.2 em suas projeções sobre, digamos, {EMP#,DEPTO#} e {SALÁRIO}, não seria válida. Contudo, em alguns sistemas, RelVars armazenadas são consideradas como tendo uma "ID de tupla", ou atributo TID oculto, fornecido pelo sistema, onde a TID para determinada tupla armazenada é, em linhas gerais, o *endereço* da tupla em questão. Esse atributo TID é claramente uma chave candidata para a RelVar em questão; assim, por exemplo, se a RelVar EMP incluísse tal atributo, ela *poderia* ser fragmentada de modo válido em suas projeções sobre {TID,EMP#,DEPTO#} e {TID,SALÁRIO}, pois essa fragmentação, sem dúvida, seria sem perdas. Observe ainda que o fato de os atributos TID serem ocultos não viola O *Princípio da Informação*, pois a independência de fragmentação (que estaremos discutindo em seguida) significa que o usuário, de qualquer forma, não está ciente da fragmentação.

A propósito, observe que a facilidade de fragmentação e a facilidade de reconstrução são duas das muitas razões pelas quais os sistemas distribuídos são relacionais; o modelo relacional fornece exatamente as operações necessárias para essas tarefas [15.6].

Agora, chegamos ao ponto mais importante: um sistema que admita fragmentação de dados também deve admitir **independência de fragmentação** (também conhecida como **transparência** de fragmentação) – isto é, os usuários devem ser capazes de se comportar, pelo menos de um ponto de vista lógico, como se os dados, na verdade, não estivessem fragmentados de modo algum. A independência de fragmentação (como a independência de localização) é desejável porque simplifica programas do usuário e atividades de terminal. Em particular, ela permite que os dados sejam refragmentados a qualquer momento (e os fragmentos sejam redistribuídos a qualquer momento) em resposta a mudanças nas exigências de desempenho, sem invalidar quaisquer desses programas ou atividades do usuário.

A independência de fragmentação implica que será apresentada aos usuários uma visão dos dados na qual os fragmentos estão combinados logicamente por meio de junções e uniões adequadas. É responsabilidade do otimizador determinar a quais fragmentos é necessário ter acesso físico para satisfazer a qualquer requisição do usuário. Por exemplo, dada a fragmentação mostrada na Figura 21.2, se o usuário emitir a requisição

```
EMP WHERE SALÁRIO > 40K AND DEPTO# = 'D1'
```

o otimizador saberá, pelas definições do fragmento (que estarão armazenadas no catálogo, é claro) que o resultado inteiro pode ser obtido no site de Nova York – não haverá necessidade alguma de acessar o site de Londres.

Examinemos esse exemplo com um pouco mais de detalhe. Em primeiro lugar, a RelVar EMP, tal como é percebida pelo usuário, pode ser considerada (informalmente) uma *visão* dos fragmentos básicos N_EMP e L_EMP:

```
VAR EMP "VIEW"                  /* pseudocódigo */
    N_EMP UNION L_EMP ;
```

Assim, o otimizador transforma a requisição original do usuário na seguinte:

```
( N_EMP UNION L_EMP ) WHERE SALÁRIO > 40K
                  AND DEPTO# = DEPTO# ('D1')
```

Essa expressão pode ainda ser transformada em:

```
( N_EMP WHERE SALÁRIO > 40K AND DEPTO# = DEPTO# ('D1') )
  UNION
( L_EMP WHERE SALÁRIO > 40K AND DEPTO# = DEPTO# ('D1') )
```

(porque a restrição é distributiva em relação à união). Em seguida, a partir da definição do fragmento L_EMP no catálogo, o otimizador sabe que o segundo desses dois operandos de UNION é equivalente a:

```
EMP WHERE SALÁRIO > 40K AND
          DEPTO# = DEPTO# ('D1') AND DEPTO# = DEPTO# ('D2')
```

Essa expressão deverá ser avaliada como uma relação vazia, pois a condição na cláusula WHERE nunca poderá ter o valor TRUE. A consulta original pode então ser simplificada para apenas

```
N_EMP WHERE SALÁRIO > 40K AND DEPTO# = DEPTO# ('D1')
```

Agora, o otimizador sabe que só precisa ter acesso ao site de Nova York. *Exercício*: Considere o que significa para o otimizador lidar com a requisição:

```
EMP WHERE SALÁRIO > 40K
```

Como sugere a discussão anterior, o problema de admitir operações sobre RelVars fragmentadas tem certos pontos em comum com o problema de admitir operações sobre visões de junção e união (na verdade, os dois problemas são um só – eles simplesmente se manifestam em pontos diferentes na arquitetura geral do sistema). Em particular, o problema de *atualizar* RelVars fragmentadas é idêntico ao problema de atualizar visões de junção e união (consulte o Capítulo 10). Segue-se também que atualizar determinada tupla – mais uma vez, em termos informais! – pode fazer essa tupla migrar de um fragmento para outro (e, possivelmente, até mesmo de um site para outro), se a tupla atualizada não mais satisfizer ao predicado para o fragmento ao qual pertencia antes.

6. Independência de replicação

Um sistema admite **replicação de dados** se determinada RelVar básica – ou, mais geralmente, determinado *fragmento* de determinada RelVar básica – pode ser representada por muitas cópias ou *réplicas* distintas, armazenadas em muitos sites distintos. Por exemplo:

```
REPLICATE N_EMP AS
   LN_EMP AT SITE 'Londres' ;

REPLICATE L_EMP AS
   NL_EMP AT SITE 'Nova York' ;
```

(consulte a Figura 21.3). Observe os *nomes internos de réplicas* do sistema, NL_EMP e LN_EMP.

Nova York

N_EMP

EMP#	DEPTO#	SALÁRIO
E1	D1	40K
E2	D1	42K
E5	D3	48K

EMP#	DEPTO#	SALÁRIO
E3	D2	30K
E4	D2	35K

NL_EMP (réplica de L_EMP)

Londres

L_EMP

EMP#	DEPTO#	SALÁRIO
E3	D2	30K
E4	D2	35K

EMP#	DEPTO#	SALÁRIO
E1	D1	40K
E2	D1	42K
E5	D3	48K

LN_EMP (réplica de N_EMP)

FIGURA 21.3 *Um exemplo de replicação.*

A replicação é desejável por, pelo menos, dois motivos. Primeiro, pode significar melhor desempenho (aplicações podem operar sobre cópias locais, em vez de terem de se comunicar com sites remotos); segundo, também pode significar melhor disponibilidade (algum objeto replicado permanece disponível para processamento – pelo menos para acesso – enquanto houver no mínimo uma cópia disponível). Naturalmente, a maior *des*vantagem da replicação é que, quando determinado objeto replicado é atualizado, *todas as cópias* desse objeto precisam ser atualizadas; o problema da **propagação de atualizações**. Discutiremos mais a respeito desse problema na Seção 21.4.

Observamos de passagem que a replicação em um sistema distribuído representa uma aplicação específica da ideia de *redundância controlada*, discutida no Capítulo 1.

Agora, a replicação, como a fragmentação, deve no caso ideal ser "transparente para o usuário". Em outras palavras, um sistema que admita replicação de dados também deve admitir **independência de replicação** (também conhecida como **transparência** de replicação) – isto é, os usuários devem ser capazes de se comportar, pelo menos de um ponto de vista lógico, como se os dados de fato não fossem replicados de modo algum. A independência de replicação (como a independência de localização ou de fragmentação) é desejável porque simplifica os programas de aplicações e as atividades do usuário final; em particular, ela permite que réplicas sejam criadas ou destruídas em qualquer momento, em resposta a mudanças de requisitos, sem invalidar quaisquer um desses programas ou atividades.

A independência de replicação implica que é de responsabilidade do otimizador do sistema determinar a quais réplicas é necessário ter acesso físico para satisfazer a qualquer requisição de um determinado usuário. Omitimos aqui os detalhes específicos da questão.

Concluímos esta subseção observando que muitos produtos comerciais atuais admitem uma forma de replicação que *não* inclui a independência de replicação total (ou seja, ela *não* é totalmente "transparente para o usuário"). Consulte as observações complementares sobre este tópico na Seção 21.4 (subseção "Propagação de atualizações").

7. Processamento de consultas distribuído

Há duas questões gerais a serem examinadas sob este título:

- Primeiro, considere a consulta "Obter fornecedores em Londres de peças vermelhas". Suponha que o usuário esteja no site de Nova York e que os dados estejam armazenados no site de Londres. Suponha também que existem n fornecedores que satisfazem à requisição. Se o sistema for relacional, a consulta envolverá basicamente duas mensagens: uma para enviar a requisição de Nova York para Londres e outra para retornar o conjunto de resultados de n tuplas de Londres para Nova York. Se, por outro lado, o sistema não for relacional, mas sim um sistema de um registro por vez, a consulta envolverá basicamente $2n$ mensagens: n de Nova York para Londres solicitando "o próximo" fornecedor, e n de Londres para Nova York, a fim de retornar "o próximo" fornecedor. Assim, o exemplo ilustra o fato de que o sistema distribuído relacional provavelmente irá superar um sistema não relacional em desempenho, possivelmente por várias ordens de grandeza.

- Em segundo lugar, a otimização é ainda mais importante em um sistema distribuído do que em um sistema centralizado. O detalhe básico é que, em uma consulta como a mencionada no parágrafo anterior, envolvendo diversos sites, haverá muitos modos possíveis de mover os dados pelo sistema de maneira a satisfazer à requisição e é de importância crucial que se encontre uma estratégia eficiente. Por exemplo, uma requisição (digamos) de união de uma relação rx armazenada no site X e uma relação ry armazenada no site Y poderia ser executada movendo-se rx para Y ou movendo-se ry para X, ou ainda movendo-se ambas para um terceiro site Z (etc.). Uma ilustração convincente desse ponto, envolvendo a mesma consulta de antes ("Obter números de fornecedores em Londres de peças vermelhas") é apresentada na Seção 21.4. Para resumir rapidamente o exemplo, são analisadas seis diferentes estratégias para processamento da consulta sob um certo conjunto de hipóteses plausíveis, e o tempo de resposta varia de um mínimo de um décimo de segundo a um máximo de aproximadamente *seis horas*! Portanto, a otimização é claramente crucial e esse fato por sua vez pode ser visto como mais uma razão pela qual os sistemas distribuídos são sempre relacionais (observando-se que as requisições relacionais podem ser otimizadas enquanto as requisições não relacionais não podem).

8. Gerenciamento de transações distribuído

Existem dois aspectos principais do gerenciamento de transações, recuperação e concorrência, cada um deles exigindo um extenso tratamento no ambiente distribuído. Para explicar esse extenso tratamento, é preciso antes introduzir um novo termo, *agente*. Em um sistema distribuído, uma única transação pode envolver a execução de código de vários sites; em particular, pode envolver atualizações em muitos sites. Dizemos, então, que cada transação consiste em vários **agentes**, em que um agente é o processo executado em favor de determinada transação em um site específico. E o sistema precisa saber quando dois agentes são ambos parte da mesma transação; por exemplo, dois agentes que fazem parte da mesma transação obviamente não podem ter um impasse (*deadlock*) entre eles.

Passando agora especificamente para a recuperação: para garantir que determinada transação é atômica (tudo ou nada) no ambiente distribuído, o sistema deve, portanto, assegurar que o conjunto de agentes para essa transação tenha feito o commit em uníssono ou o roll back em uníssono. Esse efeito pode ser obtido por meio do protocolo de **COMMIT em duas fases**, já discutido (embora não no contexto distribuído) no Capítulo 15. Na Seção 21.4, veremos um pouco mais sobre o COMMIT em duas fases para um sistema distribuído.

Quanto ao controle da concorrência: o controle da concorrência na maioria dos sistemas distribuídos se baseia, em geral, no **bloqueio**, exatamente como em sistemas não distribuídos. (Alguns produtos utilizam *controles multiversão* [16.1] em seu lugar; porém, na prática, o bloqueio convencional ainda parece ser a técnica preferida para a maior parte dos sistemas.) Mais uma vez, discutiremos esse tópico com um pouco mais de detalhe na Seção 21.4.

9. Independência do hardware

Na verdade, não há muito a dizer sobre esse assunto – o título já diz tudo. Instalações de computadores do mundo real, em geral, envolvem uma multiplicidade de máquinas diferentes – máquinas IBM, máquinas Fujitsu, máquinas HP, PCs e estações de trabalho de várias espécies etc. – e existe uma necessidade real de ser capaz de integrar os dados em todos esses sistemas e apresentar ao usuário uma "imagem de um único sistema" [21.9]. Assim, é desejável poder executar o mesmo SGBD em diferentes plataformas de hardware e, ainda mais, ter todas essas máquinas diferentes participando como parceiras em um sistema distribuído.

10. Independência do sistema operacional

Esse objetivo é, em parte, um corolário do anterior e também não exige muita discussão aqui. Obviamente, é desejável não apenas poder executar o mesmo SGBD em diferentes plataformas de hardware, mas também poder executá-lo em diferentes plataformas de sistemas operacionais – inclusive sistemas operacionais distintos no mesmo hardware – e (por exemplo) fazer uma versão OS/390, uma versão UNIX e uma versão Windows participarem todas do mesmo sistema distribuído.

11. Independência da rede

Mais uma vez, não há muito a dizer; se o sistema deve ser capaz de admitir muitos sites diferentes, com diferentes tipos de hardware e sistemas operacionais distintos, é evidente que ele precisa admitir diversas redes de comunicações distintas.

12. Independência do SGBD

Sob esse título, consideramos o que está envolvido na ação de relaxar a hipótese de homogeneidade estrita. Podemos afirmar que essa hipótese é um pouco forte. É necessário apenas que as instâncias do SGBD em sites diferentes *admitam todas a mesma interface* – elas não precisam ser todas necessariamente cópias do mesmo software de SGBD. Por exemplo, se Ingres e Oracle admitirem ambos o padrão SQL oficial, então pode ser possível fazer com que um site Ingres e um site Oracle se comuniquem um com o outro, no contexto de um sistema distribuído. Em outras palavras, talvez houvesse a possibilidade de que o sistema distribuído fosse *heterogêneo*, pelo menos até certo ponto.

O suporte para heterogeneidade é com certeza desejável. O fato é que as instalações de computadores do mundo real muitas vezes não apenas funcionam em muitas máquinas diferentes e com muitos sistemas operacionais diferentes, mas frequentemente também executam SGBDs diferentes; e seria bom se todos esses SGBDs diferentes pudessem participar, de algum modo, de um sistema distribuído. Em outras palavras, o sistema distribuído ideal deve proporcionar **independência do SGBD**.

Contudo, esse é um tópico tão extenso, e tão importante na prática, que dedicamos a ele uma seção separada. Consulte a Seção 21.6, mais adiante.

21.4 PROBLEMAS DE SISTEMAS DISTRIBUÍDOS

Nesta seção, vamos aprofundar um pouco a discussão sobre alguns dos problemas mencionados rapidamente na Seção 21.3. O problema principal é que as redes de comunicações – pelo menos as redes remotas (WANs) – são *lentas*. Uma WAN típica poderia ter uma taxa de dados efetiva de cerca de 5 a 10 mil bytes por segundo; ao contrário, uma unidade de disco típica tem uma taxa de dados de cerca de 5 a 10 *milhões* de bytes por segundo. (Por outro lado, algumas redes locais admitem taxas de dados da mesma ordem de grandeza que as unidades de discos.) Deste modo, um objetivo essencial nos sistemas distribuídos (pelo menos no caso de WANs e, até certo ponto, também no caso de LANs) é *minimizar a utilização da rede* – isto é, minimizar o número e o volume de mensagens. Esse objetivo, por sua vez, gera problemas em várias outras áreas, entre elas as seguintes (esta lista não pretende ser completa):

- Processamento de consultas
- Gerenciamento de catálogo
- Propagação de atualizações
- Recuperação
- Concorrência

Processamento de consultas

O objetivo de minimizar a utilização da rede implica que o próprio processo de otimização de consultas precisa ser distribuído, como também o processo de execução de consultas. Em outras palavras, o processo geral de otimização consistirá normalmente em uma etapa de otimização **global**, seguida por etapas de otimização **local** em cada site afetado. Por exemplo, suponha que uma consulta Q seja apresentada no site X, e suponha que Q envolva uma junção de uma relação ry de 10 mil tuplas no site Y com uma relação rz de 10 milhões de tuplas no site Z. O otimizador no site X escolherá a estratégia global para executar Q; e logicamente é desejável que ele decida mover ry para Z, e não rz para Y (ou, dependendo da cardinalidade do resultado da junção, poderia ser melhor mover ry e rz para X). Suponha que ele decida mover ry para Z. Em seguida, a estratégia para executar a junção real no site Z será decidida pelo otimizador local em Z.

Apresentamos, a seguir, uma ilustração mais detalhada do que foi dito antes, baseada em um exemplo dado em um artigo anterior de Rothnie e Goodman [21.31]. *Nota:* Os valores apresentados aqui podem estar desatualizados no momento, devido aos desenvolvimentos subsequentes no hardware e tamanhos típicos de bancos de dados modernos, mas a mensagem geral ainda é válida:

- *Banco de dados* (fornecedores e peças, simplificado):

```
F  { F#, CIDADE }        10.000 tuplas armazenadas no site A
P  { P#, COR }          100.000 tuplas armazenadas no site B
FP { F#, P# }         1.000.000 tuplas armazenadas no site A
```

Suponha que toda tupla armazenada tenha 25 bytes (200 bits) de extensão.

- *Consulta* ("Obter números de fornecedores para fornecedores em Londres de peças vermelhas"):

```
( ( F JOIN FP JOIN P ) WHERE CIDADE = 'Londres' AND
                      COR = COR ('Vermelho') ) { F# }
```

- *Cardinalidades estimadas de certos resultados intermediários*:

Número de peças vermelhas   =   10
Número de remessas por fornecedores de Londres = 100.000

- *Hipóteses de comunicações*:

Taxa de dados   = 50.000 bits por segundo
Retardo de acesso   = 0,1 segundo

Examinamos agora rapidamente seis estratégias possíveis para processar essa consulta, e para cada estratégia i calculamos o tempo de comunicação total Ti a partir da fórmula:

```
( retardo de acesso total ) + ( volume de dados total / taxa de dados )
```

que se torna (em segundos):

```
( número de mensagens / 10 ) + ( número de bits / 50000 )
```

1. Mover peças para o site A e processar a consulta em A.

```
T1 = 0,1 + ( 100000 * 200 ) / 50000
   = 400 segundos aprox. (6,67 minutos)
```

2. Mover fornecedores e remessas para o site B e processar a consulta em B:

```
T2 = 0,2 + ( ( 10000 + 1000000 ) * 200 ) / 50000
   = 4040 segundos aprox. (1,12 horas)
```

3. Fazer a junção de fornecedores e remessas no site A, restringir o resultado a fornecedores de Londres e, em seguida, para cada um desses fornecedores, verificar no site B se a peça correspondente é vermelha. Cada uma dessas verificações envolverá duas mensagens, uma consulta e uma resposta. O tempo de transmissão para essas mensagens será pequeno comparado com o retardo de acesso.

```
T3 = 20000 segundos aprox. (5,56 horas)
```

4. Restringir peças no site B às que são vermelhas, e depois, para cada uma dessas peças, verificar no site A se existe uma remessa relacionando a peça a um fornecedor de Londres. Cada uma dessas verificações envolverá duas mensagens; novamente, o tempo de transmissão para essas mensagens será pequeno comparado com o retardo de acesso.

```
T4 = 2 segundos aprox.
```

5. Fazer a junção de fornecedores e remessas no site A, restringir o resultado a fornecedores em Londres, projetar o resultado sobre F# e P# e mover o resultado para o site B. Completar o processamento no site B.

```
T5 = 0,1 + ( 100000 * 200 ) / 50000
   = 400 segundos aprox. (6,67 minutos)
```

6. Restringir peças no site B às que são vermelhas e mover o resultado para o site A. Completar o processamento no site A.

```
T6 = 0,1 + ( 10 * 200 ) / 50000
   = 0,1 segundo aprox.
```

A Figura 21.4 resume os resultados anteriores. Surgem pontos importantes:

Estratégia	Técnica	Tempo de comunicação
1	Mover P para A	6,67 min
2	Mover F e FP para B	1,12 h
3	Para cada remessa de Londres, verificar se a peça é vermelha	5,56 h
4	Para cada peça vermelha, verificar se existe um fornecedor de Londres	2,00 s
5	Mover remessas de Londres para B	6,67 min
6	**Mover peças vermelhas para A**	**0,10 s (melhor)**

FIGURA 21.4 *Estratégias de processamento distribuído de consultas (resumo).*

1. A variação geral no tempo de comunicação é enorme (a técnica mais lenta é *dois milhões de vezes* mais lenta que a técnica mais rápida).

2. Taxa de dados e retardo de acesso são ambos fatores importantes na escolha de uma estratégia.

3. Os tempos de computação e E/S provavelmente serão desprezíveis comparados com o tempo de comunicação para as estratégias mais fracas. *Nota:* Na realidade, no caso das melhores estratégias, isso poderia acontecer ou não [21.33]. Esse também poderia não ser o caso em uma LAN rápida.

Além disso, algumas estratégias permitem processamento paralelo nos dois sites; assim, o tempo de resposta para o usuário poderia, na verdade, ser menor que em um sistema centralizado. Porém, observe que ignoramos a questão de qual site deve receber o resultado final.

Gerenciamento de catálogo

Em um sistema distribuído, o catálogo do sistema incluirá não apenas os dados normais de catálogo relativos a RelVars básicas, visões, restrições de integridade, autorizações etc., mas também todas as informações de controle necessárias para permitir que o sistema forneça a desejada independência de local, fragmentação e replicação. Surge a questão: onde e como deve ser armazenado o próprio catálogo? Algumas possibilidades são:

1. *Centralizado*: O catálogo inteiro é armazenado exatamente uma vez, em um único site central.

2. *Totalmente replicado*: O catálogo inteiro é armazenado por completo em cada site.

3. *Particionado*: Cada site mantém seu próprio catálogo para objetos armazenados nesse site. O catálogo total é a união de todos esses catálogos locais disjuntos.

4. *Combinação das abordagens 1 e 3*: Cada site mantém seu próprio catálogo local, como no item 3; além disso, um único site central mantém uma cópia unificada de todos esses catálogos locais, como no item 1.

Cada uma dessas abordagens tem seus problemas. A abordagem 1 evidentemente viola o objetivo de "não dependência de um site central". A abordagem 2 sofre de uma severa perda de autonomia, pois cada atualização de catálogo deve ser propagada para todos os sites. A abordagem 3 torna as operações não locais muito dispendiosas (a localização de um objeto remoto exigirá acesso à metade da quantidade de sites, em média). A abordagem 4 é mais eficiente que a abordagem 3 (a localização de um objeto remoto exige somente um acesso ao catálogo remoto), mas viola mais uma vez o objetivo de "não dependência de um site central". Assim, na prática, os sistemas em geral não usam qualquer uma dessas quatro abordagens! A título de exemplo, descrevemos a abordagem utilizada em R* [21.37].

Para explicar como é estruturado o catálogo do R*, primeiro é preciso dizer algo sobre a **nomeação de objetos** em R*. A nomeação de objetos é questão significativa para sistemas distribuídos em geral; a possibilidade de dois sites distintos *X* e *Y* conterem ambos um objeto, digamos, uma RelVar básica chamada *R*, implica que algum mecanismo – normalmente, a qualificação pelo nome do site – será necessário para "desfazer a ambiguidade" (isto é, garantir a unicidade de nomes no âmbito do sistema). No entanto, se nomes qualificados como *X.R* e *Y.R* forem expostos ao usuário, o objetivo de independência do local será claramente violado. Portanto, é necessário um meio de mapear os nomes conhecidos pelos usuários para seus nomes correspondentes, conhecidos pelo sistema.

Aqui está, então, a abordagem do R* para esse problema. Primeiro, R* faz distinção entre o **nome impresso** de um objeto, que é o nome pelo qual o objeto é normalmente referenciado pelos usuários (por exemplo, em uma instrução SELECT da SQL) e seu **nome para o sistema,** que é um identificador interno globalmente exclusivo para o objeto. Os nomes para o sistema têm quatro componentes:

- *ID do criador* (a ID do usuário que emitiu a operação CREATE, que criou o objeto em primeiro lugar)

- *ID do site do criador* (a ID do site no qual a operação CREATE foi executada)

- *Nome local* (o nome não qualificado do objeto)

- *ID do site de nascimento* (a ID do site em que o objeto foi inicialmente armazenado)

As IDs de usuários são exclusivas dentro do site, e as IDs de sites são globalmente exclusivas. Assim, por exemplo, o nome para o sistema

```
MARILYN @ NOVA YORK . STATS @ LONDRES
```

identifica um objeto – para definir melhor, vamos considerá-lo como uma RelVar básica – com o nome local STATS, criado pelo usuário chamado Marilyn no site de Nova York e inicialmente armazenado no site de Londres.[3] Esse nome tem a *garantia de nunca mudar* – nem mesmo se o objeto migrar para outro site (ver a seguir).

Como já indicamos, em geral os usuários se referem a um objeto por seu *nome impresso*. Um nome impresso consiste em um nome não qualificado simples – seja o componente "nome local" do nome para o sistema (STATS, no exemplo anterior), ou um **sinônimo** desse nome para o sistema, definido por meio da instrução especial CREATE SYNONYM do R*. Aqui está um exemplo:

```
CREATE SYNONYM MSTATS FOR MARILYN @ NOVAYORK . STATS @ LONDRES ;
```

Agora, o usuário pode especificar (por exemplo)

```
SELECT ... FROM STATS ... ;
```

ou

```
SELECT ... FROM MSTATS ... ;
```

No primeiro caso (usando o nome local), o sistema deduz o nome para o sistema assumindo todos os defaults óbvios – ou seja, que o objeto foi criado por este usuário, que ele foi criado neste site e que foi armazenado inicialmente neste site. A propósito, uma consequência dessas hipóteses default é que antigas aplicações do System R funcionarão sem alterações no R* (isto é, depois que os dados do System R forem redefinidos como dados do R*).

No segundo caso (usando o sinônimo), o sistema determina o nome para o sistema interrogando a **tabela de sinônimos** relevante. As tabelas de sinônimos podem ser vistas como o primeiro componente do catálogo; cada site mantém um conjunto dessas tabelas para cada usuário conhecido nesse site, mapeando os sinônimos conhecidos por esse usuário nos nomes correspondentes para o sistema.

Além das tabelas de sinônimos, cada site mantém:

1. Uma entrada de catálogo para cada objeto *nascido* nesse site.

2. Uma entrada de catálogo para cada objeto *armazenado atualmente* nesse site.

---

[3]As RelVars básicas são mapeadas diretamente a RelVars armazenadas em R*, como realmente acontece em quase todo sistema que este autor conhece. Veja algumas críticas quanto a essa situação no Apêndice A.

Suponha agora que o usuário emita uma requisição referente ao sinônimo MSTATS. Primeiro, o sistema procura o nome para o sistema correspondente na tabela de sinônimos apropriada (uma pesquisa puramente local). Agora, ele sabe o site de nascimento – Londres, no exemplo – e pode interrogar o catálogo de Londres (o que vamos supor, para generalizar, ser uma pesquisa remota, de modo que esse é o primeiro acesso remoto). O catálogo de Londres conterá uma entrada para o objeto, em virtude do item 1 anterior. Se o objeto ainda estiver em Londres, ele será encontrado nesse momento. Contudo, se o objeto tiver migrado para (digamos) Los Angeles, então a entrada no catálogo em Londres informará esse fato, de modo que agora o sistema possa interrogar o catálogo de Los Angeles (segundo acesso remoto). E o catálogo de Los Angeles conterá uma entrada para o objeto, em virtude do item 2 anterior. Assim, o objeto será encontrado com no máximo dois acessos remotos.

Além disso, se o objeto migrar outra vez, digamos para São Francisco, então o sistema:

1. Inserirá uma entrada de catálogo de São Francisco.

2. Eliminará a entrada no catálogo de Los Angeles.

3. Atualizará a entrada de catálogo de Londres para indicar São Francisco em vez de Los Angeles.

O efeito final é que o objeto ainda poderá ser encontrado com no máximo dois acessos remotos. E esse é um esquema completamente distribuído – não existe um site de catálogo central e qualquer ponto único de falha dentro do sistema.

Como comentário, saiba que o esquema de nomeação de objetos usado no recurso de dados distribuídos do DB2 é semelhante, mas não idêntico ao descrito.

Propagação de atualizações

Como indicamos na Seção 21.3, o problema básico com a replicação de dados é que uma atualização de qualquer objeto lógico dado deve ser propagada a todas as cópias armazenadas desse objeto. Surge imediatamente uma dificuldade, se algum site que tenha uma cópia do objeto não estiver disponível (devido a uma falha em um site ou na rede), no momento da atualização. A estratégia óbvia de propagar imediatamente as atualizações para todas as cópias poderia ser então inaceitável, porque implica que a atualização – e, portanto, a transação – falhará se qualquer uma dessas cópias não estiver disponível no momento. De fato, em certo sentido, os dados estão *menos* disponíveis sob essa estratégia do que estariam no caso sem replicação, minando, assim, uma das vantagens proclamadas para a replicação na seção anterior.

Um esquema comum para tratar do problema (não o único possível) é o chamado esquema de **cópia primária**, que funciona assim:

- Uma cópia de cada objeto replicado é designada como cópia *primária*. As demais são todas cópias secundárias.

- Cópias primárias de diferentes objetos estão em sites diferentes (assim, mais uma vez esse é um esquema distribuído).

- Operações de atualização são consideradas logicamente completas tão logo a cópia primária é atualizada. O site que guarda essa cópia é então responsável pela propagação da atualização para as cópias secundárias em algum momento subsequente. *Nota:* Esse "momento subsequente" deve ser anterior ao COMMIT, se as propriedades ACID da transação – ver Capítulos 15 e 16 – tiverem de ser preservadas. Voltaremos a essa questão dentro de instantes.

Naturalmente, esse esquema acarreta vários problemas adicionais, a maior parte deles além do escopo deste livro. Observe também que ele representa uma violação do objetivo de autonomia local, pois uma transação poderia agora falhar, porque uma cópia remota (primária) de algum objeto não está disponível, mesmo que esteja disponível uma cópia local.

Já mencionamos antes que as exigências ACID de processamento de transações implicam que toda propagação de atualização deve ser concluída antes que a transação em questão possa se completar ("replicação síncrona"). No entanto, vários produtos comerciais admitem atualmente uma forma menos ambiciosa de replicação, na qual a propagação de atualizações é feita em algum momento posterior (talvez em algum momento especificado pelo usuário), *não* necessariamente dentro do escopo da transação relevante ("replicação assíncrona"). Na verdade, o termo *replicação* infelizmente foi mais ou menos usurpado por esses produtos, resultando que – pelo menos no mercado comercial – quase sempre ele é tomado com o significado de que a propagação de atualizações é postergada além do ponto de COMMIT da transação relevante (consulte, por exemplo, as referências [21.1], [21.16] e [21.18]). Um dos problemas com essa abordagem de propagação postergada é que o banco de dados não pode mais ter a garantia de ser consistente o tempo todo;[4] de fato, o usuário pode nem sequer saber se ele está consistente ou não.

Encerramos esta subseção com duas observações adicionais sobre a abordagem da propagação postergada:

1. O conceito de replicação em um sistema com propagação de atualizações postergada pode ser considerado uma aplicação da ideia de snapshots, discutida no Capítulo 10. Na verdade, teria sido melhor empregar um termo diferente para esse tipo de replicação; então, poderíamos ter mantido o termo *réplica* para indicar aquilo que normalmente se entende como seu significado no discurso comum (ou seja, uma cópia exata). Porém, observe que os snapshots deveriam ser somente de leitura (fora sua atualização periódica), enquanto alguns sistemas permitem que os usuários atualizem "réplicas" diretamente – veja, por exemplo, a referência [21.18]. Naturalmente, essa última capacidade constitui uma violação da independência de replicação.

2. Não pretendemos sugerir que a propagação postergada é uma ideia ruim – ela certamente é a ação correta em circunstâncias apropriadas, como veremos no Capítulo 22, por exemplo. Porém, o fato é que a propagação postergada significa que as "réplicas" não são réplicas verdadeiras (é possível que determinado valor de dados no nível lógico seja representado por dois ou mais valores armazenados no nível físico, e que esses valores armazenados sejam diferentes!), e o sistema não é um sistema de banco de dados distribuído verdadeiro.

3. Uma razão (talvez a principal), pela qual os produtos estão implementando a replicação com propagação postergada, é que a alternativa – isto é, a atualização de todas as réplicas antes de COMMIT – exige o suporte para o COMMIT em duas fases (ver a subseção a seguir), o que pode ser dispendioso em termos de desempenho. Essa situação explica os artigos que às vezes são encontrados na imprensa especializada com títulos enganosos como "Replicação *versus* COMMIT em Duas Fases" – enganosos, porque parecem estar comparando os méritos de duas coisas completamente diferentes.

Recuperação

Como explicamos na Seção 21.3, o controle de recuperação em sistemas distribuídos, em geral, se baseia no protocolo do COMMIT em duas fases, ou alguma variante dele. O COMMIT em duas fases é exigido em *qualquer* ambiente em que uma única transação pode interagir com vários gerenciadores de recursos autônomos; porém, é particularmente importante em um sistema distribuído, porque os gerenciadores de recursos em questão – isto é, os SGBDs locais – estão operando em sites distintos e, portanto, são *muito* autônomos. Surgem pontos importantes:

---

[4]Naturalmente, se toda a verificação de integridade for imediata (ver Capítulos 9 e 16), então essa situação não poderá acontecer. Mesmo que tal verificação seja postergada até o ponto de COMMIT – uma possibilidade que consideramos logicamente incorreta, mas que é encontrada em alguns sistemas –, ela ainda não poderá surgir. Portanto, de certa forma, a propagação postergada pode ser considerada como "ainda mais incorreta do ponto de vista lógico" do que a verificação postergada (se fizer qualquer sentido falar em termos de *graus de incorreção*).

1. O objetivo de "não dependência de um site central" determina que a função de coordenador não deve ser atribuída a um site específico na rede, mas ser realizada por sites diferentes para transações diferentes. Em geral, ela é tratada pelo site no qual a transação em questão é iniciada; assim, cada site deve ser capaz de atuar como site coordenador para algumas transações e como site participante em outras (em geral).

2. O processo de COMMIT em duas fases exige que o coordenador se comunique com todos os sites participantes – o que significa mais mensagens e maior sobrecarga.

3. Se o site Y atuar como participante em um processo de COMMIT em duas fases coordenado pelo site X, então Y *deve* fazer o que for determinado pelo site X (COMMIT ou ROLLBACK, o que for aplicável): uma perda de autonomia local, embora talvez uma pequena perda.

Vamos rever o processo básico de COMMIT em duas fases, descrito no Capítulo 15. Observe a Figura 21.5, que apresenta as interações que ocorrem entre o coordenador e um participante típico. Para simplificar, vamos supor que o coordenador e o participante estão em sites diferentes; além disso, observe que o tempo nessa figura é contado da esquerda para a direita (mais ou menos!). Também para simplificar, supomos que a transação tenha solicitado um COMMIT, e não um ROLLBACK. Ao receber essa requisição de COMMIT, o coordenador executa o seguinte processo em duas fases:

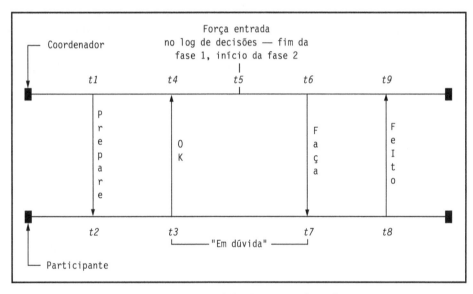

FIGURA 21.5 *COMMIT em duas fases.*

- Ele instrui cada participante a "ficar pronto para seguir um dos caminhos" na transação. A Figura 21.5 mostra a mensagem "prepare" sendo enviada no tempo *t1* e sendo recebida pelo participante no tempo *t2*. O participante agora força a emissão de uma entrada de log para o agente local no seu próprio log físico, e depois responde "OK" ao coordenador (é claro que, se algo tiver saído errado – em particular, se o agente local não falhou –, ele responde "Não OK"). Na figura, essa resposta – que supomos ser "OK" para simplificar – é enviada no tempo *t3* e recebida pelo coordenador no tempo *t4*. Observe que (como já indicamos) o participante agora sofre uma perda de autonomia: ele *deve* fazer o que é determinado subsequentemente pelo coordenador. Além disso, quaisquer recursos bloqueados pelo agente local *devem permanecer bloqueados* até que o participante receba e atue de acordo com essa decisão do coordenador.

- Quando o coordenador recebe respostas de todos os participantes, ele toma sua decisão (que será *commit* se todas as respostas foram "OK" e *rollback* em caso contrário). Em seguida, ele força uma entrada em seu próprio log físico, registrando essa decisão, no tempo *t5*. Esse tempo *t5* marca a transição da Fase 1 para a Fase 2.

- Vamos supor que a decisão tenha sido *commit*. Então, o coordenador instrui cada participante a "fazer" (isto é, executar o processamento do COMMIT para o agente local); a Figura 21.5 mostra a mensagem "faça" sendo enviada no tempo *t6* e sendo recebida pelo participante no tempo *t7*. O participante faz o COMMIT do agente local e envia uma confirmação ("feito") de volta ao coordenador. Na figura, essa confirmação é enviada no tempo *t8* e é recebida pelo coordenador no tempo *t9*.

- Quando todas as confirmações são recebidas pelo coordenador, o processo inteiro é concluído.

Na prática, o processo global é consideravelmente mais complicado do que acabamos de indicar, porque temos de nos preocupar com a possibilidade de falhas de sites ou da rede em qualquer ponto. Por exemplo, suponha que o site coordenador falhe em algum tempo t entre os tempos *t5* e *t6*. Então, quando o site se recuperar, o procedimento de reinicialização descobrirá pelo log que alguma transação estava na Fase 2 do processo de COMMIT em duas fases e continuará o processo de enviar as mensagens "faça" aos participantes. (Observe que o participante está "**em dúvida**" sobre a transação no período de *t3* a *t7*; se o coordenador falhar no tempo t, como sugerimos, esse período "em dúvida" pode ser bastante longo.)

No caso ideal, gostaríamos que o processo de COMMIT em duas fases fosse tolerante a *qualquer* tipo de falha *concebível*. Infelizmente, é fácil verificar que esse objetivo é fundamentalmente inatingível – isto é, não existe qualquer protocolo finito que *garanta* que todos os participantes concluirão uma transação bem-sucedida em uníssono ou cancelarão uma transação malsucedida em uníssono, em face de falhas arbitrárias. Porém, vamos supor que existisse tal protocolo. Seja n o número mínimo de mensagens exigidas por esse protocolo. Suponha agora que a última dessas n mensagens seja perdida devido a alguma falha. Então, ou essa mensagem era desnecessária, o que contraria a hipótese de que n era mínimo, ou o protocolo agora não funciona. De qualquer modo, existe uma contradição, da qual deduzimos que não existe tal protocolo.

Apesar desse fato deprimente, existem pelo menos várias melhorias que podem ser feitas no algoritmo básico com uma visão para melhorar o desempenho:

- Em primeiro lugar (como observamos na anotação à referência [15.6]), se o agente em algum site participante específico é somente de leitura, esse participante pode responder "ignore-me" na Fase 1, e o coordenador poderá de fato ignorar esse participante na Fase 2.

- Segundo (novamente, veja a anotação à referência [15.6]), se *todos* os participantes responderem "ignore-me" na Fase 1, a Fase 2 poderá ser completamente pulada.

- Terceiro, há duas variantes importantes sobre o esquema básico, chamadas *COMMIT presumido* e *ROLLBACK presumido*, que descrevemos com mais detalhes nos parágrafos a seguir.

Em geral, os esquemas de COMMIT presumido e ROLLBACK presumido têm o efeito de reduzir o número de mensagens envolvidas no caso de sucesso (para COMMIT presumido) ou no caso de falha (para ROLLBACK presumido). A fim de explicar os dois esquemas, observamos primeiro que o mecanismo básico que descrevemos anteriormente exige que o coordenador se lembre de sua decisão até ter recebido uma confirmação de cada participante. O motivo é que, se um participante falhar de alguma forma enquanto estiver "em dúvida", ele terá que interrogar o coordenador ao reinicializar, para descobrir qual foi a decisão do coordenador. Contudo, uma vez que todas as confirmações tenham sido recebidas, o coordenador sabe que todos os participantes fizeram o que lhes foi determinado, e então pode se "esquecer" da transação.

Vamos nos concentrar agora no **COMMIT presumido**. Sob esse esquema, os participantes são obrigados a confirmar mensagens de "ROLLBACK" ("desfaça"), mas não mensagens de "COMMIT" ("faça"), e o coordenador pode esquecer a transação logo que tenha divulgado sua decisão, desde que essa decisão seja de "COMMIT". Se um participante em dúvida falhar, ao reinicializar, ele (como sempre) interrogará o coordenador. Se o coordenador ainda se lembrar da transação (isto é, se o coordenador ainda estiver esperando pela confirmação do participante), então a decisão deve ter sido de "ROLLBACK"; do contrário, ela deve ter sido de "COMMIT".

O **ROLLBACK presumido** é o oposto, naturalmente. Os participantes são obrigados a confirmar mensagens de "COMMIT", mas não mensagens de "ROLLBACK", e o coordenador pode esquecer a transação logo após divulgar sua decisão, desde que essa decisão seja de "ROLLBACK". Se um participante em dúvida falhar, ao reinicializar, ele interrogará o coordenador. Se o coordenador ainda se lembrar da transação (ou seja, se o coordenador ainda estiver esperando pela confirmação do participante), então a decisão foi de "COMMIT"; do contrário, ela foi de "ROLLBACK".

É interessante observar (e de certo modo antiintuitivo) que o ROLLBACK presumido parece ser preferível ao COMMIT presumido (dizemos "antiintuitivo", porque seguramente a maioria das transações é bem-sucedida e o COMMIT presumido reduz o número de mensagens no caso de sucesso). O problema com o COMMIT presumido é o seguinte: vamos supor que o coordenador tenha uma falha na Fase 1 (isto é, antes de tomar sua decisão). Ao ocorrer a reinicialização no site coordenador, a transação será desfeita (pois ela não se completou). Em seguida, algum participante interroga o coordenador, perguntando por sua decisão com relação a essa transação. O coordenador não se lembra da transação, e assim presume "COMMIT" – o que é incorreto.

Para evitar esses "falsos COMMITs", o coordenador (se estiver seguindo o COMMIT presumido) deve forçar uma entrada de log em seu próprio log físico no início da Fase 1, fornecendo uma lista de todos os participantes da transação. (Se o coordenador agora falhar na Fase 1, ao se reinicializar ele poderá divulgar um "ROLLBACK" para todos os participantes.) E essa E/S física para o log do coordenador está no caminho crítico *de toda transação*. Portanto, o COMMIT presumido não é tão atraente quanto poderia parecer à primeira vista. De fato, podemos dizer com segurança que o ROLLBACK presumido é o padrão *de fato* para os sistemas implementados na época em que escrevemos.

Concorrência

Como explicamos na Seção 21.3, na maioria dos sistemas distribuídos, o controle de concorrência se baseia no bloqueio, exatamente como na maioria dos sistemas não distribuídos. Porém, em um sistema distribuído, requisições para testar, impor e liberar bloqueios se tornam *mensagens* (supondo-se que o objeto em consideração esteja em um site remoto), e mensagens significam sobrecarga. Por exemplo, considere uma transação T que precise atualizar um objeto para o qual existem réplicas em n sites remotos. Se cada site é responsável por bloqueios sobre objetos armazenados nesse site (como acontecerá sob a hipótese de autonomia local), então uma implementação direta exigirá pelo menos $5n$ mensagens:

- n requisições de bloqueio
- n concessões de bloqueio
- n mensagens de atualização
- n confirmações
- n requisições de desbloqueio

É claro que podemos facilmente melhorar essa implementação usando mensagens "de carona" – por exemplo, as mensagens de requisição de bloqueio e de atualização podem ser combinadas, do mesmo modo que as mensagens de concessão de bloqueio e de confirmação – mas, mesmo assim, o tempo total para a atualização ainda poderá ser várias ordens de grandeza maior do que seria em um sistema centralizado.

A abordagem normal para esse problema é adotar a estratégia de *cópia primária*, esboçada na subseção "Propagação de atualizações". Para determinado objeto A, o site que guarda a cópia primária de A tratará de todas as operações de bloqueio envolvendo A (lembre-se de que as cópias primárias de diferentes objetos geralmente estarão em sites diferentes). Sob essa estratégia, o conjunto de todas as cópias de um objeto pode ser considerado como um único objeto para fins de bloqueio, e o número total de mensagens será reduzido de $5n$ para $2n + 3$ (uma requisição de bloqueio, uma concessão de bloqueio, n atualizações, n confirmações e uma requisição de desbloqueio). Porém, observe mais uma vez que essa solução implica uma (severa) perda de autonomia – agora, uma transação pode falhar se uma cópia primária não estiver disponível, ainda que a transação seja somente de leitura e uma cópia local esteja disponível. (Note que não apenas operações de atualização, mas também operações de busca, precisam bloquear a cópia primária [15.6]. Portanto, um efeito colateral desagradável da estratégia de cópia primária é o de reduzir o desempenho e a disponibilidade para buscas, bem como para atualizações.)

Outro problema com o bloqueio em um sistema distribuído é que ele pode levar ao **impasse global**; em outras palavras, um impasse envolvendo dois ou mais sites. Por exemplo (ver Figura 21.6):

1. O agente da transação *T2* no site *X* está esperando que o agente da transação *T1* no site *X* libere um bloqueio.

2. O agente da transação *T1* no site *X* está esperando que o agente da transação *T1* no site *Y* seja concluído.

3. O agente de transação *T1* no site *Y* está esperando que o agente de transação *T2* no site *Y* libere um bloqueio.

4. O agente da transação *T2* no site *Y* está esperando que o agente da transação *T2* no site *X* seja concluído: *Impasse!*

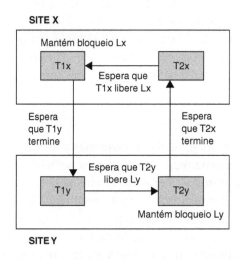

FIGURA 21.6 *Um exemplo de impasse global.*

O problema com um impasse como esse é que *nenhum dos sites pode detectá-lo usando somente informações internas a esse site*. Em outras palavras, não há ciclos nos grafos de espera locais, mas aparecerá um ciclo se esses dois grafos locais se combinarem para formar um grafo global. Segue-se que a detecção do impasse global acarreta mais sobrecarga de comunicação, porque exige que grafos individuais locais sejam reunidos de alguma maneira.

Um esquema distribuído elegante para a detecção de impasses globais é descrito nos artigos sobre o R* (por exemplo, consulte a referência [21.37]). *Nota*: Como mencionamos no Capítulo 16, na verdade, nem todos os sistemas detectam impasses na prática – alguns simplesmente utilizam um mecanismo de limite de tempo. Por questões que devem ser óbvias, essa observação é particularmente verdadeira para sistemas distribuídos.

21.5 SISTEMAS CLIENTE/SERVIDOR

Como mencionamos na Seção 21.1, os sistemas cliente/servidor podem ser considerados um caso particular de sistemas distribuídos em geral. Mais precisamente, um sistema cliente/servidor é um sistema distribuído em que (a) alguns sites são sites *clientes* e outros são sites *servidores*, (b) todos os dados residem nos sites servidores, (c) todas as aplicações são executadas nos sites clientes e (d) "as emendas aparecem" (não é fornecida completa independência de local). Observe a Figura 21.7 (uma repetição da Figura 2.6 do Capítulo 2).

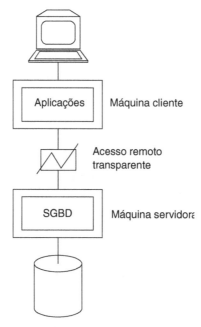

FIGURA 21.7 *Um sistema cliente/servidor.*

No final da década de 1980 e no início a meados da década de 1990, havia muito interesse comercial nos sistemas cliente/servidor e relativamente pouco em verdadeiros sistemas distribuídos de uso geral. Esse quadro mudou recentemente, como veremos na próxima seção, mas os sistemas cliente/servidor ainda são importante; por isso incluímos esta seção.

Em primeiro lugar, portanto, lembre-se de que o termo *cliente/servidor* se refere principalmente a uma *arquitetura*, ou divisão lógica de responsabilidades; o **cliente** é a aplicação (também conhecida como o *front-end*) e o servidor é o SGBD (também conhecido como *back-end*). Porém, é exatamente pelo fato de que o sistema geral pode ser dividido de modo tão simples em duas partes que surge a possibilidade de executá-las em duas máquinas diferentes. E essa última possibilidade é tão atraente (por várias razões – consulte o Capítulo 2) que o termo *cliente/servidor* veio a ser aplicado quase exclusivamente ao caso em que o cliente e o servidor estão de fato em máquinas diferentes.[5] Essa noção é equivocada, mas tão comum que nós mesmos a adotaremos no texto a seguir.

Lembramos ainda que são possíveis diversas variações sobre o tema básico:

- Vários clientes poderiam compartilhar o mesmo servidor (de fato, esse é o caso normal).

- Um único cliente poderia ser capaz de ter acesso a vários servidores. Essa possibilidade, por sua vez, se subdivide em dois casos:

  1. O cliente está limitado a obter acesso a um único servidor de cada vez – isto é, cada requisição individual de banco de dados deve ser dirigida a um só servidor; não é possível, dentro de uma única requisição, combinar dados de dois ou mais servidores. Além disso, o usuário tem de saber qual servidor em particular armazena quais fragmentos de dados.

  2. O cliente pode obter acesso a muitos servidores simultaneamente – isto é, uma única requisição de banco de dados pode combinar dados de vários servidores, o que significa que os servidores aparecem ao cliente como se fossem um único servidor e o usuário não precisa saber qual servidor armazena quais fragmentos de dados.

Contudo, o caso 2 é efetivamente um verdadeiro banco de dados distribuído ("as emendas ficam escondidas"); ele não é aquilo que se costuma entender pelo termo *cliente/servidor*, e por isso vamos ignorá-lo a partir deste ponto.

---

[5] Por motivos óbvios, o termo *sistema em duas camadas* (two-tier) também é usado basicamente com o mesmo significado.

Padrões cliente/servidor

Existem vários padrões que se aplicam ao mundo do processamento cliente/servidor:

- Primeiro, alguns recursos cliente/servidor foram incorporados ao padrão *SQL*. Adiaremos a discussão desses recursos até a Seção 21.7.

- Em seguida, temos o padrão ISO para acesso a dados remotos (**Remote Data Access**, RDA) [21.23 e 21.24]. A intenção geral do RDA é definir *formatos e protocolos* para a comunicação cliente/servidor. Ele supõe que (a) o cliente expressa requisições de banco de dados em uma forma padrão de SQL (basicamente, um subconjunto do padrão SQL), e também que (b) o servidor admite um catálogo padrão (também como é definido no padrão SQL). Em seguida, ele define formatos de representação específicos para a passagem de mensagens – requisições de SQL, dados e resultados, e informações de diagnóstico – entre o cliente e o servidor.

- O terceiro e último padrão que mencionaremos aqui é o padrão da arquitetura distribuída de bancos de dados relacionais (**Distributed Relational Database Architecture** – DRDA) da IBM [21.22] (que é um padrão *de facto*, e não *de jure*). DRDA e RDA têm objetivos semelhantes; porém, o DRDA difere do RDA em vários pontos importantes – em particular, ele tende a refletir suas origens na IBM. Por exemplo, o DRDA não pressupõe que o cliente esteja usando uma versão padrão da SQL; em vez disso, admite qualquer dialeto da SQL. Uma consequência é (possivelmente) melhor desempenho, pois o cliente poderia explorar certos aspectos específicos do servidor; de outro lado, a portabilidade sofre, exatamente porque esses aspectos específicos do servidor são expostos ao cliente (isto é, o cliente tem de saber com que espécie de servidor está se comunicando). No mesmo sentido, o DRDA não assume qualquer estrutura particular de catálogo no servidor. Os formatos e protocolos de DRDA são bastante diferentes daqueles do RDA (em essência, o DRDA se baseia em arquiteturas e padrões da própria IBM, enquanto o RDA se baseia em padrões internacionais, não específicos de fornecedores).

Detalhes adicionais sobre RDA e DRDA estão além do escopo deste livro. Consulte as referências [21.20] e [21.28] para ver algumas análises e comparações.

Programação de aplicações cliente/servidor

Dissemos que um sistema cliente/servidor é um caso particular de sistemas distribuídos em geral. Como sugerimos na introdução a esta seção, um sistema cliente/servidor pode ser imaginado como um sistema distribuído em que todas as requisições se originam em um site e todo o processamento é executado em outro (supondo-se, por simplicidade, que há apenas um site cliente e um site servidor). *Nota*: Sob essa definição simples, o site cliente não é realmente "um site de sistema de banco de dados por si próprio" e assim vai contra nossa definição de um sistema distribuído de uso geral, dada na Seção 21.2. Naturalmente, o site cliente poderia ter seus próprios bancos de dados locais, mas eles não terão papel direto no arranjo cliente/servidor.

Seja como for, a abordagem cliente/servidor tem certas implicações para a programação de aplicações (assim como os sistemas distribuídos em geral). Um dos pontos mais importantes já foi levantado em nossa discussão do Objetivo número 7 (processamento de consultas distribuído) na Seção 21.3, ou seja, o fato de os sistemas relacionais serem, por definição e projeto, sistemas de **nível de conjuntos**. Em um sistema cliente/servidor (e em sistemas distribuídos em geral), é mais importante que nunca que o programador de aplicações não apenas "use o servidor como um método de acesso" e escreva o código de nível de registro. Em vez disso, deve ser reunida tanta funcionalidade quanto possível em requisições em nível de conjuntos – de outra forma, o desempenho sofrerá, devido ao número de mensagens envolvidas. *Nota:* Em termos de SQL, a afirmativa anterior implica *evitar cursores* tanto quanto possível – isto é, evitar laços FETCH e as formas CURRENT de DELETE e UPDATE (consulte o Capítulo 4).

O número de mensagens entre cliente e servidor pode ser reduzido ainda mais se o sistema admitir *procedimentos armazenados* (*stored procedures*). Um **procedimento armazenado** basicamente é um programa pré-compilado que fica armazenado no site servidor (e é conhecido pelo servidor). Ele é chamado a partir do cliente por uma **chamada de procedimento remoto** (RPC – *Remote Procedure Call*). Portanto, em particular, a perda de desempenho associada ao processamento no nível de registro em um sistema cliente/servidor pode ser em parte compensada pela criação de um procedimento armazenado conveniente para realizar esse processamento diretamente no site servidor.

Nota: Embora seja um tanto tangencial ao tópico de processamento cliente/servidor, deveríamos indicar que o melhor desempenho não é a única vantagem de procedimentos armazenados. Outras incluem:

- Tais procedimentos podem ser usados para ocultar do usuário uma variedade de detalhes específicos do SGBD e/ou do banco de dados, fornecendo, assim, um grau maior de independência de dados do que se teria sem eles.

- Um procedimento armazenado pode ser compartilhado por vários clientes.

- A otimização pode ser feita no momento em que o procedimento armazenado é compilado e não em tempo de execução. (Naturalmente, essa vantagem se aplica apenas a sistemas que normalmente efetuam a otimização em tempo de execução.)

- Procedimentos armazenados podem oferecer mais segurança. Por exemplo, um usuário qualquer poderia ser autorizado a chamar determinado procedimento, mas não a operar diretamente sobre os dados acessados por esse procedimento.

Uma desvantagem é que fornecedores diferentes oferecem recursos muito diferentes nessa área – apesar do fato de que, como mencionamos no Capítulo 4, o padrão SQL ter sido estendido em 1996 (por meio do acréscimo dos módulos armazenados persistentes – "Persistent Stored Modules", ou PSM) para incluir algum suporte a procedimentos armazenados.

21.6 INDEPENDÊNCIA DO SGBD

Vamos voltar agora à nossa discussão dos 12 objetivos para sistemas de bancos de dados distribuídos em geral. O último desses objetivos era a *independência do SGBD*. Como explicamos na breve discussão desse objetivo na Seção 21.3, a hipótese de homogeneidade estrita é, sem dúvida, forte demais; o que realmente precisamos é que os SGBDs em diferentes sites admitam a mesma interface. Como foi dito na Seção 21.3, se (por exemplo) Ingres e Oracle admitissem ambos o padrão SQL oficial – nem mais nem menos! –, seria possível fazer com que se comportem como parceiros iguais em um sistema distribuído heterogêneo; de fato, tal possibilidade é um dos argumentos comumente apresentados em favor do padrão SQL, e por isso examinaremos essa possibilidade com detalhes. *Nota*: Baseamos nossa discussão no caso específico de Ingres e Oracle apenas para tornar as coisas um pouco mais concretas. Naturalmente, os conceitos têm aplicação geral.

Gateways

Suponha que temos dois sites X e Y executando o Ingres e o Oracle, respectivamente, e suponha que algum usuário U no site X queira ver ou único banco de dados distribuído que inclua dados do banco de dados Ingres no site X e dados do banco de dados Oracle no site Y. Por definição, o usuário U é um usuário do Ingres e, portanto, o banco de dados distribuído deve ser um banco de dados Ingres no que diz respeito a esse usuário. O ônus para fornecer o suporte necessário está, portanto, sobre o Ingres, e não sobre o Oracle. Em que deve consistir esse suporte?

Em princípio, ele é bastante direto: o Ingres deve fornecer um programa especial – antes chamado **gateway**, mas agora normalmente é chamado **wrapper**, embora nenhum desses dois termos seja muito preciso – cujo efeito é "fazer com o Oracle se pareça com o Ingres". Consulte a Figura 21.8.[6] O gateway pode,

---

[6] Por motivos óbvios, o termo *sistema em três camadas* (three-tier) é empregado às vezes para indicar o tipo de arranjo ilustrado nessa figura (bem como outras configurações de software que, de maneira semelhante, envolvem três componentes; em particular, veja a discussão sobre "middleware", na próxima subseção).

então, funcionar no site do Ingres, no site do Oracle ou (como a figura sugere) em algum site próprio especial, entre os outros dois; porém, independente de onde funcione, ele deve fornecer pelo menos todas as funções da lista a seguir. Observe que várias delas apresentam problemas técnicos de implementação de natureza nada trivial. Contudo, os padrões RDA e DRDA discutidos na Seção 21.5 tratam de alguns desses problemas, assim como a XML (ver Capítulo 27).

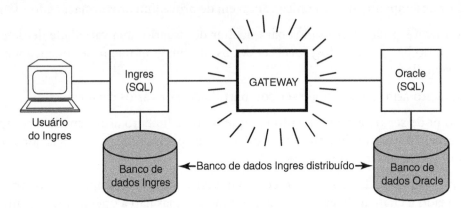

FIGURA 21.8 *Um gateway hipotético fornecido pelo Ingres para o Oracle.*

- Implementar protocolos para troca de informações entre Ingres e Oracle – o que envolve (entre outras coisas) mapear o formato de mensagens, no qual as instruções de origem SQL são enviadas do Ingres para o formato esperado pelo Oracle e mapear o formato de mensagem no qual os resultados são enviados do Oracle para o formato esperado pelo Ingres.

- Fornecer uma função "servidor SQL" para Oracle (análoga à função fornecida pelo servidor SQL interativo já encontrado na maior parte dos produtos SQL). Em outras palavras, o gateway deve ser capaz de executar quaisquer instruções de SQL não planejadas sobre o banco de dados Oracle. Para ser capaz de fornecer tal função, o gateway terá de usar o suporte *SQL dinâmico* ou (mais provavelmente), uma interface de nível de chamada como *SQL/CLI* ou *ODBC* ou *JDBC* no site do Oracle (consulte o Capítulo 4). *Nota*: Outra alternativa é permitir ao gateway fazer uso direto do processador de SQL interativo já fornecido pelo Oracle.

- Mapear entre os tipos de dados do Oracle e do Ingres. Esse problema inclui uma variedade de problemas secundários relacionados a questões como diferenças de processador (por exemplo, diferentes comprimentos de palavras de máquina), diferenças de código de caracteres (comparações de strings de caracteres e requisições ORDER BY podem gerar resultados inesperados), diferenças de formato de ponto flutuante (uma notória área de problemas), diferenças no suporte de hora e data (até onde sabemos, não há dois SGBDs diferentes que forneçam suporte idêntico nessa área) – isso sem mencionar as diferenças nos tipos definidos pelo usuário. Consulte a referência [15.6] para ver uma discussão mais profunda dessas questões.

- Mapear o dialeto de SQL do Ingres para o dialeto do Oracle – porque nem Ingres nem Oracle admitem exatamente o padrão SQL, "nada mais, nada menos"; na verdade, ambos aceitam certos recursos que o outro não aceita, e também existem recursos que têm sintaxe idêntica nos dois produtos, mas semânticas diferentes. *Nota*: Com relação a isso, devemos mencionar ainda que alguns produtos de gateways oferecem um mecanismo *de passagem* (passthrough) pelo qual o usuário pode formular (por exemplo) uma consulta no dialeto do sistema de destino e fazê-la passar pelo gateway sem modificações para execução por esse sistema de destino.

- Mapear informações de feedback do Oracle (códigos de retorno etc.) para o formato Ingres.

- Mapear o catálogo do Oracle para o formato Ingres, de modo que o site Ingres (e os usuários nesse site) possam descobrir o que o banco de dados Oracle contém.

- Lidar com uma série de problemas de **descasamento semântico** (*semantic mismatch*) que provavelmente ocorrerão entre sistemas distintos (por exemplo, consulte as referências [21.8], [21.11], [21.14] e [21.36]. Os exemplos incluem diferenças de nomeação (o Ingres pode usar EMP# onde o Oracle usa EMPNO); diferenças em tipos de dados (o Ingres pode usar strings de caracteres onde o Oracle usa números); diferenças em unidades (o Ingres pode usar centímetros onde o Oracle usa polegadas); diferenças na representação lógica de informações (o Ingres pode omitir tuplas onde o Oracle usa NULLs); e muito, muito mais.

- Servir como participante (na variante Ingres) do protocolo de COMMIT em duas fases (supondo-se que as transações do Ingres tenham permissão para executar atualizações no banco de dados Oracle). O fato de que o gateway possa realmente executar essa função dependerá dos recursos fornecidos pelo gerenciador de transações no site do Oracle. Vale a pena observar que, no momento em que escrevemos, os gerenciadores de transações comerciais (com certas exceções) em geral *não* fornecem o que é necessário sob esse aspecto: ou seja, a capacidade de um programa de aplicação instruir o gerenciador de transações para que ele "se prepare para terminar" (em vez de instruí-lo a terminar – isto é, efetuar o COMMIT ou o ROLLBACK – incondicionalmente).

- Garantir que os dados no site do Oracle, que o Ingres exige que estejam bloqueados, estejam de fato bloqueados, como e quando o Ingres precisar que eles estejam. Novamente, o fato de o gateway realmente ser capaz de executar essa função dependerá presumivelmente da arquitetura de bloqueio do Oracle corresponder ou não à do Ingres.

Até agora, discutimos a independência do SGBD apenas no contexto de sistemas relacionais. E o que dizer de sistemas não relacionais – isto é, o que dizer da possibilidade de incluir um site não relacional em um sistema distribuído, que de outra forma seria relacional? Por exemplo, seria possível proporcionar acesso a um site IMS a partir de um site Ingres ou Oracle? Novamente, tal recurso seria bastante desejável na prática, tendo em vista a enorme quantidade de dados que residem atualmente no IMS e em outros sistemas pré-relacionais.[7] Porém, isso pode ser feito?

Se a pergunta significa "isso pode ser feito em 100% dos casos?" – em outras palavras, "todos os dados não relacionais podem sr acessados a partir de uma interface relacional, e todas as operações relacionais podem ser executadas sobre esses dados?" –, então, a resposta definitivamente é *não*, por questões explicadas em detalhes na referência [21.14]. Porém, se a pergunta significa "é possível fornecer algum nível útil de funcionalidade?", a resposta é obviamente *sim*. Este não é o lugar para entrarmos em detalhes; consulte as referências [21.13, 21.14] para ver uma discussão mais completa sobre esse assunto.

Middleware de acesso a dados

Os gateways descritos na subseção anterior (às vezes chamados mais especificamente gateways *ponto a ponto*) sofrem de uma série de limitações óbvias. Uma delas é o fato de que eles fornecem pouca independência de localização. Outra é que a mesma aplicação pode ter que utilizar de vários gateways distintos (digamos um para DB2, um para Oracle e outro para Informix) sem qualquer suporte para (por exemplo) junções que se estendam por vários sites, e assim por diante. Como uma consequência (e apesar das dificuldades técnicas mencionadas na subseção anterior), produtos no estilo de gateways com funcionalidade ainda mais sofisticada têm surgido a intervalos frequentes nos últimos anos. De fato, toda essa atividade comercial, que passou a ser chamada *middleware* (produtos também conhecidos como *mediadores*) é agora uma indústria bastante significativa.

Talvez não surpreenda o fato de que o termo *middleware* (assim como o termo *wrapper*) não seja definido com precisão – qualquer fragmento de software cujo propósito geral seja atenuar as diferenças entre sistemas distintos que devam funcionar juntos de algum modo (por exemplo, um monitor TP) pode ser

---

[7]A sabedoria convencional é de que aproximadamente 85% dos dados comerciais ainda residem em tais sistemas (ou seja, em sistemas de bancos de dados pré-relacionais e até mesmo em sistemas de arquivos) e há poucos indícios de que os dados serão transferidos para sistemas mais novos dentro de pouco tempo.

considerado "middleware" [21.3]. Porém, vamos nos concentrar aqui naquilo que pode ser chamado middleware de *acesso a dados*. Exemplos desses produtos incluem o Cohera, da Cohera Inc., o DataJoiner da IBM Corp., e ainda OmniConnect e InfoHub, da Sybase Inc. A título de ilustração, vamos descrever rapidamente o produto DataJoiner [21.6].

Existem vários caminhos diferentes para caracterizar o DataJoiner (ver Figura 21.9). Do ponto de vista de um cliente individual, ele é semelhante a um servidor de bancos de dados comum (isto é, um SGBD); ele armazena dados, admite consultas de SQL, fornece um catálogo, efetua a otimização de consultas, e assim por diante (de fato, o núcleo do DataJoiner é a versão AIX do produto de SGBD DB2 da IBM). Porém, os dados são armazenados, em sua maioria, não no site do DataJoiner (embora esse recurso esteja disponível), mas, sim, em qualquer número de outros sites nos bastidores, sob o controle de uma variedade de outros SGBDs (ou mesmo gerenciadores de arquivos como o VSAM). Desse modo, o DataJoiner fornece efetivamente ao usuário um banco de dados virtual, que é a união de todos esses bancos de dados e/ou arquivos "nos bastidores"; ele permite que consultas[8] se estendam por esses bancos de dados e/ou arquivos e utiliza seu conhecimento dos recursos dos sistemas dos bastidores (e das características da rede) para se decidir sobre planos de consultas "globalmente ideais". *Nota*: O DataJoiner também inclui a habilidade de simular certas características SQL do DB2 em sistemas que não admitem diretamente essas características. Um exemplo poderia ser a opção WITH HOLD em uma declaração de cursor (consulte o Capítulo 15).

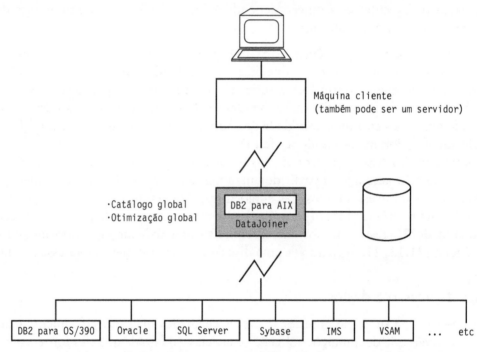

FIGURA 21.9 *O DataJoiner como middleware de acesso a dados.*

Agora, o sistema que descrevemos até aqui ainda não é um sistema de banco de dados distribuído completo, porque os vários sites nos bastidores não sabem da existência uns dos outros (isto é, não podem ser considerados parceiros iguais em um empreendimento cooperativo). Porém, quando qualquer novo site "nos bastidores" é acrescentado, esse novo site também pode se comportar como um site cliente e, então, emitir consultas por meio do DataJoiner que obtenham acesso a qualquer um dos outros sites ou a todos eles. Desse modo, o sistema global constitui o que às vezes se chama um sistema **federado**, também conhecido como um sistema de **múltiplos bancos de dados** (multidatabase) [21.17]. Um sistema federado é um sistema distribuído, normalmente heterogêneo, com autonomia local quase completa; nesse sistema, as transações puramente locais são gerenciadas pelo SGBD local, mas as transações globais são um assunto diferente [21.7].

---

[8]Ênfase em "consultas": os recursos de atualização são necessariamente um tanto limitados, especialmente (mas não apenas) quando o sistema nos bastidores é, digamos, o IMS ou algum outro sistema não SQL (novamente, consulte a referência [21.14]).

Internamente, o DataJoiner inclui um componente de *driver* – na verdade, um gateway ou wrapper ponto a ponto no sentido da subseção anterior – para cada um dos sistemas "nos bastidores". (Em geral, esses drivers fazem uso de ODBC para obterem acesso ao sistema remoto.) Ele também mantém um *catálogo global*, usado (entre outras coisas) para informar o que ele deve fazer quando encontrar incompatibilidades semânticas entre esses sistemas.

Observamos que produtos como o DataJoiner podem ser úteis para fornecedores de software independentes, que possam desenvolver ferramentas genéricas (por exemplo, geradores de relatórios, pacotes estatísticos, e assim por diante) sem terem de se preocupar demais com as diferenças entre os vários produtos de SGBDs sobre os quais essas ferramentas devem atuar. Finalmente, observamos que a IBM recentemente incorporou a tecnologia DataJoiner ao seu produto de SGBD DB2; a intenção certamente é evoluir o DB2 para que se torne "a única interface verdadeira" – pelo menos, a única interface IBM verdadeira – para os dados armazenados em todas as suas formas (no momento em que escrevemos, ele admite acesso a dados armazenados em Informix, Oracle, SQL Server e Sybase, entre outros sistemas). Em outras palavras, DB2, com a tecnologia DataJoiner, representa a solução da IBM para aquilo que se tornou conhecido como o problema da **integração de informações** [21.9].

Uma palavra final

Claramente, existem dificuldades técnicas quando se tenta fornecer independência total do SGBD, mesmo quando todos os SGBDs participantes são especificamente sistemas SQL. Porém, a recompensa potencial é enorme, mesmo que as soluções não sejam perfeitas; por essa razão, muitos produtos de middleware de acesso a dados já estão disponíveis e outros certamente aparecerão em futuro próximo no mercado. No entanto, você deve estar ciente de que as soluções necessariamente não serão perfeitas – apesar de afirmações em contrário dos fornecedores. *Atenção, comprador.*

21.7 RECURSOS DE SQL

Atualmente, a SQL não fornece suporte para sistemas de bancos de dados distribuídos verdadeiros.[9] É claro que nenhum suporte é *exigido* na área de manipulação de dados – toda a importância dos bancos de dados distribuídos (no que diz respeito ao usuário) está no fato de que as operações de manipulação de dados devem permanecer inalteradas. Porém, as operações de definição de dados, como FRAGMENT, REPLICATE etc., *são* exigidas [15.6] mas não são fornecidas no momento.

Por outro lado, a SQL admite certos recursos cliente/servidor, incluindo, em particular, operações **CONNECT** e **DISCONNECT,** para efetuar e desfazer conexões cliente/servidor. Na verdade, uma aplicação SQL *precisa* executar uma operação CONNECT para se conectar ao servidor antes de poder emitir quaisquer requisições de bancos de dados (embora essa operação CONNECT possa estar implícita). Depois que a conexão é estabelecida, a aplicação – isto é, o cliente – pode emitir requisições SQL normalmente, e o processamento de banco de dados necessário será executado pelo servidor.

A SQL também permite que um cliente já conectado a um servidor se conecte a outro. O estabelecimento dessa segunda conexão faz a primeira se tornar **adormecida**; requisições SQL subsequentes serão processadas pelo segundo servidor, até o momento em que o cliente (a) volte ao servidor anterior (por meio de outra operação **SET CONNECTION**) ou (b) se conecte a outro servidor, o que fará a segunda conexão se tornar adormecida também (e assim por diante). Em outras palavras, a qualquer momento, determinado cliente poderá ter uma conexão **ativa** e qualquer número de conexões **adormecidas,** e todas as requisições de banco de dados desse cliente serão direcionadas ao servidor e processadas pelo servidor na conexão ativa.

Nota: O padrão SQL também permite (mas não exige) a implementação para suporte a *transações de vários servidores*. Isto é, o cliente pode ser capaz de passar de um servidor a outro no meio de uma transa-

---

[9]Porém, a Parte 9 do padrão, SQL/MED (gerenciamento de dados externos) [4.23], oferece suporte para sistemas *federados*. Os detalhes estão além do escopo deste livro; um tutorial pode ser encontrado na referência [26.32].

ção, de modo que parte da transação seja executada em um servidor e parte em outro. Em particular, observe que, se transações de *atualização* puderem se estender pelos servidores dessa maneira, é provável que a implementação tenha de admitir algum tipo de COMMIT em duas fases, a fim de proporcionar a atomicidade de transação que o default exige.

Finalmente, toda conexão estabelecida por determinado cliente (esteja ele ativo ou adormecido no momento) deve mais tarde ser fechada por meio de uma conexão DISCONNECT apropriada (embora essa operação DISCONNECT, como a CONNECT correspondente, possa estar implícita em casos simples).

Para obter informações adicionais – particularmente, detalhes dos recursos da SQL para escrever procedimentos armazenados –, consulte o próprio padrão SQL [4.23, 4.24] ou o tratamento tutorial da referência [4.20].

21.8 RESUMO

Neste capítulo, apresentamos uma introdução aos sistemas de bancos de dados distribuídos. Usamos os "12 objetivos" para sistemas de bancos de dados distribuídos [21.13] como base para estruturar a discussão, embora tenhamos enfatizado uma vez mais que nem todos esses objetivos serão relevantes em todas as situações. Também examinamos rapidamente certos problemas técnicos que surgem nas áreas de **processamento de consultas, gerenciamento de catálogos, propagação de atualizações, recuperação e concorrência**. Em particular, discutimos o que está envolvido quando se tenta satisfazer ao objetivo de **independência do SGBD** (a discussão sobre **gateways, middleware de acesso a dados** e **sistemas federados**, na Seção 21.6). Em seguida, examinamos mais de perto o processamento **cliente/servidor**, que pode ser considerado um caso especial do processamento distribuído em geral. Finalmente, resumimos os aspectos de SQL relevantes para o processamento cliente/servidor e enfatizamos o detalhe de que os usuários devem **evitar código em nível de registro** (operações de cursores, em termos de SQL). Também descrevemos rapidamente o conceito de **procedimentos armazenados** e **chamadas de procedimento remoto**.

Nota: Um ponto que não discutimos em absoluto é o problema de **projeto de banco de dados** (físico) para sistemas distribuídos. Na verdade, ainda que ignoremos a possibilidade de fragmentação e/ou replicação, o problema de decidir quais dados devem ser armazenados em quais sites – o chamado **problema da alocação** – é notoriamente difícil [21.31]. O suporte para fragmentação e replicação serve apenas para complicar ainda mais a questão.

Outro ponto que merece ser mencionado é que certos sistemas de computadores chamados *maciçamente paralelos* estão começando a marcar sua presença no mercado (consulte a anotação à referência [18.56]). Em geral, esses sistemas consistem em um grande número de processadores separados, ligados por meio de um barramento de alta velocidade; cada processador tem sua própria memória principal e suas próprias unidades de discos, e executa sua própria cópia do software de SGBD – e o banco de dados completo está espalhado pelo conjunto completo das unidades de disco. Em outras palavras, tal sistema consiste essencialmente em um "sistema de banco de dados distribuído em uma caixa"! – e todas as questões que discutimos neste capítulo sobre (por exemplo) estratégias de processamento de consultas, COMMIT em duas fases, impasse global etc., são relevantes.

A título de conclusão, observamos que os "12 objetivos" do banco de dados distribuído (ou talvez algum subconjunto que inclua pelo menos os Objetivos 4, 5, 6 e 8), considerados em conjunto, parecem ser equivalentes à regra de "independência de distribuição" de Codd para SGBDs relacionais [10.3]. Para referência, enunciamos essa regra a seguir:

- *Independência de distribuição* (Codd): Um SGBD relacional tem independência de distribuição... [significando que] o SGBD tem uma sublinguagem de dados que permite que programas de aplicação e atividades [do usuário final] não sejam afetadas logicamente:

  1. Quando a distribuição de dados é introduzida pela primeira vez (se o SGBD originalmente instalado gerencia apenas dados não distribuídos)

  2. Quando dados são redistribuídos (se o SGBD gerencia dados distribuídos)

Observe, finalmente, que (como mencionamos antes neste capítulo) os Objetivos 4-6 e 9-12 – isto é, todos os objetivos que incluem a palavra *independência* em seu nome – podem ser considerados como extensões da noção familiar de independência de dados, como o conceito se aplica ao ambiente distribuído. Então, todos eles se traduzem em **proteção para o investimento na aplicação**.

EXERCÍCIOS

21.1 Explique, com suas próprias palavras, o que significa independência de local, independência de fragmentação e independência de replicação.

21.2 Por que os sistemas de bancos de dados distribuídos são quase invariavelmente relacionais?

21.3 Quais são as vantagens de sistemas distribuídos? Quais são as desvantagens?

21.4 Explique os seguintes termos:

estratégia de atualização de cópia primária
estratégia de bloqueio de cópia primária
impasse global
COMMIT em duas fases
otimização global

21.5 Descreva o esquema de nomeação R*.

21.6 A implementação bem-sucedida de um gateway ponto a ponto depende da reconciliação das diferenças de interface entre os dois SGBDs em questão (entre muitas outras coisas). Considere dois sistemas SQL quaisquer, com os quais você possa estar familiarizado, e identifique o máximo de diferenças de interface entre eles que puder. Leve em consideração diferenças tanto sintáticas quanto semânticas.

21.7 Investigue qualquer sistema cliente/servidor que possa estar disponível. O sistema admite operações explícitas CONNECT e DISCONNECT? Ele admite SET CONNECTION ou quaisquer outras operações "do tipo conexão"? Ele admite transações de vários servidores? Ele admite COMMIT em duas fases? Que formatos e protocolos ele utiliza para comunicação cliente/servidor? Que ambientes de rede ele admite? Que plataformas de hardware cliente e servidor ele admite? Que plataformas de software (sistemas operacionais, SGBDs) ele admite?

21.8 Investigue qualquer SGBD de SQL disponível. Esse SGBD admite procedimentos armazenados? Em caso afirmativo, como eles são criados? Como eles são chamados (invocados)? Em que linguagem eles são escritos? Eles admitem a SQL completa? Eles admitem o desvio condicional (IF-THEN-ELSE)? Eles admitem laços? Como retornam resultados ao cliente? Um procedimento armazenado pode chamar outro? Em um site diferente? O procedimento armazenado é executado como parte da transação de chamada?

REFERÊNCIAS E BIBLIOGRAFIA

21.1 Todd Anderson, Yuri Breitbart, Henry F. Korth e Avishai Wool: "Replication, Consistency, and Practicality: Are These Mutually Exclusive?", Proc. 1998 ACM SIGMOD Int. Conf. on Management of Data, Seattle, Wash. (junho de 1998).

> Esse artigo descreve três esquemas para replicação assíncrona (aqui chamada *ociosa*) que garantem a atomicidade de transação e a possibilidade de seriação global sem o uso do COMMIT em duas fases, e relata ainda um estudo de simulação de seu desempenho comparativo. O bloqueio global proposto na referência [21.18] é o primeiro esquema; os outros dois – um dos quais pessimista e o outro otimista – empregam um *grafo de replicação*. O artigo conclui que os esquemas de grafo de replicação em geral superam o esquema de bloqueio, "quase sempre por uma ampla margem".

21.2 David Bell e Jane Grimson: *Distributed Database Systems*. Reading, Mass.: Addison-Wesley (1992).

> Um entre vários livros-texto dedicados a sistemas distribuídos (dois outros são as referências [21.10] e [21.29]). Uma característica notável desse livro em particular é a inclusão de um extenso estudo de caso envolvendo uma rede de estabelecimentos de saúde. Ele é também um pouco mais pragmático do que os outros dois.

21.3 Philip A. Bernstein: "Middleware: A Model for Distributed System Services", *CACM 39*, Número 2 (fevereiro de 1996).

"Vários tipos de middleware são classificados, suas propriedades são descritas e sua evolução explicada, fornecendo um modelo conceitual para a compreensão do software de sistemas distribuídos de hoje e de amanhã" (do resumo).

21.4 Philip A. Bernstein e outros: "Query Processing in a System for Distributed Databases (SDD-1)", *ACM TODS 6*, Número 4 (dezembro de 1981).

Consulte a anotação à referência [21.32].

21.5 Philip A. Bernstein, David W. Shipman e James B. Rothnie, Jr: "Concurrency Control in a System for Distributed Databases (SDD-1)", *ACM TODS 5*, Número 1 (março de 1980).

Consulte a anotação à referência [21.32].

21.6 Charles J. Bontempo e C. M. Saracco: "Data Access Middleware: Seeking out the Middle Ground", *InfoDB 9*, Número 4 (agosto de 1995).

Um tutorial útil, com ênfase no DataJoiner da IBM (embora outros produtos também sejam mencionados).

21.7 Yuri Breitbart, Hector Garcia-Molina e Avi Silberschatz: "Overview of Multi-Database Transaction Management", *The VLDB Journal 1*, Número 2 (outubro de 1992).

21.8 M. W. Bright, A. R. Hurson e S. Pakzad: "Automated Resolution of Semantic Heterogeneity in Multi-Databases", *ACM TODS 19*, Número 2 (junho de 1994).

21.9 Michael L. Brodie: "Data Management Challenges in Very Large Enterprises" (esboço do painel), Proc. 28th Int. Conf. on Very Large Data Bases, Hong Kong (agosto de 2002).

Grande parte desse painel foi dedicado a questões de integração de informação: "Um [problema] importante é a integração [de informações]. Estudos de analistas recentes concluem que mais de 40 por cento dos orçamentos de TI são dedicados à integração de sistemas e bancos de dados novos e existentes... [Existem] grandes desafios e custos na integração."

21.10 Stefano Ceri e Giuseppe Pelagatti: *Distributed Databases: Principles and Systems*. Nova York, N.Y.: McGraw-Hill (1984).

21.11 William W. Cohen: "Integration of Heterogeneous Databases without Common Domains Using Queries Based on Textual Similarity", Proc. 1998 ACM SIGMOD Int. Conf. on Management of Data, Seattle, Wash. (junho de 1998).

Descreve uma abordagem para aquilo que às vezes se chama "o problema do junk mail" – ou seja, o reconhecimento de que dois strings de texto distintos, digamos "AT&T Bell Labs" e "AT&T Research" se referem ao mesmo objeto (um tipo particular de divergência semântica). A abordagem envolve argumentos sobre a semelhança dessas strings "medida com o uso do modelo de espaço vetorial adotado comumente na busca de informações estatísticas". De acordo com o artigo, a abordagem é muito mais rápida que os "métodos simples de inferência" e, de fato, surpreendentemente precisa.

21.12 D. Daniels e outros: "An Introduction to Distributed Query Compilation in R*", em H.-J. Schneider (editor), *Distributed Data Bases*: Proc. 2nd Int. Symposium on Distributed Data Bases (setembro de 1982). Nova York, N.Y.: North-Holland (1982).

Consulte a anotação à referência [21.37].

21.13 C. J. Date: "What Is a Distributed Database System?", em *Relational Database Writings 1985-1989*. Reading, Mass.: Addison-Wesley (1990).

O artigo que introduziu os "12 objetivos" para sistemas distribuídos (a Seção 21.3 é baseada diretamente nesse artigo). Como mencionamos no texto do capítulo, o objetivo da *autonomia local* não é 100% alcançável; existem certas situações que necessariamente envolvem algum compromisso quanto a esse objetivo. Resumimos essas situações a seguir para referência:

- Fragmentos individuais de uma RelVar fragmentada normalmente não permitem acesso direto, nem mesmo a partir do site em que estão armazenados.

- Cópias individuais de uma RelVar replicada (ou fragmento) normalmente não permitem acesso direto, nem mesmo a partir do site em que estão armazenadas.

- Seja *P* a cópia primária de alguma RelVar replicada (ou fragmento) *R*, e seja *P* armazenada no site *X*; então, todo site que tiver acesso a *R* dependerá do site *X*, mesmo que outra cópia de *R* esteja armazenada no site em questão.

- Uma RelVar que participe de uma restrição de integridade de vários sites não permite acesso para fins de atualização dentro do contexto local do site em que está armazenada, mas apenas dentro do contexto do banco de dados distribuído em que a restrição está definida.

- Um site que esteja atuando como participante de um processo de COMMIT em duas fases deve obedecer à decisão (isto é, COMMIT ou ROLLBACK) do site coordenador correspondente.

   Consulte também a referência [15.6], que é uma consequência deste artigo.

21.14 C. J. Date: "Why Is It So Difficult to Provide a Relational Interface to IMS?" em *Relational Database*: *Selected Writings*. Reading, Mass.: Addison-Wesley (1986).

   A pergunta "Podemos fornecer uma interface relacional para o IMS?" possui duas interpretações possíveis:

   1. Podemos construir um SGBD relacional usando IMS como gerenciador de armazenamento?

   2. Podemos criar um "wrapper" em cima do IMS, fazendo com que os dados existentes do IMS se pareçam com dados relacionais?

   Se a primeira for a interpretação desejada, a resposta é certamente *sim* (embora existam muitos recursos do IMS que provavelmente não seriam usados); no caso da segunda interpretação, a resposta é *não* (pelo menos no nível de 100%), como esse artigo demonstra.

21.15 R. Epstein, M. Stonebraker e E. Wong: "Distributed Query Processing in a Relational Data Base System", Proc. 1978 ACM SIGMOD Int. Conf. on Management of Data, Austin, Texas (maio/junho de 1978).

   Consulte a anotação à referência [21.34].

21.16 Rob Goldring: "A Discussion of Relational Database Replication Technology", *InfoDB 8*, Número 1 (primavera de 1994).

   Uma boa visão geral da replicação assíncrona.

21.17 John Grant, Witold Litwin, Nick Roussopoulos e Timos Sellis: "Query Languages for Relational Multi-Databases", *The VLDB Journal 2*, Número 2 (abril de 1993).

   Propõe extensões da álgebra e do cálculo relacional para lidar com sistemas de vários bancos de dados. São discutidas questões de otimização e o artigo mostra que toda expressão algébrica multirrelacional tem um equivalente no cálculo multirrelacional ("a recíproca desse teorema é um problema interessante para pesquisa").

21.18 Jim Gray, Pat Helland, Patrick O'Neil e Dennis Shasha: "The Dangers of Replication and a Solution", Proc. 1996 ACM SIGMOD Int. Conf. on Management of Data, Montreal, Canadá (junho de 1996).

   "A atualização da replicação transacional em qualquer lugar, a qualquer hora e por qualquer meio tem um comportamento instável à medida que a carga de trabalho aumenta em escala... É proposto um novo algoritmo que permita a aplicações móveis (desconectadas) propor tentativas de transações de atualização que serão mais tarde aplicadas a uma cópia mestra" (do resumo, ligeiramente modificado).

21.19 Ramesh Gupta, Jayant Haritsa e Krithi Ramamritham: "Revisiting Commit Processing in Distributed Database Systems", Proc. 1997 ACM SIGMOD Int. Conf. on Management of Data, Tucson, Arizona (maio de 1997).

   Propõe um novo protocolo de COMMIT distribuído, chamado OPT, que (a) é fácil de implementar, (b) pode coexistir com protocolos tradicionais e (c) "oferece o melhor desempenho de vazão de transações para diversas cargas de trabalho e configurações de sistemas".

21.20 Richard D. Hackathorn: "Interoperability: DRDA or RDA?", *InfoDB 6*, Número 2 (outono de 1991).

21.21 Michael Hammer e David Shipman: "Reliability Mechanisms for SDD-1: A System for Distributed Databases", *ACM TODS 5*, Número 4 (dezembro de 1980).

   Consulte a anotação à referência [21.32].

21.22 IBM Corporation: *Distributed Relational Database Architecture Reference*. IBM Form Número SC26-4651.

   O DRDA da IBM define quatro níveis de funcionalidade de bancos de dados distribuídos: *requisição remota, unidade de trabalho remota, unidade de trabalho distribuída* e *requisição distribuída*. Como esses termos se tornaram padrões *de facto* em pelo menos algumas partes do setor, damos aqui uma breve explicação. *Nota*: *Requisição* e *unidade de trabalho* são os termos da IBM para indicar *declaração SQL* e *transação*, respectivamente.

Requisição remota significa que uma aplicação em um site X pode enviar uma instrução SQL individual a algum site remoto Y para execução. Essa requisição é executada e com *commit* (ou com *rollback*) inteiramente no site Y. A aplicação original no site X pode subsequentemente enviar outra requisição ao site Y (ou talvez a outro site Z), quer a primeira requisição tenha sido bem-sucedida ou não.

Unidade de trabalho remota (abreviada como RUW – Remote Unit of Work) significa que uma aplicação em um site X pode enviar todas as requisições do banco de dados em determinada "unidade de trabalho" (isto é, transação) a algum site remoto Y para execução. O processamento do banco de dados para a transação é, então, executado inteiramente no site remoto Y; porém, o site local X decide se na transação deve ser feito o commit ou o rollback. *Nota*: RUW é, na verdade, o processamento cliente/servidor com um único servidor.

Unidade de trabalho distribuída (abreviada como DUW – Distributed Unit of Work) significa que uma aplicação em um site X pode enviar algumas ou todas as requisições de banco de dados em determinada unidade de trabalho (transação) a um ou mais sites remotos Y, Z, ... para execução. Assim, o processamento do banco de dados para a transação é espalhado por diversos sites, em geral; cada requisição individual ainda é executada inteiramente em um único site, mas requisições diferentes podem ser executadas em sites diferentes. Contudo, o site X continua a ser o site coordenador, isto é, o site que decide se a transação deve fazer COMMIT) ou ser cancelada (ROLLBACK). *Nota*: O DUW é na verdade o processamento cliente/servidor com vários servidores.

Finalmente, a **requisição distribuída** é o único dos quatro níveis que se aproxima do que é geralmente considerado o verdadeiro suporte a banco de dados distribuído. A requisição distribuída significa tudo que a unidade de trabalho distribuída significa, e *mais*, permite que requisições individuais de banco de dados (instruções SQL) se estendam a vários sites – por exemplo, uma requisição originada do site X poderia pedir que uma junção ou união fosse executada entre uma relação no site Y e uma relação no site Z. Note que somente nesse nível é que se pode dizer que o sistema fornece genuína independência de local; em todos os três níveis anteriores, os usuários devem ter algum conhecimento quanto à localização física dos dados.

21.23 International Organization for Standardization (ISO): *Information Processing Systems, Open Systems Interconnection, Remote Data Access Part 1: Generic Model, Service, and Protocol (Draft International Standard)*. Documento ISO DIS 9579-1 (março de 1990).

21.24 International Organization for Standardization (ISO): *Information Processing Systems, Open Systems Interconnection, Remote Data Access Part 2: SQL Specification (Draft International Standard)*. Documento ISO DIS 9579-2 (fevereiro de 1990).

21.25 Donald Kossmann: "The State of the Art in Distributed Query Processing", *ACM Comp. Surv. 32*, Número 4 (dezembro de 2000).

21.26 B. G. Lindsay e outros: "Notes on Distributed Databases", IBM Research Report RJ2571 (julho de 1979).

Esse artigo (de alguns dos membros originais da equipe do R*) se divide em cinco capítulos:

1. Dados replicados
2. Autorização e visões
3. Introdução ao gerenciamento de transações distribuídas
4. Capacidade de recuperação
5. Iniciação, migração e término de transações

O Capítulo 1 discute o problema de propagação de atualizações. O Capítulo 2 é quase totalmente dedicado à autorização em um sistema *não* distribuído (no estilo do System R), exceto alguns comentários no final. O Capítulo 3 considera a iniciação e o término de transações, a concorrência e a recuperação, tudo resumidamente. O Capítulo 4 é dedicado ao tópico de recuperação no caso *não* distribuído (novamente). Finalmente, o Capítulo 5 discute, com alguns detalhes, o gerenciamento de transações distribuídas; em particular, ele oferece uma apresentação muito cuidadosa do COMMIT em duas fases.

21.27 C. Mohan e B. G. Lindsay: "Efficient Commit Protocols for the Tree of Processes Model of Distributed Transactions", Proc. 2nd ACM SIGACT-SIGOPS Symposium on Principles of Distributed Computing (1983).

Consulte a anotação à referência [21.37].

21.28 Scott Newman e Jim Gray: "Which Way to Remote SQL?" *DBP&D 4*, Número 12 (dezembro de 1991).

21.29 M. Tamer Özsu e Patrick Valduriez: *Principles of Distributed Database Systems* (2ª edição). Englewood Cliffs, N.J.: Prentice-Hall (1999).

21.30 Martin Rennhackkamp: "Mobile Database Replication", *DBMS 10*, Número 11 (outubro de 1997).

A combinação de computadores econômicos e altamente portáteis com a comunicação sem fio torna possível uma nova espécie de sistema de banco de dados distribuído, com seus próprios benefícios especiais, mas também com seus próprios problemas especiais. Em particular, os dados em um sistema desse tipo podem ser replicados em literalmente milhares de "sites" – mas esses sites são móveis, estão frequentemente off-line, suas características operacionais são muito diferentes das características de sites mais convencionais (por exemplo, os custos de comunicações devem levar em consideração o uso de baterias e o tempo de conexão), e assim por diante. A pesquisa sobre tais sistemas é relativamente nova (as referências [21.1] e [21.18] são relevantes); esse pequeno artigo destaca alguns dos principais conceitos e as preocupações mais importantes.

21.31 James B. Rothnie, Jr. e Nathan Goodman: "A Survey of Research and Development in Distributed Database Management", Proc. 3rd Int. Conf. on Very Large Data Bases, Tóquio, Japão (outubro de 1977).

Uma pesquisa antiga, porém muito útil. A área é discutida sob os seguintes títulos:

1. Sincronização de transações de atualização

2. Processamento de consultas distribuído

3. Tratamento de falhas de componentes

4. Gerenciamento de diretórios

5. Projeto de bancos de dados

O último desses itens se refere ao problema do projeto *físico* – aquilo que denominamos *problema de alocação* na Seção 21.8.

21.32 J. B. Rothnie, Jr. e outros: "Introduction to a System for Distributed Databases (SDD-1)", *ACM TODS 5*, Número 1 (março de 1980).

As referências [21.4, 21.5], [21.21] e [21.32] todas se ocupam de um dos primeiros protótipos distribuídos, o SDD-1, que funcionava em uma coleção de terminais PDP-10 da DEC, interligados por meio da Arpanet (consulte o Capítulo 27, Seção 27.2). Ele proporcionava completa independência de localização, fragmentação e replicação. Oferecemos aqui alguns comentários sobre aspectos selecionados do sistema.

Processamento de consultas: O otimizador do SDD-1 (ver a referência [21.4]) fazia uso extensivo do operador de *semijunção* descrito no Capítulo 7, Seção 7.8. A vantagem de usar semijunções no processamento de consultas distribuído é que elas podem ter o efeito de reduzir o volume de dados remetidos pela rede. Por exemplo, suponha que a RelVar de fornecedores F esteja armazenada no site A e a RelVar de remessas FP esteja armazenada no site B, e que a consulta seja apenas "Efetuar a junção de fornecedores e remessas". Em vez de remeter toda a RelVar F para B (digamos), podemos fazer o seguinte:

- Calcular a projeção (TEMP1) de FP sobre F# em B

- Enviar TEMP1 para A

- Calcular a semijunção (TEMP2) de TEMP1 e F sobre F# em A

- Enviar TEMP2 para B

- Calcular a semijunção de TEMP2 e FP sobre F# em B

Esse procedimento obviamente reduzirá a quantidade total de movimentação de dados pela rede se e somente se:

```
tamanho (TEMP1) + tamanho (TEMP2) < tamanho (F)
```

em que o "tamanho" de uma relação é a cardinalidade da RelVar multiplicada pela largura de uma tupla individual (em bits, digamos). Portanto, o otimizador precisa ser capaz de estimar o tamanho de resultados intermediários como TEMP1 e TEMP2.

Propagação de atualizações: O algoritmo de propagação de atualizações do SDD-1 é do tipo "propagação imediata" (não existe a noção de cópia primária).

Concorrência: O controle de concorrência é baseado em uma técnica chamada **timestamp**, em vez de bloqueio; o objetivo é evitar a sobrecarga de mensagens associada com bloqueios, mas o preço parece ser o de que não há na verdade muita concorrência! Os detalhes estão além do escopo deste livro (embora a anotação à referência [16.3] descreva a ideia básica muito rapidamente); consulte também a referência [21.5] para obter mais informações.

Recuperação: A recuperação é baseada em um protocolo de COMMIT em *quatro* fases; a intenção é tornar o processo mais tolerante que o protocolo convencional de COMMIT em duas fases, no caso de uma falha no site coordenador, mas, infelizmente, isso também torna o processo bem mais complexo. Novamente, os detalhes estão além do escopo deste livro.

Catálogo: O gerenciamento é realizado tratando-se o catálogo como se ele fosse formado por dados comuns do usuário – é possível fragmentá-lo arbitrariamente, e os fragmentos podem ser replicados e distribuídos também de forma arbitrária, como quaisquer outros dados. As vantagens dessa abordagem são óbvias. Naturalmente, a desvantagem é que, como a princípio o sistema não tem conhecimento da localização de qualquer parte específica do catálogo, é necessário manter um catálogo de nível mais alto – o **localizador de diretório** – para fornecer exatamente essa informação! O localizador de diretório é completamente replicado (ou seja, uma cópia é armazenada em cada site).

21.33 P. G. Selinger e M. E. Adiba: "Access Path Selection in Distributed Data Base Management Systems", em S. M. Deen e P. Hammersley (editores), Proc. Int. Conf. on Data Bases, Aberdeen, Escócia (julho de 1980). Londres, Inglaterra: Heyden and Sons Ltd. (1980).

Consulte a anotação à referência [21.37].

21.34 M. R. Stonebraker e E. J. Neuhold: "A Distributed Data Base Version of Ingres", Proc. 2nd Berkeley Conf. on Distributed Data Management and Computer Networks, Lawrence Berkeley Laboratory (maio de 1977).

As referências [21.15] e [21.34] e [21.35] tratam todas do protótipo Distributed Ingres. O Distributed Ingres consiste em várias cópias do University Ingres, executadas em vários terminais DEC PDP-11 interconectados. Ele admite independência de localização (como o SDD-1 e o R*), e também admite fragmentação de dados (por meio de restrição, mas não de projeção), com independência de fragmentação, e ainda a replicação de dados para tais fragmentos, com independência de replicação. Diferentemente do SDD-1 e do R*, o Distributed Ingres não pressupõe necessariamente que a rede de comunicações seja lenta: ao contrário, ele é projetado para lidar tanto com redes "lentas" (de longo alcance) quanto com redes locais (isto é, relativamente rápidas) – o otimizador reconhece a diferença entre os dois casos. O algoritmo de otimização de consultas é basicamente uma extensão da estratégia de decomposição do Ingres, descrita no Capítulo 18 deste livro; ele é descrito em detalhes na referência [21.15].

O Distributed Ingres fornece dois algoritmos de propagação de atualizações: um algoritmo de "desempenho", que funciona pela atualização de uma cópia primária, seguida pela devolução de controle à transação (deixando as atualizações propagadas para serem executadas em paralelo por um conjunto de processos escravos); e um algoritmo "confiável", que atualiza todas as cópias imediatamente (consulte a referência [21.35]). O controle de concorrência se baseia no bloqueio em ambos os casos. A recuperação é baseada no COMMIT em duas fases com aperfeiçoamentos.

Quanto ao catálogo, o Distributed Ingres usa uma combinação de replicação total para certas partes do catálogo – basicamente, aquelas que contêm uma descrição lógica das RelVars visíveis para o usuário e uma descrição de como essas RelVars estão fragmentadas – junto com entradas puramente locais do catálogo para outras partes, como as que descrevem índices locais, estatísticas locais do banco de dados (usadas pelo otimizador) e restrições de segurança e integridade.

21.35 M. R. Stonebraker: "Concurrency Control and Consistency of Multiple Copies in Distributed Ingres", *IEEE Transactions on Software Engineering 5*, Número 3 (maio de 1979).

Consulte a anotação à referência [21.34].

21.36 Wen-Syan Li e Chris Clifton: "Semantic Integration in Heterogeneous Databases Using Neural Networks", Proc. 20th Int. Conf. on Very Large Data Bases, Santiago, Chile (setembro de 1994).

21.37 R. Williams e outros: "R*: An Overview of the Architecture", em P. Scheuermann (editor). *Improving Database Usability and Responsiveness*. Nova York. N.Y.: Academic Press (1982). Também disponível como o IBM Research Report RJ3325 (dezembro de 1981).

As referências [21.12], [21.27], [21.33] e [21.37] tratam todas do R*, a versão distribuída do protótipo original do System R. O R* fornece independência de local, mas nenhuma fragmentação e replicação e, portanto, também não oferece independência de fragmentação ou replicação. A questão de propagação de atualizações também não surge, pela mesma razão. O controle de concorrência é baseado em bloqueios (note que só existe uma cópia de qualquer objeto a ser bloqueado; a questão de cópia primária também não surge). A recuperação se baseia no COMMIT em duas fases, com aperfeiçoamentos.

21.38 Ling Ling Yan, Renée J. Miller, Laura M. Haas e Ronald Fagin: "Data-Driven Understanding and Refinement of Schema Mappings", Proc. 2001 ACM SIGMOD Int. Conf. on Management of Data, Santa Barbara, Calif. (maio de 2001).

CAPÍTULO 22

Apoio à decisão

22.1   Introdução

22.2   Aspectos do apoio à decisão

22.3   Projeto de bancos de dados para apoio à decisão

22.4   Preparação de dados

22.5   Data warehouses e data marts

22.6   Processamento analítico on-line (OLAP)

22.7   Mineração de dados

22.8   Recursos de SQL

22.9   Resumo

       Exercícios

       Referências e bibliografia

22.1 INTRODUÇÃO

Nota: David McGoveran, da Alternative Technologies, foi o autor original deste capítulo.

Os **sistemas de apoio à decisão** são sistemas que ajudam na análise de informações do negócio. Sua meta é ajudar a administração a "definir tendências, apontar problemas e tomar... decisões inteligentes" [22.9]. As raízes de tais sistemas – pesquisa operacional, teorias comportamentais e científicas de gerência, e controle de processos estatísticos – surgiram no final de década de 1940 e no início da década de 1950, bem antes que os computadores se tornassem disponíveis de modo geral. A ideia básica era, e logicamente ainda é, coletar *dados operacionais* do negócio (consulte o Capítulo 1) e reduzi-los a uma forma que pudesse ser usada para analisar o comportamento do negócio e modificar esse comportamento de maneira inteligente. Por questões bastante óbvias, a extensão em que os dados eram reduzidos nesses tempos iniciais era mínima, naturalmente, e, em geral, envolvia pouco mais que a geração de relatórios simples de totalização.

No final da década de 1960 e no início da década de 1970, pesquisadores de Harvard e do MIT começaram a promover o uso de computadores para ajudar no processo de tomada de decisões [22.26]. A princípio, esse uso era limitado (principalmente) a automatizar a tarefa de geração de relatórios, embora recursos analíticos rudimentares também fossem fornecidos às vezes [22.6-22.8]. Esses primeiros sistemas de computadores ficaram conhecidos inicialmente como *sistemas de decisões gerenciais*; mais tarde, eles também se tornaram conhecidos como *sistemas de informações gerenciais*. Porém, preferimos o termo mais moderno, *sistema de apoio à decisão*, pois é possível considerar que *todos* os sistemas de informação

– inclusive, por exemplo, os sistemas OLTP (Online Transaction Processing) – podem ou devem ser considerados como "sistemas de informações gerenciais" (afinal, todos eles estão relacionados e afetam a gerência do negócio). Ficaremos com o termo mais moderno no texto a seguir.

A década de 1970 também viu o desenvolvimento de várias *linguagens de consulta* e vários sistemas personalizados (internos) de apoio à decisão foram construídos ao redor dessas linguagens. Eles foram implementados com o uso de geradores de relatórios como RPG ou produtos de busca de dados como Focus, Datatrieve e NOMAD. Esses sistemas foram os primeiros a permitir que usuários finais com conhecimentos adequados tivessem acesso direto a depósitos de dados ("data stores") de computadores; isto é, eles permitiam que tais usuários formulassem consultas relacionadas com o negócio contra esses depósitos de dados e executassem essas consultas diretamente, sem terem de esperar pela ajuda do departamento de TI.

É claro que os depósitos de dados apenas se referiam, em sua maioria, a arquivos de dados bastante simples – a maior parte dos dados comerciais da época era mantida em tais arquivos, ou possivelmente em bancos de dados não relacionais (os sistemas relacionais ainda estavam no âmbito da pesquisa). Mesmo no último caso, os dados geralmente tinham de ser extraídos do banco de dados e copiados para arquivos, antes que pudessem ser acessados por um sistema de apoio à decisão. Foi somente no início da década de 1980 que os bancos de dados relacionais começaram a ser usados em lugar de arquivos simples para fins de apoio à decisão (na verdade, apoio à decisão, consulta *ad hoc* e geração de relatórios estavam entre os primeiros usos comerciais da tecnologia relacional). Embora os produtos SQL estejam agora amplamente disponíveis, a ideia de **processamento de extração** – isto é, copiar dados do ambiente operacional para algum outro ambiente, para processamento subsequente – continua a ser muito importante; isso permite que os usuários operem sobre os dados extraídos da maneira que desejarem, sem interferirem mais com o ambiente operacional. E a razão para a execução de tais extrações é frequentemente o apoio à decisão.

Com base no breve histórico anterior, deve ter ficado claro que o apoio à decisão, na realidade, não faz parte da tecnologia de bancos de dados propriamente dita. Em vez disso, ele é um *uso* dessa tecnologia (embora um uso importante) – ou, para sermos mais precisos, corresponde a vários usos, distintos mas entrelaçados. Os usos em questão respondem pelos nomes de *data warehouse*, *data mart*, *depósito de dados operacionais*, *processamento analítico on-line* (OLAP), *bancos de dados multidimensionais* e mineração de dados (*data mining*) (entre outros). Naturalmente, explicaremos todos esses conceitos nas próximas páginas; contudo, observamos de imediato que uma coisa comum em todas essas áreas é que raramente são seguidos bons princípios do projeto lógico em qualquer uma delas! A prática de apoio à decisão, lamentavelmente, não é tão científica quanto poderia ser; de fato, frequentemente, ela é bastante *ad hoc*. Em particular, ela tende a ser orientada muito mais por considerações físicas do que por considerações lógicas – na verdade, a distinção entre questões físicas e lógicas é muitas vezes bastante vaga nesse tipo de ambiente. Em parte por essas razões, empregamos neste capítulo a SQL, e não **Tutorial D**, como base para nossos exemplos, e utilizamos a terminologia de SQL "mais indistinta" de linhas, colunas e tabelas, em lugar de nossa terminologia preferida de tuplas, atributos, e valores e RelVars. Além disso, usaremos as expressões *esquema lógico* e *esquema físico* como sinônimos para aqueles que, no Capítulo 2, chamamos esquema *conceitual* e esquema *interno*, respectivamente.

O plano deste capítulo é o seguinte. Na Seção 22.2, discutiremos certos aspectos de apoio à decisão que motivaram determinadas práticas de projeto, que acreditamos estarem um tanto mal orientadas. A Seção 22.3 descreve nossa abordagem preferida para lidar com esses aspectos. A Seção 22.4 examina, então, a questão de preparação de dados (isto é, o processo de obter dados operacionais em uma forma tal que eles possam ser úteis para fins de apoio à decisão); ela também considera rapidamente os "depósitos de dados operacionais". A Seção 22.5 discute os data warehouses, os data marts e os "esquemas dimensionais". A Seção 22.6 explora o processamento analítico on-line (OLAP) e os bancos de dados multidimensionais. A Seção 22.7 discute a mineração de dados. A Seção 22.8 esboça os recursos de SQL pertinentes. Finalmente, a Seção 22.9 apresenta um resumo.

22.2 ASPECTOS DO APOIO À DECISÃO

Os bancos de dados de apoio à decisão exibem certas características especiais, das quais a mais importante é: **o banco de dados é principalmente** (embora não totalmente) **apenas de leitura** (*read-only*). A atualização que existe é limitada, em geral, a operações periódicas de *carga* ou *renovação* (refresh) – e essas operações, por sua vez, são dominadas por operações INSERT; as operações DELETE são feitas ocasionalmente, e as operações UPDATE quase nunca são feitas. (Às vezes, a atualização é feita sobre certas tabelas de trabalho auxiliares, mas os processos normais de apoio à decisão praticados atualmente quase nunca atualizam o banco de dados de apoio à decisão propriamente dito.)

As características adicionais, a seguir, dos bancos de dados de apoio à decisão também merecem ser examinadas (voltaremos a nos aprofundar sobre elas na Seção 22.3). Observe que as três primeiras têm natureza lógica, enquanto as três últimas são físicas.

- As colunas costumam ser usadas em combinação.

- Em geral, a integridade não é uma preocupação (supõe-se que os dados estejam corretos quando são carregados pela primeira vez e não são atualizados daí por diante).

- As chaves frequentemente incluem um componente temporal (na realidade, um suporte temporal apropriado em geral – consulte o Capítulo 23 – seria extremamente útil, mas raramente está disponível).

- O banco de dados costuma ser grande, especialmente quando (como ocorre com frequência) os detalhes das transações[1] comerciais se acumulam com o tempo.

- O banco de dados costuma estar fortemente indexado.

- O banco de dados envolve frequentemente vários tipos de redundância controlada.

As consultas de apoio à decisão também exibem características especiais; em particular, elas costumam ser complicadas. Aqui estão alguns tipos de complexidades que podem surgir:

- *Complexidade de expressão booleana*: As consultas de apoio à decisão frequentemente envolvem expressões complexas na cláusula WHERE: expressões difíceis de escrever, difíceis de entender, e difíceis para o sistema implementar de modo eficiente. Um problema comum é o das consultas que envolvem o fator tempo (por exemplo, consultas que solicitam linhas com um valor de timestamp (selo de tempo) máximo em um período de tempo especificado). Se houver quaisquer junções, essas consultas rapidamente se tornarão, de fato, muito complexas, especialmente porque provavelmente não haverá suporte temporal apropriado. O resultado final em todos esses casos normalmente é um desempenho fraco, entre outras coisas.

- *Complexidade de junção*: As consultas de apoio à decisão frequentemente exigem acesso a muitos tipos de fatos. Como consequência, em um banco de dados corretamente projetado (isto é, totalmente normalizado), essas consultas em geral envolvem muitas junções. Infelizmente, a tecnologia de processamento de junções nunca procurou se manter em dia com as demandas crescentes de consultas de apoio à decisão.[2] Assim, muitas vezes, os projetistas decidem "desnormalizar" o banco de dados, "desfazendo a junção" de certas tabelas. Porém, como vimos no Capítulo 13, essa técnica raramente é bem-sucedida (quase sempre causando tantos problemas quantos os que resolve). Além disso, o desejo de evitar jun-

---

[1]Aqui e ao longo deste capítulo faremos distinção entre transações comerciais (por exemplo, vendas de produtos) e transações no sentido da Parte IV deste livro, sempre usando o qualificador "comercial" quando for uma transação comercial (a não ser que o contexto torne o significado óbvio).

[2]O autor (McGoveran), trabalhando em sistemas de apoio à decisão desde 1981, observou que uma junção de três tabelas até mesmo de tamanho moderado poderia facilmente levar muitas horas. As junções de quatro a seis tabelas geralmente eram consideradas muito dispendiosas. Hoje, junções de seis a dez tabelas muito grandes são comuns, e a tecnologia normalmente funciona bem. Contudo, ainda é fácil (e não raro) gerar consultas que juntam mais tabelas do que a tecnologia pode tratar de modo razoável. Consultas juntando mais de 12 tabelas rapidamente podem se tornar uma aventura – e, ainda assim, a exigência dessas consultas é algo comum! *Nota:* Veja a descrição de uma solução possível para esse problema no Apêndice A.

ções explícitas em tempo de execução também pode levar a outras operações ineficientes, com grandes quantidades de dados sendo retornadas, o que não é necessário logicamente, e o processamento de junções sendo feito dentro da aplicação, em vez de ser realizado no SGBD.

- *Complexidade de função*: As consultas de apoio à decisão frequentemente envolvem funções estatísticas e outras funções matemáticas. Até recentemente, poucos produtos tinham suporte para tais funções (embora a situação esteja melhorando um pouco com relação a isso). Como resultado, muitas vezes é necessário desmembrar uma consulta em uma sequência de consultas menores, que são então executadas intercaladas com procedimentos escritos pelo usuário, que calculam as funções desejadas. Essa técnica tem a consequência negativa de que grandes quantidades de dados podem precisar ser retornadas; além disso, ela torna muito mais difícil escrever e entender a consulta global.

- *Complexidade analítica*: As questões comerciais raramente são respondidas em uma única consulta. Não apenas é difícil para os usuários escrever consultas de complexidade extrema, mas as limitações nas implementações da SQL podem impedir que tal consulta seja processada. Um modo de reduzir a complexidade dessas consultas é (novamente) desmembrá-las em uma série de consultas menores, mantendo resultados intermediários em tabelas auxiliares.

Todas essas características apresentadas, tanto as de bancos de dados de apoio à decisão quanto as de consultas de apoio à decisão, conduzem a uma forte ênfase sobre o *projeto visando o desempenho* – em especial, o desempenho da inserção em batch e da busca *ad hoc*. Entretanto, nem seria preciso dizer que, em nossa opinião, essa situação atual só deverá afetar o projeto físico do banco de dados, não o projeto lógico (e a próxima seção explica isso melhor). Infelizmente, porém, como observamos na Seção 22.1, os fornecedores e usuários de sistemas de apoio à decisão frequentemente deixam de distinguir de modo adequado entre questões lógicas e físicas;[3] de fato, muitas vezes eles ignoram por completo o projeto lógico. Como consequência, as tentativas para lidar com as várias características que discutimos antes costumam ser ocasionais, e constantemente causam dificuldades insuperáveis na tentativa de equilibrar requisitos de correção, facilidade de manutenção, desempenho, escalabilidade e adequação ao uso.

22.3 PROJETO DE BANCOS DE DADOS PARA APOIO À DECISÃO

Como declaramos anteriormente neste livro (na introdução à Parte III em particular), é nossa posição que o projeto de bancos de dados sempre deve ser feito em pelo menos duas fases, a fase lógica e depois a fase física:

a. O projeto lógico deve ser feito primeiro. Nessa fase, o enfoque está em *correção relacional*: as tabelas devem representar relações de forma apropriada, garantindo, assim, que as operações relacionais funcionarão como se deseja e não produzirão resultados surpreendentes. Os tipos (domínios) são especificados, as colunas definidas neles e as dependências entre colunas (DFs etc.) são identificadas. A partir dessas informações, a normalização pode prosseguir com a definição das restrições de integridade.

b. Em segundo lugar, o projeto físico deve ser derivado do projeto lógico. Nessa fase, é claro, o foco está em *eficiência de armazenamento e desempenho*. Em princípio, qualquer organização física dos dados é permitida, desde que exista uma transformação que preserve a informação, que possa ser expressa na álgebra relacional (consulte a referência [2.5]), entre os esquemas lógico e físico. Observe em particular que a existência de tal transformação implica que existem visões relacionais do esquema físico que o torna semelhante ao esquema lógico e *vice-versa*.

---

[3]Especialistas em data warehouse e OLAP costumam ser especialmente culpados sob esse aspecto; eles normalmente argumentam que o projeto relacional está simplesmente "errado" para apoio à decisão, afirmando que o modelo relacional é incapaz de representar os dados e deve ser evitado. Esses argumentos quase sempre estão ligados ao insucesso na tentativa de distinguir o modelo relacional de sua implementação.

É claro que o esquema lógico pode mudar mais tarde (por exemplo, para acomodar novas espécies de dados ou dependências novas – ou recém-descobertas), e essa mudança naturalmente também exigirá uma mudança correspondente no esquema físico. Essa possibilidade não nos interessa aqui. O que nos interessa é a possibilidade de fazer uma mudança no esquema físico *sem* ter que fazer uma mudança correspondente no esquema lógico. Por exemplo, suponha que a junção de tabelas FP (remessas) e P (peças) seja o padrão de acesso dominante. Então, poderíamos desejar fazer a "pré-junção" das tabelas FP e P no nível físico, reduzindo, assim, a E/S e os custos da junção. Contudo, *o esquema lógico deve permanecer inalterado* se a independência física dos dados tiver de ser mantida. (Naturalmente, o otimizador de consultas precisará estar ciente da existência da "pré-junção" armazenada e usá-la de modo apropriado, se pretendemos obter as vantagens de desempenho desejadas.) Além disso, se o padrão de acesso mudar mais tarde para um que seja dominado por acessos a tabelas individuais, e não a junções, devemos ser capazes de mudar novamente o esquema físico de modo que as tabelas FP e P fiquem fisicamente separadas, mais uma vez sem qualquer impacto no nível lógico.

Deve ficar claro do que foi dito antes que o problema de proporcionar independência de dados física é basicamente o problema de admitir visões – a não ser que, como ocorre com o problema da atualização de fragmentos, discutido no Capítulo 21, ele se manifeste em um ponto diferente na arquitetura geral do sistema. Particularmente, precisamos ser capazes de atualizar essas visões. Para sermos específicos, se (a) imaginarmos as tabelas básicas no nível lógico como visões e as versões armazenadas dessas "visões" no nível físico como tabelas básicas, então (b) o esquema físico deve ser tal que o produto em questão possa implementar todas as atualizações sobre essas "visões" em termos dessas "tabelas básicas".

Agora, vimos no Capítulo 10 que, em teoria, *todas* as visões relacionais são atualizáveis. Portanto, teoricamente, se o esquema físico é derivado do esquema lógico da maneira como descrevemos, será alcançada a máxima independência de dados física: qualquer atualização expressa em termos do esquema lógico poderá ser automaticamente traduzida em uma atualização expressa em termos do esquema físico e *vice-versa*, e as mudanças no esquema físico não exigirão, por si próprias, mudanças no esquema lógico. Porém, infelizmente, os produtos de SQL de hoje não admitem corretamente a atualização de visões. Em consequência, o conjunto de esquemas físicos permissíveis é consideravelmente (e desnecessariamente) limitado nesses produtos. *Nota*: Na prática, pode ser possível simular o mecanismo de atualização de visões apropriado por meio de procedimentos armazenados, triggers, middleware ou alguma combinação desses recursos. Porém, essas técnicas estão além do escopo deste capítulo.

Projeto lógico

As regras de projeto lógico não dependem do uso pretendido do banco de dados – as mesmas regras se aplicam, independentemente dos tipos de aplicações desejados. Assim, em particular, não deve fazer qualquer diferença se essas aplicações são operacionais (OLTP) ou de apoio à decisão: de qualquer modo, o mesmo procedimento de projeto deve ser seguido. Então, vamos rever as três características *lógicas* de bancos de dados de apoio à decisão identificadas no início da Seção 22.2 e considerar suas implicações para o projeto lógico.

- *Combinações de colunas e menor número de dependências.*
  As consultas de apoio à decisão – e as atualizações, quando for o caso – muitas vezes tratam combinações de colunas como uma unidade, significando que nunca se tem acesso às colunas individuais (ENDEREÇO é um exemplo óbvio). Vamos concordar em fazer referência a uma combinação de colunas como uma *coluna composta*. Então, de um ponto de vista de projeto lógico, essas colunas compostas se comportam como se de fato *não* fossem compostas! Para sermos mais específicos, seja CC uma coluna composta e C alguma outra coluna da mesma tabela. Então, dependências envolvendo C e componente(s) de CC se reduzem a dependências envolvendo C e CC em si. Além disso, dependências envolvendo componentes de CC e nenhuma outra coluna são irrelevantes e podem simplesmente ser ignoradas. O efeito final é que o número total de dependências é reduzido e o projeto lógico se torna mais simples, com menos colunas e possivelmente com menos tabelas ainda.

- *Restrições de integridade em geral.*
Tendo em vista que já explicamos que (a) os bancos de dados de apoio à decisão são, em grande parte, somente de leitura e (b) a integridade de dados é verificada quando o banco de dados é carregado (ou renovado), frequentemente se supõe que não existe motivo algum para a declaração de restrições de integridade no esquema lógico. Contudo, não é bem assim. Embora seja verdade (se o banco de dados é de fato somente de leitura) que as restrições nunca podem ser violadas, *o valor semântico* dessas restrições não deve ser desconsiderado. Como vimos no Capítulo 9, as restrições servem para definir o significado das tabelas e o significado do banco de dados global. A declaração das restrições fornece assim um meio de informar aos usuários o que os dados significam, ajudando-os em sua tarefa de formular consultas. Além disso, a declaração das restrições também pode fornecer informações cruciais ao otimizador (veja a discussão sobre otimização semântica no Capítulo 18).

  Nota: A declaração de certas restrições em produtos SQL causa a criação automática de certos índices e outros mecanismos de imposição, um fato que pode aumentar significativamente o custo de operações de carga e renovação. Por sua vez, esse fato pode servir para encorajar os projetistas a evitarem declarações de restrições. Porém, uma vez mais, o problema deriva de uma confusão sobre questões lógicas e físicas; deve ser possível de especificar restrições de integridade de forma declarativa no nível *lógico* e especificar os mecanismos de imposição correspondentes em separado no nível *físico*. Contudo, infelizmente, os produtos de SQL atuais não diferenciam de modo adequado entre os dois níveis – além disso, eles raramente reconhecem o valor semântico das restrições.

- *Chaves temporais.*
Os bancos de dados operacionais normalmente envolvem apenas dados atuais. Ao contrário, os bancos de dados de apoio à decisão geralmente envolvem dados históricos e, portanto, tendem a incluir uma *timestamp* na maioria ou em todos esses dados. Como resultado, as chaves em tais bancos de dados muitas vezes incluem colunas de timestamp. Por exemplo, considere nosso banco de dados habitual de fornecedores e peças. Vamos supor que precisamos estender esse banco de dados a fim de mostrar, para cada remessa, o mês em particular (de 1 a 12) no qual essa remessa ocorreu. Então, a tabela de remessas FP deve ser semelhante à da Figura 22.1. Observe que a coluna adicional IDM ("ID do Mês") é realmente parte da chave dessa versão estendida da tabela FP. Observe ainda que consultas envolvendo FP devem agora ser formuladas com muito cuidado, a fim de acessar exatamente os dados necessários, nem mais nem menos. Mencionamos rapidamente tais assuntos na Seção 22.2; o Capítulo 23 discute esses temas em profundidade.

VENDAS	TX#	CLIEN#	ESTAMPAHORA	PRODUTO
	TX1	C1	$d1$	Sapatos
	TX1	C1	$d1$	Meias
	TX1	C1	$d1$	Gravata
	TX2	C2	$d2$	Sapatos
	TX2	C2	$d2$	Meias
	TX2	C2	$d2$	Gravata
	TX2	C2	$d2$	Cinto
	TX2	C2	$d2$	Camisa
	TX3	C3	$d2$	Sapatos
	TX3	C3	$d2$	Gravata
	TX4	C2	$d3$	Sapatos
	TX4	C2	$d3$	Meias
	TX4	C2	$d3$	Cinto

FIGURA 22.1 *Amostra de valores para a tabela FP, incluindo IDs de meses.*

  Nota: A inclusão de colunas de timestamp pode resultar na necessidade de alguma mudança de projeto. Por exemplo, vamos supor, de modo um tanto artificial, que a quantidade de cada remessa é determinada pelo mês em que a remessa ocorre (a amostra de dados da Figura 22.1 é consistente com essa restrição). Então, a versão revisada da tabela FP satisfaz à dependência funcional IDM → QDE e, portanto, não está na quinta – nem mesmo na terceira – forma normal; assim, ela deve ser ainda mais normalizada, como indica a Figura 22.2. Infelizmente, os projetistas de sistemas de apoio à decisão raramente se preocupam em considerar tais questões. Novamente, consulte o Capítulo 23 para ter ver uma discussão mais detalhada.

FP	F#	P#	IDM		MÊS_QDE	IDM	QDE
	F1	P1	3			1	200
	F1	P1	5			2	600
	F1	P2	1			3	300
	F1	P3	7			4	100
	F1	P4	1			5	100
	F1	P5	5			6	200
	F1	P6	4			7	400
	F2	P1	3			8	200
	F2	P2	9			9	400
	F3	P2	6			10	100
	F3	P2	8			11	400
	F4	P2	1			12	50
	F4	P4	8				
	F4	P5	7				
	F4	P5	11				

FIGURA 22.2 *Equivalente normalizada da Figura 22.1.*

Projeto físico

Dissemos na Seção 22.2 que os bancos de dados de apoio à decisão tendem a ser grandes e fortemente indexados e a envolver vários tipos de redundância controlada. Nesta subseção, desenvolvemos rapidamente essas questões de projeto físico.

Primeiro, vamos considerar o **particionamento** (também conhecido como *fragmentação*). O particionamento representa um ataque ao problema do tamanho do banco de dados; ele divide uma determinada tabela em um conjunto de *partições* ou *fragmentos* disjuntos, para fins de armazenamento físico (veja a discussão sobre a fragmentação no Capítulo 21). Esse particionamento pode melhorar, de modo significativo a facilidade de gerenciamento e de acesso da tabela em questão. Em geral, cada partição recebe seus próprios recursos de hardware mais ou menos dedicados (por exemplo, disco, CPU), minimizando, assim, a disputa por esses recursos entre partições. As tabelas são particionadas horizontalmente[4] por meio de uma *função de particionamento*, a qual usa valores de colunas selecionadas (a *chave de partição*) como argumentos e retorna um número ou endereço de partição. Tais funções normalmente admitem o particionamento de intervalos (range partitioning), de hashing e de rodízio (round-robin), entre outros tipos (consulte a anotação à referência [18.56], no Capítulo 18).

Agora, vamos tratar da **indexação**. É claro que sabemos que o uso do tipo correto de índice pode reduzir drasticamente a E/S. A maioria dos primeiros produtos de SQL oferecia apenas um tipo de índice, a árvore-b, mas vários outros tipos se tornaram disponíveis ao longo dos anos, especialmente em conexão com bancos de dados de apoio à decisão; eles incluem índices *bitmap*, de *hashing*, de *multitabelas*, *booleanos* e *funcionais*, além dos índices B-tree propriamente ditos. Vamos comentar rapidamente cada um deles.

- *Índices B-tree*: Os índices B-tree proporcionam acesso eficiente para consultas de intervalos (a menos que o número de linhas acessadas se torne grande demais). A atualização de B-trees é relativamente eficiente.

- *Índices bitmap*: Suponha que a tabela indexada T contenha n linhas. Então, um índice bitmap sobre a coluna C da tabela T contém um vetor de n bits para cada valor possível de C, definindo o bit corres-

---

[4]O particionamento vertical, embora possivelmente vantajoso, não é muito utilizado, pois poucos produtos o admitem.

pondente à linha *r* se a linha *r* contém o valor aplicável na coluna C. Esses índices são eficientes para consultas envolvendo conjuntos de valores, embora se tornem menos eficientes quando os conjuntos ficam grandes demais. Observe em particular que várias operações relacionais (junções, uniões, restrições de igualdade etc.) podem ser executadas inteiramente dentro dos índices por meio de operações booleanas simples (AND, OR, NOT) sobre os vetores de bits; o acesso aos dados reais não é absolutamente necessário até o conjunto do resultado final ter sido retornado. A atualização de índices bitmaps é relativamente ineficiente.

- *Índices hashing* (também conhecidos como *endereçamento hashing* ou apenas *hashing*): Os índices hashing são eficientes para acesso a linhas específicas (não a intervalos). O custo computacional é proporcional ao número de linhas, desde que a função de hashing não precise ser estendida para acomodar valores de chaves adicionais. O hashing também pode ser usado para implementar junções de modo eficiente, como descrevemos no Capítulo 18.

- *Índices multitabelas* (também conhecidos como *índices de junção*): Em essência, uma entrada de índice de multitabelas contém ponteiros para linhas de diversas tabelas, em vez de ponteiros para linhas em uma única tabela. Esses índices podem melhorar o desempenho de junções e a verificação de restrições de integridade de multitabelas (isto é, de bancos de dados). Consulte a referência [22.33].

- *Índices booleanos* (também conhecidos como índices de *expressões*): Um índice booleano indica para quais linhas de determinada tabela uma expressão booleana especificada (envolvendo colunas da tabela em questão) é avaliada como TRUE (verdadeira). Tais índices são particularmente valiosos quando a expressão booleana relevante é um componente comum das condições de restrição.

- *Índices funcionais*: Um índice funcional executa a indexação das linhas de uma tabela, não com base nos valores dessas linhas, mas, sim, no resultado da chamada de alguma função especificada sobre esses valores.

Além de tudo isso, foram propostos vários tipos de índices *híbridos* (combinações dos índices já mencionados). É difícil caracterizar o valor desses híbridos em termos gerais. Uma grande quantidade de tipos *especializados* de índices também foi proposta (por exemplo, *R-trees*, que são destinadas ao trabalho com dados da geometria espacial). Não tentaremos realizar a tarefa assustadora de descrever todos esses tipos de índices neste livro; por exemplo, consulte a referência [26.37] para ver uma discussão abrangente sobre o assunto.

Por último, voltamos à questão da **redundância controlada**. A redundância controlada é uma ferramenta importante para reduzir a E/S e minimizar a contenção. Como explicamos no Capítulo 1, a redundância é controlada quando é administrada pelo SGBD e está oculta dos usuários. (Observe que, por definição, a redundância controlada de forma apropriada no nível físico é invisível no nível lógico, de modo que não tem efeito algum sobre a correção desse nível lógico.) Existem dois tipos gerais dessa redundância:

- O primeiro envolve a manutenção de cópias exatas ou *réplicas* dos dados básicos. *Nota*: O que poderia ser considerado uma forma menos ambiciosa de replicação, o *gerenciamento de cópias*, é também bastante aceito (veja na subseção a seguir).

- O segundo envolve a manutenção de *dados derivados* além dos dados básicos, mais frequentemente na forma de *tabelas de totalização* e/ou *colunas calculadas* (ou *derivadas*).

Vamos discutir cada um deles.

Replicação

Os conceitos básicos de replicação foram explicados no Capítulo 21, nas Seções 21.3 e 21.4 (veja em especial a subseção "Propagação de atualizações", na Seção 21.4). Aqui, apenas repetimos alguns pontos de destaque dessas discussões e fazemos algumas observações adicionais. Primeiro, lembre-se de que a replicação pode ser síncrona ou assíncrona:

- No caso *síncrono*, se determinada réplica é atualizada, então todas as outras réplicas do mesmo fragmento de dados também são atualizadas dentro da mesma transação, implicando que (em termos lógicos) existe apenas uma versão dos dados. Alguns produtos implementam a replicação síncrona através de triggers (possivelmente ocultos e gerenciados pelo sistema). Porém, a replicação síncrona tem a desvantagem de impor uma sobrecarga sobre todas as transações que atualizam qualquer réplica (podendo acarretar também problemas de disponibilidade).

- No caso *assíncrono*, as atualizações feitas em uma réplica se propagam para as outras em algum momento posterior, *não* dentro da mesma transação. A replicação assíncrona introduz assim um *retardo de tempo* ou uma *latência* durante a qual as réplicas de fato podem não ser idênticas (e então o termo *réplicas* não é mais muito apropriado, pois não estamos mais falando sobre cópias exatas). A maioria dos produtos implementa a replicação assíncrona pela leitura do log de transações ou de uma fila estável de atualizações que precisam ser propagadas.

A vantagem da replicação assíncrona é que a sobrecarga de replicação é desacoplada da transação de atualização, que pode ser de "missão crítica" e altamente sensível ao desempenho. A desvantagem é que os dados podem se tornar inconsistentes (ou seja, inconsistentes na visão do usuário);[5] isto é, a redundância pode transparecer no nível lógico – significando, em termos estritos, que o termo *redundância controlada* não é mais muito apropriado.

Explicaremos rapidamente a questão de consistência (ou melhor, inconsistência). O fato é que as réplicas podem se tornar inconsistentes de maneira que sejam difíceis (embora não impossíveis) de se evitar e consertar. Em particular, pode haver conflitos com relação à ordem em que as atualizações são aplicadas. Por exemplo, suponha que a transação A insira uma linha na réplica X e a transação B depois exclua essa linha, e suponha que Y seja uma réplica de X. Se as atualizações forem propagadas para Y, mas chegarem em Y na ordem inversa (por exemplo, devido a atrasos de roteamento), B não encontra uma linha para excluir em Y e A então a insere! O resultado é que Y contém a linha, enquanto X não a contém. Em geral, o gerenciamento de conflitos e a imposição de consistência entre as réplicas são problemas difíceis de se resolver. Outros detalhes estão além do escopo deste livro.

Como vimos no Capítulo 21, o termo *replicação* passou a significar, principalmente – na verdade, quase exclusivamente –, replicação *assíncrona* especificamente, pelo menos no mundo comercial.

A diferença básica entre replicação conforme descrevemos e **gerenciamento de cópias** é dada a seguir. Com a replicação, as atualizações feitas em uma réplica são (por fim) propagadas para todas as outras de forma "automática". Ao contrário, com o gerenciamento de cópias, não existe uma propagação automática; em vez disso, as cópias de dados são criadas e mantidas por meio de algum processo em batch ou em segundo plano que está solto no tempo das transações de atualização. Em geral, o gerenciamento de cópias é mais eficiente que a replicação, pois grandes quantidades de dados podem ser copiadas de uma só vez. A desvantagem é que, na maior parte do tempo, as cópias não são idênticas aos dados básicos; na verdade, geralmente os usuários devem estar cientes de quando os dados são sincronizados. O gerenciamento de cópias costuma ser simplificado pela exigência de que as atualizações sejam aplicadas de acordo com algum tipo de esquema de "cópia primária", como descrevemos no Capítulo 21.

Dados derivados

O outro tipo de redundância que consideramos aqui são os dados derivados: especificamente, *colunas calculadas* e *tabelas de totalização*. Essas construções são particularmente importantes no contexto de apoio à decisão. Elas são usadas para manter valores de dados pré-calculados (isto é, valores calculados a partir de outros dados, mantidos em algum outro lugar no banco de dados), evitando, assim, a necessidade de recalcular esses valores toda vez que eles são necessários em alguma consulta.

---

[5]Consulte os comentários sobre esse assunto no capítulo anterior.

- Uma **coluna calculada** é uma coluna cujo valor em qualquer linha determinada é derivado de algum modo de outros valores na mesma linha. (De forma alternativa, o valor calculado pode ser derivado de valores em várias linhas, na mesma tabela ou em alguma(s) outra(s) tabela(s). Porém, essa técnica implica que a atualização de uma linha poderia exigir que muitas outras linhas também fossem atualizadas; em particular, ela pode ter um efeito muito negativo sobre operações de carga e renovação.)

- Uma **tabela de totalização** é uma tabela que contém agregações (totais, médias, contagens etc.) de valores em outras tabelas. Essas agregações frequentemente são pré-calculadas para vários agrupamentos diferentes dos mesmos dados de detalhe (consulte a Seção 22.6). *Nota*: As tabelas de totalização são conhecidas por vários nomes, incluindo *tabelas de totalização automáticas* (ASTs), *tabelas de consulta materializadas* (MQTs), *snapshots* e *"visões materializadas"*. Já vimos esses dois últimos termos – no Capítulo 10, Seção 10.5 –, em que fomos extremamente críticos quanto ao termo *visão materializada* em particular. Seja como for, o conceito agora está sujeito a um grande corpo de literatura e a maior parte dessa literatura se apossa do termo *visão* para indicar uma "visão materializada" especificamente (por exemplo, consulte as referências [22.3] e [22.4], entre muitas outras).

As colunas calculadas e as tabelas de totalização são implementadas, com maior frequência, por meio de triggers gerenciados pelo sistema, embora também possam ser implementadas por meio de código procedimental escrito pelo usuário. A primeira técnica permite manter a consistência entre os dados básicos e os dados derivados; a segunda técnica tem maior probabilidade de expor inconsistências para o usuário. Naturalmente, se as colunas calculadas e as tabelas de totalização verdadeiramente tiverem de ser instâncias de redundância controlada, elas precisam ser completamente ocultas do usuário, mas, com a segunda técnica de implementação, elas podem não ser.

Erros comuns de projeto

Nesta subseção, comentaremos rapidamente algumas práticas de projeto que são comuns no ambiente de apoio à decisão e que ainda assim não consideramos boas ideias:

- *Linhas duplicadas*: Os projetistas de apoio à decisão frequentemente afirmam que seus dados não têm qualquer identificador exclusivo e que, portanto, eles têm de permitir duplicatas. As referências [6.3] e [6.6] explicam em detalhes por que as duplicatas são um equívoco; aqui, apenas observamos que a "exigência" surge normalmente porque o esquema físico não é derivado de um esquema lógico (que provavelmente nunca foi criado). Observamos também que em tal projeto, as linhas com frequência têm significados não uniformes (em especial se houver valores NULLs presentes) – isto é, elas não são todas instanciações do mesmo predicado (consulte a Seção 3.4 ou o Capítulo 9). *Nota*: As duplicatas às vezes são até consideradas um recurso positivo, especialmente se o projetista tem uma experiência em sistemas orientados a objeto (consulte o último parágrafo da Seção 25.2 no Capítulo 25).

- *Desnormalização e práticas relacionadas*: Em um esforço mal orientado para eliminar junções e reduzir a E/S, os projetistas muitas vezes fazem a pré-junção de tabelas, introduzem colunas derivadas de vários tipos, e assim por diante. Essas práticas poderiam ser aceitáveis no nível físico, mas não se elas puderem ser detectadas no nível lógico.

- *Esquemas em estrela*: Os "esquemas em estrela" (também conhecidos como esquemas *dimensionais*) normalmente são o resultado de uma tentativa de fazer um "curto-circuito" na técnica de projeto apropriada. Há pouca vantagem nesses atalhos. Constantemente, tanto o desempenho quanto a flexibilidade sofrem à medida que o banco de dados cresce e a solução dessas dificuldades por intermédio de novo projeto físico também força mudanças nas aplicações (porque os esquemas em estrela são, na realidade, esquemas *físicos*, embora sejam expostos às aplicações). O problema geral reside na natureza específica do projeto. *Nota*: Discutiremos os esquemas em estrela com mais detalhes na Seção 22.5.

- *NULLs*: Frequentemente, os projetistas tentam poupar espaço permitindo valores NULL em colunas (esse artifício *poderia* funcionar se a coluna em questão fosse de algum tipo de dados de comprimento variável e se o produto em questão representasse valores NULL em tais colunas por strings vazias no nível físico). Porém, essas tentativas geralmente são mal orientadas. Não apenas é possível (e desejável) projetar de modo a evitar valores NULL [19.19], mas os esquemas resultantes muitas vezes oferecem melhor eficiência de armazenamento e melhor desempenho de E/S.

- *Projeto de tabelas de totalização*: A questão do projeto lógico de tabelas de totalização é frequentemente ignorada, ocasionando redundância descontrolada e dificuldades para manter a consistência. Em consequência disso, os usuários podem ficar confusos quanto ao significado dos dados de totalização e ao modo de formular consultas envolvendo esses dados. Para evitar tais problemas, todas as tabelas de totalização "no mesmo nível de agregação" (veja a Seção 22.6) devem ser projetadas como se formassem um banco de dados próprio. Certos problemas de *atualização cíclica* podem então ser evitados (a) proibindo-se que as atualizações se espalhem pelos níveis de agregação e (b) pela sincronização das tabelas de totalização, fazendo-se sempre a agregação do nível de detalhe para cima.

- *"Vários caminhos de navegação"*: Os projetistas e os usuários de apoio à decisão, com frequência, mencionam (incorretamente) a existência de uma "multiplicidade de caminhos de navegação" para alguns dados desejados, significando que os mesmos dados podem ser alcançados por meio de várias expressões relacionais diferentes. Às vezes, as expressões em questão são verdadeiramente equivalentes, como no caso de, por exemplo, A JOIN (B UNION C) e (A JOIN B) JOIN C (consulte o Capítulo 7); às vezes, elas só são equivalentes porque existe alguma restrição de integridade em efeito que as torna assim (consulte o Capítulo 18); e, às vezes, elas não são de modo algum equivalentes! Como um exemplo do último caso, suponha que as tabelas A, B e C sejam tais que A e B tenham uma coluna comum KAB, e B e C tenham uma coluna comum KBC, e A e C tenham uma coluna comum KAC; então, juntar A e B sobre KAB e depois juntar o resultado a C sobre KBC certamente não é o mesmo que juntar A e C sobre KAC.

  É claro que os usuários podem ficar confusos em tais casos e inseguros sobre qual expressão devem usar e se haverá ou não alguma diferença no resultado. Uma parte desse problema só pode ser resolvida com o treinamento adequado do usuário. Outra parte pode ser resolvida se o otimizador fizer seu trabalho corretamente. Porém, existe ainda uma outra parte que se deve ao fato de projetistas permitirem redundâncias no esquema lógico e/ou permitirem que os usuários tenham acesso direto ao esquema físico, e *essa* parte do problema só pode ser resolvida através de uma prática de projeto apropriada.

Em suma, acreditamos que muitas das dificuldades de projeto que supostamente surgem das exigências de apoio à decisão podem ser resolvidas seguindo-se uma abordagem disciplinada. Na verdade, muitas dessas dificuldades são *causadas* por não se seguir tal abordagem (embora seja razoável acrescentar que elas frequentemente são agravadas por problemas com a SQL).

22.4 PREPARAÇÃO DE DADOS

Muitas das questões relacionadas que envolvem o apoio à decisão estão relacionadas com as tarefas de obtenção e preparação inicial dos dados. Os dados devem ser *extraídos* (de várias fontes), *limpados, transformados* e *consolidados, carregados* no banco de dados de apoio à decisão, e depois periodicamente *renovados*. Cada uma dessas operações envolve suas próprias considerações especiais.[6] Examinaremos cada uma por sua vez, depois encerraremos a seção com uma breve descrição dos *depósitos de dados operacionais*.

Extração

A **extração** é o processo de capturar dados de bancos de dados operacionais e outras fontes. Muitas ferramentas estão disponíveis para ajudá-lo nessa tarefa, inclusive utilitários fornecidos pelo sistema, programas de extração personalizados e produtos comerciais de extração (de uso geral). O processo de extração

---

[6]Observamos de passagem que essas operações frequentemente poderiam sr beneficiadas com os recursos no nível de conjuntos dos sistemas relacionais, embora, na prática, isso raramente aconteça.

tende a ser muito intenso em termos de E/S e, assim, pode interferir com operações de missão crítica; por essa razão, ela normalmente é realizada em paralelo (isto é, como um conjunto de subprocessos paralelos) e em nível físico. Porém, essas "extrações físicas" podem causar problemas para o processamento subsequente, porque podem perder informações – em especial, informações sobre relacionamentos – representadas de algum modo físico (por exemplo, por meio de ponteiros ou por proximidade física). Por essa razão, os programas de extração às vezes oferecem um meio para preservar tais informações, introduzindo números de registros sequenciais e substituindo ponteiros por aquilo que chamamos de chaves estrangeiras.

Limpeza

Poucas fontes de dados controlam a qualidade dos dados de forma adequada. Como resultado, os dados normalmente exigem **limpeza** (*cleansing*) (que, em geral, é feita em batch) antes de poderem ser introduzidos no banco de dados de apoio à decisão. As operações típicas de limpeza incluem o preenchimento de valores omitidos, a correção de erros de digitação e outros erros de entrada de dados, o estabelecimento de abreviações e formatos padronizados, a substituição de sinônimos por identificadores padrão, e assim por diante. Os dados reconhecidos como errados e que não podem ser limpos são rejeitados. *Nota*: As informações obtidas durante o processo de limpeza às vezes podem ser usadas para identificar a causa de erros na origem e, assim, melhorar a qualidade dos dados com o tempo.

Transformação e consolidação

Mesmo depois de terem sido limpos, os dados provavelmente ainda não estarão na forma que o sistema de apoio à decisão exige, e por isso precisarão ser **transformados** de modo apropriado. Em geral, a forma exigida será um conjunto de arquivos, um para cada tabela identificada no esquema físico; como resultado, a transformação dos dados pode envolver a divisão e/ou a combinação de registros de origem de acordo com as diretrizes discutidas no Capítulo 1 (Seção 1.5). Por questões de desempenho, operações de transformação costumam ser executadas em paralelo. Elas podem utilizar intensamente operações de E/S e da CPU. *Nota*: Os erros de dados que não foram corrigidos durante a limpeza às vezes são encontrados no decorrer do processo de transformação. Como antes, quaisquer dados incorretos geralmente são rejeitados. Também como antes, as informações obtidas como parte desse processo podem às vezes ser usadas para melhorar a qualidade da origem de dados.

A transformação é particularmente importante quando várias origens de dados precisam ser mescladas (*merged*), em um processo chamado **consolidação**. Nesse caso, quaisquer relacionamentos implícitos entre dados de origens distintas precisam se tornar explícitos (pela introdução de valores de dados explícitos). Além disso, datas e horas associadas com o significado comercial dos dados precisam ser mantidas e correlacionadas entre as origens, um processo que se chama "sincronização de tempo" [isso mesmo!].

Comentamos de passagem que a sincronização de tempo pode ser um problema difícil. Por exemplo, vamos supor que desejamos encontrar a receita média de clientes por vendedor e por trimestre. Suponha que os dados de clientes *versus* receita sejam mantidos por trimestre fiscal em um banco de dados de contabilidade, enquanto os dados de vendedores *versus* clientes sejam mantidos por trimestre civil em um banco de dados de vendas. É claro que precisamos mesclar os dados dos dois bancos de dados. Consolidar os dados de clientes é fácil – basta fazer a correspondência das IDs de clientes. Contudo, a questão da sincronização de tempo é muito mais difícil; podemos encontrar receitas de clientes por trimestre *fiscal* (provenientes do banco de dados de contabilidade), mas não podemos saber quais vendedores foram responsáveis por quais clientes nessa época, nem podemos de modo algum encontrar receitas de clientes por trimestre *civil*.

Carga

Os fornecedores de SGBDs deram importância considerável à eficiência de operações de carga. Para nossos fins, consideramos que as "operações de carga" incluem (a) mover os dados transformados e consolidados para o banco de dados de apoio à decisão; (b) verificar a consistência dos dados (isto é, fazer a verificação de integridade); e (c) construir quaisquer índices necessários. Vamos comentar rapidamente cada etapa:

a. *Mover os dados*: Os sistemas modernos normalmente fornecem utilitários de carga em paralelo. Algumas vezes, eles farão a formatação prévia dos dados conforme o formato físico interno exigido pelo SGBD de destino antes da carga real. Uma técnica alternativa que responde pela eficiência de cargas pré-formatadas é a de carregar os dados em tabelas de trabalho que reflitam o esquema de destino. A verificação de integridade necessária pode ser feita nessas tabelas de trabalho – consulte o parágrafo *b* – e podem ser usadas então operações INSERT em nível de conjunto para mover os dados das tabelas de trabalho para as tabelas de destino.

b. *Verificação da integridade*: A maior parte da verificação de integridade nos dados a serem carregados pode ser feita antes da carga real, sem referência a dados já presentes no banco de dados. Porém, certas restrições não podem ser verificadas sem o exame do banco de dados existente; por exemplo, uma restrição de unicidade geralmente terá de ser verificada durante a carga real (ou em batch, após a conclusão da carga).

c. *Construção de índices*: A presença de índices pode diminuir drasticamente a velocidade do processo de carga, pois a maioria dos produtos atualiza índices à medida que cada linha é inserida na tabela básica. Por essa razão, às vezes é uma boa ideia descartar índices antes da carga e criá-los novamente mais tarde. Contudo, essa técnica não vale a pena quando a razão entre dados novos e dados existentes é pequena, pois o custo de criar um índice não é proporcional ao tamanho da tabela a ser indexada. Além disso, a criação de um índice extenso pode estar sujeita a erros de alocação irrecuperáveis (e, quanto maior o índice, maior a probabilidade de ocorrência desses erros). *Nota*: A maioria dos produtos de SGBDs admite a criação de índices em paralelo, como um esforço para acelerar os processos de carga e construção de índices.

Renovação

A maioria dos bancos de dados de apoio à decisão (nem todos) exige **renovação** (*refresh*) periódica dos dados, a fim de mantê-los razoavelmente atualizados. Em geral, a renovação envolve uma carga parcial, embora algumas aplicações de apoio à decisão exijam que se descarte tudo no banco de dados e se faça o recarregamento completo dos dados. A renovação envolve todos os problemas associados com a carga, mas também pode ser necessário executá-la enquanto os usuários estão acessando o banco de dados (ocasionando mais problemas).

Depósitos de dados operacionais

Um **depósito de dados operacionais** (ODS – Operational Data Store) é uma "coleção de dados orientada por assunto, integrada, volátil (isto é, atualizável), atual ou quase atual" [22.20]. Em outras palavras, é um tipo especial de banco de dados. O termo *orientada por assunto* significa que os dados em questão estão relacionados com algum assunto específico (por exemplo, clientes ou produtos). Um depósito de dados operacionais pode ser usado (a) como uma área provisória para reorganização física de dados operacionais extraídos, (b) para fornecer relatórios operacionais, e (c) para dar suporte a decisões operacionais. Ele também pode servir (d) como um ponto de consolidação, caso os dados operacionais venham de várias fontes. Assim, os ODSs servem a muitas finalidades. *Nota*: Tendo em vista que eles não acumulam dados históricos, os ODSs (em geral) não crescem muito; por outro lado, eles costumam estar sujeitos à renovação muito frequente ou até mesmo contínua das origens de dados operacionais. A replicação assíncrona das origens dos dados operacionais ao ODS às vezes é usada para essa finalidade (desse modo, os dados normalmente podem ser mantidos atualizados dentro de alguns minutos). Os problemas de sincronização de tempo – veja a subseção "Transformação e consolidação", anteriormente nesta seção – podem ser abordados com sucesso dentro de um ODS, se a renovação for bastante frequente.

22.5 DATA WAREHOUSES E DATA MARTS

Os sistemas operacionais normalmente têm exigências estritas de desempenho, cargas de trabalho previsíveis, pequenas unidades de trabalho e utilização elevada. Ao contrário, os sistemas de apoio à decisão normalmente têm requisitos de desempenho variáveis, cargas de trabalho imprevisíveis, grandes unidades de trabalho e utilização irregular. Essas diferenças podem tornar muito difícil combinar o processamento operacional e de apoio à decisão dentro de um único sistema – surgem conflitos especialmente com relação ao planejamento da capacidade, ao gerenciamento de recursos e ao ajuste de desempenho do sistema, entre outras coisas. Por essas razões, os administradores de sistemas operacionais em geral relutam em permitir atividades de apoio à decisão em seus sistemas; daí a técnica familiar de sistema dual.

Nota: A propósito, observamos que a situação nem sempre foi essa; os primeiros sistemas de apoio à decisão funcionavam de fato sobre sistemas operacionais, mas em baixa prioridade ou durante a chamada janela de batch. Havendo recursos de computação suficientes, há diversas vantagens nesse esquema, das quais talvez a mais óbvia seja a de evitar todas as operações possivelmente dispendiosas de cópia de dados, reformatação e transferência (etc.) exigidas pela técnica de sistema dual. De fato, o valor da integração de atividades operacionais e de apoio à decisão vem sendo cada vez mais reconhecido (consulte a referência [21.9]). Porém, os detalhes adicionais dessa integração estão além do escopo deste capítulo.

Não obstante o parágrafo anterior, permanece o fato de que, pelo menos no momento em que escrevemos, os dados de apoio à decisão normalmente precisam ser reunidos a partir de uma variedade de sistemas operacionais (frequentemente, sistemas divergentes) e mantidos em um depósito de dados próprio, em uma plataforma separada. Esse depósito de dados separado é um *data warehouse*.

Data warehouses

Como um depósito de dados operacionais (e como um data mart – consulte a próxima subseção), um data warehouse (armazém de dados)* é um tipo especial de banco de dados. O termo parece ter tido origem no final da década de 1980 [22.15, 22.18], embora o conceito seja um pouco mais antigo. A referência [22.19] define um data warehouse como "um depósito de dados orientado por assunto, integrado, não volátil, variável com o tempo, para apoiar as decisões da gerência" (em que o termo *não volátil* significa que, uma vez inseridos, os dados não podem ser alterados, embora possam ser excluídos). Os data warehouses surgiram por duas razões: primeiro, pela necessidade de fornecer uma origem de dados única, limpa e consistente para fins de apoio à decisão; segundo, pela necessidade de fazê-lo sem causar impacto sobre os sistemas operacionais.

Por definição, as cargas de trabalho do data warehouse são cargas de trabalho de apoio à decisão e, portanto, utilizam consultas intensamente (com atividades intensivas ocasionais de inserção em batch); além disso, os próprios data warehouses costumam ser bem grandes (frequentemente com muitos terabytes, crescendo cerca de 50% em um ano, ou ainda mais do que isso). Como resultado, o ajuste de desempenho é difícil, embora não impossível. Porém, a escalabilidade pode ser um problema. Os fatores que contribuem para esse problema incluem (a) erros de projeto de bancos de dados (discutidos na subseção final da Seção 22.3); (b) uso ineficaz de operações relacionais (mencionadas rapidamente na Seção 22.2); (c) fraqueza na implementação do modelo relacional pelo SGBD; (d) falta de escalabilidade do próprio SGBD; e (e) erros de projeto arquitetônico que limitam a capacidade e impedem a escalabilidade da plataforma. Os itens *a* e *b* já foram discutidos neste capítulo, e o item *c* foi discutido com detalhes na Parte II e em outros lugares; os itens *d* e *e* estão além do escopo deste livro.

Data marts

Os data warehouses geralmente são destinados a fornecer uma única origem de dados para todas as atividades de apoio à decisão. Porém, quando os data warehouses se tornaram populares no início da década

---

Nota do revisor técnico: Tradução pouco usual de *data warehouse*.

de 1990, logo se percebeu que os usuários, com frequência, executavam extensivas operações de relatórios e análise de dados sobre um subconjunto relativamente pequeno do data warehouse completo. Na verdade, os usuários provavelmente repetiam as mesmas operações sobre o mesmo subconjunto dos dados toda vez que eles eram renovados. Além disso, algumas dessas atividades – por exemplo, a análise de prognósticos (previsão), a simulação, a modelagem "what if" (hipotética) de dados comerciais – envolviam a criação de novos esquemas e dados, com atualizações subsequentes desses novos dados.

A execução repetida dessas operações sobre o mesmo subconjunto do warehouse completo obviamente não é muito eficiente; a ideia de construir alguma espécie de "warehouse" limitado e de uso especial, adaptado à finalidade imediata, parece assim uma ideia muito boa. Além disso, em alguns casos, talvez seja possível extrair e preparar os dados exigidos diretamente de fontes locais, fornecendo acesso mais rápido aos dados do que se eles tivessem de ser sincronizados com todos os outros dados a serem carregados no warehouse completo. Essas considerações levaram ao conceito de **data marts**.

Na realidade, existe alguma controvérsia sobre a definição precisa do termo *data mart*. Para nossos fins, podemos defini-lo como um "depósito de dados especializado, orientado por assunto, integrado, volátil e variável no tempo, que fornece apoio a um subconjunto específico de decisões da gerência". Como podemos ver, as principais distinções entre um data mart e um data warehouse são as de que um data mart é *especializado* e *volátil*. Por *especializado*, queremos dizer que ele contém dados para apoio a uma área específica (somente) de análise comercial; por *volátil*, queremos dizer que os usuários podem atualizar os dados, e talvez até mesmo criar novos dados (ou seja, novas tabelas) para algum propósito.

Existem três técnicas principais para criação de um data mart:

- Os dados podem simplesmente ser extraídos do data warehouse – com efeito, seguindo uma tática de "dividir e conquistar" para a carga de trabalho global de apoio à decisão, a fim de obter melhor desempenho e escalabilidade. Normalmente, os dados extraídos são carregados em um banco de dados com um esquema físico muito semelhante ao subconjunto aplicável destinado ao data warehouse; contudo, pode ser possível simplificá-lo um pouco, graças à natureza especializada do data mart.

- Apesar do fato de o data warehouse se destinar a fornecer um "único ponto de controle", um data mart pode ainda ser criado de modo independente (ou seja, *não* pela extração do data warehouse). Essa técnica poderia ser apropriada se o data warehouse estivesse inacessível por alguma razão, digamos por questões financeiras, operacionais, ou mesmo políticas (ou o data warehouse poderia nem sequer existir ainda – consulte o item imediatamente a seguir).

- Algumas instalações seguiram uma abordagem de "data mart primeiro", na qual os data marts são criados conforme a necessidade, com o data warehouse global sendo criado finalmente como uma consolidação dos diversos data marts.

As duas últimas técnicas sofrem de possíveis problemas de divergência semântica. Os data marts independentes são particularmente suscetíveis a tais problemas, pois não existe um modo óbvio de verificar problemas de divergência semântica quando os bancos de dados são projetados de forma independente. A consolidação de data marts em um data warehouse em geral falha, a menos que seja construído primeiro um único esquema lógico para o data warehouse e os esquemas para os data marts individuais sejam, então, derivados desse esquema de warehouse. (É claro que o esquema do warehouse pode evoluir – supondo-se que seja seguida uma boa prática de projeto – para incluir a questão de cada novo data mart criado à medida que seja necessário.)

Uma decisão importante a ser tomada no projeto de qualquer banco de dados de apoio à decisão é com respeito à **granularidade** do banco de dados. O termo *granularidade* se refere aqui ao nível mais baixo de agregação de dados que será mantido no banco de dados. Agora, a maioria das aplicações de apoio à decisão exige acesso a dados de detalhe mais cedo ou mais tarde; assim, no caso do data warehouse, a decisão é fácil. Para um data mart, ela pode ser mais difícil. Extrair grandes quantidades de dados de detalhe do data warehouse e armazená-los no data mart pode ser muito ineficiente se esse nível de detalhe não for necessário com muita frequência. Por outro lado, às vezes é difícil enunciar de forma definitiva qual é realmente o nível mais baixo de agregação necessário. Em tais casos, o acesso aos dados de detalhe pode ser feito diretamente a partir do data warehouse se e quando necessário, com dados um pouco agregados sendo mantidos no data mart. Ao mesmo tempo, a agregação total dos dados não costuma ser feita, porque as muitas possibilidades de agregação dos dados produzirão quantidades enormes de dados de totalização. Esse tema é discutido com mais detalhes na Seção 22.6.

Um ponto adicional: como os usuários de data marts frequentemente empregam certas ferramentas analíticas, o projeto físico muitas vezes é determinado em parte pelas ferramentas específicas a serem usadas (veja a discussão sobre "ROLAP *versus* MOLAP", na Seção 22.6). Essa circunstância infeliz pode levar a "esquemas dimensionais" (que discutiremos em seguida), que não combinam com a boa prática de projeto relacional.

Esquemas dimensionais

Vamos supor que desejamos reunir um histórico de transações comerciais para fins de análise. Como observamos na Seção 22.1, os primeiros sistemas de apoio à decisão normalmente manteriam esse histórico como um simples arquivo, ao qual se teria acesso por meio de varredura sequencial. No entanto, à medida que o volume de dados aumenta, torna-se cada vez mais desejável admitir o acesso direto para busca no arquivo a partir de várias perspectivas diferentes. Por exemplo, poderia ser útil a possibilidade de encontrar todas as transações comerciais que envolvessem um determinado produto, ou todas as transações comerciais que ocorressem dentro de um período de tempo específico, ou ainda todas as transações comerciais referentes a um certo cliente.

Um método de organização que admitia esse tipo de acesso foi chamado banco de dados de "vários catálogos" (multi-catalog).[7] Continuando com nosso exemplo, esse banco de dados consistiria em um grande arquivo de dados central contendo os dados de transações comerciais, juntamente com três arquivos de "catálogo" individuais para produtos, períodos de tempo e clientes, respectivamente. Esses arquivos de catálogo se assemelham a índices pelo fato de conterem ponteiros para registros no arquivo de dados, mas (a) as entradas podem ser inseridas explicitamente pelo usuário ("manutenção de catálogo"), e (b) eles podem conter informações suplementares (por exemplo, endereço de cliente) que podem então ser removidas do arquivo de dados. Observe que os arquivos de catálogo são normalmente pequenos em comparação com o arquivo de dados.

Essa organização é mais eficiente em termos de espaço e de E/S que o projeto original (o qual envolve apenas um arquivo de dados). Em particular, observe que as informações sobre o produto, o período de tempo e o cliente no arquivo de dados central agora se reduzem a *identificadores* de produto, período de tempo e cliente.

Quando essa técnica é imitada em um banco de dados relacional, o arquivo de dados e os arquivos de catálogo se tornam tabelas (imagens dos arquivos correspondentes); os ponteiros nos arquivos de catálogo se transformam em chaves nas tabelas de imagens de arquivos de catálogo; e o identificadores no arquivo de dados se tornam chaves estrangeiras na tabela de imagem do arquivo de dados. Em geral, essas várias chaves são todas indexadas. Nesse tipo de organização, a imagem do arquivo de dados é chamada **tabela de fatos** e as imagens dos arquivos de catálogo são chamadas **tabelas de dimensões**. A estrutura geral é chamada **esquema dimensional** ou **esquema em estrela**, devido à sua aparência quando desenhado como um diagrama de entidades/relacionamentos, com a tabela de fatos cercada de tabelas de dimensões e conectada a elas por meio de "raios". *Nota*: A razão para a terminologia de "dimensões" será explicada na Seção 22.6.

Como ilustração, vamos modificar o banco de dados de fornecedores e peças mais uma vez, agora com a finalidade de mostrar para cada remessa o período de tempo específico em que essa remessa ocorreu. Identificamos períodos de tempo por meio de um identificador de período de tempo (TP#), e introduzimos outra tabela TP para relacionar esses identificadores com os períodos correspondentes em si. Então, a tabela de remessas revisada FP e a nova tabela de períodos de tempo TP seriam semelhantes às da Figura 22.3.[8] Na terminologia do esquema em estrela, a tabela FP é a tabela de fatos e tabela TP é uma tabela de

---

[7]O termo não tem relação alguma com os catálogos de banco de dados no sentido moderno do termo.

[8]As colunas DE e PARA na tabela TP contêm dados de algum tipo de timestamp. Para simplificar, não mostraremos os valores reais de timestamp na figura, mas, em vez disso, vamos representá-los simbolicamente.

FP	F#	P#	TP#	QDE
	F1	P1	TI3	300
	F1	P1	TI5	100
	F1	P2	TI1	200
	F1	P3	TI2	400
	F1	P4	TI1	200
	F1	P5	TI5	100
	F1	P6	TI4	100
	F2	P1	TI3	300
	F2	P2	TI4	400
	F3	P2	TI1	200
	F3	P2	TI3	200
	F4	P2	TI1	200
	F4	P4	TI3	200
	F4	P5	TI2	400
	F4	P5	TI1	400

TP	TP#	DE	PARA
	TI1	*ta*	*tb*
	TI2	*tc*	*td*
	TI3	*te*	*tf*
	TI4	*tg*	*th*
	TI5	*ti*	*tj*

FIGURA 22.3 *Amostra de tabela de fatos (FP) e tabela de dimensões (TP).*

dimensões (como também a tabela F de fornecedores e a tabela P de peças – ver Figura 22.4). *Nota*: Lembramos, mais uma vez, que a questão geral de tratamento de dados de períodos de tempo será discutida em detalhes no Capítulo 23.

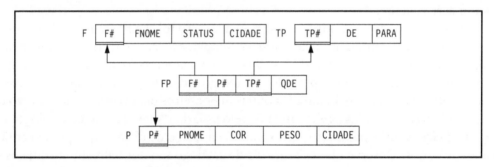

FIGURA 22.4 *Esquema em estrela para fornecedores e peças (com períodos de tempo).*

A consulta a um banco de dados de esquema em estrela normalmente envolve o uso de tabelas de dimensões para encontrar todas as combinações de chaves estrangeiras de interesse e depois o uso dessas combinações para obter acesso à tabela de fatos. Supondo que os acessos a tabelas de dimensões e o acesso subsequente à tabela de fatos estejam todos incorporados em uma única consulta, a melhor maneira de implementar essa consulta é, em geral, por meio daquilo que se chama **junção em estrela**. "Junção em estrela" é uma estratégia específica de implementação de junção; ela difere das estratégias normais pelo fato de começar deliberadamente pelo cálculo de um produto cartesiano – ou seja, o produto cartesiano das tabelas de dimensões. Como vimos no Capítulo 18, em geral os otimizadores de consultas tentam evitar o cálculo de produtos cartesianos; porém, nesse caso, formar primeiro o produto das tabelas de dimensões muito menores, e depois usar o resultado para executar pesquisas baseadas em índices sobre a tabela de fatos é quase sempre mais eficiente que qualquer outra estratégia. A maioria dos otimizadores comerciais foi estendida para trabalhar com junções em estrela.

Neste momento, você deve estar imaginando qual é a diferença entre um esquema em estrela e aquilo que consideraríamos propriamente um projeto relacional. De fato, um esquema em estrela *simples* como o da Figura 22.4 pode parecer muito semelhante (até mesmo idêntico) a um bom projeto relacional. Porém, infelizmente, existem vários problemas com a abordagem geral do esquema em estrela:

1. Em primeiro lugar, ela é específica – baseia-se na intuição, mais que em um princípio. Essa falta de disciplina torna difícil mudar o esquema de modo apropriado quando (por exemplo) novos tipos de dados são acrescentados ao banco de dados ou quando as dependências mudam. De fato, os esquemas em estrela frequentemente são construídos pela simples edição de um projeto anterior, e esse projeto anterior, por sua vez, é muitas vezes elaborado por tentativa e erro.

2. Os esquemas em estrela, na verdade, são físicos, e não lógicos, embora sejam mencionados como se fossem lógicos. O problema é que realmente não existe na abordagem do esquema em estrela qualquer conceito de projeto lógico como algo distinto do projeto físico.

3. A abordagem do esquema em estrela nem sempre resulta em um projeto físico legítimo (isto é, um projeto que preserve todas as informações em um projeto lógico correto, de acordo com os princípios relacionais). Essa deficiência se torna tanto mais aparente quanto mais complexo é o esquema.

4. Como existe pouca disciplina, os projetistas muitas vezes incluem vários tipos diferentes de fatos na tabela de fatos. Em consequência, as linhas e colunas da tabela de fatos, em geral, não têm uma interpretação uniforme. Além disso, certas colunas normalmente se aplicam apenas a certos tipos de fatos, implicando que as colunas em questão devem permitir valores NULL. À medida que mais e mais tipos de fatos são incluídos, torna-se cada vez mais difícil manter e entender a tabela, e o acesso fica cada vez menos eficiente. Por exemplo, poderíamos decidir modificar a tabela de remessas para controlar compras de peças, bem como remessas de peça. Então, precisaremos de algum tipo de coluna de "sinalização", para mostrar quais linhas correspondem a compras e a remessas. Ao contrário, um projeto apropriado criaria uma tabela de fatos distinta para cada tipo distinto de fato.

5. Novamente, devido à falta de disciplina, as tabelas de dimensões também podem se tornar não uniformes. Em geral, esse erro ocorre quando a tabela de fatos é usada para manter dados que pertencem a diferentes níveis de agregação. Por exemplo, podemos (de forma equivocada) acrescentar linhas à tabela de remessas que mostrem as quantidades totais de peças para cada dia, cada mês, cada trimestre, cada ano, e até mesmo o total geral até a data atual. Primeiro, observe que essa mudança faz com que as colunas do identificador de período de tempo (TP#) e da quantidade (QDE) na tabela FP tenham significados diferentes em linhas diferentes. Suponha agora que cada uma das colunas DE e PARA da tabela de dimensões TP seja substituída por uma combinação de colunas ANO, MÊS, DIA e outras. Então, todas essas colunas ANO, MÊS, DIA etc. devem agora permitir valores NULL. Além disso, é bem provável que também seja necessária uma coluna de sinalização, a fim de indicar o tipo do período de tempo aplicável.

6. Com frequência, as tabelas de dimensões não estão completamente normalizadas.[9] O desejo de evitar junções muitas vezes leva os projetistas a reunirem nessas tabelas informações distintas, que melhor seria se fossem mantidas separadas. No caso extremo, colunas a que somente se deva ter acesso em conjunto são mantidas juntas na mesma tabela de dimensões. Devemos deixar claro que seguir uma "disciplina" tão extrema e não relacional quase certamente levará a uma redundância descontrolada – e provavelmente incontrolável.

Observamos, finalmente, que uma variante do esquema em estrela é o **esquema em floco de neve** (*snowflake*), que normaliza as tabelas de dimensões. Novamente, o nome é derivado da aparência do esquema quando traçado como um diagrama de entidades/relacionamentos. Os termos *esquema de constelação* e *esquema de nevasca* também têm sido muito ouvidos recentemente, com os significados óbvios (?).

22.6 PROCESSAMENTO ANALÍTICO ON-LINE (OLAP)

O termo processamento analítico on-line (ou **OLAP**, de "Online Analytical Processing") foi originado em um artigo oficial escrito para a Arbor Software Corp. em 1993 [22.11], embora (como ocorre com o termo *data warehouse*) o conceito seja muito mais antigo. Ele pode ser definido como "o processo interativo de criar, gerenciar, analisar e gerar relatórios sobre dados" – e é comum acrescentar que os dados em questão são percebidos e manipulados como se estivessem armazenados em um "array multidimensional". Po-

---

[9]Com relação a isso, considere este conselho retirado de um livro sobre data warehouse [22.24]: "[Resista à] normalização... Os esforços para normalizar qualquer das tabelas em um banco de dados dimensional unicamente para poupar espaço em disco [isso mesmo!] são um desperdício de tempo... As tabelas de dimensões não devem ser normalizadas... Tabelas de dimensões normalizadas destroem a capacidade de procura."

607

rém, optamos por explicar as ideias primeiro em termos de tabelas convencionais no estilo de SQL, antes de entrarmos na questão da representação multidimensional propriamente dita.

O primeiro ponto importante é que o processamento analítico exige invariavelmente algum tipo de *agregação de dados*, normalmente de muitos modos diferentes ou, em outras palavras, de acordo com muitos agrupamentos diferentes. De fato, um dos problemas fundamentais do processamento analítico é que o número de agrupamentos possíveis rapidamente se torna muito grande, e ainda assim os usuários precisam considerar todos eles (ou a maioria deles). Agora, o padrão SQL admite tal agregação, mas qualquer consulta SQL individual produz apenas uma tabela como seu resultado e – pelo menos, antes da SQL:1999 – todas as linhas nessa tabela têm a mesma forma e o mesmo tipo de interpretação.[10] Desse modo, obter n agrupamentos distintos exige n consultas distintas e produz n tabelas de resultados distintas. Por exemplo, considere as seguintes consultas sobre o banco de dados de fornecedores e peças habitual:

1. Obter a quantidade total de remessas.

2. Obter as quantidades totais de remessas por fornecedor.

3. Obter as quantidades totais de remessas por peça.

4. Obter as quantidades totais de remessas por fornecedor e por peça.

(Logicamente, a quantidade "total" para determinado fornecedor e determinada peça é apenas a quantidade *real* para esse fornecedor e essa peça. O exemplo seria mais realista se usássemos o banco de dados de fornecedores, peças e projetos. Porém, vamos ficar aqui com o banco de dados mais simples de fornecedores e peças.)

Vamos supor que existam apenas duas peças, P1 e P2, e a tabela de remessas seja semelhante a esta:

FP

F#	P#	QDE
F1	P1	300
F1	P2	200
F2	P1	300
F2	P2	400
F3	P2	200
F4	P2	200

Então, aqui estão formulações SQL* das quatro consultas e os resultados correspondentes. *Nota:* A SQL:1999 permite – como a SQL:1992 não permitia – (a) operandos GROUP BY delimitados entre parênteses e (b) um GROUP BY sem operando algum (esse último é equivalente a omitir a cláusula GROUP BY inteiramente).

```
1. SELECT SUM(QDE) AS QDETOTAL
     FROM    FP
     GROUP   BY ( ) ;
```

QDETOTAL
1600

```
2. SELECT F#
          SUM(QDE) AS QDETOTAL
     FRIN    FP
     GROUP   BY (F#) ;
```

F#	QDETOTAL
F1	500
F2	700
F3	200
F4	200

---

[10]A menos que a tabela resultante inclua valores NULL (ver Capítulo 19, Seção 19.3, subseção "Predicados de novo"). De fato, as construções da SQL:1999 a serem descritas nesta seção podem ser caracterizadas como "tirando proveito" desse recurso altamente desaprovado da SQL (?); com efeito, elas aproveitam o fato de que aparições distintas de NULL podem ter significados distintos e, dessa forma, permitem que muitos predicados distintos sejam incluídos em uma única tabela (como veremos).

```
3.  SELECT P#,
           SUM(QDE) AS QDETOTAL
    FROM   FP
    GROUP  BY (P#);
```

P#	QDETOTAL
P1	600
P2	1000

```
4.  SELECT F#, P#,
           SUM(QDE) AS QDETOTAL
    FROM   FP
    GROUP  BY (F#,P#) ;
```

F#	P#	QDETOTAL
F1	P1	300
F1	P2	200
F2	P1	300
F2	P2	400
F3	P2	200
F4	P2	200

As desvantagens dessa abordagem são óbvias: a formulação de tantas consultas similares, mas distintas, é tediosa para o usuário, e a execução de todas essas consultas (em particular, passando repetidamente sobre os mesmos dados) provavelmente será bastante dispendiosa em tempo de execução. Desse modo, parece valer a pena tentar encontrar um modo de solicitar vários níveis de agregação em uma única consulta, portanto, (a) facilitando a vida do usuário e (b) oferecendo à implementação a oportunidade de calcular todas essas agregações de forma mais eficiente (isto é, em uma única passada). Essas considerações são a motivação que rege as opções *GROUPING SETS*, *ROLLUP* e *CUBE* na cláusula GROUP BY. *Nota*: Essas opções já são admitidas em diversos produtos comerciais há muitos anos. Elas também foram incluídas no padrão SQL em 1999.

A opção **GROUPING SETS** permite ao usuário especificar exatamente os agrupamentos particulares a serem executados. Por exemplo, a instrução SQL a seguir representa uma combinação das Consultas 2 e 3:

```
SELECT F#, P#, SUM ( QDE ) AS QDETOTAL
FROM    FP
GROUP  BY GROUPING SETS ( ( F# ), ( P# ) ) ;
```

Aqui, a cláusula GROUP BY está efetivamente pedindo ao sistema que execute duas consultas, uma na qual o agrupamento é por F# e outra na qual ele é feito por P#. *Nota*: Na realidade, os parênteses internos não são necessários nesse exemplo, pois cada um dos "conjuntos de agrupamento" envolve apenas uma coluna, mas mostramos esses parênteses por questão de clareza.

Agora, a ideia de reunir várias consultas distintas em uma única instrução dessa maneira pode ser inquestionável em si (embora devamos dizer que seria preferível ver essa questão muito genérica resolvida de um modo mais geral, sistemático e ortogonal). Infelizmente, porém, a SQL continua a reunir os *resultados* dessas consultas logicamente distintas em uma única tabela de resultados! No exemplo, essa tabela de resultados seria semelhante a:

F#	P#	QDETOTAL
F1	*nulo*	500
F2	*nulo*	700
F3	*nulo*	200
F4	*nulo*	200
nulo	P1	600
nulo	P2	1000

Esse resultado pode ser realmente imaginado como uma tabela (na realidade, uma tabela no estilo SQL), mas dificilmente é uma relação. Observe que as linhas de fornecedores (aquelas que têm valores NULL na posição P#) e as linhas de peças (que têm valores NULL na posição F#) têm interpretações muito diferentes, e o significado dos valores de QDETOTAL varia de acordo com o fato de eles aparecerem em uma linha de fornecedor ou em uma linha de peça. Então, qual seria o predicado para essa "relação"? (De fato, a tabela de resultados neste exemplo pode ser considerada como uma "união externa" – uma forma bizarra de união, devemos dizer – dos resultados das Consultas 2 e 3. Deve estar claro, pelo que vimos no Capítulo 19, que, mesmo em sua forma menos bizarra, a "união externa" não é uma operação relacional respeitável.)

Observamos também que os valores NULL nesse resultado constituem ainda outro tipo de "falta de informação". Sem dúvida, eles não significam "valor desconhecido" ou "valor não aplicável", mas o que querem dizer exatamente é muito incerto. Nota: A SQL pelo menos oferece um meio de distinguir esses novos valores NULL de outros tipos, mas os detalhes são tediosos e forçam efetivamente o usuário a um tipo de raciocínio de uma linha de cada vez. Você poderá ter alguma ideia do que está envolvido a partir do exemplo a seguir (que indica qual possivelmente teria de ser na prática a aparência do exemplo de GROUPING SETS mostrado anteriormente):

```
SELECT CASE GROUPING ( F# )
          WHEN 1 THEN '??'
          ELSE F#
       AS F#,
       CASE GROUPING ( P# )
          WHEN 1 THEN '!!'
          ELSE P#
       AS P#,
       SUM ( QDE ) AS QDETOTAL
FROM   FP
GROUP  BY GROUPING SETS ( ( F# ), ( P# ) ) ;
```

Com essa formulação revisada, os valores NULL na coluna F# do resultado serão substituídos por um par de pontos de interrogação e os valores NULL na coluna P# serão substituídos por um par de pontos de exclamação, assim:

F#	P#	QDETOTAL
F1	!!	500
F2	!!	700
F3	!!	200
F4	!!	200
??	P1	600
??	P2	1000

Vamos voltar especificamente ao GROUP BY. As outras duas opções de GROUP BY, ROLLUP e CUBE, são ambas abreviações para certas combinações de GROUPING SETS. Primeiro, vejamos **ROLLUP**. Considere a seguinte consulta:

```
SELECT F#, P#, SUM ( QDE ) AS QDETOTAL
FROM   FP
GROUP  BY ROLLUP ( F#, P# ) ;
```

Nesse caso, a cláusula GROUP BY é logicamente equivalente a:

```
GROUP  BY GROUPING SETS ( ( F#, P# ), ( F# ), ( ) )
```

Em outras palavras, a consulta é uma formulação de SQL que reúne as Consultas 4, 2 e 1. O resultado é semelhante a este:

F#	P#	QDETOTAL
F1	P1	300
F1	P2	200
F2	P1	300
F2	P2	400
F3	P2	200
F4	P2	200
F1	*nulo*	500
F2	*nulo*	700
F3	*nulo*	200
F4	*nulo*	200
nulo	*nulo*	1600

610

O termo *ROLLUP* deriva do fato de que (no exemplo) as quantidades são "agrupadas" para cada fornecedor (isto é, agrupadas "ao longo da dimensão de fornecedor" – consulte a subseção "Bancos de dados multidimensionais", mais adiante). Em geral, GROUP BY ROLLUP (A, B, ..., Z) – informalmente, "desdobrar ao longo da dimensão A" – significa "agrupar por todas as combinações seguintes":

```
( A, B, ..., Z )
( A, B, ... )
  .....
( A, B )
( A )
( )
```

Observe que, em geral, existem muitos agrupamentos distintos "ao longo da dimensão A" (depende de quais são as outras colunas mencionadas na lista_com_vírgulas de ROLLUP). Observe também que GROUP BY ROLLUP (A, B) e GROUP BY ROLLUP (B, A) têm significados diferentes – isto é, GROUP BY ROLLUP (A, B) *não* é simétrica em A e B.

Agora vamos tratar de **CUBE**. Considere a seguinte consulta:

```
SELECT F#, P#, SUM ( QDE ) AS QDETOTAL
FROM    FP
GROUP  BY CUBE ( F#, P# ) ;
```

Aqui, a cláusula GROUP BY é logicamente equivalente a:

```
GROUP BY GROUPING SETS ( ( F#, P# ), ( F# ), ( P# ), ( ) )
```

Em outras palavras, a consulta é uma formulação de SQL que reúne as nossas quatro Consultas 4, 3, 2 e 1 originais. O resultado é semelhante a:

F#	P#	QDETOTAL
F1	P1	300
F1	P2	200
F2	P1	300
F2	P2	400
F3	P2	200
F4	P2	200
F1	*nulo*	500
F2	*nulo*	700
F3	*nulo*	200
F4	*nulo*	200
nulo	P1	600
nulo	P2	1000
nulo	*nulo*	1600

O termo *CUBE*, não muito esclarecedor, deriva do fato de que, na terminologia de OLAP (ou pelo menos na terminologia multidimensional), os valores de dados podem ser percebidos como estando armazenados nas células de um array multidimensional ou *hipercubo*. No caso em questão, (a) os valores de dados são quantidades; (b) o "cubo" tem apenas duas dimensões, uma dimensão de fornecedores e uma dimensão de peças (e então o "cubo" é, na realidade, achatado!); e, é claro, (c) essas duas dimensões têm tamanhos diferentes (então, o "cubo" não é nem sequer um quadrado, mas sim um retângulo normal). De qualquer modo, GROUP BY CUBE (A, B, ..., Z) significa "agrupar por todos os subconjuntos possíveis do conjunto { A, B, ..., Z }".

Uma cláusula GROUP BY pode incluir qualquer mistura de especificações de GROUPING SETS, ROLLUP e CUBE.

Tabulações cruzadas

Os produtos de OLAP frequentemente exibem resultados de consultas não como tabelas no estilo de SQL, mas como **tabulações cruzadas** (vamos usar "crosstabs" para abreviar). Considere uma vez mais a Consulta 4 ("Obter quantidades totais de remessas por fornecedor e peça"). Aqui está uma representação de crosstab do resultado dessa consulta. A propósito, observe que mostramos as quantidades da peça P1 para fornecedores F3 e F4 (corretamente) como zero; ao contrário, a SQL diria que essas quantidades devem ser *nulas* (consulte o Capítulo 19). De fato, a *tabela* que a SQL possui em resposta à Consulta 4 não contém qualquer linha para (F3,P1) ou (F4,P1)! – e, em consequência disso, a produção da crosstab a partir dessa tabela não é inteiramente trivial.

	P1	P2
F1	300	200
F2	300	400
F3	0	200
F4	0	200

Essa crosstab é, sem dúvida, um modo mais compacto e legível de representar o resultado da Consulta 4. Além disso, ela se parece um pouco com uma tabela relacional. Porém, observe que *o número de colunas nessa "tabela" depende dos dados reais*; para sermos específicos, existe uma coluna para cada tipo de peça (e assim a estrutura da crosstab e o significado das linhas dependem ambos dos dados reais). Desse modo, uma crosstab não é uma relação, mas sim um *relatório*: para sermos mais específicos, um relatório formatado como um array simples. (Uma relação tem um predicado que pode ser deduzido a partir dos predicados para as relações das quais ela é derivada; ao contrário, o "predicado" para uma crosstab – se isso pudesse até mesmo existir, em geral – não pode ser derivado dos predicados para as relações das quais ele é derivado pois, como acabamos de ver, ele depende de *valores* de dados.)

Crosstabs como essas que acabamos de ver são consideradas, com frequência, como de duas *dimensões*, nesse caso, fornecedores e peças. As dimensões são tratadas como se fossem *variáveis independentes*; as "células" de interseção contêm então valores das variáveis *dependentes* correspondentes. Consulte a subseção "Bancos de dados multidimensionais" a seguir, para ver uma explicação adicional.

Aqui está outro exemplo de crosstab, representando o resultado do exemplo de CUBE, mostrado anteriormente:

	P1	P2	*Total*
F1	300	200	500
F2	300	400	700
F3	0	200	200
F4	0	200	200
Total	600	1000	1600

A coluna da extremidade direita contém totais de linhas (isto é, totais para o fornecedor indicado para todas as peças), e a linha inferior contém totais de colunas (isto é, totais para a peça indicada para todos os fornecedores). A célula da parte inferior direita contém o total geral, que é a linha total de todos os totais de colunas e a coluna total de todos os totais de linhas.

Bancos de dados multidimensionais

Até agora, estivemos supondo que nossos dados OLAP estão armazenados em um banco de dados de SQL convencional (embora tenhamos mencionado algumas vezes a terminologia e conceitos de bancos de dados "multidimensionais"). De fato, "descrevemos tacitamente aquilo que às vezes se chama *ROLAP* ("OLAP relacional"). Porém, muitas pessoas acreditam que *MOLAP* ("OLAP multidimensional") é uma forma melhor. Nesta subseção, examinaremos mais de perto o MOLAP.

O MOLAP envolve um **banco de dados multidimensional**, um banco de dados no qual os dados estão armazenados conceitualmente nas células de um array multidimensional. (*Nota*: Dizemos "armazenados conceitualmente", mas de fato a organização física em MOLAP tende a ser bem parecida com a organização lógica.) O SGBD de suporte é chamado *SGBD multidimensional*. Como um exemplo simples, os dados poderiam ser representados como um array de três dimensões, correspondendo a produtos, clientes e períodos de tempo, respectivamente; cada valor de célula individual pode, então, representar a quantidade total do produto indicado, vendido ao cliente indicado no período de tempo indicado. Como já observamos, as crosstabs da subseção anterior também podem ser consideradas arrays desse tipo.

Agora, em um conjunto de dados bem compreendido, todos os relacionamentos seriam conhecidos, e as "variáveis" envolvidas (não as variáveis no sentido normal das linguagens de programação) poderiam, então, ser classificadas de modo informal como **dependentes** ou **independentes**. Por exemplo, considerando-se o exemplo anterior, *produto*, *cliente* e *período de tempo* seriam as variáveis independentes e *quantidade* seria a única variável dependente. De modo mais geral, as variáveis independentes são variáveis cujos valores determinam juntas os valores de variáveis dependentes (da mesma forma que, em termos relacionais, uma chave candidata é um conjunto de colunas cujos valores determinam os valores de outras colunas). Desse modo, as variáveis independentes formam as dimensões do array pelas quais os dados são organizados e formam um *esquema de endereçamento* para esse array,[11] e valores de variáveis dependentes – que constituem os dados reais – podem então ser armazenados nas células desse array. *Nota*: A distinção entre valores de variáveis independentes ou "dimensionais" e valores de variáveis dependentes ou "não dimensionais" é às vezes caracterizada como *local versus conteúdo*.

Infelizmente, a caracterização anterior de bancos de dados multidimensionais é um pouco simplista, porque a maioria dos conjuntos de dados *não* é bem compreendida. Na verdade, é por essa razão que desejamos analisar os dados: para obter uma compreensão melhor. Frequentemente, a falta de compreensão é severa o suficiente para não sabermos com antecedência quais variáveis são independentes e quais são dependentes – variáveis independentes são escolhidas muitas vezes com base na crença atual (isto é, *hipótese*) e o array resultante é então testado para ver como ele funciona (consulte a Seção 22.7). Essa abordagem vai envolver claramente muita repetição, além de tentativa e erro. Por essas razões, o sistema, em geral, permitirá que variáveis dimensionais e não dimensionais sejam trocadas, uma operação conhecida como *pivoteamento*. Outras operações admitidas incluirão *transposição de arrays* e *reordenação dimensional*. Também haverá um modo para acrescentar dimensões.

A propósito, deve ficar claro da descrição anterior que células de arrays, com frequência, estarão vazias (e quanto mais dimensões houver, mais verdadeira será essa afirmação). Em outras palavras, os arrays muitas vezes serão *esparsos*. Por exemplo, suponha que o produto p não tenha sido vendido ao cliente c em todo o período de tempo t; então, a célula $[c,p,t]$ estará vazia (ou, na melhor das hipóteses, conterá zero). Os SGBDs multidimensionais admitem várias técnicas para armazenar arrays esparsos de algum modo mais eficiente (compactado).[12] Observe ainda que essas células vazias correspondem a "informações omitidas", e os sistemas precisam assim oferecer algum suporte computacional para elas – e os sistemas em geral o fazem, de um modo semelhante ao da SQL (infelizmente). Observe que o fato de determinada célula estar vazia pode significar que a informação é desconhecida não foi capturada, ou não é aplicável, além de muitos outros significados (consulte o Capítulo 19 mais uma vez).

As variáveis independentes frequentemente estão relacionadas em *hierarquias*, as quais determinam meios para agregar dados dependentes. Por exemplo, existe uma hierarquia temporal relacionando segundos a minutos, horas, dias, semanas, meses, anos. Como outro exemplo, poderia haver uma hierarquia relacionando peças a kits de montagem, componentes, placas e produtos. Com frequência, os mesmos dados podem ser agregados de várias maneiras diferentes (isto é, a mesma variável independente pode pertencer a muitas hierarquias distintas). O sistema fornecerá operadores para percorrer essas hierarquias "para cima" (drill up) e "para baixo" (drill down); *drill up* significa ir de um nível mais baixo de agregação até um nível mais alto, enquanto *drill down* significa o oposto. Várias outras operações também estão disponíveis para se lidar com tais hierarquias (por exemplo, uma operação para reorganizar os níveis hierárquicos).

---

[11]Assim, as células de arrays são endereçadas simbolicamente, e não pelos subscritos numéricos, associados de modo mais convencional aos arrays.

[12]Observe aqui o contraste com os sistemas relacionais. Em um equivalente relacional apropriado ao exemplo, não teríamos uma linha (c,p,t) com uma "célula" de quantidade vazia – simplesmente não teríamos uma linha (c,p,t). Desse modo, o conceito de "arrays esparsos" no sentido multidimensional (ou "tabelas esparsas") não aparece, e não é preciso que haja técnicas de compactação inteligentes para cuidar desses tipos de tabelas.

Nota: Existe uma diferença sutil entre "drill up" e "roll up", da seguinte forma: "roll up" é a operação de *criar* os agrupamentos e as agregações desejadas; "drill up" é a operação de *acessar* essas agregações. No caso de "drill up", um exemplo poderia ser: *dada a quantidade total de remessas, obter as quantidades totais para cada fornecedor individual*. É claro que os dados mais detalhados ainda deverão estar disponíveis (ou poder ser calculados) a fim de que o sistema possa responder a tal requisição.

Em geral, os produtos multidimensionais também fornecem uma variedade de funções estatísticas e outras funções matemáticas, para ajudar a formular e testar hipóteses (isto é, relacionamentos hipotéticos). Ferramentas para visualização e geração de relatórios também são fornecidas, a fim de ajudar nessas tarefas. Porém, infelizmente, ainda não existe uma linguagem padrão para consulta multidimensional, embora estejam sendo realizadas pesquisas para se desenvolver um cálculo no qual esse padrão poderia se basear [22.31]. Também não há nada semelhante à teoria de normalização que pudesse servir como uma base científica para o projeto de bancos de dados multidimensionais.

Fechamos esta seção observando que alguns produtos combinam as abordagens de ROLAP e MOLAP: *HOLAP* ("OLAP híbrido"). Existe uma controvérsia considerável sobre qual das três abordagens é "melhor", e pouca coisa pode ser dita aqui para ajudar a resolver essa controvérsia.[13] Porém, de modo geral, os produtos MOLAP oferecem computação mais rápida, mas admitem quantidades de dados menores que os produtos ROLAP (tornando-se menos eficientes à medida que a quantidade de dados aumenta), enquanto os produtos ROLAP oferecem recursos de escalabilidade, concorrência e gerenciamento mais amadurecidos que os de produtos MOLAP. Além disso, o padrão SQL recentemente foi estendido para incluir diversas funções estatísticas e analíticas (consulte a Seção 22.8), implicando que produtos ROLAP agora também podem oferecer uma funcionalidade consideravelmente estendida.

22.7 MINERAÇÃO DE DADOS

Mineração de dados (*data mining*) pode ser descrita como "análise de dados exploratória". O objetivo é procurar padrões interessantes nos dados – padrões que possam ser usados para definir a estratégia do negócio ou para identificar um comportamento incomum (por exemplo, um aumento súbito na atividade de um cartão de crédito poderia significar que o cartão foi roubado). As ferramentas de mineração de dados aplicam técnicas estatísticas a grandes quantidades de dados armazenados, a fim de procurar por tais padrões. *Nota*: A palavra *grande* precisa ser enfatizada aqui. Os bancos de dados de mineração de dados normalmente são extremamente grandes e é importante que os algoritmos sejam escaláveis.

Considere a tabela – *não* muito grande! – VENDAS mostrada na Figura 22.5, que fornece informações relativas a transações de vendas de um certo negócio de varejo.[14] O administrador do negócio gostaria de executar uma *análise de cesta de mercado* sobre esses dados (onde o termo *cesta de mercado* se refere ao conjunto de produtos adquiridos em uma única transação), descobrindo assim, por exemplo, que um cliente que compra sapatos provavelmente também comprará meias como parte da mesma transação. Essa correlação entre sapatos e meias é um exemplo de uma **regra de associação**; ela pode ser expressa (de modo um pouco informal) assim:

```
FORALL tx ( Sapatos ∈ tx ⇒ Meias tx )
```

Aqui, "Sapatos ∈ *tx*" é a *regra antecedente*, "Meias ∈ *tx*" é a *regra consequente*, e *tx* varia sobre todas as transações de vendas.

---

[13]Contudo, ainda existe uma coisa que precisa ser dita. Constantemente, afirma-se que "tabelas são planas" (ou seja, bidimensionais), enquanto "dados reais são multidimensionais" e, portanto, que as relações são inadequadas como base para OLAP. Porém, esse tipo de discussão serve para confundir tabelas e relações! Como vimos no Capítulo 6, as tabelas são apenas *retratos* de relações, e não relações propriamente ditas. E embora seja verdade que esses retratos possuem duas dimensões, o mesmo não acontece com as relações; em vez disso, elas são *n*-dimensionais, em que *n* é o grau. Para sermos mais precisos, cada tupla em uma relação com *n* atributos representa um ponto no espaço *n*-dimensional, e a relação como um todo representa um conjunto desses pontos.

[14]Observe que (a) a chave é {TX#,PRODUTO}; (b) a tabela satisfaz às DFs TX# → CLIEN# e TX# → TIMESTAMP e, portanto, não está em FNBC; (c) uma versão da tabela em que a coluna PRODUTO tem valor de relação (e TX# é a chave) *estaria* em FNBC e poderia ser mais adequada para o tipo de exploração envolvido no caso em estudo (mas proavelmente não seria adequada para outros tipos).

VENDAS	TX#	CLIEN#	ESTAMPAHORA	PRODUTO
	TX1	C1	$d1$	Sapatos
	TX1	C1	$d1$	Meias
	TX1	C1	$d1$	Gravata
	TX2	C2	$d2$	Sapatos
	TX2	C2	$d2$	Meias
	TX2	C2	$d2$	Gravata
	TX2	C2	$d2$	Cinto
	TX2	C2	$d2$	Camisa
	TX3	C3	$d2$	Sapatos
	TX3	C3	$d2$	Gravata
	TX4	C2	$d3$	Sapatos
	TX4	C2	$d3$	Meias
	TX4	C2	$d3$	Cinto

FIGURA 22.5 *A tabela VENDAS.*

Introduzimos alguma terminologia. O conjunto de todas as transações de vendas no exemplo é chamado **população**. Qualquer regra de associação dada tem um nível de *suporte* e um nível de *confiança*. O **suporte** é a porcentagem da população que satisfaz à regra; e se a porcentagem da população em que o antecedente é satisfeito for *s*, então a **confiança** é essa porcentagem de *s* em que o consequente também é satisfeito. (Observe que o antecedente e o consequente podem envolver qualquer número de produtos diferentes cada um, não necessariamente apenas um produto.) Por exemplo, considere esta regra:

```
FORALL tx ( Meias ∈ tx ⇒ Gravata ∈ tx )
```

Considerando-se a amostra de dados da Figura 22.5, a população é o conjunto de quatro transações, o suporte é 50% e a confiança é 66,67%.

Regras de associação mais gerais poderiam ser descobertas a partir de agregações apropriadas dos dados fornecidos. Por exemplo, o agrupamento por cliente nos permitiria testar a validade de regras como "se um cliente compra sapatos, é provável que ele também compre meias, embora não necessariamente na mesma transação".

Outros tipos de regras também podem ser definidos. Por exemplo, uma regra de **correlação de sequência** poderia ser usada para identificar padrões de compra ao longo do tempo ("Se um cliente compra sapatos hoje, é provável que ele compre meias dentro de cinco dias"); uma regra de **classificação** poderia ser usada para ajudar a decidir se uma aplicação de crédito deve ser concedida ("Se um cliente possui renda superior a $75.000 por ano, é provável que ele seja um bom risco de crédito"); e assim por diante. Como as regras de associação, as regras de correlação de sequência e as regras de classificação também têm um nível de suporte e um nível de confiança.

Mineração de dados é um assunto enorme por si só [22.2] e é claro que não é possível entrarmos em muitos detalhes aqui. Então, vamos nos limitar a encerrar com uma breve descrição de como as técnicas de mineração de dados poderiam se aplicar a uma versão estendida de fornecedores e peças. Primeiro (na ausência de outras fontes de informações), poderíamos usar *indução neural* para classificar fornecedores por sua especialidade (por exemplo, fechaduras *versus* peças de motores), e a *previsão de valores* para prever quais fornecedores terão maior probabilidade de poder fornecer quais peças. Podemos então usar o *cluster demográfico* para associar as despesas de remessa com a localização geográfica, atribuindo, assim, fornecedores a regiões de remessas. A *descoberta da associação* poderia, então, ser usada para descobrir que certas peças em geral são obtidas juntas, em uma única remessa; a *descoberta do padrão sequencial* para descobrir que remessas de fechaduras geralmente são seguidas por remessas de peças de motores; e a *descoberta da sequência temporal semelhante* para descobrir que existem mudanças sazonais de quantidade em remessas de determinadas peças (algumas dessas mudanças ocorrendo no outono e algumas na primavera).

22.8 RECURSOS DE SQL

Certos recursos OLAP – essencialmente as extensões GROUPING SETS, ROLLUP e CUBE de GROUP BY, descritas na Seção 22.7 – foram incluídos no padrão SQL:1999, conforme publicado originalmente, e muitos outros foram acrescentados no ano seguinte, na forma de "emenda OLAP" a esse padrão [22.21]. Os detalhes completos dessa emenda estão fora do escopo deste livro e vamos nos limitar a este breve resumo dos recursos incluídos:

- Novas funções numéricas (por exemplo, logaritmo natural, exponenciação, potência, raiz quadrada, *floor, ceiling*)

- Novos operadores de agregação (por exemplo, variância, desvio padrão)

- Funções de avaliação (oferecendo, por exemplo, a capacidade de derivar a avaliação das peças dentro de uma lista hipotética por ordem de peso)

- Funções acumulativas e outras espécies de "média móvel" (envolvendo uma nova cláusula WINDOW nas expressões SQL normais SELECT – FROM – WHERE – GROUP BY – HAVING)

- Distribuição, distribuição inversa, correlação e outras funções estatísticas aplicada a colunas tomadas em pares

22.9 RESUMO

Examinamos o uso de tecnologia de bancos de dados com a finalidade de oferecer **apoio à decisão**. A ideia básica é coletar dados operacionais e reduzi-los a uma forma que possa ser usada para ajudar a gerência a entender e modificar o comportamento da empresa.

Primeiro, identificamos certos aspectos dos sistemas de apoio à decisão que os distinguem dos sistemas operacionais. O ponto fundamental é que o banco de dados é principalmente (embora não em sua totalidade) **somente de leitura**. Os bancos de dados de apoio à decisão costumam ser muito **grandes e fortemente indexados**, e também a envolver uma grande quantidade de **redundância controlada** (em especial, sob a forma de *replicação* e de *tabelas de totalização* [*summary table*] pré-calculadas); as chaves costumam envolver um componente **temporal**; e consultas costumam ser **complexas**. Como consequência de tais considerações, existe uma ênfase em **projetar visando ao desempenho**; entendemos esse requisito, mas acreditamos que ele não deve interferir com o bom princípio de projeto. O problema é que, na prática, os sistemas de apoio à decisão geralmente não fazem distinção adequada entre considerações **lógicas** e **físicas**.

Em seguida, discutimos o que está envolvido na preparação de dados operacionais para apoio à decisão. Examinamos as tarefas de **extração, limpeza, transformação, consolidação, carga** e **renovação**. Também mencionamos rapidamente a respeito dos **depósitos de dados operacionais**, que podem ser usados (entre outras coisas) como área de apoio durante o processo de preparação de dados. Eles também podem ser usados para fornecer serviços de apoio à decisão sobre dados atuais.

Então, consideramos os **data warehouses** e os **data marts**; um data mart pode ser considerado um data warehouse especializado. Explicamos a ideia básica de **esquemas em estrela**, nos quais os dados estão organizados como uma grande **tabela de fatos** central e em **multitabelas de dimensões** muito menores. Em situações simples, um esquema em estrela não pode ser distinguido de um esquema normalizado clássico; porém, na prática, os esquemas em estrela se afastam dos princípios clássicos de projeto de várias maneiras, sempre por questões de desempenho. (Novamente, o problema é que os esquemas em estrela têm, na realidade, uma natureza mais física do que lógica.) Também mencionamos a estratégia de implementação de junções conhecida como **junção em estrela**, e uma variante do esquema em estrela, chamada esquema de **floco de neve**.

Em seguida, voltamos nossa atenção para o **OLAP**. Discutimos os recursos de SQL **GROUPING SETS, ROLLUP** e **CUBE** (todos eles opções da cláusula GROUP BY que fornecem meios para a requisição de várias agregações distintas dentro de uma única consulta SQL). Observamos que a SQL – infelizmente, em nossa opinião – reuniu os resultados dessas agregações distintas em uma única "tabela" contendo uma grande quantidade de valores NULL. Também sugerimos que, na prática, os produtos OLAP poderiam converter essas "tabelas" em **tabulações cruzadas**, ou "**crosstabs**" (arrays simples) para fins de exibição. Observamos, então, os **bancos de dados multidimensionais**, em que os dados estão (conceitualmente) armazenados, não em tabelas, mas em um array multidimensional ou *hipercubo*. As dimensões desse array representam **variáveis independentes** (pelo menos hipoteticamente) e as células contêm valores das **variáveis dependentes** correspondentes. As variáveis independentes, em geral, estão relacionadas em várias **hierarquias,** que determinam os meios pelos quais os dados dependentes podem ser agrupados e agregados de modo sensato.

Por fim, consideramos a **mineração de dados.** A ideia básica aqui é que, como os dados de apoio à decisão frequentemente não são bem entendidos, podemos usar a capacidade do computador para nos ajudar a descobrir padrões nesses dados e, com isso, entendê-los melhor. Consideramos rapidamente várias espécies de *regras* – regras de **associação, classificação** e **correlação de sequência** – e discutimos as noções associadas de níveis de **suporte** e **confiança.**

Finalmente, esboçamos rapidamente os recursos do **aditamento OLAP** da SQL:1999.

EXERCÍCIOS

22.1 Quais são alguns dos principais pontos de diferença entre bancos de dados de apoio à decisão e bancos de dados operacionais? Por que as aplicações de apoio à decisão e as aplicações operacionais em geral utilizam depósitos de dados diferentes?

22.2 Resuma as etapas envolvidas na preparação de dados operacionais para apoio à decisão.

22.3 Faça distinção entre redundância *controlada* e *não controlada*. Dê alguns exemplos. Por que a redundância controlada é importante no contexto de apoio à decisão? O que acontece se a redundância é não controlada?

22.4 Mostre a diferença entre *data warehouses* e *data marts*.

22.5 O que você entende pelo termo *esquema em estrela*?

22.6 Em geral, os esquemas em estrela não são totalmente normalizados. Qual é a justificativa para essa situação? Explique a metodologia pela qual tais esquemas são projetados.

22.7 Explique a diferença entre ROLAP e MOLAP.

22.8 De quantas maneiras os dados poderiam ser resumidos se fossem caracterizados por quatro dimensões, cada uma delas pertencente a uma hierarquia de agregação de três níveis (por exemplo, distrito, município, estado)?

22.9 Usando o banco de dados de fornecedores, peças e projetos, expresse os seguintes itens como consultas de SQL:

   a. Obter o número de remessas e as quantidades médias de remessas para fornecedores, peças e projetos considerados aos pares (isto é, para cada par F#-P#, cada par P#-J# e cada par J#-F#).

   b. Obter as quantidades máxima e mínima de remessa para cada projeto, cada combinação de projeto/peça e global.

   c. Obter quantidades totais de remessas reunidas "ao longo da dimensão de fornecedor" e "ao longo da dimensão de peça" (há uma armadilha aqui).

   d. Obter quantidades médias de remessas por fornecedor, por peça, por combinações de fornecedor/peça e globais.

   Em cada caso, mostre o resultado que a SQL produziria, considerando-se a amostra de dados da Figura 4.5. Além disso, mostre esses resultados como crosstabs.

22.10 Perto do início da Seção 22.6, mostramos uma versão simples da tabela FP, contendo apenas seis linhas. Vamos supor que essa tabela incluísse também a seguinte linha (significando – talvez! – que o fornecedor F5 existe mas, no momento, não fornece peça alguma):

F5	*nulo*	*nulo*

   Discuta as implicações para todas as diversas consultas SQL mostradas na Seção 22.6.

22.11 O termo *dimensional* tem o mesmo significado nas expressões "esquema dimensional" e "banco de dados multidimensional"? Explique sua resposta.

22.12 Considere o problema da análise de cesta de mercado. Esboce um algoritmo pelo qual as regras de associação que têm níveis de apoio e confiança maiores que os patamares especificados possam ser descobertas. *Sugestão*: Se alguma combinação de produtos é "desinteressante" porque ocorre em poucas transações de vendas, o mesmo será verdadeiro para todos os superconjuntos dessa combinação de produtos.

REFERÊNCIAS E BIBLIOGRAFIA

Nota: As "visões" mencionadas nos títulos das referências [22.3-22.5], [22.10], [22.12], [22.16], [22.25], [22.28], [22.30] e [22.35] não são visões, mas snapshots. As anotações a essas referências consideram snapshots, e não visões.

22.1 Brad Adelberg, Hector Garcia-Molina e Jennifer Widom: "The STRIP Rule System for Efficiently Maintaining Derived Data", Proc. 1997 ACM SIGMOD Int. Conf. on Management of Data, Tucson, Ariz. (maio de 1997).

> STRIP é um acrônimo para STanford Real-time Information Processor. Ele utiliza "regras" (aqui, significando o que normalmente seria chamado *gatilhos*) para atualizar instantâneos (aqui chamados *dados derivados*) sempre que as mudanças ocorrerem nos dados básicos. O problema com esses sistemas em geral é que se os dados básicos mudarem com frequência, a sobrecarga de computação na execução das regras poderá ser excessiva. Esse artigo descreve as técnicas do STRIP para reduzir essa sobrecarga.

22.2 Pieter Adriaans e Dolf Zantinge: *Mineração de dados.* Reading, Mass.: Addison-Wesley (1996).

> Embora anunciado como uma visão geral em nível executivo, esse livro é realmente uma introdução bastante detalhada (e boa) ao assunto.

22.3 Foto N. Afrati, Chen Li e Jeffrey D. Ullman: "Generating Efficient Plans for Queries Using Views", Proc. 2001 ACM SIGMOD Int. Conf. on Management of Data, Santa Barbara, Calif. (maio de 2001).

22.4 D. Agrawal, A. El Abbadi, A. Singh e T. Yurek: "Efficient View Maintenance of Data Warehouses", Proc. 1997 ACM SIGMOD Int. Conf. on Management of Data, Tucson, Ariz. (maio de 1997).

> Conforme observamos na anotação à referência [22.12], os snapshots podem ser mantidos de modo incremental, e essa manutenção incremental é desejável por motivos de desempenho. Contudo, a manutenção incremental pode ocasionar problemas se os snapshots forem derivados de vários bancos de dados distintos, todos sendo atualizados ao mesmo tempo. Esse artigo oferece uma solução para esse problema.

22.5 Sanjay Agrawal, Surajit Chaudhuri e Vivek Narasayya: "Automated Selection of Materialized Views and Indexes for SQL Databases", Proc. 26th Int. Conf. on Very Large Data Bases, Cairo, Egito (setembro de 2000).

22.6 S. Alter: *Decision Support Systems*: *Current Practice and Continuing Challenges.* Reading, Mass.: Addison-Wesley (1980).

22.7 J. L. Bennett (editor): *Building Decision Support Systems.* Reading, Mass.: Addison-Wesley (1981).

22.8 R. H. Bonczek, C. W. Holsapple e A. Whinston: *Foundations of Decision Support Systems.* Orlando, Fla.: Academic Press (1981).

> Um dos primeiros textos a promover uma abordagem disciplinada aos sistemas de apoio à decisão. São enfatizados os papéis da ciência da modelagem (no sentido geral de modelagem empírica e matemática) e do gerenciamento.

22.9 Charles J. Bontempo e Cynthia Maro Saracco: *Database Management*: *Principles and Products.* Upper Saddle River, N.J.: Prentice-Hall (1996).

22.10 Rada Chirkova, Alon Y. Halevy e Dan Suciu: "A Formal Perspective on the View Selection Problem", Proc. 27th Int. Conf. on Very Large Data Bases, Roma, Itália (setembro de 2001).

22.11 E. F. Codd, S. B. Codd e C. T. Salley: "Providing OLAP (Online Analytical Processing) to User-Analysts: An IT Mandate", disponível na Arbor Software Corp. (1993).

> A origem do termo "OLAP" (embora não do conceito, como observamos na Seção 22.6). *Nota:* Próximo ao seu início, o artigo declara categoricamente que "a necessidade que existe NÃO é de outra tecnologia de bancos de dados, mas sim de ferramentas de análise robustas". Em seguida, ele começa a descrever e a discutir outra tecnologia de bancos de dados! – com uma nova representação conceitual de dados, novos operadores (para atualização e também para busca), suporte multiusuário (incluindo recursos de segurança e concorrência), novas estruturas de armazenamento e novas características de otimização; em outras palavras, um novo modelo de dados e um novo SGBD.

22.12 Latha S. Colby e outros: "Supporting Multiple View Maintenance Policies", Proc. 1997 ACM SIGMOD Int. Conf. on Management of Data, Tucson, Ariz. (maio de 1997).

Existem três abordagens gerais para a manutenção de snapshot: *imediata* (toda atualização em qualquer RelVar básica dispara uma atualização correspondente no snapshot), *postergada* (o snapshot é atualizado somente quando é consultado) e *periódica* (o snapshot é atualizado em intervalos específicos – por exemplo, diariamente). A finalidade dos snapshots, em geral, é melhorar o desempenho da consulta, à custa do desempenho da atualização, e as três políticas de manutenção representam um espectro das escolhas entre os dois. Esse artigo investiga questões relacionadas ao suporte de diferentes políticas em diferentes snapshots no mesmo sistema e ao mesmo tempo.

22.13 C. J. Date: "We Don't Need Composite Columns", em C. J. Date, Hugh Darwen e David McGoveran, *Relational Database Writings 1994-1997*. Reading, Mass.: Addison-Wesley (1998).

A Seção 22.3 mencionou o conceito de colunas compostas; esse pequeno artigo examina esse conceito com alguns detalhes. O título desse artigo se refere ao fato de que tentativas malsucedidas foram feitas no passado a fim de introduzir o suporte para colunas compostas sem baseá-lo no suporte para tipos definidos pelo usuário. Se o suporte apropriado para tipos definidos pelo usuário for oferecido, as colunas compostas "aparecerão naturalmente".

22.14 Barry Devlin: *Data Warehouse from Architecture to Implementation*. Reading, Mass.: Addison-Wesley (1997).

22.15 B. A. Devlin e P. T. Murphy: "An Architecture for a Business and Information System", *IBM Sys. J. 27*, Número 1 (1988).

O primeiro artigo publicado a definir e a usar o termo *warehouse de informações*.

22.16 Jonathan Goldstein e Per-Åke Larson: "Optimizing Queries Using Materialized Views: A Practical, Scalable Solution", Proc. 2001 ACM SIGMOD Int. Conf. on Management of Data, Santa Barbara, Calif. (maio de 2001).

22.17 Jim Gray, Adam Bosworth, Andrew Layman e Hamid Pirahesh: "Data Cube: A Relational Aggregation Operator Generalizing Group-By, Cross-Tab, and Sub-Totals", Proc. 12th IEEE Int. Conf. on Data Engineering, Nova Orleans, La. (fevereiro de 1996).

O artigo que primeiro sugeriu a inclusão de opções como CUBE na cláusula GROUP BY da SQL.

22.18 W. H. Inmon: *Data Architecture: The Information Paradigm*. Wellesley, Mass.: QED Information Sciences (1988).

Discute a gênese do conceito de data warehouse e qual seria na prática a aparência de um data warehouse. O termo "data warehouse" apareceu pela primeira vez nesse livro.

22.19 W. H. Inmon: *Building the Data Warehouse*. Nova York, N.Y.: Wiley (1992).

O primeiro livro dedicado a data warehouse. Ele define o termo e discute os problemas fundamentais envolvidos no desenvolvimento de um data warehouse. O artigo se preocupa principalmente em justificar o conceito e com questões de projeto operacional e físico.

22.20 W. H. Inmon e R. D. Hackathorn: *Using the Data Warehouse*. Nova York, N.Y.: Wiley (1994).

Uma discussão para usuários e administradores do data warehouse. Como outros livros sobre o assunto, ele se concentra em questões físicas. O conceito de depósito de dados operacionais é discutido com algum detalhe.

22.21 International Organization of Standardization (ISO): *SQL/OLAP*, Documento ISO/IEC 9075-1:1999/ Amd.1:2000(E).

Um tutorial sobre o material desse documento poderá ser encontrado na referência [26.32].

22.22 P. G. W. Keen e M. S. Scott Morton: *Decision Support Systems: An Organizational Perspective*. Reading, Mass.: Addison-Wesley (1978).

Esse texto clássico é um dos primeiros – senão *o* primeiro – a examinar explicitamente o apoio à decisão. A orientação é comportamental e cobre a análise, o projeto, a implementação, a avaliação e o desenvolvimento de sistemas de apoio à decisão.

22.23 Werner Kiessling: "Foundations of Preferences in Database Systems" e "Preference SQL – Design, Implementation, Experiences", Proc. 28th Int. Conf. on Very Large Data Bases, Hong Kong (agosto de 2002).

Preferências permitem que o usuário formule "consultas indistintas" (por exemplo, "Procure um bom restaurante chinês, não muito caro, de preferência no centro da cidade").

22.24 Ralph Kimball: *The Data Warehouse Toolkit*. Nova York, N.Y.: John Wiley & Sons (1996).

Um livro prático. Como o subtítulo "Practical Techniques for Building Dimensional Data Warehouses" (técnicas práticas para a criação de data warehouses dimensionais) sugere, a ênfase está em questões práticas, e não teóricas. A suposição tácita em todo o texto é a de que não existe essencialmente diferença alguma entre os níveis lógico e físico do sistema.

22.25 Yannis Kotidis e Nick Roussopoulos: "A Case for Dynamic View Management", *ACM TODS 26*, Número 4 (dezembro de 2001).

22.26 M. S. Scott Morton: "Management Decision Systems: Computer-Based Support for Decision Making". Universidade de Harvard, Division of Research. Graduate School of Business Administration (1971).

Esse é o artigo clássico que introduziu o conceito de sistemas de decisões gerenciais, trazendo o apoio à decisão claramente para o âmbito dos sistemas de computadores. Um "sistema de decisões gerenciais" específico foi elaborado para coordenar o planejamento de produção de equipamentos de lavanderia. Depois, ele foi submetido a testes científicos, tendo como usuários gerentes de marketing e produção.

22.27 K. Parsaye e M. Chignell: *Intelligent Database Tools and Applications*. Nova York, N.Y.: Wiley (1993).

Esse livro parece ser o primeiro a se dedicar aos princípios e técnicas de mineração de dados (embora se refira ao assunto como "bancos de dados inteligentes").

22.28 Rachel Pottinger e Alon Levy: "A Scalable Algorithm for Answering Queries Using Views", Proc. 26th Int. Conf. on Very Large Data Bases, Cairo, Egito (setembro de 2000).

22.29 Dallan Quass e Jennifer Widom: "On-Line Warehouse View Maintenance", Proc. 1997 ACM SIGMOD Int. Conf. on Management of Data, Tucson, Ariz. (maio de 1997).

Apresenta um algoritmo para manutenção de snapshot, permitindo que transações de manutenção sejam executadas simultaneamente com consultas contra os snapshots.

22.30 Kenneth Salem, Kevin Beyer, Bruce Lindsay e Roberta Cochrane: "How to Roll a Join: Asynchronous Incremental View Maintenance", Proc. 2000 ACM SIGMOD Int. Conf. on Management of Data, Dallas, Tex. (maio de 2000).

22.31 Erik Thomsen: *OLAP – Construindo sistemas de informações multidimencionais*. Rio de Janeiro, RJ: Campus/Elsevier, 2002.

Um dos primeiros livros sobre OLAP e talvez o mais completo. O foco está na compreensão dos conceitos e métodos de análise usando sistemas multidimensionais. Uma tentativa séria de injetar alguma disciplina em um assunto confuso.

22.32 R. Uthurusamy: "From Data Mining to Knowledge Discovery: Current Challenges and Future Directions", em U. M. Fayyad, G. Piatetsky-Shapiro, P. Smyth e R. Uthurusamy (editores): *Advances in Knowledge Discovery and Data Mining*. Cambridge, Mass.: AAAI Press/MIT Press (1996).

22.33 Patrick Valduriez: "Join Indices", *ACM TODS 12*, Número 2 (junho de 1987).

22.34 Markos Zaharioudakis e outros: "Answering Complex SQL Queries Using Automatic Summary Tables", Proc. 2000 ACM SIGMOD Int. Conf. on Management of Data, Dallas, Tex. (maio de 2000).

22.35 Yue Zhuge, Hector Garcia-Molina, Joachim Hammer e Jennifer Widom: "View Maintenance in a Warehousing Environment", Proc. 1995 ACM SIGMOD Int. Conf. on Management of Data, San Jose, Calif. (maio de 1995).

Quando informado sobre uma atualização em algum dado básico, o site do data warehouse pode ter que emitir uma consulta ao site dos dados básicos antes de poder executar a manutenção de snapshot necessária, e o intervalo de tempo entre tal consulta e a atualização dos dados básicos originais pode ocasionar anomalias. Esse artigo apresenta um algoritmo para cuidar dessas anomalias.

CAPÍTULO **23**

Apoio à decisão

23.1   Introdução

23.2   Qual é o problema?

23.3   Intervalos

23.4   Empacotando e desempacotando relações

23.5   Generalizando os operadores relacionais

23.6   Projeto de banco de dados

23.7   Restrições de integridade

23.8   Resumo

        Exercícios

        Referências e bibliografia

23.1 INTRODUÇÃO

Em termos informais, um **banco de dados temporal** é aquele que contém dados históricos[1] em vez de, ou além de, dados atuais (data warehouses oferecem um exemplo óbvio – consulte o Capítulo 22). Os bancos de dados convencionais, ou *não temporais*, contêm apenas os dados atuais; sua atualidade é mantida por meio de sua atualização assim que as proposições que eles representam não forem mais verdadeiras. Ao contrário, os bancos de dados temporais são atualizados raramente – possivelmente nunca o são, além dos INSERTs que são necessários para preenchê-los em primeiro lugar. Como exemplo, considere mais uma vez o banco de dados de fornecedores e peças. Dados nossos valores de exemplo habituais, esse banco de dados mostra, entre outras coisas, que o status do fornecedor F1 (ou seja, o status "atual") é 20. Ao contrário, uma versão temporal desse banco de dados poderia mostrar não apenas que o status do fornecedor F1 é atualmente 20, mas também que ele é 20 desde 1º de julho do ano passado, e talvez que era 15 desde 5 de abril até 30 de junho do ano passado, e assim por diante.

A pesquisa sobre banco de dados temporal existe desde pelo menos o início da década de 1980, e tem envolvido uma certa quantidade de investigação sobre a natureza do próprio tempo. Aqui estão algumas questões que foram investigadas:

- O tempo possui um início ou um final?

- O tempo é contínuo ou é dividido em unidades discretas?

---

[1] Os bancos de dados temporais contêm dados referentes ao futuro e ao passado, e o termo *histórico* precisa ser entendido como incluindo essa possibilidade.

- Como podemos caracterizar melhor o importante conceito de "agora" (às vezes conhecido como "*o ponto móvel* agora")?

Porém, essas questões não são especialmente relacionadas a bancos de dados e, assim, não nos aprofundaremos em seu estudo neste capítulo; em vez disso, vamos apenas fazer o que esperamos sejam suposições razoáveis enquanto prosseguimos e vamos nos concentrar em assuntos mais diretamente relevantes ao nosso propósito global.

Referimo-nos, há alguns instantes, ao fato de que os dados em geral podem ser considerados como representando proposições. Decorre disso que os dados temporais, em particular, podem ser considerados como representando proposições *com timestamp* (selo de tempo – pelas quais queremos dizer proposições que envolvem pelo menos um argumento de algum tipo de timestamp. Por exemplo, considere a seguinte tupla:

F#	DESDE
F1	1 de julho de 2003

Como você pode ver, essa tupla possui um atributo de número de fornecedor F# e um atributo de tempo (timestamp) DESDE, e a proposição com timestamp correspondente é:

O fornecedor F1 está contratado **desde** *1º de julho de 2003.*

Naturalmente, estamos supondo que a proposição é uma instanciação de um predicado[2] da forma: *O fornecedor F# está contratado* **desde** *a data DESDE*. Vamos explicar em instantes por que colocamos a palavra *desde* em negrito nesse predicado (e na instanciação de exemplo). Porém, em primeiro lugar, aqui está outro exemplo:

F#	DE	ATÉ
F1	1 de maio de 2002	30 de abril de 2003

Essa tupla tem um número de fornecedor F# e *dois* atributos de tempo, DE e ATÉ, e a proposição de timestamp correspondente é:

O fornecedor F1 esteve contratado **durante** *o período de 1º de maio de 2003 até 30 de abril de 2003.*

Dessa vez, estamos supondo que a proposição é uma instanciação de um predicado da forma: *O fornecedor F# esteve contratado* **durante** *o período da data DE até a data ATÉ*. Novamente, explicamos o uso do negrito mais adiante.

Conforme esses dois exemplos sugerem, as noções de *desde* e *durante* serão extremamente importantes no texto a seguir. Porém, para que sejam verdadeiramente úteis, precisamos explicar seus significados com precisão (com muito mais precisão do que no discurso normal!). Para sermos específicos:

1. Usamos *desde* para indicar **desde então e não imediatamente antes** do ponto especificado no tempo. Assim, quando dizemos que o fornecedor F1 está contratado desde 1º de julho de 2003, queremos dizer que (a) o fornecedor F1 está contratado desde 1º de julho de 2003 até e incluindo a data de hoje – qualquer que seja essa data – e, além disso, que (b) o fornecedor F1 não estava contratado em 30 de junho de 2003.

2. Usamos *durante* para indicar **no decorrer e não imediatamente antes ou imediatamente depois** do período especificado. Assim, quando dizemos que o fornecedor F1 esteve contratado durante o período de 1º de maio de 2003 a 30 de abril de 2003, queremos dizer que (a) o fornecedor

---

[2]Usamos o termo não qualificado *predicado* em todo este capítulo para indicar aquilo que, no Capítulo 9, chamamos predicado *externo* ou entendido pelo usuário.

F1 esteve contratado no decorrer do período de 1º de maio de 2003 a 30 de abril de 2003, inclusive,[3] e também que (b) o fornecedor F1 não estava contratado em 30 de abril de 2003 ou 1º de maio de 2003.

Usamos as formas **desde** e **durante** em negrito nas proposições e nos predicados mostrados anteriormente para enfatizar o fato de que estávamos usando os termos nos sentidos exatos que acabamos de definir. Contudo, vamos retirar o negrito deste ponto em diante.

Algumas hipóteses fundamentais

Já mencionamos *períodos* e *pontos no tempo*; agora é hora de explicá-los – ou, pelo menos, explicar algumas das hipóteses fundamentais sobre as quais essas noções se baseiam. Em primeiro lugar, consideramos que o próprio tempo pode ser imaginado como uma **linha de tempo**, consistindo em uma sequência finita de *unidades de tempo* discretas e indivisíveis, enquanto uma **unidade de tempo**, por sua vez, é a menor unidade que o sistema é capaz de representar. Em outras palavras, mesmo que o tempo no mundo real seja contínuo e infinito, nós o representamos em nosso modelo como se fosse discreto e finito. *Nota:* Existe um paralelo óbvio aqui com a maneira como nosso modelo de computação representa os números reais por números racionais.

Em seguida, distinguimos cuidadosamente entre (a) unidades de tempo propriamente ditas, que, conforme explicamos, são as menores unidades de tempo que o sistema é capaz de representar, e (b) as unidades de tempo que são relevantes para alguma finalidade específica, que poderia ser dias ou meses ou milissegundos (etc.). Por exemplo, nos exemplos discutidos anteriormente sobre fornecedores, estávamos claramente interessados apenas nos tempos exatos até o dia. Chamamos as unidades de tempo que são relevantes para alguma finalidade específica de **pontos de tempo** (*pontos*, para abreviar), a fim de enfatizar o fato de que, *para essa finalidade*, eles também são considerados como indivisíveis. Agora, poderíamos dizer, *de modo informal*, que um ponto de tempo é "uma seção da linha de tempo", significando a unidade de tempo entre uma unidade de "limite" e a seguinte (por exemplo, entre a meia-noite de um dia e a meia-noite do dia seguinte). Portanto, poderíamos dizer, novamente de modo informal, que os pontos de tempo possuem uma duração (um dia, por exemplo). Porém, *formalmente*, os pontos de tempo são realmente pontos – eles são indivisíveis, e o conceito de duração estritamente não se aplica.

Nota: Não obstante o parágrafo anterior, ocasionalmente utilizamos o termo *granularidade*, que se refere informalmente ao "tamanho" ou à duração dos pontos de tempo aplicáveis, ou (de forma equivalente) ao "tamanho" ou à duração do intervalo entre os pontos adjacentes. Assim, poderíamos dizer em nosso exemplo que a granularidade é de um dia, significando que estamos deixando de lado (neste contexto) nossa noção normal de que um dia é composto de horas, que são compostas de minutos, e assim por diante. Essas noções só podem ser expressas com o recurso dos níveis mais detalhados de granularidade.

Logo, para uma finalidade específica, a linha de tempo pode ser considerada como uma sequência finita de pontos de tempo (ao contrário da unidade de tempo); a sequência é cronológica, naturalmente. E por ser finita, segue-se que:

- A sequência possui um início e um fim. Em outras palavras, existe um ponto inicial exclusivo na sequência, que corresponde ao **início do tempo**, e um ponto final exclusivo na sequência, que corresponde ao **fim do tempo**.

- Cada ponto na sequência, fora aquele correspondente ao início do tempo, possui um ponto **predecessor** exclusivo, e cada ponto na sequência, fora aquele correspondente ao fim do tempo, possui um ponto **sucessor** exclusivo.

---

[3]Por todo este capítulo adotamos o que pode ser chamada de interpretação fechada dos períodos, de acordo com a qual o período de *i* até *f* é considerado como incluindo tanto o "ponto inicial" *i* quanto o "ponto final" *f*. Sem mais comentários, observamos que outras interpretações podem ser encontradas na literatura.

- Definimos um **intervalo** como uma seção não vazia da linha de tempo.[4] Mais precisamente, o intervalo com **ponto inicial** *i* e **ponto final** *f* pode ser considerado como **a subsequência da linha de tempo consistindo em todos os pontos** *p*, tais que *i* *p* *f* (em que "<" significa "anterior a").

O exemplo de fornecedores e peças

Até aviso ao contrário, vamos basear nossos exemplos em uma versão bastante simplificada do banco de dados de fornecedores e peças, a qual chamaremos "fornecedores e remessas". Para sermos específicos:

1. Retiramos totalmente a RelVar de peças P.

2. Simplificamos a RelVar de fornecedores F, retirando todos os atributos exceto F#. O predicado para essa RelVar revisada – e bastante simplificada! – é apenas:

   O fornecedor F# está atualmente contratado.

3. Removemos o atributo QDE da RelVar de remessas FP e interpretamos essa RelVar revisada da seguinte forma:

   O fornecedor F# é atualmente capaz *de fornecer a peça P#.*

   Em outras palavras, em vez de representar as remessas *reais* de peças pelos fornecedores, essa versão simplificada da RelVar FP representa o que poderiam ser chamadas remessas *em potencial* – ou seja, a *capacidade* de certos fornecedores fornecerem certas peças. *Nota:* Apesar dessa mudança no significado, ainda achamos conveniente usar o termo não qualificado *remessas* no texto a seguir.

A Figura 23.1 mostra um conjunto de amostras de valores para esse banco de dados simplificado. *Nota:* O banco de dados, naturalmente, ainda é puramente convencional – ele ainda não envolve qualquer aspecto temporal.

F_DURANTE			FP_DURANTE		
F#	**DURANTE**		**F#**	**P#**	**DURANTE**
F1	[d04:d10]		F1	P1	[d04:d10]
F2	[d02:d04]		F1	P2	[d05:d10]
F2	[d07:d10]		F1	P3	[d09:d10]
F3	[d03:d10]		F1	P4	[d05:d10]
F4	[d04:d10]		F1	P5	[d04:d10]
F5	[d02:d10]		F1	P6	[d06:d10]
			F2	P1	[d02:d04]
			F2	P1	[d08:d10]
			F2	P2	[d03:d03]
			F2	P2	[d09:d10]
			F3	P2	[d08:d10]
			F4	P2	[d06:d09]
			F4	P4	[d04:d08]
			F4	P5	[d05:d10]

FIGURA 23.1 *Banco de dados de fornecedores e remessas (versão original) – amostra de valores.*

Agora, mostramos algumas restrições e consultas para esse banco de dados. Na próxima seção, veremos o que acontece com essas restrições e consultas quando estendemos o banco de dados para incluir diversas características temporais.

---

[4]Se você estiver familiarizado com SQL, devemos adverti-lo que os intervalos definidos aqui não têm nada a ver com os intervalos da SQL – que não são realmente intervalos, no sentido comum, mas *durações* (por exemplo, "3 dias").

Restrições (banco de dados original): As únicas restrições que queremos considerar são as seguintes:

- {F#} e {F#,P#} são as chaves primárias para as RelVars F e FP, respectivamente.[5]

- {F#} é uma chave estrangeira na RelVar FP, que referencia a chave primária da RelVar F.

Consultas (banco de dados original): Consideramos apenas duas consultas:

- *Consulta A:* Obter números de fornecedores correspondentes a fornecedores que são atualmente capazes de fornecer pelo menos uma peça.

```
FP { F# }
```

- *Consulta B:* Obter números de fornecedores correspondentes a fornecedores que são atualmente incapazes de fornecer qualquer peça.

```
F { F# } MINUS FP { F# }
```

Observe que Consulta A envolve uma simples projeção e que Consulta B envolve a diferença entre duas dessas projeções. Mais tarde, quando considerarmos versões temporais dessas duas consultas, na Seção 23.5, descobriremos que elas envolvem versões "temporais" (ou, pelo menos, generalizadas) desses dois operadores – e é provável que você não se surpreenda ao descobrir, nessa mesma seção, que versões generalizadas de outros operadores relacionais também podem ser definidas.

Para fechar esta longa seção introdutória, aqui está o plano para o restante do capítulo. Primeiro, a Seção 23.2 mostra por que os dados temporais parecem exigir um tratamento especial. A Seção 23.3, em seguida, explica o que está envolvido no tratamento de intervalos como valores propriamente ditos, em vez de pares de valores inicial e final; em particular, ela introduz uma série de operadores para lidar com esses intervalos. A Seção 23.4 discute dois operadores relacionais extremamente importantes, chamados PACK e UNPACK. A Seção 23.5, em seguida, descreve as versões generalizadas dos conhecidos operadores da álgebra relacional. Por fim, as Seções 23.6 e 23.7 discutem as questões de projeto de banco de dados e restrições de integridade, respectivamente.

23.2 QUAL É O PROBLEMA?

A primeira etapa para converter o banco de dados de fornecedores e remessas para a forma temporal envolve a *semitemporalização* (por assim dizer) das RelVars F e FP, acrescentando um atributo de tempo, DESDE, a cada uma e renomeando-as de acordo. Consulte a Figura 23.2.

F_DESDE

F#	DESDE
F1	*d04*
F2	*d07*
F3	*d03*
F4	*d04*
F5	*d02*

FP_DESDE

F#	P#	DESDE
F1	P1	*d04*
F1	P2	*d05*
F1	P3	*d09*
F1	P4	*d05*
F1	P5	*d04*
F1	P6	*d06*
F2	P1	*d08*
F2	P2	*d09*
F3	P2	*d08*
F4	P2	*d06*
F4	P4	*d04*
F4	P5	*d05*

FIGURA 23.2 *O banco de dados de fornecedores e remessas.*
(versão semitemporal) – amostra de valores.

---

[5]Durante este capítulo vamos considerar que as RelVars possuem chaves primárias especificamente, por definição. Contudo, não nos preocupamos em distinguir as chaves primária e alternativa nas definições de RelVar em **Tutorial D**, mas tratamos todas elas como apenas chaves candidatas.

Por simplicidade, não mostramos timestamps reais na Figura 23.2; em vez disso, usamos símbolos da forma *d01*, *d02* etc., em que *"d"* pode representar convenientemente "dia", uma convenção à qual vamos aderir em todo este capítulo. (Desse modo, todos os nossos exemplos utilizam pontos de tempo que são, especificamente, dias; a granularidade aplicável nesses exemplos, portanto, é de um dia.) Vamos supor que o dia 1 preceda imediatamente o dia 2, que o dia 2 preceda imediatamente o dia 3, e assim por diante; além disso, descartamos os zeros iniciais não significativos de expressões como "dia 1" (como você pode observar).

Os predicados para as RelVars F_DESDE e FP_DESDE são:

- F_DESDE: *O fornecedor F# está contratado desde o dia DESDE.*

- FP_DESDE: *O fornecedor F# é capaz de fornecer a peça P# desde o dia DESDE.*

Restrições (banco de dados semitemporal): As chaves primária e externa para o banco de dados semitemporal da Figura 23.2 são iguais às do banco de dados original da Figura 23.1. Logo, as definições de RelVar podem ser parecer com estas:

```
VAR F_DESDE BASE RELATION { F# F#, DESDE DATE }
    KEY { F# } ;
VAR FP_DESDE BASE RELATION { F# F#, P# P#, DESDE DATE }
    KEY { F#, P# }
    FOREIGN KEY { F# } REFERENCES F_DESDE ;
```

O tipo DATE aqui representa *datas Gregorianas* – com as quais queremos dizer datas que são exatas até o dia e restritas pelas regras do calendário Gregoriano (implicando, entre outras coisas, que, por exemplo, "31 de abril de 2005" e "29 de fevereiro de 2100" não são datas válidas).

Porém, precisamos de uma restrição adicional, além e acima da restrição de chave estrangeira de FP_DESDE para F_DESDE, a fim de expressar o fato de que nenhum fornecedor pode fornecer qualquer peça antes que esse fornecedor esteja contratado:

```
CONSTRAINT RES1     /* "restrição extra semitemporal número 1" */
   IS_EMPTY ( ( ( F_DESDE RENAME DESDE AS FD ) JOIN
              ( FP_DESDE RENAME DESDE AS FPD ) )
           WHERE FPD < FD ) ;
```

("se a tupla *fp* em FP_DESDE referencia a tupla *f* em F_DESDE, então o valor DESDE em *fp* não pode ser menor que aquele em *f*"). Com esse exemplo, começamos a ver o problema: Dado um banco de dados "semitemporal" como o da Figura 23.2, provavelmente teremos de enunciar muitas restrições da mesma natureza geral e um tanto complicada da Restrição RES1, e logo desejaremos ter alguma abreviação conveniente para essa finalidade.

Consultas (banco de dados semitemporal): Agora, consideramos versões semitemporais das Consultas A e B.

- *Consulta A:* Obter números de fornecedores correspondentes a fornecedores que são atualmente capazes de fornecer pelo menos uma peça, mostrando em cada caso a data desde quando eles foram capazes de fazê-lo.

Se o fornecedor F*x* é capaz atualmente de fornecer várias peças, então F*x* foi capaz de fornecer pelo menos uma peça desde a data DESDE mais antiga mostrada para F*x* em FP_DESDE (por exemplo, se F*x* é F1, essa data DESDE mais antiga é *d04*). Consequentemente:

```
SUMMARIZE FP BY { F# } ADD MIN ( DESDE ) AS DESDE
```

O resultado se parece com isto:

F#	DESDE
F1	*d04*
F2	*d08*
F3	*d08*
F4	*d04*

626

- *Consulta B:* Obter números de fornecedores correspondentes a fornecedores que são atualmente incapazes de fornecer qualquer peça, mostrando em cada caso a data desde quando eles foram impossibilitados fazê-lo.

Em nossos dados de amostra existe apenas um fornecedor que atualmente está impossibilitado de fornecer quaisquer peças, o fornecedor F5. Porém, não podemos descobrir a data a partir da qual o fornecedor F5 foi incapaz de fornecer quaisquer peças, porque não existem informações suficientes no banco de dados (repetindo, o banco de dados ainda é apenas *semi*temporal). Por exemplo, vamos supor que hoje seja o dia 10. Então, talvez F5 fosse capaz de fornecer pelo menos uma peça desde o dia 2, quando F5 foi contratado, até o dia 9; ou, indo ao outro extremo, talvez F5 nunca tivesse fornecido qualquer peça.

Para ter qualquer esperança de responder à Consulta B, devemos completar a "temporalização" do nosso banco de dados ou, pelo menos, da parte FP desse banco de dados; para sermos mais precisos, devemos manter *registros históricos* no banco de dados, mostrando quais fornecedores tiveram a possibilidade de fornecer quais peças e quando isso ocorreu. Consulte a Figura 23.3.

F_DE_PARA				FP_DE_PARA			
F#	DE	PARA		F#	P#	DE	PARA
F1	d04	d10		F1	P1	d04	d10
F2	d02	d04		F1	P2	d05	d10
F2	d07	d10		F1	P3	d09	d10
F3	d03	d10		F1	P4	d05	d10
F4	d04	d10		F1	P5	d04	d10
F5	d02	d10		F1	P6	d06	d10
				F2	P1	d02	d04
				F2	P1	d08	d10
				F2	P2	d03	d03
				F2	P2	d09	d10
				F3	P2	d08	d10
				F4	P2	d06	d09
				F4	P4	d04	d08
				F4	P5	d05	d10

FIGURA 23.3 *O banco de dados de fornecedores e remessas (primeira versão temporal completa, usando atributos DE e PARA explícitos) – amostra de valores.*

Comparando a Figura 23.3 com a Figura 23.2, vemos que os atributos DESDE se tornaram atributos DE, e cada RelVar adquiriu um atributo de tempo adicional chamado PARA (e substituímos _DESDE por _DE_PARA nos nomes das RelVars). Os atributos DE e PARA juntos expressam a noção de um período de tempo durante o qual alguma proposição era verdadeira. *Nota:* Vamos supor, para manter a precisão, que hoje é o dia 10, e assim mostramos *d10* como o valor PARA correspondente a cada tupla que pertence à situação atual. Contudo, essa situação poderia – e deveria! – fazê-lo questionar que mecanismo poderia fazer todos esses valores *d10* serem substituídos por *d11* à meia-noite do dia 10, por assim dizer. Infelizmente, temos de deixar essa questão de lado por enquanto. Voltaremos a ela na Seção 23.6.

Observe que, como estamos agora mantendo registros históricos, existem mais tuplas do que havia antes; de fato, o banco de dados totalmente temporal da Figura 23.3 inclui todas as informações do banco de dados semitemporal da Figura 23.2, exceto que, apenas por questão de exemplo, mostramos o valor PARA para duas das remessas do fornecedor F4 como uma data anterior à data atual (ou seja, convertemos essas duas remessas de informações "atuais" para "históricas"). A Figura 23.3 também inclui informações históricas referentes a um período de tempo anterior, de *d02* para *d04*, durante o qual o fornecedor F2 estava contratado e capaz de fornecer certas peças. Os predicados são os seguintes:

- F_DE_PARA: *O fornecedor F# estava contratado durante o período do dia DE até o dia PARA.*

- FP_DE_PARA: *O fornecedor F# foi capaz de fornecer a peça P# durante o período do dia DE até o dia PARA.*

Existem alguns outros pontos que precisamos explicar com relação a esse exemplo, agora que está totalmente temporalizado. Para sermos específicos, consideramos deste ponto em diante (bem forma bem realista) que:

1. Nenhum fornecedor pode encerrar um contrato em um dia e iniciar outro no dia seguinte.

2. Nenhum fornecedor pode estar sob dois contratos distintos ao mesmo tempo.

3. Os contratos de fornecedor podem ser abertos – ou seja, um fornecedor pode estar contratado atualmente e a data final para esse contrato pode ser atualmente desconhecida.

Restrições (primeiro banco de dados temporal): Em primeiro lugar, observe o duplo sublinhado na Figura 23.3, em que incluímos o atributo DE na chave primária para as duas RelVars. Na realidade, a chave primária para F_DE_PARA (por exemplo) logicamente não pode ser apenas {F#}, porque se fosse, não poderíamos lidar com um fornecedor como F2, que foi contratado durante dois ou mais períodos separados. Uma observação semelhante se aplica a FP_DE_PARA. *Nota:* Poderíamos ter incluído os atributos PARA nas chaves primárias, em vez de atributos DE; na verdade, as RelVars F_DE_PARA e FP_DE_PARA possuem duas chaves candidatas e são bons exemplos de RelVars para as quais não existe um motivo óbvio para escolher uma dessas chaves candidatas como primária [9.14]. Fizemos as escolhas simplesmente por motivos de definição.

Portanto, aqui estão as definições em **Tutorial D**:

```
VAR F_DE_PARA
      BASE RELATION { F# F#, DE DATE, PARA DATE }
   KEY { F#, DE }
   KEY { F#, PARA } ;

VAR FP_DE_PARA
      BASE RELATION { F# F#, P# P#, DE DATE, PARA DATE }
   KEY { F#, P#, DE }
   KEY { F#, P#, PARA } ;
```

Em seguida, precisamos nos resguardar contra a possibilidade absurda de aparecer um par DE-PARA em que o valor PARA é menor que o valor DE:

```
CONSTRAINT F_DE_PARA_OK
   IS_EMPTY ( F_DE_PARA WHERE PARA < DE ) ;

CONSTRAINT FP_DE_PARA_OK
   IS_EMPTY ( FP_DE_PARA WHERE PARA < DE ) ;
```

Porém, as restrições que discutimos até aqui ainda não capturam tudo o que gostaríamos que elas capturassem. Considere, por exemplo, a RelVar FP_DE_PARA. Obviamente, se existe uma tupla para o fornecedor Fx nessa RelVar com valor d em DE e valor p em PARA, então queremos que *não* exista uma tupla para o fornecedor Fx nessa mesma RelVar, indicando que Fx foi contratado no dia imediatamente anterior a d ou no dia imediatamente após p. Por exemplo, considere o fornecedor F1, para o qual temos apenas uma tupla FP_DE_PARA, com DE = $d04$ e PARA = $d10$. O simples fato de {F#,DE} ser a chave candidata para essa RelVar é claramente insuficiente para evitar o aparecimento de uma tupla F1 adicional "superposta" com (digamos) DE = $d02$ e PARA = $d06$, indicando, entre outras coisas, que F1 *estava* contratado no dia imediatamente anterior ao dia 4. É claro que gostaríamos que essas duas tuplas F1 fossem fundidas em uma única tupla com DE = $d02$ e PARA = $d10$.

Agora, você já pode ter adivinhado que essa ideia de combinar tuplas será muito importante. Na realidade, *não* combinar as duas tuplas no exemplo anterior seria quase tão ruim quanto permitir duplicatas! As duplicatas significam "dizer a mesma coisa duas vezes". E essas duas tuplas para o fornecedor F1 com períodos DE-PARA superpostos na realidade "dizem a mesma coisa duas vezes"; para sermos específicos, elas dizem que o fornecedor F1 estava contratado nos dias 4, 5 e 6. Na realidade, se essas tuplas aparecessem juntas, então a RelVar F_DE_PARA estaria violando seu próprio predicado. Vamos retornar a essa questão e discuti-la com detalhes na Seção 23.7.

Em seguida, o fato de {F#,DE} ser uma chave candidata para FP_DE_PARA também é insuficiente para evitar o aparecimento de uma tupla F1 "adjacente" com (digamos) DE = *d02* e PARA = *d03*, indicando novamente que F1 estava sob contrato no dia imediatamente anterior ao dia 4. Novamente, retornaremos a essa questão para discuti-la com detalhes na Seção 23.7.

Aqui está então uma restrição que proíbe tais tuplas superpostas e adjacentes:

```
CONSTRAINT RFT1
   IS_EMPTY
      ( ( ( F_DE_PARA RENAME ( DE AS F1, PARA AS T1 ) ) JOIN
         ( F_DE_PARA RENAME ( DE AS F2, PARA AS T2 ) ) )
            WHERE ( T1 ≥ F2 AND T2 ≥ F1 ) ) OR
                  ( F2 = T1+1 OR F1 = T2+1 ) ) ;
```

Agora *realmente* começamos a ver o problema! Essa restrição é bastante complexa – para não mencionarmos que tomamos a liberdade de escrever (por exemplo) "T1+1" para designar o sucessor imediato do dia indicado por T1, um ponto ao qual voltaremos na próxima seção. Além do mais, dado um banco de dados totalmente temporal como o da Figura 23.3, provavelmente temos que indicar muitas restrições da mesma natureza genérica da Restrição RFT1, e novamente gostaríamos de ter uma boa abreviação para essa finalidade. *Nota:* De fato, existe outro problema com a Restrição RFT1, conforme declarada: a saber, o que acontece com a expressão T1+1 se T1 indicar "o final do tempo"?

Em seguida, observe cuidadosamente que a combinação de atributos {F#,DE} na RelVar FP_DE_PARA *não* é uma chave estrangeira para a RelVar F_DE_PARA (embora envolva os mesmos atributos que a chave primária da RelVar F_DE_PARA). Porém, certamente precisamos assegurar que, se um certo fornecedor aparece em FP_DE_PARA, então esse mesmo fornecedor também está representado na RelVar F_DE_PARA:

```
CONSTRAINT RFT2
   FP_DE_PARA { F# } ⊆ F_DE_PARA { F# } ;
```

Essa restrição é um exemplo de uma *dependência de inclusão* [11.4]. As dependências de inclusão podem ser consideradas uma generalização das restrições referenciais, como vimos no Capítulo 11. E já deve estar claro que qualquer banco de dados temporal como o da Figura 23.3 provavelmente envolverá uma grande quantidade dessas dependências, pelo menos de forma implícita.

Porém, a restrição RFT2 não é suficiente por si só – também precisamos assegurar que, se FP_DE_PARA mostra algum fornecedor como capaz de fornecer alguma peça durante algum período de tempo, então a RelVar F_DE_PARA mostra que esse mesmo fornecedor está contratado durante esse mesmo período de tempo:

```
CONSTRAINT RFT3
   COUNT ( FP_DE_PARA { ALL BUT P# } ) =
   COUNT ( ( ( FP_DE_PARA RENAME ( DE AS FPD, PARA AS FPP ) )
                                          { ALL BUT P# }
            JOIN
            ( FP_DE_PARA RENAME ( DE AS FD, PARA AS FP ) ) )
         WHERE FD ≤ FPD OR FP ≥ FPP ) ;
```

A intuição aqui é que se a RelVar FP_DE_PARA inclui uma tupla mostrando o fornecedor F*x* como capaz de fornecer alguma peça específica do dia *fpd* até o dia *fpp*, então a RelVar F_DE_PARA precisa incluir uma tupla mostrando o fornecedor F*x* como estando contratado durante esse mesmo intervalo. (Estamos considerando aqui que *todas* as restrições discutidas até este ponto estão em vigor!) Deliberadamente, não oferecemos qualquer análise avançada da restrição, mas vamos nos limitar a observar que, mais uma vez, ela é bastante complexa, e mais uma vez provavelmente teremos que declarar muitas restrições dessa mesma natureza genérica em um banco de dados real. Portanto, novamente gostaríamos de ter alguma boa abreviação à nossa disposição.

Consultas (primeiro banco de dados temporal): Agora aqui estão versões totalmente temporais das Consultas A e B:

- *Consulta A*: Obter triplas F#-DE-PARA para fornecedores que foram capazes de fornecer pelo menos uma peça em algum momento, em que DE e PARA designam juntos esse intervalo. Observe que o resultado da consulta poderia conter várias tuplas para o mesmo fornecedor (mas com intervalos diferentes, é claro; além do mais, esses intervalos não serão adjacentes nem superpostos).

- *Consulta B*: Obter triplas F#-DE-PARA para fornecedores que estavam impossibilitados de fornecer quaisquer peças durante pelo menos um intervalo de tempo, em que DE e PARA juntos designam esse intervalo. (Novamente, o resultado poderia conter várias tuplas para o mesmo fornecedor.)

Bem, talvez você queira ocupar um pouco de tempo para se convencer de que, como nós, preferiria nem mesmo tentar essas consultas! Porém, se fizer a tentativa, o fato de que elas *podem* ser expressas, embora de forma excessivamente trabalhosa, emergirá mais tarde, mas com certeza será óbvia a necessidade de algum tipo de abreviação.

Portanto, em resumo, o problema de dados temporais é que eles conduzem a restrições e consultas – sem falar nas atualizações, que estão além do escopo deste capítulo – que são exageradamente complexas para enunciar: excessivamente complexas, a menos que o sistema forneça algumas abreviações apropriadas, o que os SGBDs comerciais de hoje não fazem.

23.3 INTERVALOS

Agora, vamos iniciar nosso desenvolvimento desse conjunto apropriado de abreviações. O primeiro e mais fundamental passo é tratar os intervalos como valores separados, em vez de pares de valores inicial e fim separados, como viemos fazendo até este ponto. Por exemplo, considere o intervalo do dia 4 até o dia 10. Para enfatizar o fato de que estamos tratando esse intervalo como um valor separado, vamos representá-lo, informalmente, por meio da expressão abreviada [*d04:d10*], em vez de usar rodeios de palavras como "o intervalo do dia 4 ao dia 10". Para sermos específicos:

- Esse valor [*d04:d10*] é um *valor de intervalo*, ou apenas um *intervalo*, para abreviar.

- Os valores *d04* e *d10* são o *ponto inicial* e o *ponto final*, respectivamente, desse valor de intervalo.

- O valor de intervalo possui um certo *tipo de intervalo*.

- O tipo de intervalo é definido sobre um certo *tipo de ponto*.

Definiremos todos esses termos com precisão em alguns instantes. Porém, primeiro, vamos mostrar o que acontece com nosso banco de dados de exemplo se adotarmos essa técnica. Veja a Figura 23.4.

Os predicados são os seguintes:

- F_DURANTE: *O fornecedor F# estava contratado durante o intervalo desde o ponto inicial de DURANTE até o ponto final de DURANTE.*

- FP_DURANTE: *O fornecedor F# era capaz de fornecer a peça P# durante o intervalo desde o ponto inicial de DURANTE até o ponto final de DURANTE.*

```
┌─────────────────────────────────────────────────────────────────────────┐
│                                                                           │
│     F_DURANTE                      FP_DURANTE                             │
│                                                                           │
│     ┌──────┬──────────┐           ┌──────┬──────┬──────────┐             │
│     │  F#  │ DURANTE  │           │  F#  │  P#  │ DURANTE  │             │
│     ╞══════╪══════════╡           ╞══════╪══════╪══════════╡             │
│     │  F1  │[d04:d10] │           │  F1  │  P1  │[d04:d10] │             │
│     │  F2  │[d02:d04] │           │  F1  │  P2  │[d05:d10] │             │
│     │  F2  │[d07:d10] │           │  F1  │  P3  │[d09:d10] │             │
│     │  F3  │[d03:d10] │           │  F1  │  P4  │[d05:d10] │             │
│     │  F4  │[d04:d10] │           │  F1  │  P5  │[d04:d10] │             │
│     │  F5  │[d02:d10] │           │  F1  │  P6  │[d06:d10] │             │
│     └──────┴──────────┘           │  F2  │  P1  │[d02:d04] │             │
│                                   │  F2  │  P1  │[d08:d10] │             │
│                                   │  F2  │  P2  │[d03:d03] │             │
│                                   │  F2  │  P2  │[d09:d10] │             │
│                                   │  F3  │  P2  │[d08:d10] │             │
│                                   │  F4  │  P2  │[d06:d09] │             │
│                                   │  F4  │  P4  │[d04:d08] │             │
│                                   │  F4  │  P5  │[d05:d10] │             │
│                                   └──────┴──────┴──────────┘             │
│                                                                           │
└─────────────────────────────────────────────────────────────────────────┘
```

FIGURA 23.4 *O banco de dados de fornecedores e remessas*
(segunda versão final completamente temporal, usando intervalos) – amostra de valores.

Agora vamos às definições formais. Em primeiro lugar, determinado tipo *T* pode ser usado como **tipo de ponto** (e os valores do tipo *T* podem ser chamados **pontos**) se todos os seguintes são definidos para esse tipo *T*:

- Uma **ordenação total,** de acordo com a qual o operador ">" é definido para cada par de valores *v1* e *v2* do tipo *T*; se *v1* e *v2* são distintos, exatamente uma das expressões "*v1 > v2*" e "*v2 > v1*" é verdadeira e a outra é falsa. *Nota*: Como vimos no Capítulo 5, o operador "=" certamente é definido para *T*. Dado que ">" também é definido, portanto (e dada também a disponibilidade do operador booleano NOT), podemos legitimamente considerar que todos os operadores de comparação normais – "=", "≠", ">", "≥", "<" e "≤" – estão realmente disponíveis para todos os pares de valores do tipo *T*.

- Operadores niládicos **FIRST_*T*** e **LAST_*T*,** que retornam o primeiro e o último valor do tipo *T*, respectivamente, de acordo com a ordenação total mencionada anteriormente.

- Operadores monádicos **NEXT_*T*** e **PRIOR_*T*,** que retornam o sucessor e o predecessor, respectivamente, de qualquer valor do tipo *T*, de acordo com a ordenação total mencionada anteriormente. *Nota:* NEXT_*T* é a **função sucessora** para o tipo *T*; naturalmente, NEXT_*T*(*p*) é indefinido se *p* = LAST_*T*( ). Da mesma forma, PRIOR_*T*(*p*) é indefinido se *p* = FIRST_*T*( ).

Em seguida, definimos o **gerador de tipos INTERVAL.**[6] Se *T* é um tipo de ponto, então INTERVAL_*T* é um **tipo de intervalo,** obtido pela chamada desse gerador de tipos sobre o tipo *T*. Assim como todos os geradores de tipos, INTERVAL possui associado a ele (a) um conjunto de representações possíveis genéricas, (b) um conjunto de operadores genéricos e (c) um conjunto de restrições genéricas, todos aplicando-se a cada tipo gerado, obtido a partir dele. Para sermos mais específicos:

- Consideramos apenas uma representação possível: Qualquer valor do tipo INTERVAL_*T* – ou seja, qualquer **intervalo** desse tipo – possivelmente poderá ser representado por um par de valores do tipo *T*, correspondente ao ponto inicial e ao ponto final, respectivamente, do intervalo em questão. Aqui está a sintaxe do operador **seletor** correspondente:

`INTERVAL_T ( [ i : f ] )`

Aqui, *i* e *f* são expressões do tipo *T*, e a chamada seletor geral retorna o intervalo com pontos inicial e final iguais aos valores indicados por essas expressões.

---

[6]Vale a pena explicar que o gerador de tipos INTERVAL é a única construção introduzida neste capítulo que não é apenas abreviação. Nossa abordagem para bancos de dados temporais – diferente de algumas outras que foram descritas na literatura –, portanto, não envolve mudança alguma no modelo relacional clássico (embora envolva certas *generalizações*, como veremos nas Seções 23.5 e 23.7).

- Aqui está a sintaxe dos "operadores THE_" correspondentes **BEGIN** e **END**:

```
BEGIN ( i )
END ( i )
```

Neste caso, *i* é uma expressão de algum tipo de intervalo e as duas chamadas de operador retornam o ponto inicial e o ponto final, respectivamente, do intervalo indicado por essa expressão. *Nota:* Como explicamos, BEGIN e END são, na realidade, operadores "THE_", e em **Tutorial D** normalmente nos referiríamos a eles como THE_BEGIN e THE_END. Aqui e no decorrer do capítulo, usamos BEGIN e END em vez disso, para manter a consistência com o material escrito existente a respeito do assunto.

- Outros operadores genéricos são ":="; um conjunto de operadores booleanos, incluindo "=" em particular, conhecidos coletivamente como *operadores de Allen* (veja mais adiante, nesta seção); e vários outros operadores (novamente, veja mais adiante nesta seção).

- Consideramos apenas uma restrição genérica: a saber, a restrição que se *i* é um intervalo, então $BEGIN(i) \leq END(i)$. Uma consequência é que os intervalos nunca são vazios – eles sempre contêm pelo menos um ponto. Outra é que restrições explícitas "para resguardar contra a possibilidade absurda de aparecer um par DE-PARA em que o valor PARA é menor que o valor DE" (como dissemos na seção anterior) não são mais necessárias.

Agora, deve ficar claro que o tipo DATE, em particular, satisfaz aos requisitos de um tipo de ponto e por isso pode ser usado dessa maneira. Logo, INTERVAL_DATE é um tipo de intervalo válido e por isso as definições para as RelVars F_DURANTE e FP_DURANTE poderiam ser estas:

```
VAR F_DURANTE BASE RELATION
  { F# F#, DURANTE INTERVAL_DATE }
  KEY { F#, DURANTE } ;

VAR FP_DURANTE BASE RELATION
  { F# F#, P# P#, DURANTE INTERVAL_DATE }
  KEY { F#, P#, DURANTE } ;
```

Observe que essas definições ainda estão bastante incompletas! Voltaremos para aperfeiçoá-las na Seção 23.7. Contudo, observe que agora eliminamos o problema de ter que escolher a chave candidata que será escolhida como primária. Quanto às outras restrições e às consultas da Seção 23.2, deverá ficar claro que versões diretas dessas restrições e consultas podem ser formuladas contra o banco de dados da Figura 23.4, graças à existência dos operadores BEGIN e END. Porém, não mostramos quaisquer formulações, pois é exatamente parte do nosso objetivo chegar a uma maneira melhor de expressar essas restrições e consultas.

Repetindo, o tipo DATE é um tipo de ponto válido – mas não existe um requisito de que os tipos de ponto tenham de ser tipos "data e hora" especificamente, nem que os intervalos tenham de ser intervalos "data e hora" especificamente. De fato, embora os intervalos sejam a abstração fundamental que precisamos para lidar com dados temporais, deve ficar claro que o conceito de intervalo tem realmente uma aplicabilidade muito mais ampla; ou seja, existem muitas outras aplicações para intervalos, aplicações em que os intervalos não são necessariamente temporais. Aqui estão alguns exemplos:

- Faixas de imposto são representadas por faixas de receita tributável – ou seja, intervalos cujos pontos inicial e final (e todos os pontos intermediários) são valores monetários.

- As máquinas são construídas para operarem dentro de certas faixas de temperatura e voltagem – ou seja, intervalos cujos pontos contidos são temperaturas e voltagens, respectivamente.

- Os animais variam de acordo com a faixa de frequência das ondas de luz e som às quais seus olhos e ouvidos podem perceber.

- Diversos fenômenos naturais ocorrem e podem ser medidos em faixas de profundidade do solo ou do mar, ou altura em relação ao nível do mar.

Embora nosso foco principal neste capítulo seja em intervalos temporais especificamente, muitas de nossas discussões são realmente relevantes a intervalos em geral. Porém, o espaço não nos permite detalhar muita coisa aqui e, portanto, vamos nos limitar a alguns exemplos de tipos de intervalo não temporais:

- INTERVAL_INTEGER
  O tipo de ponto aqui é INTEGER; a função sucessora é "próximo inteiro" (ou seja, "somar um") e os valores desse tipo de intervalo são intervalos no formato [i:f], onde i e f são valores do tipo INTEGER e $i \leq f$.

- INTERVAL_MONEY
  MONEY aqui é – vamos supor – um tipo que representa valores monetários medidos em reais e centavos. A função sucessora é "somar um centavo". Os valores desse tipo de intervalo são intervalos no formato [i:f], onde i e f são valores do tipo MONEY e $i \leq f$.

Operadores sobre pontos e intervalos

Agora, prosseguimos definindo uma série de operadores úteis sobre pontos e intervalos (além e acima daqueles já discutidos). O desenvolvimento de exemplos para ilustrar a funcionalidade desses operadores fica como um exercício. *Terminologia:* Seja T um tipo de ponto, e sejam p, $p1$ e $p2$ valores do tipo T; informalmente, usamos as expressões $p+1$ e $p-1$ para representar o sucessor e o predecessor de p, respectivamente. Além do mais, sejam i, $i1$ e $i2$ os intervalos do tipo INTERVAL_T, e sejam b, $b1$ e $b2$ os pontos iniciais e e, $e1$ e $e2$ os pontos finais de i, $i1$ e $i2$, respectivamente; informalmente, usamos as expressões [b:e], [$b1$:$e1$] e [$b2$:$e2$] para representar i, $i1$ e $i2$, respectivamente. Então:

- IS_NEXT_T($p1$,$p2$) é verdadeiro se e somente se $p1$ for o sucessor imediato de $p2$. IS_PRIOR_T($p1$,$p2$) é verdadeiro se e somente se IS_NEXT_T($p2$,$p1$) for verdadeiro – ou seja, IS_PRIOR_T($p1$,$p2$) IS_NEXT_T($p2$,$p1$).

- MAX($p1$,$p2$) retorna $p2$ se $p1 < p2$ for verdadeiro, caso contrário, retorna $p1$; MIN($p1$,$p2$) retorna $p1$ se $p1 < p2$ for verdadeiro, caso contrário, retorna $p2$.

- $p \in i$ é verdadeiro se e somente se $b \leq p$ e $p \leq e$ forem ambos verdadeiros – ou seja, $p \in i$ ($b \leq p$ AND $p \leq e$). Além disso, $i \ni p \equiv p \in i$. *Nota:* Os símbolos $\in$ e $\ni$ podem ser lidos como "está contido em" e "contém", respectivamente.

- COUNT(i) retorna uma contagem do número de pontos distintos p, tais que $p \in i$.

- Se e somente se COUNT(i) $= 1$, i é um *intervalo unitário*. POINT FROM i retorna o único ponto p no intervalo unitário i.

- PRE(i) e POST(i) retornam b-1 e e+1, respectivamente. *Nota:* PRE(i) e POST(i) são abreviações para PRIOR_T(BEGIN(i)) e NEXT_T(END(i)), respectivamente.

Em seguida, diversos operadores podem ser definidos para testar se dois intervalos são iguais, se eles estão superpostos e assim por diante. Os operadores em questão são conhecidos como **operadores de Allen**, a maioria deles tendo sido proposta inicialmente por Allen na referência [23.1]; contudo, não seguiremos aqui a nomenclatura de Allen. Eles são definidos mais sucintamente em termos de equivalências, mas você poderá tentar desenhar algumas figuras para entendê-los em um nível intuitivo.

- *Igual (=): (i1 = i2) ≡ (b1 = b2 AND e1 = e2)*

- *Inclui ( ) e incluído em ( ): (i1 i2) b1 b2 AND e1 e2); (i2 i1) (i1 i2)*

- *Inclui propriamente ( ) e incluído propriamente em ( ): (i1 i2) (i1 i2 AND i1≠ i2); (i2 i1) (i1 i2)*

- *BEFORE e AFTER: (i1 BEFORE i2) ≡ (e1 < b2); (i1 AFTER i2) (i2 BEFORE i1)*

- *MEETS: (i1 MEETS i2) ≡ (b2 = e1+1 OR b1 = e2+1)*

- *OVERLAPS: (i1 OVERLAPS i2) ≡ (b1 ≤ e2 AND b2 ≤ e1)*

- *MERGES: (i1 MERGES i2) ≡ (i1 OVERLAPS i2 OR i2 MEETS i2)*

- *BEGINS: (i1 BEGINS i2) ≡ (b1 = b2 AND e1 ≤ e2)*

- *ENDS: (i1 ENDS i2) ≡ (e1 = e2 AND b1 ≥ b2)*

Finalmente, definimos alguns operadores diádicos úteis sobre intervalos que retornam intervalos: a saber, versões de intervalo dos operadores conhecidos UNION, INTERSECT e MINUS. Cada um utiliza dois intervalos do mesmo tipo como seus operandos e retorna outro intervalo do mesmo tipo como seu resultado (e aqui damos alguns exemplos).

- *UNION:* i1 UNION i2 produz [MIN(*b1,b2*):MAX(*e1,e2*)] se i1 MERGES i2 é verdadeira e, caso contrário, é indefinida. Por exemplo, a união de [*d04:d08*] e [*d06:d10*] é [*d04:d10*]; a união de [*d02:d03*] e [*d06:d10*] é indefinida.

- *INTERSECT:* i1 INTERSECT i2 produz [MAX(*b1,b2*):MIN(*e1,e2*)] se i1 OVERLAPS i2 é verdadeira e, caso contrário, é indefinida. Por exemplo, a interseção de [*d04:d08*] e [*d06:d10*] é [*d06:d08*]; a interseção de [*d02:d03*] e [*d06:d10*] é indefinida.

- *MINUS:* i1 MINUS i2 produz [*b1*:MIN(*b2-1,e1*)] se *b1 < b2* e *e1 ≤ e2* forem ambas verdadeiras; [MAX(*e2+1,b1*):*e1*] se *b1 ≥ b2* e *e1 > e2* forem ambas verdadeiras e, caso contrário, é indefinida. Por exemplo, a diferença entre [*d04:d08*] e [*d06:d10*] (nessa ordem) é [*d04:d05*]; a diferença entre [*d06:d10*] e [*d04:d08*] (nessa ordem) é [*d09:d10*]; a diferença entre [*d02:d03*] e [*d06:d10*] (em qualquer ordem) é indefinida.

Exemplos de consulta

Concluímos esta seção com alguns exemplos de consultas para ilustrar o uso de alguns dos operadores definidos na subseção anterior. Primeiro, considere a consulta "Obter números de fornecedores correspondentes a fornecedores que eram capazes de fornecer a peça P2 no dia 8". Aqui está uma formulação possível dessa consulta sobre o banco de dados da Figura 23.4:

```
( FP_DURANTE WHERE P# = P# ('P2')
            AND   d08 DURANTE ) { F# }
```

Explicação: A expressão dentro dos parênteses mais externos restringe o conjunto de tuplas que aparecem atualmente na RelVar FP_DURANTE apenas àquelas para as quais o valor P# é P2 e o dia 8 está contido no intervalo que é o valor de DURANTE. Esse conjunto de tuplas é, então, projetado sobre o atributo F# para produzir o resultado desejado. *Nota:* Na prática, a expressão *"d08"* aqui teria de ser substituída pela chamada de um seletor DATE apropriado.

Como um segundo exemplo, aqui está uma formulação possível da consulta: "Obter pares de fornecedores que eram capazes de fornecer a mesma peça ao mesmo tempo":

```
WITH ( FP_DURANTE RENAME ( F# AS X#, DURANTE AS XD ) ) AS T1 ,
     ( FP_DURANTE RENAME ( F# AS Y#, DURANTE AS YD ) ) AS T2 ,
     ( T1 JOIN T2 ) AS T3 ,
     ( T3 WHERE XD OVERLAPS YD ) AS T4 ,
     ( T4 WHERE X# < Y# ) AS T5 :
T5 { X#, Y# }
```

Explicação: T1 aqui é a relação que é o valor atual da RelVar FP_DURANTE, exceto que os atributos F# e DURANTE são renomeados como X# e XD, respectivamente; a relação T2 é a mesma coisa, exceto que os novos nomes de atributo são Y# e YD. A relação T3 é a união de T1 e T2 sobre números de peça. A relação T4 é a restrição de T3 a apenas tuplas nas quais os intervalos XD e YD se sobrepõem (significando que os fornecedores não apenas eram capazes de fornecer a mesma peça, mas realmente poderiam fornecer a mesma peça *ao mesmo tempo*, como solicitado). A relação T5 é a restrição de T4 a apenas aquelas tuplas nas quais o número de fornecedor X# é menor que o número de fornecedor Y# (compare com o Exemplo 7.5.5, no Capítulo 7). A projeção final sobre X# e Y# produz o resultado desejado.

Como um terceiro exemplo, suponha que queremos obter, não apenas pares de fornecedores que eram capazes de fornecer a mesma peça ao mesmo tempo, mas também as peças e os períodos em questão. Aqui, então, está uma formulação possível:

```
WITH ( FP_DURANTE RENAME ( F# AS X#, DURANTE AS XD ) ) AS T1 ,
     ( FP_DURANTE RENAME ( F# AS Y#, DURANTE AS YD ) ) AS T2 ,
     ( T1 JOIN T2 ) AS T3 ,
     ( T3 WHERE XD OVERLAPS YD ) AS T4 ,
     ( T4 WHERE X# < Y# ) AS T5 ,
     ( EXTEND T5 ADD ( XD INTERSECT YD ) AS DURANTE ) AS T6:
T6 { X#, Y#, P#, DURANTE }
```

Explicação: As relações T1, T2, T3, T4 e T5 são exatamente como no exemplo anterior. O EXTEND, então, calcula os intervalos relevantes e a projeção final produz o resultado desejado.

23.4 EMPACOTANDO E DESEMPACOTANDO RELAÇÕES

Nesta seção, introduzimos dois operadores relacionais novos (e extremamente importantes), chamados PACK e UNPACK. Contudo, como um degrau no caminho até esses operadores, primeiro precisamos nos desviar rapidamente e discutir duas versões mais simples desses operadores, chamadas COLLAPSE e EXPAND, respectivamente. Além do mais, por motivos pedagógicos, vamos discutir esses dois últimos operadores na ordem inversa.

EXPAND e COLLAPSE

EXPAND e COLLAPSE, conforme os descrevemos aqui,[7] apanham como único operando uma relação unária em que as tuplas contêm intervalos e produzem outra relação desse tipo como resultado. Por exemplo, suponha que a relação *r* se pareça com esta:

Então, EXPAND *r* e COLLAPSE *r* produzem resultados semelhantes a estes:

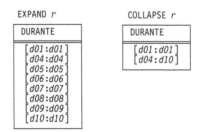

Explicação: Considere que a relação unária *r* tenha DURANTE como seu único atributo e que DURANTE tem valor de intervalo. Então, as *formas expandida* e *encolhida* de *r* são relações unárias do mesmo tipo de *r*, definidas da seguinte forma:

---

[7] Versões mais genéricas dos operadores são descritas na referência [23.4].

- A forma **expandida** (EXPAND) é aquela relação *rx* que contém todas e somente as tuplas que contêm um intervalo unitário da forma [*p*:*p*], em que *p* é um ponto em algum intervalo de alguma tupla em *r*.

- A forma **encolhida** (COLLAPSE) de *r* é aquela relação *rc* tal que:

  a. As relações *r* e *rc* têm a mesma forma expandida.

  b. Duas tuplas distintas em *rc* não contêm intervalos *i1* e *i2*, respectivamente, tais que *i1* MERGES *i2* seja verdadeira. De modo equivalente, duas tuplas distintas em *rc* não contêm intervalos *i1* e *i2*, respectivamente, tais que *i1* UNION *i2* seja definida. (Segue-se que *rc* pode ser calculada a partir de *r* pela substituição sucessiva de pares de tuplas *t1* e *t2* em *r* por uma tupla *t* contendo a união dos intervalos em *t1* e *t2* até que não haja mais substituições possíveis.)

Agora, vamos examinar essas ideias mais de perto. Para simplificar, consideramos no restante desta subseção que as únicas relações com que estamos lidando são, exatamente, relações unárias em que as tuplas contêm intervalos. Então, definimos a noção importante de *equivalência* entre tais relações da seguinte forma:

- Duas relações *r1* e *r2* são **equivalentes** se e somente se o conjunto de todos os pontos contidos em intervalos nas tuplas de *r1* for igual ao conjunto de todos os pontos contidos em intervalos nas tuplas de *r2*.

Com essa definição e com as definições anteriores das formas expandida e encolhida, deverá ficar claro que:

- Para qualquer relação *r*, sempre existe uma forma expandida correspondente de *r*.

- Essa forma expandida é equivalente a *r*. Na verdade, podemos dizer que duas relações são equivalentes se e somente se tiverem a mesma forma expandida.

- Essa forma expandida é exclusiva; para sermos precisos, é essa relação equivalente exclusiva para a qual os intervalos são todos do tamanho mínimo possível (um).

- Intuitivamente, a forma expandida de *r* nos permite focalizar no conteúdo de informação de *r* em um nível atômico, sem nos preocuparmos com as muitas maneiras diferentes com que essa informação pode ser juntada em "grupos".

- Se *r* é vazia, a forma expandida de *r* também é vazia.

De modo semelhante:

- Para qualquer relação *r*, sempre existe uma forma encolhida correspondente de *r*.

- Essa forma encolhida é equivalente a *r*. Na verdade, podemos dizer que duas relações são equivalentes se e somente se tiverem a mesma forma encolhida.

- Essa forma encolhida é exclusiva; para sermos precisos, é essa relação equivalente exclusiva que tem a cardinalidade mínima possível.

- Intuitivamente, a forma encolhida de *r* nos permite focalizar no conteúdo de informação de *r* em uma forma compactada ("agrupada"), sem nos preocuparmos com a possibilidade de que "grupos" distintos possam ser adjacentes ou superpostos.

- Se *r* é vazia, a forma encolhida de *r* também é vazia.

A propósito, não cometa o erro de pensar que EXPAND e COLLAPSE são inversos um do outro. Na verdade, nem EXPAND (COLLAPSE *r*) nem COLLAPSE (EXPAND *r*) são idênticos a *r*, em geral (embora sejam ambos *equivalentes* a *r*, naturalmente). Na realidade, é fácil ver que as seguintes identidades são verdadeiras:

- EXPAND (COLLAPSE r) EXPAND r

- COLLAPSE (EXPAND r) COLLAPSE r

Segue-se que a primeira operação em uma sequência de encolher-depois-expandir ou expandir-depois-encolher sobre alguma relação r pode simplesmente ser ignorada, um fato que poderia ser útil para fins de otimização (especialmente quando essa primeira operação é EXPAND).]

Dois comentários finais para encerrar esta subseção:

- A referência [23.4] mostra que EXPAND e COLLAPSE podem ser definidos em termos de operadores já disponíveis na álgebra relacional. Em outras palavras, eles são apenas abreviações.

- A referência [23.4] também mostra que é altamente desejável definir versões dos operadores EXPAND e COLLAPSE que funcionem sobre relações *nulárias*, em vez de unárias. Omitimos aqui uma análise detalhada e, em vez disso, simplesmente definimos EXPAND r e COLLAPSE r para retornar r se r for uma relação nulária. Também definimos duas relações nulárias para serem equivalentes se e somente se elas forem iguais.

PACK e UNPACK

Em sua forma mais comum, PACK e UNPACK apanham como único operando uma relação n-ária em que um dos atributos tem valor de intervalo e produz outra relação desse tipo como seu resultado. Por exemplo, suponha que a relação r se pareça com esta:

F#	DURANTE
F2	[d02:d04]
F2	[d03:d05]
F4	[d02:d05]
F4	[d04:d06]
F4	[d09:d10]

Então, PACK r ON DURANTE e UNPACK r ON DURANTE produzem resultados semelhantes a estes:

PACK r ON DURANTE

F#	DURANTE
F2	[d02:d05]
F4	[d02:d06]
F4	[d09:d10]

UNPACK r ON DURANTE

F#	DURANTE
F2	[d02:d02]
F2	[d03:d03]
F2	[d04:d04]
F2	[d05:d05]
F4	[d02:d02]
F4	[d03:d03]
F4	[d04:d04]
F4	[d05:d05]
F4	[d06:d06]
F4	[d09:d09]
F4	[d10:d10]

Observe que, informalmente, cada um desses resultados representa a mesma informação que a relação original r, mas:

- No caso de PACK, a informação foi reorganizada de modo que dois intervalos de DURANTE para determinado fornecedor não sejam adjacentes ou superpostos.

- No caso de UNPACK, a informação foi reorganizada de modo que cada valor de DURANTE (e, portanto, cada intervalo de DURANTE para determinado fornecedor) é um intervalo unitário especificamente.

A relevância de COLLAPSE e EXPAND às operações PACK e UNPACK deverá ser intuitivamente óbvia. O que provavelmente também é óbvio é que a relação original r e as formas compactada e descompactada correspondentes são todas *equivalentes* em um certo sentido (ao final desta seção, você verá exatamente que sentido é esse).

Agora, vamos nos concentrar especificamente em PACK. Aqui está uma nova declaração da Consulta A em termos do banco de dados da Figura 23.4:

- *Consulta A:* Obter pares F#-DURANTE para os fornecedores que eram capazes de fornecer pelo menos uma peça durante pelo menos um intervalo de tempo, onde DURANTE designa esse intervalo.

Com as amostras de dados da Figura 23.4, o resultado desejado se parece com este:

F#	DURANTE
F1	$[d04:d10]$
F2	$[d02:d04]$
F2	$[d08:d10]$
F3	$[d08:d10]$
F4	$[d04:d10]$

Essa relação é a *forma compactada sobre DURANTE* de uma certa projeção da RelVar FP: a saber, a projeção sobre F# e DURANTE. E por fim chegaremos a um ponto onde poderemos obter esse resultado por meio de uma expressão simples na forma

```
PACK T1 ON DURANTE
```

em que T1 e a projeção especificada. Contudo, vamos chegar até esse ponto uma etapa de cada vez. A primeira etapa é:

```
WITH FP_DURANTE { F#, DURANTE } AS T1 :
```

Essa etapa gera a projeção necessária (com efeito, ela apenas "projeta para fora" os números de peça, que são irrelevantes à consulta em questão). Em termos dos nossos dados de amostra, T1 se parece com isto:

F#	DURANTE
F1	$[d04:d10]$
F1	$[d05:d10]$
F1	$[d09:d10]$
F1	$[d06:d10]$
F2	$[d02:d04]$
F2	$[d08:d10]$
F2	$[d03:d03]$
F2	$[d09:d10]$
F3	$[d08:d10]$
F4	$[d06:d09]$
F4	$[d04:d08]$
F4	$[d05:d10]$

Observe que essa relação contém informações redundantes; por exemplo, somos informados não menos do que três vezes que o fornecedor F1 era capaz de fornecer algo no dia 6 (o resultado desejado, ao contrário, não contém tal redundância).

A próxima etapa é a seguinte:

```
WITH ( T1 GROUP { DURANTE } AS X ) AS T2 :
```

T2 se parece com isto:

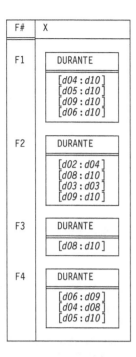

O atributo X de T2 tem *valor de relação* e por isso podemos aplicar o operador COLLAPSE às relações unárias que são valores desse atributo:

```
WITH ( EXTEND T2 ADD COLLAPSE ( X ) AS Y )
                        { ALL BUT X } AS T3 :
```

T3 se parece com isto (observe que o atributo X foi projetado para fora, graças á especificação "{ALL BUT X}"):

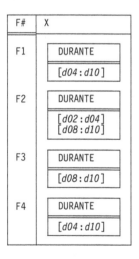

Finalmente, desagrupamos:

```
T3 UNGROUP Y
```

Essa expressão produz o resultado desejado. Em outras palavras, agora mostrando todas as etapas juntas (e simplificando ligeiramente), esse resultado é obtido pela avaliação da seguinte expressão geral:

```
WITH FP_DURANTE { F#, DURANTE } AS T1 ,
   ( T1 GROUP { DURANTE } AS X ) AS T2 ,
   ( EXTEND T2 ADD COLLAPSE ( X ) AS Y ) { ALL BUT X } AS T3 :
T3 UNGROUP Y
```

Agora, podemos definir nosso operador PACK (que é uma abreviação, é claro). A sintaxe é:

```
PACK r ON A
```

Aqui, *r* é uma expressão relacional e *A* e um atributo de intervalo da relação indicada por essa expressão. A semântica é definida pela generalização óbvia das operações de agrupamento, extensão, projeção e desagrupamento, pelas quais obtemos RESULTADO de T1:

```
PACK r ON A ≡ WITH ( r GROUP { A } AS X ) AS R1 ,
                 ( EXTEND R1 ADD COLLAPSE ( X ) AS Y )
                                        { ALL BUT X } AS R2 :
           R2 UNGOUP Y
```

Conforme sugerimos anteriormente, a Consulta A agora pode ser formulada desta maneira:

```
PACK FP_DURANTE { F#, DURANTE } ON DURANTE
```

Nota: Pode ser útil apontar explicitamente que – como deve estar claro pela definição – o empacotamento de uma relação *sobre* algum atributo *A* envolve o agrupamento dessa relação *por* todos os seus atributos, fora esse atributo *A*. (Lembre-se, como vimos no Capítulo 8, que, por exemplo, a expressão "T1 GROUP {DURANTE}..." pode ser lida como "grupo T1 *por* F#", sendo F# o único atributo de T1 fora aquele mencionado na especificação GROUP.) Contudo, observe que, embora *r* GROUP {A}... com certeza retorne um resultado exatamente com uma tupla para cada valor distinto de *B* (em que *B* são todos os atributos de *r* fora *A*), PACK *r* ON *A* poderia retornar um resultado com várias tuplas para determinado valor de *B*. Por ilustração, consulte o resultado de PACK para a Consulta A, que possui duas tuplas para o fornecedor F4.

Agora, passamos para UNPACK e para a Consulta B:

- *Consulta B:* Obter pares F#-DURANTE para fornecedores que não eram capazes de fornecer quaisquer peças durante pelo menos um intervalo de tempo, em que DURANTE designa tal intervalo.

Agora, você provavelmente pode ver que o que precisamos fazer aqui, essencialmente, é procurar pares F#-DURANTE que aparecem ou são implicados por F-DURANTE e *não* aparecem e *não* são implicados por FP_DURANTE. Essa breve caracterização deverá ser suficiente para sugerir (corretamente) que, novamente em essência, o que precisamos fazer e realizar algumas operações de descompactação, apanhar a diferença entre os resultados e depois compactar essa diferença novamente. Portanto, vamos introduzir o operador UNPACK:

```
UNPACK r ON A ≡ WITH ( r GROUP { A } AS X ) AS R1 ,
                   ( EXTEND R1 ADD EXPAND ( X ) AS Y )
                                        { ALL BUT X } AS R2 :
             R2 UNGOUP Y
```

Essa definição é idêntica à de PACK, exceto pelo aparecimento de EXPAND no lugar de COLLAPSE na segunda linha. Chamamos o resultado da expressão de *forma descompactada de r sobre A*.

Com relação à Consulta B, portanto, podemos obter o operando da esquerda que precisamos (ou seja, pares F#-DURANTE que aparecem ou são implicados por F_DURANTE) da seguinte maneira:

```
UNPACK F_DURANTE { F#, DURANTE } ON DURANTE
```

Aqui está a forma expandida dessa expressão:

```
WITH F_DURANTE { F#, DURANTE } AS T1 ,
   ( T1 GROUP { DURANTE } AS X ) AS T2 ,
   ( EXTEND T2 ADD EXPAND ( X ) AS Y ) { ALL BUT X } AS T3 :
T3 UNGROUP Y
```

Examinar essa expressão com detalhes, passo a passo, fica como um exercício. Porém, com os dados de amostra da Figura 23.4, o resultado geral – vamos chamá-lo de U1 – se parece com isto:

F#	DURANTE
F1	$[d04:d04]$
F1	$[d05:d05]$
F1	$[d06:d06]$
F1	$[d07:d07]$
F1	$[d08:d08]$
F1	$[d09:d09]$
F1	$[d10:d10]$
F2	$[d02:d02]$
F2	$[d03:d03]$
F2	$[d04:d04]$
F2	$[d07:d07]$
F2	$[d08:d08]$
F2	$[d09:d09]$
F2	$[d10:d10]$
F3	$[d03:d03]$
F3	$[d04:d04]$
F3	$[d05:d05]$
F3	$[d06:d06]$
F3	$[d07:d07]$
F3	$[d08:d08]$
F3	$[d09:d09]$
F3	$[d10:d10]$
F4	$[d04:d04]$
F4	$[d05:d05]$
F4	$[d06:d06]$
F4	$[d07:d07]$
F4	$[d08:d08]$
F4	$[d09:d09]$
F4	$[d10:d10]$
F5	$[d02:d02]$
F5	$[d03:d03]$
F5	$[d04:d04]$
F5	$[d05:d05]$
F5	$[d06:d06]$
F5	$[d07:d07]$
F5	$[d08:d08]$
F5	$[d09:d09]$
F5	$[d10:d10]$

Naturalmente, o operando da direita (ou seja, pares F#-DURANTE que aparecem ou são implicados por FP_DURANTE) e obtido de modo semelhante:

```
UNPACK FP_DURANTE { F#, DURANTE } ON DURANTE
```

O resultado dessa expressão – vamos chamá-lo de U2 – se parece com isto:

F#	DURANTE
F1	$[d04:d04]$
F1	$[d05:d05]$
F1	$[d06:d06]$
F1	$[d07:d07]$
F1	$[d08:d08]$
F1	$[d09:d09]$
F1	$[d10:d10]$
F2	$[d02:d02]$
F2	$[d03:d03]$
F2	$[d04:d04]$
F2	$[d08:d08]$
F2	$[d09:d09]$
F2	$[d10:d10]$
F3	$[d08:d08]$
F3	$[d09:d09]$
F3	$[d10:d10]$
F4	$[d04:d04]$
F4	$[d05:d05]$
F4	$[d06:d06]$
F4	$[d07:d07]$
F4	$[d08:d08]$
F4	$[d09:d09]$
F4	$[d10:d10]$

Agora, podemos aplicar o operador de diferença:

```
U1 MINUS U2
```

O resultado dessa expressão, digamos U3, se parece com isto:

F#	DURANTE
F2	$[d07:d07]$
F3	$[d03:d03]$
F3	$[d04:d04]$
F3	$[d05:d05]$
F3	$[d06:d06]$
F3	$[d07:d07]$
F5	$[d02:d02]$
F5	$[d03:d03]$
F5	$[d04:d04]$
F5	$[d05:d05]$
F5	$[d06:d06]$
F5	$[d07:d07]$
F5	$[d08:d08]$
F5	$[d09:d09]$
F5	$[d10:d10]$

Finalmente, compactamos U3 para obter o resultado final desejado:

```
PACK U3 ON DURANTE
```

O resultado final se parece com isto:

F#	DURANTE
F2	$[d07:d07]$
F3	$[d03:d07]$
F5	$[d02:d10]$

Aqui está, então, a formulação da Consulta B como uma única expressão:

```
PACK
  ( ( UNPACK F_DURANTE { F#, DURANTE } ON DURANTE )
    MINUS
    ( UNPACK FP_DURANTE { F#, DURANTE } ON DURANTE ) )
ON DURANTE
```

Observe que a descompactação de r sobre A (como a compactação de r sobre A) envolve o agrupamento de r por todos os atributos de r fora A.

Assim como os operadores COLLAPSE e EXPAND, em que são baseados, PACK e UNPACK não são inversos um do outro. Ou seja, nem UNPACK(PACK r ON A) ON A ou PACK(UNPACK r ON A) ON A são iguais a r, em geral (embora ambos sejam *equivalentes* a r, em um sentido que ainda será explicado). Na realidade, é fácil ver que as seguintes identidades permanecem:

- UNPACK r ON A ≡ UNPACK (PACK r ON A) ON A

- PACK r ON A ≡ PACK (UNPACK r ON A) ON A

Segue-se que a primeira operação em uma sequência de compactar-depois-descompactar ou descompactar-depois-compactar em alguma relação dada pode simplesmente ser ignorada, um fato que poderia ser útil para fins de otimização (especialmente quando essa primeira operação é UNPACK).

Mais exemplos

Daremos mais alguns exemplos do uso de PACK e UNPACK na formulação de consultas. Consideramos, de modo razoável, que o resultado é exigido em um formato adequadamente compactado em cada caso.

Nosso primeiro exemplo é deliberadamente não temporal. Suponha que tenhamos uma RelVar NAP, com atributos NOME, ALTURA e PESO, dando a altura e o peso de certas pessoas. Considere a consulta "Para cada peso representado em NAP, apanhe cada intervalo de alturas de modo que, para cada intervalo *r* e para cada altura em *r* exista pelo menos uma pessoa representada em NAP que seja dessa altura e desse peso". Aqui está, então, uma formulação possível:

```
PACK
   ( ( EXTEND NAP { ALTURA, PESO }
       ADD INTERVALO_ALTURA ( [ ALTURA : PESO ] ) AS AP (
     { ALTURA, AP } )
ON AP
```

Explicação: Começamos projetando NAP sobre ALTURA e PESO, obtendo assim todos os pares altura-peso na relação original (ou seja, todos os pares altura-peso de modo que haja pelo menos uma pessoa desse peso e altura). Depois, estendemos essa projeção introduzindo outro atributo, AP, cujo valor em determinada tupla é um intervalo unitário da forma [*a*:*a*], em que *a* é o valor da ALTURA nessa mesma tupla (observe a chamada do seletor de intervalo INTERVALO_ALTURA). Depois, projetamos para fora o atributo ALTURA e compactamos o resultado sobre AP. O resultado final é uma relação com dois atributos, ALTURA e AP, e o predicado a seguir:

> *Para todas as alturas a em AP – mas não para a = PRE(AP) ou a = POST(AP) – existe pelo menos uma pessoa que tenha altura ALTURA e peso p.*

Como um segundo exemplo, considere a RelVar FP_DURANTE mais uma vez. A qualquer momento, se houver remessas nesse momento, então haverá algum número de peça *pmax* tal que nenhum fornecedor é capaz de fornecer qualquer peça nesse momento com um número de peça maior que *pmax*. (Obviamente, estamos supondo aqui que o operador ">" é definido para valores do tipo P#.) Assim, considere a consulta "Para cada número de peça que já teve um valor *pmax*, obter esse número de peça junto com o intervalo (ou intervalos) durante o qual ela realmente foi esse valor *pmax*." Aqui está uma formulação possível:

```
WITH ( UNPACK FP_DURANTE ON DURANTE ) AS FP_DESCOMP ,
     ( SUMMARIZE FP_DESCOMP
       BY { DURANTE }
       ADD MAX ( P# ) AS PMAX ) AS RESUMO :
PACK RESUMO ON DURANTE
```

Comentários finais

Há muito mais coisas referentes aos operadores PACK e UNPACK do que pudemos explicar neste capítulo. Você poderá encontrar discussões detalhadas na referência [23.4]; aqui, simplesmente listamos, sem provas e sem maiores comentários, alguns dos pontos mais importantes.

- A compactação e a descompactação de uma relação *r* sobre nenhum atributo simplesmente retorna *r*.

- Descompactar uma relação *r* em dois ou mais atributos, todos eles com valor de intervalo,[8] é simples; se os atributos em questão são *A1, A2, ..., An* (em alguma ordem), então o resultado pode ser obtido descompactando *r* sobre *A1*, depois descompactando o resultado dessa primeira operação sobre *A2*, ..., e finalmente descompactando o resultado da penúltima operação sobre *An*.

- Compactar uma relação *r* sobre dois ou mais atributos, todos eles com valor de intervalo, não é tão simples. Contudo, informalmente, podemos dizer que, se os atributos em questão são *A1, A2, ..., An* (nessa ordem), então o resultado pode ser obtido (a) primeiro *des*compactando *r* sobre todos esses atributos e depois (b) compactando o resultado disso sobre *A1*, compactando o resultado da primeira compactação sobre *A2*, ..., e finalmente compactando o resultado da penúltima compactação sobre *An*.

---

[8]Observe a implicação de que é perfeitamente aceitável que uma relação tenha dois ou mais atributos com valor de intervalo.

- Sejam *r1* e *r2* relações sobre o mesmo tipo, e sejam os atributos *A1, A2, ..., An* dessas duas relações valores de intervalo. Então, *r1* e *r2* são *equivalentes* (com relação aos atributos *A1, A2, ..., An*) se e somente se os resultados de UNPACK *r1* ON (*A1, A2, ..., An*) e UNPACK *r2* ON (*A1, A2, ..., An*) forem iguais.

23.5 GENERALIZANDO OS OPERADORES RELACIONAIS

Na seção anterior, mostramos esta formulação para a Consulta B:

```
PACK
  ( ( UNPACK F_DURANTE { F#, DURANTE } ON DURANTE )
    MINUS
    ( UNPACK FP_DURANTE { F#, DURANTE } ON DURANTE ) )
ON DURANTE
```

Agora, acontece que expressões como esta, envolvendo algumas descompactações, seguidas por uma operação relacional regular, seguida por uma recompactação, são tão necessárias frequentemente na prática que a ideia de definir uma abreviação para elas é muito proveitosa (mais uma abreviação! – como sabemos, elas já são apenas abreviações). Certamente, essa abreviação economizaria alguma escrita. Além do mais, ela também oferece a oportunidade de melhorar o desempenho: quando são envolvidos intervalos longos de pouca granularidade, a saída de uma operação de descompactação pode ser muito grande em comparação com a entrada; e se o sistema tivesse realmente tivesse que materializar o resultado dessa descompactação, a consulta poderia ser "executada para sempre" ou esgotar a memória. Ao contrário, expressar o requisito geral como uma única operação poderia permitir que o otimizador escolhesse uma implementação mais eficiente, que não exigisse a materialização dos resultados intermediários descompactados.

Com o que foi dito como meio de motivação, definimos a expressão

```
USING ( ACL ) ◄ r1 MINUS r2 ►
```

como uma abreviação para o seguinte:

```
PACK
  ( ( UNPACK r1 ON ( ACL ) ) MINUS ( UNPACK r2 ON ( ACL ) ) )
ON ( ACL )
```

Aqui, *r1* e *r2* são expressões relacionais indicando relações do mesmo tipo, e *ACL* e uma lista_com_vírgulas de nomes de atributo em que cada atributo mencionado (a) e de algum tipo de intervalo e (b) aparece nas duas relações. Alguns pontos importantes são:

1. Até aviso ao contrário, vamos nos referir ao operador recém-definido como "U_diferença" (U de USING), ou simplesmente U_MINUS, para abreviar.

2. Os parênteses em torno da lista_com_vírgulas de nomes de atributo na especificação USING podem ser omitidos se a lista tiver apenas um nome de atributo. *Nota:* Esse comentário também se aplica a todas as abreviações "U_" que estaremos definindo, e não iremos repetir isso em cada ocasião.

3. Em cada contexto discutido nesta seção, em que uma especificação USING puder aparecer, as pontas de seta sólidas ◄ e ► são usadas para delimitar a expressão na qual a especificação USING se aplica.

4. Ao contrário do operador MINUS normal, U_MINUS pode produzir um resultado cuja cardinalidade é maior do que a de seu operando esquerdo! Por exemplo, sejam *r1* e *r2* os seguintes:

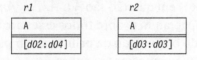

Então, USING A ◄ *r1* MINUS *r2* ► produz:

```
┌─────────────┐
│ A           │
├─────────────┤
│ [ d02 : d02 ]│
│ [ d04 : d04 ]│
└─────────────┘
```

Isso é suficiente para U_MINUS. Agora, deve ficar claro que podemos definir versões "U_" de *todos* os operadores relacionais normais (e a referência [23.4] realmente faz isso). Contudo, por motivos de espaço, vamos nos limitar aqui aos mais úteis desses operadores, que consideramos (além de U_MINUS) U_UNION, U_INTERSECT, U_JOIN e U_projeção. U_UNION e U_INTERSECT seguem o mesmo padrão geral de U_MINUS; ou seja, a expressão

```
USING ( ACL ) ◄ r1 op r2 ►
```

(onde *op* é UNION ou INTERSECT e *ACL*, *r1* e *r2* são iguais aos usados para U_MINUS) é uma abreviação para:

```
PACK
   ( ( UNPACK r1 ON ( ACL ) ) op ( UNPACK r2 ON ( ACL ) ) )
ON ( ACL )
```

Como um aparte, comentamos que não e realmente necessário realizar os UNPACKs preliminares no caso de U_UNION. Ou seja, a expansão U_UNION pode ser simplificada ainda mais para apenas:

```
PACK ( r1 UNION r2 ) ON ( ACL )
```

Não e difícil ver por que essa simplificação é possível, mas você pode experimentar um exemplo, se quiser se convencer de que isso é válido. (Na verdade, simplificações semelhantes também são possíveis com vários outros operadores "U_", mas os detalhes estão além do escopo deste capítulo.)

Além disso, assim como U_MINUS, de modo ligeiramente contraintuitivo, pode aumentar a cardinalidade (informalmente falando), então U_UNION pode diminuí-la; na verdade, U_UNION pode produzir um resultado com cardinalidade menor que a de qualquer operando (exercício para o leitor). De modo semelhante, U_INTERSECT pode produzir um resultado com cardinalidade maior que a de qualquer operando (outro exercício).

Agora, passemos para U_JOIN, e definimos a expressão

```
USING ( ACL ) ◄ r1 JOIN r2 ►
```

como a abreviação para

```
PACK
   ( ( UNPACK r1 ON ( ACL ) ) JOIN ( UNPACK r2 ON ( ACL ) ) )
ON ( ACL )
```

Cada atributo mencionado em *ACL* precisa ser de algum tipo de intervalo e precisa aparecer tanto em *r1* quanto em *r2* (e assim a junção deve ser feita em todos os atributos mencionados em *ACL*, e possivelmente outros). *Nota:* Se *r1* e *r2* são do mesmo tipo, então U_JOIN se reduz a U_INTERSECT.

Aqui está um exemplo para ilustrar o uso de U_JOIN. Suponha que tenhamos outra RelVar no banco de dados, F_CIDADE_DURANTE, com atributos F#, CIDADE e DURANTE, com a chave candidata {F#,DURANTE} e com o seguinte predicado:
   O fornecedor F# estava localizado na cidade CIDADE durante o intervalo do ponto inicial de DURANTE até o ponto final de DURANTE.

Agora considere a consulta "Obter tuplas F#-CIDADE-P#-DURANTE, tais que o fornecedor F# esteve localizado na cidade CIDADE e era capaz de fornecer a peça P# no decorrer do intervalo DURANTE, em que DURANTE contém o dia 4". Aqui está uma formulação possível dessa consulta:

```
( USING DURANTE ◄ F_CIDADE_DURANTE JOIN FP_DURANTE ► )
                        WHERE d04 ∈ DURANTE
```

Passando finalmente para U_projeção, definimos a expressão

USING (ACL) ◄ R { BCL } ►

como a abreviação para

PACK ((UNPACK r ON (ACL)) { BCL }) ON (ACL)

Cada atributo mencionado em ACL precisa ser de algum tipo de intervalo e precisa ser mencionado em BCL (e por isso precisa ser um atributo de r). Como um exemplo, vamos recordar a Consulta A novamente:

- *Consulta A:* Obter pares F#-DURANTE para os fornecedores que eram capazes de fornecer pelo menos uma peça durante pelo menos um intervalo de tempo, em que DURANTE designa esse intervalo.

Aqui está uma formulação "U_projeção" para essa consulta:

USING DURANTE ◄ FP_DURANTE { F#, DURANTE } ►

Como já temos o seguinte como uma formulação "U_MINUS" da Consulta B –

USING DURANTE ◄ F_DURANTE { F#, DURANTE }
                MINUS
                FP_DURANTE { F#, DURANTE } ►

– agora conseguimos um dos nossos quatro objetivos originais: a saber, encontramos um modo (muito melhor!) de formular as Consultas A e B.

Comparações relacionais

As comparações relacionais, estritamente falando, não são operações relacionais propriamente ditas, pois retornam um valor verdade e não uma relação. Apesar disso, podemos sujeitá-las ao mesmo tipo de tratamento que estivemos aplicando aos operadores relacionais e, na verdade, é desejável fazer isso. A conclusão é que, quando as relações em questão envolvem atributos de intervalo, o que normalmente queremos fazer é comparar certos *equivalentes descompactados* dessas relações e não essas relações em si. Para essa finalidade, introduzimos, primeiro, um equivalente "U_" da comparação de "igualdade de relações". Para sermos específicos, definimos a expressão

USING (ACL) ◄ r1 = r2 ►

para ser uma abreviação para

(UNPACK r1 ON (ACL)) = (UNPACK r2 ON (ACL))

Cada atributo mencionado na ACL precisa ser um atributo de intervalo e precisa aparecer tanto em r1 quanto em r2. Observe que a questão de uma etapa PACK final não aparece, pois, como já dissemos, o resultado de "=" é um valor verdade, e não uma relação.

Como exemplo, sejam r1 e r2 os seguintes:

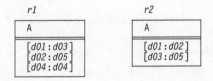

Então, r1 = r2 produz FALSE, mas USING A ◄ r1 = r2 ► produz TRUE.

Vamos nos referir ao operador anterior como "U_=" para simplificar (na verdade, ele é exatamente o operador de *equivalência* que definimos para relações *n*-árias no final da seção anterior). No mesmo caminho, podemos definir equivalentes "U_" de todos os outros operadores de comparação relacional ($\neq$, $\subset$, $\subseteq$, $\supset$ e $\supseteq$). Por exemplo, se *r1* e *r2* são como para o exemplo "U_=", então USING A ◄ *r1* $\subseteq$ *r2* ► produz TRUE, mas USING A ◄ *r1* $\subset$ *r2* ► produz FALSE.

Revisão das operações relacionais regulares

Considere o operador U_MINUS mais uma vez. Lembre-se que definimos a expressão

```
USING ( ACL ) ◄ r1 MINUS r2 ►
```

como uma abreviação para o seguinte:

```
PACK   ( ( UNPACK r1 ON ( ACL ) ) MINUS ( UNPACK r2 ON ( ACL ) ) )
ON ( ACL )
```

Suponha agora que *ACL* é vazia (ou seja, não especifica atributo algum), assim:

```
USING ( ) ◄ r1 MINUS r2 ►
```

Então, a expansão torna-se

```
PACK
   ( ( UNPACK r1 ON ( ) ) MINUS ( UNPACK r2 ON ( ) ) )
ON ( )
```

Agora lembre-se, como vimos na seção anterior, que UNPACK *r* ON ( ) e PACK *r* ON ( ) podem ser reduzidos para apenas *r*. Assim, a expressão inteira se reduz para apenas:

```
r1 MINUS r2
```

Em outras palavras, o MINUS relacional regular é basicamente apenas um caso especial do U_MINUS! Assim, se redefinirmos a sintaxe do operador MINUS regular da seguinte forma –

```
[ USING ( ACL ) ] ◄ <exp relacional> MINUS <exp relacional> r2 ►
```

– e permitirmos que a especificação USING (e as pontas de seta sólidas ◄ e ► envolvendo o restante da expressão) seja omitida se e somente se *ACL* estiver vazia, então não temos mais que falar sobre um operador "U_MINUS" especial – todas as chamadas MINUS efetivamente tornam-se chamadas U_MINUS, e podemos generalizar o significado de MINUS de acordo.

Comentários semelhantes se aplicam a todos os operadores relacionais, assim como as comparações relacionais: em todos os casos, o operador regular é basicamente apenas esse caso especial do operador "U_" correspondente em que a especificação USING não menciona atributo algum, e podemos permitir que essa especificação (e as pontas de seta sólidas envolvendo o restante da expressão) seja omitida nesse caso. Colocando de outra forma, os operadores "U_" são generalizações diretas de suas equivalentes regulares. Assim, não precisamos mais falar explicitamente sobre operadores "U_" dessa forma (e não precisaremos mais, exceto ocasionalmente, para enfatizar); em vez disso, tudo o que precisamos fazer é reconhecer que os operadores regulares permitem mas não exigem um operando adicional quando são aplicados a relações com atributos de intervalo. *Portanto, observe atentamente que, pelo restante deste capítulo, usaremos todas as referências a operadores relacionais, e todas as referências a comparações relacionais, para nos referirmos a versões generalizadas, conforme descrevemos na seção anterior* (salvo declarações explícitas ao contrário). Contudo, por clareza, ocasionalmente usaremos qualificadores explícitos *regulares* (ou *clássicos*) e *generalizados*, conforme o caso, quando nos referirmos a esses operadores e comparações; como já dissemos, às vezes também usaremos um qualificador "U_" explícito pelo mesmo motivo.

23.6 PROJETO DE BANCO DE DADOS

Algumas questões especiais aparecem em conjunto com o projeto de bancos de dados temporais. Para ilustrar algumas dessas questões, vamos revisar nosso exemplo mais uma vez, da seguinte forma: Primeiro, removemos totalmente as remessas. Segundo, reintegramos informações de nome de fornecedor, status e cidade. E apresentamos nosso projeto preferido para esse banco de dados revisado imediatamente:[9]

```
VAR F_DESDE BASE RELATION
    { F#      F#,       F#_DESDE     DATE,
      FNOME   NOME,     FNOME_DESDE  DATE,
      STATUS INTEGER,   STATUS_DESDE DATE,
      CIDADE CHAR,      CIDADE_DESDE DATE }
    KEY { F# } ;
```

```
VAR F_DURANTE
    BASE RELATION
    { F#       F#,
      DURANTE INTERVAL_DATE }
    KEY { F#, DURANTE } ;
```

```
VAR F_NOME_DURANTE
    BASE RELATION
    { F#       F#,
      FNOME    NOME,
      DURANTE INTERVAL_DATE }
    KEY { F#, DURANTE } ;
```

```
VAR F_STATUS_DURANTE
    BASE RELATION
    { F#       F#,
      STATUS   INTEGER,
      DURANTE INTERVAL_DATE }
    KEY { F#, DURANTE } ;
```

```
VAR F_CIDADE_DURANTE
    BASE RELATION
    { F#       F#,
      CIDADE   CHAR,
      DURANTE INTERVAL_DATE }
    KEY { F#, DURANTE } ;
```

Os predicados são os seguintes:

- F_DESDE: *O fornecedor F# esteve contratado desde F#_DESDE, teve o nome FNOME desde FNOME_DESDE, teve o status STATUS desde STATUS_DESDE e esteve localizado na cidade CIDADE desde CIDADE_DESDE.*

- F_DURANTE: *O fornecedor F# esteve contratado durante o intervalo DURANTE.*

- F_NOME_DURANTE: *O fornecedor F# teve o nome FNOME durante o intervalo DURANTE.*

- F_STATUS_DURANTE: *O fornecedor F# teve o status STATUS durante o intervalo DURANTE.*

- F_CIDADE_DURANTE: *O fornecedor F# esteve localizado na cidade CIDADE durante o intervalo DURANTE.*

Além disso, precisamos acrescentar, no caso dos quatro predicados "durante", que *o dia que é o ponto final de DURANTE está no passado* (consulte a subseção "O ponto móvel *agora*", mais adiante nesta seção).

Como você pode ver, nosso projeto preferido mantém informações *atuais* em uma "RelVar desde" e informações *históricas* em um conjunto de "RelVars durante". Vamos considerar essa separação como **decomposição horizontal**. Além do mais, as informações históricas são mantidas em um conjunto de várias RelVars distintas – uma para cada "propriedade" de fornecedor distinta, informalmente falando – e vamos nos referir a *essa* separação como **decomposição vertical**. Justificaremos essas decomposições nas próximas subseções.

---

[9]Observe nesse projeto, em particular, que a RelVar F_DESDE não é a mesma que a RelVar F_DESDE da Seção 23.2.

648

Decomposição horizontal

A principal justificativa para a decomposição horizontal é simplesmente que existe uma diferença lógica clara entre informações históricas e atuais:

- Para as informações históricas, as épocas inicial e final são conhecidas.
- Para as informações atuais, ao contrário, a época inicial é conhecida, mas não a final.

Em outras palavras, os predicados são diferentes, um fato que sugere fortemente que a separação de informações históricas e atuais em RelVars distintas é a coisa certa a fazer. *Nota:* Na realidade, as duas afirmações anteriores são bastante simplificadas, mas são precisas o suficiente para os nossos propósitos no momento.

Contudo, observe que a RelVar "atual" F_DESDE possui quatro atributos "desde", um para cada um dos atributos "não desde". Ao contrário, tem sido sugerido na literatura, sob a rubrica de *timestamp de tuplas*, que um único atributo "desde" deveria ser suficiente, assim:

```
F_DESDE { F#, FNOME, STATUS, CIDADE, DESDE }
```

Porém, se tentarmos declarar o predicado para esse projeto, ficará fácil ver o que está errado com ele:

Desde o dia DESDE, todos os quatro itens a seguir foram verdadeiros:

   a. *O fornecedor F# esteve contratado.*

   b. *O fornecedor F# teve o nome FNOME.*

   c. *O fornecedor F# teve o status STATUS.*

   d. *O fornecedor F# esteve localizado na cidade CIDADE.*

Por exemplo, suponha que a RelVar atualmente inclua a seguinte tupla:

F#	NOME	STATUS	CIDADE	DESDE
F1	Smith	20	Londres	*d04*

Suponha também que hoje é dia 10 e que, atualmente, o status do fornecedor F1 deva ser alterado para 30, e por isso substituímos a tupla mostrada por esta:

F#	NOME	STATUS	CIDADE	DESDE
F1	Smith	30	Londres	*d10*

Agora perdemos (entre outras coisas) a informação de que o formulário F1 estava localizado em Londres desde o dia 4. De modo geral, deve ficar claro que esse projeto é incapaz de representar qualquer informação sobre um fornecedor atual que seja anterior à época da atualização mais recente a esse fornecedor (falando de modo informal). Informalmente, o problema é que o atributo de tempo DESDE "estampa a hora de muita coisa"; com efeito, ele estampa uma combinação de *quatro proposições diferentes* (fornecedor está contratado, fornecedor tem nome, fornecedor tem status, fornecedor tem cidade), em vez de apenas uma única proposição. Em nosso projeto preferido, ao contrário, cada proposição tem sua própria timestamp.

Decomposição vertical

Naturalmente, mesmo com os quatro atributos "desde" separados, a RelVar F_DESDE é apenas *semi*temporal, motivo pelo qual também precisamos das RelVars "durante", a fim de representar informações históricas. Mas por que a decomposição vertical é necessária para essas informações históricas? Para examinar essa questão, suponha, de modo contrário, que tivéssemos apenas uma RelVar "durante" semelhante a esta:

```
F_DURANTE { F#, FNOME, STATUS, CIDADE, DURANTE }
```

Aqui está o predicado:

Durante o intervalo DURANTE, todos os quatro itens a seguir foram verdadeiros:

    a. *O fornecedor F# esteve contratado.*

    b. *O fornecedor F# teve o nome FNOME.*

    c. *O fornecedor F# teve o status STATUS.*

    d. *O fornecedor F# esteve localizado na cidade CIDADE.*

Assim como a versão da RelVar F_DESDE com apenas um atributo "desde", na subseção anterior, deve ter ficado claro imediatamente por esse predicado que a RelVar não foi muito bem projetada. Suponha que ela atualmente inclua a seguinte tupla:

F#	NOME	STATUS	CIDADE	DESDE
F2	Jones	10	Paris	[d02:d04]

Suponha também que agora descobrimos que (a) o status do fornecedor F2 foi realmente 10 nos dias 2 e 3, mas tornou-se 15 no dia 4 e (b) o fornecedor F2 estava realmente localizado em Paris nos dias 3 e 4, mas deveria estar em Londres no dia 2. Então, temos que fazer um conjunto de atualizações um tanto complicado na RelVar para poder refletir essas mudanças do mundo real. Para sermos específicos, temos que substituir a tupla existente por *três* tuplas semelhantes a estas:

F#	NOME	STATUS	CIDADE	DURANTE
F2	Jones	10	Londres	[d02:d02]

F#	NOME	STATUS	CIDADE	DURANTE
F2	Jones	10	Paris	[d03:d03]

F#	NOME	STATUS	CIDADE	DURANTE
F2	Jones	15	Paris	[d04:d04]

Observe, agora, que estamos apanhando duas tuplas separadas no lugar de uma para dizer que o status era 10 durante o intervalo [d02:d03], e duas tuplas separadas no lugar de uma para dizer que a cidade era Paris durante o intervalo [d03:d04].

Como esse exemplo sugere, a tarefa de atualizar a RelVar F_DURANTE para refletir as mudanças no mundo real, em geral, não é inteiramente simples. Novamente, o problema é basicamente que o atributo de tempo (agora DURANTE) "marca muito tempo"; novamente, de fato, ele marca o tempo em uma combinação de quatro proposições diferentes. A solução é separar as quatro proposições em quatro Rel-Vars separadas, assim:

```
F_STATUS_DURANTE {
F_DURANTE        { F#, DURANTE }
                 KEY { F#, DURANTE }

F_NOME_DURANTE   { F#, FNOME, DURANTE }
                 KEY { F#, DURANTE }

F_STATUS_DURANTE { F#, STATUS, DURANTE }
                 KEY { F#, DURANTE }

F_CIDADE_DURANTE { F#, CIDADE, DURANTE }
                 KEY { F#, DURANTE }
```

A RelVar F_DURANTE mostra quais fornecedores estavam contratados quando; a RelVar F_NO-ME_DURANTE mostra quais fornecedores tinham quais nomes quando; a RelVar F_STATUS_DU-RANTE mostra quais fornecedores tinham qual status quando; e a RelVar F_CIDADE_DURANTE mostra quais fornecedores estavam localizados em qual cidade quando.

Sexta forma normal

A decomposição vertical que apresentamos lembra bastante, tanto em raciocínio quanto em efeito, a normalização clássica, e vale a pena gastarmos alguns minutos para examinar as semelhanças com um pouco mais de profundidade. De fato, naturalmente, a decomposição vertical é exatamente aquilo com que a teoria de normalização clássica sempre se preocupou; o operador de decomposição nessa teoria é o de *projeção* (que é um operador de decomposição vertical, por definição), e o operador de recomposição correspondente é o de *junção*. Na realidade, como vimos no Capítulo 13, a última forma normal com relação à teoria de normalização clássica, a quinta forma normal (ou 5FN), às vezes é chamada *forma normal de projeção-junção* por esses mesmos motivos. *Nota:* Como esses comentários se referem à normalização clássica especificamente, as referências à projeção e à junção devem ser entendidas como significando as versões clássicas desses operadores, e não as versões generalizadas introduzidas na Seção 23.5.

Agora, mesmo antes que os dados temporais fossem estudados, alguns pesquisadores (consulte, por exemplo, a referência [14.21]) discutiam a favor da decomposição de RelVars ao máximo possível, em vez de apenas até o quanto a normalização clássica exigiria. A ideia geral era reduzir as RelVars a **componentes irredutíveis** [14.21], significando que nenhuma outra decomposição sem perdas seria possível. No caso de uma RelVar não temporal, o argumento em favor de "decompor por completo" não é muito forte; mas é muito mais forte no caso de uma RelVar como F_DURANTE, da subseção anterior (primeira versão, com apenas um atributo "durante"). O nome, o status e a cidade de um fornecedor variam independentemente com o passar do tempo. Além do mais, eles provavelmente também variam de maneiras diferentes. Por exemplo, pode ser que o nome de um fornecedor raramente mude, enquanto o local desse mesmo fornecedor muda ocasionalmente, e o status correspondente mude ainda com mais frequência. Além disso, o histórico do nome, o histórico do status e o histórico da cidade de um fornecedor provavelmente são todos conceitos interessantes e mais digeríveis do que o conceito de um histórico combinado de "nome-status-cidade"; daí nossa decomposição vertical proposta.

Agora, recorde que a 5FN é baseada nas chamadas *dependências de junção* (DJs). Só para relembrar, a RelVar R satisfaz à DJ * {$A, B,...,Z$} (em que $A, B, ..., Z$ são subconjuntos dos atributos de R) se e somente se cada valor legal de R for igual à junção de suas projeções sobre $A, B, ..., Z$ – ou seja, se e somente se R puder ser decomposta sem perdas nessas projeções. Agora, como generalizamos a definição de junção, podemos generalizar a definição de DJ de acordo – e depois podemos definir uma nova ("sexta") forma normal, com base nessa noção generalizada de DJ. Aqui estão as definições:

- Seja R uma RelVar, sejam $A, B, ..., Z$ subconjuntos dos atributos de R, e seja ACL uma lista com vírgulas de atributos com valor de intervalo de R. Então, dizemos que R satisfaz à **dependência de junção** (DJ) generalizada:

```
USING ( ACL ) * { A, B, ..., Z }
```

se e somente se a expressão

```
USING ( ACL ) ◄ R = R' ►
```

– em que R' é a U_junção das U_projeções de R sobre $A, B, ..., Z$ e a U_junção e U_projeções em questão envolvem uma especificação USING da forma USING (ACL) – for verdadeira para cada valor válido de R. *Nota:* Estamos tacitamente apelando aqui para o fato de que a U_junção, assim como a junção, é associativa, significando que você pode falar de modo não ambíguo sobre "a" U_junção de qualquer quantidade de relações. Observe também que dizer que a expressão anterior é verdadeira significa dizer que R e R' são *equivalentes* (com respeito a ACL) – consulte a discussão desse conceito no final da Seção 23.4.

- Uma RelVar *R* está na **sexta forma normal** (6FN) se e somente se não satisfazer a qualquer dependência de junção não trivial – em que uma dependência de junção é **trivial** se e somente se pelo menos uma das projeções (possivelmente U_projeções) envolvidas for sobre todos os atributos da RelVar em questão.

Por essa definição, vemos imediatamente que cada RelVar que esteja na 6FN também está na 5FN. Também vemos imediatamente que determinada RelVar está na 6FN se e somente se for *irredutível* no sentido explicado anteriormente.

Agora, a versão da RelVar F_DURANTE que tinha atributos F#, FNOME, STATUS, CIDADE e DURANTE não está na 6FN por essa definição, porque:

a. Ela satisfaz a dependência de junção generalizada USING DURANTE * {FND,FSD,FCD} (em que o nome "SND" refere-se ao conjunto de atributos {F#,FNOME,DURANTE} e os nomes "FSD" e "FCD" referem-se aos conjuntos de atributos para status e cidade, respectivamente).

b. Essa dependência de junção é definitivamente não trivial.

Portanto, recomendamos que ela seja decomposta para projeções 6FN, conforme discutimos na subseção anterior.

Nota: Você pode ter observado, no exemplo anterior, que seria suficiente decompor em apenas três RelVars 6FN, e não quatro – a RelVar F_DURANTE, com os atributos F# e DURANTE, é estritamente desnecessária na decomposição, pois o tempo todo é igual à projeção (generalizada) sobre F# e DURANTE de qualquer uma das outras três RelVars. Apesar disso, ainda preferimos incluir F_DURANTE em nosso projeto geral, em parte para completar o quadro, e em parte porque essa inclusão evita um certo grau de esquisitice e arbitrariedade que, de outra forma, poderia ocorrer [23.4].

"O ponto móvel *agora*"

Retornamos rapidamente à questão de decomposição horizontal (ou seja, a separação em RelVars "desde" e "durante"). Obviamente, não podemos ter apenas RelVars "desde", pois essas RelVars são simplesmente semitemporais e não podem representar informações históricas. Contudo, *poderíamos* ter apenas RelVars "durante" – mas somente se não tivermos objeção quanto ao nosso banco de dados dizendo mentiras, como explicaremos a seguir.

Considere o caso de um fornecedor cujo contrato ainda não tenha terminado. Logicamente, é possível sabermos quando esse contrato terminará; porém, geralmente, tudo o que podemos dizer é que o contrato está *aberto* (pense em um contrato normal de um funcionário, por exemplo). Portanto, em uma RelVar "durante", aquilo que especificarmos como valor de END(DURANTE) para esse fornecedor provavelmente estará incorreto. Naturalmente, poderíamos adotar (e provavelmente o faríamos) a convenção de que tais valores de END(DURANTE) fossem especificados como o *último dia* (ou seja, o valor retornado por LAST_DATE( )).[10] Mas observe que esse esquema significa que, se "o último dia" aparecer no resultado de uma consulta, então o usuário provavelmente terá que interpretar esse valor como *até outro aviso*, e não como o último dia propriamente dito. Em outras palavras, dizer que END(DURANTE) para tal fornecedor seja "o último dia" é quase certamente uma mentira.

Exatamente para evitar ter que dizer essas mentiras, alguns escritores – consulte, por exemplo, a referência [23.2] – propuseram usar um "marcador NOW" especial para indicar o que chamamos na Seção 23.1 de ponto móvel *agora* (em outras palavras, para indicar *até outro aviso*). A ideia básica é permitir que esse marcador especial apareça sempre que (a) um valor do tipo de ponto aplicável for permitido e (b) a interpretação intencionada for realmente *até outro aviso*. Assim, por exemplo, a RelVar F_DURANTE poderia incluir, digamos, uma tupla para o fornecedor F1 com um valor DURANTE de [*d04*:NOW] em vez de [*d04*:*d99*]. (Estamos supondo aqui que o dia 99 é o último dia e que o aparecimento em particular de *d99* mostrado significa realmente *até outro aviso*, e não o dia 99 propriamente dito.)

---

[10]É claro que podemos substituir esse valor artificial pelo valor verdadeiro quando o valor verdadeiro se tornar conhecido mais tarde.

Porém, em nossa opinião, a introdução do marcador NOW representa um afastamento incauto dos bons princípios relacionais. Notando que NOW é, na realidade, uma *variável*, observamos que a técnica envolve a noção muito estranha – diríamos logicamente indefensável – de *valores* (valores de intervalo, para sermos específicos) que contêm *variáveis*.[11] Aqui estão alguns exemplos dos tipos de perguntas que surgem do conceito de NOW que você poderia querer ponderar:

- Seja *i* o intervalo [NOW:*d14*], seja *t* uma tupla contendo *i* e seja hoje o dia 10. Então, a tupla *t* pode ser considerada como um tipo de abreviação para cinco tuplas separadas, contendo os intervalos de unidade *[d10:d10]*, *[d11:d11]*, *[d12:d12]*, *[d13:d13]* e *[d14:d14]*, respectivamente. Mas, quando o relógio atingir a meia-noite no dia 10, a primeira dessas tuplas (com efeito) é automaticamente excluída! O mesmo ocorre para o dia 11, dia 12 e dia 13... e o que acontece exatamente à meia-noite do dia 14?

- Qual é o resultado da comparação *d99* = NOW?

- Qual é o valor de "NOW+1" ou "NOW-1"?

- Se *i1* e *i2* são os intervalos *[d01:NOW]* e *[d06:d07]*, respectivamente, eles são adjacentes? São superpostos?

- Qual é o resultado de descompactar uma relação contendo uma tupla em que o atributo de intervalo em que a descompactação deve ser feita tem o valor *[d04:NOW]*?

- Qual é a cardinalidade do conjunto {*[d01:NOW]*,*[d01:d04]*}?

E assim por diante (essa não é uma lista completa). Acreditamos que é difícil oferecer respostas consistentes a perguntas como essas; obviamente, preferiríamos uma técnica que não contasse com qualquer uma dessas noções suspeitas, como NOW e valores que contenham variáveis. E é exatamente um argumento a favor da decomposição horizontal que NOW não é necessário.

23.7 RESTRIÇÕES DE INTEGRIDADE

Nesta seção, voltamos nossa atenção para a questão das restrições de integridade que se aplicam aos dados temporais. Na seção 23.2, vimos como era difícil, na ausência de um suporte a intervalo apropriado, até mesmo formular tais restrições corretamente; agora, veremos como os conceitos introduzidos nas seções anteriores podem aliviar o problema.

Por precisão, vamos nos concentrar (até outro aviso) na RelVar F_STATUS_DURANTE da seção anterior, cuja definição é a seguinte:

```
F_STATUS_DURANTE { F#, STATUS, DURANTE }
              KEY { F#, DURANTE }
```

Agora prosseguimos examinando, nas próximas três seções, três problemas gerais que podem ocorrer com RelVars temporais como esta. Vamos nos referir a esses problemas como *o problema da redundância, o problema do circunlóquio* e *o problema da contradição*, respectivamente.

O problema da redundância

A restrição KEY para a RelVar F_STATUS_DURANTE, embora logicamente correta, é inadequada de certa forma. Para sermos específicos, ela não consegue impedir que a RelVar contenha, por exemplo, estas duas tuplas ao mesmo tempo:

F#	STATUS	DURANTE
F4	25	*[d05:d06]*

F#	STATUS	DURANTE
F4	25	*[d06:d07]*

---

[11]Na realidade, NOW é semelhante a NULL, pois NULL também acarreta noção de valores que contêm algo que não é um valor (consulte o Capítulo 19).

Como você pode ver, essas duas tuplas apresentam uma certa **redundância**, visto que o status para o fornecedor F4 no dia 6 é efetivamente enunciado duas vezes. Nitidamente, seria melhor substituí-las pela seguinte tupla:

F#	STATUS	DURANTE
F4	25	[*d05 : d07*]

Observe agora que, se as duas tuplas originais fossem as únicas tuplas em alguma relação de duas tuplas e compactássemos essa relação sobre DURANTE, acabaríamos com uma relação de uma tupla contendo essa única tupla que acabamos de mostrar. Portanto, informalmente falando, poderíamos dizer que essa é uma tupla "compactada", obtida compactando-se as duas tuplas originais sobre o atributo DURANTE (dizemos "informalmente falando" porque a compactação, na realidade, se aplica a relações, e não a tuplas). Logo, o que queremos fazer é substituir essas duas tuplas originais por essa tupla "compactada". De fato, como explicamos na Seção 23.2, *não* realizar essa substituição – ou seja, permitir que as duas tuplas originais apareçam – seria quase tão ruim quanto permitir o aparecimento de tuplas duplicadas (estas, se permitidas, também constituiriam uma espécie de redundância). Na realidade, se as duas tuplas originais aparecessem, a RelVar estaria violando seu próprio predicado! Por exemplo, a tupla à direita diz, entre outras coisas, que o fornecedor F4 *não tinha* status 25 no dia imediatamente anterior ao dia 6. Porém, a tupla da esquerda diz, entre outras coisas, que o fornecedor F4 *tinha* status 25 no dia 5, e logicamente o dia 5 é o dia imediatamente anterior ao dia 6.

O problema do circunlóquio

A restrição KEY da RelVar F_STATUS_DURANTE também é inadequada de outra maneira. Para sermos específicos, ela não consegue evitar que a RelVar contenha, por exemplo, estas duas tuplas ao mesmo tempo:

F#	STATUS	DURANTE
F4	25	[*d05 : d05*]

F#	STATUS	DURANTE
F4	25	[*d06 : d07*]

Aqui não há redundância, mas há um certo **circunlóquio**, visto que estamos usando duas tuplas para dizer o que poderia ser dito melhor com apenas uma única tupla "compactada" (na verdade, a mesma situação de antes):

F#	STATUS	DURANTE
F4	25	[*d05 : d07*]

Na realidade, a não substituição das duas tuplas originais por essa tupla "compactada" significaria, novamente, que a RelVar estaria violando seu próprio predicado, como pode ser confirmado com facilidade.

Resolvendo os problemas da redundância e do circunlóquio

Deve estar claro que, para evitar redundâncias e circunlóquios como esses que estivemos discutindo, o que precisamos fazer é impor uma restrição – vamos chamá-la de Restrição A – semelhante a esta:

> *Restrição A:* Se, a qualquer momento, a RelVar F_STATUS_DURANTE contiver duas tuplas distintas que sejam idênticas exceto por seus valores de DURANTE *i1* e *i2*, então *i1* MERGES *i2* deverá ser falso.

Lembre-se de que, informalmente falando, MERGES é o OR lógico de OVERLAPS e MEETS: substituí-lo por OVERLAPS na Restrição A produz a restrição que precisamos impor a fim de evitar o problema da redundância, e substituí-lo por MEETS produz a restrição que precisamos impor a fim de evitar o problema do circunlóquio.

Também deve ficar claro que existe um modo muito simples de impor a Restrição A: a saber, mantendo a RelVar compactada o tempo todo sobre o atributo DURANTE. Portanto, vamos inventar uma nova restrição PACKED ON que possa aparecer em uma definição de RelVar, como esta:

```
VAR F_STATUS_DURANTE BASE RELATION
  { F# F#, STATUS INTEGER, DURANTE INTERVAL_DATE }
  PACKED ON DURANTE
  KEY { F#, DURANTE } ;
```

PACKED ON DURANTE aqui é uma restrição – na verdade, uma restrição de RelVar, em termos do esquema de classificação descrito no Capítulo 9 – sobre a RelVar F_STATUS_DURANTE. Ela é interpretada da seguinte maneira: a RelVar F_STATUS_DURANTE precisa ser mantida o tempo todo compactada sobre DURANTE. Essa sintaxe especial, portanto, é suficiente para resolver os problemas de redundância e circunlóquio; em outras palavras, ela resolve o problema exemplificado pela restrição que chamamos de Restrição RFT1 na Seção 23.2.

O problema da contradição

As restrições PACKED ON e KEY ainda não são totalmente adequadas, mesmo quando estão juntas. Para sermos específicos, elas não conseguem evitar que a RelVar contenha, por exemplo, estas duas tuplas ao mesmo tempo:

F#	STATUS	DURANTE
F4	10	[d04:d06]

F#	STATUS	DURANTE
S4	25	[d05:d07]

Aqui, o fornecedor F4 está aparecendo como tendo um status de 10 e 25 nos dias 5 e 6 – logicamente, uma situação impossível. Em outras palavras, temos uma **contradição** em nossas mãos; de fato, a RelVar está violando seu próprio predicado mais uma vez, pois cada fornecedor deveria ter exatamente um status em determinado momento.

Resolvendo o problema da contradição

Deve estar claro que, para evitar contradições como a que mencionamos, o que precisamos fazer é impor uma restrição – vamos chamá-la de Restrição B – semelhante a esta:

> *Restrição B:* Se, a qualquer momento, a RelVar F_STATUS_DURANTE contiver duas tuplas que tenham o mesmo valor de F#, mas com valores de STATUS diferentes, então seus valores de DURANTE *i1* e *i2* precisam ser tais que *i1* OVERLAPS *i2* seja falso.

Observe atentamente que – como já vimos – a Restrição B obviamente não é imposta pelo simples fato de que a RelVar é mantida compactada sobre DURANTE. Ainda mais obviamente, ela também não é forçada pelo simples fato de que {F#,DURANTE} ser uma chave candidata. Mas suponha que a RelVar fosse mantida descompactada o tempo todo sobre o atributo DURANTE (ignoramos por um instante o fato de que essa suposição é realmente uma impossibilidade, visto que já estipulamos que a RelVar deve ser mantida compactada sobre DURANTE). Então:

- Todos os valores de DURANTE nessa forma descompactada seriam intervalos unitários e, assim, efetivamente corresponderiam a pontos de tempo individuais.

- A única chave candidata para essa forma descompactada, assim, seria {F#,DURANTE}, pois qualquer fornecedor contratado em qualquer instante tem apenas um status nesse instante.

Segue-se que, se impuséssemos a restrição de que {F#,DURANTE} é uma chave candidata para a forma descompactada UNPACK F_STATUS_DURANTE ON DURANTE, então estaríamos forçando a Restrição B ao mesmo tempo. Portanto, vamos inventar uma nova restrição WHEN/THEN que possa aparecer em uma definição de RelVar sempre que uma restrição KEY simples puder aparecer, como aqui:

```
VAR F_STATUS_DURANTE BASE RELATION
  { F# F#, STATUS INTEGER, DURANTE INTERVAL_DATE }
  PACKED ON DURANTE
  WHEN UNPACKED ON DURANTE THEN KEY { F#, DURANTE }
  KEY { F#, DURANTE } ;
```

WHEN UNPACKED ON DURANTE THEN KEY { F#, DURANTE } aqui é uma restrição – uma restrição de RelVar novamente, como a restrição PACKED ON, discutida anteriormente – sobre a RelVar F_STATUS_DURANTE. Ela é interpretada da seguinte maneira: a RelVar F_STATUS_DURANTE precisa ser o tempo todo tal que duas tuplas no resultado da expressão UNPACK F_STATUS_DURANTE ON DURANTE não tenham o mesmo valor para a combinação de atributos {F#,DURANTE} (informalmente, "{F#,DURANTE} é uma chave candidata para UNPACK F_STATUS_DURANTE ON DURANTE"). Assim, essa sintaxe especial é suficiente para resolver o problema da contradição.

U_keys

Há muito mais que poderia ser dito sobre as restrições KEY, PACKED ON e WHEN/THEN [23.4]; contudo, por motivos de espaço, vamos nos contentar com o seguinte. Primeiro, propomos que a definição de qualquer RelVar R possa incluir uma especificação abreviada na forma:

```
USING ( ACL ) KEY { K }
```

ACL e K, aqui, são listas_com_vírgulas de nomes de atributos, em que cada atributo mencionado na ACL também precisa ser mencionado em K (e, como sempre, os parênteses podem ser omitidos se a ACL tiver apenas um nome de atributo). A especificação é definida como uma abreviação para a combinação das três restrições a seguir:

```
PACKED ON ( ACL )
WHEN UNPACKED ON ( ACL ) THEN KEY { K }
KEY { K }
```

Vamos nos referir a {K} como uma "U_key" para abreviar (porém, veja mais adiante). Usando essa abreviação, a definição da RelVar F_STATUS_DURANTE, por exemplo, pode ser simplificada para apenas:

```
VAR F_STATUS_DURANTE BASE RELATION
  { F# F#, STATUS INTEGER, DURANTE INTERVAL_DATE }
  USING DURANTE KEY { F#, DURANTE } ;
```

Agora, suponha que, dentro da especificação U_key para a RelVar R, a lista_com_vírgulas dos nomes de atributos ACL esteja vazia, assim:

```
USING ( ) KEY { K }
```

Por definição, essa especificação é abreviação para a combinação de restrições:

```
PACKED ON ( )
WHEN UNPACKED ON ( ) THEN KEY { K }
KEY { K }
```

Em outras palavras:

1. A RelVar R precisa ser mantida compactada sobre nenhum atributo. Mas a compactação de uma relação r sobre nenhum atributo simplesmente retorna r, de modo que a especificação PACKED ON implícita não tem efeito.

2. A RelVar *R* precisa ser tal que, se for descompactada sobre nenhum atributo, então {*K*} é uma chave candidata para o resultado. Mas a descompactação de uma relação *r* sobre nenhum atributo simplesmente retorna *r*, de modo que a especificação WHEN/THEN implícita simplesmente significa que {*K*} é uma chave candidata para *R*, e a restrição implícita KEY, portanto, é redundante.

Segue-se que podemos apanhar a restrição regular KEY na forma KEY {*K*} para ser uma abreviação para determinada restrição U_key: a saber, uma na forma USING( ) KEY {*K*}. Em outras palavras, as restrições KEY regulares são, basicamente, apenas um caso especial da nossa nova sintaxe proposta! Assim, se redefinirmos a sintaxe de uma restrição KEY regular desta forma –

```
[ USING ( ACL ) ] KEY { K }
```

– e permitirmos que a especificação USING seja omitida se e somente se a *ACL* estiver vazia, então nem precisamos falar sobre U_keys; todas as chaves candidatas tornam-se efetivamente U_keys, e podemos generalizar o significado de "chave candidata" (ou apenas "chave") de acordo. E é isso o que faremos.

Sem entrar nos detalhes, afirmamos que generalizações semelhantes também se aplicam ao conceito de chave estrangeira. Uma consequência é que uma especificação na forma

```
USING DURANTE FOREIGN KEY { F#, DURANTE }
            REFERENCES F_DURANTE
```

(parte da definição da RelVar F_STATUS_DURANTE) pode ser usada para impor a restrição de que se a RelVar F_STATUS_DURANTE mostra algum fornecedor como tendo algum status durante algum intervalo de tempo, então a RelVar F_DURANTE mostra esse mesmo fornecedor como sendo contratado durante esse mesmo intervalo de tempo. E uma abordagem similar pode ser usada para resolver o problema exemplificado pela restrição que chamamos Restrição RFT3 na Seção 23.2 – e, assim, conseguimos agora atingir outro dos nossos objetivos originais: a saber, encontramos uma maneira melhor de formular as restrições discutidas naquela seção.

Os nove requisitos

Fechamos esta seção observando que existe muito mais sobre a questão de restrições em um banco de dados temporal do que sugerimos até aqui. A referência [23.4] apresenta uma análise cuidadosa e detalhada sobre o problema geral; para sermos específicos, ela considera, em termos gerais, um conjunto de nove requisitos aos quais poderíamos querer que um banco de dados temporal típico (como o banco de dados de fornecedores e remessas) satisfizesse. A seguir, listamos esses requisitos:

- *Requisito R1:* Se o banco de dados mostrar o fornecedor F*x* como estando contratado no dia *d*, então ele deverá conter exatamente uma tupla que mostre esse fato.

- *Requisito R2:* Se o banco de dados mostrar o fornecedor F*x* como estando contratado nos dias *d* e *d*+1, então ele deverá conter exatamente uma tupla que mostre esse fato.

- *Requisito R3:* Se o banco de dados mostrar o fornecedor F*x* como como estando contratado no dia *d*, então ele também deverá mostrar o fornecedor F*x* como tendo algum status no dia *d*.

- *Requisito R4:* Se o banco de dados mostrar o fornecedor F*x* como tendo algum status no dia *d*, então ele deverá conter exatamente uma tupla que mostre esse fato.

- *Requisito R5:* Se o banco de dados mostrar o fornecedor F*x* como tendo o mesmo status nos dias *d* e *d*+1, então ele deverá conter exatamente uma tupla que mostre esse fato.

- *Requisito R6:* Se o banco de dados mostrar o fornecedor F*x* como tendo algum status no dia *d*, então ele também deverá mostrar o fornecedor F*x* como estando contratado no dia *d*.

- *Requisito R7:* Se o banco de dados mostrar o fornecedor Fx como sendo capaz de fornecer alguma peça específica Py no dia d, então ele deverá conter exatamente uma tupla que mostre esse fato.

- *Requisito R8:* Se o banco de dados mostrar o fornecedor Fx como sendo capaz de fornecer a mesma peça específica Py nos dias d e $d+1$, então ele deverá conter exatamente uma tupla que mostre esse fato.

- *Requisito R9:* Se o banco de dados mostrar o fornecedor Fx como sendo capaz de fornecer alguma peça Py no dia d, então ele também deverá mostrar o fornecedor Fx como estando contratado no dia d.

A referência [23.4] analisa esses nove requisitos em profundidade e mostra como eles podem ser formulados em uma linguagem relacionalmente completa, como **Tutorial D**. Aqui, omitiremos qualquer discussão adicional.

23.8 RESUMO

Existe um requisito cada vez maior para os bancos de dados (especialmente "data warehouses") conterem dados temporais. Os dados temporais podem ser considerados como uma representação codificada das **proposições de timestamp**. As proposições em questão utilizam as preposições **desde** (para dados atuais) e **durante** (para dados históricos), e atribuímos significados bastante precisos para esses dois termos. Para sermos específicos, usamos *desde* para indicar **desde então e não imediatamente antes** do ponto especificado no tempo, e *durante* para indicar **no decorrer e não imediatamente antes ou imediatamente depois** do período especificado.

Em seguida, introduzimos um exemplo muito simples (fornecedores e remessas) e prosseguimos (a) para semitemporalizá-lo acrescentando atributos DESDE e depois (b) para temporalizá-lo totalmente acrescentando atributos DE e PARA. E vimos que esses dois projetos levaram a uma complexidade considerável na formulação de restrições e consultas. Portanto, introduzimos a ideia de lidar com **intervalos** como valores com significado próprio. Para sermos específicos, definimos o conceito de um **tipo de ponto** e um **gerador de tipos INTERVAL**, e discutimos o **seletor de intervalo** correspondente e os operadores **BEGIN** e **END**. Depois, prosseguimos definindo muitos outros operadores para pontos e intervalos, incluindo os **operadores de Allen** e os operadores de intervalo **UNION, INTERSECT** e **MINUS**.

Em seguida, definimos dois operadores relacionais extremamente importantes, chamados **PACK** e **UNPACK** (usando dois operadores mais simples sobre relações unárias, chamados **COLLAPSE** e **EXPAND**, como um degrau no caminho). EXPAND e UNPACK nos permitem concentrar no conteúdo de informação do seu argumento relacional em um nível atômico, sem nos preocuparmos com as muitas maneiras diferentes como essa informação poderia ser juntada em "grupos". De modo semelhante, COLLAPSE e PACK nos permitem concentrar no conteúdo de informação do seu argumento relacional em uma forma compactada ("agrupada"), sem nos preocuparmos com a possibilidade de que "grupos" distintos possam ser adjacentes ou superpostos. Mostramos como PACK e UNPACK podem ser usados para simplificar a formulação de consultas temporais. Também os usamos como base para definir versões **generalizadas** ou "U_" dos operadores relacionais mais conhecidos (U_JOIN, U_MINUS, U_projeção e assim por diante). E também mostramos que esses operadores relacionais conhecidos são, basicamente, apenas casos especiais das versões generalizadas.

Em seguida, examinamos certas questões de **projeto de banco de dados** e recomendamos (a) **decomposição horizontal** para separar informações atuais e históricas e (b) **decomposição vertical** para separar informações com relação a diferentes "propriedades" da mesma "entidade" (informalmente falando). De fato, definimos uma nova forma normal, a **6FN**.

Depois, consideramos certos problemas que os dados temporais poderiam sofrer pela ausência de restrições de integridade apropriadas – e mostramos como as restrições **PACKED ON** e **WHEN/THEN** poderiam ser usadas para resolver esses problemas. Definimos uma versão generalizada da conhecida restrição KEY, chamada **restrição U_key**, e demonstramos que a conhecida restrição KEY é, basicamente, apenas um caso especial da versão generalizada.

Concluímos com dois comentários finais:

- Devemos lembrá-lo que tudo o que introduzimos neste capítulo, fora o gerador de tipos INTERVAL, é em última análise apenas uma abreviação para algo que já pode ser expresso no modelo relacional.

- Nossa abordagem de projeto recomendada (a decomposição horizontal em particular) implica que as consultas – e também as atualizações, se for o caso – normalmente se espalham pelas RelVars e, portanto, podem ser bem complicadas. A referência [23.4] inclui uma série de propostas para outras abreviações, a fim de também aliviar essas dificuldades.

EXERCÍCIOS

23.1 O que é uma unidade de tempo? O que é um ponto de tempo? O que você entende pelo termo *granularidade*?

23.2 Defina os termos *tipo de ponto* e *tipo de intervalo*.

23.3 Liste o máximo de vantagens que puder em favor da substituição dos pares de atributos DE-PARA por seus atributos DURANTE individuais.

23.4 Seja i um valor do tipo INTERVAL_INTEGER. Escreva uma expressão indicando o intervalo resultante da extensão de i por seu próprio tamanho nas duas direções (por exemplo, [5:7] torna-se [2:10]). Em que circunstâncias a avaliação da sua expressão falhará durante a execução?

23.5 Novamente, seja i um valor do tipo INTERVAL_INTEGER. Escreva uma expressão indicando o intervalo que representa a terça parte do meio de i. Você pode considerar que COUNT(i) é um múltiplo de três.

23.6 Sejam $i1$, $i2$ e $i3$ intervalos tais que haja um único intervalo $i4$ consistindo em cada ponto p, tal que $p \in i1$ ou $p \in i2$ ou p $i3$. Escreva uma expressão que, quando avaliada, produza $i4$.

23.7 Se a e b são relações (ou conjuntos), então é um fato que:

```
a INTERSECT b ≡ a MINUS ( a MINUS b )
```

O mesmo acontece se a e b forem intervalos?

23.8 Dê exemplos de (a) uma relação com dois atributos de intervalo (temporais ou não); (b) uma relação com três; (c) uma relação consistindo apenas em atributos de intervalo.

23.9 Considere uma relação r com dois atributos de intervalo distintos A1 e A2. Prove ou desaprove as seguintes asserções:

```
UNPACK (UNPACK r ON A1) ON A2 ≡ UNPACK (UNPACK r ON A2) ON A1
PACK (PACK r ON A1) ON A2     ≡ PACK (PACK r ON A2) ON A1
```

23.10 Recebemos as seguintes RelVars:

```
GOV_FEDERAL { PRESIDENTE, PARTIDO, DURANTE }
GOV_ESTADUAL { GOVERNADOR, ESTADO, PARTIDO, DURANTE }
```

A semântica deverá ser autoexplicativa (os dois atributos DURANTE são considerados do tipo INTERVAL_DATE; ignoramos o fato de que as administrações presidencial e governamental normalmente são expressas em termos de anos, e não de dias). Agora, suponha que queremos obter um resultado semelhante a isto:

```
RESULT { PRESIDENTE, GOVERNADOR, ESTADO, PARTIDO, DURANTE }
```

Uma tupla só deve aparecer nesse resultado se e somente se o presidente especificado e o governado de estado especificado pertencerem ao partido especificado e tiverem períodos de administração superpostos (e DURANTE especificar exatamente a superposição em questão). Escreva uma expressão adequada para obter esse resultado.

23.11 Você consegue imaginar um exemplo de uma RelVar com um atributo de intervalo que não seria desejável manter em forma compactada?

23.12 Dê um exemplo de U_INTERSECT em que o resultado possui cardinalidade maior que a de qualquer uma das relações sofrendo interseção.

23.13 Considere o operador U_JOIN. Considere, para simplificar, que a compactação e a descompactação devem ser feitas com base em um único atributo A. Confirme que a seguinte identidade é mantida:

```
USING A ◄ r1 JOIN r2 ►
≡ WITH ( r1 RENAME A AS X ) AS T1 ,
       ( r2 RENAME A AS Y ) AS T2 ,
       ( T1 JOIN T2 ) AS T3 ,
       ( T3 WHERE X OVERLAPS Y ) AS T4 ,
       ( EXTEND T4 ADD ( X INTERSECT Y ) AS A ) AS T5 ,
       T5 { ALL BUT X, Y } AS T6 :
   PACK T6 ON A
```

Confirme também que, se *r1* e *r2* forem inicialmente compactados sobre *A*, então a etapa PACK final é desnecessária. *Nota:* O operador INTERSECT na etapa EXTEND aqui é o *intervalo* INTERSECT, e não o relacional.

23.14 Defina a 6FN. É realmente correto pensar nessa forma normal como "sexta" da mesma maneira como a 5FN é quinta?

23.15 "O ponto móvel *agora*" não é um valor, mas uma variável. Discuta.

23.16 Dado o projeto para remessas na Seção 23.2, escreva expressões em **Tutorial D** para as seguintes consultas:

a. Obter números de fornecedor correspondentes a fornecedores que atualmente são capazes de fornecer pelo menos duas peças diferentes, mostrando em cada caso a data desde quando eles puderam fazer isso.

b. Obter números de fornecedor correspondentes a fornecedores que atualmente não são capazes de fornecer pelo menos duas peças diferentes, mostrando em cada caso a data desde quando eles não puderam fazer isso.

23.17 Explique os problemas de redundância, circunlóquio e contradição com suas próprias palavras.

23.18 Explique, com suas próprias palavras, (a) restrições PACKED ON, (b) restrições WHEN/THEN, (c) restrições U_key. Explique como as chaves clássicas podem ser consideradas um caso especial das U_keys.

REFERÊNCIAS E BIBLIOGRAFIA

Em vez de fornecer aqui o que poderia facilmente se tornar uma lista excessivamente longa de referências, apenas chamamos sua atenção para a bibliografia completa existente na referência [23.4], *q.v.*

23.1 J. F. Allen: "Maintaining Knowledge About Temporal Intervals", *CACM 16*, Número 11 (novembro de 1983).

23.2 James Clifford, Curtis Dyreson, Tomás Isakowitz, Christina S. Jensen e Richard T. Snodgrass: "On the Semantics of 'Now' in Databases", *ACM TODS 22*, Número 2 (junho de 1997).

23.3 Hugh Darwen e C. J. Date: "An Overview and Analysis of Proposals Based on the TSQL2 Approach" (ainda não publicado; título provisório). Um rascunho preliminar está disponível no Web site *http://www.thethird-manifesto.com*.

Das propostas publicadas anteriormente para tratar do problema do banco de dados temporal, TSQL2 [23.5] provavelmente é a mais conhecida, e várias outras propostas foram baseadas nela. Esse artigo oferece uma visão geral e análise crítica dessas propostas, comparando-as com a abordagem abraçada neste capítulo.

23.4 C. J. Date, Hugh Darwen e Nikos A. Lorentzos: *Temporal Data and the Relational Model*. São Francisco, Calif.: Morgan Kaufmann (2003).

O presente capítulo é baseado em grande parte nesse livro, mas o livro contém muito mais detalhes e abrange muitos tópicos nem sequer mencionados no corpo deste capítulo. Alguns desses tópicos adicionais são:

- Outros operadores de consulta e abreviações
- Operadores de atualização e abreviações
- "Tempo válido *versus* tempo da transação"
- Implementação e otimização
- Tipos de ponto cíclicos
- Granularidade e escala
- Tipos de ponto contínuos

e muito mais. Um ponto que merece ser mencionado é que o modelo de herança discutido no Capítulo 20 do presente livro passa a ser crucial para a questão da granularidade (ele oferece a chave para o problema de ter duas funções sucessoras distintas – por exemplo, "dia seguinte" e "mês seguinte" – sobre o mesmo tipo de ponto).

23.5 Richard T. Snodgrass (editor): *The Temporal Query Language TSQL2*. Dordrecht, Países Baixos: Kluwer Academic Pub. (1995). Ver também R. T. Snodgrass e outros: "TSQL2 Language Specification", *ACM SIGMOD Record 23*, Número 1 (março de 1994).

Consulta a anotação à referência [23.3].

CAPÍTULO 24

Sistemas baseados em lógica

24.1 Introdução

24.2 Visão geral

24.3 Cálculo proposicional

24.4 Cálculo de predicados

24.5 Uma visão de bancos de dados segundo a teoria da prova

24.6 Sistemas de bancos de dados dedutivos

24.7 Processamento de consultas recursivas

24.8 Resumo

Exercícios

Referências e bibliografia

24.1 INTRODUÇÃO

Em meados da década de 1980, uma nova e significativa tendência começou a emergir na comunidade de pesquisadores de bancos de dados, em direção a **sistemas de bancos de dados baseados em lógica**. Expressões como *banco de dados lógico*, *SGBD inferencial*, *SGBD especialista*, *SGBD dedutivo*, *base de conhecimento*, *sistema de gerenciamento de base de conhecimento* (SGBC), *lógica como modelo de dados*, *processamento de consultas recursivas*, e assim por diante, começaram a aparecer na literatura de pesquisa. Contudo, nem sempre é fácil relacionar tais termos e as ideias que eles representam com termos e conceitos familiares de bancos de dados, nem entender a motivação básica para a pesquisa de um ponto de vista de banco de dados tradicional; em outras palavras, existe uma clara necessidade de explicação de toda essa atividade em termos de ideias e princípios de bancos de dados convencionais. Este capítulo é uma tentativa de atender a essa necessidade. Nosso objetivo é explicar o que são os sistemas baseados em lógica, do ponto de vista de alguém familiarizado com a tecnologia tradicional de bancos de dados, mas talvez não muito familiarizado com a lógica em si. Por isso, à medida que cada nova ideia de lógica for introduzida, nós a explicaremos em termos de bancos de dados convencionais, onde for possível ou apropriado. (Naturalmente, já discutimos certas ideias de lógica neste livro, em especial na nossa descrição de cálculo relacional no Capítulo 8. O cálculo relacional se baseia diretamente na lógica. Porém, como veremos, há muito mais detalhes sobre sistemas baseados em lógica que apenas o cálculo relacional.)

A estrutura deste capítulo é a seguinte: Depois desta seção introdutória, a Seção 24.2 fornece uma breve visão geral do assunto, com um pequeno histórico. Em seguida, as Seções 24.3 e 24.4 oferecem um tratamento elementar (e bastante simplificado), do *cálculo proposicional* e do *cálculo de predicados*, respectivamente. Depois, a Seção 24.5 introduz a chamada visão da *teoria da prova* de um banco de dados, e a Seção 24.6 se baseia nas ideias dessa seção para explicar o que se entende pela expressão *SGBD dedutivo*. A Seção 24.7 discute algumas abordagens para o problema do *processamento de consultas recursivas*. Para concluir, a Seção 24.8 oferece um resumo e algumas observações finais.

24.2 VISÃO GERAL

A pesquisa sobre o relacionamento entre a teoria de bancos de dados e a lógica remonta pelo menos ao final da década de 1970, se não antes – veja, por exemplo, as referências [24.3], [24.3] e [24.8]. Contudo, o principal estímulo para a recente expansão considerável do interesse no assunto parece ter sido a publicação em 1984 de um artigo fundamental de Reiter [24.10]. Nesse artigo, Reiter caracterizou a percepção tradicional de sistemas de bancos de dados como sendo de **teoria dos modelos** – por meio da qual, entendemos informalmente que:

a. O banco de dados em qualquer instante determinado pode ser visto como um conjunto de relações explícitas (isto é, básicas), cada qual contendo um conjunto de tuplas explícitas.

b. A execução de uma consulta pode ser considerada como a avaliação de alguma *fórmula* especificada (isto é, expressão booleana) sobre essas relações e tuplas explícitas.

Nota: Definiremos a expressão *teoria dos modelos* com maior precisão na Seção 24.5.

Em seguida, Reiter continuou a demonstrar que era possível uma visão alternativa da **teoria da prova** e que, de fato, essa visão era preferível sob certos aspectos. Nessa visão alternativa (falando-se mais uma vez em termos informais):

a. O banco de dados em qualquer instante determinado é visto como um conjunto de *axiomas* (axiomas "básicos", correspondentes a valores em domínios[1] e tuplas em relações básicas, além de certos axiomas "dedutivos", a serem discutidos).

b. A execução de uma consulta é considerada como a comprovação de que alguma fórmula especificada é uma consequência lógica desses axiomas – em outras palavras, a prova de que ela é um *teorema*.

Nota: Também definiremos a expressão *teoria da prova* com maior precisão na Seção 24.5 – embora possa ser útil indicar agora que a visão da teoria da prova é muito próxima à nossa própria caracterização de um banco de dados como *uma coleção de proposições verdadeiras*.

Aqui cabe um exemplo. Considere a seguinte consulta do cálculo relacional sobre o banco de dados habitual de fornecedores e peças:

```
FPX WHERE FPX.QDE > 250
```

(Aqui, FPX é uma variável de intervalo que varia sobre remessas.) Na interpretação tradicional – isto é, na teoria dos modelos –, examinamos as tuplas de remessas uma a uma, avaliando a fórmula "QDE > 250" para cada tupla; o resultado da consulta consiste, então, apenas das tuplas de remessas para as quais a fórmula é avaliada como *verdadeira*. Ao contrário, na interpretação da teoria da prova, consideramos as tuplas de remessas (e mais alguns outros itens) como *axiomas* de uma certa **teoria lógica**; em seguida, aplicamos técnicas de demonstração de teoremas, a fim de determinar para quais valores possíveis da variável de intervalo FPX a fórmula "FPX.QDE > 250" é uma consequência lógica desses axiomas dentro dessa teoria. Então, o resultado da consulta consiste apenas nesses valores particulares de FPX.

Naturalmente, esse exemplo é extremamente simples: na verdade, tão simples que você poderia ter dificuldades para perceber qual é realmente a diferença entre as duas interpretações. Porém, o importante é que

---

[1]Por consistência com outros escritos nessa área, usaremos neste capítulo o termo *domínio*, em vez do nosso termo preferido, *tipo*.

o mecanismo de raciocínio empregado na tentativa de prova (na interpretação da teoria da prova) pode, naturalmente, ser muito mais sofisticado que nosso exemplo simples conseguiria mostrar; de fato, ele pode cuidar de certos problemas que estão além dos recursos dos sistemas relacionais clássicos, como veremos. Além disso, a interpretação da teoria da prova inclui um conjunto atraente de recursos adicionais [24.10]:

- *Uniformidade de representação:* Ela nos permite definir uma linguagem de banco de dados na qual valores de domínios, tuplas em relações básicas, "axiomas dedutivos", consultas e restrições de integridade são todos representados essencialmente do mesmo modo uniforme.

- *Uniformidade operacional:* Ela fornece uma base para um ataque unificado a uma variedade de problemas aparentemente distintos, inclusive a otimização de consultas (em especial a otimização semântica), a imposição da restrição de integridade, projeto de bancos de dados (teoria da dependência), provas de correção de programas e outros problemas.

- *Modelagem semântica:* Ela oferece uma boa base sobre a qual se pode elaborar uma série de extensões "semânticas" para o modelo básico.

- *Aplicação estendida:* Finalmente, ela oferece uma base para se lidar com certas questões difíceis de tratar em abordagens clássicas – por exemplo, *informações disjuntivas* (como "O fornecedor F5 fornece a peça P1 ou a peça P2, mas não se sabe qual").

Axiomas dedutivos

Oferecemos uma breve explicação preliminar do conceito, já mencionado algumas vezes, de *axioma dedutivo*. Basicamente, um **axioma dedutivo** (também conhecido como **regra de inferência**) é uma regra pela qual, dados certos fatos, somos capazes de deduzir fatos adicionais. Por exemplo, dados os fatos "Ana é mãe de Beth" e "Beth é mãe de Célia", há um axioma dedutivo óbvio que nos permite deduzir que Ana é avó de Célia. Assim, para irmos um pouco mais adiante, poderíamos imaginar um **SGBD dedutivo** no qual os dois fatos dados fossem representados como tuplas em uma relação; portanto:

MÃE_DE

MÃE	FILHA
Ana	Beth
Beth	Célia

Esses dois fatos representam **axiomas básicos** para o sistema. Vamos supor também que o axioma dedutivo tenha sido enunciado formalmente para o sistema como algo semelhante a:

```
IF MÃE_DE ( x, y ) AND MÃE_DE  ( y, z )
THEN  AVÓ_DE  ( x, z )
END IF
```

(em uma sintaxe hipotética e simplificada). Agora, o sistema pode aplicar a regra expressa no axioma dedutivo aos dados representados pelos axiomas básicos, de uma maneira que será explicada na Seção 24.4, a fim de deduzir o resultado AVÓ_DE (Ana, Célia). Assim, os usuários podem formular consultas como "Quem é a avó de Célia?" ou "Quem são as netas de Ana?" (ou, mais precisamente, "De quem Ana é avó?")

Agora, vamos tentar relacionar as ideias anteriores aos conceitos tradicionais de bancos de dados. Em termos tradicionais, o axioma dedutivo pode ser imaginado como uma *definição de visão* – por exemplo:

```
VAR AVÓ_DE VIEW
  ( MX.MÃE AS AVÓ, MY.FILHA AS NETA )
   WHERE MX.FILHA = MY.MÃE ;
```

(Deliberadamente, usamos aqui um estilo de cálculo relacional; MX e MY são variáveis de intervalo que variam sobre MÃE_DE). Consultas como as que mencionamos podem agora ser postas em termos desta visão:

```
GX.AVÓ WHERE GX.NETA = NOME ( 'Célia' )

GX.NETA WHERE GX.AVÓ = NOME ( 'Ana' )
```

(GX é uma variável de intervalo que varia sobre AVÓ_DE).

Portanto, até agora, tudo o que fizemos foi apresentar uma sintaxe diferente e uma interpretação diferente para um material já conhecido. Porém, veremos nas próximas seções que existem, de fato, algumas diferenças significativas, não ilustradas por esses exemplos simples, entre sistemas baseados em lógica e SGBDs mais tradicionais.

24.3 CÁLCULO PROPOSICIONAL

Nesta seção e na seção seguinte apresentaremos uma breve introdução a algumas ideias básicas da lógica. Esta seção considera o *cálculo proposicional* e a próxima examina o *cálculo de predicados*. Porém, observamos de imediato que, no que nos diz respeito, o cálculo proposicional não é tão importante como um fim em si mesmo; o principal objetivo desta seção é, na realidade, apenas pavimentar o caminho para entendermos a próxima seção. Consideradas juntas, as duas seções têm a finalidade de oferecer uma base sobre a qual será elaborado o restante do capítulo.

Consideramos que o leitor está familiarizado com os conceitos básicos da álgebra booleana. Para fins de referência, enunciamos certas leis da álgebra booleana de que precisaremos mais tarde:

- *Leis distributivas:*

```
f AND ( g OR  h )  ≡  ( f AND g ) OR  ( f AND h )
f OR  ( g AND h )  ≡  ( f OR  g ) AND ( f OR  h )
```

- *Leis de De Morgan:*

```
NOT ( f AND g )  ≡  ( NOT f ) OR  ( NOT g )
NOT ( f OR  g )  ≡  ( NOT f ) AND ( NOT g )
```

Aqui, f, g e h são expressões booleanas arbitrárias.

Agora, vamos nos voltar para a lógica propriamente dita. A lógica pode ser definida como um **método formal de raciocínio**. Por ser formal, ele pode ser usado para executar tarefas formais, tais como verificar a validade de um argumento examinando apenas a estrutura desse argumento como um sequência de etapas (isto é, sem prestar atenção ao significado dessas etapas). Em particular, por ser formal, ele pode ser *mecanizado* – ou seja, pode ser programado e, portanto, aplicado pela máquina.

O cálculo proposicional e o cálculo de predicados são dois casos particulares da lógica em geral (na verdade, o primeiro é um subconjunto do outro). Por sua vez, o termo *cálculo* é apenas um termo geral que se refere a qualquer sistema de computação simbólica; nos casos particulares que examinamos, a espécie de computação envolvida é a do valor verdade – *verdadeiro* (TRUE) ou *falso* (FALSE) – de certas fórmulas ou expressões.

Termos

Começamos pela suposição de que temos alguma coleção de objetos, chamados **constantes**, sobre os quais podemos fazer declarações de várias espécies. Em jargão de bancos de dados, as *constantes* são os valores nos domínios básicos, e uma *declaração* poderia ser, por exemplo, uma expressão booleana como "3 > 2". Definimos um **termo** como uma declaração que envolve essas constantes[2] e:

---

[2]Mais precisamente, *nomes* de tais constantes ou, em outras palavras, literais. A distinção não é clara na maior parte da literatura.

a. Não envolve quaisquer operadores booleanos (consulte a próxima subseção) ou está colocada entre parênteses.

b. É avaliada inequivocamente como *verdadeira* ou *falsa*.

Por exemplo, "O fornecedor F1 está localizado em Londres" e "O fornecedor F2 está localizado em Londres" e "O fornecedor F1 fornece a peça P1", são todos termos (pois essas expressões são avaliadas como *verdadeira*, *falsa* e *verdadeira*, respectivamente, considerando-se nossas amostras habituais dos valores de dados). Ao contrário, "O fornecedor F1 fornece alguma peça *p*" (em que *p* é uma variável) e "O fornecedor F5 fornecerá a peça P1 em algum momento no futuro" não são termos, porque não são avaliados inequivocamente como *verdadeiro* ou *falso*.

Fórmulas

Em seguida, definimos o conceito de **fórmula**. As fórmulas do cálculo proposicional – e, mais geralmente, do cálculo de *predicados* – são usadas em sistemas de bancos de dados na formulação de consultas (entre muitas outras coisas).

```
<fórmula>
    ::=    <termo>
        |  NOT <termo>
        |  <termo> AND <fórmula>
        |  <termo> OR <fórmula>
        |  <termo> ⇒ <fórmula>


<termo>
    ::=    <fórmula atômica>
        |  ( <fórmula> )
```

As fórmulas são avaliadas de acordo com os valores verdade de seus termos constituintes e com as tabelas verdade habituais pra os operadores booleanos (AND, OR etc.). Surgem diversos pontos importantes:

1. Uma *<fórmula atômica>* é uma expressão de valor verdade que não envolve operadores booleanos e não está contida entre parênteses.

2. O símbolo "⇒" representa o operador booleano conhecido como **implicação lógica**. A expressão $f \Rightarrow g$ é definida como logicamente equivalente à expressão (NOT f) OR g. *Nota*: Usamos "IF...THEN...END IF" para esse operador no Capítulo 8 e em outros capítulos anteriores.

3. Adotamos as regras de precedência normais para os operadores booleanos (NOT, depois AND, depois OR, depois ⇒), a fim de reduzir o número de parênteses necessários para expressar uma ordem de avaliação desejada.

4. Uma **proposição** é apenas uma *<fórmula>*, conforme definida anteriormente (empregamos o termo *fórmula* por consistência com a próxima seção).

Regras de inferência

Agora, chegamos às **regras de inferência** do cálculo proposicional. Existem muitas dessas regras. Cada uma delas é uma declaração no formato:

$\models f \Rightarrow g$

(em que f e g são fórmulas, e o símbolo $\models$ pode ser lido como **sempre acontece que**; observe que precisamos de algum símbolo como esse para podermos criar *metadeclarações*, isto é, declarações sobre declarações). Aqui estão alguns exemplos de regras de inferência:

1. $\models$ (f AND g) $\Rightarrow f$

2. $\models$ $f \Rightarrow$ (f OR g)

3. $\models$ (($f \Rightarrow g$) AND ($g \Rightarrow h$)) $\Rightarrow$ ($f \Rightarrow h$)

4. $\models$ (f AND ($f \Rightarrow g$)) $\Rightarrow g$

Nota: Essa última regra é particularmente importante. Ela é chamada regra do ***modus ponens***. Informalmente, ela afirma que, se f é *verdadeira* e se f implica g, então g também deve ser *verdadeira*. Por exemplo, dado o fato de que as fórmulas a e b a seguir são ambas *verdadeiras* –

a. Não tenho dinheiro.

b. Se não tenho dinheiro, então terei de lavar pratos.

– então, podemos deduzir que c também é *verdadeira*:

c. Terei de lavar pratos.

Continuando com as regras de inferência:

5. $\models$ ($f \Rightarrow$ ($g \Rightarrow h$)) $\Rightarrow$ ((f AND g) $\Rightarrow h$)

6. $\models$ ((f OR g) AND (NOT g OR h)) $\Rightarrow$ (f OR h)

Nota: Essa regra também é particularmente importante. Ela é chamada regra de **resolução**. Teremos algo mais a dizer sobre ela na seção "Provas", a seguir, e novamente na Seção 24.4.

Provas

Agora, temos os instrumentos necessários para lidar com provas formais (no contexto do cálculo proposicional). O problema da prova é o problema de determinar se determinada fórmula g (a **conclusão**) é uma consequência lógica de algum conjunto dado de fórmulas $f1, f2, ..., fn$ (as **premissas**)[3] – em símbolos:

$f1, f2, ..., fn \vdash g$

(lida como "g é **dedutível a partir de** $f1, f2, ..., fn$"; observe o uso de outro símbolo metalinguístico, $\vdash$). O método básico de procedimento é conhecido como **encadeamento direto** ("forward chaining"). O encadeamento direto consiste na aplicação das regras de inferência repetidamente às premissas, e a fórmulas deduzidas a partir dessas premissas, e a fórmulas deduzidas a partir dessas fórmulas, e assim por diante, até a conclusão ser deduzida; em outras palavras, o processo "se encadeia de forma direta" das premissas à conclusão. Porém, existem diversas variações sobre esse tema básico:

1. **Adoção de uma premissa:** Se g é da forma $p \Rightarrow q$, adotar p como uma premissa adicional e mostrar que q é dedutível a partir das premissas dadas mais p.

2. **Encadeamento inverso** (backward chaining): Em vez de tentar provar $p \Rightarrow q$, provar a **contrapositiva** NOT $q \Rightarrow$ NOT p.

3. ***Reductio ad absurdum*:** Em vez de tentar provar $p \Rightarrow q$ diretamente, supor que p e NOT q são ambas *verdadeiras* e derivar uma contradição.

4. **Resolução:** Esse método usa a regra de inferência de resolução (a regra número 6 na lista anterior).

Discutiremos a técnica de resolução com algum detalhe, pois ela tem aplicação ampla (em particular, ela também é generalizada para o caso de cálculo de predicados, como veremos na Seção 24.4).

---

[3]Cada uma das proposições de um silogismo que serve de base à conclusão.

Primeiro, observe que a regra de resolução é, de fato, uma regra que nos permite *cancelar subfórmulas*; ou seja, dadas as duas fórmulas:

`f OR g   e   NOT g OR h`

podemos cancelar g e NOT g para derivar a fórmula simplificada:

`f OR h`

Em particular, dadas f OR g e NOT g (isto é, tomando-se h como *verdadeiro*), podemos derivar f.

Dessa forma, observe que a regra em geral se aplica a uma **conjunção** (AND) de duas fórmulas, cada uma das quais é uma **disjunção** (OR) de duas fórmulas. Portanto, para aplicar a regra de resolução, procedemos da seguinte maneira. (Para tornar nossa discussão um pouco mais concreta, explicaremos o processo com base em um exemplo específico.) Vamos supor que desejamos determinar se a prova sugerida a seguir é, na verdade, válida:

`A ⇒ ( B ⇒ C ), NOT D OR A, B ⊢ D ⇒ C`

(em que A, B, C e D são fórmulas). Começamos adotando a negação da conclusão como uma premissa adicional e, em seguida, escrevendo cada premissa em uma linha separada, como a seguir:

```
A ⇒ ( B ⇒ C )
NOT D OR A
B
NOT ( D ⇒ C )
```

Essas quatro linhas passam todas por uma operação AND implícita.

Agora, convertemos cada linha individual para a **forma normal conjuntiva**, isto é, uma forma que consiste em uma ou mais fórmulas, todas unidas por AND e com cada fórmula individual contendo (possivelmente) operações NOT e OR, mas nenhuma operação AND (consulte o Capítulo 18). Logicamente, a segunda e a terceira linhas já estão nessa forma. Para converter as outras duas linhas, primeiro eliminamos todas as ocorrências de "⇒" (usando a definição desse operador em termos de NOT e OR); em seguida, aplicamos as leis distributivas e as leis de De Morgan, como for necessário (consulte o início desta seção). Também eliminamos os parênteses redundantes e os pares de operadores NOT adjacentes (os quais se cancelam). As quatro linhas se tornam:

```
NOT A OR NOT B OR C
NOT D OR A
B
D AND NOT C
```

Em seguida, qualquer linha que inclua algum AND explícito é substituída por um conjunto de linhas separadas, uma para cada uma das fórmulas individuais unidas por AND (eliminando os operadores AND no processo). No exemplo, essa etapa só se aplica à quarta linha. Agora, as premissas são semelhantes a:

```
NOT A OR NOT B OR C
NOT D OR A
B
D
NOT C
```

Agora, podemos começar a aplicar a regra de resolução. Escolhemos um par de linhas que pode ser *resolvido*, isto é, um par que contém alguma fórmula particular e a negação dessa forma, respectivamente. Vamos escolher as duas primeiras linhas, as quais contêm NOT A e A, respectivamente, e resolvê-las para gerar:

```
NOT D OR NOT B OR C
B
D
NOT C
```

Nota: Em geral, também precisaremos manter as duas linhas originais, mas, nesse exemplo específico, elas não serão mais necessárias.

Agora, aplicamos a regra de novo, escolhendo, mais uma vez, as duas primeiras linhas (resolvendo NOT *B* e *B*), o que nos dá:

```
NOT D OR C
D
NOT C
```

Mais uma vez, escolhemos as duas primeiras linhas (NOT *D* e *D*):

```
C
NOT C
```

E mais uma vez (*C* e NOT *C*); o resultado final é o conjunto vazio de proposições (em geral, representado assim: [ ]), que, por convenção, é interpretado como uma contradição. Portanto, pela *reductio ad absurdum*, o resultado desejado é provado.

24.4 CÁLCULO DE PREDICADOS

Agora, voltaremos nossa atenção para o cálculo de *predicados*. A grande diferença entre o cálculo proposicional e o cálculo de predicados é que este último admite fórmulas que contêm variáveis[4] e quantificadores, o que o torna muito mais poderoso e de aplicação bem mais ampla. Por exemplo, a declaração "O fornecedor F1 fornece a peça *p*" e "Algum fornecedor *f* fornece a peça *p*" não são fórmulas válidas do cálculo proposicional, mas são fórmulas válidas do cálculo de predicados. Por isso, o cálculo de predicados nos fornece uma base para expressar consultas como "Quais peças são fornecidas pelo fornecedor F1?" ou "Obtenha os fornecedores que fornecem alguma peça", ou ainda "Obtenha os fornecedores que não forneçam peça alguma".

Predicados

Conforme explicamos no Capítulo 3, um **predicado** é uma *função booleana*; isto é, uma função que, dados argumentos apropriados para seus parâmetros, retorna *verdadeiro* (TRUE) ou *falso* (FALSE). Por exemplo, "$>(x,y)$" – mais convencionalmente, escrita como "$x > y$" – é um predicado com dois parâmetros, x e y; ela retorna *verdadeiro* se o argumento correspondente a x é maior que o argumento correspondente a y, e *falso* em caso contrário. Um predicado que toma n argumentos (ou seja, de modo equivalente, um predicado definido em termos de n parâmetros) é chamado predicado de n lugares, ou n-ádico. Uma proposição (ou seja, uma fórmula no sentido da Seção 24.3) pode ser considerada como um predicado de zero lugar, ou niládico – ela não tem parâmetro algum e é avaliada, de modo inequívoco, como *verdadeira* ou *falsa*.

É conveniente supor que os predicados correspondentes a "=", ">", "≥" etc. são internos (isto é, fazem parte do sistema formal que estamos definindo) e que as expressões que os utilizam podem ser escritas da maneira convencional. Porém, naturalmente, os usuários também devem ser capazes de definir seus próprios predicados. De fato, esse é o ponto importante: o fato de que, em termos de bancos de dados, um predicado definido pelo usuário corresponde a uma *RelVar* definida pelo usuário (como já sabemos de capítulos anteriores). Por exemplo, a RelVar de fornecedores F pode ser vista como um predicado com quatro parâmetros, especificamente F#, FNOME, STATUS e CIDADE. Além disso, as expressões F (F1, Smith, 20, Londres) e F (F6, White, 45, Roma) – para adotar a notação abreviada óbvia – representam "instâncias" ou "instanciações" ou "chamadas" desse predicado que (considerando nossa amostra usual de conjunto de valores) são avaliadas respectivamente como *verdadeira* e *falsa*. De modo informal, pode-

---

[4]Mais precisamente, *nomes* de variáveis. As variáveis em questão são variáveis *lógicas* e não variáveis de linguagem de programação. Você pode pensar nelas como variáveis de intervalo no sentido do Capítulo 8.

mos considerar tais predicados – juntamente com quaisquer *restrições de integridade* aplicáveis, que também são predicados – como a definição do "significado" do banco de dados, conforme explicamos em partes anteriores deste livro (em particular, no Capítulo 9).

Fórmulas bem formadas

A etapa seguinte é estender a definição da *fórmula*. Para evitar confusão com as fórmulas da seção anterior (que são um caso particular), usaremos agora a expressão *fórmula bem formada* (FBF) do Capítulo 8. Aqui está uma sintaxe simplificada para as FBFs:

```
<fbf>
    ::=  <termo>
         | NOT ( <fbf>
         | ( <fbf> ) AND ( <fbf> )
         | ( <fbf> ) OR ( <fbf> )
         | ( <fbf> ) ⇒ ( <fbf> )
         | EXISTS <nome de var> ( <fbf> )
         | FORALL <nome de var> ( <fbf> )


<termo>
    ::= [ NOT ] <nome de pred> [ ( <lista_com_vírgulas de argumentos> ) ]
```

Surgem pontos importantes:

1. Um *<termo>* é apenas uma "instância de predicado", possivelmente negada (se pensarmos em um predicado como uma função de valor verdade, então uma instância de predicado será uma chamada dessa função). Cada *<argumento>* tem de ser uma constante, um nome de variável ou uma chamada função, em que cada argumento para uma chamada função é, por sua vez, uma constante ou um nome de variável ou uma chamada função. A *<lista_com_vírgulas de argumentos>* e (opcionalmente) os parênteses correspondentes são omitidos para um predicado de zero lugar. *Nota*: Funções (ou melhor, além das funções de valor verdade que são os predicados) são permitidas para tornar possível às FBFs incluírem expressões de cálculo como "$+(x,y)$" – de modo mais convencional escritas como "$x + y$" – e assim por diante.

2. Como na Seção 24.3, adotamos as regras normais de precedência para os operadores (NOT, depois, AND, depois OR, depois ⇒), a fim de reduzir o número de parênteses necessários para expressar uma ordem de avaliação desejada.

3. Você deve estar familiarizado com os quantificadores EXISTS e FORALL. *Nota*: Aqui, estamos preocupados apenas com o cálculo de predicados de *primeira ordem*; isso significa basicamente que (a) não existe qualquer "variável de predicado" (isto é, variáveis cujos valores permitidos são predicados) e, portanto, que (b) predicados não podem se sujeitar à quantificação. Consulte o Exercício 8.8, no Capítulo 8.

4. As leis de De Morgan podem ser generalizadas para se aplicarem a FBFs quantificadas, como a seguir:

```
NOT ( FORALL x ( f ) )  ≡  EXISTS x ( NOT ( f ) )
NOT ( EXISTS x ( f ) )  ≡  FORALL x ( NOT ( f ) )
```

Esse ponto também foi discutido no Capítulo 8.

5. Repetindo ainda outro ponto do Capítulo 8: dentro de determinada FBF, cada referência a uma variável é livre ou limitada. Uma referência é **limitada** se e somente se (a) aparece imediatamente depois de EXISTS ou FORALL (isto é, denota a *variável quantificada*) ou (b) reside dentro do escopo de um quantificador e se refere à variável quantificada aplicável. Uma referência a variável é **livre** se e somente se não for limitada.

6. Uma **FBF fechada** é aquela que não contém qualquer referência a variável livre (na verdade, é uma proposição). Uma **FBF aberta** é uma FBF que não é fechada.

Interpretações e modelos

O que *significam* as FBFs? Para dar uma resposta formal a essa pergunta, introduzimos a noção de **interpretação**. Uma interpretação de um conjunto de FBFs é definida da seguinte maneira:

- Primeiro, especificamos um **universo de discurso,** sobre o qual essas FBFs devem ser interpretadas. Em outras palavras, especificamos um *mapeamento* entre (a) as constantes permitidas do sistema formal (os valores de domínios, em termos de bancos de dados) e (b) objetos do "mundo real". Cada constante individual corresponde a exatamente um objeto no universo de discurso.

- Segundo, especificamos um significado para cada predicado, em termos de objetos no universo de discurso.

- Terceiro, especificamos também um significado para cada função, em termos de objetos do universo de discurso.

Então, a interpretação consiste na combinação do universo de discurso, mais o mapeamento de constantes individuais para objetos nesse universo, mais os significados definidos para os predicados e as funções com relação a esse universo.

A título de exemplo, seja o universo de discurso o conjunto de inteiros $\{0,1,2,3,4,5\}$; sejam as constantes como "2" correspondentes a objetos nesse universo da maneira óbvia, e seja o predicado "$x > y$" definido com o significado normal. (Também poderíamos definir funções como "+", "−" etc., se o desejássemos.) Agora, podemos atribuir valores verdade a FBFs como as seguintes, da maneira indicada:

```
2 > 1               : verdadeira
2 > 3               : falsa
EXISTS x ( x > 2 )  : verdadeira
FORALL x ( x > 2 )  : falsa
```

Contudo, observe que são possíveis outras interpretações. Por exemplo, poderíamos especificar que o universo de discurso é um conjunto de níveis de classificação de segurança, como neste caso:

```
destruir antes de ler    (nível 5)
destruir depois de ler   (nível 4)
altamente secreto        (nível 3)
secreto                  (nível 2)
confidencial             (nível 1)
não classificado         (nível 0)
```

Agora, o predicado ">" poderia significar "mais seguro (isto é, de classificação mais alta) que".

Provavelmente, você perceberá que as duas interpretações possíveis que acabamos de dar são *isomorfas* – ou seja, é possível estabelecer uma correspondência biunívoca (de um para um) entre elas e, portanto, em um nível profundo, as duas interpretações são, na verdade, uma só. Porém, deve ficar bem claro que podem existir interpretações genuinamente diferentes em espécie. Por exemplo, poderíamos, mais uma vez tomar o universo de discurso como os inteiros de 0 a 5, mas definir o predicado ">" com o significando de *igualdade*. (É claro que provavelmente causaríamos uma grande confusão, mas estaríamos no nosso direito de fazê-lo.) Agora, a primeira FBF da lista anterior seria avaliada como *falsa* em vez de *verdadeira*.

Outro ponto que deve ser entendido com toda a clareza é o fato de que duas interpretações poderiam ser genuinamente diferentes no sentido anterior, e ainda assim fornecerem os mesmos valores verdade para o conjunto dado de FBFs. Esse seria o caso com as duas definições diferentes de ">" em nosso exemplo, se a FBF "2 > 1" fosse omitida.

A propósito, observe que todas as FBFs que descrevemos nesta subseção até agora foram FBFs *fechadas*. A razão para isso é que, dada uma interpretação, sempre é possível atribuir um valor verdade específico a uma FBF fechada, mas o valor verdade de uma FBF aberta dependerá dos valores atribuídos às variáveis livres. Por exemplo, a FBF aberta:

```
x > 3
```

será (obviamente) *verdadeira* se o valor de *x* for maior que 3, e *falsa* em caso contrário (seja qual for o significado de "maior que" e "3" na interpretação).

Agora, definimos um **modelo** de um conjunto de FBFs (necessariamente fechadas) como uma interpretação pela qual todas as FBFs do conjunto são *verdadeiras*. As duas interpretações dadas anteriormente para as quatro FBFs:

```
2 > 1
2 > 3
EXISTS x ( x > 2 )
FORALL x ( x > 2 )
```

em termos dos inteiros de 0 a 5 não eram modelos para essas FBFs, porque algumas FBFs são avaliadas como *falsas* sob essa interpretação. Ao contrário, a primeira interpretação (em que ">" foi definido "convenientemente") *teria* sido um modelo para o conjunto de FBFs:

```
2 > 1
3 > 2
EXISTS x ( x > 2 )
FORALL x ( x > 2 OR NOT ( x > 2 ) )
```

Observe ainda que, como determinado conjunto de FBFs pode admitir várias interpretações nas quais todas as FBFs são avaliadas como *verdadeiras*, ele pode então ter vários modelos (em geral). Assim, um banco de dados pode ter diversos modelos (em geral), pois – na visão da teoria dos modelos – um banco de dados *é* apenas um conjunto de FBFs. Consulte a Seção 24.5.

Forma clausular

Da mesma maneira que qualquer fórmula do cálculo proposicional pode ser convertida para a forma conjuntiva normal, qualquer FBF do cálculo de predicados pode ser convertida para a **forma clausular**, que pode ser considerada como uma versão estendida da forma conjuntiva normal. Uma motivação para fazer tal conversão é que (de novo) ela nos permite aplicar a regra de resolução à construção ou verificação de provas, como veremos.

O processo de conversão é dado a seguir (em linhas gerais; para obter detalhes, consulte a referência [24.6]). Ilustramos aqui as etapas para sua aplicação à FBF a seguir:

```
FORALL x ( p ( x ) AND EXISTS y ( FORALL z ( q ( y, z ) ) ) )
```

Aqui, *p* e *q* são predicados e *x*, *y* e *z* são variáveis.

1. Elimine os símbolos "⇒", como na Seção 24.3. Em nosso exemplo, essa primeira transformação não tem efeito algum.

2. Use as leis de De Morgan, e mais o fato de que dois operadores NOT adjacentes se cancelam, para mover os operadores NOT de modo que se apliquem apenas a termos, e não a FBFs gerais. (De novo, essa transformação específica não tem efeito em nosso exemplo específico.)

3. Converta a FBF para a *forma normal prenex*, movendo todos os quantificadores para a frente (renomeando sistematicamente as variáveis, se necessário):

    ```
    FORALL x ( EXISTS y ( FORALL z ( p ( x ) AND q ( y, z ) ) ) )
    ```

4. Observe que uma FBF quantificada existencialmente, como:

`EXISTS v ( r ( v ) )`

é equivalente à FBF:

`r ( a )`

para alguma constante desconhecida a; isto é, a FBF original afirma que existe algum a, mesmo que não conheçamos seu valor. Da mesma forma, uma FBF como:

`FORALL u ( EXISTS v ( s ( u, v ) ) )`

é equivalente à FBF:

`FORALL u ( s ( u, f ( u ) ) )`

para alguma função desconhecida f da variável universalmente quantificada u. A constante a e a função f nesses exemplos são conhecidas, respectivamente, como uma **constante de Skolem** e uma **função de Skolem**, em homenagem ao lógico T. A. Skolem. (*Nota*: Uma constante de Skolem é na verdade apenas uma função de Skolem sem argumentos.) Assim, o próxima etapa é eliminar quantificadores existenciais, substituindo-se as variáveis quantificadas correspondentes por funções de Skolem (arbitrárias) de todas as variáveis universalmente quantificadas que precedem o quantificador em questão na FBF:

`FORALL x ( FORALL z ( p ( x ) AND q ( f ( x ), z ) ) )`

5. Todas as variáveis estão agora universalmente quantificadas. Portanto, podemos adotar uma convenção pela qual todas as variáveis estão *implicitamente* universalmente quantificadas e, então, eliminar os quantificadores explícitos:

`p ( x ) AND q ( f ( x ), z )`

6. Converta a FBF para a forma conjuntiva normal, isto é, em um conjunto de cláusulas todas unidas por operadores AND, em que cada cláusula envolve possivelmente operadores NOT e OR, mas não AND. Em nosso exemplo, a FBF já está nessa forma.

7. Escreva cada cláusula em uma linha separada e abandone os operadores AND:

`p ( x )`
`q ( f ( x ), z )`

Essa é a forma clausular equivalente à FBF original.

Nota: Segue-se do procedimento anterior que o formato geral de uma FBF na forma clausular é um conjunto de cláusulas, cada qual em uma linha própria e tendo cada uma a forma:

`NOT A1 OR NOT A2 OR ... OR NOT Am OR B1 OR B2 OR ... OR Bn`

em que todas as ocorrências de A e B são termos não negados. Podemos reescrever essa cláusula, se quisermos, como:

`A1 AND A2 AND ... AND Am ⇒ OR B1 OR B2 OR ... OR Bn`

Se existir no máximo um B ($n = 0$ ou 1), a cláusula será chamada uma **cláusula de Horn**, em homenagem ao lógico Alfred Horn.

Usando a regra de resolução

Agora, estamos prontos para ver como um sistema de banco de dados baseado na lógica pode lidar com consultas. Usamos o exemplo do final da Seção 24.2. Primeiro, temos um predicado MÃE_DE, que envolve dois parâmetros representando mãe e filha, respectivamente, e recebemos os dois termos seguintes (instâncias de predicados):

1. MÃE_DE (Ana, Beth)

2. MÃE_DE (Beth, Célia)

Também recebemos a seguinte FBF (o "axioma dedutivo"):

3. MÃE_DE (x, y) AND MÃE_DE (y, z) $\Rightarrow$ AVÓ_DE (x, z)

(observe que essa é uma cláusula de Horn). Para simplificar a aplicação da regra de resolução, vamos reescrever a cláusula para eliminar o símbolo "$\Rightarrow$":

4. NOT MÃE_DE (x, y) OR NOT MÃE_DE (y, z) OR AVÓ_DE (x, z)

Agora, continuamos a provar que Ana é a avó de Célia – isto é, mostramos como responder à consulta "Ana é a avó de Célia?". Começamos negando a conclusão que deve ser provada e a adotamos como uma premissa adicional:

5. NOT AVÓ_DE (Ana, Célia)

Para aplicar a regra de resolução, devemos substituir sistematicamente os valores correspondentes a variáveis, de tal modo que possamos encontrar duas cláusulas que contenham, respectivamente, uma FBF e sua negação. Essa substituição é legitima, porque as variáveis são todas implicitamente quantificadas universalmente e, assim, as FBFs individuais (não negadas) devem ser *verdadeiras* para toda e qualquer combinação válida de valores de suas variáveis. *Nota*: O processo de encontrar um conjunto de substituições que torne possível resolver duas cláusulas dessa maneira é conhecido como **unificação**.

Para ver como os passos anteriores funcionam nesse caso, observe primeiro que as linhas 4 e 5 contêm os termos AVÓ_DE (x,z) e NOT AVÓ_DE (Ana,Célia), respectivamente. Assim, substituímos x por Ana e z por Célia na linha 4, obtendo:

6. NOT MÃE_DE (Ana, y) OR NOT MÃE_DE (y, Célia)

A linha 2 contém MÃE_DE (Beth,Célia). Então, substituímos y por Beth na linha 6 e obtemos:

7. NOT MÃE_DE (Ana, Beth)

Resolvendo a linha 7 e a linha 1, obtemos o conjunto vazio de cláusulas [ ]: *Contradição*. Desse modo, a resposta à consulta original é "Sim, Ana é avó de Célia".

O que dizer da consulta "Quem são as netas de Ana?" Observe primeiro que o sistema não sabe nada sobre netas, ele só sabe sobre avós. Poderíamos acrescentar outro axioma dedutivo para o efeito de que z é a neta de x se e somente se x é a avó de z (nenhum elemento do sexo masculino é permitido nesse banco de dados). É claro que outra alternativa seria reescrever a pergunta como "De quem Ana é avó?" Vamos considerar essa última formulação. Mais uma vez, as premissas são:

1. MÃE_DE (Ana, Beth)

2. MÃE_DE (Beth, Célia)

3. NOT MÃE_DE (x, y) OR NOT MÃE_DE (y, z) OR AVÓ_DE (x, z)

Introduzimos uma quarta premissa, assim:

4. NOT AVÓ_DE (Ana, r) OR RESULTADO (r)

Intuitivamente, essa nova premissa afirma que Ana não é avó de ninguém, ou então existe alguma pessoa r que pertence ao resultado (porque Ana *é* a avó dessa pessoa r). Queremos descobrir a identidade de todas essas pessoas r. Prosseguimos da maneira descrita a seguir.

Primeiro, substitua x por Ana e z por r e resolva as linhas 4 e 3, para obter:

5. NOT MÃE_DE (Ana, y) OR NOT MÃE_DE (y, z)
                    OR RESULTADO (z)

Em seguida, substitua y por Beth e resolva as linhas 5 e 1, obtendo:

6. `NOT MÃE_DE ( Beth, z ) OR RESULTADO ( z )`

Agora, substitua z por Célia e resolva as linhas 6 e 2, a fim de obter:

7. `RESULTADO ( Célia )`

Então, Ana é a avó de Célia.

Nota: Se recebêssemos um termo adicional, como este –

`MÃE_DE ( Beth, Délia )`

– então poderíamos substituir z por Délia na etapa final (em vez de Célia) e obteríamos:

`RESULTADO ( Délia )`

É claro que o usuário espera ver ambos os nomes no resultado. Assim, o sistema precisa aplicar exaustivamente o processo de unificação e resolução para gerar todos os valores de resultados *possíveis*. Os detalhes desse refinamento estão além do escopo deste capítulo.

24.5 UMA VISÃO DE BANCOS DE DADOS SEGUNDO A TEORIA DA PROVA

Conforme explicamos na Seção 24.4, uma *cláusula* é uma expressão da forma:

`A1 AND A2 AND ... AND Am` $\Rightarrow$ `OR B1 OR B2 OR ... OR Bn`

em que os valores de A e B são todos termos da forma:

`r ( x1, x2 ..., xt )`

(aqui, r é um predicado, e $x1$, $x2$, ... xt são os argumentos desse predicado). Seguindo a referência [24.7], consideramos agora dois casos especiais importantes dessa construção geral:

1. `m = 0, n = 1`

   Nesse caso, a cláusula pode ser simplificada, fornecendo apenas:

   $\Rightarrow$ `B1`

   ou, em outras palavras (descartando-se o símbolo de implicação), somente:

   `r ( x1, x2 ..., xt )`

   para algum predicado r e algum conjunto de argumentos $x1$, $x2$, ..., xt. Se os valores de x forem todos constantes, a cláusula representará um **axioma básico** – isto é, uma declaração inequivocamente verdadeira. Em termos de bancos de dados, tal declaração corresponde a uma tupla de alguma RelVar R.[5] O predicado r corresponde ao "significado" da RelVar R, como já foi explicado no Capítulo 6 e em outro ponto deste livro. Por exemplo, no banco de dados de fornecedores e peças, existe uma RelVar chamada FP, cujo significado é que o fornecedor indicado (F#) está fornecendo a peça indicada (P#) na quantidade indicada (QDE). Observe que esse significado corresponde a uma **FBF aberta**, pois ela contém referências a variáveis livres (F#, P# e QDE). Ao contrário, a tupla (F1,P1,300) – em que os argumentos são todos constantes – é um axioma básico ou uma **FBF fechada**, que afirma inequivocamente que o fornecedor F1 fornece a peça P1 em uma quantidade igual a 300.

2. `m > 0, n = 1`

   Nesse caso, a cláusula toma a forma:

---

[5] Ou a um valor em algum domínio.

$$A1 \text{ AND } A2 \text{ AND } \ldots \text{ AND } Am \Rightarrow B$$

que pode ser vista como um **axioma dedutivo**; ela dá uma definição (possivelmente incompleta) do predicado do lado direito do símbolo de implicação, em função daqueles que estão no lado esquerdo (veja um exemplo na definição do predicado AVÓ_DE, mostrado anteriormente).

Como alternativa, uma cláusula desse tipo poderia ser considerada como a definição de alguma **restrição de integridade** – na verdade, uma restrição de *RelVar*, para usar a terminologia do Capítulo 9. Suponha, a título de exemplo, que a RelVar de fornecedores F tenha apenas dois atributos, F# e CIDADE. Então, a cláusula:

$$F \ (\ f, \ c1 \ ) \text{ AND } F \ (\ f, \ c2 \ ) \Rightarrow c1 = c2$$

expressa a restrição de que CIDADE é funcionalmente dependente de F#. Observe o uso do predicado embutido "=" nesse exemplo.

Como demonstram as discussões anteriores, as tuplas em relações ("axiomas básicos"), relações derivadas ("axiomas dedutivos") e restrições de integridade podem todas ser consideradas casos especiais do construtor geral de *cláusula*. Vamos agora tentar ver como essas ideias podem levar à visão da "teoria da prova" de um banco de dados, mencionada na Seção 24.2.

Primeiro, a visão tradicional de um banco de dados pode ser considerada uma teoria de **modelos**. No caso, "visão tradicional" significa apenas uma visão na qual o banco de dados é percebido consistindo em uma coleção de RelVars nomeadas de modo explícito, cada uma contendo um conjunto de tuplas explícitas, juntamente com um conjunto explícito de restrições de integridade. É essa percepção que pode ser caracterizada como uma *teoria dos modelos*, conforme explicaremos a seguir.

- Os domínios básicos contêm valores ou constantes que supostamente representam certos objetos do "mundo real" (de forma mais precisa, de alguma **interpretação,** no sentido da Seção 24.4). Portanto, eles correspondem ao universo de discurso.

- As RelVars (mais precisamente, os *cabeçalhos* das RelVars) representam um conjunto de predicados ou FBFs abertas que devem ser interpretadas sobre esse universo. Por exemplo, o cabeçalho da RelVar FP representa o predicado "O fornecedor F# fornece a peça P# na quantidade QDE".

- Cada tupla em determinada RelVar representa uma instanciação do predicado correspondente; isto é, representa uma proposição (uma FBF fechada – que não contém variável alguma) inequivocamente *verdadeira* no universo de discurso.

- As restrições de integridade são FBFs fechadas e são interpretadas sobre o mesmo universo. Tendo em vista que os dados não violam (isto é, não *devem* violar!) as restrições, essas restrições também são avaliadas necessariamente como *verdadeiras*, assim como quando seus parâmetros são substituídos por valores atuais do banco de dados.

- Juntas, as tuplas e as restrições de integridade podem ser consideradas como o conjunto de axiomas que define uma certa **teoria lógica** (em termos informais, uma "teoria" em lógica *é* um conjunto de axiomas). Como esses axiomas são todos *verdadeiros* na interpretação, por definição, essa interpretação é um **modelo** dessa teoria lógica, no sentido da Seção 24.4. Observe que, como já dissemos naquela seção, o modelo pode não ser único – ou seja, um determinado banco de dados pode ter várias interpretações possíveis, todas elas igualmente válidas de um ponto de vista lógico.

Portanto, na visão da teoria dos modelos, o "significado" do banco de dados *é* o modelo, no sentido anterior do termo *modelo*. Além disso, como existem muitos modelos possíveis, há muitos significados possíveis, pelo menos em princípio.[6] Mais ainda, o processamento de consultas, na visão da teoria dos

---

[6]Porém, se considerarmos que o banco de dados não contém explicitamente quaisquer informações negativas (por exemplo, uma proposição na forma "NOT F#(F9)", significando que F9 não é um número de fornecedor), também haverá um significado "mínimo", ou *canônico*, que é a interseção de todos os modelos possíveis [24.6]. Além disso, nesse caso, esse significado canônico será igual ao significado atribuído ao banco de dados sob a visão da teoria da prova, conforme explicaremos em breve.

modelos é essencialmente um processo de avaliação de uma certa FBF aberta com o objetivo de descobrir que valores das variáveis livres nessa FBF fazem com que a FBF seja avaliada como *verdadeira* dentro do modelo.

Isso é o bastante sobre a visão da teoria dos modelos. Porém, para ser capaz de aplicar as regras de inferência descritas nas Seções 24.3 e 24.4, é necessário adotar uma perspectiva diferente, na qual o banco de dados é considerado, explicitamente, como uma certa teoria lógica, isto é, como um conjunto de axiomas. O "significado" do banco de dados se torna, então, precisamente, a coleção de todas as declarações *verdadeiras* que podem ser deduzidas a partir desses axiomas – ou seja, o conjunto de **teoremas** que podem ser provados a partir desses axiomas. Essa é a visão de **teoria da prova**. Nessa visão, a avaliação de consultas passa a ser um processo de demonstração de teoremas (em termos conceituais; porém, no interesse da eficiência, o sistema provavelmente usará técnicas de processamento de consultas mais convencionais, como veremos na Seção 24.7).

Nota: Concluímos do parágrafo anterior que uma diferença entre as visões da teoria dos modelos e da teoria da prova (em termos intuitivos) é que, enquanto um banco de dados pode ter muitos "significados" na visão da teoria dos modelos, em geral ele terá exatamente um "significado" na visão da teoria da prova – exceto pelo fato de que (a) como já observamos, esse único significado é na realidade *o* significado canônico no caso da teoria de modelos e, em qualquer caso, (b) a observação para efeito de que só existe um significado no caso da teoria da prova deixará de ser correta, de modo geral, se o banco de dados incluir qualquer axioma negativo [24.5 a 24.6].

Os axiomas para determinado banco de dados (na visão da teoria da prova) podem ser resumidos informalmente desta forma [24.10]:

1. Axiomas básicos, correspondendo aos valores dos domínios e às tuplas das RelVars básicas. Esses axiomas constituem o que se chama, as vezes, **banco de dados extensional** (em oposição ao banco de dados *intensional* – veja a próxima seção).

2. Um "axioma de completeza" para cada RelVar, o qual afirma que o fato de uma tupla que seria válida em caso contrário deixar de aparecer na RelVar em questão pode ser interpretado como significando que a proposição correspondente a essa tupla é *falsa*. (Na verdade, esses axiomas de conclusão considerados em conjunto constituem a **Hipótese do Mundo Fechado**, já discutida nos Capítulos 6 e 9.) Por exemplo, o fato de que a RelVar de fornecedores F não inclui a tupla (F6,White,45,Roma) significa que a proposição "Existe um fornecedor F6 contratado sob o nome White com o status 45 e situado em Roma" é *falsa*.

3. O axioma do "nome único", que afirma que toda constante pode ser distinguida de todas as outras (isto é, ela tem um nome único).

4. O axioma do "fechamento de domínio", que afirma que não existem constantes além daquelas contidas nos domínios do banco de dados.

5. Um conjunto de axiomas (essencialmente padrão) para definir o predicado interno de *igualdade*. Esses axiomas são necessários porque os axiomas dos itens 2, 3 e 4 anteriores fazem uso do predicado de igualdade.

Concluímos esta seção com um breve resumo das principais diferenças entre as duas percepções (da teoria dos modelos e da teoria da prova). Antes de tudo, deve ser dito que, de um ponto de vista puramente pragmático, não poderia haver grande diferença entre elas! – pelo menos, considerando-se os SGBDs de hoje. Porém:

- Os axiomas para a visão da teoria da prova (além dos axiomas básicos) tornam explícitas certas suposições que são implícitas na noção de interpretação da visão da teoria dos modelos [24.10]. A declaração explícita de hipóteses em geral é uma boa ideia; além disso, é necessário especificar claramente esses axiomas adicionais, a fim de permitir a aplicação de técnicas gerais de prova, como o método da resolução descrito nas Seções 24.3 e 24.4.

- Observe que a lista de axiomas não menciona as restrições de integridade. A razão para essa omissão é que (na visão da teoria da prova) a inclusão dessas restrições converte o sistema em um SGBD **dedutivo**. Consulte a Seção 24.6.

- A visão da teoria da prova mostra uma certa elegância que a visão da teoria dos modelos não tem, pois oferece uma percepção uniforme de diversas construções que costumam ser imaginadas como mais ou menos distintas: dados básicos, consultas, restrições de integridade (não obstante o item anterior), dados virtuais e assim por diante. Em consequência disso, surge a possibilidade de interfaces e implementações mais uniformes.

- A visão da teoria da prova também oferece uma base natural para o tratamento de certos problemas com os quais os sistemas relacionais sempre têm tido dificuldades – a **informação disjuntiva** (por exemplo, "o fornecedor F6 está situado em Paris ou Roma"), a derivação de **informações negativas** (por exemplo, "Quem não é um fornecedor?") e as **consultas recursivas** (consulte a próxima seção) – embora, pelo menos nesse último caso, não exista em princípio razão alguma pela qual um sistema relacional clássico não possa ser estendido de modo apropriado para lidar com tais consultas, e realmente vários produtos comerciais já foram estendidos.[7] Teremos mais a dizer sobre tais questões nas Seções 24.6 e 24.7.

- Por fim, para citar Reiter [24.10], a visão da teoria da prova "fornece um tratamento correto para o [extensões do] modelo relacional, a fim de incorporar uma semântica mais do mundo real" (conforme observamos na Seção 24.2).

24.6 SISTEMAS DE BANCOS DE DADOS DEDUTIVOS

Um **SGBD dedutivo** é um SGBD que admite a visão da teoria da prova de um banco de dados e, em particular, é capaz de deduzir ou inferir fatos adicionais a partir dos fatos indicados no banco de dados extensional, aplicando **axiomas dedutivos** ou **regras de inferência** especificados a esses fatos.[8] Os axiomas dedutivos, juntamente com as restrições de integridade (discutidas a seguir), formam aquilo que se costuma chamar **banco de dados intensional**, e o banco de dados extensional com o banco de dados intensional constituem o que se chama *banco de dados dedutivo* (que não é uma boa expressão, pois é o SGBD e não o banco de dados que realiza as deduções).

Como afirmamos, os axiomas dedutivos formam uma parte do banco de dados intensional. A outra parte consiste em axiomas adicionais que representam restrições de integridade (isto é, regras cujo objetivo principal é restringir atualizações, embora, na verdade, tais regras também possam ser usadas no processo de dedução de fatos adicionais a partir de fatos dados).

Vejamos qual seria o aspecto do banco de dados de fornecedores e peças na forma de um "SGBD dedutivo". Primeiro, haverá um conjunto de axiomas básicos definindo os valores de domínio válidos. *Nota*: No texto a seguir, por questões de legibilidade, adotaremos basicamente as mesmas convenções relacionadas com a representação de valores que usamos (por exemplo) na Figura 3.8 (veja uma cópia no início deste livro), escrevendo assim 300 como uma abreviação conveniente para QDE(300), e assim por diante.

```
F# ( F1 )    NOME ( Smith )    INTEGER (  5 )    CHAR ( Londres )
F# ( F2 )    NOME ( Jones )    INTEGER ( 10 )    CHAR ( Paris )
F# ( F3 )    NOME ( Blake)     INTEGER ( 15 )    CHAR ( Roma )
F# ( F4 )    NOME ( Clark )    etc.              CHAR ( Atenas )
F# ( F5 )    NOME ( Adams )                      etc.
F# ( F6 )    NOME ( White )
F# ( F7 )    NOME ( Porca )
```

---

[7]O mesmo aconteceu com o padrão SQL [4.23]. Consulte o Exercício 4.6, no Capítulo 4.

[8]Com relação a isso, vale a pena observar que Codd afirmava desde 1974 que um dos objetivos do modelo relacional era exatamente "mesclar (*merge*) as áreas de busca de fatos e gerenciamento de arquivos como preparação para o acréscimo mais tarde os serviços de inferência no mundo comercial" [11.2, 26.12].

```
etc.        NOME ( Pino )
            NOME ( Parafuso )
            etc.
```

Em seguida, haverá axiomas básicos para as tuplas nas relações básicas:

```
F ( F1, Smith, 20, Londres )
F ( F2, Jones, 10, Paris   )
etc.


P ( P1, Porca, Vermelho, 12, Londres )
etc.


FP ( F1, P1, 300 )
etc.
```

Nota: Não estamos sugerindo seriamente que o banco de dados extensional será criado pela listagem explícita de todos os axiomas básicos da maneira indicada; em vez disso, certamente serão usados métodos tradicionais de definição de dados e de entrada de dados. Em outras palavras, os SGBDs dedutivos em geral aplicarão suas deduções a banco de dados convencionais que já existem e que foram construídos do modo convencional. Contudo, observe que agora se torna mais importante que nunca que o banco de dados extensional não viole quaisquer das restrições de integridade declaradas! – porque um banco de dados que viole quaisquer dessas restrições representa (em termos lógicos) um conjunto de axiomas inconsistente, e é sabido que se pode demonstrar como "verdadeira" *absolutamente qualquer proposição* a partir desse ponto inicial (em outras palavras, podem ser derivadas contradições). Exatamente pela mesma razão, também é importante que o conjunto de restrições de integridade estabelecido seja consistente.

Agora, vamos ao banco de dados intensional. Aqui estão as restrições de atributos:

```
F ( f, fn, ft, fc )  ⇒  F# ( f ) AND
                        NOME ( fn ) AND
                        STATUS ( ft ) AND
                        CIDADE ( fc )


P ( p, pn, pl, pw, pc ) ⇒ P# ( p ) AND
                          NOME ( pn ) AND
                          COR ( pl ) AND
                          PESO ( pw ) AND
                          CIDADE ( pc )
etc.
```

E estas são as restrições de chaves candidatas:

```
F ( f, fn1, ft1, fc1 ) AND F ( f, fn1, ft1, fc1 )
                ⇒  fn1 = fn2 AND
                   ft1 = ft2 AND
                   fc1 = fc2
etc.
```

Aqui estão as restrições de chaves estrangeiras:

```
FP ( s, p, q ) ⇒ F ( f, fn, ft, fc ) AND
                 P ( p, pn, pl, pw, fc )
```

E assim por diante. *Nota*: Nessa exposição, vamos supor que as variáveis que aparecem no lado direito do símbolo de implicação, e não no lado esquerdo (no exemplo, *fn*, *ft* etc.), são quantificadas existencialmente. (Todas as outras são quantificadas universalmente, como explicamos na Seção 24.4.) Do ponto de vista técnico, precisamos de algumas funções de Skolem; por exemplo, *fn* deve ser substituída realmente por (digamos) FN (*f*), onde FN é uma função de Skolem.

A propósito, observe que a maioria das restrições apresentadas no exemplo não são cláusulas puras no sentido da Seção 24.5, porque o lado direito não é apenas uma disjunção de termos simples.

Agora, vamos acrescentar mais alguns axiomas dedutivos:

```
F ( f, fn, ft, fc ) AND ft > 15
                 ⇒ BOM_FORNECEDOR ( f, ft, fc )
```

(compare com a definição da visão BOM_FORNECEDOR do Capítulo 10, na Seção 10.1).

```
F ( fx, fxn, fxt, fc ) AND F ( fy, fyn, fyt, fc )
                       ⇒ FF_COLOCALIZADO ( fx, fy )
```

```
F ( f, fn, ft, c ) AND P ( p, pn, pl, pw, c )
                    ⇒ FP_COLOCALIZADO ( f, p )
```

E assim por diante.

Para tornar o exemplo um pouco mais interessante, vamos agora estender o banco de dados a fim de incluir uma RelVar "estrutura de peça", mostrando quais peças *px* contêm quais peças *py* como componentes imediatos (isto é, do primeiro nível). Primeiro, aqui está uma restrição para mostrar que *px* e *py* devem ambas identificar peças existentes:

```
ESTRUTURA_PEÇA ( px, py ) ⇒ P ( px, xn, xl, xw, xc ) AND
                            P ( py, yn, yl, yw, yc )
```

Aqui estão alguns valores de dados:

```
ESTRUTURA_PEÇA ( P1, P2 )
ESTRUTURA_PEÇA ( P1, P3 )
ESTRUTURA_PEÇA ( P2, P3 )
ESTRUTURA_PEÇA ( P2, P4 )
(etc.)
```

(Na prática, ESTRUTURA_PEÇA provavelmente também teria um argumento "quantidade", mostrando quantas peças *py* são necessárias para montar uma peça *px*, mas omitimos esse refinamento para simplificar.)

Agora, podemos acrescentar um par de axiomas dedutivos, para explicar o que significa para a peça *px* conter a peça *py* como componente (em qualquer nível):

```
ESTRUTURA_PEÇA ( px, py ) ⇒ COMPONENTE_DE ( px, py )
ESTRUTURA_PEÇA ( px, pz ) AND COMPONENTE_DE ( pz, py )
                          ⇒ COMPONENTE_DE ( px, py )
```

Em outras palavras, a peça *py* é componente da peça *px* (em algum nível) se ela é um componente imediato da peça *px* ou um componente imediato de alguma peça *pz* que seja, por sua vez, um componente (em algum nível) da peça *px*. Observe que, nesse caso, o segundo axioma é recursivo – ele define o predicado COMPONENTE_DE em termos de si mesmo. Os sistemas relacionais originalmente não permitiam definições de visões (ou consultas, ou restrições de integridade, ou ...) que sejam recursivas desse modo; portanto, essa capacidade de admitir a recursão é uma das diferenças mais imediatamente óbvias entre os SGBDs dedutivos e seus correspondentes relacionais clássicos – embora, como foi dito na Seção 24.5 (e no Capítulo 7, em nossa discussão sobre o operador TCLOSE), não há uma razão fundamental pela qual os sistemas relacionais clássicos não devam ser estendidos para oferecer suporte a essa recursão, e alguns já foram estendidos. Teremos mais a dizer sobre a recursão na Seção 24.7.

Datalog

Da discussão anterior, deve ter ficado claro que uma das partes mais diretamente visíveis de um SGBD dedutivo será uma linguagem em que os axiomas dedutivos (em geral chamados **regras**) poderão ser formulados. O exemplo mais conhecido de tal linguagem é chamado **Datalog** (por analogia com a linguagem Prolog) [24.5]. Apresentamos uma breve discussão de Datalog nesta subseção. *Nota*: A ênfase de Datalog está em sua capacidade descritiva e não computacional (como também ocorre com o modelo relacional original [6.1]). O objetivo é definir uma linguagem que, em última análise, tenha maior poder de expressão que as linguagens relacionais convencionais [24.5]. Em consequência disso, a ênfase em Datalog – na verdade, a ênfase geral em todos os sistemas baseados em lógica – é muito intensa em consultas, e não atualizações, embora seja possível e desejável estender a linguagem para suportar também as atualizações (como veremos adiante).

Em sua forma mais simples, Datalog admite a formulação de regras como cláusulas de Horn simples sem funções. Na Seção 24.4, definimos uma cláusula de Horn como uma FBF com um dos dois formatos a seguir:

```
A1 AND A2 AND ... AND An
```

```
A1 AND A2 AND ... AND An  ⇒  B
```

(em que os valores de *A* e *B* são instâncias de predicados não negados, envolvendo apenas constantes e variáveis). Porém, seguindo o estilo de Prolog, a linguagem Datalog, na verdade, escreve a segunda expressão ao contrário:

```
B  ⇐  A1 AND A2 AND ... AND An
```

Então, por consistência com outras publicações sobre o assunto, faremos o mesmo nos exemplos seguintes.

Em uma cláusula desse tipo, *B* é a **cabeça da regra** (ou conclusão) e os valores de *A* são o **corpo da regra** (ou premissas, ou ainda **meta**; cada *A* individual é uma **submeta**). Para abreviar, os operadores AND normalmente são substituídos por vírgulas. Um **programa Datalog** é um conjunto dessas cláusulas, separadas de algum modo convencional – por exemplo, por ponto-e-vírgulas (neste capítulo, porém, não usaremos ponto-e-vírgulas, mas simplesmente iniciaremos cada nova cláusula em uma nova linha). Não há qualquer significado associado à ordem das cláusulas dentro de tal programa.

Observe que *o "banco de dados dedutivo" inteiro* pode ser considerado um programa Datalog no sentido anterior. Por exemplo, poderíamos tomar todos os axiomas enunciados antes para fornecedores e peças (os axiomas básicos, as restrições de integridade e os axiomas dedutivos), escrevê-los no estilo Datalog, separá-los por sinais de ponto-e-vírgula ou escrevê-los em linhas separadas, e o resultado seria um programa Datalog. Contudo, como já observamos, a parte extensional do banco de dados em geral *não* será especificada dessa maneira, mas sim de algum modo mais convencional. Dessa forma, a finalidade principal da Datalog é especificamente admitir a formulação de axiomas dedutivos. Como já afirmamos, essa função pode ser considerada uma extensão do mecanismo de definição de visão, encontrado atualmente nos SGBDs relacionais convencionais.

Datalog também pode ser usada como uma linguagem de consulta (novamente, como Prolog). Por exemplo, suponha que recebêssemos a seguinte definição em Datalog de BOM_FORNECEDOR:

```
BOM_FORNECEDOR ( f, ft, fc )  ⇐  F ( f, fn, ft, fc )
                          AND ft > 15
```

Então, aqui temos algumas consultas típicas sobre BOM_FORNECEDOR:

1. Obter todos os bons fornecedores:

```
?  ⇐  BOM_FORNECEDOR ( f, ft, fc )
```

2. Obter bons fornecedores em Paris:

```
?  ⇐  BOM_FORNECEDOR ( f, ft, Paris )
```

3. O fornecedor F1 é um bom fornecedor?

```
?  ⇐  BOM_FORNECEDOR ( f, ft, fc )
```

E assim por diante. Em outras palavras, uma consulta em Datalog consiste em uma regra especial com a cabeça "?" e um corpo formado por uma única expressão que representa o resultado da consulta; a cabeça "?" significa (por convenção) "Exibir".

Devemos enfatizar que, apesar de Datalog admitisse a recursão, há vários aspectos de linguagens relacionais convencionais que a Datalog em sua forma original não foi definida para reconhecer: operadores simples de cálculo ("+", "*" etc.), operadores de agregação (COUNT, SUM etc.), diferença de conjuntos (porque as cláusulas não podem ser negadas), agrupamento e desagrupamento, e assim por diante. Ela também não reconhecia a nomeação de atributos (o significado de um argumento de predicado dependia de sua posição ordinal), nem oferecia suporte completo para domínios (isto é, tipos definidos pelo usuário, no sentido do Capítulo 5). Como indicamos no início desta seção, ela também não permitia quaisquer operações de atualização nem (como consequência desse último fato) reconhecia a especificação declarativa de regras de exclusão e atualização de chaves estrangeiras (ON DELETE CASCADE etc.)

Para tratar de algumas das deficiências anteriores, foram propostas diversas extensões à definição básica de Datalog. Essas extensões se destinavam a oferecer os seguintes recursos, entre outros:

■ *Premissas negativas* – por exemplo:

```
FF_COLOCALIZADO ( fx, fy )  ⇐  F ( fx, fxn, fxt, fc ) AND
                                F ( fy, fyn, fyt, fc ) AND
                                NOT ( fx = fy )
```

■ *Operadores de cálculo* (internos e definidos pelo usuário) – por exemplo:

```
PESO_P_EM_GRAMAS ( p, pn, pl, pg, pc )  ⇐
                   P ( p, pn, pl, pw, pc ) AND pg = pw * 454
```

■ Nesse exemplo, supomos que a função interna "*" pode ser escrita com o uso da notação convencional infixada. Uma representação lógica mais ortodoxa da expressão seguinte ao operador AND seria "$=(pg,{}^{*}(pw,454))$".

■ *Operadores de agrupamento e agregação* (de certo modo, semelhantes ao nosso operador relacional SUMMARIZE – consulte o Capítulo 7): Esses operadores são necessários para tratar (por exemplo) daquilo que se costumava chamar de problema dos *requisitos no bruto*, que consiste em encontrar, não apenas quais peças *py* são componentes de alguma peça *px* em qualquer nível, mas também *quantas* peças *py* (em todos os níveis) são necessárias para formar uma peça *px*. (Naturalmente, estamos supondo nesse caso que a RelVar ESTRUTURA_PEÇA inclui um atributo QDE.)

■ *Operações de atualização*: Uma técnica – não a única – para atender a esse requisito óbvio se baseia nas observações de que, em Datalog básica, (a) qualquer predicado em uma cabeça de regra deve ser não negado, e (b) toda tupla gerada pela regra pode ser considerada "inserida" no resultado. Uma extensão possível seria, então, permitir predicados negados em uma cabeça de regra e tratar a negação como a requisição da *exclusão* (de tuplas pertinentes).

■ *Cláusulas que não são de Horn no corpo da regra*: Em outras palavras, permitir FBFs completamente gerais na definição de regras.

Uma exposição das extensões anteriores, acompanhada de exemplos, pode ser encontrada no livro de Gardarin e Valduriez [24.6], que também discute uma variedade de técnicas de implementação em Datalog.

24.7 PROCESSAMENTO DE CONSULTAS RECURSIVAS

Como dissemos na seção anterior, um dos aspectos mais notáveis dos sistemas de bancos de dados dedutivos é seu suporte à recursão (definições de regras recursivas e, portanto, também de consultas recursivas). Em consequência disso, os últimos anos viram toda sorte de pesquisas sobre técnicas para implementação de tal recursão, e vamos discuti-las rapidamente nesta seção.

Como exemplo, repetimos aqui a definição recursiva de COMPONENTE_DE dada na Seção 24.6, em termos de ESTRUTURA_PEÇA (porém, para abreviar, reduzimos ESTRUTURA_PEÇA a EP e COMPONENTE_DE a COMP; também convertemos a definição para o formato de Datalog):

```
COMP ( px, py )  ⇐  EP ( px, py )

COMP ( px, py )  ⇐  EP ( px, pz ) AND COMP ( pz, py )
```

Aqui está uma consulta recursiva típica sobre esse banco de dados ("Explodir peça P1"):

```
? ⇐  COMP ( P1, py )
```

Voltemos à definição por um instante. A segunda regra nessa definição – isto é, a regra recursiva – é considerada **linearmente** recursiva, porque o predicado na cabeça da regra aparece apenas uma vez no corpo da regra. Ao contrário, aqui está uma definição de COMP na qual a segunda regra (recursiva) não é possui recursão linear no mesmo sentido:

```
COMP ( px, py )  ⇐  EP ( px, py )

COMP ( px, py )  ⇐  COMP ( px, pz ) AND COMP ( pz, py )
```

Contudo, há um sentimento generalizado na literatura de que a recursão linear representa "o caso de interesse", no sentido de que a maioria das recursões que surgem na prática é naturalmente linear e, além disso, existem técnicas eficientes e reconhecidas para se lidar com o caso linear [24.11]. Por essa razão, vamos restringir nossa atenção à recursão linear no restante desta seção.

Nota: Para completar, devemos enfatizar que é necessário generalizar a definição de "regra recursiva" (e de recursão linear) para lidar com casos mais complexos, como este:

```
P ( x, y )  ⇐  Q ( x, z ) AND R ( z, y )

Q ( x, y )  ⇐  P ( x, z ) AND S ( z, y )
```

Para abreviar o assunto, vamos ignorar tais refinamentos aqui. Consulte a referência [24.11] se quiser ver uma discussão mais detalhada.

Como no processamento clássico (ou seja, não recursivo) de consultas, o problema geral de implementar determinada consulta recursiva pode ser dividido em dois problemas secundários: especificamente, (a) transformar a consulta original em alguma forma equivalente, embora mais eficiente, e depois (b) executar de fato o resultado dessa transformação. A literatura contém descrições de várias abordagens a esses dois problemas. Nesta seção, discutiremos rapidamente algumas técnicas mais simples, mostrando sua aplicação à consulta "Explodir peça P1", usando a seguinte amostra de dados:

EP	PX	PY
	P1	P2
	P1	P3
	P2	P3
	P2	P4
	P3	P5
	P4	P5
	P5	P6

Unificação e resolução

Uma das abordagens possíveis é usar as técnicas de **unificação** e **resolução** da Prolog padrão, descritas na Seção 24.4. No exemplo, essa abordagem funciona da maneira descrita a seguir. As primeiras premissas são os axiomas dedutivos, semelhantes a estes (em forma normal conjuntiva):

1. NOT EP (px, py) OR COMP (px, py)

2. NOT EP (px, pz) OR NOT COMP (pz, py) OR COMP (px, py)

683

Construímos outra premissa a partir da conclusão desejada:

```
3. NOT COMP ( P1, py ) OR RESULTADO ( py )
```

Os axiomas básicos formam as premissas restantes. Por exemplo, considere o axioma básico:

```
4. EP ( P1, P2 )
```

Substituindo-se *px* por P1 e *py* por P2 na linha 1, podemos resolver as linhas 1 e 4, obtendo:

```
5. COMP ( P1, P2 )
```

Agora, substituímos *py* por P2 na linha 3 e resolvendo as linhas 3 e 5, obtemos:

```
6. RESULTADO ( P2 )
```

Dessa forma, P2 é componente de P1. Um argumento exatamente semelhante mostrará que P3 também é componente de P1. Agora, naturalmente, temos os axiomas – ou melhor, teoremas – adicionais COMP(P1,P2) e COMP(P1,P3); agora, podemos aplicar o processo anterior recursivamente para determinar a explosão completa. Os detalhes ficam como exercício.

Porém, na prática, a unificação e a resolução podem ter um custo bastante alto no desempenho. Assim, normalmente será desejável encontrar alguma estratégia mais eficiente. As subseções restantes discutem algumas abordagens possíveis para esse problema.

Avaliação ingênua

A **avaliação ingênua** [24.20] é provavelmente a abordagem mais simples de todas. Como sugere o nome, o algoritmo é muito simples; ele pode ser mais facilmente explicado (no caso de nosso exemplo de consulta) com base no seguinte pseudocódigo.

```
COMP := EP ;
do until COMP chegar a um "ponto fixo" ;
  COMP := COMP UNION ( COMP ⋈ EP ) ;
end ;
DISPLAY  :=  COMP WHERE PX = P# ('P1') ;
```

As RelVars COMP e DISPLAY (como a RelVar EP) têm cada uma dois atributos, PX e PY. Informalmente, o algoritmo funciona pela formação repetida de um resultado intermediário que consiste na união da junção de EP com o resultado intermediário anterior, até esse resultado intermediário chegar a um "**ponto fixo**" – isto é, até ele deixar de crescer. *Nota*: A expressão "COMP ⋈ EP" é a abreviação para "junção de COMP e EP sobre COMP.PY e EP.PX" e projeção do resultado sobre "COMP.PX e EP.PY"; para abreviar, vamos ignorar as operações de renomeação de atributos que nosso dialeto da álgebra exigiria para fazer essa operação funcionar (consulte o Capítulo 7).

Vamos percorrer o algoritmo passo a passo com nossa amostra de dados. Depois da primeira iteração do laço, o valor da expressão COMP ⋈ EP é mostrado a seguir (no lado esquerdo), e o valor de COMP resultante é mostrado no lado direito (com as tuplas adicionadas nessa iteração assinaladas com asteriscos):

COMP ⋈ EP	PX	PY
	P1	P3
	P1	P4
	P1	P5
	P2	P5
	P3	P6
	P4	P6

COMP	PX	PY	
	P1	P2	
	P1	P3	
	P2	P3	
	P2	P4	
	P3	P5	
	P4	P5	
	P5	P6	
	P1	P4	*
	P1	P5	*
	P2	P5	*
	P3	P6	*
	P4	P6	*

Depois da segunda iteração, os dados têm esta aparência:

COMP ⋈ EP	PX	PY
	P1	P3
	P1	P4
	P1	P5
	P2	P5
	P3	P6
	P4	P6
	P1	P6
	P2	P6

COMP	PX	PY	
	P1	P2	
	P1	P3	
	P2	P3	
	P2	P4	
	P3	P5	
	P4	P5	
	P5	P6	
	P1	P4	
	P1	P5	
	P2	P5	
	P3	P6	
	P4	P6	
	P1	P6	*
	P2	P6	*

Observe atentamente que o cálculo de COMP ⋈ EP nesse segunda etapa repete todo o cálculo de COMP ⋈ EP da primeira etapa, mas calcula, além disso, algumas tuplas extras (na realidade, duas tuplas extras – (P1,P6) e (P2,P6) – em nosso exemplo). Essa é uma razão pela qual o algoritmo de avaliação ingênua não é muito inteligente.

Depois da terceira iteração, o valor de COMP ⋈ EP (após outros cálculos repetidos) se torna o mesmo da iteração anterior; assim, COMP alcançou um ponto fixo e nós saímos do laço. O resultado final é então calculado como uma restrição de COMP:

EP	PX	PY
	P1	P2
	P1	P3
	P1	P4
	P1	P5
	P1	P6

Outra ineficiência evidente aparece agora: o algoritmo efetivamente calculou a explosão de *cada* peça – na verdade, ele calculou o fecho transitivo inteiro da relação EP – e depois repetiu tudo, com exceção das tuplas realmente desejadas; em outras palavras, mais uma vez foi realizado um grande trabalho desnecessário.

Fechamos esta subseção mostrando que a técnica da avaliação ingênua pode ser considerada uma aplicação do encadeamento direto (forward chaning): partindo do banco de dados extensional (ou seja, dos valores de dados reais), ela aplica as premissas da definição (isto é, o corpo da regra) repetidamente até obter o resultado desejado. De fato, o algoritmo calcula, na realidade, o *modelo mínimo* para o programa Datalog (consulte as Seções 24.5 e 24.6).

Avaliação semi-ingênua

A primeira melhoria óbvia do algoritmo de avaliação ingênua tem o objetivo de evitar a repetição dos cálculos de cada passo na etapa seguinte: a avaliação **semi**-ingênua [24.23]. Em outras palavras, calculamos em cada passo apenas as novas tuplas que precisam ser acrescentadas nessa iteração em particular. Mais uma vez, explicamos a ideia com base no exemplo de "Explodir peça P1". Aqui está o pseudocódigo:

```
NOVA := EP ;
COMP := NOVA ;
do until NOVA estar vazia ;
   NOVA := ( NOVA ⋈ EP ) MINUS COMP ;
   COMP := COMP UNION NOVA ;
end ;
DISPLAY  := COMP WHERE PX = P# ('P1') ;
```

Vamos percorrer novamente o algoritmo passo a passo. Na entrada inicial no laço, NOVA e COMP são ambas idênticas a EP:

NOVA	PX	PY
	P1	P2
	P1	P3
	P2	P3
	P2	P4
	P3	P5
	P4	P5
	P5	P6

COMP	PX	PY
	P1	P2
	P1	P3
	P2	P3
	P2	P4
	P3	P5
	P4	P5
	P5	P6

No final da primeira iteração, elas têm essa aparência:

NOVA	PX	PY
	P1	P4
	P1	P5
	P2	P5
	P3	P6
	P4	P6

COMP	PX	PY	
	P1	P2	
	P1	P3	
	P2	P3	
	P2	P4	
	P3	P5	
	P4	P5	
	P5	P6	
	P1	P4	*
	P1	P5	*
	P2	P5	*
	P3	P6	*
	P4	P6	*

COMP é igual ao que era nesse estágio sob a avaliação ingênua, e NOVA contém apenas as novas tuplas que foram acrescentadas à COMP nessa iteração; observe em particular que NOVA *não* inclui a tupla (P1,P3) (compare esses dados com os dados da avaliação ingênua).

Ao final da próxima iteração, temos:

NOVA	PX	PY
	P1	P6
	P2	P6

COMP	PX	PY	
	P1	P2	
	P1	P3	
	P2	P3	
	P2	P4	
	P3	P5	
	P4	P5	
	P5	P6	
	P1	P4	
	P1	P5	
	P2	P5	
	P3	P6	
	P4	P6	
	P1	P6	*
	P2	P6	*

A iteração seguinte torna NOVA vazia e, portanto, deixamos o laço.

Filtragem estática

A **filtragem estática** é um refinamento da ideia básica da teoria clássica da otimização de executar restrições tão cedo quanto possível. Ela pode ser considerada uma aplicação do encadeamento inverso (backward chaining), pelo fato de usar efetivamente informações da consulta (a conclusão) para modificar as regras (as premissas). Ela também é referenciada como a *redução do conjunto de fatos relevantes*, porque (de novo) usa informações da consulta para eliminar desde o começo tuplas inúteis no banco de dados extensional [24.24]. O efeito em nosso exemplo pode ser explicado com base no seguinte pseudocódigo:

```
NOVA := EP WHERE PX = P# ( 'P1' ) ;
COMP := NOVA ;
```

```
fazer até NOVA estar vazia ;
   NOVA := ( NOVA ⋈ EP ) MINUS COMP ;
   COMP := COMP UNION NOVA ;
fim ;
DISPLAY := COMP ;
```

Novamente, percorremos o algoritmo passo a passo. Em nossa entrada inicial no laço, NOVA e COMP têm esta aparência:

Ao final da primeira iteração, elas são semelhantes a:

 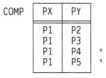

Após a iteração seguinte, temos:

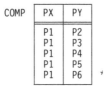

A próxima iteração torna NOVA vazia, e assim saímos do laço.

Isso conclui nossa breve introdução às estratégias de processamento de consultas recursivas. É claro que muitas outras abordagens foram propostas na literatura, a maior parte delas muito mais sofisticada que as abordagens simples discutidas aqui; porém, não há espaço suficiente em um livro desta natureza para abordar toda a base necessária ao bom entendimento dessas técnicas. Consulte, por exemplo, as referências [24.11-24.25], a fim de examinar uma discussão adicional.

24.8 RESUMO

Assim chegamos ao final de nossa breve introdução ao assunto dos bancos de dados baseados em lógica. Embora a maioria das ideias ainda esteja restrita ao mundo da pesquisa, algumas delas começaram a surgir em produtos relacionais comerciais (essa observação é especialmente verdadeira no caso de algumas técnicas de otimização). Acima de tudo, o conceito de bancos de dados baseados em lógica parece muito interessante; diversas vantagens potenciais foram identificadas em vários pontos das seções anteriores. Uma vantagem adicional, não mencionada explicitamente no texto do capítulo, é o fato de que a lógica poderia formar a base de um integração genuinamente uniforme entre as linguagens de programação de uso geral e o banco de dados. Em outras palavras, em vez da abordagem de "sublinguagem de dados embutida", aceita hoje por produtos de SQL – uma abordagem não muito elegante, para dizermos o mínimo – o sistema poderia fornecer uma única linguagem baseada na lógica, na qual "dados são dados", independente de serem mantidos em um banco de dados compartilhado ou serem locais à aplicação. (Naturalmente, existem vários obstáculos a serem superados antes de se poder alcançar tal objetivo, e um deles é demonstrar de forma satisfatória para a comunidade de tecnologia de informações que a lógica é adequada como base para uma linguagem de programação de uso geral.)

Vamos rever rapidamente os principais pontos do assunto que focalizamos. Começamos com um breve tutorial sobre **cálculo proposicional** e **cálculo de predicados**, apresentando os seguintes conceitos, entre outros:

- Uma **interpretação** de um conjunto de FBFs é a combinação de (a) um universo de discurso, (b) um mapeamento de constantes individuais que aparecem nessas FBFs para objetos desse universo e (c) um conjunto de significados definidos para os predicados e as funções pertencentes a essas FBFs.

- Um **modelo** para um conjunto de FBFs é uma interpretação para a qual todas as FBFs no conjunto são avaliadas como *verdadeiras*. Determinado conjunto de FBFs pode ter (em geral) qualquer quantidade de modelos.

- Uma **prova** é o processo de mostrar que alguma FBF g (a **conclusão**) é uma consequência lógica de determinado conjunto de FBFs *f1, f2, ..., fn* (as **premissas**). Discutimos um método de prova, conhecido como **resolução e unificação**, com alguns detalhes.

Em seguida, examinamos a visão da **teoria da prova** de bancos de dados. Nessa visão, um banco de dados é considerado como formado pela combinação de um banco de dados **extensional** e um banco de dados **intensional**. O banco de dados extensional contém **axiomas básicos**, isto é, os dados básicos (em termos informais); o banco de dados intensional contém restrições de integridade e **axiomas dedutivos**, ou seja, visões (mais uma vez, em termos informais). O "significado" do banco de dados consiste, então, no conjunto de **teoremas** que podem ser deduzidos dos axiomas; a execução de uma consulta passa a ser (pelo menos conceitualmente) um processo de **demonstração de teoremas**. Um **SGBD dedutivo** é um SGBD que admite essa visão da teoria da prova. Descrevemos rapidamente a **Datalog**, uma linguagem do usuário para esse tipo de SGBD.

Uma distinção imediatamente óbvia entre Datalog e as linguagens relacionais clássicas é o fato de que Datalog admite axiomas **recursivos** e, portanto, consultas recursivas – embora não exista uma razão pela qual a álgebra relacional tradicional e o cálculo relacional não devam ser estendidos para fazer algo semelhante (veja a discussão sobre o operador TCLOSE no Capítulo 7).[9] Discutimos algumas técnicas simples para avaliar essas consultas.

Concluindo: abrimos este capítulo mencionando uma série de termos – *banco de dados lógico, SGBD inferencial, SGBD dedutivo* etc. – que encontramos com frequência na literatura de pesquisa (e até mesmo, sob certos aspectos, em alguns anúncios publicitários). Portanto, vamos encerrá-lo fornecendo algumas definições para esses termos. Porém, devo adverti-lo de que nem sempre há um consenso sobre essas questões e provavelmente poderão ser encontradas definições diferentes em outras publicações. As definições a seguir são as preferidas pelo autor:

- *Processamento de consultas recursivas*: Essa é fácil. O processamento de consultas recursivas se refere à avaliação e, em particular, à otimização, de consultas cuja definição é intrinsecamente recursiva (consulte a Seção 24.7).

- *Base de conhecimento*: Esse termo é usado às vezes para indicar aquilo que chamamos banco de dados intensional na Seção 24.6 – ou seja, ela consiste nas *regras* (as restrições de integridade e os axiomas dedutivos), em oposição aos dados básicos, que constituem o banco de dados extensional. Contudo, outros autores utilizam *base de conhecimento* para designar a combinação dos bancos de dados extensional e intensional – exceto pelo fato de que, como mostra a referência [24.6], "uma base de conhecimento inclui muitas vezes objetos complexos [bem como] relações clássicas" (consulte a Parte VI deste livro para ver uma discussão de "objetos complexos"). Novamente, a expressão tem outro significado, mais específico, em sistemas de linguagem natural. Talvez seja melhor evitar inteiramente o uso desse termo.

---

[9] É interessante observar sob esse aspecto que, de qualquer modo, os SGBDs relacionais precisam ser capazes de realizar o processamento recursivo nos bastidores, porque o catálogo conterá certas informações estruturadas recursivamente (um caso específico são definições de visões expressas em termos de outras definições de visões).

- *Conhecimento*: Essa também é fácil! Conhecimento é o que está na base de conhecimento... Essa definição, então, reduz o problema de definir "conhecimento" a um problema não resolvido anteriormente.

- *Sistema de gerenciamento de base de conhecimento* (*KBMS* ou *SGBC*): O software que gerencia a base de conhecimento. O termo normalmente é usado como sinônimo para SGBD dedutivo (consulte o próximo parágrafo).

- *SGBD dedutivo*: Um SGBD que admite a visão de bancos de dados segundo a teoria da prova e, em particular, é capaz de deduzir informações adicionais a partir do banco de dados extensional, aplicando regras inferenciais (isto é, dedutivas) que estão armazenadas no banco de dados intensional. Um SGBD dedutivo quase certamente admitirá regras recursivas e, portanto, executará o processamento de consultas recursivas.

- *Banco de dados dedutivo* (termo desaprovado): Um banco de dados gerenciado por um SGBD dedutivo.

- *SGBD especialista*: Sinônimo de *SGBD dedutivo*.

- *Banco de dados especialista* (termo desaprovado): Um banco de dados gerenciado por um SGBD especialista.

- *SGBD inferencial*: Sinônimo de *SGBD dedutivo*.

- *Sistema baseado na lógica*: Sinônimo de *SGBD dedutivo*.

- *Banco de dados lógico* (termo desaprovado): Sinônimo de *banco de dados dedutivo*.

- *Lógica como modelo de dados*: Um modelo de dados consiste (no mínimo) em objetos, regras de integridade e operadores. Em um SGBD dedutivo, os objetos, as regras de integridade e os operadores são todos representados do mesmo modo uniforme, ou seja, como axiomas em uma linguagem lógica como Datalog; de fato, como explicamos na Seção 24.6, um banco de dados em um sistema desse tipo pode ser considerado precisamente como um programa lógico contendo axiomas de todos os três tipos. Assim, em tal sistema, poderíamos afirmar, de modo legítimo, que o modelo abstrato de dados para o sistema *é* ele próprio lógico.

EXERCÍCIOS

24.1 Use o método de resolução para ver se os seguintes constituem provas válidas no cálculo proposicional:

```
a. A ⇒ B, C ⇒ B, D ⇒ ( A OR C ), D ⊢ B
```

```
b. ( A ⇒ B ) AND ( C ⇒ D ), ( B ⇒ E AND D ⇒ F ),
                    NOT ( E AND F ), A ⇒ C ⊢ NOT A
```

```
c. ( A OR B ) ⇒ D, D ⇒ NOT ( E OR F ), NOT ( B AND C AND E )
                    ⊢ NOT ( G ⇒ NOT ( C AND H ) )
```

24.2 Converta as FBFs a seguir para a forma clausular:

```
a. FORALL x ( FORALL y
          ( p ( x, y ) ⇒ EXISTS z ( q ( x, z ) ) ) )
```

```
b. EXISTS x ( EXISTS y
          ( p ( x, y ) ⇒ FORALL z ( q ( x, z ) ) ) )
```

```
c. EXISTS x ( EXISTS y
          ( p ( x, y ) ⇒ EXISTS z ( q ( x, z ) ) ) )
```

24.3 A representação a seguir é um exemplo padrão de um banco de dados lógico:

```
HOMEM    ( Adão )
MULHER   ( Eva )
HOMEM    ( Caim )
HOMEM    ( Abel )
```

```
HOMEM    ( Enoque )

PAIS   ( Adão, Caim )
PAIS   ( Adão, Abel )
PAIS   ( Eva, Caim )
PAIS   ( Eva, Abel )
PAIS   ( Caim, Enoque )
```

PAI $(x, y) \Leftarrow$ PAIS (x, y) AND HOMEM (x)
MÃE $(x, y) \Leftarrow$ PAIS (x, y) AND MULHER (x)

IRMÃOS $(x, y) \Leftarrow$ PAIS (z, x) AND PAIS (z, y)

IRMÃO $(x, y) \Leftarrow$ IRMÃOS (x, y) AND HOMEM (x)

IRMÃ $(x, y) \Leftarrow$ IRMÃOS (x, y) AND MULHER (x)

ANCESTRAL $(x, y) \Leftarrow$ PAIS (x, y)
ANCESTRAL $(x, y) \Leftarrow$ PAIS (x, z) AND ANCESTRAL (z, y)

Use o método de resolução para responder às seguintes consultas:

a. Quem é a mãe de Caim?

b. Quem são os irmãos de Caim em geral?

c. Quem são os irmãos homens de Caim?

d. Quem são as irmãs de Caim?

e. Quem são os ancestrais de Enoque?

24.4 Explique os termos *interpretação* e *modelo* com suas próprias palavras.

24.5 Escreva um conjunto de axiomas em Datalog para a parte de definição (somente) do banco de dados de fornecedores, peças e projetos.

24.6 Dê soluções em Datalog, onde for possível, para os Exercícios 7.13 a 7.50.

24.7 Dê soluções em Datalog, onde for possível, para o Exercício 9.3.

24.8 Complete como desejar a explicação dada na Seção 24.7 sobre a implementação da unificação e resolução da consulta "Explodir peça P1".

REFERÊNCIAS E BIBLIOGRAFIA

A aérea dos sistemas baseados em lógica se expandiu nos últimos anos, e a lista a seguir representa uma pequena fração da literatura disponível no momento. Ela está organizada parcialmente em grupos, como a seguir:

- As referências [24.1 a 24.5] são livros dedicados ao tema da lógica em geral (particularmente em um contexto de computação e/ou bancos de dados), ou são coleções de artigos específicos sobre bancos de dados baseados em lógica.

- As referências [24.6] e [24.7] são tutoriais.

- As referências [24.9], [24.12-24.15], [24.25] e [24.27, 24.28] estão relacionadas com a operação de fecho transitivo e sua implementação.

- As referências [24.16-24.19] descrevem uma importante técnica de processamento de consulta recursiva, chamada *conjuntos mágicos* (magic sets) e suas variações. *Nota*: Sobre esse assunto, consulte também as referências [18.22-18.24].

As referências restantes foram incluídas principalmente para mostrar quanta pesquisa está ocorrendo nesse setor; elas tratam de diversos aspectos do assunto e são apresentadas, em sua maior parte, sem comentários.

24.1 Robert R. Stoll: *Sets, Logic and Axiomatic Theories*. San Francisco, Calif.: W. H. Freeman and Company (1961).

Uma boa introdução à lógica em geral.

24.2 Peter M. D. Gray: *Logic, Algebra and Databases*. Chichester, Inglaterra: Ellis Horwood Ltd. (1984).

Contém uma boa e suave introdução ao cálculo proposicional e ao cálculo de predicados (entre outros tópicos relevantes), do ponto de vista de bancos de dados.

24.3 Hervé Gallaire e Jack Minker: *Logic and Data Bases*. Nova York, N. Y.: Plenum Publishing Corp. (1978).

Uma das primeiras, senão a primeira coleção de artigos sobre o assunto.

24.4 Jack Minker (editor): *Foundations of Deductive Databases and Logic Programming*. San Mateo, Calif.: Morgan Kaufmann (1988).

24.5 Jeffrey D. Ullman: *Database and Knowledge-Base Systems* (em dois volumes). Rockville, Md.: Computer Science Press (1988, 1989).

O volume I dessa obra em dois volumes inclui um (longo) capítulo (de um total de 10 capítulos) dedicado inteiramente à abordagem baseada na lógica. Esse capítulo (que, a propósito, é a origem da linguagem Datalog) inclui uma discussão do relacionamento entre a lógica e a álgebra relacional, e outra sobre cálculo relacional – nas versões de domínios e tuplas – como um caso especial da abordagem lógica. O volume II inclui cinco capítulos (de um total de sete) sobre vários aspectos dos bancos de dados baseados em lógica.

24.6 Georges Gardarin e Patrick Valduriez: *Relational Databases and Knowledge Bases*. Reading, Mass.: Addison-Wesley (1989).

Contém um capítulo sobre sistemas dedutivos que (apesar de sua natureza tutorial) entra na teoria básica, algoritmos de otimização, e assim por diante, com muito mais profundidade que este capítulo.

24.7 Hervé Gallaire, Jack Minker e Jean-Marie Nicolas: "Logic and Databases: A Deductive Approach", *ACM Comp. Surv 16*, Número 2 (junho de 1984).

24.8 Veronica Dahl: "On Database Systems Development Through Logic", *ACM TODS 7*, Número 1 (março de 1982).

Uma boa e clara descrição das ideias básicas envolvendo bancos de dados baseados em lógica, com exemplos tirados de um protótipo em Prolog, implementado por Dahl em 1977.

24.9 Rakesh Agrawal: "Alpha: An Extension of Relational Algebra to Express a Class of Recursive Queries", *IEEE Transactions on Software Engineering 14*, Número 7 (julho de 1988).

Propõe um novo operador, chamado *alpha*, que admite a formulação de "uma grande classe de consultas recursivas" (na verdade, um superconjunto das consultas recursivas lineares), permanecendo dentro do quadro da álgebra relacional convencional. A argumentação é que o operador *alpha* é suficientemente poderoso para tratar da maioria dos problemas que envolvem recursão, ao mesmo tempo que é mais fácil de implementar de forma eficiente que qualquer mecanismo de recursão completamente geral. O artigo apresenta vários exemplos de uso do operador proposto; em particular, mostra como podem ser facilmente tratados os problemas de fecho transitivo e "requisitos no bruto" (consulte a referência [24.12] e a Seção 24.6, respectivamente).
A referência [24.14] descreve alguns trabalhos correlatos sobre implementação. A referência [24.13] também é relevante.

24.10 Raymond Reiter: "Towards a Logical Reconstruction of Relational Database Theory", em Michael L. Brodie, John Mylopoulos e Joachim W. Schmidt (editores), *On Conceptual Modelling: Perspectives from Artificial Intelligence, Databases, and Programming Languages*. Nova York, N. Y.: Springer-Verlag (1984).

Conforme mencionamos na Seção 24.2, o trabalho de Reiter não foi, de modo algum, o primeiro nessa área – muitos pesquisadores tinham investigado antes o relacionamento entre a lógica e os bancos de dados (por exemplo, consulte as referências [24.3], [24.4] e [24.8]) – mas parece ter sido a "reconstrução lógica da teoria relacional" de Reiter o trabalho que deu impulso a grande parte da atividade subsequente e ao elevado grau de interesse atual nessa área.

24.11 François Bancilhon e Raghu Ramakrishnan: "An Amateur's Introduction to Recursive Query Processing Strategies", Proc. 1986 ACM SIGMOD Int. Conf. on Management of Data, Washington, DC (maio de 1986).

Republicado em forma revisada em Michael Stonebraker (editor), *Readings in Database Systems*. San Mateo, Calif.: Morgan Kaufmann (1988).

Uma excelente visão geral. O artigo começa observando que existe um lado positivo e um lado negativo em toda a pesquisa sobre o problema da implementação de consultas recursivas. O lado positivo é que foram identificadas numerosas técnicas que pelo menos resolvem o problema; o lado negativo é que não está absolutamente claro como escolher a técnica mais apropriada em uma determinada situação (em particular, a maioria das técnicas é apresentada na literatura com pouca ou nenhuma discussão sobre características de desempenho). Em seguida, após uma seção que descreve as ideias básicas de bancos de dados lógicos, o artigo entra na descrição de uma série de algoritmos propostos – avaliação ingênua, avaliação semi-ingênua, consulta/subconsulta iterativa, consulta/subconsulta recursiva, APEX, Prolog, Henschen/Naqvi, Aho-Ullman, Kifer-Lozinskii, contagem, conjuntos mágicos e conjuntos mágicos generalizados. O artigo compara essas diferentes abordagens com base no domínio de aplicações (isto é, a classe de problemas aos quais o algoritmo pode ser aplicado de forma útil), desempenho e facilidade de implementação. O artigo incluí também números de desempenho (com análises comparativas) a partir de testes dos diversos algoritmos em um benchmak simples.

24.12 Yannis F. Ioannidis: "On the Computation of the Transitive Closure of Relational Operators", Proc. 12th Int. Conf. on Very Large Data Bases, Kyoto, Japão (agosto de 1986).

Esse artigo propõe um novo algoritmo (baseado em uma técnica de "dividir e conquistar") para a implementação do fecho transitivo. Consulte também as referências [24.9], [24.13-24.15] e [24.27, 24.28].

24.13 H. V. Jagadish, Rakesh Agrawal e Linda Ness: "A Study of Transitive Closure as a Recursion Mechanism", Proc. 1987 ACM SIGMOD Int. Conf. on Management of Data, San Francisco. Calif.: (maio de 1987).

Citando o resumo: "[Este artigo demonstra] que toda consulta linearmente recursiva pode ser expressa como um fecho transitivo, talvez precedido e seguido por operações já disponíveis na álgebra relacional". Assim, a sugestão dos autores é a de que basta fornecer uma implementação eficiente do fecho como base para proporcionar uma implementação eficiente da recursão linear em geral e, portanto, para tornar os SGBDs dedutivos eficientes em uma grande classe de problemas recursivos.

24.14 Rakesh Agrawal e H. Jagadish: "Direct Algorithms for Computing the Transitive Closure of Database Relations", Proc. 13th Int. Conf. on Very Large Data Bases, Brighton, Reino Unido (setembro de 1987).

Propõe um conjunto de algoritmos de fecho transitivo que "não vêm o problema como uma questão de avaliar uma recursão, mas sim de obter o fecho a partir de princípios básicos" (daí o termo *direto*). O artigo inclui um resumo útil de obras anteriores sobre outros algoritmos diretos.

24.15 Hongjun Lu: "New Strategies for Computing the Transitive Closure of a Database Relation", Proc. 13th Int. Conf. on Very Large Data Bases, Brighton, Reino Unido (setembro de 1987).

Mais algoritmos para fecho transitivo. Como a referência [24.14], o artigo também inclui uma relação útil de abordagens anteriores para o problema.

24.16 François Bancilhon, David Maier, Yehoshua Sagiv e Jeffrey D. Ullman: "Magic Sets and Other Strange Ways to Implement Logic Programs", Proc. 5th ACM SIGMOD-SIGACT Symposium on Principles of Database Systems (1986).

A ideia básica de "conjuntos mágicos" é introduzir dinamicamente novas regras de transformação ("regras mágicas") ao processo de otimização. Essas regras são usadas para substituir a consulta original por uma versão modificada que seja mais eficiente, no sentido de reduzir o conjunto de "fatos relevantes" (consulte a Seção 24.7). Os detalhes são um pouco complexos e estão além do escopo destas notas; consulte o artigo ou a pesquisa de Bancilhon e Ramakrishnan [24.11] ou os livros de Ullman [24.5] ou de Gardarin e Valduriez [24.6] para ver uma explicação mais detalhada. Porém, observamos o surgimento de diversas variações sobre a ideia básica – veja, por exemplo, as referências [24.17-24.19]. Consulte também as referências [18.22 a 18.24].

24.17 Catriel Beeri e Raghu Ramakrishnan: "On the Power of Magic", Proc. 6th ACM SIGMOD-SIGACT Symposium on Principles of Database Systems (1987).

24.18 Domenico Saccà e Carlo Zaniolo: "Magic Counting Methods", Proc. 1987 ACM SIGMOD Int. Conf. on Management of Data, San Francisco, Calif. (maio de 1987).

24.19 Georges Gardarin: "Magic Functions: A Technique to Optimize Extended Datalog Recursive Programs", Proc. 13th Int. Conf. on Very Large Data Bases, Brighton, Reino Unido (setembro de 1987).

24.20 A. Aho e J. D. Ullman: "Universality of Data Retrieval Languages", Proc. 6th ACM Symposium on Principles of Programming Languages, San Antonio, Tex. (janeiro de 1979).

Dada uma sequência de relações $r, f(r), f(f(r)), \ldots$ (em que f é alguma função fixa), o **menor ponto fixo** da sequência é definido como uma relação r^* derivada de acordo com o seguinte algoritmo de avaliação ingênua (consulte a Seção 24.7):

```
r* := r ;
do until r* parar de crescer ;
   r* := r* UNION f(r*) ;
end ;
```

Esse artigo propõe a inclusão de um operador de menor ponto fixo na álgebra relacional.

24.21 Jeffrey D. Ullman: "Implementation of Logical Query Languages for Databases", *ACM TODS 10*, Número 3 (setembro de 1985).

Descreve uma importante classe de técnicas de implementação para consultas possivelmente recursivas. As técnicas são definidas em termos de "regras de captura" sobre "árvores de regras/objetivos", as quais são grafos representando estratégias de consulta em termos de cláusulas e predicados. O artigo define várias dessas regras – uma que corresponde à aplicação de operadores da álgebra relacional, outras duas que correspondem ao encadeamento direto e inverso, respectivamente, e uma regra "lateral" que permite que os resultados sejam repassados de um subobjetivo a outro. A passagem lateral de informações tornou-se mais tarde a base das técnicas chamadas *conjunto mágico* [24.16-24.19].

24.22 Shalom Tsur e Carlo Zaniolo: "LDL: A Logic-Based Data-Language", Proc. 12th Int. Conf. on Very Large Data Bases, Kyoto, Japão (agosto de 1986).

A LDL inclui (1) um gerador de tipo "conjunto", (2) uma negação (baseada na diferença entre conjuntos), (3) operações de definição de dados e (4) operações de atualização. Ela é uma linguagem lógica pura (não há qualquer dependência de ordenação entre as instruções) e é compilada, não interpretada.

24.23 François Bancilhon: "Naïve Evaluation of Recursively Defined Relations", em M. Brodie e J. Mylopoulos (editores), *On Knowledge Base Management Systems: Integrating Database and AI Systems*. Nova York, N.Y.: Springer-Verlag (1986).

24.24 Eliezer L. Lozinskii: "A Problem-Oriented Inferential Database System", *ACM TODS 11*, Número 3 (setembro de 1986).

A origem do conceito de "fatos relevantes". O artigo descreve o protótipo de um sistema que utiliza o banco de dados extensional para controlar aquilo que seria em caso contrário uma expansão muito rápida do espaço de busca, à qual as técnicas inferenciais muitas vezes dão origem.

24.25 Arnon Rosenthal e outros: "Traversal Recursion: A Practical Approach to Supporting Recursive Applications", Proc. 1986 ACM SIGMOD Int. Conf. on Management of Data, Washington, DC (junho de 1986).

24.26 Michael Kifer e Eliezer Lozinskii: "On Compile Time Query Optimization in Deductive Databases by Means of Static Filtering", *ACM TODS 15*, Número 3 (setembro de 1990).

24.27 Rakesh Agrawal, Shaul Dar e H. V. Jagadish: "Direct Transitive Closure Algorithms: Design and Performance Evaluation", *ACM TODS 15*, Número 3 (setembro de 1990).

24.28 H. V. Jagadish: "A Compression Method to Materialize Transitive Closure". *ACM TODS 15*, Número 4 (dezembro de 1990).

Propõe uma técnica de indexação que permite o armazenamento do fecho transitivo de determinada relação em forma compactada, de tal modo que a verificação do aparecimento ou não de determinada tupla no fecho pode ser feita através de uma única pesquisa de tabela, seguida por uma comparação de índices.

PARTE VI

OBJETOS, RELAÇÕES E XML

Nota: Assim como o Capítulo 20, os capítulos nesta parte do livro contam bastante com o material discutido inicialmente no Capítulo 5. Se você inicialmente fez apenas uma leitura "superficial" naquele capítulo, poderá voltar a lê-lo agora (se ainda não fez isso), antes de estudar estes capítulos com maior atenção.

A tecnologia de objetos é uma disciplina importante no campo da engenharia de software em geral; por essa razão, é natural indagar se ela poderia ser relevante para o campo de gerenciamento de bancos de dados em particular e, se for o caso, qual seria essa relevância. Embora não haja muito acordo sobre as respostas a essas perguntas, algum consenso parece estar surgindo. Quando os sistemas de banco de dados de objetos apareceram inicialmente, algumas autoridades afirmaram que esses dominariam o mundo, substituindo por completo os sistemas relacionais; outras autoridades acreditaram que eles são adequados apenas à solução de certos problemas muito específicos e nunca deteriam mais que uma pequena fração do mercado global. Enquanto esse debate estava se tornando mais acirrado, começaram a aparecer sistemas que forneciam suporte a uma "terceira via"; esses sistemas integram as tecnologias de objetos e relacionais em uma tentativa de obter o melhor dos dois mundos. E agora parece que essas "outras autoridades" estavam certas: sistemas puramente de objetos poderiam ter um papel a desempenhar, mas apenas para um nicho, e os sistemas relacionais continuarão a dominar o mercado durante um futuro previsível – não somente porque esses sistemas "objeto/relacional" são, na realidade, apenas sistemas relacionais, afinal, conforme veremos.

Mais recentemente, um tipo especial de objeto, que tem atraído muita atenção, são os *documentos XML*; o problema de manter tais documentos em um banco de dados, consultá-los e atualizá-los rapidamente tornou-se um problema de significado prático muito sério. "Bancos de dados XML" – ou seja, bancos de dados que contêm documentos XML e nada mais – são possíveis; contudo, seria claramente preferível, se possível, integrar documentos XML com outros tipos de dados em um banco de dados de objeto ou relacional (ou "relacional/objeto").

Os capítulos desta parte do livro examinam em profundidade essas questões. O Capítulo 25 discute os sistemas puramente de objetos; o Capítulo 26 examina os sistemas "relacional/objeto"; e o Capítulo 27 trata da XML.

CAPÍTULO 25

Sistemas baseados em lógica

25.1 Introdução

25.2 Objetos, classes, métodos e mensagens

25.3 Examinando mais de perto

25.4 Um exemplo do início ao fim

25.5 Questões diversas

25.6 Resumo

Exercícios

Referências e bibliografia

25.1 INTRODUÇÃO

Do final da década de 1980 a meados da década de 1990, houve grande interesse nos sistemas de bancos de dados *orientados a objetos* (ou **sistemas de objetos**, para abreviar). Esses sistemas foram, então, considerados por muitas pessoas como sérios concorrentes dos sistemas relacionais (ou sistemas de SQL, de modo geral). Poucos concordam com essa posição hoje; a maior parte do pessoal de TI agora acha que, embora os sistemas de objetos possam ter um papel a desempenhar, esse papel é comparativamente limitado [25.33]. Apesar disso, esses sistemas ainda merecem ser estudados. Neste capítulo, portanto, examinaremos em detalhes os sistemas de objetos; introduziremos e explicaremos conceitos básicos de objetos, faremos uma análise crítica profunda desses conceitos e apresentaremos algumas opiniões a respeito da adequação de se incorporarem tais conceitos a sistemas de bancos de dados do futuro.

Em primeiro lugar, por que existe um interesse tão grande em sistemas de objetos? Bem, certamente era verdade na época que os produtos de SQL eram inadequados (e na verdade ainda o são) sob vários aspectos. Algumas pessoas até mesmo argumentavam que a teoria básica – isto é, o modelo relacional – também era inadequada. E como alguns dos novos recursos que pareciam necessários para os SGBDs já existiam há muitos anos em *linguagens de programação de objetos* como C++ e SmallTalk, era natural investigar a ideia de incorporar esses recursos a sistemas de bancos de dados. Além disso, muitos pesquisadores e alguns fornecedores fizeram exatamente isso.

Assim, os sistemas de objetos têm suas origens em linguagens de programação de objetos, e a ideia básica é a mesma em ambos os casos, ou seja: os usuários não devem ter de se debater com construções orientadas para a máquina, como bits e bytes, ou mesmo campos e registros, mas devem ser capazes de lidar com **objetos** e **operações** sobre esses objetos, que se pareçam mais com seus correspondentes no mundo

697

real. Por exemplo, em vez de ter de pensar em termos de uma "tupla DEPTO" e mais uma coleção de "tuplas EMP" correspondentes, que incluem "valores de chaves estrangeiras" que "referenciam" o "valor da chave primária" nessa "tupla DEPTO", o usuário deveria poder pensar diretamente em termos de um *objeto departamento* que de fato contém um conjunto correspondente de *objetos empregados*. E em vez de, por exemplo, ter de "inserir" uma "tupla" na "RelVar EMP" com um "valor apropriado para a chave estrangeira" que referencia o "valor da chave primária" de alguma "tupla" na "RelVar DEPTO", o usuário deveria poder *contratar* um objeto empregado diretamente para o objeto departamento relevante. Em outras palavras, a ideia fundamental é **elevar o nível de abstração**.

Ora, elevar o nível de abstração é indiscutivelmente um objetivo desejável, e o paradigma de objetos tem tido muito sucesso na realização desse objetivo na área de linguagens de programação. Portanto, é natural que se pergunte se o mesmo paradigma pode ser aplicado também na área de bancos de dados com sucesso. De fato, a ideia de lidar com um banco de dados formado por "objetos complexos" (por exemplo, objetos departamentos que "sabem o que significa" contratar um empregado ou mudar seu gerente ou ainda cortar seu orçamento), em vez de ter de lidar com "RelVars", "inserções de tuplas" e "chaves estrangeiras" é, sem dúvida, mais atraente do ponto de vista do usuário – pelo menos em princípio.

Porém, é conveniente uma palavra de advertência com relação a isso. A questão é que, embora as disciplinas de linguagem de programação e gerenciamento de bancos de dados tenham muito em comum, elas também diferem em certos aspectos importantes. Em particular:

- Um programa de aplicação, por definição, tem como objetivo resolver algum problema específico.

- Ao contrário, um banco de dados, novamente por definição, tem por objetivo resolver uma variedade de problemas diferentes (alguns dos quais talvez nem mesmo sejam conhecidos no momento em que o banco de dados é criado).

Portanto, no ambiente de programação de aplicações, incluir muita "inteligência" em objetos complexos é uma boa ideia: isso reduz a quantidade de código manipulativo que precisa ser escrita para usar esses objetos, melhora a produtividade do programador, aumenta a possibilidade de manter a aplicação, e assim por diante. No ambiente de bancos de dados, ao contrário, embutir muita informação no banco de dados pode ser ou não uma boa ideia: isso poderia simplificar alguns problemas, mas, ao mesmo tempo, poderia dificultar ou tornar impossível a solução de alguns outros.

A propósito, exatamente esse mesmo argumento foi usado contra sistemas pré-relacionais de bancos de dados como o IMS na década de 1970. Um objeto departamento que contém um conjunto de objetos empregado é conceitualmente muito semelhante a uma hierarquia IMS em que "segmentos pais", chamados departamento, têm "segmentos filhos" subordinados, chamados empregado. Essa hierarquia serve bem a problemas como "Obter empregados que trabalham no departamento de contabilidade". Ela não é bem adequada a problemas como "Obter departamentos que empregam MBAs". Assim, muitos dos argumentos usados contra a abordagem hierárquica na década de 1970 estão de novo em evidência, com um disfarce diferente, no contexto de objetos.

Apesar da advertência anterior, muitas pessoas acreditam que sistemas de objetos representam um grande salto à frente na tecnologia de bancos de dados. Em particular, muitos acreditam que técnicas de objetos são a abordagem preferencial para novas áreas de aplicação "complexas" como:

- Projeto e fabricação auxiliados por computador (CAD/CAM)

- Fabricação integrada ao computador (CIM)

- Engenharia de software auxiliada por computador (CASE)

- Sistemas de informações geográficas (GIS)

- Ciência e medicina

- Armazenamento e busca de documentos

e muitas outras (observe que todas essas são áreas nas quais os produtos clássicos de SQL tendem a apresentar problemas). Nos últimos anos surgiram na literatura diversos artigos técnicos sobre essas questões, e agora existem vários produtos comerciais no mercado.

Então, neste capítulo, nosso objetivo é explicar de que trata a tecnologia de objetos – ou seja, introduzir os conceitos mais importantes da abordagem de objetos e, em particular, descrever esses conceitos *de uma perspectiva de banco de dados* (ao contrário, grande parte da literatura apresenta as ideias do ponto de vista da *programação*). A estrutura do capítulo é a seguinte. Na próxima subseção, apresentaremos um exemplo motivador (ou seja, um exemplo que os produtos de SQL tradicionais não tratam satisfatoriamente; portanto, um exemplo em que a tecnologia de objetos tem uma boa probabilidade de dar melhor resultado). Em seguida, a Seção 25.2 apresenta uma visão geral de *objetos*, *classes*, *mensagens* e *métodos*, e a Seção 25.3 focaliza então certos aspectos específicos desses conceitos e os discute em profundidade. A Seção 25.4 apresenta um exemplo do início ao fim. A Seção 25.5 discute, em seguida, alguns tópicos variados, e a Seção 25.6 apresenta um resumo.

Duas últimas observações preliminares:

- Apesar de originalmente os sistemas de objetos se destinarem originalmente a aplicações "complexas" como CAD/CAM, por questões óbvias, usamos apenas exemplos de aplicações muito mais simples (departamentos e empregados etc.) em nossos exemplos. Naturalmente, essa simplificação não invalida de modo algum a apresentação – e, de qualquer forma, os bancos de dados de objetos, para terem valor, também devem ser capazes de manipular aplicações simples.

- Observe que, neste capítulo, estamos tratando especificamente de sistemas de *banco de dados* de objetos. Não estaremos explicando a respeito da programação de objetos ou linguagens de programação de objetos, análise e projeto de objetos, "modelagem de objetos", interfaces gráficas de objetos etc. Mais importante, não afirmamos que quaisquer críticas que possamos ter a respeito dos objetos no contexto de bancos de dados sejam válidas em qualquer um desses outros contextos.

Um exemplo motivador

Nesta subseção, apresentamos um exemplo simples, creditado originalmente a Stonebraker e elaborado por este autor na referência [25.15], que ilustra alguns dos problemas com os produtos de SQL clássicos. O banco de dados (que poderia ser imaginado como uma aproximação bastante simplificada de um banco de dados CAD/CAM) diz respeito a retângulos, todos considerados por simplicidade como ortogonais aos eixos *X* e *Y* – isto é, todos os seus lados são verticais ou horizontais. Cada retângulo pode ser então identificado de modo exclusivo pelas coordenadas (*x1,y1*) e (*x2,y2*), respectivamente, de seus vértices inferior esquerdo e superior direito (ver Figura 25.1). Em SQL:

```
CREATE TABLE RECTANGLE
    ( X1 ... , Y1 ... , X2 ... , Y2 ... , ... ,
      PRIMARY KEY ( X1, Y1, X2, Y2 ) ) ;
```

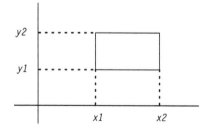

FIGURA 25.1 O *retângulo (x1,y1,x2,y2)*.

Agora, considere a consulta "Obter todos os retângulos que se superpõem ao quadrado unitário (O,0,1,1)" (ver Figura 25.2). A formulação "óbvia" dessa consulta é:

```
SELECT ...
FROM   RECTANGLE
WHERE  ( X1 >= 0 AND X1 <= 1 AND Y1 >= 0 AND Y1 <= 1 )
           /* canto inferior esquerdo no interior do quadrado unitário */
OR     ( X2 >= 0 AND X2 <= 1 AND Y2 >= 0 AND Y2 <= 1 )
           /* canto superior direito no interior do quadrado unitário  */
OR     ( X1 >= 0 AND X1 <= 1 AND Y2 >= 0 AND Y2 <= 1 )
           /* canto superior esquerdo no interior do quadrado unitário */
OR     ( X2 >= 0 AND X2 <= 1 AND Y1 >= 0 AND Y1 <= 1 )
           /* canto inferior direito no interior do quadrado unitário  */
OR     ( X1 <= 0 AND X2 >= 1 AND Y1 <= 0 AND Y2 >= 1 )
           /* retângulo inclui totalmente o quadrado unitário          */
OR     ( X1 <= 0 AND X2 >= 1 AND Y1 >= 0 AND Y1 <= 1 )
           /* borda inferior atravessa o quadrado unitário             */
OR     ( X1 >= 0 AND X1 <= 1 AND Y1 <= 0 AND Y2 >= 1 )
           /* borda esquerda atravessa o quadrado unitário             */
OR     ( X2 >= 0 AND X2 <= 1 AND Y1 <= 0 AND Y2 >= 1 )
           /* borda direita atravessa o quadrado unitário              */
OR     ( X1 <= 0 AND X2 >= 1 AND Y2 >= 0 AND Y2 <= 1 )
           /* borda superior atravessa o quadrado unitário             */
```

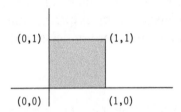

FIGURA 25.2 *O quadrado unitário (0,0,1,1).*

(*Exercício:* Verifique você mesmo que essa formulação está correta.)

Entretanto, com um pouco mais de raciocínio, vemos que a consulta pode ser expressa de modo mais simples como:

```
SELECT ...
FROM    RECTANGLE
WHERE   ( X1 <= 1 AND Y1 <= 1
            /* canto inferior esquerdo está "abaixo" de (1,1) */
AND     X2 >= 0 AND Y2 >= 0 ) ;
            /* canto superior direito está "acima" de (0,0)   */
```

(O Exercício 25.3, no final do capítulo pede que você demonstre que essa outra formulação também está correta.)

A questão agora é: o otimizador do sistema poderia transformar a forma longa original da consulta na forma curta correspondente? Em outras palavras, suponha que o usuário expresse a consulta na forma longa "óbvia" (e obviamente ineficiente); o otimizador seria capaz de reduzir a consulta à forma curta mais eficiente antes de executá-la? A referência [25.15] dá evidências que sugerem que a resposta a essa pergunta é quase certamente *não*, pelo menos no que se refere aos otimizadores comerciais de hoje.

De qualquer forma, apesar de termos dito que a forma curta é "mais eficiente", é provável que o desempenho nessa forma curta ainda seja inaceitavelmente pobre em muitos produtos, dadas as estruturas de armazenamento normais – por exemplo, índices de árvore-b – admitidas por esses produtos. (Em média, o sistema examinará 50% das entradas do índice para cada um dos valores X1, Y1, X2 e Y2.) Em outras palavras, o problema é mais do que apenas uma boa otimização.

Portanto, vemos que esses produtos de SQL clássicos são, de fato, inadequados sob certos aspectos. De forma específica, problemas como o dos retângulos mostram que certas requisições "simples" do usuário (a) são irracionalmente difíceis de expressar e (b) são executadas com um desempenho inaceitável nesses produtos. Essas considerações fornecem grande parte da motivação que determina o interesse atual em sistemas de objetos.

Nota: Daremos uma "boa" solução para o problema dos retângulos no próximo capítulo (Seção 26.1).[1]

25.2 OBJETOS, CLASSES, MÉTODOS E MENSAGENS

Introduzimos nesta seção alguns dos termos e conceitos mais importantes da abordagem de objetos: os próprios *objetos* (logicamente), *classes de objetos*, *métodos* e *mensagens*. Também relacionaremos estas noções a outras mais familiares, sempre que for apropriado. Na verdade, provavelmente será útil mostrar de saída uma correspondência aproximada entre os termos de objetos e a terminologia tradicional (ver Figura 25.3).

Terminologia de objetos	Terminologia tradicional
objeto imutável	valor
objeto mutável	variável
classe de objetos	tipo
método	operador
mensagem	chamada de operador

FIGURA 25.3 *Terminologia de objetos (resumo).*

Cuidado: Antes de entrarmos em detalhes, é bom avisar que você não deve esperar encontrar o nível de precisão a que está acostumado (ou deveria estar) no mundo relacional. Na verdade, muitos conceitos de objetos (ou as definições publicadas desses conceitos) são bastante imprecisos e há pouco consenso e muito desacordo, mesmo no nível mais básico (conforme irá mostrar, por exemplo, uma leitura cuidadosa das referências [25.10], [25.39] e [25.42]). Em particular, não existe um "modelo de dados de objetos" abstrato, formalmente definido, nem mesmo um consenso quanto a um modelo *in*formal. (Por isso, sempre colocaremos entre aspas expressões como "o modelo de objetos" neste capítulo.) Na verdade, um tanto surpreendentemente, parece haver muita confusão sobre os níveis de abstração: especificamente, sobre a distinção crucial entre **modelo** e **implementação**, conforme veremos.

Você também deve ser avisado de que, em virtude da situação descrita, as definições e as explicações apresentadas neste capítulo *não* têm aceitação universal e *não* correspondem necessariamente à maneira 100% exata como funciona qualquer sistema de objetos determinado. Na verdade, praticamente todas as definições e as explicações dadas aqui podem ser contestadas por algum outro autor que tenha vivência nessa área, e provavelmente serão.

Visão geral da tecnologia de objetos

Pergunta: O que é um objeto? *Resposta:* Tudo!

Um princípio básico da abordagem de objetos é o de que **"tudo é um objeto"** (algumas vezes, "tudo é um objeto de **primeira classe"**). Alguns objetos são **imutáveis**; seriam bons exemplos os números inteiros

---

[1]Essa solução envolve um tipo definido pelo usuário. A SQL não admitia tipos definidos pelo usuário quando os sistemas de objetos apareceram no mercado; agora ela os admite. De fato, a SQL agora inclui vários recursos que a tornam mais "próxima dos objetos"; contudo, deliberadamente adiamos a discussão desses recursos para o próximo capítulo.

(como 3 ou 42) e as strings de caracteres (como "Mozart", "Cristo vive!"). Outros objetos são **mutáveis**; podemos citar entre eles os objetos departamento e empregado, mencionados no início da Seção 25.1. Então, na terminologia tradicional, os objetos imutáveis correspondem a *valores*, enquanto os objetos mutáveis correspondem a *variáveis*[2] – em que os valores e as variáveis em questão podem ter qualquer complexidade (ou seja, tais objetos podem usar qualquer um ou todos os tipos de dados normais das linguagens de programação e dos geradores de tipos: números, strings, listas, arrays, pilhas etc.). *Nota:* Em alguns sistemas, o termo *objeto* é reservado somente para o caso de objeto mutável, e o termo *valor* – ou às vezes *literal* (!) – é, então, usado para o caso de objeto imutável. Mesmo nos sistemas em que o termo *objeto* se refere a ambos os casos, você deve saber que é comum, em contextos informais, tomar o termo com o significado específico de objeto mutável, a menos que haja alguma declaração explícita em contrário.

Cada objeto tem um *tipo* (o termo de objetos é **classe**). Objetos individuais às vezes são chamados especificamente **instâncias** de objetos (também apenas como *instâncias*), para distingui-los do tipo ou classe de objeto correspondente. Observe também que o termo *tipo* é usado aqui com seu sentido normal em linguagem de programação (como no Capítulo 5); assim, em particular, empregamos o termo para incluir o conjunto de *operadores* (o termo de objetos é **métodos**) que podem ser aplicados a objetos do tipo em questão. Os operadores somente de leitura e de atualização são chamados **observadores e mutators,** respectivamente. *Nota*: Na realidade, alguns sistemas de objetos fazem distinção entre tipos e classes, e discutiremos rapidamente a respeito desses sistemas na Seção 25.3; contudo, até esse ponto, utilizaremos os termos de forma indistinta.

Os objetos são **encapsulados**. Isso significa que a representação física – isto é, a estrutura interna – de um desses objetos, digamos, um objeto DEPTO ("departamento"), não é visível para os usuários desse objeto; em vez disso, os usuários sabem apenas que o objeto é capaz de executar certas operações (métodos). Por exemplo, os métodos que se aplicam a objetos DEPTO poderiam ser CONTRATAR_EMP, DEMITIR_EMP, CORTAR_ORÇAMENTO etc. *Observe com atenção que esses métodos constituem as ÚNICAS operações que podem ser aplicadas aos objetos em questão.* O código que implementa esses métodos *tem* permissão para ver a representação interna dos objetos – para usar o jargão, esse código (mas apenas esse código) tem permissão para "romper o encapsulamento"[3] – mas é claro que, da mesma forma, esse código não é visível para os usuários.

A vantagem do encapsulamento, portanto, é a de permitir que a representação interna de objetos seja alterada, sem exigir que qualquer das aplicações que usam esses objetos seja reescrita (desde que, é claro, qualquer mudança na representação interna seja acompanhada por uma mudança correspondente no código que implementa os métodos aplicáveis). Em outras palavras, a encapsulamento implica **independência de dados física**.

Precisamos explicar que, embora a caracterização anterior de encapsulamento em termos de independência de dados faça sentido sob uma perspectiva de bancos de dados, essa não é a maneira como o conceito costuma ser descrito na literatura de objetos. Em vez disso, os objetos encapsulados normalmente são descritos tendo uma *memória privada* e uma *interface pública*:

- A **memória privada** consiste em **variáveis de instância** (também chamadas *membros* ou *atributos*), cujos valores representam o estado interno do objeto. Em um sistema de objetos "puro", variáveis de instância são completamente privadas e ocultas dos usuários, embora (como já explicamos) elas sejam naturalmente visíveis para o código que implementa os métodos. Contudo, muitos sistemas *não* são puros nesse sentido, mas expõem as variáveis de instância aos usuários, um ponto ao qual voltaremos na próxima subseção.

---

[2]Porém, observe que o termo não qualificado *variável* normalmente é usado em contextos de objetos para indicar, especificamente, uma variável seja uma variável local ou uma "variável de instância" – que contém uma *ID de objeto* (ver mais adiante, nesta seção).

[3]Como observamos nos Capítulos 5 e 20, recomendaríamos uma disciplina mais rígida a nós mesmos: somente os operadores que são *prescritos pelo modelo* (seletores e operadores THE_ em particular) deverão ter permissão para romper o encapsulamento nesse sentido; todos os outros operadores devem ser implementados em termos desses operadores prescritos. Use a codificação defensiva! Mas, como não há consenso sobre um modelo de objetos, também não existe consenso nos sistemas de objetos a respeito dessa noção de "operadores prescritos".

- A **interface pública** consiste em definições de interface para os métodos que se aplicam a esse objeto. Essas definições de interface correspondem ao que chamamos no Capítulo 20 de *assinaturas de especificação* – exceto pelo fato de que (conforme explicamos no próximo parágrafo) os sistemas de objetos normalmente insistem em que tais assinaturas estejam ligadas a um único tipo ou uma classe de "destino" específica, enquanto não tínhamos uma noção desse tipo no Capítulo 20 (nem achamos que seja necessária, ou mesmo desejável [3.3]). Como já observamos, o código que implementa esses métodos, como as variáveis de instância, está oculto do usuário. *Nota*: Seria mais exato dizer que a interface pública não faz parte do objeto em questão, mas é parte do objeto de "definição de classe" correspondente. O **objeto de definição de classe** (ou CDO – Class-Defining Object) para determinado objeto é o objeto que define a classe da qual o objeto em questão é uma instância; em termos de banco de dados, ele é semelhante a uma *entrada de catálogo* ou *descritor*. Claramente, a interface pública para determinado objeto é comum a todos os objetos da classe da qual o objeto em questão é uma instância, e por isso faz sentido que ela faça parte do CDO.

Os métodos são chamados por meio de **mensagens**. Uma mensagem é essencialmente apenas uma *chamada de operador*, na qual um argumento, o **destino**, se distingue e recebe um tratamento sintático especial. Por exemplo, a linha a seguir poderia ser uma mensagem para o departamento D pedindo a contratação do empregado E:

```
D CONTRATAR_EMP ( E )
```

(sintaxe hipotética; consulte a subseção "Classe, instância e coleção", na Seção 25.3, para ver uma explicação dos argumentos D e E). Aqui, o destino é o objeto departamento, representado por D. O equivalente dessa mensagem em linguagem de programação mais convencional (isto é, uma linguagem que trate todos os argumentos igualmente) poderia ser como esta:[4]

```
CONTRATAR_EMP ( D, E )
```

Na prática, um sistema de objetos em geral virá equipado com diversas classes e métodos *internos* (ou embutidos). Em particular, o sistema quase certamente fornecerá classes como INTEGER (com métodos "=", "<", "+", "–" etc.), CHAR (com métodos "=", "<", "||", SUBSTR etc.) e assim por diante. É claro que, além disso, o sistema fornecerá recursos para usuários experientes definirem e implementarem suas próprias classes e métodos.

Variáveis de instância

Agora, vamos retornar rapidamente ao conceito de variáveis de instância. Na verdade, existe uma certa confusão em torno desse conceito. Como já dissemos, as variáveis de instância ficam ocultas do usuário em um sistema puro; infelizmente, porém, a maioria dos sistemas não é pura nesse sentido. Em consequência disso, é preciso distinguir na prática entre variáveis de instância **públicas** e **privadas**; as variáveis privadas estão verdadeiramente ocultas, mas não as públicas.

A título de exemplo, suponha que tenhamos uma classe de objetos de *segmentos de reta*, e suponha que os segmentos de reta sejam representados fisicamente por seus pontos INÍCIO e FIM (usamos um exemplo semelhante no Capítulo 5, como você deve se lembrar). Então, o sistema em geral permitirá ao usuário escrever expressões da forma *sr*.INÍCIO e *sr*.FIM para "obter" os pontos INÍCIO e FIM de um determinado segmento de reta *sr*. Assim, INÍCIO e FIM são variáveis de instância *públicas* (observe que, por definição, o acesso a variáveis de instância públicas deve ser feito por meio de alguma sintaxe especial – normalmente, a qualificação com ponto, como sugere nosso exemplo). Além disso, se a representação físi-

---

[4]Tratar um argumento como especial pode tornar mais fácil para o sistema executar o processo de *acoplamento em tempo de execução*, descrito no Capítulo 20. Porém, isso apresenta muitas desvantagens [3.3], sendo uma das maiores a possibilidade de tornar mais difícil para o implementador do método escrever o código de implementação. Outra é que a escolha do argumento usado como destino (nos casos em que existe uma escolha – ou seja, sempre que houver dois ou mais argumentos) é arbitrária.

ca desses segmentos de reta for agora alterada – digamos, para a combinação de PONTOMÉDIO, COMPRIMENTO e INCLINAÇÃO –, então qualquer programa que inclua expressões como *sr*.INÍCIO e *sr*.FIM agora irá falhar. Em outras palavras, perderemos a independência de dados.

Observe agora que as variáveis de instância públicas são logicamente desnecessárias. Vamos supor que sejam definidos métodos OBTER_INÍCIO, OBTER_FIM, OBTER_PONTOMÉDIO, OBTER_COMPRIMENTO e OBTER_INCLINAÇÃO para segmentos de retas. Então, o usuário poderá obter o ponto inicial, o ponto final, o ponto médio e assim por diante para o segmento de reta *sr* por meio de *chamadas de métodos* apropriados: OBTER_INÍCIO(*sr*), OBTER_FIM(*sr*), OBTER_PONTOMÉDIO(*sr*) e assim por diante. Agora, não faz diferença alguma qual seja a representação física de segmentos de reta! – basta que os diversos métodos OBTER_ sejam implementados de forma apropriada e reimplementados também de forma apropriada se a representação física mudar. Além disso, não haveria nada errado em permitir ao usuário abreviar por exemplo OBTER_INÍCIO(*sr*) apenas como *sr*.INÍCIO **como uma abreviação**; note que a disponibilidade dessa abreviação *não* tornaria INÍCIO uma variável de instância pública. Porém, infelizmente, os sistemas reais não costumam operar dessa maneira; em geral, as variáveis de instância públicas expõem de fato a representação física (ou pelo menos uma parte dela, embora possam existir algumas variáveis de instância adicionais que sejam mesmo privadas e ocultas). Por essa razão, de acordo com a prática comum, vamos supor no texto a seguir (até aviso em contrário) que os objetos tipicamente expõem certas variáveis de instância públicas, embora o conceito seja desnecessário do ponto de vista lógico.

Há ainda outro ponto relacionado que precisamos mencionar aqui. Suponha que certos argumentos – que o usuário poderia considerar informalmente como argumentos de "variáveis de instância" – sejam exigidos para se criarem objetos de determinada classe.[5] Então, isso *não* significa que essas mesmas "variáveis de instância" possam ser usadas para quaisquer finalidades. Suponha, por exemplo, que a criação de um segmento de reta exija a especificação dos pontos INÍCIO e FIM aplicáveis. Então, disso não resulta que (por exemplo) possamos obter todos os segmentos de reta com determinado ponto de INÍCIO; na verdade, essa requisição só será válida se tiver sido definido um método apropriado.

Finalmente, observe que alguns sistemas admitem uma variação sobre o tema de variáveis de instância privadas, as chamadas variáveis de instância **protegidas**. Se os objetos da classe *C* tiverem uma variável de instância protegida *P*, então *P* será visível ao código que implementa os métodos definidos para a classe *C* (é claro) *e* para o código que implementa os métodos definidos para *qualquer subclasse* (em qualquer nível) da classe *C*. Veja no final da Seção 25.3 uma breve descrição das subclasses.

Identidade de objetos

Todo objeto possui um *identificador* exclusivo chamado **"ID de objeto"** ou OID (Object ID). Objetos imutáveis, como o inteiro 42, são *autoidentificados*, isto é, servem como suas próprias OIDs. Ao contrário, os objetos mutáveis têm *endereços* (conceituais) como suas OIDs, e esses endereços podem ser usados em outros lugares do banco de dados como *ponteiros* (conceituais) para fazer referência aos objetos em questão. Os valores reais desses endereços provavelmente não são expostos diretamente ao usuário, mas podem ser atribuídos a variáveis do programa e a variáveis de instância dentro de outros objetos. Para ver mais detalhes, consulte as Seções 25.3 e 25.4.

Observamos que às vezes se afirma ser uma vantagem dos sistemas de objetos o fato de dois objetos distintos poderem ser idênticos em todos os aspectos visíveis para o usuário – isto é, serem duplicatas um do outro – e, no entanto, ser considerados distintos exatamente porque possuem OIDs distintas. Porém, para este autor, essa afirmação parece ilusória. Afinal, como poderia o *usuário* distinguir externamente entre esses dois objetos? Veja nas referências [6.3], [6.6] e (especialmente) [25.17] uma discussão adicional sobre essa questão.

---

[5] A propósito, os objetos em questão necessariamente precisam ser mutáveis (por quê?).

25.3 EXAMINANDO MAIS DE PERTO

Consideremos agora um exemplo detalhado de algumas ideias introduzidas na seção anterior. Suponha que desejamos definir duas classes de objetos, DEPTO (departamentos) e EMP (empregados). Suponha também que as classes definidas pelo usuário MOEDA e CARGO já tenham sido definidas e que a classe CHAR seja embutida. Então, as definições de classes necessárias para DEPTO e EMP poderiam ter a seguinte aparência (sintaxe hipotética):

```
CLASS DEPTO
   PUBLIC  ( DEPTO# CHAR,
             DNOME CHAR,
             ORÇAMENTO  MOEDA,
             GER         OID ( EMP ),
             EMPS        OID ( SET ( OID ( EMP ) ) ) )
   METHODS ( CONTRATAR_EMP ( OID ( EMP ) ) código ,
             DEMITIR_EMP  ( OID ( EMP ) ) código , ... ) ... ;

CLASS EMP
   PUBLIC  ( EMP#       CHAR,
             ENOME      CHAR,
             SALÁRIO    MOEDA,
             POSIÇÃO    OID ( CARGO ) )
   METHODS ( ... ) ... ;
```

Surgem alguns pontos importantes:

1. Optamos por representar departamentos e empregados por meio de uma **hierarquia de contenção,** em que objetos EMP estão conceitualmente contidos dentro de objetos DEPTO. Assim, objetos da classe DEPTO incluem uma variável de instância pública chamada GER, representando o gerente do departamento indicado, e outra chamada EMPS, representando os empregados desse departamento. Mais precisamente, objetos da classe DEPTO incluem uma variável de instância pública chamada GER, cujo valor é um *ponteiro para* (ou seja, a "OID" de) um empregado, e outra chamada EMPS, cujo valor é um ponteiro a um conjunto de ponteiros a empregados. Mais adiante daremos mais detalhes sobre a noção de hierarquia de contenção.

2. No exemplo, preferimos *não* incluir uma variável de instância de dentro de objetos da classe EMP cujo valor seja uma OID de departamento ou um valor de DEPTO# (uma variável de instância de "chave estrangeira"). Essa decisão é consistente com nossa decisão de representar departamentos e empregados por meio de uma hierarquia de contenção. Contudo, ela significa que não existe qualquer modo direto de passar de determinado objeto EMP ao objeto DEPTO correspondente. Consulte a Seção 25.5, subseção "Relacionamentos", para ver mais detalhes sobre esse assunto.

3. Observe que cada definição de classe inclui definições (são omitidos detalhes de codificação) dos métodos que se aplicam aos objetos dessa classe. A *classe de destino* para tais métodos é, naturalmente, a classe cuja definição inclui a definição do método em questão.[6]

A Figura 25.4 mostra algumas instâncias de objetos correspondentes às classes DEPTO e EMP que acabamos de definir. Consideremos primeiro o objeto EMP na parte superior da figura (com a OID *eee*), que contém:

- Um objeto imutável "E001" da classe embutida CHAR em sua variável de instância pública EMP#

- Um objeto imutável "Smith" da classe embutida CHAR em sua variável de instância pública ENOME

---

[6]Observe que nossa sintaxe hipotética mistura (de forma indesejável, mas bastante típica) considerações de modelo e implementação. Observe também que argumentamos em outro lugar [14.12] que departamentos e empregados são exemplos ruins de classes de objetos! Porém, uma discussão adicional sobre esse assunto em particular nos levaria longe demais do ponto em que estamos.

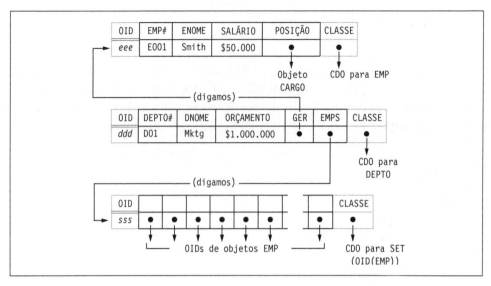

FIGURA 25.4 *Exemplos de instâncias de DEPTO e EMP.*

- Um objeto imutável "$50.000" da classe definida pelo usuário MOEDA em sua variável de instância pública SALÁRIO

- A OID de um objeto mutável da classe definida pelo usuário CARGO em sua variável de instância pública POSIÇÃO[7]

Ele também contém, no mínimo, duas variáveis de instância privadas; uma que contém a OID *eee* do próprio objeto EMP e outra que contém a OID do objeto de definição de classe – isto é, o CDO – para EMPs (de modo que a implementação possa encontrar informações do descritor para esse objeto). *Nota*: Essas duas OIDs poderiam estar ou não fisicamente armazenadas com o objeto. Por exemplo, o valor *eee* não precisa estar necessariamente armazenado como parte do objeto EMP relevante; é preciso apenas que a implementação tenha algum modo de localizar aquele objeto EMP, dado o valor *eee* (ou seja, algum modo de mapear esse valor *eee* para o endereço físico do objeto EMP). Porém, conceitualmente, o usuário sempre pode pensar na OID como parte do objeto, conforme mostramos.

Agora, vejamos o objeto DEPTO no centro da figura (com a OID *ddd*). Esse objeto contém:

- Um objeto imutável "D01" da classe embutida CHAR em sua variável de instância pública DEPTO#

- Um objeto imutável "Mktg" da classe embutida CHAR em sua variável de instância pública DNOME

- Um objeto imutável "$1.000.000" da classe definida pelo usuário MOEDA em sua variável de instância pública ORÇAMENTO

- A OID *eee* de um objeto mutável da classe definida pelo usuário EMP em sua variável de instância pública GER (essa é a OID do objeto que representa o gerente do departamento)

- A OID *sss* de um objeto mutável da classe definida pelo usuário SET(OID(EMP)) em sua variável de instância pública EMPS

- Duas variáveis de instância privadas contendo, respectivamente, a OID *ddd* do próprio objeto DEPTO e a OID do objeto de definição de classe correspondente

Por fim, o objeto com a OID *sss* é formado por um conjunto de OIDs de objetos individuais (mutáveis) EMP, além das variáveis de instância privadas normais.

---

[7]As outras três variáveis de instância públicas também podem ser consideradas como contendo OIDs, pois os objetos imutáveis servem como suas próprias OIDs.

Agora, a Figura 25.4 representa os objetos "como eles realmente são"; isto é, a figura ilustra o componente *estrutura de dados* do "modelo de objetos" e essas figuras devem ser bem compreendidas pelos usuários desse modelo. Porém, textos e apresentações sobre objetos geralmente não mostram diagramas como o da Figura 25.4; em vez disso, eles representam normalmente a situação mostrada na Figura 25.5 (que pode ser considerada como de um nível mais alto de abstração e, então, mais fácil de entender).

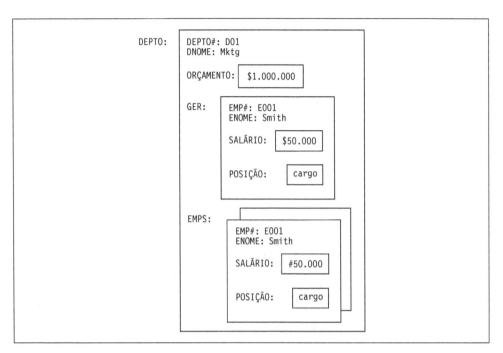

FIGURA 25.5 *Exemplos de instâncias DEPTO e EMP como uma hierarquia de contenção.*

A representação na Figura 25.5 por certo é mais consistente com a interpretação da hierarquia de contenção. Contudo, ela oculta o fato importante, já discutido, de que os objetos frequentemente contêm não outros objetos como tais, mas sim *OIDs* de – isto é, ponteiros para – outros objetos. Por exemplo, a Figura 25.5 sugere claramente que o objeto DEPTO mostrado para o departamento D01 inclui o objeto EMP para o empregado E001 duas vezes (implicando, entre outras coisas, que o empregado E001 poderia estar representado de maneira inconsistente como tendo dois salários diferentes nas duas vezes em que aparece). Esse esquema dá margem para muita confusão, razão pela qual preferimos diagramas como o da Figura 25.4.

Como observação adicional, mencionamos que as verdadeiras definições de objetos de dados tendem a aumentar a confusão, porque muitas vezes não definem variáveis de instância como "OIDs" (como em nossa sintaxe hipotética), mas sim refletem diretamente a interpretação como hierarquia de contenção. Assim, por exemplo, a variável de instância EMPS na classe de objetos DEPTO seria definida, não como OID(SET(OID(EMP))), mas apenas como SET(EMP). Embora desajeitado, preferimos nosso estilo de definição de dados, pela sua clareza e precisão.

Vale a pena observar também que todas as velhas críticas às hierarquias em geral encontradas, por exemplo, no IMS, se aplicam às hierarquias de contenção em particular. Por questões de espaço, não entramos em considerações detalhadas sobre essas críticas aqui; basta dizer que a questão primordial é a **falta de simetria**. Em particular, hierarquias não servem muito bem para a representação de relacionamentos muitos para muitos. Considere fornecedores e peças, por exemplo. Os fornecedores contêm as peças, ou *vice-versa*? Ou ambas as coisas? E quanto a fornecedores, peças e projetos?

Na realidade, as questões ficam mais confusas do que sugerimos até agora. Por um lado, afirma-se (como já explicamos) que objetos são *hierarquias*, o que significa que eles estão sujeitos às críticas normais de hierarquias, como já observamos. Porém, por outro lado, fica claro em ilustrações como a Figura 25.4

que os objetos não são realmente hierarquias, mas sim **tuplas** – nas quais os componentes de tuplas podem ser quaisquer dos seguintes itens:

1. "Subobjetos" imutáveis (isto é, valores autoidentificados como valores inteiros ou monetários)

2. OIDs de "subobjetos" mutáveis (ou seja, ponteiros para outros objetos mutáveis, possivelmente compartilhados)

3. Conjuntos, listas, arrays, ... de 1, 2 ou 3

Além desses, são incluídos certos componentes ocultos. Observe, em particular, o ponto 3: sistemas de objetos geralmente admitem diversos geradores de tipos "coleção" – por exemplo, SET, LIST, ARRAY. BAG etc. (embora normalmente não incluam RELATION!) – e esses geradores podem ser combinados de diversas maneiras. Por exemplo, um array de listas de bags de arrays de ponteiros para variáveis inteiras poderia constituir um único objeto em circunstâncias apropriadas. Consulte a subseção "Classes, instâncias e coleções", mais adiante nesta seção, para ver uma descrição adicional.

Uma revisão da identidade de objetos

Os SGBDs relacionais de hoje geralmente dependem de chaves definidas pelo usuário, chaves controladas pelo usuário – "chaves de usuário", de modo geral – para fins de identificação e referenciamento de entidades. (Na verdade, os ponteiros no estilo de OID são expressamente proibidos em bancos de dados relacionais, como vimos nos Capítulos 1 e 3; veja também uma discussão adicional no Capítulo 26). Porém, sabemos que as chaves de usuário sofrem de vários problemas; as referências [14.11] e [14.21] discutem esses problemas em detalhes e afirmam que os SGBDs relacionais devem ter suporte para chaves definidas pelo *sistema* ("substitutas"), pelo menos como uma opção. Além disso, o argumento em favor das OIDs em sistemas de objetos é, de certo modo, semelhante ao argumento em favor de substitutos em sistemas relacionais. (Contudo, não cometa o erro de igualar os dois: os substitutos são *valores regulares* e estão visíveis para o usuário, enquanto as OIDs são *endereços* – pelo menos conceitualmente – e ficam ocultas do usuário. Consulte a referência [25.17] para ver uma longa discussão a respeito dessas distinções e questões relacionados.) Surgem alguns pontos e questões importantes:

1. Primeiro, observe que as OIDs não evitam a necessidade de chaves de usuário, como veremos na Seção 25.4. Para sermos mais precisos, chaves de usuário são ainda necessárias para interação com o mundo exterior, embora dentro do banco de dados todas as referências cruzadas de objetos possam agora ser realizadas por meio de OIDs.

2. Qual é a OID para um objeto *derivado*? Por exemplo, a "junção" de determinado EMP e o DEPTO correspondente, ou a "projeção" de determinado DEPTO sobre ORÇAMENTO e GER? (Essa questão de *objetos derivados* também é importante, mas teremos que adiá-la por enquanto. Consulte a Seção 25.5.)

3. As OIDs são as fontes frequentes de críticas ao fato de os sistemas de objetos parecerem "CODASYL requentado" – em que (como observamos no Capítulo 1) o termo *CODASYL* se refere genericamente a certos sistemas de bancos de dados em rede (isto é, pré-relacionais), tais como o IDMS. É verdade que as OIDs tendem a conduzir a um estilo de programação de baixo nível, com o uso de ponteiros (consulte a Seção 25.4), muito semelhante ao antigo estilo CODASYL. Além disso, o fato de as OIDs serem ponteiros explica as afirmações, também muito ouvidas, de que:

Os sistemas CODASYL estão mais próximos de sistemas de objetos que os sistemas relacionais. Sistemas relacionais são *baseados em valores*, enquanto sistemas de objetos são *baseados em identidades*.

Classes, instâncias e coleções

Os sistemas de objetos fazem distinção clara entre os conceitos de *classe*, *instância* e *coleção*. Como já explicamos, uma **classe** é basicamente um tipo de dados[8] – talvez embutido, talvez definido pelo usuário – de complexidade interna arbitrária. Toda classe compreende uma mensagem **NEW**, o que causa a criação de uma nova **instância** mutável da classe; o método invocado pela mensagem NEW é chamado **função construtora**. Aqui está um exemplo (sintaxe hipotética):

```
E := EMP NEW ( 'E001', 'Smith', MOEDA ( 50000 ), POS ) ;
```

Aqui, POS é uma variável de programa que contém a OID de algum objeto CARGO. O método NEW é invocado sobre a classe de objetos EMP; ele cria uma nova instância dessa classe, com variáveis de instância inicializadas com os valores especificados, e retorna a OID desse novo objeto. Essa OID é, então, atribuída à variável de programa E.

Em seguida, como os objetos podem ser apontados (por meio de OIDs) por qualquer quantidade de outros objetos, eles podem efetivamente ser *compartilhados* por esses outros objetos. Em particular, eles podem pertencer simultaneamente a qualquer número de objetos **coleção**. Continuando com nosso exemplo:

```
CLASS EMP_COL
   PUBLIC (EMPS OID (SET (OID ( EMP ) ) ) ) ... ;

TODOS_EMPS := EMP_COL NEW ( ) ;

TODOS_EMPS ADD ( E ) ;
```

Explicação:

1. Um objeto da classe EMP_COL contém uma única variável de instância pública, chamada EMPS, cujo valor é um ponteiro (OID) para um objeto mutável cujo valor é um conjunto de ponteiros (OIDs) para objetos EMP individuais.

2. TODOS_EMPS é uma variável de programa cujo valor é a OID de um objeto de classe EMP_COL. Após a operação de atribuição, ela contém a OID de um objeto cujo valor, por sua vez, é a OID de um conjunto *vazio* de OIDs de objetos EMP.

3. ADD é um método reconhecido por objetos da classe EMP_COL. No exemplo, esse método é aplicado ao objeto dessa classe cuja OID é dada na variável de programa TODOS_EMPS; seu efeito é o de acrescentar a OID do objeto EMP cuja OID é dada na variável de programa E ao conjunto (anteriormente vazio) de OIDs, cuja OID é dada no objeto EMP_COL, cuja OID é dada na variável de programa TODOS_EMPS.

Depois dessa sequência de operações, podemos dizer, de modo informal, que a variável TODOS_EMPS indica uma coleção de EMPs que contém atualmente um EMP (ou seja, o empregado E001). (A propósito, observe a necessidade de mencionar um valor de chave de usuário nessa última frase!)

Naturalmente, podemos ter qualquer número de "conjuntos de empregados" distintos, talvez sobrepostos, a qualquer momento:

```
PROGRAMADORES := EMP_COL NEW ( ) ;

PROGRAMADORES ADD ( E ) ;


   .....
```

---

[8]Como dissemos na Seção 25.2, alguns sistemas utilizam "tipo" e "classe", quando "tipo" significa *tipo* ou *intensão* e "classe" significa *extensão* (ou seja, uma certa *coleção*), ou às vezes *implementação* (do tipo em questão). Novamente, outros sistemas usam os termos ao contrário... Continuaremos a considerar "classe" como um tipo no sentido do Capítulo 5.

```
BEM_PAGOS := EMP_COL NEW ( ) ;

BEM_PAGOS ADD ( E ) ;
```

e assim por diante. Compare com a situação em sistemas SQL. Por exemplo, a instrução SQL

```
CREATE TABLE EMP
    ( EMP# ...... NOT NULL,
      ENOME ..... NOT NULL,
      SALÁRIO ... NOT NULL,
      POSIÇÃO ... NOT NULL ) ... ;
```

cria um tipo *e* uma coleção simultaneamente; o tipo é definido pelo cabeçalho da tabela, e a coleção (inicialmente vazia) corresponde ao corpo da tabela. De forma semelhante, a instrução SQL:

```
INSERT INTO EMP ( ... ) VALUES ( ... ) ;
```

cria uma linha EMP individual – para simplificar, consideramos que o INSERT está realmente inserindo uma única linha – *e* acrescenta essa linha à coleção EMP simultaneamente. Portanto, em SQL:

1. Não há como um "objeto" EMP individual existir sem fazer parte de alguma "coleção": na verdade, exatamente uma "coleção" (mas veja a discussão a seguir, e observe de qualquer forma que pensar em uma linha EMP como um "objeto" é um tanto suspeito, como veremos no Capítulo 26).
2. Não há um meio direto para criar duas "coleções" distintas da mesma "classe" de "objetos" EMP (mas veja a discussão a seguir).
3. Não há um meio direto de compartilhar o mesmo "objeto" por múltiplas "coleções" de "objetos" EMP (mas veja a discussão a seguir).

Pelo menos, essas afirmações às vezes são ouvidas. Porém, na verdade, elas não resistem a um exame mais profundo. Primeiro, o mecanismo de *chave estrangeira* pode ser usado para se obter um efeito equivalente em cada caso; por exemplo, poderíamos definir mais duas tabelas básicas chamadas PROGRAMADORES *e* BEM_PAGOS, cada uma delas formada apenas por números de empregados para os empregados relevantes. Em segundo lugar (e muito mais importante), o mecanismo de *visão* também pode ser usado para se obter um efeito semelhante. Por exemplo, poderíamos definir PROGRAMADORES e BEM_PAGOS como visões da tabela básica EMP:

```
CREATE VIEW PROGRAMADORES
    AS SELECT EMP#, ENOME, SALÁRIO, POSIÇÃO
       FROM   EMP
       WHERE  POSIÇÃO = 'Programador' ;

CREATE VIEW BEM_PAGOS
    AS SELECT EMP#, ENOME, SALÁRIO, POSIÇÃO
       FROM   EMP
       WHERE  SALÁRIO > algum patamar ;
```

Agora, é perfeitamente possível que o mesmo "objeto" EMP pertença a duas ou mais "coleções" ao mesmo tempo. Além disso, a participação nessas coleções (que são visões) é tratada de forma automática pelo sistema, e não manualmente pelo programador.

Encerramos essa discussão mencionando que existe um paralelo esclarecedor entre os objetos mutáveis de sistemas de objetos e as **variáveis dinâmicas explícitas** de certos sistemas de linguagem de programação (as variáveis BASED de PL/I são um exemplo). Assim como os objetos mutáveis de determinada classe, podem existir diversas variáveis dinâmicas explícitas diferentes de determinado tipo; o espaço de armazenamento para elas é alocado em tempo de execução por uma ação explícita de programa. Além disso, essas variáveis distintas, de novo como objetos mutáveis individuais, *não têm nomes*, e assim podem ser referenciadas apenas por meio de ponteiros. Por exemplo, em PL/I, poderíamos escrever:

```
DCL XYZ INTEGER BASED ;              /* XYZ é uma variável BASED */
DCL P POINTER                        /* P é uma variável ponteiro */

ALLOCATE XYZ SET ( P ) ;          /* cria uma nova instância de XYZ */
                         /* e define P de modo a apontar para ela */

P -> XYZ = 3 ;                   /* atribui o valor 3 à instância */
                                 /* de XYZ apontada por P */
```

(e assim por diante). Esse código PL/I tem uma semelhança notável com o código de objetos discutido anteriormente; em particular, a declaração da variável BASED é semelhante à criação de uma classe de objetos, e a operação ALLOCATE é semelhante à criação de uma instância NEW dessa classe. Podemos ver, assim, que as OIDs são necessárias no "modelo de objetos" exatamente porque, em geral, os objetos que elas identificam não possuem qualquer outro nome exclusivo – da mesma forma que as instâncias de variáveis BASED em PL/I.

Hierarquias de classes

Nenhum tratamento de conceitos básicos de objetos seria completo sem alguma discussão de *hierarquias de classes* (não confundir com hierarquias de contenção). Porém, o conceito de "hierarquia de classes" no mundo de objetos é essencialmente o mesmo que o conceito de hierarquia de tipos, já discutido no Capítulo 20; por isso, vamos nos contentar aqui com algumas breves definições (parafraseadas do Capítulo 20, em sua maioria) e algumas observações relevantes. *Nota:* Lembramos que existe pouco consenso – no mundo de objetos ou em qualquer outro lugar – sobre um *modelo* abstrato de herança e, portanto, diferentes sistemas de herança diferem um do outro consideravelmente no nível do detalhe.

Em primeiro lugar, dizemos que uma classe de objetos Y é uma **subclasse** da classe de objetos X – de modo equivalente, a classe de objetos X é dita uma **superclasse** da classe de objetos Y – se e somente se todo objeto da classe Y é necessariamente um objeto da classe X ("Y **ISA** X"). Então, objetos da classe Y **herdam** as variáveis de instância públicas e os métodos que se aplicam à classe X.[9] A herança de variáveis de instância é referenciada como uma herança **estrutural**; a herança de métodos é referenciada como herança **comportamental**. Em um sistema puro, só existe herança comportamental, e não herança estrutural – pelo menos para objetos escalares ou totalmente encapsulados –, porque não existe uma estrutura a herdar (ou seja, nenhuma estrutura visível ao usuário). Porém, na prática, os sistemas de objetos em geral não são puros e admitem um certo grau de herança estrutural (o que significa, para destacar o ponto, herança de variáveis de instância públicas). *Nota:* Se uma subclasse possui variáveis de instância públicas adicionais, além daquelas herdadas de sua superclasse (imediata), diz-se que ela *estende* essa superclasse.

Se a classe Y for uma subclasse da classe X, o usuário sempre poderá usar um objeto da classe Y onde for permitido um objeto da classe X (por exemplo, como um argumento para vários métodos) – esse é o princípio da **possibilidade de substituição** – e obter, assim, a **reutilização do código**. Porém, como os sistemas de objetos muitas vezes não distinguem claramente entre valores e variáveis – isto é, entre objetos imutáveis e mutáveis –, eles tendem a passar por dificuldades na distinção entre a possibilidade de substituição de valores e variáveis (consulte o Capítulo 20 para ver uma discussão adicional). Seja como for, a capacidade de aplicar o mesmo método a objetos da classe X e da classe Y é referenciada como **polimorfismo**.

O sistema virá equipado com certas hierarquias de classes embutidas. Por exemplo, em OPAL (consulte a Seção 25.4), toda classe é considerada uma subclasse em algum nível da classe embutida OBJECT

---

[9]Eles provavelmente também herdarão as variáveis de instância privadas, mas consideramos essa herança como uma questão de implementação, e não parte do modelo.

711

(porque "tudo é um objeto"). As subclasses embutidas da classe OBJECT incluem BOOLEAN, CHAR, INTEGER, COLLECTION etc.; por sua vez, COLLECTION tem uma subclasse chamada BAG, e BAG tem outra chamada SET, e assim por diante. (Mas certamente COLLECTION, BAG e SET não são classes propriamente ditas, mas "geradores de classes" – como RELATION em **Tutorial D**. Parece que existe alguma confusão aqui.)

Finalmente, alguns sistemas de objetos têm suporte para alguma forma de herança **múltipla**, além da herança simples. Porém, nenhum sistema conhecido pelo autor admite a herança de tuplas ou relações (seja simples ou múltipla) no sentido da referência [3.3].

25.4 UM EXEMPLO DO INÍCIO AO FIM

Já apresentamos os conceitos básicos de sistemas de objetos. Nesta seção, vamos mostrar como esses conceitos se encaixam, apresentando um exemplo do início ao fim – isto é, mostraremos como um banco de dados de objetos pode ser definido, como ele pode ser preenchido e como podem ser executadas sobre ele operações de busca e atualização. Nosso exemplo é baseado no produto GemStone (da GemStone Systems Inc.) e em sua linguagem de dados OPAL [25.13]; por sua vez, OPAL se baseia em SmallTalk [25.23]. *Nota:* Smalltalk é uma das primeiras e mais puras linguagens de objetos, e esse é o motivo de a utilizarmos aqui, mas parece justo mencionar que, em produtos e aplicações, ela parece estar sendo superada no mercado por C++ e, cada vez mais, por Java.

O exemplo envolve uma versão simplificada do banco de dados de educação do Exercício 9.7, no Capítulo 9. O banco de dados de educação contém informações sobre um esquema de treinamento interno de educação na empresa. Para cada curso de treinamento, o banco de dados contém detalhes de todas as ofertas desse curso; para cada oferta, ele contém detalhes de todas as matrículas de alunos e de todos os professores para essa oferta. O banco de dados também contém informações sobre empregados. Uma versão relacional do banco de dados é semelhante (em linhas gerais) a esta:

```
CURSO     { CURSO#, TÍTULO }
OFERTA    { CURSO#, OFER#, DATAOFER, LOCAL }
PROFESSOR { CURSO#, OFER#, EMP# }
MATRÍCULA { CURSO#, OFER#, EMP#, GRAU }
EMP       { EMP#, ENOME, SALÁRIO, POSIÇÃO }
```

A Figura 25.6 é um diagrama referencial para esse banco de dados.

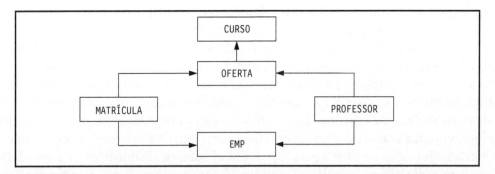

FIGURA 25.6 *Diagrama referencial para o banco de dados de educação.*

Definição de dados

Agora, vamos continuar a mostrar um conjunto de definições para esse banco de dados em OPAL. Primeiro, aqui está a definição de uma classe de objetos chamada EMP (as linhas foram numeradas para referência futura):

```
1 OBJECT SUBCLASSE : 'EMP'
2    NOMESVARINST  : #[ 'EMP#', 'ENOME', 'POSIÇÃO' ]
3    RESTRIÇÕES    : #[ #[ #EMP#, STRING ] ,
4                       [ #ENOME, STRING ] ,
5                       [ #POSIÇÃO, STRING ] ] .
```

Explicação: A linha 1 define uma classe de objetos chamada EMP, uma subclasse da classe embutida chamada OBJECT. (Em termos de OPAL, a linha 1 está *enviando uma mensagem* ao objeto chamado OBJECT, pedindo-lhe que execute o método chamado SUBCLASSE; NOMESVARINST e RESTRIÇÕES especificam argumentos para essa chamada de método. A definição de uma nova classe – como tudo mais em OPAL – é feita pelo envio de uma mensagem a um objeto.) A linha 2 declara que objetos da classe EMP possuem três variáveis de instância privadas, chamadas EMP#, ENOME e POSIÇÃO, respectivamente, e as linhas de 3 a 5 limitam essas variáveis de instância para conterem objetos da classe STRING. *Nota*: Em toda esta seção omitiremos a discussão sobre detalhes puramente sintáticos (como os sinais "#" sempre presentes no exemplo), que são irrelevantes para nosso propósito principal.

Repetindo, as variáveis de instância EMP#, ENOME e POSIÇÃO são *privadas* para a classe EMP; portanto, elas podem ser alcançadas por nome somente dentro do código que implementa métodos para essa classe. Por exemplo, aqui estão definições de métodos GET e SET – "obter e definir", ou "buscar e atualizar" – números de empregados (o símbolo " ^ " pode ser lido como "retornar"):

```
METHOD : EMP
   GET_EMP#
      ^EMP#
%


METHOD : EMP
   SET_EMP# : EMP#_PARM
      EMP#  := EMP#_PARM
%
```

Teremos mais a dizer sobre a definição de métodos na próxima subseção. Enquanto isso, aqui está a definição da classe CURSO:

```
1 OBJECT SUBCLASSE : 'CURSO'
2    NOMESVARINST : #[ 'CURSO#', 'TÍTULO', 'OFERTAS' ]
3    RESTRIÇÕES   : #[ #[ #CURSO#, STRING ] ,
4                      [ #TÍTULO, STRING ] ,
5                      [ #OFERTAS, OSET ] ] .
```

Explicação: A linha 5 especifica que a variável de instância privada OFERTAS conterá *a OID de* um objeto da classe OSET (uma classe que definiremos mais adiante). Em termos informais, OFERTAS denotará o conjunto de todas as ofertas para o curso em questão; em outras palavras, optamos por modelar o relacionamento curso/ofertas como uma hierarquia de contenção, na qual as ofertas estão conceitualmente contidas dentro do curso correspondente.

Agora, veja a classe OFERTA:

```
1 OBJECT SUBCLASSE : 'OFERTA'
2    NOMESVARINST : #[ 'OFER#', 'ODATE', 'LOCAL',
3                         'MATRÍCULAS', 'PROFESSORES' ]
4    RESTRIÇÕES   : #[ #[ #OFER#, STRING ] ,
5                      [ #ODATE, DATETIME ] ,
6                      [ #LOCAL, STRING ] ,
7                      [ #MATRÍCULAS, NSET ] ,
8                      [ #PROFESSORES, TSET ] ] .
```

Explicação: A linha 7 específica que a variável de instância privada MATRÍCULAS conterá a OID de um objeto da classe NSET; informalmente, MATRÍCULAS denotará o conjunto de todas as matrículas para a oferta em questão. Semelhantemente, PROFESSORES denotará o conjunto de todos os professores para essa oferta. Novamente, portanto, estamos adotando uma representação de hierarquia de contenção. Veja mais adiante as definições de NSET e TSET.

Em seguida, temos a classe MATRÍCULA:

```
1 OBJECT SUBCLASSE : 'MATRÍCULA'
2     NOMESVARINST : #[ 'EMP', 'GRAU' ] ,
3     RESTRIÇÕES   : #[ #[ #EMP, EMP ] ,
4                        [ #GRAU, STRING ] ] .
```

Explicação: A variável de instância EMP (linha 3) conterá a OID de um objeto da classe EMP, representando o empregado individual a quem pertence essa matrícula. *Nota*: Colocamos o objeto EMP "dentro" do objeto MATRÍCULA correspondente, a fim de continuarmos com a representação da hierarquia de contenção. Porém, note a assimetria: matrículas são relacionamentos de muitos para muitos, mas os participantes desse relacionamento (empregados e ofertas) estão sendo tratados de modo bastante diferente.

Finalmente, os professores. No exemplo, vamos nos afastar um pouco da versão relacional original do banco de dados e tratar os professores como uma subclasse de empregados:

```
1 EMP SUBCLASSE : 'PROFESSOR'
2     NOMESVARINST : #[ 'CURSOS' ] ,
3     RESTRIÇÕES   : #[ #[ #CURSOS, CSET ] ] .
```

Explicação: A linha 1 define uma classe de objetos chamada PROFESSOR, uma subclasse da classe EMP definida pelo usuário (em outras palavras, PROFESSOR "ISA" EMP). Assim, cada objeto PROFESSOR individual possui variáveis de instância privadas EMP#, ENOME e POSIÇÃO (todas herdadas de EMP),[10] além de CURSOS, que conterá a OID de um objeto da classe CSET; esse objeto CSET denotará o conjunto de todos os cursos que esse professor pode ministrar. Cada objeto PROFESSOR também herdará todos os métodos de EMP.

Conforme já observamos, as definições de classes anteriores presumiram a existência de várias classes de coleção (ESET, CSET, OSET, NSET e TSET). Vejamos agora as definições dessas classes:

```
1 SET SUBCLASSE    : 'ESET'
2     RESTRIÇÕES   : EMP .
```

Explicação: A linha 1 define uma classe de objetos ESET, uma subclasse da classe embutida SET (conjunto). A linha 2 restringe os objetos da classe ESET a serem conjuntos de OIDs de objetos da classe EMP. Em geral, poderia existir qualquer quantidade de objetos da classe ESET, mas criaremos apenas um (consulte a próxima subseção), que será o conjunto das OIDs de *todos* os objetos EMP que existem atualmente no banco de dados. Em termos informais, esse único objeto ESET pode ser considerado o objeto análogo da RelVar básica EMP na versão relacional do banco de dados.

As definições de CSET, OSET, NSET e TSET são análogas (ver a seguir). Porém, em cada um desses casos, definitivamente teremos de criar vários objetos da classe coleção relevante, não apenas um. Por exemplo, haverá um objeto coleção OSET diferente para cada objeto CURSO individual.

```
SET SUBCLASSE : 'CSET'
    RESTRIÇÕES : CURSO .


SET SUBCLASSE : 'OSET'
    RESTRIÇÕES : OFERTA .
```

---

[10]Observe que é a representação *privada* (ou seja, a implementação física) que está sendo herdada aqui.

```
SET SUBCLASSE  : 'NSET'
   RESTRIÇÕES : MATRÍCULA .

SET SUBCLASSE  : 'TSET'
   RESTRIÇÕES : PROFESSOR .
```

Como preencher o banco de dados

Agora, vejamos as operações envolvidas no preenchimento desse banco de dados. Vamos considerar, por sua vez, cada uma das cinco classes de objetos básicas (EMP, CURSO etc.). Primeiro, examinaremos os empregados. Lembre-se de que pretendemos reunir as OIDs de todos os objetos EMP existentes no momento em um objeto ESET; então, primeiro temos de criar esse objeto ESET:

```
OID_DE_CONJ_DE_TODOS_OS_EMPS  :=  ESET NEW .
```

A expressão à direita dessa atribuição retorna a OID de uma instância nova e vazia da classe ESET (isto é, um conjunto vazio de OIDs de EMP); a OID dessa nova instância é então atribuída à variável de programa OID_DE_CONJ_DE_TODOS_OS_EMPS. *Muito* informalmente, diremos que OID_DE_CONJ_DE_TODOS_OS_EMPS representa "o conjunto de todos os empregados".

Agora, toda vez que criarmos um novo objeto EMP, queremos que a OID desse objeto seja inserida no objeto ESET identificado pela OID mantida na variável OID_DE_CONJ_DE_TODOS_OS_EMPS. Portanto, definimos um *método* para criar esse objeto EMP e inserir sua OID no objeto ESET. (Como outra opção, poderíamos escrever um programa de aplicação para executar a mesma tarefa.) Aqui está o método:

```
1 METHOD : ESET                        " anônimo!          "
2   ADD_EMP#  : EMP#_PARAM             " parâmetros        "
3   ADD_ENOME : ENOME_PARAM
4   ADD_POS   : POS_ PARM
5   | EMP_OID |                        " variável local    "
6   EMP_OID := EMP NEW .               " novo empregado    "
7   EMP_OID SET_EMP#  : EMP#_PARAM ;   " inicializa        "
8           SET_ENOME : ENOME PARM ;
9           SET_POS   : POS_PARAM .
10  SELF ADD: EMP_OID .                " insere            "
11 %
```

Explicação:

1. A linha 1 define o código que se segue (até o sinal de porcentagem de encerramento, na linha 11) como um método que se aplica a objetos da classe ESET. (Na verdade, existirá *exatamente um* objeto da classe ESET no sistema durante a execução.)

2. As linhas de 2 a 4 definem três parâmetros com os nomes externos ADD_EMP#, ADD_ENOME e ADD_POS. Esses nomes serão usados nas mensagens que chamam o método. Os nomes internos correspondentes EMP#_PARAM, ENOME_PARAM e POS_PARAM são usados no código que implementa o método.

3. A linha 5 define EMP_OID como uma variável local, e a linha 6 atribui então a essa variável a OID de uma nova instância de EMP, não inicializada.

4. As linhas de 7 a 9 enviam uma mensagem a essa nova instância de EMP; a mensagem especifica três métodos a serem invocados (SET_EMP#, SET_ENOME e SET_POS) e repassa um argumento a cada um deles (EMP#_PARAM para SET_EMP#, ENOME_PARAM para SET_ENOME e POS_PARAM para SET_POS). *Nota*: Estamos supondo aqui que os métodos SET_ENOME e SET_POS – equivalentes ao método SET_EMP# mostrado anteriormente – também já foram definidos.

5. A linha 10 envia uma mensagem a SELF, um símbolo especial que representa o objeto ao qual o método que está sendo definido é aplicado no momento em tempo de execução (ou seja, o objeto de *destino* atual). A mensagem faz com que o método embutido ADD seja aplicado a esse objeto (ADD é um método reconhecido por todas as coleções); no caso, o efeito é o de inserir a OID do objeto identificado por EMP_OID no objeto identificado por SELF (que será o objeto ESET que contém as OIDs para todos os objetos EMP que existem no momento). *Nota*: A razão pela qual necessitamos da variável especial SELF é que o parâmetro correspondente ao objeto de destino não tem nenhum nome próprio (veja a linha 1).

6. Observe que – como foi mencionado no comentário na linha 1 – o método que está sendo definido também é não nomeado. Na verdade, em geral os métodos não têm nomes em OPAL; em vez disso, eles são identificados por sua *assinatura* (definida em OPAL como a combinação do nome da classe à qual eles se aplicam e dos nomes externos de seus parâmetros). Essa convenção resulta em rodeios de palavras deselegantes, como podemos ver. Note também outra implicação de certa forma desagradável: se dois métodos se aplicam à mesma classe e tomam os mesmos parâmetros, então esses parâmetros devem receber nomes externos arbitrariamente diferentes nos dois métodos.

Temos agora um método para inserir novos EMPs no banco de dados, mas ainda não inserimos nenhum. Então, vamos fazê-lo:

```
OID_DE_CONJ_DE_TODOS_OS_EMPS ADD_EMP# : 'E009'
                             ADD_ENOME : 'Helms'
                             ADD_POS   : 'Zelador' .
```

Essa instrução cria um objeto EMP correspondente ao empregado E009 e acrescenta a OID desse objeto EMP ao conjunto de OIDs de todos os objetos EMP que existem atualmente.

A propósito, observe que agora o método embutido NEW não deve nunca ser usado sobre a classe EMP, a não ser como parte do método que acabamos de definir – de outra forma, poderíamos criar alguns objetos EMP pendentes, isto é, empregados não representados no objeto ESET que contém as OIDs de todos objetos EMP que existem atualmente. *Nota*: Pedimos desculpas pela repetição enfadonha de rodeios pesados como "o método que acabamos de definir" e "o objeto ESET que contém as OIDs de todos objetos EMP que existem atualmente", mas não é fácil falar de forma concisa sobre coisas que não têm nomes.

Os empregados realmente representam o caso mais simples, pois correspondem a "entidades regulares" (para usar a terminologia do modelo E/R) e, além disso, não contêm outros objetos embutidos dentro deles (com exceção dos imutáveis). Então, vamos considerar o caso mais complexo de *cursos* que – embora ainda sendo "entidades regulares" – incluem conceitualmente outros objetos mutáveis embutidos em seu interior. Em linhas gerais, devemos percorrer as seguintes etapas:

1. Aplicar o método NEW à classe CSET para criar um "conjunto de todos os cursos", inicialmente vazio (na verdade, OIDs de CURSO).

2. Definir um método para criar um novo objeto CURSO e inserir sua OID no "conjunto de todos os cursos". Esse método tomará como argumentos os valores especificados de CURSO# e TÍTULO e criará um novo objeto CURSO com esses valores especificados. Ele também aplicará o método NEW à classe OSET para criar um conjunto, inicialmente vazio, de OIDs de OFERTA e colocará a OID desse conjunto vazio de OIDs de ofertas na posição OFERTAS, dentro do novo objeto CURSO.

3. Invocar o método que acabamos de definir para cada curso individual.

Agora, vamos passar para as ofertas. Dessa vez, os passos são os seguintes:

1. Definir um método para criar um novo objeto OFERTA. Esse método tomará como argumentos os valores especificados de OFER#, ODATA e LOCAL e criará um novo objeto OFERTA com esses valores especificados. Ele também:

- Aplicará o método NEW à classe NSET para criar um conjunto inicialmente vazio de OIDs de MATRÍCULA e, então, inserirá a OID desse conjunto vazio na posição de MATRÍCULAS dentro do novo objeto OFERTA.

- Aplicará o método NEW à classe TSET para criar um conjunto, inicialmente vazio, de OIDs de PROFESSOR e colocará a OID desse conjunto vazio na posição PROFESSORES, dentro do novo objeto OFERTA.

2. O método também tomará um valor de CURSO# como argumento e usará esse valor CURSO# para:

- Localizar o objeto CURSO correspondente para o novo objeto OFERTA (veja na próxima subseção uma indicação de como isso poderia ser feito).[11]

- Daí, localizar "o conjunto de todas as ofertas" para esse objeto CURSO.

- Daí, acrescentar a OID do novo objeto OFERTA ao "conjunto de todas as ofertas" apropriado.

Observe atentamente que (como mencionamos antes neste capítulo) as OIDs não evitam a necessidade de chaves de usuário como CURSO#. Na verdade, essas chaves são necessárias, não apenas como referência a objetos do mundo exterior mas também para servirem como bases para certas pesquisas dentro do banco de dados.

3. Finalmente, invocar o método que acabamos de definir para cada oferta individual.

A propósito, observe que (conforme nossa representação de hierarquia de contenção) escolhemos não criar um "conjunto de *todas* as ofertas". Um resultado dessa omissão é que qualquer consulta que exija esse conjunto como seu escopo – por exemplo, "Obter todas as ofertas em Nova York" – envolverá uma certa dose de código procedimental (ver a próxima subseção).

Em seguida, as matrículas. A diferença de espécie entre os casos das matrículas e das ofertas é que os objetos MATRÍCULA incluem uma variável de instância, EMP, cujo valor é a OID do objeto EMP relevante. Daí, a sequência de passos necessária é a seguinte:

1. Definir um método para criar um novo objeto MATRÍCULA. Esse método tomará como argumentos os valores de CURSO#, OFER, EMP# e GRAU e criará um novo objeto MATRÍCULA com o valor de GRAU especificado. Depois:

- Usará os valores CURSO# e OFER# para localizar o objeto OFERTA correspondente para o novo objeto MATRÍCULA.

- Daí, localizará "o conjunto de todas as matrículas" para esse objeto OFERTA.

- Daí, acrescentará a OID do novo objeto MATRÍCULA ao "conjunto de todas as matrículas" apropriado.

Ele também:

- Usará o valor EMP# para localizar o objeto EMP relevante.

- Daí, colocará a OID desse objeto EMP na posição EMP dentro do novo objeto MATRÍCULA.

2. Invocará o método que acabamos de definir para cada matrícula individual.

Finalmente, os professores. A diferença de espécie entre os casos de professores e ofertas é que PROFESSOR é uma subclasse de EMP. Portanto, as etapas são:

---

[11]Naturalmente, o método deve rejeitar a tentativa de criar uma nova oferta se o curso correspondente não puder ser encontrado. Omitimos considerações detalhadas sobre tais casos excepcionais no restante de nossa discussão.

717

1. Definir um método para criar um novo objeto PROFESSOR. Esse método tomará, como seus argumentos, CURSO#, OFER# e EMP# especificados. Depois:

   ■ Usará o valor de EMP# para localizar o objeto EMP relevante.

   ■ Mudará a classe mais específica desse objeto EMP para PROFESSOR, pois esse empregado agora também é um professor (o modo como essa mudança de classe é feita depende bastante do sistema em particular que está sendo considerado; porém, omitimos aqui os detalhes adicionais).

   Ele também:

   ■ Usará os valores de CURSO# e OFER# para localizar o objeto OFERTA correspondente ao novo objeto PROFESSOR.

   ■ Daí, localizará "o conjunto de todos os professores" para esse objeto OFERTA.

   ■ Daí, acrescentará a OID do novo objeto PROFESSOR ao "conjunto de todos os professores" apropriado.

2. Além disso, o conjunto de cursos que esse professor pode ministrar também deve ser especificado de alguma forma e a variável de instância CURSOS definida de modo apropriado no novo objeto PROFESSOR. Omitimos os detalhes dessa etapa aqui.

3. Invocar o método que acabamos de definir para cada professor individual.

Operações de busca

Antes de entrarmos em detalhes sobre operações de busca, advertimos (embora isso já deva ser óbvio) que OPAL – como as linguagens de objetos em geral – é essencialmente uma linguagem no nível de registro (ou, pelo menos, no nível de objeto), e não uma linguagem no nível de conjuntos. Assim, a maioria dos problemas exigirá que algum programador escreva código procedimental. Consideramos um único exemplo – a consulta "Obter todas as ofertas do curso C001 em Nova York". Vamos supor no exemplo que temos uma variável chamada OOSOAC, cujo valor é a OID do "conjunto de todos os cursos". O código, então, será o seguinte:

```
1 | CURSO_C001 , C001_OFERS, C001_NI_OFERS |
2   CURSO_C001
3     := OOSOAC DETECT : [ :CX | ( CX GET_CURSO# ) = 'C001' ] .
4   C001_OFERS
5     := CURSO_C001 GET_OFERTAS .
6   C001_NI_OFERS
7     := C001_OFERS SELECT :
8              [ :OX | ( OX GET_LOCAL) = 'Nova York' ] .
9 ^ C001_NI_OFERS .
```

Explicação:

1. A linha 1 declara três variáveis locais – CURSO_C001, que será usada para guardar a OID do curso C001; C001_OFERS, que será usada para guardar a OID do conjunto de todas as OIDs de ofertas do curso C001; e C001_NI_OFERS, que será usada para guardar a OID do conjunto de todas as OIDs das ofertas realmente necessárias (isto é, as de Nova York).

2. As linhas 2 e 3 enviam uma mensagem ao objeto (coleção) indicado pela variável OOSOAC. A mensagem chama o método embutido **DETECT** para ser aplicado a essa coleção. O argumento de DETECT é uma expressão da forma:

   [:x | p(x)]

Aqui $p(x)$ é uma expressão booleana envolvendo a variável x, e x é efetivamente uma variável de intervalo que percorre os elementos da coleção aos quais o método DETECT é aplicado (isto é, o conjunto de objetos CURSO, no exemplo). O resultado de DETECT é a OID do primeiro objeto x encontrado nesse conjunto para o qual $p(x)$ é avaliada como *verdadeira* – ou seja, é o objeto CURSO para o curso C001, no exemplo.[12] A OID desse objeto CURSO é, então, atribuída à variável CURSO_C001. *Nota*: Também é possível especificar um argumento de "escape" para DETECT, a fim de lidar com o caso em que $p(x)$ nunca é avaliada como *verdadeira*. Omitimos os detalhes aqui.

3. As linhas 4 e 5 atribuem a OID do "conjunto de todas as ofertas" para o curso C001 à variável C001_OFERS.

4. As linhas de 6 a 8 são bastante semelhantes às linhas 2 e 3. A operação do método embutido **SELECT** é a mesma de DETECT, exceto por retornar a OID do conjunto de OIDs de *todos* os objetos x (em vez de apenas a do primeiro) para os quais $p(x)$ é avaliada como *verdadeira*. Portanto, no exemplo, o efeito é o de atribuir a OID do conjunto de OIDs de ofertas do curso C001 em Nova York à variável C001_NI_OFERS.

5. Finalmente, a linha 9 retorna essa OID quem chamou.

Pontos que surgem desse exemplo:

- Primeiro, observe que a expressão condicional $p(x)$ em SELECT e DETECT podem envolver (no caso mais complexo) um conjunto de comparações escalares simples, todas unidas por AND – ou seja, ela não é uma condição de pesquisa arbitrariamente complexa.

- Os colchetes que envolvem a expressão de argumentos gerais em SELECT e DETECT podem ser substituídos por chaves. Se forem usadas chaves, OPAL tentará usar um índice (se existir algum) ao aplicar o método. Se forem usados colchetes, ela não fará isso.

- Quando dizemos que DETECT retorna a OID do "primeiro" objeto encontrado que faz $p(x)$ ser avaliada como *verdadeira*, queremos dizer o primeiro de acordo com a sequência que a OPAL utiliza para pesquisar o conjunto (os conjuntos não têm qualquer ordenação intrínseca própria). Em nosso exemplo, isso não faz qualquer diferença, porque o "primeiro" objeto que torna a condição verdadeira é de fato o único.

- Como você já deve ter notado, temos feito uso considerável de expressões como "o método DETECT", embora tenhamos mencionado antes que os métodos em OPAL não têm nomes. De fato, DETECT e SELECT não são nomes de métodos (e expressões como "o método DETECT" são estritamente incorretas). Na verdade, são nomes de parâmetros externos para certos métodos embutidos, não nomeados. Para abreviar e simplificar, continuaremos a falar como se DETECT e SELECT (e outros itens semelhantes) fossem de fato nomes de métodos.

- Você também deve ter notado que estivemos usando (muitas vezes!) a expressão "o método NEW". Esse uso na verdade *não* é incorreto: métodos que não tomam outros argumentos além de um argumento de destino obrigatório são uma exceção à regra geral de OPAL, de que métodos não têm nomes.

Operações de atualização

O equivalente em objetos à operação relacional INSERT já foi discutido na seção anterior. Os equivalentes em objetos a UPDATE e DELETE serão discutidos no restante desta seção.

---

[12]Durante este exemplo, consideramos que métodos como GET_CURSO# – de modo semelhante ao método GET_EMP#, mostrado anteriormente nesta seção – já foram definidos.

- *Atualização*: As operações de atualização são executadas essencialmente do mesmo modo que as operações de busca, só que são usados métodos SET_ em vez de GET_.

- *Exclusão*: O método embutido REMOVE é usado para excluir objetos (mais precisamente, ele é usado para remover a OID de um objeto especificado de uma coleção especificada). Quando um objeto chega a um ponto em que já não restam ponteiros para ele em algum lugar – isto é, não é mais possível obter acesso a ele – então a OPAL o exclui automaticamente, por meio de um processo de coleta de lixo. Aqui está um exemplo:

```
E001 := OID_DE_CONJ_DE_TODOS_OS_EMPS
           DETECT: [ :EX | ( EX GET_EMP# ) = 'E001' ] .
OID_DE_CONJ_DE_TODOS_OS_EMPS REMOVE : E001 .
```

("remover o empregado E001 do conjunto de todos os empregados").

Porém, e se quisermos impor (digamos) uma regra ON DELETE CASCADE? Por exemplo, como seria uma regra pela qual a remoção de um empregado também devesse eliminar todas as matrículas para esse empregado? A resposta, naturalmente, é que de novo temos de implementar um método apropriado; em outras palavras, temos de escrever mais código procedimental.

A propósito, poderíamos pensar que a técnica de coleta de lixo para a eliminação pelo menos implementa uma espécie de regra ON DELETE RESTRICT, no sentido de que um objeto não é realmente eliminado enquanto existir algum ponteiro para esse objeto. Porém, esse não é necessariamente o caso. Por exemplo, os objetos OFERTA não incluem a OID do objeto CURSO correspondente, e daí as ofertas não "restringem" operações DELETE sobre cursos. (Na verdade, as hierarquias de contenção implicam tacitamente em uma espécie de regra ON DELETE CASCADE, *a menos que* o usuário escolha (a) incluir a OID do pai no filho ou (b) incluir a OID do filho em algum outro objeto em outro lugar no banco de dados e, nesse caso, a interpretação da "hierarquia de contenção" de qualquer modo já não fará sentido. Veja a discussão sobre *variáveis inversas* na próxima seção.)

Por fim, observe que REMOVE pode ser usado para emular uma operação relacional DROP – por exemplo, para descartar a classe MATRÍCULA. Os detalhes ficam como exercício.

25.5 QUESTÕES DIVERSAS

Nesta seção, daremos uma rápida olhada em questões até certo ponto variadas – especificamente:

- Consultas ocasionais e questões relacionadas
- Integridade
- Relacionamentos
- Linguagens de programação de bancos de dados
- Considerações sobre o desempenho
- Um SGBD de objetos é realmente um SGBD?

Consultas ocasionais e questões relacionadas

Deliberadamente não enfatizamos esse ponto antes, mas se é realmente verdade que os métodos predefinidos são o único modo de manipular objetos, então a consulta *ad hoc* é impossível! – a menos que classes e métodos sejam projetados de acordo com uma certa disciplina muito específica. Por exemplo, se os únicos métodos definidos para a classe DEPTO forem (como sugerimos na Seção 25.2) CONTRATAR_EMP, DEMITIR_EMP e CORTAR_ORÇAMENTO, então até mesmo uma consulta tão simples quanto "Quem é o gerente do departamento de programação?" não poderá ser formulada.

Essencialmente pela mesma razão, as definições de visões e as restrições de integridade declarativa sobre objetos geralmente também são impossíveis – mais uma vez, a menos que seja seguida uma certa disciplina específica.

Nossa solução recomendada para esses problemas (isto é, a "disciplina específica" que temos em mente) é:

1. Definir um conjunto de operadores ("operadores THE_") que exponham *alguma representação possível* para os objetos em questão, como discutimos no Capítulo 5.

2. Incorporar os objetos adequadamente em uma estrutura relacional (essa parte da solução será descrita em detalhes no próximo capítulo).

Entretanto, os sistemas de objetos normalmente *não* seguem essa disciplina – não exatamente. Em vez disso:[13]

1. Em geral, eles definem operadores que expõem, não alguma representação *possível*, mas sim a representação *física* (veja a discussão sobre variáveis de instância públicas na Seção 25.2). Para citar a referência [25.31]: "Todos os produtos atuais de SGBD exigem que [variáveis de instância mencionadas] nas... consultas sejam públicas".

2. Eles normalmente admitem, não uma estrutura relacional, mas sim uma variedade de outras estruturas baseadas em bags, arrays etc. Sobre esse ponto, lembramos quanto à nossa afirmação de que classes – isto é, tipos – mais relações são ambas necessárias e suficientes no nível lógico (ver Capítulo 3); de fato, no que se refere ao modelo de núcleo, acreditamos que os arrays e os itens restantes são desnecessários e indesejáveis. Supomos que a ênfase em outras coleções além das relações (e, de fato, a quase total rejeição das relações) em e por sistemas de objetos deriva mais uma vez de uma confusão sobre questões de modelo *versus* implementação.

Existe outra pergunta importante que surge com relação à consulta *ad hoc*: *qual é a classe do resultado?* Por exemplo, vamos supor que executamos a consulta "Obter nome e salário para empregados no departamento de programação" sobre o banco de dados de departamentos e empregados da Seção 25.3. Presume-se que o resultado tenha variáveis de instância (públicas) ENOME e SALÁRIO. Contudo, não existe classe alguma no banco de dados que tenha essa estrutura. Então, temos de predefinir essa classe antes de podermos formular a consulta? (Observe as implicações se o fizermos: uma classe com n variáveis de instância exigiria pelo menos 2^n classes predefinidas, a fim de oferecer suporte apenas a operações de busca!) Além disso, qualquer que seja a classe do resultado, que métodos se aplicarão a ela?

Surgem questões parecidas em relação a operações de junção (em particular, embora não exclusivamente). Por exemplo, se podemos juntar objetos de departamento e empregado, então mais uma vez qual será a classe do resultado? Que métodos se aplicarão a ela?

Possivelmente pelo fato de tais perguntas serem difíceis de responder em uma estrutura de objetos pura, alguns sistemas de objetos admitem operações de "rastreamento do caminho" [25.38] em vez de junções em si. Por exemplo, dado o banco de dados OPAL da Seção 25.4, a expressão a seguir poderia ser uma expressão de caminho válida:

```
MATRÍCULA . OFERTA . CURSO
```

Significado: "Obter acesso ao único objeto CURSO referenciado pelo único objeto OFERTA referenciado pelo objeto MATRÍCULA especificado".[14] Uma analogia relacional dessa expressão envolveria em geral duas junções e uma projeção. Em outras palavras, o rastreamento do caminho implica acesso somente através de *caminhos predefinidos* (na verdade, como em sistemas pré-relacionais), somente a objetos de *classes predefinidas* (novamente, como nos sistemas pré-relacionais).

---

[13]Consideramos aqui que o sistema de objetos em questão realmente admite a consulta *ad hoc*, como de fato acontece na maior parte dos sistemas modernos. Contudo, os sistemas mais antigos não a admitiam, em parte por motivos a serem discutidos mais adiante nesta seção.

[14]Na realidade, esse exemplo não é uma expressão de caminho válida para o banco de dados conforme o definimos, pois os ponteiros apontam em sentido contrário! Por exemplo, OFERTAs não apontam para CURSOs, mas são apontadas por eles.

721

Integridade

Afirmamos no Capítulos 9 que a integridade é absolutamente fundamental. Porém, os sistemas de objetos, mesmo aqueles que admitem a consulta *ad hoc*, em geral não admitem restrições de integridade declarativas; em vez disso, eles exigem que essas restrições sejam impostas por meio de código procedimental (ou seja, por métodos, ou talvez programas de aplicação). Por exemplo, considere a restrição (ou "regra de negócio") a seguir, extraída da Seção 9.1: "Nenhum fornecedor com status menor que 20 pode fornecer qualquer peça em uma quantidade maior que 500". O código procedimental para impor essa restrição terá de ser tipicamente incluído em pelo menos todos os métodos a seguir:

- Método para criar uma remessa
- Método para alterar a quantidade de uma remessa
- Método para mudar o status de um fornecedor
- Método para atribuir uma remessa a um fornecedor diferente

    Surgem alguns pontos importantes:

1. Evidentemente, perdemos a possibilidade de o sistema determinar por si só quando fazer a verificação de integridade.

2. Como garantimos que todos os métodos necessários incluam todo o código de imposição necessário?

3. Como impedimos o usuário de (por exemplo) contornar o método para "criar remessa", usando diretamente o método embutido NEW sobre a classe do objeto de remessa, evitando, assim, a verificação de integridade?

4. Se a restrição mudar, como encontraremos todos os métodos que precisarão ser reescritos?

5. Como garantimos que o código de imposição esteja correto?

6. Como fazemos as restrições de transição?

7. Como consultamos o sistema para encontrar todas as restrições que se aplicam a determinado objeto ou a uma combinação de objetos?

8. As restrições serão impostas durante o processamento de carga e de outros utilitários?

9. E o que dizer da otimização semântica (isto é, o uso de restrições de integridade para simplificar consultas, conforme discutimos no Capítulo 18)?

10. E quais são as implicações de todos os itens anteriores sobre a produtividade, tanto durante a criação da aplicação quanto em sua manutenção subsequente?

Relacionamentos

Os produtos e a literatura de objetos em geral usam o termo *relacionamentos* para indicar especificamente relacionamentos que seriam representados por *chaves estrangeiras* em um sistema relacional. E então, eles oferecem normalmente o suporte de caso especial para esse tipo de restrição de integridade, como a seguir. Considere mais uma vez o exemplo de departamentos e empregados. Em um sistema relacional, empregados geralmente teriam uma chave estrangeira referenciando departamentos e isso encerraria a questão. Ao contrário, um sistema de objetos nos mostraria pelo menos essas três possibilidades:

1. Empregados podem incluir um ponteiro (OID) para o departamento correspondente. Essa possibilidade é semelhante à abordagem relacional, mas *não* idêntica (OIDs e chaves estrangeiras não são a mesma coisa).

2. Cada departamento pode incluir um conjunto de ponteiros para os empregados correspondentes. Essa possibilidade corresponde à abordagem de hierarquia de contenção, descrito na Seção 25.3.

3. As abordagens 1 e 2 podem ser combinadas, assim:

```
CLASS EMP ...
    ( ... DEPTO OID ( DEPTO ) INVERSE DEPTO.EMPS ) ... ;

CLASS DEPTO ...
    ( ... EMPS
          OID ( SET ( OID ( EMP ) ) ) INVERSE EMP.DEPTO ) ... ;
```

Observe as especificações INVERSE nas variáveis de instância DEPTO.EMPS e EMP.DEPTO. Essas duas variáveis de instância são consideradas *inversas* uma da outra; EMP.DEPTO é uma variável de instância de "referência" e DEPTO.EMPS é uma variável de instância de "definição de referência". (Se elas fossem ambas variáveis de definição de referências, o relacionamento seria de muitos para muitos, em vez de um para muitos.)

Naturalmente, cada uma dessas possibilidades exige algum tipo de suporte de integridade referencial. Discutiremos a respeito da integridade referencial um pouco mais adiante. Porém, primeiro existe uma questão óbvia que precisa ser formulada: como sistemas de objetos lidam com relacionamentos que envolvem mais de duas classes – digamos, o que envolve fornecedores, peças e projetos? A melhor resposta (isto é, a mais simétrica) para essa pergunta parece exigir a criação de uma classe "FPJ", tal que cada objeto FPJ individual tenha um relacionamento de "variáveis inversas" com o fornecedor apropriado, a peça apropriada e o projeto apropriado. Então – dado que a criação de uma nova classe de objetos é aparentemente a melhor abordagem para relacionamentos de grau maior que dois – surge a pergunta óbvia sobre o porquê de relacionamentos de grau dois não serem tratados do mesmo modo.

Além disso, quanto a variáveis inversas, por que é necessário introduzir a assimetria, a direção e dois nomes diferentes para o que é essencialmente uma coisa só? Por exemplo, os equivalentes de objetos destas duas expressões relacionais

```
FP.P# WHERE FP.F# = F#('F1')
FP.F# WHERE FP.P# = P#('P1')
```

são mais ou menos assim:

```
F.PEÇAS.P# WHERE F.F# = F#('F1')
P.FORNS.F# WHERE P.P# = P#('P1')
```

(sintaxe hipotética, escolhida deliberadamente para destacar as distinções essenciais – por exemplo, o uso de dois nomes de relacionamentos distintos, PEÇAS e FORNS – e evitar distinções irrelevantes).

Integridade referencial: Conforme prometemos, vamos examinar rapidamente o suporte de objetos para a integridade referencial (frequentemente mencionada como o ponto forte dos sistemas de objetos). São possíveis vários níveis de suporte. A taxonomia a seguir foi extraída de Cattell [25.10]:

- *Nenhum suporte do sistema*: A integridade referencial é responsabilidade do código escrito pelo usuário (a propósito, como acontecia no padrão SQL original).

- *Validação de ponteiro*: O sistema verifica se todos os ponteiros são para objetos existentes do tipo correto; porém, a eliminação de objetos pode não ser permitida – em vez disso, os objetos poderiam ser "recolhidos no lixo" quando não restassem ponteiros a eles, como em OPAL. Como explicamos na Seção 25.4, esse nível de suporte é aproximadamente equivalente a (mas apenas aproximadamente) (a) uma regra ON DELETE CASCADE para subobjetos não compartilhados dentro de uma hierarquia de contenção e (b) uma espécie de regra ON DELETE RESTRICT para outros objetos (mas apenas se "os ponteiros apontarem no sentido correto").

- *Manutenção de sistema*: Aqui, o sistema conserva atualizados todas os ponteiros automaticamente (por exemplo, definindo ponteiros a objetos excluídos como *nil*). Esse nível de suporte é, de certa forma, semelhante a uma regra ON DELETE SET NULL.

- *"Semântica personalizada"*: ON DELETE CASCADE (fora de uma hierarquia de contenção) pode ser um exemplo desse caso. Em geral, essas possibilidades não são aceitas diretamente por sistemas de objetos, mas deverão ser tratadas por código escrito pelo usuário.

Linguagens de programação de bancos de dados

Os exemplos de OPAL na Seção 25.4 ilustram o fato de que os sistemas de objetos em geral não usam a abordagem no estilo de SQL de "sublinguagem de dados embutida". Em vez disso, a mesma **linguagem integrada** é usada para operações, tanto de bancos de dados quanto não de bancos de dados. Para usar a terminologia do Capítulo 2, a linguagem principal e a linguagem do banco de dados são *estritamente acopladas* em sistemas de objetos (na verdade, é claro, as duas linguagens são exatamente a mesma).

Agora, é inegável que existem vantagens nessa abordagem (motivo pelo qual a adotamos em **Tutorial D**). Uma vantagem importante é a melhor verificação de tipos que se torna possível [25.2]. Além disso, a referência [25.38] afirma que outra vantagem é a seguinte:

Com uma única linguagem unificada, não há *descasamento de impedância* (impendance mismatch) entre uma linguagem de programação procedimental e uma DML embutida com semântica declarativa.

A expressão *descasamento de impedância* se refere à diferença entre o nível de um registro de cada vez das linguagens de programação típicas de hoje, e o nível de um conjunto de cada vez das linguagens de bancos de dados, como a SQL. Além disso, é verdade que essa diferença de nível dá origem a certos problemas práticos em produtos de SQL. Porém, a solução para esses problemas *não* é baixar a linguagem do banco de dados até o nível de registro (como fazem os sistemas de objetos) – mas sim levar a linguagem de programação até o nível de conjuntos. O fato de linguagens de objetos serem linguagens no nível de registro (isto é, procedimentais) é uma regressão aos dias de sistemas pré-relacionais, como IMS e IDMS.

Para continuar um pouco mais com esse assunto, é fato que a maior parte das linguagens de objetos existentes tem natureza procedimental ou de "L3G". Em consequência disso, todas as vantagens do nível de conjuntos relacionais são perdidas; em particular, a capacidade de o sistema otimizar requisições de usuários é gravemente prejudicada, o que significa que – como nos sistemas pré-relacionais – o desempenho é deixado em grande parte a cargo dos usuários humanos (programadores de aplicações e/ou o DBA). Consulte a subseção "Considerações sobre o desempenho", imediatamente a seguir.

Considerações sobre o desempenho

O desempenho geral é um dos maiores objetivos para todos os sistemas de objetos. Conforme indica a referência [25.10]: "Uma diferença de desempenho de uma ordem de grandeza pode, de fato, ser uma diferença *funcional*, porque não será possível utilizar o sistema se o desempenho estiver muito abaixo das exigências". Concordamos com esses comentários (que foram ligeiramente parafraseados).

Muitos fatores são relevantes na questão do desempenho. Aqui estão alguns deles:[15]

- *Cluster*: Como vimos no Capítulo 18, o cluster físico de dados logicamente relacionados no disco é um dos fatores mais importantes no desempenho. De modo geral, os sistemas de objetos usam informações lógicas da definição do banco de dados (com relação a hierarquias de classe, hierarquias de contenção ou outros relacionamentos entre objetos explicitamente declarados) como sugestão sobre a maneira como os dados devem ser fisicamente clusterizados. Como alternativa (e de preferência), pode ser dado ao DBA algum controle mais explícito e direto sobre o mapeamento conceitual/interno (para usar a terminologia do Capítulo 2 novamente).

---

[15]Além dos fatores listados, pode-se contestar que os sistemas de objetos conseguem melhor desempenho (até o ponto em que realmente atuam) "movendo o usuário mais para perto da máquina" – isto é, expondo ponteiros e outros recursos que deveriam estar ocultos na implementação.

- *Caching*: Os sistemas de objetos são usados normalmente em um ambiente cliente/servidor. A busca de dados clusterizados (e, portanto, – no caso ideal – logicamente relacionados) como uma unidade do site servidor e sua colocação no cache por um período de tempo ampliado no cliente obviamente faz sentido em tal ambiente.

- *Swizzling*: O termo *swizzling* se refere ao processo de substituir ponteiros no estilo de OID – que em geral são endereços lógicos de disco – por endereços da memória principal quando os objetos são lidos para a memória (e *vice-versa*, quando os objetos são gravados de volta no banco de dados). São óbvias as vantagens para aplicações que processam "objetos complexos" e, portanto, exigem muita busca de ponteiros.

- *Execução de métodos no servidor*: Considere a consulta "Obter todos os livros com mais de 20 capítulos". Em um sistema SQL clássico, os livros poderiam ser representados como CLOBs ou BLOBs (ver Capítulo 5), e a aplicação cliente teria de buscar um livro de cada vez e examiná-lo para ver se esse livro tem mais de 20 capítulos. Ao contrário, em um sistema de objetos, o operador "obter total de capítulos" será executado pelo servidor, e somente os livros desejados serão realmente transmitidos para o cliente. A execução de métodos no servidor dessa maneira reduz os custos de comunicação.[16]

Nota: O que foi dito não é na realidade um argumento relativo a objetos, mas sim um argumento para *procedimentos armazenados* (consulte o Capítulo 21). Um sistema SQL clássico com procedimentos armazenados oferecerá os mesmos benefícios em desempenho que um sistema de objetos com métodos.

A referência [25.12] discute um padrão de testes de desempenho chamado OO1 para medição do desempenho do sistema em um banco de dados de lista de materiais. Os testes de desempenho envolvem:

1. Busca aleatória de 1.000 peças, aplicando-se a cada uma um método definido pelo usuário

2. Inserção aleatória de 1.000 peças, conectando-se cada uma a três outras

3. Explosão aleatória de peças (até sete níveis), aplicando-se a cada peça encontrada um método definido pelo usuário, juntamente com a implosão correspondente

Segundo a referência [25.12], a comparação entre um produto de objetos (não especificado) e um produto de SQL (não especificado) mostrou uma diferença de desempenho de até duas ordens de grandeza em favor do sistema de objetos – especialmente em acessos "aquecidos" (depois que o cache é preenchido). Entretanto, a referência [25.12] também é cuidadosa ao dizer que:

"As diferenças... *não* devem ser atribuídas a uma diferença entre os modelos de objetos e relacional... Há motivos para acreditar que a maior parte das diferenças deve ser atribuída a [questões de implementação]".

Essa ressalva é apoiada pelo fato de que as diferenças foram muito menores quando o banco de dados era "grande" (isto é, quando já não era possível acomodar todo o banco de dados no cache).

Uma benchmark semelhante, embora mais extenso – chamado OO7 –, é descrito na referência [25.9].

Um SGBD de objetos é realmente um SGBD?

Nota: As observações desta subseção foram retiradas em sua maioria da referência [25.16], que afirma entre outras coisas que os sistemas de objetos e relacionais são mais diferentes entre si do que se costuma perceber. Citando o autor:

Os bancos de dados de objetos cresceram a partir de um desejo dos programadores de aplicações de objetos – por várias razões específicas de aplicações – de manterem seus objetos específicos de aplicações na memó-

---

[16]Na realidade, essa afirmação é bastante simplificada. Os métodos que utilizam dados intensamente, como "obter total de capítulos", são realmente melhor executados no servidor, mas outros – por exemplo, aqueles que utilizam muita exibição – poderiam funcionar melhor no cliente.

ria persistente. Essa memória persistente poderia, então, ser considerada como um banco de dados, mas o ponto importante é que *ela de fato era específica da aplicação*; ela não era um banco de dados compartilhado de uso geral, destinado a aplicações que poderiam não ter sido imaginadas na época em que o banco de dados foi definido. Como consequência, muitas características que os profissionais de bancos de dados consideram essenciais simplesmente não eram requisitos no mundo de objetos, pelo menos não originalmente. Desse modo, havia uma pequena necessidade percebida de:

1. Compartilhamento de dados entre aplicações

2. Independência de dados física

3. Consultas ocasionais

4. Visões e independência de dados lógica

5. Restrições de integridade declarativas e independentes das aplicações

6. Propriedade dos dados e um mecanismo de segurança flexível

7. Controle da concorrência

8. Um catálogo de uso geral

9. Projeto de bancos de dados independentes de aplicações

Essas exigências foram todas atendidas mais tarde, após a ideia básica de armazenar objetos em um banco de dados ter sido concebida inicialmente e, portanto, todas elas constituem características complementares do modelo de objetos original... Uma consequência importante... é que existe realmente uma **diferença de espécie** entre um SGBD de objetos e um SGBD relacional. De fato, poderíamos afirmar que um SGBD de objeto não é de modo algum um SGBD – pelo menos, não no mesmo sentido que um SGBD relacional é realmente um SGBD. Vejamos:

- Um SGBD relacional vem *pronto para uso*. Em outras palavras, assim que o sistema é instalado, os usuários... podem começar a construir bancos de dados, escrever aplicações, executar consultas, e assim por diante.

- Ao contrário, um SGBD de objetos pode ser imaginado como uma espécie de *kit de construção de SGBD*. Quando é originalmente instalado, ele *não* fica disponível para uso imediato... em vez disso, deve primeiro ser *adaptado* por técnicos adequadamente qualificados, que devem definir as classes e os métodos necessários, e assim por diante (o sistema fornece um conjunto de blocos de construção – ferramentas de manutenção de bibliotecas de classes, compiladores de métodos etc. – para esse fim). Somente quando essa atividade de adaptação se completar, o sistema estará disponível para uso por programadores de aplicações e usuários finais; em outras palavras, o resultado dessa adaptação lembrará de fato com maior precisão um SGBD no sentido mais familiar do termo.

Além disso, observe que o SGBD "adaptado" será *específico da aplicação*; por exemplo, ele pode ser adequado para aplicações de CAD/CAM, mas será essencialmente inútil para, digamos, aplicações médicas. Em outras palavras, ele não será um SGBD de uso geral, no mesmo sentido que um SGBD relacional é um SGBD de uso geral.

A referência [25.16] também argumenta contra a ideia – frequentemente referenciada como **persistência ortogonal a tipo** [25.2] – segundo a qual o banco de dados pode incluir objetos (mutáveis) de qualquer complexidade:[17]

O modelo de objetos exige suporte para [um grande número de] *geradores de tipos*... Os exemplos incluem STRUCT (ou TUPLE), LIST, ARRAY, SET, BAG e assim por diante... Juntamente com IDs de objetos, a disponibilidade desses geradores de tipos significa essencialmente que *qualquer estrutura de dados que possa ser criada em um programa de aplicação pode ser criada como um objeto em um banco de dados de objetos* – e, além disso, que a estrutura desses objetos é *visível para o usuário*. Por exemplo, considere o objeto, digamos

---

[17]Consulte também a referência [25.19].

EX, que é (ou denota) a coleção de empregados em determinado departamento. Então, EX poderia ser implementado como uma lista encadeada ou como um array, e os usuários terão de saber qual é ela (porque os operadores de acesso serão diferentes de acordo com a implementação).

Essa abordagem de *qualquer coisa serve* para o que pode ser armazenado no banco de dados é um ponto importante de diferença entre os modelos de objetos e relacional, é claro, e merece um pouco mais de explicação aqui. Em essência:

- O modelo de objetos diz que podemos armazenar qualquer coisa que quisermos – qualquer estrutura de dados que criarmos com os mecanismos normais das linguagens de programação.

- O modelo relacional diz efetivamente a mesma coisa, mas continua a insistir que, seja o que for armazenado, será apresentado ao usuário em uma forma relacional pura.

Mais precisamente, o modelo relacional – de forma bastante correta – não diz *nada* sobre o que pode ser armazenado fisicamente... Portanto, ele não impõe limites sobre as estruturas de dados permitidas no nível físico; o único requisito é que quaisquer estruturas que *estejam* de fato armazenadas fisicamente devem ser mapeadas para relações no nível lógico e, portanto, devem estar ocultas do usuário. Desse modo, os sistemas relacionais fazem uma clara distinção entre os níveis lógico e físico (modelo de dados *versus* implementação), ao contrário dos sistemas de objetos, que não fazem essa distinção. Uma consequência é que – diferentemente da sabedoria convencional – os sistemas de objetos podem muito bem oferecer menor independência de dados que os sistemas relacionais. Por exemplo, suponha que a implementação, em algum banco de dados de objetos, do objeto EX mencionado anteriormente (que representa a coleção de empregados em determinado departamento) seja alterada de um array para uma lista encadeada. Quais serão as implicações para código existente que tem acesso a esse objeto EX?"

25.6 RESUMO

Como um resumo, aqui está uma lista das principais características do modelo de objetos como foi apresentado, acompanhada por uma avaliação subjetiva de quais características são essenciais, quais delas são interessantes mas não essenciais, quais não se deve ter, quais são realmente ortogonais para a questão de saber se o sistema é um sistema de objetos ou de algum outro tipo, e assim por diante. Essa análise abre caminho para nossa discussão dos sistemas *relacional/objeto* no Capítulo 26.

- **Classes de objetos** (isto é, *tipos*): Obviamente essenciais (na realidade, a mais fundamental de todas as construções).

- **Objetos:** Os próprios objetos, tanto "mutáveis" quanto "imutáveis" são claramente essenciais – embora preferíssemos chamá-los apenas *variáveis* e *valores*, respectivamente.

- **IDs de objetos:** Desnecessárias e, de fato, indesejáveis (pelo menos no nível do modelo), porque são basicamente apenas ponteiros. Consulte a referência [25.17] para ver uma ampla discussão sobre essa questão.

- **Encapsulamento:** Como explicamos na Seção 25.2, "encapsulado" significa apenas *escalar*, e nossa preferência seria usar esse termo (sempre lembrando que alguns "objetos" não são de modo algum escalares).

- **Variáveis de instância:** Primeiro, as variáveis de instância *privadas* (e também *protegidas*) são, por definição, meras questões de implementação e, portanto, não são relevantes para a definição de um modelo abstrato, que é aquilo com que estamos preocupados. Em segundo lugar, as variáveis de instância *públicas* não existem em um sistema de objetos puro e, assim, também não são relevantes. Concluímos que as variáveis de instância podem ser ignoradas; os "objetos" devem poder ser manipulados somente por "métodos".

- **Hierarquia de contenção:** Explicamos na Seção 25.3 que, em nossa opinião, as hierarquias de contenção são enganosas e, de fato, um termo errôneo, pois elas em geral contêm OIDs, e não "objetos". *Nota*: Porém, uma hierarquia (não encapsulada) que realmente não incluísse objetos em si seria permissível, embora em geral contraindicada; de certo modo, ela seria semelhante a uma RelVar contendo atributos com valor de relação.

- **Métodos:** O conceito é evidentemente essencial, embora preferíssemos usar o termo mais convencional *operadores*. Porém, empacotar métodos com classes *não* é essencial e conduz a vários problemas [3.3]; seria melhor definir "classes" (tipos) e "métodos" (operadores) separadamente, como fizemos no Capítulo 5, e assim evitar a noção de "objetos de destino", usando aqueles que às vezes são chamados "métodos egoístas".

    Também existem certos operadores em que insistiríamos: seletores (que entre outras coisas oferecem um modo eficaz de escrever valores literais do tipo relevante), operadores THE_, operadores de atribuição e comparação de igualdade, e operadores de testes de tipos (ver Capítulo 20). *Nota*: Contudo, rejeitamos as "funções de construtor". Os construtores constroem *variáveis*; como o único tipo de variável que desejamos no banco de dados é especificamente a RelVar, o único "construtor" de que precisamos é um operador que crie uma RelVar (CREATE TABLE ou CREATE VIEW, em termos de SQL). Ao contrário, seletores selecionam *valores*. Além disso, é claro, construtores retornam *ponteiros para* as variáveis construídas, enquanto seletores retornam os valores selecionados em si.

- **Mensagens:** Mais uma vez, o conceito é essencial, embora preferíssemos usar o termo mais convencional *invocação* (e de novo evitar a noção de que tais invocações têm de ser direcionadas para algum "objeto de destino", mas sim tratar todos os argumentos igualmente).

- **Hierarquia de classes** (e noções relacionadas – herança, possibilidade de substituição, polimorfismo de inclusão e assim por diante): Desejável, mas ortogonal (vemos o suporte da hierarquia de classes, se fornecido, apenas como parte do suporte para classes em si).

- **Classe, instância e coleção:** As distinções são essenciais, é claro, mas ortogonais (os *conceitos* são distintos, e isso é realmente tudo o que precisa ser dito).

- **Relacionamentos:** Já afirmamos no Capítulo 14 (Seção 14.6) que não é uma boa ideia tratar "relacionamentos" como uma construção formalmente distinta – em especial se forem apenas os relacionamentos binários a receberem esse tratamento especial. Também não consideramos uma boa ideia tratar as restrições de integridade referencial associadas de algum modo separado do tratamento (se houver) das restrições de integridade em geral.

- **Linguagem de programação integrada ao banco de dados:** Interessante para se ter, mas ortogonal. Porém, as linguagens realmente admitidas nos sistemas de objetos de hoje são em geral *procedimentais* (L3Gs) e, portanto, – poderíamos afirmar – é desagradável possuí-las (de fato, um passo gigante para trás).

    E aqui está uma lista das características que em geral "o modelo de objetos" *não* admite ou não aceita bem:

- **Consultas ocasionais:** Os primeiros sistemas de objetos em geral não admitiam em absoluto consultas ocasionais. Os sistemas mais recentes admitem essas consultas, mas o fazem normalmente rompendo o encapsulamento ou impondo limites sobre as consultas que podem ser realizadas (significado nesse último caso que, na realidade, as consultas não são afinal de contas ocasionais).

- **Visões:** Em geral, não admitidas (essencialmente pelas mesmas razões porque as consultas *ad hoc* não costumam ser admitidas). *Nota*: Alguns sistemas de objetos aceitam variáveis de instância "derivadas" ou "virtuais" (necessariamente públicas); por exemplo, a variável de instância IDADE poderia ser derivada subtraindo-se o valor da variável de instância DATA_ NASCIMENTO da data atual. Porém, essa capacidade está longe de ser um mecanismo completo de visões – e, seja como for, já rejeitamos a noção de variáveis de instância públicas.

- **Restrições de integridade declarativas:** Não admitidas em geral (essencialmente pelas mesmas razões porque as consultas ocasionais e as visões não costumam ser admitidas). De fato, elas normalmente não são admitidas nem mesmo por sistemas que têm suporte para consultas ocasionais.

- **Chaves estrangeiras:** O "modelo de objetos" tem vários mecanismos diferentes para lidar com a integridade referencial, nenhum deles igual ao mecanismo muito mais uniforme de chaves estrangeiras do modelo relacional. Questões como ON DELETE RESTRICT e ON DELETE CASCADE costumam ser deixadas para o código procedimental (talvez métodos, possivelmente código de aplicação).

- **Fechamento e completeza:** Qual é o equivalente de objetos das propriedades relacionais de fechamento e completeza?

- **Catálogo:** Onde está o catálogo em um sistema de objetos? Com que ele se parece? Existe algum padrão? *Nota:* Naturalmente, essas perguntas são teóricas. O que realmente acontece é que tem de ser construído um catálogo pela equipe profissional cuja tarefa é adaptar o SGBD de objetos a qualquer aplicação para a qual ele seja instalado, como discutimos no final da Seção 25.5. Esse catálogo será então específico da aplicação, como o SGBD adaptado global.

Então, para resumir, as características boas (essenciais, fundamentais) do "modelo de objetos" – ou seja, aquelas que gostaríamos realmente de admitir – são aquelas ilustradas na tabela a seguir:

Característica	Termo preferido	Comentários
classe de objetos	tipo	escalar e não escalar; possivelmente definido pelo usuário
objeto imutável	valor	escalar e não escalar
objeto mutável	variável	escalar e não escalar
método	operador	inclusive seletores, operadores THE_, ":=", "=", e operadores de teste de tipo
mensagem	invocação de operador	nenhum operando "de destino"

De modo mais sucinto, podemos dizer que a única boa ideia dos sistemas de objetos em geral é o **suporte para tipos de dados próprios**; todo o restante – inclusive em particular a noção de *operadores definidos pelo usuário* – deriva dessa ideia básica.[18] Porém, essa ideia dificilmente seria nova!

EXERCÍCIOS

25.1 Defina os seguintes termos:

classe	mensagem
encapsulamento	método
função de construtor	objeto
hierarquia de classes	objeto de definição de classes
hierarquia de contenção	variáveis inversas
ID de objeto	variável de instância privada
instância	variável de instância protegida
instância de objeto	variável de instância pública

25.2 Quais são as vantagens das OIDs? Quais são as desvantagens? Como as OIDs poderiam ser implementadas?

25.3 Na Seção 25.2, demos duas formulações em SQL da consulta "Obter todos os retângulos que superpõem ao quadrado unitário". Demonstre que essas duas formulações são equivalentes.

25.4 Investigue qualquer sistema de objetos que possa estar disponível para você. Qual linguagem (ou linguagens) de programação esse sistema admite? Ele aceita uma linguagem de consulta? Nesse caso, qual? Em sua opinião, ele é mais ou menos poderoso que a SQL? Qual é a aparência do catálogo? De que modo o usuário interroga o catálogo? Existe algum suporte para visões? Nesse caso, qual é a extensão do suporte? (Por exemplo, existe atualização de visões?) Como é tratada a "falta de informações"?

---

[18]Algumas pessoas poderiam afirmam que a herança de tipos também é uma boa ideia. Concordamos, mas mantemos nossa posição de que o suporte para a herança é ortogonal ao suporte para objetos em si.

25.5 Projete uma versão de objetos do banco de dados de fornecedores e peças. *Nota*: Esse projeto será usado como base para os Exercícios 25.6 a 25.8.

25.6 Escreva um conjunto de instruções de definição de dados em OPAL para sua versão de objetos de fornecedores e peças.

25.7 Esboce os detalhes dos métodos de "preenchimento de banco de dados" necessários para sua versão de objetos de fornecedores e peças.

25.8 Escreva código em OPAL contra sua versão de objetos de fornecedores e peças para (a) obter todos os fornecedores de Londres; (b) obter todas as peças vermelhas.

25.9 Considere mais uma vez o banco de dados de educação. Mostre o que está envolvido em (a) excluir uma matrícula; (b) excluir um empregado; (c) excluir um curso; (d) descartar a classe de matrículas; (e) descartar a classe de empregados. Você pode supor que o processo de coleta de lixo no estilo de OPAL é aplicável. Declare qualquer suposição que fizer a respeito de questões como propagação de exclusões e outras.

25.10 Suponha que uma versão de objetos do banco de dados de fornecedores, peças e projetos deva ser representada por meio de uma única hierarquia de contenção. Quantas dessas hierarquias possíveis existem? Qual delas é a melhor?

25.11 Considere uma variação sobre o banco de dados de fornecedores, peças e projetos na qual, em vez de registrar que certos fornecedores fornecem certas peças a certos projetos, queremos registrar apenas (a) certos fornecedores fornecem certas peças, (b) certas peças são fornecidas a certos projetos e (c) certos projetos são supridos por certos fornecedores. Quantos projetos de objetos possíveis existem agora (com ou sem hierarquias de contenção)?

25.12 Considere os fatores de desempenho discutidos rapidamente na Seção 25.5. Existe algum verdadeiramente específico de objetos? Justifique sua resposta.

25.13 Em geral, os sistemas de objetos admitem restrições de integridade em uma forma *procedimental*, por meio de métodos; a principal exceção é que as restrições *referenciais* costumam ser admitidas (pelo menos em parte) de forma *declarativa*. Quais são as vantagens do suporte procedimental? Por que, na sua opinião, as restrições referenciais são tratadas de modo diferente?

25.14 Explique o conceito de *variáveis inversas*.

REFERÊNCIAS E BIBLIOGRAFIA

As referências [25.5], [25.10], [25.23] e [25.31] são livros didáticos sobre tópicos de objetos e assuntos relacionados. As referências [25.29, 25.30] e [25.42] são coleções de documentos de pesquisas. As referências [25.24], [25.35] e [25.38] são tutoriais. As referências [25.4], [25.8] e [25.21] descrevem sistemas específicos.

25.1 Malcolm Atkinson e outros: "The Object-Oriented Database System Manifesto", Proc. 1st Int. Conf. on Deductive and Object-Oriented Databases, Kyoto, Japão (1989). Nova York, N.Y.: Elsevier Science (1990).

Uma das primeiras tentativas de construir um consenso sobre o que "o modelo de objetos" deve incluir. Primeiro, os autores propõem as características seguintes como *obrigatórias* – isto é, recursos que devem ser admitidos se o SGBD em questão merece o rótulo de "orientado a objetos"):

1. coleções	8. tipos definidos pelo usuário
2. IDs de objeto	9. persistência
3. encapsulamento	10. bancos de dados extensos
4. tipos ou classes	11. concorrência
5. herança	12. busca
6. acoplamento tardio	13. consulta *ad hoc*
7. completeza computacional	

Eles também discutem certas características *opcionais*, inclusive herança múltipla e verificação de tipo em tempo de compilação; certas características *abertas*, inclusive o "paradigma de programação" (por exemplo, funcional *versus* imperativo); e certas características sobre as quais os autores não puderam chegar a um consenso, inclusive – de forma um pouco surpreendente, considerando-se sua importância – visões e restrições de integridade. *Nota:* As referências [3.3] e [25.28] comentam a respeito desse artigo.

Contudo, a respeito das observações na referência [3.3], devemos dizer que elas são baseadas na premissa de que o objetivo do artigo é definir características de um SGBD bom, genuíno e de uso geral. Não negamos que as características listadas poderiam ser úteis para um SGBD altamente especializado, que esteja ligado a alguma aplicação específica, como CAD/CAM, sem necessidade de suporte para (digamos) restrições de integridade – mas, então, questionaríamos se tal sistema seria verdadeiramente um SGBD, como esse termo costuma ser entendido.

Esta referência também aparece como a referência [20.2], no Capítulo 20, no qual poderão ser encontrados comentários adicionais.

25.2 Malcolm P. Atkinson e O. Peter Buneman: "Types and Persistence in Database Programming Languages", *ACM Comp. Surv. 19*, Número 2 (junho de 1987).

Um dos primeiros documentos – se não *o* primeiro – a articular a posição de que a persistência deve ser ortogonal ao tipo. Esse artigo é um bom ponto de partida para leitura na área de linguagens de programação de bancos de dados em geral (tais linguagens sendo percebidas por muitas pessoas como a condição *sine qua non* de sistemas de objetos; veja, por exemplo, as referências [25.10, 25.11]).

25.3 François Bancilhon: "A Logic-Programming/Object-Oriented Cocktail", *ACM SIGMOD Record 15*, Número 3 (setembro de 1986).

Para citar a introdução: "A abordagem orientada a objetos... parece estar particularmente bem ajustada para [tratar de] novos tipos de aplicações como CAD, [engenharia de] software [e inteligência artificial]. Porém, a extensão natural para a tecnologia de bancos de dados relacionais é... o paradigma da programação lógica, [não] o paradigma da orientação a objetos. [Esse artigo focaliza a questão de saber] se os dois paradigmas são compatíveis". E ele conclui, um pouco cautelosamente, que sim. *Nota*: A referência [25.40] apresenta um ponto de vista oposto.

25.4 J. Banerjee e outros: "Data Model Issues for Object-Oriented Applications", *ACM TOOIS (Transactions on Office Information Systems) 5*, Número 1 (março de 1987). Republicado em Michael Stonebraker (editor), *Readings in Database Systems* (2ª edição). San Mateo, Calif.: Morgan Kaufmann (1994). Também republicado na referência [25.42].

25.5 Douglas K. Barry: *The Object Database Handbook: How to Select, Implement, and Use Object Oriented Databases.* Nova York, N.Y.: John Wiley and Sons (1996).

A tese principal desse livro é que precisamos de um sistema de objetos, não de um sistema relacional, se temos de lidar com "dados complexos". Os dados complexos se caracterizam como (a) onipresentes, (b) frequentemente sem uma identificação exclusiva (!), (c) envolvendo diversas relações muitos para muitos e (d) frequentemente exigindo o uso de códigos de tipo "no esquema relacional" (devido à falta de suporte direto para subtipos e supertipos em produtos de SQL de hoje). *Nota*: O autor é diretor executivo do Object Data Management Group, ODMG [25.11].

25.6 David Beech: "A Foundation for Evolution from Relational to Object Databases", em J. W. Schmidt, S. Ceri e M. Missikoff (editores), *Extending Database Technology*. Nova York, N.Y.: Springer Verlag (1988).

Esse é um dos vários documentos que discutem a possibilidade de estender a SQL até alguma espécie de "Object SQL" ou "OSQL" (porém, advertimos que essas "Object SQLs" normalmente não se parecem muito com a SQL em si). A referência [25.32] oferece mais detalhes sobre as propostas desse artigo em particular.

25.7 Anders Bjornerstedt e Christer Hultén: "Version Control in an Object-Oriented Architecture", na referência [25.30].

Muitas aplicações precisam do conceito de **versões** distintas de determinado objeto; os exemplos de tais aplicações incluem desenvolvimento de software, projeto de hardware, criação de documentos, e assim por diante. Alguns sistemas de objetos sustentam esse conceito diretamente (entretanto, de fato, ele é ortogonal para a questão de saber se estamos lidando com um sistema de objetos ou de algum outro tipo). Esse suporte em geral inclui:

- A habilidade de criar uma nova versão de determinado objeto, geralmente **remetendo** uma cópia do objeto e sua movimentação do banco de dados para a estação de trabalho particular do usuário, onde ela possa ser mantida e alterada ao longo de um período possivelmente estendido (por exemplo, horas ou dias).

- A habilidade de estabelecer uma versão de determinado objeto como a versão atual do banco de dados, geralmente **recebendo-a** e movendo-a da estação de trabalho do usuário de volta para o banco de dados (o que, por sua vez, pode exigir algum tipo de mecanismo para mesclar (*merge*) versões distintas).

- A habilidade de **excluir** (e talvez **arquivar**) versões obsoletas.
- A habilidade de interrogar o **histórico da versão** de determinado objeto.

Observe que, como sugere a Figura 25.7, os históricos de versão não são necessariamente lineares – a versão V.2 nessa figura resulta em duas versões distintas, V.3a e V.3b, que estão mescladas, em seguida, em uma única versão V.4.

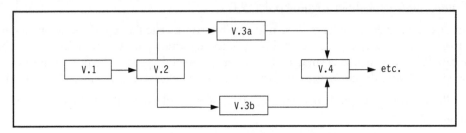

FIGURA 25.7 *Histórico de versão típico.*

Em seguida, como os objetos estão tipicamente relacionados entre si de várias maneiras, o conceito de versões resulta em conceito de *configurações*. Uma **configuração** é uma coleção de versões mutuamente consistentes de objetos relacionados. O suporte de configuração em geral inclui:

- A habilidade de **copiar** uma versão de objeto de uma configuração para outra (por exemplo, de uma configuração "antiga" para uma "nova")
- A habilidade de **mover** uma versão de objeto de uma configuração para outra (isto é, adicioná-la à "nova" e removê-la da "antiga")

Internamente, essas operações envolvem apenas muito malabarismo com ponteiros – mas existem implicações importantes para a sintaxe e a semântica da linguagem em geral, e consultas ocasionais em particular.

25.8 Paul Butterworth, Allen Otis e Jacob Stein: "The GemStone Object Database Management System", CACM 34, Número 10 (outubro de 1991).

25.9 Michael J. Carey, David J. DeWitt e Jeffrey F. Naughton: "The OO7 Object-Oriented Database Benchmark", Proc. 1993 ACM SIGMOD Int. Conf. on Management of Data, Washington, DC (maio de 1993).

25.10 R. G. G. Cattell: *Object Data Management* (edição revisada). Reading, Mass.: Addison-Wesley (1994).

O primeiro tutorial com tamanho de livro especificamente sobre a aplicação da tecnologia de objetos aos bancos de dados. O resumo editado a seguir sugere que a área ainda estava longe de qualquer tipo de consenso em 1994: "As linguagens de programação podem precisar de nova sintaxe... swizzling, replicação e novos métodos de acesso também precisam de estudo adicional... novas ferramentas de usuários finais e de desenvolvimento de aplicações [são] necessárias... características mais poderosas de linguagem de consulta [devem ser] desenvolvidas... nova pesquisa em controle de concorrência é necessária... timestamps e semântica de concorrência baseada em objetos precisam de mais exploração... modelos de desempenho são necessários... um novo trabalho em gerenciamento de conhecimento precisa ser integrado às capacidades de gerenciamento de objeto e dados... isso [levará a] um problema de otimização complexo [e] poucos pesquisadores têm [a necessária] experiência... bancos de dados [de objetos] federados exigem mais estudo".

25.11 R. G. G. Cattell e Douglas K. Barry (editores): *The Object Database Standard: ODMG 3.0.* San Francisco, Calif.: Morgan Kaufmann (2000).

O termo *ODMG* é usado livremente para fazer referência às propostas do Object Data Management Group, um consórcio de representantes de "empresas associadas [que cobrem] quase todo o setor de SGBDs de objetos". Essas propostas consistem em um *Modelo de Objetos*, uma *Linguagem de Definição de Objeto* (ODL), um *Formato de Intercâmbio de Objetos* (OIF), uma *Linguagem de Consulta de Objetos* (OQL), e *acoplamentos* desses recursos a C++, Smalltalk e Java. (Não há qualquer componente "Linguagem de Manipulação de Objetos"; em vez disso, as capacidades de manipulação de objetos são fornecidas pela linguagem à qual o ODMG esteja acoplado.)

Uma análise e crítica detalhadas da Versão 2.0 do Modelo de Objetos do ODMG (que, na realidade, não é tão diferente da Versão 3.0) podem ser encontradas no Apêndice I da referência [3.3]. Consulte também a referência [25.28].

25.12 R. G. G. Cattell e J. Skeen: "Object Operations Benchmark", *ACM TODS 17*, Número 1 (março de 1992).

25.13 George Copeland e David Maier: "Making Smalltalk a Database System", Proc. 1984 ACM SIGMOD Int. Conf. on Management of Data, Boston, Mass.: (junho de 1984). Republicado em Michael Stonebraker (editor), *Readings in Database Systems* (2ª edição). San Mateo, Calif.: Morgan Kaufmann (1994).

Descreve algumas das mudanças feitas em Smalltalk [25.23], a fim de criar GemStone e OPAL.

25.14 O. J. Dahl, B. Myhrhaug e K. Nygaard: *The SIMULA 67 Common Base Language,* Pub. S-22, Norwegian Computing Center, Oslo, Noruega (1970).

SIMULA 67 era uma linguagem projetada expressamente para escrever aplicações de simulação. As linguagens de programação de objetos se desenvolveram a partir de tais linguagens: de fato, SIMULA 67 foi realmente a primeira linguagem de objetos.

25.15 C. J. Date: "A Optimization Problem", em C. J. Date e Hugh Darwen, *Relational Database Writings 1989-1991.* Reading, Mass.: Addison-Wesley (1992).

25.16 C. J. Date: "Why the 'Object Model' Is Not a Data Model", em C. J. Date, Hugh Darwen e David McGoveran, *Relational Database Writings 1994-1997.* Reading, Mass.: Addison-Wesley (1998).

Demonstra que "o modelo de objetos", não importa de que ele consista, é "mais próximo da máquina" – menos abstrato e, portanto, menos independente dos dados – que o modelo relacional; de fato, ele na verdade é um modelo de *armazenamento*, e não um modelo de dados.

25.17 C. J. Date: "Object Identifiers *vs.* Relational Keys", em C. J. Date, Hugh Darwen e David McGoveran, *Relational Database Writings 1994-1997.* Reading, Mass.: Addison-Wesley (1998).

Demonstra que as OIDs não têm lugar no modelo de dados conforme visto pelo usuário. *Nota:* Um argumento importante para apoiar essa posição, mas não incluído no artigo, relacionado à herança, pode ser encontrado no próximo capítulo (Seção 26.6).

25.18 C. J. Date: "Encapsulation Is a Red Herring", *DBP&D 12*, Número 9 (setembro de 1998).

No corpo deste capítulo dissemos que o encapsulamento implicava independência de dados. Porém, dissemos também que preferíamos não usar o termo *encapsulamento* de forma alguma (preferindo o termo *escalar*). Parte do problema é que "objetos encapsulados" não podem fornecer mais independência de dados que relações *não encapsuladas* (pelo menos em princípio). Por exemplo, não existe absolutamente qualquer razão pela qual uma relação básica representando pontos, com atributos de coordenadas cartesianas X e Y, não deva ser armazenada em termos de coordenadas polares R e θ.

25.19 C. J. Date: "Persistence *Not* Orthogonal to Type", *http://www.dbpd.com* (outubro de 1998).

Debate firmemente (a) contra o dito de objetos de que "a persistência [deve ser] ortogonal ao tipo" [25.2] e, assim, não acidentalmente, (b) a favor do *Princípio da Informação*.

25.20 C. J. Date: "Decent Exposure", *http://www.dbpd.com* (novembro de 1998).

25.21 O. Deux e outros: "The O2 System", *CACM 34*, Número 10 (outubro de 1991).

25.22 Fabrizio Ferrandina, Thorsten Meyer, Roberto Zicari, Guy Ferran e Joëlle Madec: "Schema and Database Evolution in the O2 Object Database System", Proc. 21st Int. Conf. on Very Large Data Bases, Zurique, Suíça (setembro de 1995).

Consulte a anotação à referência [25.34].

25.23 Adele Goldberg e David Robson: *Smalltalk-80: The Language and its Implementation.* Reading, Mass.: Addison-Wesley (1983).

O resultado definitivo dos esforços pioneiros no Xerox Palo Alto Research Center para projetar e construir o sistema Smalltalk-80. A primeira parte do livro (de suas quatro partes) é uma descrição detalhada da linguagem de programação Smalltalk-80, na qual se baseiam as linguagens OPAL e GemStone.

25.24 Nathan Goodman: "Object-Oriented Database Systems", *InfoDB 4*, Número 3 (outono de 1989).

Citando o artigo: "Nesse estágio é fútil comparar [as abordagens] relacional e de objetos. Temos de comparar coisas semelhantes: maçãs com maçãs, sonhos com sonhos, teorias com teorias e produtos maduros com produtos maduros... A abordagem relacional já existe há um bom tempo: ela possui uma base teórica muito sólida e também é a base para uma grande quantidade de produtos maduros. Ao contrário, a abordagem de objetos é nova (pelo menos na área de bancos de dados); ela não possui uma base teórica que possa ser comparada significativamente com o modelo relacional e os poucos produtos que existem dificilmente poderiam ser descritos como maduros. Desse modo, ainda resta muito a ser feito antes que possamos começar seriamente a considerar a questão de saber se a tecnologia de objetos representará uma alternativa viável para a abordagem relacional". Embora alguns desses comentários ainda sejam aplicáveis hoje, esses assuntos se cristalizaram um pouco desde 1989; de fato, sob vários aspectos, relações e objetos podem agora ser vistos como algo semelhante à comparação entre maçãs e laranjas, como veremos no Capítulo 26.

25.25 Nathan Goodman: "An Object-Oriented DBMS War Story: Developing a Genome Mapping Database in C++", na referência [25.29].

Esse artigo apoia várias críticas deste capítulo. Para citar o resumo: "Ao contrário da sabedoria convencional, nossa experiência sugere que seja um engano tornar o banco de dados inteligente demais, implementando programas complexos como métodos dentro de objetos de banco de dados. Nossa experiência indica também que C++ é uma linguagem pobre para implementação de bancos de dados, com problemas relacionados ao mecanismo de definição de atributos, ao mecanismo de referência a objetos de um modo sistemático, à falta de um coletor de lixo e a armadilhas sutis no modelo de herança. Também achamos que nos SGBDs atuais baseados em C++ faltam funções de bancos de dados importantes e, para compensar isso, fomos forçados a fornecer nossas próprias implementações simples de funções de SGBDs padrão: registro de transações para busca antecipada, um monitor de transação em multithreading, uma linguagem de consulta e um processador de consultas, e estruturas de armazenamento. Na realidade, usamos o SGBD baseado em C++ como um gerenciador de armazenamento orientado a objetos e construímos um sistema de gerenciamento de dados especializado para mapeamento de genoma em grande escala sobre ele".

25.26 H. V. Jagadish e Xiaolei Qian: "Integrity Maintenance in an Object-Oriented Database", Proc. 18th Int. Conf. on Very Large Data Bases, Vancouver, Canadá (agosto de 1992).

Propõe um mecanismo de integridade declarativa para sistemas de objetos, mostrando como um compilador de restrições de integridade pode incorporar o código de verificação de integridade necessária em métodos para as classes de objetos apropriadas.

25.27 Michael Kifer, Won Kim e Yehoshua Sagiv: "Querying Object-Oriented Databases", Proc. 1982 ACM SIGMOD Int. Conf. on Management of Data, San Diego, Calif. (junho de 1992).

Propõe outra "Object SQL", chamada XSQL.

25.28 Won Kim: "Observations on the ODMG-93 Proposal for an Object-Oriented Database Language", *ACM SIGMOD Record 23*, Número 1 (março de 1994).

25.29 Won Kim (editor): *Modern Database Systems: The Object Model, Interoperability, and Beyond.* Nova York, N.Y.: ACM Press/Reading, Mass.: Addison-Wesley (1995).

25.30 Won Kim e Frederick H. Lochovsky: *Object-Oriented Concepts, Databases, and Applications.* Reading, Mass.: ACM Press/Addison-Wesley (1989).

25.31 Mary E. S. Loomis: *Object Databases: The Essentials.* Reading, Mass.: Addison-Wesley (1995).

25.32 Peter Lyngbaek e outros: "OSQL: A Language for Object Databases", Technical Report HPL-DTD-91-4, Hewlett-Packard Company (15 de janeiro de 1991).

Consulte a anotação à referência [25.6].

25.33 Bertrand Meyer: "The Future of Object Technology", *IEEE Computer 31*, Número 1 (janeiro de 1998).

Uma citação: "O futuro dos bancos de dados [de objetos] é um tópico interessante para especulação... Os fornecedores de bancos de dados relacionais [têm] procurado desde 1986 abafar o crescimento de bancos de dados [de objetos] através de anúncios antecipados... Dez anos mais tarde, os especialistas [em bancos de dados de objetos] ainda dirão a você que as ofertas dos principais fornecedores relacionais...

ainda estarão longe da realidade... O mercado para bancos de dados [de objetos] continuará a crescer, mas permanecerá como uma fração do mercado de bancos de dados tradicionais".

25.34 John F. Roddick: "Schema Evolution in Database Systems – An Annotated Bibliography", *ACM SIGMOD Record 21*, Número 4 (dezembro de 1992).

Os produtos de bancos de dados tradicionais em geral só admitem mudanças bastante simples para um esquema existente (por exemplo, a adição de uma nova coluna a uma RelVar básica existente, em produtos SQL). Porém, algumas aplicações exigem um suporte mais sofisticado para mudança de esquema, e alguns protótipos de objetos investigam esse problema a fundo. Observe que o problema é realmente mais complexo em um ambiente de objetos, porque o esquema é mais complexo.

A taxonomia de possíveis mudanças de esquemas a seguir é baseada em outra, apresentada em um artigo sobre o protótipo de objetos ORION [25.4]. Observamos que vários itens (quais?) parecem denunciar alguma confusão sobre a distinção entre modelo e implementação.

- Mudanças para uma classe de objetos

  1. Mudanças em variáveis de instância

     - Adicionar variável de instância

     - Excluir variável de instância

     - Renomear variável de instância

     - Alterar valor padrão de variável de instância

     - Alterar tipo de dados de variável de instância

     - Alterar origem de herança de variável de instância

  2. Mudanças em métodos

     - Adicionar método

     - Eliminar método

     - Renomear método

     - Alterar código interno de método

     - Alterar origem de herança de método

- Mudanças na hierarquia de classes (supondo herança múltipla)

  - Adicionar a classe *A* à lista de superclasses da classe *B*

  - Excluir a classe *A* da lista de superclasses da classe *B*

- Mudanças no esquema global

  - Adicionar classe (em qualquer lugar)

  - Excluir classe (em qualquer lugar)

  - Renomear classe

  - Particionar classe

  - Aglutinar classes

Porém, não está claro quanta transparência pode ser alcançada com respeito às mudanças precedentes, especialmente considerando-se que as visões em geral não são admitidas. De fato, a possibilidade de "evolução de esquema" implica um problema significativo para sistemas de objetos, devido à sua natureza de L3G. Como a referência [25.28] explica: "Se... os índices [forem acrescentados ou removidos] ou os dados forem reorganizados para se clusterizarem de modo diferente, não haverá como [os métodos] tirarem proveito automaticamente dessas mudanças".

Além disso, a evolução de esquemas também é mais uma *exigência* em sistemas de objetos, porque muitas das decisões que seriam de responsabilidade do DBA – ou até decisões do SGBD! – em um sistema relacional se tornam decisões do programador de aplicações em um sistema de objetos (consulte a referência [25.35]). Em particular, o ajuste de desempenho pode acarretar novo projeto do esquema (ver novamente a referência [25.35]).

25.35 C. M. Saracco: "Writing an Object DBMS Application" (em duas partes), *InfoDB 7*, Número 4 (inverno de 1993/94) e *InfoDB* 8, Número 1 (primavera de 1994).

Apresenta alguns exemplos simples mas completos (e informativos) de codificação.

25.36 Gail M. Shaw e Stanley B. Zdonik: "A Query Algebra for Object-Oriented Databases", Proc. 6th IEEE Int. Conf. on Data Engineering (fevereiro de 1990).

Esse artigo serve para apoiar a afirmação do autor deste livro de que qualquer "álgebra de objetos" será inerentemente complexa (porque os objetos são complexos). Em particular, a *igualdade* de objetos hierárquicos aninhados de forma arbitrária requer um tratamento muito cuidadoso. A ideia básica por trás das propostas específicas desse artigo é que cada operador algébrico de consulta produz uma *relação*, na qual cada tupla contém OIDs para certos objetos de bancos de dados. Por exemplo, no caso da junção, cada tupla contém OIDs de objetos que correspondem a um outro sob a condição de junção. Essas tuplas não herdam quaisquer métodos dos objetos componentes.

25.37 David W. Shipman: "The Functional Data Model and the Data Language DAPLEX", *ACM TODS* 6, Número 1 (março de 1981). Republicado em Michael Stonebraker (editor), *Readings in Database Systems* (2ª edição), San Mateo, Calif.: Morgan Kaufmann (1994).

Houve várias tentativas ao longo dos anos de construir sistemas baseados em *funções* em vez de relações e DAPLEX é uma das mais conhecidas. A razão para a mencionarmos aqui é que as abordagens funcionais compartilham certas ideias com a abordagem de objetos, incluindo em particular um estilo que tem um pouco de navegação (isto é, de rastreamento do caminho) de endereçar objetos que estão funcionalmente relacionados a outros objetos (que estão funcionalmente relacionados a outros objetos etc.). Porém, observe que uma função nesse contexto em geral não é uma função matemática; por exemplo, ela pode ter múltiplos valores. De fato, é preciso haver uma violência considerável com o conceito de função para torná-lo capaz de tudo que se exige dele no contexto do "modelo de dados funcional".

25.38 Jacob Stein e David Maier: "Concepts in Object-Oriented Data Management", *DBP&D 1*, Número 4 (abril de 1988).

Um bom tutorial sobre conceitos de objetos, escrito por dois dos projetistas de GemStone.

25.39 D. C. Tsichritzis e O. M. Nierstrasz: "Directions in OO Research", na referência [25.30].

Esse artigo gera um peso adicional à afirmação deste autor de que a tecnologia de bancos de dados de objetos está longe de consenso: "Existe discordância sobre definições básicas: por exemplo, o que é um objeto?... Não existe razão alguma para se preocupar: as definições soltas são inevitáveis e às vezes bem recebidas durante um período dinâmico de descoberta científica. Elas devem se tornar e se tornarão mais rigorosas durante um período de consolidação que se seguirá inevitavelmente". Porém, os conceitos de objetos têm estado em evidência por quase quarenta anos! – de fato, eles são mais antigos que o modelo relacional.

25.40 Jeffrey D. Ullman: "A Comparison between Deductive and Object-Oriented Database Systems", Proc. 2nd Int. Conf. on Deductive and Object-Oriented Databases, Munique, Alemanha (dezembro de 1991); C. Delobel, M. Kifer e Y. Masunaga (editores), *Lecture Notes in Computer Science 566*. Nova York, N.Y.: Springer Verlag (1992).

Embora discordemos desse artigo em vários aspectos, concordamos com sua conclusão global de que sistemas de bancos de dados "dedutivos" (isto é, baseados na lógica) prometem mais a longo prazo que os sistemas de objetos. Além disso, o artigo faz uma observação importante com relação à *possibilidade de otimização*:

> [Suponha que fôssemos definir] uma classe de objetos que se comporta como relações binárias e... um método de *junção* para essa classe, e então podemos escrever uma expressão como R JOIN S JOIN T. Parece que poderíamos avaliar essa expressão como (R JOIN S) JOIN T ou como R JOIN (S JOIN T). Mas podemos fazê-lo? Nunca foi declarado o que significa o método de *junção*. Por exemplo, ele é associativo?... A conclusão é que, se queremos programar em uma forma [de objetos], e ainda programar no nível de relações ou mais alto, precisamos dar ao sistema a informação incorporada nas... leis da álgebra relacional. Essa informação não pode ser deduzida pelo sistema, mas deve estar embutida nele. Assim,... a única parte da linguagem de consulta que será possível otimizar é o conjunto fixo de métodos para os quais... foi fornecida uma semântica adequada ao sistema.

25.41 Carlo Zaniolo: "The Database Language GEM", Proc. 1983 ACM SIGMOD Int. Conf. On Management of Data, San Jose, Calif. (maio de 1983). Republicado em Michael Stonebraker (editor), *Readings in Database Systems* (2ª edição). San Mateo, Calif.: Morgan Kaufmann (1994).

GEM significa "General Entity Manipulator". Ela é efetivamente uma extensão para a QUEL que admite relações com atributos de valores de conjuntos e relações com atributos alternativos (por exemplo, EMPs privilegiados poderiam ter um atributo SALÁRIO enquanto EMPs não privilegiados teriam atributos SALÁRIOHORA e HORAEXTRA). Ela também utiliza da ideia de objetos de que os objetos contêm conceitualmente outros objetos (em vez de chaves estrangeiras que referenciam esses outros objetos) e estende a notação familiar de qualificação de ponto para fornecer um modo simples de se referir a atributos desses objetos contidos – na verdade, implicitamente atravessando certos caminhos de junção predefinidos. Por exemplo, o nome qualificado EMP.DEPTO.ORÇAMENTO poderia ser usado para se referir ao orçamento do departamento de algum empregado. Muitos sistemas adotaram e/ou adaptaram essa ideia.

25.42 Stanley B. Zdonik e David Maier (editores): *Readings in Object-Oriented Database Systems*, San Francisco, Calif.: Morgan Kaufmann (1990).

CAPÍTULO 26

Bancos de dados relacional/objeto

26.1 Introdução

26.2 O primeiro grande erro

26.3 O segundo grande erro

26.4 Questões de implementação

26.5 Benefícios da verdadeira *aproximação*

26.6 Recursos de SQL

26.7 Resumo

Exercícios

Referências e bibliografia

26.1 INTRODUÇÃO

No final da década de 1990, vários fornecedores lançaram produtos de SGBD "relacional/objeto", também conhecidos como *servidores universais*. Os exemplos incluem a versão Universal Database do DB2, a Universal Data Option do Informix Dynamic Server e o Oracle Universal Server (outros nomes também são usados). A ideia geral em cada caso é que o produto deve admitir recursos tantos de objetos quanto relacionais; em outras palavras, os produtos em questão são tentativas de uma *aproximação* entre as duas tecnologias.

É opinião enfática deste autor que qualquer *aproximação* deve estar firmemente baseada no modelo relacional (que afinal é a base da moderna tecnologia de bancos de dados em geral, como explicamos na Parte II deste livro). Desse modo, o que queremos é que os sistemas relacionais evoluam[1] para incorporar os recursos – ou, pelo menos, os bons recursos – de objetos (não queremos descartar os sistemas relacionais completamente, nem ter de lidar com dois sistemas separados, o relacional e o de objetos, existindo lado a lado). E essa opinião é compartilhada por muitos outros autores, incluindo, em particular, os autores do Third-Generation Database System Manifesto [26.44], que estabelece categoricamente que *os SGBDs de terceira geração devem incluir os SGBDs de segunda geração* (em que "SGBDs de primeira gera-

---

[1]Observe que estamos definitivamente interessados em evolução, não em revolução. Ao contrário, considera esta citação da referência [25.11]: "Os [SGBDs de objetos] são *um desenvolvimento revolucionário, em vez de evolucionário*" (itálico acrescentado). Não acreditamos que o mercado em geral esteja pronto para uma revolução, e nem achamos que precisaria ou deveria estar – motivo pelo qual *The Third Manifesto* [3.3] é especificamente evolucionário, e não revolucionário, por natureza.

ção" são os SGBDs pré-relacionais, como o IMS; "SGBDs de segunda geração" são os sistemas de SQL; e "SGBDs de terceira geração" são o que vier em seguida). Porém, a opinião aparentemente não é compartilhada por alguns dos fornecedores de produtos de objetos, nem por certos autores sobre objetos. Aqui está uma citação típica [26.7]:

> A ciência da computação viu muitas gerações de produtos de gerenciamento de dados, começando com arquivos indexados e, mais tarde, SGBDs de rede e hierárquicos... [e] mais recentemente os SGBDs relacionais... Agora, estamos prestes a ver outra geração de sistemas de bancos de dados... [que] oferece o *gerenciamento de objetos*, [que admite] tipos de dados muito mais complexos.

Aqui, o autor está sugerindo claramente que, da mesma forma que os sistemas relacionais substituíram os antigos sistemas hierárquicos e de rede, os sistemas de objetos irão substituir, por sua vez, os sistemas relacionais.

A razão para discordarmos dessa posição é que **relacional realmente é diferente** [26.17]. É diferente porque não é *ad hoc*. Os sistemas pré-relacionais mais antigos eram ocasionais; eles podem ter oferecido soluções para certos problemas importantes de sua época, mas não repousam sobre qualquer base teórica sólida. Infelizmente, os defensores dos sistemas relacionais (inclusive este autor) prestaram um grande desserviço no início, quando discutiram os méritos relativos dos sistemas relacionais e pré-relacionais; é claro que tais argumentos eram necessários na época, mas eles tiveram o efeito imprevisto de reforçar a ideia de que os SGBDs relacionais e pré-relacionais eram essencialmente o mesmo tipo de coisa. E essa ideia equivocada, por sua vez, sustentava a posição de que objetos estão para relações assim como as relações estavam para hierarquias e redes.

Então, o que dizer dos objetos? Eles são ocasionais? A citação a seguir, retirada do Object-Oriented Database System Manifesto [20.2, 25.1], é reveladora a esse respeito: "Considerando-se a especificação do sistema, estamos usando uma abordagem darwiniana: esperamos que, do conjunto de protótipos experimentais que estão sendo construídos, venha a emergir um modelo [de objetos] apropriado". Em outras palavras, aparentemente a sugestão é a de que devemos escrever código e construir sistemas *sem* qualquer modelo predefinido e ver o que acontece!

Assim, no que se segue, tomamos como incontestável (e faremos o mesmo no caso dos principais fornecedores de SGBDs) que desejamos na realidade ampliar os sistemas relacionais para incorporar os bons recursos da tecnologia de objetos. Repetindo, *não* queremos descartar a tecnologia relacional; seria uma pena deixar de lado quase 35 anos de pesquisa e desenvolvimento sólido na área relacional.

Agora, afirmamos no Capítulo 25 – veja também a anotação à referência [26.31] – que a orientação a objetos envolve apenas uma boa ideia, isto é, o **suporte apropriado para tipos de dados** (ou duas boas ideias, se você quiser contar separadamente a herança de tipos). Então, a questão com que nos defrontamos vem a ser: como podemos incorporar o suporte apropriado de tipos de dados ao modelo relacional? É claro que a resposta, como você provavelmente já percebeu, é que o suporte já existe, sob a forma de *domínios* – que, de qualquer modo, preferimos chamar de *tipos*. Em outras palavras, não precisamos fazer *nada* no modelo relacional a fim de alcançar a funcionalidade de objetos em sistemas relacionais: ou seja, nada além de implementá-lo completa e corretamente, o que a maioria dos sistemas de hoje tem deixado de fazer.[2]

Desse modo, acreditamos que um sistema relacional que admitisse domínios de modo apropriado seria capaz de lidar com todos aqueles tipos de dados "problemáticos" que (às vezes se afirma que) sistemas de objetos podem tratar e sistemas relacionais não podem: dados de multimídia, dados de séries temporais, dados biológicos, dados financeiros, dados de projetos de engenharia, dados de automação de escritórios, e assim por diante. Consequentemente, acreditamos também que um verdadeiro sistema relacional/objeto

---

[2]Em particular, os sistemas de hoje deram origem a toda essa concepção errada e muito comum de que os sistemas relacionais só podem admitir uma quantidade limitada de tipos muito simples. As citações a seguir são muito comuns: "Sistemas relacionais... admitem uma pequena coleção fixa de tipos de dados (por exemplo, inteiros, datas, strings" [26.34]. "um SGBD relacional só pode admitir... seus tipos embutidos [basicamente, apenas números, strings, datas e horas]" [25.31]; "*os modelos de dados relacional/objeto* estendem o modelo de dados relacional, oferecendo um sistema de tipos mais rico" [16.21]; e assim por diante.

seria nada mais nada menos que um sistema *relacional* verdadeiro – o que significa dizer, um sistema que admite o modelo relacional, com tudo aquilo que tal suporte acarreta. Então, os fornecedores de SGBDs devem ser encorajados a fazer o que de fato estão tentando fazer: isto é, estender seus sistemas para incluir suporte apropriado a tipos ou domínios. Na realidade, pode-se usar o argumento de que o motivo principal pelo qual os sistemas de objetos pareciam tão atraentes quando apareceram inicialmente é exatamente pelo fato de os fornecedores de SQL não terem dado suporte adequado ao modelo relacional. Porém, esse fato não deve ser visto como argumento para se abandonar inteiramente os sistemas relacionais (de forma alguma!).

A título de exemplo, vamos agora cuidar de algumas questões não concluídas do Capítulo 25 e mostrar uma boa solução *relacional* para o problema dos retângulos. (Apresentamos essa solução em **Tutorial D**; a produção de um equivalente em SQL fica como um exercício.) Primeiro, vamos definir um *tipo* retângulo:

```
TYPE RETÂNGULO REPRPOS ( X1 RATIONAL, Y1 RATIONAL,
                         X2 RATIONAL, Y2 RATIONAL ) ... ;
```

Supomos que retângulos são representados *fisicamente* por meio de uma das estruturas de armazenamento que foram criadas especificamente para admitir de modo eficiente dados espaciais – quad-tree, árvore-r etc. [26.37].

Também definimos um operador para testar se dois retângulos quaisquer se superpõem:

```
OPERATOR OVERLAP ( R1 RETÂNGULO, R2 RETÂNGULO )
                                 RETURNS BOOLEAN ;
  RETURN ( THE_X1( R1 ) ≤ THE_X2( R2 ) AND
           THE_Y1( R1 ) ≤ THE_Y2( R2 ) AND
           THE_X2( R1 ) ≥ THE_X1( R2 ) AND
           THE_Y2( R1 ) ≥ THE_Y1( R2 ) ) ;
END OPERATOR ;
```

Esse operador implementa a forma "curta" eficiente do teste das sobreposições (reveja o Capítulo 25, se precisar refrescar sua memória a respeito dessa forma curta) sobre a estrutura de armazenamento eficiente (árvore-r ou qualquer outra).

Agora o usuário pode criar uma RelVar básica com um atributo do tipo RETÂNGULO:

```
VAR RETÂNGULOS RELATION { R RETÂNGULO, ... } KEY { R } ;
```

E a consulta "Obter todos os retângulos que se superpõem ao quadrado unitário" agora se torna simplesmente:

```
RETÂNGULOS
WHERE OVERLAP ( R, RETÂNGULO ( 0.0, 0.0, 1.0, 1.0 ) )
```

Essa solução supera *todas* as desvantagens discutidas em conexão com essa consulta no Capítulo 25.

Essas ideias são muito simples e diretas em conceito – repetindo, tudo o que temos a fazer é implementar o modelo relacional e, em particular, deixar que os usuários definam seus próprios tipos – e mesmo assim (mais uma vez) a confusão reina... De fato, observamos pelo menos dois grandes erros nos produtos comerciais existentes, aos quais chamaremos *Os Dois Grandes Erros*.[3] Claramente, precisamos discutir esses erros e mostrar exatamente por que os consideramos erros; assim, o plano do restante do capítulo é apresentado a seguir. As Seções 26.2 e 26.3 discutem *Os Dois Grandes Erros*. A Seção 26.4 considera então certos aspectos da implementação de um sistema relacional/objeto. A Seção 26.5 descreve os benefícios

---

[3]Um revisor contestou o uso do termo "blunder" (besteira) no original deste livro, observando corretamente que esse não é um termo normalmente encontrado em livros didáticos. Bem, admitimos que ele foi escolhido, em parte, por seu efeito de escandalizar. Mas, se algum sistema *X* tivesse que ser uma implementação do modelo relacional e depois – cerca de 25 anos depois que o modelo relacional foi definido inicialmente – alguém acrescenta um "recurso" a esse sistema *X* que infringe totalmente as prescrições desse modelo, nos parece razoável descrever a introdução desse "recurso" como uma "besteira".

de um sistema relacional/objeto *genuíno* (isto é, um sistema que não comete nenhum dos dois erros). A Seção 26.6 descreve os recursos de SQL pertinentes. A Seção 26.7 apresenta um resumo.

26.2 O PRIMEIRO GRANDE ERRO

Começamos com uma citação de *The Third Manifesto* [3.3]:

[Antes] de podermos considerar a questão de [uma *aproximação* entre] objetos e relações com qualquer nível de detalhe, existe uma questão preliminar crucial que precisamos examinar, e essa questão é:

> **Que conceito no mundo relacional é o equivalente ao conceito de *classe de objetos* no mundo dos objetos?**

A razão para essa pergunta ser tão importante é o fato de que a *classe de objetos*, na realidade, é o conceito mais fundamental de todos no mundo de objetos – todos os outros conceitos de objetos dependem dele em maior ou menor grau. Além disso, existem duas equações que podem ser, e foram, propostas como respostas a essa pergunta:

- domínio = classe de objetos
- RelVar = classe de objetos

Agora, continuamos a afirmar com vigor que a primeira dessas equações está correta e a segunda está errada.

De fato, a primeira equação é *obviamente* correta, pois as classes de objetos e os domínios são ambos apenas tipos. De fato, considerando-se que as RelVars são variáveis e as classes são tipos, deve ser óbvio de imediato que a segunda equação está errada (variáveis e tipos não são a mesma coisa); por essa simples razão, a referência [3.3] afirma categoricamente que **RelVars não são domínios**. Não obstante, muitas pessoas, e alguns produtos, têm, de fato, abraçado a segunda equação – um equívoco ao qual nos referimos como **O Primeiro Grande Erro**. Desse modo, é instrutivo dar uma olhada muito cuidadosa na segunda equação, e vamos fazê-lo. *Nota*: A maior parte do restante desta seção foi tirada de forma mais ou menos literal da referência [3.3].

Por que alguém poderia cometer tal erro? Bem, considere a seguinte definição de classe simples, expressa em uma linguagem de objetos hipotética que é semelhante (mas deliberadamente não idêntica) à da Seção 25.3:

```
CREATE OBJECT CLASS EMP
    ( EMP#          CHAR(5),
      ENOME         CHAR(20),
      SAL           NUMERIC,
      PASSATEMPO    CHAR(20),
      TRABALHA_PARA CHAR(20) ) ... ;
```

(EMP#, ENOME etc. aqui são *variáveis de instâncias públicas*. Deliberadamente as definimos para serem de tipos embutidos simples, em vez de tipos definidos pelo usuário; além do mais, faremos o mesmo no restante de nossos exemplos deste capítulo, para simplificar.) E agora considere a seguinte definição de "RelVar básica" da SQL:

```
CREATE TABLE EMP
    ( EMP#          CHAR(5)  NOT NULL,
      ENOME         CHAR(20) NOT NULL,
      SAL           NUMERIC  NOT NULL,
      PASSATEMPO    CHAR(20) NOT NULL,
      TRABALHA_PARA CHAR(20) NOT NULL ) ... ;
```

Essas duas definições certamente são bem parecidas e a ideia de compará-las desse modo parece muito tentadora. Além disso (como já indicamos), certos sistemas, inclusive alguns produtos comerciais, têm, de fato, feito exatamente isso. Assim, vamos observar mais de perto. Mais precisamente, vamos usar a instrução CREATE TABLE que acabamos de mostrar e considerar uma série de extensões possíveis para ela que (algumas pessoas afirmariam) servem para torná-la mais "semelhantes a objetos". *Nota*: A discussão a seguir se baseia em um produto comercial específico; de fato, ela é baseada em um exemplo contido na própria documentação desse produto. Porém, não identificamos esse produto aqui, pois não é nossa intenção neste livro criticar ou elogiar produtos específicos. Em vez disso, as críticas que faremos mais adiante nesta seção se aplicam, com as devidas mudanças, a *qualquer* sistema que adote a equação "RelVar = classe".

A primeira extensão é para permitir *atributos compostos* (isto é, com valor de tupla); ou seja, permitimos que valores de atributos sejam tuplas de alguma outra RelVar, ou possivelmente da mesma RelVar (?). No exemplo, podemos substituir a instrução original CREATE TABLE pela seguinte coleção de instruções (consulte a Figura 26.1):

```
CREATE TABLE EMP
    ( EMP#           CHAR(5)    NOT NULL,
      ENOME          CHAR(20)   NOT NULL,
      SAL            NUMERIC    NOT NULL,
      PASSATEMPO     ATIVIDADE  NOT NULL,
      TRABALHA_PARA  EMPRESA    NOT NULL ) ;

CREATE TABLE ATIVIDADE
    ( NOME           CHAR(20)   NOT NULL,
      EQUIPE         INTEGER    NOT NULL ) ;

CREATE TABLE EMPRESA
    ( NOME           CHAR(20)       NOT NULL,
      LOCAL          CIDADE_ESTADO  NOT NULL ) ;

CREATE TABLE CIDADE_ESTADO
    ( CIDADE         CHAR(20)   NOT NULL,
      ESTADO         CHAR(2)    NOT NULL ) ;
```

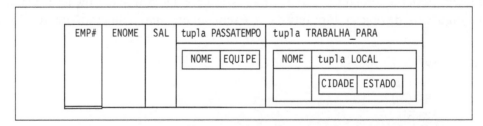

FIGURA 26.1 *Atributos contendo (ponteiros para) tuplas – desaconselhado.*

Explicação: O atributo PASSATEMPO na RelVar EMP é declarado como do tipo ATIVIDADE. Por sua vez, ATIVIDADE é uma RelVar com dois atributos, NOME e EQUIPE, em que EQUIPE fornece o número de jogadores em uma equipe correspondente a NOME. Por exemplo, uma possível "atividade" poderia ser (Futebol, 11). Portanto, cada valor de PASSATEMPO é, na realidade, um *par* de valores, um valor NOME e um valor EQUIPE (mais precisamente, é um par de valores que aparecem atualmente como uma tupla na RelVar ATIVIDADE). *Nota*: Observe que já violamos a afirmação do *The Third Manifesto* de que as RelVars não são domínios – o "domínio" para o atributo PASSATEMPO é definido como a *RelVar* ATIVIDADE. Veja, mais adiante nesta seção, uma discussão adicional desse ponto.

De modo semelhante, o atributo TRABALHA_PARA na RelVar EMP é declarado como do tipo EMPRESA, e EMPRESA também é uma RelVar de dois atributos, um dos quais é definido como do tipo CI-

DADE_ESTADO, que é outra RelVar de dois atributos, e assim por diante. Em outras palavras, as RelVars ATIVIDADE, EMPRESA e CIDADE_ESTADO são todas consideradas *tipos* (ou domínios) bem como RelVars. Logicamente, o mesmo é verdade para a própria RelVar EMP.

Desse modo, essa primeira extensão é semelhante à ação de permitir que objetos contenham outros objetos, admitindo-se, assim, o conceito de *hierarquia de contenção* (consulte o Capítulo 25).

Como um aparte, observamos que caracterizamos essa primeira extensão como *atributos contendo tuplas* porque esse é o modo como os próprios defensores da equação "RelVar = classe" a caracterizam. Porém, seria mais preciso caracterizá-la como "atributos contendo *ponteiros para* tuplas" – uma questão que examinaremos mais de perto em instantes e mais de perto ainda na próxima seção. (Portanto, na Figura 26.1, devemos na realidade substituir cada uma das três ocorrências do termo *tupla* pelo termo *ponteiro para tupla*.)

Observações semelhantes às do parágrafo anterior também se aplicam à segunda extensão, que é a de permitir *atributos com valor de relação*; isto é, valores de atributos podem ser *conjuntos* de tuplas de alguma outra RelVar, ou possivelmente da mesma RelVar (?). Por exemplo, suponha que empregados possam ter uma quantidade qualquer de passatempos, em vez de apenas um (consulte a Figura 26.2):

```
CREATE TABLE EMP
    ( EMP#            CHAR(5)              NOT NULL,
      ENOME           CHAR(20)             NOT NULL,
      SAL             NUMERIC              NOT NULL,
      PASSATEMPOS     SET OF ( ATIVIDADE ) NOT NULL,
      TRABALHA_PARA   EMPRESA              NOT NULL ) ;
```

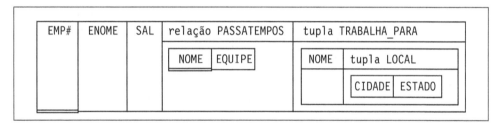

FIGURA 26.2 *Atributos contendo conjuntos de (ponteiros para) tuplas – desaconselhado.*

Explicação: O valor PASSATEMPOS dentro de qualquer tupla específica da RelVar EMP é agora (conceitualmente) um conjunto de zero ou mais pares (NOME,EQUIPE) – isto é, tuplas – da RelVar ATIVIDADE. Essa segunda extensão é, então, semelhante a permitir que objetos contenham objetos "coleção": uma versão mais complexa da hierarquia de contenção. *Nota*: Observamos de passagem que, no produto específico em que nosso exemplo se baseia, esses objetos coleção podem ser sequências ou bolsas (bags), bem como conjuntos propriamente ditos.

A terceira extensão tem a finalidade de permitir que RelVars tenham *métodos* (isto é, operadores) associados. Por exemplo:

```
CREATE TABLE EMP
    ( EMP#            CHAR(5)              NOT NULL,
      ENOME           CHAR(20)             NOT NULL,
      SAL             NUMERIC              NOT NULL,
      PASSATEMPOS     SET OF ( ATIVIDADE ) NOT NULL,
      TRABALHA_PARA   EMPRESA              NOT NULL )
METHOD BENEFÍCIOS_APOSENTADORIA ( ) : NUMERIC ;
```

Explicação: BENEFÍCIOS_APOSENTADORIA é um método que toma uma determinada tupla de EMP como seu argumento e produz um resultado do tipo NUMERIC.

A última extensão de definição tem o objetivo de permitir *subclasses*. Por exemplo (consulte a Figura 26.3):

```
CREATE TABLE PESSOA
    ( ID#           CHAR(9)  NOT NULL,
      NASCIMENTO    DATE     NOT NULL,
      ENDEREÇO      CHAR(50) NOT NULL ) ;

CREATE TABLE EMP
    AS SUBCLASS OF PESSOA
    ( EMP#          CHAR(5)              NOT NULL
      ENOME         CHAR(20)             NOT NULL,
      SAL           NUMERIC              NOT NULL,
      PASSATEMPOS   SET OF ( ATIVIDADE ) NOT NULL,
      TRABALHA_PARA EMPRESA              NOT NULL )
METHOD BENEFÍCIOS_APOSENTADORIA ( ) : NUMERIC ;
```

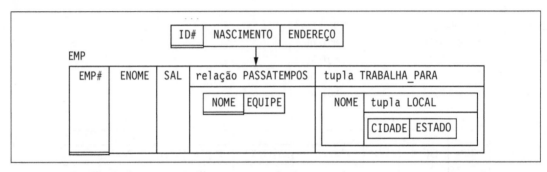

FIGURA 26.3 *RelVars como superclasses e subclasses – desaconselhado.*

Explicação: EMP tem agora três atributos adicionais (ID#, NASCIMENTO e ENDEREÇO) herdados de PESSOA (porque cada instância de EMP também "é uma" instância de PESSOA, em termos informais).[4] Se PESSOA tivesse quaisquer métodos, ela também os herdaria. *Nota*: Aqui, PESSOA e EMP são exemplos daquilo que às vezes chamamos *supertabelas* e *subtabelas*, respectivamente. Consulte a referência [14.13] e também a Seção 26.6, a fim de ver uma discussão adicional – e uma crítica – desses conceitos.

Além das extensões de definição esboçadas anteriormente, é claro que também são necessárias certas extensões de manipulação – por exemplo:

- *Expressões de caminho* (por exemplo, EMP.TRABALHA_PARA.LOCAL.ESTADO). Observe que, em geral, essas expressões podem retornar escalares, tuplas ou relações. Além disso note que, nos dois últimos casos, os componentes dessas tuplas ou relações podem eles próprios ser tuplas ou relações (e assim por diante); por exemplo, a expressão EMP.PASSATEMPOS.NOME retorna uma relação. A propósito, observe que essas expressões de caminho *descem* pela hierarquia de contenção, enquanto as expressões de caminho discutidas no Capítulo 25 *sobem* por ela.

- *Literais de tuplas e relações* (possivelmente aninhados). Por exemplo:

  ```
  ( 'E001', 'Smith', $50000,
        ( ( 'Futebol', 11 ), ( 'Beisebol', 9 ) ),
                        ( 'IBM', ( 'San Jose', 'CA' ) ) )
  ```

  (sem pretender que seja essa uma sintaxe real).

---

[4]Pedimos desculpas pelo uso da terminologia confusa de "instâncias" aqui, mas, se tentássemos usar a terminologia exata de valores e variáveis, o esquema que estamos tentando (da maneira mais razoável possível) descrever *obviamente* não faria sentido.

- *Operadores de comparação relacional* (por exemplo, SUBSET, SUBSETEQ e assim por diante). *Nota:* Os operadores específicos mencionados foram tirados especificamente do produto comercial em discussão. Nesse produto, SUBSET significa realmente "subconjunto *próprio*" e SUBSETEQ quer dizer "subconjunto" (!).

- *Operadores para percorrer a hierarquia de classes* (por exemplo, para buscar informações de EMP e PESSOA juntas). *Nota:* Também é preciso ter cuidado nesse caso. Pode muito bem ocorrer a situação em que um pedido para busca de informações de PESSOA junto com informações de EMP associadas produza um resultado que não seja uma relação – significando que a propriedade relacional vital de *fechamento* foi violada, com implicações potencialmente desastrosas. (Com relação a isso, a referência [26.41] – que se refere a tal resultado como um "retorno irregular" – apenas observa alegremente que "o programa do cliente tem de estar preparado para lidar com a complexidade de um retorno irregular".)

- *A capacidade de invocar métodos, por exemplo, cláusulas SELECT e WHERE (em termos de SQL).*

- *A capacidade de obter acesso a componentes individuais dentro de valores de atributos que sejam tuplas ou relações.*

Assim tivemos uma rápida visão geral de como a equação "RelVar = classe" é percebida na prática. Então, o que há de errado com ela?

Bem, observe em primeiro lugar que (conforme afirmamos antes) uma RelVar é uma variável e uma classe é um tipo. Então, de que maneira elas poderiam ser iguais? Essa primeira observação deve ser logicamente suficiente para desfazer a ideia de que "RelVar = classe". Porém, há outros pontos úteis que podemos mencionar, e por isso vamos concordar em suspender a descrença por um tempo um pouco mais longo... Aqui estão alguns pontos adicionais a considerar:

- A equação "RelVar = classe" implica as equações adicionais "tupla = objeto" e "atributo = variável de instância (pública)". Desse modo, enquanto (como vimos no Capítulo 25) uma classe de objetos verdadeira – pelo menos, uma classe de objetos escalares ou "encapsulados" – possui métodos e nenhuma variável de instância pública, uma RelVar "classe de objetos" possui variáveis de instâncias públicas e só opcionalmente tem métodos (ela definitivamente não é "encapsulada"). Então, novamente, de que maneira as duas noções teriam a possibilidade de serem iguais?

- Existe uma diferença importante entre as definições de atributos (por exemplo) "SAL NUMERIC" e "TRABALHA_PARA EMPRESA". NUMERIC é um tipo de dados verdadeiro (de forma equivalente, é um domínio verdadeiro, embora primitivo); ele impõe uma restrição independente do tempo sobre os valores que podem ser válidos no atributo SAL. Ao contrário, EMPRESA *não* é um tipo de dados verdadeiro; a restrição que ele impõe sobre os valores que podem aparecer no atributo TRABALHA_PARA é *dependente do tempo* (ela depende, obviamente, do valor atual da RelVar EMPRESA). De fato, como assinalamos antes, a distinção entre RelVar e domínio – ou, se você preferir, a distinção entre coleção e classe – tornou-se confusa nesse caso.

- Vimos que "objetos" tuplas aparentemente podem conter outros "objetos" desse tipo; por exemplo, "objetos" EMP aparentam conter "objetos" EMPRESA. Contudo, eles não os contêm na realidade; em vez disso, contêm *ponteiros* para esses "objetos contidos", e os usuários precisam estar absolutamente esclarecidos quanto a isso. Por exemplo, vamos supor que o usuário atualize alguma tupla EMPRESA específica de algum modo (reveja a Figura 26.1). Então, essa atualização estará imediatamente visível em todas as tuplas EMP que "contêm" essa tupla EMPRESA. *Nota:* Não estamos dizendo que esse efeito é indesejável, apenas que ele tem de ser explicado ao usuário. Porém, explicá-lo ao usuário significa dizer ao usuário que o "modelo" mostrado na Figura 26. 1 é incorreto – tuplas EMP não contêm tuplas EMPRESA; elas contêm *ponteiros para* tuplas EMPRESA (como já afirmamos).

Aqui estão mais algumas implicações e perguntas que surgem a partir desse mesmo ponto:

a. Podemos inserir uma tupla EMP e especificar um valor para a tupla EMPRESA "contida" que não existe no momento na RelVar EMPRESA? Se a resposta é *sim*, o fato de ser o atributo TRABALHA_PARA definido como do tipo EMPRESA não quer dizer muito, pois ele não restringe de modo significativo a operação INSERT de qualquer modo. Se a resposta é *não*, a operação INSERT se torna desnecessariamente complexa – o usuário tem de especificar, não apenas o nome de uma empresa existente (isto é, o valor de uma chave estrangeira) como seria necessário na situação relacional equivalente, mas uma tupla EMPRESA existente inteira. Além disso, especificar uma tupla EMPRESA inteira significa, na melhor das hipóteses, informar ao sistema algo que ele já sabe; na pior das hipóteses, quer dizer que, se o usuário cometer um erro, a operação INSERT falhará, quando poderia perfeitamente ser bem-sucedida.

b. Vamos supor que desejamos a regra ON DELETE RESTRICT para empresas (ou seja, uma tentativa de eliminar uma empresa deve falhar se a empresa tiver algum empregado). Podemos presumir que essa regra tem de ser imposta por código procedimental, digamos, por algum método *M* (observe que a RelVar EMP não tem qualquer chave estrangeira à qual uma versão declarativa da regra possa ser associada). Além disso, operações DELETE comuns de SQL não devem agora ser executadas sobre a RelVar EMPRESA, exceto aquelas contidas dentro do código que implementa esse método *M*. Como esse requisito é imposto? Observações e perguntas como estas se aplicam, é claro, a outras regras de chaves estrangeiras, como ON DELETE CASCADE.

c. Observe também que a exclusão de uma tupla EMP presumivelmente *não* se propagará "em cascata" até excluir a tupla EMPRESA correspondente, apesar da pretensão de que a tupla EMP contém essa tupla EMPRESA.

De todos os itens anteriores, decorre que não estamos mais falando exatamente sobre o modelo relacional. O objeto de dados fundamental não é mais uma relação contendo valores, é uma "relação" – na realidade, não é propriamente uma relação, ao menos no que se refere ao modelo relacional – contendo valores *e ponteiros*. Em outras palavras, **prejudicamos a integridade conceitual do modelo relacional**. *Nota:* O termo *integridade referencial* se deve a Fred Brooks, que diz isto sobre ela [25.1]: "A integridade [conceitual] *é a* consideração mais importante no projeto de sistemas. É melhor fazer um sistema omitir certas características anômalas [e] refletir um conjunto de ideias de projeto, que ter um que contém muitas ideias boas, independentes e descoordenadas" (itálico original). Escrevendo vinte anos depois, ele acrescenta: "Um produto de programação limpo e elegante deve apresentar... um modelo mental consistente... A integridade [conceitual]... é o fator mais importante na facilidade de uso... **Hoje, estou mais convencido do que nunca.** A integridade conceitual *é* central para a qualidade do produto" (negrito e itálico originais).

- Vamos supor que definamos a visão V como a projeção de EMP sobre (digamos) apenas o atributo PASSATEMPOS. É claro que V também é uma RelVar, mas uma RelVar derivada, e não básica. Então, se a equação "RelVar = classe" está correta, V também é uma classe. *Que classe é essa?* Além disso, classes têm métodos; *que métodos se aplicam a V?*

Bem, a "classe" EMP tem apenas um método, BENEFÍCIOS_APOSENTADORIA, e esse método evidentemente não se aplica à "classe" V. De fato, não parece razoável que *quaisquer* métodos que se aplicassem à "classe" EMP se aplicariam à "classe" V – e certamente não há outros. Então, parece que (em geral) *absolutamente nenhum método* se aplica ao resultado de uma projeção; isto é, o resultado, seja qual for, não é realmente uma classe. (Poderíamos *dizer* que ele é uma classe, mas isso não cria uma classe! – ele terá variáveis de instâncias públicas e nenhum método, enquanto já observamos que uma classe "encapsulada" verdadeira tem métodos e nenhuma variável de instância pública.)

De fato, deve ficar bastante claro que, quando as pessoas igualam RelVars e classes, o que elas têm em mente são as RelVars básicas em particular – essas pessoas estão se esquecendo das RelVars derivadas. (Certamente, os ponteiros discutidos anteriormente são ponteiros para tuplas em RelVars básicas, e não derivadas.) Porém, a distinção feita dessa maneira entre RelVars básicas e derivadas é um equívoco da mais alta ordem, porque a questão de saber quais RelVars são básicas e quais são derivadas é, em um sentido muito importante, arbitrária (reveja a discussão sobre O *Princípio da Permutabilidade*, no Capítulo 10).

- Finalmente, *que domínios são admitidos?* Aqueles que defendem a equação "RelVar = classe" nunca parecem ter muito a dizer sobre domínios, talvez porque não possam ver como os domínios se encaixam em seu esquema geral. Além disso, é claro que domínios são essenciais, como já sabemos.

A mensagem geral do que foi mencionado pode ser resumida desta forma: é óbvio que podem ser montados sistemas baseados na equação errada "RelVar = classe"; na verdade, alguns desses sistemas já existem. Igualmente óbvio é o fato de que esses sistemas (como um carro sem óleo no motor, ou uma casa construída sobre a areia) podem até fornecer um serviço útil, durante algum tempo – mas estão condenados a uma falha consequente.

De onde surgiu O Primeiro Grande Erro?

É interessante especular sobre a origem do **Primeiro Grande Erro**. Parece que ele tem suas raízes na falta de consenso, observada no Capítulo 25, sobre o significado dos termos no mundo de objetos. Em particular, o próprio termo *objeto* não tem um significado consensual e de aceitação universal – esse é precisamente o motivo pelo qual preferimos não utilizá-lo.

Apesar das observações anteriores, de qualquer modo é, no mínimo, razoavelmente claro que, nos círculos de linguagens de programação de objetos, o termo *objeto* se refere ao que se chamaria forma mais tradicional um *valor* ou uma *variável* (ou talvez ambos). Porém, infelizmente, o termo é utilizado também em outras áreas; em particular, ele é empregado em certas áreas de *modelagem semântica*, como parte de diversas técnicas e metodologias de "análise e projeto de objetos" ou "modelagem de objetos" – por exemplo, consulte a referência [14.3]. Além disso, parece claro nessas áreas que o termo *não* significa um valor ou uma variável, mas sim aquilo que em geral se chamaria, na comunidade de bancos de dados, uma *entidade* (implicando, entre outras coisas, que – ao contrário dos objetos de linguagens de programação – esses objetos, sem dúvida, não são encapsulados). Em outras palavras, a "modelagem de objetos" é, na realidade, apenas a "modelagem de entidades/relacionamentos" com outro nome; de fato, a referência [14.3] admite mais ou menos isso. Em consequência, coisas que são identificadas como "objetos" em tais metodologias são, então, (corretamente) mapeadas para tuplas em RelVars, em vez de serem mapeadas para valores em domínios. Pronto!

26.3 O SEGUNDO GRANDE ERRO

Nesta seção, examinamos **O Segundo Grande Erro**; como veremos, esse segundo erro é uma consequência lógica do primeiro, mas ele também tem seu próprio significado. De fato ele também pode ser *cometido* isoladamente, mesmo que **O Primeiro Grande Erro** seja evitado; na realidade, ele está sendo cometido por praticamente cada produto relacional/objeto no mercado, e também pelo padrão SQL (ver Seção 26.6). O erro consiste em **misturar ponteiros e relações**.

Começamos revendo as principais características da abordagem de "RelVar = classe", identificadas na seção anterior. Alguns leitores podem achar esta seção um pouco confusa, pois alguns dos recursos que parecíamos estar fazendo objeção eram recursos que argumentamos a favor em pontos anteriores no livro (os atributos com valor de tupla e de relação constituem um exemplo). Então, vamos esclarecer nossa posição:

- *Atributos com valores de tuplas e relações*: Na verdade, não nos opomos a tais atributos (como poderíamos?). Nossa objeção é (a) à ideia de que tais atributos devem ter, muito especificamente, valores que pertencem no momento a alguma outra RelVar (básica), e (b) à ideia de que tais atributos realmente têm valores que não são propriamente tuplas ou relações, mas sim **ponteiros** para tuplas ou relações – o que significa, é claro, que não estamos realmente falando sobre atributos com valores de tuplas ou relações. *Nota*: Na verdade, a ideia de ponteiros apontando para "tuplas ou relações" – com o significado específico de *valores* de tuplas ou relações – não faz mais sentido. Discutiremos esse ponto em detalhes mais adiante.

- *Associação de operadores ("métodos") com RelVars*: Também não fazemos objeção alguma a essa ideia – ela é basicamente apenas a noção de triggers ou procedimentos armazenados sob outro disfarce. Porém, fazemos objeção à ideia de que tais operadores devam estar associados com RelVars (e somente com RelVars) e não com domínios ou tipos. Também fazemos objeção à ideia de que eles devam estar associados a *uma* RelVar *específica* (a noção de argumentos de destino sob outro disfarce).

- *Subclasses e superclasses*: Nesse caso, fazemos objeção. Em um sistema que iguala RelVars e classes, subclasses e superclasses se tornam sub*tabelas* e super*tabelas* – e essa noção é uma daquelas sobre as quais somos bastante céticos (ver referência [14.13] e também a Seção 26.6). Queremos uma herança de tipo apropriada, conforme descrevemos no Capítulo 20.

- *Expressões de caminho*: Não teríamos nenhuma objeção a expressões de caminho que fossem meras abreviações sintáticas para acompanhar certas referências associativas – por exemplo, de uma chave estrangeira para uma chave candidata correspondente, como foi proposto na referência [26.15]. Contudo, as expressões de caminho discutidas na Seção 26.2 são, em vez disso, abreviações para seguir certas *cadeias de ponteiros*, e a essas fazemos objeção (porque, em primeiro lugar, também fazemos objeção a ponteiros no nível de modelo).

- *Literais de tuplas e relações*: Esses são essenciais – embora precisem ser generalizados em *seletores* de tuplas e relações [3.3].

- *Operadores de comparação relacional*: Também essenciais (embora também devessem ser feitos de forma correta).

- *Operadores para percorrer a hierarquia de classes*: Se "hierarquia de classe" significa realmente "hierarquia de RelVars", então (como observamos na seção anterior) fazemos objeções importantes, devido à violação provável da propriedade de fechamento relacional (por exemplo, consulte a referência [26.41]). Se ela significasse "hierarquia de tipos" no sentido do Capítulo 20, então não teríamos objeção alguma (mas isso não acontece).

- *Invocação de métodos em, por exemplo, cláusulas SELECT e WHERE*: Naturalmente.

- *Acesso a componentes individuais dentro de valores de atributos que sejam tuplas ou relações*: Naturalmente.

Então, vamos agora nos concentrar na questão de misturar ponteiros e relações. O ponto crucial do nosso argumento é muito simples. Por definição, ponteiros apontam para *variáveis*, e não para *valores* (porque variáveis têm endereços, e valores não). Então, por definição, se a RelVar *R1* puder ter um atributo cujos valores sejam ponteiros "para" a RelVar *R2*, então esses ponteiros apontarão para *variáveis* de tuplas, e não para *valores* de tuplas. **Porém, não existe a noção de uma variável de tupla no modelo relacional.** O modelo relacional lida com valores de relações, que são (em termos informais) conjuntos de valores de tuplas que, por sua vez, são (novamente, em termos informais) conjuntos de valores escalares. Ele também lida com RelVars, que são variáveis cujos valores são relações. Porém, ele *não* lida com variáveis de tuplas (que são variáveis cujos valores são tuplas) ou variáveis escalares (que são variáveis cujos valores são escalares). O *único* tipo de variável incluído no modelo relacional – e o único tipo de variável permitido em um banco de dados relacional – é, de modo muito específico, a RelVar. *Segue-se que a ideia de misturar ponteiros e relações constitui um afastamento IMPORTANTE do modelo relacional, introduzindo um tipo inteiramente novo de variável.* De fato, como observamos na seção anterior, ele prejudica seriamente a integridade conceitual do modelo relacional.

Assim, dado o argumento anterior, é triste ver que a maioria dos (possivelmente todos os) produtos relacional/objeto atuais – mesmo aqueles que evitam **O Primeiro Grande Erro** – apesar disso parecem estar misturando ponteiros e relações, exatamente da maneira discutida e contestada na seção anterior. Quando definiu inicialmente o modelo relacional, Codd excluiu deliberadamente os ponteiros. Para citar a referência [6.2]:

> É seguro supor que todos os tipos de usuários [inclusive usuários finais em particular] entendam a ação de comparar valores, mas relativamente poucos entendem as complexidades de ponteiros. O modelo relacional se baseia nesse princípio fundamental... [A] manipulação de ponteiros é mais propensa a bugs que a ação de comparar valores, mesmo que o usuário entenda as complexidades dos ponteiros.

Para sermos específicos, os ponteiros levam à perseguição de ponteiros, algo que é notoriamente propensa a erros. Como observamos no Capítulo 25, é exatamente esse aspecto dos sistemas de objetos que dá origem às críticas, algumas vezes ouvidas, de que tais sistemas "parecem CODASYL requentado".

Podemos encontrar diversos argumentos mais detalhados em apoio a essa posição nas referências [25.19] e [26.15]. Consulte também as referências [26.12-26.14] e [26.17], que discutem a noção relacionada – e importante – de *essencialidade*.

Ponteiros e um bom modelo de herança são incompatíveis

Na realidade, existe outro argumento poderoso contra o suporte a ponteiros, do qual Codd possivelmente não estava ciente quando estava escrevendo a referência [6.2]. Ilustramos esse argumento com um exemplo simples. (Enunciamos o exemplo em termos de variáveis de programa comuns, em vez de relações de banco de dados, a fim de enfatizar o problema real, sem nos distrairmos com detalhes irrelevantes.) Considere os tipos ELIPSE e CÍRCULO mais uma vez. Sejam PTR_PARA_ELIPSE e PTR_PARA_CÍRCULO tipos de ponteiro associados; em outras palavras, sejam os valores dos tipos PTR_PARA_ELIPSE e PTR_PARA_CÍRCULO (informalmente falando) "ponteiros para elipses" e "ponteiros para círculos", respectivamente. Finalmente, seja ELIPSE um supertipo apropriado de CÍRCULO e, portanto, seja PTR_PARA_ELIPSE um supertipo apropriado de PTR_PARA_CÍRCULO. Agora, considere o seguinte fragmento de código:

```
VAR E  ELIPSE ;
VAR XC PTR_PARA_CÍRCULO ;

E   := CÍRCULO ( COMPRIMENTO ( 5.0 ), PONTO ( 0.0, 0.0 ) ) ;

XC  := TREAT_DOWN_AS_PTR_PARA_CÍRCULO ( PTR_PARA ( E ) ) ;

THE_A ( E )  :=  COMPRIMENTO ( 6.0 ) ;
```

Explicação:

1. As duas declarações de variáveis são autoexplicativas.

2. Depois da primeira atribuição (para E), a variável E contém um círculo de raio cinco.[5] Observe o apelo à possibilidade de substituição nessa atribuição; observe também que o tipo mais específico de E agora é CÍRCULO.

3. PTR_PARA, que aparece na expressão no lado direito da segunda atribuição, é o que normalmente é chamado operador **referente**. Dada uma variável V, ele retorna o endereço dessa – ou seja, um ponteiro para essa – variável V. No exemplo, portanto, ele retorna um valor de ponteiro do tipo PTR_PARA_ELIPSE. Contudo, visto que a variável para onde esse valor de ponteiro aponta possui o tipo mais específico CÍRCULO, esse valor de ponteiro, na verdade, é do tipo PTR_PA-

---

[5]Como no Capítulo 20, consideramos neste capítulo que a representação possível cartesiana para os pontos é chamada PONTO, em vez de CARTESIAN. O segundo argumento do seletor CÍRCULO no exemplo é, portanto, uma chamada desse seletor PONTO.

RA_CÍRCULO, e não apenas do tipo PTR_PARA_ELIPSE. Assim, o TREAT DOWN tem sucesso, e a atribuição coloca na variável XC um ponteiro para a (o endereço da) variável E.

4. A terceira atribuição (para THE_A(E)) é fundamental. O que acontece? Parece que existem três possibilidades, todas elas ruins:

   a. Ocorre um erro de tipo em tempo de execução, pois a atribuição a THE_A não é admitida para variáveis do tipo mais específico CÍRCULO. Em outras palavras, a generalização por restrição não é admitida – e, portanto, a especialização por restrição também não é admitida e, portanto, o modelo de herança é indevido (certamente, ele não é "um modelo fiel da realidade" – ver Capítulo 20). De qualquer forma, os erros de tipo em tempo de execução sempre são indesejáveis.

   b. A atribuição "funciona", mas a generalização por restrição não ocorre. O efeito é que a variável E agora contém um "círculo não circular" (seu tipo mais específico é CÍRCULO, mas esse "círculo" possui semieixos com comprimentos diferentes). Novamente, então, o modelo de herança é indevido (ele não é um modelo fiel da realidade), pois a generalização por restrição e a especialização por restrição não são admitidas. Mais do que isso, não apenas a variável E agora contém um "círculo não circular", mas a variável XC também aponta para um "círculo não circular". Além do mais, *as restrições de tipo não podem ser admitidas!* – porque se fossem, então os "círculos não circulares" não poderiam ocorrer. Em outras palavras, aquela que é comprovadamente a espécie mais fundamental de restrição de integridade não pode ser admitida: quando definimos um tipo, *não podemos especificar quais valores são válidos para esse tipo.*

   Observamos, de passagem, que esse caso é SQL:1999! Consulte o Capítulo 20 e a Seção 26.6.

   c. A atribuição funciona e ocorre a generalização por restrição; ou seja, a variável E agora contém "apenas uma elipse", e seu tipo mais específico é ELIPSE. Mas nesse caso o modelo de herança é indevido, porque a variável XC, cujo tipo declarado é PTR_PARA_CÍRCULO, agora contém um valor do tipo mais específico PTR_PARA_ELIPSE! – implicando, novamente, que as restrições de tipo não podem ser admitidas. *Nota:* Visto que a ideia de permitir que uma variável de algum tipo declarado *T* contenha um valor do tipo mais específico de algum supertipo apropriado de *T* não tem sentido do ponto de vista lógico, é mais provável que a atribuição original falhe, como no item (a) anterior, ou "funcione" sem generalização por restrição, como no item (b). Em outras palavras, essa terceira possibilidade provavelmente não levará a lugar algum.

Concluímos, com este exemplo, que se os ponteiros forem admitidos, o modelo de herança será indevido; em outras palavras, *ponteiros e um bom modelo de herança são incompatíveis.* Esse parece ser outro bom motivo para rejeitarmos os ponteiros.

De onde surgiu O Segundo Grande Erro?

É difícil encontrar qualquer justificativa real na literatura para O Segundo Grande Erro (ou melhor, qualquer justificativa técnica – mas existem evidências de que a justificativa não é, de modo algum, técnica, mas sim política). Considerando-se o fato de que todos os sistemas e linguagens de objetos incluem ponteiros sob a forma de IDs de objetos, a ideia de misturar ponteiros e relações quase certamente surge de um desejo de tornar os sistemas relacionais mais "semelhantes a objetos", mas essa "justificativa" apenas empurra o problema para outro nível; já deixamos bem claro que (em nossa opinião) os sistemas de objetos expõem ponteiros para o usuário, exatamente porque não conseguem fazer uma distinção apropriada entre modelo e implementação.

Desse modo, podemos apenas supor que a razão pela qual a ideia de misturar ponteiros e relações está sendo tão amplamente promovida é porque bem poucas pessoas entendem o motivo pelo qual os ponteiros foram excluídos das relações. Citando Santayana: *Aqueles que não conseguem se lembrar do passado estão condenados a repeti-lo* (em geral, citado na forma "Aqueles que não conhecem a história estão condenados a repeti-la"). Sobre essas questões concordamos enfaticamente com Maurice Wilkes, quando ele escreve [26.46]:

Gostaria de ver a ciência da computação ensinando a teoria de conjuntos deliberadamente em um quadro histórico... Os alunos precisam entender como se chegou até a situação atual, o que foi experimentado, o que funcionou e o que não funcionou, e como as melhorias no hardware tornaram o progresso possível. A ausência desse elemento em seu treinamento faz com que as pessoas abordem todo problema a partir de conceitos iniciais. Elas estão aptas a propor soluções que foram desejadas no passado. Em vez de se basearem em seus precursores, elas procuram seguir sozinhas.

26.4 QUESTÕES DE IMPLEMENTAÇÃO

Uma implicação importante do suporte apropriado para tipos de dados é que ele permite que fornecedores independentes (bem como os próprios fornecedores de SGBDs) construam e vendam "pacotes de tipos" separados, que podem ser conectados efetivamente ao SGBD. Os exemplos incluem pacotes para suporte a tratamento de texto sofisticado, processamento de séries financeiras temporais, análise de dados geoespaciais (cartográficos), e assim por diante. Esses pacotes são referenciados de forma variada como *lâminas de dados* ou "data blades" (Informix), *cartuchos de dados* ou "data cartridges" (Oracle), *extensores relacionais*[6] ou "relational extenders" (IBM), *pacotes de aplicação* ou "application packages" (esse é o termo usado no padrão SQL/MM [26.25]) e assim por diante. No texto a seguir, manteremos o termo *pacote de tipos*.

Porém, a inclusão de um novo pacote de tipos no sistema não é uma tarefa trivial e a habilidade para fazê-lo tem implicações significativas para o projeto e a estrutura do próprio SGBD. Para ver o porquê em ambos os casos, considere o que acontecerá se, por exemplo, alguma consulta incluir referências a dados de algum tipo definido pelo usuário ou chamadas de algum operador definido pelo usuário (ou ambos):

- Em primeiro lugar, o compilador da linguagem de consulta tem de ser capaz de analisar e fazer a verificação de tipo dessa requisição; assim, ele precisa saber algo sobre esses tipos e operadores definidos pelo usuário.

- Segundo, o otimizador tem de ser capaz de decidir sobre um plano de consulta apropriado para essa requisição; então, ele também tem de estar ciente de certas propriedades desses tipos de operadores definidos pelo usuário. Em particular, precisa saber como os dados estão fisicamente armazenados (veja no próximo parágrafo).

- Terceiro, o componente que gerencia o armazenamento físico precisa ter suporte para as estruturas de armazenamento mais novas – quad-trees, árvores-r etc. – mencionadas em nossa discussão do problema dos retângulos, na Seção 26.1. Pode ser que ele tenha até mesmo de oferecer suporte para a possibilidade de usuários habilitados introduzirem novas estruturas de armazenamento e métodos de acesso próprios [26.29, 26.43].

Uma consequência importante de tudo isso é que o sistema precisa ser *extensível* – de fato, extensível em vários níveis. Discutiremos cada nível rapidamente.

Análise e verificação de tipos

Em um sistema convencional, como os únicos tipos e operadores disponíveis estão todos embutidos, as informações a respeito deles podem estar (e, em geral, estarão) "embutidas no código" do compilador. Ao contrário, em um sistema no qual os usuários possam definir seus próprios tipos e operadores, essa abordagem "embutida no código" nitidamente não funcionará. Portanto, em vez disso, o que acontece é:

- As informações relativas a tipos e operadores definidos pelo usuário – e possivelmente também as informações relativas a tipos e operadores embutidos – são mantidas no catálogo do sistema. Esse fato implica que o próprio catálogo precisa ser reprojetado (ou pelo menos estendido); ele também implica que a

---

[6]Um termo *extremamente* impróprio, em nossa opinião.

introdução de um novo pacote de tipos envolve um grande trabalho de atualização do catálogo. (Em termos de **Tutorial D**, essa atualização é realizada de forma encoberta, como parte do processo de execução das instruções de definição TYPE e OPERATOR aplicáveis.)

- O próprio compilador precisa ser reescrito para obter acesso ao catálogo, a fim de conseguir as informações necessárias sobre tipos e operadores. Em seguida, ele pode usar essas informações para conduzir toda a verificação de tipo em tempo de compilação descrita nos Capítulos 5 e 20.

Otimização

Existem muitos assuntos envolvidos aqui e só podemos arranhar a superfície do problema neste livro. Porém, pelo menos podemos assinalar que algumas dessas questões são:

- *Transformação de expressões ("reescrita de consultas")*: Um otimizador convencional aplica certas leis de transformação para reescrever consultas, como vimos no Capítulo 18. Contudo, historicamente, essas leis de transformação foram todas "embutidas no código" do otimizador (porque, novamente, os tipos de dados e operadores disponíveis foram todos embutidos). Em vez disso, em um sistema relacional/objeto, o conhecimento relevante (pelo menos à medida que ele se aplica especificamente a tipos e operadores definidos pelo usuário) precisa ser mantido no catálogo – implicando mais extensões ao catálogo e também que o próprio otimizador precisa ser reescrito. Aqui estão algumas ilustrações:

    a. Dada uma expressão como NOT (STATUS > 20), um bom otimizador convencional a transformará em STATUS $\leq$ 20 (porque a segunda versão pode utilizar um índice sobre STATUS, enquanto a primeira não pode). Por questões semelhantes, é necessário haver um caminho para informar ao otimizador quando um operador definido pelo usuário é a negação de outro.

    b. Um bom otimizador convencional também saberá que, por exemplo, as expressões STATUS > 20 e 20 < STATUS são equivalentes do ponto de vista lógico. É preciso haver um meio para informar ao otimizador quando dois operadores definidos pelo usuário são opostos nesse sentido.

    c. Um bom otimizador convencional também saberá que, por exemplo, os operadores "+" e "–" se cancelam (isto é, são inversos); por exemplo, a expressão STATUS + 20 – 20 se reduz apenas a STATUS. É necessário haver um meio para informar ao otimizador quando dois operadores definidos pelo usuário são inversos nesse sentido.

- *Seletividade*: Dada uma expressão booleana como STATUS > 20, em geral os otimizadores farão uma suposição sobre a *seletividade* dessa expressão (isto é, a porcentagem de tuplas que fazem com que essa expressão seja avaliada como *verdadeira*). No caso de tipos de dados e operadores embutidos, mais uma vez essas informações sobre a seletividade podem ser "embutidas no código" do otimizador; ao contrário, no caso de tipos e operadores definidos pelo usuário, é necessário haver um meio para fornecer ao otimizador algum código definido pelo usuário, que será chamado com o objetivo de fazer suposições sobre as seletividades.

- *Fórmulas de custo*: O otimizador precisa saber quanto custa executar determinado operador definido pelo usuário. Por exemplo, dada uma expressão como p AND q, em que p é (digamos) uma chamada ao operador ÁREA sobre algum polígono complicado e q é uma comparação simples como STATUS > 20, provavelmente seria preferível que o sistema executasse q primeiro, de forma que p somente fosse executada sobre tuplas para as quais q tivesse valor *verdadeiro*. De fato, uma parte da heurística clássica de transformação de expressões, como a de sempre executar restrições antes de junções, não é necessariamente válida para tipos e operadores definidos pelo usuário (consulte, por exemplo, as referências [26.10] e [26.24]).

- *Estruturas de armazenamento e métodos de acesso*: Naturalmente, o otimizador precisa estar ciente das estruturas de armazenamento e dos métodos de acesso em efeito (veja na próxima subseção).

Estruturas de armazenamento

Deve ser óbvio que sistemas relacional/objeto precisarão de mais maneiras – possivelmente muito mais maneiras – de armazenar e obter acesso a dados no nível físico do que (por exemplo) os sistemas SQL têm oferecido tradicionalmente. Aqui estão algumas considerações relevantes:

- *Novas estruturas de armazenamento*: Como já observamos, é bem provável que o sistema precise dar suporte a novas estruturas de armazenamento "embutidas no código" (R-trees etc.), e pode ser até mesmo necessário haver um modo para que usuários habilitados introduzam suas próprias estruturas de armazenamento e métodos de acesso adicionais.

- *Índices sobre dados de um tipo definido pelo usuário*: Os índices tradicionais se baseiam em dados de algum tipo embutido e em uma compreensão interna do que significa o operador "<". Em um sistema relacional/objeto, tem de ser possível montar índices sobre dados de um tipo definido pelo usuário, com base na semântica do operador "<" definido pelo usuário aplicável (supondo-se que tal operador tenha sido definido inicialmente, é claro).

- *Índices sobre resultados de operadores*: Provavelmente existiria pouco interesse em montar um índice diretamente sobre um conjunto de valores de dados do tipo POLÍGONO; é mais provável que esse índice ordenasse os polígonos de acordo com suas codificações internas de strings de bytes. No entanto, um índice baseado nas *áreas* desses polígonos poderia ser muito útil. *Nota*: Fizemos referência a tais índices sob o nome de índices *funcionais* no Capítulo 22.

26.5 BENEFÍCIOS DA VERDADEIRA *APROXIMAÇÃO*

Na referência [26.41], Stonebraker apresenta uma "matriz de classificação" para SGBDs (ver Figura 26.4). O *Quadrante 1* dessa matriz representa aplicações que lidam apenas com dados bastante simples e não têm qualquer exigência para consulta *ad hoc* (um processador de textos tradicional é um bom exemplo). Na realidade, essas aplicações não são, de modo algum, aplicações de bancos de dados no sentido comum desse termo; o "SGBD" que melhor serve a suas necessidades é apenas o gerenciamento de arquivos interno, fornecido como parte do sistema operacional em uso.

Consulta	2	4
Sem consulta	1	3
	Dados simples	Dados complexos

FIGURA 26.4 *A matriz de classificação de SGBDs de Stonebraker.*

O *Quadrante 2* representa aplicações que têm uma exigência de consulta *ad hoc*, mas ainda lidam apenas com dados bastante simples. A maioria das aplicações comerciais de hoje se encaixa nesse quadrante e elas são razoavelmente bem aceitas por SGBDs relacionais tradicionais (ou, pelo menos, SQL).

O *Quadrante 3* representa aplicações com exigências complexas de dados e processamento, mas nenhuma exigência de consulta *ad hoc*. Por exemplo, aplicações de CAD/CAM podem se encaixar nesse quadrante. Os SGBDs de objetos atuais se destinam principalmente a esse segmento do mercado (os produtos de SQL tradicionais tendem a não realizar um trabalho muito bom sobre aplicações do Quadrante 3).

Finalmente, o *Quadrante 4* representa aplicações com necessidade de dados complexos e consultas ocasionais sobre seus dados. Stonebraker oferece um exemplo de banco de dados contendo slides digitalizados de 35mm, com uma consulta típica sendo "Obter imagens do pôr do sol tiradas em um raio de 36 quilômetros de Sacramento, Califórnia". Em seguida, ele continua a apresentar argumentos para apoiar sua posição de que (a) um SGBD relacional/objeto é necessário para aplicações que se encaixam nesse quadrante, e (b) ao longo dos próximos anos, a maioria das aplicações se enquadrará ou migrará para esse quadrante. Por exemplo, até mesmo uma simples aplicação de recursos humanos poderá se expandir para incluir fotografias de empregados, gravações sonoras (mensagens faladas) e coisas desse tipo.

Em suma, Stonebraker está afirmando (e nós concordamos) que "sistemas relacional/objeto fazem parte do futuro do mundo"; eles não são apenas um modismo passageiro, que logo será substituído por alguma outra ideia. Entretanto, talvez se deva lembrar que, pelo menos no que se refere a nós, um sistema relacional/objeto verdadeiro é apenas um sistema *relacional* verdadeiro. Em particular, é um sistema que não comete nenhum dos **Dois Grandes Erros!** Stonebraker parece não concordar com essa nossa posição aqui; pelo menos, a referência [26.41] nunca chega a dizer isso e, na verdade, ela implica que a mistura de ponteiros e relações não é apenas aceitável, mas também desejável (de fato, obrigatória).

Seja como for, afirmaríamos que um sistema relacional/objeto *genuíno* resolveria todos os problemas que (como afirmamos no capítulo anterior) são na realidade problemas de sistemas que são apenas sistemas de objetos simples, não de sistemas relacional/objeto. Para sermos específicos, um sistema desse tipo deve ser capaz de oferecer suporte para todos os itens a seguir sem dificuldade:

- Consulta *ad hoc*, definição de visões e restrições de integridade declarativas

- Métodos que ampliem as classes (não há necessidade de um argumento de destino distinto)

- Classes definidas dinamicamente (para resultados de consultas ocasionais)

- Acesso de modo duplo (ver Capítulo 4; não enfatizamos esse ponto no Capítulo 25, mas os sistemas de objetos em geral não admitem o princípio da dualidade – em vez disso, eles empregam diferentes linguagens para acesso programado e interativo ao banco de dados)

- Restrições de transições

- Otimização semântica

- Relacionamentos de grau maior que dois

- Regras de chave estrangeira (ON DELETE CASCADE etc.)

- Possibilidade de otimização

e assim por diante. Além disso:

- OIDs e perseguição de ponteiros estão agora totalmente "nos bastidores" e ocultas do usuário.

- Perguntas de objetos "difíceis" (por exemplo, o que significa a junção de dois objetos?) desaparecem.

- Os benefícios do encapsulamento, como são hoje, ainda se aplicam, mas a valores escalares dentro de relações, e não a relações em si.

- Agora, os sistemas relacionais podem lidar com áreas de aplicações "complexas", como CAD/CAM, conforme discutimos anteriormente.

Além disso, a abordagem é conceitualmente limpa.

26.6 RECURSOS DE SQL

Os recursos relacional/objeto do padrão SQL:1999 são a diferença mais óbvia e extensa entre ele e seu antecessor SQL:1992. Já descrevemos e analisamos vários desses recursos nos capítulos anteriores. Especificamente:

- No Capítulo 5, mostramos que a SQL admite duas espécies diferentes de tipos definidos pelo usuário, tipos DISTINCT e tipos estruturados. Os dois tipos podem ser usados como base para (entre outras coisas) definir colunas em tabelas básicas.

- No Capítulo 6, mostramos que a SQL também admite tipos estruturados especificamente para serem usados como base para a definição do que ela chama "tabelas tipadas".

- No Capítulo 20, mostramos que a SQL também admite uma forma de herança de tipo, embora somente para tipos estruturados.

Entretanto, além desses recursos, a SQL também admite (a) um *gerador de tipos REF*[7] e (b) *subtabelas e supertabelas*. Agora, essas construções adicionais são bastante interligadas àquelas que acabamos de mencionar (especialmente com tipos estruturados). Mas não está bem claro por que elas devem estar tão interligadas – em princípio, os conceitos são bastante ortogonais –, mas talvez o ponto não seja importante, visto que, em nossa opinião, as construções adicionais não são muito úteis de qualquer forma, como tentamos mostrar em seguida.

Tipos REF

Começamos com um exemplo simples (os detalhes irrelevantes foram omitidos):

```
CREATE TYPE TIPO_DEPTO
  AS ( DEPTO#    CHAR(3),
       DNOME     CHAR(25),
       ORÇAMENTO MOEDA ) ...
    REF IS SYSTEM GENERATED ;

CREATE TABLE DEPTO OF TIPO_DEPTO
    ( REF IS ID_DEPTO SYSTEM GENERATED,
      PRIMARY KEY ( DEPTO# ) ) ... ;
```

Explicação (parcialmente repetida do Capítulo 6):

1. Lembre-se de que (como vimos inicialmente do Capítulo 5) ao criarmos um tipo estruturado *ST*, o sistema automaticamente gera um *tipo de referência* associado ("tipo REF") chamado REF(ST); no exemplo, portanto, o tipo de referência REF(TIPO_DEPTO) é gerado automaticamente. Os tipos REF podem ser usados sempre que um tipo de dados de qualquer espécie puder ser usado; contudo, eles só podem ser gerados implicitamente, como um efeito colateral da criação de um tipo estruturado.

2. Os valores do tipo REF(ST) são "referências" a – em outras palavras, *ponteiros para* ou *endereços de* – linhas dentro de alguma tabela básica[8] que foi definida para ser "OF" tipo *ST* (ver item 4). Portanto, no exemplo, os valores do tipo REF(TIPO_DEPTO) são ponteiros para linhas dentro da tabela básica DEPTO. (Estamos considerando aqui que DEPTO é a *única* tabela que foi definida para ser "OF" tipo TIPO_DEPTO, embora essa consideração nem sempre seja válida.) *Nota:* O tipo estruturado *ST* pode ser usado em outros contextos, naturalmente – por exemplo, como o tipo declarado para alguma coluna ou alguma variável local –, mas nenhum valor REF(*ST*) está associado a esses outros usos.

3. A especificação REF IS SYSTEM GENERATED em uma instrução CREATE TYPE significa que os valores do tipo REF associado são fornecidos pelo sistema. (Outras opções – por exemplo, REF

---

[7]REF aqui significa *referência*, mas os tipos REF não têm nada a ver com o privilégio REFERENCES (ver Capítulo 17), ou referências no sentido das chaves estrangeiras. Aproveitamos para observar que os tipos REF são tipos escalares, de modo que temos aqui um exemplo de um gerador de tipos escalar.

[8]Ou, possivelmente, alguma visão. Os detalhes para o caso da visão estão além do escopo deste livro.

IS USER GENERATED – estão disponíveis, mas os detalhes estão além do escopo deste livro). *Nota:* De fato, REF IS SYSTEM GENERATED é o default; em nosso exemplo, portanto, poderíamos ter omitido essa especificação inteiramente na definição do tipo TIPO_DEPTO.

4. Uma tabela básica pode ser definida (por meio de CREATE TABLE) como "OF" algum tipo estruturado; essa tabela é considerada uma *tabela tipada* ou uma *tabela referenciável*. Contudo, a palavra-chave OF aqui não é realmente muito apropriada, visto que (como explicamos no Capítulo 6), a tabela *não* é realmente "do" tipo em questão, e nem suas linhas. De fato, a tabela tem ma coluna para cada atributo do tipo estruturado em questão, além de uma coluna adicional – a saber, uma coluna do tipo REF aplicável –, embora a sintaxe para a definição dessa coluna adicional não seja a sintaxe normal de definição de coluna, mas se parece com isto:

```
REF IS <nome coluna> SYSTEM GENERATED
```

Essa coluna "autorreferenciável" extra, que é a primeira na sequência da esquerda para a direita das colunas na tabela, é usada para conter IDs exclusivas ("referências") para as linhas da tabela básica em questão (as especificações UNIQUE e NOT NULL são implícitas). A ID para determinada linha é atribuída quando a linha é inserida, e permanece associada a essa linha[9] até que ela seja excluída.

5. Um tipo estruturado não é considerado encapsulado quando é usado como base para a definição de uma tabela básica (embora realmente *seja* considerado mais ou menos dessa forma em outros contextos). Em nosso exemplo, portanto, a tabela básica DEPTO possui quatro colunas ID_DEPTO, DEPTO#, DNOME e ORÇAMENTO (nessa ordem), em vez de apenas duas, como aconteceria se TIPO_DEPTO fosse encapsulado.

6. O default para a coluna ID_DEPTO é NULL (como de fato acontece para todas as colunas que são definidas como algum tipo REF, embora esse default não faça muito sentido se a coluna em questão também for especificada como NOT NULL).

Vamos estender o exemplo para introduzir uma tabela básica EMP, da seguinte forma:[10]

```
CREATE TABLE EMP
     ( EMP#        CHAR(5)  NOT NULL,
       ENOME       CHAR(25) NOT NULL,
       SAL         MOEDA    NOT NULL,
       ID_DEPTO    REF ( TIPO_DEPTO ) SCOPE DEPTO
                   REFERENCES ARE CHECKED
                   ON DELETE CASCADE
                          NOT NULL,
     PRIMARY KEY ( EMP# ) ) ;
```

Normalmente, a tabela básica EMP incluiria uma coluna de chave estrangeira DEPTO# que referencia os departamentos por número de departamento. Porém, neste caso, temos uma coluna de "referência" ID_DEPTO – não declarada explicitamente como uma coluna de chave estrangeira, observe –, que referencia departamentos por suas "referências". SCOPE DEPTO especifica a tabela referenciada aplicável. REFERENCES ARE CHECKED significa que a integridade referencial deve ser mantida (REFERENCES ARE NOT CHECKED permitiria "referências pendentes"; não sabemos por que seria desejável especificar essa opção).[11] ON DELETE... especifica uma regra de exclusão, semelhante às regras de exclusão normais de chave estrangeira (as mesmas opções são admitidas). Não existe uma especificação ON UPDATE... semelhante.

---

[9]Parece que estamos andando em círculos aqui: "Essa linha" só pode significar "a linha que tem a ID específica em questão". Particularmente, observe a confusão entre valor e variável! – se "essa linha" precisa ter um endereço, então "essa linha" terá de ser uma *variável* de linha (ver Seção 26.3).

[10]Observe as especificações NOT NULL sobre as colunas da tabela EMP. Não é tão fácil especificar que as colunas da tabela DEPTO também não podem ter NULLs! Os detalhes ficam como um exercício.

[11]Embora a especificação REFERENCES... provavelmente seja eliminada no padrão SQL:2003, implicando que (como padrão) REFERENCES ARE NOT CHECKED *sempre* será especificado.

Usando referências

Agora, vamos considerar alguns exemplos de consulta e atualização sobre o banco de dados de departamentos e empregados, que acabamos de definir. Primeiro, veja uma formulação SQL a consulta "Obter o número de departamento para o empregado E1":

```
SELECT ID_DEPTO -> DEPTO# AS DEPTO#
FROM    EMP
WHERE   EMP# = 'E1' ;
```

Observe o operador de **desreferência** "->" na cláusula SELECT (a expressão ID_DEPTO -> DEPTO# produz o valor de DEPTO# da linha de DEPTO para a qual o valor de ID_DEPTO em questão aponta).[12] Observe também a necessidade de especificar uma cláusula AS; se essa cláusula fosse omitida, a coluna de resultado correspondente efetivamente teria ficado sem nome. Finalmente, observe a natureza não intuitiva da cláusula FROM – o valor de DEPTO# a ser apanhado vem de DEPTO, e não de EMP, mas os valores de *ID_DEPTO* vêm de EMP, e não de DEPTO.

A propósito, não podemos resistir à tentação de informar que essa primeira consulta provavelmente funcionará pior do que sua equivalente em SQL convencional (que teria acesso a apenas uma tabela, e não duas). Fazemos essa observação porque o argumento comum em favor das "referências" é que elas deveriam melhorar o desempenho ("seguir um ponteiro é mais rápido do que realizar uma junção"). Naturalmente, argumentar dessa maneira é confundir os aspectos lógico e físico.

Como um segundo exemplo, suponha que a consulta original fosse "Obter o *departamento* (em vez de apenas o número do departamento) para o empregado E1". Agora, a operação de desreferência é diferente:

```
SELECT DEREF ( ID_DEPTO ) AS DEPTO
FROM    EMP
WHERE   EMP# = 'E1' ;
```

Além do mais, a chamada de DEREF aqui produz, não – como poderia ser esperar – um valor de *linha* de DEPTO, mas sim um valor "encapsulado" (escalar). Esse valor é do tipo TIPO_DEPTO e, portanto, tem apenas três atributos, DEPTO#, DNOME e ORÇAMENTO (ele *não* inclui um atributo ID_DEPTO).[13] *Nota:* Repetindo uma observação que fizemos no Capítulo 6, se o tipo declarado de algum parâmetro *P* a algum operador *Op* for TIPO_DEPTO, não podemos passar uma linha da tabela DEPTO como um argumento correspondente a uma chamada desse operador *Op*. Porém, podemos agora ver que *é possível* passar DEREF(ID_DEPTO) em vez disso, se ID_DEPTO tiver uma referência a uma linha da tabela DEPTO.

Aqui está outro exemplo – "Obter números de empregado para os empregados no departamento D1":

```
SELECT EMP#
FROM    EMP
WHERE   ID_DEPTO -> DEPTO# = 'D1' ;
```

Observe, neste exemplo, a desreferência na cláusula WHERE.

Aqui está um exemplo de INSERT (inserção de um empregado):

---

[12]A maior parte das linguagens que admitem a desreferência admite um operador de *referência* (veja, por exemplo, a discussão sobre PTR_PARA na Seção 26.3), mas a SQL não o admite. Além do mais, a desreferência normalmente retorna uma *variável*, mas em SQL é retornado um *valor*.

[13]Segue-se da semântica de DEREF que – embora para a maioria das finalidades DEPTO#, DNOME e ORÇAMENTO da tabela DEPTO se comportem como colunas normais – o sistema também precisa se lembrar de que essas colunas são derivadas do tipo estruturado TIPO_DEPTO. Em outras palavras, usando a terminologia de tipos e cabeçalhos do Capítulo 6, poderíamos dizer que a tabela DEPTO possui um cabeçalho (e, portanto, um tipo) com quatro componentes em alguns contextos, mas um cabeçalho (e, portanto, um tipo) com apenas dois componentes em outros. Talvez as "tabelas tipadas" pudessem ser melhor chamadas de tabelas *esquizofrênicas*!

```
INSERT INTO EMP ( EMP#, ID_DEPTO )
       VALUES ( 'E5', ( SELECT ID_DEPTO
                        FROM   DEPTO
                        WHERE  DEPTO# = 'D2' ) ) ;
```

Ora, os defensores das construções que apresentamos (tipos REF e assim por diante) enfatizam o ponto de que não devemos nos preocupar, porque "tudo é realmente apenas uma abreviação". Por exemplo, a expressão SQL

```
SELECT ID_DEPTO -> DEPTO# AS DEPTO#
FROM   EMP
WHERE  EMP# = 'E1' ;
```

("Obter o número de departamento para o empregado E1", o primeiro de nossos exemplos nesta subseção) é considerada uma abreviação para o seguinte:

```
SELECT ( SELECT DEPTO#
         FROM   DEPTO
         WHERE  DEPTO.ID_DEPTO = EMP.ID_DEPTO ) AS DEPTO#
FROM   EMP
WHERE  EMP# = 'E1' ;
```

Porém, na verdade, essa alegação de abreviação não subsiste realmente, porque a nova sintaxe – em particular, para a desreferência – só pode ser usada em conjunto com dados que foram definidos de um novo modo especial, usando um novo gerador de tipos (REF). Além do mais, essas definições de dados também utilizam muita sintaxe nova. A funcionalidade em questão também é fornecida de uma maneira altamente não ortogonal (entre outras coisas, ela só se aplica a tabelas que são definidas nesse novo modo especial, e não a todas as tabelas).

Mais do que isso, mesmo que aceitemos a alegação de abreviação, temos que perguntar por que as abreviações são fornecidas afinal. Que problema elas deveriam resolver? Por que o suporte é tão não ortogonal? Quando deveríamos fazer as coisas pelo modo antigo, e quando elas deveriam ser feitas por esse novo e estranho modo? E assim por diante (essa não é uma lista completa de perguntas). *Nota:* Com relação a isso, consulte a referência [26.15] e a anotação à referência [26.21].

Subtabelas e supertabelas

A SQL permite que a tabela básica *B* seja definida como uma "subtabela" da tabela básica *A* somente se *B* e *A* foram "tabelas tipadas" e o tipo estruturado *STB*, no qual *B* é definida, for um subtipo do tipo estruturado *STA*, no qual *A* é definida. Como um exemplo, considere as seguintes definições de tipos estruturados:

```
CREATE TYPE TIPO_EMP                    /* empregados    */
  AS ( EMP# ..., DEPTO# ... ) ...
     REF IS SYSTEM GENERATED ;

CREATE TYPE TIPO_PROG UNDER TIPO_EMP    /* programadores */
  AS ( LING ... ) ;
```

Observe que TIPO_PROG não possui uma cláusula REF IS...; em vez disso, ele efetivamente herda essa cláusula do seu supertipo imediato ("direto") TIPO_EMP. Em outras palavras, um valor do tipo REF (TIPO_EMP) agora pode se referir a uma linha em uma tabela que seja definida para ser do tipo TIPO_PROG, em vez do tipo TIPO_EMP.

Agora, considere as seguintes definições de tabela básica:

```
CREATE TABLE EMP OF TIPO_EMP
    ( REF IS ID_EMP SYSTEM GENERATED,
      PRIMARY KEY ( EMP# ) ) ... ;

CREATE TABLE PROG OF TIPO_PROG UNDER EMP ;
```

Observe a especificação UNDER EMP na definição da tabela básica PROG (observe também a omissão das especificações REF IS e PRIMARY KEY para essa tabela básica). As tabelas básicas PROG e EMP são consideradas, respectivamente, uma **subtabela** e a **supertabela** imediata ("direta") correspondente; PROG herda as colunas (etc.) de EMP e acrescenta uma coluna extra própria, LING. A finalidade do exemplo é que não programadores tenham uma linha apenas na tabela EMP, enquanto os programadores tenham uma linha nas duas tabelas – de maneira que toda linha em PROG possui uma linha correspondente em EMP, mas a recíproca não é verdadeira.

As operações de manipulação de dados sobre essas tabelas se comportam da seguinte maneira:

- *SELECT:* SELECT sobre EMP comporta-se normalmente. SELECT sobre PROG comporta-se como se PROG realmente tivesse as colunas de EMP, além da coluna LING.

- *INSERT:* INSERT em EMP comporta-se normalmente. INSERT em PROG efetivamente faz com que novas linhas apareçam em EMP e PROG.

- *DELETE:* DELETE de EMP faz com que as linhas desapareçam de EMP e (quando as linhas em questão correspondem a programadores) também de PROG. DELETE de PROG faz com que as linhas desapareçam de EMP e de PROG.

- *UPDATE:* A atualização de LING, necessariamente por meio de PROG, atualiza apenas PROG; a atualização de outras colunas, seja por EMP ou por PROG, atualiza as duas tabelas (em conceito).

Observe as seguintes implicações em particular:

- Suponha que algum empregado existente João se torne um programador. Se simplesmente tentarmos inserir uma linha para João em PROG, o sistema tentará inserir uma linha para João também em EMP – uma tentativa que falhará, naturalmente. Em vez disso, temos que excluir a linha de João em EMP e depois inserir uma linha apropriada em PROG.

- Ao contrário, suponha que algum empregado existente João não seja mais um programador. Dessa vez, temos que excluir a linha de João de EMP ou de PROG (qualquer que seja a tabela especificada, o efeito será a exclusão da linha nas duas tabelas) e depois inserir uma linha apropriada em EMP.

Como um aparte, observamos que a SQL oferece um recurso ONLY que efetivamente nos permite operar apenas sobre as linhas de determinada tabela que não tenham correspondentes em qualquer subtabela da tabela em questão. Por exemplo, SELECT * FROM ONLY (EMP) apanha somente as linhas em EMP sem correspondência em PROG; de modo semelhante, DELETE FROM ONLY (EMP) exclui apenas as linhas em EMP sem correspondência em PROG, e o mesmo ocorre com UPDATE (não existe uma versão ONLY para INSERT). Contudo, observamos que esse recurso ONLY não funciona para os problemas que descrevemos anteriormente, em que algum funcionário existente João torna-se ou deixa de ser um programador.

Mas o que exatamente as subtabelas e supertabelas, conforme descrevemos, têm a ver com a verdadeira herança de tipos? Pelo que sabemos, a resposta é *nada*. Tabelas não são tipos! Certamente, parece que não existe qualquer possibilidade de substituição – e explicamos no Capítulo 20 que, se não tivermos possibilidade de substituição, então não teremos verdadeira herança de tipos. Assim, se as subtabelas e as supertabelas têm qualquer vantagem a oferecem, não está claro por que, para obter essas vantagens, a SQL deveria exigir que a subtabela em questão e sua supertabela imediata ("direta") sejam definidas em termos de tipos que são, respectivamente, um subtipo e seu supertipo imediato ("direto").

Mais fundamentalmente, precisamos perguntar quais seriam essas vantagens. O que as subtabelas e as supertabelas nos oferecem? A resposta parece ser "muito pouco", pelo menos no nível do *modelo*.[14] É ver-

---

[14]Você poderia pensar que a resposta tem algo a ver com a questão de subtipos e supertipos de *entidade*, conforme discutimos no Capítulo 14. Nesse caso, lembramos quanto à nossa própria técnica preferida para essa questão, que é baseada no uso de visões. Consulte o exemplo no final da Seção 14.5.

759

dade que certas economias de *implementação* podem ser observadas, se a subtabela e sua supertabela forem armazenadas fisicamente como uma única tabela no disco; porém, naturalmente, tais considerações não deveriam ter qualquer efeito sobre o modelo em si. Em outras palavras, não apenas não está claro (conforme observamos no parágrafo anterior) porque as "sub e super" tabelas precisam contar com "sub e super" tipos estruturados, mas também não está muito claro porque o recurso é admitido afinal.

SQL e Os Dois Grandes Erros

Como a funcionalidade da SQL que estivemos descrevendo se relaciona com o objetivo de oferecer um bom suporte relacional/objeto? Bem, se a SQL não cometer **Os Dois Grandes Erros**, ela certamente navegará pela força do vento. E precisamos dizer que sua justificativa para fazer isso é bastante incerta, pelo menos para este autor; uma ideia vaga é que os recursos que dão origem aos erros de alguma forma tornam a SQL mais "próxima dos objetos" (bem, talvez isso aconteça).

Com relação ao **Primeiro Grande Erro**, parece provável que a ideia de unir tabelas tipadas a tipos estruturados tem algo a ver com a ideia de igualar tabelas e classes. Mais especificamente, parece provável que se a tabela tipada TT for definida como "de" um tipo estruturado ST, então TT deveria conter o que às vezes chamamos "extensão" do tipo ST – ou seja, o conjunto de todas as "instâncias" atualmente existentes do tipo ST.[15] Caso contrário, por que a conexão estreita entre TT e ST?

Com isso, surgem alguns problemas. Um deles é que é possível haver duas ou mais tabelas tipadas "de" um mesmo tipo estruturado; as implicações desse arranjo são incertas (exceto que elas quase certamente incluem uma violação do *Princípio do Projeto Ortogonal*). Outros problemas são discutidos na Seção 6.6.

Quanto ao **Segundo Grande Erro**, deve ficar claro que a SQL sofre desse (importante!) defeito, mesmo que concordemos que suas "referências" e recursos relacionados na realidade sejam, conforme alegado, apenas abreviações. Como já dissemos, se as linhas possuem "referências" (endereços), então essas linhas são *variáveis* de linha por definição. Particularmente, a SQL sofre do problema explicado na Seção 26.3, na subseção "Ponteiros e um bom modelo de herança são incompatíveis". Omitimos os detalhes aqui, pois são um tanto complicados; basta dizer que um valor REF que deveria referenciar uma linha contendo um círculo poderia, na verdade, referenciar, em vez disso, uma linha contendo uma elipse não circular.

26.7 RESUMO

Examinamos rapidamente a área dos sistemas **relacional/objeto**. Esses sistemas são (ou deveriam ser) basicamente apenas sistemas *relacionais* que admitem o conceito de **domínio** relacional (ou seja, tipos) de maneira apropriada – em outras palavras, os verdadeiros sistemas relacionais, significando particularmente os sistemas que permitem que os usuários definam seus próprios tipos. Não precisamos fazer nada para que o modelo relacional alcance a funcionalidade relacional/objeto, exceto implementá-la.

Em seguida, examinamos **Os Dois Grandes Erros**. O primeiro é igualar classes de objeto e RelVars (uma equação que infelizmente é muito atraente, pelo menos à primeira vista). Consideramos que o erro surge de uma confusão sobre duas interpretações bem distintas do termo *objeto*. Discutimos um exemplo detalhado, mostrando a aparência de um sistema que comete **O Primeiro Grande Erro**, e explicamos algumas das consequências desse equívoco. Uma consequência importante é que ele também parece conduzir diretamente a **O Segundo Grande Erro**! – ou seja, a mistura de ponteiros e relações (embora, na verdade, esse segundo erro possa ser cometido sem o primeiro e praticamente todo sistema no mercado parece estar cometendo esse erro). Nossa posição é que **O Segundo Grande Erro** *prejudica a integridade conceitual do modelo relacional* de várias maneiras (na verdade, o primeiro também). Em particular, ele viola *O Princípio da Informação* e *O Princípio da Permutabilidade* (de relações básicas e derivadas).

Depois, fizemos um breve exame de algumas questões de implementação. O ponto fundamental é que a inclusão de um novo "pacote de tipos" afeta pelo menos os componentes compilador, otimizador e ge-

---

[15]Porém, essa "extensão" não é mantida automaticamente; em vez disso, as "instâncias" do tipo ST aparecem e desaparecem da tabela TT somente como resultado de atualizações explícitas sobre essa tabela.

renciador de armazenamento do sistema. Como consequência, um sistema relacional/objeto não pode ser implementado – ao menos não muito bem – pela simples imposição de uma nova camada de código (um "pacote") sobre um sistema relacional existente; em vez disso, o sistema precisa ser reconstruído desde o início, a fim de tornar cada componente individualmente extensível, conforme a necessidade.

Em seguida, examinamos a *matriz de classificação de SGBDs* de Stonebraker e discutimos rapidamente os benefícios que poderiam ser obtidos de uma *aproximação* verdadeira entre as tecnologias de objetos e relacional (onde por "verdadeira" queremos dizer, entre outras coisas, que o sistema em questão não comete nenhum dos **Dois Grandes Erros**). Finalmente, examinamos o suporte da SQL para os **tipos REF, subtabelas e supertabelas**.

EXERCÍCIOS

26.1 Defina o termo *relacional/objeto*. Qual é "o modelo relacional/objeto"?

26.2 O trecho a seguir é uma variação do código usado na Seção 26.3 para mostrar que ponteiros e um bom modelo de herança são incompatíveis:

```
VAR E  ELIPSE ;
VAR XE PTR_PARA_ELIPSE ;
VAR XC PTR_PARA_CÍRCULO ;

E  :=  CÍRCULO ( COMPRIMENTO ( 5.0 ), PONTO ( 0.0, 0.0 ) ) ;
XE :=  PTR_PARA ( E ) ;
XC :=  TREAT_DOWN_AS_PTR_PARA_CÍRCULO ( XE ) ;
THE_A ( DEREF ( XE ) )  :=  COMPRIMENTO ( 6.0 ) ;
```

O que acontece quando esse código é executado? *Nota:* DEREF aqui é o operador convencional de desreferência, e não o operador SQL com o mesmo nome (dado o endereço de uma variável, ele retorna essa variável).

26.3 Continuando a partir da pergunta anterior: Por que um problema semelhante não surge com chaves estrangeiras no lugar de ponteiros? Ou será que ele surge?

26.4 Você acha que os tipos estruturados da SQL são encapsulados? Justifique sua resposta.

26.5 Em SQL, faz sentido declarar uma variável local para ser de algum tipo REF? Caso afirmativo, quais são as implicações?

26.6 Dê uma versão SQL do código mostrado no Exercício 26.2. *Nota:* Você provavelmente precisará acessar o padrão SQL ou a documentação de um produto SQL para resolver este exercício.

26.7 Investigue algum SGBD relacional/objeto que possa estar disponível para você. Esse sistema comete algum dos **Dois Grandes Erros**? Se cometer, que justificativa ele oferece para fazer isso?

26.8 Explique o conceito de subtabelas e supertabelas (a) em termos gerais, (b) em termos específicos de SQL.

REFERÊNCIAS E BIBLIOGRAFIA

Vários protótipos relacional/objeto foram elaborados nas décadas de 1980 e 1990. Dois dos mais conhecidos e mais influentes são o *Postgres* da Universidade da Califórnia em Berkeley [26.36, 26.40, 26.42, 26.43] e *Starburst* da IBM Research [26.19, 26.23, 26.29 e 26.30]. Observamos que (pelo menos em sua forma original), nenhum desses sistemas aderiu à equação *domínio = classe*, que afirmamos no corpo do capítulo que estava "obviamente correta".

26.1 David W. Adler: "IBM DB2 Spatial Extender – Spatial Data Within the RDBMS", Proc. 27th Int. Conf. on Very Large Data Bases, Roma, Itália (setembro de 2001).

26.2 Christian Böhm, Stefan Berchtold e Daniel A. Keim: "Searching in High-Dimensional Spaces – Index Structures for Improving the Performance of Multimedia Databases", *ACM Comp. Surv. 33,* Número 3 (setembro de 2001).

26.3 Frederick P. Brooks, Jr.: *The Mythical Man-Month* (edição do vigésimo aniversário). Reading. Mass.: Addison-Wesley (1995).

26.4 Michael J. Carey, Nelson M. Mattos e Anil K. Nori: "Object/Relational Database Systems: Principles, Products, and Challenges", Proc. 1997 ACM SIGMOD Int. Conf. on Management of Data, Tucson, Arizona (maio de 1997).

Para citar: "Tipos de dados abstratos, funções definidas pelo usuário, tipos de linhas, referências, herança, subtabelas, coleções, triggers – o que significa tudo isso, afinal?" Boa pergunta! Existem oito recursos na lista (e existe a suposição tácita de que todos eles são recursos específicos da SQL). Desses oito, poderíamos afirmar que pelo menos quatro recursos são indesejáveis, dois outros fazem parte da mesma coisa, e os outros dois são ortogonais à questão de se saber se o sistema é ou não relacional/objeto.

26.5 Michael J. Carey e outros: "The BUCKY Object/Relational Benchmark", Proc. 1997 ACM SIGMOD Int. Conf. on Management of Data, Tucson, Arizona (maio de 1997).

Do resumo: "BUCKY (Benchmark of Universal or Complex Kwery Interfaces) é um teste de avaliação e referência orientado a consultas, que testa muitos recursos fundamentais oferecidos por sistemas relacional/objeto, inclusive tipos de linhas e herança, referências e expressões de caminhos, conjuntos de valores atômicos e de referências, métodos e acoplamento tardio, e ainda tipos abstratos de dados definidos pelo usuário e seus métodos". *Nota:* Com relação a essa lista de "recursos fundamentais", consulte a anotação à referência [26.4].

26.6 Michael Carey e outros: "O-O, What Have They Done to DB2?" Proc. 25th Int. Conf. on Very Large Data Bases, Edimburgo, Escócia (setembro de 1999).

Uma visão geral dos recursos relacional/objeto do DB2. Consulte também as referências [26.1], [26.4] e [26.11].

26.7 R. G. G. Cattell: "What Are Next-Generation DB Systems?", *CACM 34*, Número 10 (outubro de 1991).

26.8 Donald D. Chamberlin: "Relations and References – Another Point of View", *InfoDB 10*, Número 6 (abril de 1997).

Consulte a anotação à referência [26.15].

26.9 Surajit Chaudhuri e Luis Gravano: "Optimizing Queries over Multi-Media Repositories", Proc. 1996 ACM SIGMOD Int. Conf. on Management of Data, Montreal, Canadá (junho de 1996).

Os "repositórios de multimídia" do título desse artigo representam um uso possível para os bancos de dados relacional/objeto. As consultas sobre dados de multimídia em geral não produzem apenas um conjunto de objetos resultantes, mas também um *grau de correspondência* para cada um desses objetos, que indica como ele atende à condição de pesquisa (por exemplo, o "grau de vermelho" de uma imagem). Essas consultas podem especificar um limiar no grau de correspondência e também pode especificar uma *quota* [7.5]. Esse artigo considera a otimização de tais consultas. Consulte também a referência [26.2].

26.10 Surajit Chaudhuri e Kyuseok Shim: "Optimization of Queries with User-Defined Predicates", *ACM TODS 24*, Número 2 (junho de 1999).

Consulte também as referências [26.26] e [26.35].

26.11 Weidong Chen e outros: "High Level Indexing of User-Defined Types", Proc. 25th Int. Conf. on Very Large Data Bases, Edimburgo, Escócia (setembro de 1999).

Explica algumas das técnicas de implementação usadas em DB2.

26.12 E. F. Codd e C. J. Date: "Interactive Support for Nonprogrammers: The Relational and Network Approaches", em C. J. Date, *Relational Database: Selected Writings.* Reading, Mass.: Addison-Wesley (1986).

O artigo que introduziu a noção de *essencialidade*, um conceito fundamental para a compreensão adequada de modelos de dados (em ambos os sentidos desse termo! – consulte o Capítulo 1, Seção 1.3). Basicamente, o modelo relacional tem apenas uma construção de dados essencial, a própria relação. Ao contrário, o modelo de objetos tem muitas: conjuntos, bags, listas, arrays e assim por diante (sem falarmos em IDs de objetos). Consulte as referências [26.13, 26.14] e [26.17] para ver uma explicação adicional.

26.13 C. J. Date: "Support for the Conceptual Schema: The Relational and Network Approaches", em *Relational Database Writings 1985-1989*, Reading, Mass.: Addison-Wesley (1990).

Um argumento contrário à mistura de ponteiros e relações [26.15] é a complexidade que os ponteiros provocam. Esse artigo inclui um exemplo que ilustra esse assunto com muita clareza (veja as Figuras 26.5 e 26.6).

P#_PRINC	P#_SEC	QDE
P1	P2	2
P1	P4	4
P5	P3	1
P3	P6	3
P6	P1	9
P5	P6	8
P2	P4	3

FIGURA 26.5 *Uma relação de lista de materiais.*

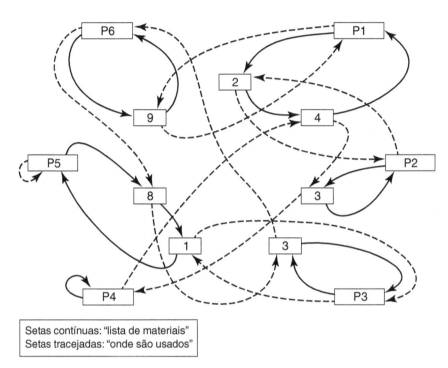

FIGURA 26.6 *Versão baseada em ponteiros da Figura 26.5.*

26.14 C. J. Date: "Essentiality", em *Relational Database Writings 1991-1994*. Reading, Mass.: Addison-Wesley (1995).

26.15 C. J. Date: "Don't Mix Pointers and Relations!" e "Don't Mix Pointers and Relations – *Please!*", ambos em C. J. Date, Hugh Darwen e David McGoveran, *Relational Database Writings 1994-1997*. Reading, Mass.: Addison-Wesley (1998).

O primeiro desse dois artigos contesta de modo enfático **O Segundo Grande Erro**. Na referência [26.8], Chamberlin apresenta uma refutação a alguns argumentos desse primeiro artigo. O segundo artigo foi escrito como uma resposta direta à refutação de Chamberlin.

26.16 C. J. Date: "Objects and Relations: Forty-Seven Points of Light", em C. J. Date, Hugh Darwen e David McGoveran, *Relational Database Writings 1994-1997*. Reading, Mass.: Addison-Wesley (1998).

Uma resposta minuciosa a cada ponto da referência [26.27].

26.17 C. J. Date: "Relational Really Is Different", Capítulo 10 da referência [6.9]. *www.intelligententerprise.com*.

26.18 C. J. Date: "What Do You Mean, 'Post-Relational'?" *http://www.dbdebunk.com* (junho de 2000).

O termo *pós-relacional* às vezes é encontrado na literatura. E poderia ou não significar a mesma coisa que *relacional/objeto*.

26.19 Linda G. DeMichiel, Donald D. Chamberlin, Bruce G. Lindsay, Rakesh Agrawal e Manish Arya: "Polyglot: Extensions to Relational Databases for Sharable Types and Functions in a Multi-Language Environment", IBM Research Report RJ8888 (julho de 1992).

Citando o resumo: "O Polyglot é um sistema de tipos de bancos de dados relacionais extensível que admite herança, encapsulamento e expedição dinâmica de métodos". (*Expedição dinâmica de métodos é outra expressão que significa acoplamento em tempo de execução*. Continuando:) "[O Polyglot] permite o uso de várias linguagens de aplicação e permite que os objetos conservem seu comportamento enquanto cruzam a fronteira entre o banco de dados e o programa de aplicação. Esse artigo descreve o projeto do Polyglot, extensões para a linguagem SQL com o objetivo de dar suporte ao uso de tipos e métodos do Polyglot e ainda a implementação do Polyglot no [protótipo] relacional Starburst."

O Polyglot está atacando claramente os tipos de questões que são o assunto deste capítulo (como também dos Capítulos 5, 20 e 25). Entretanto, algumas observações são relevantes. Primeiro, o termo relacional domínio (surpreendentemente) nunca é mencionado. Em segundo lugar, o Polyglot fornece os geradores de tipos embutidos (o termo do Polyglot é *metatipos*) de *tipo básico*, de *tipo tupla*, de *tipo de renomeação*, de *tipo array* e de *tipo linguagem*, mas (de novo surpreendentemente) não de *tipo relação*. Porém, o sistema foi projetado para permitir a introdução de geradores de tipos adicionais.

26.20 David J. DeWitt, Navin Kabra, Jun Luo, Jignesh M. Patel e Jie-Bing Yu: "Client-Server Paradise", Proc. 20th Int. Conf. on Very Large Data Bases, Santiago, Chile (setembro de 1994).

O Paradise – "Parallel Data Information System" – é um protótipo relacional/objeto (originalmente "relacional estendido") da Universidade de Wisconsin, nos EUA, "criado para manipular aplicações GIS" (GIS = Geographic Information System). Esse artigo descreve o projeto e a implementação do Paradise.

26.21 Andrew Eisenberg e Jim Melton: "SQL:1999, Formerly Known as SQL3", *ACM SIGMOD Record 28*, Número 1 (março de 1999).

Uma visão geral das diferenças entre SQL:1992 e SQL:1999. A propósito, quando este artigo surgiu, Hugh Darwen e o autor deste livro escreveram o seguinte ao editor do *SIGMOD Record*: "Com referência ao [artigo citado] – em particular, com referência às seções intituladas 'Objetos... Finalmente' e 'Usando Tipos REF' – temos uma pergunta: Que finalidade útil tem os recursos descritos nessas seções? Mais especificamente, que funcionalidade útil é fornecida que não pode ser obtida por meio dos recursos já encontrados na SQL:1992?" Nossa carta não foi publicada.

26.22 Michael Godfrey, Tobias Mayr, Praveen Seshadri e Thorsten von Eichen: "Secure and Portable Database Extensibility", Proc. 1998 ACM SIGMOD Int. Conf. on Management of Data, Seattle, Wash. (junho de 1998).

"Tendo em vista que operadores definidos pelo usuário são fornecidos por clientes desconhecidos ou não confiáveis, o SGBD deve ser cauteloso quanto a operadores que poderiam provocar a queda do sistema ou modificar seus arquivos ou memória diretamente (evitando os mecanismos de autorização), ou ainda monopolizar CPU, memória ou recursos de disco" (ligeiramente modificado). Os controles são obviamente necessários. Esse artigo relata investigações sobre essa questão, utilizando Java e o protótipo relacional/objeto PREDATOR [26.33]. Ele conclui de forma corajosa que um sistema de banco de dados "pode fornecer suporte para extensibilidade segura e portátil usando Java sem sacrificar indevidamente o desempenho".

26.23 Laura M. Haas, J. C. Freytag, G. M. Lohman e Hamid Pirahesh: "Extensible Query Processing in Starburst", Proc. 1989 ACM SIGMOD Int. Conf. on Management of Data, Portland, Ore. (junho de 1989).

Os objetivos do projeto Starburst se expandiram um pouco após a escrita do artigo original [26.29]: "O Starburst oferece suporte para a inclusão de novos métodos de armazenamento para tabelas, novos tipos de métodos de acesso e restrições de integridade, novos tipos de dados, funções e novas operações sobre tabelas". O sistema está dividido em dois componentes principais, Core e Corona, correspondendo, respectivamente, ao RSS e ao RDS no protótipo original do System R (consulte as referências [4.2] e [4.3] para ver uma explicação desses dois componentes do System R). O Core admite as funções de extensibilidade descritas na referência [26.29]. Corona admite a linguagem de consulta Hydrogen do Starburst, um dialeto de SQL que (a) elimina a maioria das restrições de implementação de SQL do System R, (b) é muito mais ortogonal que a SQL do System R, (c) admite consultas recursivas e (d) é extensível pelo usuário. O artigo inclui uma discussão interessante sobre "a reescrita de consultas" – isto é, as regras de transformação de expressões (consulte o Capítulo 18). Veja também a referência [18.48].

26.24 Joseph M. Hellerstein and Jeffrey F. Naughton: "Query Execution Techniques for Caching Expensive Methods", Proc. 1996 ACM SIGMOD Int. Conf. on Management of Data, Montreal, Canadá (junho de 1996).

26.25 International Organization for Standardization (ISO): *Information Technology – Database Languages – SQL Multimedia and Application Packages*, Documento ISO/IEC 13249:2000.

A definição oficial do padrão SQL/MM. Assim como o padrão SQL em que é baseado [4.23], ele consiste em uma série aberta de "Partes" separadas (ISO/IEC 13249-1, -2 etc.). No momento em que escrevíamos, as seguintes Partes tinham sido definidas:

Parte 1: Estrutura
Parte 2: Texto completo
Parte 3: Espacial
Parte 4: *Não existe a Parte 4*
Parte 5: Imagem parada
Parte 6: Mineração de dados

26.26 Michael Jaedicke e Bernhard Mitschang: "User-Defined Table Operators: Enhancing Extensibility for ORDBMS", Proc. 25th Int. Conf. on Very Large Data Bases, Edimburgo, Escócia (setembro de 1999).

26.27 Won Kim: "On Marrying Relations and Objects: Relation-Centric and Object-Centric Perspectives", *Data Base Newsletter 22*, Número 6 (novembro/dezembro de 1994).

Esse artigo argumenta *contra* a posição de que é um equívoco sério igualar RelVars e classes ("**O Primeiro Grande Erro**"). A referência [26.16] é uma resposta a esse artigo.

26.28 Won Kim: "Bringing Object/Relational Down to Earth", *DBP&D 10*, Número 7 (julho de 1997).

Nesse artigo, Kim afirma que "certamente reinará a confusão" no mercado de bancos de dados relacional/objeto porque, primeiro, "foi dado um peso exagerado ao papel da extensibilidade de tipos de dados" e, em segundo lugar, "a medida da completeza relacional/objeto de um produto... é uma área de perplexidade potencialmente séria". Ele continua a propor "uma medição prática para a completeza relacional/objeto que possa ser usada como uma diretriz para determinar se um produto é verdadeiramente [relacional/objeto]". Esse esquema envolve os seguintes critérios:

1. Modelo de dados
2. Linguagem de consulta
3. Serviços de missão crítica
4. Modelo computacional

5. Desempenho e escalabilidade
6. Ferramentas de banco de dados
7. Aproveitamento do poder

Com relação ao primeiro desses critérios (o crucial!), Kim assume a posição – muito diferente daquela de *The Third Manifesto* [3.3] – de que o modelo de dados deve ser o "Core Object Model (modelo de objetos do núcleo) definido pelo Object Management Group (0MG)", que "compreende o modelo de dados relacional, bem como os conceitos centrais de modelagem orientada a objetos das linguagens de programação orientadas a objetos". De acordo com Kim, ele incluirá assim todos os seguintes conceitos: *classe* (Kim acrescenta "ou tipo"), *instância, atributo, restrições de integridade, IDs de objetos, encapsulamento, herança de classe (múltipla), herança ADT (múltipla), dados de referência de tipo, atributos com valor de conjunto, atributos de classe, métodos de classe* e outros ainda. Observe que as relações – que, é claro, consideramos ao mesmo tempo cruciais e fundamentais – nunca são mencionadas explicitamente; Kim afirma que o Core Object Model do 0MG inclui o modelo relacional inteiro, além de tudo que se encontra na lista anterior, mas de fato isso não ocorre.

26.29 Bruce Lindsay, John McPherson e Hamid Pirahesh: "A Data Management Extension Architecture", Proc. 1987 ACM SIGMOD Int. Conf. on Management of Data, San Francisco, Calif. (maio de 1987).

Descreve a arquitetura geral do protótipo Starburst. O Starburst "facilita a implementação de extensões de gerenciamento de dados para sistemas de bancos de dados relacionais". Dois tipos de extensões são descritos nesse artigo: as estruturas de armazenamento e os métodos de acesso definidos pelo usuário, além de triggers e restrições de integridade definidos pelo usuário (mas não é certo que *todas* as restrições de integridade são definidas pelo usuário?). Contudo (para citar o artigo), "é claro que existem outras direções nas quais é importante podermos nos estender [inclusive SGBDs] tipos de dados... [e] técnicas de avaliação de consultas... definidas pelo usuário".

26.30 Guy M. Lohman e outros: "Extensions to Starburst: Objects, Types, Functions, and Rules", CACM *34*, Número 10 (outubro de 1991).

26.31 David Maier: "Comments on the Third-Generation Database System Manifesto", Tech. Report Número CS/E 91-012, Oregon Graduate Center, Beaverton, Ore. (abril de 1991).

Maier é altamente crítico sobre quase tudo na referência [26.44]. Concordamos com algumas de suas críticas e discordamos de outras. No entanto, achamos interessantes as observações a seguir (elas sustentam nossa posição de que objetos envolvem apenas uma boa ideia, ou seja, o *suporte apropriado para os tipos de dados*): "Muitos de nós na área dos bancos de dados orientados a objetos lutaram para destilar a essência da 'orientação a objetos' para um sistema de banco de dados... Minha própria maneira de pensar sobre isso foi que a característica mais importante dos BDOOs mudou com o passar do tempo. A princípio, pensei que era a herança e o modelo de mensagens. Mais tarde, cheguei a pensar que a identidade de objetos, o suporte para estado complexo e o encapsulamento do comportamento era mais importantes. Recentemente, após começar a ouvir de usuários de SGBDOOs sobre o que eles mais valorizam nesses sistemas, imaginei que a *extensibilidade de tipo* é a chave. A identidade, o estado complexo e o encapsulamento ainda são importantes, mas [somente] a ponto de oferecerem suporte para a criação de novos tipos de dados".

26.32 Jim Melton: *Advanced SQL:1999 – Understanding Object-Relational and Other Advanced Features*. San Francisco, Calif.: Morgan Kaufmann (2003).

Um tutorial sobre os assuntos de SQL discutidos na Seção 26.6 e outros recursos "avançados" da SQL:1999, incluindo SQL/MED (ver Capítulo 21), SQL/OLAP (ver Capítulo 22) e o padrão separado SQL/MM [26.25].

26.33 Jignesh Patel e outros: "Building a Scalable Geo-Spatial DBMS: Technology, Implementation, and Evaluation", Proc. 1997 ACM SIGMOD Int. Conf. on Management of Data, Tucson. Ariz. (maio de 1997).

Citando o resumo: "Esse artigo apresenta uma série de novas técnicas para formar sistemas de bancos de dados geoespaciais em paralelo e discute sua implementação no sistema de banco de dados relacional/objeto Paradise" (consulte a referência [26.20]).

26.34 Raghu Ramakrishnan e Johannes Gehrke: *Database Management Systems* (3ª edição). Boston, Mass.: McGraw-Hill (2003).

26.35 Karthikeyan Ramasamy, Jignesh M. Patel, Jeffrey F. Naughton e Raghav Kaushik: "Set Containment Joins: The Good, the Bad, and the Ugly", Proc. 26th Conf. on Very Large Data Bases, Cairo, Egito (setembro de 2000).

26.36 Lawrence A. Rowe e Michael R. Stonebraker: "The Postgres Data Model", Proc. 13th Int. Conf. on Very Large Data Bases, Brighton, Reino Unido (setembro de 1987).

26.37 Hanan Samet: *The Design and Analysis of Spatial Data Structures*, Reading, Mass.: Addison-Wesley (1990).

26.38 Cynthia Maro Saracco: *Universal Database Management: A Guide to Object/Relational Technology*. San Francisco, Calif.: Morgan Kaufmann (1999).

Uma avaliação legível de alto nível. Porém, observamos que Saracco defende (a propósito, como faz Stonebraker na referência [26.41], *q.v.*) uma forma muito suspeita de herança, envolvendo uma versão da ideia de subtabelas e supertabelas – sobre a qual somos céticos para começar [14.13] – que é significativamente diferente da versão incluída na SQL. Para ser específico, suponha que a tabela PROG ("programadores") seja definida como uma subtabela da tabela EMP ("empregados"). Então, Saracco e Stonebraker consideram EMP contendo linhas apenas para empregados que não são programadores, enquanto a SQL consideraria essa tabela contendo linhas para *todos* os empregados, como vimos na Seção 26.6.

26.39 Praveen Seshadri e Mark Paskin: "PREDATOR: An OR-DBMS with Enhanced Data Types", Proc. 1997 ACM SIGMOD Int. Conf. on Management of Data, Tucson, Ariz. (maio de 1997).

Para citar: "A ideia básica em PREDATOR é fornecer mecanismos para que cada tipo de dados especifique a semântica de seus métodos; essa semântica é usada então na otimização de consultas".

26.40 Michael Stonebraker: "The Design of the Postgres Storage System", Proc. 13th Int. Conf. on Very Large Data Bases. Brighton, Reino Unido (setembro de 1987).

26.41 Michael Stonebraker e Paul Brown (com Dorothy Moore): *Object/Relational DBMSs: Tracking the Next Great Wave* (2ª edição). San Francisco, Calif.: Morgan Kaufmann (1999).

Esse livro é um tutorial sobre sistemas relacional/objeto. Ele se baseia bastante – na verdade, quase exclusivamente – na Universal Data Option para o produto Dynamic Server da Informix, que, por sua vez, é baseado em um sistema mais antigo, chamado Illustra (um produto comercial em cujo desenvolvimento o próprio Stonebraker participou). Consulte a referência [3.3] para ver uma análise estendida e uma crítica desse livro; consulte também a anotação à referência [26.38].

26.42 Michael Stonebraker e Greg Kemnitz: "The Postgres Next Generation Database Managenent System", *CACM 34*, Número 10 (outubro de 1991).

26.43 Michael Stonebraker e Lawrence A. Rowe: "The Design of Postgres", Proc. 1986 ACM SIGMOD Int. Conf. on Management of Data, Washington, DC (junho de 1986).

Os objetivos anunciados do Postgres são:

1. Fornecer melhor suporte para objetos complexos

2. Oferecer a extensibilidade para tipos de dados, operadores e métodos de acesso

3. Oferecer recursos ativos de bancos de dados (alertas e triggers), além do suporte à inferência

4. Simplificar o código do SGBD para a recuperação de quedas

5. Produzir um projeto que possa tirar proveito de discos ópticos, estações de trabalho com multiprocessadores e chips VLSI de projeto personalizado

6. Efetuar o mínimo de mudanças possível (de preferência nenhuma) no modelo relacional

26.44 Michael Stonebraker e outros: "Third-Generation Database System Manifesto", *ACM SIGMOD Record 19*, Número 3 (setembro de 1990).

Em parte, esse artigo é uma resposta a – em outras palavras, uma contraproposta para – o Object-Oriented Database System Manifesto [20.2, 25.1] que (entre outras coisas) basicamente ignora por completo o modelo relacional (!). Uma citação: "Os sistemas de segunda geração foram uma contribuição importante em duas áreas, o acesso não procedimental aos dados e a independência de dados, e esses avanços não devem ser comprometidos pelos sistemas de terceira geração". As características a seguir são consideradas requisitos essenciais de um SGBD de terceira geração (parafraseamos um pouco o original):

1. Fornecer serviços de bancos de dados tradicionais, além de estruturas e regras de objetos mais ricas.

   - Sistema de tipos rico
   - Herança
   - Funções e encapsulamento
   - IDs de tuplas opcionais atribuídas pelo sistema
   - Regras (por exemplo, regras de integridade) não amarradas a objetos específicos

2. Incluir SGBDs de segunda geração.

   - Navegação apenas como último recurso
   - Definições de conjuntos intensionais e extensionais (significando coleções que são mantidas automaticamente pelo sistema e coleções que são mantidas manualmente pelo usuário)
   - Visões atualizáveis
   - Clusters, índices etc., ocultos do usuário

3. Fornecer suporte a sistemas abertos.

   - Suporte para vários idiomas
   - Persistência ortogonal ao tipo
   - SQL (caracterizada como *dialeto de dados intergaláctico*)
   - Consultas e resultados devem ser do nível mais baixo de comunicação cliente/servidor

   Consulte a referência [3.3] para ver uma análise e uma crítica mais abrangente desse artigo, e também a referência [26.31].

26.45 Haixun Wang e Carlo Zaniolo: "Using SQL to Build New Aggregates and Extenders for Object-Relational Systems", Proc. 26th Int. Conf. on Very Large Data Bases, Cairo, Egito (setembro de 2000).

26.46 Maurice V. Wilkes: "Software and the Programmer", *CACM 34*, Número 5 (maio de 1991).

CAPÍTULO 27

A World Wide Web e XML

27.1   Introdução

27.2   A Web e a Internet

27.3   Visão geral da XML

27.4   Definição de dados da XML

27.5   Manipulação de dados da XML

27.6   XML e bancos de dados

27.7   Recursos de SQL

27.8   Resumo

       Exercícios

       Referências e bibliografia

27.1 INTRODUÇÃO

Nota: Nick Tindall, da IBM, foi o autor original deste capítulo.

A World Wide Web e XML são assuntos quentes; muitos livros já foram escritos a respeito deles, e muitos outros certamente virão. Naturalmente, a ênfase neste livro está especificamente em questões de banco de dados, e não iremos nos aprofundar nos detalhes da Web ou da XML, exceto ao ponto em que se relacionam a esse assunto principal. Portanto, no caso da Web, oferecemos apenas uma base suficiente (na Seção 27.2) para oferecer algum contexto para as discussões nas seções seguintes. Contudo, no caso da XML, há muito mais que precisa ser dito, e dedicamos três seções a ela: a Seção 27.3 contém uma visão geral, e as Seções 27.4 e 27.5 abordam a definição de dados da XML e a manipulação de dados da XML, respectivamente. A Seção 27.6, em seguida, examina o relacionamento entre XML e os bancos de dados. Naturalmente, esse último assunto é o motivo principal para termos incluído este capítulo! – mas deliberadamente o ignoramos (em sua maior parte) antes da Seção 27.6. Finalmente, a Seção 27.7 descreve os recursos de SQL relevantes, e a Seção 27.8 apresenta um resumo.

27.2 A WEB E A INTERNET

Os termos *a Web* e *a Internet* normalmente são usados como se fossem intercambiáveis, mas, estritamente falando, eles se referem a coisas diferentes. Podemos caracterizar a diferença da seguinte forma: A Web é um *banco de dados* gigantesco (embora não criado de acordo com os princípios convencionais de banco de dados); a Internet é igualmente uma *rede* gigantesca sobre a qual esse banco de dados é distribuído. *Nota:* Como você provavelmente já sabe, o acesso à Web não é o único serviço fornecido pela Internet – outros incluem leitores de notícias (newsreaders), mensagens instantâneas, correio eletrônico (e-mail), ftp, telnet etc. –, mas é nisso que estamos interessados aqui. Este livro não tem por finalidade entrar nos detalhes dos leitores de notícias, mensagens instantâneas e todo o restante.

A Internet evoluiu a partir da Arpanet, que foi um projeto do final da década de 1960 sob o patrocínio da Agência de Projetos de Pesquisa Avançada do Departamento de Defesa dos EUA (DARPA), para conectar todas as diversas redes do governo e acadêmicas nos Estados Unidos, em uma única e consistente "super-rede", com um protocolo de comunicações comum, chamado TCP/IP (Transmission Control Protocol/Internet Protocol). Mas a Internet dessa forma (ou seja, sem a Web) ainda não era tão integrada quanto poderia ser; os usuários ainda tinham de usar vários mecanismos diferentes – ftp, gopher, archie, diferentes tipos de correio eletrônico e assim por diante – para acessar informações. Por exemplo, se você quisesse procurar alguma referência que havia encontrado em algum documento, normalmente teria que (a) usar um sistema de correio eletrônico ou sistema quadro de avisos (BBS) para descobrir o nome do arquivo relevante; (b) usar telnet para efetuar o logon em um servidor archie, a fim de procurar o local desse arquivo; (c) usar ftp para efetuar o logon no sistema onde o arquivo estava armazenado; (d) navegar até o diretório relevante nesse sistema; (e) copiar o arquivo para o seu sistema; (f) escolher o programa apropriado no seu sistema para exibi-lo.

A Web foi inventada por Tim Berners-Lee em 1989-1990 como uma base para resolver toda essa complexidade [27.2]. A noção central é a do **hipertexto**, inventado vários anos antes por Ted Nelson [27.19]. O hipertexto é um meio de estruturar informações, permitindo que documentos de texto referenciem outros documentos e arquivos, ou componentes de outros documentos e arquivos, por meio de **links** embutidos. A grande contribuição de Berners-Lee foi implementar essas ligações em um browser (navegador) gráfico que pudesse integrar todos os diferentes tipos de informações em uma única janela; o resultado foi que os usuários poderiam acessar e exibir qualquer coisa que quisessem por meio de um único clique do mouse, em vez de ter que usar todos os comandos e procedimentos separados que precisavam usar antes. Ele conseguiu essa simplificação notável definindo:

- Um mecanismo, **Uniform Resource Locator** (URL, mais tarde generalizado para *Uniform Resource Identifier*, ou URI), para identificar e referenciar documentos e outros recursos

- Uma linguagem de marcação, a **Hypertext Markup Language** (HTML), para criar documentos que incluem instruções sobre como eles devem ser exibidos

- Um protocolo, o **Hypertext Transfer Protocol** (HTTP), para transmitir esses documentos pela Internet

Nota: Teremos um pouco mais a dizer a respeito das linguagens de marcação e HTML na próxima seção.

Ora dissemos anteriormente que a Web é um banco de dados gigantesco. Os usuários percebem esse banco de dados, por meio de um *browser Web* (ou navegador Web), como distribuído por um conjunto de *sites* ("Web sites"), cada um com seu próprio *servidor Web* e identificado por seu próprio URL. Cada site contém um conjunto de *páginas Web*, e cada página possui um *documento raiz* associado, que especifica (entre outras coisas) como essa página deve ser exibida. Como todos os documentos, o documento raiz normalmente inclui links de URL para vários outros tipos de informações[1] (texto, imagens, áudio, vídeo e assim por diante), em diversos sites diferentes; porém, para o usuário, ele é percebido como um único documento integrado – o usuário provavelmente conhece o URL da página original, no máximo, e nada mais. Mas, quando a página é exibida, os links também são exibidos, e se o usuário clicar em um deles, o browser mostrará a informação correspondente na mesma janela (ou em alguma janela adicional).

Nota: Para algumas páginas Web, os usuários podem apanhar outras informações preenchendo formulários. Os *mecanismos* oferecem um caso especial importante. Normalmente, um mecanismo de busca apanha um argumento de busca especificado – por exemplo, "Camelot" – e retorna uma lista de sites Web

---

[1]Ele também poderia *embutir* diretamente tais informações adicionais.

contendo informações pertinentes. Para fazer esse tipo de busca em um tempo razoável, o mecanismo de busca usa índices abrangentes das palavras-chave que aparecem nos milhões de documentos armazenados na Web. Esses índices são criados e mantidos por *Web crawlers*, que trabalham continuamente, apanhando páginas Web e registrando seu uso de argumentos de busca em potencial.

As informações em determinado site podem ser armazenadas em arquivos do sistema operacional; porém, cada vez mais, elas são armazenadas em bancos de dados (bancos de dados SQL e outros), e os servidores Web, portanto, precisam ser capazes de interagir com os SGBDs. As Seções 27.6 e 27.7 dão alguma ideia quanto ao que poderia estar envolvido em tais interações.

27.3 VISÃO GERAL DA XML

O nome "XML" significa **Extensible** – não eXtensible! – **Markup Language** (linguagem de marcação extensível). Um **documento XML** é, informalmente falando, um documento criado usando os recursos da XML. Aqui está um exemplo simples. Observe o uso intenso de sinais "<" e ">" (não confunda com os mesmos sinais usados em outros lugares deste livro, na gramática em BNF).

```
<?xml version="1.0"?>
<saudação tipo="sucinta">Olá, mundo.</saudação>
```

A primeira linha aqui é uma **declaração XML** (com certos recursos opcionais omitidos); os documentos XML normalmente incluem tal declaração, embora isso não seja obrigatório. A segunda linha é um **elemento** XML, consistindo em uma **tag de início**, alguns **dados de caracteres** e uma **tag de fim**. (Em geral, determinado elemento poderá conter dados de caracteres ou outros elementos, ou uma mistura dos dois.) Os dados de caracteres são a string "Olá, mundo."; a tag de início é a **marcação** antes dessa string, e a tag de fim e a marcação após a string. (O termo não qualificado *tag* também é usado, de modo informal, para se referir a uma tag de início e sua tag de fim correspondente, tomadas em conjunto.) As tags são identificadas por qualquer nome que recebam pelo criador do documento, e esse nome também é considerado para a identificação do **tipo** do elemento: no exemplo, portanto, a tag é uma tag de "saudação", e o elemento é um elemento "saudação". A especificação

```
tipo="sucinta"
```

dentro da tag de início é um **atributo** XML (sem qualquer relação com os atributos no sentido relacional). O *nome* do atributo é "tipo"; a string "sucinta" é o seu valor.

Como você pode ver por esse exemplo bastante trivial, por um ponto de vista um documento XML é apenas uma string de caracteres. Essa string de caracteres consiste em *dados* e *marcação*, onde a marcação são *metadados* que descrevem os dados.[2] Normalmente, os documentos XML têm por finalidade serem lidos e entendidos por seres humanos e máquinas; particularmente, eles visam facilitar o processamento pelos programas de aplicação. *Nota:* Com relação a esse último ponto, observamos que a marcação permite que os programas de aplicação tolerem um grau de variação considerável no formato dos dados. Por exemplo:

- Como os elementos incluem tags de delimitação, "instâncias" distintas do "mesmo" elemento não precisam ter um tamanho fixo, mas podem variar de um documento para outro, ou até mesmo dentro de um único documento.

- (Mais importante!) Novos elementos – ou seja, elementos de algum novo tipo – podem ser acrescentados a um documento existente a qualquer momento, sem afetar os usuários existentes (programas de aplicação existentes, em particular).

---

[2]Embora os dados que estão contidos diretamente no documento devam ser especificamente dados de caracteres, o documento pode efetivamente conter, por exemplo, imagens, gravações de vídeo e outros tipos de dados não de caracteres, graças ao uso de links embutidos. Esses links são considerados parte da marcação.

Em outras palavras, desde que os criadores e os consumidores dos dados combinem com relação a como interpretar a marcação, a XML resolve alguns dos programas de *intercâmbio de dados*. Ao contrário, com os protocolos de formato fixo mais tradicionais, como Electronic Data Interchange (EDI), as mudanças no formato dos dados exigem mudanças correspondentes por parte de todos os criadores e consumidores dos respectivos dados.

Linguagens de marcação

A fim de apreciar parte do raciocínio por trás da XML, é importante examinar como ela evoluiu a partir de linguagens de marcação anteriores. As linguagens de marcação nunca tiveram por pretensão ser iguais às linguagens de programação convencionais; em vez disso, seu objetivo (pelo menos, seu objetivo original) era simplesmente permitir a criação de arquivos de texto que incluíssem instruções de formatação – marcação – que pudessem ser entendidas pelo processador de textos aplicável. A marcação era expressa em binário em alguns casos e como texto normal em outros, mas a linguagem em si sempre foi proprietária. Por exemplo, a IBM usou uma linguagem baseada em texto proprietária, chamada Script, para formatar manuais de usuário e documentos desse tipo. Aqui, como um exemplo, está um trecho de um arquivo típico em Script:

```
.sp 2
.il 3m;Você precisa especificar o ;.us on;primeiro;.us off; parâmetro
como PRIVATE. Essa especificação permitirá que o processador
complete a conversão sem qualquer informação adicional.
.br
```

A marcação aqui diz ao formatador para espaçar duas linhas (".sp2"), recuar a primeira linha de texto em três espaços (".il 3m"), sublinhar a palavra "primeiro" (".us on" e ".us off") e depois passar para uma nova linha (".br").

Agora, um problema com Script e linguagens semelhantes era que a marcação tinha uma natureza muito baseada em procedimentos – sem falar no fato de que ela controlava apenas a formatação do documento, e também era apropriada apenas para certos tipos de dispositivos (normalmente, impressoras matriciais monocromáticas). Exatamente para remediar tais deficiências, três pesquisadores da IBM introduziram a *Generalized Markup Language,* GML.[3] A principal diferença entre a GML e linguagens como Script é que a marcação em GML é mais descritiva, ou declarativa, do que a marcação por procedimentos encontrada nas primeiras linguagens. Aqui está novamente nosso exemplo em Script, expresso agora em GML:

```
<p>Você precisa especificar o <emp1>primeiro</emp1> parâmetro como PRIVATE.
Essa especificação permitirá que o processador complete a conversão
sem qualquer informação adicional.
```

A marcação agora simplesmente diz ao formatador que o texto é um *parágrafo* ("<p>"), em vez de indicar o layout detalhado para tal parágrafo ("espaçar duas linha" e assim por diante). Ela também diz ao formatador que "primeiro" precisa ter o *primeiro nível de ênfase* ("<emp1>" e "</emp1>"), em vez de indicar especificamente que ele precisa ser sublinhado. *Nota:* Deliberadamente tomamos algumas liberdades com a GML em nosso exemplo; em particular, usamos sinais "<" e ">" para as tags, em vez dos caracteres de dois pontos (":") mais comuns. Esses desvios da prática comum não são importantes para os propósitos desta seção.

A marcação GML, portanto, é realmente mais descritiva, mas ainda se concentra na apresentação ou *renderização do texto* (embora facilite certas outras tarefas, como contar o número de parágrafos). Em particular, os usuários estão limitados apenas às tags que estão embutidas na linguagem. Ao contrário, a

---

[3]O fato de que essas letras correspondem às iniciais dos sobrenomes de seus inventores, Charles Goldfarb, Edward Mosher, and Raymond Lorie, não é uma coincidência.

Standard GML (SGML), uma forma estendida da GML, permite que os usuários definam suas próprias tags, dando-lhes o significado que desejarem.[4] Usando esse recurso, poderíamos estender nosso exemplo para especificar a estrutura dos dados com mais detalhes – por exemplo:

```
<parágrafo>
  <sentença>
    <sujeito>Você</sujeito>
    <verbo> precisa especificar</verbo>
    <objeto> o <adjetivo><emp1>primeiro</emp1></adjetivo>
             parâmetro</objeto>
    ...
  </sentença>
  <sentença>
    ...
  </sentença>
</parágrafo>
```

Nota: Chamamos sua atenção para o ato de que o elemento "objeto" aqui contém dados de string de caracteres e outro elemento ("adjetivo").

Contudo, como você pode ver por esse exemplo, a SGML não é realmente uma linguagem de marcação em si (e "SGML" pode ser considerado um nome indevido). Em vez disso, ela é uma *meta*linguagem – ela oferece regras pelas quais os usuários podem definir suas próprias linguagens de marcação personalizadas, com suas próprias tags definidas pelo usuário em particular.[5] HTML é outra linguagem desse tipo; ou seja, HTML é definida em termos de SGML, e pode ser considerada como uma *aplicação SGML* específica (onde o termo *aplicação SGML* significa uma linguagem definida pela aplicação das regras da metalinguagem SGML, e não um programa de aplicação que usa SGML). Infelizmente, porém, a HTML não preserva a natureza puramente descritiva da GML, mas reintroduz marcação de formatação específica, além da marcação estrutural e semântica. De fato, algumas tags HTML oferece todos os três tipos de informação ao mesmo tempo; por exemplo, a tag HTML "<H1>" especifica um *cabeçalho de nível 1* (estrutura) e um *título de página* (semântica), e opcionalmente também pode especificar uma *fonte* (formatação).

O desenvolvimento da XML

A XML [27.25] foi desenvolvida originalmente em 1996 por um comitê de revisão da SGML, sob o patrocínio do World Wide Web Consortium, W3C (fundado por Berners-Lee em 1994), com o objetivo de remediar certos problemas com a SGML e a HTML. O problema com a SGML é que ela simplesmente era muito grande e complicada para ser admitida com facilidade na Web. Quanto à HTML, os problemas eram basicamente dois:

- Como já explicamos, ela não conseguia separar corretamente os dados estruturais, semânticos e de formatação.

- Mais do que isso, ela permitia que documentos violassem as regras de "boa formação" – ou seja, ela permitia que eles desobedecessem suas próprias regras de sintaxe![6] Esse problema surgiu porque havia diversos browsers no mercado na época, todos eles naturalmente competindo uns com os outros; e se o documento mal formado *D* pudesse ser exibido com sucesso pelo browser *A* e não pelo browser *B*, então esse fato era percebido como uma deficiência não no documento *D*, mas sim no browser *B*.

---

[4]Aqui está uma citação interessante com relação a isso: "Até mesmo nas menores organizações, a maior parte dos conflitos advém da falta de um significado definido e compartilhado com clareza para as palavras que usamos" [27.4].

[5]Na verdade, o mesmo serve para a GML.

[6]É lamentável dizer, mas existia um forte movimento em ação, enquanto escrevíamos esse texto, para que a XML fizesse a mesma coisa.

A XML, assim como a SGML antes dela, é, na realidade, uma metalinguagem (e, portanto, "XML" também é um nome indevido); de fato, XML é um subconjunto apropriado da SGML. Conforme a especificação XML [27.25] explica:

A Extensible Markup Language (XML) é um subconjunto da SGML... Seu objetivo é permitir que a SGML genérica seja enviada, recebida e processada na Web da mesma forma como agora é possível com a HTML. XML foi projetada para facilitar a implementação e para interoperabilidade com SGML e HTML.

A XML restabelece a natureza descritiva da marcação (ou seja, as linguagens de marcação definidas usando XML envolvem apenas a marcação descritiva). Observe cuidadosamente, porém, que a XML em si não atribui qualquer significado específico à marcação em questão.

Apesar de seu objeto indicado, a XML ainda não deslocou a HTML significativamente como meio preferido para as páginas Web (um browser que não admite XML normalmente ainda exibirá páginas Web corretamente). Por outro lado, o uso da XML em outras áreas tem crescido bastante; por exemplo, ela agora está sendo usada para finalidades diversas como arquivos de configuração, formatos de intercâmbio de dados para ferramentas de análise, novos protocolos de mensagem entre programas de aplicação em redes corporativas, e intercâmbio de dados entre tais programas. Em grande parte, como consequência desse fato, existe uma necessidade crescente de manter dados XML em bancos de dados. Aqui estão, para fins de ilustração, alguns exemplos de situações em que poderíamos querer manter dados XML em um banco de dados:

- Considere nossa conhecida RelVar de peças P. Poderíamos querer estender essa RelVar para incorporar um atributo DESENHO adicional (ver Figura 27.1), cujo valor dentro de qualquer tupla seja um desenho de linhas da peça em questão, expresso em uma linguagem específica derivada da XML – veja na próxima subseção –, chamada *Scalable Vector Graphics* (SVG). Observe que cada um desses valores é um documento SVG inteiro, e o banco de dados geral poderia ser considerado como um banco de dados "relatório/objeto" no sentido do capítulo anterior. *Nota:* Na realidade, não é muito correto dizer que os valores de DESENHO são desenhos de linhas propriamente ditos; em vez disso, eles são documentos XML que podem ser interpretados por algum programa de aplicação para produzir esses desenhos de linha. Novamente, consulte a Figura 27.1.

- De modo semelhante, poderíamos acrescentar um atributo DESCRIÇÃO à RelVar P, cujo valor dentro de qualquer tupla é um documento XML descrevendo a peça em questão e explicando as maneiras corretas de utilizá-la.

Naturalmente, XML também pode ser usada para representar os tipos de dados encontrados em bancos de dados mais tradicionais. Por exemplo, ordens de compra, catálogos de peças e registros de estoque podem ser expressos em XML. Assim, um banco de dados – não um relacional, naturalmente – poderia consistir *apenas* em documentos XML. Vamos discutir a respeito dessa possibilidade rapidamente na Seção 27.6.

A XML também pode ser usada para representar relações, um fato que poderia ser útil para a importação ou exportação de dados para um banco de dados relacional (novamente, consulte a Seção 27.6). Por exemplo, aqui está uma representação em XML da nossa relação normal de peças (apenas as tuplas para P1 e P2):

```
<?xml version="1.0"?>
<!-- Esta é uma representação XML da relação de peças da      -->
<!-- Fig. 3.8 (apenas as tuplas para P1 e P2). Observe que    -->
<!-- todos os valores de dados são representados como strings -->
<!-- de caracteres simples.                                   -->
<RelaçãoPeças>
  <TuplaPeça>
    <PNUM>P1</PNUM>
```

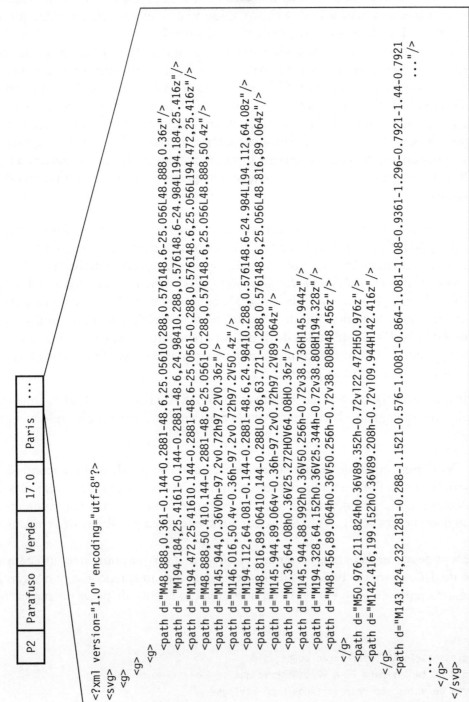

FIGURA 27.1 *Acrescentando um valor de atributo DESENHO à RelVar de peças (exemplo).*

```
    <PNOME>Porca</PNOME>
    <COR>Vermelho</COR>
    <PESO>12.0</PESO>
    <CIDADE>Londres</CIDADE>
  </TuplaPeça>
  <TuplaPeça>
    <PNUM>P2</PNUM>
    <PNOME>Pino</PNOME>
    <COR>Verde</COR>
    <PESO>17.0</PESO>
    <CIDADE>Paris</CIDADE>
  </TuplaPeça>
</RelaçãoPeças>
```

Aqui estão alguns pontos importantes:

- O layout específico apresentado – em particular, com recuos e quebras de linha – foi incluído apenas por legibilidade. Ele não é uma parte necessária dos documentos XML. Na verdade, a maioria dos documentos XML relacionados a negócios não possui qualquer "espaço em branco" desse tipo, mas consiste em marcação e dados unidos sem qualquer tipo de quebra.

- Substituímos o nome P# por PNUM porque "#" não é válido em nomes de tag XML (e faremos mudanças semelhantes em todos os nossos exemplos neste capítulo, tanto relacionais quanto XML, para manter a consistência).

- Como indicam os **comentários XML** no início, todos os valores de atributo (relacionais) foram mapeados para strings de caracteres simples.

- Para simplificar, escolhemos representar apenas o corpo da relação, e não o cabeçalho (e faremos o mesmo em todos os próximos exemplos neste capítulo, onde for o caso).

- Observamos que **elementos vazios** são permitidos. Por exemplo, suponha que algumas peças não tenham cor, e decidimos usar a string vazia para indicar o valor de COR para essa peça. Então, a especificação <COR></COR>, ou (de forma mais resumida) apenas <COR/>, é suficiente.

  Nota: Conforme sugere o termo *elemento vazio*, a XML considera tais elementos como não contendo coisa alguma. Contudo, seria mais correto do ponto de vista lógico dizer que eles contêm algo – a saber, uma string (apesar de vazia) – e o termo *elemento vazio*, portanto, é outro nome indevido. Além disso, como veremos na Seção 27.4, na subseção "Esquema XML", esses "elementos vazios" também podem ter atributos XML.

- Finalmente, precisamos dizer que o documento XML apresentado não é uma representação muito fiel da relação de peças, pois impõe uma sequência de cima para baixo sobre as tuplas e uma sequência da esquerda para a direita sobre os atributos dessas tuplas (a sequência léxica, nos dois casos). Na realidade, os documentos XML sempre possuem uma ordem em seus elementos[7] (o termo oficial é *ordenação de documento*). Falaremos mais sobre esse assunto na Seção 27.6, na subseção "Picotar e publicar".

Estrutura de um documento XML

Já usamos o termo *documento XML* várias vezes neste capítulo, mas deverá estar claro a este ponto que o termo é um tanto incorreto: os documentos são expressos não em *XML propriamente dita*, mas em alguma **derivada da XML** – ou seja, em alguma linguagem de marcação que foi definida usando XML.[8] Contudo,

---

[7]Porém, os atributos na XML não têm ordem; assim, pode ser preferível representar PNUM, PNOME, COR, PESO e CIDADE por tais atributos, em vez de elementos. Consulte a Seção 27.4.

[8]O termo oficial para "derivada da XML" é *aplicação XML*. Preferimos nosso termo, pois é menos propenso a ser interpretado como um programa de aplicação que utiliza XML.

é conveniente nos referirmos a todos esses documentos de modo geral como "documentos XML", e por isso continuaremos a usar esse termo.

Seja *XD* uma derivada da XML. Então, o criador da *XD* especificará o significado da marcação disponível na *XD* (pelo menos, informalmente); além disso, operadores podem ser definidos e programas podem ser escritos para processar documentos que utilizam a *XD*. Seja *D* um documento desse tipo. Resumindo, então, *D* possui uma estrutura hierárquica, consistindo em um **nó raiz** e uma sequência de **nós filhos** (onde cada nó filho pode ter uma sequência de nós filhos próprios, e assim por diante, e cada nó filho possui exatamente um nó **pai**). A Figura 27.2 mostra a hierarquia para o documento RelaçãoPeças da subseção anterior. Como você pode ver por essa figura, cada nó representa um elemento XML, exceto por:

- O nó raiz ou **documento**, que representa o documento inteiro (observe que ele *não* corresponde ao elemento raiz do documento!).

- Os nós de folha, que representam dados de caracteres. *Nota:* Os nós de folha também são usados para representar (a) atributos XML (mas não existem atributos no exemplo) e (b) diversos itens como comentários XML, espaço em branco e assim por diante (e alguns desses nós aparecem na figura).

A hierarquia completa é denominada **conjunto de informações** ("information set", abreviado como "infoset") para o documento em questão, e uma interface de programação de aplicações (API) para essa hierarquia é fornecida por um recurso da XML denominado **Document Object Model**, DOM [27.24]. Usando essa API, um programa de aplicação pode ler, inserir, excluir e alterar nós (entre outras coisas).[9]

Claramente, muitos documentos XML distintos poderiam estar de acordo com a mesma estrutura hierárquica geral (ou seja, todos os seus respectivos infosets poderiam ter a mesma estrutura genérica). Por exemplo, poderíamos concordar, pelo menos para fins desta discussão, que todo livro consiste em um título, um prefácio (opcional), uma sequência de capítulos, uma sequência de apêndices (opcional) e um índice (opcional); que cada capítulo consiste em um título e uma sequência não vazia de seções; que cada seção consiste em um título e uma sequência não vazia de parágrafos, e assim por diante. Ao mesmo tempo, certamente também podemos concordar que os livros diferem em sua estrutura *específica*, que alguns não têm prefácio, alguns não têm apêndices, alguns não têm índice, diferentes livros têm diferentes quantidades de capítulos, e assim por diante. Assim, se representarmos cada livro por um documento XML, então esses documentos exibirão uma variação considerável no nível de detalhe – mais variação, poderíamos pensar, do que normalmente acontece entre as tuplas de uma relação no modelo relacional. E como as relações normalmente não consideradas como sendo bastante estruturadas, enquanto os documentos XML parecem ter uma estrutura muito mais solta,[10] às vezes se diz que as relações contêm *dados estruturados*, e os documentos XML contêm dados *semi*estruturados (ou são baseados no "**modelo de dados semiestruturado**").

Porém, o argumento anterior não resiste a um exame mais atento. A verdade é que as relações não são mais nem menos "estruturadas" do que os documentos XML. (Elas possuem uma estrutura *diferente*, é claro, mas mesmo assim qualquer coisa que pode ser representada como um documento XML pode ser igualmente bem representada de forma relacional – possivelmente como uma tupla, possivelmente como um conjunto de tuplas, possivelmente de outra maneira.) Contudo, o termo *semiestruturado* é muito usado no setor, motivo pelo qual o mencionamos aqui.

Nota: É bom acrescentar que outras justificativas para o termo podem ser encontradas na literatura. Por exemplo:

- A referência [26.35] sugere que ele deriva do fato de que parte dos dados possui uma estrutura fixa, enquanto o restante varia (por exemplo, todo livro tem um título, mas nem todo livro tem um índice).

---

[9]Pode ser útil explicar que o infoset para determinado documento é muito próximo de uma "reprpos" para esse documento, no sentido do Capítulo 5.

[10]Naturalmente, isso não significa nenhuma estrutura. Os "dados" que são completamente desestruturados são, por definição, puro ruído, e *dados desestruturados* é uma contradição nos termos.

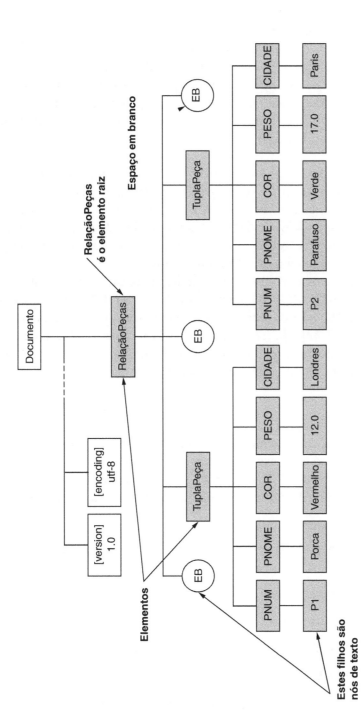

FIGURA 27.2 *Infoset do documento RelaçãoPeças (simplificado)*.

- A referência [27.13] diz que ele deriva do fato de que os dados não têm um esquema convencional, mas em vez disso são "sem esquema" e "autodescritíveis". A referência [27.17] diz o mesmo, mas acrescenta "semelhante a objeto".

- A referência [27.23] diz que ele deriva do fato de que os dados "podem ser irregulares ou incompletos e [possuem uma] estrutura [que] pode mudar de forma rápida e imprevisível".

- Naturalmente, a estrutura que um documento XML possui fica em grande parte a critério do projetista do documento;[11] de certa forma, ela é *imposta* sobre os dados pelo seu projetista, e diferentes projetistas obviamente têm liberdade para impor diferentes estruturas, dividindo os dados de diferentes maneiras e escolhendo diferentes tags. Por exemplo, um poema poderia ser representado como um único texto corrido (<poema> ... </poema>), ou então como uma sequência de versos (<poema><verso> ... </verso> ... </poema>), ou de várias outras maneiras. E poderia ser argumentado que o termo *semiestruturado* se deriva de tais considerações.

Contudo, em nossa opinião, nenhuma dessas justificativas resiste a uma análise cuidadosa. De fato, não vemos qualquer diferença substancial entre "o modelo semiestruturado" e os aspectos estruturais do antigo modelo **hierárquico** conforme descrito (e criticado) no Capítulo 13 da referência [1.5]. Isso, logicamente, nos leva a outro ponto: Os modelos de dados em geral, incluindo o modelo hierárquico em particular, devem incluir operadores; mas o "modelo semiestruturado" parece estar preocupado principalmente, ou até mesmo exclusivamente, com a estrutura dos dados.

Um último ponto a respeito desse assunto: Frequentemente, a literatura sugere que ou o infoset – sob a interpretação genérica desse termo [27.26] – ou, de um modo mais geral, "o modelo semiestruturado" é "o modelo de dados XML". Mas a figura fica muito mais turva pelo fato de que cada uma das referências [27.24], [27.28] e (em conjunto) [27.27] e [27.29], bem como a referência [27.26], definem seu próprio "modelo de dados XML" (e alguns desses modelos possuem operadores, outros não). Portanto, de forma alguma está esclarecido qual desses modelos (se algum) merece ser chamado de *o* modelo de dados XML.

Derivadas e padrões de XML

A XML, em si, foi padronizada apenas recentemente (fevereiro de 1998),[12] e o nível de aceitação que ela recebeu em pouco tempo depois então é incrível. No momento em que estávamos escrevendo (início de 2003), havia pelo menos 200 derivadas de XML diferentes – algumas novas, outras modificações de especificações anteriores, baseadas em HTML. Aqui está uma pequena amostra, apenas por ilustração:

- *CML:* A Chemical Markup Language

- *ebXML:* Um substituto proposto para EDI nas comunicações entre empresas (B2B – Business-to-Business)

- *MathML:* A Mathematical Markup Language

- *PMML:* Um padrão de mineração de dados

- *WML:* A Wireless Markup Language

- *XMLife:* Um padrão do setor de seguros

Também existem várias especificações que contam com a XML no nível de aplicação e de setor, por exemplo:

---

[11]E/ou do projetista do *tipo* do documento (ver Seção 27.4).

[12]Como o W3C é um consórcio de organizações, em vez de um órgão formal de padronização, a especificação XML não é um padrão propriamente dito, mas apenas uma "recomendação". Contudo, a distinção não é tão importante na prática. Comentamos de passagem que a especificação XML por si só depende e é definida em termos do padrão Unicode [27.22].

778

- *SOAP:* Simple Object Access Protocol, uma das bases dos Web Services, um novo tipo de programação em que as aplicações são construídas pela combinação de componentes que são descobertos e acessados por meio da Web

- *XMI:* XML Metadata Interchange, um padrão de comunicações entre ferramentas

E existem muitos padrões adicionais ou padrões em potencial que estendem ou dependem do padrão XML (consulte a Figura 27.3). Aqui estão alguns dos mais importantes:

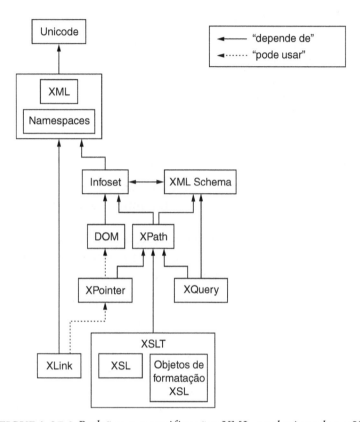

FIGURA 27.3 *Padrões e especificações XML e relacionados a XML.*

- *Namespaces em XML:* Um esquema de qualificação de nomes para permitir que vocabulários[13] XML distintos sejam usados juntos sem conflitos de nomes

- *XML Information Set:* Um modelo resumido da estrutura de documentos XML (consulte a subseção anterior)

- *XML Schema:* Uma linguagem para a criação de esquemas que descrevem documentos XML (consulte a Seção 27.4)

- *DOM:* Document Object Model, uma API orientada a objetos para a operação sobre infosets XML (consulte a subseção anterior)

- *XPath:* XML Path Language, que oferece um meio ("expressões de caminho") para endereçar e, portanto, obter acesso a partes de um documento XML (consulte a Seção 27.5)

- *XPointer:* XML Pointer Language, que é baseado em XPath mas oferece recursos de endereçamento mais extensos

---

[13]Consulte a subseção "Definições de tipo de documento", na Seção 27.4, para obter uma explicação desse termo.

- *XQuery:* XML Query, uma linguagem de consulta em XML (ver a Seção 27.5)

- *XLink:* XML Linking Language, uma linguagem que permite que elementos sejam inseridos em documentos XML, a fim de criar e descrever links entre os recursos

- *XSL e XSLT:* linguagens de folha de estilo XML e transformação de folha de estilo que juntas permitem – na verdade, encorajam – que as informações de formatação sejam mantidas separadas da marcação descritiva

27.4 DEFINIÇÃO DE DADOS DA XML

Assim como os dados convencionais do banco de dados, determinado documento XML normalmente possui alguma informação descritora associada. Tal informação pode ser especificada por meio de (a) uma *definição de tipo de documento* (DTD), construída por meio do que chamaremos **linguagem de definição de DTD** [27.25],[14] ou (b) um *esquema XML*, construído por meio de uma linguagem chamada, de modo um tanto confuso, **XML Schema** [27.28]. Nesta seção, vamos discutir a respeito dessas duas linguagens.

Definições de tipo de documento

A linguagem de definição de DTD é definida na referência [27.25], que é a especificação XML (em outras palavras, DTDs fazem parte do padrão XML em si). Entre outras coisas, essa referência inclui:

- As regras básicas para definir e usar linguagens de marcação baseadas na XML (ou seja, derivadas da XML) – como distinguir entre marcação e caracteres, como emparelhar tags de início e fim corretamente, como especificar comentários, e assim por diante

- As regras de como um programa projetado para processar documentos XML (normalmente chamado **analisador XML**) deve apresentar informações a outros programas

E, como já foi dito, ela também indica as regras para a definição de DTDs.

Para ilustrar a funcionalidade da DTD, utilizamos uma versão revisada do exemplo RelaçãoPeças da Seção 27.3. As principais mudanças são estas: Usamos atributos XML no lugar de elementos para representar cores e cidades de peças, e permitimos a inclusão de um elemento opcional NOTA em certos lugares dentro do documento. Assim, um documento RelaçãoPeças poderia se parecer com este:

```
<?xml version="1.0"?>
<!-- Esta é uma representação XML da relação de peças da      -->
<!-- Fig. 3.8 (apenas as tuplas para P1 a P3). COR e CIDADE   -->
<!-- agora são representados por atributos XML, no lugar de   -->
<!-- elementos XML.                                           -->
<!DOCTYPE ... >          <!-- Consulte a explicação a seguir  -->
<RelaçãoPeças>
  <NOTA>Versão revisada</NOTA>
  <TuplaPeça CIDADE="Londres">
    <PNUM>P1</PNUM>
    <PNOME>Porca</PNOME>
    <PESO>12.0</PESO>
    <NOTA>A cor da peça é vermelha como padrão</NOTA>
  </TuplaPeça>
  <TuplaPeça COR="Verde" CIDADE="Paris">
    <PNUM>P2</PNUM>
```

---

[14]O nome *linguagem de definição de DTD* significa, por extenso, "linguagem de definição da definição de tipo de documento", e por isso parece envolver alguma redundância. Mas isso não acontece, porque as duas "definições" referem-se a coisas diferentes! Veja outros comentários sobre o assunto na subseção "Revisão de derivadas de XML", no final desta seção.

```
      <PNOME>Pino</PNOME>
      <PESO>17.0</PESO>
   </TuplaPeça>
   <TuplaPeça CIDADE="Oslo" COR="Azul">
      <PNUM>P3</PNUM>
      <PNOME>Parafuso</PNOME>
      <COR>Verde</COR>
      <PESO>17.0</PESO>
      <CIDADE>Paris</CIDADE>
   </TuplaPeça>
</RelaçãoPeças>
```

Os documentos com o formato geral ilustrado poderiam ter uma DTD semelhante a esta (numeramos as linhas para fins de referência no texto adiante):

```
1   <!ELEMENT RelaçãoPeças (NOTA?, TuplaPeça*)>
2   <!ELEMENT NOTA (#PCDATA)>
3   <!ELEMENT TuplaPeça (PNUM, PNOME, PESO, NOTA?)>
4   <!ATTLIST TuplaPeça
5      CIDADE (Londres | Oslo | Paris) #REQUIRED
6      COR (Vermelho | Verde | Azul) "Vermelho">
7   <!ELEMENT PNUM (#PCDATA)>
8   <!ELEMENT PNOME (#PCDATA)>
9   <!ELEMENT PESO (#PCDATA)>
```

Explicação:

■ *Linha 1:* Todo documento que esteja em conformidade com essa DTD possui exatamente um elemento raiz, chamado RelaçãoPeças. Esse elemento raiz contém uma sequência de zero ou mais elementos TuplaPeça, opcionalmente precedidos por um elemento NOTA. Nota: O ponto de interrogação é o símbolo que indica o caráter opcional e o asterisco indica "zero ou mais".[15] A especificação de um sinal de mais no lugar de um asterisco – por exemplo, TuplaPeça+ em vez de TuplaPeça* – indicaria "um ou mais", em vez de "zero ou mais". Nenhuma especificação indicaria "exatamente um".

Em geral, as DTDs podem ser internas (ou seja, incluídas diretamente no documento que descrevem) ou externas (ou seja, incluídas em um arquivo separado):

■ No caso interno, (a) a DTD precede o elemento raiz, e (b) ela precisa estar envolvida por um par de *delimitadores*. O delimitador de início tem este formato:

```
<!DOCTYPE nome do tipo de documento [
```

(em que o *nome do tipo de documento* – no exemplo, RelaçãoPeças – precisa ser igual ao nome do elemento raiz). O delimitador de fim tem este formato:

```
]>
```

■ No caso externo, (a) as linhas delimitadoras não aparecem; (b) uma *referência* à DTD em questão aparece antes do elemento raiz em cada documento que a utiliza (o caso externo, portanto, torna mais fácil que vários documentos compartilhem a mesma DTD). Tal referência poderia ser semelhante a esta:

```
<!DOCTYPE RelaçãoPeças SYSTEM "file:///c:/peças.dtd">
```

(indicando que a DTD deverá ser encontrada em um arquivo chamado "peças.dtd"). Portanto, até mesmo no caso externo, o documento ainda possui uma linha <!DOCTYPE...>, especificando, entre outras coisas, o nome do tipo de documento.

---

[15]O asterisco é o operador de Kleene, encontrado anteriormente no Capítulo 21.

- *Linha 2:* Todo elemento NOTA contém "dados de caracteres analisados" (#PCDATA), significando, de modo informal, texto normal sem qualquer marcação. As linhas 7, 8 e 9 são semelhantes.

- *Linha 3:* Todo elemento TuplaPeça contém exatamente um elemento PNUM, um elemento PNOME e um elemento PESO (nessa ordem), opcionalmente seguido por um elemento NOTA.

- *Linhas 4-6:* Toda tag de início de TuplaPeça contém um atributo CIDADE e, opcionalmente, um atributo COR (em qualquer ordem, se ambos forem especificados). O valor do atributo CIDADE precisa ser Londres, Oslo ou Paris. O valor do atributo COR precisa ser Vermelho, Verde ou Azul, e considera-se Vermelho como o padrão, caso o atributo seja omitido.

Alguns detalhes adicionais:

- Primeiro, o conjunto de todos os nomes de tipo de elemento e nomes de atributo definidos dentro de determinada DTD é considerado seu *vocabulário* correspondente. Não exige obrigação alguma de que tais nomes sejam exclusivos a apenas um vocabulário (o mecanismo de namespace, mencionado na seção anterior, pode ser usado para resolver conflitos de nomes, se for preciso).

- Segundo, a especificação XML define dois **níveis de conformidade** para documentos XML, "boa formação" e "validade". Dado um "objeto textual" qualquer – em outras palavras, uma string de caracteres –, é responsabilidade do analisador XML determinar se esse objeto atende a um desses requisitos de conformidade. As duas subseções a seguir explicam os detalhes.

Boa formação

Qualquer objeto textual X é **bem formado** se e somente se estes dois itens forem verdadeiros:

- X está de acordo com a gramática genérica definida na referência [27.25] e satisfaz a um conjunto de 12 regras também definidas nessa referência (os detalhes estão além do escopo deste capítulo).

- Todo objeto textual Y referenciado direta ou indiretamente de dentro de X, por sua vez, é bem formado. *Nota:* Aqui, "direta ou indiretamente" significa que X contém diretamente uma referência a Y ou uma referência a algum outro objeto textual Z, que contém direta ou indiretamente uma referência a Y.

Essas regras implicam, entre outras coisas, que X precisa ter exatamente um elemento raiz, que pode conter (e normalmente contém) outros elementos; a tag de início para cada elemento precisa ter uma tag de fim correspondente, exatamente com o mesmo nome (e a correspondência diferencia entre maiúsculas e minúsculas); os elementos precisam ser aninhados corretamente; e assim por diante. Todos os nossos exemplos de documentos XML até este ponto foram bem formados nesse sentido (de fato, se um objeto textual não é bem formado, então, por definição, ele não é um documento XML). Aqui, por comparação, está um objeto textual que, por motivos indicados nos comentários, não é bem formado:

```
<!-- Aviso! Este objeto textual não está bem formado;      -->
<!-- portanto, não é um documento XML, por definição.       -->
<RelaçãoPeças>
  <TuplaPeça>
    <PNUM>P1</pnum>    <!-- Tags de início e fim não combinam -->
    <PNOME>Porca       <!-- Falta a tag de fim               -->
  </TuplaPeça>
  </TuplaPeça>         <!-- Talta a tag de início             -->
</RelaçãoPeças>
<RelaçãoPeças>          <!-- Mais de um elemento raiz          -->
...
```

Validade

Qualquer objeto textual *X* é **válido** se e somente se ele estiver bem formado *e* estiver de acordo com alguma DTD especificada. Aqui está um exemplo de um documento XML que está bem formado (por definição) mas, por motivos indicados nos comentários, apesar disso não é válido:

```
<!DOCTYPE RelaçãoPeças SYSTEM "file:///c:/peças.dtd">
<!-- Aviso! Este documento está bem formato (e, portanto, é    -->
<!-- um documento XML), mas não é um documento RelaçãoPeças     -->
<!-- válido, pois não está em conformidade com a DTD para       -->
<!-- tais documentos, que está no arquivo "peças.dtd".          -->
<relaçãoPeças>                         <!-- Elemento indefinido -->
  <TuplaPeça CIDADE="Londres">
    <PNOME>Porca</PNOME>        <!-- Elementos PNUM e PNOME... -->
    <PNUM>P1</PNUM>             <!-- ...na ordem errada        -->
    <PESO>12.0</PESO>
  </TuplaPeça>
  <TuplaPeça>                         <!-- Falta atributo CIDADE -->
    <PNUM>P2</PNUM>
    <PNOME>Pino</PNOME>
    <coment>Melhor qualidade</coment> <!-- Elemento indefinido -->
  </TuplaPeça>                         <!-- Falta elemento PESO -->
</relaçãoPeças>
```

Atributos do tipo ID e IDREF

Como você pode ver, as DTDs admitem certos tipos de restrições de integridade (valores de atributo válidos etc.).[16] Contudo, em sua maior parte, essas restrições são bastante fracas por natureza (em especial para os elementos – ao contrário dos atributos – que contêm diretamente dados reais, para os quais basicamente nenhuma restrição pode ser especificada). Mas as DTDs também admitem certas restrições de exclusividade e referenciais, graças aos tipos de atributo especiais *ID* e *IDREF*. Por exemplo, suponha que tivéssemos que especificar uma DTD para um documento XML correspondente não apenas a partes, mas ao banco de dados inteiro de fornecedores e peças. Então, essa DTD poderia incluir definições da seguinte maneira:

```
<!ATTLIST TuplaFornecedor FNUM ID #REQUIRED>
<!ATTLIST TuplaPeça PNUM ID #REQUIRED>
<!ATTLIST TuplaRemessa FNUM IDREF #REQUIRED>
<!ATTLIST TuplaRemessa PNUM IDREF #REQUIRED>
```

(Observe particularmente que os elementos de TuplaPeça agora possuem um atributo PNUM, em vez de um elemento PNUM.) Se o documento *D* é válido de acordo com essa DTD, então:

- Todo elemento TuplaFornecedor em *D* terá um valor de FNUM e todo elemento de TuplaPeça em *D* terá um valor de PNUM exclusivo.

- Todo elemento TuplaRemessa em *D* terá um valor de FNUM que aparece como um valor de algum atributo do tipo ID em algum lugar de *D* e um valor de PNUM que aparece como um valor de algum atributo do tipo ID em algum lugar de *D*.

Em outras palavras, os atributos do tipo ID se comportam de modo semelhante a chaves primárias e os atributos do tipo IDREF se comportam de modo semelhante à chave estrangeira. Contudo, as analogias não são muito fortes:

---

[16]A questão geral de restrições de integridade em um contexto XML é explorada na referência [27.8].

- Não há como especificar um valor de "chave" que seja algo além de uma simples string de caracteres.

- Não há como especificar um valor de "chave" que envolva mais de um atributo. (No exemplo, observe que *não* especificamos que os elementos TuplaRemessa possuem um valor exclusivo de FNUM/PNUM.)

- No exemplo, os valores de FNUM em TuplaFornecedor não são meramente exclusivos com relação a todos esses elementos, mas são exclusivos com relação a todos os atributos do tipo Id no documento inteiro, e o mesmo ocorre para os valores de PNUM nos elementos de TuplaPeça. (Em particular, portanto, o valor de FNUM é igual a qualquer valor de PNUM.)

- Além do mais, os valores de FNUM nos elementos de TuplaRemessa não têm garantia de serem iguais ao valor de FNUM em algum elemento de TuplaFornecedor – eles simplesmente têm garantia de serem iguais ao valor de algum atributo do tipo ID, em algum lugar no documento.

- Mais importante, a verificação da restrição referencial – dessa forma – é realizada apenas dentro do contexto de um único documento. Não existe verificação entre documentos.

Limitações das DTDs

Vimos que o suporte da DTD para restrições de integridade é muito fraco. Na verdade, muitos outros problemas com as DTDs também se tornaram aparentes desde que foram introduzidos inicialmente. Por exemplo:

- Elas não utilizam sintaxe XML (ou seja, elas por si só não são documentos XML), o que significa que elas não podem ser processadas por um analisador XML normal. Por exemplo, considere a declaração de elemento:

```
<!ELEMENT PNUM (#PCDATA)>
```

Essa declaração parece muito com uma tag de início em XML, mas não é – "!ELEMENT" não é um nome de tipo de elemento XML válido, e "PNUM" e "(#PCDATA)" não são atributos XML válidos. Com certeza, se XML é realmente versátil e poderosa como afirmam ser, ela deveria ser capaz de descrever a si mesma![17]

- Elas basicamente não oferecem suporte para tipo de dados (tudo é apenas uma string de caracteres).

- Elas normalmente exigem que os elementos de diferentes tipos apareçam em alguma sequência específica, mesmo quando essa sequência não possui qualquer significado intrínseco. Por exemplo, suponha que documentos RelaçãoPeças tenham uma DTD que inclua a seguinte especificação:

```
<!ELEMENT TuplaPeça (PNUM, PNOME, COR, PESO, CIDADE)>
```

Então, os elementos PNUM, PNOME, PESO, COR e CIDADE dentro de determinado elemento TuplaPeça precisam aparecer exatamente na ordem especificada, embora essa ordem não tenha significado em termos relacionais. *Nota:* Em princípio, poderíamos definir uma DTD que permitisse que os cinco elementos aparecessem em uma ordem qualquer, mas somente escrevendo as 120 ordenações distintas possíveis como alternativas explícitas (!) e especificando que essas 120 ordenações são todas igualmente aceitáveis.

Essa lista de problemas não é completa.

Porém, apesar dos problemas como esses listados, as DTDs ainda representam um padrão bem estabelecido e importante, e elas são muito usadas na prática. Além do mais, as DTDs do mundo real costumam

---

[17]Essa afirmação, naturalmente, é bastante solta. Mais precisamente, deveria ser possível definir uma *XD* derivada da XML de modo que os documentos que sejam válidos de acordo com *XD* sejam "definições de tipo de documento" – não DTDs, é claro, pois acabamos de ver que as DTDs como tais *não* são documentos XML, mas "definições de tipo de documento" que ofereçam funcionalidade tipo DTD e, de preferência, mais do que isso. De fato, a XML Schema – veja na próxima subseção – é exatamente esse tipo de *XD*.

ser muito mais complicadas e abrangentes do que nossos exemplos simples podem ter sugerido. Por exemplo, a XML Schema, que descrevemos em seguida, é definida por uma DTD de mais de 400 linhas (consulte *http://www.w3.org/2001/XMLSchema.dtd*).

XML Schema

XML Schema [27.28] é por si só uma derivada da XML (ela não é definida como parte da especificação XML propriamente dita, ao contrário da linguagem de definição DTD). Assim, o esquema XML correspondente a determinado documento XML D é por si só um documento XML, digamos, SD. Não existe uma ligação explícita, especificada formalmente, entre os documentos D e SD, mas D pode usar o atributo especial *schemaLocation* para oferecer "sugestões" com relação ao local da SD.

Normalmente, um esquema XML oferece restrições mais extensas do que uma DTD poderia no(s) documento(s) XML que ela descreve. A título de exemplo, veja aqui um correspondente em XML Schema à DTD RelaçãoPeças mostrada na subseção "Definições de tipo de documento", anteriormente nesta seção (aquela em que COR e CIDADE são representados por atributos XML, em vez de elementos):

```
<?xml version="1.0"?>
<!-- Esquema em XML Schema para documentos RelaçãoPeças -->
<!DOCTYPE xsd:schema SYSTEM "http://www.w3.org/2001/XMLSchema.dtd">

<xsd:schema xmlns:xsd="http://www.w3.org/2001/XMLSchema">

  <xsd:element name="NOTA" type="xsd:string"/>

  <xsd:element name="RelaçãoPeças">
    <xsd:complexType>
      <xsd:sequence>
        <xsd:element ref="NOTA" minOccurs="0"/>
        <xsd:element name="TuplaPeça" type="TipoTuplaPeça"
                     minOccurs="0" maxOccurs="unbounded"/>
      </xsd:sequence>
    </xsd:complexType>
  </xsd:element>

  <xsd:complexType name="TipoTuplaPeça">
    <xsd:sequence>
      <xsd:element name="PNUM" type="NumPeça"/>
      <xsd:element name="PNOME" type="xsd:string"/>
      <xsd:element name="PESO">
        <xsd:simpleType>
          <xsd:restriction base="xsd:decimal">
            <xsd:totalDigits value="5"/>
            <<xsd:fractionDigits value="1" fixed="true"/>
            <xsd:minInclusive value="0.1"/>
          </xsd:restriction>
        </xsd:simpleType>
      </xsd:element>
      <xsd:element ref="NOTA" minOccurs="0"/>
    </xsd:sequence>
    <xsd:attribute name="CIDADE" type="Cidade"/>
    <xsd:attribute name="COR" type="Cor" default="Vermelho"/>
  </xsd:complexType>

  <xsd:simpleType name="NumPeça">
    <xsd:restriction base="xsd:string">
```

```
      <xsd:pattern value="P[0-9]{1,3}"/>
    </xsd:restriction>
  </xsd:simpleType>

  <xsd:simpleType name="Cor">
    <xsd:restriction base="xsd:string">
      <xsd:enumeration value="Vermelho"/>
      <xsd:enumeration value="Verde"/>
      <xsd:enumeration value="Azul"/>
    </xsd:restriction>
  </xsd:simpleType>

  <xsd:simpleType name="Cidade">
    <xsd:restriction base="xsd:string">
      <xsd:enumeration value="Londres"/>
      <xsd:enumeration value="Oslo"/>
      <xsd:enumeration value="Paris"/>
    </xsd:restriction>
  </xsd:simpleType>

</xsd:schema>
```

Ora, o esquema anterior claramente é muito maior e mais complexo que sua DTD correspondente, embora em sua maior parte ele especificasse apenas as mesmas restrições dessa DTD. A grande diferença é que o esquema além disso impõe certas restrições de **tipo** sobre elementos e atributos. A XML Schema oferece um conjunto de tipos *primitivos* embutidos – boolean, decimal, string e vários outros – além de certos tipos *derivados* embutidos (integer, positiveInteger, negativeInteger e assim por diante), que são definidos em termos dos tipos primitivos. Ele também permite que os usuários definam seus próprios tipos em termos dos tipos embutidos. Os tipos podem ser *simples* ou *complexos*. A diferença é que os elementos que são de um tipo complexo podem conter outros elementos aninhados dentro de si, enquanto isso não é possível com os elementos que são de um tipo simples. Ilustramos essas ideias com referência ao esquema RelaçãoPeças, que restringe documentos RelaçãoPeças da seguinte maneira:

1. O elemento raiz (RelaçãoPeças) é definido para ser de um tipo complexo sem nome, cujos valores são definidos em linha para consistirem em um elemento opcional NOTA, seguido por uma sequência de zero ou mais elementos TuplaPeça, cada um deles do tipo TipoTuplaPeça.

2. Os elementos que são do tipo TipoTuplaPeça são definidos para consistirem em elementos PNUM, PNOME e PESO, nessa ordem, junto com atributos CIDADE e COR, dos quais o último é opcional (se omitido, Vermelho é usado como padrão). Desses elementos e atributos, PNOME é definido para ser do tipo string; PNUM, CIDADE e COR são definidos para serem dos tipos NumPeça, Cidade e Cor, respectivamente (veja os itens 4 e 5); e PESO é definido para ser de um tipo sem nome, cuja definição é dada em linha (veja o item 3, a seguir).

3. O tipo dos elementos PESO é definido para ser uma "restrição" do tipo decimal, com precisão cinco, fator escalar um e valor mínimo 0.1 – o que significa dizer que os valores válidos para os elementos do tipo PESO são exatamente 0.1, 0.2, ..., 9999.9.

4. O tipo NumPeça (uma restrição do tipo string) é definido por meio da *expressão regular* P[0-9]{1,3}, que é interpretada como significando que os valores válidos do tipo NumPeça consistem em uma letra P maiúscula seguida por um, dois ou três dígitos decimais. *Nota:* A construção "expressão regular" é emprestada da linguagem de programação Perl.

5. Os tipos Cor e Cidade (também restrições do tipo string) são definidos por enumeração.

Nota: Não obstante a discussão anterior, é importante entender que os "tipos" da XML Schema não são realmente tipos no sentido do Capítulo 5. Em particular, quase nenhum operador associado é definido, como seria necessário para tipos genuínos. Na verdade, as "definições de tipo" da XML Schema são realmente mais próximas das especificações PICTURE encontradas em linguagens como COBOL e PL/I; ou seja, tudo o que elas realmente fazem é definir certas *representações em string de caracteres* para os "tipos" em questão. Em parte, por tais motivos, ficamos à vontade ao nos afastar de nossos tipos normais definidos pelo usuário (conforme mostramos, por exemplo, no Capítulo 3) no exemplo anterior.

Em seguida, aqui estão algumas das vantagens da XML Schema em relação à linguagem de definição DTD como veículo para descrever documentos XML:

- Esquemas XML são documentos XML.

- A XML Schema admite um mecanismo de tipo mais sofisticado.

- A XML Schema oferece um meio mais simples (não ilustrado em nosso exemplo) para especificar que os elementos de diferentes tipos contidos diretamente no mesmo elemento podem aparecer em qualquer ordem.

- A XML Schema admite elementos *key* e *keyref* (também não ilustrados em nosso exemplo), que são mais parecidos com as construções relacionais de chave e chave estrangeira. Essas chaves podem envolver combinações de valores de vários níveis de aninhamento dentro de determinado elemento, admitindo assim (entre outras coisas) algo que costumava ser chamado de "exclusividade dentro do pai" (consulte o Capítulo 13 da referência [1.5]).

Naturalmente, uma desvantagem é que os esquemas XML são consideravelmente mais complexos do que uma simples DTD.

Concluímos nossa discussão sobre XML Schema com alguns pontos diversos:

- A verificação de determinado documento XML contra um esquema XML é chamada **validação do esquema** (ao contrário da simples *validação*, não qualificada, que significa sua verificação contra uma DTD).

- Como um esquema é um documento XML, ele normalmente contém diversos elementos XML. Porém, observe, em particular, que muitos desses elementos são *vazios*; na verdade, normalmente usamos um elemento vazio sempre que queremos especificar um elemento que possui atributos mas não conteúdo, como a seguir:

```
<xsd:element name="NOTA" type="xsd:string"/>
```

(veja o exemplo RelaçãoPeças).

- Os esquemas também têm sua própria DTD, identificada pela especificação:

```
<!DOCTYPE xsd:schema [ ... ]>
```

(novamente, veja o exemplo RelaçãoPeças).

Ao fechar esta subseção, enfatizamos o fato de que mal começamos a examinar toda a riqueza (e complexidade) da XML Schema em toda a sua generalidade. Para obter mais informações, consulte a referência [27.14] ou, para obter a coisa toda, a especificação XML Schema [27.28].

Revisão de derivadas de XML

Anteriormente neste capítulo, dissemos que XML é uma metalinguagem; ou seja, ela é uma linguagem que permite aos usuários definirem suas próprias linguagens personalizadas, com suas próprias tags definidas pelo usuário em particular. Observamos agora que determinada DTD ou esquema XML é, exatamente, *a definição de tal linguagem personalizada* – ou seja, de tal "derivada da XML", como a chamamos anteriormente. Em outras palavras, determinada DTD ou esquema XML é, exatamente, uma definição das regras de sintaxe que um documento XML em conformidade precisa cumprir.

Com isso, segue-se que a XML não é exatamente uma metalinguagem, mas sim aquilo que poderia ser chamado de "metametalinguagem". XML *por si só* define (entre outras coisas) as regras para a construção de DTDs; e uma DTD, por sua vez, é uma metalinguagem que define as regras para a construção de documentos em conformidade. Observe também que todas essas regras são, principalmente, regras de *sintaxe*; nem a XML em geral nem determinada DTD em particular atribui qualquer significado aos documentos criados de acordo com essas regras.

27.5 MANIPULAÇÃO DE DADOS DA XML

Agora passamos à questão das linguagens de manipulação de dados da XML. Muitas dessas linguagens foram propostas, mas a única que parece pronta para se tornar um padrão é **XQuery** [27.29]. Como veremos em seguida, XQuery – que ainda era um trabalho em andamento quando escrevemos este texto – é baseada em várias linguagens mais antigas, incluindo particularmente **XPath** [27.27]; de fato, XQuery substitui totalmente a XPath.

XQuery é somente de leitura. A atualização, se for necessária, precisa ser feita por meio de DOM [27.24] ou por meio de algum recurso próprio (específico do fornecedor) – mas, naturalmente, essas duas técnicas possuem problemas:

- O problema com DOM é que (como mencionamos na Seção 27.3), ele é voltado para programadores, e não usuários finais.

- O problema com os recursos próprios é exatamente que eles *são* próprios e variam de um fornecedor para outro. (Contudo, na Seção 27.7, ilustraremos o tipo de funcionalidade normalmente fornecida.)

Uma linguagem independente de fornecedor, chamada XUpdate, atualmente está em desenvolvimento [27.30], mas ela se encontra em um estado muito preliminar para ser discutida aqui no momento. Portanto, a seguir, vamos limitar nossa atenção apenas à XQuery (e XPath).

XQuery é derivada de uma linguagem mais antiga, chamada Quilt [27.9], que, por sua vez, foi influenciada pela SQL, OQL e várias linguagens XML mais antigas, incluindo XQL, XML-QL e Lorel (consulte a referência [25.11] para ver uma discussão sobre OQL, e as referências [27.5] e [25.18] para obter informações sobre XQL, XML-QL e Lorel). Agora, a linguagem XQuery completa é muito grande e complexa, e não seria apropriado, em um livro desta natureza, tentar explicá-la exaustivamente. Portanto, em vez disso, simplesmente mostramos alguns exemplos, com comentários, que acreditamos ser suficientes para lhe dar uma ideia do poder, do escopo e da natureza geral da linguagem. Porém, antes que possamos fazer isso, precisamos explicar que XQuery não opera realmente sobre documentos XML, como tais, de forma alguma! A razão é a seguinte:

- Documentos XML são, por definição, basicamente strings de caracteres cuja finalidade (entre outras coisas) é serem lidas por humanos.

- Como resultado, eles incluem diversos recursos – tags, quebras de linha, recuos etc. – que ajudam nesse objetivo de legibilidade, mas não têm nada a ver com o conteúdo de informação real do documento em questão.

- E, naturalmente, é desse conteúdo de informação que a XQuery realmente precisa tratar.

Assim, a XQuery é definida para operar não em termos de documentos XML *em si*, mas em termos de documentos XML que foram convertidos para uma certa *forma resumida* ("analisada"). A forma resumida de qualquer documento XML é considerada "uma instância do Modelo de Dados XQuery" [27.29];

ela pode ser considerada como um infoset[18] – ou seja, uma hierarquia – conforme mostramos na Figura 27.2 (na subseção "Estrutura de um documento XML", na Seção 27.3). Portanto, observe em particular que o resultado de uma consulta expressa em XQuery é um infoset, e não um documento XML. Conforme a referência [27.29] explica: "a transformação de uma instância de Modelo de Dados [de volta] para um documento XML atualmente é uma questão em aberto". De fato, o resultado da avaliação de uma expressão XQuery pode nem sequer ser um infoset apropriado, pois (como veremos mais adiante) ele poderia não ser bem formado.

XPath

XQuery conta muito com as **expressões de caminho** da XPath, de modo que começaremos com uma rápida explicação dessas expressões. Conceitualmente, essas expressões são muito semelhantes às expressões de caminho descritas nos Capítulos 25 e 26. Mais especificamente, uma expressão de caminho em XPath é uma expressão que, começando de algum nó (ou nós) de origem dado(s) dentro de algum infoset, navega ao longo de um ou mais caminhos especificados dentro desse infoset, a fim de localizar algum nó (ou nós) de destino desejado(s). *Nota:* Os termos *origem* e *destino* não são termos oficiais em XPath.

Então, sintaticamente, uma expressão de caminho em XPath consiste em uma sequência de *etapas*, em que cada etapa (exceto a primeira) é separada da anterior por um caractere de barra ("/") e a primeira é opcionalmente precedida por um ou dois desses caracteres:

```
[ / | // ] etapa / etapa ... / etapa
```

Uma única barra inicial significa que a navegação deve começar na raiz (ou seja, a raiz é o nó de origem); uma barra dupla significa que ela deve começar em cada nó por sua vez (com efeito, isso faz com que o infoset inteiro seja navegado, primeiro na profundidade, da esquerda para a direita, com cada nó por sua vez atuando como nó de origem). Se não houver qualquer barra no início, o nó atual – ou seja, aquele acessado mais recentemente – atua como nó de origem.

Aqui estão alguns exemplos simples, baseados no documento RelaçãoPeças da subseção "Definições de tipo de documento", na Seção 27.4 (que, como você deve se lembrar, contém elementos TuplaPeça para as peças P1, P2 e P3):

- A expressão

```
/RelaçãoPeças/TuplaPeça
```

retorna uma sequência de nós correspondente a esses três elementos TuplaPeça.

- A expressão

```
/TuplaPeça
```

retorna uma sequência vazia de nós, porque o nó raiz não possui filhos TuplaPeça. *Nota:* O nó raiz aqui *não* é o nó RelaçãoPeças, mas sim o nó do documento geral (veja a discussão da Figura 27.2, na Seção 27.3). É claro que o mesmo comentário se aplica ao exemplo anterior, bem como ao seguinte.

- A expressão

```
//TuplaPeça
```

retorna o mesmo resultado do primeiro exemplo.

Em geral, cada etapa em determinada expressão de caminho é avaliada no contexto do resultado da etapa anterior (mais precisamente, se o resultado dessa etapa anterior for uma sequência de nós *SN*, então cada nó em *SN*, por sua vez, torna-se o *nó de contexto* para a etapa atual). Cada etapa possui três partes:

---

[18]Mais precisamente, a forma resumida consiste em um infoset *aumentado*, chamado "Post Schema Validation Infoset" (PSVI), convertido para a forma de Modelo de Dados XQuery.

1. Um *eixo*, que especifica a direção em que a navegação deve prosseguir; para cima (parent, ancestral), para baixo (child, descendente), esquerda (preceding, irmão anterior), ou direita (following, irmão seguinte)

2. Um *teste de nó*, que especifica o(s) tipo(s) de nó(s) de interesse

3. Opcionalmente, um ou mais *predicados*, que são usados para eliminar nós indesejados

Nota: Os eixos específicos "pai", "filho" etc. mostrados sob o primeiro item aqui não esgotam as possibilidades – eles são mencionados simplesmente por ilustração. Se nenhum eixo for especificado, o padrão é "filho" (ou seja, o processo de navegação prossegue para os filhos do nó de contexto).

Para explicar com um pouco mais de detalhe a respeito de como as expressões de caminho são avaliadas, vamos considerar o seguinte exemplo ligeiramente mais complicado:

```
/RelaçãoPeças/TuplaPeça[PESO="17.0"]
```

Explicação:

1. A "/" inicial estabelece o nó raiz (ou seja, o nó do documento) como nó de contexto para a etapa imediatamente a seguir.

2. Expressões de caminho podem ser (e normalmente são) escritas em formato abreviado. Assim, a expressão "RelaçãoPeças" no exemplo é uma abreviação para "child::RelaçãoPeças" (em que "child" é o eixo e "RelaçãoPeças" é o teste de nó). O resultado dessa etapa é, portanto, o nó RelaçãoPeças, que é o único filho do nó raiz.

3. Semelhantemente, "TuplaPeça" é uma abreviação para "child::TuplaPeça"; isso produz a segurança de três nós TuplaPeça que são os filhos do nó RelaçãoPeças.

4. Finalmente, o predicado

```
[PESO="17.0"]
```

elimina todos os nós TuplaPeça, exceto aqueles cujos filhos PESO têm um valor de 17.0. *Nota:* A expressão "PESO" por si só é uma abreviação; o predicado não abreviado é:

```
[child::PESO="17.0"]
```

   O resultado final é, portanto, uma sequência de dois nós TuplaPeça, correspondentes às peças P2 e P3 (nessa ordem).

Concluímos nossa breve discussão sobre XPath com um comentário sobre o papel decisivo desempenhado pela noção de *atualidade* em todos os casos anteriores. Vimos que cada etapa em determinada expressão de caminho é executada com relação a algum nó de contexto, que atua como "o nó atual". Agora, uma noção muito semelhante penetrou nas linguagens de acesso nesses primeiros sistemas de "navegação manual" (especialmente nos sistemas hierárquicos), que dominou o mercado de SGBD antes que os sistemas SQL aparecessem em cena. E foi essa noção a causa direta de grande parte da complexidade – sem falar nos erros de codificação – que esses sistemas sofriam; na verdade, foi uma das muitas excelentes contribuições do modelo relacional que eliminou totalmente a noção de atualidade. A sabedoria da reintrodução dessa noção (além disso, tornando-a um recurso básico), portanto, certamente merece ser questionada.

XQuery

Um problema com a XPath é que ela é fundamentalmente apenas um mecanismo de endereçamento; suas expressões de caminho podem navegar para nós existentes na hierarquia, mas elas não podem construir nós que ainda não existem. Em outras palavras, a linguagem XPath é semelhante a uma linguagem "relacional" – "relacional" entre aspas porque, naturalmente, as linguagens relacionais não são navegáveis – que admita restrições e projeções, mas não junções.[19] Esse objeto oferece parte da motivação para a XQuery; uma das principais extensões oferecidas pela XQuery em relação à XPath é exatamente a capacidade de construção de novos nós.

Essa capacidade é ilustrada em nosso primeiro exemplo. Mais uma vez, suponha que tenhamos o documento XML RelaçãoPeças, exatamente como na subseção anterior. Suponha que também tenhamos estruturado, de modo semelhante, documentos RelaçãoFornecedores e RelaçãoRemessas. Aqui está, portanto, uma formulação XQuery da consulta "Para cada remessa, obter o nome do fornecedor, nome da peça e quantidade da remessa":

```
<Resultado>
  { for $fpx in document("RelaçãoRemessas.xml")
              //TuplaRemessa,
      $fx  in document("RelaçãoFornecedores.xml")
              //TuplaFornecedor[FNUM = $fpx/FNUM],
      $px  in document("RelaçãoPeças.xml")
              //TuplaPeça[PNUM = $fpx/PNUM]
    order by FNOME, PNOME
    return
      <TuplaResultado>
        { $fx/FNOME, $px/PNOME, $fpx/QDE }
      </TuplaResultado> }
</Resultado>
```

Explicação:

1. A expressão geral avalia ("constrói") um único elemento Resultado, contendo uma sequência de elementos TuplaResultado. Como um aparte, observamos que, se removêssemos as tags Resultado delimitadoras, a expressão que restaria ainda seria uma consulta XQuery válida, mas não retornaria um resultado bem formado.

2. Uma boa maneira de explicar a semântica da expressão geral (ignorando as tags Resultado delimitadoras) é em termos do seguinte equivalente em cálculo relacional:

```
{ FX.FNOME, PX.PNOME, FPX.QDE } WHERE FX.FNUM = FPX.FNUM
                                  AND PX.PNUM = FPX.PNUM
```

   Essa expressão efetivamente pede que fornecedores, peças e remessas sejam juntados conforme especificado e depois o resultado dessa junção seja projetado sobre FNOME, PNOME e QDE. *Nota:* Não mostramos o equivalente da etapa "order by" da XQuery, pois "order by" não é uma operação relacional. Além disso, adotamos nossas convenções normais com relação a nomes de variável de intervalo (FX, PX e PFX são variáveis de intervalo variando sobre fornecedores, peças e remessas, respectivamente). Finalmente, ignoramos o fato de que a expressão relacional eliminará automaticamente as tuplas duplicadas, o que a expressão XQuery não fará.

3. Como o parágrafo anterior sugere, as variáveis XQuery $fx, $px e $fpx se comportam de modo um tanto parecido com as variáveis de intervalo no cálculo relacional. Contudo, a analogia é um tanto enganosa; a formulação XQuery não é realmente semelhante à relacional, pois é um tanto procedimental por natureza, como você pode ver (com relação a isso, chamamos sua atenção para a anotação à referência [27.3]). De fato, a formulação em XQuery é muito semelhante à seguinte formulação de *laço aninhado* (expressa aqui em pseudocódigo, e usando "." no lugar de "/" como separador):

```
do for each remessa $fpx ;
   do for each fornecedor $fx where $fx.fnum = $fpx.fnum ;
```

---

[19]Essa afirmação é ligeiramente simplificada; XPath admite efetivamente uma espécie de operação de produto Cartesiano (que é um caso degenerado de junção, evidentemente). Contudo, ela não admite junções em qualquer forma mais genérica.

791

```
        do for each peça $px where $px.pnum = $fpx.pnum ;
          emit { $fx.FNOME, $px.PNOME, $fpx.QDE } ;
        end do ;
    end do ;
end do ;
```

Segue-se que $fx, $px e $fpx realmente são semelhantes a variáveis de controle de laço (no sentido convencional de programação), muito mais do que as variáveis de intervalo. Mais do que isso, observe que temos que percorrer as remessas especificamente no laço mais externo; ou seja, temos que introduzir primeiro uma variável de controle de laço $fpx, pois as outras duas variáveis são definidas em termos dela – um fato que poderia ter algumas implicações interessantes para o otimizador. Ao contrário, as duas outras variáveis $fx e $px poderiam ser introduzidas em qualquer ordem, embora outra questão interessante seria se essa ordem possui ou não qualquer implicação para o otimizador. Pelo menos, é relevante observar que a ordem em que as variáveis são introduzidas tem um efeito sobre a ordem em que os elementos do resultado são produzidos (veja a discussão sobre a cláusula *return* no item 7); assim, os equivalentes em XQuery das expressões *A* JOIN *B* e *B* JOIN *A* não são equivalentes, em geral.

Como uma consequência dessas considerações, poderia ser argumentado que XQUery é realmente mais uma linguagem de programação do que uma linguagem de consulta do usuário final.

4. Agora, vamos nos concentrar na cláusula *for* em particular, e mais especificamente na parte dessa cláusula que antecede a primeira vírgula. A expressão

```
document("RelaçãoRemessas.xml")
```

retorna a versão resumida ("analisada") do documento XML que está contido no arquivo chamado RelaçãoRemessas.xml, com o nó do documento inteiro sendo o nó de contexto. A especificação "//TuplaRemessa" indica que estamos interessados nos elementos TuplaRemessa nesse documento. E a especificação "for $fpx in" indica que a variável $fpx deve assumir como seu valor cada uma dessas tuplas de remessa por sua vez, na ordem em que aparecem nesse documento.

5. A próxima parte da cláusula *for* –

```
$fx in document("RelaçãoFornecedores.xml")
      //TuplaFornecedor[FNUM = $fpx/FNUM]
```

– é semelhante, exceto que a variável $fx "varia sobre" apenas os fornecedores cujo valor de FNUM é igual ao valor atual de $fpx.

6. A última parte da cláusula *for* mais uma vez é semelhante.

7. A cláusula *return* é executada para cada combinação de valores das variáveis $fx, $px e $fpx, na ordem em que esses valores são produzidos pela cláusula *for*. No exemplo, portanto, a cláusula *return* produzirá elementos TuplaResultado em uma sequência ditada pela regra de que valores $px mudam mais rapidamente, valores $fx mudam com menor frequência e valores $fpx mudam menos ainda.

8. A cláusula *order by* é mais ou menos autoexplicativa. Porém, observe que ela aparece *antes* da cláusula *return* correspondente. Esse posicionamento permite que o resultado seja ordenado sobre a base dos valores que não aparecem realmente no resultado (como, por exemplo, na consulta SQL SELECT CIDADE FROM P ORDER BY PESO). Entretanto, conceitualmente, ainda acontece que a cláusula *return* precisa ser executada em primeiro lugar, pois a ordenação não pode ser feita até que haja algo para ordenar.

Agora, vejamos um segundo exemplo ("Obter números de peça e quantidade total da remessa para as peças fornecidas por dois ou mais fornecedores"):

```
for $pnum in
    distinct-values(document("RelaçãoRemessas.xml")//PNUM)
let $fpx := document("RelaçãoRemessas.xml")
            //TuplaRemessa[PNUM = $pnum]
where count ( $fpx ) > 1
order by PNUM
return
  <Resultado>
    { $pnum,
      <qdetotal> { sum ( $fpx/qde ) } </qdetotal> }
  </Resultado>
```

1. Esse exemplo mostra uma "expressão FLWOR" completa (FLWOR = *for + let + where + order by + return*; a pronúncia é como em "flower").

2. Observe o uso de "distinct-values" para eliminar números de peça duplicados na cláusula *for*; $pnum varia apenas sobre os números de peça de remessa *distintos*.

3. A cláusula *let* difere da cláusula *for* porque a variável especificada não *percorre* a sequência especificada de valores – em vez disso, ela *recebe* essa sequência de valores em sua totalidade. Além do mais, no exemplo, a cláusula *let* será avaliada para cada número de peça distinto da remessa, um por vez, porque está efetivamente aninhada dentro da cláusula *for*.

4. A cláusula *where*, então, faz com que o restante da expressão seja avaliado somente quando a sequência atual de remessas (ou seja, a sequência de remessas com o número de peça atual) tiver tamanho maior que um. XQuery admite os operadores de agregação normais *count, sum, avg, max* e *min*.

5. Novamente, devemos dizer que a expressão geral se parece bastante orientada a procedimento. O pseudocódigo equivalente é:

```
do for each distinct número-de-peça-de-remessa $pnum ;
   do for all remessas $fpx where $fpx.pnum = $pnum ;
      if ( contagem-de-tais-remessas $fpx ) > 1 then
         emit { $pnum, sum ( $fpx.qde ) } ;
      end if ;
   end do ;
end do ;
```

   Equivalente relacional:

```
{ FPX.PNUM, SUM ( FPY WHERE FPY.PNUM = FPX.PNUM, QDE ) }
            WHERE COUNT ( FPY WHERE FPY.PNUM = FPX.PNUM ) > 1
```

Agora, nossos exemplos até aqui talvez tenham sido pouco realistas, exatamente porque são um tanto relacionais em espécie; particularmente, eles usam pouco da natureza hierárquica dos documentos XML em geral. Assim, considere a seguinte modificação de projeto. Primeiro, seja o documento RelaçãoPeças exatamente igual ao de antes. Porém, no lugar dos documentos RelaçãoFornecedores e RelaçãoRemessas, suponha que tenhamos um documento FornecedoresSobreRemessas, no qual:

- O elemento raiz contém uma sequência de elementos Fornecedor.

- Cada elemento Fornecedor contém elementos FNUM, FNOME, STATUS e CIDADE, seguidos por uma sequência de elementos Remessa.

- Cada elemento Remessa contém um elemento PNUM e um elemento QDE.

   Consulte a Figura 27.4.

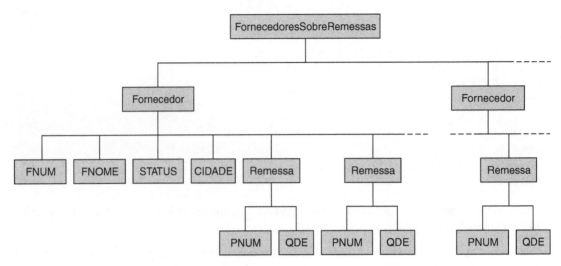

FIGURA 27.4 *Fornecedores e remessas como uma hierarquia.*

Agora considere as consultas "Obter fornecedores que fornecem a peça P2" e "Obter peças fornecidas pelo fornecedor F2". Aqui estão as formulações relacionais:

```
FX WHERE EXISTS FPX ( FPX.FNUM = FX.FNUM AND FPX.PNUM = 'P2' )

PX WHERE EXISTS FPX ( FPX.PNUM = PX.PNUM AND FPX.FNUM = 'P2' )
```

Nota: Para simplificar, consideramos que os valores FNUM e PNUM são strings de caracteres simples, e não valores de algum tipo definido pelo usuário.

Agora, veja como é uma formulação XQuery da primeira consulta:

```
for $fx in document("FornecedoresSobreRemessas.xml")//Fornecedor
where $fx//PNUM = "P2"
return
  <Resultado>
    { $fx//FNUM, $fx//FNOME, $fx//STATUS, $fx//CIDADE }
  </Resultado>
```

E aqui está uma formulação XQuery da segunda consulta:

```
let $fx := document("FornecedoresSobreRemessas.xml")
           //Fornecedor[FNUM = "F2"]
return
  <Resultado>
    { document("RelaçãoPeças.xml")
      //TuplaPeça[PNUM = $fx//PNUM] }
  </Resultado>
```

Como você pode ver, as formulações XQuery são menos simétricas do que seus equivalentes relacionais – pois só poderia ser esperado, devido ao caráter assimétrico (hierárquico) do projeto da XML.

Encerramos esta seção com alguns comentários diversos.

- Assim como a SQL formulada originalmente [4.9-4.11], XQuery não possui suporte explícito para junção. De fato, a referência [27.29] afirma especificamente que "[expressões FLWOR são] úteis para a computação de junções", implicando, com efeito, que o usuário precisa detalhar a sequência de etapas envolvidas em qualquer computação desse tipo. Contudo, ela inclui suporte explícito para união, interseção e diferença ("exceto"), com eliminação de duplicata.

- A XQuery também inclui suporte explícito para os quantificadores existencial e universal. Aqui estão alguns exemplos:

```
some $x in ( 2, 4, 8 ) satisfies $x < 7

every $x in ( 2, 4, 8 ) satisfies $x < 7
```

A primeira dessas expressões é avaliada como verdadeira e a segunda como falsa.

- Conforme explicamos nos Capítulos 7 e 8, o modelo relacional possui um conceito associado (e importante) de *completeza*. Parece que não existe um conceito semelhante para a XQuery, e nem para a XML em geral.[20]

27.6 XML E BANCOS DE DADOS

Agora (finalmente!) estamos em posição de considerar as implicações de todas as discussões neste capítulo até aqui para os bancos de dados em particular. Logicamente, existe um requisito de ser capaz de armazenar os documentos XML – talvez devamos dizer *dados* XML, em vez disso – em bancos de dados e poder apanhar e atualizar esses dados conforme a demanda. De fato, também existe o requisito inverso: a saber, poder apanhar dados "regulares" ou não XML – particularmente, o resultado de alguma consulta – e convertê-los para o formato XML, de modo que possam (por exemplo) ser transmitidos como um documento XML para algum consumidor. Vamos começar nos concentrando no primeiro desses dois requisitos.

Deve ficar aparente que existem basicamente três maneiras como poderíamos armazenar um documento XML em um banco de dados:

1. Poderíamos armazenar o documento inteiro como o valor de algum atributo dentro de alguma tupla.

2. Poderíamos *picotar* o documento (termo técnico!) e representar suas diversas partes como diversos valores de atributo dentro de diversas tuplas dentro de diversas relações.

3. Poderíamos armazenar o documento não em qualquer banco de dados convencional, mas em um banco de dados "XML nativo" (ou seja, um que contenha realmente documentos XML, em vez de relações).

Vamos considerar cada possibilidade por sua vez.

Documentos como valores de atributo

Tocamos nessa técnica na subseção "O desenvolvimento da XML", na Seção 27.3, quando mencionamos a possibilidade de estender a RelVar de peças P para incluir os atributos DESENHO e DESCRIÇÃO. Basicamente, a ideia aqui e a seguinte:

- Em primeiro lugar, definimos um novo tipo de dados, digamos XMLDOC, cujos valores são documentos XML; depois podemos definir atributos específicos de RelVars específicas a serem desse tipo. *Nota:* Como já vimos, a XML em si é um tanto verbosa; um documento XML poderia facilmente ter cinco ou dez vezes o tamanho dos dados que ele representa, e seu processamento na forma de origem pode ser bastante ineficaz. Assim, armazenar tais documentos internamente em algum formato compactado (talvez no formato analisado) poderia ser bem vantajoso. Porém, essas considerações não têm nada a ver com o modelo, logicamente.

- As tuplas contendo valores XMLDOC podem ser inseridas e excluídas por meio dos operadores relacionais INSERT e DELETE convencionais, e valores XMLDOC dentro dessas tuplas podem ser substituídos totalmente por meio do operador relacional UPDATE convencional. Além disso, é claro, os valores XMLDOC podem participar de operações somente de leitura pela forma convencional.

---

[20]Exceto, talvez, pelo *poder da flor (flower)*? (Desculpe-me, mas a tentação foi muito grande para resistir.)

- Como todos os tipos, o tipo XMLDOC terá um conjunto de operadores associados. Os operadores em questão provavelmente oferecerão capacidades de busca e atualização sobre atributos com valor de XMLDOC em um nível mais detalhado, admitindo (por exemplo) acesso a elementos ou atributos XML individuais. No caso da busca, os operadores provavelmente serão semelhantes àqueles encontrados na XQuery; eles poderiam ainda ser invocados por meio de um "escape" para a XQuery, embora o suporte nativo (direto) seja mais fácil para o usuário. Porém, os operadores de atualização também devem ser admitidos.

- Também devem ser fornecidos operadores para verificar se determinado valor XMLDOC está em conformidade – ou seja, é válido de acordo – com alguma DTD especificada ou algum esquema XML especificado. (Naturalmente, os valores XMLDOC serão *bem formados* por definição, mas ainda poderiam não ser *válidos*.)

Nota: Essa primeira abordagem, armazenando documentos inteiros como valores de atributo, às vezes é denominada na literatura e na prática atual, informalmente, como *coluna XML*. Alguns dos fatores que poderiam tornar essa abordagem uma opção apropriada são:

- Os documentos já existem.

- Eles normalmente são atuados em sua totalidade, e não aos poucos.

- Eles raramente são atualizados.

- Qualquer pesquisa feita normalmente é baseada em um pequeno e conhecido conjunto de elementos e atributos.

- Os documentos precisam ser armazenados intactos para fins de auditoria.

Resumindo, essa abordagem é apropriada para o que às vezes são chamadas aplicações *centradas nos documentos* [27.7] – ou seja, aplicações onde os documentos visam principalmente o consumo humano final e consistem principalmente de texto em linguagem natural.

Picotar e publicar

A segunda abordagem não envolve quaisquer tipos de dados novos. Em vez disso, os documentos XML são *picotados* em partes – elementos e atributos XML individuais, por exemplo – e essas partes são então armazenadas como valores de diversos atributos relacionais em vários lugares no banco de dados.[21] Portanto, observe que, nesse caso, o banco de dados não contém documentos XML como tal; o SGBD não possui conhecimento desses documentos, e o fato de que certos valores no banco de dados podem ser combinados de determinadas maneiras para criar tal documento é entendido por algum programa de aplicação (talvez um servidor Web), e não pelo SGBD.

Porém, observe que, como esse programa de aplicação *pode* criar um documento XML a partir de dados normais do banco de dados, conseguimos atender de modo eficiente o segundo dos nossos objetivos originais! – a saber, agora temos um meio de apanhar o resultado de uma consulta sobre dados normais (não XML) e convertê-lo para o formato XML. Tal conversão é considerada uma *publicação* (dos dados em questão); assim, a *publicação*, como o termo usado neste contexto, é o oposto da *picotagem*, em certo sentido. Observamos, de passagem, que as próprias regras de mapeamento que governam tal picotagem e publicação normalmente são mantidas na forma de documentos XML.

A propósito, a capacidade de publicar dados não XML em formato XML também poderia ser considerada como a capacidade de admitir visões XML de dados não XML. (Mais precisamente, essa publicação poderia ser considerada como admitindo visões XML para fins de *busca*. A *atualização* de tais visões,

---

[21]Um caso especial alterado dessa técnica é armazenar o documento inteiro como uma string de caracteres em uma única posição de atributo dentro de uma única tupla. Além disso, observe que essa abordagem e a anterior não são mutuamente exclusivas: qualquer uma poderia ser apropriada, dependendo do que se quisesse fazer com os dados depois. Poderíamos até mesmo usar as duas abordagens ao mesmo tempo – talvez até mesmo sobre o mesmo documento.

se permitida, exigirá suporte da função de picotagem correspondente.) Afinal, não existe motivo intrínseco pelo qual – usando a terminologia do Capítulo 2 – os níveis externo e conceitual do sistema tenham que ser baseados no mesmo modelo de dados; de fato, no Capítulo 3, mencionamos a possibilidade de um sistema em que a visão conceitual fosse relacional enquanto uma visão externa fosse hierárquica. A única exigência difícil é que seria necessário um mapeamento reversível entre as duas visões.

Porém, existem alguns problemas aqui, causados pelo que poderia ser chamado *descasamento de impedância* (impendance mismatch) – ver no Capítulo 25 – entre o modelo relacional e "o modelo XML", que, como vimos, é basicamente o antigo modelo hierárquico sob outro disfarce. Um problema é que os nós filhos de determinado nó pai no modelo hierárquico formam não um conjunto, mas uma *sequência* (ou seja, eles são ordenados), enquanto as tuplas de uma relação não são ordenadas. Dado um documento XML *D*, portanto, é possível que certos aspectos de *D* (informativos ou não) possam ser perdidos quando *D* for picotado e armazenado em um banco de dados relacional. Se isso acontecer, pode não haver garantias de que a publicação dos dados em formato XML reconstruirá o documento *D* em sua forma original exata. Em particular, o espaço em branco provavelmente será diferente nas versões original e (re)publicada de *D*.

Nota: A abordagem "picotar e publicar" às vezes é denominada, informalmente, como *coleção XML*. Alguns dos fatores que poderiam torná-la uma opção apropriada são:

- Os dados já existem em um banco de dados relacional e precisam interagir com dados correspondentes em documentos XML.

- Somente as partes de dados de caractere dos documentos precisam ser armazenadas intactas (as tags podem ser transformadas em nomes de atributos relacionais).

- As operações são constantemente realizadas sobre elementos ou atributos individuais.

- As atualizações são frequentes, e seu desempenho é importante.

- Programas de processamento utilizam interfaces relacionais existentes.

Resumindo, a abordagem "picotar e publicar" é apropriada para o que às vezes são chamadas aplicações *centradas nos dados* [27.7] – ou seja, aplicações nas quais os documentos representam (normalmente) informações operacionais ou de apoio à decisão, em vez de texto em linguagem natural.

Bancos de dados XML

O motivo principal para mencionarmos essa terceira abordagem é simplesmente um desejo de completeza. Afinal, vimos no Capítulo 3 que o modelo relacional é necessário e suficiente para representar quaisquer dados. Também sabemos que existe um grande investimento em termos de pesquisa, desenvolvimento e produtos comerciais naquilo que poderia ser chamada *infraestrutura relacional* (ou seja, suporte para busca, concorrência, segurança e otimização – isso sem falar na integridade! – e todos os outros tópicos que estivemos discutindo neste livro). Portanto, em nossa opinião, seria insensato embarcar no desenvolvimento de um tipo totalmente novo de tecnologia de banco de dados quando não parece haver qualquer motivo forte para fazer isso – sem mencionar o fato de que qualquer tecnologia desse tipo obviamente sofreria de problemas semelhantes àqueles dos quais a tecnologia de bancos de dados hierárquicos já sofre (consulte, por exemplo, o Capítulo 13 da referência [1.5] ou a anotação às referências [27.3] e [27.6]).

27.7 RECURSOS DE SQL

O padrão SQL não possui suporte para XML no momento em que escrevemos, mas provavelmente isso será incluído, sob o nome genérico *SQL/XML* [27.15], como Parte 14 da próxima versão do padrão (provavelmente em 2003). Nesta seção, oferecemos uma prévia desse suporte; contudo, é bom lembrar que tudo o que dissermos aqui está sujeito a mudança até que a SQL/XML seja ratificada formalmente.

"Coleção XML"

Conforme nossas discussões na seção anterior, existem basicamente duas maneiras em que os dados XML podem ser armazenados em um banco de dados SQL, "coleção XML" e "coluna XML", e a SQL/XML admite ambas. (Por motivos óbvios, ela não admite bancos de dados XML nativos como tal.) Nesta subseção, vamos nos concentrar no suporte para "coleta XML".

Começamos observando que é um tanto estranho que o suporte para "coleta XML" deva ser incluído no padrão *SQL*! – pois, como vimos na Seção 27.6, isso não tem nada a ver com o SGBD (tem a ver sim com algum programa de aplicação, talvez um servidor Web, que é executado em cima do SGBD). Seja como for, o suporte em questão consiste basicamente em:

- Regras para mapear conjuntos de caracteres, identificadores, tipos de dados,[22] e valores SQL em conjuntos de caracteres, nomes, tipos de dados e valores XML

- Regras para mapear uma tabela ou um conjunto de tabelas SQL em *dois* documentos XML – um contendo os dados em si, outro contendo o esquema correspondente em XML Schema

Juntas, essas regras oferecem suporte à publicação de dados SQL em formato XML; de modo equivalente, elas oferecem suporte para o que chamamos na seção anterior de *visões XML* dos dados SQL (embora apenas para busca). Em particular, portanto, elas oferecem a base para a realização de consultas XQuery sobre esses dados. Porém, observe que a SQL/XML *não* define quaisquer regras para o processo inverso: a saber, picotar dados XML para o formato SQL (com a exceção menos significativa de que ela inclui regras para mapear conjuntos de caracteres e nomes XML para conjuntos de caracteres e identificadores SQL).

Como um exemplo, considere o equivalente SQL da nossa RelVar normal de peças, a tabela P. Aqui está uma definição SQL simplificada dessa tabela:[23]

```
CREATE TABLE P
    ( PNUM   CHAR(6),
      PNOME  CHAR(20),
      COR    CHAR(8),
      PESO   NUMERIC(5,1),
      CIDADE CHAR(20) ) ;
```

Suponha que a tabela contenha apenas as linhas normais para as peças P1 e P2. Então, seu mapeamento para XML produzirá um documento de dados semelhante a este:

```
<P>
  <row>
    <PNUM>P1</PNUM>
    <PNOME>Porca</PNOME>
    <COR>Vermelho</COR>
    <PESO>12.0</PESO>
    <CIDADE>Londres</CIDADE>
  </row>
  <row>
    <PNUM>P2</PNUM>
    <PNOME>Pino</PNOME>
    <COR>Verde</COR>
    <PESO>17.0</PESO>
    <CIDADE>Paris</CIDADE>
  </row>
</P>
```

---

[22]Tipos estruturados não são admitidos no momento em que escrevemos.

[23]A simplificação é a seguinte: Omitimos a cláusula PRIMARY KEY, pois a referência [27.15] não trata do mapeamento de chaves para a XML; evitamos o uso de tipos definidos pelo usuário; e omitimos as especificações NOT NULL.

Ele também produzirá um documento de esquema semelhante a este:

```xml
<xsd:schema xmlns:xsd="http://www.w3.org/2001/XMLSchema">

  <xsd:simpleType name="CHAR_6">
    <xsd:restriction base="xsd:string">
      <xsd:length value="6"/>
    </xsd:restriction>
  </xsd:simpleType>

  <xsd:simpleType name="CHAR_20">
    <xsd:restriction base="xsd:string">
      <xsd:length value="20"/>
    </xsd:restriction>
  </xsd:simpleType>

  <xsd:simpleType name="DECIMAL_5_1">
    <xsd:restriction base="xsd:decimal">
      <xsd:totalDigits value="5"/>
      <xsd:fractionDigits value="1"/>
    </xsd:restriction>
  </xsd:simpleType>

  <xsd:simpleType name="DECIMAL_5_1">
    <xsd:restriction base="xsd:decimal">
      <xsd:totalDigits value="5"/>
      <xsd:fractionDigits value="1"/>
    </xsd:restriction>
  </xsd:simpleType>

  <xsd:complexType name="RowType.P">
    <xsd:sequence>
      <xsd:element name="PNUM" type="CHAR_6"/>
      <xsd:element name="PNOME" type="CHAR_20"/>
      <xsd:element name="COR" type="CHAR_6"/>
      <xsd:element name="PESO" type="DECIMAL_5_1"/>
      <xsd:element name="CIDADE" type="CHAR_20"/>
    </xsd:sequence>
  </xsd:complexType>

  <xsd:complexType name="TableType.P">
    <xsd:sequence>
      <xsd:element name="row" type="RowType.P"
                   minOccurs="0"
                   maxOccurs="unbounded"/>
    </xsd:sequence>
  </xsd:complexType>

  <xsd:element name="P" type="TableType.P"/>

</xsd:schema>
```

"Coluna XML"

Agora passamos para o suporte da SQL para "coluna XML". A SQL/XML introduz um novo tipo chamado simplesmente XML (não XMLDOC, como na Seção 27.6), cujos valores são, basicamente, documentos XML ou fragmentos deles – nos quais o termo *fragmento* significa, por exemplo, um elemento XML individual ou uma sequência de tais elementos. Diversos operadores são admitidos para derivar ou "gerar" valores do tipo XML a partir de dados SQL convencionais. Aqui está um exemplo simples:

```
INSERT INTO RESULTADO ( XMLCOL )
     SELECT XMLGEN ( '<Resultado>
                        <FNOME>{FX.FNOME}</FNOME>
                        <PNOME>{PX.PNOME}</PNOME>
                        <QDE>{FPX.QDE}</QDE>
                     </Resultado>',
                     FX.FNOME, PX.PNOME, FPX.QDE ) AS Resultado
     FROM    F AS FX, P AS PX, FP AS FPX
     WHERE   FX.FNUM = FPX.FNUM
     AND     PX.PNUM = FPX.PNUM ;
```

Estamos considerando aqui que a coluna XMLCOL da tabela RESULTADO é do tipo XML. A semelhança entre esse exemplo e o primeiro exemplo de XQuery na Seção 27.5 não é uma coincidência. Contudo, isso significa que XMLGEN quase certamente mudará antes que a SQL/XML seja ratificada, pois ela se baseia em outra proposta, XQuery, que é apenas um "trabalho em andamento" no momento em que escrevemos.

Repetindo, então: A SQL/XML introduz um novo tipo XML; mas ela quase não define operadores sobre os valores desse tipo – nem sequer para igualdade![24] De fato, a referência [27.15] diz "Se *V1* e *V2* são ambos do tipo XML, então se *V1* e *V2* são idênticos ou não... isso é definido pela implementação". Porém, esse estado de coisas provavelmente será corrigido na época em que a SQL/XML for ratificada formalmente. E a referência [27.11] sugere que o seguinte poderia ser acrescentado nesse mesmo momento (ou possivelmente um pouco depois):

- Suporte para "escapar" para XPath ou XQuery

- A capacidade de testar se um valor especificado do tipo XML é um elemento XML bem formado, ou se é um documento XML válido, ou se está em conformidade com algum esquema XML especificado, e assim por diante.

Porém, mesmo com essas melhorias, o acesso da SQL/XML a dados XML ainda será em sua maioria somente de leitura, e a maior parte do acesso *nativo* ainda estará faltando.

Suporte próprio

Como dissemos na Seção 27.5, alguns produtos SQL (por exemplo, DB2, Oracle) já incluem suporte próprio para buscar e atualizar dados XML. Nosso objetivo aqui não é entrar em detalhes sobre produtos específicos, mas oferecemos alguns exemplos hipotéticos para ilustrar o tipo de funcionalidade que esses produtos geralmente oferecem. Nossos exemplos são baseados informalmente no produto "XML Extender" da IBM para o DB2, mas os simplificamos bastante para eliminar aspectos que são irrelevantes à nossa finalidade principal.

O produto XML Extender utiliza o suporte da SQL para funções definidas pelo usuário (consulte o Capítulo 5) para oferecer um conjunto daquelas que são, com efeito, funções *embutidas* – do ponto de vista do usuário. As funções podem ser chamadas pela SQL, e oferecem uma série de capacidades de busca e atualização contra dados XML. As que ilustramos aqui são XMLFILETOCLOB, XMLCONTENT, XMLEXTRACTREAL e XMLUPDATE (não seus nomes reais), e as capacidades que elas oferecem incluem o seguinte:

---

[24]Ela define um operador chamado XMLSERIALIZE, que converte um valor do tipo XML para a forma de string de caracteres. Ela também define um operador chamado XMLPARSE, para "seguir o caminho inverso" – ou seja, para converter uma representação de string de caracteres de um documento ou fragmento de documento XML para o tipo XML. Esses dois operadores oferecem algum suporte para picotar e publicar.

- *Armazenar um documento XML como um valor de coluna SQL.*

  Exemplo: A seguinte instrução UPDATE (a) utiliza a função XMLFILETOCLOB para converter o documento XML no arquivo externo DesenhoParafuso.svg para o tipo CLOB e depois (b) armazena essa string CLOB como o valor da coluna DESENHO na linha da tabela P para a peça P2:

  ```
  UPDATE P
  SET    DESENHO = XMLFILETOCLOB ( 'DesenhoParafuso.svg' )
  WHERE  PNUM = 'P2' ;
  ```

  Naturalmente, estamos considerando aqui que a tabela P inclui uma coluna DESENHO, e que a coluna é do tipo CLOB.

- *Buscar tal valor da coluna SQL.*

  Exemplo: A instrução SELECT a seguir busca o valor CLOB armazenado no exemplo anterior e o publica como um documento XML para o arquivo externo DesenhoParafusoApanhado.svg:

  ```
  SELECT XMLCONTENT ( DESENHO, 'DesenhoParafusoApanhado.svg' )
  FROM   P
  WHERE  PNUM = 'P2' ;
  ```

- *Buscar um componente especificado de um documento XML.*

  Exemplo: Suponha mais uma vez que o documento RelaçãoPeças está armazenado em um arquivo chamado RelaçãoPeças.xml. Então, a instrução UPDATE a seguir (a) extrai o valor PESO para a peça P3 desse documento e o converte para o tipo REAL, e depois (b) armazena esse valor como o valor da coluna PESO na linha da tabela P para a peça P3:

  ```
  UPDATE P
  SET    PESO = XMLEXTRACTREAL
                ( 'RelaçãoPeças.xml',
                  '//TuplaPeça[PNUM = "P3"]/PESO' )
  WHERE  PNUM = 'P3' ;
  ```

  Nota: Aqui, estamos supondo que a coluna PESO na tabela P é do tipo REAL, em vez de NUMERIC(5,1), pois o produto XML Extender atualmente não admite uma função para "extrair para NUMERIC". Mais importante, observe que XMLEXTRACTREAL e as outras funções de "extração" podem ser usadas em documentos XML armazenados em colunas SQL, e não apenas em documentos XML armazenados em arquivos externos.

- *Atualizar um componente especificado de um documento XML.*

  Exemplo: Suponha, de um modo um tanto irreal, que a tabela FP inclua uma coluna DETALHEPEÇA, do tipo CLOB, cujo valor dentro de qualquer linha é um documento XML descrevendo a peça em questão. Então, a instrução UPDATE a seguir define o componente COR desse documento XML como Verde para toda peça fornecida pelo fornecedor F4:

  ```
  UPDATE FP
  SET    DETALHEPEÇA = XMLUPDATE
                       ( DETALHEPEÇA,
                         '//TuplaPeça/COR', 'Verde' )
  WHERE  FNUM = 'F4' ;
  ```

27.8 RESUMO

Neste capítulo, examinamos o relacionamento entre XML e bancos de dados. Porém, para preparar o palco para esse exame, tivemos que começar explicando muita base: primeiro, um pouco sobre a World Wide Web, e depois muito mais sobre XML em si.

XML foi desenvolvida a partir das linguagens mais antigas SGML e HTML; o nome "XML" significa "Extensible Markup Language", mas (como a SGML) XML é na verdade uma **metalinguagem**, ou ainda uma "metametalinguagem". Uma *aplicação* específica da XML – ou seja, uma **derivada da XML**, como a chamamos neste capítulo – é uma linguagem para definir documentos XML de algum tipo específico (por exemplo, documentos RelaçãoPeças). Originalmente, a XML não tinha nada a ver com bancos de dados; em vez disso, a ideia era simplesmente permitir que "a SGML genérica fosse enviada, recebida e processada na Web da forma como agora é possível com HTML" [27.25]. Porém, existe uma necessidade clara de poder armazenar dados XML em bancos de dados e operar sobre eles lá, e esse fato levou algumas pessoas a defenderem a XML como (uma base para) uma tecnologia de banco de dados.

Um **documento XML** consiste principalmente em uma organização hierárquica devidamente aninhada com **elementos**, cada um incluindo um par de tags delimitadoras. Determinado elemento pode incluir **dados de caracteres**, elementos aninhados ou uma mistura dos dois. **Elementos vazios** são admitidos. Uma tag de início opcionalmente pode incluir um conjunto não vazio de **atributos**. Vimos que um documento XML poderia ser usado para representar uma relação, mas isso necessariamente impõe uma ordenação de cima para baixo sobre as tuplas, e provavelmente também uma ordenação da esquerda para a direita sobre os atributos.

Qualquer documento XML possui uma estrutura resumida chamada **infoset**, que pode receber a atuação de uma API chamada **Document Object Model**, e pode ser consultado por meio da **XQuery**. Os documentos XML às vezes também são considerados em conformidade com o **modelo de dados semiestruturado** – embora de fato os documentos XML não sejam nem mais nem menos estruturados do que as relações; de fato, não vemos qualquer diferença substancial entre o modelo semiestruturado e o antigo modelo **hierárquico** (pelo menos em seus aspectos estruturais).

Qualquer documento XML é **bem formado** por definição. Ele também pode ser **válido**, significando que está em conformidade com alguma **Definição de Tipo de Documento** (DTD) especificada. As regras para a escrita de DTDs são uma parte fundamental do padrão XML (de fato, determinada DTD *é* a definição de alguma derivada da XML). Porém, as DTDs possuem vários problemas; particularmente, elas possuem muito pouco suporte para restrições de integridade. **XML Schema** é uma metalinguagem que admite a criação de esquemas XML, que podem ser usados para oferecer uma descrição mais estrita e mais detalhada dos documentos XML (com relação a *tipos de dados* em particular, embora os tipos em questão dificilmente sejam considerados tipos verdadeiros, no sentido do Capítulo 5). O processo de verificar se determinado documento XML está em conformidade com um esquema XML especificado é chamado **validação do esquema**.

Em seguida, vimos a **XQuery** e a **XPath** (esta última é um subconjunto apropriado da primeira), que oferece acesso somente de leitura a dados XML – ou, mais precisamente, a uma forma resumida ou analisada de tais dados (ou seja, com efeito, um infoset). Não tentamos definir qualquer uma dessas linguagens com detalhes, mas mostramos alguns exemplos a fim de oferecer alguma ideia do que elas podem fazer. Discutimos a respeito de **expressões de caminho**, que efetivamente permitem ao usuário navegar por algum caminho especificado no infoset, até algum destino desejado. Também explicamos o papel fundamental desempenhado pela **atualidade** em tais expressões, e questionamos o desejo para tal recurso (certamente ele contribui para o "jeito" procedimental da XPath e da XQuery, um aspecto dessas linguagens para o qual fomos um tanto crítico). Depois observamos que, com efeito, XPath é apenas um **esquema de endereçamento** – ela pode ser usada para a navegação até nós existentes na hierarquia, mas não pode construir novos nós (para tanto, precisamos da XQuery).

Depois, apresentamos uma série de exemplos de XQuery, ilustrando as **expressões de "flor"** ("FLWOR" = *for* + *let* + *where* + *order by* + *return*) em particular. Traçamos paralelos entre tais expressões e (a) expressões do cálculo relacional e (b) laços aninhados em uma linguagem de programação convencional; depois afirmamos que o segundo desses paralelos era mais próximo que o primeiro, e mencionamos algumas questões com relação à otimização. Observamos a falta de um suporte explícito para junção (como na versão original da SQL).

Em seguida, descrevemos três maneiras como poderíamos armazenar um documento XML em um banco de dados:

1. **"Coluna XML":** Poderíamos armazenar o documento inteiro como o valor de algum atributo dentro de alguma tupla. Essa técnica envolve um **novo tipo de dados**, digamos, XMLDOC (com operadores para tratar de valores e variáveis desse tipo, naturalmente).

2. **"Coleção XML":** Poderíamos **picotar** o documento e representar suas diversas partes como diversos valores de atributo dentro de diversas tuplas dentro de diversas relações. *Nota:* O inverso de picotar – ou seja, converter dados não XML para o formato XML – é chamado **publicar**. Juntos, picotar e publicar podem ser considerados como uma abordagem que oferece **visões XML** de dados não XML (a publicação admite busca, a picotagem admite atualização).

3. Poderíamos armazenar o documento em um **banco de dados XML nativo** (ou seja, um banco de dados que contém documentos XML propriamente ditos, em vez de relações).

Explicamos alguns dos prós e contras dessas diversas técnicas.

Finalmente, discutimos rapidamente a respeito da **SQL/XML** (que provavelmente será incorporada ao padrão SQL:2003). A SQL/XML – de modo um tanto impróprio, em nossa opinião – admite a publicação de dados SQL em formato XML. Ela também introduz um novo tipo de dados, chamado XML, cujos valores são documentos ou fragmentos XML, permitindo, assim, que dados XML sejam armazenados em colunas SQL, mas com muito poucos operadores sobre esses dados. Concluímos com uma rápida discussão sobre o **suporte próprio para a XML**, com base no suporte fornecido para o **DB2**.

EXERCÍCIOS

27.1 Explique os seguintes termos com suas próprias palavras:

atributo	marcação	URL
browser Web	mecanismo de busca	web crawler
derivada da XML	página Web	World Wide Web
elemento	servidor Web	XML
HTML	SGML	XML Schema
HTTP	site Web	XPath
Internet	tag	XQuery

27.2 Que relação têm XML, HTML e SGML?

27.3 Considere o sumário no início deste livro. Mostre como você poderia representar essa lista como um documento XML. Inclua uma DTD interna como parte da sua resposta.

27.4 Revise sua resposta do Exercício 27.3 para tornar a DTD externa. Quais são as vantagens de uma DTD externa?

27.5 O que significa dizer que um documento XML é (a) bem formado, (b) válido?

27.6 O que é um elemento vazio?

27.7 Você acha que os documentos XML são hierarquias de contenção no sentido do Capítulo 25?

27.8 Na subseção "Limitações das DTDs", na Seção 27.4, criticamos as DTDs baseados em que elas, por si sós, não eram expressas em XML ("Com certeza, se XML é realmente versátil e poderosa como afirmam ser, ela deveria ser capaz de descrever a si mesma"). Poderia uma crítica semelhante ser aplicada às definições de dados em SQL? Ou ao modelo relacional? Justifique sua resposta.

27.9 Mostre a relação de projetos da Figura 4.5 (veja uma cópia no final deste livro) como um documento XML. Use elementos XML, e não atributos, para representar os valores de dados. Até que ponto as restrições de exclusividade podem ser impostas?

27.10 Repita o Exercício 27.9, mas use atributos XML para representar os valores de dados. Quais são as vantagens do uso de atributos? Quais são as desvantagens?

27.11 Suponha que as respostas aos Exercícios 27.9 e 27.10 sejam estendidas para incluir fornecedores, peças e remessas. Até que ponto as restrições referenciais podem ser impostas?

Para os Exercícios 27.12-27.14, você provavelmente precisará consultar a documento oficial da XML Schema [27.28] ou alguma fonte de referência semelhante (o corpo do capítulo não inclui detalhes suficientes para responder totalmente aos exercícios).

27.12 Crie um esquema XML para a sua resposta ao Exercício 27.3.

27.13 Considere o documento RelaçãoPeças da Seção 27.3. Crie um esquema XML para documentos dessa forma que não imponha uma ordenação sobre os elementos de TuplaPeça.

27.14 Afirmamos, na Seção 27.4, que os tipos de dados da XML Schema não são realmente tipos, como normalmente os entendemos. Você concorda? Justifique sua resposta.

27.15 O que você entende pelo termo *infoset*?

27.16 O que é uma expressão de caminho?

27.17 O que é uma "expressão FLWOR"? Qual é a diferença mais importante entre a cláusula *for* e a cláusula *let*? Quando você deverá usar um predicado no lugar de uma cláusula *where* (e *vice versa*)?

Os Exercícios 27.18-27.21 referem-se ao documento RelaçãoPeças da Seção 27.4. Todos os resultados deverão ser bem formados.

27.18 Escreva uma expressão XQuery para listar todos os elementos TuplaPeça que contêm um elemento NOTA.

27.19 Escreva uma expressão XQuery para listar todas as peças verdes, com cada TuplaPeça resultante delimitada em um elemento PeçaVerde.

27.20 Se a expressão XQuery a seguir for avaliada sobre uma versão do documento RelaçãoPeças que representa todas as seis peças P1-P6, o que ela produz?

```
<Peças>
  { count(document)"RelaçãoPeças.xml")//TuplaPeça) }
</Peças>
```

27.21 Suponha que tenhamos recebido o documento FornecedoresSobreRemessas (ver Figura 27.4), além do documento RelaçãoPeças. Escreva uma expressão XQuery para listar os fornecedores que fornecem pelo menos uma peça azul.

27.22 Se o documento FornecedoresSobreRemessas do Exercício 27.21 representa todos os fornecedores e remessas da Figura 3.8 (veja uma cópia no final deste livro) o que a expressão a seguir produz?

```
for $fx in document ("FornecedoresSobreRemessas.xml")/
           Fornecedor[CIDADE = 'Londres']
return
  <Resultado>
    { $fx/FNUM, $fx/FNOME, $fx/STATUS, $fx/CIDADE }
  </Resultado>
```

27.23 Qual é a diferença semântica (se houver alguma) entre as duas cláusulas *return* a seguir?

```
return <Resultado> { $a, $b } </Resultado>
```

```
return <Resultado> { $a } { $b } </Resultado>
```

27.24 Como poderíamos considerar o armazenamento de dados XML em um banco de dados? Quais são as vantagens e desvantagens de cada técnica?

27.25 Considere as funções descritas (resumidamente) na Seção 27.6, subseção "Suporte próprio". Você tem alguma opinião com relação ao projeto dessas funções?

27.26 Às vezes, sugere-se que um documento XML é semelhante a uma tupla, conforme esse conceito é compreendido no mundo do banco de dados relacional. Discuta.

27.27 Às vezes, diz-se que os dados XML são "sem esquema". Como você conseguiria consultar dados que não tivessem um esquema? Como você projetaria uma linguagem de consulta para esses dados?

27.28 Na Seção 27.3, dissemos que a estrutura que um documento XML possui fica em grande parte a critério do projetista do documento, que a impõe sobre os dados. Um comentário semelhante também se aplicaria a dados relacionais? Se não, por que não? Justifique sua resposta.

27.29 Se você estiver acostumado com o modelo de dados hierárquico, identifique tantas diferenças quantas puder entre ele e o "modelo semiestruturado" esboçado neste capítulo.

27.30 Aqui está uma citação da referência [27.4]: "XML evita a questão fundamental sobre o que devemos fazer, concentrando-se inteiramente sobre como devemos fazê-lo". Discuta.

REFERÊNCIAS E BIBLIOGRAFIA

27.1 Serge Abiteboul, Peter Buneman, Dan Suciu: *Data on the Web: From Relations to Semistructured Data and XML*. San Francisco, Calif.: Morgan Kaufmann (1999).

Um "exame atualizado das estratégias de busca e processamento em rápida evolução para dados relacionais e semiestruturados" (do prospecto da editora).

27.2 Tim Berners-Lee e Mark Fischetti: *Weaving the Web: The Original Design and Ultimate Destiny of the World Wide Web by Its Inventor*. San Francisco, Calif.: Harper San Francisco (1999). Veja também Tim Berners-Lee: "Information Management: A Proposal", o documento original descrevendo o projeto da Web, em *http://www.w3.org/History/1989/Proposal.html*. Versões desse documento foram circuladas para comentários no CERN, mas nunca foram publicadas formalmente.

27.3 Phil Bernstein e outros: *The Asilomar Report on Database Research, ACM SIGMOD Record 27,* Número 4 (dezembro de 1998).

Esse artigo inclui algumas observações um tanto deprimentes sobre as implicações da XML para bancos de dados: "Infelizmente, XML provavelmente gerará o caos para os sistemas de banco de dados. A linguagem de consulta em evolução da XML é proveniente das linguagens de processamento de consulta procedimentais que prevaleciam há 25 anos. XML também está promovendo o desenvolvimento de caches de dados no cliente, que darão suporte a atualizações, o que está levando os projetistas de XML a um atoleiro de problemas de transação distribuída. Infelizmente, a maior parte do trabalho em cima da XML está acontecendo sem muita influência da comunidade de sistemas de bancos de dados."

27.4 Bob Boiko: "Understanding XML", *http://metatorial.com/papers/xml.asp* (2000).

27.5 Angela Bonifati e Stefano Ceri: "Comparative Analysis of Five XML Query Languages", *ACM SIGMOD Record 29,* Número 1 (março de 2000).

As cinco linguagens são XSL, XQL, Lorel, XML-QL e XML-GL (XSL é, na realidade, uma linguagem de folha de estilo ou formatação – ver Seção 27.3 –, mas pode ser usada para formular consultas simples, assim como XSLT). XSL e XQL admitem consultas envolvendo apenas um documento XML, enquanto as outras admitem consultas que se espalham pelos documentos. XML-GL oferece uma interface gráfica tipo QBE. Lorel e XML-GL incluem facilidades de atualização. Veja também a referência [27.16].

27.6 Jon Bosak and Tim Bray: "XML and the Second-Generation Web", *http://www.sciam.com* (maio de 1999).

Esse artigo inclui um argumento excelente, apesar de supostamente não intencional, para *não* usar XML como base para uma nova tecnologia de banco de dados. Citando o artigo: "[Documentos XML têm] a estrutura conhecida em ciência de computação como uma árvore... As árvores não podem representar todo tipo de informação, mas podem representar a maior parte dos tipos que precisamos que os computadores entendam. Além do mais, as árvores são extraordinariamente convenientes para programadores [*sic*]. Se o seu extrato bancário estiver na forma de uma árvore, será muito simples escrever um pequeno software que ordene as transações ou apresente apenas os cheques que já foram pagos". Bem, esses comentários realmente podem ser precisos até o ponto em que chegam; mas será que eles são suficientes? Um estudo da história das árvores (em outras palavras, hierarquias) no contexto de banco de dados sugere firmemente que a resposta a essa pergunta é *não*. O ponto fundamental é que, mesmo quando os dados possuem uma estrutura naturalmente hierárquica – como (poderia se argumentar) acontece com, por exemplo, departamentos e empregados –, não se pode concluir que eles precisam ser *representados* hierarquicamente, pois a representação hierárquica não é adequada para todo o processamento que poderíamos querer fazer sobre os dados. E o que dizer de dados que não possuem uma estrutura "naturalmente hierárquica"? Por exemplo, qual é a melhor representação de árvore para as proposições na forma de "Fornecedor *f* fornece a peça *p* para o projeto *j*"? *Nota:* Levantamos as mesmas objeções na Seção 25.1, com relação a objetos, que também são hierárquicos, como os documentos XML.

27.7 Ron Bourret: "XML and Databases", *http://rpbourret.com/xml/XMLAndDatabases.htm* (novembro de 2002).

Uma boa introdução e pesquisa. Citando: "Este artigo oferece uma visão geral de alto nível de como usar XML com bancos de dados. Ele descreve... as diferenças entre [aplicações] centradas em dados e centradas em documentos, como a XML é usada normalmente com bancos de dados relacionais e o que são bancos de dados XML nativos e quando usá-los."

27.8 Peter Buneman, Wenfei Fan, Jérôme Siméon e Scott Weinstein: "Constraints for Semistructured Data and XML", *ACM SIGMOD Record 30,* Número 1 (março de 2001).

27.9 Donald D. Chamberlin, Jonathan Robie e Daniela Florescu: "QUILT: An XML Query Language for Heterogeneous Data Sources", em Dan Suciu and Gottfried Vossen (editores), *Lecture Notes in Computer Science 1997.* Nova York, N.Y.: Springer-Verlag (2000).

27.10 Donald D. Chamberlin: "XQuery: An XML Query Language", *IBM Sys. J. 41,* Número 4 (2002).

Chamberlin foi um dos projetistas originais da SQL [4.9-4.11] e agora é membro do grupo de trabalho do W3C responsável pela definição da XQuery. Esse artigo é um tutorial útil – embora contenha alguns comentários discutíveis, incluindo este em particular: "A iteração é uma parte importante de uma linguagem de consulta". Essa afirmação está diretamente em conflito com a declaração de Codd de que "para extrair qualquer informação do banco de dados, nem o programador de aplicação nem o usuário não programador [deverão precisar] desenvolver quaisquer laços iterativos ou recursivos" (a nona das "Leis Fundamentais do Gerenciamento de Banco de Dados" de Codd [6.2]).

27.11 Andrew Eisenberg e Jim Melton: "SQL/XML and the SQLX Informal Group of Companies", *ACM SIGMOD Record 30,* Número 3 (setembro de 2001); "SQL/XML Is Making Good Progress", *ACM SIGMOD Record 31,* Número 2 (junho de 2002).

27.12 Daniela Florescu, Alon Levy e Alberto Mendelzon: "Database Techniques for the World-Wide Web: A Survey", *ACM SIGMOD Record 27,* Número 3 (setembro de 1998).

Esse artigo preocupa-se com dados da Web em geral, em vez de dados XML especificamente. Ele oferece um levantamento de projetos, protótipos e linguagens que têm a ver com "a relevância dos conceitos de banco de dados aos problemas de gerenciamento e consulta" de dados da Web. Inclui um grande conjunto de referências.

27.13 Hector Garcia-Molina, Jeffrey D. Ullman e Jennifer Widom: *Database Systems: The Complete Book.* Upper Saddle River, N.J.: Prentice Hall (2002).

27.14 Elliotte Rusty Harold: *XML Bible* (2a. ed.). Nova York, N.Y.: Hungry Minds, Inc. (2001).

27.15 International Organization for Standardization (ISO): *XML-Related Specifications (SQL/XML) Working Draft,* Document ISO/IEC JTC1/SC32/WG3:DRS-020 (agosto de 2002).

Um tutorial baseado em uma versão anterior desse documento pode ser encontrado na referência [26.32]. Consulte também a referência [27.11].

27.16 Dongwon Lee e Wesley W. Chu: "Comparative Analysis of Six XML Schema Languages", *ACM SIGMOD Record 29,* Número 3 (setembro de 2000).

As seis linguagens são XML Schema, XDR, SOX, Schematron, DSD e o que neste capítulo chamamos de linguagem de definição de DTD. Dessas seis, a última é nitidamente a mais fraca, enquanto XML Schema está entre as mais fortes. Consulte também a referência [27.5].

27.17 Philip M. Lewis, Arthur Bernstein e Michael Kifer: *Databases and Transaction Processing: An Application-Oriented Approach.* Boston, Mass.: Addison-Wesley (2002).

27.18 Jason McHugh e Jennifer Widom: "Query Optimization for XML", Proc. 25th Int. Conf. on Very Large Data Bases, Edimburgo, Escócia (setembro de 1999).

Um relatório sobre a experiência com o componente otimizador do Lore, "um SGBD para dados baseados em XML, admitindo uma linguagem de consulta expressiva [chamada Lorel]".

27.19 Theodor Holm Nelson: "A File Structure of the Complex, the Changing, and the Indeterminate", Proc. 20th Nat. ACM Conf., Cleveland, Ohio (24-26 de agosto de 1965). Ver também Theodor Holm Nelson: *Literary Machines*. Sausalito, Calif.: Mindful Press (1993; 1ª edição publicada em 1982).

O artigo de 1965 de Nelson (em que o termo *hipertexto* foi originado) baseia-se no trabalho pioneiro de Vannevar Bush (Memex, 1945) e Douglas Engelbart (NLS: oNLine System, 1963).

27.20 Fabian Pascal: "Managing Data with XML: Forward to the Past?" *http://searchdatabase.techtarget.com* (janeiro de 2001).

Na referência [27.6], Bosak e Bray efetivamente propõem apanhar a funcionalidade que deveria fazer parte do SGBD e passá-la para os programas de aplicação. Pascal argumenta que tal proposta é um passo para trás.

27.21 Igor Tatarinov, Zachary G. Ives, Alon Y. Halevy e Daniel S. Weld: "Updating XML", Proc. 2001 ACM SIGMOD Int. Conf. on Management of Data, Santa Barbara, Calif. (maio de 2001).

Propõe um conjunto de extensões de atualização para a XQuery e uma implementação que mapeia as atualizações através de "visões XML" aos dados SQL básicos.

27.22 The Unicode Consortium: *The Unicode Standard, Version 4.0*. Reading, Mass: Addison-Wesley (2003).

27.23 Jennifer Widom: "Data Management for XML", *http://www-db.stanford.edu/~widom/xml-whitepaper.html* (17 de junho de 1999).

27.24 W3C: "Document Object Model (DOM) Level 3 Core Specification Version 1.0 Working Draft", *http://www.w3.org/TR/DOM-Level-3-Core* (26 de fevereiro de 2003).

27.25 W3C: "Extensible Markup Language (XML) 1.0" (2a. ed.), *http://www.w3.org/TR/REC-xml* (6 de outubro de 2000). Ver também Tim Bray: "The Annotated XML 1.0 Specification", *http://www.xml.com* (siga o link "Annotated XML").

27.26 W3C: "XML Information Set", *http://www.w3.org/TR/xml-infoset* (24 de outubro de 2001).

27.27 W3C: "XML Path Language (XPath) Version 2.0 Working Draft", *http://www.w3.org/TR/xpath20* (2 de maio de 2003).

27.28 W3C: "XML Schema Part 0: Primer; Part 1: Structures; Part 2: Datatypes", *http://www.w3.org/TR/xmlschema-0/, –1/, -2/* (2 de maio de 2001).

27.29 W3C: "XQuery 1.0: An XML Query Language Working Draft", *http://www.w3.org/TR/xquery* (2 de maio de 2003).

Nota: Os documentos W3C a seguir também são relevantes à XQuery:

- "XML Query Requirements Working Draft", *http://www.w3.org/TR/xquery-requirements* (2 de maio de 2003)

- "XQuery 1.0 and XPath 2.0 Data Model Working Draft", *http://www.w3.org/TR/xpath-datamodel* (2 de maio de 2003)

- "XQuery 1.0 and XPath 2.0 Formal Semantics Working Draft", *http://www.w3.org /TR/xquery-semantics* (2 de maio de 2003)

- "XQuery 1.0 and XPath 2.0 Functions and Operators Working Draft", *http://www.w3 .org/TR/xpath-functions* (2 de maio de 2003)

- "XML Query Use Cases Working Draft", *http://www.w3.org/TR/xquery-use-cases* (2 de maio de 2003)

27.30 XML:DB: "XML Update Language Working Draft", *http://www.xmldb.org/xupdate/xupdate-wd.html* (14 de setembro de 2000).

XML:DB é um consórcio aberto do setor (não uma agência de padrões) que é "encarregada do desenvolvimento de especificações específicas para banco de dados XML" [*sic*]. Ele foi formado em 2000 porque "os bancos de dados XML... possuem uma aplicabilidade muito maior do que apenas a World Wide Web". A finalidade da XUpdate é ser uma linguagem de atualização para dados XML.

807

PARTE VII

APÊNDICES

Este livro contém três apêndices. O Apêndice A é uma introdução a uma nova tecnologia de implementação, chamada O *Modelo TransRelational*™. O Apêndice B contém mais detalhes, para fins de referência, sobre a sintaxe e a semântica de expressões SQL. Finalmente, o Apêndice C contém uma lista das abreviações, sinônimos e símbolos mais importantes introduzidos no corpo do livro.

APÊNDICE **A**

O Modelo TransRelational™

A.1 Introdução

A.2 Três níveis de abstração

A.3 A ideia básica

A.4 Colunas condensadas

A.5 Colunas merged

A.6 Implementando os operadores relacionais

A.7 Resumo

Referências e bibliografia

A.1 INTRODUÇÃO

No campo do empreendimento científico, uma ideia surge de vez em quando que é tão surpreendentemente nova, e tão dramaticamente melhor do que tudo o que houve antes, que ela pode verdadeiramente ser descrita como um avanço. O modelo relacional oferece o exemplo óbvio no mundo do banco de dados; quase tudo neste livro se destaca como testamento da natureza e impacto radicais dessa ideia brilhante. E agora estamos testemunhando o nascimento do que parece ser outro grande avanço: **O Modelo TransRelational™**. Na opinião deste autor, o Modelo TransRelational – inventado por Steve Tarin, é abreviado aqui para apenas *TR* – provavelmente provará ser o desenvolvimento mais significativo nesse campo desde que Codd nos deu o modelo relacional, há quase 35 anos.

Devemos dizer imediatamente que o modelo TR não pretende ser um substituto do modelo relacional; o "trans" em "transrelational" não significa *ir além*, como acontece em (por exemplo) "transpassar", mas significa *transformação*. É verdade que o modelo TR e o modelo relacional são ambos modelos de dados abstratos, mas TR está em um nível de abstração *inferior* (ou seja, está mais próximo do armazenamento físico); de fato, o modelo TR foi projetado para servir entre outras coisas como um veículo de implementação para o modelo relacional. Como você deve se lembrar, dissemos no final do Capítulo 18 que "surgiu [recentemente] uma técnica radicalmente nova para a implementação de SGBD, que tem o efeito de invalidar muitas da hipóteses fundamentais" das técnicas de implementação convencionais. O modelo TR é essa nova técnica.

Devemos explicar um pouco mais sobre a base antes de entrarmos nos detalhes mais técnicos. Na realidade, o modelo TR em si é uma aplicação específica de uma tecnologia mais genérica conhecida como **Método de Transformação de Tarin,** segundo o nome de seu inventor. O Método de Transformação de Tarin – que é assunto de uma patente nos Estados Unidos [A.2] – visa ser uma tecnologia de implementa-

811

ção para armazenamento de dados e sistemas de busca de muitos tipos (não apenas SGBDs), incluindo, por exemplo, sistemas de data warehouse, ferramentas de mineração de dados, sistemas SQL, mecanismos de busca da Web, sistemas XML nativos e assim por diante. Ao contrário, o assunto deste apêndice – ou seja, o Modelo TransRelational como tal – representa apenas a aplicação dessa tecnologia mais genérica à implementação de sistemas relacionais em particular. Porém, como logo se tornará evidente, essa tecnologia geral, por exemplo, especialmente apropriada para a implementação de sistemas relacionais em particular; de fato, ela foi concebida em grande parte visando esse objetivo específico.

Agora, podemos iniciar nossas discussões técnicas. Uma boa maneira de pensar no modelo TR é em termos do conhecido objetivo de *independência de dados* (independência de dados física, para ser exato). A independência de dados significa que existe uma distinção clara entre os níveis lógico e físico do sistema, e essa distinção clara, por sua vez, significa que deve haver uma **transformação** entre os dois níveis, mapeando o nível lógico ao físico e *vice-versa*. Contudo, a maior parte dos SGBDs de hoje emprega o que quase poderia ser considerado transformação de *identidade*, mapeando RelVars básicas a arquivos armazenados, e as tuplas em tais RelVars a registros armazenados nesses arquivos. Em tal sistema, o que é armazenado no nível físico pode ser considerado, pelo menos para uma primeira aproximação, como uma **imagem direta** do que o usuário vê no nível lógico (ver Figura A.1). Uma consequência é que tais sistemas não oferecem realmente muita independência de dados. Outra é que os dados são necessariamente armazenados em apenas uma sequência física no armazenamento, com o resultado de que os índices e outras estruturas redundantes são necessários para dar suporte ao acesso aos dados em outras sequências. Ainda outra é que a otimização complexa é necessária a fim de se obter um desempenho aceitável. Mais uma consequência é que a tarefa de administração do banco de dados torna-se muito mais difícil do que precisaria ser.

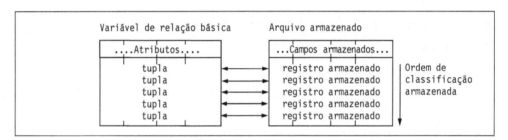

FIGURA A.1 *Implementação de imagem direta.*

As transformações usadas no modelo TR, ao contrário, são muito mais sofisticadas. Aqui estão algumas consequências imediatas desse fato:

- O modelo TR oferece muito mais independência de dados do que os sistemas de imagem direta oferecem ou podem oferecer.

- O modelo TR efetivamente armazena os dados em muitas sequências físicas diferentes ao mesmo tempo, eliminando, assim, a necessidade de índices e coisas desse tipo.

- A otimização no modelo TR é muito mais simples do que com sistemas de imagem direta; constantemente, há apenas um caminho obviamente melhor para implementar determinada operação relacional qualquer.

- O desempenho no modelo TR é de várias ordens de grandeza melhor que com um sistema de imagem direta. Em particular, o desempenho da junção é linear – significando, com efeito, que o tempo necessário para juntar 20 relações é apenas o dobro do tempo necessário para juntar 10 (informalmente falando). Isso também significa que juntar 20 relações, se for necessário, é viável em primeiro lugar; em outras palavras, o sistema é *escalável (scalable).*

- O sistema é muito mais fácil de administrar, pois muito menos decisões humanas são necessárias.

- Não existe, de forma alguma, algo do tipo "RelVar armazenada" ou "tupla armazenada" no nível físico do sistema!

Neste apêndice, vamos examinar rapidamente o modo como o modelo TR funciona. Naturalmente, não temos espaço para explicar tudo; portanto, para manter nossa discussão dentro dos limites, decidimos ignora (a) atualizações e (b) armazenamento secundário; em outras palavras, iremos supor que o banco de dados é (a) somente de leitura e (b) na memória principal. Contudo, por favor, não conclua que o modelo TR só é bom para bancos de dados somente de leitura e na memória principal – isso não é verdade. Para ver uma descrição de todos os aspectos do modelo TR, incluindo operações de atualização e bancos de dados armazenados em disco, consulte o livro tutorial deste mesmo autor [A.1].

A.2 TRÊS NÍVEIS DE ABSTRAÇÃO

Um sistema relacional implementado usando o modelo TR pode ser imaginado como envolvendo três níveis de abstração: o nível relacional (ou usuário), o nível de arquivo e o nível do modelo TR (ver Figura A.2).

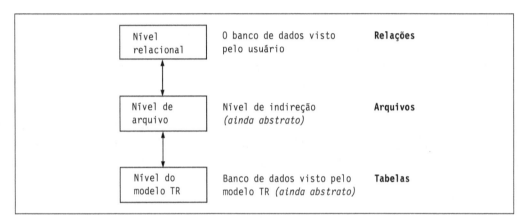

FIGURA A.2 *Os três níveis de abstração.*

- No nível superior, os dados são representados em termos de *relações*, compostas de tuplas e atributos, como fazemos normalmente.

- No nível inferior, os dados são representados em termos de uma série de estruturas internas do modelo TR, chamadas *tabelas*, e essas tabelas são compostas de linhas e colunas. *Por favor, observe imediatamente que essas tabelas, linhas e colunas não são as construções SQL com o mesmo nome, nem correspondem diretamente a relações, tuplas ou atributos no nível do usuário.*

- O nível intermediário é um nível de indireção entre os outros dois: as relações no nível superior são mapeadas para *arquivos* nesse nível, e esses arquivos são estes mapeados para tabelas no nível inferior. Além do mais, esses arquivos são compostos de registros e campos; registros correspondem a tuplas, e campos a atributos, no nível superior. *Nota:* Não se engane, pela terminologia, pensando que os arquivos são armazenados fisicamente; eles ainda são uma abstração daquilo que está armazenado fisicamente, assim como as RelVars o são (e assim como as tabelas TR também o são, para completar). Porém, não seria errado pensar neles como "ligeiramente mais físicos" do que as RelVars (e muito menos físicos do que as tabelas TR).

Deste ponto em diante, teremos o cuidado de sempre usar a terminologia relacional no nível superior, a terminologia de arquivo no nível intermediário e a terminologia de tabela no nível inferior. Ainda consideraremos, para simplificar, que todas as RelVars e relações são RelVars *básicas* e relações especificamente, salvo quando for indicado explicitamente de outra forma.

O primeiro passo no mapeamento de determinada RelVar para uma representação TR apropriada, então, é mapear essa relação a um arquivo, com registros correspondendo às tuplas e campos correspondendo aos atributos. Por exemplo, a Figura A.3 mostra um arquivo possível correspondendo à nossa relação de fornecedores. Dentro desse arquivo, os registros possuem uma ordenação de cima para baixo e os campos têm uma ordenação da esquerda para a direita, assim como os números de registro e os números de campo na figura tentam sugerir. Porém, as ordenações em questão são basicamente arbitrárias. Assim, por exemplo, a relação de fornecedores poderia ser mapeada muito bem para qualquer um dos 2.880 diferentes arquivos – 120 ordenações diferentes para os cinco registros,[1] e 24 ordenações diferentes para os quatro campos. Por outro lado, esses 2.880 arquivos diferentes são pelo menos todos *equivalentes* entre si, no sentido de que todos representam exatamente a mesma informação; assim, às vezes é conveniente considerá-los, não tanto como 2.880 arquivos diferentes em si, mas sim como 2.880 *versões* diferentes do "mesmo" arquivo.

	Sequência de campos:	1	2	3	4
Sequência de registros:		F#	FNOME	STATUS	CIDADE
	1	F4	Clark	20	Londres
	2	F5	Adams	30	Atenas
	3	F2	Jones	10	Paris
	4	F1	Smith	20	Londres
	5	F3	Blake	30	Paris

FIGURA A.3 *Um arquivo para a relação normal de fornecedores.*

Um arquivo como aquele mostrado na Figura A.3 pode agora ser representado por tabelas no nível TR e pode ser reconstruído a partir dessas tabelas TR. De fato (importante), muitas versões diferentes do mesmo arquivo podem ser todas reconstruídas a partir das mesmas tabelas TR com a mesma facilidade (usando o termo *versões* no sentido recém-explicado – ou seja, ordenações de registro e campo poderiam ser diferentes, mas o conteúdo permanece igual); veremos como isso funciona na próxima seção. Dentro dessas tabelas TR, as linhas possuem uma ordenação de cima para baixo e as colunas possuem uma ordenação da esquerda para a direita. E (novamente importante!) uma interseção de linha e coluna dentro de tal tabela, que chamaremos de **célula**, pode ser endereçada por meio de subscritos no estilo $[i,j]$, em que i é o número da linha e j é o número da coluna.

Os detalhes do mapeamento de arquivos para tabelas TR são deixados para a próxima seção. Aqui, simplesmente enfatizamos o ponto de que isso não é nada como o tipo de mapeamento de imagem direta, discutido na Seção A.1. Em particular, as linhas nas tabelas TR *não* possuem qualquer tipo de correspondência biunívoca com os registros no nível de arquivo, e nem *a fortiori* elas possuem qualquer tipo de correspondência biunívoca com as tuplas no nível relacional. Como ilustração, a Figura A.4 mostra uma tabela TR, a **Tabela de Valores de Campos**, correspondente ao arquivo da Figura A.3; observe particularmente que, como dissemos, as linhas não correspondem de qualquer maneira óbvia aos registros mostrados na Figura A.3.

	Sequência de colunas:	1	2	3	4
Sequência de linhas:		F#	FNOME	STATUS	CIDADE
	1	F1	Adams	10	Atenas
	2	F2	Blake	20	Londres
	3	F3	Clark	20	Londres
	4	F4	Jones	30	Paris
	5	F5	Smith	30	Paris

FIGURA A.4 *Tabela de Valores de Campos para o arquivo da Figura A.3.*

---

[1]Nem todas essas 120 ordenações podem ser obtidas por meio de um simples ORDER BY, naturalmente (aquela mostrada na Figura A.3, por exemplo, não pode).

Para poder reconstruir o arquivo da Figura A.3 a partir da Tabela de Valores de Campo da Figura A.4, precisamos de outra tabela, a **Tabela de Reconstrução de Registros** (ver Figura A.5). Observe que os valores nas células dessa tabela não são mais números de fornecedor ou valores de status (e assim por diante) – apesar dos rótulos das colunas – mas em vez disso são *números de linha*. Para obter uma explicação melhor, leia a próxima seção.

Sequência de colunas:	1	2	3	4
	F#	FNOME	STATUS	CIDADE
Sequência de linhas: 1	5	4	4	5
2	4	5	2	4
3	2	2	3	1
4	3	1	1	2
5	1	3	5	3

FIGURA A.5 *Tabela de Reconstrução de Registros para o arquivo da Figura A.3.*

A.3 A IDEIA BÁSICA

A ideia crucial por trás do modelo TR pode ser caracterizada da seguinte maneira. Seja r um registro dentro de algum arquivo no nível de arquivo. Então:

> **A forma armazenada de r envolve duas partes logicamente distintas, um conjunto de valores de campo e um conjunto de informações de "ligação" (*linkage*), que une esses valores de campo, e há uma grande faixa de possibilidades para armazenar fisicamente cada parte.**

Em sistemas de imagem direta, as duas partes são armazenadas juntas; em outras palavras, a informação de ligação nesses sistemas é representada pela *contiguidade física*. No modelo TR, ao contrário, *as duas partes são mantidas separadas* – os valores dos campos são mantidos na Tabela de Valores de Campos, e a informação de ligação é mantida na Tabela de Reconstrução de Registros. E é essa separação que é a fonte fundamental dos diversos benefícios que o modelo TR é capaz de oferecer.

A Tabela de Valores de Campos

Agora, você provavelmente já deve ter descoberto como a Tabela de Valores de Campos da Figura A.4 foi derivada do arquivo da Figura A.3. Basicamente, cada coluna da tabela contém os valores do campo correspondente do arquivo, *reorganizadas em ordem de classificação crescente*. Portanto, observe imediatamente que, não importa a ordem em que os registros do arquivo apareçam inicialmente, acabamos com a mesma Tabela de Valores de Campos (em nosso exemplo, todas as 2.880 versões do arquivo são mapeadas para a mesma Tabela de Valores de Campos). Além do mais, embora ainda não estejamos em uma posição de descrever como essa tabela é usada (precisamos discutir primeiro a respeito da Tabela de Reconstrução de Registros), podemos mencionar alguns pontos que deverão pelo menos oferecer imediatamente algum sentido intuitivo:

- O fato de que cada coluna da Tabela de Valores de Campos está em ordem claramente irá ajudar nas solicitações ORDER BY no nível do usuário. Por exemplo, uma requisição para ver fornecedores em ordem sequencial de cidade não exige uma classificação em tempo de execução, e nem mesmo um índice.

- O mesmo acontece com uma requisição para ver fornecedores em sequência *inversa* de cidade (ou seja, em ordem decrescente) – a implementação pode simplesmente processar a Tabela de Valores de Campos de baixo para cima, e não de cima para baixo.

- Comentários semelhantes se aplicam a *cada atributo*; ou seja, a Tabela de Valores de Campos efetivamente representa *muitas ordens de classificação diferentes* simultaneamente (com efeito, uma ordem de classificação nas duas direções sobre cada atributo individual).

- As solicitações envolvendo pesquisas de valores específicos – por exemplo, uma requisição para ver fornecedores em Londres – podem ser implementadas por meio de uma pesquisa binária eficiente. Novamente, comentários semelhantes também se aplicam a cada um dos atributos.

Concluímos esta subseção observando que a Tabela de Valores de Campos pode ser considerada como uma espécie de *ponte* entre a percepção dos dados pelo usuário (significando a relação original no nível do usuário e/ou o arquivo correspondente) e outras estruturas internas do modelo TR. Em particular, a Tabela de Valores de Campos é a única tabela TR que contém dados do usuário – todo o restante contém informações internas (normalmente, ponteiros), informações que fazem sentido ao modelo TR, mas não são diretamente relevantes ou expostas ao usuário de forma alguma.

A Tabela de Reconstrução de Registros

A Figura A.6 mostra a Tabela de Valores de Campos da Figura A.4 lado a lado com a Tabela de Reconstrução de Registros da Figura A.5. Observe que as duas tabelas são *isomórficas*; na realidade, há uma correspondência biunívoca direta entre as células das duas tabelas, como veremos em instantes (ou seja, as duas tabelas possuem o mesmo número de linhas e colunas que o arquivo da Figura A.3 possui registros e campos, respectivamente). Observe também que, como observamos na Seção A.2, as entradas nas células da Tabela de Reconstrução de Registros não são mais números de fornecedor ou nomes de fornecedor (etc.); em vez disso, elas são **números de linha**, e esses números de linha podem ser considerados **ponteiros** para as linhas da Tabela de Valores de Campos ou da Tabela de Reconstrução de Registros ou ambas, dependendo do contexto no qual são usados. (Por esse motivo, as colunas na Tabela de Reconstrução de Registros não podem realmente ser rotuladas como F#, FNOME e assim por diante, como mostra a figura; contudo, manter esses rótulos facilitará outras explicações, mais adiante.)

	1	*2*	*3*	*4*		*1*	*2*	*3*	*4*
	F#	FNOME	STATUS	CIDADE		F#	FNOME	STATUS	CIDADE
1	F1	Adams	10	Atenas	*1*	5	4	4	5
2	F2	Blake	20	Londres	*2*	4	5	2	4
3	F3	Clark	20	Londres	*3*	2	2	3	1
4	F4	Jones	30	Paris	*4*	3	1	1	2
5	F5	Smith	30	Paris	*5*	1	3	5	3

FIGURA A.6 *Tabela de Valores de Campos da Figura A.4*
e uma Tabela de Reconstrução de Registros correspondente.

Antes de explicarmos como a Tabela de Reconstrução de Registros é montada, vamos examinar como ela é *usada*. Considere a sequência de operação a seguir.

Passo 1: Vá até a célula [*1,1*] da Tabela de Valores de Campos e apanhe o valor armazenado lá: a saber, o número de fornecedor F1. Esse valor é o valor do **primeiro** campo (ou seja, o valor do campo F#) dentro de um certo registro de fornecedores no arquivo de fornecedores.

Passo 2: Vá até a *mesma* célula (ou seja, a célula [*1,1*]) da Tabela de Reconstrução de Registros e apanhe o valor armazenado lá: a saber, o número de linha 5. Esse número de linha é interpretado como o *próximo* valor de campo (o que significa dizer o **segundo** valor, ou FNOME) dentro do registro de fornecedores cujo valor do campo F# é F1 deverá ser encontrado na posição FNOME da **quinta** linha da Tabela de Valores de Campos – em outras palavras, na célula [*5,2*] da Tabela de Valores de Campos. Vá até essa célula e apanhe o valor armazenado lá (nome de fornecedor Smith).

Passo 3: Vá até a célula correspondente na Tabela de Reconstrução de Registros [*5,2*] e apanhe o número de linha armazenado lá (*3*). O valor do próximo campo (**terceiro**, ou STATUS) dentro do registro de fornecedores que estamos reconstruindo está na posição STATUS na **terceira** linha da Tabela de Valores de Campos – em outras palavras, na célula [*3,3*]. Vá até essa célula e apanhe o valor armazenado lá (status 20).

Passo 4: Vá até a célula correspondente na Tabela de Reconstrução de Registros [*3,3*] e apanhe o valor armazenado lá (que é *3* novamente). O valor do próximo campo (**quarto**, ou CIDADE) dentro do registro de fornecedores que estamos reconstruindo está na posição CIDADE, na **terceira** linha da Tabela de Valores de Campos – em outras palavras, na célula [*3,4*]. Vá até essa célula e apanhe o valor armazenado lá (nome de cidade Londres).

Passo 5: Vá até a célula correspondente na Tabela de Reconstrução de Registros [*3,4*] e apanhe o valor armazenado lá (*1*). Agora, o valor do "próximo" campo dentro do registro de fornecedores que estamos reconstruindo parece que deveria ser o *quinto* valor; contudo, os registros de fornecedores têm apenas quatro campos, de modo que esse "quinto" retorna para se tornar o *primeiro*. Assim, o valor do "próximo" campo (primeiro, ou F#) dentro do registro de fornecedores que estamos reconstruindo está na posição F# na primeira linha da Tabela de Valores de Campos – em outras palavras, na célula [*1,1*]. Mas foi daí que viemos, e o processo termina.

Nitidamente, a sequência de operações anterior reconstrói um registro em particular a partir do arquivo de fornecedores – especificamente, aquele mostrado como registro número *4* na Figura A.3:

	F#	FNOME	STATUS	CIDADE
4	F1	Smith	20	Londres

A propósito, observe como os ponteiros de número de linha que seguimos no exemplo anterior formam um anel – de fato, dois anéis isomórficos, um na Tabela de Valores de Campos e outro na Tabela de Reconstrução de Registros (ver Figura A.7). *Nota:* Por motivos óbvios, os anéis também são chamados *ziguezagues*, e o algoritmo de reconstrução é conhecido informalmente como *algoritmo ziguezague*.

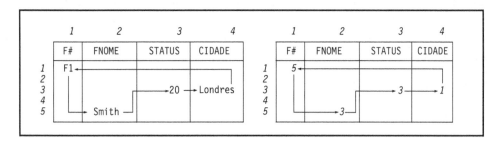

FIGURA A.7 *Anéis de ponteiros (exemplos).*

Como exercício, tente reconstruir outro registro de fornecedor você mesmo. Se você começar com a célula [2,1] na Tabela de Valores de Campos, deverá obter o registro 3 da Figura A.3. Da mesma forma, começar com a célula [3,1] lhe dará o registro 5; começar com a célula [4,1] lhe dará o registro 1; e começar com a célula [5,1] lhe dará o registro 2. *Observe o resultado disso:* Se processarmos a Tabela de Valores de Campos inteira por ordem de número de fornecedor, seguindo de cima para baixo na coluna F# – ou seja, se executarmos o processo de reconstrução de registros cinco vezes, começando sucessivamente com as células [1,1], [2,1], [3,1], [4,1] e [5,1] –, então reconstruiremos uma versão do arquivo de fornecedores inteiro, em que os registros aparecem em ordem crescente de número de fornecedor. Em outras palavras, implementamos a seguinte consulta SQL:

```
SELECT F.F#, F.FNOME, F.STATUS, F.CIDADE
FROM   F
ORDER  BY F# ;
```

Da mesma forma, para implementar esta consulta –

```
SELECT F.F#, F.FNOME, F.STATUS, F.CIDADE
FROM   F
ORDER  BY F# DESC ;
```

– tudo o que temos a fazer é processar a coluna de número de fornecedor da Tabela de Valores de Campos na ordem inversa e fazer as reconstruções começando com a célula [5,1], depois [4,1], e assim por diante. E não precisamos realizar qualquer classificação em tempo de execução nos dois casos, e nem precisamos usar um índice.

Mais do que isso, exatamente porque os ponteiros na Tabela de Reconstrução de Registros formam anéis, podemos entrar com esses anéis em qualquer ponto. Portanto, quando aplicarmos o algoritmo de reconstrução, poderemos começar com qualquer célula que desejarmos. Por exemplo, se começarmos com a célula [1,3] – ou seja, a primeira célula na coluna STATUS –, obteremos o registro:

(Mais precisamente, obteremos uma versão desse registro em que a ordem dos campos da esquerda

	F#	FNOME	STATUS	CIDADE
3	F2	Jones	10	Paris

para a direita é STATUS, depois CIDADE, depois F#, depois FNOME.) Descendo pela coluna STATUS – ou seja, começando o processo de reconstrução sucessivamente com as células [2,3], [3,3], [4,3] e [5,3] –, por fim obteremos o arquivo de fornecedores inteiro em ordem crescente de status:

```
SELECT F.STATUS, F.CIDADE, F.F#, F.FNOME
FROM   F
ORDER  BY STATUS ;
```

De modo semelhante, se processarmos a Tabela de Reconstrução de Registros em sequência por entradas na coluna FNOME, obteremos o arquivo de fornecedores em ordem crescente de nome de fornecedor; da mesma forma, se a processarmos na sequência de entradas da coluna CIDADE, obteremos o arquivo em ordem crescente de nome de cidade. Em outras palavras, a Tabela de Reconstrução de Registros e a Tabela de Valores de Campos juntas representam todas essas ordenações simultaneamente – (repetindo) sem qualquer necessidade de índices ou de classificação em tempo de execução.

Agora, considere a consulta a seguir, que envolve uma restrição de igualdade simples:

```
SELECT F.F#, F.FNOME, F.STATUS, F.CIDADE
FROM   F
WHERE  F.CIDADE = 'Londres' ;
```

Visto que a coluna CIDADE (como qualquer coluna) da Tabela de Valores de Campos é mantida classificada, uma busca binária pode ser usada para encontrar as células contendo Londres. Dada a Tabela de Valores de Campos da Figura A.6, essas células seriam [2,4] e [3,4]. Os ziguezagues agora podem ser construídos seguindo-se os ponteiros de anéis através das células [2,4] e [3,4] da Tabela de Reconstrução de Registros. No exemplo, esses ziguezagues se pareceriam com isto:

`[2,4], [4,1], [3,2], [2,3]`

e

`[3,4], [1,1], [5,2], [3,3]`

Superpondo esses ziguezagues na Tabela de Valores de Campos, obtemos os valores de campo para os registros desejados:

	F#	FNOME	STATUS	CIDADE
1	F4	Clark	20	Londres
4	F1	Smith	20	Londres

A Tabela de Valores de Campos e a Tabela de Reconstrução de Registros juntas também oferecem suporte direto para muitas outras operações no nível de usuário, além de simples ORDER BYs e restrições de igualdade. De fato, a maior parte, se não todas as operações relacionais fundamentais – restrição, projeção, junção, totalização e outras (sem falar na operação de *eliminação de duplicatas*, que é necessária internamente, até mesmo em sistemas relacionais verdadeiros) – possui algoritmos de implementação que contam com a capacidade de acessar os dados em alguma sequência específica. A título de exemplo, considere a junção. Vimos no Capítulo 18 que *sort/merge* (classificar/mesclar) é uma boa maneira de implementar a junção. Bem, o modelo TR nos permite realizar uma junção de sort/merge sem ter que realizar a classificação! – ou, pelo menos, sem ter que realizar a classificação *em tempo de execução* (a classificação é feita quando as Tabelas de Valores de Campos e Reconstrução de Registros são montadas, o que significa dizer durante a carga, informalmente falando). Por exemplo, para juntar fornecedores e peças sobre nomes de cidade, simplesmente temos que acessar cada uma das duas Tabelas de Valores de Campos em sequência de nome de cidade e realizar uma junção no estilo de mesclagem.

Uma implicação importante de tudo o que dissemos é que as coisas se tornam muito mais fáceis para o otimizador do sistema; para sermos mais específicos, o processo de seleção do caminho de acesso (ver Capítulo 18) torna-se muito mais simples – até mesmo completamente desnecessário, em alguns casos. Outra implicação é que muitas das estruturas auxiliares (índices, hashes etc.) encontradas em SGBDs tradicionais tornam-se também desnecessárias. Outra implicação ainda é que o projeto físico do banco de dados torna-se muito mais fácil, envolvendo muito menos opções e escolhas, e o mesmo acontece para o ajuste do desempenho.

Montando a Tabela de Reconstrução de Registros

Considere o efeito da aplicação de várias ordens de classificação ao arquivo da Figura A.3. Por exemplo, suponha que classifiquemos por ordem crescente de número de fornecedor; então, obtemos os registros na sequência *4, 3, 5, 1, 2*. Vamos chamar essa sequência de "a permutação correspondente à ordem crescente de F#" (*a permutação F#*, para abreviar). Outras permutações são as seguintes:

- `Crescente por FNOME  : 2, 5, 1, 3, 4`

- `Crescente por STATUS : 3, 1, 4, 2, 5`

- `Crescente por CIDADE : 2, 1, 4, 3, 5`

Essas permutações são resumidas na seguinte *Tabela de Permutações*, em que a célula $[i,j]$ contém o número de registro dentro do arquivo de fornecedores para o registro que aparece na posição i quando esse arquivo é classificado por valores crescentes do campo na posição j.

	1	2	3	4
	F#	FNOME	STATUS	CIDADE
1	4	2	3	2
2	3	5	1	1
3	5	1	4	4
4	1	3	2	3
5	2	4	5	5

Conforme a tabela mostra, a permutação F# (repetindo) é a sequência:

4, 3, 5, 1, 2

O *inverso* dessa permutação é a sequência:

4, 5, 2, 1, 3

Essa permutação inversa é aquela permutação exclusiva que, se aplicada à sequência original *4, 3, 5, 1, 2*, produzirá a sequência *1, 2, 3, 4, 5*. (Se *SEQ* é a sequência original *4, 3, 5, 1, 2*, então a quarta entrada em *SEQ* é *1*, a quinta é *2*, a segunda é *3*, e assim por diante.) Geralmente, se pensarmos em qualquer permutação dada como um vetor *V*, então a permutação inversa *V'* pode ser obtida de acordo com a simples regra de que se $V[i] = i'$, então $V'[i'] = i$. Aplicando essa regra a cada uma das permutações em nossa Tabela de Permutações dada, obtemos a seguinte *Tabela de Permutações Inversa*:

	1	2	3	4
	F#	FNOME	STATUS	CIDADE
1	4	3	2	2
2	5	1	4	1
3	2	4	1	4
4	1	5	3	3
5	3	2	5	5

Agora, podemos montar a Tabela de Reconstrução de Registros. Por exemplo, a primeira coluna (F#) pode ser montada da seguinte forma:

Vá até a célula $[i,1]$ da Tabela de Permutação Inversa. Considere que essa célula contém o valor r; além disso, considere que a próxima célula à direita, a célula $[i,2]$, contém o valor r'. Vá até a linha na posição r da Tabela de Reconstrução de Registros e coloque o valor r' na célula $[r,1]$.

Vá até a célula $[i,1]$ da Tabela de Permutação Inversa. Considere que essa célula contém o valor r; além disso, considere que a próxima célula à direita, a célula $[i,2]$, contém o valor r'. Vá até a linha na posição r da Tabela de Reconstrução de Registros e coloque o valor r' na célula $[r,1]$.

A execução desse algoritmo para $i = 1, 2, ..., 5$ produz a coluna F# inteira da Tabela de Reconstrução de Registros. As outras colunas são montadas da mesma forma. *Nota:* Como exercício, sugerimos firmemente que você acompanhe esse algoritmo e monte a Tabela de Reconstrução de Registros completa. Esse exercício deverá lhe dar o conhecimento para entender por que o algoritmo funciona. A propósito, observe que a Tabela de Reconstrução de Registros é montada inteiramente a partir do *arquivo* – a Tabela de Valores de Campos não desempenha qualquer função nesse processo.

A Tabela de Reconstrução de Registros não é exclusiva

Em nossas discussões na subseção anterior, dissemos (entre outras coisas) que a permutação CIDADE para o arquivo de fornecedores da Figura A.3 foi a sequência 2, 1, 4, 3, 5. Porém, observando que os fornecedores F1 e F4 estão localizados na mesma cidade, assim como os fornecedores F2 e F3, poderíamos da mesma forma ter dito que a permutação de cidade era 2, 4, 1, 3, 5 – ou 3, 1, 4, 2, 5, ou 3, 4, 1, 2, 5. Em outras palavras, a permutação CIDADE não é exclusiva.[2] Segue-se que a Tabela de Permutações não é exclusiva e, portanto, a Tabela de Reconstrução de Registros também não é exclusiva. Contudo, dada uma relação no nível do usuário em particular, sempre haverá certas Tabelas de Reconstrução de Registros "preferidas", no sentido de que exibem certas propriedades desejáveis, que as Tabelas de Reconstrução de Registros em geral não exibem. Todavia, os detalhes estão além do escopo deste apêndice; consulte a referência [A.1] para obter uma discussão mais detalhada.

A.4 COLUNAS CONDENSADAS

Considere a Figura A.8, que mostra um arquivo possível correspondente à nossa relação normal de peças; A Figura A.9, que mostra a Tabela de Valores de Campos correspondente; e a Figura A.10, que mostra uma Tabela de Reconstrução de Registros "preferida".

	1	2	3	4	5
	P#	PNOME	COR	PESO	CIDADE
1	P1	Porca	Vermelho	12.0	Londres
2	P2	Pino	Verde	17.0	Paris
3	P3	Parafuso	Azul	17.0	Oslo
4	P4	Parafuso	Vermelho	14.0	Londres
5	P5	Came	Azul	12.0	Paris
6	P6	Tubo	Vermelho	19.0	Londres

FIGURA A.8 *Um arquivo para a relação normal de peças.*

	1	2	3	4	5
	P#	PNOME	COR	PESO	CIDADE
1	P1	Came	Azul	12.0	Londres
2	P2	Parafuso	Azul	12.0	Londres
3	P3	Parafuso	Verde	14.0	Londres
4	P4	Pino	Vermelho	17.0	Oslo
5	P5	Porca	Vermelho	17.0	Paris
6	P6	Tubo	Vermelho	19.0	Paris

FIGURA A.9 *Tabela de Valores de Campos para o arquivo da Figura A.8.*

	1	2	3	4	5
	P#	PNOME	COR	PESO	CIDADE
1	4	3	2	1	1
2	1	1	4	6	4
3	5	6	5	2	6
4	6	4	1	4	3
5	2	2	3	5	2
6	3	5	6	3	5

FIGURA A.10 *Tabela de Reconstrução de Registros para o arquivo da Figura A.8.*

---

[2]O mesmo acontece para as permutações STATUS, mas não como acontece para a permutação FNOME (e obviamente não para a permutação F#).

Observe agora que a Tabela de Valores de Campos da Figura A.9 envolve uma quantidade considerável de *redundância* – por exemplo, o nome da cidade Londres aparece três vezes, o peso 17.0 aparece duas vezes e assim por diante. A **condensação** das colunas dessa tabela simplesmente elimina essa redundância. O resultado é, portanto, uma tabela em que cada coluna contém apenas os valores *distintos* pertinentes, como mostra a Figura A.11. Surgem alguns pontos importantes:

FIGURA A.11 *Versão condensada da Tabela de Valores de Campos da Figura A.9.*

1. É legítimo, e realmente desejável, aplicar o processo de condensação *seletivamente*. Em particular, não existe sentido em condensar a coluna P#, pois os números de peça são exclusivos.

2. Os valores de campo nas colunas condensadas são efetivamente *compartilhados* entre os registros do arquivo de peças. Por exemplo, o nome de cidade Londres na célula [1,5] é compartilhado por três registros de peças: a saber, aqueles para as peças P1, P4 e P6. Uma consequência é que as operações de atualização, especialmente INSERT, têm o potencial de serem executadas mais rapidamente do que antes, pois elas poderiam usar valores de campo que já existem, efetivamente compartilhando esses valores com outros registros; por exemplo, considere o que acontece se o usuário inserir uma tupla de peças para a peça *P1*, com o nome de peça Porca, cor Vermelho, peso 18.0, cidade Londres. Porém, como observamos na Seção A1, as operações de atualização em geral estão além do escopo deste apêndice.

3. As colunas condensadas constituem um tipo de compactação de dados, é claro (apesar de um tipo normalmente não encontrado em implementações convencionais de imagem direta) – mas observe *quanta* compactação elas podem oferecer. Por exemplo, imagine uma relação do Departamento de Trânsito representando as carteiras de habilitação, com uma tupla para cada carteira emitida (digamos) no estado da Califórnia, para um total de talvez 20 milhões de tuplas. Porém, certamente não existem 20 milhões de alturas diferentes, ou pesos, ou cores de cabelo, ou datas de validade! Em outras palavras, a taxa de compactação poderia ser literalmente na ordem de milhões para um.

Intervalos de linhas

Voltemos à Figura A.11. Nem é preciso dizer que não podemos *simplesmente* substituir (por exemplo) as três aparições originais do nome de cidade Londres por uma delas, porque estaríamos perdendo informações se o fizéssemos. (A coluna CIDADE condensada contém três valores, mas existem seis peças. Como saberíamos que peça está em qual cidade?) Assim, precisamos manter algumas informações adicionais que, com efeito, nos permitem reconstruir a Tabela de Valores de Campos *des*condensada original a partir de sua equivalente condensada. um modo de fazer isso é manter, junto a cada valor de campo em cada coluna condensada na Tabela de Valores de Campos, uma especificação do *intervalo de números de linha* para as linhas na versão descondensada da tabela em que esse valor apareceu originalmente, como mostra a Figura A.12.[3] Por exemplo, considere a célula [3,4] nessa figura, que contém o valor de peso 17.0. Ao

---

[3]Deliberadamente, usamos a mesma convenção para intervalos de linha usada nos intervalos do Capítulo 23, mas de fato essa informação de intervalo poderia ser representada de diferentes maneiras. Uma delas seria armazenar apenas o início ou o final do intervalo. Outra seria substituir os intervalos por contadores. E assim por diante.

lado desse valor de peso aparece o intervalo de linhas "[4:5]". Esse intervalo de linhas significa que, se a Tabela de Valores de Campos fosse "descondensada", por assim dizer, então o valor de peso 17.0 apareceria – na coluna PESO, naturalmente, o que significa dizer na coluna *4* – nas linhas de *4* a *5*, inclusive, dentro dessa tabela descondensada.

```
      1          2           3          4          5
   ┌──┬──────────┬──────────────┬──────────┬────────────┐
   │P#│ PNOME    │ COR          │ PESO     │ CIDADE     │
  1│P1│ Came [1:1]│ Azul    [1:2]│12.0 [1:2]│Londres [1:3]│
  2│P2│ Parafuso [2:2]│ Verde [3:3]│14.0 [3:3]│Oslo [4:4]│
  3│P3│ Pino [3:3]│ Vermelho [4:6]│17.0 [4:5]│Paris [5:6]│
  4│P4│ Porca [4:4]│              │19.0 [6:6]│            │
  5│P5│ Tubo [5:6]│              │          │            │
  6│P6│          │              │          │            │
   └──┴──────────┴──────────────┴──────────┴────────────┘
```

FIGURA A.12 *Tabela de Valores de Campos condensada com intervalos de linhas.*

A propósito, não confunda uma especificação no formato [4:5] com outra no formato [4,5]. A primeira (com um separador de dois-pontos) indica um certo intervalo de números de linha, conforme acabamos de explicar; a segunda (com um separador de vírgula) é um subscrito que identifica uma certa célula, em determinada interseção de linha e coluna.

Há um outro ponto a ser considerado com relação a intervalos de linha. Veja novamente (por exemplo) a coluna 3, ou a coluna COR, na Tabela de Valores de Campos da Figura A.12. Nitidamente, essa coluna especifica exatamente (a) o conjunto de valores de COR que atualmente aparecem no arquivo de peças, juntamente com (b) para cada valor, o *número de vezes* que esse valor aparece nesse arquivo. Em outras palavras, a coluna pode ser considerada como um **histograma**, como mostra a Figura A.13. Normalmente, de fato, a Tabela de Valores de Campos condensada geral, com seus intervalos de linhas, pode ser imaginada de forma útil como um conjunto de histogramas, um para cada coluna condensada. Uma consequência desse fato é que as consultas que, por conceito, envolvem tais histogramas provavelmente funcionarão bem (considere, por exemplo, a consulta "Quantas peças existem de cada cor?"). Consulte a Seção A.6.

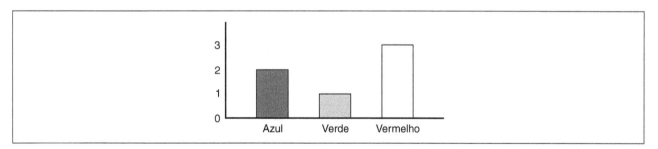

FIGURA A.13 *Histograma de cores (baseado na Figura A.12).*

Para continuar um pouco mais com o mesmo ponto: Se a Tabela de Valores de Campos puder ser considerada como um conjunto de histogramas, então a Tabela de Reconstrução de Registros – como já sabemos pela seção anterior – pode efetivamente ser considerada como um conjunto de **permutações**. Por exemplo, se reconstruirmos o arquivo de peças usando a coluna 3 da Tabela de Reconstrução de Registros da Figura A.10, obteremos uma versão do arquivo que é classificada por cores de peças; em outras palavras, obtemos o que poderíamos chamar de "permutação COR" desse arquivo. Assim, podemos caracterizar a representação TR de qualquer conjunto de dados, informalmente, como um conjunto de histogramas mais um conjunto de permutações (dos dados em questão). Esses histogramas e permutações são, essencialmente, o que realmente significa a representação TR.

Implicações para a reconstrução de registros

A condensação da Tabela de Valores de Campos certamente destrói o relacionamento biunívoco entre as células dessa tabela e as células da Tabela de Reconstrução de Registros. Logo, o algoritmo de reconstrução de registros que estivemos usando até aqui não funcionará mais. Contudo, é fácil resolver esse problema, da seguinte forma:

> Considere a célula $[i,j]$ da Tabela de Reconstrução de Registros. Em vez de ir para a célula $[i,j]$ da Tabela de Valores de Campos, vá para a célula $[i',j]$ dessa tabela, na qual a célula $[i',j]$ é aquela célula exclusiva dentro da coluna j dessa tabela que contém um intervalo de linhas que inclui a linha i.

A título de exemplo, considere a célula $[3,4]$ da Tabela de Reconstrução de Registros da Figura A.10, que aparece (naturalmente) na coluna 4 – a coluna PESO – dessa tabela. Para encontrar o valor de peso correspondente na Tabela de Valores de Campos da Figura A.11, pesquisamos a coluna PESO dessa tabela, procurando a entrada exclusiva nessa coluna que contém um intervalo de linhas que inclua a linha 3. Pela figura, vemos que a entrada em questão é a célula $[2,4]$ (o intervalo correspondente das linhas é $[3:3]$), e o valor de peso correspondente é 14.0. Como exercício, use a Tabela de Reconstrução de Registros da Figura A.10 junto com a Tabela de Valores de Campos condensada da Figura A.12 para reconstruir totalmente o arquivo de peças (comece com a coluna 5, a fim de obter o resultado em sequência crescente de nome de cidade).

A.5 COLUNAS MERGED

Na seção anterior, discutimos a respeito das colunas condensadas, que podem ser caracterizadas como um meio de compartilhar valores de campo entre os registros – mas todos os registros em questão vieram do mesmo arquivo. As colunas **merged** ou **mescladas**, ao contrário, podem ser caracterizadas como um meio de compartilhar valores de campo entre os registros, onde os registros em questão *podem ou não* virem todos do mesmo arquivo. A ideia básica é que campos distintos nesse nível de arquivo podem ser mapeados para a mesma coluna da Tabela de Valores de Campos no nível TR, desde que os campos em questão sejam do mesmo tipo de dados.

Começamos com um exemplo envolvendo apenas um arquivo. Considere a relação de lista de materiais PSQ representada na Figura A.14 (uma variação da Figura 4.6, do Capítulo 4). Primeiro, mostramos o que acontece nesse exemplo *sem* colunas mescladas; depois, examinamos como a situação muda se aplicarmos a técnica de coluna mesclada. Assim, a Figura A.15 mostra um arquivo possível correspondente à relação da Figura A.14; A Figura A.16 mostra a Tabela de Valores de Campos condensada correspondente; e a Figura A.17 mostra a Tabela de Reconstrução de Registros "preferida" correspondente.

PSQ	PRINC_P#	SEC_P#	QDE
	P1	P2	2
	P1	P3	4
	P1	P4	1
	P2	P3	3
	P2	P4	8
	P2	P5	6
	P3	P4	3
	P3	P6	4
	P5	P6	3

FIGURA A.14 *A relação da lista de materiais PSQ.*

Agora, podemos começar nosso exame das colunas mescladas. Indo diretamente para a relatório PSQ (Figura A.14), fica claro que os atributos PRINC_P# e SEC_P# são do mesmo tipo, e, portanto, os campos PRINC_P# e SEC_P# do arquivo correspondente também são do mesmo tipo. Eles podem, portanto, ser mapeados para a mesma coluna da Tabela de Valores de Campos. A Figura A.18 mostra o que acontece. Surgem alguns pontos importantes:

	1	2	3
	PRINC_P#	SEC_P#	QDE
1	P3	P4	3
2	P1	P3	4
3	P2	P4	8
4	P1	P4	1
5	P2	P5	6
6	P3	P6	4
7	P1	P2	2
8	P5	P6	3
9	P2	P3	3

FIGURA A.15 *Um arquivo para a relação da lista de materiais da Figura A.14.*

	1	2	3
	PRINC_P#	SEC_P#	QDE
1	P1 [1:3]	P2 [1:1]	1 [1:1]
2	P2 [4:6]	P3 [2:3]	2 [2:2]
3	P3 [7:8]	P4 [4:6]	3 [3:5]
4	P5 [9:9]	P5 [7:7]	4 [6:7]
5		P6 [8:9]	6 [8:8]
6			8 [9:9]

FIGURA A.16 *Tabela de Valores de Campos condensada para o arquivo da Figura A.15.*

	1	2	3
	PRINC_P#	SEC_P#	QDE
1	1	2	3
2	2	6	1
3	4	3	4
4	3	1	7
5	5	9	9
6	7	4	2
7	6	8	8
8	8	7	6
9	9	5	5

FIGURA A.17 *Tabela de Reconstrução de Registros para o arquivo da Figura A.15.*

	1		2
	PRINC_P# + SEC_P#		QDE
1	P1 [1:3]	[:]	1 [1:1]
2	P2 [4:6]	[1:1]	2 [2:2]
3	P3 [7:8]	[2:3]	3 [3:5]
4	P4 [:]	[4:6]	4 [6:7]
5	P5 [9:9]	[7:7]	6 [8:8]
6	P6 [:]	[8:9]	8 [9:9]

FIGURA A.18 *Tabela de Valores de Campos da Figura A.16*
após as duas primeiras colunas serem mescladas.

1. As colunas PRINC_P# e SEC_P# foram mescladas em uma única coluna. Essa coluna contém todos os valores de campo (ou seja, números de peça) que apareceram anteriormente na coluna PRINC_P# ou na coluna SEC_P# na tabela antes da mesclagem. As duplicatas foram eliminadas.

2. Cada célula na coluna mesclada, assim, contém um único número de peça, junto com *dois* intervalos de linhas. O primeiro intervalo de linhas indica em que linhas da Tabela de Valores de Campos descondensada o número de peça correspondente aparece como um número de peça "principal"; o segundo indica em que linhas dessa Tabela de Valores de Campos descondensada o número de peça correspondente aparece como um número de peça "secundário". Esses intervalos de linhas são basicamente os mesmos da versão anterior da Tabela de Valores de Campos, exceto por aparições ocasionais do intervalo de linhas especial *vazio* "[:]", que é usado quando o número de peça indicado não aparece de forma alguma na coluna correspondente da Tabela de Valores de Campos descondensada (por exemplo, P1 nunca aparece como um número de peça "secundário").

3. Na tabela mesclada, a coluna mesclada é a coluna *1* e a coluna QDE é a coluna *2* (afinal, a tabela agora tem apenas duas colunas, e não três). A coluna 2, a coluna QDE, é a mesma que era na Figura A.16.

4. A Tabela de Reconstrução de Registros permanece inalterada.[4] No entanto, as colunas *1* e *2* dessa tabela correspondem à coluna *1* (a coluna mesclada) da Tabela de Valores de Campos; a coluna *1* refere-se ao primeiro intervalo de linhas nessa coluna mesclada e a coluna *2* ao segundo. A coluna *3* da Tabela de Reconstrução de Registros agora refere-se à coluna *2* da Tabela de Valores de Campos.

Existem muitas vantagens na ideia de colunas mescladas; aqui, descrevemos apenas uma. Ela tem a ver com as operações de junção. Suponha que queiramos juntar a relação PSQ consigo mesma, combinando números de peça secundários na "primeira cópia" (como se fosse) da relação com números de peça principais na "segunda cópia". Então, podemos distinguir *em uma única passada* pela Tabela de Valores de Campos mesclada exatamente quais tuplas se juntam com quais! Por exemplo, a linha *3* dessa tabela (que contém o número de peça P3) mostra um intervalo de linhas de "número de peça secundário" [*2:3*] e um intervalo "principal" de [*7:8*]. Segue-se imediatamente que a segunda e a terceira tuplas "na primeira cópia" da relação PSQ juntam-se com a sétima e a oitava tuplas "na segunda cópia". E comentários semelhantes também se aplicam a todas as outras linhas dessa Tabela de Valores de Campos mesclada. Com efeito, portanto, podemos realizar uma junção sort/merge sem realizar a classificação (como vimos anteriormente neste apêndice) e *também sem realizar a mesclagem!*[5]

Nota: Naturalmente, não existe algo como a "segunda" tupla, ou a "terceira" tupla, ou a "*i*-ésima" tupla para qualquer valor de *i*, em qualquer relação; as tuplas de uma relação são desordenadas. O que realmente queríamos dizer com essas frases desajeitadas era o seguinte:

■ Seja *A1* o arquivo reconstruído a partir da Tabela de Valores de Campos da Figura A.18 pelo processamento da coluna PRINC_P# da Tabela de Reconstrução de Registros da Figura A.18 na sequência de cima para baixo. Então, "a primeira cópia" da relação PSQ é o arquivo *A1*, e a "*i*-ésima" tupla dessa cópia é aquela tupla exclusiva da relação PSQ que corresponde ao *i*-ésimo registro em *A1*.

■ De modo semelhante, seja *A2* o arquivo reconstruído a partir da Tabela de Valores de Campos da Figura A.18 pelo processamento da coluna SEC_P# da Tabela de Reconstrução de Registros da Figura A.17 na sequência de cima para baixo. Então, "a segunda cópia" da relação PSQ é o arquivo *A2*, e a "*i*-ésima" tupla" dessa cópia é aquela tupla exclusiva da relação PSQ que corresponde ao *i*-ésimo registro em *A2*.

Concluímos esta seção repetindo o ponto de que a ideia de colunas mescladas pode ser usada por meio dos arquivos e também dentro de um único arquivo. No caso de fornecedores e peças, por exemplo, poderíamos ter simplesmente uma Tabela de Valores de Campos (ambas mescladas e condensadas) para o banco de dados inteiro, com uma coluna para números de fornecedores (das RelVars F e FP), uma para números de peça (de FP e P), uma para nomes de cidade (de F e P) e assim por diante. De fato, como o modelo TR nos permite incluir valores na Tabela de Valores de Campos que não aparecem realmente dessa vez

---

[4]Na realidade, ela pode ser aperfeiçoada de várias maneiras, mas os detalhes estão além do escopo deste apêndice.

[5]Mais precisamente, a classificação e a mesclagem não são feitas em tempo de execução; em vez disso, elas são feitas antes da hora, quando as Tabelas de Valores de Campos e Reconstrução de Registros são montadas (basicamente, em tempo de carga).

em qualquer relação no banco de dados, poderíamos considerar o modelo TR como uma verdadeira representação “orientada a domínios” do banco de dados inteiro. Consulte a referência [A.1] para ver uma discussão mais profunda.

A.6 IMPLEMENTANDO OS OPERADORES RELACIONAIS

Nesta seção, vamos considerar rapidamente o que está envolvido no uso do modelo TR para implementar certos operadores relacionais. Baseamos nossos exemplos nas RelVars F e FPJ do banco de dados de fornecedores-peças-projetos (as amostras dos valores aparecem na Figura A.19). Uma Tabela de Valores de Campos mesclada e condensada aparece na Figura A.20, e as Tabelas de Reconstrução de Registros “preferidas” aparecem na Figura A.21.

F

F#	FNOME	STATUS	CIDADE
F1	Smith	20	Londres
F2	Jones	10	Paris
F3	Blake	30	Paris
F4	Clark	20	Londres
F5	Adams	30	Atenas

FPJ

F#	P#	J#	QDE
F1	P1	J1	200
F1	P3	J2	100
F2	P1	J1	200
F2	P1	J2	500
F2	P2	J2	100
F3	P1	J1	500
F3	P2	J2	500
F3	P3	J1	200
F3	P3	J2	200

FIGURA A.19 *RelVars F e FPJ (amostras dos valores).*

	1	*2*	*3*	*4*
	F#	FNOME	STATUS	CIDADE
1	F1 [*1:2*]	Adams [*1:1*]	10 [*1:1*]	Atenas [*1:1*]
2	F2 [*3:5*]	Blake [*2:2*]	20 [*2:3*]	Londres [*2:3*]
3	F3 [*6:9*]	Clark [*3:3*]	30 [*4:5*]	Paris [*4:5*]
4	F4 [:]	Jones [*4:4*]		
5	F5 [:]	Smith [*5:5*]		

5	*6*	*7*
P#	J#	QDE
P1 [*1:4*]	J1 [*1:4*]	100 [*1:2*]
P2 [*5:6*]	J2 [*5:9*]	200 [*3:6*]
P3 [*7:9*]		500 [*7:9*]

FIGURA A.20 *Tabela de Valores de Campos mesclada para fornecedores e remessas.*

	1	*2*	*3*	*4*
	F#	FNOME	STATUS	CIDADE
1	*5*	*5*	*4*	*5*
2	*4*	*4*	*2*	*1*
3	*2*	*3*	*3*	*4*
4	*3*	*1*	*5*	*2*
5	*1*	*2*	*1*	*3*

	1	*5*	*6*	*7*
	F#	P#	J#	QDE
1	*2*	*1*	*2*	*2*
2	*8*	*2*	*3*	*6*
3	*3*	*3*	*4*	*1*
4	*4*	*7*	*5*	*3*
5	*5*	*8*	*1*	*8*
6	*1*	*9*	*6*	*9*
7	*6*	*4*	*7*	*4*
8	*7*	*5*	*8*	*5*
9	*9*	*6*	*9*	*7*

FIGURA A.21 *Tabelas de Reconstrução de Registros para fornecedores e remessas.*

Restrição

Considere a consulta de restrição:[6]

```
FPJ WHERE QDE = 200
```

Para implementar essa consulta, realizamos uma busca binária sobre a coluna QDE da Tabela de Valores de Campos (Figura A.20), procurando uma célula que contenha o valor 200; observe que essa célula precisa ser exclusiva para poder existir, pois a coluna é condensada. Se a busca falhar, sabemos imediatamente que o resultado da consulta é vazio. Contudo, no caso em questão, a busca encontra a célula [2,7], que contém, além do valor de QDE especificado, o intervalo de linhas [3:6]. Segue-se imediatamente que as células [3,7], [4,7], [5,7] e [6,7] da Tabela de Reconstrução de Registros de remessas:

a. Contêm números de linha para a célula na Tabela de Valores de Campos que contém o valor de QDE 200 (e realmente todas elas incluem o número de linha 2)

b. Contêm números de linha para a "próxima" célula na Tabela de Reconstrução de Registros de remessas

Os ziguezagues, portanto, podem ser construídos seguindo-se os anéis de ponteiros apropriados na Tabela de Reconstrução de Registros de remessas. No exemplo, esses ziguezagues se parecem com isto:

```
[3,7}, [1,1], [2,5], [2,6]
[4,7], [3,1], [3,5], [3,6]
[5,7], [8,1], [7,5], [4,6]
[6,7], [9,1], [9,5], [6,6]
```

Seguindo esses ziguezagues através da Tabela de Reconstrução de Registros de remessas e acessando a Tabela de Valores de Campos de acordo, obtemos o resultado desejado:

F#	P#	J#	QDE
F1	P1	J1	200
F2	P1	J1	200
F3	P3	J1	200
F3	P3	J2	200

Como um segundo exemplo, considere uma consulta que envolve uma restrição "<" em vez de uma restrição "=":

```
FPJ WHERE QDE < 150
```

Deverá estar claro que essa consulta também é realizada com facilidade, desta vez:

a. Realizando uma busca *sequencial* sobre a coluna QDE da Tabela de Valores de Campos

b. Reconstruindo todos os registros correspondentes, e portanto as tuplas no nível de usuário, para cada célula encontrada durante essa busca

c. Terminando assim que encontrarmos uma célula na coluna QDE da Tabela de Valores de Campos que contenha um valor de QDE maior ou igual a 150

Resultado:

F#	P#	J#	QDE
F1	P3	J2	100
F3	P1	J1	100

---

[6]Usamos **Tutorial D**, e não SQL, como base para todos os exemplos restantes neste apêndice.

Agora considere este exemplo:

```
FPJ WHERE F# = F# ('F3') AND QDE = 100
```

Por meio das buscas sobre as colunas F# e QDE da Tabela de Valores de Campos, descobrimos a partir dos intervalos de linhas aplicáveis que existem quatro remessas com número de fornecedor F3, mas somente duas com quantidade 100. A melhor estratégia é, portanto, usar os ziguezagues associados à quantidade 100 e verificar, durante a reconstrução de registros, se o número do fornecedor é F3, encerrando a reconstrução do registro em questão se não o for. Resultado:

F#	P#	J#	QDE
F3	P1	J1	100

Finalmente, consideramos o efeito da substituição do AND por um OR:

```
FPJ WHERE F# = F# ('F3') OR QDE = 100
```

Podemos implementar essa consulta, primeiro, localizando todas as tuplas para fornecedores F3, e depois localizando todas as tuplas ainda não localizadas no primeiro passo que tenham valor de QDE igual a 100 (ou na ordem inversa). Considerando, de forma razoável, que os dois passos sejam executados de maneira que os dois resultados produzidos sejam classificados da mesma maneira (digamos, em ordem crescente de F#), então eles podem ser mesclados para produzir o resultado geral desejado:

F#	P#	J#	QDE
F1	P3	J2	100
F3	P1	J1	100
F3	P2	J2	500
F3	P3	J1	200
F3	P3	J2	200

Projeção

Para comparar (digamos) a projeção FPJ{F#,P#,J#}, simplesmente realizamos o processo de reconstrução normal para remessas, mas pulamos o passo de reconstrução para o atributo QDE em cada registro. Ao contrário, para calcular (digamos) a projeção FPJ{F#,P#} – a qual, ao contrário do exemplo anterior, envolve alguma eliminação de duplicatas –, é desejável processar a Tabela de Reconstrução de Registros para remessas em uma sequência que produz tuplas de acordo com a ordem principal-para-secundário F#-depois-P# (ou P#-depois-F#); as duplicatas estarão adjacentes nessa ordenação e, portanto, podem ser facilmente eliminadas. Omitimos mais detalhes aqui, exceto para dizer que as Tabelas de Reconstrução de Registros "preferidas" são preferidas exatamente porque admitem tais ordenações.

Totalização (*Summarize*)

Considere esta consulta:

```
SUMMARIZE FPJ PER F { F# } ADD COUNT AS CONTA_REMESSA
```

Aqui está o resultado:

F#	CONTA_REMESSA
F1	2
F2	3
F3	4
F4	0
F5	0

Agora, a coluna F# da Tabela de Valores de Campos se parece com isto (ver Figura A.20):

```
       F#
 1   F1 [1:2]
 2   52 [3:5]
 3   F3 [6:9]
 4   F4 [ : ]
 5   F5 [ : ]
```

Assim, é evidente que o resultado desejado é direta e imediatamente alcançável a partir dos intervalos de linha nessa coluna.

Aqui está outro exemplo (observe aqui nosso uso da variante BY de SUMMARIZE):

```
SUMMARIZE FPJ BY { F# } ADD MIN ( QDE ) AS PSQ
```

Para ver como essa consulta é implementada, considere o fornecedor F2. A partir do intervalo de linha [3:5] para esse fornecedor na Tabela de Valores de Campos (Figura A.20), sabemos que as linhas da Tabela de Reconstrução de Registros de remessas que se aplicam a esse fornecedor são as linhas *3, 4 e 5* – ou seja, as *células* aplicáveis dessa tabela são [3,1], [4,1] e [5,7], respectivamente. Seguindo os ziguezagues para as células de QDE correspondentes nessa tabela, descobrimos que essas células contêm ponteiros para as linhas *2, 3 e 3* da Tabela de Valores de Campos, respectivamente. Como a coluna QDE (como *todas* as colunas) nessa tabela é mantida em ordem crescente, fica imediatamente claro que o valor de QDE *mínimo* para o fornecedor F2 é aquele na linha *2* da Tabela de Valores de Campos: a saber, o valor de QDE 200.

Junção

Já indicamos em seções anteriores o que está envolvido na implementação de junções. Aqui, mencionamos apenas alguns pontos adicionais:

- Como o modelo TR efetivamente sempre realiza uma junção sort/merge, mas a classificação e a mesclagem são feitas antes da execução, os custos da junção em tempo de execução são aditivos (lineares), e não multiplicativos. A referência [A.1] contém um exemplo envolvendo uma união de cinco relações, onde a implementação do modelo TR leva cinco segundos e uma implementação pela força bruta (ver Capítulo 18) levaria mais de três trilhões de anos, ou cerca de 200 vezes a idade do universo (!).

- Quanto mais relações puderem ser juntadas, maior o ganho. Em outras palavras, quanto mais complexa a consulta, mais significativa é a vantagem do modelo TR em relação aos sistemas de imagem direta.

- Como todas as junções são implementadas da mesma maneira, não é preciso realizar o processo complexo de seleção do caminho de acesso, necessário aos sistemas de imagem direta.

- Além do mais, de qualquer forma, esse processo de seleção do caminho de acesso que os sistemas de imagem direta precisam realizar possui uma precisão incerta, devido à dificuldade de estimar os tamanhos dos resultados intermediários (entre outros motivos).

União, interseção e diferença

Como base para os exemplos desta subseção, vamos estender o banco de dados para incluir a RelVar de peças P, com sua amostra de valores normal. Vamos estender também a coluna CIDADE da Tabela de Valores de Campos mesclada para incluir os nomes de cidade da peça e seus intervalos de linhas correspondentes. A coluna ficará parecida com esta:

```
      ┌─────────────────────────────┐
      │ CIDADE                      │
      ├─────────────────────────────┤
   1  │ Atenas  [1:1]   [ : ]       │
   2  │ Londres [2:3]   [1:3]       │
   3  │ Oslo    [ : ]   [4:4]       │
   4  │ Paris   [4:5]   [5:6]       │
      └─────────────────────────────┘
```

Agora, considere operações do tipo

`X { CIDADE } op Y { CIDADE }`

em que X é F ou P, Y é o outro, e *op* é UNION, INTERSECT ou MINUS. O uso da coluna mesclada CIDADE na Tabela de Valores de Campos da implementação de tais operações deverá ser óbvio. Essencialmente:

- *UNION:* Determinado nome de cidade aparece no resultado se e somente se tiver um intervalo de linha não vazio para fornecedores ou peças ou ambos. Em outras palavras, a união é apenas o conjunto de todos os nomes de cidade na coluna mesclada.

- *INTERSECT:* Determinado nome de cidade aparece no resultado se e somente se tiver um intervalo de linhas não vazio para fornecedores e peças.

- *MINUS:* Se X é F, determinado nome de cidade aparece no resultado se e somente se tiver um intervalo de linhas não vazio para fornecedores e um vazio para peças. De modo semelhante, se X é P, determinado nome de cidade aparece no resultado se e somente se tiver um intervalo de linhas não vazio para peças e um vazio para fornecedores.

Todas essas operações podem ser nitidamente implementadas em uma única passada pela coluna CIDADE da Tabela de Valores de Campos mesclada.

Comentários finais

Há muito mais coisas que poderiam ser ditas sobre a questão de usar o modelo TR para implementar os operadores relacionais, mas o exemplos discutidos nesta seção deverão ser suficientes para dar a ideia geral. Encerramos com algumas observação diversas:

- As implementações de imagem direta às vezes precisam materializar relações de resultados intermediários. O modelo TR também, mas essa materialização (a) costuma ser necessária com muito menos frequência e (b) é mais eficiente quando precisar ser feita (principalmente devido a toda a classificação prévia) em TR do que nos sistemas de imagem direta.

- Restrições de chave candidata (exclusividade) e chave estrangeira (referencial) podem ser implementadas de modo muito eficiente em TR, graças ao fato de que a Tabela de Valores de Campos normalmente é condensada e mesclada.

- Aqui está uma citação do primeiro artigo de Codd sobre o modelo relacional [6.1]:

  Uma vez ciente de que certa relação existe, o usuário esperará ser capaz de explorar essa relação usando qualquer combinação de seus atributos como "conhecidos" e os atributos restantes como "desconhecidos", pois a informação (assim como o Everest) está lá. Esse é um recurso do sistema (inexistente em muitos sistemas de informações atuais) que chamaremos (logicamente) *exploração simétrica* das relações. Naturalmente, a simetria no desempenho não deve ser esperada.

Mas o modelo TR também nos oferece simetria no desempenho! – ou, pelo menos, chega muito mais perto de conseguir isso do que as implementações de imagem direta – graças à separação de valores de campo da informação de ligação, o que efetivamente permite que os dados sejam armazenados fisicamente em muitas ordens de classificação diferentes ao mesmo tempo.

A.7 RESUMO

Descrevemos muito rapidamente **o modelo TR,** uma técnica radicalmente nova para implementar SGBDs relacionais. O modelo TR representa uma aplicação específica de uma tecnologia mais genérica, conhecida como **Método de Transformação de Tarin,** que visa ser uma tecnologia de implementação para sistemas de armazenamento e busca de dados de muitas espécies (não apenas SGBDs). O Método de Transformação de Tarin é assunto de uma patente nos Estados Unidos [A.2] e é propriedade intelectual de uma empresa chamada Required Technologies, Inc. *(http://www.requiredtech.com).*

Verificamos como o modelo TR funciona para bancos de dados somente de leitura e na memória principal. Embora infelizmente nossa discussão tivesse que ser bastante superficial, esperamos que tenha sido suficiente para dar uma ideia de como a TR é significativamente diferente da tecnologia convencional, de imagem direta. Ao mesmo tempo, muitas perguntas sem dúvida lhe ocorreram. Por exemplo:

- As Tabelas de Valores de Campos e Reconstrução de Registros podem ser mantidas de modo eficiente em vista das atualizações arbitrárias no banco de dados?

- Como a Tabela de Reconstrução de Registros é isomórfica ao arquivo original – com efeito, à relação original – mas tem um ponteiro em cada célula, em vez de um valor de dados, o modelo TR não poderia exigir muito mais armazenamento do que uma implementação convencional de imagem direta?

- Em um sistema baseado em disco, o ziguezague não significará muito acesso aleatório e um desempenho terrível? E a pesquisa binária pode funcionar de modo eficiente no disco?

E assim por diante. Essas perguntas são realmente sérias, mas (infelizmente) esse não é o lugar para respondê-las; basta dizer que elas podem ser e foram respondidas satisfatoriamente, e as soluções foram implementadas. Para obter mais informações, consulte as referências [A.1] e [A.2].

REFERÊNCIAS E BIBLIOGRAFIA

A.1 C. J. Date: *Go Faster! The TransRelational™ Approach to DBMS Implementation.* A ser publicado.

> Este apêndice é bastante baseado nesse livro, mas o livro contém muito mais detalhes e abrange muitos tópicos adicionais. Particularmente, ele aborda as operações de atualização e bancos de dados armazenados em disco, e responde às perguntas levantadas na Seção A.7.

A.2 U.S. Patent and Trademark Office: *Value-Instance-Connectivity Computer-Implemented Database.* U.S. Patent No. 6.009.432 (28 de dezembro de 1999).

> Essa é a patente original do Método de Transformação de Tarin; ela é propriedade intelectual de uma empresa chamada Required Technologies, Inc. *(http://www.requiredtech.com).* Observe, porém, que o Método de Transformação de Tarin foi estendido consideravelmente além do que foi descrito nessa patente original. Particularmente, ela agora abrange uma série de técnicas de atualização e métodos para lidar com bancos de dados baseados em disco (veja a referência [A.1]). Além disso, observe o título desta referência: A patente original foi formulada em termos do que se chama (entre outras coisas) *depósitos de valores, depósitos de instâncias* e *depósitos de conectividade.* Ao contrário, o presente apêndice e a referência [A.1] utilizam a terminologia de Tabelas de Valores de Campos e Tabelas de Reconstrução de Registros, acreditando que esses termos são mais fáceis para o usuário entender em certos aspectos e refletem melhor a essência daquilo que realmente está acontecendo.

APÊNDICE **B**

Expressões de SQL

B.1 Introdução

B.2 Expressões de tabela

B.3 Expressões booleanas

B.1 INTRODUÇÃO

As expressões de tabela e booleanas constituem o núcleo da linguagem SQL. Neste apêndice, apresentaremos uma gramática BNF para tais expressões; também detalhamos a semântica dessas expressões em certos casos. Contudo, omitimos deliberadamente:

- Detalhes de expressões escalares

- Detalhes da forma RECURSIVE de WITH

- *<itens de seleção>* não escalares

- As variantes ONLY de *<referência de tabela>* e *<especificação de tipo>*

- As opções GROUPING SETS, ROLLUP e CUBE sobre GROUP BY

- Condições BETWEEN, OVERLAPS e SIMILAR

- Tudo relacionado a NULLs

Contudo, devemos dizer de imediato que os nomes empregados para as categorias sintáticas e as construções da linguagem SQL são em sua maioria diferentes daqueles utilizados no próprio padrão [4.23] porque, em nossa opinião, frequentemente os termos padrão não são muito apropriados. Em particular, abreviamos *<construtor de valor de tabela>* e *<construtor de valor de linha>* para apenas *<construtor de tabela>* e *<construtor de linha>*, respectivamente.

B.2 EXPRESSÕES DE TABELAS

Antes de tudo, aqui está uma gramática em BNF para *<expressão de tabela>*.

```
<expressão de tabela>
   ::=   <expressão with> | <expressão não with>
```

833

```
<expressão with>
   ::=   WITH [ RECURSIVE ]
            <nome de tabela> [ ( <lista_com_vírgulas de nomes de colunas> ) ]
            AS ( <expressão de tabela> )
            <expressão não with>


<expressão não with>
   ::=   <expressão de tabela de junção> | <expressão de tabela de não junção>


<expressão de tabela de junção>
   ::=   <referência de tabela> [ NATURAL ] JOIN <referência de tabela>
                          [ ON <expressão booleana>
                          | USING ( <lista_com_vírgulas de nomes de colunas> ) ]
       | <referência de tabela> CROSS JOIN <referência de tabela>
       | ( <expressão de tabela de junção> )


<referência de tabela>
   ::=   <nome de tabela> [ [ AS ] <nome de variável de intervalo>
                          [ ( <lista_com_vírgulas de nomes de colunas> ) ] ]
       | <expressão não with> ) [ AS ] <nome de variável de intervalo>
                          [ ( <lista_com_vírgulas de nomes de colunas> ) ]
       | <expressão de tabela de junção>


<expressão de tabela de não junção>
   ::=   <termo de tabela de não junção>
       | <expressão não with> UNION [ ALL | DISTINCT ]
         [ CORRESPONDING [ BY ( <lista_com_vírgulas de nomes de colunas> ) ] ]
                   <termo de tabela>
       | <expressão não with> EXCEPT [ ALL | DISTINCT ]
         [ CORRESPONDING [ BY ( <lista_com_vírgulas de nomes de colunas> ) ] ]
                   <termo de tabela>


<termo de tabela de não junção>
   ::=   <primário de tabela de não junção>
       | <termo de tabela> INTERSECT [ ALL | DISTINCT ]
         [ CORRESPONDING [ BY ( <lista_com_vírgulas de nomes de colunas> ) ] ]
                   <primário de tabela>


<termo de tabela>
   ::=   <termo de tabela de não junção>
       | <expressão de tabela de junção>


<primário de tabela>
   ::=   <primário de tabela de não junção>
       | <expressão de tabela de junção>


<primário de tabela de não junção>
   ::=   TABLE <nome de tabela>
       | <construtor de tabela>
       | <expressão de seleção>
       | ( <expressão de tabela de não junção> )


<construtor de tabela>
   ::=   VALUES <lista_com_vírgulas de construtores de linhas>
```

```
<construtor de linha>
   ::=    <expressão escalar>
        | ( <lista_com_vírgulas de expressões escalares> )
        | ( <expressão de tabela> )

<expressão de seleção>
   ::=    SELECT [ ALL | DISTINCT ] <lista_com_vírgulas de itens de seleção>
             FROM <lista_com_vírgulas de referências de tabelas>
                [ WHERE <expressão booleana> ]
                   [ GROUP BY <lista_com_vírgulas de nomes de colunas> ]
                      [ HAVING <expressão booleana> ]

<item de seleção>
   ::=    <expressão escalar> [ [ AS ] <nome de coluna> ]
        | [ <nome de variável de intervalo>. ] *
```

Vamos elaborar agora o estudo de um caso especial de *<expressões de seleção>*, que são comprovadamente o caso mais importante na prática. Uma *<expressão de seleção>* pode ser imaginada, sem rigor, como uma *<expressão de tabela>* que não envolve qualquer operador JOIN, UNION, EXCEPT ou INTERSECT – dizemos "sem rigor" porque, é claro, esses operadores podem estar envolvidos em expressões aninhadas no interior da *<expressão de seleção>* em questão. Como a gramática indica, uma *<expressão de seleção>* envolve, em sequência, uma cláusula SELECT, uma cláusula FROM, uma cláusula WHERE opcional, uma cláusula GROUP BY opcional e uma cláusula HAVING opcional. Consideraremos uma a uma cada cláusula.

A cláusula SELECT

A cláusula SELECT tem a forma:

```
SELECT [ ALL | DISTINCT ] <lista_com_vírgulas de itens de seleção>
```

Explicação:

1. A *<lista_com_vírgulas de itens de seleção>* não deve ser vazia[1] (veja a seguir uma descrição detalhada de *<item de seleção>*).

2. Se não for especificado ALL nem DISTINCT, será pressuposto ALL.[2]

3. Vamos supor por enquanto que as cláusulas FROM, WHERE, GROUP BY e HAVING já tenham sido avaliadas. Não importa quais dessas cláusulas foram especificadas e quais foram omitidas, o resultado conceitual de sua avaliação é sempre uma tabela (possivelmente uma tabela "agrupada" – veja adiante) à qual iremos nos referir como a tabela *T1* (embora o resultado conceitual na verdade seja não nomeado).

4. Seja *T2* a tabela derivada de *T1* pela avaliação dos *<itens de seleção>* especificados sobre *T1*.

5. Seja *T3* a tabela derivada de *T2* por eliminação de linhas duplicadas redundantes de *T2* se DISTINCT for especificada ou uma tabela idêntica a *T2*, caso contrário.

6. A tabela *T3* é o resultado final.

Agora, vamos passar a uma explicação de *<item de seleção>*. Há dois casos a considerar, dos quais o segundo é apenas uma abreviação para uma lista_com_vírgulas de *<itens de seleção>* da primeira forma; assim, o primeiro caso é realmente o mais fundamental.

---

[1]De fato, todas as listas e listas com vírgulas mencionadas neste apêndice não podem ser vazias.
[2]Em outras palavras, o default no contexto de SELECT é ALL. Ao contrário, o default no contexto de UNION, INTERSECT ou EXCEPT é DISTINCT.

Caso 1: O <*item de seleção*> tem a forma:

```
<expressão escalar> [ [ AS ] <nome de coluna> ]
```

Em geral (mas não necessariamente) a <*expressão escalar*> envolverá uma ou mais colunas de *T1* (ver o item 3 anterior). Para cada linha de *T1*, a <*expressão escalar*> é avaliada, dando um resultado escalar. A lista_com_vírgulas de tais resultados (correspondendo à avaliação de todas as ocorrências de <*item de seleção*> na cláusula SELECT sobre uma única linha de *T1*) constitui uma única linha de *T2* (ver o item 4 anterior). Se o <*item de seleção*> incluir uma cláusula AS, o <*nome de coluna*> não qualificado dessa cláusula será designado como o nome da coluna correspondente de *T2* (a palavra-chave opcional AS é apenas ruído e pode ser omitida sem afetar o significado). Se o <*item de seleção*> não incluir uma cláusula AS, então (a) se ele consistir simplesmente em um <*nome de coluna*> (possivelmente qualificado), esse <*nome de coluna*> será designado como nome da coluna correspondente de *T2*; (b) caso contrário, a coluna correspondente de *T2* não terá efetivamente nome algum (na realidade, ela receberá um nome dependente da implementação). Surgem alguns pontos importantes:

- Por ser especificamente o nome de uma coluna de *T2*, e não de *T1*, um nome introduzido por uma cláusula AS não pode ser usado nas cláusulas WHERE, GROUP BY e HAVING (se existirem) diretamente envolvidas na construção de *T1*. Porém, ele pode ser referenciado em uma cláusula ORDER BY associada (se houver) e também em uma <*expressão de tabela*> "externa" que contenha a <*expressão de seleção*> em discussão aninhada em seu interior.

- Se um <*item de seleção*> incluir uma invocação de operador de agregado *e* a <*expressão de seleção*> não incluir uma cláusula GROUP BY (ver a seguir), então nenhum <*item de seleção*> na cláusula SELECT poderá incluir qualquer referência a uma coluna de *T1*, a menos que essa referência à coluna seja o argumento (ou parte do argumento) de uma invocação de operador de agregação.

Caso 2: O <*item de seleção*> assume a forma:

```
[ <nome de variável de intervalo> . ] *
```

Se o qualificador for omitido (isto é, o <*item de seleção*> for apenas um asterisco não qualificado), então esse <*item de seleção*> deverá ser o único <*item de seleção*> na cláusula SELECT. Essa forma de abreviação de uma lista_com_vírgulas de todos os <*nomes de colunas*> para *T1*, na ordem de colunas da esquerda para a direita. Se o qualificador for incluído (ou seja, se o <*item de seleção*> consistir em um asterisco qualificado por um nome de variável de intervalo *R*, assim: "*R.**"), então o <*item de seleção*> representará uma lista_com_vírgulas de <*nomes de colunas*> correspondentes a todas as colunas da tabela associada à variável de intervalo *R*, ordenadas da esquerda para a direita. (Lembre-se de que um nome de tabela, como vimos na Seção 8.6, pode ser e com frequência será usado como uma variável de intervalo implícita. Desse modo, o <*item de seleção*> terá muitas vezes a forma "*T.**", em vez de "*R.**".)

A cláusula FROM

A cláusula FROM tem a forma:

```
FROM <lista_com_vírgulas de referências de tabelas>
```

Suponha que as <*referências de tabelas*> especificadas sejam avaliadas como as tabelas *A, B, ..., Z*, respectivamente. Então, o resultado da avaliação da cláusula FROM é uma tabela igual ao produto cartesiano (estilo SQL) de *A, B, ..., Z*.

A cláusula WHERE

A cláusula WHERE tem a forma:

```
WHERE <expressão booleana>
```

Seja *T* o resultado da avaliação da cláusula FROM imediatamente anterior. Então, o resultado da cláusula WHERE é uma tabela derivada de *T* pela eliminação de todas as linhas para as quais a *<expressão booleana>* não é avaliada como *verdadeira*. Se a cláusula WHERE for omitida, o resultado será simplesmente *T*.

A cláusula GROUP BY

A cláusula GROUP BY tem a forma:

```
GROUP BY <lista_com_vírgulas de nomes de colunas>
```

Seja *T* o resultado da avaliação da cláusula FROM imediatamente anterior e da cláusula WHERE (se existir). Cada *<nome de coluna>* mencionado na cláusula GROUP BY deve ser o nome opcionalmente qualificado de uma coluna de *T*. O resultado da cláusula GROUP BY é uma *tabela agrupada* – isto é, um conjunto de grupos de linhas, derivados de *T* pela reorganização conceitual do conjunto no número mínimo de grupos tais que dentro de qualquer grupo todas as linhas tenham o mesmo valor para a combinação de colunas identificada pela cláusula GROUP BY. Então, observe cuidadosamente que o resultado, portanto, não é uma "tabela apropriada" (repetimos que é uma tabela de grupos, não uma tabela de linhas). Porém, uma cláusula GROUP BY nunca aparece sem uma cláusula SELECT correspondente, cujo efeito é o de derivar uma tabela apropriada a partir dessa tabela de grupos; assim, não é tão prejudicial esse afastamento temporário da estrutura de "tabela apropriada".

Se uma *<expressão de seleção>* incluir uma cláusula GROUP BY, então cada *<item de seleção>* na cláusula SELECT (inclusive qualquer um que esteja implícito por uma abreviação de asterisco) deverá ter *um único valor por grupo*.

A cláusula HAVING

A cláusula HAVING tem a forma:

```
HAVING <expressão booleana>
```

Seja *G* a tabela agrupada resultante da avaliação da cláusula FROM imediatamente anterior, da cláusula WHERE (se houver) e da cláusula GROUP BY (se houver). Se não houver uma cláusula GROUP BY, então *G* será o resultado da avaliação das cláusulas FROM e WHERE sozinhas, consideradas como uma tabela agrupada contendo exatamente um grupo;[3] em outras palavras, haverá uma cláusula GROUP BY conceitual implícita nesse caso, especificando *nenhuma coluna de agrupamento*. O resultado da cláusula HAVING é uma tabela agrupada derivada de *G* pela eliminação de todos os grupos para os quais a *<expressão booleana>* não é avaliada como *verdadeira*. Surgem alguns pontos importantes:

- Se a cláusula HAVING for omitida, mas a cláusula GROUP BY for incluída, o resultado da cláusula HAVING será simplesmente *G*. Se as cláusulas HAVING e GROUP BY forem ambas omitidas, o resultado será apenas a tabela *T* "apropriada" – ou seja, não agrupada – resultante das cláusulas FROM e WHERE.

- Quaisquer *<expressões escalares>* em uma cláusula HAVING devem ter um único valor por grupo (como as *<expressões escalares>* na cláusula SELECT, se existir uma cláusula GROUP BY, conforme discutimos antes).

---

[3]Isso é o que o padrão diz, embora logicamente ele devesse dizer *no máximo* um grupo (não haverá grupo algum se as cláusulas FROM e WHERE produzirem uma tabela vazia).

Um exemplo de fácil compreensão

Concluímos nossa discussão de *<expressões de seleção>* com um exemplo razoavelmente complexo que ilustra alguns (mas nem de longe todos) dos pontos explicados nas subseções anteriores. A consulta é a seguinte:

Para todas as peças vermelhas e azuis tais que a quantidade total fornecida seja maior que 350 (excluindo do total todas as remessas para as quais a quantidade é menor que ou igual a 200), obtenha o número da peça, o peso em gramas, a cor e a quantidade máxima fornecida dessa peça.

Aqui está uma formulação possível dessa consulta em SQL:

```
SELECT  P.P#,
        'Peso em gramas =' AS TEXTO1,
        P.PESO * 454 AS PESOGM,
        P.COR,
        'Quantidade máxima =' AS TEXTO2,
        MAX ( FP.QDE ) AS QDEMAX
FROM    P, FP
WHERE   P.P# = FP.P#
AND     ( P.COR = COR ('Vermelho') OR P.COR = COR ('Azul') )
AND     FP.QDE > QDE ( 200 )
GROUP   BY P.P#, P.PESO, P.COR
HAVING  SUM ( FP.QDE ) > QDE ( 350 ) ;
```

Explicação: Primeiro, observe que (como vimos nas subseções anteriores) as cláusulas de uma *<expressão de seleção>* são avaliadas conceitualmente na ordem em que são escritas – com a única exceção da própria cláusula SELECT, que é avaliada por último. Portanto, no exemplo, podemos imaginar o resultado sendo construído da seguinte maneira:

1. *FROM:* A cláusula FROM é avaliada para produzir uma nova tabela, a qual é o produto cartesiano das tabelas P e FP.

2. *WHERE:* O resultado da Etapa 1 é reduzido pela eliminação de todas as linhas que não satisfazem à cláusula WHERE. Portanto, no exemplo, as linhas que não satisfaçam à *<expressão booleana>*:

```
        P.P# = FP.P#
AND     ( P.COR = COR ('Vermelho') OR P.COR = COR ('Azul') )
AND     FP.QDE > QDE ( 200 )
```

são eliminadas.

3. *GROUP BY:* O resultado da Etapa 2 é agrupado pelos valores da(s) coluna(s) nomeada(s) na cláusula GROUP BY. No exemplo, essas colunas são P.P#, P.PESO e P.COR.

4. *HAVING:* Os grupos que não satisfazem à *<expressão booleana>*:

```
SUM ( FP.QDE ) > QDE ( 350 )
```

são eliminados do resultado da Etapa 3.

5. *SELECT:* Cada grupo no resultado da Etapa 4 gera uma única linha de resultado, como a seguir. Primeiro, o número da peça, o peso, a cor e a quantidade máxima são extraídos do grupo. Em segundo lugar, o peso é convertido em gramas. Depois, as duas strings de caracteres "Peso em gramas =" e "Quantidade máxima =" são inseridas nos pontos apropriados da linha. A propósito, observe que – como sugere a expressão "pontos apropriados da linha" – estamos nos apoiando no fato de que colunas de tabelas têm uma ordenação da esquerda para a direita em SQL; as strings não fariam muito sentido se não aparecessem nesses "pontos apropriados".

O resultado final é semelhante a este:

P#	TEXTO1	PESOGM	COR	TEXTO2	QDEMAX
P1	Peso em gramas =	5448	Vermelho	Quantidade máxima =	300
P5	Peso em gramas =	5448	Azul	Quantidade máxima =	400
P3	Peso em gramas =	7718	Azul	Quantidade máxima =	400

Observe que o algoritmo que acabamos de descrever pretende ser unicamente uma explicação *conceitual* de como uma *<expressão de seleção>* é avaliada. O algoritmo, sem dúvida, está correto, no sentido de oferecer a garantia de produzir o resultado correto. Porém, é provável que ele seja bastante ineficiente se fosse, de fato, executado. Por exemplo, seria muito desagradável se o sistema construísse na realidade o produto cartesiano no Passo 1. Considerações como essas são exatamente a razão pela qual os sistemas relacionais exigem um otimizador, conforme discutimos no Capítulo 18. De fato, a tarefa do otimizador em um sistema de SQL pode ser caracterizada como a de encontrar um procedimento de implementação que produza o mesmo resultado que o algoritmo conceitual esboçado anteriormente, mas que tenha maior eficiência que esse algoritmo.

B.3 EXPRESSÕES BOOLEANAS

Assim como na seção anterior, começamos com uma gramática BNF. Em seguida, entramos na discussão sobre *<condições de like>*, *<condições de match>* e *<condições de all ou any>* com um pouco mais de detalhe.

```
<expressão booleana>
   ::=    <termo booleano> | <expressão booleana> OR <termo booleano>

<termo booleano>
   ::=    <fator booleano> | <termo booleano> AND <fator booleano>

<fator booleano>
   ::=    [ NOT ] <primário booleano>

<primário booleano>
   ::=    <condição simples> | ( <expressão booleana> )

<condição simples>
   ::=    <condição de comparação>
       | <condição de in>
       | <condição de like>
       | <condição de match>
       | <condição de all ou any>
       | <condição de exists>
       | <condição de unique>
       | <condição de distinct>
       | <condição de type>

<condição de comparação>
   ::=    <construtor de linha>
                <operador de comparação> <construtor de linha>

<operador de comparação>
   ::=    = | < | <= | > | >= | < >
```

```
<condição de in>
   ::=   <construtor de linha> [ NOT ] IN ( <expressão de tabela> )
       | <expressão escalar> [ NOT ] IN
     ( <lista_com_vírgulas de expressões escalares> )

<condição de like>
   ::=   <expressão de string de caracteres> [ NOT ] LIKE <padrão>
                                      [ ESCAPE <escape> ]

<condição de match>
   ::=   <construtor de linha> MATCH UNIQUE ( <expressão de tabela> )

<condição de all ou any>
   ::=   <construtor de linha> <operador de comparação>
            ALL ( <expressão de tabela> )
       | <construtor de linha> <operador de comparação>
            ANY ( <expressão de tabela> )

<condição de exists>
   ::=   EXISTS ( <expressão de tabela> )

<condição de unique>
   ::=   UNIQUE ( <expressão de tabela> )

<condição de distinct>
   ::=   <construtor de linha> IS DISTINCT FROM ( <construtor de linha> )

<condição de type>
   ::=   TYPE ( <expressão escalar> )
            IS [ NOT ] OF ( <lista_com_vírgulas de especificação de tipo>

<especificação de tipo>
   ::=   <nome de tipo>
```

Condições de LIKE

As condições de LIKE se destinam a efetuar combinação de padrão simples em strings de caracteres – isto é, testar determinado string de caracteres para verificar se ele obedece a algum padrão prescrito. A sintaxe (repetindo) é:

```
<expressão de string de caracteres> [ NOT ] LIKE <padrão> [ ESCAPE <escape> ]
```

Aqui, *<padrão>* é uma expressão arbitrária de string de caracteres, e *<escape>* (se especificado) é uma expressão de strings de caracteres avaliada como um único caractere. Por exemplo:

```
SELECT P.P#, P.PNOME
FROM   P
WHERE  P.PNOME LIKE 'C%';
```

("obter números de peças e nomes correspondentes a peças cujos nomes começam com a letra C"). *Resultado*:

P#	PNOME
P5	Came
P6	Tubo

Desde que nenhuma cláusula ESCAPE seja especificada, os caracteres dentro de *<padrão>* serão interpretados deste modo:

- O caractere de sublinhado "_" significa *qualquer caractere isolado*.

- O caractere de porcentagem "%" significa *qualquer sequência de n caracteres* (em que *n* pode ser zero).

- Todos os outros caracteres representam a si próprios.

Portanto, no exemplo, a consulta retorna as linhas da tabela P para as quais o valor de PNOME começa com a letra C e têm qualquer sequência de zero ou mais caracteres seguindo essa letra C. Aqui estão mais alguns exemplos:

```
ENDEREÇO LIKE '%Campos%'
```
– Avaliado como *verdadeiro* se ENDEREÇO contém a string "Campos" em qualquer lugar no seu interior

```
F# LIKE 'F--'
```
– Avaliado como *verdadeiro* se F# tiver exatamente três caracteres e o primeiro for "F"

```
PNOME LIKE '%c---'
```
– Avaliado como *verdadeiro* se PNOME tiver quatro caracteres ou mais e o terceiro antes do último for "c"

```
MEUTEXTO LIKE '=_%'
         ESCAPE '='
```
– Avaliado como *verdadeiro* se MEUTEXTO começar com um caractere de sublinhado (ver a seguir)

Nesse último exemplo, o caractere "=" foi especificado como caractere de escape; isso significa que a interpretação especial dada aos caracteres "_" e "%" pode ser desativada, se necessário, colocando-se antes desses caracteres um caractere "=".

Finalmente, a *<condição de like>*

```
x NOT LIKE y [ ESCAPE z ]
```

é definida como semanticamente equivalente a:

```
NOT ( x LIKE y [ ESCAPE z ] )
```

Condições de MATCH

Uma *<condição de match>* tem a forma:

```
<construtor de linhas> MATCH UNIQUE <expressão de tabela>
```

Seja *rl* a linha que resulta da avaliação do *<construtor de linha>* e seja *T* a tabela que resulta da avaliação da *<expressão de tabela>*. Então, a *<condição de match>* é avaliada como *verdadeira* se e somente se *T* contém exatamente uma linha, digamos *r2*, tal que a comparação

```
r1 = r2
```

é avaliada como *verdadeira*. Aqui está um exemplo:

```
SELECT FP.*
FROM   FP
WHERE  NOT ( FP.F# MATCH UNIQUE ( SELECT F.F# FROM F ) ) ;
```

("Obter remessas que não têm exatamente um fornecedor correspondente na tabela de fornecedores"). Essa consulta poderia ser útil para testar a integridade do banco de dados porque, é claro, não devem *existir* tais remessas se o banco de dados estiver correto. Porém, observe que uma *<condição de in>* poderia ser usada para efetuar exatamente a mesma verificação.

A propósito, UNIQUE pode ser omitida de MATCH UNIQUE, mas então MATCH se torna sinônimo de IN (pelo menos na ausência de NULLs).

Condições de ALL ou ANY

Uma *<condição de all ou any>* tem a forma geral:

```
<construtor de linhas> <operador de comparação> <qualificador>
                ( <expressão de tabela> )
```

em que o *<operador de comparação>* é qualquer elemento do conjunto normal (=, < > etc.), e o *<qualificador>* é ALL ou ANY.[4] Em geral, uma *<condição de all ou any>* é avaliada como *verdadeira* se e somente se a comparação correspondente sem ALL (respectivamente ANY) é avaliada como *verdadeira* para todas (respectivamente quaisquer) linhas na tabela representada pela *<expressão de tabela>*. (Se essa tabela for vazia, as condições ALL serão avaliadas como *verdadeiras*, e as condições ANY serão avaliadas como *falsas*.) Aqui está um exemplo ("Obter nomes de peças correspondentes a peças cujo peso é maior que o de toda peça azul"):

```
SELECT DISTINCT PX.PNOME
FROM    P AS PX
WHERE   PX.PESO >ALL ( SELECT PY.PESO
                       FROM    P AS PY
                       WHERE   PY.COR = 'Azul' ) ;
```

Dada nossa amostra de dados habitual, o resultado será semelhante a:

Explicação: A *<expressão de tabela>* aninhada retorna o conjunto de pesos de peças azuis. A SELECT mais externa retorna então o nome das peças cujo peso é maior que todo valor nesse conjunto. É claro que, em geral, o resultado final pode conter qualquer quantidade de nomes de peças (inclusive zero).

Nota: É apropriado fazermos agora um alerta, pelo menos para os que falam inglês.* O fato é que *<condição de all ou any>* é seriamente propensa a erros. Uma formulação muito natural da consulta anterior seria usar a palavra *qualquer* em lugar de *toda*, o que poderia levar facilmente ao emprego (incorreto) de >ANY em lugar de >ALL. Críticas semelhantes se aplicam a todo (ou qualquer?) operador ANY e ALL.

---

[4]ANY também pode ser escrito como SOME.
Nota do revisor técnico: Isso também é verdadeiro para o português.

APÊNDICE C

Abreviações, acrônimos e símbolos

1FN	primeira forma normal
2FN	segunda forma normal
2PC	commit de duas fases
2PL	bloqueio de duas fases
2VL	lógica de dois valores
2ØC	igual a 2PC
2ØL	igual a 2PL
3FN	terceira forma normal
3VL	lógica de três valores
4FN	quarta forma normal
4VL	lógica de quatro valores
5FN	quinta forma normal (igual a PJ/NF)
6FN	sexta forma normal
A	ÁLGEBRA
ACID	Atomicidade-Consistência-Isolamento-Durabilidade
ACM	Association for Computing Machinery
ADT	tipo abstrato de dados
AES	Advanced Encryption System
ALGEBRA	A Logical Genesis Explains Basic Relational Algebra
ANSI	American National Standards Institute
ANSI/SPARC	literalmente, ANSI/Systems Planning and Requirements Committee; usado para se referir à arquitetura de sistemas de bancos de dados em três níveis, descrita no Capítulo 2
API	interface de programação de aplicação
ARIES	Algorithms for Recovery and Isolation Exploiting Semantics
AST	tabela de totalização automática

BB	igual a GB
BCNF	Boyce/Codd Normal Form
BDD	banco de dados distribuído
BDR	banco de dados relacional
BLOB	Binary Large OBject
BNF	forma de Backus-Naur; forma normal de Backus
C	bloqueio compartilhado
CACM	*Communications of the ACM* (publicação da ACM)
CAD/CAM	projeto auxiliado pelo computador/fabricação auxiliada pelo computador
CASE	engenharia de software auxiliada pelo computador
CDO	objeto de definição de classe
CIM	fabricação integrada ao computador
CLI	interface no nível de chamada
CLOB	objeto de caracteres extenso
CNF	forma normal conjuntiva
CODASYL	literalmente, Conference on Data Systems Languages; usado para se referir a certos sistemas (de rede) pré-relacionais, como o IDMS
CPU	unidade central de processamento
CS	estabilidade de cursor (DB2)
CWA	Closed World Assumption
DA	administrador de dados
DB/DC	banco de dados/comunicação de dados
DBA	administrador de banco de dados
DBMS	sistema de gerenciamento de banco de dados
DBP&D	*Database Programming & Design* (originalmente, uma revista impressa; depois, on-line em *http://www.dbpd.com;* substituída pela *Intelligent Enterprise)*
DBTG	literalmente, Data Base Task Group; usado com o mesmo significado de CODASYL em contextos de banco de dados
DC	comunicações de dados
DCO	"anulação da verificação de domínio"
DDBMS	sistema de gerenciamento de banco de dados distribuído
DDL	linguagem de definição de dados
DES	Data Encryption Standard
DF	dependência funcional
DJ	dependência de junção
DK/NF	forma normal de chave de domínio
DML	linguagem de manipulação de dados
DOM	Document Object Model (XML)
DRDA	Distributed Relational Database Architecture (IBM)
DSL	sublinguagem de dados (data sublanguage)

DSS	sistema de apoio à decisão
DTD	definição de tipo de documento (XML)
DUW	unidade de trabalho distribuída
E/R	entidade/relacionamento
E/S	entrada/saída
EB	igual a XB
ECA	evento-condição-ação
EDB	banco de dados extensional
EDI	intercâmbio eletrônico de dados
EKNF	forma normal de chave elementar
EMVD	MVD embutida
EOT	fim de transação
FBD	fórmula bem formada
FLWOR	*for-let-where-order by-return* (XML)
FNBC	forma normal Boyce/Codd
FND	forma normal disjuntiva
FTP	protocolo de transferência de arquivos (normalmente "ftp", em minúsculas)
GB	gigabyte (1024 MB)
GIS	sistema de informações geográficas
GML	Generalized Markup Language
HOLAP	OLAP híbrido
HTML	linguagem de marcação de hipertexto
HTTP	protocolo de transferência de hipertexto (normalmente "http", em minúsculas)
IDE	banco de dados intensional
IDMS	Integrated Database Management System
IEEE	Institute for Electrical and Electronics Engineers
IFIP	International Federation for Information Processing
IMS	Information Management System
INCITS	ANSI International Committee on Information Technology Standards (antigamente chamado NCITS e, antes disso X3)
INCITS/H2	comitê de banco de dados do INCITS
IND	dependência de inclusão
IS	intenção de bloqueio compartilhado; sistemas de informações
ISBL	Information System Base Language (PRTV)
ISSO	International Organization for Standardization
IT	tecnologia de informações
IX	intenção de bloqueio exclusivo
JACM	*Journal of the ACM* (publicação da ACM)
JD	dependência de junção

JDBC	"Java Database Connectivity" (oficialmente, apenas um nome, e não uma abreviação de coisa alguma)
K	1.024 (às vezes, 1.000)
KB	kilobyte (1.024 bytes)
L3G	linguagem de terceira geração
L4G	linguagem de quarta geração
LAN	rede local
LL	leitura-leitura
LOB	objeto extenso
LSP	Liskov Substitution Principle (princípio de substituição de Liskov)
MB	megabyte (1.024KB)
MLS	segurança em vários níveis
MOLAP	OLAP multidimensional
MQT	tabela de consulta materializada
MVD	dependência multivalorada
NCIT	/H2 *ver* INCITS/H2
NCITS	*ver* INCITS
NF^2	"NF ao quadrado" = NFNF = não na primeira forma normal (?)
ODBC	Open Database Connectivity
ODMG	Object Data Management Group
ODS	depósito de dados operacionais
OID	ID de objeto
OLAP	processamento analítico on-line
OLCP	processamento complexo on-line
OLDM	gerenciamento de decisões on-line
OLTP	processamento de transações on-line
OMG	Object Management Group
OO	orientado a objetos; orientação a objetos
OODB	banco de dados orientado a objetos (= banco de dados de objetos)
OODBMS	sistema de gerenciamento de banco de dados orientado a objetos (= SGBD de objetos)
OOPL	linguagem de programação orientada a objetos (= linguagem de programação de objetos)
OQL	Object Query Language (parte da proposta ODMG)
OSI	Open Systems Interconnection
OSQL	"Object SQL"
PB	petabyte (1.024TB)
PC	computador pessoal
PJ/NF	forma normal de projeção-junção
PODS	Principles of Database Systems (conferência da ACM)

PRTV	Peterlee Relational Test Vehicle
PSM	Persistent Stored Modules (parte do padrão SQL)
PSVI	Post Schema Validation Infoset (XML)
QBE	Query-By-Example
QUEL	Query Language (Ingres)
RAID	redundant array of inexpressive disks
RDA	Remote Data Access
RDB	banco de dados relacional
RDBMS	SGBD relacional
RID	ID de registro; ID de linha
RM/T	modelo relacional/Tasmânia
RM/V1	modelo relacional/Versão 1
RM/V2	modelo relacional/Versão 2
ROLAP	OLAP relacional
RPC	remote procedure call
RR	leitura repetível (DB2)
RSA	Rivest-Shamir-Adelman (método de criptografia)
RUW	unidade de trabalho remota
RVA	atributo com valor de relação
SGBD	sistema de gerenciamento de banco de dados
SGBDD	sistema de gerenciamento de banco de dados distribuído
SGBDOO	sistema de gerenciamento de banco de dados orientado a objetos (= SGBD de objetos)
SGBDR	SGBD relacional
SGML	Standard GML
SIGMOD	Special Interest Group on Management of Data (grupo de interesse especial da ACM)
SIX	intenção de bloqueio compartilhado exclusivo
SOAP	Simple Object Access Protocol
SPARC	*ver* ANSI/SPARC
SQL	(originalmente) Structured Query Language; às vezes Standard Query Language; oficialmente, apenas um nome, e não uma abreviação de coisa alguma
SQL/MM	SQL/multimídia
SVG	Scalable Vector Graphics
TB	terabyte (1.024GB)
TCB	Trusted Computing Base
TCP/IP	Transmission Control Protocol/Internet Protocol
TI	tecnologia de informações
TID	ID de tupla
TODS	*Transactions on Database Systems* (publicação da ACM)
TP	processamento de transações

TPC	Transaction Processing Council
TR	TransRelacional™
U	bloqueio de atualização
UDF	função definida pelo usuário
UDO	operador definido pelo usuário
UDT	tipo definido pelo usuário
UML	Unified Modeling Language
UNK	unknown ou desconhecido (NULL)
unk	*unknown* ou desconhecido (valor verdade)
UOW	unidade de trabalho
URI	Uniform Resource Identifier
URL	Uniform Resource Locator
VLDB	banco de dados muito extenso; Very Large Data Bases (conferência anual)
VSAM	Virtual Storage Access Method
W3C	World Wide Web Consortium
WAL	log de gravação antecipada
WAN	rede remota (Wide Area Network)
WFF	fórmula bem formada
WORM	gravar uma vez/ler muitas vezes
WWW	World Wide Web (normalmente "www", em minúsculas)
WYSIWYG	what you see is what you get
X	bloqueio exclusivo
X3	*ver* INCITS
X3H2	*ver* INCITS/H2
XB	exabyte (1.024PB)
XML	Extensible Markup Language
XQL	XML Query Language (não é igual a XQuery)
XQuery	XML Query
XSL	XML Stylesheet Language
XSLT	XML Stylesheet and Transformation Language
YB	iotabyte (1.024ZB)
ZB	zetabyte(1.024XB)
$\in$	pertence; é membro de; está contido em; [está] em
$\ni$	contém
$\subseteq$	é um subconjunto de; está incluído em
$\subset$	é de um subconjunto apropriado de; está propriamente incluído em
$\supseteq$	é um superconjunto de; inclui
$\supset$	é um superconjunto apropriado de; inclui propriamente
θ	operador de comparação (=, < etc.); coordenada polar

$\varnothing$	o conjunto vazio
$\rightarrow$	determina funcionalmente
$\rightarrow\!\!\!\rightarrow$	multidetermina
$\equiv$	é equivalente a (equivalência lógica)
$\Rightarrow$	implica (conectivo lógico)
$\vdash$	implica (símbolo metalinguístico)
$\vDash$	sempre acontece que (símbolo metalinguístico)

Índice

θ-tupla, 123, 124, 132
1FN, *ver* primeira forma normal
2FN, *ver* segunda forma normal
2PC, *ver* COMMIT de duas fases
2PL, *ver* bloqueio de duas fases
2VL, *ver* lógica de dois valores
3FN, *ver* terceira forma normal
3VL, *ver* lógica de três valores
4FN, *ver* quarta forma normal
4VL, *ver* lógica de quatro valores
5FN, *ver* quinta forma normal
6FN, *ver* sexta forma normal

A

A, 166, 178
abraço mortal, *ver* impasse
Abramovich, Analoly, 91
Abrial, Jean Raymond, 369
absorção, 464
ação engatilhada, 241
ação referencial, 238-239
aceleração, 491
ACID, propriedades, 387, 415
    diluindo, 426
    removendo, 416-419
acoplamento em tempo de execução, 527, 537
Adachi, S., 482
Adelberg, Brad, 618
Adiba, Michel E., 281, 588
Adleman, L., 447
Adler, David W., 761
administrador de banco de dados, *ver* DBA
administrador de dados, 15
adotando uma premissa, 667
Adriaans, Pieter, 618
ADT, *ver* tipos de dados abstratos
Advanced Encryption Standard, *ver* AES
AES, 446
Afrati, Foto N., 618
AFTER, 633
agente, 564
Agrawal, D., 618
Agrawal, Rakesh, 691, 692, 693, 763
Agrawal, Sanjay, 618
agregação, operadores
    álgebra relacional, 172-173
    cálculo relacional, 199
    NULLs, 509
    QBE, 214
    SQL, 203, 615
    XQuery, 793

agrupamento e desagrupamento, 176-178
    reversibilidade, 178
Ahiteboul, Serge, 299, 804
Aho, Alfred V., 332, 345, 484
Aiken, Alexander, 250
alertador, 250
álgebra relacional, 150
    finalidade, 166-167
    generalizando, 644-647
    implementação, 470-75, 827-831
    operadores primitivos, 166
    regras de transformação, 167, 461, 462-464
    versus cálculo relacional, 184-185, 195-199
Alien, J. E, 633, 660
Alien, operadores, 633-634
ALL (operador de agregação), *ver* agregação, operadores
    ver também totalização
ALL (privilégios), 434
ALL *versus* ANY (SQL), 842
ALL *versus* DISTINCT (SQL), *ver* duplicatas
ALPHA, *ver* DSL ALPHA
ALTER TABLE (SQL), 141
ALTER TYPE (SQL), 116
Alter, S., 618
American National Standards Institute, *ver* ANSI
análise de inconsistência, 401, 402, 404
Anderson, Todd, 583
ANSI/X3, 48
ANSI, 48
ANSI/INCITS, 48
ANSI/NCITS, 48
ANSI/SPARC, 48
ANSI/SPARC, arquitetura, 28-35
ANSI/X3/SPARC Study Group on Data Base Management Systems, *ver* ANSI/SPARC
anulação da verificação de domínio, 148
anulação semântica, *ver* anulação da verificação de domínio
ANY (operador de agregação), *ver* agregação, operadores
    ver também totalização
aparição (de um valor), 96
aplicação em lote, 9
aplicação on-line, 9
apoio à decisão, 11
    banco de dados, 592
    consultas, 592
    indexando, 596-597
APPEND (QUEL), 437
argumento, *ver* parâmetro
aridez, *ver* grau

ARIES, 389, 397
armadilha de conexão, 12
Armstrong, axiomas, 293-294, 345
Armstrong, W. W., 293, 298, 300
arquivo armazenado, 19
arquivos, registros e campos, 5
    TR, 813
ARRAY (SQL), *ver* construtor de tipos
árvore de consulta, 460
árvore de sintaxe abstrata, *ver* árvore de consulta
Arya, Manish, 763
assertiva (SQL), *ver* CREATE ASSERTION
assinatura, 537
    chamada, 537
    digital, 447-448
    especificação, 537
    OPAL, 716
    versão, 537-538
associação (RM/T), 370
associatividade, 168, 464
Astrahan, Morton M., 87
Atkinson, Malcolm P., 551, 730, 731
atomicidade
    instrução, 265, 383
    transação, 6, 387, 418
    valor escalar, 98-99
    RelVar, 316, 320-321
atribuição, 106-107
    com herança, 528-532
    múltipla, 106, 136, 385
    não em SQL, 74
    relacional, 56, 136-138
    SQL, 111, 242, 279
    tupla, 124
atributo, 55
    RelVar, 135
    tipo estruturado (SQL), 114, 142, 143
    tupla, 122
    valor de relação, 131-132
    XML, *ver* XML
atributo de valor de relação, *ver* atributo
    e normalização, 321-324
    versus junção externa, 505-506
atributo, restrição, 231
    nunca deve ser violada, 231
    SQL, 242
atributo, tipo (tupla), 122
atributo, valor (tupla), 122
atributos, ordem
    não em relações, 123, 128
    tabelas SQL, 139
atualização perdida, 400, 404

atualização, anomalias
  1NF (não 2NF), 311
  2NF (não 3NF), 313
  3NF (não FNBC), 318
  4NF (não 5NF), 334
  5NF (não 6NF), 650
  FNBC (não 4NF), 330
  ver também redundância
atualizações, propagação, 17
  banco de dados distribuído, 562,
    569-570
atualizações, propagação, *ver* propagação
  de atualizações
"atualizando atributos", 138
"atualizando tuplas", 138
atualizando visões, *ver* visão
Atzeni, Paolo, 300
autenticação, 433
AUTHORITY ("Tutorial D"), 433-434
autonomia local, 558
  comprometimentos, 584-585
autoridade
  dependente do contexto, 435
  dependente do valor, 434
  independente do valor, 434
autorização, *ver* segurança
avaliação em pipeline, 52, 486
avaliação ingênua, 684-685
avaliação materializada, 52
avaliação preguiçosa, 166
avaliação semi-ingênua, 685-686
AVG, *ver* operadores de agregação
  ver também totalização
AVGD, *ver* totalização
axioma (banco de dados), 663
  ver também banco de dados; teorema
axioma básico, 664, 675
axioma dedutivo, 664, 676
axiomatização, *ver* DF; DJ; DMV

B

back end, 41, 574-575
backlog de aplicação, 69
Baclawski, Kenneth, 551, 552
Baekgaard, Lars, 488
Bancilhon, Francois, 691, 692, 693,
  731
banco de dados armazenado, 35
banco de dados ativo, 250
banco de dados de objeto, 697-729
banco de dados dedutivo, 678, 689
banco de dados distribuído, 555
  princípio fundamental, 557
  vantagens, 556
banco de dados especialista, 689
  ver também banco de dados ativo
banco de dados estatístico, 440
  segurança, 440-445
banco de dados intensional, *ver* IDB
banco de dados lógico, 689
banco de dados multidimensional,
  612-614
banco de dados relacional, 24, 50-68
banco de dados temporal, 621

banco de dados, 3, 10
  coleção de proposições, 13-14
  sinônimo para SGBD, 9
  sistema lógico, 252
banco de dados, estatísticas, 467
  DB2, 467-468
  Ingres, 468
banco de dados, projeto conceitual, *ver*
  banco de dados, projeto
banco de dados, sistema, 3
  compartilhado, *ver* sistema
    compartilhado
  integrado, *ver* sistema integrado
  monousuário, *ver* sistema monousuário
  multiusuário, *ver* sistema multiusuário
  valor, 79
  variável, 70
  vantagens, 15-18
Banerjee, J., 426, 731
Baralis, Elena, 250
barra vertical, *ver* NOR
Barron, Terence M., 371
Barry, Douglas K., 731, 733
base de conhecimento, 688
base RelVar, *ver* RelVar
Batman, R. B., 426
Batory, Don S., 478
Bayer, Rudolf, 422
Beech, David, 731
Beeri, Catriel, 332, 345, 691
BEFORE, 633
BEGIN, 632
BEGIN DECLARE SECTION (SQL), 77
BEGIN TRANSACTION, 64
  SQL, *ver* START TRANSACTION
BEGINS, 634
Bell, D. E., 438
Bell, David, 583
Bennett, J. L., 618
Berchtold, Stefan, 761
Berenson, Hal, 423
Berners-Lee, Tim, 769, 772, 805
Bernstein, Arthur, 806
Bernstein, Philip A., 250, 282, 283, 326,
  327, 369, 394, 423, 805
Beyer, Kevin, 620
Bilris.A., 394
Birger, Eugene, 91
Bitton, Dina, 472, 480, 492
Bjork, L.A., 394
Bjornerstedt, Anders, 731
Blaha, Michael, 369
Blasgen, Michael W., 88, 424, 480
Blaustein, Barbara T., 250
BLOB, *ver* "objeto grande"
bloco, *ver* página
bloqueio, 402
bloqueio altruísta, 427
bloqueio C, 402, 413-414
bloqueio compartilhado, *ver* bloqueio C
bloqueio de atualização, *ver* U, bloqueio
bloqueio de escrita, *ver* X, bloqueio
bloqueio de leitura, *ver* bloqueio C
bloqueio de precisão, 425
bloqueio de predicado, 412

bloqueio do caminho de acesso, 412-413
bloqueio em duas fases, 408
  estrito, 404
  protocolo, 408
  teorema, 408
bloqueio em duas fases estrito, *ver* bloqueio
  em duas fases
bloqueio exclusivo, *ver* X, bloqueio
bloqueio multiversão, 422-423
bloqueio, escalada, 414
bloqueio, granularidade, 413
bloqueio, protocolo, 403
Blott, Stephen, 424
Bohm, Christian, 761
Boiko, Bob, 805
Bonczek, R. H., 618
Bonifati, Angela, 805
Bontempo, Charles J., 584, 618
Booch, Grady, 369
Boral, Haran, 492
Bosak, Jon, 805
Bosworth, Adam, 619
Bouganin, Luc, 455
Bourret, Ron, 805
Boyce, Raymond R, 89, 304
Bray, Tim, 805
Breitbart, Yuri, 583, 584
Bright, M. W., 584
Brodie, Michael L., 584
Brooks, Frederick P., Jr., 746, 761
Brosda, Volkert, 346
Brown, Paul, 766
Buff, H. W., 282, 283
buffer, 386
Buneman, O. Peter, 250, 731, 805, 806
Bush, George W., 225
Bush, Vannevar, 806
Butterworth, Paul, 732

C

cabeçalho
  relação, 57, 126
  RelVar, 135
  tupla, 122
cálculo
  de condição (QBE), 212
  de domínio, 185, 208-210
  de predicado, 669-675
  de tupla, 186-192
  proposicional, 665-669
  relacional, 184
Call-Level Interface, *ver* CLI
caminho referencial, 236
campo (SQL), 139
campo armazenado, 19
característica (RM/T), 370
Cardelli, Luca, 552
cardinalidade, 126
  RelVar, 135
Carey, Michael J., 732, 762
carga, 43
  apoio à decisão, 601-602
Carlson, C. Robert, 346
cartuchos de dados, 751

Casanova, Marco A., 282, 300
CASCADE (OO), 720, 723
CASCADE (SQL)
    DELETE, 242, 510
    DROP, 114, 141, 278
    REVOKE, *ver* REVOKE
    UPDATE, 242
CASCADE (Tutorial D), *ver* ação referencial
Casey, R. G., 300
CAST, 108
    SQL, 114
catálogo, 60-61
    pdistribuído, 567-569
    OO, 728
    SQL, *ver* Information Schema
Cattell, R. G. G., 732, 733, 762
CDO, 703
Celko, Joe, 88
célula, 814
centralização
    no documento, 796
    nos dados, 797
Ceri, Stefano, 250, 255, 584, 805
Chakravarthy, Upen S., 484
chamada de procedimento remoto,
    ver RPC
Chamberlin, Donald D., 89, 282, 762, 763
Chang, Philip Yen-Tang, 481
Chang, Qi, 484
chase, 346
Chaudhuri, Surajit, 88, 482, 618, 763
chave, 232-239
    ver também U_key
chave alternativa, 235
chave candidata, 233-235
    inferência, 235
    irredutibilidade, 23
    mecanismo de endereçamento no nível
        de tupla, 234
    nulária, 249
    NULLs, *ver* NULL
    OO, 720, 723
    regras, 238-239
    simples e composta, 234
    SQL, 242
    Tutorial D, 233-234
    unicidade, 233
    vazia, 29
    ver também U_key
chave criptográfica, 445
chave de descriptografia, 446-447
chave do usuário, 708
chave estrangeira, 235-238
    e NULLs, *ver* NULL
    nulária, 249
    simples *versus* composta, 235-236
    SQL, 242-243
    Tutorial D, 237
    vazia, 249
    ver também U_key
chave primária, 6, 235
checkpoint, 387-388
Chen, Peter Pin-Shan, 355, 367, 369
Chen, Weidong, 762
Chignell, Mark, 620

Chirkova, Rada, 618
Christerson, Magnus, 375
chronon, *ver* quantum de tempo
Chu, Wesley W., 806
ciclo referencial, 236
circunlocução (dados temporais), 654
Clarke, Edmund M., 250
classe
    de objeto, 702
    versus coleção, 709
    versus domínio, 108
    versus RelVar, *ver* RelVar
classificação de entidade (RM/T), 370
Cleaveland, J. Craig, 120, 551, 552
Clemons, Eric K., 250
CLI (SQL), 84
cliente, *ver* cliente/servidor
cliente/servidor, 41-43, 44-46, 574-577
    SQL, 581
Clifford, James, 660
Clifton, Chris, 588
CLOB, *ver* "objeto grande"
CLOSE, cursor (SQL), 82
clusterização, 474, 724
COALESCE (SQL), 510
cobertura (DFs), 295-296
    irredutível, *ver* irredutibilidade
Cochrane, Roberta, 251, 619
CODASYL, 24-25, 509
Codd, algoritmo de redução, 195-197
Codd, E. F, 27, 55, 69, 147, 150-152, 163,
    166, 181, 182, 195, 217, 218, 235, 251,
    252, 272, 282, 300, 304, 308, 317, 326,
    327, 364, 369, 494, 513, 514, 582, 618,
    678, 748, 762, 811, 831
Codd, Sharon B., 618
código, reutilização, 520, 527, 711
coerção, 107
consistência, 16-17, 387
    ver também integridade
    versus correção, 228-230, 417
Cohen, William W, 584
Colby, Latha, 618
Cole, Richard L., 481
"coleção XML", 797
    SQL, 798
COLLAPSE, 635-637
coluna (SQL), 139
coluna de autorreferência, 143
"coluna XML", 796
    SQL, 800
colunas condensadas, 821-824
colunas mescladas (merged), 824-827
comando, 4
COMMIT de duas fases, 390-391, 570-573
    aperfeiçoamentos, 394
    ver também COMMIT presumido;
        ROLLBACK presumido
commit em grupo, 387
COMMIT presumido, 573
COMMIT, 64, 383
    SQL, 76-77, 392
comparação, *ver* expressão booleana
    com herança, 533-536
    intervalo, *ver* operadores de Alien

relação, *ver* comparações relacionais
    ver também comparações U_
comparações relacionais, 133
    versus divisão, 164
compartilhamento de dados, 7-8
compatibilidade de união, 156
componente
    linha, 139
    tipo estruturado, 142
    tupla, 121
comunicações de dados, 40-41
comutatividade, 168, 464
Conceitualização, O Princípio da, 376
conclusão (prova), 667
concorrência, 398
    distribuída, 573-574
condição de restrição, 158
    simples, 158
confiabilidade, 559
configuração, *ver* versão
confluência (triggers), 250
conhecimento, 689
conjunto de informações, *ver* infoset
conjunto de valores (E/R), 356
conjunto, capacidade de processamento, 52,
    138
conjuntor, 465
conjuntos equivalentes de DFs, 295
CONNECT (SQL), 582
consolidação de dados, 601
consolidação, *ver* consolidação de dados
Consortium (W3C), 772
CONSTRAINT (Tutorial D), 220
construtor de tipos
    ARRAY (SQL), 116-117
    MULTISET (SQL), 117
    REF (SQL), *ver* REF, tipo
    ROW (SQL), 116, 139
    ver também gerador de tipos
construtor de valor de linha (SQL), 116
construtor de valor de tabela (SQL), 140
consulta de quota, 182-183
consulta ad hoc, 39
    OO, 718-720, 721
consultas recursivas, 683-687
    ver também lista de materiais; explosão
        de peças; fecho transitivo
contém (), 633
contradição (dados temporais), 655
contrapositivo, 667
controle de acesso discricionário, 434,
    433-437
controle de acesso obrigatório, 432,
    438-440
controle de concorrência de certificação,
    426
controle de concorrência de validação,
    426
controle de concorrência otimista, 426
controles de fluxo, 454
controles de inferência, 454
conversão, *ver* tipo de dados
coordenador, *ver* COMMIT de duas fases
Copeland, George, 733
cópia primária, 569, 573

853

corpo
relação, 57, 125
RelVar, 135
correção, 387
escalonamento, *ver* serialidade
ver também consistência
COUNT(*) (SQL), 203
COUNT, *ver* operadores de agregação
intervalo, 633
ver também totalização
COUNTD, *ver* totalização
CREATE ASSERTION (SQL), 242, 244
CREATE FUNCTION (SQL), 546
CREATE ORDERING (SQL), 115
CREATE PROCEDURE (SQL), 546
CREATE SYNONYM (R), 568
CREATE TABLE (SQL), 72-73, 141
CREATE TRIGGER (SQL), 241, 24
5-246
CREATE TYPE (SQL), 72-73, 544-547
CREATE VIEW (SQL), 277
crescimento, 491
crescimento no banco de dados, 260
Crimson, Jane, 583
criptografia, 445-448
chave pública, 447-449
criptografia de chave pública, *ver* criptografia
criptografia de dados, *ver* criptografia
Crus, Richard A., 394
CS (DB2), 411
ver também nível de isolamento
CUBE (SQL), 611
currency (XPath), 790-791
cursor (SQL), 79
custo, fórmula, 461

D

D. (QBE), 213
dados, 7
versus informações, 6
dados, extrato, 600
dados ocultos, 259
dados operacionais, 11
dados persistentes, 10
Daemen, J., 454
Dahl, O. J., 733
Dahl, Veronica, 691
Daly, James, 454
Daniels, D., 584
DAPLEX, 736
Dar, Shaul, 693
Darwen, Hugh, 27, 70, 90, 132, 148, 182,
282, 289, 294, 298, 301, 514, 515, 519,
660
Darwen, teorema, 294
Data Encryption Standard, *ver* DES
data mart, 603-605
Data Sublanguage ALPHA, *ver* DSL
ALPHA
data warehouse, 11, 603
Database/Data Communications, sistema, *ver*
DB/DC, sistema
DataJoiner, 580-581
Datalog, 680-683

Dataphor, 551
datas Gregorianas, 626
Date, C. J., 27, 70, 90, 148, 149, 182, 217,
282, 327, 347, 370, 371, 394, 514, 515,
521, 552, 584, 585, 619, 660, 733, 762,
763, 832
Daudenarde, Jean-Jacques, 91
Davies, C. T, Jr., 395, 418
Dayal, Umeshwar, 282, 283
DB/DC, sistema, 41
DB2, 24
DB2 Distributed Data Facility, 557
DB2 Universal Database, 738
DBA, 9, 16, 35-37
DBS, 446
DBTG, 24
dbvar, 69
DDBMS, 555
DDL, 32
DDL, compilador, 38
DDL conceitual, 34
DDL externa, 33
DDL interna, 34
DDL, processador, *ver* DDL, compilador
de Antonellis, Valeria, 300
De Morgan, leis, 665
deadly embrace, *ver* impasse
declaração de cursor, *ver* DECLARE
CURSOR
declarativo, *ver* não procedimental
DECLARE CURSOR (SQL), 81, 392
decomposição com perdas, 306
decomposição de consulta, 468-470
decomposição horizontal (banco de dados
temporal), 649
decomposição ortogonal, 342
decomposição sem perdas, 306-307
decomposição vertical (banco de dados
temporal), 650
DEE, *ver* TABLE_DEE
DEFINE INTEGRITY (QUEL), 254
DEFINE PERMIT (QUEL), 436
definição automática, 99
definição de banco de dados armazenado,
34
definição de operador, *ver* OPERATOR
Definition Schema (SQL), 74
delegação, 548
DELETE
CURRENT (SQL), 82, 138
embutido (SQL), 80
pesquisado, 86
posicionado, 86
regra, *ver* regras de chave estrangeira
QBE, *ver* D. (QBE)
SQL, 5, 74
Tutorial D, 137-138
Delobel, Claude, 300, 347, 350
DeMichiel, Linda G., 552, 763
Denning, Dorothy E., 454
Denning, Peter J., 454
dependência, *ver* DF; IND; DJ; DMV
dependência de inclusão, *ver* IND
dependência de junção, *ver* DJ
dependência funcional, *ver* DF

dependência multivalorada, *ver* DMV
dependência sem COMMIT, 400, 402, 404
dependente (DF), 290-291
depósito de conectividade (TR), 832
depósito de dados operacionais, *ver* ODS
depósito de instância (TR), 832
depósito de valores (TR), 832
descarga/recarga, 36, 43, 390
descriptografia, *ver* criptografia
descritor, 40, 60
"desde", 622
designação (RM/T), 370
desmembramento, *ver* decomposição de
consulta
desnormalização, 338-340
desreferenciamento (SQL), 757-758
DETECT (OPAL), 719
determina funcionalmente, *ver* DF
determinante (DF), 291
Deutsch, Alin, 492
Deux, O., 733
Devlin, Barry, 619
DeWitt, David J., 480, 492, 732, 764
Dey, Debabrata, 371, 516
DF, 289-291
axiomatização, *ver* Armstrong, axiomas
diagrama, 308
preservação, 314-317
superchave, 235, 308
transitiva, 293
trivial, 292
DF completa, *ver* irredutível à esquerda
DF transitiva, *ver* DF
DF trivial, *ver* DF
diagrama de dependência, *ver* DF, diagrama
diagrama de entidades/relacionamentos, *ver*
diagrama E/R
diagrama E/R, 12, 355, 358-360
diagrama referencial, 236
diário, *ver* log
dicionário, 39, 67, 369
ver também catálogo
dicionário de dados, *ver* dicionário
diferença, 157
intervalo, 634
SQL, 207
diferença externa, 506
diferença lógica, 96
Diffie, W., 447
disco compartilhado, 491
DISCONNECT (SQL), 581
disponibilidade, 559
DISTINCT *versus* ALL (SQL), *ver*
duplicatas
DISTINCT, condição (SQL), 509
DISTINCT, tipo (SQL), 112-114
Distributed Ingres, 556
Distributed Relational Database
Architecture, *ver* DRDA
distributividade, 463, 465, 665
divergência semântica, 578, 584
DIVIDEBY, *ver* divisão
divisão, 164
Codd, 182
ver também Great Divide; Small Divide

DJ, 334
  axiomatização, 350
  generalizado, 651
  trivial, 335, 651
DML, 32
DML, compilador, 38
DML, processador, *ver* DML, compilador
DMV, 330
  axiomatização, 345-346
  embutida, *ver* DMVE
  trivial, 331
DMVE, 347
Document Object Model, *ver* DOM
Document Type Definition, *ver* DTD
documento bem formado (XML), 782
documento válido (XML), 782-783
DOM, 776
domínio, 95, 108
  SQL, 112
  ver também tipo de dados
DRDA, 576, 585
drill down, 613-614
drill up, 613-614
DROP ASSERTION (SQL), 243
DROP AUTHORITY ("Tutorial D"), 434
DROP CONSTRAINT (Tutorial D), 221
DROP OPERATOR (Tutorial D), 106-107
DROP TABLE (SQL), 141
DROP TRIGGER (SQL), 246
DROP TYPE (SQL), 114
DROP TYPE (Tutorial D), 104
DROP VAR (Tutorial D), 136, 259, 276
DROP VIEW (SQL), 278
DSL, 32
  fortemente acoplada, 32, 78
  fracamente acoplada, 32, 78
DSL ALPHA, 185
DTD, 780-784
  limitações, 784
duas camadas, 376
Duke, D. J., 438
DUM, *ver* TABLE_DEE
dump/restore, *ver* unload/reload
duplicatas, 148
  ALL *versus* DISTINCT (SQL), 201, 203,
    207, 279, 835
  lógica trivalorada, 498
  não em relações, 129
  OO, 705
  QBE, 212
  SQL, 510
  tupla, *ver* igualdade de tupla
  valores distintos (XQuery), 792
durabilidade (transação), 64, 388, 418
"durante", 622
DUW, *ver* unidade de trabalho distribuído
Dyreson, Curtis, 660

E

é dedutível de (|-), 667
EDB, 677
EE (escrever-escrever), 402
  conflito, 402
Einstein, Albert, 366

Eisenberg, Andrew, 88, 764, 806
EL (escrever-ler), 402
  conflito, 402
El Abbadi, A., 618
elemento vazio (XML), 775
Elmasri, Ramez, 371
em dúvida, 572
Embley, David W., 372
encadeamento direto, 667
encadeamento invertido, 667
encapsulamento, 98, 702
  críticas, 733
END, 632
END DECLARE SECTION (SQL), 77
ENDS, 634
Engelbart, Douglas, 806
entidade, 11, 353
  associativa, *ver* associação (RM/T)
  característica, *ver* característica
    (RM/T)
  designativa, *ver* designação (RM/T)
  E/R, 355-356
  forte, 356
  fraca, 355-356
  kernel, *ver* kernel (RM/T)
  regular, 355-356
  representação relacional, 66-67, 360,
    362
  versus objeto, 375, 747
  versus relacionamento, 366
Epstein, Robert S., 585
equijunção, 162
equivalência (relações), 636, 643
escalabilidade, *ver* crescimento
escalada, *ver* escalada de bloqueio
escalar, *ver* tipo de dados
escalonamento serial, *ver* escalonamento
escalonamento, 408
  equivalente, 408
  intercalado, 408
  livre de propagação, 409-410
  não serial, 408
  recuperável, 409
  serial, 408
escolta, 424
escrow, bloqueio, 427
esfera de controle, 395
especialização por restrição, 531-533,
  543-544
  único meio de definir subtipos, 544
esquema
  conceitual, 34
  de estrela, 605-607
  dimensional, *ver* esquema de estrela
  externo, 33
  interno, 34
  relação, 126
  SQL, 75
  XML, *ver* XML Schema
essencialidade, 748, 762, 763
estabilidade de cursor, *ver* CS (DB2)
  timestamp, 423-424
estrela, propriedade, 438
Eswaran, Kapali P., 424, 480
evento engatilhado, 241

evento-condição-ação, 241
evolução de esquema, 735
EXCEPT (SQL), *ver* diferença
EXEC SQL, 77
execução direta (SQL), 76-77
execução serial, 407
EXECUTE (SQL), 83
  IMMEDIATE, 83
EXISTS, 189
  QBE, 212
  SQL, 205
  ver também quantificador existencial
EXPAND, 635-637
exploração simétrica, 831
explosão de peças, 87, 216
  ver também lista de materiais; consultas
    recursivas; fecho transitivo
expressão booleana, 104
expressão condicional, 104
  SQL, *ver* expressão booleana
expressão de caminho, *ver* rastreamento do
  caminho
  XPath, *ver* XPath
expressão de seleção (SQL), 200-208,
  835-839
  avaliação conceitual, 202, 838
expressão de tabela (SQL), 80, 200,
  833-839
expressão de valor verdade, 104
expressão lógica, 104
expressão relacional, 154-155, 169-170
  cálculo, 186, 192
expressão segura, 218
extensão, 171-172
  cálculo relacional, 199
  SQL, 217
  subclasse, 711
extensão (corpo da relação), 125-126
extensão, banco de dados de, *ver* EDB
Extensible Markup Language, *ver* XML
"extensores relacionais", 751
extrato, *ver* dados, extrato

F

Fagin, Ronald, 300, 301, 304, 331, 335,
  345-348, 350, 589
falha de mídia, 388
falta de informações, 493
  valor desconhecido, 494
  valor é conjunto vazio, 495
  valor indefinido, 495
  valor não é aplicável, 494
  valor não existe, 495
  ver também NULL; valores especiais;
    lógica trivalorada
Fan, Wenfei, 806
fantasma, 412
fase de COMMIT, 391
fase de preparação, 391
fatos, tabela, 605
FBF aberta, *ver* FBF fechada
FBF fechada, 191, 670
FBF, 230
  ver também FBF fechada

855

fecho
  álgebra relacional, 52, 152-154, 467
  atributos, 294-295
  DFs, 293
  transitivo, 176
    de predicado, 465
federado, sistema, 580
  SQL, 580
ferramentas, 42
Ferran, Guy, 733
Ferrandina, Fabrizio, 733
FETCH (SQL), 82
filtragem estática, 686-687
Finkelstein, Sheldon, 482
FIRST_T, 631
Fischetti, Mark, 805
Fishman, Neal, 90
Fleming, Candace C., 372
Florescu, Daniela, 806
Floyd, Chris, 79
FLWOR, expressão, 793
FN/CD, *ver* forma normal de chave e
  domínio
FNBC, *ver* Forma normal de Boyce/Codd
FNC, 465, 668
  ver também forma clausular
FNCE, 327
for (XQuery), 792
FORALL, 188-190
  não em QBE, 212-213
  não em SQL, 206
  ver também quantificador universal
força bruta, *ver* junção, implementação
forçando (gravações físicas), 387
forma canônica, 61
forma clausular, 672
forma normal conjuntiva, *ver* FNC
forma normal de "restrição-união",
  343-344
Forma normal de Boyce/Codd, 304, 317-321
  definição de Zaniolo, 324
forma normal de chave e domínio, 343
forma normal de chave elementar, *ver* FNCE
forma normal prenex, 193, 673
fórmula bem formada, *ver* FBF
fórmula, 66
  ver também FBF
fragmentação de dados, *ver* fragmentação
fragmentação, 553, 596
  ver também particionamento
Franaszek, Peter A., 424
Fraternali, Piero, 250
Frege, Gottlob, 377
Freytag, Johann Christoph, 490, 764
FROM (SQL), 202, 836
front end, 41, 575
Fry, James P., 378
Fuh, You-Chin, 552
função construtora, 709
função sucessora, 632
função, 106
  SQL, 114, 546
Furtado, Antonio L., 282

G

G. (QBE), 214
Gagliardi, Roberto, 454
Galindo-Legaria, Cesar, 481, 516
Gallaire, Herve, 691
Ganski, Richard A., 487, 488
Garcia-Molina, Hector, 395, 427, 584, 618,
  620
Gardarin, Georges, 691
Gardner, Martin, 454
gateway, 577-579
Gehrke, Johannes, 766
GemStone, 711
generalização por restrição, 532
Generalized Markup Language, *ver* GML
gerador de tipos, 109-110
  INTERVAL, 631-634
  OO, 708
  RELATION, 127, 134
  SQL, *ver* construtor de tipos
  TUPLA, 123
gerenciador DC, 40, 391
gerenciador de arquivos, 39
  versus SGBD, 40
gerenciador de banco de dados, *ver* SGBD
gerenciador de BD, *ver* SGBD
gerenciador de tempo de execução, 39
gerenciador de transações, 39, 383, 393
gerenciamento de cópia, 598
gerenciamento de recursos, 390
gerente de comunicações de dados, *ver*
  gerenciador DC
Gilbert, Arthur M., 89
GML, 771
  Standard, *ver* SGML
Godfrey, Michael, 764
Godfrey, Parke, 492
Goel, Piyush, 516
Goldberg, Adele, 733
Goldfarb, Charles, 771
Goldring, Rob, 585
Goldstein, Jonathan, 619
Goldstein, R. C., 183
Goodman, Nathan, 283, 394, 423, 490,
  565, 587, 734
Graefe, Gotz, 479, 481
grafo de espera, 406, 573
grafo de precedência (bloqueio), 413-414
granularidade
  banco de dados, 605
  lock, *ver* granularidade de bloqueio
  ponto no tempo, 623-624
grau
  de consistência, *ver* nível de isolamento
  E/R, 357
  relação, 126
  tupla, 121
  RelVar, 135
gravação suja, 402
Gravano, Luis, 762
Gray, James N., 282, 395, 396, 416, 424,
  425, 491, 585, 587, 619
Gray, Peter M. D., 691
Great Divide, 162, 182

Griffiths, Patricia P., *ver* Selinger, Patricia G.
GROUP (Tutorial D), *ver* agrupamento e
  desagrupamento
GROUP BY (SQL), 205, 837
GROUPING SETS (SQL), 659
grupo de usuários, 433
grupo repetido, 132
Gryz, Jarek, 492
Gupta, Anoop, 489
Gupta, Ramesh, 585

H

Haas, Laura M., 589, 764
Hackathorn, Richard D., 585, 619
Haderle, Don, 397
Hadzilacos, Vassos, 394
Halevy, Alon Y., 618, 807
Hall, Patrick A. V., 182, 183, 373, 374, 482
Halpin, Terry, 372-374
Hammer, Joachim, 620
Hammer, Michael M., 253, 375, 585
hard crash, 388
Harder, Theo, 396, 426
Haritsa, Jayant, 585
Harold, Elliotte Rusty, 806
Hasan, Waqar, 482, 492
HAVING (SQL), 204
Heath, Ian J., 307, 317, 327, 516
Heath, teorema de, 307, 335
Held, Gerald D., 217
Helland, Pat, 585
Heller, M., 422
Hellerstein, Joseph M., 250, 482, 765
Hellman, M. E., 454
herança
  efeito sobre a álgebra relacional, 533-535
  escalar *versus* tupla *versus* relação, 521
  estrutural *versus* comportamental, 521
  múltipla, 521, 551
  OO, 711
  para valores não variáveis, 542
  simples *versus* múltipla, 521
  SQL, 544-548
  ver também subtipo
  versus ponteiros, 750
hierarquia de classe, *ver* hierarquia de tipo
hierarquia de contenção, 704-708, 742
hipertexto, 769
Hipótese do Mundo Fechado, 139, 228, 677
histograma (TR), 823
Hitchcock, Peter, 182, 183
HOLAP, 614
Holland, Pat, 585
Holsapple, C. W., 618
homogeneidade estrita, hipótese, 556
Hopewell, Paul, 27
Horn, Alfred, 673
Horn, cláusula, 673
Horowitz, Bruce M., 253
hotspot, 426
Howard, J. H., 345
Hull, Richard, 299, 375
Hulten, Christer, 731
Hurson, A. R., 584

856

Hypertext Markup Language, 769
Hypertext Transfer Protocol, 769

I

I. (QBE), 214
ID de objeto, *ver* OID
ID de usuário, 433-434
IDE, 678
idempotência, 464
IF...THEN..., *ver* implicação lógica
IF_UNK, 497
igualdade, 104-105
    intervalo, 633
    relação, *ver* igualdade de relação
    SQL, 114
    tupla, *ver* igualdade de tupla
imagem antes, 383
imagem depois, *ver* imagem antes
imagem direta, 812
impasse global, *ver* impasse
impasse, 404, 406-407
    evitando, 406-407
    global, 574
impedância, descasamento, 724
implementação
    operadores relacionais, *ver* álgebra
        relacional
    tipos de dados definidos pelo usuário, *ver*
        tipo de dado
    versão, *ver* operador
    versus modelo, *ver* modelo de dados
implicação lógica, 194, 221, 666
implicação material, *ver* implicação lógica
implicação, problema, 346, 48
implicação, *ver* implicação lógica
IMS, 698, 707
IN (SQL), 199, 205
IND, 300
independência de dados física, *ver*
    independência de dados
independência de dados, 18-23, 98
    física, 18-23, 48, 560
    lógica, 63, 260-261
    OO, 702, 727
    SQL, 22-23
independência de distribuição, 582
independência de fragmentação, 561
independência de localização, 559
independência de replicação, 562
índice de mapa de bits, 597
índice exclusivo *versus* chave candidata, 235
Indurkhya, Bipin, 551, 552
informações, *ver* dados
Information Schema (SQL), 74-75
Informix Universal Data Option, 738
Informix, 24
infoset (XML), 776
Ingres, 24, 217, 254, 436-438, 486
    Commercial *versus* University, 486
    ver também QUEL
Ingres/Star, 557
inibidores de otimização, 475, 512
Inmon, William H., 619
INSERT

QBE, *ver* I. (QBE)
QUEL, *ver* APPEND
SQL embutida, 79
SQL, 5, 74
Tutorial D, 137-138
instância de objeto, *ver* objeto
instância, *ver* objeto
instrução
    asserção, 12
    atomicidade, *ver* atomicidade
    comando, 5, 12
    unidade de integridade, 226
integração de dados, 7
integração de informações, 581, 584
integridade conceitual, 746
integridade de entidade, 237, 502
integridade referencial, 236, 237
    NULLs, 510
    OO, 723
    SQL, 242
integridade
    OO, 721-722
    SQL, 242-246
    ver também chave candidata;
        dependência; chave estrangeira;
        restrição de integridade; predicado;
        integridade referencial
    versus segurança, 431
    XML, 783, 785
intenção de bloqueio, 412-415, 425
intensão (cabeçalho de relação), 126
intercâmbio de dados, 18
interface acionada por comando, 9
interface acionada por formulários, 9
interface acionada por menus, 9
interface de usuário, 40
interface pública, 703
International Organization for
    Standardization, *ver* ISO
Internet, 769
interpretação (lógica), 671-672
    RelVars, 139, 229
interpretação intencionada, 229
interseção externa, 506
interseção, 156-157, 161
    intervalo, 634
    n-ádica, 169
    SQL, 207
INTERVAL, gerador de tipo, *ver* gerador de
    tipó
intervalo, 623, 630-635
    SQL, 623
INTO (SQL), 77
Ioannidis, Yannis E., 48, 489, 491, 692
irredutibilidade
    chave candidata, 233
    conjunto de DFs, 295-296
    DF, *ver* irredutível à esquerda
    equivalente, 297
    RelVar, 651
irredutível à esquerda (DF), 296, 307
IS DISTINCT FROM (SQL), *ver*
    DISTINCT, condição
IS FALSE (SQL), 509
IS NULL (SQL), 509

IS TRUE (SQL), 509
IS UNKNOWN (SQL), 509
IS, bloqueio, 412-413
IS/1, 83
    ver também PRTV
IS_EMPTY (Tutorial D), 133
IS_NEXT_T, 633
IS_PRIOR_T; 633
IS_T (Tutorial D), 535
    na expressão relacional, 536
    SQL, 547
IS_UNK, 496
ISA, 711
Isakowitz, Tomás, 660
ISBL, 183
ISO, 48, 90, 91, 586, 619, 765, 806
isolamento (transação), 65, 387, 417
Ives, Zachary G., 807
IX, bloqueio, 412-413
Iyer, Bala, 516

J

Jacobson, Ivar, 369, 375
Jaedicke, Michael, 765
Jagadish, H. V., 692, 693, 734
Jagannathan, D., 375
Jajodia, Sushil, 455
Jarke, Matthias, 478, 482
"Java Database Connectivity", *ver* JDBC
JDBC, 85
Jensen, Christian S., 660
Jonsson, Patrick, 375
Jordan, J. R., 426
Joshi, Milind M, 481
junção de classificação/mesclagem (merge),
    474, 480
    ver também junção, implementação
junção de estrela, 606
junção de hash, *ver* junção, implementação
"junção de união", *ver* junção externa
junção externa, 504-505, 515, 516
    SQL, 508
junção maior que, 162
junção mesclada (merged), *ver* junção,
    implementação
junção natural, 160
    SQL, 201
junção-, 161-162
junção, 51, 160-162
    n-ádica, 169
    SQL, 201
    tupla, *ver* tupla, junção
    ver também junção-, equijunção; junção
        maior que; junção natural; junção
        externa
junção, implementação, 472-474

K

Kabra, Navin, 491, 764
Kandil, Mohtar, 492
Kaplan, Robert S., 346
Kauschik, Raghav, 766
KBMS, 689

Keen, P. G. W., 619
Keim, Daniel A., 761
Keller, Arthur M., 283
Kemnitz, Greg, 767
Kempster, Tim, 426
Kent, William, 48, 327, 348-350, 368
kernel (RM/T), 370
Keuffel, Warren, 375
KEY (Tutorial D), 233-234
Kiernan, Jerry, 454
Kiessling, Werner, 487, 619
Kifer, Michael, 693, 734, 806
Kimball, Ralph, 620
King, Jonathan J., 483
King, Roger, 375
Kim, Won, 478, 487, 488, 734, 765
Kitakami, H., 482
Kleene, operador, 557, 781
Kleppe, Anneke, 378
Klug, Anthony, 48, 183, 195
Knowledge Base Management System, *ver*
    KBMS
Koch, Jürgen, 479, 482
Korth, Henry F., 149, 349, 396, 424, 426, 427
Kossmann, Donald, 492, 586
Kotidis, Yannis, 620
Kreps, Peter, 218
Krishnamurthy, Ravi, 490
Kuhns, J. L., 185, 218
Kung, H. T., 426

L

L4G, *ver* linguagem de quarta geração
La Padula, L. J., 438, 454
Lacroix, M., 185, 218
lâminas de dados, 751
Lapis, George, 454
Larson, Per-Åke, 619
LAST_T; 631
Lavender Book, 438, 455
Layman, Andrew, 619
LE, (leitura-escrita) 402
    conflito, 402
Lee, Dongwon, 806
leitura não repetitiva, 402
leitura repetível
    DB2, 411, 419
    SQL, 412, 419
    ver também nível de isolamento
leitura suja, 402
Lempel, Abraham, 455
Lenstra, Arjen, 447
let (XQuery), 793
Levy, Alon Y., 485, 634, 806
Levy, Eliezer, 396
Lewis, Philip M. II, 427, 806
Li, Chen, 618
Li, Wen-Syan, 588
LIKE (SQL), 840-841
limpeza de dados, 601
limpeza, *ver* limpeza de dados
Lindsay, Bruce G., 397, 481, 586, 620
linguagem completa em termos relacionais,
    167, 198

QBE, 212
QUEL, 198
SQL, 217
linguagem de consulta, 9
linguagem de definição de dados, *ver*
    DDL
linguagem de manipulador de dados, *ver*
    DML
linguagem de programação de banco de
    dados, 32, 724
linguagem de quarta geração, 32
linguagem hospedeira, 32
linha (SQL), 139-140
linha de tempo, 623
Liskov, Barbara, 552
lista (BNF), 10
lista de materiais, 12, 87
    ver também explosão de peças; consultas
        recursivas; fecho transitivo
lista invertida, sistema, 24
lista_com_vírgulas (BNF), 81
literal, 100
    ver também seletor
Litwin, Witold, 585
Liu, Ken-Chih, 516
livelock, 403
LL (leitura-leitura), 401
localizador (SQL), 111
localizador geral, 442
localizador individual, 493
Lochovsky, Frederick H., 734
LOCK TABLE (DB2), 412
log, 383
    arquivamento, 383
    ativo, 383
log de recuperação, *ver* log
lógica como modelo de dados, 689
lógica de dois valores, 516
lógica de quatro valores, 495
lógica trivalorada, 494, 495
    interpretação, 501
lógica, independência de dados, *ver*
    independência de dados
lógico, projeto de banco de dados, *ver*
    projeto de banco de dados
Lohman, Guy M., 490, 492, 764, 765
Lomet, David B., 397
Loomis, Mary E. S., 734
Lorentzos, Nikos A., 660
Lorie, Raymond A., 87, 91, 397, 424, 425,
    771
Lozinskii, Eliezer L., 693
LSP, 552
Lu, Hongjun, 692
Lucchesi, Claudio L., 301
Luo, Jun, 764
Lyngbaek, Peter, 734

M

Mac AIMS, 183
Madec, Joëlle, 734
"mágica", 482-483
Maier, David, 301, 349, 491, 553, 692, 73,
    736, 766

Makinouchi, A., 482
Malkemus, Timothy, 481
Manasse, Mark, 447
Manku, Gurmeet Singh, 481
Mannila, Heikki, 375
mapeamento conceitual/interno, 35
mapeamento externo/conceitual, 5
mapeamento externo/externo, 35
mapeamentos, 35
marcação, 771-772
Mark, Leo, 488
Markl, Volker, 492
Markowitz, Victor M., 253, 254
Maryanski, Fred, 377
MATCH (SQL), 841-842
materialização (processamento de visão),
    262
matriz de compatibilidade (bloqueio), 403,
    413
Mattos, Nelson M., 552, 761
MAX, *ver* operadores de agregação
    intervalo, 633
    ver também totalização
MAYBE, 95
Mayr, Tobias, 764
McGoveran, David O., 282, 283, 347
McHugh, Jason, 806
McLeod, Dennis J., 374
McPherson, John, 765
mediador (divisão), 163
mediador (middleware), 579
MEETS, 633
Melton, Jim, 88, 91, 764, 806
memória compartilhada, 492
memória privada, 702
Mendelzon, Alberto O., 348, 808
mensagem (OO), 703
MERGES, 634
Merrett, T. H., 217, 480
metadados, 39, 60
Método de Transferência de Tarin, 812
método, 702
    SQL, 114, 546
metodologia, 286
Meyer, Bertrand, 552, 734
Meyer, Thorsten, 733
middleware, 579
Miller, Renee J., 589
MIN, *ver* operadores de agregação
    intervalo, 633
    ver também totalização
mineração de dados, 614-615
minimalidade, *ver* irredutibilidade
Minker, Jack, 484, 690
MINUS (Tutorial D), *ver* diferença
Mitoma, M., 424
Mitschang, Bernhard, 765
MLS, 439-440
modelagem semântica, 352
modelo
    dados, *ver* modelo de dados
    lógica, 672
modelo de dados funcional, 736
"modelo de dados semiestruturado",
    776-777

modelo de dados, 14
   dois significados, 14
   versus implementação, 14
modelo de entidades/relacionamentos, *ver*
   modelo E/R
modelo de objeto, 701
   boas ideias, 728-729
   OMG, 765
modelo E/R, 355-358
   considerado prejudicial, 376
   versus modelo relacional, 364-365
modelo relacional
   definição formal, 54
   definição informal, 13, 23, 51
   nada a dizer sobre nível interno, 30-31
   sem ponteiros, 24, 53
modificação de consulta, *ver* modificação de
   requisição
modificação de requisição, 254, 283,
   436-437
modo de acesso (SQL), 392
modus ponens, 667
Mohan, C., 397, 587
MOLAP, 612
monitoração de ameaça, 434-435
Moore, Dorothy, 766
Moriarty, Terry, 376
Morton, M. S. Scott, 619
Mosher, Edward, 771
Motwani, Rajeev, 492
mutator, 106, 702
   SQL, 114-115, 546
multiconjunto, *ver* sacola
multidependência, *ver* DMV
multidetermina, *ver* DMV
MULTISET (SQL), *ver* construtor de tipo
Mumick, Inderpal Singh, 483, 485
Muralikrishna, M., 487, 488
Murphy, P. T., 619
Myhrhaug, B., 733

N

nada compartilhado, 492
Nakano, Ryohei, 490
não escalar, *ver* tipo de dados
não procedimental, 58
Narasayya, Vivek, 618
Naughton, Jeffrey F., 732, 764, 766
Navathe, Shamkant B., 371
navegação, 58
   automática *versus* manual, 58
n-decomponível, 332
Negri, M., 218, 481
Nelson, Theodor Holm, 769, 806
Ness, Linda, 692
Neuhold, Erich J., 588
NEW, 709
   SQL, 116
Newman, Scott, 587
NEXT_T, 631
Ng, Raymond T., 491
Nicolas, Jean-Marie, 332, 350, 691
Nierstrasz, O. M., 736
Nijssen, G. M., 376

Nilsson, J. P., 91
nível conceitual, 29, 33-34
   sistema relacional, 31
nível de armazenamento, *ver* nível interno
nível de classificação, 432, 438
nível de isolamento, 410-412, 425-426
   DB2, 411
   SQL, 392, 419, 426
nível de liberação, 432, 436
nível externo, 29, 32-33
   sistema relacional, 30
nível físico, *ver* nível interno
nível interno, 29, 34
   sistema relacional, 30
nível lógico comunitário, *ver* nível conceitual
nível lógico, *ver* nível conceitual; nível
   externo
NO ACTION (SQL), *ver* CASCADE (SQL)
NO ACTION (Tutorial D), *ver* ação
   referencial
nome de correlação (SQL), 199-200
nome qualificado (SQL), 73, 81
NOR, 513
Nori, Anil K., 762
normalização, 128
   não é uma panaceia, 38
normalização, procedimento, 304, 336
   preservação de informações, 304
   reversibilidade, 304
   sem perdas, 304
NOT FOUND (SQL), 78
NOT NULL (SQL), 243, 508
"notação grega", 154
Notley, M. Garth, 183
nove requisitos, 657
NOW, 652-653, 660
n-tupla, *ver* tupla
NULL, 493-494
   chaves candidatas, 502-503
   chaves estrangeiras, 503
   não é um valor, 494
   SQL, 507-511
   ver também falta de informações; lógica
      trivalorada; unk; UNK
nulologia, 148
Nygaard, K., 733

O

O'Neil, Patrick E., 427, 585
Object Data Management Group, *ver*
   ODMG
Object Language Bindings (SQL),
   ver OLB
Object Management Group, *ver* OMG
Object SQL, *ver* OSQL
"Object-Oriented Database System
   Manifesto, The", 551, 730-731, 739
objeto, 702
   imutável, 702
   mutável, 702
   versus entidade, *ver* entidade
   versus hierarquia, 698
   versus tupla, 708
objeto complexo, *ver* objeto

objeto de coleção, 708
   ver também gerador de tipos
objeto de definição de classe, *ver* CDO
"objeto grande" (SQL), 111
objeto/relacional, banco de dados, 738-761
objeto/relacional, sistema, 25, 738-761
   igual ao sistema relacional, 740
observador, 105-106
   SQL, 115, 546
ODBC, 84
ODMG, 732-733
ODS, 602-603
OID, 708
OLAP híbrido, *ver* HOLAP
OLAP multidimensional, *ver* MOLAP
OLAP relacional, *ver* ROLAP
OLAP, 607-614
   SQL, 616
OLE, 90
Olle, T. William, 377
OLTP, 11
OMG, 377, 765
Ono, Kiyoshi, 490
OO, *ver* objeto; sistemas orientados a objeto
OO1, benchmark, 725, 733
OO7, benchmark, 725, 732
OPAL, 712-719
opção de verificação (SQL), *ver* WITH
   CHECK OPTION
Open Database Connectivity, *ver* ODBC
OPEN, cursor (SQL), 81-82
operador polimórfico, *ver* operador
operador somente de leitura, *ver* operador
operador, 5, 96
   polimórfico, 98
   somente leitura *versus* atualização, 105, 538
   ver também polimorfismo
   versão, 526, 537
   versus operação, 5
operadores externos, 498, 506
operadores maybe, 498
operadores primitivos, *ver* álgebra relacional
OPERATOR (Tutorial D), 106
OPTIMIZEDB (Ingres), 68
OQL, 733
Oracle Distributed Database Option, 556
Oracle Universal Server, 738
Oracle, 24
Orange Book, 438
ordenação, *ver* atributos, ordem; ordenação
   de tupla
order by (XQuery), 792
ORDER BY, 134, 136
   não em visões, 280
   SQL, 81, 201, 511
ortogonalidade, 203
Osborn, Sylvia L., 301, 350
OSQL, 731
otimização, 167, 456-492
   distribuída, 562, 565-567
   lógica trivalorada, 500-501
   objeto/relacional, 752
   possibilidade, 457
      falta de (OO), 736
   semântica, 415, 466-467, 484

859

otimizador, 39, 59-60
Otis, Alien, 732
Övergaard, Gunnar, 375
OVERLAPS, 633
Owlett, J., 372, 373
Ozsoyoglu, Z. Meral, 484
Özsu, M. Tamer, 587

P

P. (QBE), 210-214
PACK, 637-644
PACKED ON (restrição), 655
pacote de aplicação, 751
pacote de tipos, 751
PAD SPACE (SQL), 112
página, 34-35
   de sombra, 397
Pakzad, S., 584
Papadimitriou, Christos H., 300, 427
Papazoglou, M. P., 377
papel, *ver* grupo de usuários
Paraboschi, Stefano, 250
parada
   não planejada, 559
   planejada, 559
parâmetro
   versus argumento, 526
Parker, D. S., 347, 350
Parsaye, Kamran, 620
particionamento de dados, *ver*
   particionamento
particionamento, 492, 596
participante (COMMIT de duas fases),
   391
participante (E/R), 357
Pascal, Fabian, 807
Paskin, Mark, 766
Patel, Jignesh M., 764, 766
Peckham, Joan, 77
Pelagatti, Giuseppe, 218, 481, 584
Permutabilidade, O Princípio da, 237, 261,
   415, 503, 77
permutação (criptografia), 446
permutação (TR), 823
"persistência ortogonal ao tipo", 727, 731
   críticas, 733
Persistent Stored Modules (SQL), *ver* PSM
pertence (), 133
pertinência, condição (cálculo de domínio),
   208
pesquisa de hash, *ver* junção,
   implementação
pesquisa de índice, *ver* junção,
   implementação
picotar e publicar, 796-797
Pirahesh, Hamid, 251, 397, 482, 483, 619,
   764
Pirotte, Alain, 185, 217
PJ/NF, *ver* quinta forma normal
plano de consulta, 462
Poess, Meikel, 479
POINT FROM, 633
poli-instanciação, 440
polimorfismo de inclusão, *ver* polimorfismo

polimorfismo, 525-527, 711
   inclusão *versus* sobrecarga, 526
   ver também possibilidade de substituição
ponto de COMMIT, 385
ponto de sincronismo, *ver* ponto de
   COMMIT
ponto de verificação, *ver* checkpoint
ponto fixo, menor, 693
ponto móvel agora, *ver* NOW
ponto no tempo, 623
Poppa, Lucian, 492
posicionamento de banco de dados, 386
   ver também currency
possibilidade de substituição, 527, 528, 530,
   542, 711
   valor, 527
   variável, 542
Post Schema Validation Infoset, *ver* PSVI
POST, 633
Postgres, 762, 766
Pottinger, Rachel, 620
PRE, 633
predicado, 57, 669
   de banco de dados, 225
   externo, 227-228
   FBF aberta, 191
   interno, 226
   lógica trivalorada, 501-502
   regras de inferência, 263
   relação, 57
   RelVar, *ver* RelVar, predicado
   ver também cálculo de predicado
   XPath, 790
Premerlani, William, 369
premissa (prova), 667
PREPARE (SQL), 83
preservação da dependência, *ver* DF,
   preservação
Price, T. G., 424
PRIMARY KEY
   SQL, 242
   Tutorial D, 135
primeira forma normal, 128, 304, 309
Primeiro Grande Erro, 741-747
   SQL, 760
Princípio da Conceitualização, *ver*
   Conceitualização, O Princípio da
Princípio da Informação, 53, 67, 372, 440
   sem ponteiros, 63
   violações da SQL, 161, 162, 233,
     878-882
Princípio da Permutabilidade *ver*
   Permutabilidade, O Princípio da
Princípio da Possibilidade de Substituição de
   Valores, *ver* possibilidade de substituição
Princípio da Possibilidade de Substituição de
   Variáveis, *ver* possibilidade de
   substituição
Princípio da Relatividade de Bancos de
   Dados, *ver* Relatividade do Banco de
   Dados, O Princípio da
Princípio da Representação Uniforme, *ver*
   Representação Uniforme, O princípio da
Princípio da Substituição de Liskov, *ver* LSP
   ver também possibilidade de substituição

Princípio de Projeto Ortogonal, *ver* Projeto
   Ortogonal, O Princípio do
princípio do modo dual, 76
PRIOR_T, 631
privilégio, 432
privilégio abandonado, *ver* privilégio
problema dos retângulos, 700, 740
procedimental *versus* não procedimental,
   58-59
procedimento (SQL), 114, 546
procedimento armazenado, 577
procedimento engatilhado, 240-242
processador de linguagem de consulta, 9, 38
processamento analítico on-line, *ver* OLAP
processamento de consultas, 459-462
   distribuído, 563, 565-567
processamento de transação on-line, *ver*
   OLTP
processamento distribuído, 43, 44-46
processamento paralelo, 43, 492
produto cartesiano estendido, *ver* produto
   cartesiano
produto cartesiano, 157, 161
produto, *ver* produto cartesiano
produtos relacionais, 24
programador de aplicação, 9
projeção nulária, *ver* projeto
projeção, 51, 160
   projeção de identidade, 168
   projeção nulária, 169
   tupla, *ver* projeção de tuplas
projeção-junção, forma normal, *ver* quinta
   forma normal
projeções independentes, 315-317, 320-321,
   332
projeto de banco de dados físico, *ver* projeto
   de banco de dados
projeto de banco de dados, 35
   apoio à decisão, 593-600
   conceitual, 35, 285
   físico, 36, 285
   lógico, 35, 285
   temporal, 648-653
   usando E/R, 360-364
Projeto Ortogonal, O Princípio do, 340-342,
   760
PROPERTY (RM/T), 353
proposição com hora estampada, *ver*
   proposição
proposição, 12, 13, 57, 666
   FBF fechada, 191
   hora estampada, 622
propriedade, 13, 353, 356
propriedade de segurança simples, 38
proteção de dados, 79
proto tupla, 187
prova, 667-669, 674-675
PRTV, 183, 482
PSM, 72
PSVI, 789
publicar, *ver* picotar e publicar
Pucheral, Philippe, 454
Putzolu, Gianfranco R., 425

Q

QBE, 185, 210-214, 218
Qian, Xiaolei, 455, 734
quantificador existencial, 163, 189
quantificador universal, 163, 189-190
quantificador, 188
    sequência, 216
    ver também EXISTS; FORALL
quantum de tempo, 623
quarta forma normal, 305, 331
Quass, Dallan, 620
queda do sistema, 387-388
QUEL, 185, 217, 37
    ver também Ingres
Query-By-Example, *ver* QBE
quinta forma normal, 304-305, 335
QUIST, 484

R

R*, 557
Raiha, Kari-Jouko, 375
Rajagopalan, Sridhar, 481
Ramakrishnan, Raghu, 483, 691, 766
Ramamritham, Krithi, 585
Ramasamy, Karthikayan, 766
RANGE (QUEL), 185
RANK, 183, 615
Rao, Jun, 488
rastreamento do caminho, 721
RATIONAL, 99
RDA, 576, 586
recuperação, 381
    direta, 389
    distribuída, 570-573
    invertida, 389
    mídia, 389-390
    sistema, 387-389
    transação, 385-387
recursão linear, 683
reductio ad absurdum, 667
redundância, 292, 303
    controlada, 16
    dados derivados, 599
    dados temporais, 654
    para apoio à decisão, 598-599
    para recuperação, 381
    SQL, 90, 208
reduzindo o espaço de busca, 462
Reed, Paul, 377
reescrita de consulta, *ver* transformação de
    expressões
reestruturação, 260
REF, tipo (SQL), 116, 143, 754-760
reforço simulado, 489
registro armazenado, 19
registro conceitual, 33
registro externo, 33
registro físico, 35
registro interno, 34
    ver também registro armazenado
registro lógico, 19-20
Regra Áurea, 225, 226, 263

regra da gravação antecipada no log, 386,
    387
regra de associação (mineração de dados),
    615
regra de inferência, 667
    ver também Armstrong, axiomas; axioma
        dedutivo
regras de negócio, 252, 254
regras de transformação, *ver* álgebra
    relacional
Reiner, David S., 78
Reiser, A., 422
Reiter, Raymond, 663, 690
relação, 125-126
    básica, 61
    cabeçalho, *ver* cabeçalho
    corpo, *ver* corpo
    derivada, 61
    derivável, 61
    n-dimensional, 614
    NF2, 149
    normalizada, 128, 303
    nulária, 126, 132, *ver* TABLE_DEE
    predicado, 57
    significado, 56-58
    "tempo variando", 17
    universal, 169, 326, 346, 348, 349
    vazia, 133
    ver também RelVar
    versus relacionamento, 23
    versus tabela, 23, 54, 130-131, 614
    versus tipo, 57
    versus RelVar, 55, 125-126
relação, igualdade, 133
relação, predicado, *ver* relação
relação, seletor, 126
relação, tipo, 125-126
    inferência, 134, 152-153
    nome, 125-126
relacionamento, 11, 353
    E/R, 357
    OO, 722-723
    parcial *versus* total, 356-357
    recursivo, 360
    representação relacional, 66-67, 361
    ver também entidade
    versus relação, 11
relações aninhadas, *ver* agrupamento e
    desagrupamento; atributo com valor de
    relação
relações E (RM/T), 370
relações, tuplas e atributos, 5
RELATION, gerador de tipos, *ver* gerador
    de tipos
Relational Model/Version 1, *ver* RM/V1
Relational Model/Version 2, *ver*
    RM/V2
Relatividade do Banco de Dados, O
    Princípio da, 262, 341, 376
RELEASE (SQL), 393
relvar, *ver* RelVar
Remote Data Access, *ver* RDA
Rennhackkamp, Martin, 587
renomeação, 153
    SQL (AS), 201

renovação
    apoio à decisão, *ver* renovação de dados
    de dados, 602
    snapshot, 276, 619, 620
reorganização, 37, 43
REPLACE (QUEL), 254, 437
replicação de dados, *ver* replicação
replicação, 563, 598
    síncrona *versus* assíncrona, 570, 598
    versus COMMIT de duas fases, 570
repositório, *ver* dicionário
representação interna, *ver* representação
representação possível, 98-99
Representação Uniforme, O princípio da, 68
representação
    física, 97, 98
    possível, 99-100
    versus tipo, *ver* tipo de dados
REPRPOS (Tutorial D), 103
reprpos, 99
Rescher, Nicholas, 516
resolução, 667, 674, 683
restrição de banco de dados, 232
    não em SQL, 242
restrição de chave (FN/CD), 343
restrição de domínio (FN/CD), 343
restrição de domínio, *ver* restrição de tipo
restrição de estado, *ver* restrição de
    integridade
restrição de integridade, 17, 220
    atributo, *ver* restrição de atributo
    banco de dados, *ver* restrição de banco
        de dados
    E/R, 365
    esquema de classificação, 230-232
    estado *versus* transição, 232
    SQL, 242-245
    temporal, 653-657
    tipo, *ver* restrição de tipo
    RelVar, *ver* restrição de RelVar
    verificação postergada (SQL), 245
    verificação sempre imediata, 226
    versus predicado, 224
    versus proposição, 224
    visões, 230
restrição de segurança, 432
restrição de tipo, 102, 231
    não em SQL, 113, 115, 242
    verificada durante chamada de seletor,
        231
restrição de transição, *ver* restrição de
    integridade
restrição de verificação (SQL), 243
restrição referencial, 236
restrição-, *ver* restrição
restrição, 51, 158-159
    restrição de identidade, 168
restrição, *ver* restrição de integridade;
    restrição de segurança
restrições de tabela básica (SQL), 242, 243
RESTRICT (SQL), *ver* CASCADE (SQL)
RESTRICT (Tutorial D), *ver* ação referencial
RETRIEVE (QUEL), 185, 436, 469
return (XQuery), 792
Reuter, Andreas, 395, 396, 416

861

reutilização (código), *ver* código, reutilização

RFC, 577

Rijndael, algoritmo, 446

Rijnen, V., 454

Rissanen, Jorma, 316, 320, 327, 332

Rivest, R. L., 446

RM/T, 370

RM/V1, 147, 149

RM/V2, 147, 149

Robie, Jonathan, 806

Robinson, John T., 424, 426

Robson, David, 733

Roddick, John F., 735

ROLAP, 612

ROLLBACK presumido, 573

ROLLBACK, 64, 383

    até savepoint, *ver* savepoint

    implícito, 383

    SQL, 76-77, 392

ROLLUP (SQL), 610

Rosencrantz, Daniel J., 427

Rosenthal, Arnon, 516, 693

Ross, Kenneth A., 488

Ross, Ronald G., 254, 368

Roth, Mark A., 149

Rothermel, Kurt, 396, 426

Rothnie, James B., Jr., 566, 584, 587

roubo (buffers), 387

Roussopoulos, Nick, 585, 620

ROW (SQL), *ver* construtor de tipos

Rowe, Lawrence A., 486, 766

Rozenshtein, David, 91

RR (leitura repetível), 411

RSA, criptografia, *ver* criptografia, chave
    pública

Rumbaugh, James, 369, 552

RUNSTATS (DB2), 467

RUW, *ver* unidade de trabalho remota

S

Sacca, Domenico, 691

Sacco, Giovanni Maria, 480, 481

sacola, 140

saga, 95

Sagiv, Yehoshua, 350, 484, 485, 692, 74

Salem, Kenneth, 395, 427, 620

Salley, C. T., 618

Salveter, Sharon C., 255, 484

Samet, Hanan, 766

Santayana, George, 750

Saracco, Cynthia Maro, 584, 618, 735,
    766

Sarin, S. K., 253

Sarkar, Sumit, 516

SAVEPOINT (SQL), 392

savepoint, 391-392, 418

Sbatella, L., 218

scheme, *ver* esquema

Schmid, H. A., 377

Schwartz, Peter, 397

Sciore, Edward, 350, 484

SDD-1, 557

segunda forma normal, 304

    uma chave candidata, 312

Segundo Grande Erro, 747-751

    SQL, 760

segurança multinível, *ver* MLS

segurança, 431

    banco de dados estatístico, *ver* banco de
        dados estatístico

    dependente de contexto, *ver* autoridade

    dependente de valor, *ver* autoridade

    independente de valor, *ver* autoridade

    por meio de visões, 259

    QUEL, *ver* modificação de requisição

seleção (álgebra relacional), *ver* restrição

seleção do caminho de acesso, 462

SELECT (OPAL), 719

SELECT (SQL), 5, 73, 202, 835

SELECT * (SQL), 74, 201, 836

SELECT unitária (SQL), 79

seletor de intervalo, 631

seletor, 99-101

    escalar, 99

    intervalo, 631

    relação, 127

    tupla, 123-124

Selinger, Patricia G., 485, 588

Sellis, Timos K., 490, 585

semântica, alterando, 538-539

semidiferença, 170-171

semijunção, 170

SEMIMINUS (Tutorial D), *ver* semidiferença

sempre acontece que ($|=$), 666

SEQUEL, 89

SEQUEL/2, 89

SEQUEL-XRM, 87

seriação, 408-409

serialidade, 65, 407-409

servidor de banco de dados, *ver* SGBD

servidor universal, 738

servidor, *ver* cliente/servidor

Seshadri, Praveen, 764, 766

SET CONNECTION (SQL), 581

SET CONSTRAINTS (SQL), 245

SET DEFAULT (SQL), 511

SET NULL (SQL), 511

setas saindo de superchaves, 308

sexta forma normal, 344, 651-652

SGBD de objeto, 726

SGBD dedutivo, 664, 678-683, 689

    versus OO, 736

SGBD distribuído, *ver* DDBMS

SGBD especialista, 689

SGBD, 8, 37-41

    instância, 8

SGBD, independência, 84, 564-565,
    577-581

SGBD, inferência, 689

SGML, 771

Shamir, A., 446

Shands, Jeannie, 427

Shapiro, Leonard J., 81

Shasha, Dennis, 585

Shaw, Gail M., 736

Shekita, Eugene, 481

Shenoy, Sreekumar T., 484

Shim, Kyuseok, 482, 491, 762

Shipman, David W., 584, 586, 735

Siegel, Michael, 484

Silberschatz, Abraham, 149, 396, 527, 584

Siméon, Jérôme, 806

Simmen, David, 481

Simon, Alan R., 91

SIMULA 67, 73

Singh, A., 618

sintonia fina, 37

sistema baseado em lógica, 25, 689

sistema compartilhado, 7

sistema confiável, 439

sistema de banco de dados distribuído, 46,
    555

sistema de gerenciamento de banco de
    dados, *ver* SGBD

sistema de objeto, 25, 697-729

sistema de rede, 24

sistema de vários bancos de dados, 580

sistema hierárquico, 24

    ver também sistema semi-estruturado

sistema integrado, 7

sistema monousuário, 7

sistema multidimensional, 25

sistema multiusuário, 7

sistema relacional, 24

    versus sistema não relacional, 24

sistema semiestruturado, 25

sistemas orientados a objeto, 25, 697-729

SIX, bloqueio, 413

Skeen, J., 733

Skolem, constante, 673

Skolem, função, 673

Skolem, T. A., 673

Small Divide, 163, 182

Smalltalk, 712, 734

Smith, Diane C. P., 377

Smith, John Miles, 344, 350, 377, 481

snapshot, 275-277, 619, 620

Snodgrass, Richard T., 660

sobrecarga, *ver* polimorfismo

soft crash, 388

Sol, H. G., 377

requisição distribuída (DRDA), 586

requisição não planejada, *ver* consulta ad hoc

requisição remota (DRDA), 586

requisição, 5

    não planejada, 38

    planejada, 38

Solomon, Marvin H., 48

Sowa, John F., 377

Speegle, Greg, 426

SQL dinâmica, 83

SQL embutida, 76-82

    seção de declaração, 77

SQL Server, 24

SQL, 5, 115, 546, 839-842

SQL, 5

    não é o mesmo que modelo relacional, 85

    pronúncia, 5

SQL, padrão, *ver* SQL:1992; SQL: 1999;
    SQL:2003

SQL/CLI, *ver* CLI

SQL/JRT, 91

SQL/MED, 90, 581

SQL/MM, 751, 765

SQL/OLAP, 202
SQL/OLB, *ver* OLB
SQL/PSM, *ver* PSM
SQL/XML, 91, 798-800, 806
SQL:1992, 72
SQL:1999, 71
SQL:2003, 71
SQLEXCEPTION, 78
SQLJ, 88
SQLSTATE, 77-78
SQLWARNING, 78
Srikant, Ramakrishnan, 454
Stacker, Konrad, 492
Standard GML, *ver* SGML
Starburst, 482, 490, 761, 764, 765
START TRANSACTION (SQL), 76, 392
starvation, *ver* livelock
Stearns, Richard E., 27
Stein, Jacob, 732, 736
Stillger, Michael, 492
Stirling, Colin, 426
Stoll, Robert R., 691
Stonebraker, Michael R., 217, 254, 283,
    486, 585, 588, 699, 753, 767
Storey, Veda C., 371, 378
"string longa" (SQL), 111
Strnad, Alois J., 183
"Structured Query Language", 5
subclasse, *ver* subtipo
subconsulta (SQL), 203, 204
    correlacionada, 205
    escalar, 510
    implementação, 487-488
subconsulta aninhada (SQL), *ver* subconsulta
subconsulta escalar (SQL), 510
sublinguagem de dados, *ver* DSL
sublinhado duplo, 6
substituição (criptografia), 446
substituição (processamento de visão), 257
    versus materialização, *ver* materialização
substituta, 372
subtabela, 363, 521
    SQL, 357-358, 363, 758-760
subtipo, 519
    apropriado, 524
    entidade, 354, 357-358
    imediato, 524
Suciu, Dan, 618, 805
Sudarshan, S., 27
SUM, *ver* operadores de agregação
    ver também totalização
SUMD, *ver* totalização
SUMMARIZE BY (Tutorial D), 175
SUMMARIZE PER (Tutorial D), *ver*
    totalização
Sunderraman, Rajshekhar, 516
Sundgren, Bo, 378
superchave, 235, 295-296
superclasse, *ver* subtipo
supertabela, *ver* subtabela
supertipo de entidade, *ver* subtipo
supertipo, *ver* subtipo
suposição de disjunção, 52
Swami, Arun, 89
Swenson, J. R., 377

swizzling, 725
Sybase, 24
System R, 71, 88-90, 91, 217, 397, 425,
    485, 487, 765

T

tabela agrupada (SQL), 507, 837
tabela básica (SQL), 61, 10-142
tabela de dimensão, 605
tabela de reconstrução de registro, 814,
    816-820
    com colunas condensadas, 824
    com colunas mescladas (merged), 826
    criando, 819-820
    não exclusiva, 820
    preferida, 820
tabela de resumo, 598-599
tabela de valores de campo, 814-816
tabela tipada (SQL), 144
tabela, 5
    SQL, 140-142
    versus relação, *ver* relação
    versus RelVar, *ver* RelVar
"tabelas e visões", 63
tabelas, linhas e colunas, 5
TABLE_DEE, 132
    e TABLE_DUM, 132
    identidade com relação à junção,
        169
tableau, 484
TABLET (SQL), 74
tabulação cruzada, *ver* crosstab, 612
Taivalsaari, Andrew, 553
Tanca, Letizia, 250
Tannen, Val, 492
Tarin, Steve, 811
Tasker, Dan, 378
Tatarinov, Igor, 807
Taylor, Elizabeth, 366
tclose (álgebra relacional), *ver* fecho
    transitivo
TCLOSE (Tutorial D), *ver* fecho transitivo
"tempo de transação", 660
"tempo válido", 660
teorema (database), 663
Teorey, Toby J., 378
teoria da dependência, 342
teoria da prova, 663, 675-678
    ver também teoria dos modelos
teoria dos modelos, 663
    ver também teoria da prova
teoria lógica, 676
terceira forma normal, 304
    definição de Zaniolo, 324
    definições informais, 309
    uma chave candidata, 313
término (triggers), 250
texto cifrado, 45
texto comum, 445
Tezuka, M., 82
Thanisch, Peter, 426
THE_, operadores, 99-101
THE_, pseudovariáveis, 106
    abreviação, 106

Third Manifesto, The, 70, 88, 93, 551, 739,
    741, 742, 765
"Third-Generation Database System
    Manifesto, The", 739, 766, 767
Thomas, regra de escrita, 424
Thomas, Robert H., 427
Thomasian, Alexander, 424, 427
Thomsen, Erik, 620
TIMES (Tutorial D), *ver* produto cartesiano
Tindall, Nick, 768
tipagem forte, 107
    SQL, 111-112, 113, 115
tipo de dados, 6, 95, 519
    abstrato, 98
    conversão, 107
    declarado, *ver* tipo declarado
    definido pelo sistema, 96
    definido pelo usuário, 96
    DISTINCT (SQL), *ver* DISTINCT, tipo
    erro, *ver* erro de tipo
    escalar, 98
    estruturado (SQL), *ver* tipo estruturado
    folha, 524
    herança, *ver* herança
    mais específicos, *ver* tipo mais específico
    não escalar, 98
    ordinal, 105
    problemas de implementação, 751-753
    raiz, 524
    relação, *ver* tipo de relação
    SQL, 96
    tupla, *ver* tupla, tipo
    versus classe, 108, 709
    versus relação, 58
    versus representação, 98-102
    versus RelVar, *ver* Primeiro Grande Erro
    XML, *ver* XML e tipos de dados
tipo de intervalo, 631
tipo de ponto, 631
    não necessariamente data e hora, 62
tipo de união, 522, 533, 537
tipo declarado, 97, 521
    versus tipo mais específico, 529
tipo estruturado (SQL), 114-117, 142-145,
    544-547
tipo fictício, 522
tipo folha, 524
    SQL, 546
tipo gerado, *ver* gerador de tipo
tipo mais específico, 524-525
tipo ordinal, *ver* tipo de dados
tipo raiz, 524
    SQL, 546
tipo, definição, *ver* TYPE
tipo, erro, 107
tipo, herança, *ver* herança
tipo, hierarquia, 522
    OO, 71
tipo, *ver* tipo de dados
tipos de dados abstratos, *ver* tipos de dados
tipos, alterando
    de lado, 533
    para baixo, 53
    para cima, 533
Todd, Stephen J. P., 182, 183, 372, 373

863

totalização, 173-175
cálculo relacional, 199
SQL, 217
totalmente dependente, *ver* irredutibilidade
TP monitor, *ver* gerenciador de transação
TPC, 480
TR (TransRelacional), 811
Traiger, Irving L., 282, 424, 426
transação aninhada, 384, 418
ver também savepoint
transação compensatória, 396
transação, 17, 64
aninhada, *ver* transação aninhada
atomicidade, 17
SQL, 76
unidade de concorrência, 386, 419
unidade de integridade, 419
unidade de recuperação, 386, 419
unidade de trabalho, 382, 419
Transaction Processing Council, *ver* TPC
transformação de dados, 601
transformação de expressões, 463-467
lógica trivalorada, 499-501
UDTs, 752
transparência de fragmentação, *ver* independência de fragmentação
transparência de localização, *ver* independência de localização
transparência de replicação, *ver* independência de replicação
TransRelacional, modelo, 811-832
TREAT DOWN, 530-532
SQL, 547
três camadas, 577
trigger, condição, 241
trigger, *ver* procedimento engatilhado
trilha de auditoria, 437
Tsatalos, Odysseas G., 48
Tsichritzis, Dionysios C., 48, 736
TSQL2, 660
Tsur, Shalom, 693
tuning, *ver* sintonia fina
TUPLA FROM, 134, 140
tupla n-ária, *ver* tupla
tupla, 55, 121-122
nulária, 123
RelVar, 135
tupla, cabeçalho, *ver* cabeçalho
tupla, igualdade, 124
tupla, junção, 124
tupla, ordenação, *ver* ORDER BY
não em relações, 129
QBE, 212
tupla, projeção, 124-125
tupla, seletor, 123-124
tupla, substituição, *ver* decomposição de consulta
tupla, tipo, 122
inferência, 125
nome, 122
versus representação possível, 125
tupla, valor, *ver* tupla
tupla, variável, 123
não no modelo relacional, 748

TUPLE, gerador de tipos, *ver* gerador de tipos
Turbyfill, Carolyn, 480
Tuttle, Mark R., 397
Twine, S. M., 376
TYPE (Tutorial D), 102-104

U

U, bloqueio, 411, 425
U. (QBE), 214
U_, comparações, 646
U_, operadores
U_INTERSECT, 645
U_JOIN, 645
U_MINUS, 644
U_projeção, 646
U_UNION, 645
U_key, 656-657
estrangeira, 657
Ullman, Jeffrey D., 218, 332, 345, 348, 349, 350, 484, 691, 692, 693, 736
UML, 370, 371, 377
UNGROUP (Tutorial D), *ver* agrupamento e desagrupamento
união, 156
cálculo relacional, 187-188, 194-195
externa, 506
SQL, 508
intervalo, 634
n-ádica, 169
SQL, 207
Unicode, 807
unidade de trabalho distribuída (DRDA), 586
unidade de trabalho remota (DRDA), 586
unidades de medida, 102
unificação, 674, 683-684
Unified Modeling Language, *ver* UML
Uniform Resource Locator, *ver* URL
UNIQUE, condição (SQL), 509
UNIQUE, restrição (SQL), 243
universo de discurso, 671
UNK, 495
efeito sobre operadores de atualização, 499
efeito sobre operadores relacionais, 498-499
não no domínio, 498
ver também NULL; lógica trivalorada
versus unk, 497
unk, *ver* unknown
unknown (valor verdade), 494
ver também lógica trivalorada
UNPACK, 637-643
UNQ. (QBE), 212
unwrap, 125
UPDATE
CURRENT (SQL), 82, 138
embutida (SQL), 80
pesquisada, 86
posicionada, 86
QBE, *ver* U. (QBE)
QUEL, *ver* REPLACE
SQL, 5, 74

Tutorial D, 138
versus update, 5
update, operador, *ver* operador
UPDATE, regra, *ver* chave estrangeira, regras
URL, 769
usuário final, 9
usuário, nível lógico, *ver* nível externo
Uthurusamy, R., 620
utilitários, 43

V

Valduriez, Patrick, 587, 620, 691
validação do esquema (XML), 787
valor, 96
não pode ser atualizado, 96
relação, *ver* relação
tipado, 96-97
tupla, *ver* tupla
versus variável, 96-97
valores default, 503
SQL, 115-116, 141
Tutorial D, 136
valores especiais, 503, 506-507
van Griethuysen, J. J., 48
Vance, Bennett, 491
VAR (Tutorial D)
RelVar (básica), 134
RelVar (snapshot), 276
RelVar (visão), 258
Vardi, Moshé Y., 348, 349
RelVars P (RM/T), 370
variável acoplada, 187, 190-191, 670
variável de instância, 702, 703
inversa, 722-723
privada, 703
protegida, 703
pública, 703
virtual, 728
variável de intervalo, 185, 187
implícita, 200
SQL, 200
RelVar auto-referente, 236
RelVar derivada, *ver* RelVar
RelVar em vários níveis, 440
RelVar referente, 236
RelVar referida, 236
RelVar, 55, 56, 134-139
básica, 61, 134
básica *versus* armazenada, 64
cabeçalho, *ver* cabeçalho
corpo, *ver* corpo
derivada, 61, 256
interpretação, 139
predicado, 135, 225, 303
real, 61
snapshot, *ver* snapshot
ver também relação
versus classe, *ver* Primeiro Grande Erro
versus relação, *ver* relação
versus tabela, *ver* relação
versus tipo, *ver* Primeiro Grande Erro
virtual, 256
RelVar, predicado, *ver* RelVar

RelVar, restrição, 232
    não em SQL, 242
variável dinâmica explícita, 711
variável hospedeira, 78
    tipo de dados, 78
variável indicadora (SQL), 511
variável livre, *ver* variável acoplada
variável, 96
    em contextos OO, 701
    modelo (com herança), 529
    pode ser atualizada, 96-97
    relação, *ver* RelVar
    tipada, 97
    tupla, 123
    versus valor, *ver* valor
verificação imediata, *ver* restrição de
    integridade
verificação no ato, 251
verificação postergada (SQL), 25
Verrijn-Stuart, A. A., 377
versões, 731
Vianu, Victor, 299
virtual, variável de instância, *ver* variável de
    instância
virtual, RelVar, *ver* RelVar derivada
visão, 61-63
    atualizando, 262-275
    busca, 262-263
    conceitual, 33
    externa, 33
    interna, 34
    materialização, 262, 276-277
    visão materializada, 276-277
        ver também tabela de resumo
    materializada, *ver* snapshot
    QUEL, 436
    segurança, *ver* segurança
    SQL, 277-279
    substituição, 257
    versus RelVar básica, 61
    XML, *ver* visão XML
vítima (impasse), *ver* impasse
von Bültzingsloewen, Günter, 487-488
von Halle, Barbara, 372
Vossen, Gottfried, 346

W

Wade, Bradford W., 91, 454
Wait-Die, 407
Walker, Adrian, 255
Wand, Yair, 378
Wang, Haixun, 767
Warden, Andrew, *ver* Darwen, Hugh
Warmer, Jos, 378
Warren, David H. D., 488
Weber, Ron, 378
Wegner, Peter, 552
Weikum, Gerhard, 88
Weinstein, Scott, 806
Weld, Daniel S., 807
Whang, Kyu-Young, 490
WHEN/THEN (restrição), 655
WHENEVER (SQL), 78
WHERE (SQL), 202
Whinston, A., 618
White, Colin J., 90
Widom, Jennifer, 250, 255, 618, 620, 806,
    807
Wilkes, Maurice V., 750, 767
Wilkinson, W. Kevin, 492
Williams, Robin, 588
Wing, Jeannette, 552
Wisconsin, teste de referência, 480
WITH CHECK OPTION (SQL), 277
WITH HOLD (SQL), 392
WITH
    SQL, 207-208
    Tutorial D, 155, 165
Wong, Eugene, 217, 254, 488, 489
Wong, Harry K. T., 487, 488
Wool, Avishai, 583
World Wide Web, 769
Wound-Wait, 407
WRAP, 125
wrapper, 577-578
    relacional/objeto, 760-761

X

X, bloqueio, 402, 413

XML e tipos de dados
    XML Schema, 786-787
    XMLDOC, 795
XML Schema, 785-787
XML, 770-801
    atributo, 770
    bancos de dados, 795-797, 805
    boa formação, *ver* documento bem
        formado
    elemento, 770
    estrutura de documento, 775-776
    infoset, 776
    integridade, *ver* integridade
    tag, 770
    validação do esquema, *ver* validação do
        esquema
    validação, *ver* documento válido
XML, analisador, 780
XML, aplicação, 775
XML, banco de dados, 797
XML, derivada, 775, 787-788
XML, visão, 796
XPath, 789-790
XQuery, 790-794, 806

Y

Yan, Ling Ling, 589
Yang, Dongqing, 378
Yannakakis, M., 485
Yost, Robert A., 89
Youssefi, Karel, 486
Yu, Jie-Bing, 764
Yurek, T., 618

Z

Zaharioudakis, Markos, 620
Zaniolo, Carlo, 324, 327, 692, 736, 767
Zantinge, Dolf, 618
Zdonik, Stanley B., 553, 736
Zhuge,Yue, 620
Zicari, Roberto, 733
Zloof, Moshé M., 218
Zuzarte, Calisto, 492

865

O *Princípio da Informação* (ou *O Princípio da Representação Uniforme*): Todo o conteúdo de informação do banco de dados é representado de um e somente um modo, como valores explícitos em posições de atributo dentro de tuplas dentro de relações.

A Regra Dourada ou *Áurea*: Nenhuma operação de atualização poderá atribuir a qualquer banco de dados um valor que faça com que seu predicado de banco de dados seja avaliado como FALSE.

O Princípio da Permutabilidade (de variáveis de relações básicas e derivadas): Não existem distinções arbitrárias e desnecessárias entre variáveis de relações básicas e derivadas.

O Princípio da Relatividade de Bancos de Dados: Do ponto de vista do usuário, (a) todas as variáveis de relações são variáveis de relações básicas e (b) a escolha de qual banco de dados é o banco de dados "real" é arbitrária, pois as opções têm todas informações equivalentes.

Os Princípios da Normalização:

1. Uma RelVar não 5FN deverá ser decomposta em um conjunto de projeções 5FN.

2. A RelVar original poderá ser reconstruída novamente pela junção de suas projeções.

3. O processo de decomposição deverá preservar as dependências.

4. Cada projeção deverá ser necessária no processo de reconstrução.

5. (*Não tão firme quanto os quatro primeiros*) Pare de normalizar assim que todas as variáveis de relações estiverem na 5FN.

O Princípio de Projeto Ortogonal: Se A e B são variáveis de relações básicas distintas, não devem existir decomposições sem perdas de A e B, tais que alguma projeção de A e alguma projeção B no resultado tenham significados superpostos.

O Princípio da Possibilidade de Substituição de Valores: Em qualquer ponto onde o sistema espera um valor do tipo T, um valor do tipo T' (em que T' é um subtipo de T) sempre pode ser usado em seu lugar.

O Princípio Fundamental do Banco de Dados Distribuído: Para o usuário, um sistema distribuído se parece exatamente com um sistema não distribuído.